Die Bonus-Seite

Ihr Vorteil als Käufer dieses Buches

Auf der Bonus-Webseite zu diesem Buch finden Sie zusätzliche Informationen und Services. Dazu gehört auch ein kostenloser **Testzugang** zur Online-Fassung Ihres Buches. Und der besondere Vorteil: Wenn Sie Ihr **Online-Buch** auch weiterhin nutzen wollen, erhalten Sie den vollen Zugang zum **Vorzugspreis**.

So nutzen Sie Ihren Vorteil

Halten Sie den unten abgedruckten Zugangscode bereit und gehen Sie auf **www.galileodesign.de**. Dort finden Sie den Kasten **Die Bonus-Seite für Buchkäufer**. Klicken Sie auf **Zur Bonus-Seite / Buch registrieren**, und geben Sie Ihren **Zugangscode** ein. Schon stehen Ihnen die Bonus-Angebote zur Verfügung.

Ihr persönlicher **Zugangscode**: asdt-x6ku-jmnf-qz3r

Robert Klaßen

Adobe Premiere Pro CC

Schritt für Schritt zum perfekten Film

Galileo Press

Liebe Leserin, lieber Leser,

der Filmschnitt ist das Herzstück der filmischen Gestaltung, das einem Film erst seinen ganz eigenen Charakter verleiht. Ein richtig guter Filmschnitt lässt Gegensätze aufeinandertreffen oder verschmelzen, baut Spannung auf oder besänftigt, verlangsamt Abläufe oder erzeugt Dynamik. Denken Sie nur an die berühmte Duschszene des Filmklassikers »Psycho« von Alfred Hitchcock – jeder Filmschnitt wie ein Messerstich!

Auch wenn Sie keine große Hollywoodproduktion planen, sondern erst einmal nur Ihre Urlaubsvideos bearbeiten wollen, ziehen Sie mit dem richtigen Schnitt Ihre Zuschauer in den Bann. Mit Adobe Premiere Pro CC lässt sich hier cineastisch eine ganze Menge zaubern und dieses Praxisbuch erklärt Ihnen ganz genau wie: Schritt für Schritt zeigt Ihnen unser Autor Robert Klaßen hier, wie Sie zu Ihrem ersten Film gelangen. Er begleitet Sie von der Aufnahme der Videos bis zur perfekten Ausgabe auf DVD oder im Internet durch den gesamten Video-Workflow. Anhand eines kompletten Beispielfilms, der gute wie auch schlechte Schnitte und Effekte zeigt, erlernen Sie alle Techniken und können diese anschließend problemlos auf Ihre eigenen Filme übertragen. Die benötigte Theorie, wichtige Grundlagen und technisches Hintergrundwissen werden kompakt und leicht verständlich in Anhang A des Buchs, »Fachkunde – Das sollten Sie wissen«, vermittelt. So sind Fernsehnormen, Formate, Pixel-Seitenverhältnisse, Kompressoren, Bitraten u. v. m. kein Problem mehr für Sie.

Als besonderes Extra finden Sie in dieser Auflage auch ausgesuchte Video-Lektionen auf der Buch-DVD. So können Sie Premiere einmal »live« im Einsatz erleben. Natürlich stellen wir Ihnen auf der DVD auch alle Beispieldateien aus den Workshops des Buchs zur Verfügung.

Sollten Sie Anmerkungen, Lob oder Kritik zum Buch haben, so sind wir gerne für Sie da. Nun bleibt mir noch, Ihnen viel Erfolg beim Videoschnitt zu wünschen.

Ihre Ariane Börder
Lektorat Galileo Design
ariane.boerder@galileo-press.de

Galileo Press • Rheinwerkallee 4 • 53227 Bonn
www.galileodesign.de

Auf einen Blick

TEIL I Grundlagen

TEIL II Videoschnitt, Bearbeitung und Ausgabe

TEIL III Premiere im Workflow

Inhalt

Teil II Videoschnitt, Bearbeitung und Ausgabe

Das Buchprojekt – Schritt für Schritt

Weitere Workshops

Vorwort

Bestimmt wollen Sie gleich loslegen und sich nicht lange mit der Vorrede aufhalten. Deshalb möchte ich es auch kurz machen. Lediglich ein paar Kleinigkeiten sollen erwähnt werden, um Ihnen den Umgang mit diesem Buch und den dazugehörigen Beispieldateien zu erleichtern. Da gibt es nämlich einiges, was Sie wissen sollten ...

Ein Buch für Win und Mac

Premiere Pro ist gleichermaßen für Windows und Mac verfügbar. Deshalb richtet sich dieses Buch auch an beide Anwendergruppen. Entsprechend verhält es sich mit den verwendeten Tastaturkürzeln. Sie sind ebenfalls auf Windows und Mac ausgelegt. Wenn es beispielsweise irgendwo heißt: Drücken Sie [Strg]/[cmd]+[Z], ist der Teil vor einem Schrägstrich für Windows und der hinter dem Schrägstrich für Mac gedacht. Cool, oder?

Die Neuerungen

Premiere Pro hat auch in der Version CC wieder einige Neuerungen erfahren. Damit Sie sich im Dschungel zwischen Altbewährtem und Innovation zurechtfinden, finden Sie neben dem Text das nebenstehende Symbol wieder. Es deutet auf Neuerungen oder Aktualisierungen seit der Version CS6 hin.

Das Buchprojekt

Sie finden in diesem Buch auch noch ein weiteres Icon. Dem Symbol folgen wichtige Infos zum Beispielfilm, der in diesem Buch montiert wird. Wenn Sie also mit der Entwicklung unserer Reportage über die Glasbläserei auf dem Laufenden bleiben wollen, dürfen Sie diese Abschnitte auf gar keinen Fall überblättern.

Übrigens können Sie das Ergebnis schon jetzt ansehen. Es ist mit »Gecko-Glas.mpg« betitelt und befindet sich im Ordner ERGEBNISSE des Beispielmaterials auf der beiliegenden DVD. Die Datei lässt sich sowohl unter Windows (Media Player) als auch auf dem Mac (QuickTime) abspielen.

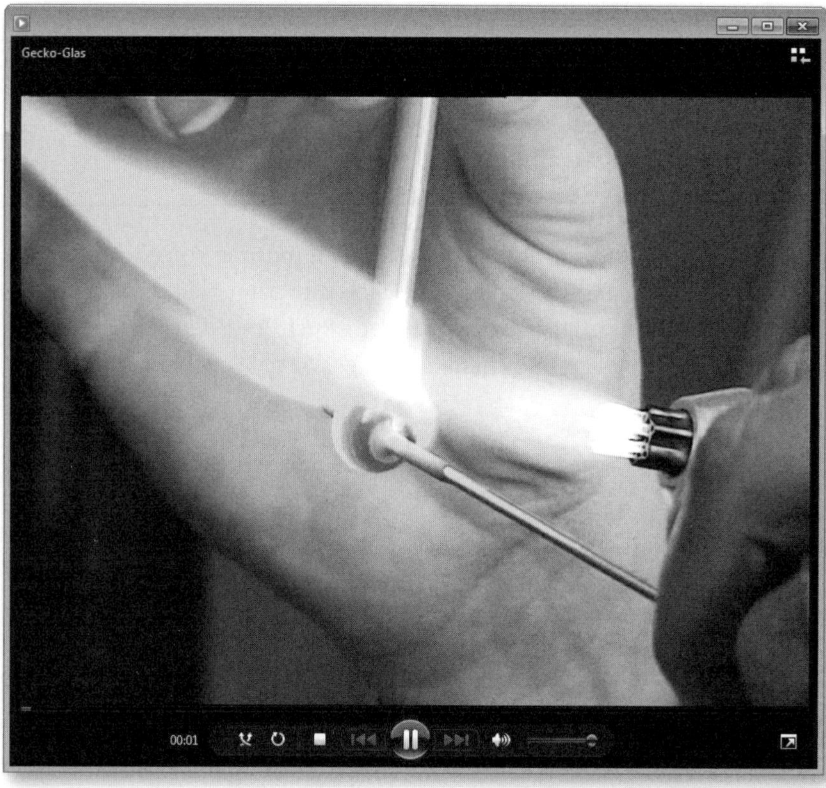

▲ **Abbildung 1** Der Film gibt einen Überblick über das, was Sie in diesem Buch erwartet.

Mein besonderer Dank gilt in diesem Zusammenhang Axel Rogge, der dieses tolle Bild- und Tonmaterial zur Verfügung gestellt hat. Sie werden sehen, dass es richtig Spaß macht, damit zu arbeiten.

Dateien übertragen

Wo wir einmal dabei sind: Übertragen Sie doch den gesamten Ordner, der das Beispielmaterial enthält, auf Ihren Rechner. Der DVD-Player ist nämlich viel zu langsam, als dass er mit dem Arbeitstakt von Premiere Pro mithalten könnte. Ihre Festplatte kann das viel besser. Außerdem werden damit jetzt schon wichtige Arbeiten verrichtet, während Sie noch in Ruhe das Vorwort lesen.

Begriffsdefinition

Ach ja, im Buch werden einige Begriffe auftauchen, die Ihnen vielleicht nicht unbedingt geläufig sind – zumindest dann nicht, wenn Sie sich zum ersten Mal mit dem professionellen Videoschnitt beschäftigen. Da es zudem »ausbremsende« Wirkung hätte, wenn der jeweilige Begriff stets innerhalb eines Workshops erläutert werden müsste, erledigen wir das doch lieber gleich hier; zumal die Übertragung des Beispielmaterials ja noch läuft.

- **Asset:** Jedes Element, das im Videoprojekt eingesetzt wird, ist ein Asset. Damit gemeint sind also nicht nur Filme, sondern auch Audiodateien, Bilder, Titel usw.
- **Bedienfeld:** Bedienfelder (oft auch Paletten genannt) sind die kleinen Fenster auf der Arbeitsoberfläche der Anwendung, die verschiedene Einstellungen zulassen. Jedes Bedienfeld ist zudem mit einem Register ❶ sowie einem Bedienfeldmenü ❷ ausgestattet.

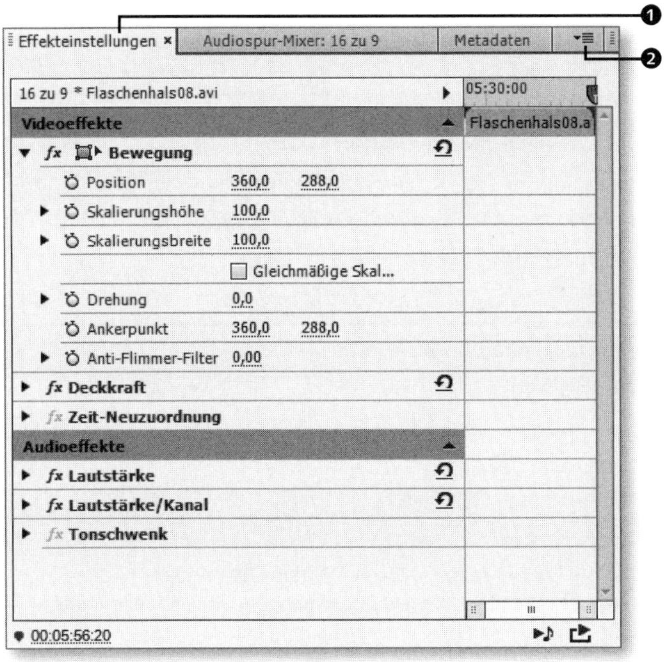

▲ **Abbildung 1.2** Hier ist das Effekteinstellungen-Bedienfeld zu sehen, welches sich derzeit vor dem Audiospur-Mixer- und dem Metadaten-Bedienfeld befindet.

- **Clip:** Hier gibt es unterschiedliche Formen. So haben Sie es beispielsweise mit einem AV-Clip zu tun, wenn das Asset aus Video und Audio besteht. Des Weiteren gibt es den reinen Videoclip (ohne Audio) und den Audioclip (ohne Video).
- **Codec:** Vom Begriff her handelt es sich hierbei um eine Zusammensetzung aus En**co**der und **Dec**oder. Damit werden Dateien beim Speichern komprimiert, damit sie weniger Platz einnehmen. Bei der Wiedergabe eines encodierten Films wird dieser decodiert, damit er abgespielt werden kann.
- **Footage:** Das ist das unbearbeitete Material, welches dem Projekt zur Verfügung steht, also prinzipiell alle Assets gemeinsam. Ursprünglich bezeichnete Footage das ungeschnittene, in Fuß (engl. *foot*) gemessene Filmmaterial.
- **Frame:** Das Wort hat generell zwei Bedeutungen. Meist ist damit ein einzelnes Videobild innerhalb eines Clips gemeint. Mitunter werden allerdings auch einzelne Rubriken auf Registerkarten als Frame bezeichnet. Das sieht dann etwa so aus wie in Abbildung 3.

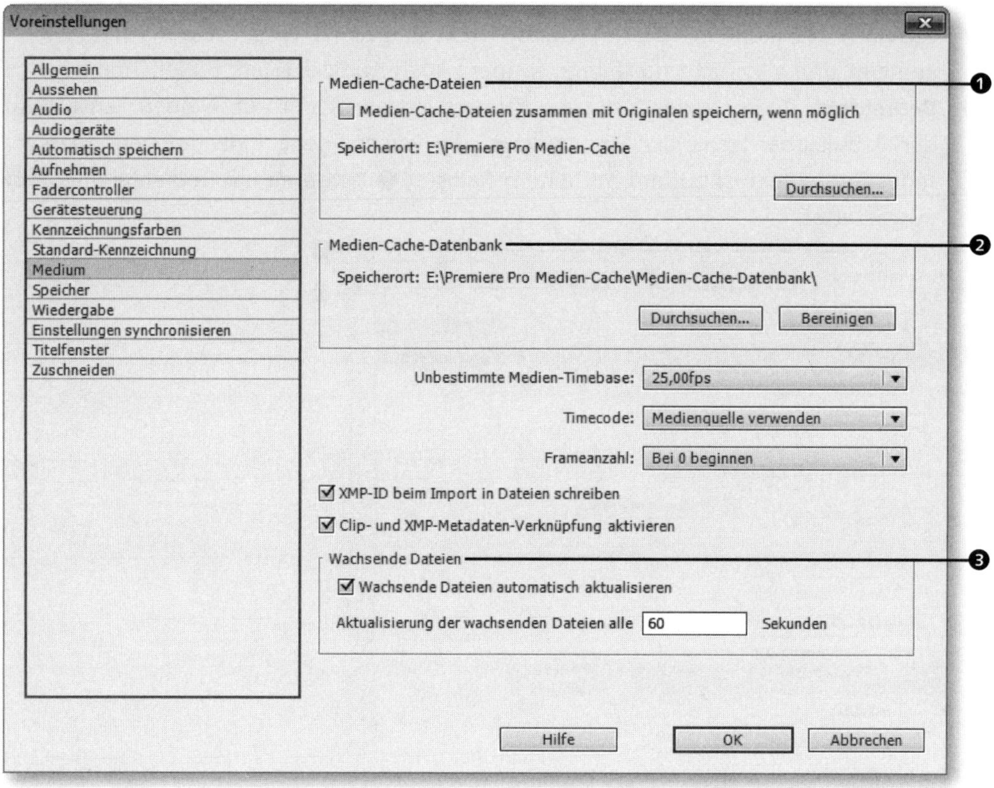

▲ **Abbildung 3** In diesem Fenster sind die Frames MEDIEN-CACHE-DATEIEN ❶, MEDIEN-CACHE-DATENBANK ❷ und WACHSENDE DATEIEN ❸ enthalten, die jeweils über eigene, individuelle Bedienelemente (Steuerelemente) verfügen.

- **Hot-Text-Steuerelement:** Das ist ein Bedienelement, das unmittelbar durch Verschieben der Maus bei gedrückter linker Maustaste eingestellt werden kann ❹. Also anklicken, Maustaste festhalten und nach links oder rechts schieben. Die Ziffern von Hot-Text-Steuerelementen sind je nach Helligkeit der Arbeitsoberfläche unterschiedlich eingefärbt (orange oder blau). Sie können die Helligkeit der Arbeitsoberfläche übrigens selbst bestimmen, indem Sie über BEARBEITEN/PREMIERE PRO • VOREINSTELLUNGEN • ERSCHEINUNGSBILD • AUSSEHEN • HELLIGKEIT gehen. Doch dazu später mehr.

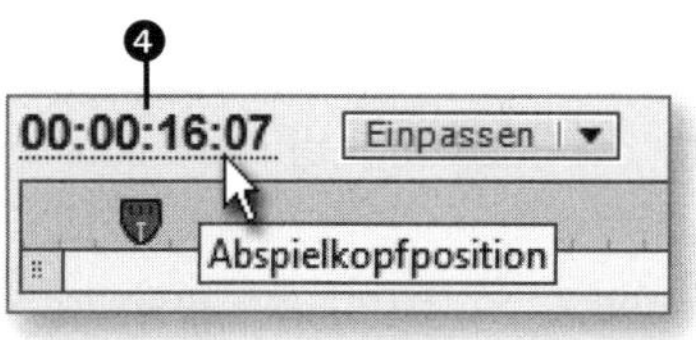

◄ **Abbildung 4** Hot-Text-Steuerelemente zeichnen sich nicht nur durch ihre markante Farbgebung aus (orange oder blau), sondern auch durch die gepunktete Linie (hier die Abspielkopfposition in einem der Monitore).

Pro & Co.
Sie werden in diesem Buch bisweilen Infos zu anderen Software-Applikationen vorfinden. Selbstverständlich geht das eine oder andere leichter, wenn Sie Photoshop und Anverwandte hinzuziehen. Sollte die angesprochene Software nicht auf Ihrem Rechner installiert sein, können Sie eine entsprechende (auf 30 Tage begrenzte) Testversion von *www.adobe.com/de* herunterladen. Bitte beachten Sie, dass es bei den Testversionen vereinzelt zu Einschränkungen kommen kann. So können gegenüber der Premiere-Pro-Vollversion keine Titelvorlagen eingebunden werde.

Jetzt aber los!
Das war's schon. Was macht eigentlich der Dateitransfer? – Ach, eins noch: Falls Sie Anmerkungen oder Kritik zu diesem Buch haben, schreiben Sie mir. Ich freue mich, wenn Sie mir mitteilen, was Ihnen besonders gut und was Ihnen weniger gut gefallen hat. Und jetzt wünsche ich Ihnen viel Spaß und stets gute Ergebnisse mit Adobe Premiere Pro CC und Anverwandten.

Robert Klaßen
info@dtpx.de
www.dtpx.de

Teil I
Grundlagen

1 Kontaktaufnahme mit Premiere Pro CC

Sicher können Sie es kaum erwarten, die Anwendung zu starten und mit dem Videoschnitt zu beginnen. Das ist absolut verständlich. Aber dennoch sollten Sie vorab einiges wissen. Premiere Pro ist nämlich nicht gleich Premiere Pro. Es gibt z. B. Unterschiede dahin gehend, ob Sie es nun mit einer Vollversion oder einer Testversion zu tun haben. Dieses Kapitel beantwortet folgende Fragen:

- Welche Voraussetzungen werden an das Betriebssystem gestellt?
- Was ist in der Testversion anders als in der Vollversion?
- Was ist im Premiere-Pro-Paket enthalten?
- Was ist zu tun, wenn es Probleme mit den verknüpften Dateien gibt?

◄ **Abbildung 1.1** Jetzt geht's rund. Premiere Pro CC wartet mit einigen Veränderungen auf.

1.1 Das sollten Sie vorab wissen

Sie sollten auf diese kleine Einführung nicht verzichten, denn dafür werden Sie auch belohnt. Sie dürfen nämlich im nächsten Kapitel gleich loslegen und ein eigenes kleines Projekt auf die Beine stellen. Na, ist das ein Angebot?

1.1.1 Das Creative Cloud-Modell

Die sicher markanteste Neuerung im Vergleich zur CS6-Suite ist die Tatsache, dass die Software nicht mehr via Datenträger angekauft, sondern nur noch im Net-Abonnement bezogen werden kann (Stand: Juli 2013). Das Abo für die reine Premiere-Pro-Software schlägt mit 24,59 € monatlich zu Buche, während die gesamte Creative Cloud für 61,49 € im Monat angemietet werden kann. Es gibt Sonderkonditionen für Schüler und Lehrer sowie für Besitzer von Vorgängerversionen. Infos dazu finden Sie auf *http://www.adobe.com/de/products/creativecloud.html*. Trotz zahlreicher Kritiken im Vorfeld kann man zwei Argumente FÜR dieses System vorbringen:

- **Der Preis:** Sicher muss man bedenken, dass man bei diesem Modell knapp 700 € für die gesamte Creative Cloud im Jahr bezahlt. Doch dem gegenüber steht die bis zur Version CS6 vertriebene *Master Collection* mit einem Anschaffungspreis von rund 3.000 €. Hinzu kamen teure Updates im Zyklus von rund 1 ½ Jahren. Unter dem Strich lohnt sich die CC-Praxis finanziell.
- **Der Status Quo:** Da die Creative Cloud nicht mehr, wie die Vorgängerversionen, von Zeit zu Zeit mit einem Update versorgt wird, sondern eine permanente Weiterentwicklung stattfindet, ist man mit seiner Software immer brandaktuell auf dem Stand der Dinge.

Creative Cloud-Komplettpaket

Der Vorteil bei der Anmietung des Gesamtpakets gegenüber der Premiere Pro CC-Einzelversion liegt klar auf der Hand: Sie erhalten damit ein Paket, bei dem Sie für alle anstehenden Aufgaben gewappnet sind – also nicht nur für den Videoschnitt, sondern auch für Illustration, Web und Druck. Denn damit haben Sie beispielsweise auch Photoshop, Illustrator, InDesign, Dreamweaver und nicht zuletzt auch After Effects und Audition im Gepäck (um nur einige zu nennen).

1.1.2 Voraussetzung: 64-Bit-Technologie

Premiere Pro hat sich bereits in der Version CS5 zur nativen 64-Bit-Anwendung gemausert. Das war zunächst einmal begrüßenswert, denn damit ließen sich erheblich beschleunigte Prozesse realisieren. HD-Material ließ sich dank der *Mercury-Wiedergabe-Engine* genauso flüssig abspielen wie SD. Außerdem konnte der Rechner bei 64 Bit wirkungsvoll mit RAM aufgerüstet werden, was wiederum nicht nur dem Betriebssystem, sondern letztendlich auch Premiere Pro richtig guttat. Auch für CC ist die Engine noch weiter optimiert worden. Sie wurde auf aktuelle CPUs (Prozessoren) zugeschnitten und in Sachen GPU-Beschleunigung weiter ausgebaut. Sollten mehrere kompatible Grafikkarten verbaut sein, tragen diese auch gemeinsam zum Fortschritt des Renderings bei. Damit gemeint ist die Berechnung von Filmmaterial, welches in Premiere Pro CC bearbeitet worden ist. Sämtliche Grafikkarten-Arbeitsspeicher werden so optimal genutzt.

Wie so oft gibt es allerdings auch hier eine Kehrseite der Medaille. Premiere Pro kann nämlich ausschließlich auf 64-Bit-Systemen verwendet werden (auf 32-Bit-Rechnern lässt sich die Anwendung gar nicht erst installieren). Ebenso werden alte Betriebssysteme nicht mehr unterstützt. Sie benötigen Windows 7 mit Service Pack 1 oder Windows 8. Auf dem Mac sind Sie ab OS X 10.6.8 dabei. Weitere Infos unter *http://www.adobe.com/de/products/premiere/tech-specs.html*.

1.1.3 Grafikkartenunterstützung testen

Unter dem gleichen Link erfahren Sie übrigens auch, welche Grafikkarten von Premiere Pro CC nativ unterstützt werden. Dazu müssen Sie in der Liste der Systemanforderungen ein wenig nach unten scrollen. Mittlerweile ist die Liste schon ordentlich angewachsen.

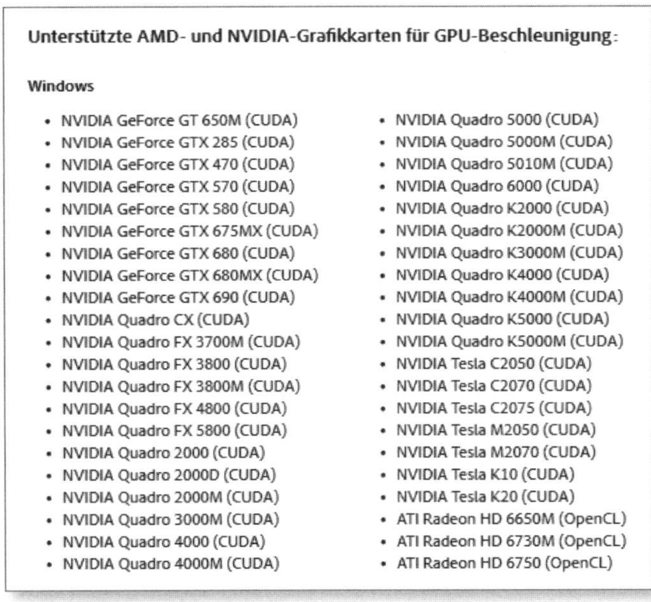
Unterstützte AMD- und NVIDIA-Grafikkarten für GPU-Beschleunigung:

Windows

- NVIDIA GeForce GT 650M (CUDA)
- NVIDIA GeForce GTX 285 (CUDA)
- NVIDIA GeForce GTX 470 (CUDA)
- NVIDIA GeForce GTX 570 (CUDA)
- NVIDIA GeForce GTX 580 (CUDA)
- NVIDIA GeForce GTX 675MX (CUDA)
- NVIDIA GeForce GTX 680 (CUDA)
- NVIDIA GeForce GTX 680MX (CUDA)
- NVIDIA GeForce GTX 690 (CUDA)
- NVIDIA Quadro CX (CUDA)
- NVIDIA Quadro FX 3700M (CUDA)
- NVIDIA Quadro FX 3800 (CUDA)
- NVIDIA Quadro FX 3800M (CUDA)
- NVIDIA Quadro FX 4800 (CUDA)
- NVIDIA Quadro FX 5800 (CUDA)
- NVIDIA Quadro 2000 (CUDA)
- NVIDIA Quadro 2000D (CUDA)
- NVIDIA Quadro 2000M (CUDA)
- NVIDIA Quadro 3000M (CUDA)
- NVIDIA Quadro 4000 (CUDA)
- NVIDIA Quadro 4000M (CUDA)
- NVIDIA Quadro 5000 (CUDA)
- NVIDIA Quadro 5000M (CUDA)
- NVIDIA Quadro 5010M (CUDA)
- NVIDIA Quadro 6000 (CUDA)
- NVIDIA Quadro K2000 (CUDA)
- NVIDIA Quadro K2000M (CUDA)
- NVIDIA Quadro K3000M (CUDA)
- NVIDIA Quadro K4000 (CUDA)
- NVIDIA Quadro K4000M (CUDA)
- NVIDIA Quadro K5000 (CUDA)
- NVIDIA Quadro K5000M (CUDA)
- NVIDIA Tesla C2050 (CUDA)
- NVIDIA Tesla C2070 (CUDA)
- NVIDIA Tesla C2075 (CUDA)
- NVIDIA Tesla M2050 (CUDA)
- NVIDIA Tesla M2070 (CUDA)
- NVIDIA Tesla K10 (CUDA)
- NVIDIA Tesla K20 (CUDA)
- ATI Radeon HD 6650M (OpenCL)
- ATI Radeon HD 6730M (OpenCL)
- ATI Radeon HD 6750 (OpenCL)

◂ **Abbildung 1.2** Hier ist nur ein Teil der GPU-beschleunigten Grafikkarten zu sehen.

Sie wollen wissen, ob Ihre Karte unterstützt wird, ohne lange zu suchen? Dann schauen Sie direkt in Premiere Pro CC nach. Dazu muss allerdings ein Projekt geöffnet sein (wie das geht, erfahren Sie im folgenden Kapitel). Gehen Sie im Menü auf DATEI • PROJEKTEINSTELLUNGEN • ALLGEMEIN, und kontrollieren Sie das oberste Pulldown-Menü RENDERER.

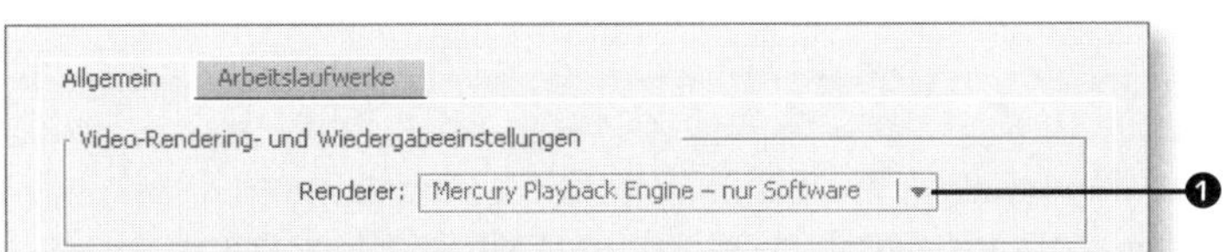

▴ **Abbildung 1.3** Sollte das Feld ❶ ausgegraut dargestellt werden, wird Ihre Grafikkarte nicht unterstützt.

◂ **Abbildung 1.4** Wenn das Menü anwählbar ist, wird die Grafikkarte in der Regel bereits gelistet. Ist das nicht der Fall, stellen Sie diese manuell ein.

Nun gibt es keinen Grund zur Betrübnis, falls Ihre Grafikkarte nicht darunter ist. Sie können trotzdem mit Premiere Pro CC arbeiten – wenngleich ab und an nicht ganz so schnell wie mit kompatiblen Grafikkarten. Die Gesamtleistung ist dennoch beeindruckend.

Umfangreiche native Unterstützung

Neben neuen Film- und Videoformaten (z. B. DNxHD) lässt sich auch das Material neuerer DSLR-Kameras nativ (also ohne Konvertierung/Transcodierung) verarbeiten.

1.1.4 Einschränkungen bei Encore

Sollten Sie die Vollversion der Creative Cloud erworben haben, ist es Ihnen möglich, die Authoring-Software Encore CS6 zu verwenden. Encore ist nicht mit einer eigenen CC-Variante am Start (Stand: Juli 2013). Allerdings wird Creative-Cloud-Abonnenten die Vorgängerversion CS6 angeboten (mehr dazu erfahren Sie in Kapitel 15, »DVD-Authoring mit Encore«).

1.1.5 Keine Vorlagen im Titelgestalter

In den Titelgestalter lassen sich in der Vollversion zahlreiche vorgefertigte Titel einbinden, die sich individuell anpassen lassen. Diese Funktion steht jedoch in der Testversion leider nicht zur Verfügung.

All das soll Sie natürlich nicht davon abhalten, zunächst die Testversion von Premiere Pro zu installieren (sofern Sie nicht im Besitz einer Vollversion sind). Sie werden fast alle in diesem Buch beschriebenen Techniken auch ohne Vollversion nachvollziehen können; allerdings müssen tatsächlich einige Elemente (und Encore sogar komplett) außen vor bleiben.

Am Rande sei noch erwähnt, dass weder Verlag noch Autor irgendeinen Einfluss darauf haben, wie die zur Verfügung gestellten Adobe-Testversionen ausgestattet sind.

Adobe-ID

Premiere Pro CC setzt die Anmeldung in Form einer Adobe-ID voraus. Sollten Sie noch keine ID haben, müssen Sie zunächst Mitglied im Adobe-Club werden. Die Mitgliedschaft ist kostenlos und ermöglicht den Zugang zu weiterer Adobe-Test-Software. Während der Installation werden Sie zur Eingabe Ihrer ID-Daten aufgefordert. Neukunden müssen an dieser Stelle einen neuen Account anlegen, ehe sich die Installation fortsetzen lässt.

1.1.6 Zusätzliche Plug-ins

Für Premiere Pro gibt es noch zahlreiche Third-Party-Plug-ins, die für den einen oder anderen etwas sein könnten. Wenn Sie sich dafür interessieren, schauen Sie doch einmal auf der Internetseite *www.adobe.com/de/products/plugins/premiere/* vorbei.

1.1.7 QuickTime separat installieren

Grundsätzlich benötigen Sie keine weitere Software, um mit Premiere Pro arbeiten zu können. Für die eine oder andere nicht alltägliche Funktion ist es jedoch erforderlich, dass Sie QuickTime von Apple installieren (nur Windows-Anwender). Mac-User dürfen die aktuellste Version stets automatisch ihr Eigen nennen, sofern sie das Betriebssystem regelmäßig updaten. Spätestens bei der Ausgabe von Videodateien für iPod, iPhone und dergleichen ist QuickTime unerlässlich. Für Windows-User ist die aktuellste Version QuickTime 7. Hier müssen Sie die Software separat installieren. Begeben Sie sich dazu auf die Seite *www.apple.com/de/quicktime/download*. Deaktivieren Sie die einzige Checkbox ❶, falls Sie keine Rundschreiben von Apple erhalten wollen, und betätigen Sie Jetzt laden ❷. Den heruntergeladenen QuickTimeInstaller installieren Sie dann wie jede andere Software auch.

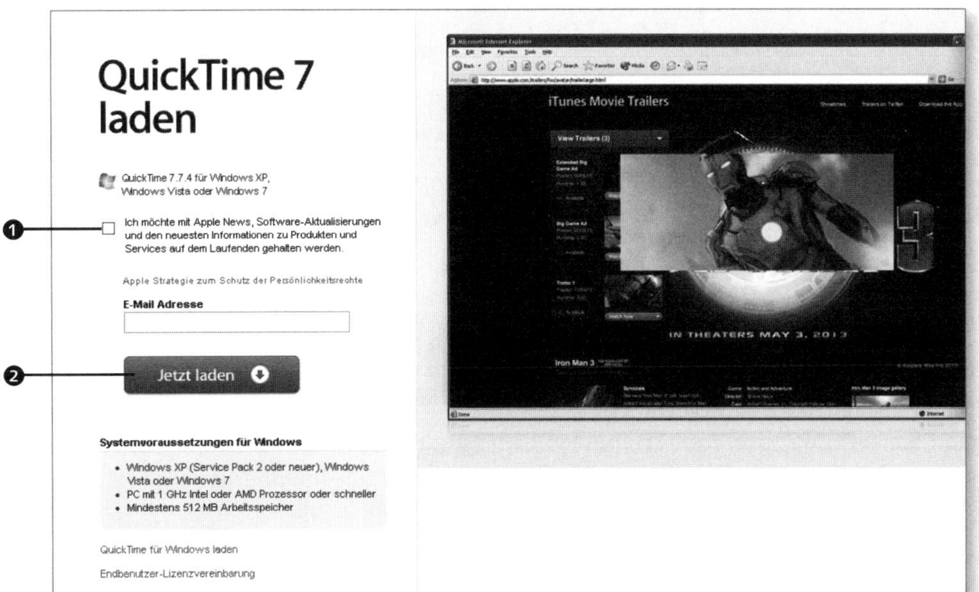

▲ **Abbildung 1.5** Der kostenlose QuickTime-Player muss separat heruntergeladen und installiert werden.

1.2 Was tun, wenn …?

Bevor Sie sich auf Premiere Pro einlassen oder gar eigene Projekte beginnen, möchte ich Ihnen empfehlen, sich mit den Eventualitäten vertraut zu machen, die eine flüssige (und vor allem Spaß bringende) Arbeit von jetzt auf gleich ausbremsen könnten. Was ist z. B. nach einem Absturz zu tun, oder wie kann ich verloren gegangene Verknüpfungen reparieren? Wie lassen sich Einstellungen synchronisieren? Auf derartige Fragen müssen Sie jederzeit reagieren können. Deshalb ist es wichtig, dass Sie sich von Anfang an mit diesem Thema beschäftigen.

1.2.1 Daten synchronisieren

Eine praktische Neuerung in Premiere Pro CC ist die Möglichkeit, die eigens gestaltete Arbeitsumgebung (siehe Kapitel 3, »Arbeitsoberfläche kennenlernen und bedienen«) inklusive der von Ihnen vergebenen Tastaturkürzel innerhalb der Creative Cloud zu speichern. Dazu gibt es verschiedene Wege. Bereits zum Zeitpunkt der Installation werden Sie entsprechend gefragt. Sollten Sie eine Vorgängerversion von Premiere Pro CC installiert haben und daraus die Voreinstellungen übernehmen wollen, klicken Sie während der Installation auf UPLOAD-EINSTELLUNGEN. Möchten Sie hingegen die Voreinstellungen aus der Creative Cloud annehmen, müssen Sie DOWNLOAD-EINSTELLUNGEN markieren.

▲ **Abbildung 1.6** Entscheiden Sie schon während der Installation, welche Einstellungen Sie wünschen.

Unabhängig davon, wofür Sie sich zum Zeitpunkt der Installation entschieden haben, lässt sich die Einstellung ändern. Wann immer Sie Premiere Pro CC nämlich starten, können Sie mit Klick auf EINSTELLUNGEN JETZT SYNCHRONISIEREN ❶ Änderungen vornehmen. Sollten Sie Einstellungen von einer anderen Adobe-ID übernehmen wollen, betätigen Sie stattdessen ❷.

Und selbst bei geöffneter Software ist eine schnelle und unkomplizierte Synchronisation mit den Creative-Cloud-Einstellungen jederzeit realisierbar. Dazu müssen Sie lediglich unten links in der Ecke auf das Zahnradsymbol klicken und einen der relevanten Einträge im Popup-Menü selektieren (hier EINSTELLUNGEN JETZT SYNCHRONISIEREN).

◂ **Abbildung 1.7** Im Willkommen-Screen ist die Synchronisation ebenfalls möglich. Anstelle des grauen Balkens sehen Sie die zu Ihrer persönlichen Adobe-ID gehörende E-Mail-Adresse.

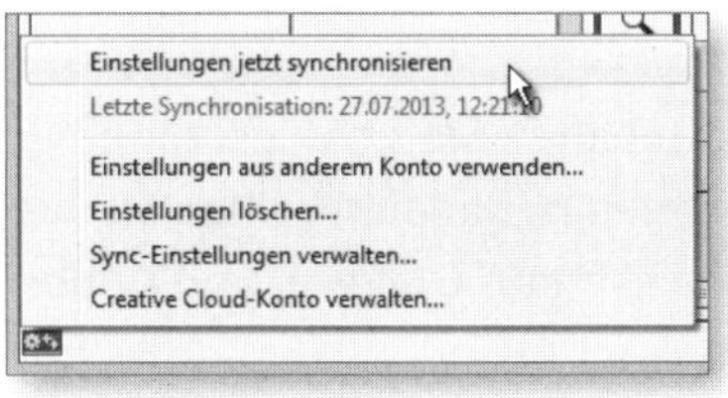

◂ **Abbildung 1.8** Die Synchronisation bei geöffneter Anwendung

1.2.2 Dateien wiederherstellen

Premiere Pro läuft wirklich absolut stabil, da gibt es nichts zu meckern. Dennoch kann es passieren, dass sich die Anwendung einmal verabschiedet. Zwar sorgt Premiere Pro in der Regel selbstständig dafür, dass ein Absturz abgefangen und das Projekt noch schnell gespeichert werden kann, doch bei einem schweren Fehler oder gar einem Systemabsturz ist das oft nicht mehr möglich. Im günstigsten Fall passiert Folgendes: Sie fahren den Rechner wieder hoch, starten Premiere Pro und können dann in der Liste ZULETZT VERWENDETES ELEMENT ÖFFNEN des Willkommen-Dialogs auf das letzte Projekt ❸ zurückgreifen und dieses wieder starten.

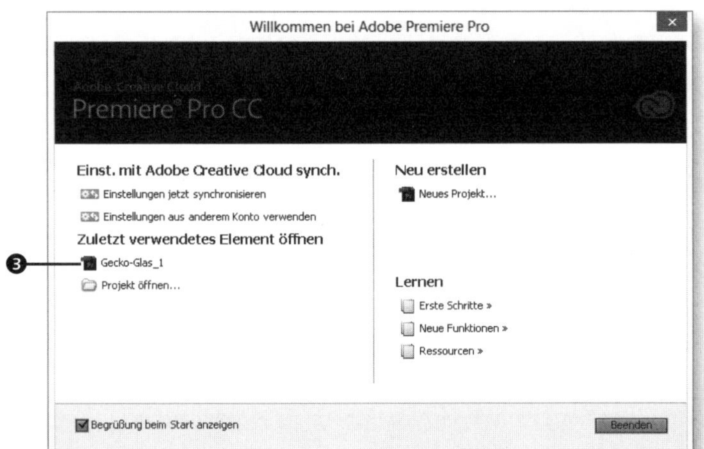

◂ **Abbildung 1.9** Bei den Listeneinträgen handelt es sich um Schaltflächen, mit denen die letzten Projekte wieder aufgerufen werden können.

So weit zu den fröhlichen Dingen des Lebens. Im ungünstigsten Fall jedoch wird sich der Name des zuletzt bearbeiteten Projekts gar nicht mehr in der Liste befinden. Möglicherweise ist diese sogar komplett leer. Sie müssen aber dennoch nicht befürchten, dass die vielen Stunden Arbeit umsonst gewesen sind. Denn Ihr Projekt ist nicht, wie es zunächst scheint, verloren gegangen. Navigieren Sie zu dem Ordner, der Ihre Projektdateien enthält, und widmen Sie sich dem darin enthaltenen Verzeichnis ADOBE PREMIERE PRO AUTO-SAVE.

◀ **Abbildung 1.10** Innerhalb des Projektordners findet sich auch ein Verzeichnis, welches Sicherungsdateien anlegt.

Platzieren Sie einen beherzten Doppelklick darauf, und schauen Sie sich dessen Inhalt genau an. Standardmäßig dürften sich hier bis zu 20 Dateien befinden. Wählen Sie die neueste (Sie erkennen sie an Bezeichnung, Änderungsdatum und Uhrzeit), und öffnen Sie diese Projektdatei mit einem Doppelklick. Bevor Sie jetzt irgendetwas anderes tun (z. B. am Projekt weiterarbeiten), sollten Sie die Datei unter einem anderen Namen und am ursprünglich vorgesehenen Speicherort absichern. Jetzt können Sie nach Herzenslust fortfahren und haben dabei allenfalls die letzten Aktionen verloren – da haben Sie aber noch mal Glück gehabt, was?

1.2.3 Automatische Sicherung

Für die Erzeugung derartiger Auto-Save-Dateien ist eine Voreinstellung in Premiere Pro verantwortlich. Diese finden Sie im Menü BEARBEITEN/PREMIERE PRO • VOREINSTELLUNGEN • AUTOMATISCH SPEICHERN. Hier ist zunächst einmal die Checkbox PROJEKTE AUTOMATISCH SPEICHERN interessant. Ist diese inaktiv, werden keine Sicherungsdateien erstellt. Gleich unterhalb der Box legen Sie fest, in welchen Intervallen eine derartige Datei produziert wird. Wie viele Dateien aufbewahrt werden, regelt das unterste Steuerelement. In der Praxis bedeutet dies: Sobald die 21. Sicherungsdatei erzeugt wird, wird die erste gelöscht.

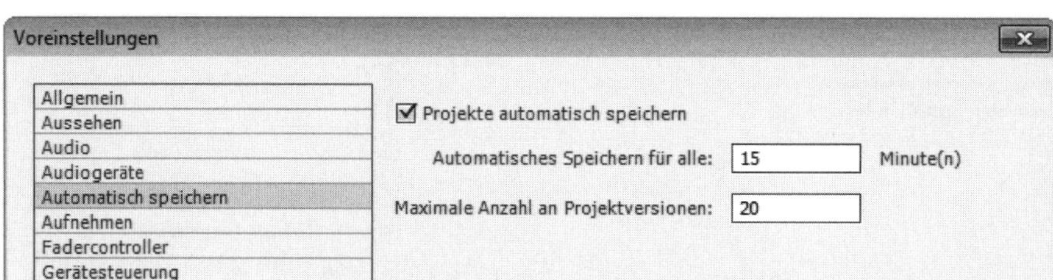

▲ **Abbildung 1.11** Eine Voreinstellung sorgt für regelmäßiges Abspeichern der Projektdateien.

1.2.4 Projektverknüpfungen reparieren

Premiere Pro verwendet in Projekten keine Original-**Assets** (= Originalvideos, -Bilder, -Sounddateien o. Ä.), sondern stellt lediglich Pfade zu ihnen her. Diese Pfade werden natürlich konsequent beibehalten und gehen unter normalen Umständen auch niemals verloren. Nun kann es aber passieren (etwa wenn Sie mit mehreren externen Festplatten arbeiten), dass die Laufwerksbuchstaben der angeschlossenen Festplatten verändert werden. In diesem Fall kann Premiere Pro den Pfad ebenso wenig wiederherstellen, wie wenn Ordner oder Verzeichnisse manuell umbenannt werden. Ihre Videoschnittanwendung reagiert darauf mit einem Dialog, der in Premiere Pro CC eindrucksvoll erweitert worden ist. Der Dialog MEDIEN VERKNÜPFEN hilft Ihnen dabei, verschobene, unbenannte oder ähnlich abhandengekommene Dateien zu finden und neu zu verknüpfen.

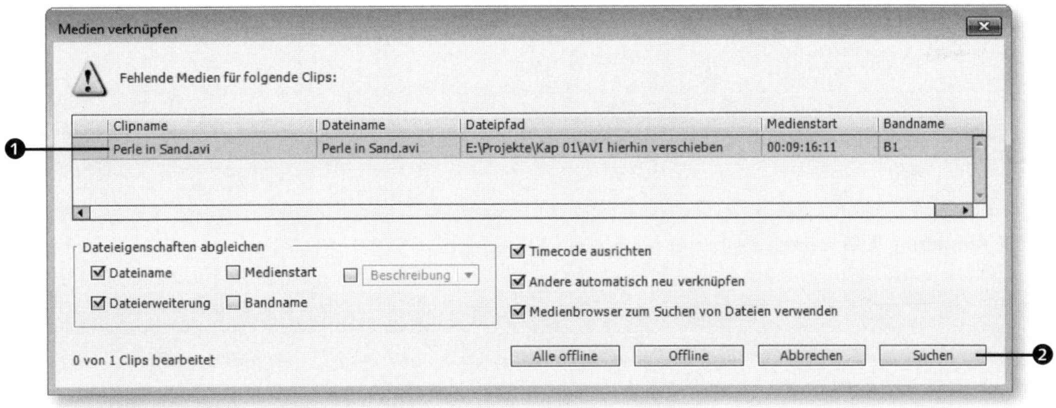

▲ **Abbildung 1.12** Premiere Pro erkundigt sich nach dem Verbleib einer Videodatei (hier PERLE IN SAND.AVI ❶).

Das kann sogar passieren, während Premiere Pro geöffnet ist. Die Anwendung reagiert sofort, wenn sich ein Pfad nicht wiederherstellen lässt. In diesem Fall ist Folgendes zu tun: Klicken Sie auf SUCHEN ❷ und navigieren Sie über den daraufhin erscheinenden Dialog zu dem Speicherort, an dem sich die vermissten Assets befinden. Prüfen Sie jetzt genau, *welche* Datei aktuell vermisst wird. Wenn Sie nicht sicher sind, oder einfach zu viele potentielle Resultate angeboten werden, aktivieren Sie die Checkbox NUR EXAKTE NAMENSÜBEREINSTIMMUNGEN ANZEIGEN ❸ (siehe Abbildung 1.13). Markieren Sie das gesuchte Asset, und betätigen Sie OK.

Sobald das erledigt ist, wird Premiere Pro mit der Neuverknüpfung beginnen – und dabei nicht nur das markierte Asset berücksichtigen, sondern alle, die sich im gleichen Verzeichnis befinden. Sie müssen also nicht jede Datei einzeln neu einbinden. Würden auch noch Dateien aus anderen Ordnern vermisst, würde sich der Dialog abermals selbstständig öffnen und erneut nach einer vermissten Datei fragen.

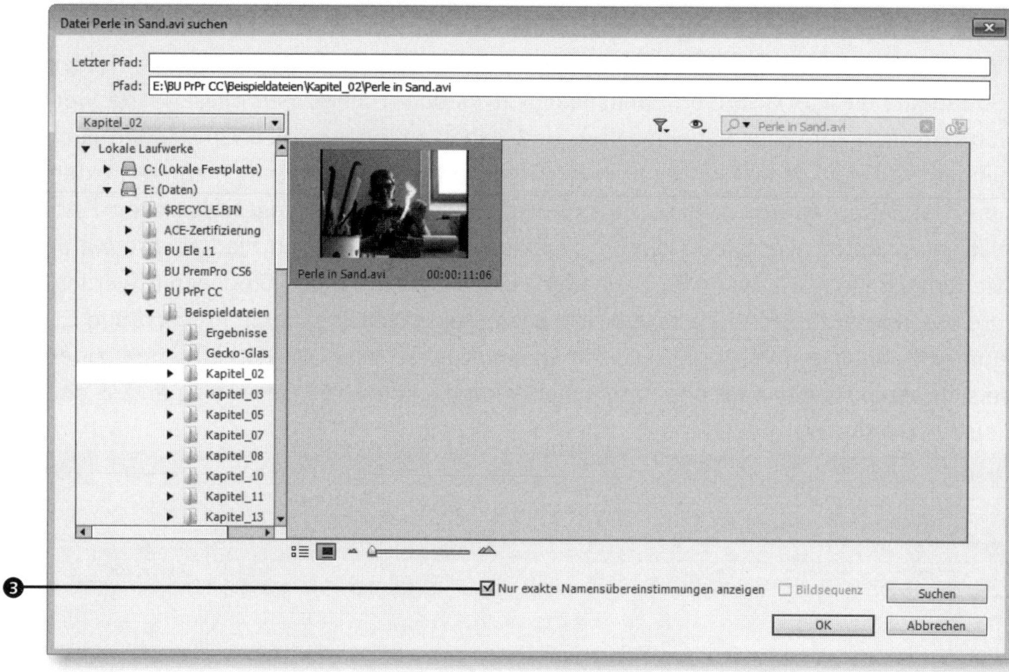

▲ **Abbildung 1.13** Zuletzt bleibt nur noch »ein« Asset übrig.

Projekte archivieren

Möglicherweise wollen Sie ein Projekt komplett mit allen Assets verschieben. Das lässt sich prima realisieren, indem Sie im Menü DATEI den Eintrag PROJEKTMANAGER wählen. Welche Einstelloptionen in diesem Zusammenhang wichtig sind, erfahren Sie in Kapitel 12, »Export«.

Alternative: Keine Unterordner | Das Erzeugen von Unterordnern innerhalb des Projektordners dient natürlich der besseren Orientierung. Wer es aber weniger »ordentlich« mag, ist in einer Hinsicht klar im Vorteil: Er muss sich um unterschiedliche Verknüpfungen keine Sorgen machen. Wenn Sie also sämtliche Filme, Clips, Bilder und Sounds direkt in den Ordner befördern, der auch Ihr Premiere-Pro-Projekt beherbergt, wird Ihre Schnitt-Software die Verknüpfung zu allen verwendeten Dateien jederzeit mit einer einzelnen Aktion wiederherstellen können – egal, wohin Sie den Ordner verschieben. Das ist zwar nicht gerade chic, aber in Sachen Dateiverknüpfung die unkomplizierte Variante.

1.2.5 Helle Arbeitsoberfläche

An dieser Stelle noch ein vorgezogener Hinweis. Standardmäßig kommt Premiere Pro mit einer dunklen Arbeitsoberfläche daher. Das ist auch gut so. Dennoch haben wir uns dafür entschieden, eine helle Oberfläche einzustellen (damit die Abbildungen in diesem Buch besser zu erkennen sind). Wenn Sie diese Einstellung ebenfalls wünschen, gehen Sie auf BEARBEITEN/PREMIERE PRO • VOREINSTELLUNGEN • AUSSEHEN, und ziehen Sie den Regler HELLIGKEIT ganz nach rechts, ehe Sie den Dialog mit OK verlassen. Wem das zu hell ist, klickt anschließend im erwähnten Dialog wieder auf STANDARD (weitere Infos zur Oberfläche finden Sie in Kapitel 3, »Arbeitsoberfläche kennenlernen und bedienen«).

◀ **Abbildung 1.14** Die helle Oberfläche ist für die Abbildungen im Buch besser geeignet. Für die tägliche Arbeit ist das dunkle Interface jedoch vorzuziehen.

1.2.6 Medien-Cache

Neben anderen Adobe-Anwendungen verfügt auch Premiere Pro über eine sogenannte Medien-Cache-Datenbank. Hier werden Dateien abgelegt, die speziell zur Verarbeitung Ihrer Assets mit Premiere Pro benötigt werden (z. B. angepasste Sounddateien). Hier sammeln sich je nach Projektgröße unter Umständen riesige Datenmengen an. Nun möchte man diese Mengen meist nicht irgendwo auf dem Rechner liegen haben, sondern selbst bestimmen, wo diese archiviert werden.

Dazu ein Beispiel: Ich benutze auf meinem Windows-Rechner eine sehr schnelle, aber kleine Festplatte für Betriebssystem und Adobe-Anwendungen. Auf einer anderen, großen Festplatte, die Normalgeschwindigkeit erreicht, archiviere ich sämtliche Assets und installiere weitere Programme. Nun können Sie sich vorstellen, dass es mir gar nicht recht ist, die kleine, schnelle Festplatte mit Medien-Cache-Daten zu überladen. Genau das ist aber standardmäßig der Fall, sofern Sie nicht eingreifen. Navigieren Sie einmal über den Explorer dorthin, um die Größe des Ordners anzeigen zu lassen. Deswegen sollten Sie im Bedarfsfall auf BEARBEITEN/PREMIERE PRO • VOREINSTELLUNGEN • MEDIEN gehen und sich den SPEICHERORT im Frame MEDIEN-CACHE-DATENBANK ansehen. Gefällt Ihnen der Ort nicht, ändern Sie ihn über die Taste DURCHSUCHEN. Über BEREINIGT könnten Sie diesen auch manuell leeren.

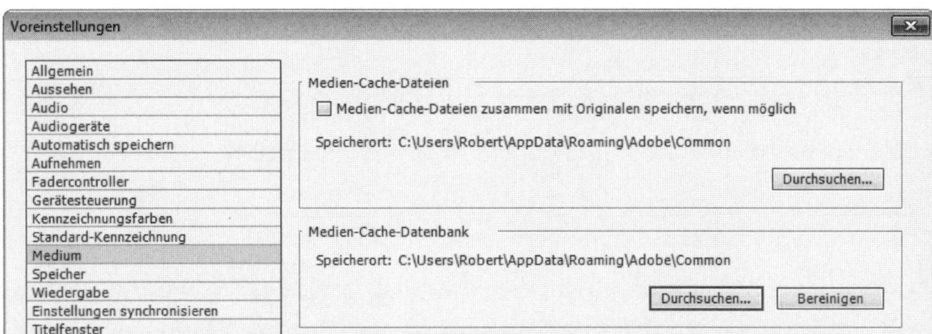

▲ **Abbildung 1.15** Dieser Speicherort ist unter Umständen gar nicht gewünscht. Verlegen Sie die Cache-Daten in diesem Fall auf eine andere Festplatte.

AppData

Der Ordner AppData ist unter Windows standardmäßig nicht zu finden, da es sich dabei um einen versteckten Ordner handelt. Wenn das bei Ihnen auch der Fall ist, gehen Sie zunächst über Start • Systemsteuerung • Ordneroptionen • Ansicht. Im Bereich Erweiterte Einstellungen scrollen Sie ganz nach unten und aktivieren den Radiobutton Ausgeblendete Dateien, Ordner und Laufwerke anzeigen.

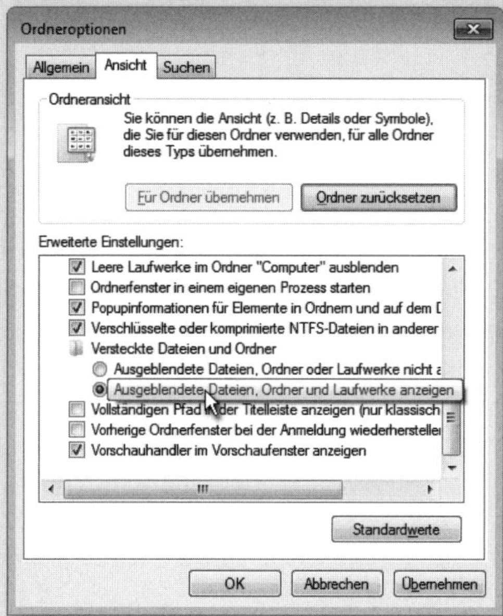

◂ **Abbildung 1.16** Um den angegebenen Pfad einstellen zu können, müssen vorab sämtliche Ordner sichtbar gemacht werden.

Und Action! | Wie dem auch sei – jetzt wollen wir einsteigen und mit der Arbeit beginnen. Damit Sie auf die Schnelle einen ersten Eindruck davon bekommen, wie das Ganze so abläuft, werden Sie im nächsten Kapitel gleich einmal ein komplettes (wenn auch kleines) Filmchen zusammenstellen. Viel Spaß dabei.

2 Blind Date – Schnellstart mit einem ersten Projekt

Wenn Sie Premiere Pro zum ersten Mal öffnen, wollen Sie wahrscheinlich gleich loslegen. Logisch – ist das Interesse auf das, was kommt, doch viel zu groß. Also wollen wir nicht lange rumtrödeln, sondern gleich einsteigen und das versprochene Filmchen zusammenstellen. Bitte machen Sie sich hier noch keine Gedanken über das »Warum« der einen oder anderen Aktion. Die Hintergründe und die technischen Feinheiten werden in den anschließenden Kapiteln vertieft. Hier geht es lediglich um eine erste Kontaktaufnahme. Sie haben also sozusagen ein »Blind Date« mit Premiere Pro. In diesem Kapitel finden Sie Antworten auf die folgenden Fragen:

- Wie erstelle ich ein Projekt?
- Welche Projekteinstellungen werden benötigt?
- Wie werden Clips sortiert und verarbeitet?
- Wie wird im Schnittfenster schnell geschnitten?
- Wie kann ich Überblendungen einbauen?
- Wie wird ein Video ausgegeben?

2.1 Ein Film in 20 Minuten

Ziel dieses Kapitels ist es, einen etwa 45 Sekunden langen Film zu erstellen. Nicht viel – für den Einstieg sollte es aber reichen. Sie wollen sich das Ergebnis vorab ansehen? Kein Problem. Öffnen Sie den Ordner Ergebnisse auf der beiliegenden DVD, und sehen Sie sich »Perlen.avi« an.

Helligkeit der Oberfläche anpassen

Wie Sie bereits im vorangegangenen Kapitel erfahren haben, ist die dunkle Arbeitsoberfläche zum Arbeiten bestens geeignet. Die Abbildungen dieses Buches lassen sich jedoch bei heller Arbeitsoberfläche viel besser erkennen. Falls Sie auch auf hell wechseln wollen, hier noch einmal die erforderlichen Schritte: Betätigen Sie Bearbeiten/Premiere Pro • Voreinstellungen • Aussehen. Dort ziehen sie dann den Schieberegler Helligkeit nach rechts und bestätigen anschließend mit OK. Wenn Sie später doch wieder zum dunklen Ton zurückkehren wollen, müssen Sie in diesem Dialog lediglich auf Standard klicken und auch diese Aktion dann mit OK abschließen.

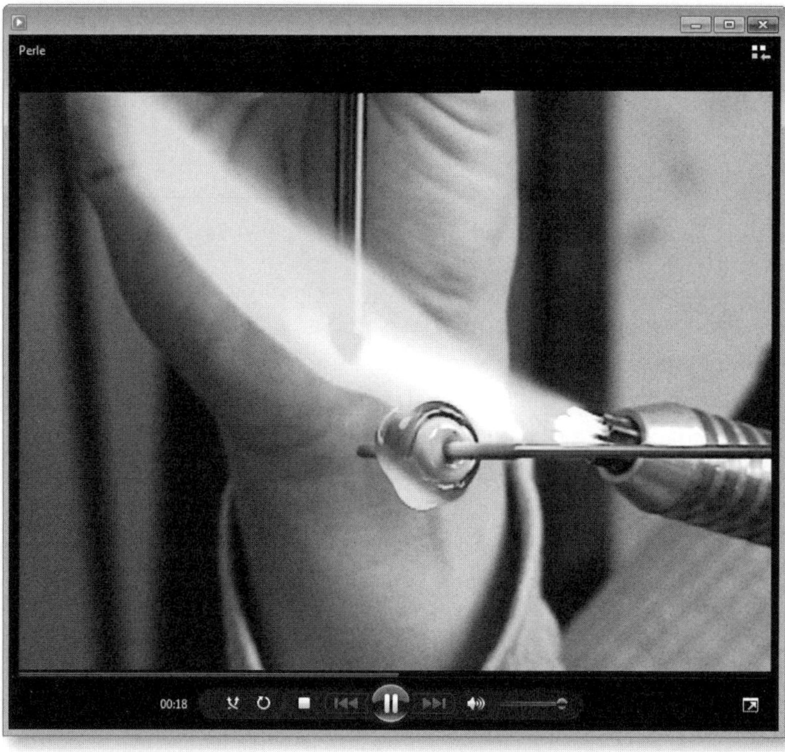

▲ **Abbildung 2.1** Wenn Sie den Inhalt des Films kennen, geht die spätere Montage leichter von der Hand.

2.1.1 Assets importieren

Zu Beginn jeder Arbeit mit Premiere Pro steht das Erstellen einer neuen Arbeitsdatei. Danach können die sogenannten **Assets** hinzugefügt werden. Damit gemeint sind sämtliche Dateien, die Premiere Pro verarbeiten kann. Das Importieren solcher Assets steht natürlich immer zu Beginn eines Projekts an. Das wollen wir im folgenden Workshop auch erledigen.

Schritt für Schritt: Assets importieren

Nach dem Start der Anwendung wartet Premiere Pro mit einem Startbildschirm auf. Sollte hingegen bereits ein Projekt geöffnet sein, wählen Sie DATEI • PROJEKT SCHLIESSEN, oder betätigen Sie [Strg]/[cmd]+[⇧]+[W]. Der Startbildschirm erscheint.

1 *Neues Projekt erstellen*

Im Startbildschirm können Sie auf bereits vorhandene Projekte zugreifen (Liste ZULETZT VERWENDETES ELEMENT ÖFFNEN) oder direkt mit einem neuen Projekt beginnen. Wählen Sie daher ein NEUES PROJEKT.

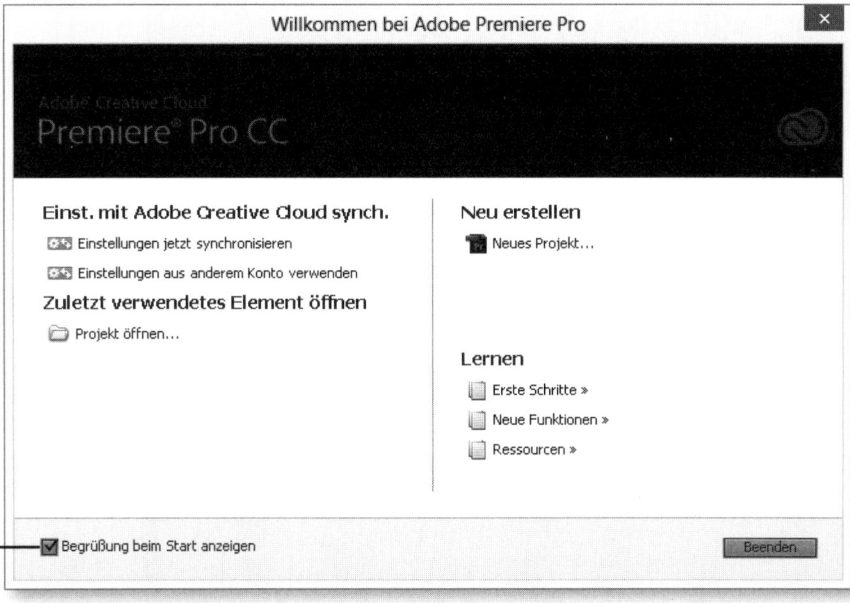

▲ **Abbildung 2.2** Oben rechts wählen Sie NEUES PROJEKT aus, um mit einer neuen Arbeitsdatei zu beginnen.

Begrüßung deaktivieren

Bevor Sie auf NEUES PROJEKT klicken, könnten Sie die Checkbox ❶ unten links deaktivieren. Das hätte dann zur Folge, dass der Willkommen-Dialog fortan ausbleibt. Stattdessen würde das zuletzt bearbeitete Projekt geöffnet. Wer nach der Deaktivierung plötzlich doch Sehnsucht nach diesem Dialog hat, kann unter BEARBEITEN/PREMIERE PRO • VOREINSTELLUNGEN • ALLGEMEIN das Listenfeld BEIM START anwählen und dort wieder auf BEGRÜSSUNGSBILDSCHIRM ANZEIGEN zurückgehen.

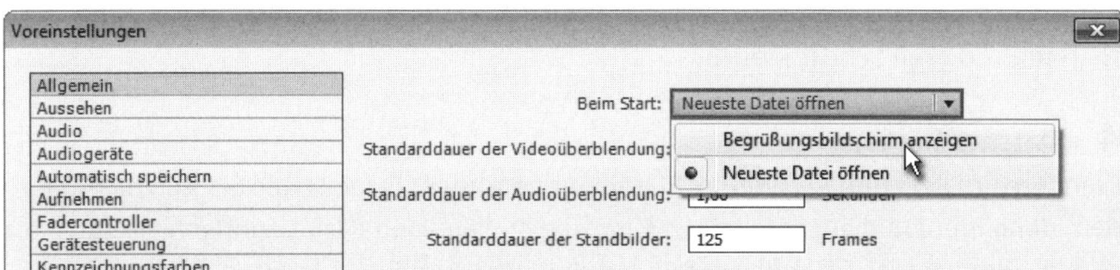

▲ **Abbildung 2.3** Mit dieser Einstellung geht es zurück zur Begrüßung.

2 *Namen und Speicherort festlegen*

Im folgenden Dialog werden Sie aufgefordert, das Projekt zu benennen und einen Speicherort zuzuweisen. Tragen Sie ganz oben im Eingabefeld NAME bitte die gewünschte Projektbezeichnung ein (hier: *Schnelleinstieg*) und klicken sie anschließend auf DURCHSUCHEN. Hierüber legen Sie den gewünschten Speicherort für die Projektdatei fest. Zuletzt bestätigen Sie mit Klick auf OK.

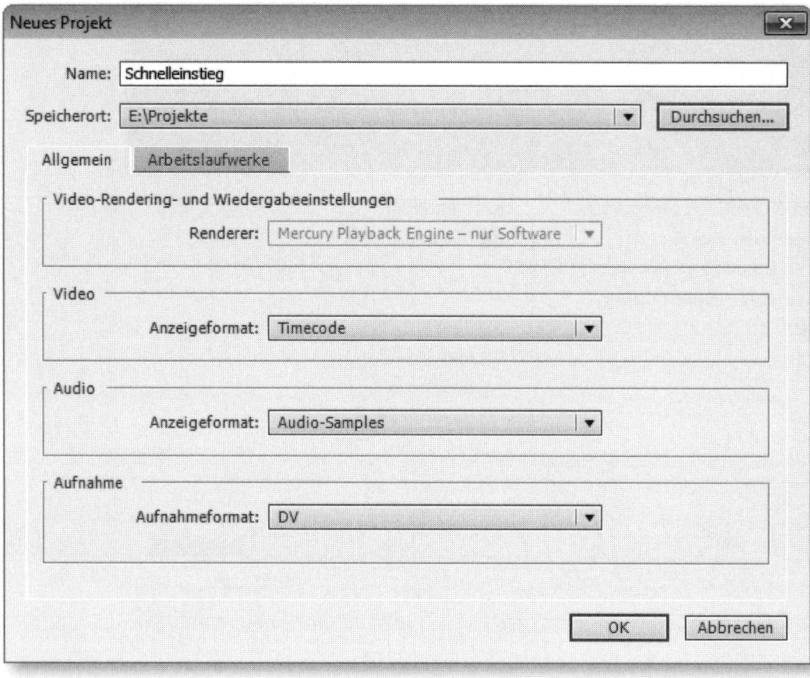

▲ **Abbildung 2.4** Legen Sie Namen und Speicherort fest.

3 *Optional: Neue Sequenz erstellen*

Neu in Premiere Pro CC ist, dass nun nicht mehr automatisch Sequenzeinstellungen angeboten werden. Diese Neuerung macht durchaus Sinn, da Sie sich zunächst ohnehin um den Import der zu verwendenden Dateien kümmern sollten. Wer die Vorgehensweise aus Versionen vor Premiere Pro CC jedoch partout beibehalten möchte, könnte nun Strg/cmd+N betätigen oder sich für Datei • Neu • Sequenz entscheiden. Wir sparen uns diesen Schritt jedoch.

4 *Dateien kopieren*

Premiere Pro liegt nun in all seiner Schönheit vor Ihnen. Doch lassen Sie sich nicht blenden, denn immerhin gilt es ja, einen Film zu erstellen. Und dazu benötigen Sie zunächst einmal Filmmaterial. Es befindet sich auf der DVD zum Buch. So weit, so gut.

Nicht so gut ist es jedoch, mit Dateien zu arbeiten, die sich noch auf einem Wechseldatenträger befinden. Die Laufwerke erbringen nicht die für eine optimale Bearbeitung notwendige Leistung. Außerdem ginge dann in Zukunft nie mehr etwas ohne die Rohdaten-DVD. Deshalb sollten Sie vorab Premiere Pro minimieren. Ziehen Sie den Ordner Kapitel_02 auf Ihre Festplatte. Am besten wird es sein, Sie verwenden den gleichen Ordner, der Ihr soeben erzeugtes Projekt beherbergt (Projekte) So erhalten Sie zudem einen Überblick darüber, welche Arbeiten Premiere Pro zwischenzeitlich für Sie erledigt hat.

Ordner umbenennen

Es ist überhaupt nichts dagegen einzuwenden, den Ordner Kapitel_02 im Anschluss an dessen Import umzubenennen. Vielleicht ist Ihnen ja der Name Rohmaterial oder etwas Ähnliches lieber. Sie sollten das jedoch nicht erst erledigen, nachdem Sie die Dateien in Premiere Pro eingebettet haben (siehe nächste Schritte). In diesem Fall stimmen nämlich die Verknüpfungen nicht mehr überein und müssten repariert werden. Weitere Infos zur Reparatur von Verknüpfungen finden Sie in Abschnitt 1.2.4, »Projektverknüpfungen reparieren«.

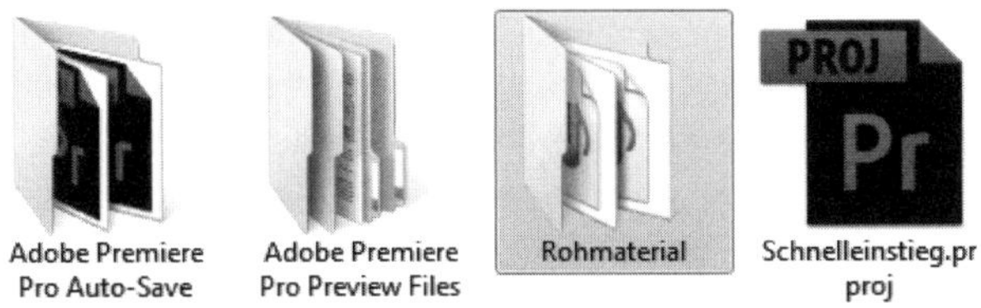

◂ **Abbildung 2.5** So sollte jetzt der Inhalt des Projektordners aussehen (inklusive des in Rohmaterial umbenannten Ordners Kapitel_02).

Auto-Save-Ordner

Der Ordner Adobe Premiere Pro Auto-Save ist zu Beginn noch nicht existent. Dieser wird erst nach 15 Minuten erzeugt, wenn das Projekt erstmals automatisch nachgespeichert wird. Sollte er also bei Ihnen noch nicht zu sehen sein, gedulden Sie sich bitte noch ein Viertelstündchen.

5 *Dateien bereitstellen*

Danach können Sie wieder zu Premiere Pro wechseln und die Assets importieren. Dazu müssen Sie einen Doppelklick in einen freien Bereich des Projektfensters unten links (außerhalb der Fläche Sequenz 01) setzen. Alternativ könnten Sie auch Datei • Importieren wählen oder sich der Tastenkombination Strg/cmd+I bedienen.

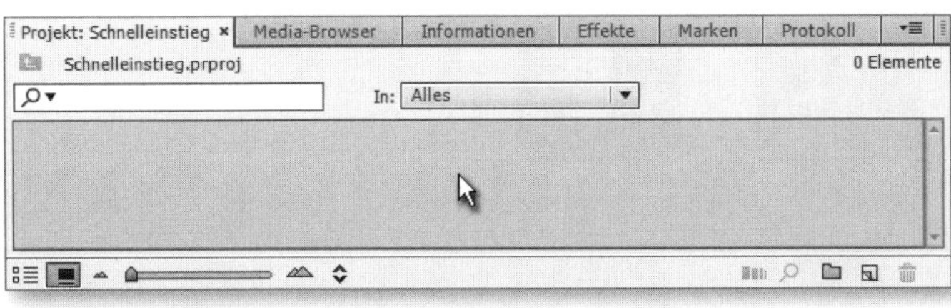

▴ **Abbildung 2.6** Doppelt in den freien Bereich geklickt, und schon wartet der Importieren-Dialog auf Sie.

Es öffnet sich der Importieren-Dialog. Navigieren Sie im in diesem Dialog zum soeben übertragenen Ordner (er heißt ja jetzt Rohmaterial – siehe vorletzten Kasten). Markieren Sie ihn mit einem einfachen Mausklick, und betätigen Sie anschließend die Schaltfläche Ordner importieren ❶ (siehe Abbildung 2.7 auf Seite 46).

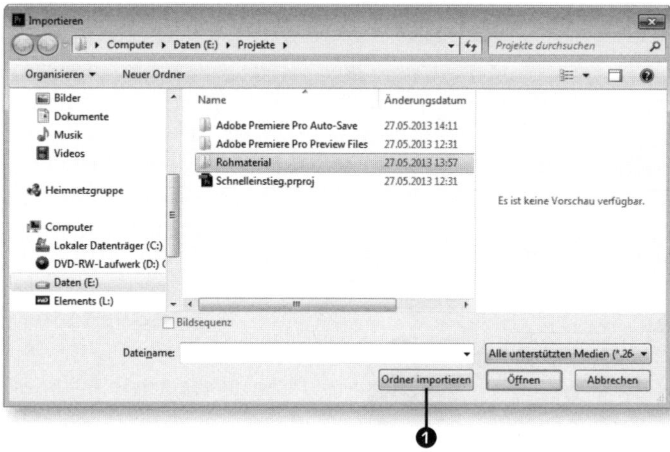

◂ **Abbildung 2.7** Der Ordner muss nicht geöffnet werden – zumindest dann nicht, wenn Sie seinen gesamten Inhalt importieren wollen.

6 *Ordner öffnen*

Der Ordner befindet sich jetzt im Bedienfeld PROJEKT: SCHNELLEINSTIEG von Premiere Pro. Damit Sie aber nun auch Zugriff auf die einzelnen Assets bekommen, sollten Sie den Ordner ROHMATERIAL doppelklicken. Die Folge: Es öffnet sich ein Fenster (eine sogenannte Ablage) mit dem Titel ROHMATERIAL. Und darin sehen Sie dann auch sämtliche Assets. Achten Sie bitte darauf, dass Sie innerhalb der Zeile nicht auf den Namen klicken. Das würde nämlich dazu führen, dass Sie den Ordner umbenennen können.

Dieses Fenster können Sie übrigens jederzeit wieder schließen, ohne dass Sie den Verlust von Arbeitsschritten, Daten oder Assets befürchten müssen. Die Ablage dient lediglich als Referenz.

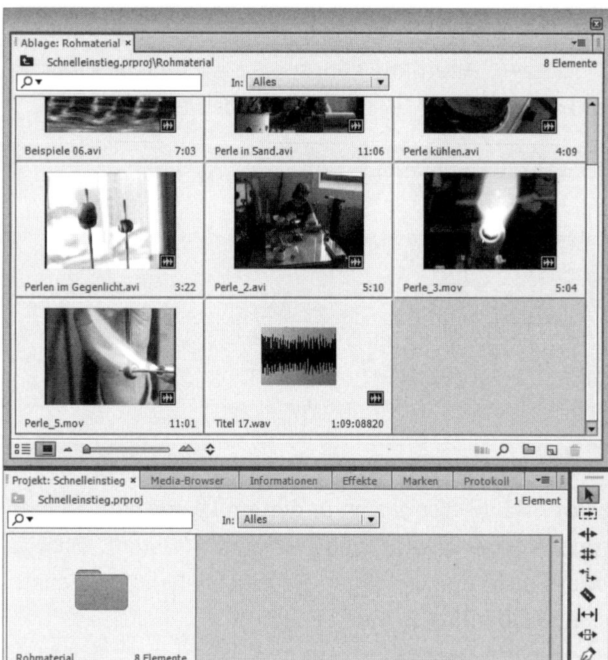

◂ **Abbildung 2.8** Sämtliche Assets des Ordners sind jetzt zu sehen.

2.1.2 Storyboard erstellen

Innerhalb der soeben geöffneten Ablage sind die Dateien natürlich noch nicht so angeordnet, wie wir das gerne hätten. Also müssen diese sortiert werden.

Schritt für Schritt: Dateien im Projektfenster sortieren

Sortieren? Irgendwie klingt das nicht sonderlich professionell, oder? Man kann vielleicht Fotos in einem Schuhkarton sortieren, aber bestimmt keine professionelle Editing-Software damit bedienen. Aus diesem Grund sprechen wir ab sofort nur noch von »Storyboard erstellen«. Das ist zwar im Prinzip das Gleiche, hört sich aber tausendmal besser an – und ist zudem die korrekte Bezeichnung.

Ansicht umschalten

Wenn Sie unten links auf LISTENANSICHT ❷ umschalten, erhalten Sie innerhalb des Fensters zwar mehr Übersicht, jedoch lassen sich die einzelnen Assets dann nicht mehr verschieben. Deshalb bleiben Sie auf SYMBOLANSICHT ❸.

1 *Ausschnitt vergrößern*

Zum Sortieren von Clips ist das Fenster jetzt vielleicht etwas zu klein. Setzen Sie den Mauszeiger deshalb auf einen der Ränder des Fensters, und skalieren Sie es mit gedrückter linker Maustaste entsprechend Ihren Wünschen. Sie sollten dafür sorgen, dass sich unterhalb der Miniaturen eine große leere Fläche zeigt.

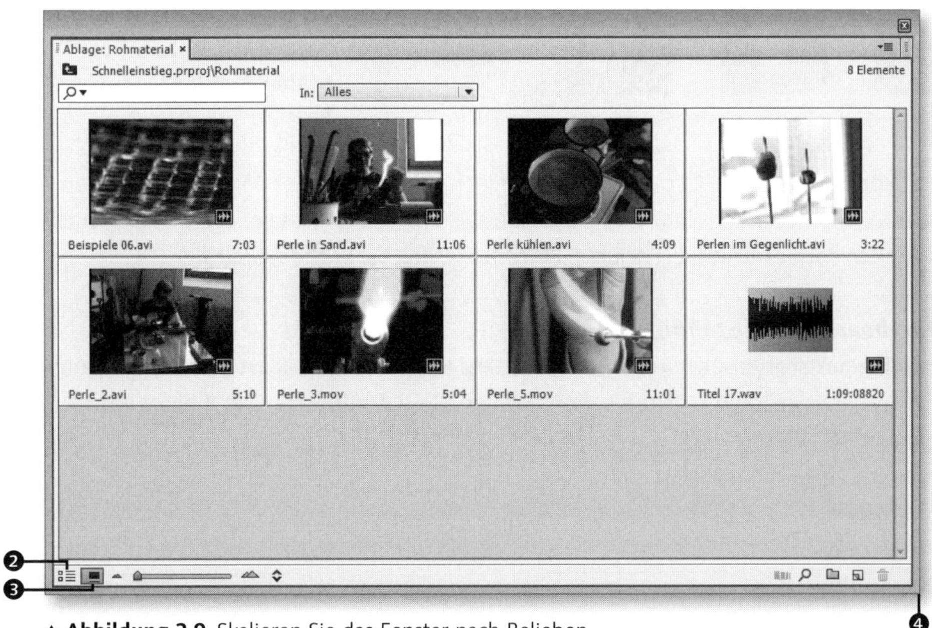

▲ **Abbildung 2.9** Skalieren Sie das Fenster nach Belieben.

Eckpunkte ziehen

Wenn Sie zwei Fensterseiten gleichzeitig skalieren wollen, bewegen Sie den Mauszeiger an den unteren rechten Eckpunkt ❹ (siehe Abbildung 2.9). Sie erhalten einen Doppelpfeil und können beide Schenkel des Fensters gleichzeitig verziehen.

2 *Clips verschieben*

Zwar müssen die Clips noch geschnitten werden, doch lässt sich deren Abspielreihenfolge schon jetzt festlegen. Dazu können Sie die Miniaturen per Drag & Drop an die gewünschte Position bringen. So soll beispielsweise »Perlen im Gegenlicht.avi« als zweiter Clip (nach »Beispiele 06.avi«) abgespielt werden. Ziehen Sie ihn deshalb mit gedrückter linker Maustaste zwischen Clip 1 und Clip 2. Die richtige Stelle ist gefunden, wenn ein senkrechter schwarzer Balken zwischen den beiden erscheint. Rechts daneben befindliche Clips machen artig Platz, sobald Sie die Maustaste loslassen.

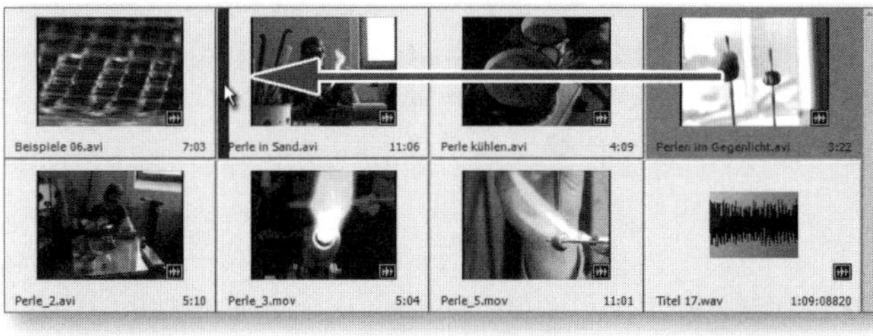

◂ **Abbildung 2.10** Ziehen Sie das Asset an die gewünschte Position.

◂ **Abbildung 2.11** Der Clip ist eingereiht.

Genauso könnten Sie den Clip auf die freie Fläche unterhalb der Miniaturen ziehen – also dorthin, wo sich noch kein Clip befindet. Sie sehen: Die Ablage erweist sich nicht nur als Archiv, sondern fungiert auch als intuitiv gestaltbares Storyboard.

3 *Storyboard vervollständigen*

Gestalten Sie das Storyboard nun weiter aus, und legen Sie fest, in welcher Reihenfolge die Clips später abgespielt werden sollen. Stellen Sie die folgende Clip-Folge her:

- »Beispiele 06.avi«
- »Perlen im Gegenlicht.avi«
- »Perle_2.avi«
- »Perle_3.mov«
- »Perle_5.mov«
- »Perle in Sand.avi«

- »Perle kühlen.avi«
- »Titel 17.wav«

◀ **Abbildung 2.12** Stellen Sie diese Clip-Reihenfolge her.

4 *Clips duplizieren*

Den Clip »Perlen im Gegenlicht.avi« benötigen wir zweimal. Er soll nämlich am Schluss unseres Videos erneut auftauchen. Deshalb markieren Sie ihn (auch hier bitte nicht auf den Namen, sondern auf das Bildchen klicken), und drücken Sie anschließend Strg/cmd+C. Es ist natürlich nichts dagegen einzuwenden, wenn Sie alternativ über das Menü gehen und BEARBEITEN • KOPIEREN wählen. Drücken Sie anschließend Strg/cmd+V, oder entscheiden Sie sich für BEARBEITEN • EINFÜGEN. Das Duplikat springt übrigens automatisch an das Ende des Storyboards.

Per Drag & Drop kopieren

Noch einfacher geht das Kopieren übrigens, indem Sie die Miniatur anklicken, Strg/cmd gedrückt halten und das Duplikat an eine freie Stelle ziehen. Dort lassen Sie dann zunächst die Maustaste und anschließend Strg/cmd wieder los.

5 *Clip positionieren*

Bevor Sie fortfahren, ziehen Sie den soeben kopierten Clip noch an die letzte Stelle der Videos (also vor »Titel 17.wav«). Kontrollieren Sie die Clip-Reihenfolge.

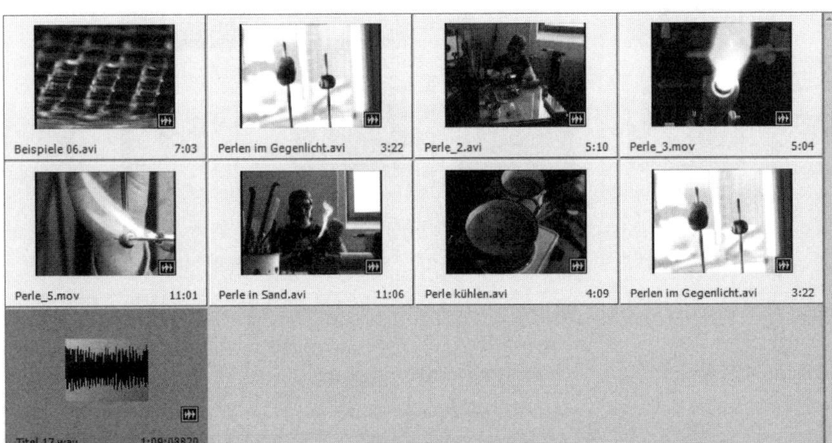

▲ **Abbildung 2.13** Wenn Sie ein Asset mehrfach benötigen, kopieren Sie es einfach.

2.2 Clips im Schnittfenster bearbeiten

Damit wäre die eigentliche Vorarbeit geleistet, und wir können mit dem Schneiden des Videos beginnen. Zwar könnte die Länge eines jeden Clips bereits im Projektfenster definiert werden, doch diese Technik schauen wir uns später an. Machen Sie sich die Möglichkeit zunutze, Clips im Schnittfenster zu kürzen.

Schritt für Schritt: Clips in das Schnittfenster stellen

Die Videos müssen zunächst in ein sogenanntes Schnittfenster (auch Sequenzfenster) integriert werden. Nur was sich dort befindet, wird später auch Bestandteil des Films sein. Danach können die einzelnen Clips dort angepasst werden.

1 *Ablage markieren*

Sicher ist Ihnen schon der orangefarbene Rahmen an den einzelnen Fenstern aufgefallen (sollten Sie mit einer hellen Oberfläche arbeiten, wie hier im Buch, ist dieser blau). Mit dieser Markierung hat es eine besondere Bewandtnis. Denn Premiere Pro stellt eine Fülle von Fenstern zur Verfügung, doch können Sie de facto immer nur in einem davon arbeiten – und dieses Fenster muss markiert sein. Sollte der Rahmen im überlagernden Fenster ABLAGE: ROHMATERIAL nicht sichtbar sein, klicken Sie es einmal an. Wo Sie den Mausklick hinsetzen, ist dabei egal. Sie können auch auf die Kopfleiste des Fensters klicken. Wichtig ist nur, dass am Ende der Rahmen ❶ sichtbar ist.

▲ **Abbildung 2.14** Das überlagernde Fenster muss mit einem dünnen Rahmen versehen sein (zur besseren Ansicht wird der Rahmen hier verstärkt dargestellt).

2 *Timeline bestücken*

Drücken Sie anschließend die Tastenkombination [Strg]/[cmd]+[A], um alle in der Ablage befindlichen Dateien zu markieren. Nun klicken Sie auf einen beliebigen Videoclip (nicht auf die Audiodatei Titel 17.wav), halten die Maustaste gedrückt und ziehen alle Clips auf das Blattsymbol NEUES OBJEKT ❷ rechts unten im Ablage-Bedienfeld. Dort angelangt, lassen Sie los.

▲ **Abbildung 2.15** So lässt sich auf komfortable Weise eine neue Sequenz erzeugen.

3 *Sequenz umbenennen*

Schauen Sie einmal auf das nun letzte Symbol innerhalb der ABLAGE: ROHMATERIAL. Hier finden Sie BEISPIELE 06.AVI. Hierbei handelt es sich nicht, wie man vermuten könnte, um einen AVI-Clip, sondern um eine neue Sequenz. Diese ist nämlich durch das Fallenlassen der Clips auf dem Blattsymbol entstanden. Den Namen hat Premiere Pro vergeben, weil dies der erste Clip innerhalb der Ablage gewesen ist. Zwar kann man Clips und Sequenzen schon allein am Symbol erkennen, dennoch sollten Sie das gute Stück umbenennen. Der Name ist irreführend. Klicken Sie zweimal hintereinander auf die Bezeichnung BEISPIELE 06.AVI. Machen Sie keinen Doppelklick, da Sie damit nichts erreichen würden. Der erste Klick markiert vielmehr das Sequenz-Objekt, der zweite wählt den Namen aus. Legen sie beispielsweise »Schnelleinstieg« als Namen fest, und klicken Sie danach in einen freien Bereich des Ablage-Bediensfeldes, damit das Sequenz-Asset abgewählt wird.

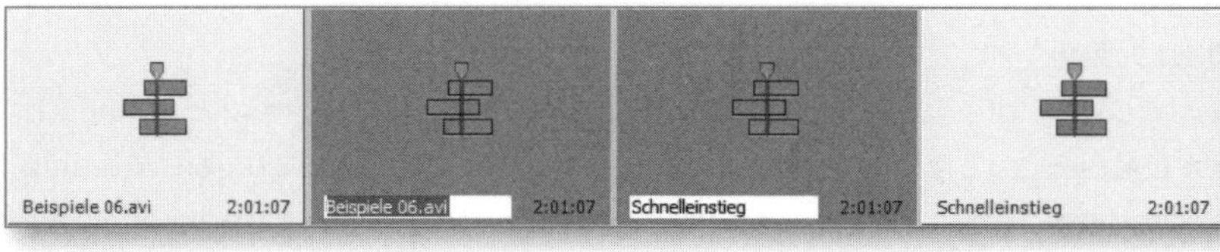

▲ **Abbildung 2.16** Die Sequenz soll einen anderen Namen bekommen.

4 *Ablage schließen*

Das war's. Die Ablage wird nun nicht mehr benötigt. Schließen Sie das überlagernde Fenster, da es bei der weiteren Arbeit nur hinderlich wäre.

Anordnung wird beibehalten

Nachdem Sie die Ablage geschlossen haben, ist diese keinesfalls auf ewig verloren. Doppelklicken Sie abermals den Ordner im Projektfenster, wird sich die zuvor geschlossene Ablage wieder öffnen. Die Reihenfolge der Assets ist dann immer noch die von Ihnen zuvor eingestellte.

5 *Einfügung kontrollieren*

Widmen Sie sich nun dem Schnittfenster unten rechts. Dort sind sämtliche Clips aneinandergereiht worden – und zwar in der Reihenfolge, die Sie zuvor via Storybord festgelegt haben. Natürlich könnten wir jetzt alles lassen, wie es ist. Das würde aber nur dazu führen, dass zunächst einige Videoclips und erst danach der Sound abgespielt würde. Achten Sie einmal auf »Titel 17.wav«. Hierbei handelt es sich um eine reine Sounddatei. Und die soll natürlich in dem Moment abgespielt werden, indem auch die Videos zu sehen sind.

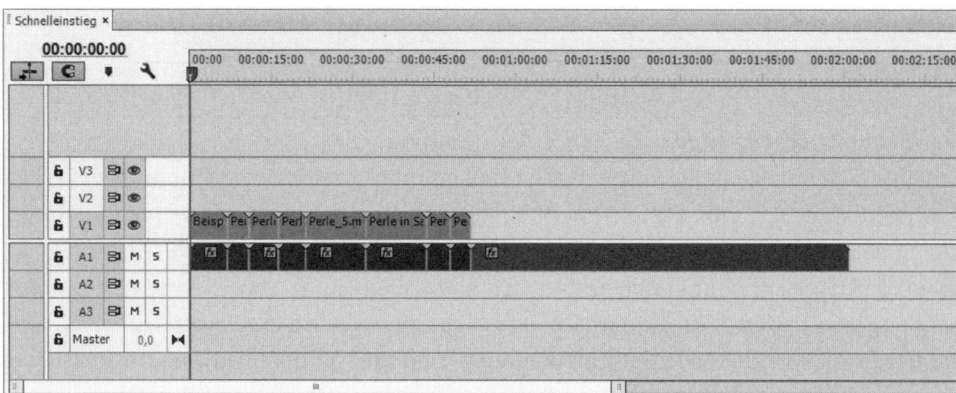

▲ **Abbildung 2.17** Videoclips sind übrigens blau, während Audioclips grün dargestellt werden.

6 *Audioclip neu positionieren*

Setzen Sie daher jetzt einen Mausklick auf die Sounddatei (innerhalb des Schnittfensters Schnelleinstieg), und ziehen Sie diese mit gedrückter linker Maustaste in die Spur A2 (für Audio 2). Achten Sie darauf, die Maustaste erst dann loszulassen, wenn sich am Anfang der Timeline eine vertikale schwarze Linie ❶ zeigt – stets Indiz dafür, dass das bewegte Asset am Anfang positioniert worden ist.

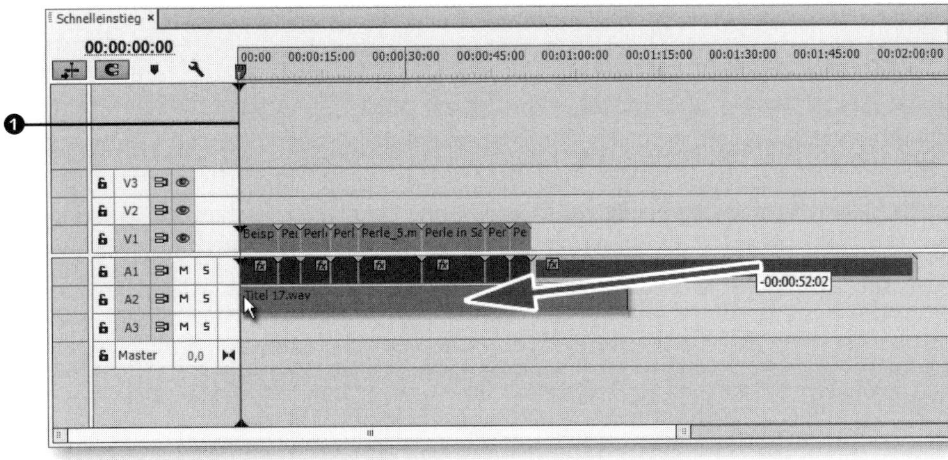

▲ **Abbildung 2.18** So sollte der Anfang des Schnittfensters jetzt aussehen.

7 *Projekt speichern*

Spätestens jetzt sollten Sie Ihr Projekt speichern, und zwar über [Strg]/[cmd]+[S] bzw. über DATEI • SPEICHERN. Zwar wird das Projekt von Premiere Pro alle 15 Minuten automatisch nachgesichert, jedoch ist das manuelle Zwischenspeichern nach wichtigen Schritten dringend zu empfehlen.

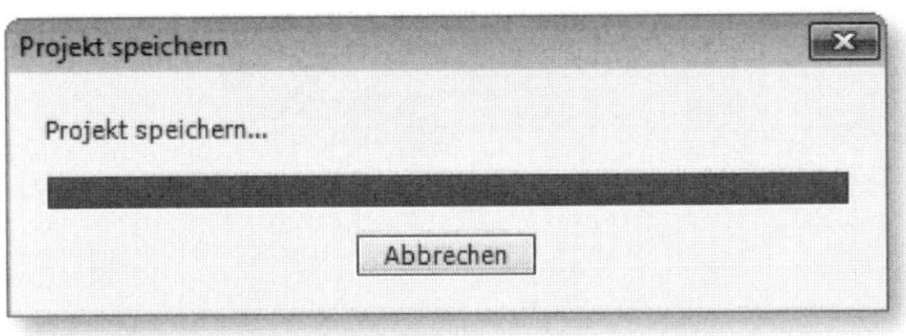

▲ **Abbildung 2.19** Nach wichtigen Schritten sollte das Projekt manuell gespeichert werden.

8 *Film abspielen*

Schauen Sie sich das vorläufige Ergebnis einmal an. So einiges ist noch nicht ganz stimmig und muss in den nächsten Schritten verbessert werden. Sie können das Video abspielen bzw. wieder anhalten, indem Sie die Leertaste betätigen. Achten Sie dabei auf die Bewegungen des *Abspielkopfes* (senkrechte rote Linie), auch *Abspielmarke* oder *Einfügemarke* genannt. Möchten Sie diese an den Anfang des Schnittfensters bringen, können Sie die Marke an deren Kopf per Drag & Drop bewegen, oder Sie drücken [Pos1] auf der Tastatur. Mac-User, die eine normale Apple-Tastatur verwenden (also nicht die kabellose Mini-Ausgabe der iMacs, die für einen adäquaten Videoschnitt ohnehin nicht zu empfehlen ist), drücken [↖].

Schritt für Schritt: Clips kürzen

Natürlich ist in Sachen Clip-Länge noch nichts unternommen worden. Sämtliche Assets liegen in Originallänge im Schnittfenster. Das wird jetzt geändert.

1 *Schnittfenster-Ansicht verändern*

Für die nächsten Arbeiten ist es besser, wenn Sie die Ansicht innerhalb des Schnittfensters etwas vergrößern, indem Sie das Pluszeichen auf der Tastatur (Achtung, nicht auf dem Ziffernblock!) drücken. Des Weiteren könnten Sie den linken Anfasser des unterhalb befindlichen Schiebereglers ❸ zum Vergrößern nach rechts schieben. Entsprechendes erreichen Sie durch Verschiebung des rechten Anfassers ❺ nach links. Mit Verschieben der Grifffläche ❹ ließe sich der gesamte Ausschnitt des Schnittfensters verstellen.

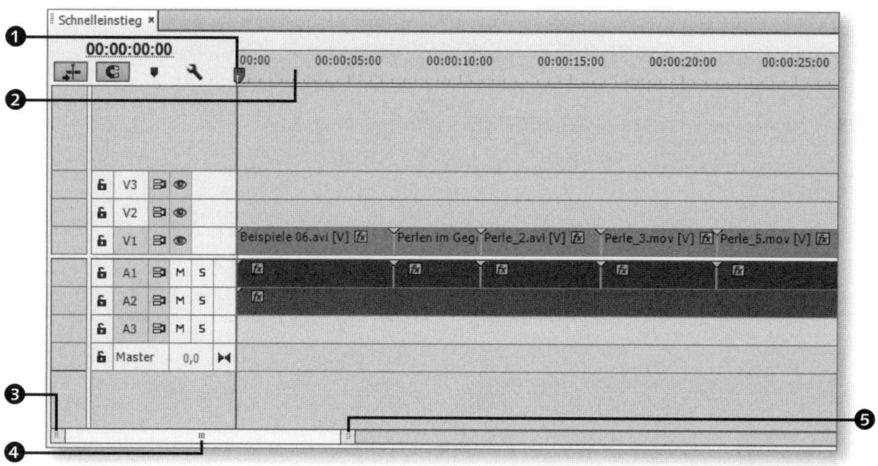

▲ **Abbildung 2.20** Die Darstellung der Clip-Länge kann gezoomt werden. Das hat natürlich keinerlei Einfluss auf die tatsächlichen Clip-Längen.

2 *Abspielkopf positionieren*

Zwischen dem zweiten und dritten Clip (also zwischen dem ersten Gegenlicht-Clip und »Perle_2.avi«) tauchen einige Bilder auf, die nicht hineingehören. Scrubben Sie doch einmal von Sekunde 10 (ablesbar an der Skala ❷ oben im Schnittfenster) bis 12 durch, indem Sie den Abspielkopf an dessen Anfasser ❶ nach rechts ziehen. Sie werden feststellen, dass die störenden Bilder vom Clip »Perlen im Gegenlicht.avi« herrühren.

Positionieren Sie die Marke auf dem letzten Bild, das noch die Perlen zeigt. Der Kontrolle dient Ihnen die Ansicht des Programmmonitors oben rechts. Dieser gibt nämlich stets die aktuelle Position des Abspielkopfes wieder. Zur exakten Positionierung können Sie auch [←] oder [→] betätigen, was zur Folge hat, dass die Abspielmarke jeweils ein Bild zurück oder eines nach vorne springt. Kontrollieren Sie die Position des Kopfes. Er sollte genau bei 00:00:10:16 ❻ oder ❼ stehen.

▲ **Abbildung 2.21** An Position 00:00:10:16 befindet sich das letzte relevante Einzelbild.

Scrubbing

Das Verschieben der Einfügemarke mit gedrückter linker Maustaste wird als **Scrubbing** (engl. für schrubben) bezeichnet. Hierbei bewegen Sie die Play-Funktion in Premiere Pro gewissermaßen von Hand und können so Einfluss auf die Geschwindigkeit der Wiedergabe und die anschließende Positionierung der Marke nehmen.

3 *Alternativ: Position ermitteln*

Alternativ können Sie den Abspielkopf auch positionieren, indem Sie die genaue Zeit angeben, an der sie im Film stehen soll. Oben links im Schnittfenster sehen Sie eine blaue Ziffernkombination ❼, die auffallend identisch mit jener oben im Programmfenster ❻ ist. Die Ziffernkombination entspricht optisch einem Timecode, obwohl damit nur die Position des Abspielkopfes wiedergegeben wird. Dabei gibt das erste Zahlenpärchen die Stunden, das zweite die Minuten, das dritte die Sekunden und das letzte – nein, nicht die Hundertstelsekunden, sondern die Frames wieder. Eine Sekunde besteht in diesem Projekt aus 25 Einzelbildern.

Wenn Sie eines dieser beiden Steuerelemente anklicken und die Zahl »1016« eingeben, wird dieser Wert übernommen, sobald Sie die [↵]-Taste des Nummernblocks betätigen (bitte nicht die Standard-[↵]-Taste benutzen, da das Video ansonsten abgepielt wird). Sie können die Eingabe übrigens auch mit Hilfe der Tasten Ihres Nummernblocks erledigen. Dann müssen Sie das Ziffern-Steuerelement vorab noch nicht einmal anklicken. Drücken Sie anschließend [↵], und zwar ebenfalls auf dem Nummernblock. Beachten Sie zudem die Hinweise im Kasten.

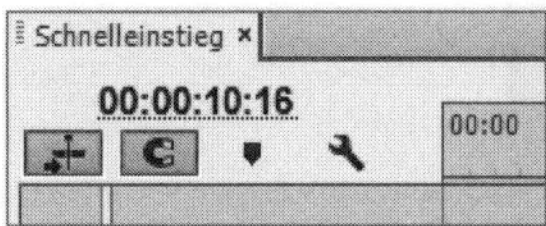

◂ **Abbildung 2.22** Mit den Ziffern wird die Position des Abspielkopfes festgelegt.

Clips zuvor abwählen!

So schön die Arbeit mit dem Nummernblock ist – eine Gefahrenquelle ist allgegenwärtig. Sollten Sie nämlich eine derartige Aktion ausführen, während ein Clip markiert ist, wird dieser an die eingegebene Position verschoben – und nicht die Einfügemarke. Wenn dieser Fauxpas unbemerkt bleibt, zerschießen Sie möglicherweise Ihr Projekt damit, da Clips jetzt verschoben werden. Vergewissern Sie sich also immer vor der Eingabe, dass wirklich kein Clip aktiv ist. Zur Abwahl des Clips betätigen Sie eine freie Position innerhalb der Timeline. Legen Sie erst anschließend die Position fest.

4 *Clip-Kürzung vorbereiten*

Bewegen Sie den Mauszeiger nun an das Ende des Clips »Perlen im Gegenlicht.avi«, und verweilen Sie dort einen Moment. Achten Sie darauf, dass der Mauszeiger zum roten Pfeil mit nach links geöffneter Klammer ❶ mutiert. Zudem sollte daneben eine Quick-Info zu sehen sein, die Aufschluss über Namen, Anfang und Ende des Clips im Schnittfenster und seine Dauer gibt ❷. Sollten Sie zu diesem Zeitpunkt noch keinen Mausklick ausgeführt haben – wenn diese Position erreicht ist und die Öffnung der Klammer tatsächlich nach links weist, liegen Sie goldrichtig. Falls erforderlich, vergrößern Sie die Ansicht zuvor noch etwas ([+]).

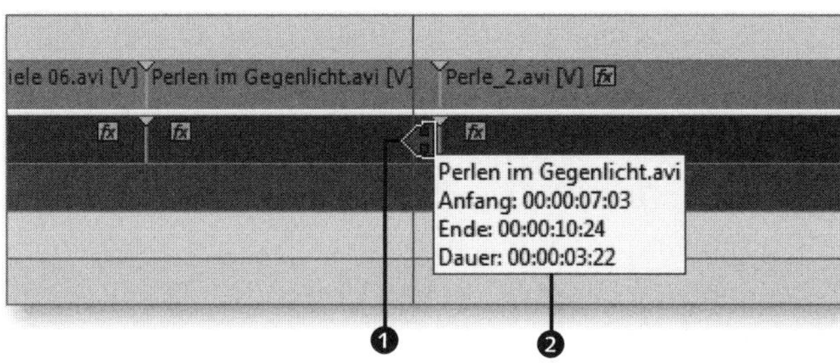

◂ **Abbildung 2.23** Die nach links geöffnete Klammer zeigt das Ende des linken Clips an.

5 *Clip kürzen*

Ist die Klammer nach rechts hin geöffnet, bedeutet das, dass Sie den Anfang von »Perle_2.avi« erwischt haben. Korrigieren Sie in diesem Fall die Position des Mauszeigers. Am Ende führen Sie einen Mausklick aus und ziehen das Ende des linken Clips nach links, bis Sie die rote Linie des Abspielkopfes erreicht haben. Lassen Sie die Maustaste anschließend los.

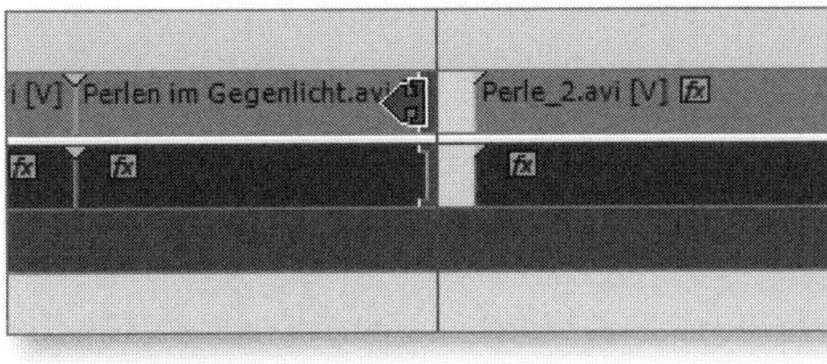

◂ **Abbildung 2.24** Der Clip wird gekürzt. Allerdings entsteht dabei eine Lücke.

6 *Lücke schließen*

Zu dumm, dass jetzt an der Stelle eine Lücke entstanden ist. Beim Abspielen des Films entstünden dort Schwarzbilder. Um das zu vermeiden, muss die Lücke geschlossen werden, indem Sie einen Rechtsklick in den freien Bereich setzen. Achten Sie darauf, dass Sie dabei weder das Ende des linken noch den Anfang des rechten Clips treffen. Andernfalls würde ein Dialogfenster geöffnet, und Sie müssten den Mausklick wiederholen. Bei korrekter Positionierung ist die Lücke markiert und nur ein einziger Eintrag im Kontextmenü zu sehen. Dieser heißt LÖSCHEN UND LÜCKE SCHLIESSEN und muss betätigt werden. Falls Sie Schwierigkeiten haben, den Punkt zu treffen, zoomen Sie ein wenig ein, und versuchen Sie es anschließend erneut.

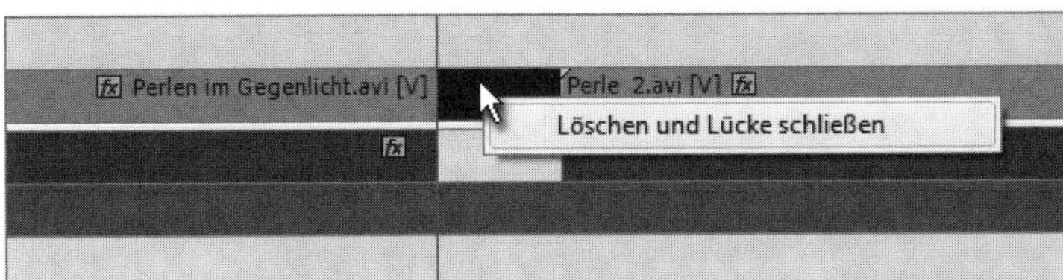

◂ **Abbildung 2.25** Die Lücke wird geschlossen.

Kürzen und gleichzeitig Lücke schließen

Hätten Sie beim Verziehen des Clip-Endes [Strg]/[cmd] festgehalten (die Taste muss vor dem Mausklick gedrückt werden), wäre die Lücke automatisch geschlossen worden. In diesem Fall hätten Sie als Mauszeiger übrigens einen gelben Pfeil bekommen. Wenn Sie es selbst einmal ausprobieren wollen, machen Sie die letzen beiden Schritte mit [Strg]/[cmd]+[Z] rückgängig. Nun halten Sie zuerst [Strg]/[cmd] gedrückt und führen erst danach den Mausklick aus. Nach der Verschiebung des Clip-Endes lassen Sie zuerst die Maustaste und danach [Strg]/[cmd] wieder los.

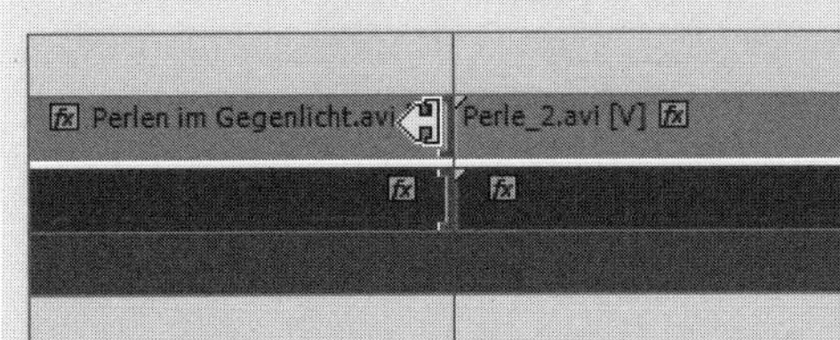

◂ **Abbildung 2.26** Die Kürzung des Clip-Endes sowie das Schließen der Lücke können in einem Arbeitsgang erledigt werden.

2.2.1 Erste Timecode-Navigation

Wie Sie sehen konnten, spielt der im Schnittfenster angegebene Timecode beim Videoschnitt eine wichtige Rolle. Die nächsten Schnitte sollen deshalb unter Zuhilfenahme dieses Codes durchgeführt werden.

Schritt für Schritt: Film fertig schneiden

Auch in diesem Workshop werden Sie wieder eine Menge Neues erfahren. So wird beispielsweise neben der Timecode-Navigation auch das Schneiden eines Clips mit Hilfe der RASIERKLINGE angesprochen.

1 *Schnitte mit dem Timecode durchführen*

Im Programmmonitor von Premiere Pro wird der Timecode permanent aktualisiert, sobald Sie einen Clip-Anfang bzw. ein Clip-Ende verschieben. Während der linke Wert ❶ unterhalb des Videos die Position der Abspielmarke repräsentiert, zeigt der rechte Wert ❸ stets an, an welcher Position des aktuellen Clips Sie sich gerade befinden, wenn Sie Arbeiten im Schnittfenster durchführen. Dieses nützliche Hilfsmittel soll jetzt eingesetzt werden, um den ersten Clip (»Beispiele 06.avi«) bei Sekunde 5 enden zu lassen. Dazu ziehen Sie das Ende dieses Clips so weit nach links, bis im rechten Timecode des Programmmonitors 00:00:05:00 erscheint. Wenn Sie fertig sind, schließen Sie auch hier die entstandene Lücke wieder.

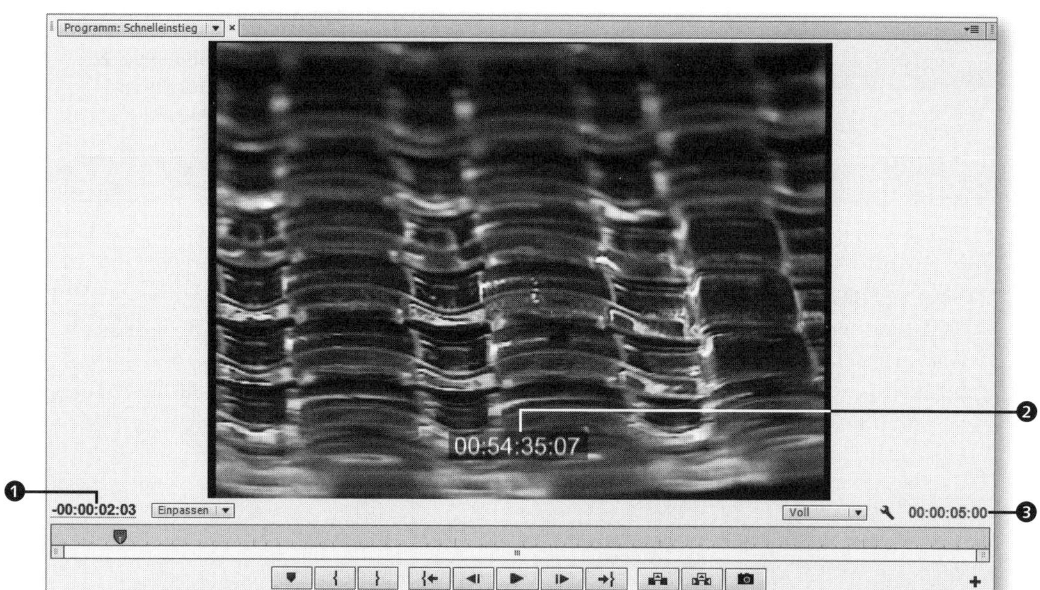

▲ **Abbildung 2.27** Wenn der Timecode unten rechts ❸ Sekunde 5 erreicht hat, lassen Sie los.

Clip-Timecode

Im Programmmonitor selbst wird während des Ziehens übrigens auch ein Timecode ❷ eingeblendet. Dieser repräsentiert aber den Original-Timecode des Videos und hat zunächst einmal nichts mit dem Timecode des Schnittfensters zu tun.

Positionierung nicht möglich?

Die Anordnung gelingt nicht? Eine Ursache könnte sein, dass sich die Einfügemarke in der Nähe von Sekunde 5 befindet, aber nicht genau darauf positioniert ist. Weil die Marke magnetisch ist, springt das Clip-Ende nun unweigerlich an diese Position, und Sekunde 5 kann somit nicht erreicht werden. Bringen Sie in diesem Fall die Einfügemarke genau auf Position 500, oder ziehen Sie sie so weit von Sekunde 5 weg, dass sie dort keinen Schaden anrichten kann.

2 *Weitere Kürzungen vornehmen*

Scrubben Sie jetzt vor bis auf Position 00:00:17:11. Bewegen Sie danach (falls erforderlich) den Scrollbalken im Fuß des Schnittfensters etwas nach rechts, damit die gewählte Position besser eingesehen werden kann (sollten Sie übrigens über eine Maus mit Scrollrad verfügen, können Sie den Timeline-Inhalt damit ebenfalls nach links oder rechts verschieben). Die einfachste Methode ist allerdings die Eingabe »1711« via Nummernblock mit Bestätigung durch die dortige [↵]-Taste.

Danach halten Sie [Strg]/[cmd] fest und klicken im Anschluss das Ende des Clips »Perle_3.mov« an. Hierbei müssen Sie unbedingt darauf achten, dass sich bereits vor dem Klick ein gelber Pfeil zeigt. Sollten Sie einen roten Doppelpfeil sehen, fahren Sie mit der Maus etwas weiter nach links. Danach führen Sie einen Mausklick aus und halten die Maustaste gedrückt. Ziehen Sie das Ende bis an die Abspielmarke heran. Wenn diese Position erreicht ist, lassen Sie zuerst die Maustaste und danach die Taste auf der Tastatur los – schwupps wird die Lücke gleich mit geschlossen. Cool, oder?

▲ **Abbildung 2.28** Ziehen Sie das Ende des Clips an die Abspielmarke heran.

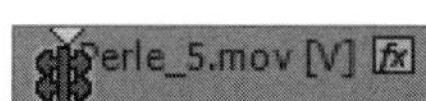

▲ **Abbildung 2.29** Wenn Sie ein derartiges Symbol sehen, fahren Sie mit der Maus weiter nach links, ehe Sie den Mausklick platzieren. Ein gelber Pfeil (siehe linke Abbildung) ist Pflicht!

3 *Timecode eingeben*

Ziel dieses Schrittes soll es sein, den Clip »Perle_5.mov« an Position 00:00:23:05 enden zu lassen. Natürlich könnten Sie die Einfügemarke dorthin schieben; doch wäre das mittlerweile keine Herausforderung mehr. Markieren Sie das Schnittfenster mit einfachem Mausklick (sofern es nicht noch von der letzten Aktion markiert ist), und geben

Sie »2305« via Nummernblock ein. Bestätigen Sie mit der [↵]-Taste des Nummernblocks. Der Nummernblock ist, wie Sie sehen, Ihr direkter Draht zum Schnittfenster-Timecode.

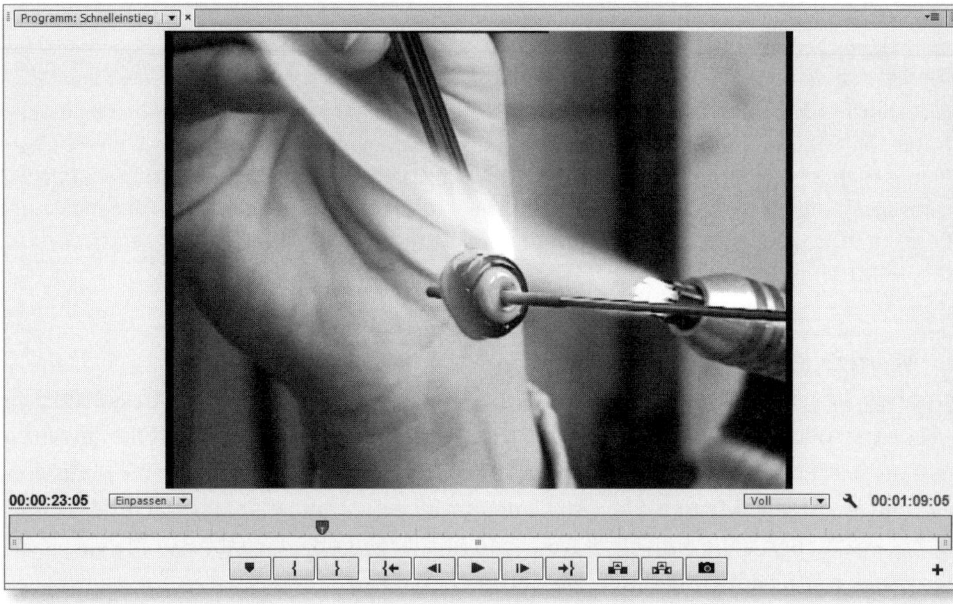

▲ **Abbildung 2.30** Die Timecode-Navigation macht das Leben leichter.

Mit dieser Aktion haben Sie die letzten vier Ziffern des Timecodes (Sekunden und Frames) festgelegt. Wenn Ihnen das System dahinter noch nicht geläufig ist: kein Problem. Die Thematik wird an anderer Stelle noch ausführlich behandelt.

Natürlich haben wir dieses Einzelbild nicht zufällig ausgewählt. Denn der Clip »Perle_5.mov« soll genau an dieser Stelle enden, und »Perle in Sand.avi« soll dort beginnen. Führen Sie die Kürzung jetzt auf die zuvor beschriebene Weise durch, ohne dabei eine Lücke entstehen zu lassen.

4 *Spuren vergrößern*

Ich möchte Ihnen aber auch gerne verraten, warum ausgerechnet an dieser Stelle ein Schnitt erfolgt ist. Dazu müssen Sie allerdings die Spur Audio 2 (A2) vergrößern. Dazu ergreifen Sie die horizontale Trennlinie zwischen den Spuren A2 und A3 ❶. Sie dürfen das aber nicht in der Spur selbst machen (also da, wo sich die Clips befinden), sondern müssen den Spurkopf verwenden (z. B. in dem Bereich, in dem auch A2, M, S gelistet sind). Wenn Sie die richtige Position gefunden haben, mutiert der Mauszeiger zum Doppelpfeil. Klicken Sie diese Trennlinie nun an, und ziehen Sie sie herunter (bis auf etwa ❷). Danach lassen Sie los. Jetzt ist die Spur groß genug. Sie können bereits die Wellenform des Audios erkennen. In Premiere Pro CS6 gab es hier noch kleine Dreiecke, mit denen man eine Spur ein- und ausklappen konnte. Die neue Methode ist aber wesentlich intuitiver.

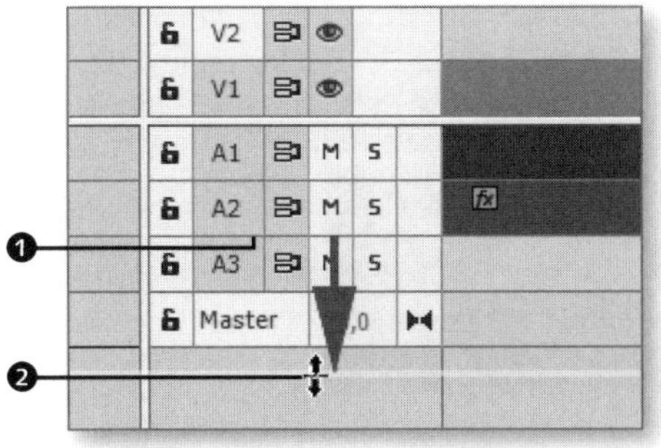

◂ **Abbildung 2.31** Mit Hilfe der Maus ziehen Sie die Spur größer.

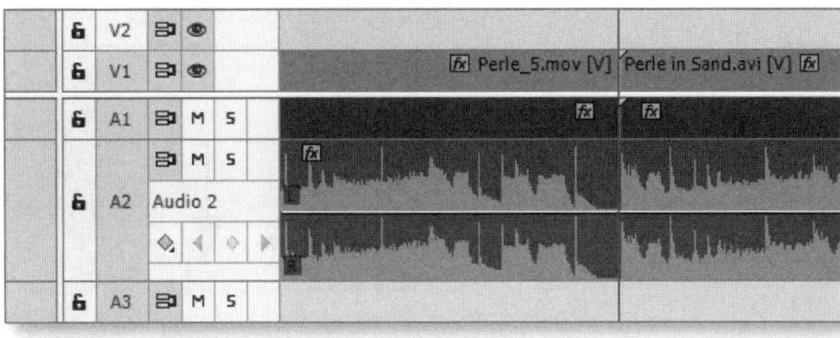

◂ **Abbildung 2.32** Nachdem Sie die Audiospur 2 vergrößert haben, können Sie auch die Wellenform (Waveform) sehen.

Zoomen Sie nun ein wenig in das Schnittfenster hinein, um die Wellenform der Audiodatei noch besser erkennen zu können. An dieser Stelle soll nämlich der Szenenübergang mit der Musik harmonieren. Um das Erreichte nun auch im Ergebnis sehen bzw. hören zu können, bewegen Sie die Einfügemarke etwas nach links. Danach starten Sie die Wiedergabe durch ein erneutes Drücken der Leertaste. Der Schnitt dürfte recht genau auf dem Takt liegen und somit zu einem harmonischen Gesamteindruck beigetragen haben.

5 *Clip am Anfang kürzen*

Nun geht es der Datei »Perle in Sand.avi« an den Kragen. Diese soll aber zunächst am Anfang eingekürzt werden. Da das Ende des vorangegangenen Clips noch aktiv ist, sollten Sie zunächst einen Mausklick in das Schnittfenster setzen. Nehmen Sie abermals eine Stelle, an der sich kein Clip befindet. Alternativ markieren Sie »Perle in Sand.avi«. Denn durch Anwahl des zu verändernden Clips wird der vorangegangene automatisch abgewählt. Setzen Sie den Mauszeiger auf den Anfang des Clips, und achten Sie darauf, dass die Öffnung der roten Klammer nach rechts ❷ (siehe Abbildung 2.33) weist.

Bevor Sie den Mausklick ausführen, drücken Sie `Strg`/`cmd`, und halten Sie diese Taste gedrückt. Jetzt ist das Maussymbol gelb. Schieben Sie den Anfang des Clips so weit nach rechts, bis in der rechten Anzeige des Vorschaumonitors 00:00:08:07 ❶ (siehe Abbildung 2.33) angezeigt wird.

▲ **Abbildung 2.33** Lassen Sie los, wenn Sie diese Anzeigen ausmachen können.

6 *Clips mit der Rasierklinge schneiden*

Wählen Sie den Clip ab, indem Sie eine freie Stelle innerhalb des Schnittfensters auswählen. Beim Schnitt am Ende von »Perle in Sand.avi« soll eine neue Technik ins Spiel kommen. Diesmal soll nämlich nicht das Clip-Ende verschoben, sondern der Filmstreifen kurzerhand durchgeschnitten werden. Das realisieren Sie folgendermaßen: Bringen Sie die Einfügemarke auf Position 00:00:29:00. Aktivieren Sie anschließend die RASIERKLINGE ❹ in der Toolbox links neben dem Schnittfenster, indem Sie sie per Mausklick markieren oder [C] (wie **C**ut) auf Ihrer Tastatur drücken.

Setzen Sie das Werkzeug ziemlich genau auf der Einfügemarke des Schnittfensters an, und klicken Sie damit auf den Videoclip. Dieser wird daraufhin in zwei Teile geteilt. Danach schalten Sie wieder um auf das Auswahl-Werkzeug ❸. Ob Sie das per Mausklick oder Druck auf [V] tun, bleibt Ihnen überlassen.

Klicken Sie jetzt auf den zweiten (den rechten) Teil des Clips. Dass er ausgewählt ist, wird dadurch angezeigt, dass seine Ränder gräulich dargestellt werden.

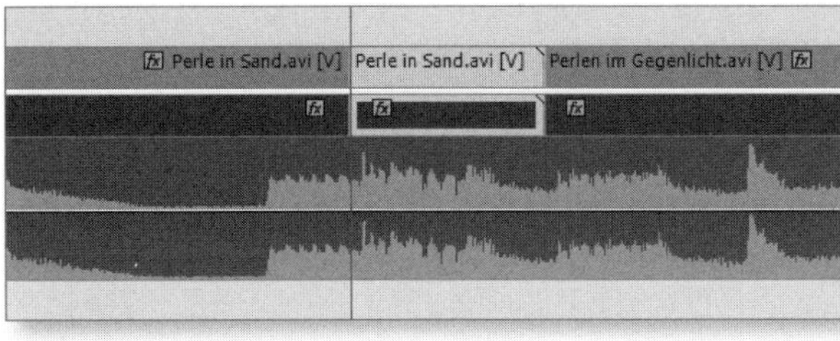

▲ **Abbildung 2.34** Nach dem Schnitt mit dem Rasierklinge-Werkzeug muss der rechts des Abspielkopfes befindliche Clip-Teil markiert werden.

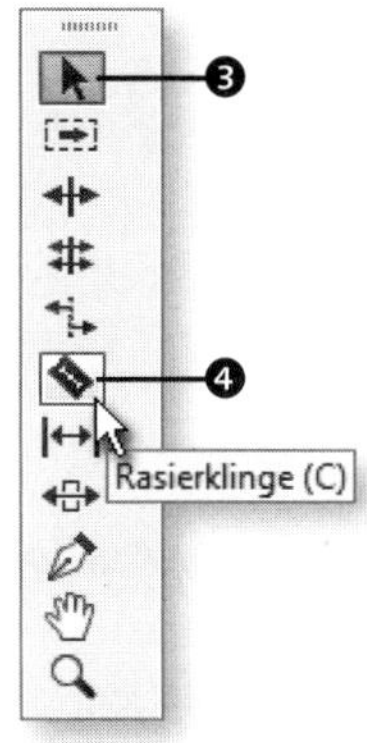

▲ **Abbildung 2.35** Für diesen Schritt benötigen Sie das Rasierklingen-Werkzeug.

7 *Clips entfernen und Lücke schließen*

Nun müssen Sie nichts weiter tun, als [⇧]+[Entf] auf Ihrer Tastatur zu drücken. Mit [Entf] allein würden Sie den markierten Clip zwar ebenfalls aus dem Seuquenzfenster katapultieren, allerdings entstünde dadurch wieder eine Lücke, die dann wieder manuell geschlossen werden müsste.

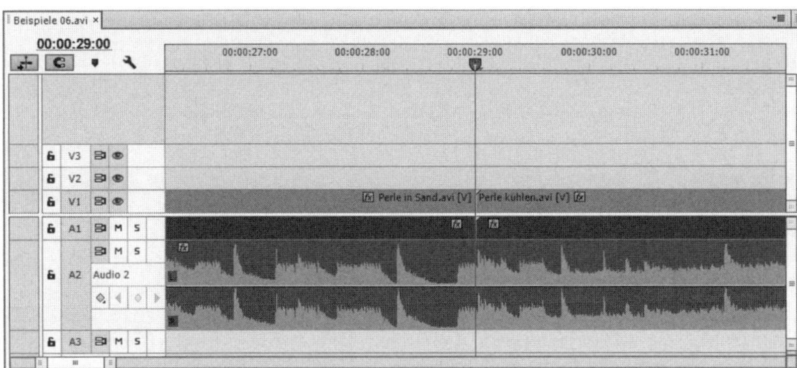

▲ **Abbildung 2.36** Vergleichen Sie Ihr Projekt mit der Position des Abspielkopfes. »Perle kühlen.avi« beginnt jetzt bei 00:00:29:00.

2.3 Überblendungen hinzufügen

Wenn Sie Ihre Zuschauer gemächlich von einem Handlungsstrang in den nächsten führen wollen, können Sie das prima mit Überblendungen realisieren. Derartige weiche Übergänge lassen sich aber nicht nur in der Mitte, sondern auch am Anfang oder Ende eines Films umsetzen. Und selbst Audiospuren können harmonisch überblendet werden.

2.3.1 Audioüberblendungen hinzufügen

Wenn Sie einen Blick auf die Sounddatei werfen, werden Sie schnell feststellen, dass diese viel zu lang ist. Würden wir alles so belassen, wäre der Sound eine halbe Minute länger als das Video, und in dieser Zeit bliebe der Bildschirm schwarz. So etwas macht natürlich keiner Ihrer Zuschauer lange mit!

Schritt für Schritt: Audioclip bearbeiten

Der Audioclip muss also gekürzt werden. Das allein reicht aber noch nicht. Zusätzlich soll er nämlich noch soft ausgeblendet werden. Das hört sich ja nicht gut an, wenn die Musik am Filmende abrupt abreißt.

1 ***Soundclip einkürzen***

Um den Audioclip zu kürzen,bringen Sie die Einfügemarke an Position 00:00:36:22, und schneiden Sie den Rest einfach ab (Rasierklinge) oder kürzen ihn ein (Auswahl-Werkzeug). Damit wäre der Schnitt fürs Erste erledigt.

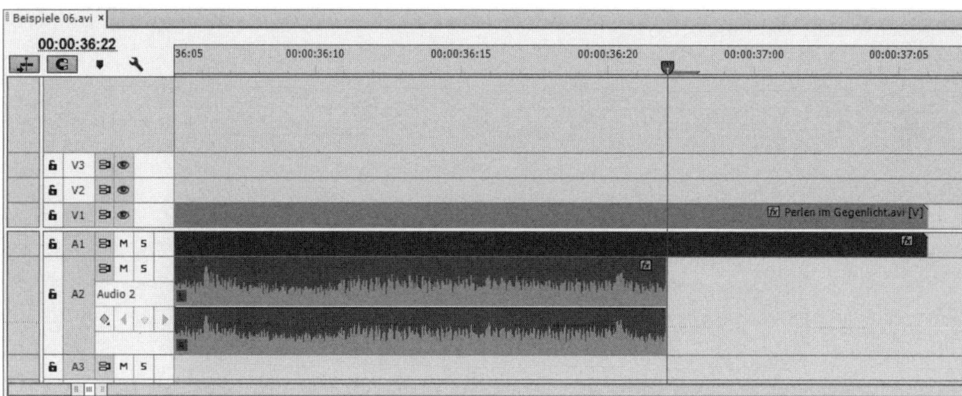

▲ **Abbildung 2.37** Dass das Audio nun kürzer ist als das Video, ist durchaus in Ordnung. Das Ende des Videos wird später ebenfalls noch angepasst.

2 ***Audioeffekte öffnen***

Jetzt soll das Ende weich ausgeblendet werden, wozu wir eine *Audioüberblendung* verwenden wollen. Das ist die vielleicht unkomplizierteste Methode.

Öffnen Sie die Registerkarte Effekte. Sie verbirgt sich standardmäßig unten links hinter den Registern Projekt, Media-Browser und Informationen. Sie wird per Klick auf das gleichnamige Register nach vorne gebracht. Widmen Sie sich jetzt dem darin befindlichen Ordner Audioüberblendungen, den Sie mit einem Klick auf das vorangestellte Dreiecksymbol oder per Doppelklick öffnen. Hier werden Sie zunächst aber nur einen weiteren Ordner namens CROSSFADE finden. Öffnen Sie auch diesen. Klicken Sie anschließend auf den Eintrag EXPONENTIELLE ÜBERBLENDUNG.

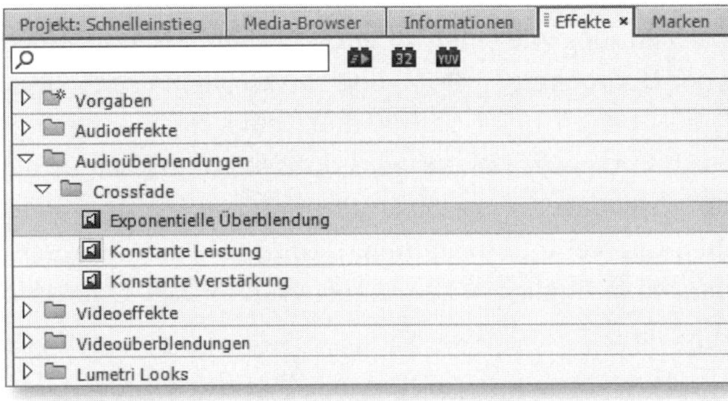

◂ **Abbildung 2.38** Im Ordner CROSSFADE verbirgt sich auch die EXPONENTIELLE ÜBERBLENDUNG.

Keine Effekte-Palette?

Möglicherweise haben Sie Ihre Arbeitsoberfläche schon individuell angepasst. Wenn dieser Aktion die Sichtbarkeit der Effekte-Palette zum Opfer gefallen ist, können Sie diese wieder einblenden, indem Sie sich für FENSTER • EFFEKTE entscheiden.

Ziehen Sie diesen Effekt jetzt mit gedrückter linker Maustaste auf das Ende des Audioclips. Sobald sich das Ende der Sounddatei magentafarben zeigt, haben Sie die richtige Position gefunden und können die Maustaste wieder loslassen.

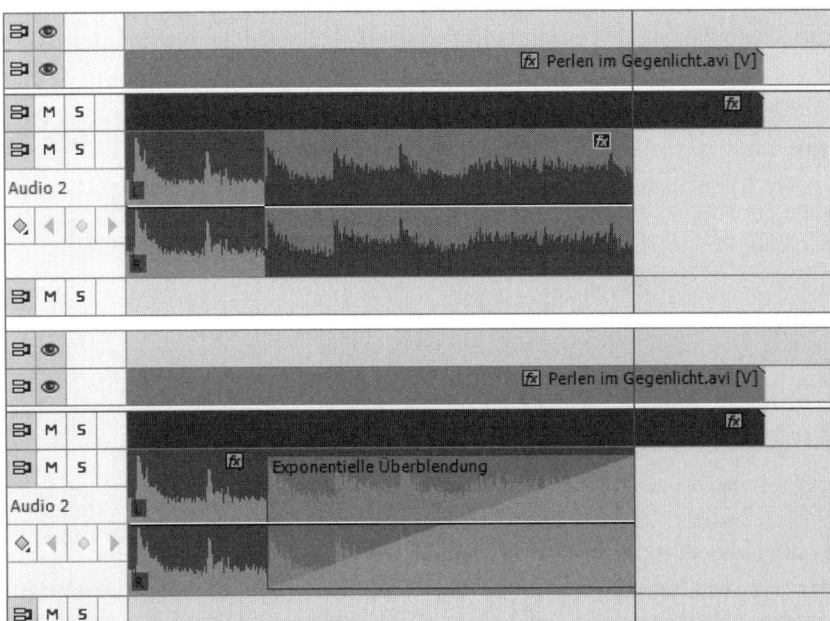

▴ **Abbildung 2.39** Sobald die Enden eingefärbt dargestellt werden, lassen Sie los (oben). Anschließend wird am Clip-Ende die EXPONENTIELLE ÜBERBLENDUNG ausgewiesen.

3 *Überblendung verlängern*

Bereits mit dieser Aktion haben Sie erreicht, dass der Clip ausgeblendet wird. Wenn das Ganze jedoch länger dauern soll, muss die Blende selbst noch gestreckt werden. Das erreichen Sie, indem Sie die Überblendung wie einen Videoclip ziehen. Setzen Sie den Mauszeiger einfach am Anfang der Überblendung ❶ an, und ziehen Sie ihn nach links.

Sie müssen darauf achten, dass neben der Überblendung eine kleine Klammer auftaucht. Die Klammer stellt sich in diesem Fall übrigens optisch anders dar als die bereits bekannte, was Indiz dafür ist, dass Sie an dieser Position nur die Überblendung, nicht aber den eigentlichen Clip verändern können. Dehnen Sie die Überblendung etwa auf das Doppelte ihrer ursprünglichen Länge aus. Wenn in der QuickInfo ein Wert ab –00:00:00:22 eingeblendet wird, passt es.

▲ **Abbildung 2.40** Verlängern Sie so die Überblendung.

4 *Audiospur deaktivieren*

Eigentlich benötigen wir den Originalsound unserer Videoclips gar nicht. Deshalb sollte die betreffende Audiospur noch ausgeschaltet werden. Dazu klicken Sie auf das kleine *M* ❷ im Kopf der Spur A1 – fertig. *M* steht übrigens für engl. »mute« und bedeutet »stumm«. Die Fläche wird grün, damit ist die Funktion aktiv, und Schluss ist mit dem Originalton. Alternativ dazu hätten Sie übrigens auch auf *S* ❸ (für Solo in Spur A2 gehen können. Das hätte diese Spur solo geschaltet – somit wären alle anderen Audiospuren stumm.

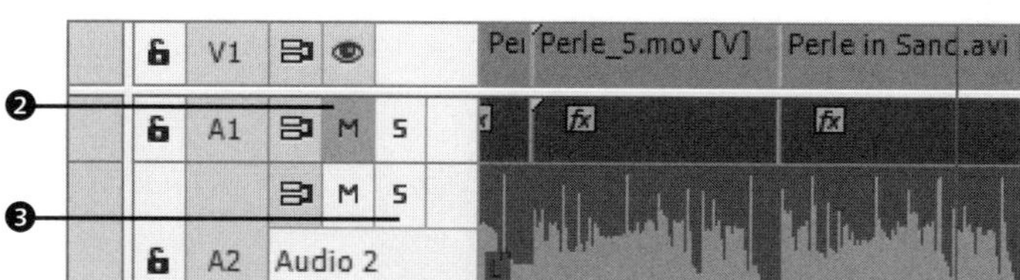

▲ **Abbildung 2.41** Blenden Sie die Audiospur über das *M* für »mute« aus.

2.3.2 Videoüberblendungen hinzufügen

Sie wissen jetzt also, wie Sie eine Audioüberblendung hinzufügen können. Dann wird es Sie besonders interessieren, dass sich Videoüberblendungen prinzipiell auf die gleiche Weise einsetzen lassen.

Schritt für Schritt: Auf- und Abblende hinzufügen

Es würde doch viel sauberer aussehen, wenn das Ende des Films mit einer weichen Blende (vom Video zum Schwarzbild) herausgenommen würde, finden Sie nicht auch? Nichts leichter als das.

1 *Clip kürzen*

Befindet sich die Abspielmarke noch an Position 00:00:36:22? Falls nicht, platzieren Sie sie dort, und lassen Sie das Video an dieser Stelle enden. Audio und Video sind dadurch synchron.

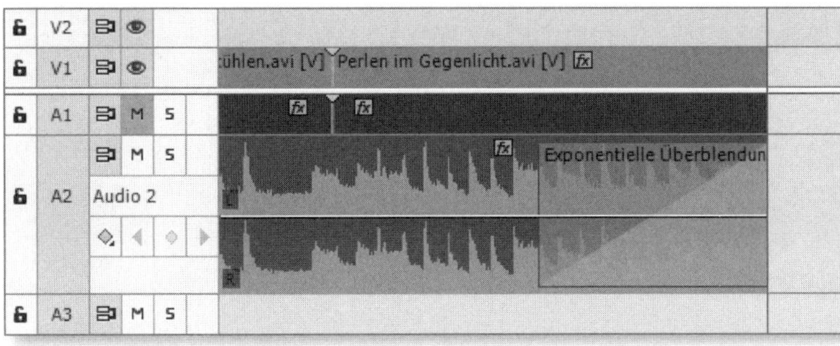

▲ **Abbildung 2.42** Das Video soll nicht länger sein als der Audioclip.

2 *Abblende platzieren*

Öffnen Sie den Ordner Videoüberblendungen aus dem Bedienfeld Effekte. Darin befindet sich das Verzeichnis Blende, das Sie ebenfalls öffnen. Ziehen Sie jetzt den Eintrag Weiche Blende an das Ende des letzten Videoclips – und schon wird der Film harmonisch ausgeblendet.

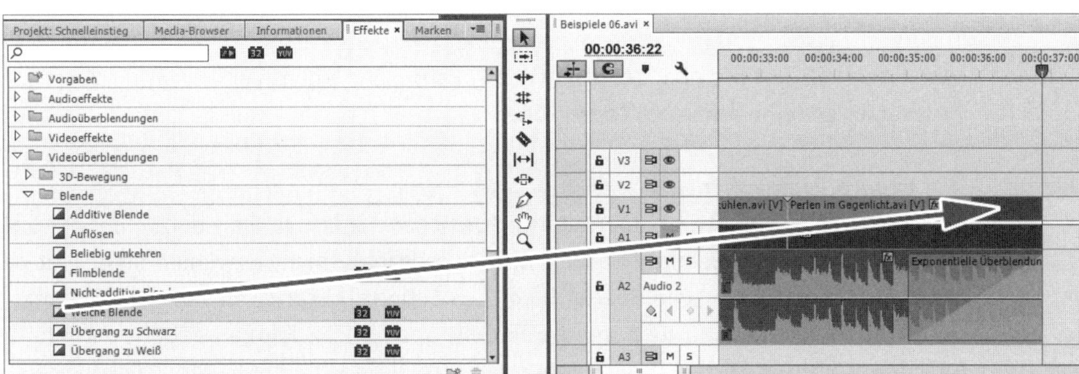

▲ **Abbildung 2.43** Die Überblendung wird am Ende des letzten Videoclips fallen gelassen.

3 *Aufblende am Anfang*

Wenn Sie den Film auch am Anfang noch weich einblenden wollen (und das sollten Sie auf jeden Fall tun), haben Sie es sogar noch einfacher: Drücken Sie bei aktiviertem Schnittfenster [Pos1]/[↖]. Markieren Sie den ersten Clip in Spur V1, und betätigen Sie [Strg]/[cmd]+[D]. Die Technik schauen wir uns natürlich in Kapitel 6, »Überblendungen«, noch genauer an, versprochen.

▲ **Abbildung 2.44** Wie von Geisterhand ist der Anfang des ersten Clips mit einer Aufblende versorgt worden.

2.4 Film ausgeben

Am Ende wollen wir natürlich eine eigenständige Datei in Händen halten. Deshalb soll das fertig geschnittene Video als DV-AVI-Datei ausgegeben werden. Solche Filme eignen sich hervorragend zur weiteren Verwendung (z. B. in anderen Projekten). Speichern Sie Ihr Projekt zuvor noch einmal ab ([Strg]/[cmd]+[S]).

Schritt für Schritt: Einen Film ausgeben

In diesem Beispiel soll der Film so ausgegeben werden, dass er auch in anderen Projekten noch als Rohmaterial genutzt werden kann. Wir legen hier also mehr Wert auf Qualität als auf eine effiziente Dateigröße.

1 *Export-Dialog öffnen*

Entscheiden Sie sich im Dateimenü für Exportieren • Medien. Falls der Befehl Exportieren im Menü ausgegraut erscheint und sich deshalb nicht anwählen lässt, gibt es dafür eine denkbar einfache Begründung: Das Schnittfenster (Timeline) ist nicht markiert. Dies ist jedoch ein Muss, um die aktuelle Sequenz als Film ausgeben zu können. Alternativ könnten Sie noch die Sequenz im Projektfenster markieren. Klicken Sie in diesem Beispiel aber das Schnittfenster an, und achten Sie darauf, dass sich dort der bereits bekannte Rand zeigt. Danach können Sie im Menü auch den Befehl Exportieren anwählen.

2 *Exporteinstellungen vornehmen*

Nun öffnet sich der Dialog Exporteinstellungen. Hier sollen zunächst nur wenige grundlegende Einstellungen behandelt werden. Weiterführende Hinweise zu den Exporteinstellungen finden Sie in Kapitel 12, »Export«.

Selektieren Sie zunächst ganz oben im Pulldown-Menü Format den Listeneintrag AVI ❶, sofern Sie an einem Windows-Rechner sitzen. Mac-User entscheiden sich hier für QuickTime. Im darunter befindlichen Selektionsfeld Vorgabe sollten Sie PAL DV ❷ einstellen (damit es hier nicht zu einer Änderung des Videoformats kommt). Klicken Sie zudem noch auf die Schrift neben der Bezeichnung Ausgabename ❸, und legen Sie den gewünschten Ausgabeort für die Datei fest. Jetzt betätigen Sie noch die Schaltfläche Exportieren ❹ – und schon erzeugt Premiere Pro die gewünschte Filmdatei.

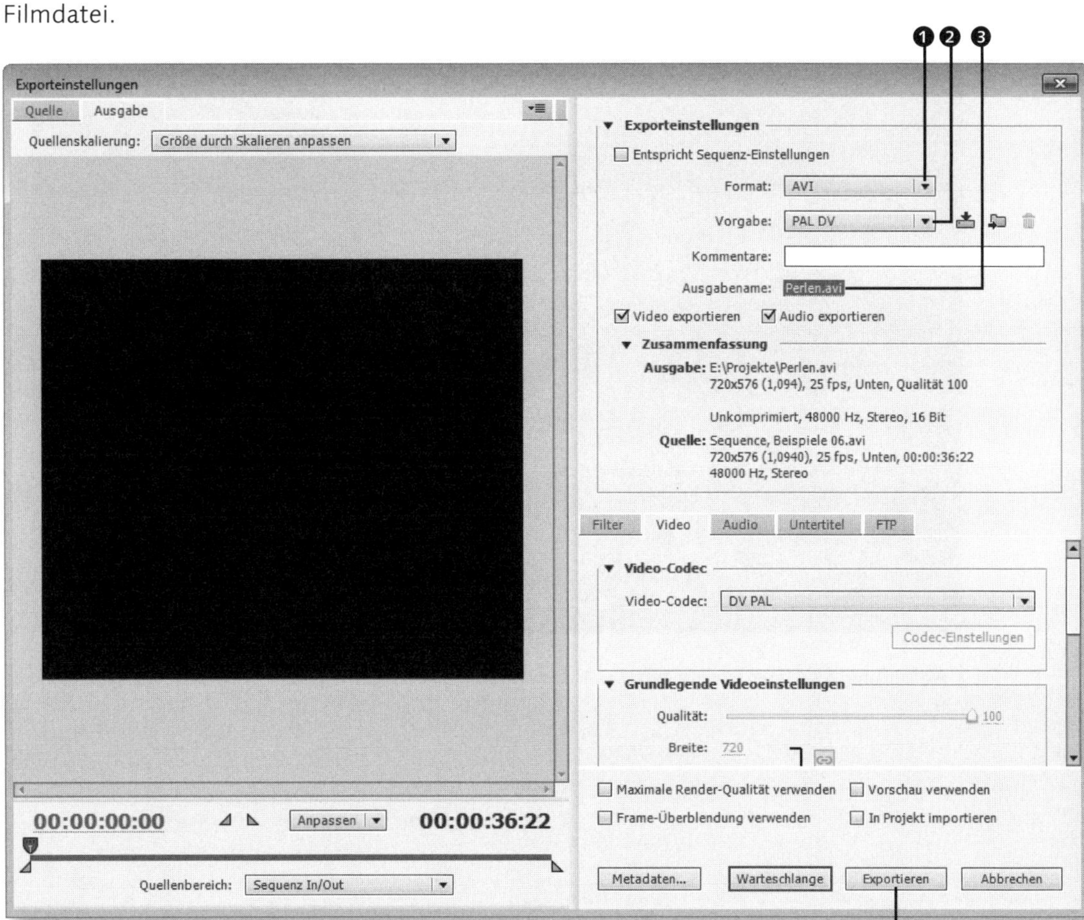

▲ **Abbildung 2.45** In diesem Fenster wird der Export von Videosequenzen realisiert.

3 *Datei kontrollieren*

Unter dem zuvor von Ihnen unter ❸ festgelegten Speicherort befindet sich nun die Ausgabedatei, die Sie jetzt in Ihrem bevorzugten Player (z. B. Windows Media (Win) oder QuickTime (Mac)) abspielen und begutachten können. Viel Spaß dabei!

▲ **Abbildung 2.46** Der Film ist fertig und kann jetzt sogar außerhalb von Premiere Pro begutachtet werden!

3 Arbeitsoberfläche kennenlernen und bedienen

Die Arbeitsoberfläche von Premiere Pro ist wie ein »Fachdiscounter« in Sachen Videoschnitt. Zwar gibt es dort alles, was das Herz begehrt, doch ist nicht alles immer gleich zu finden. Einen entscheidenden Vorteil gegenüber dem Discounter hat Premiere aber zu bieten. Sie können sich nämlich Ihren Laden so einrichten, wie Sie es gerne hätten. In diesem Kapitel erfahren Sie Folgendes:

- Wie ist der Arbeitsbereich von Premiere Pro aufgebaut?
- Wie werden Fenster, Paletten und Register bedient?
- Wie wird der Media-Browser bedient?
- Wie wird eine Sprachanalyse durchgeführt?
- Wie wird der Schnitt im Schnittfenster organisiert?
- Wie funktioniert die Protokoll-Palette?
- Wie kann ich meine eigenen Tastaturkürzel einstellen?

3.1 Die Projekteinstellungen

Sofern Sie das vorangegangene Kapitel durchgearbeitet haben, wissen Sie ja bereits, dass zunächst ein Projekt geöffnet oder erstellt werden muss, ehe Sie Zugang zur Premiere-Pro-Arbeitsoberfläche erhalten. Wenn Sie innerhalb des Startbildschirms auf NEUES PROJEKT klicken, warten einige Steuerelemente auf Ihre Angaben. Ganz wichtig ist, dass Sie das Projekt zunächst benennen ❶ (siehe Abbildung 3.1 auf Seite 72) und diesem mit Hilfe der Taste DURCHSUCHEN ❷ einen SPEICHERORT zuweisen.

3.1.1 Allgemeine Projekteinstellungen

Auf der Registerkarte ALLGEMEIN ❸ finden Sie den RENDERER ❹. Dieser sagt etwas darüber aus, ob Ihre Grafikkarte(n) mit Premiere Pro CC kompatibel ist/sind. Das bedeutet: Ist dieses Feld ausgegraut, hilft die in der Anwendung verbaute *Mercury Playback Engine* nur programmintern dabei, dass Videos bei der Wiedergabe flüssig abgespielt werden. Im Idealfall wird der Eintrag nicht ausgegraut angezeigt. Das heißt dann, dass Sie auf die Unterstützung der GPU (Grafikkartenprozessor) zählen können. Filme mit zahlreichen, rechenintensiven Effekten beispielsweise werden ohne Rendern (also ohne Erstellung einer Vorschaudatei) flüssig abgespielt. Aber selbst wenn Sie keine Hardware-Unterstützung genießen, ist das noch keine Hiobsbotschaft. Denn in der Regel werden die Clips dennoch flüssig abgespielt. Sollte es jedoch einmal ruckeln, erzeugen Sie einfach eine Vorschaudatei. Mehr dazu finden Sie in Abschnitt 7.1.1, »Unterstützte Grafikkarten«.

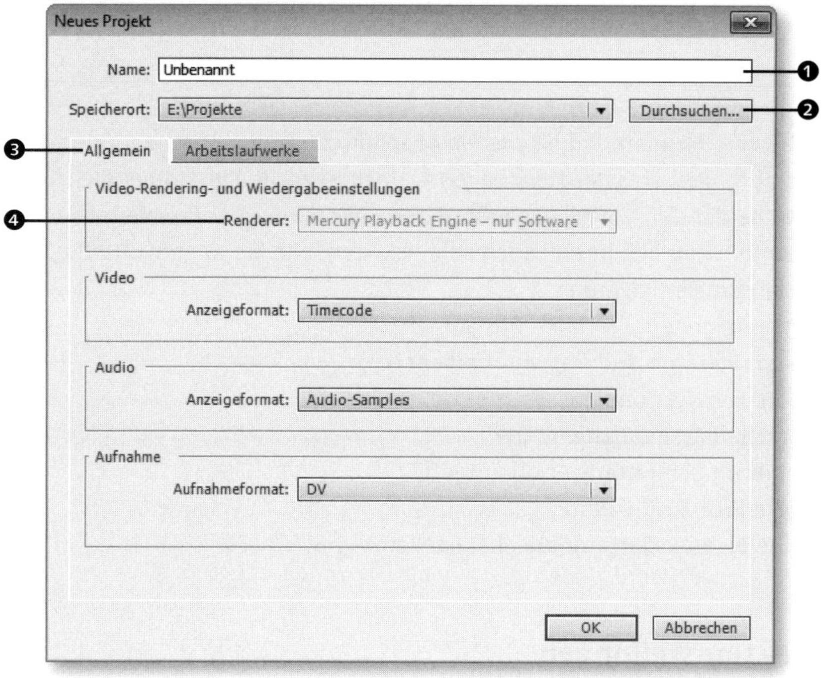

▲ **Abbildung 3.1** Dieser schlichte Dialog wartet auf Ihre Eingaben.

Etwas weiter unten finden Sie noch die Video- und Audio-Anzeigeformate sowie das Aufnahmeformat. In der Regel müssen Sie hier nichts ändern – zumal sich sämtliche Einstellungen ohnehin später noch innerhalb der Software ändern lassen.

3.1.2 Projekteinstellungen für die Arbeitslaufwerke

Gehen Sie anschließend auf die Registerkarte ARBEITSLAUFWERKE ❺. Hier können Sie bestimmen, wo Aufnahmen und Vorschaudateien gespeichert werden sollen. Mit Aufnahmen sind Video- und Audioaufnahmen gemeint, die von Ihrem Band-Camcorder kommen (z. B. HDV oder DV). Sollten Sie nicht mehr mit Bändern arbeiten, dürfen Sie die Einstellungen überspringen. Falls doch, teilen Sie Premiere Pro unter VIDEOAUFNAHME ❻ mit, wo diese Aufnahmen gespeichert werden sollen. Grundsätzlich gibt es zunächst zwei Möglichkeiten, nämlich DOKUMENTE oder WIE PROJEKT. Das bedeutet, entweder landen die Aufnahmen im Dokumentordner des Betriebssystems oder gesellen sich zu den Projektdateien. Und wo die gelagert sind, haben Sie ja bereits auf dem Register ALLGEMEIN festgelegt. Prinzipiell ist WIE PROJEKT eine gute Wahl, denn so bleiben Aufnahmen und Projektdaten stets beisammen. Erst wenn Sie auf DURCHSUCHEN ❼ klicken und einen beliebigen anderen Speicherort festlegen, wird von WIE PROJEKT auf BENUTZERDEFINIERT umgeschaltet.

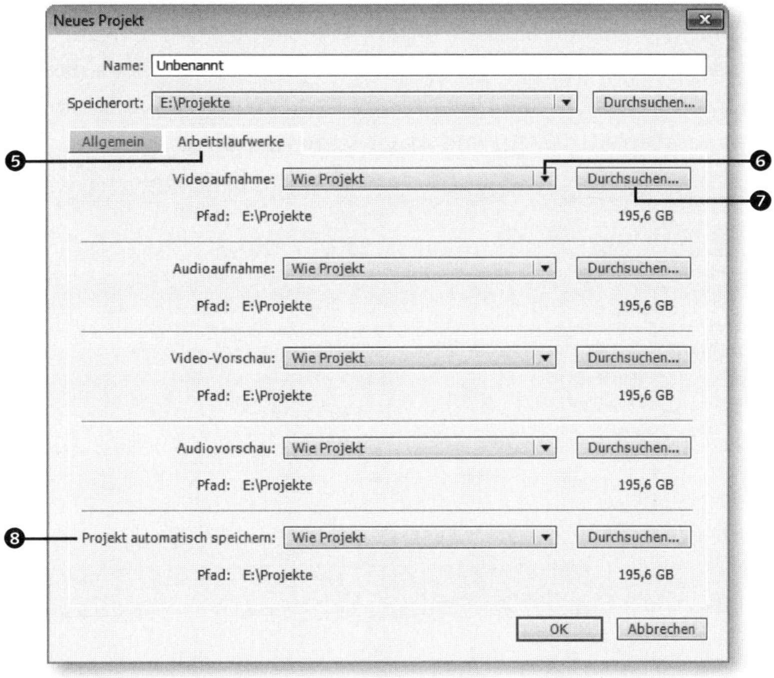

▲ **Abbildung 3.2** Die Arbeitslaufwerke werden ebenfalls in den Projekteinstellungen festgelegt.

Nicht weniger wichtig sind die Vorschaudateien VIDEO-VORSCHAU und AUDIOVORSCHAU. Dabei handelt es sich um die eingangs erwähnten Vorschaudateien, die immer dann berechnet werden müssen, wenn es darum geht, Filmmaterial zu erzeugen, das es so noch nicht gibt, also beispielsweise eine Überblendung oder ein Effekt. Aber auch die sind idealerweise mit der Einstellung WIE PROJEKT versehen. Dann nämlich landet alles neben der Projektdatei im Ordner ADOBE PREMIERE PRO PREVIEW FILES. So sah das bei unserem Schnelleinstieg im vorangegangenen Kapitel aus:

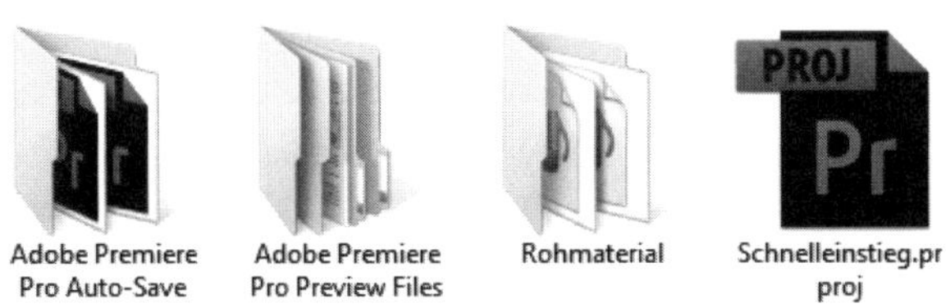

◂ **Abbildung 3.3** Der Preview-Files-Ordner nimmt die Vorschaudateien auf.

Seit Premiere Pro CC gibt es ganz unten noch eine fünfte Kategorie, nämlich PROJEKT AUTOMATISCH SPEICHERN ❽. Bestimmen Sie hier, wo die Dateien abgelegt werden sollen, die von der Anwendung im standardmäßigen 15-Minuten-Rhythmus gesichert werden. WIE PROJEKT bedeutet hier, dass der Ordner ADOBE PREMIERE PRO AUTO-SAVE dafür verwendet wird, der sich ja ebenfalls auf der Ebene der Projektdatei (*Schnelleinstieg.prproj*) befindet.

Am Ende bestätigen Sie mit OK. Sollten Sie sich fragen, wie Sie nun, wie eingangs von mir versprochen, wieder an die Projekteinstellungen gelangen, darf ich Ihnen das Menü Datei empfehlen. Darin finden Sie den Untereintrag Projekteinstellungen. In der Folgeliste können Sie zwischen Allgemein und Arbeitslaufwerke wählen.

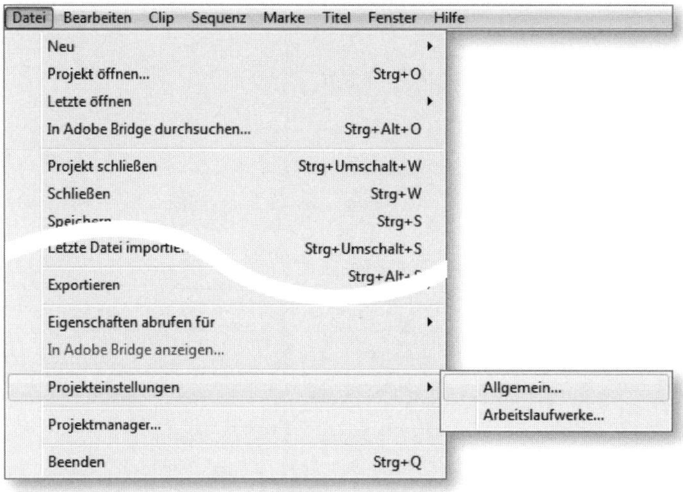

▲ **Abbildung 3.4** Mit Hilfe des Datei-Menüs gelangen Sie jederzeit zurück in die Projekteinstellungen.

3.2 Die Arbeitsbereiche

Nach dem Öffnen der Anwendung wird sich möglicherweise noch keine rechte Begeisterung einstellen, sieht die Oberfläche doch relativ nüchtern aus.

Helle Arbeitsoberfläche

Bitte beachten Sie, dass die Arbeitsoberfläche zur besseren Darstellung der Abbildungen in diesem Buch stark erhellt worden ist (siehe Kapitel 2, »Blind Date – Schnellstart mit einem ersten Projekt«). Sie müssen das bei Ihrer Software nicht machen, da sich ein dunkler Hintergrund zur Videobearbeitung bestens eignet. Falls Sie dennoch geneigt sind, die Arbeitsoberfläche aufzuhellen, gehen Sie auf Bearbeiten/Premiere Pro • Voreinstellungen • Aussehen und schieben den Regler Helligkeit ganz nach rechts, ehe Sie den Dialog mit OK verlassen. Ein späterer Klick auf den Button Standard dunkelt die Arbeitsoberfläche wieder ab.

Damit es in diesem Buch nicht zu Missverständnissen kommt, werfen wir einen Blick auf die einzelnen Baugruppen des Interfaces (Arbeitsoberfläche) und deren Bezeichnungen. Bitte stören Sie sich nicht daran, dass die Fenster noch nicht mit »Leben« gefüllt sind. Das erfolgt später.

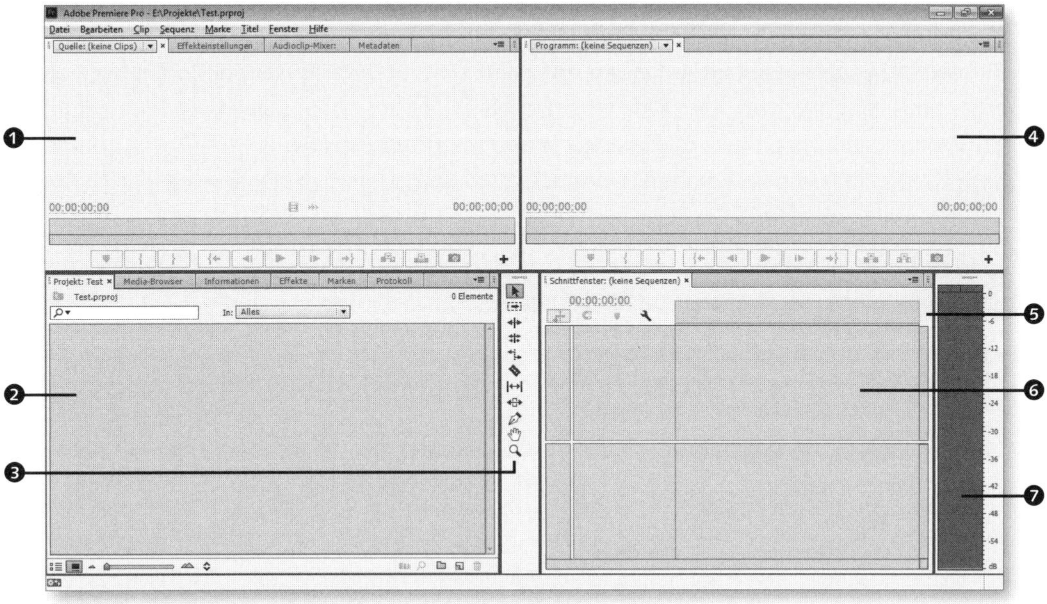

▲ **Abbildung 3.5** Nicht gerade anmutig – die Oberfläche von Premiere Pro CC

1. Quellmonitor – (auch *Quellenmonitor*) zeigt den Inhalt eines Clips an, der zuvor im Projektfenster selektiert worden ist.
2. Projektfenster – zeigt alle dem Projekt zugehörigen Assets
3. Werkzeuge – (auch *Werkzeugleiste*, *Tools* oder *Toolbox*) zeigt eine Übersicht der bereitstehenden Werkzeuge (meist zur Anpassung und Bearbeitung eines oder mehrerer Videoclips).
4. Programmmonitor – (auch *Sequenzmonitor*) zeigt den Inhalt der Timeline an.
5. Schnittfenster – (auch *Sequenzfenster*) repräsentiert den Inhalt der Sequenz (sprich des eigentlichen Films).
6. Timeline – zeigt alle dem Film zugehörigen Clips in zeitlicher Reihenfolge an.
7. Aussteuerung – (auch *Pegel*) zeigt den Lautstärkeumfang der Audiokanäle an.

Fenster vs. Bedienfelder

Die vorgestellten Elemente befinden sich in der Regel in sogenannten Fenstern (die räumlich von anderen Fenstern getrennt sind und noch individuell angepasst werden können). Für diese Objekte ist auch der Begriff *Bedienfelder* geläufig.

Paletten und Register

Mitunter sind innerhalb eines Fensters mehrere Bereiche integriert – die sogenannten Paletten. Um sie innerhalb eines Fensters nach vorne zu stellen, betätigen Sie die sogenannten Reiter (oder Register), wie z. B. MEDIA-BROWSER, INFORMATIONEN, EFFEKTE USW., unten links im Projektfenster.

Vordefinierte Arbeitsbereiche | Premiere Pro bringt vordefinierte Bereiche mit, die für jeweils unterschiedliche Aufgaben optimiert sind. Standardmäßig befinden Sie sich im Modus BEARBEITUNG, der sich genauso darstellt, wie in Abbildung 3.5 zu sehen ist. Wollen Sie eine andere Oberfläche verwenden, beispielsweise um ein für Effekte optimiertes Interface zu erhalten, öffnen Sie das Menü FENSTER. Dort entscheiden Sie sich für ARBEITSBEREICH • EFFEKTE.

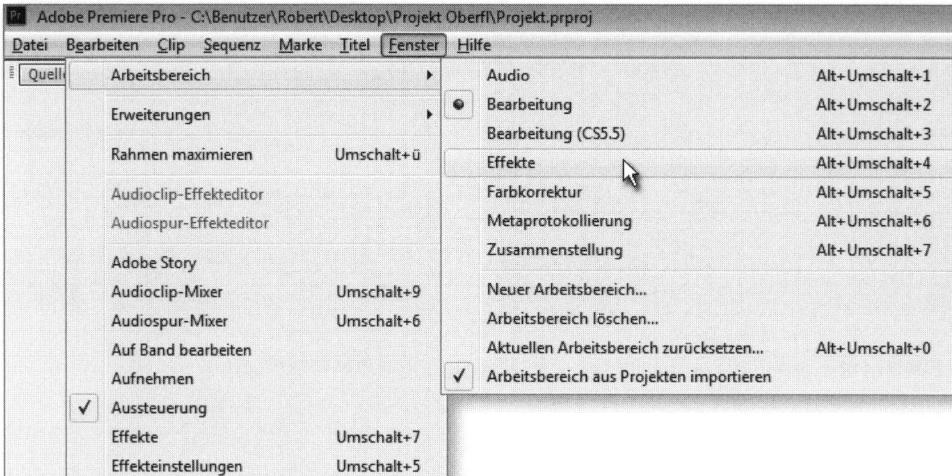

▲ **Abbildung 3.6** Im Fenster-Menü werden verschiedene Arbeitsbereiche angeboten.

Arbeitsbereich per Tastatur auswählen | Wer seine Software gerne per Tastatur bedient, der kann auch einmal schnell eine Tastenkombination absetzen, um den gewünschten Arbeitsbereich auszuwählen. Die Kürzel sehen Sie hinter den Menüeinträgen im Menü FENSTER • ARBEITSBEREICH.

Fenster vergrößern

Sollten Sie einmal umfangreichere Arbeiten in einem einzelnen Fenster vornehmen müssen (z. B. das Sortieren von Clips im Projektfenster), können Sie jedes beliebige Fenster temporär auf die Größe des gesamten Anwendungsbereichs bringen. Dazu drücken Sie lediglich [Ü] auf Ihrer Tastatur. Entscheidend ist in diesem Zusammenhang aber, auf welchem Fenster sich aktuell der Mauszeiger befindet. Die erneute Betätigung von [Ü] hat zur Folge, dass wieder die gesamte Arbeitsoberfläche angezeigt wird.

Kinomodus

Mit [Ü] wird das Fenster maximiert. Das bedeutet, dass Register, Menüleiste usw. erhalten bleiben. Wollen Sie einen echten Fullscreen erreichen (den sogenannten *Kinomodus*), müssen Sie bei aktiviertem Monitor-Bedienfeld [Strg]/[cmd]+[Ü] betätigen (Voraussetzung hierfür ist allerdings, dass sich ein Clip im Schnittfenster befindet).

3.2.1 Arbeitsoberfläche umgestalten

Premiere Pro verfügt über eine dynamische Oberfläche. Das bedeutet, kein Fenster wird von einem anderen verdeckt – selbst dann nicht, wenn Sie einzelne Fenster skalieren. Es ist also möglich, Fenster und Bedienfelder gemeinsam zu verschieben und zu skalieren. Auf diese Weise lässt sich jeder Arbeitsbereich den eigenen Wünschen und Bedürfnissen anpassen. Setzen Sie den Mauszeiger an einen Zwischensteg, der zwei Fenster voneinander trennt. Die richtige Position ist gefunden, wenn der Mauszeiger zum Doppelpfeil mutiert. Wenn Sie jetzt den Zwischensteg bei gedrückter linker Maustaste verziehen, werden beide Fenster entsprechend reagieren.

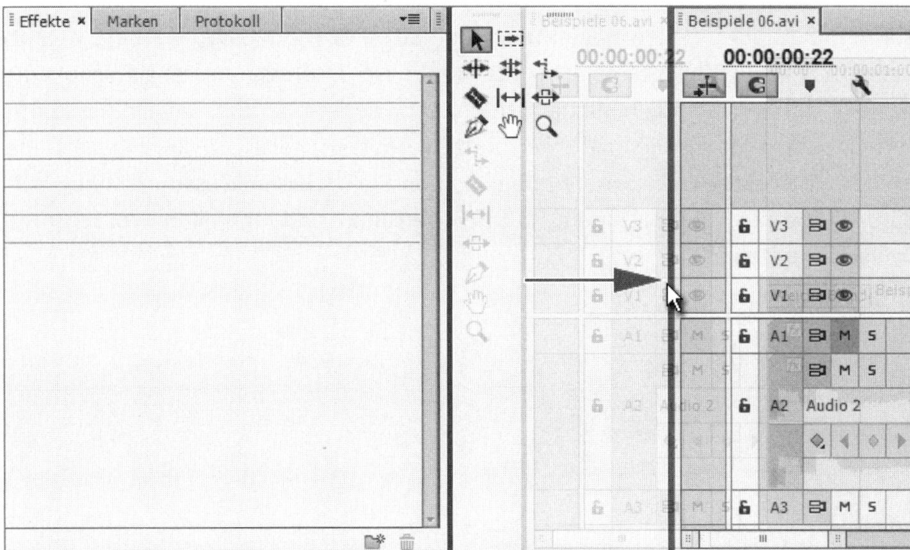

▲ **Abbildung 3.7** Diese Technik funktioniert bei horizontalen und vertikalen Stegen.

Auf diese Weise lassen sich auch drei oder sogar vier Fenster gleichzeitig verstellen. Dazu bewegen Sie den Mauszeiger nicht an einen Zwischensteg, sondern auf eine »Kreuzung«.

Bedienfeldbereiche scrollen | Bestimmt sind Ihnen schon die kleinen grauen Balken ❶ (siehe Abbildung 3.8 auf Seite 78) oberhalb der Bedienfelder aufgefallen. Falls nicht, deaktivieren Sie doch kurz den Maximierungsmodus der Anwendung oder ziehen eines der größeren Fenster einmal ziemlich weit zusammen (hier Projektfenster). Diese Balken verändern sich in der horizontalen Ausdehnung, je nachdem, wie viel Platz für die jeweilige Gruppe zur Verfügung steht. Das Geheimnis dieser Balken: Es handelt sich um Scrollleisten. Wenn also eine Registerkarte nicht zugänglich ist, weil dem jeweiligen Fenster zu wenig Platz zur Verfügung steht, können Sie die Leiste per Drag & Drop verschieben und so die verborgenen Registerkarten erreichen.

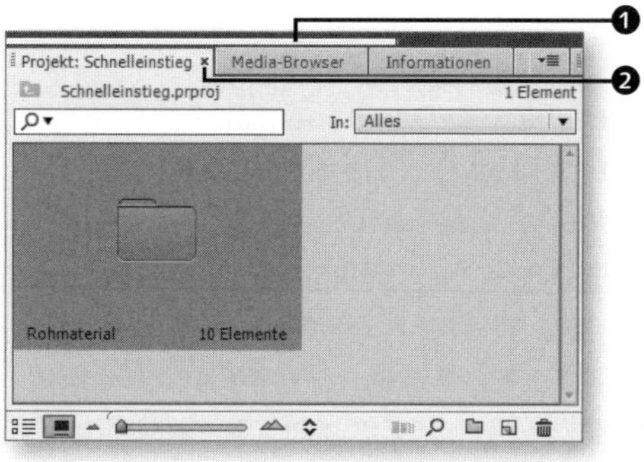

◂ **Abbildung 3.8** Mit Hilfe dieser Leiste lassen sich verdeckte Register zugänglich machen.

Bedienfelder schließen und wieder öffnen | Sämtliche Bedienfelder (= Fenster bzw. Paletten) können über die jeweilige Kreuzschaltfläche ❷ geschlossen werden, was für den versierten Anwender natürlich nichts Neues ist. Interessanter ist da schon die Möglichkeit, dass sich sämtliche Bedienfelder auch wieder über das Fenster-Menü öffnen lassen. Sollten Sie also einmal eine Palette vermissen, gehen Sie auf FENSTER und wählen den entsprechenden Untereintrag. Achten Sie in diesem Zusammenhang darauf, dass alle Fenster, die mit einem Häkchen versehen sind, aktuell im Vordergrund der Anwendung stehen.

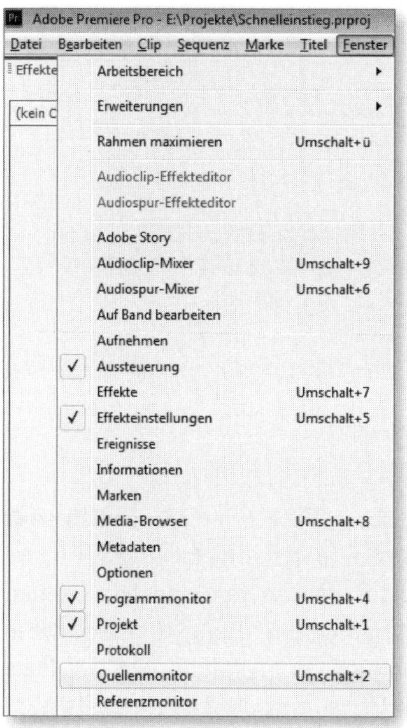

◂ **Abbildung 3.9** Sie suchen eine bestimmte Palette? Im Menü FENSTER werden Sie fündig.

Bedienfelder verschieben | Wenn Sie eine Palette oder ein Fenster komplett vom vordefinierten Ort lösen und an anderer Stelle einsortieren möchten, klicken Sie einfach auf den Kopf der Registerkarte und ziehen das gute Stück mit gedrückter linker

Maustaste an die gewünschte Position. Dort lassen Sie die Taste dann los. Achten Sie darauf, dass teiltransparente Rechteck-Flächen symbolisieren, wo die Palette eingeordnet werden kann. Dabei ist Folgendes zu beachten: Wird die Färbung in der Fenstermitte präsentiert, wird sie den bereits vorhandenen Registern hinzugefügt. Erscheint sie am Rand, wird stattdessen ein neues Fenster geöffnet.

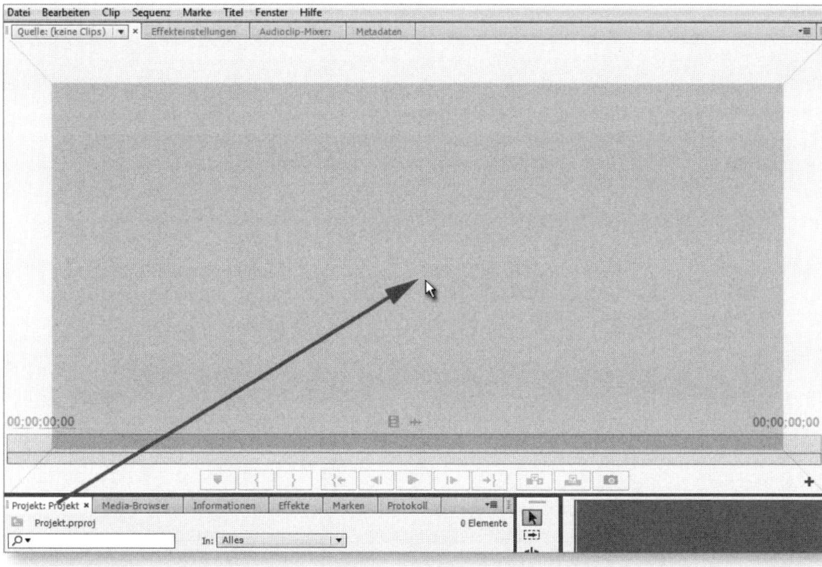

▲ **Abbildung 3.10** Diese Aktion hätte zur Folge, dass das Register PROJEKT den oben links bereits bestehenden Registern hinzugefügt würde.

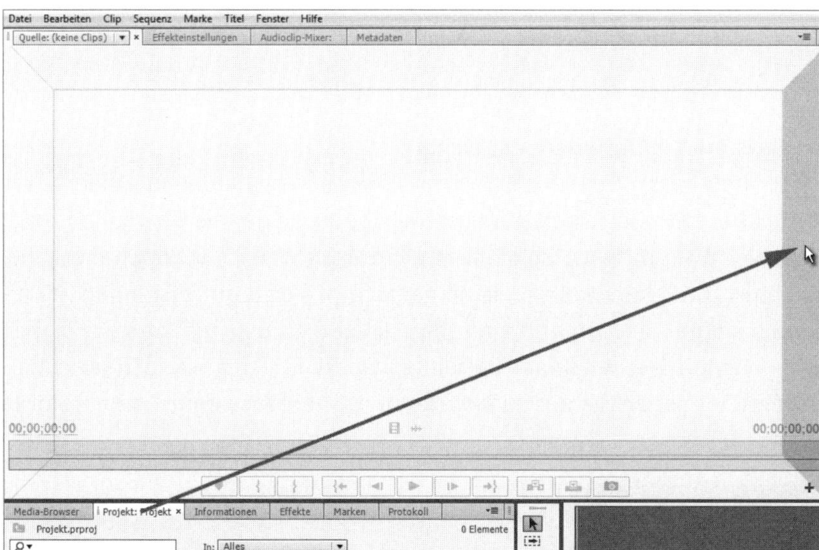

▲ **Abbildung 3.11** Mit dieser Aktion erreichen Sie, dass rechts neben dem Fenster des Quellmonitors ein weiteres Fenster geöffnet wird.

Bedienfelder herauslösen | Nun ist diese Art der Dynamisierung von Oberflächen natürlich ganz reizvoll – in der Praxis werden aber noch längst nicht alle Gestaltungswünsche erfüllt. Wenn Sie beispielsweise mit zwei Monitoren arbeiten, werden Sie den Wunsch verspüren, Paletten komplett herauszulösen und als eigenständige Fenster anzuordnen. Auch das ist kein Problem: Ziehen Sie das zu separierende Fenster an eine beliebige Position, während Sie Strg/cmd gedrückt halten.

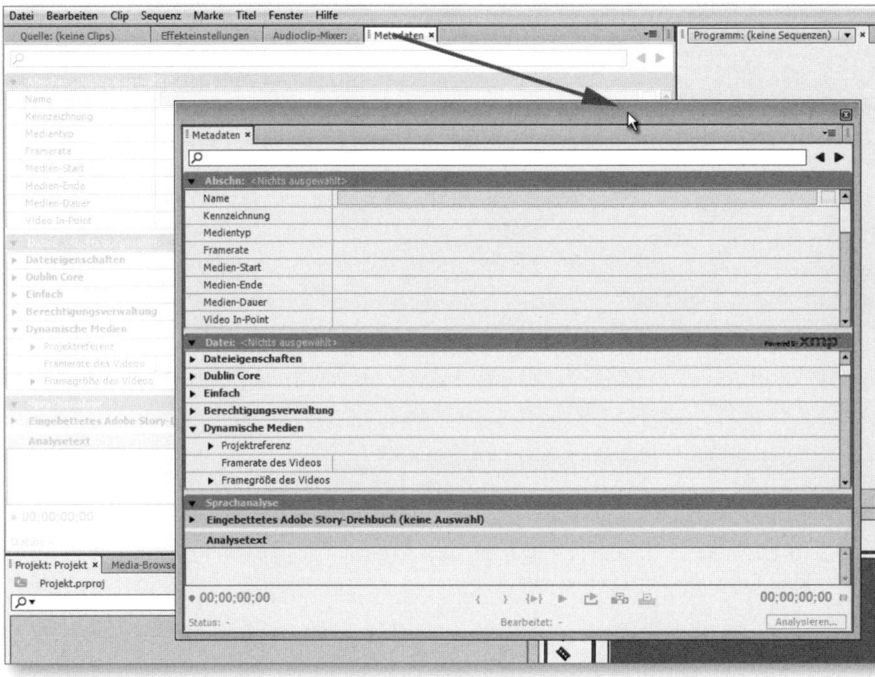

▲ **Abbildung 3.12** Das Fenster wird nach dem Herausziehen überlagernd angezeigt.

3.2.2 Einen eigenen Arbeitsbereich speichern

Nun ist es ja ganz nett, dass Premiere Pro mit mehreren verschiedenen Oberflächen aufwartet und Sie überdies noch Ihre eigenen Arbeitsbereiche definieren können. Aber wie sieht es aus, wenn Sie Ihr ganz persönliches Interface wünschen, doch der liebe, am gleichen Rechner arbeitende Kollege damit gar nicht so recht einverstanden ist? Als friedvoller Mensch sollten Sie ihm anbieten, dass jeder sein eigenes Interface haben darf. Mein Tipp: Wählen Sie in seinem Beisein zunächst FENSTER • ARBEITSBEREICH • NEUER ARBEITSBEREICH. Geben Sie der zu erstellenden Oberfläche einen Namen (bitte nicht den Ihres Kollegen).

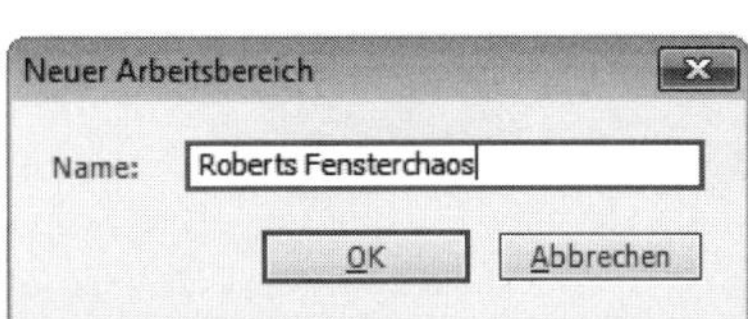

◄ **Abbildung 3.13** Benennen Sie die Arbeitsbereiche eindeutig.

Danach ziehen Sie die Fenster und Paletten so in Position, wie Sie das für die jeweilige Aufgabe gerne hätten. Es ist auch gar nicht schlimm, wenn Sie den wütenden Protest Ihres Gegenübers mit einem salomonischen Lächeln kommentieren. Denn jetzt kommt Ihre Stunde: Sie gehen nämlich anschließend über FENSTER • ARBEITSBEREICH • BEARBEITUNG wieder zur ursprünglichen Ansicht zurück. Wie wäre es, wenn Sie dem lieben Fachgenossen auch einen solchen Arbeitsbereich einrichteten? Er wird begeistert sein.

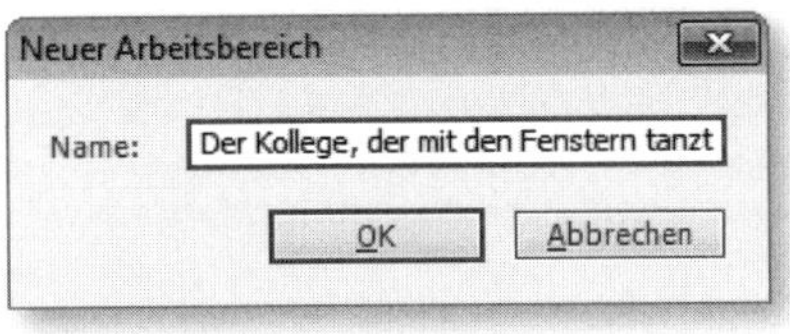

◄ **Abbildung 3.14** Jetzt ist Ihr Nebenmann dran.

Wenn Sie jetzt abermals das Arbeitsbereichsmenü (FENSTER • ARBEITSBEREICH) öffnen, werden Sie feststellen, dass Premiere Pro beide Namen in das Menü übernommen hat. Fortan kann jeder mit seinem Arbeitsbereich machen, was er will. Und wenn Sie nachträgliche Korrekturen vornehmen, bleiben diese automatisch erhalten.

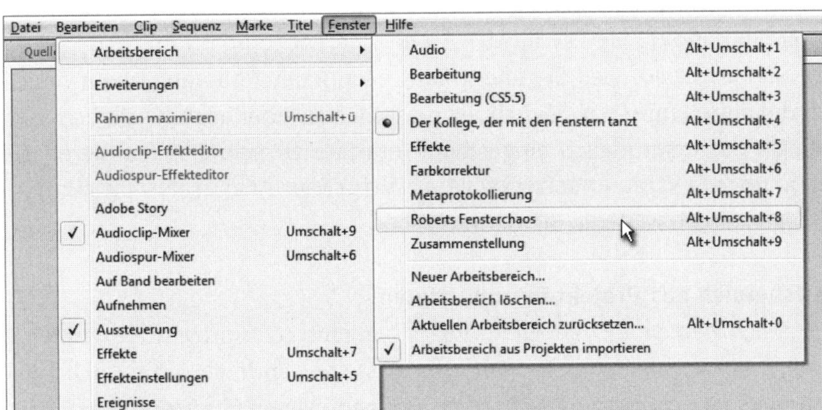

▲ **Abbildung 3.15** Auf diese Weise können zuvor angelegte Arbeitsbereiche erneut aufgerufen werden.

Shortcuts ändern sich

Berücksichtigen Sie, dass bei dieser Aktion die Tastaturkürzel für nachfolgende Arbeitsbereiche aktualisiert werden. Diese werden nämlich grundsätzlich alphabetisch eingeordnet. So wird im Beispiel »Der Kollege, der mit den Fenstern tanzt« künftig über [Alt]+[⇧]+[4] aktivierbar sein, obwohl dieser Shortcut ursprünglich dem Arbeitsbereich EFFEKTE zugewiesen war. Das sollten Sie bei der Benennung der Arbeitsbereiche gegebenenfalls berücksichtigen.

Arbeitsbereich löschen | Glücklicherweise lassen sich zuvor definierte Arbeitsbereiche auch wieder löschen. Dazu müssen Sie nichts weiter tun, als FENSTER • ARBEITSBEREICH •

Arbeitsbereich löschen auszuwählen, im bereitgestellten Pulldown-Menü auf den Arbeitsbereich und anschließend auf Löschen zu klicken. Dabei müssen Sie Folgendes beachten: Der Arbeitsbereich, den Sie löschen wollen, darf dabei auf der Oberfläche nicht eingestellt sein. In diesem Fall wird er gar nicht erst zum Löschen angeboten. Wenn sich der werte Kollege also (wovon auszugehen ist) in dem von Ihnen genutzten Arbeitsbereich wohler fühlt, müssen Sie einen anderen Arbeitsbereich wählen (z. B. Audio) und erst im Anschluss Arbeitsbereich löschen auswählen.

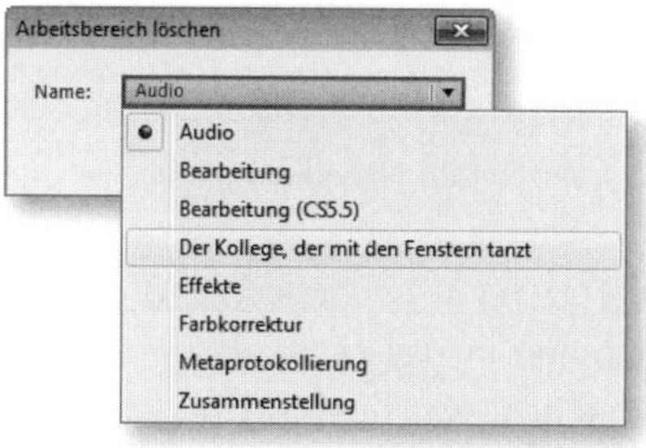

◂ **Abbildung 3.16** Also doch! Dieser Arbeitsbereich taugt ja gar nichts.

Letztendlich werden aber alle Änderungen, die Sie nachträglich an einem Arbeitsbereich vornehmen, in das aktuelle Layout der Arbeitsoberfläche übernommen. Dies ist auch zunächst einmal gut so, weil Sie andernfalls nach jeder Änderung einen neuen Arbeitsbereich definieren müssten. Manchmal ist das Ganze aber auch hinderlich, und Sie wünschen sich das ursprünglich eingestellte Interface zurück. Das realisieren Sie dann kurzerhand über Fenster • Arbeitsbereich • Aktuellen Arbeitsbereich zurücksetzen. Den Folgedialog bestätigen Sie dann mit Ja.

3.2.3 Arbeitsbereich aus Projekten importieren

Die Sache mit den Arbeitsbereichen funktioniert übrigens auch projektübergreifend. Wenn Sie nämlich ein vorhandenes Projekt oder das eines anderen öffnen, wird der dort gültige Arbeitsbereich automatisch übernommen. Wenn Sie derartige Eigenmächtigkeiten jedoch auf gar keinen Fall hinnehmen wollen, müssen Sie sich dem Menüeintrag Fenster • Arbeitsbereich • Arbeitsbereich aus Projekten importieren widmen. Diesem ist nämlich standardmäßig ein Häkchen vorangestellt. Das bedeutet: Die Arbeitsbereiche werden mit importiert. Wählen Sie das Häkchen ab, indem Sie erneut auf diesen Eintrag klicken, sind Sie fortan vor derartigen Importen geschützt. Ein erneuter Klick darauf würde die Option wieder aktivieren.

3.3 Der Media-Browser

In Adobe Premiere Pro existiert seit einigen Versionen ein sogenannter *Media-Browser*, der sich standardmäßig in der Bedienfeldgruppe unten links befindet. Sollte er nicht sichtbar sein, wählen Sie ihn über Fenster • Media-Browser an. Dieser ist quasi die

Verbindungsbrücke zwischen Ihren Videos, Bildern, Audiodateien usw., die sich auf Ihrer Festplatte befinden. Damit diese im Film eingesetzt werden können, müssen sie zunächst dem Projektfenster hinzugefügt werden. Zwar können Assets auch außerhalb von Premiere Pro markiert und per Drag & Drop in das Projektfenster gebracht werden, doch ist der Einsatz des Media-Browsers in vielerlei Hinsicht optimal, wie Sie in diesem Abschnitt erfahren werden.

3.3.1 Ansicht des Media-Browsers optimieren

Um Assets via Media-Browser ins Projektfenster zu befördern, bietet sich Fenster • Arbeitsbereich • Metaprotokollierung an. Diese Oberfläche hat den Vorteil, dass sich die Projekt- und die Media-Browser-Palette in unterschiedlichen Fenstern befinden. Innerhalb des Media-Browsers lassen sich die Festplattenverzeichnisse öffnen, indem Sie die vorangestellten Dreiecksymbole markieren. Navigieren Sie weiter bis zum Ordner, der die gewünschten Arbeitsdateien enthält, und markieren Sie diesen links in der Spalte mit einem Mausklick. Die Dateien werden dann auf der rechten Seite des Media-Browsers angezeigt und können von dort aus bequem in das Projektfenster gezogen werden.

◀ **Abbildung 3.17**
Von hier aus lassen sich die Assets in das Projektfenster ziehen, das sich in diesem Arbeitsbereich oberhalb des Media-Browsers befindet.

So haben Sie aus Premiere Pro heraus Zugriff auf sämtliche Festplattenverzeichnisse und können diese Ihren Projekten hinzufügen, ohne Premiere Pro verlassen zu müssen. Die Dateien werden bei diesem Vorgehen übrigens nicht verschoben. Die Option hat lediglich zur Folge, dass Verweise auf die Assets nun im Projektfenster zu finden sind. Die Originaldateien bleiben unangetastet – auch in der weiteren Bearbeitung.

3.3.2 Assets schnell importieren

Wer die Arbeitsumgebung nicht wechseln möchte, also lieber im Arbeitsbereich Bearbeitung bleibt (weil er seinem Projekt beispielsweise nur einen einzelnen Clip nachliefern möchte), der geht folgendermaßen vor: Zuerst wird der Clip im Media-Browser, wie beschrieben, angeklickt und die Maustaste festgehalten. Danach zeigen Sie auf das Register PROJEKT und warten so lange, bis dieses im Vordergrund angezeigt wird. Ziehen Sie die Maus (mit immer noch gehaltener linker Taste) nach unten bis in den freien Bereich des Projektfensters. Dort angekommen, lassen Sie los.

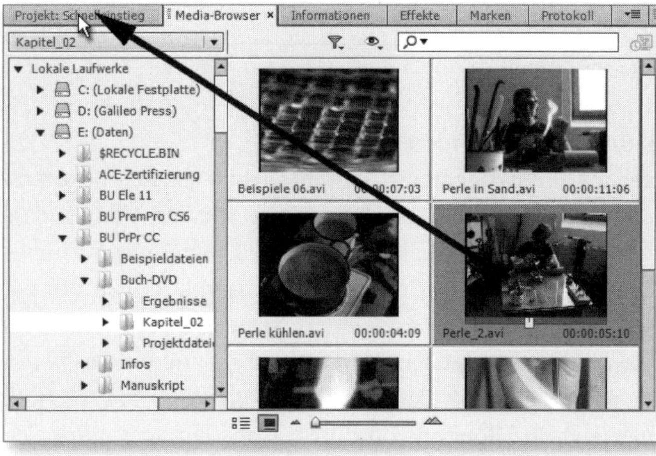

◂ **Abbildung 3.18** Binden Sie die Register beim Hinzufügen von Assets mit ein.

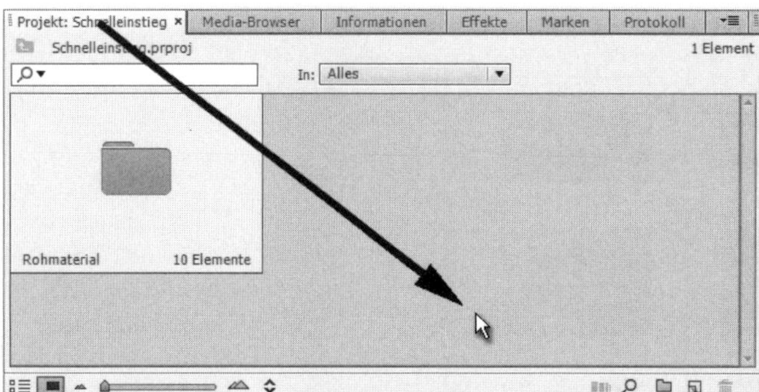

◂ **Abbildung 3.19** Sobald das Projektfenster vorne steht, lassen Sie den Clip im freien Bereich fallen.

Clips einsortieren

Ein auf diese Weise transportierter Clip kann auch direkt einsortiert werden. In diesem Fall ziehen Sie das Asset zwischen zwei andere. An Positionen, an denen der Clip eingelagert werden kann, taucht der bereits bekannte vertikale Balken auf.

▴ **Abbildung 3.20** Sogar das direkte Einsortieren ist möglich.

3.3.3 Sequenzen importieren

Auf die beschriebene Weise lassen sich übrigens nicht nur Clips, Bilder usw. einfügen, sondern auch Sequenzen und Projekte. Navigieren Sie beispielsweise zu einer Premiere-Pro-Projektdatei (.prproj) und ziehen diese auf die beschriebene Weise herüber, erscheint allerdings noch ein Dialog, mit dessen Hilfe sich festlegen lässt, ob nur die Sequenz selbst oder sogar das gesamte Projekt (eventuell mit weiteren darin enthaltenen Sequenzen) integriert werden soll.

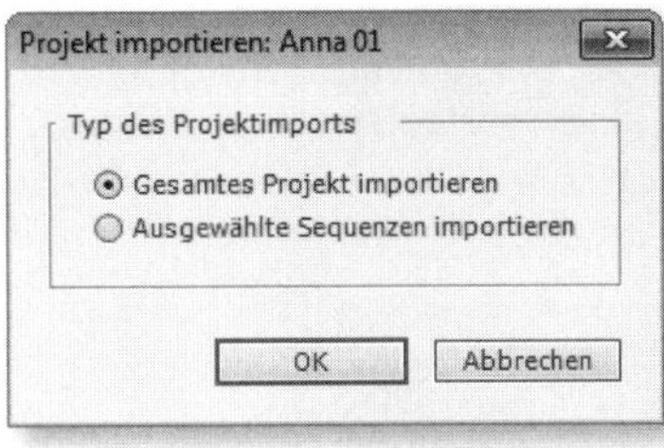

◂ **Abbildung 3.21** Sie haben die Wahl, was importiert werden soll – nur die betreffende Sequenz oder das gesamte Projekt.

3.3.4 Clips abspielen und scrubben

Bei sehr vielen ähnlichen Clips (und somit auch mehr oder weniger identischen Miniaturen) ist es nicht immer ganz einfach, den gewünschten gleich zu finden. Es gibt aber eine Option, mit der sich der Inhalt des Videoclips besser beurteilen lässt. Stellen Sie die Maus auf die Vorschauminiatur, und bewegen Sie das Zeigegerät nach rechts und links. So sind Sie imstande, den Clip-Inhalt grob zu »durchfahren« (Scrubbing). Entsprechendes funktioniert auch, indem Sie den kleinen Abspielkopf ❶ verziehen.

Wer sich anstelle des Scrubbings eine Wiedergabe in Echtzeit wünscht, kann nach Anwahl des Assets die Leertaste betätigen. Ein erneuter Druck darauf beendet die Wiedergabe.

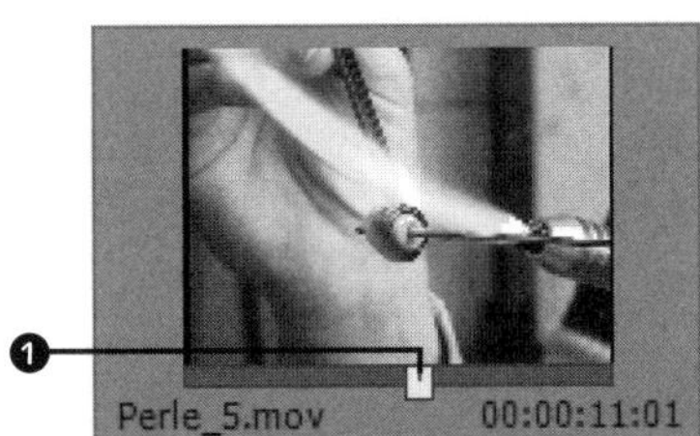

◂ **Abbildung 3.22** Schon im Media-Browser kann der Clip-Inhalt angesehen werden.

Clips einzelbildweise abspielen

Ein Feature ermöglicht es, die Clips auch einzelbildweise durchzusehen. Dazu halten Sie permanent [K] gedrückt. Betätigen Sie zusätzlich noch [L], geht es ein Bild nach vorne. Mit [J] springen Sie ein Einzelbild zurück.

3.3.5 Miniaturen vergrößern

Nun ist die Darstellung recht klein, was sich aber in Premiere CC problemlos und sehr einfach ändern lässt: Wer eine größere Bildfläche wünscht, kann sich des Schiebereglers in der Fußleiste bedienen ❸. Nach rechts hin lassen sich die Miniaturen vergrößern. Allerdings gelangen Sie damit nicht unbedingt zur Maximalgröße, die ist auch von der Größe des Fensters abhängig. Ziehen Sie den Regler doch einmal ganz nach rechts, und vergrößern Sie das Fenster (Mauszeiger darauf und [Ü] betätigen).

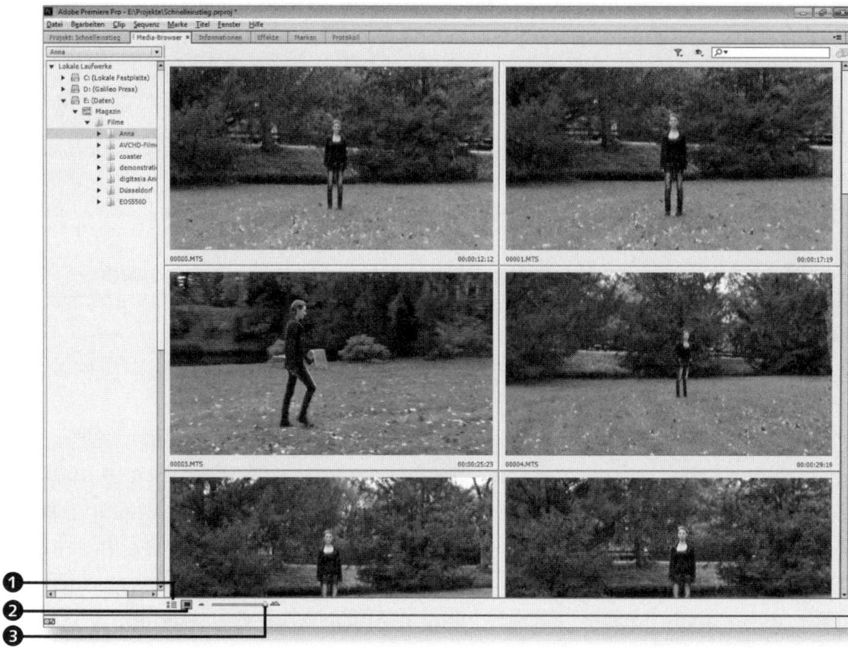

▲ **Abbildung 3.23** Den Media-Browser sowie die darin enthaltenen Assets gibt es auch »in groß«.

Im Quellmonitor abspielen | Manche Assets unterscheiden sich mitunter ja nur in Nuancen voneinander, beispielsweise, wenn Sie eine Szene mit Schauspielern mehrfach wiederholt haben. In einem solchen Fall kann es sinnvoll sein, den Clip im Quellmonitor zu begutachten. Um das zu ermöglichen, reicht übrigens ein Doppelklick auf das Asset im Media-Browser.

3.3.6 Listen- und Miniaturansicht

Links neben dem Schieberegler sind zwei Schaltflächen zu finden, von denen die rechte ❷ standardmäßig aktiv ist. Das ist auch gut so, denn nur diese ermöglicht es, die einzelnen Assets als Miniaturen zu sehen. Schalten Sie auf LISTENANSICHT ❶ um, taucht zwar in der Regel mehr Content auf, jedoch ist die schnelle Begutachtung, wie zuvor beschrieben, nicht möglich.

3.3.7 Assets filtern

Grundsätzlich werden im Media-Browser alle mit Premiere Pro kompatiblen Dateien angezeigt. Wenn Sie allerdings bestimmte Dateien aus einem ansonsten prall gefüllten Ordner heraussuchen wollen, wird die Sache ganz schnell unübersichtlich. Deshalb ist es möglich, die Auswahl auf bestimmte Dateitypen zu beschränken. Dazu klicken Sie auf das kleine Trichtersymbol ❹ (in der QuickInfo heißt es ANGEZEIGTE DATEITYPEN) und entscheiden sich für das Dateiformat, das angezeigt werden soll.

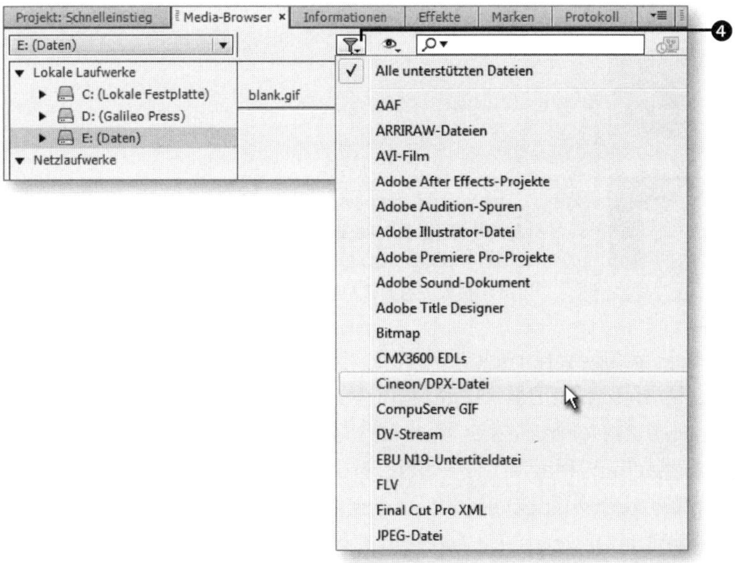

◂ **Abbildung 3.24** Der Trichter ❹ bringt Sie zu Ihrem bevorzugten Dateiformat.

3.3.8 Anzeige für Kameras optimieren

Rechts neben dem Trichter befindet sich ein weiteres Auswahlfeld (Augensymbol ❺), mit dem Sie die Möglichkeit haben, kameraspezifische Anzeigen zu wählen. Was hat es nun damit auf sich? Solange DATEIVERZEICHNIS eingestellt ist, sehen Sie stets alle Dateien, die sich innerhalb eines Ordners befinden. Das ist ja prinzipiell auch so in Ordnung. Aber wenn Sie beispielsweise auf die Verzeichnisse einer angeschlossenen, bandlosen Kamera zugreifen wollen, wird das sehr schnell unübersichtlich: Hier sind nämlich üblicherweise zahllose Daten integriert, die für den Videoschnitt gar nicht benötigt werden. Und genau die werden mit Hilfe von ORDNERANZEIGE ausgeblendet. Premiere Pro erkennt übrigens in der Regel selbstständig, um welche Formate es sich handelt, und schaltet dann eigenmächtig um.

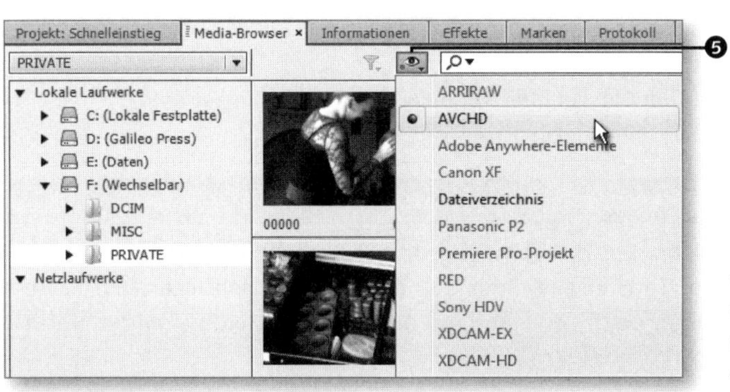

◂ **Abbildung 3.25** Hier werden die Filmdateien einer angeschlossenen AVCHD-Kamera angezeigt.

3.3.9 Auf Assets von bandlosen Kameras zugreifen

Einzelne Assets könnten nun auch direkt in das Projektfenster integriert werden. Der einfachste Weg: Sie klicken mit rechts auf einen Clip und entscheiden sich anschließend für IMPORTIEREN.

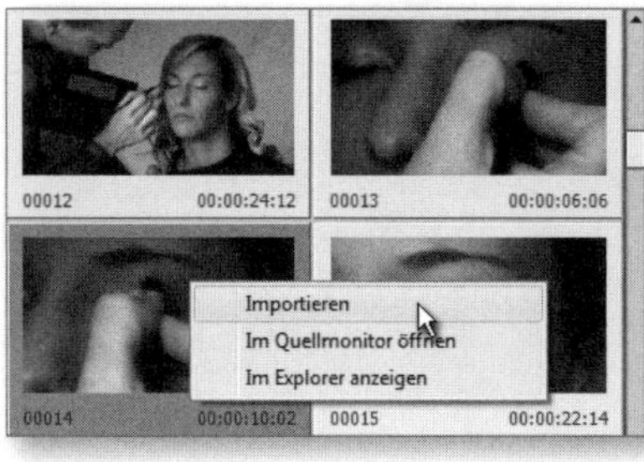

◂ **Abbildung 3.26** Clips lassen sich direkt vom Camcorder aus integrieren. Doch Vorsicht! Das bedeutet, dass die Verbindung zur Kamera stets gehalten werden muss.

Allerdings müssen Sie hier einiges berücksichtigen: Der Clip wird zwar daraufhin Bestandteil des Projekts, jedoch liegt das Original immer noch auf dem Speichermedium der Kamera. Wenn Sie die Verbindung nun kappen und so den Zugriff auf das Original-Asset unmöglich machen, reagiert Premiere Pro sofort mit einem Dialog

Außerdem wird im Projektfenster angezeigt, dass das Asset nicht mehr verfügbar ist. Anstelle der üblichen Bildminiatur erscheint hier ein Offline-Hinweis ❶. Das Medium ist demzufolge nicht mehr verfügbar, bleibt jedoch weiterhin Bestandteil des Projekts. Schalten Sie die Kamera wieder ein, und klicken Sie auf SUCHEN ❷.

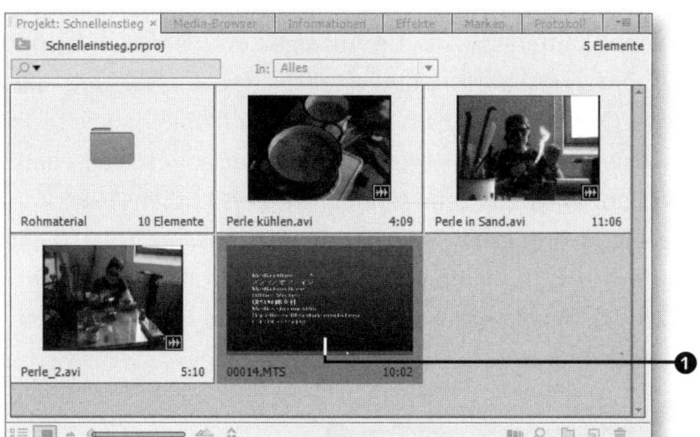

▴ **Abbildung 3.27** Die Verbindung zum Clip geht bei Trennung des Camcorders verloren. Ein Offline-Hinweis ersetzt die eigentliche Bildminiatur zu sehen.

Festplattenimport vom Speicherchip

Der Media-Browser ist zwar für den direkten Zugriff auf Speichermedien konzipiert, jedoch lässt sich mit ihm kein Transfer zwischen Camcorder-Chip und Ihrer Festplatte realisieren. Das müssen Sie immer noch von Hand erledigen (Hinweise dazu finden Sie in Abschnitt 13.1, »Der bandlose Workflow«).

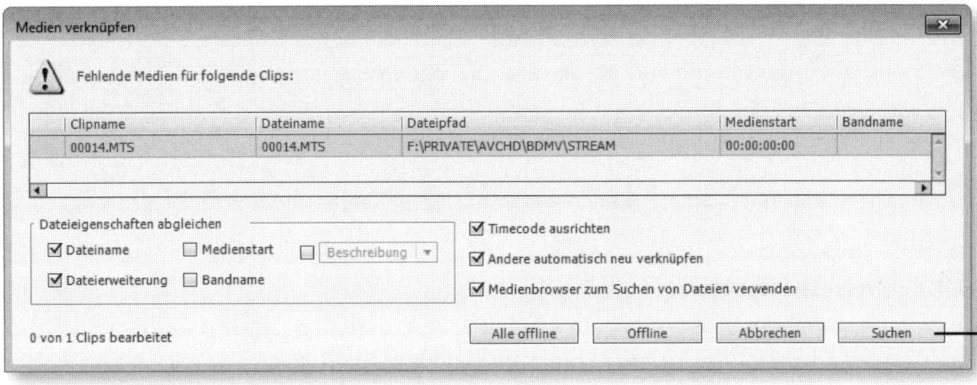

▲ **Abbildung 3.28** Dieser neu in Premiere Pro CC integrierte Dialog hilft bei der Wiederherstellung.

Sinn des Imports

Nun könnte man sich fragen, warum es denn eine derartige Importoption überhaupt gibt, wenn sich die Clips damit ohnehin nicht auf Festplatte importieren lassen. Stellen Sie sich vor, Sie wollen auf die Schnelle einen Videobericht zusammenstellen. Dann greifen Sie auf den Speicher der Kamera zu, importieren die Assets, stellen den Film zusammen und geben ihn aus – fertig. Die Assets werden danach nie wieder benötigt – und müssen folgerichtig auch nicht vom Rechner entfernt werden.

3.4 Das Projektfenster

Betrachten Sie das Projektfenster (im Arbeitsbereich BEARBEITUNG unten links zu finden) als das Archiv Ihres jeweiligen Projekts. Hier lagern alle Utensilien, die für den zu erstellenden Film benötigt werden, und zwar, man kann es nicht oft genug sagen, lediglich in Form einer Verknüpfung zu den Originalen. Dabei spielt es überhaupt keine Rolle, ob Sie Videoclips, Audioclips, Titel, Bilder o. Ä. verwenden wollen. Zwar gibt es Ausnahmen, doch liegt in der Regel alles, was Inhalt Ihres Projekts werden soll, zunächst einmal hier als Datei vor. Wie Sie eben schon erfahren haben, sollten sämtliche Assets auf Festplatten liegen, zu denen der Rechner ständigen Zugang hat.

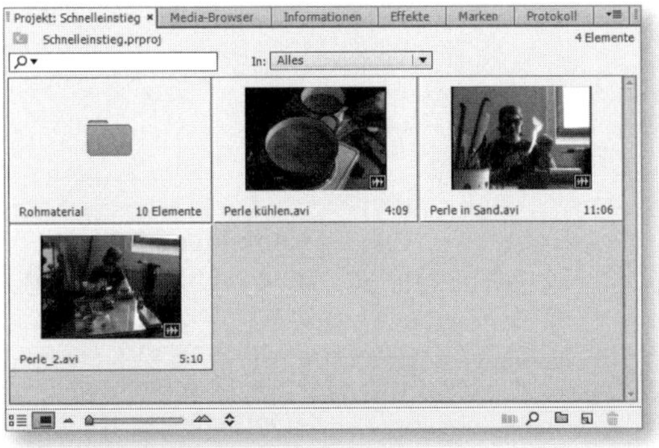

◂ **Abbildung 3.29** Das Projektfenster bildet das Archiv für Ihren Film.

Bedienung wie im Media-Browser

Mit dem zuvor beschriebenen Media-Browser haben Sie ja bereits Einblick in diverse Funktionen erhalten, die auch hier im Projektfenster zu finden sind. So dürften die Steuerelemente unten links in der Fußleiste bereits alte Bekannte sein. Entsprechendes gilt übrigens für sämtliche Wiedergabefunktionen innerhalb des Projektfensters. Um es kurz zu machen: Hier funktioniert zunächst einmal alles genauso, wie im Media-Browser.

3.4.1 Assets importieren

Im vorangegangenen Abschnitt haben Sie erfahren, dass sich Dateien per Drag & Drop über den Media-Browser in das Projekt integrieren lassen. Wenn Sie die Assets lieber direkt über das Projektfenster integrieren wollen, können Sie das ebenfalls machen. Am einfachsten ist der bereits in Kapitel 1, »Kontaktaufnahme mit Premiere Pro CC«, erwähnte Doppelklick in einen freien Bereich des Projektfensters. Wenn Ihnen das Menü mehr liegt, können Sie auch DATEI • IMPORTIEREN wählen, während Tastaturkürzelfans sich mit [Strg]/[cmd]+[I] begnügen. Im folgenden Dialog können dann einzelne Dateien per Anwahl und anschließendem Klick auf ÖFFNEN hinzugefügt werden.

Mehrere Dateien gleichzeitig hinzufügen

Wenn Sie mehrere nebeneinanderliegende Assets importieren wollen, markieren Sie die erste Datei, halten dann [⇧] gedrückt und klicken anschließend auf die letzte Datei. Mit [Strg]/[cmd] können mehrere nicht untereinanderliegende Dateien markiert bzw. bereits selektierte Assets wieder abgewählt werden.

Ordner importieren | Mitunter kann es sinnvoll sein, komplette Ordner zu importieren. Starten Sie dazu den Importvorgang, wie zuvor beschrieben. Navigieren Sie zum Zielordner, der in das Projekt eingeführt werden soll, und entscheiden Sie sich anschließend für die Schaltfläche ORDNER IMPORTIEREN ❶. Sollten sich in diesem Ordner keine Premiere-Pro-Projektdateien befinden (dazu gleich mehr), werden die Assets geladen, wobei sie jedoch innerhalb dieses Ordners bleiben – auch im Projektfenster.

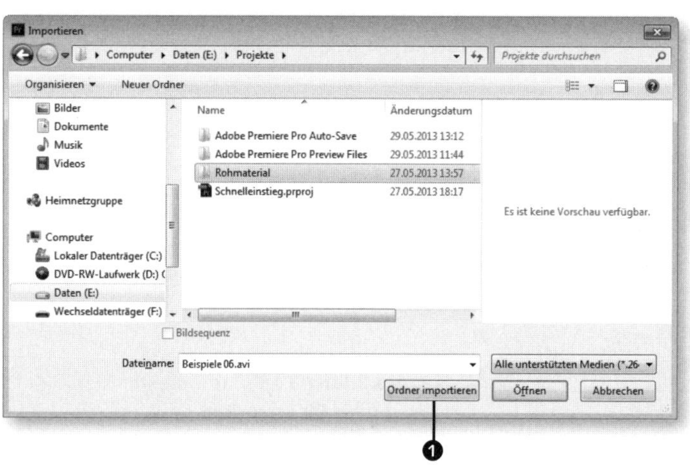

◂ **Abbildung 3.30** Mit Hilfe der Schaltfläche ❶ ganz unten im Dialog lassen sich ganze Ordner in das Projektfenster importieren.

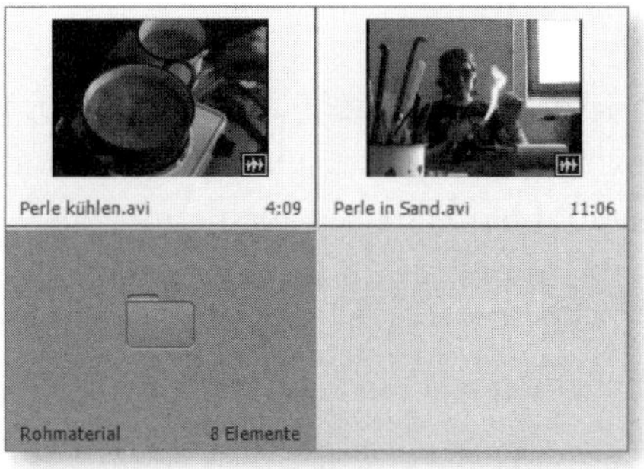

◂ **Abbildung 3.31** Der importierte Ordner bleibt auch innerhalb des Projektfensters als solcher erhalten.

Sie haben soeben erfahren, wie der Import gut funktioniert, wenn sich innerhalb des Verzeichnisses keine Projektdateien (z. B. Premiere-Pro-Dateien mit der Endung .prproj) befinden. Ist eine derartige Datei jedoch vorhanden, geht die Anwendung davon aus, dass nicht nur Assets, sondern auch Projekte integriert werden sollen, und schickt auch hier den bereits vom Media-Browser bekannten Dialog hinterher.

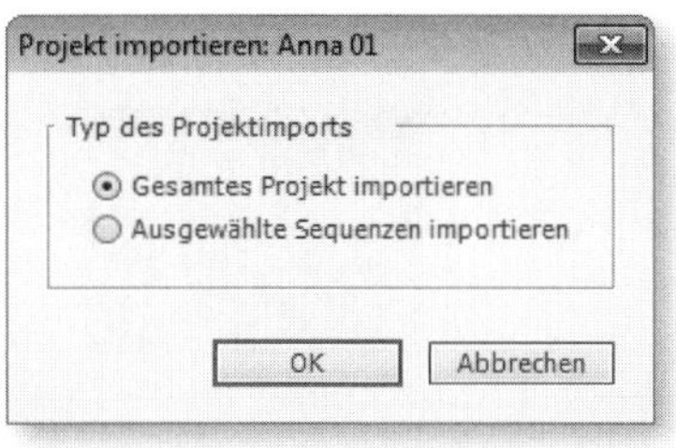

◂ **Abbildung 3.32** Die Anwendung schickt eine Frage hinterher.

Dieser ist zwar ganz hilfreich, allerdings nicht im Zusammenhang mit dem reinen Import von Assets. Sie sollten den Vorgang in diesem Fall abbrechen und statt des gesamten Ordners lieber die darin enthaltenen Clips usw. importieren. Die Funktion ist zum Sequenzimport vorgesehen. Weitere Hinweise dazu finden Sie in Abschnitt 5.3.2, »Sequenzen importieren«.

Ablagen öffnen | Wollen Sie auf den Inhalt eines Ordners (hier nennt er sich ABLAGE) zugreifen, platzieren Sie einen Doppelklick darauf. Dies bewirkt, dass der Inhalt in einem separaten (überlagernden) Projektfenster angezeigt wird. Wer lieber mit einem einzelnen Projektfenster arbeitet, hält während des Doppelklicks `Strg`/`cmd` gedrückt. Hierbei ist jedoch zu berücksichtigen, dass Sie zur Rückkehr in das übergeordnete Projektfenster den Ordner-Button oben links betätigen müssen.

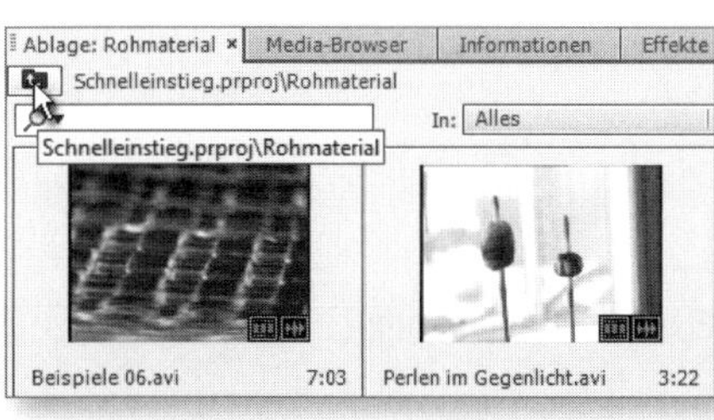

◂ **Abbildung 3.33** Ein Klick auf dieses Symbol bringt den Anwender eine Ebene höher.

3.4.2 Symbole im Projektfenster

Sowohl in der Listen- als auch in der Miniaturansicht lässt sich sehr gut ablesen, um welche Art von Assets es sich handelt. Die angezeigten Symbole spielen dabei eine entscheidende Rolle. Wird in der Listenansicht sowohl ein Film- als auch ein Wellenformsymbol präsentiert, handelt es sich um Filmdateien mit Sound ❷. Wenn hingegen nur eines der beiden Symbole angezeigt wird, liegt nur Filmmaterial ❶ bzw. nur eine Sounddatei ❸ vor. In der Miniaturansicht ist die Beurteilung ja noch eindeutiger. Ob es sich um Videos mit Ton handelt, verdeutlicht.

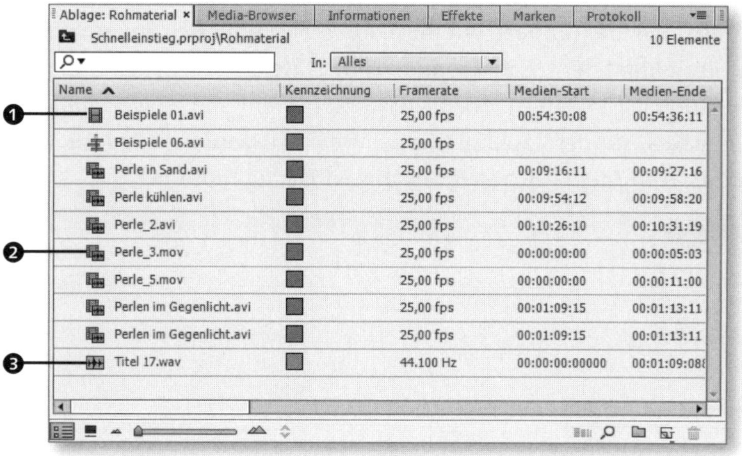

▲ **Abbildung 3.34** Auch die Listenansicht verrät, um welche Art Asset es sich jeweils handelt.

▲ **Abbildung 3.35** Dieser kleine Hinweis verrät, dass mindestens eine Audiospur vorhanden ist.

Sobald der Clip Gegenstand des Schnittfensters wird, zeigen sich auf der Miniatur im Projektfenster orange eingefärbte Symbole – und zwar je nachdem, was ins Schnittfenster integriert worden ist, jeweils ein Video- und/oder Audiosymbol. Zeigen Sie mit dem Mauszeiger darauf, lässt sich ablesen, wie oft das Video (bzw. die dazugehörige Audiospur) im Projekt verwendet worden ist. Ein linker Mausklick darauf verrät Ihnen sogar, an welcher Stelle der jeweiligen Sequenz der Clip eingebettet ist.

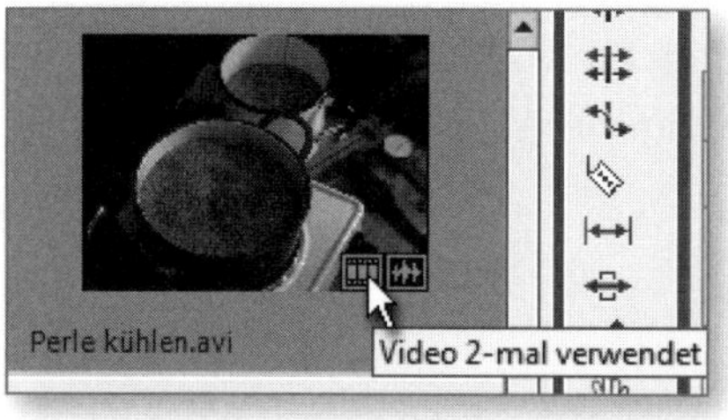

▲ **Abbildung 3.36** Wie oft Video oder Audio verwendet worden sind, wird angezeigt, wenn sich der Mauszeiger über dem jeweiligen Symbol befindet.

◂ **Abbildung 3.37** Nach einem Mausklick lässt sich ablesen, an welcher Position sich die Clips befinden.

3.4.3 Miniaturen ändern – Titelframe einstellen

Wie sich die einzelnen Clips abspielen lassen, haben Sie ja bereits in Abschnitt 3.3.4, »Clips abspielen und scrubben«, erfahren. Sie wissen ja: Was in Bezug auf die Clips im Media-Browser geht, das funktioniert genauso im Projektfenster. Letzteres verfügt jedoch über eine löbliche Eigenschaft, die Sie im Media-Browser vergeblich suchen werden – nämlich das Einstellen eines sogenannten *Titelframes*. Grundsätzlich sehen Sie in der Clip-Miniatur den ersten Frame (= Einzelbild) des Videos. Selbst nach dem Scrubbing springt die Anzeige zurück auf Bild 1. Eine zuverlässige Beurteilung des Clip-Inhalts ist somit oft gar nicht möglich. Besonders bei langen Clips kann es sinnvoll sein, ein anderes Einzelbild zu verwenden, welches wesentlich repräsentativer für den Clip ist.

Zur Änderung des Titelframes gehen Sie so vor: Scrubben Sie, wie beschrieben, durch den Clip. Auch der Einsatz der Leertaste zum Abspielen und Stoppen des Clips ist legitim. Navigieren Sie, falls erforderlich, einzelbildweise durch den Clip (K gedrückt halten und J oder L betätigen). Sobald das gewünschte Bild sichtbar ist, klicken Sie mit rechts auf die Miniatur und wählen TITELFRAME EINSTELLEN.

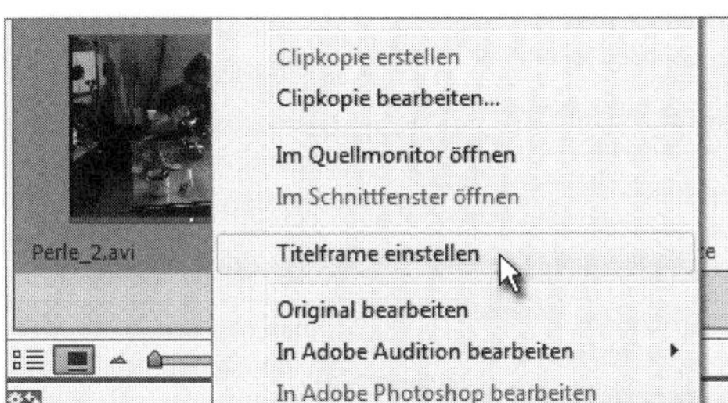

◂ **Abbildung 3.38** Frieren Sie das aktuell gezeigte Einzelbild ein. Fortan wird es den Clip repräsentieren.

3.4.4 Das Projektfenster organisieren

Sie wissen ja bereits, dass Sie ganze Ordner importieren können. Wenn aber irgendwann zu viele Assets Ihr Projektfenster schmücken, wird das Ganze leicht unübersichtlich. Für diesen Fall können Sie selbst weitere Ablagen erzeugen, indem Sie auf das Symbol NEUE ABLAGE in der Fußleiste des Projektfensters klicken. Danach können Sie die Assets nach Wunsch dort einsortieren, was Sie einfach per Drag & Drop erledigen. Ziehen Sie die jeweilige Datei auf die Ablage. Bitte bedenken Sie aber Folgendes: Die neue Ablage wird stets dort einsortiert, wo Sie sich gerade befinden. Sollten Sie also im Projektfenster bereits eine Ablage geöffnet haben und dann eine neue erzeugen, wird diese gewissermaßen als Unterordner eingebettet.

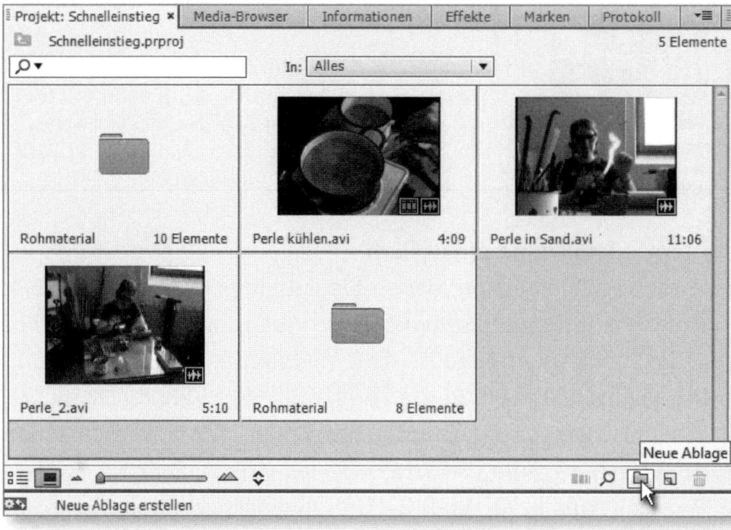

▲ **Abbildung 3.39** Mit dieser Schaltfläche wird eine neue Ablage erzeugt.

Interessant in diesem Zusammenhang: Ablagen und Dateien können nach Wunsch per Drag & Drop hin- und hergeschoben oder verschachtelt werden. Das dürfen Sie sogar mit Assets (z. B. Filmen) machen, wenn diese bereits in das Schnittfenster integriert worden sind. Sie müssen nicht befürchten, dass der Verweis zur Datei verloren geht.

Assets suchen | Im Laufe der Zeit wird sich das Projektfenster mehr und mehr füllen. Wenn irgendwann der Punkt gekommen ist, an dem Sie den gerade benötigten Clip nicht mehr finden, sollten Sie eine der Suchfunktionen im Projektfenster nutzen. Klicken Sie in das Eingabefeld SUCHEN ❶, und geben Sie den gewünschten Begriff bzw. Teile davon ein. Im nebenstehenden Feld IN ❸ lässt sich die Suche zudem auf bestimmte Bereiche eingrenzen.

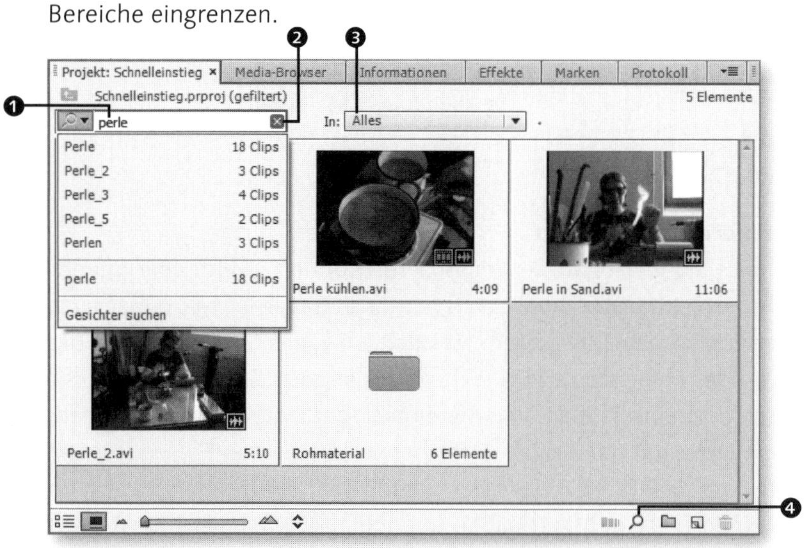

▲ **Abbildung 3.40** Wenn die Übersicht verloren geht, helfen die Suchfunktionen weiter.

Suchergebnis löschen

Durch die Eingabe des Suchbegriffs sind natürlich alle Assets ausgeblendet, auf die der Begriff nicht zutrifft. Deshalb sollten Sie nach erfolgreicher Recherche die kleine Kreuz-Schaltfläche ❷ rechts im Eingabefeld betätigen. Daraufhin werden wieder alle Clips sichtbar.

Um eine umfangreichere Suche mit mehreren potenziellen Suchoptionen in Gang zu setzen, betätigen Sie das Lupensymbol ❹ in der Fußleiste bzw. verwenden bei aktiviertem Projektfenster die Tastenkombination [Strg]/[cmd]+[F]. Die Anwendung stellt daraufhin einen zunächst wenig spektakulären Dialog zur Verfügung. Wenn Sie jedoch im Bereich SPALTE auf das Listenfeld mit dem Eintrag NAME klicken, offenbart sich eine beeindruckende Riege von Parametern. Wählen Sie aus, wonach Sie suchen. Im Feld rechts daneben können Sie den Suchbegriff weiter eingrenzen.

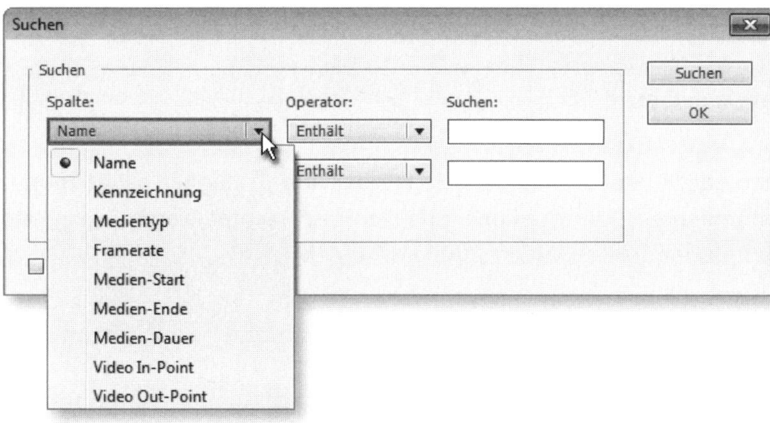

▲ **Abbildung 3.41** Im Listenfeld SPALTE (oben) bestimmen Sie, wonach gesucht wird.

Ganz wichtig in diesem Zusammenhang ist jedoch folgender Punkt: Es wird immer nur der nächste zutreffende Eintrag innerhalb des Projektfensters angezeigt, nachdem Sie SUCHEN angewählt haben – und zwar ausgehend von dem Clip, der im Projektfenster gerade markiert ist. Sollte es sich dabei noch nicht um die gewünschte Datei handeln, müssen Sie abermals auf SUCHEN klicken. Ein Ergebnisfenster o. Ä. gibt es nicht.

Gesichter suchen | Hätten Sie es für möglich gehalten, dass sich Videoclips gezielt nach Gesichtern durchsuchen lassen? Dazu müssen die Clips aber zunächst analysiert werden. Nur wenn Premiere Pro sich die Filme vorher »angesehen« hat, kann die Anwendung später auch Gesichter finden. Markieren Sie alle Assets (oder zumindest jene, bei denen davon auszugehen ist, dass Akteure mitgewirkt haben). Danach erfolgt ein Rechtsklick auf eines der markierten Objekte (das können übrigens auch Bilder sein), gefolgt von INHALT ANALYSIEREN. Lassen Sie nur die Checkbox GESICHTSERKENNUNG aktiv, und bestätigen Sie mit OK.

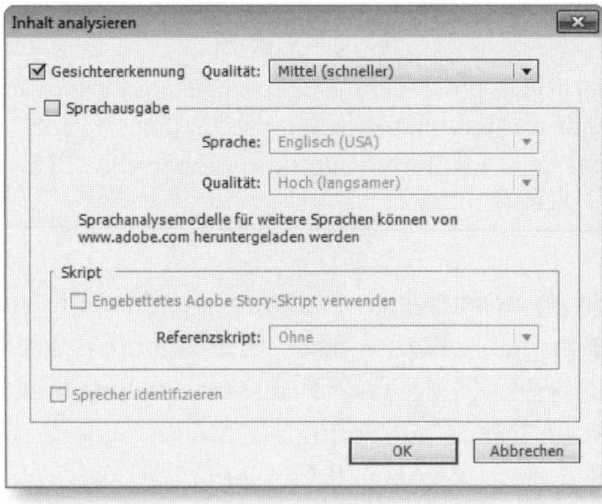

◂ **Abbildung 3.42** Da es in diesem Beispiel nur um die GESICHTSERKENNUNG geht, kann die SPRACHAUSGABE deaktiviert werden.

Qualität einstellen

Die Qualitätseinstellungen im oberen Pulldown-Menü müssen prinzipiell nicht verändert werden. Erst wenn Sie im Ergebnis feststellen, dass nicht alle Clips gefunden worden sind, in denen Gesichter zu erkennen sind, sollten Sie den Vorgang mit der Funktion HOCH (LANGSAMER) wiederholen.

Jetzt öffnet sich der Adobe Media Encoder (Sie werden ihn in Kapitel 12, »Export«, noch ausgiebig kennenlernen), der die Clips inhaltlich begutachtet. Fertig analysierte Clips werden oben links im Bereich WARTESCHLANGE abgehakt.

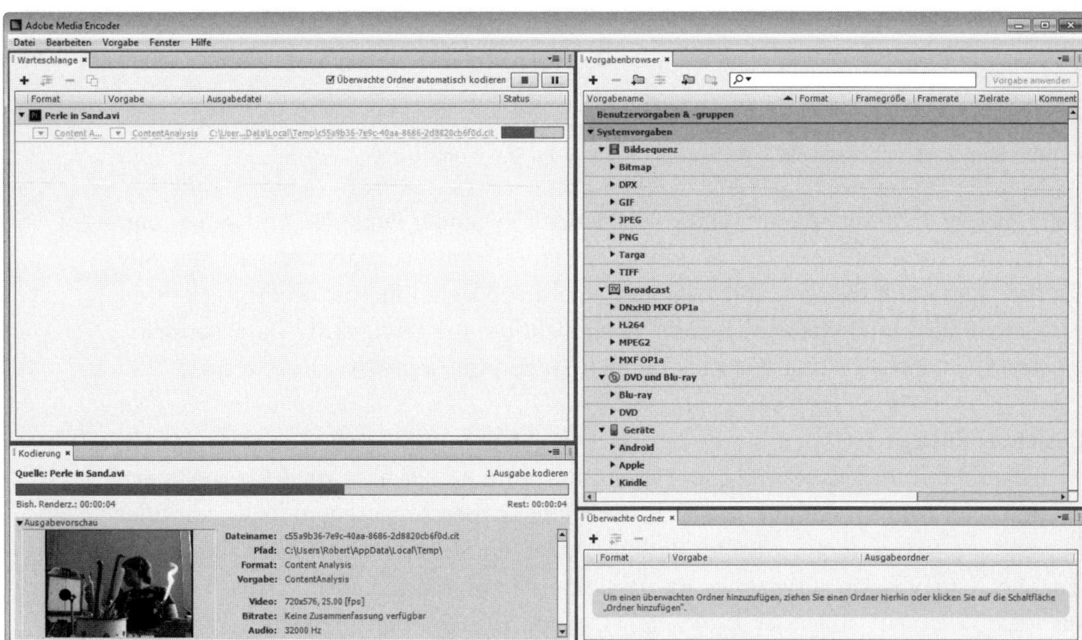

▴ **Abbildung 3.43** Der Media Encoder übernimmt die Analyse des Clips.

Dateien finden

Beachten Sie, dass Premiere Pro bei einer solchen Aktion erhebliche Datenmengen produziert. Den Speicherplatz der Daten finden Sie, indem Sie auf eine der orange hinterlegten Zeilen klicken (bei heller Arbeitsoberfläche ist die Schrift blau). Allerdings gilt auch: Sollten Sie einen Clip mehrfach analysieren, wird die bereits bestehende Analysedatei des Clips überschrieben – selbst wenn Sie die Erkennungsqualität erhöhen.

Wenn alle Zeilen mit einem Häkchen ausgezeichnet sind, können Sie den Media Encoder schließen und zu Premiere Pro zurückkehren. Widmen Sie sich abermals dem Projektfenster, und setzen Sie einen Mausklick auf die Lupe des Suchfeldes. In der Liste entscheiden Sie sich für GESICHTER SUCHEN.

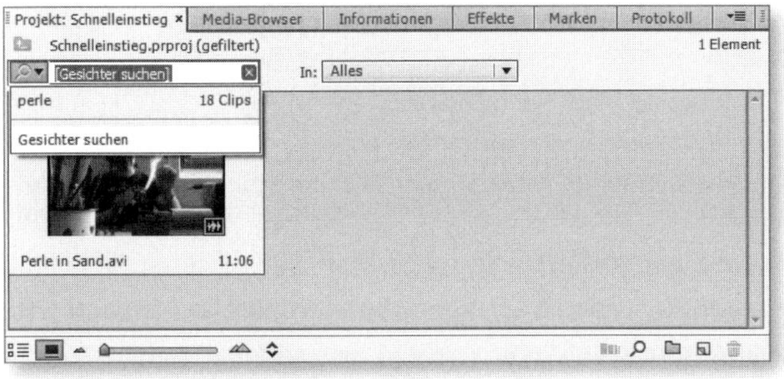

◀ **Abbildung 3.44** Nach Analyse der Beispiel-Clips aus Kapitel 2 wird »Perle in Sand.avi« gefunden. Bei »Perle_2.avi« ist das Gesicht so klein, dass der Media Encoder es nicht als solches erkennen kann.

Assets sortieren | In der Fußleiste des Projektfensters befindet sich ein neues Symbol, welches den Namen SYMBOLE SORTIEREN ❸ trägt. Ein Klick darauf offeriert eine Liste möglicher Sortierreihenfolgen für die Assets. Betätigen Sie beispielsweise MEDIEN-DAUER ❷, werden die Clips ihrer Länge nach im Projektfenster einsortiert (der kürzeste zuerst, da AUFSTEIGENDE REIHENFOLGE ❹ vorausgewählt ist). Wollen Sie die längsten zuerst sehen, müssen Sie das Menü noch einmal aktivieren und auf ABSTEIGENDE REIHENFOLGE umschalten. Mit Klick auf BENUTZERREIHENFOLGE ❶ gelangen Sie jederzeit wieder zurück zur Standardansicht.

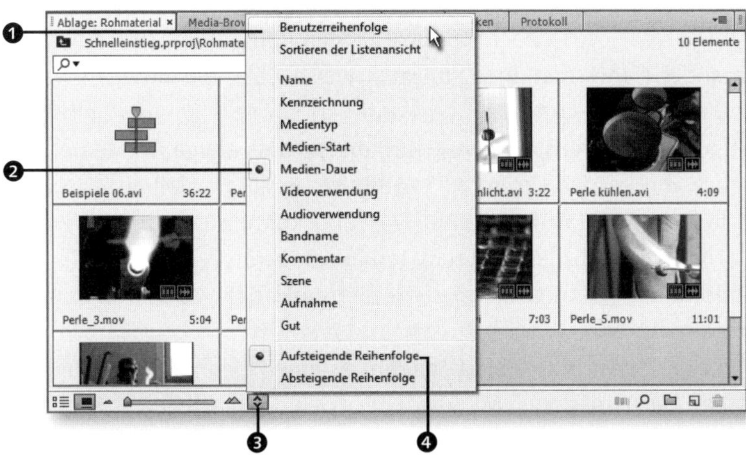

◀ **Abbildung 3.45** Die Reihenfolge der Clips kann wunschgemäß angepasst werden.

Assets löschen | In der Praxis kommt es vor, dass zunächst wesentlich mehr Assets in Ihr Projekt aufgenommen werden, als für den Film benötigt werden. Deshalb lassen sich einzelne Dateien prima löschen, indem sie zunächst markiert und dann mit einem Klick auf das Papierkorbsymbol in der Fußleiste des Projektfensters in die ewigen Jagdgründe geschickt werden. Dasselbe erreichen Sie im Übrigen mit Entf oder ←. Sollte es sich bei dem Asset allerdings um eine bereits im Schnittfenster integrierte Datei handeln, die also schon Bestandteil Ihres Films ist, reagiert Premiere Pro mit einem Hinweis. Löschen Sie das Asset dennoch, wird es auch aus dem Schnittfenster entfernt. Dort klafft nun eine Lücke.

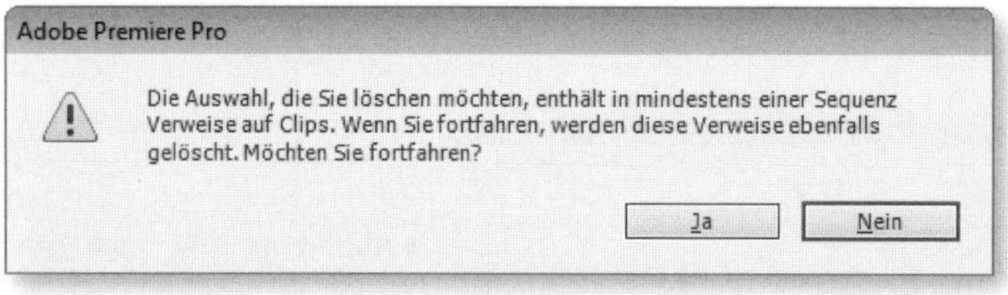

▲ **Abbildung 3.46** Aus dem Projektfenster entfernte Assets werden auch im Schnittfenster gelöscht.

Schritte rückgängig machen und wiederherstellen | Sollten Sie versehentlich eine Datei entfernt haben, die Sie eigentlich noch benötigen, können Sie das Löschen (wie im Übrigen so ziemlich jeden anderen Arbeitsschritt auch) rückgängig machen, indem Sie Bearbeiten • Rückgängig auswählen oder die Tastenkombination Strg/cmd+Z drücken. Rückgängig gemachte Schritte lassen sich überdies mit Strg/cmd+⇧+Z wiederherstellen.

3.5 Metadaten

Die Verarbeitung von Metadaten, auch im Zusammenhang mit Video-Editing, wird immer wichtiger und populärer. Damit gemeint sind Beschreibungen und Informationen, die in die dazugehörige Quelldatei, z. B. ein Video, eingebettet werden können. Nun bestehen derartige Daten aus zwei unterschiedlichen Kategorien. Zum einen finden sich bereits vorhandene Informationen, beispielsweise über die Beschaffenheit eines Clips, deren Dauer oder Framerate. Zum anderen können Sie aber selbst Metadaten hinzufügen. Doch das herausragende Kriterium ist, dass einige Metadaten anwendungsübergreifend während des gesamten Workflows erhalten bleiben. Dazu ein Beispiel: Sie geben in Premiere Pro Metadaten vor und können darauf auch in Encore noch zugreifen. Oder Sie produzieren Metadaten in Adobe Story und schleifen diese bis zum Projektende mit. Sie sind also zu jedem Zeitpunkt des Workflows vorhanden.

Und jetzt zur Praxis: Für die Arbeit mit Metadaten gibt es einen eigenen Arbeitsbereich, den Sie über Fenster • Arbeitsbereich • Metaprotokollierung einstellen können.

3.5.1 Clip-Daten

Ganz oben rechts in der Ecke befindet sich das Bedienfeld METADATEN. Hier sind die sogenannten *Clip-Daten* enthalten. Damit sind die Eigenschaften gemeint, die der jeweiligen Clip-Instanz zugrunde liegen. Diese Daten werden direkt mit der Projektdatei von Premiere Pro gespeichert und stehen demzufolge auch nur in Premiere Pro zur Verfügung (das ist bei Datei-Metadaten bzw. XMP-Metadaten anders, wie Sie gleich noch sehen werden).

Wenn in der rechten Spalte nichts angezeigt wird, liegt das daran, dass kein Clip markiert ist. Holen Sie das nach, indem Sie eine beliebige Datei (aus dem Projekt- oder Schnittfenster) per einfachen Mausklick auswählen. Weiß bzw. hellgrau dargestellte Parameter sind nicht veränderbar. Sie können ja beispielsweise die Framerate nicht nachträglich verändern. Anders verhält es sich bei den punktiert unterstrichenen Parametern, die jederzeit geändert werden können. Da wir uns später damit noch ausführlich beschäftigen werden, werde ich an dieser Stelle nicht näher darauf eingehen.

Wenn Sie jetzt in der Liste etwas nach unten scrollen, werden Sie auf Eingabefelder stoßen, in die Sie Ihre eigenen Metadaten eintragen können. Hier lassen sich z. B. Informationen über das verwendete Aufnahmeband sowie diverse Kommentare unterbringen.

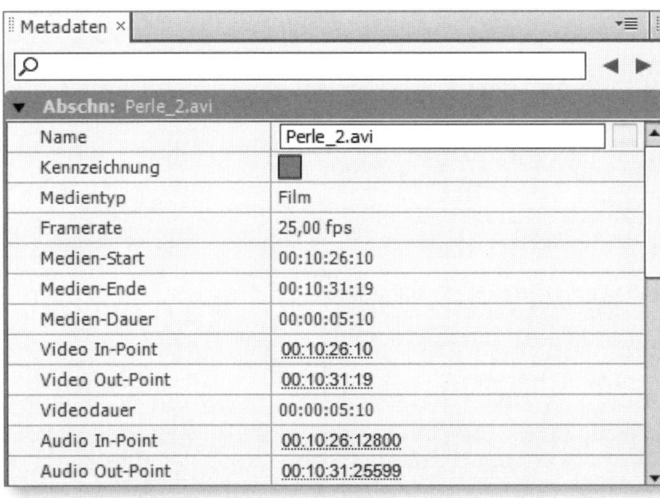

◂ **Abbildung 3.47** Im Metadaten-Bedienfeld muss zwischen veränderbaren (mit einer Punktlinie unterstrichenen) und nicht veränderbaren Informationen unterschieden werden.

3.5.2 Dateidaten/XMP-Daten

Im Gegensatz zu Clip-Daten zeigen die Dateidaten (XMP-Daten) die Eigenschaften der Quelldatei auf. Demzufolge werden sie auch direkt in die Quelldateien eingebettet, was es letztendlich ermöglicht, Dateidaten auch anwendungsübergreifend zu verwenden bzw. darauf zuzugreifen (z. B. in Bridge, After Effects oder Encore). Auch hier gibt es veränderbare und nicht veränderbare Daten. Die Dateieigenschaften selbst beispielsweise, die sich hinter dem obersten Eintrag verbergen, können nicht geändert werden, während sich andere Listen, wie z. B. die DUBLIN CORE, editieren lassen.

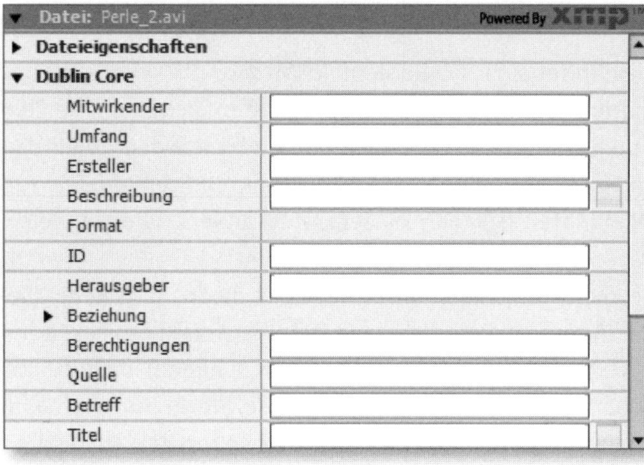

▲ **Abbildung 3.48** Weiter unten finden Sie weitere, zum Teil editierbare Clip-Eigenschaften, wie z. B. die DUBLIN CORE. Dort lassen sich eigene Metadaten verfassen.

3.5.3 Metadaten filtern

Gleich unter dem Reiter METADATEN, ganz oben im Bedienfeld, befindet sich eine Eingabemaske ❶, mit der Sie nach Metadaten-Eingabefeldern suchen können. Geben Sie beispielsweise »Name« ein, reduziert sich die Maske auf jene Bereiche, die mit einem Namen zu tun haben (z. B. Projektname, Dateiname, Bandname usw.).

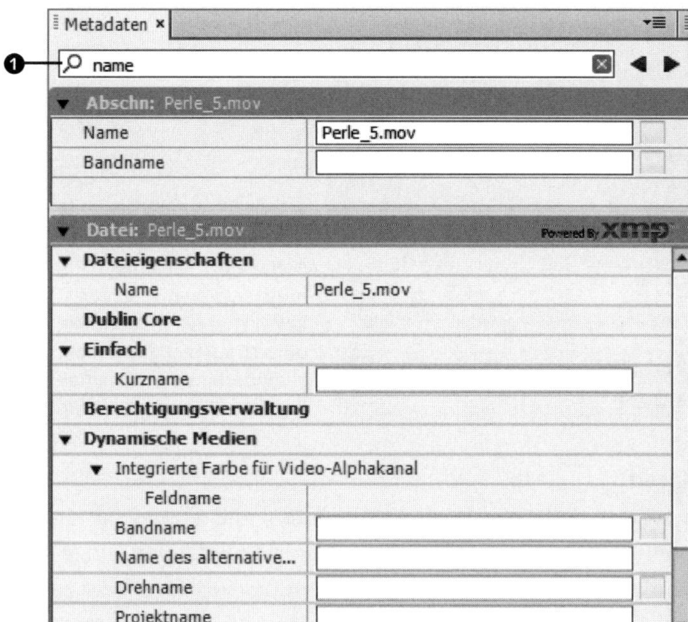

▲ **Abbildung 3.49** Jetzt tauchen nur noch Zeilen auf, die etwas mit Namen zu tun haben.

Dass sich die Zeilen auf diese Weise prima auflisten lassen, ist zwar ganz nett, bringt uns in der Praxis aber nicht wirklich weiter. Viel sinnvoller wird das Ganze bei der Umbenennung von Clips oder beispielsweise der Vergabe eines Projektnamens, eines Erstellers oder Mitwirkenden usw.

Schritt für Schritt: Clips mit Metadaten beschreiben

Wir greifen das Beispiel einer Beschreibung für einzelne Clips auf. Sie erfahren in diesem Workshop, wie Metadaten verfasst werden. Zusätzlich sollen Sie natürlich auch erfahren, wie Sie sich das Vorhandensein dieser Daten zunutze machen können.

1 *Projekt vorbereiten*

Falls kein Projekt geöffnet ist, erzeugen Sie zunächst ein neues. Anschließend importieren Sie die Clips aus Kapitel_02 der Buch-DVD in das Projektfenster. Zuletzt schalten Sie um auf Metaprotokollierung (Fenster • Arbeitsbereich).

▲ **Abbildung 3.50** Die importierten Clips sind im jetzt oben angeordneten Projektfenster gelistet.

2 *Suchfelder optimieren*

Geben Sie »Beschreibung« (eigentlich reicht schon »bes« ❶ (siehe Abbildung 3.51 auf Seite 102)) oben rechts in die Suche des Metadaten-Bedienfeldes ein. Danach finden Sie sowohl im oberen Metadatenfeld als auch im XMP-Bereich (Segment Dublin Core ❷) ein entsprechendes Feld.

3 *Clip aktivieren*

Dass die Eingabefelder noch nicht bedienbar sind, liegt daran, dass noch kein Clip markiert ist. Holen Sie das nach, indem Sie innerhalb des Projektfensters auf »Perle_3.mov« klicken.

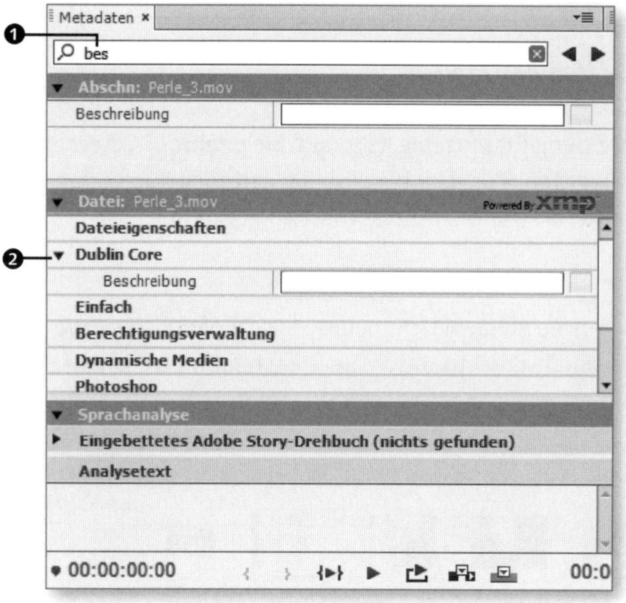

◂ **Abbildung 3.51** Jetzt sind die Eingabefelder bereit zur Textaufnahme.

4 *Beschreibung eingeben*

Welches der beiden Eingabefelder Sie nun benutzen, spielt für unseren Workshop eigentlich keine Rolle. Ich habe mich für das obere entschieden. Tragen Sie den Wunschtext ein (hier: »Bettina erhitzt das Werkstück«; um das Beispiel nachvollziehen zu können, ist zu empfehlen, denselben Text zu verwenden).

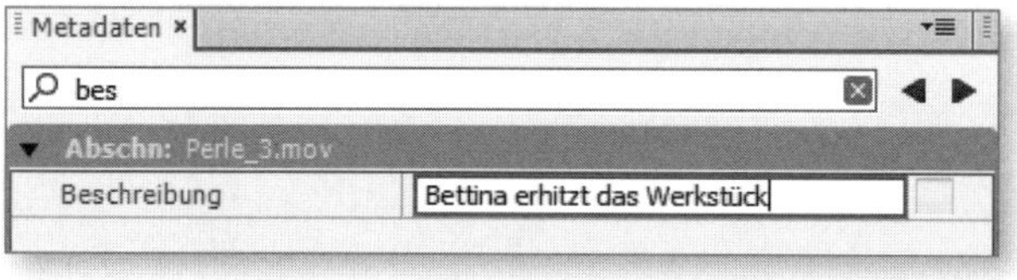

◂ **Abbildung 3.52** Setzen Sie eine passende Beschreibung ein.

5 *Nächsten Clip bearbeiten*

Mit einem einzigen Clip wollen wir uns nicht begnügen. Deshalb sollten Sie im Projektfenster den nächsten Clip markieren (»Perle_5.mov«) und auch hier eine Beschreibung innerhalb des Metadaten-Bedienfeldes folgen lassen (diesmal: »Die Künstlerin formt das Werkstück«).

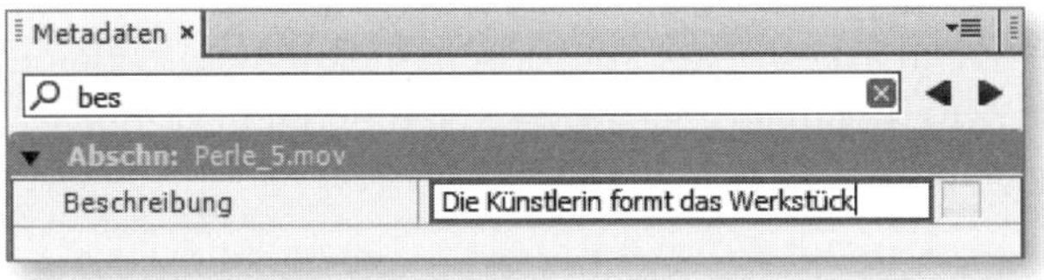

◀ **Abbildung 3.53** So sieht die zweite Beschreibung aus.

6 *Clip deaktivieren*

Das war es schon. Deaktivieren Sie alle Clips innerhalb des Projektfensters, indem Sie einen Mausklick in einen freien Bereich des Bedienfeldes setzen. Denn jetzt folgt die Suche.

7 *Clips suchen*

Das Ergebnis wird unterschiedlich ausfallen, je nachdem, welches Stichwort Sie nun in das Suchfeld des Projektfensters eingeben. Versuchen Sie es zunächst mit »Bettina«. Schon nach der Eingabe von »bet« werden Sie fündig.

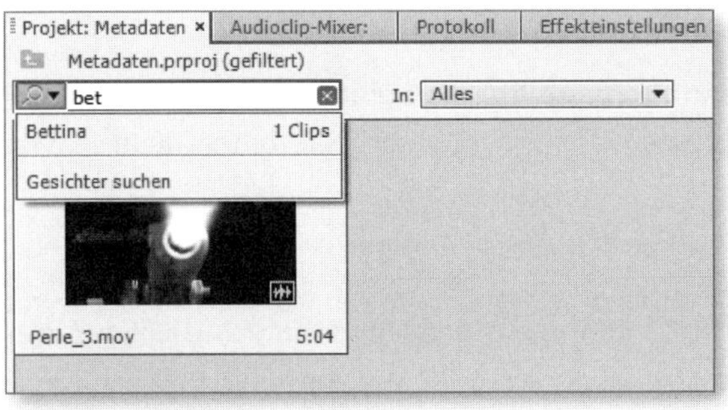

◀ **Abbildung 3.54** Es wird angezeigt, dass es »1 Clips« mit dem gewünschten Suchbegriff gibt.

8 *Zweiten Begriff suchen*

Das Suchergebnis wird jetzt vom Pulldown-Menü verdeckt. Klicken Sie daher in einen freien Bereich des Projektfensters, um das Ergebnis zu begutachten. Dass soeben nur ein einzelner Clip gefunden wurde, liegt daran, dass der Vorname im zweiten Durchgang nicht mehr benutzt worden ist. Sie ist ja dort als Künstlerin ausgewiesen worden. Den Begriff »Werkstück« haben wir jedoch zweimal platziert. Suchen Sie also nach diesem Schlagwort.

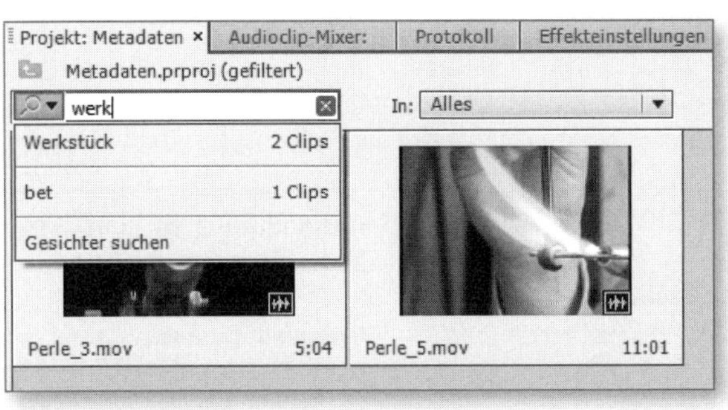

◀ **Abbildung 3.55** Bei der Suche nach »Werkstück« werden beide Clips aufgelistet.

Denken Sie am Schluss daran, die Suchmaske wieder zu löschen, indem Sie das kleine Schließen-Symbol auf der rechten Seite betätigen. Ansonsten werden nämlich nur ergebnisbildrelevante Daten angezeigt.

3.6 Sprachanalyse

Premiere Pro geht in Sachen Metadaten noch einen Schritt weiter. So ist es auch möglich, gesprochene Worte aus Video- oder Audioclips in Metadaten umzuwandeln. Das ist vor allen Dingen dann sinnvoll, wenn Sie es mit Kommentar-Clips zu tun haben und nach einem bestimmten Zitat suchen müssen. Zunächst einmal sollten Sie auch hier auf FENSTER • ARBEITSBEREICH • METAPROTOKOLLIERUNG umschalten.

Schritt für Schritt: Sprachanalyse durchführen

Schauen Sie sich an, was passiert, wenn Premiere Pro die Sprache analysiert. Wir verwenden einen englischen Text. Ohne etwas vorwegzunehmen: Sie sollten nicht zu viel erwarten!

1 *Datei öffnen*

Probieren wir es doch einmal mit einem Kommentar. Dazu entscheiden Sie sich für den Clip »Sprachanalyse.wav«, den Sie im Ordner KAPITEL_03 der Beispieldateien finden. Importieren Sie ihn in das Projektfenster.

2 *Sprache und Qualität festlegen*

Klicken Sie mit rechts auf den Clip und im Kontextmenü auf INHALT ANALYSIEREN. Alternativ entscheiden Sie sich für den Button ANALYSIEREN im Feld SPRACHANALYSE des Metadaten-Fensters. Im Folgedialog aktivieren Sie SPRACHAUSGABE, stellen die SPRACHE auf ENGLISCH (USA) und die QUALITÄT auf HOCH (LANGSAMER). Verlassen Sie den Dialog durch Klick auf OK.

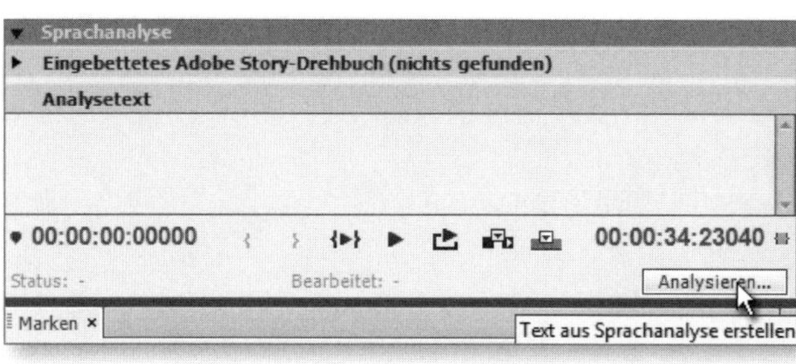

◀ **Abbildung 3.56** Starten Sie die Analyse im Bedarfsfall direkt aus dem Metadaten-Bedienfeld heraus.

◂ **Abbildung 3.57** Gleich kann es mit der Analyse des Textes losgehen.

Referenzskripte verwenden

Um das Ergebnis einer Sprachanalyse zu optimieren, lassen sich sogenannte Referenzskripte einbinden. Wenn Sie im entsprechenden Pulldown-Menü ❶ von Ohne auf Hinzufügen gehen, können Textdateien im UTF-8-Standard (Dateiendung .txt) ebenso verwendet werden wie Adobe-Story-Drehbücher (.astx). Auf diese Weise lässt sich beispielsweise das Originalskript (sofern vorhanden) integrieren. Aber selbst wenn es keinen Originalauszug gibt, kann ein Text mit ähnlichem Inhalt erheblich zur Verbesserung der Sprachanalyse beitragen.

3 *Clip analysieren*

Jetzt öffnet sich der Media Encoder, und die Sprachanalyse beginnt. Nach einiger Zeit wird der Job als fertig angezeigt (siehe grünes Häkchen ❷ am Ende der Zeile), und der Encoder kann geschlossen werden. Weitere Infos zum Adobe Media Encoder erhalten Sie in Kapitel 12, »Export«.

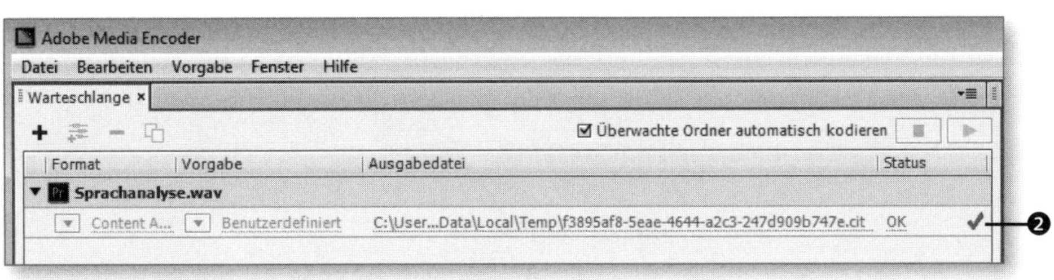

▴ **Abbildung 3.58** Die Sprachanalyse ist abgeschlossen.

4 *Ergebnis ansehen*

Wechseln Sie in das Register Metadaten, und beachten Sie das Feld Sprachanalyse. Im Bereich Analysetext finden Sie nun das gesprochene Wort in Textform. Die Transkription ist leider alles andere als fehlerfrei. Sie können den Clip übrigens auch einmal im Quellmonitor abspielen (dazu müssen Sie ihn im Projektfenster doppelklicken) und anschließend die Leertaste drücken. Überwachen Sie während der Wiedergabe den Analysetext. Sie werden dann sehen, wie jedes Wort synchron mit dem Ton markiert wird. So lässt sich prima feststellen, wo die Fehler sind.

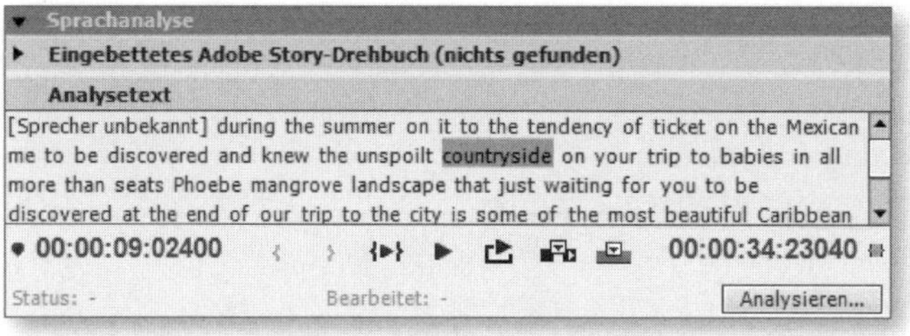

◂ **Abbildung 3.59** Jedes Wort wird synchron zur Audioausgabe markiert.

5 *Wortposition aufsuchen*

Umgekehrt ist es möglich, ein bestimmtes Wort innerhalb der Sprachanalyse zu markieren. Das hat dann zur Folge, dass die Abspielmarke des Quellmonitors automatisch an diese Stelle springt. Bei der Durchsuchung von Skripten ist das natürlich von Vorteil.

Metadaten der Sprachanalyse nutzen

Nun lässt sich ein gesprochenes Wort bzw. eine bestimmte Textpassage auch bei umfangreichen Aufnahme-Clips schnell wiederfinden, wenn Sie das Ergebnis einer Sprachanalyse verwenden. Gäbe es keine Metadaten davon, müssten Sie unter Umständen den gesamten Clip anhören. Außerdem lässt sich die Suchfunktion der Metadaten in diesem Zusammenhang ebenfalls einsetzen.

Sprachanalyse korrigieren | Das Ergebnis ist, wie gesagt, nicht fehlerfrei. Jedoch haben Sie auch jetzt noch die Möglichkeit, einzelne oder mehrere Wörter zu verändern. Wollen Sie ein einzelnes Wort überschreiben, empfiehlt sich ein Dreifachklick, mit dessen Hilfe sich ein Wort komplett markieren lässt. Überschreiben Sie das Ganze, und bestätigen Sie die Änderungen mit [↵]. Umfangreichere Arbeiten werden über das Kontextmenü (Rechtsklick) erledigt. Hier werden zahlreiche weitere Optionen bereitgehalten, wie z. B. das Hinzufügen einzelner Wörter vor oder hinter dem markierten Begriff.

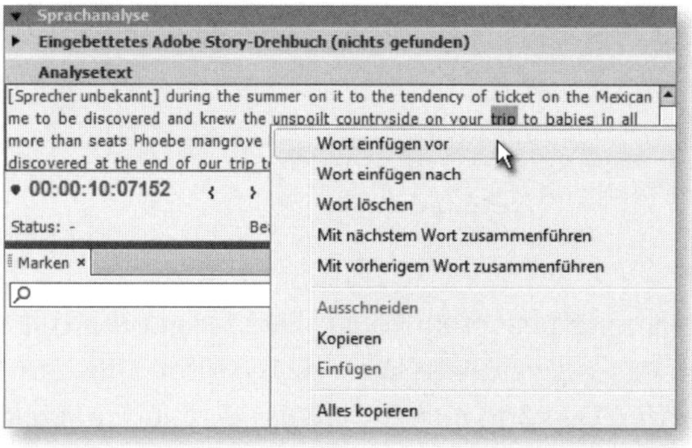

◂ **Abbildung 3.60** Im Kontextmenü lassen sich Wörter hinzufügen, zusammenführen und löschen.

Vorteile der Textanalyse

Die Textanalyse ist weit mehr als nur ein nettes Feature. So lassen sich beispielsweise gesprochene Wörter mit der Suchfunktion des Projektfensters ausfindig machen. Stellen Sie sich vor, Sie haben es mit zahllosen Sprachdateien zu tun. Dann können Sie einen gesuchten Clip mit Hilfe der Stichwortsuche ruck, zuck wiederfinden. Aber nicht nur das: Den Fortgeschrittenen wird interessieren, dass auch die Vergabe von In- und Out-Points (also Ein- und Ausstiegspunkten von Clips – das Thema wird noch ausführlich behandelt) mit Hilfe der Sprachanalyse-Palette möglich ist – und zwar mit Hilfe der Buttons in der Fußleiste.

3.7 Die Monitore

Im Arbeitsbereich BEARBEITUNG präsentiert sich Premiere Pro mit zwei Monitoren. Der linke ist der Quellmonitor, der rechte der Programmmonitor. Wie die Namen schon andeuten, begutachten Sie mit dem linken in der Regel das Quellenmaterial, welches dem Projektfenster entstammt, während der Programmmonitor (auch Sequenzmonitor) das wiedergibt, was sich innerhalb der Timeline (unten rechts) befindet. Nach dem Start der Software oder Erzeugung eines neuen Projekts ist der Quellmonitor noch leer. Das ändert sich, wenn Sie einen Doppelklick auf einen beliebigen Clip innerhalb des Projektfensters setzen. Um den rechten Monitor mit Leben zu füllen, muss sich ein Clip im Schnittfenster befinden.

▲ **Abbildung 3.61** Beide Monitore sind mit unterschiedlichen Clips gefüllt.

Nun haben natürlich auch beide Monitore ihre ganz individuellen Funktionen:

- Betrachten Sie den **Quellmonitor** (links), auch **Quellenmonitor** genannt, als Verbindung zu Ihrem Projektfenster. Hier sichten Sie die Clips, setzen In- und Out-Points und bereiten die Assets für die spätere Verwendung im Schnittfenster vor.
- Der **Programmmonitor** (rechts) hingegen ist Repräsentant Ihres Schnittfensters und zeigt an, was sich aktuell in der Sequenz befindet, genau genommen, wo sich gerade die Abspielmarke befindet.

3.7.1 Die Monitorsteuerelemente

Bis auf den zweiten und dritten Button von rechts sind die Steuerelemente unterhalb beider Monitore identisch:

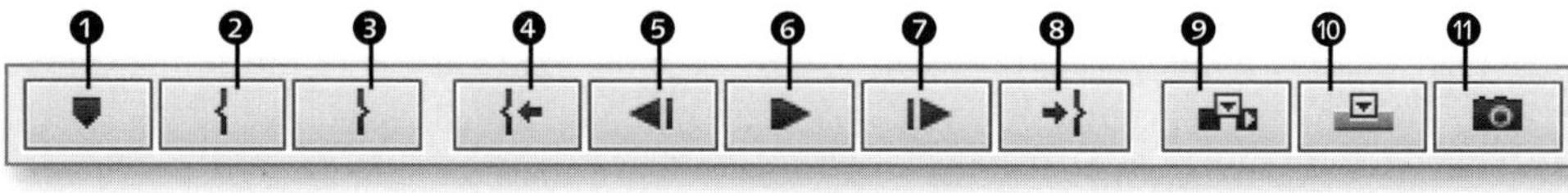

▲ **Abbildung 3.62** Die meisten Bedienelemente sind in beiden Monitoren gleich (hier Quellmonitor).

❶ MARKE HINZUFÜGEN – fügt an der aktuellen Position eine Marke ein, an der u.a. Clips ausgerichtet werden können. Weitere Hinweise dazu finden Sie in Kapitel 4, »Schneiden und Trimmen«.

❷ IN-POINT MARKIEREN – legt fest, ab welchem Punkt der Clip berücksichtigt werden soll.

❸ OUT-POINT MARKIEREN – legt fest, bis zu welchem Punkt der Clip berücksichtigt werden soll.

❹ ZU IN-POINT GEHEN – springt zum In-Point eines Clips (ist noch kein In-Point gesetzt worden, wird zum Clip-Anfang gesprungen).

❺ SCHRITT ZURÜCK – springt ein einzelnes Bild (Frame) zurück.

❻ ABSPIELEN/STOPP – gibt den Inhalt des Clips wieder bzw. stoppt die Wiedergabe.

❼ SCHRITT VORWÄRTS – springt ein einzelnes Bild (Frame) vor.

❽ ZU OUT-POINT GEHEN – springt zum Out-Point eines Clips (ist noch kein Out-Point gesetzt worden, wird zum Clip-Ende gesprungen).

Quellmonitor | Folgende drei Schaltflächen gibt es nur im Quellmonitor:

❾ EINFÜGEN – der Clip wird an der aktuellen Position der Einfügemarke in das Schnittfenster eingebettet. Nachfolgende Clips verschieben sich.

❿ ÜBERSCHREIBEN – (vormals *Überlagern*) der Clip wird an der aktuellen Position der Einfügemarke in das Schnittfenster eingebettet. Nachfolgende Clips werden überdeckt.

⓫ FRAME EXPORTIEREN – hiermit lässt sich das aktuell im Monitor angezeigte Einzelbild speichern (den Dateipfad legen Sie über DURCHSUCHEN fest).

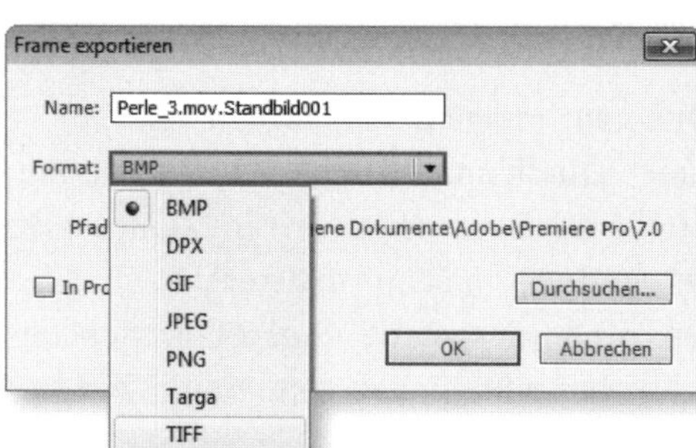

◀ **Abbildung 3.63** TIFF sorgt für optimale Bildqualität.

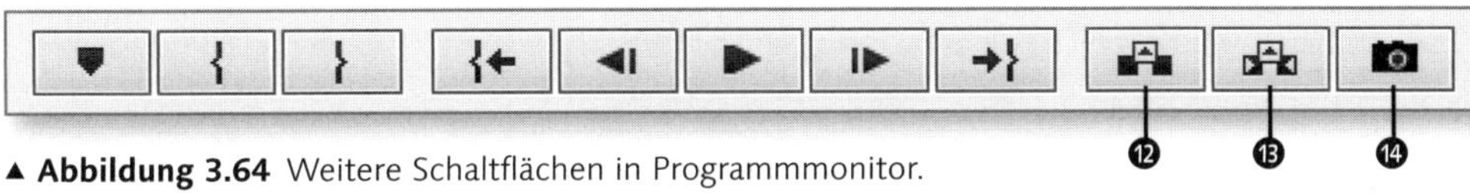

▲ **Abbildung 3.64** Weitere Schaltflächen in Programmmonitor.

Programmmonitor | Auch im Programmmonitor gibt es drei Schaltflächen, die nur dort zu finden sind:

⓬ HERAUSNEHMEN – ein zuvor im Schnittfenster markierter Clip wird von dort entfernt. An dieser Stelle bleibt eine Lücke zurück.

⓭ EXTRAHIEREN – ein zuvor im Schnittfenster markierter Clip wird von dort entfernt. Die dadurch entstandene Lücke wird geschlossen, indem dahinter befindliche Clips nach links verschoben werden.

⓮ FRAME EXPORTIEREN – siehe Erklärung zu FRAME EXPORTIEREN des Quellmonitors

3.7.2 Schaltflächen hinzufügen – der Schaltflächeneditor

Mit diesen Schaltflächen müssen Sie sich keinesfalls zufriedengeben. Per Klick auf das kleine Plussymbol unten rechts im Monitorfenster gelangen Sie nämlich zum SCHALTFLÄCHENEDITOR. Und dieser gestattet die individuelle Anpassung des Schaltflächenbereichs. Ein wirklich cooles Feature. Und so geht's: Nach Öffnen des Schaltflächeneditors klicken Sie auf einen Button, den Sie hinzufügen möchten, und ziehen ihn per Drag & Drop an die gewünschte Stelle. Dort angekommen, lassen Sie los. Dabei ist es auch legitim, eine zweite Zeile zu eröffnen.

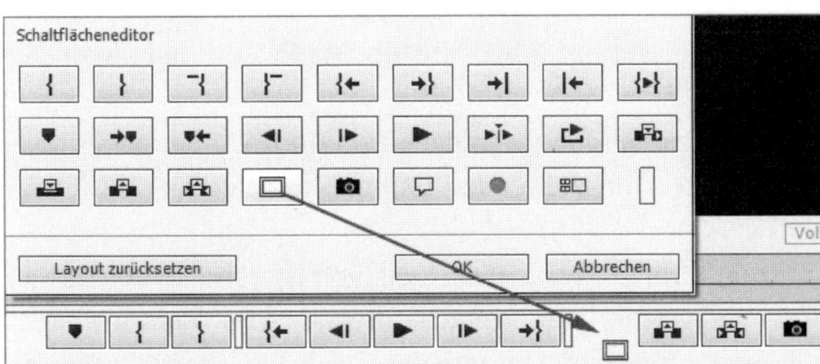

◄ **Abbildung 3.65** Hier wird gerade SICHERE RÄNDER in die Schaltflächenleiste des Quellmonitors integriert.

Übrigens lässt sich die Reihenfolge der einzelnen Buttons ganz intuitiv per Drag & Drop ändern. Sollten Sie einmal einen Abstand zwischen zwei Buttons erzeugen wollen, ziehen Sie ⓬ (siehe Abbildung 3.66 auf Seite 110) an die gewünschte Stelle der Schaltflächenleiste. Wer einen Button wieder loswerden möchte, zieht ihn bei gedrückter linker Maustaste zurück in den SCHALTFLÄCHENEDITOR oder aus dem jeweiligen Monitorfenster heraus (dabei muss der Editor geöffnet sein). Am Ende bestätigen Sie mit OK. Falls nun alles durcheinandergeraten ist, öffnen Sie den Editor abermals, und betätigen Sie LAYOUT ZURÜCKSETZEN, gefolgt von OK. Hier noch die bislang nicht angesprochenen Buttons des Schaltflächeneditors (hier der Programmmonitor):

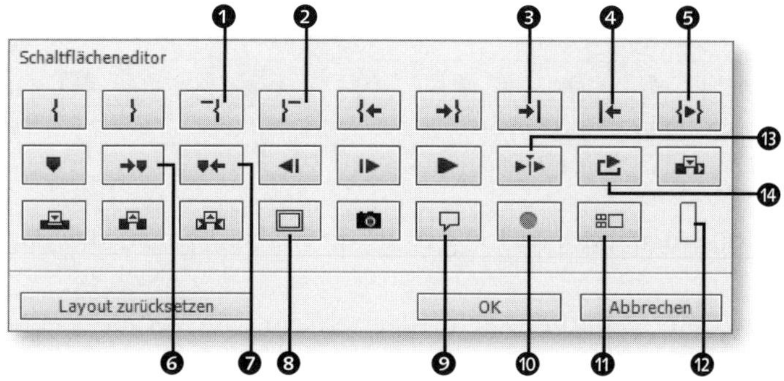

▲ **Abbildung 3.66** Der Editor des Programmmonitors

❶ In-Point löschen – nachdem Sie die Abspielmarke auf dem In-Point platziert haben (z. B. durch Zu In-Point gehen), kann dieser mit Hilfe dieser Schaltfläche gelöscht werden.

❷ Out-Point löschen – nach Platzierung der Abspielmarke auf dem Out-Point (z. B. durch Zu Out-Point gehen) lässt sich dieser mit dieser Taste löschen.

❸ Zum nächsten Schnittpunkt gehen (nur Programmmonitor) – wählt bei jedem Klick den nach rechts hin nächsten Punkt an, an dem zwei Clips aneinandergrenzen.

❹ Zum vorherigen Schnittpunkt gehen (nur Programmmonitor) – wählt bei jedem Klick den nach links hin nächsten Schnittpunkt an.

❺ Von In bis Out abspielen – spielt den Clip zwischen In- und Out-Point ab.

❻ Zur nächsten Marke gehen – springt zur nächsten Marke, die rechts von der Abspielmarke positioniert ist.

❼ Zur vorherigen Marke gehen – springt zur nächsten Marke, die links von der Abspielmarke positioniert ist.

❽ Sichere Ränder – schaltet den Bereich für geschützte Titel und den Bereich für geschützte Aktionen ein/aus. Nähere Hinweise dazu finden Sie in Anhang A, »Fachkunde«.

❾ Untertitel (nur Programmmonitor) – zeigt eventuell vorhandene Untertitel an bzw. blendet sie aus. Untertitel werden von Fremd-Software (CPC oder Scenarist) generiert (Dateiendungen .mcc oder .scc). Weitere Hinweise zu Untertiteln finden Sie in Kapitel 5, »Mit Sequenzen arbeiten«.

❿ Multikamera-Aufnahme ein/aus – aktiviert den Multikamera-Schnitt.

⓫ Multikamera-Ansicht ein/aus – aktiviert die Multikamera-Ansicht (weitere Hinweise zu Multikamera finden Sie in Kapitel 5, »Mit Sequenzen arbeiten«).

⓬ Abstand – fügt einen Leerbereich ein, damit unterschiedliche Schaltflächen nicht zu dicht beieinanderstehen.

⓭ Experimentieren – dieser Button funktioniert im Zusammenhang mit der Abspielmarke. Klicken Sie darauf, wird der Bereich ab zwei Sekunden vor der Marke bis zwei Sekunden dahinter abgespielt. Danach springt die Marke an ihre ursprüngliche Position zurück. Diese Funktion ist besonders bei Feinabstimmungen (Schnitten oder Überblendungen) sehr hilfreich.

⓮ ENDLOSSCHLEIFE – schaltet die Funktionen zum permanenten Abspielen eines Clips zwischen In- und Out-Point ein. Das eigentliche Abspielen wird mit dem Play-Button (bzw. der Leertaste) erreicht. Ein erneuter Klick auf diese Schaltfläche hebt die Funktion wieder auf.

Scrollrad benutzen

Falls Ihre Maus über ein Scrollrad verfügt, lässt sich dieses auch zur Navigation nutzen. Dabei ist aber – einmal mehr – zu entscheiden, welches Fenster gerade markiert ist. Haben Sie beispielsweise den Quellmonitor ausgewählt, können Sie mit Hilfe des Rades bildweise vor- oder zurückscrollen. Wenn hingegen das Schnittfenster ausgewählt ist, wird dessen Ansicht nach links oder rechts verschoben.

Profi-Tipp: Schaltflächen ausblenden

Wer sich richtig gut mit den Tastaturkürzeln auskennt und auf eine Button-Leiste verzichten kann, der geht im Bedienfeldmenü oben rechts des jeweiligen Monitors auf TRANSPORTSTEUERUNG ANZEIGEN. Dadurch wird nicht nur das dort vorangestellte Häkchen deaktiviert, sondern auch die Schaltflächenleiste ausgeblendet. Den Monitoren steht dadurch wieder mehr Platz zur Verfügung.

3.7.3 Monitoreinstellungen

Wichtig für die Arbeit mit den Monitoren ist auch die Möglichkeit, diese genau an Ihre Bedürfnisse anpassen zu können. Dazu zählt vor allem die Qualität der Wiedergabe.

Wiedergabeauflösung anpassen | Im Zeitalter von Full HD kann es (besonders bei Nicht-High-End-PCs) schwierig werden, ein Video in voller Qualität zu präsentieren. Sollte es während der Wiedergabe zu »Ruckelbildern« kommen, können Sie die Wiedergabeauflösung herabsetzen. Klicken Sie dazu auf das Pulldown-Menü, welches sich rechts unterhalb des Monitorbildes befindet. Dort können Sie mit der Auflösung heruntergehen.

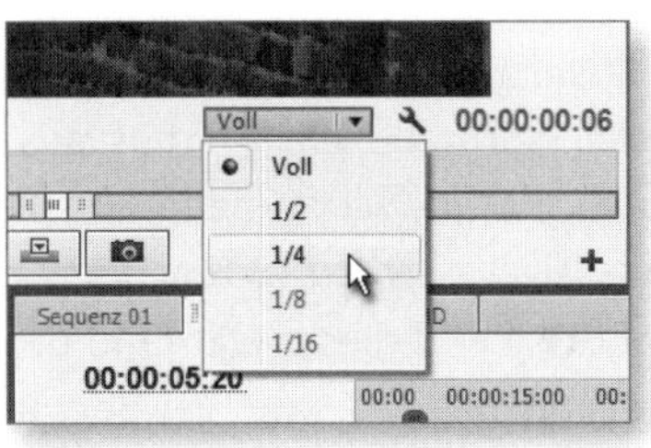

◂ **Abbildung 3.67** Eine geringere Auflösung wirkt sich nicht auf die tatsächliche Qualität des Films aus, sondern lediglich auf dessen Wiedergabequalität.

Zeitlineal einblenden | Der Schraubenschlüssel ❷ (siehe Abbildung 3.68) ist seit der Version CS6 in Premiere Pro integriert. Nicht dass sich die dahinter verbergenden Features alle nur dort zu finden wären (viele davon befinden sich auch im Bedienfeldmenü des Monitors ❶), doch eröffnet sich dadurch eine Art Schnellzugriff auf wichtige Befehle.

▲ **Abbildung 3.68** Der Schraubenschlüssel ist Ihr direkter Draht zu den Einstellungen.

Ein Beispiel: Das unterhalb des Bildes angeordnete *Zeitlineal* ❸ muss ohne Zeitangaben auskommen. Wenn Sie das ändern wollen, können Sie nach Klick auf den Schraubenschlüssel ZEITLINEALNUMMERN anwählen. Dann wird diese Linie beziffert. Führen Sie die Aktion abermals aus, werden die Nummern wieder entfernt.

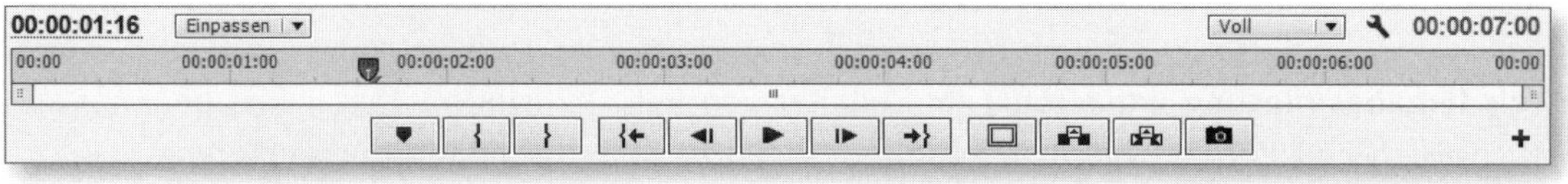

▲ **Abbildung 3.69** Jetzt sehen Sie eine Art Timecode auf dem Balken.

Ausgelassene Frames | Eine interessante Funktion soll an dieser Stelle noch angeführt werden, welche zwar in beiden Monitoren vorhanden ist, meist aber vor allem im Programmmonitor Verwendung findet. Bei Vorhandensein zahlreicher Clips in der Timeline und eventuell noch etlicher Effekte kann es passieren, dass die Anwendung den einen oder anderen Frame (Einzelbild) einmal »überspringt«. Ob Frames ausgelassen werden, können Sie überwachen lassen, indem Sie via Schraubenschlüssel oder Bedienfeldmenü MARKE FÜR AUSGELASSENE FRAMES ANZEIGEN aktivieren. Fortan erscheint unten links im Monitor ein kleiner grüner Punkt ❹. Wird dieser während des Abspielens rot, wissen Sie, dass nicht alle Frames angezeigt worden sind. Zu Beginn jeder Wiedergabe wird die Anzeige wieder auf Grün zurückgesetzt.

◄ **Abbildung 3.70** Der kleine Punkt zeigt an, ob alles ordnungsgemäß abgelaufen ist.

3.7.4 Mehrere Clips im Quellmonitor bereitstellen

Nun haben Sie ja lediglich die Möglichkeit, einen einzelnen Clip aus dem Projektfenster im Quellmonitor zu begutachten. Das Gute daran ist, dass sich Premiere alle Clips merkt, die Sie im Quellmonitor angeschaut haben. Um diese nun abermals zugänglich zu machen, können Sie sich den Doppelklick im Projektfenster sparen. Klicken Sie einfach auf die Registerkarte QUELLE, und wählen Sie den Clip aus, den Sie abermals im Quellmonitor abspielen wollen. Mit SCHLIESSEN bzw. ALLE SCHLIESSEN können Sie einzelne oder alle Clips aus dieser Liste entfernen.

Clip-Gruppen bereitstellen

Die Funktion ist vor allem dann praxisnah einsetzbar, wenn Sie kleinere Gruppen von Clips begutachten und vorschneiden wollen. So sorgen Sie dafür, dass die Übersicht erhalten bleibt. Markieren Sie zunächst (während Sie [Strg]/[cmd] gedrückt halten) mehrere Clips im Projektfenster, und ziehen Sie diese dann auf den Quellmonitor. Führen Sie die gewünschten Arbeiten aus (z. B. In- und Out-Points setzen), und wählen Sie anschließend ALLE SCHLIESSEN, ehe Sie mit der nächsten Clip-Gruppe ebenso verfahren.

▲ **Abbildung 3.71** Bereits begutachtete Clips werden über das Pulldown-Menü QUELLE zugänglich gemacht. Diese lassen sich auch alle auf einmal schließen.

3.8 Organisation im Schnittfenster

Das Herzstück Ihrer Software ist das Schnittfenster. Was sich hier befindet, wird später im fertigen Film berücksichtigt. Deshalb sollten Sie sich hier besonders gut mit den einzelnen Steuerelementen auskennen. In diesem Abschnitt werden wir uns mit zwei Arten von Bedienelementen befassen, nämlich den Timeline-Elementen sowie den Schnittfenster-Elementen.

3.8.1 Die Schnittfenster-Elemente

Die Schnittfenster-Steuerelemente wirken generell spurübergreifend. Während sich mit Hilfe der Spurköpfe einzelne Timeline-Bereiche anpassen lassen, bedeutet eine Veränderungen im Schnittfenster-Bereich meist auch eine Veränderung für die Spuren. Wenn Sie beispielsweise den Magneten aktivieren (dazu kommen wir gleich), gilt das für alle Spuren gleichermaßen.

Einfügeoptionen für Sequenzen | Ganz links im Kopf des Schnittfensters finden Sie ein neu in Premiere Pro integriertes Steuerelement ❶, welches die Möglichkeit bietet, Sequenzen nicht nur als einen zusammengefügten Clip sondern auch als Einzel-Clips einzufügen (weitere Infos dazu finden Sie in Abschnitt 5.3.3, »Squenzen verschachteln«.

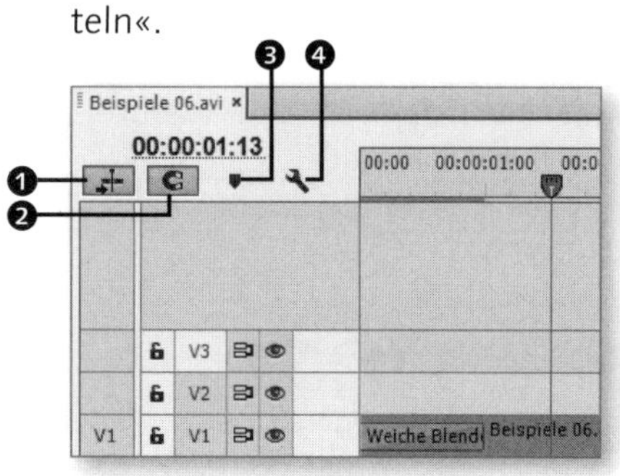

◀ **Abbildung 3.72** Ein Novum in Premiere Pro CC ist die Verschachtelungsoption ❶.

Ausrichten | Sie haben ja im vorangegangenen Kapitel bereits kurz Kontakt zu diesem Steuerelement aufgenommen. Ist der Magnet-Button ❷ eingedrückt, sind Clips, Abspielkopf, Timeline-Anfang und Marken magnetisch. Das bedeutet: Führen Sie ein Asset oder Werkzeug in deren Nähe, springt das Element automatisch heran. Diese Funktion ist ausgesprochen nützlich. Immerhin verhindert man so, dass beispielsweise Clips nahtlos aneinandergereiht werden können. Allerdings kann das sogenannte *Snapping* auch mal hinderlich sein, z. B. wenn Sie direkt neben dem Abspielkopf einen Schnitt ausführen wollen. Damit der nun nicht in Höhe der roten Linie erfolgt, sondern exakt dort, wo Sie mit der Rasierklinge hinklicken, sollte der Taster ❷ vorab deaktiviert werden.

Marke hinzufügen | Ein Klick auf ❸ fügt der Timeline eine Markierung hinzu. Weitere Infos dazu finden Sie in Abschnitt 5.4, »Marken«.

Anzeigeeinstellungen für das Schnittfenster | Diese neuartige Funktion ermöglicht Ihnen die individuelle Gestaltung unterschiedlicher Schnittfenster-Elemente. Klicken Sie den Schraubenschlüssel ❹ einmal an, wird ein umfangreiches Menü angezeigt. Hier können beispielsweise die Spuren vergrößert werden (ALLE SPUREN ERWEITERN) und sogar Buttons integriert werden (z. B. VIDEO-HEADER ANPASSEN). Weitere Hinweise dazu finden Sie in Abschnitt 5.2, »Sequenzspuren«, auf Seite 178.

Schnittfenster skalieren | Bei größeren Projekten wird der Platz im Schnittfenster natürlich schnell eng. Ohne eine Änderung der Ansicht wären Sie gezwungen, ständig hin- und herzuscrollen, um den gewünschten Bereich einsehen zu können. Hier sollten Sie die Skalierungsmöglichkeiten der Software nutzen. Entsprechende Steuerelemente stellt Premiere Pro unten links im Schnittfenster zur Verfügung. Klicken Sie auf einen freien Bereich links oder rechts neben dem Balken (❺ und ❾), um den Inhalt der Timeline nach links oder rechts zu verschieben. Ziehen Sie die äußeren Anfasser (❻ und ❽) weiter nach außen, um die Timeline-Ansicht zu vergrößern, bzw. nach innen, um sie zu verkleinern (so funktioniert die Skalierung übrigens auch in den Monitoren, denn auch dort sind derartige Balken enthalten). Um den Ausschnitt zu verschieben, klicken Sie auf die Grifffläche ❼ und ziehen mit der Maus zur gewünschten Seite.

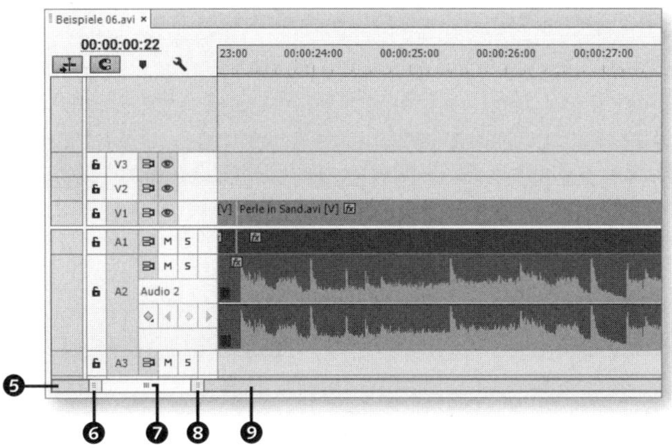

▲ **Abbildung 3.73** Nutzen Sie die Zoom- und Verschiebefunktionen des Schnittfensters.

Zoomen per Tastatur | Die einfachste Art und Weise, den Inhalt eines Schnittfensters zu vergrößern oder zu verkleinern, sind [+] und [-] auf der Tastatur (nicht auf dem Nummernblock!). Damit können Sie schnell an eine Stelle heranzoomen, um diffizile Arbeiten zu erledigen und anschließend wieder auf eine verkleinerte Ansicht zurückkehren. Dabei müssen Sie jedoch berücksichtigen, dass der Abspielkopf stets den Mittelpunkt des neuen Bildausschnitts darstellen wird.

Bildlauf | Der Inhalt einer Sequenz lässt sich bei aktivem Schnittfenster mit der Leertaste abspielen und wieder anhalten – genauso wie innerhalb der Monitore. Wenn Sie auf das Schnittfenster schauen, werden Sie feststellen, dass der Abspielkopf am Ende gewissermaßen überspringt. Der Inhalt des Fensters wird also erneuert, und die Abspielmarke bewegt sich wieder von vorn. Diese Methode wird als *Seitenbildlauf* betitelt.

Wer das nicht mag, der kann BEARBEITEN/PREMIERE PRO • VOREINSTELLUNGEN • ALLGEMEIN selektieren und das Steuerelement SCHNITTFENSTERWIEDERGABE AUTO-ROLLEN ❶ (siehe Abbildung 3.74 auf Seite 116) umstellen. Wählen Sie LANGSAMER BILDLAUF, bleibt der Abspielkopf immer in der Mitte. KEIN BILDLAUF sorgt dafür, dass die Abspielmarke über das Ende des sichtbaren Timeline-Bereichs hinausläuft. Nach Wiedergabe-Stopp befindet sie sich jedoch wieder in der Bildmitte.

▲ **Abbildung 3.74** Standardmäßig wird der Seitenbildlauf verwendet.

Horizontal scrollen

Sollte Ihre Maus über ein Scrollrad verfügen, lässt sich damit der Ausschnitt innerhalb der Timeline verschieben. Diese Neuerung ist sehr interessant, da es mitunter schwierig ist, den genauen Ausschnitt mit Hilfe der Balken in der Fußleiste zu finden. Das Scrollrad ist da wesentlich sensibler.

3.8.2 Die Timeline-Elemente

Die Timeline ist, wie Sie ja bereits wissen, Teil des Schnittfensters. Während die Schnittfenster-Steuerelemente spurübergreifend fungieren, lassen sich die einzelnen Spuren der Timeline mit Hilfe des Spurkopfes individuell einstellen.

Spuren erweitern | Platz ist ein kostbares Gut auf der Arbeitsoberfläche einer jeden umfangreichen Software. Deshalb kann es in Premiere Pro mitunter sinnvoll sein, Spuren in der Höhe zu verändern. Das realisieren Sie, indem Sie innerhalb des Spurkopf-Bereichs die untere Begrenzungslinie einer Audiospur nach unten ziehen bzw. die obere Begrenzung einer Videospur nach oben ziehen

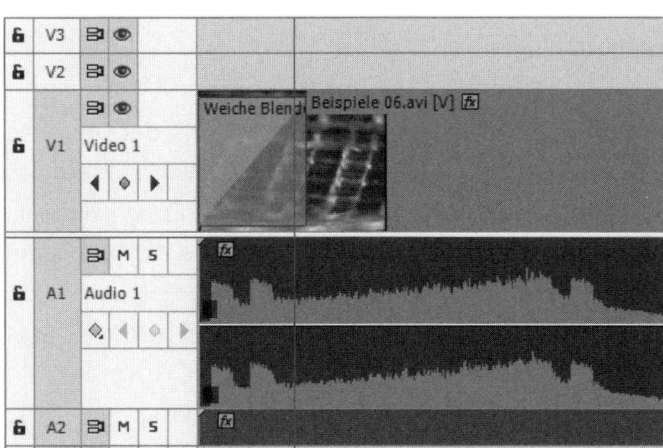

◀ **Abbildung 3.75** Die Spuren lassen sich per Klick durch Ziehen der Begrenzungslinien im Spurkopf-Bereich vertikal vergrößern und verkleinern.

Spurausgabe deaktivieren | Falls Sie eine Spur ausblenden wollen – sie wird dann bei der Wiedergabe ignoriert –, klicken Sie einfach auf das Augensymbol. Diese Funktion benutzt man häufig, um eine Spur vorübergehend auszublenden, damit man einen Effekt oder eine Bewegung auf einer anderen Spur besser beurteilen kann. Beachten Sie in diesem Zusammenhang aber, dass ausgeschaltete Spuren auch bei der Ausgabe des fertigen Videos ignoriert werden. Vergessen Sie also nicht, das Auge nach getaner Arbeit durch einen erneuten Klick auf diese Schaltfläche wieder sichtbar zu machen.

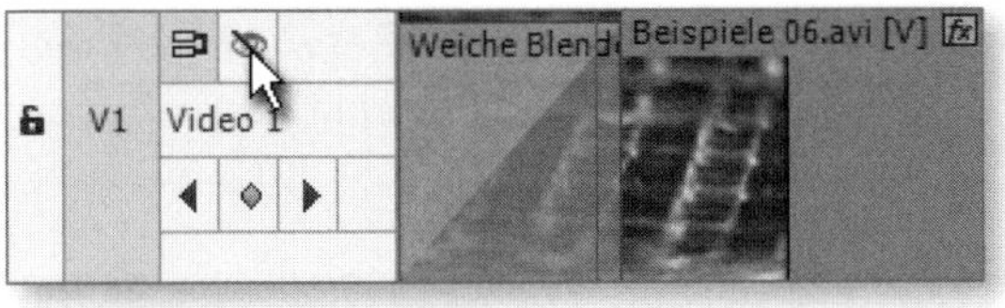

◄ **Abbildung 3.76** Das Auge sorgt für die Sichtbarkeit einer Spur. Wenn es durchgestrichen ist, bleibt die Spur unsichtbar.

Audiospuren deaktivieren | Entsprechendes gilt im Übrigen auch für die Audiospuren. Um eine Spur zu deaktivieren, klicken sie auf das **M** (für »mute«). Wer nur eine einzige Spur aktiv lassen will und alle anderen von der Wiedergabe ausnehmen möchte, der klickt beherzt auf **S**. Das bedeutet: Diese Spur legt ein Solo aufs Parkett.

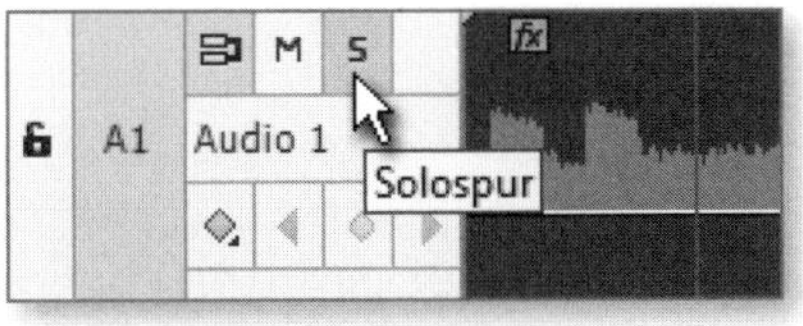

◄ **Abbildung 3.77** Jetzt haben alle anderen Audiospuren Sendepause.

Synchronisationssperre | Beim EINFÜGEN UND LÖSCHEN sowie beim LÖSCHEN UND LÜCKE SCHLIESSEN verschieben sich nachfolgende Clips entsprechend. Das bedeutet: Wenn Sie beispielsweise eine Lücke schließen, rücken alle rechts von dieser Lücke befindlichen Clips nach links auf. Mit der Synchronisationssperre können Sie nun bestimmen, wie sich die Clips auf den anderen Spuren verhalten sollen, also auf den Spuren, die nicht unmittelbar von der Aktion betroffen sind. Bei aktivierter Synchronisationssperre werden auch diese Clips entsprechend verschoben. Wenn Sie also realisieren möchten, dass sich bestimmte Clip-Inhalte außerhalb der Zielspuren nicht mit verschieben, müssen Sie für diese Spuren die Synchronisationssperre vorab deaktivieren.

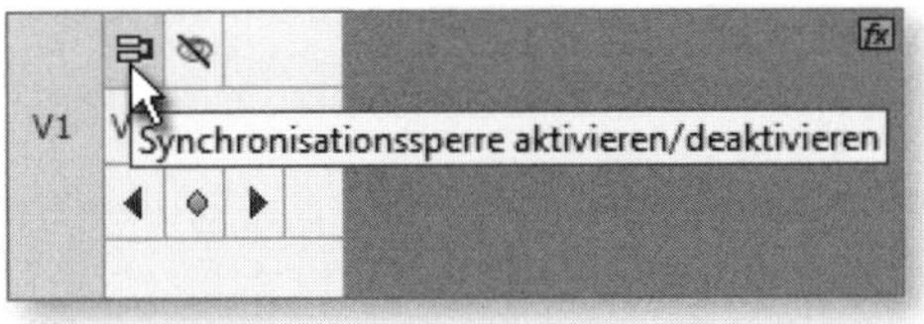

◄ **Abbildung 3.78** Die Synchronisationssperre kann über ein kleines Icon im Spurkopf aktiviert bzw. deaktiviert werden.

Spur schützen | Links im Spurkopf befindet sich ein kleines Schlosssymbol. Wenn Sie daraufklicken, wird das Schloss verriegelt. Jetzt lässt sich die Spur nicht mehr bearbeiten. Dies verdeutlichen auch die diagonalen Linien in der Spur selbst.

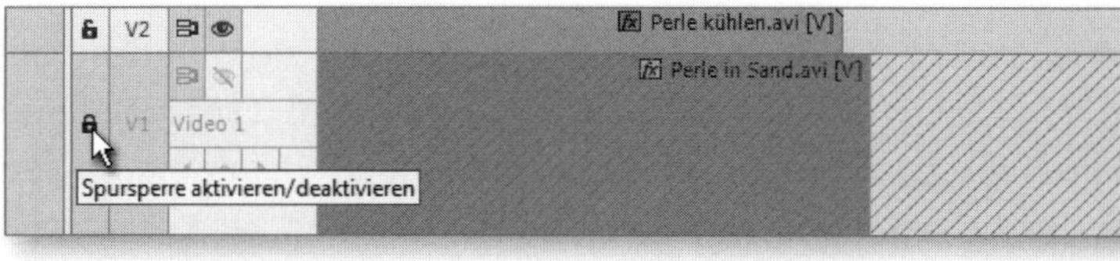

▲ **Abbildung 3.79** Die Spur V1 (steht für Video 1) ist jetzt gegen Bearbeitung geschützt. Spur V2 ist hingegen ungeschützt.

Schutz nur für ausgewählte Spur

Beachten Sie, dass dieser »Spurschutz« nur auf die ausgewählte Spur angewendet wird. Im konkreten Fall würde das bedeuten, dass die zu dieser Videospur gehörige Audiospur weiterhin bearbeitbar bleibt.

Keyframe-Steuerelemente

Sobald Sie eine Video- oder Audiospur in der Höhe strecken, erscheinen weitere Buttons, wie z. B. die Raute. Diese kommen zum Einsatz, wenn Sie es mit Keyframe-Animation zu tun haben (Hinweise dazu entnehmen Sie bitte dem Abschnitt 7.5, Keyframes-Effekte animieren, ab Seite 254).

3.9 Die Protokoll-Palette

Sofern Sie sich in der Standardansicht (Fenster • Arbeitsbereich • Bearbeitung) befinden, wird hinter dem Projektfenster eine Registerkarte mit der Bezeichnung Protokoll zur Verfügung gestellt. Klicken Sie daher auf das gleichnamige Register, oder entscheiden Sie sich für Fenster • Protokoll.

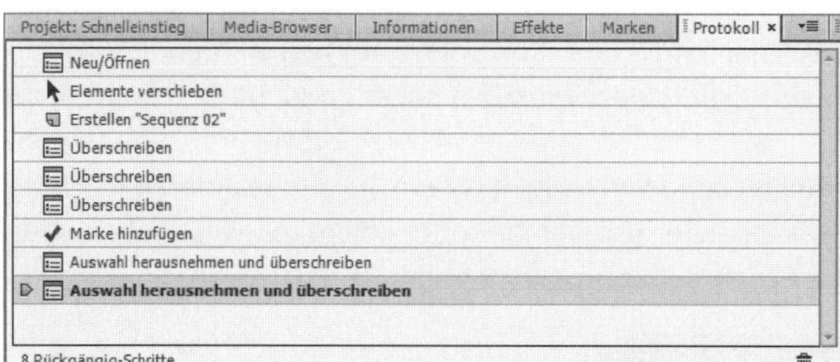

◄ **Abbildung 3.80** Eine Funktion mit Überwachungscharakter: Alle Ihre Schritte werden protokolliert.

Wenn Sie bereits mit Adobe-Produkten (z. B. Photoshop) arbeiten, wird das Bedienfeld ein alter Bekannter für Sie sein. Hier werden nämlich die letzten Schritte gelistet, und zwar in der Reihenfolge ihrer Ausführung von oben nach unten. Sie sehen, Premiere Pro entgeht nichts. Klicken Sie auf einen übergeordneten Eintrag, um zu diesem Punkt zurückzugelangen. Erst wenn Sie anschließend einen neuen Schritt ausführen, werden unterhalb befindliche Einträge unwiderruflich gelöscht.

Undo per Tastatur rückgängig machen

Die letzten Schritte lassen sich in widerrufen, indem Sie die Tastenkombination [Strg]/[cmd]+[Z] benutzen. Um jedoch rückgängig gemachte Schritte wiederherzustellen, verwenden Sie [Strg]/[cmd]+[⇧]+[Z]. Das ersetzt dann den Gang zur Protokoll-Palette.

3.10 Tastaturanpassung

Wenn Sie viel mit Adobe-Produkten arbeiten, wird Ihnen die Tastenkombination zum Wiederherstellen (siehe Kasten) vertraut sein. Sie ahnen es: Auch so etwas lässt sich in Premiere Pro anpassen. Zeit für den nächsten Workshop.

Schritt für Schritt: Tastaturkürzel anpassen

Die Tastenkombination [Strg]/[cmd]+[⇧]+[Z] zum Wiederherstellen bereits editierter Schritte soll in diesem Workshop gegen [Strg]/[cmd]+[Y] ausgetauscht werden.

1 *Tastaturanpassung aktivieren*

Entscheiden Sie sich zunächst für BEARBEITEN • TASTATURBEFEHLE. Eigentlich sollte es auch dafür eine Tastenkombination geben, finden Sie nicht? Gut, erledigen wir das in diesem Workshop doch gleich mit. Zunächst geht es aber um das Wiederherstellen. Sie befinden sich jetzt im Dialog TASTATURBEFEHLE.

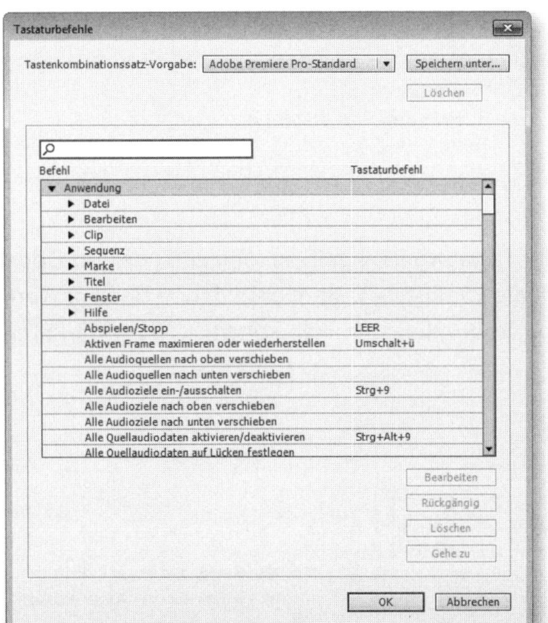

◂ **Abbildung 3.81** Der Dialog TASTATURBEFEHLE lässt eigentlich kaum Wünsche offen.

Umsteiger von Avid Xpress und Final Cut Pro

Sollten Sie bisher mit Schnittlösungen wie Avid Xpress oder Final Cut Pro gearbeitet haben, können Sie die dort allgemeingültigen Tastenkombinationen auch in Premiere Pro verwenden. Dazu müssen Sie lediglich den entsprechenden Eintrag im Selektionsfeld Tastenkombinationssatz-Vorgabe aktivieren.

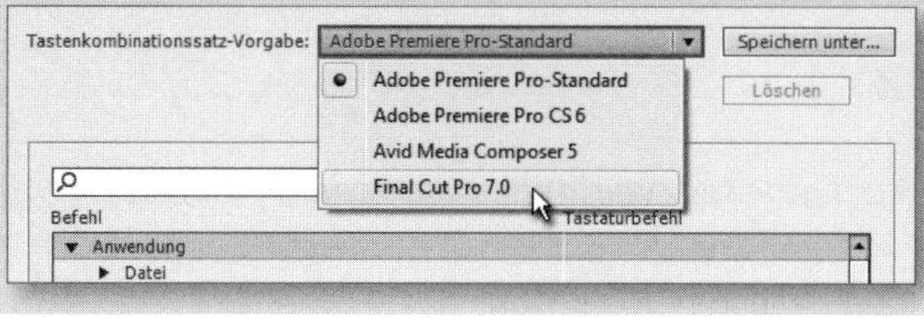

◂ **Abbildung 3.82** Umsteiger anderer Editing-Anwendungen können den bekannten Tastaturbefehlssatz einstellen. So fällt der Wechsel zu Premiere Pro CC ein bisschen leichter.

2 *Befehl suchen*

In Premiere Pro gibt es nicht gerade wenige Tastaturkürzel. Um innerhalb dieser Mammutliste nicht den Überblick zu verlieren, gibt es zahlreiche Gruppierungen. Glücklicherweise gibt es eine Suchfunktion. So ersparen Sie sich das manuelle Herumstöbern in den Befehlslisten. Da wir nach Wiederherstellung suchen, beginnen Sie damit, die ersten Teile des Begriffs in das Suchfeld ❶ zu tippen. Bereits nach Eingabe von »wi« werden Sie fündig ❷.

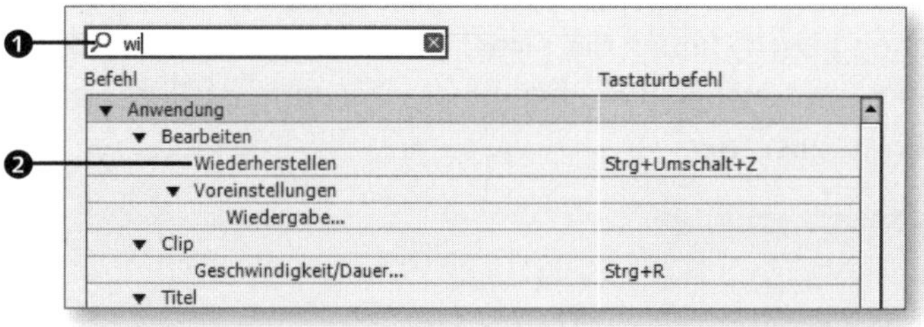

▴ **Abbildung 3.83** Wählen Sie zwischen Tastaturkürzeln für die Anwendung, die Fenster und die Werkzeuge.

3 *Eintrag auswählen*

Rechts neben Wiederherstellen ist der Tastaturbefehl gelistet. Setzen Sie einen Doppelklick darauf, führt das dazu, dass nun die komplette Tastenkombination betätigt werden kann, mit der dieser Befehl fortan verbunden sein soll, sprich: Strg+Y unter Windows bzw. cmd+Y am Mac.

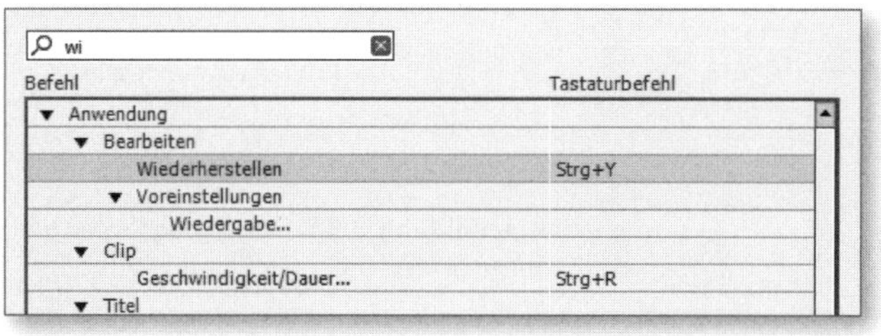

◂ **Abbildung 3.84** Der Befehl ist mit einer neuen Tastenkombi versehen worden.

4 *Optional: Eintrag ändern*

Sollte die Kombination bereits vergeben sein, wird ein Hinweis von Premiere Pro ausgegeben. In diesem Fall sollten Sie abwägen, ob Sie den Tipp ignorieren wollen (die Tastenkombination wird dann vom alten Befehl getrennt) oder ob Sie doch lieber auf RÜCKGÄNGIG klicken, um eine andere Kombination auszusuchen. Beginnen Sie die Neufestlegung wieder mit dem beschriebenen Doppelklick.

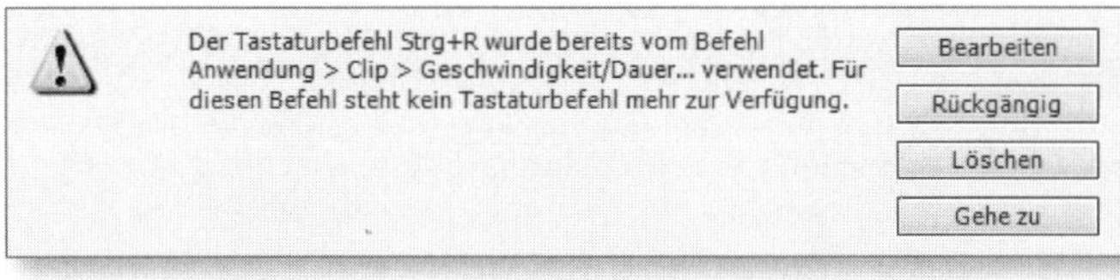

◂ **Abbildung 3.85**
Premiere Pro warnt

5 *Zweiten Eintrag ändern*

Kümmern wir uns nun um eine Tastenkombination zum Aufruf der Tastaturanpassung. Die Funktion hat auch erst dann wirklich Stil, finden Sie nicht auch? Doppelklicken Sie den im Suchfeld vorhandenen Eintrag (»wi«), und tippen Sie den Anfang von »Tastaturbefehle« ein. Spätestens nach dem dritten Zeichen (»tas«) ist alles geregelt. Markieren Sie die rechte Spalte der Zeile TASTATURBEFEHLE neuerlich mit einem Doppelklick, um die Tastenkombination festlegen zu können. Es wäre ja naheliegend, die Tastaturanpassung mit Strg/cmd+T zu versorgen. Doch die ist schon für die wichtigen Titel vergeben. Nehmen Sie stattdessen Strg/cmd+Alt+T. Hier dürfte Premiere Pro nichts zu meckern haben.

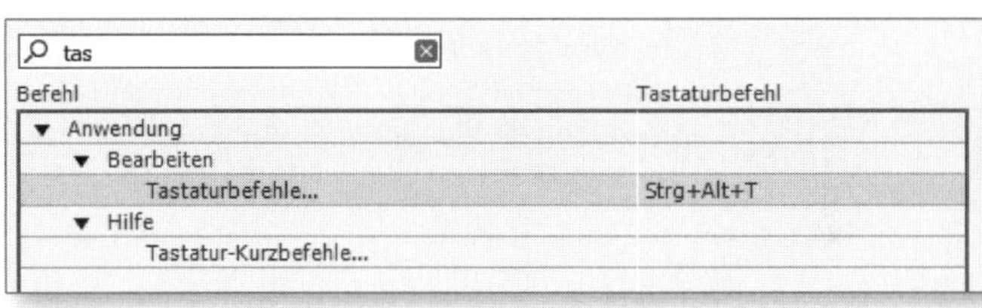

◂ **Abbildung 3.86**
Diese Kombination ist noch frei.

6 *Einstellungen speichern*

Danach könnten Sie den Dialog mit einem Klick auf OK verlassen. Das hätte jedoch zur Folge, dass diese neue Tastatureinstellung ab sofort [BENUTZERDEFINIERT] heißt. Kein schöner Name. Deshalb sollten Sie noch auf SPEICHERN UNTER klicken und der neuen Tastaturbelegung einen aussagekräftigeren Namen geben. Betätigen Sie SPEICHERN und im Anschluss OK.

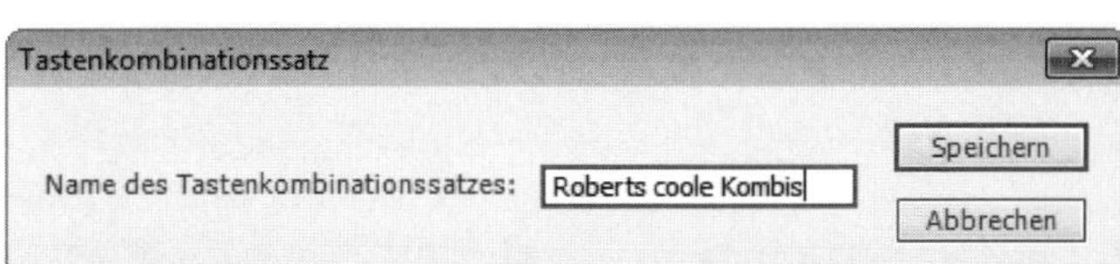

◂ **Abbildung 3.87**
Vergeben Sie zunächst einen Namen.

7 *Änderungen kontrollieren*

Die Änderungen lassen sich prima kontrollieren, indem Sie das entsprechende Menü öffnen. Dort sollten neben dem relevanten Eintrag auch die neuen Tastaturkürzel (❶ und ❷) auftauchen.

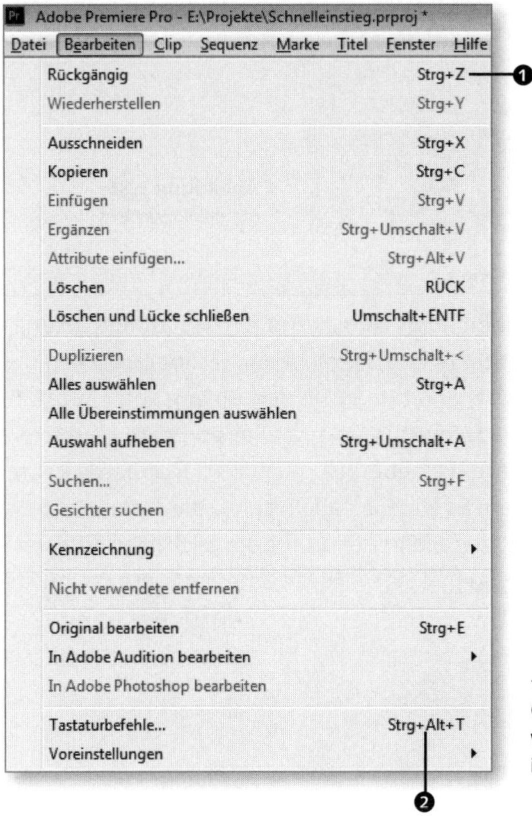

◂ **Abbildung 3.88** Die Tastenkombinationen (Wiederherstellen und Tastaturbefehle) wurden von Premiere Pro übernommen und im Menü entsprechend ausgewiesen.

Werkseinstellungen wiederherstellen | Im Dialog Tastaturbefehle haben Sie jederzeit die Möglichkeit, wieder zu den ursprünglich festgelegten Tastaturkombinationen zurückzukehren. Wenn Sie nämlich das Selektionsfeld Tastenkombinationssatz-Vorgabe ganz oben öffnen, finden Sie auch den Eintrag Adobe Premiere Pro-Standard. Wenn Sie diesen auswählen und den Dialog mit OK bestätigen, ist alles wieder so wie früher.

Teil II
Videoschnitt, Bearbeitung und Ausgabe

4 Schneiden und Trimmen

Nachdem Sie sich mit der Arbeitsoberfläche vertraut gemacht haben, soll nun mit der eigentlichen Schnittarbeit begonnen werden. Zu einem guten Schnitt gehört nämlich weit mehr, als nur In- und Out-Points zu setzen. Sie erfahren hier, wie Sie mit dem Schnittfenster optimal arbeiten und welche Spezialschnitte es gibt:

- Wie werden Clips im Quellmonitor und im Projektfenster geschnitten?
- Wie wird ein Clip im Schnittfenster geschnitten?
- Wie wird Premiere Pro mittels Timecode bedient?
- Wie werden Clips getrimmt?
- Wie führe ich 3-Punkt- und 4-Punkt-Schnitte aus?
- Wie führe ich L- und J-Schnitte aus?

4.1 Clips vorschneiden

Natürlich werden Sie für Ihre Projekte nicht immer das gesamte zur Verfügung stehende Clip-Material benötigen. Beim Filmen werden zudem sicherheitshalber interessante Motive länger als nötig gefilmt, um später genügend Auswahlmaterial zu haben. In der Postproduktion, also zum Zeitpunkt der Bearbeitung am Rechner, müssen Sie sich dann von redundantem Material trennen. Dazu müssen Sie sogenannte In- und Out-Points setzen. Mit Hilfe dieser teilen Sie Premiere Pro mit, welcher Teil eines jeden Clips verwendet und welcher vernachlässigt werden soll. Alles, was sich zwischen einem In- und einem Out-Point befindet, wird benutzt; alles jenseits der Points bleibt außen vor.

4.1.1 Clips im Projektfenster vorschneiden

Wie Sie bereits wissen, lassen sich Clips direkt aus dem Projektfenster heraus in das Schnittfenster ziehen. Dabei wird jedoch der gesamte Clip transferiert und somit auch Teil des Films. Im Schnittfenster ließe sich der Clip zwar anschließend noch einkürzen, doch ist das mitunter zu aufwendig.

Schritt für Schritt: Rohschnitt im Projektfenster

Beispielhaft wollen wir einen recht langen Clip am Anfang und Ende einkürzen. Zusätzlich schauen wir uns noch an, wie ein Direktimport ins Schnittfenster mittels Drag & Drop realisiert werden kann.

1 *Neues Projekt erzeugen*

Erzeugen Sie bitte zunächst ein neues Projekt.

2 *Clip aussuchen*

Minimieren Sie Premiere Pro. Navigieren Sie zum Ordner Gecko-Glas, der sich in den Beispieldateien befindet. Suchen Sie nach der Datei »Flaschenhals05_001.avi«.

3 *Clip hinzufügen*

Klicken Sie auf diese Filmdatei, und lassen Sie die Maustaste vorerst nicht mehr los. Ziehen Sie den Film auf das Premiere-Pro-Icon in der Taskleiste (Windows) bzw. im Dock (Mac). Dort angelangt, warten Sie, bis sich das Premiere-Pro-Fenster öffnet, und ziehen den Clip direkt in das Projektfenster hinein (sollte das Projektfenster hinter anderen Registerkarten liegen, zeigen Sie zunächst auf das Register Projekt, ziehen es dann in den Clip-Bereich und lassen dort die Maustaste los). Falls bereits Clips vorhanden sind, besteht sogar die Möglichkeit, den Clip anhand des senkrechten Balkens einzusortieren. Danach können Sie die Maustaste loslassen.

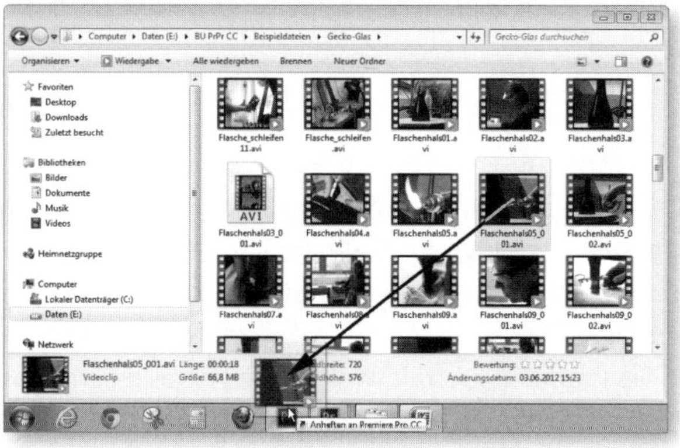

▲ **Abbildung 4.1** Zuerst geht es auf das Icon ...

▲ **Abbildung 4.2** ... und von dort aus direkt in das Projektfenster.

Übergabe auf dem Mac

Noch ein Hinweis für Mac-User: Nachdem Sie das Symbol aufs Icon gezogen haben, müssen Sie einen Moment verharren. Kurze Zeit später wird nämlich eine Miniatur der Premiere-Pro-Arbeitsfläche angezeigt. Dort müssen Sie den Clip hinziehen und die Maustaste weiterhin gedrückt halten. Zuletzt vergrößert sich die Anwendung. Jetzt können auch Sie den Clip, wie beschrieben, ins Projektfenster ziehen.

4 *Ansicht optimieren*

Zur besseren Übersicht parken Sie den Mauszeiger auf dem Projektfenster und drücken [Ü]. Ziehen Sie zudem den Schieberegler für die Miniaturgröße unten links im Fenster ganz nach rechts.

5 *In-Point setzen*

Stellen Sie den Mauszeiger auf die Clip-Miniatur, und bewegen Sie das Zeigegerät (ohne Mausklick) langsam nach rechts. Sie werden feststellen, dass nach kurzer Zeit ein Zoom-in stattfindet (also die Kamera das Schweißgerät gewissermaßen »heranholt«). An dieser Position schieben Sie den Mauszeiger langsam ein wenig zurück (nach links), um an eine Position kurz vor dem Zoom zu gelangen. Danach klicken Sie auf die Miniatur und drücken anschließend [I], wodurch ein sogenannter In-Point platziert wird. Der Clip soll nämlich später erst ab dieser Position zu sehen sein.

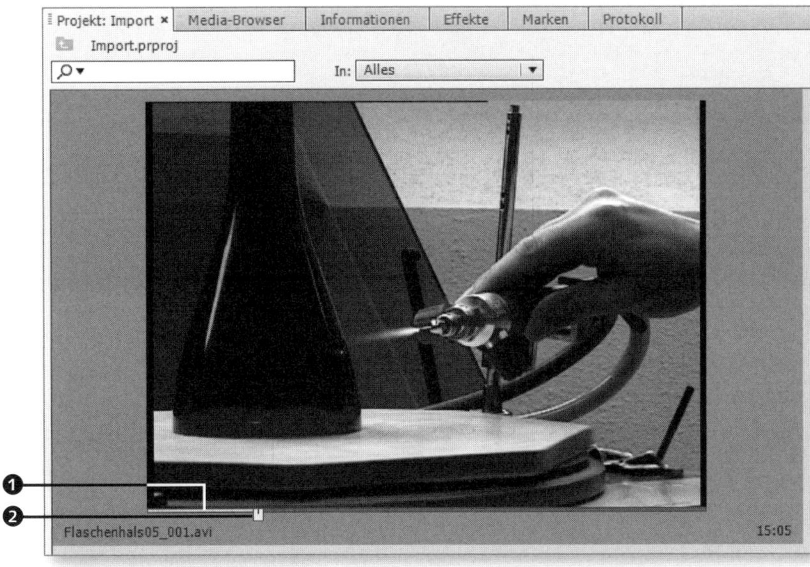

▲ **Abbildung 4.3** Unmittelbar vor dem Heranholen soll der Film beginnen.

Profi-Tipp: JKL-Navigation

Das Ziehen der kleinen Abspielmarke unterhalb der Miniatur ist zwar recht intuitiv, jedoch meist leider nicht sehr genau. Wer die Marke ganz exakt platzieren möchte, benutzt nach einem Mausklick [L] zum Vorwärtsabspielen, während es mit [J] rückwärts geht. Mehrfaches Drücken einer der beiden Tasten beschleunigt das Abspielen. Mit [K] halten Sie den Clip an. Drücken Sie [L], während [K] festgehalten wird, können Sie einzelbildweise im Bild nach vorne gehen. [J] (während [K] gedrückt ist) bewirkt hingegen, dass Sie sich Bild für Bild zurückbewegen können.

6 *Out-Point setzen*

Ist Ihnen aufgefallen, dass sich der kleine farbige Balken direkt unterhalb der Miniatur verändert hat? Links vom Abspielkopf ❷ ist dieser nämlich jetzt grau ❶. Dabei handelt es sich um den Bereich, der im fertigen Video nicht mehr zu sehen sein soll. Den Schieberegler ziehen Sie jetzt knapp bis zur Mitte des gesamten Balkens und drücken anschließend [O]. Das hat zur Folge, dass auch der rechte Bereich ❸ grau eingefärbt wird.

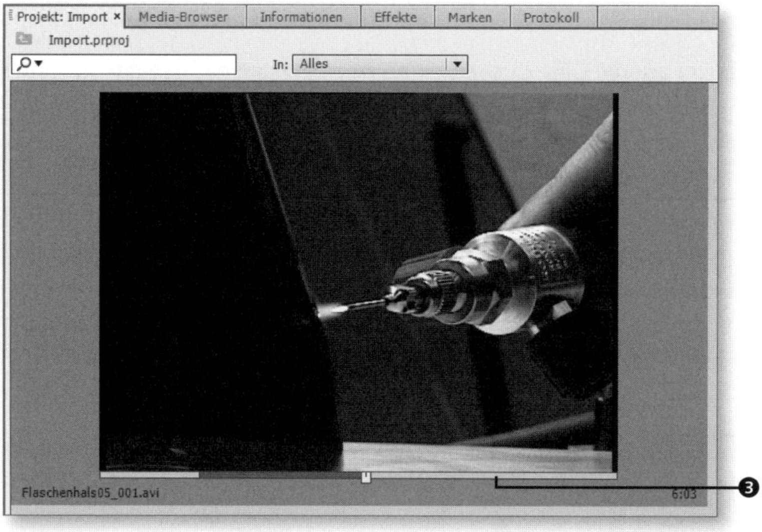

▲ **Abbildung 4.4** Der farbige Bereich des Clips zeigt, welche Stelle des Films verwendet wird – nämlich exakt der zwischen In- und Out-Point.

7 *Clip abspielen*

Wollen Sie das Resultat einmal im Quellmonitor begutachten? Dann setzen Sie einen Doppelklick auf die Miniatur. Das sorgt nicht nur dafür, dass der Clip nun im Quellmonitor sichtbar wird, sondern auch für die Rückkehr zur Standardansicht der Arbeitsoberfläche (anstelle von [Ü]). Zuletzt betätigen Sie [Strg]/[cmd]+[⇧]+ Leertaste. Das hat zur Folge, dass der Clip zwischen den beiden zuvor gesetzten Punkten abgespielt und anschließend wieder gestoppt wird.

Clips duplizieren

Falls Sie einen Clip im Projektfenster mehrfach benötigen, kann dieser mit rechts angeklickt und per Anwahl von DUPLIZIEREN vervielfältigt werden. Das Gleiche funktioniert per Drag & Drop, während Sie [Strg]/[cmd] festhalten.

4.1.2 Clips im Quellmonitor vorschneiden

Das Zuschneiden von Clips im Quellmonitor dürfte durch die herausragenden Funktionen innerhalb des Projektfensters ein wenig in den Hintergrund treten. Dennoch ist auch hier das Festlegen eines bestimmten Clip-Bereichs sehr gut möglich.

Schritt für Schritt: In- und Out-Points im Quellmonitor setzen

In diesem Workshop werden (wie zuvor auch) In- und Out-Points gesetzt. Allerdings werden wir das diesmal im Quellmonitor machen. Außerdem werden Sie erfahren, wie das Schnittfenster mit den fertig markierten Clips versehen wird.

1 *Projekt vorbereiten*

Prinzipiell können Sie mit Ihrem eigenen Filmmaterial arbeiten, da Sie in diesem Workshop kein vordefiniertes Projekt erstellen. Wenn Sie jedoch lieber noch einmal mit dem DVD-Material experimentieren wollen, erstellen Sie gegebenenfalls ein neues Projekt. Wer den vorangegangenen Workshop bereits gemacht hat, muss das natürlich nicht mehr erledigen. In diesem Fall sollten Sie aber die zuvor gesetzten Points (In und Out) wieder entfernen. Das gelingt, indem Sie mit rechts auf das Lineal innerhalb des Quellmonitor-Bedienfeldes klicken und sich im Kontextmenü für In- und Out-Point löschen entscheiden.

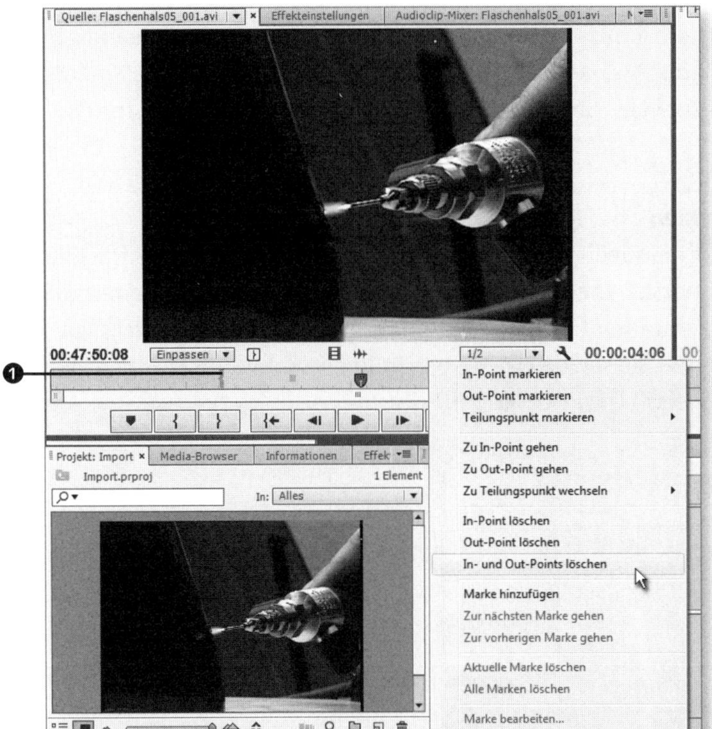

◂ **Abbildung 4.5** Diese Vorgabe entspricht dem Quellenmaterial.

Points im Quellmonitor

Die zuvor im Projektfenster platzierten In- und Out-Points werden grundsätzlich auch im Quellmonitor angezeigt. In-Point und Out-Points (werden hier als Klammern dargestellt (auf Abbildung 4.5 sieht man z. B. den In-Point ❶).Löschen Sie diese, werden sie komplett vom Clip entfernt. Das bedeutet, sie werden auch im Projektfenster nicht mehr angezeigt.

2 *Assets importieren*

Reduzieren Sie vorab die im vorangegangenen Workshop vergrößerten Miniaturen wieder, indem Sie den entsprechenden Schieberegler unten links im Projektfenster wieder ganz nach links ziehen. Drücken Sie [Strg]/[cmd]+[I], und integrieren Sie alle in dem Ordner KAPITEL_02 befindlichen Clips in das Projektfenster. Dazu öffnen Sie ihn während des Importvorgangs, markieren einen darin befindlichen Clip, betätigen anschließend [Strg]/[cmd]+[A] und klicken auf ÖFFNEN (Windows) bzw. IMPORTIEREN (Mac).

3 *Clips in den Quellmonitor stellen*
Selektieren Sie den Videoclip »Perle in Sand.avi« mit einem Doppelklick, damit dieses Asset im Quellmonitor zur Verfügung gestellt wird.

4 *Clips abspielen*
Klicken Sie auf den Wiedergabe-Button unterhalb des Bildes, oder drücken Sie einfach die Leertaste. Achten Sie auf die Abspielmarke ❷, die sich oberhalb der Steuerelemente dieses Fensters nach rechts bewegt. Stoppen Sie die Wiedergabe durch erneutes Drücken der Leertaste.

5 *In- und Out-Points setzen*
Schieben Sie die Marke jetzt manuell in Position, indem Sie deren Kopf bei gedrückter linker Maustaste hin- und herschieben (Scrubbing). Die ersten Bilder, in denen die Handwerkerin ihre Hände zusammenführt, sollen im fertigen Film keine Berücksichtigung finden. Deshalb platzieren Sie sie in etwa so, wie es in der Abbildung 4.6 zu sehen ist. Das ist in etwa bei Position 00:09:17:00 ❶ der Fall.

▲ **Abbildung 4.6** Die Marke steht etwas rechts vom Anfang. An dieser Position hat Bettina die Hände bereits zusammengeführt.

Danach drücken Sie die Taste IN-POINT MARKIEREN ❸. Lassen Sie das Video weiterlaufen, und stoppen Sie erst, wenn Bettina den Stab in den Topf steckt. Danach klicken Sie auf den Button OUT-POINT MARKIEREN ❹.

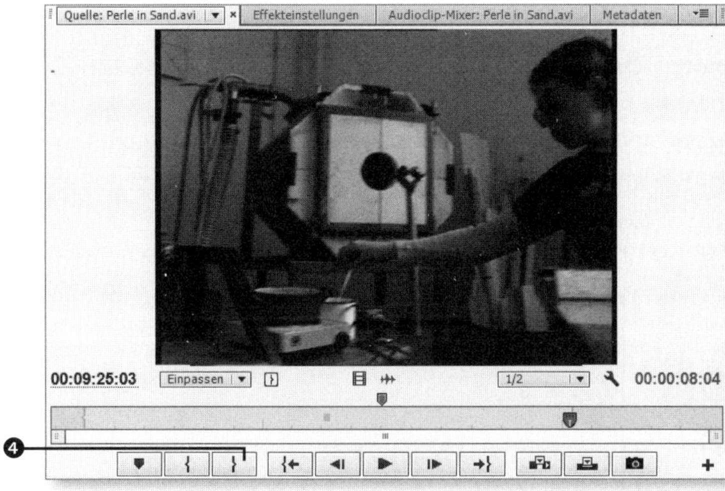

◀ **Abbildung 4.7**
Das ist genau die richtige Position.

Somit haben Sie den Bereich, den Sie für Ihr Projekt verwenden wollen, vorselektiert. Unterhalb des Monitors wird dieser Bereich ebenfalls angezeigt (farbig). Genau dieser Teil wird jetzt verwendet, und alles, was sich links und rechts daneben befindet, wird fein säuberlich ignoriert.

6 *Zweiten Clip schneiden*

Nehmen Sie sich jetzt den nächsten Clip »Perle kühlen.avi« vor. Versehen Sie auch diesen Film mit einem Doppelklick. Drücken Sie die Leertaste, damit der Clip einige Sekunden lang abgespielt wird. Wenn etwa die Mitte des Videos erreicht ist (beachten Sie das Lineal unterhalb der Vorschau), drücken Sie abermals die Leertaste. Betätigen Sie jetzt [O]. Damit haben Sie einen Out-Point erzeugt, der den Clip an dessen Ende begrenzt. Einen In-Point am Anfang benötigen Sie nicht, da das Video vom ersten Bild an abgespielt werden soll.

◀ **Abbildung 4.8**
Hier wird der zweite Clip beendet.

7 *Sequenz erstellen*

Jetzt wird eine Sequenz benötigt. Dazu markieren Sie einen beliebigen Clip des Beispielmaterials (hier: ❶) und ziehen ihn mit gedrückter Maustaste auf das Blattsymbol NEUES OBJEKT ❷ im Fuß des Projektfensters. Die Folge: Es wird ein Schnittfenster erzeugt. Den darin befindlichen Clip ❸ markieren Sie und entfernen ihn (Entf oder ←). Er diente nur dazu, die richtigen Sequenzeinstellungen zu liefern, und wird an dieser Position de facto gar nicht benötigt.

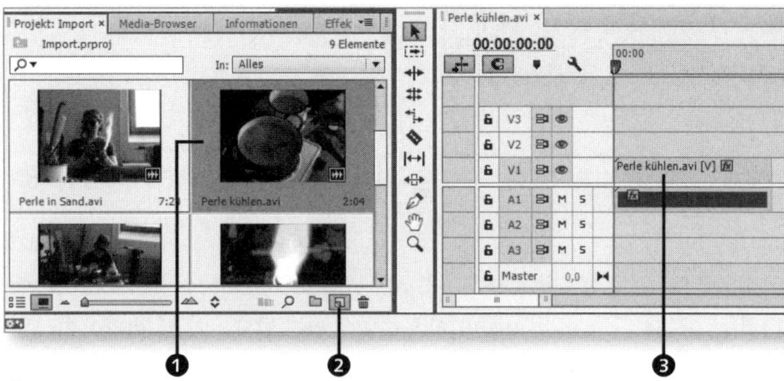

◂ **Abbildung 4.9** Fügen Sie einen Clip hinzu, um die richtigen Sequenzeinstellungen zu erhalten.

8 *Optional: Einfügemarke positionieren*

Derzeit existiert noch kein Clip im Schnittfenster. Daher befindet sich die Einfügemarke am Anfang der Timeline. Sollte das jedoch nicht der Fall sein, drücken Sie Pos1 bzw. ↖. Für das gleich folgende Einfügen der Clips ist nämlich die Position des Abspielkopfes wichtig.

9 *Clips in Sequenz umwandeln*

Markieren Sie jetzt zunächst den Clip »Perle_3.mov«, danach, während Sie Strg/cmd gedrückt halten, »Perle in Sand.avi« und zuletzt »Perle kühlen.avi. Im Anschluss klicken Sie in der Fußleiste auf AUTOMATISCH IN SEQUENZ UMWANDELN.

▴ **Abbildung 4.10** Nach der Markierung der drei Clips werden diese in die Sequenz eingefügt.

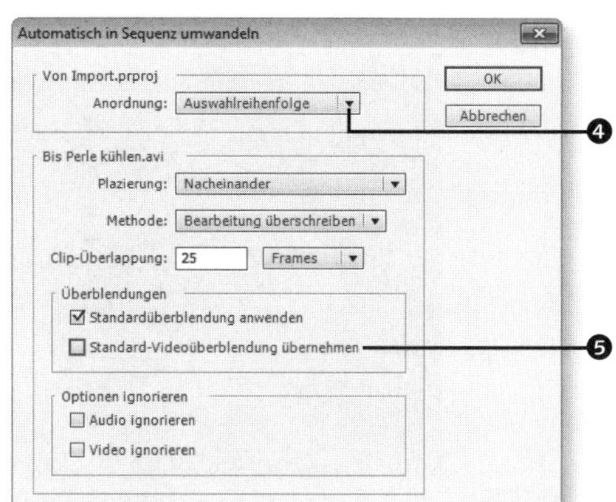

▴ **Abbildung 4.11** Hier ist die AUSWAHLREIHENFOLGE entscheidend.

10 *Attribute vergeben*

Im folgenden Dialog schalten Sie die ANORDNUNG auf AUSWAHLREIHENFOLGE ❹ (dazu später mehr). Die Checkbox STANDARD-VIDEOÜBERBLENDUNG ÜBERNEHMEN ❺ deaktivieren Sie bitte, da es ansonsten zwischen den beiden Clips zu einer Überblendung kommt. Bestätigen Sie mit OK.

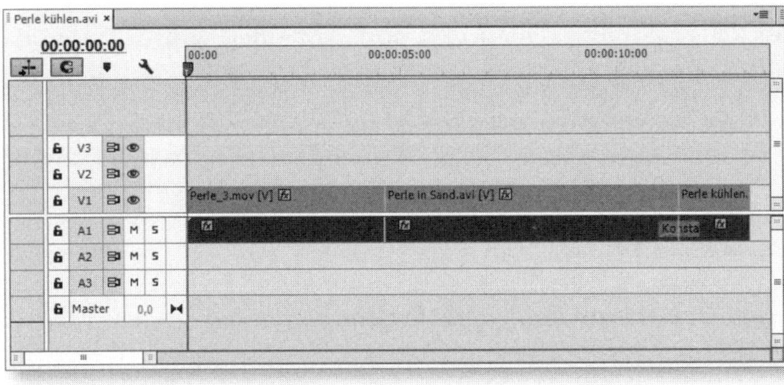

◂ **Abbildung 4.12** Die zuvor per Maus festgelegte Reihenfolge ist bei der Sortierung der Clips im Schnittfenster berücksichtigt worden.

11 *Clips abspielen*

Klicken Sie jetzt mit der Maus auf das Schnittfenster, damit dieses aktiviert wird. Spielen Sie die Sequenz ab (Leertaste), werden Sie feststellen, dass ein Anschlussschnitt erfolgt ist, der inhaltlich passt und mit dem Bewegungsablauf der Darstellerin harmoniert.

Automatisch in Sequenz umwandeln | Im vorangegangenen Workshop haben sie die Funktion AUTOMATISCH IN SEQUENZ UMWANDELN kennengelernt. Hier wollen wir noch einmal etwas genauer hinschauen:

- ANORDNUNG: Hier entscheiden Sie sich für die SORTIERREIHENFOLGE, wenn die Clips in der Reihenfolge übernommen werden sollen, in der sie im Projektfenster vorliegen. Mit AUSWAHLREIHENFOLGE würden sie in der Reihenfolge eingefügt, in der sie zuvor im Projektfenster mittels Mausklick markiert worden sind.
- PLATZIERUNG: Zunächst einmal steht hier nur NACHEINANDER zur Verfügung. Die Clips reihen sich also hintereinander auf. Sollten Sie zuvor Sequenzmarken gesetzt haben, steht auch AN NICHT NUMMERIERTEN MARKEN zur Auswahl.
- METHODE: Wählen Sie EINFÜGEN, wenn nachfolgende Clips im Schnittfenster artig Platz machen sollen, sobald die Clips integriert werden. Mit ÜBERSCHREIBEN würden eventuell schon vorhandene Clips überdeckt. Deren Inhalt ginge also verloren.
- CLIP-ÜBERLAPPUNG: Eine Clip-Überlappung findet nur dann statt, wenn Sie STANDARD-VIDEOÜBERBLENDUNG ÜBERNEHMEN angewählt haben. In diesem Fall überlappen sich angrenzende Clips, um eine Überblendung zu realisieren. Wenn dies die standardmäßig definierte sein soll, muss STANDARDÜBERBLENDUNG ANWENDEN ebenfalls angehakt sein. Wie viele Einzelbilder dafür herangezogen werden, legen Sie mit dem Wert für die CLIP-ÜBERLAPPUNG fest. Entscheiden Sie ferner, ob die Clips ineinander überblendet werden sollen.

- Optionen ignorieren: Setzen Sie ein Häkchen vor Audio ignorieren, wenn Sie nur die Videos, nicht jedoch die dazugehörige Soundspur integrieren wollen. Wenn hingegen nur die Audiospur Verwendung finden soll, aktivieren Sie Video ignorieren.

Mehr Kontrolle über das Projektfenster | Im vorangegangenen Workshop haben Sie zwei Clips exakt an einen Handlungsablauf angepasst. Dazu mussten Sie die Filme vom Projektfenster aus in den Quellmonitor stellen und dort schneiden. Oftmals werden Sie aber nach Sichtung des Filmmaterials noch gar nicht genau wissen, wo denn ein Schnitt hin soll und wohin nicht. In einem solchen Fall dürfen Sie die Assets zunächst auch »ungefähr« vorschneiden. Dazu müssen Sie das Projektfenster noch nicht einmal verlassen.

Schritt für Schritt: In- und Out-Points im Projektfenster platzieren

Diesmal werden wir mit dem Projektfenster und dem Quellmonitor zu tun bekommen. Dass diese in Sachen Schnitt aufeinander abgestimmt sind, werden Sie in den folgenden Schritten sehen.

1 *Projektfenster vorbereiten*

Bereiten Sie zunächst einmal das Projektfenster vor, indem Sie zur Listenansicht wechseln. Ziehen Sie danach den rechten Steg des Fensters so weit nach rechts, dass Sie die Spalten Video In-Point und Video Out-Point einsehen können.

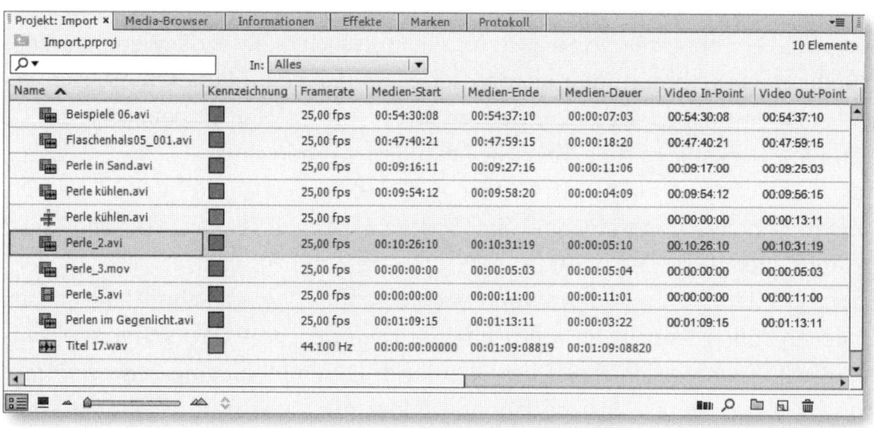

Name	Kennzeichnung	Framerate	Medien-Start	Medien-Ende	Medien-Dauer	Video In-Point	Video Out-Point
Beispiele 06.avi		25,00 fps	00:54:30:08	00:54:37:10	00:00:07:03	00:54:30:08	00:54:37:10
Flaschenhals05_001.avi		25,00 fps	00:47:40:21	00:47:59:15	00:00:18:20	00:47:40:21	00:47:59:15
Perle in Sand.avi		25,00 fps	00:09:16:11	00:09:27:16	00:00:11:06	00:09:17:00	00:09:25:03
Perle kühlen.avi		25,00 fps	00:09:54:12	00:09:58:20	00:00:04:09	00:09:54:12	00:09:56:15
Perle kühlen.avi		25,00 fps				00:00:00:00	00:00:13:11
Perle_2.avi		25,00 fps	00:10:26:10	00:10:31:19	00:00:05:10	00:10:26:10	00:10:31:19
Perle_3.mov		25,00 fps	00:00:00:00	00:00:05:03	00:00:05:04	00:00:00:00	00:00:05:03
Perle_5.avi		25,00 fps	00:00:00:00	00:00:11:00	00:00:11:01	00:00:00:00	00:00:11:00
Perlen im Gegenlicht.avi		25,00 fps	00:01:09:15	00:01:13:11	00:00:03:22	00:01:09:15	00:01:13:11
Titel 17.wav		44.100 Hz	00:00:00:00000	00:01:09:08819	00:01:09:08820		

▲ **Abbildung 4.13** Das Projektfenster wird breit aufgezogen.

2 *Clip aussuchen*

Suchen Sie sich nun einen beliebigen Clip aus, den Sie verändern wollen (im Beispiel »Perle_2.avi«). Mit einem Doppelklick wird das Video an den Quellmonitor übergeben. Alternativ setzen Sie einen einfachen Mausklick auf das Asset im Projektfenster und ziehen es mit gedrückter linker Maustaste in den Bereich des Quellmonitors. Dort angekommen, lassen Sie los.

Umbenennen und Points ändern

Sollten Sie statt eines Doppelklicks zwei einzelne Mausklicks hintereinander auf den Namen des Clips setzen, lässt sich dieser neu eingeben. Ein einfacher Mausklick im Bereich der Spalten VIDEO IN-POINT oder VIDEO OUT-POINT sorgt hingegen dafür, dass der entsprechende Point ausgewählt wird und zur Neueingabe bereit wäre. Auch so können Ein- und Ausstiegspunkte definiert werden.

3 *In-Point im Projektfenster verändern*

Ziehen Sie jetzt den Abspielkopf ❷ in Position, bzw. geben Sie den gewünschten Einstiegspunkt über das Steuerelement ABSPIELKOPFPOSITION ❶ neu ein (hier 00:10:27:13). Danach drücken Sie abermals [I] oder betätigen den Schalter IN-POINT MARKIEREN ❸. Achten Sie in diesem Zusammenhang auch darauf, dass der VIDEO IN-POINT des Clips im Projektfenster ebenfalls aktualisiert worden ist ❹.

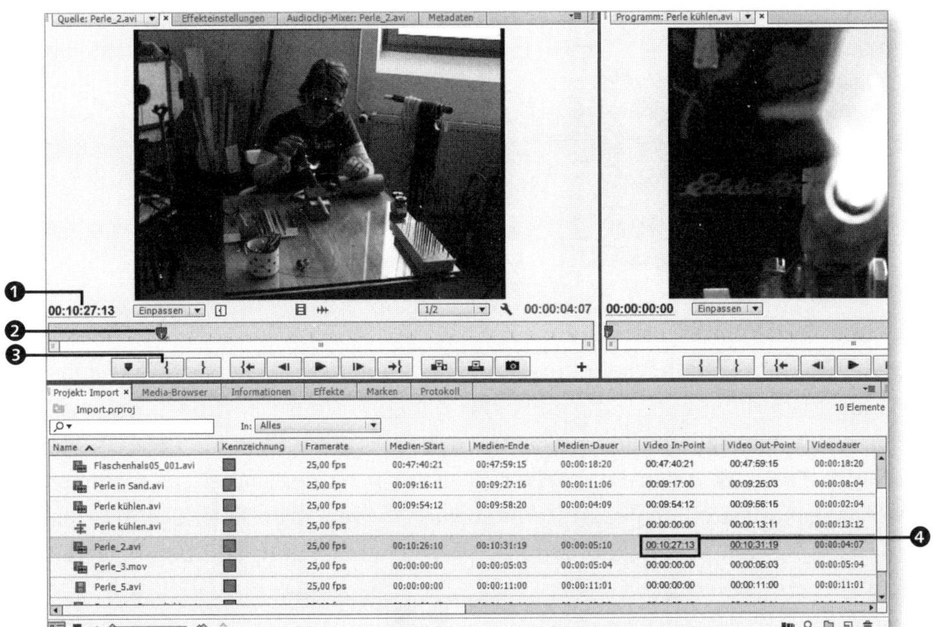

▲ **Abbildung 4.14** Quellmonitor und Projektfenster verhalten sich in Sachen In- und Out-Points synchron zueinander.

4 *Weitere Punkte setzen*

Verfahren Sie entsprechend mit dem Out-Point, und legen Sie so die Endposition für diesen Clip fest. Wenn Sie mit diesem Clip fertig sind, doppelklicken Sie auf den nächsten und wiederholen die zuvor beschriebenen Schritte.

Setzen von Points ist nicht zwingend erforderlich

Sie müssen grundsätzlich keine In- und Out-Points setzen. Wenn Sie diese weglassen, nimmt Premiere Pro das erste Bild eines Clips als In- und das letzte als Out-Point – der Clip wird in diesem Fall komplett berücksichtigt.

5 *Projekt vervollständigen*

Verfahren Sie auf die beschriebene Weise auch mit allen anderen Clips des Ordners KAPITEL_02. Wo die Punkte platziert werden, ist für dieses Beispiel nicht so wichtig. Sie sollten lediglich dafür sorgen, dass durch In- und Out-Point-Vergabe Clip-Anfänge und Clip-Enden außen vorbleiben. Wenn Sie fertig sind, gehen Sie in das Pulldown-Menü des Quellmonitors (oben links) und schließen alle Clips (je mehr Clips hier geöffnet sind, desto mehr wird nämlich Ihr Arbeitsspeicher beansprucht). Lassen Sie das Projekt bitte noch geöffnet. So lässt sich in den folgenden Schritten besser nachvollziehen, was es mit dem Timecode auf sich hat und wie sich die Clips später ins Schnittfenster bringen lassen (siehe folgende Abschnitte).

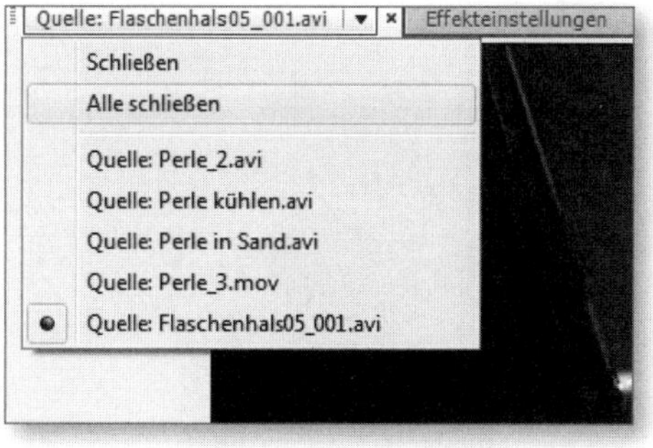

◂ **Abbildung 4.15** Am Ende werden alle Clips wieder aus dem Quellmonitor entfernt.

4.1.3 In- und Out-Points korrigieren

Haben Sie die Ein- und Ausstiegspunkte erst einmal verändert, können diese auch noch prima nachjustiert werden. Dazu stellen Sie die Clips abermals in den Quellmonitor und ziehen an den kleinen Mengenklammern links und rechts in die gewünschte Richtung (❶ = In-Point, ❷ = Out-Point). Der Mauszeiger mutiert dabei zur Klammer ❸. Falls der Abspielkopf stört, schieben Sie ihn vorab ein wenig zur Seite. Die Alternative dazu: Bringen Sie den Abspielkopf an die gewünschte Position, und betätigen Sie anschließend erneut [I] oder [O].

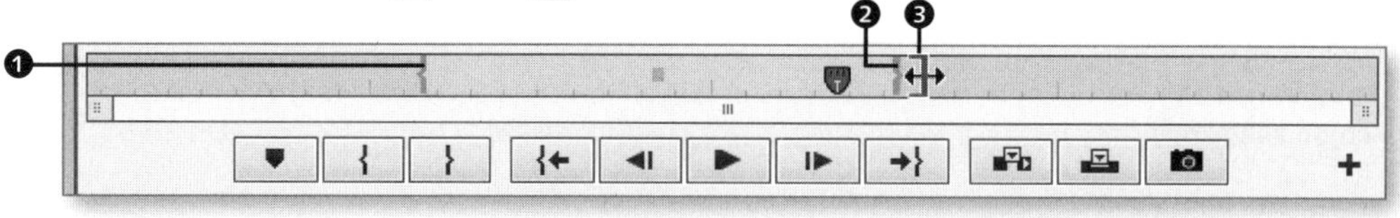

▴ **Abbildung 4.16** In- und Out-Point lassen sich auch mit Hilfe der Zeitskala verziehen.

Auch das Projektfenster ist für Aktualisierungen der Points geeignet. Bei den Anzeigen in den Spalten VIDEO IN-POINT und VIDEO OUT-POINT handelt es sich nämlich um

Bedienelemente, genauer gesagt um Hot-Text-Steuerelemente. Ihre Funktionsweise: Markieren Sie zunächst die Zeile, klicken Sie dann die Ziffernkombination an, und halten Sie die Maustaste gedrückt. Ziehen Sie nach links oder rechts. Probieren Sie es aus. Achten Sie darauf, wie sich der In- oder der Out-Point in der Zeitskala des Quellmonitors verändern, sobald Sie die Maustaste loslassen. Wer In- oder Out-Points lieber über die Tastatur eingibt (dazu gleich mehr), kann auch eines der Steuerelemente anklicken und die entsprechenden Werte über die Tastatur festlegen.

Name	Kennzeichnung	Framerate	Medien-Start	Medien-Ende	Medien-Dauer	Video In-Point	Video Out-Point
Beispiele 06.avi		25,00 fps	00:54:30:08	00:54:37:10	00:00:07:03	00:54:30:08	00:54:37:10
Flaschenhals05_001.avi		25,00 fps	00:47:40:21	00:47:59:15	00:00:18:20	00:47:45:20	00:47:52:16
Perle in Sand.avi		25,00 fps	00:09:16:11	00:09:27:16	00:00:11:06	00:09:17:00	00:09:25:03
Perle kühlen.avi		25,00 fps	00:09:54:12	00:09:58:20	00:00:04:09	00:09:54:12	00:09:56:15
Perle kühlen.avi		25,00 fps				00:00:00:00	00:00:13:11
Perle_2.avi		25,00 fps	00:10:26:10	00:10:31:19	00:00:05:10	00:10:27:13	00:10:31:19
Perle_3.mov		25,00 fps	00:00:00:00	00:00:05:03	00:00:05:04	00:00:00:00	00:00:05:03

▲ **Abbildung 4.17** Der Wert kann nach Markierung auch mit Hilfe der Tastatur eingegeben werden.

Profi-Tipp: Exakte Navigation

Der fortgeschrittene User setzt für die exakte Bestimmung von In- und Out-Point die Tastatur ein. Halten Sie bei aktiviertem Quellmonitor-Fenster [←] oder [→] gedrückt, um sich dem gewünschten Punkt (In oder Out) zu nähern. Die exakte Positionierung des Abspielkopfes erfolgt dann durch mehrfache kurze Betätigung von [←] und [→]. Ist die Position gefunden, drücken Sie [I] oder [O].

4.2 Der Timecode

Timecode ist vom Ursprung her die Bezeichnung von Zeiteinheiten, die zusammen mit der Videoaufnahme auf Band oder auf sonstige Speichermedien gesichert werden. Der Timecode sollte fortlaufend sein und bleibt auch beim Import in die Videoschnitt-Software erhalten. Dort kann er hilfreiche Dienste verrichten. So lässt sich anhand des Timecodes eine bestimmte Stelle der Aufnahmen gezielt ansteuern.

Innerhalb von Premiere Pro befinden sich zahlreiche Steuerelemente, die den Timecode ausweisen. Das trifft beispielsweise auf die Zeitanzeigen unten links in den Monitoren zu. Korrekterweise muss man zwar sagen, dass damit die Position des Abspielkopfes wiedergegeben wird, doch orientiert sich diese am Original-Timecode. Das ist auch der Grund dafür, dass nicht jeder Clip bei 00:00:00:00 beginnt. Der Clip »Beispiele 06.avi« aus dem Ordner KAPITEL_02 beispielsweise beginnt an Position 00:54:30:08 ❶ (siehe Abbildung 4.18) und hat insgesamt eine Dauer von etwas mehr als sieben Sekunden ❷.

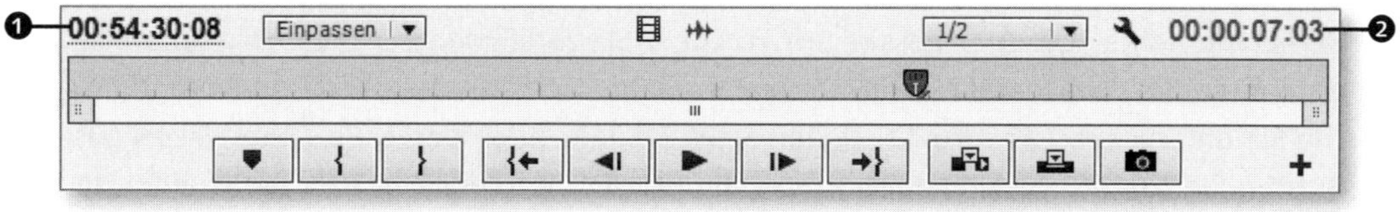

▲ **Abbildung 4.18** Während der linke Zahlencode veränderbar ist, bleibt der rechte starr.

4.2.1 Aufbau des Timecodes

Alle vorgenannten Anzeigen beziehen sich auf den jeweils zugehörigen Clip. Anders ist das beim Schnittfenster-Timecode. Dieser bezieht sich stets auf die gesamte Sequenz, also den Inhalt des Schnittfensters, und beginnt von Haus aus immer bei 00:00:00:00 (im Gegensatz zum Clip-Timecode).

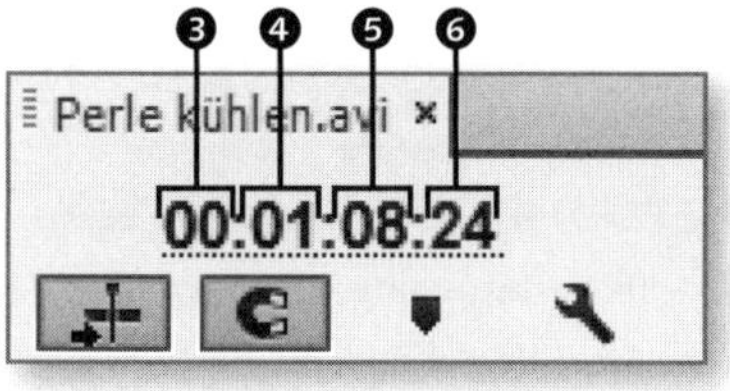

◂ **Abbildung 4.19** Der Timecode innerhalb des Sequenzfensters

Die Zahlenpärchen haben folgende Bedeutung:

❸ Stunden
❹ Minuten
❺ Sekunden
❻ Frames

Die ersten drei Zahlenpärchen sind wenig spektakulär und erklären sich von selbst. Anders sieht es mit den Frames aus. Hier wird nämlich die Anzahl von Bildern pro Sekunde als Maßeinheit herangezogen. In einem PAL-Projekt, das aus 25 Einzelbildern pro Sekunde besteht, werden auch hier nur 25 Einheiten benutzt, bei einem NTSC-Projekt wären es hingegen 30 Einheiten. Beachten Sie in diesem Zusammenhang aber, dass das erste Bild einer Sekunde immer das Bild 00 ist. Die Zählung beginnt also nicht bei 1, sondern bei 0. Demzufolge ist das letzte Bild einer Sekunde auch stets Bild Nummer 24. Anfangs mag dies etwas befremdlich wirken, Sie werden sich aber schnell daran gewöhnen.

4.2.2 Timecode-Eingabe

Sie haben verschiedene Möglichkeiten, den Wert des Timecodes zu ändern und damit, speziell im Schnittfenster, zu erreichen, dass die Einfügemarke an die Stelle springt, die Sie mit Hilfe des Timecodes angeben. Hierzu gibt es drei Methoden: Sie können die Hot-Text-Steuerelemente bedienen, den jeweiligen Abspielkopf verschieben oder den Timecode per Tastatur eingeben. Dazu klicken Sie den Timecode-Wert einfach an und lassen die Maustaste los. Geben Sie nun den gewünschten Timecode über die Tastatur ein, und schließen Sie die Eingabe mit [↵] ab.

Eingabe über den Nummernblock | Noch einfacher geht es, wenn Sie den Nummernblock Ihrer Tastatur benutzen. Dieser funktioniert übrigens nicht nur in den Monitorfenstern, sondern auch im Schnittfenster. Das vorherige Selektieren des Steuerelements entfällt. Beenden Sie die Eingabe aber bitte stets mit [↵] auf Ihrem Nummernblock. Andernfalls wird der Clip oder der Inhalt des Schnittfensters abgespielt.

Schreibweise bei der Eingabe des Timecodes | Bei der Eingabe können Sie getrost die Doppelpunkte ignorieren. Selbst vorangestellte Nullen dürfen Sie missachten. Wenn Sie also z. B. zu Sekunde 1, Frame 05 springen wollen, reicht es, wenn Sie die Zahlenkombinationen »105« eingeben. Praktisch, oder? Sie müssen dabei allerdings stets den Wert bis zum letzten Frame auffüllen. Wenn Sie also genau auf Sekunde 1 springen möchten, reicht es keinesfalls, nur die Zahl »1« einzugeben. Das würde die Einfügemarke nämlich auf Sekunde 0, Frame 1 positionieren. Premiere Pro ermittelt den Wert stets von der letzten Ziffer aus. Um Sekunde 1 zu erreichen, müssen Sie also »100« eingeben. Bestätigen Sie derartige Werte nach deren Eingabe stets mit [↵].

PAL- und NTSC-Timecode

Achten Sie bitte auf die unterschiedliche Darstellung des Timecodes in PAL und NTSC. Während die Zahlenpärchen bei 25 Einzelbildern (PAL) stets mit Doppelpunkten voneinander getrennt sind, stellt sich der Timecode mit 30 Einzelbildern (NTSC) mit Semikola dar.

4.3 Clips dem Schnittfenster hinzufügen und anordnen

Sie haben in diesem Kapitel bereits erfahren, wie Clips in Bezug auf In- und Out-Points vorbereitet werden können – und zwar sowohl im Projektfenster als auch im Quellmonitor. Nun müssen die Clips aber auch irgendwie in das Schnittfenster befördert werden.

4.3.1 Clips per Drag & Drop einfügen

Ziehen Sie Clips direkt aus dem Projektfenster in das Schnittfenster. Aus dem Quellmonitor heraus funktioniert das auch. Hier setzen Sie den Mauszeiger einfach auf den Monitor selbst und ziehen das gute Stück herunter in Ihr Schnittfenster. Falls Sie den Clip direkt am Anfang der Sequenz integrieren wollen, achten Sie darauf, dass sich eine vertikale schwarze Linie zeigt (siehe Abbildung 4.20 auf Seite 140).

▲ **Abbildung 4.20** Ein Weg ins Schnittfenster: Drag & Drop vom Quellmonitor aus

Während des Ziehens korrigieren

Sollte Ihnen während des Ziehens auffallen, dass Sie vielleicht doch den falschen Clip ausgewählt oder eine unkorrekte Position angewählt haben, können Sie die Aktion verwerfen, solange die Maustaste noch gedrückt ist. Entweder ziehen Sie den Clip wieder zurück in den Monitor, oder – viel galanter – Sie drücken [Esc], bevor Sie die Maustaste loslassen. Haben Sie bereits losgelassen, geht es nur noch über [Strg]/[cmd]+[Z] zurück.

Nur Audio oder nur Video ziehen | Beim Ziehen eines AV-Clips (also aus Audio und Video bestehend) wird stets beides transportiert – Audio und Video. Was aber, wenn nur eines von beiden Verwendung finden soll und Sie nicht bereit sind, von der Drag-&-Drop-Methode abzuweichen? Nun, dann ziehen Sie den Clip nicht aus dem Monitor heraus, sondern aus dem kleinen Filmsymbol ❶ (befördert nur die Videospur) bzw. dem Wellenformsymbol ❷ (befördert nur die Audiospur).

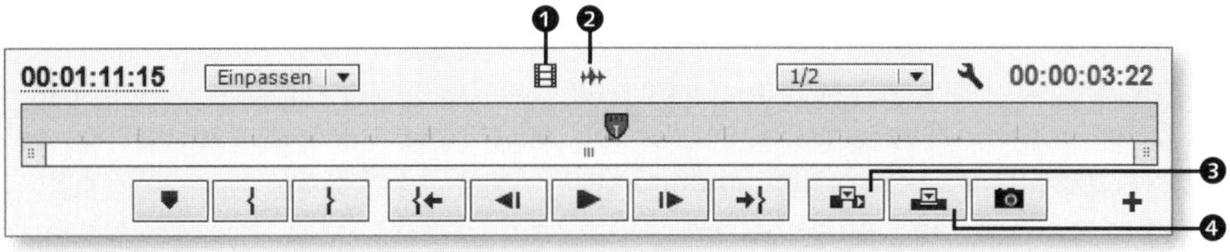

▲ **Abbildung 4.21** Das Film- bzw. das Wellenformsymbol gleich unterhalb des Monitors kann ebenfalls gezogen werden.

Clips in den Programmmonitor ziehen | Eine weitere Möglichkeit, Clips in das Schnittfenster zu bringen: Drag & Drop unter Zuhilfenahme des Programmmonitors. Dazu bringen Sie den Abspielkopf des Schnittfensters zunächst an die Position, an der der Clip integriert werden soll. Ziehen Sie den Clip danach aus dem Quellmonitor oder dem Projektfenster direkt auf die Monitorfläche des rechten Monitors. Lassen Sie los, wird der Clip eingefügt. Solange Sie jedoch noch nicht losgelassen haben, besteht die Möglichkeit, Strg/cmd zu betätigen, was zu einer Überschreibung führen würde (dazu gleich mehr). Bei diesem Verfahren kommt es auch darauf an, welche Spur ausgewählt worden ist (auch dieses Thema wird gleich noch vertieft).

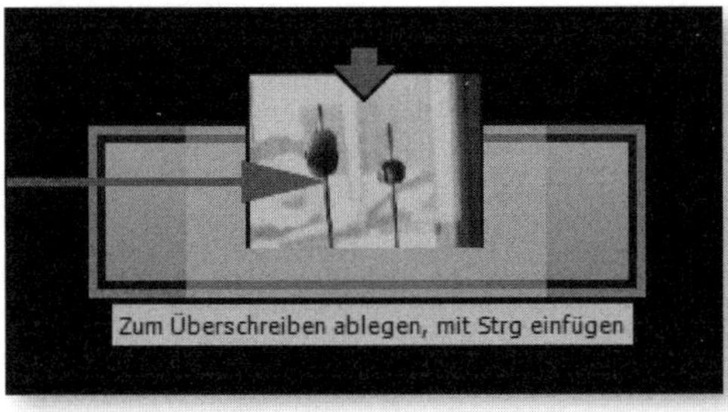

▲ **Abbildung 4.22** Ziehen Sie einen Clip auf den Programmmonitor, können Sie entscheiden, ob eingefügt oder überschrieben werden soll. Hier würden eventuell vorhandene Clips überschrieben.

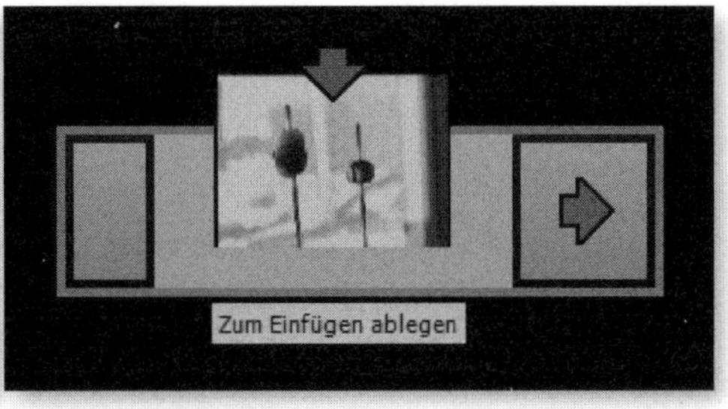

▲ **Abbildung 4.23** So wird die Einfügung angezeigt. Nachfolgende Clips verschieben sich automatisch nach rechts.

Überlagern vs. Überschreiben

Falls Sie bislang mit einer älteren Premiere-Pro-Version (vor CS6) gearbeitet haben, wird Ihnen der Begriff *Überlagern* geläufig sein, bei dem ein einzufügender Clip über einen bereits vorhandenen gelegt wird. Die Bezeichnung für dieses Verfahren wird jetzt durch *Überschreiben* ersetzt, was der prinzipiellen Vorgehensweise auch eher entspricht. Rein technisch hat sich dadurch aber nichts geändert.

4.3.2 Clips per Tastatur einfügen

Wem das mit dem Ziehen und Fallenlassen nicht so liegt, der kann selbstverständlich auch die Tastatur oder die Steuerelemente des Quellmonitors benutzen. Sie haben die Wahl, ob Sie lieber die Buttons EINFÜGEN ❸ bzw. ÜBERSCHREIBEN ❹ in der Schaltflächenleiste des Quellmonitors oder , bzw. . benutzen, um die Clips in das

Schnittfenster zu bringen. Für die Position der Einfügung sind jedoch grundsätzlich zwei Dinge entscheidend (sowohl bei der hier beschriebenen Methode als auch bei der Integration über den Programmmonitor:

1. Wo befindet sich die Einfügemarke?
2. Welche Videospur ist gerade ausgewählt (Spurauswahl)?

Spurauswahl (Zielführung und Quellpatching) | Bei dieser Art der Einfügung müssen Sie also darauf achten, welche Spurköpfe im Schnittfenster markiert sind (die Spurköpfe, auch *Zielführung* genannt, sind die Flächen mit den Spurbezeichnungen V1, V2, A1, A2 usw.). Ganz links innerhalb der Spur befinden sich zudem noch zwei kleine, graue Schaltflächen, mit denen Sie markieren können, welche Spuren für die nächste Einfügung bzw. Überlagerung berücksichtigt werden sollen. Das ist das sogenannte *Quellpatching*.

Dazu folgendes Beispiel: Sie wollen ein Video auf Spur V1 integrieren, während das Audio auf Spur A2 eingebettet werden soll. In diesem Fall müssen Sie zunächst das *Quellpatching* von A2 ❷ aktivieren, sofern dieses nicht bereits aktiviert ist (ein erneuter Klick darauf würde die Funktion übrigens wieder abwählen). Sie sehen, dass auch der Spurkopf von A1 aktiviert bleibt. Das bedeutet prinzipiell, dass jetzt jede der beiden Spuren zur Einfügung berücksichtigt werden könnte. Welche aber nun Ihre Zielspur ist, legen Sie mit Hilfe der Quellpatching-Flächen ❶ fest. Diese Flächen lassen sich per Drag & Drop verschieben.

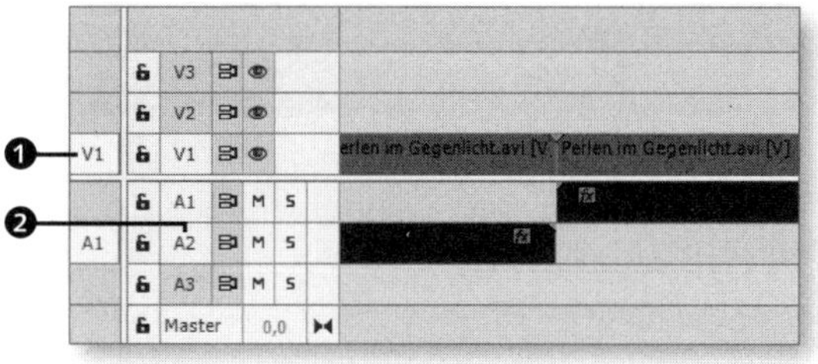

◂ **Abbildung 4.24** Markieren Sie die Zielspur, bevor Sie den Clip aus dem Quellmonitor integrieren.

Keine Buttons wählen

Bitte achten Sie darauf, dass Sie zur Markierung nicht auf einen der im Spurkopf integrierten Buttons klicken. Damit würden Sie die jeweilige Funktion aus- oder einschalten, den Spurkopf jedoch nicht markieren.

Nur Video einfügen | Und noch ein wichtiges Beispiel: Sie haben die Spur Audio 1 (A1) zur Einfügung ausgewählt, diese jedoch gleichzeitig mit Hilfe des Schlosssymbols gesperrt. Was passiert? – Richtig. Wenn Sie jetzt einen Clip einfügen, wird nur die Videospur integriert; das Audio bleibt außen vor. Diese Technik ist vor allem dann interessant, wenn Sie Ihre Videoclips später mit einem Sound nachvertonen und deshalb schon von Beginn an auf den Originalton verzichten möchten.

Integration von In bis Out

Beachten Sie, dass bei jeder Art von Clip-Transport in das Schnittfenster grundsätzlich nur der Bereich zwischen In- und Out-Point Berücksichtigung findet, den Sie zuvor festgelegt haben – also nie der gesamte Clip.

4.4 Clips im Schnittfenster trimmen

Wenn Sie den Anfang bzw. das Ende eines Clips Ihren Erfordernissen anpassen, indem Sie den Clip kürzen, handelt es sich um das sogenannte *Trimmen*. Zwar besteht die Möglichkeit, Clips im Quellmonitor oder im Projektfenster exakt vorzubereiten, jedoch wird es immer wieder vorkommen, dass Sie innerhalb der Sequenz (also im Schnittfenster) doch noch Anpassungen vornehmen müssen. Möglicherweise wollen Sie genau auf den Takt der Musik schneiden. Da ist eine nachträgliche Korrektur des Schnittpunktes unausweichlich.

4.4.1 Clips kürzen oder erweitern

Zum Verkürzen oder Erweitern stellen Sie die Einfügemarke an den Anfang oder an das Ende des Clips (der Mauszeiger mutiert zu einer roten Klammer) und ziehen ihn mit dem standardmäßig aktivierten Verschieben-Werkzeug in die gewünschte Richtung.

Wenn Sie dabei nur die Maustaste benutzen, wird eine Lücke entstehen. Halten Sie hingegen [Strg]/[cmd] gedrückt (der Mauszeiger mutiert zur gelben Klammer), wird die Lücke geschlossen, und nachkommende Clips rücken entsprechend auf (entspricht der Funktion des Werkzeugs LÖSCHEN UND LÜCKE SCHLIESSEN.

Auf Pfeil mit Klammer achten

Achten Sie unbedingt darauf, dass der Mauszeiger zum Pfeil mit Klammer wird (siehe Abbildungen). Zeigen sich zwei übereinander angeordnete Doppelpfeile, lassen Sie die Maustaste los und schieben das Zeigegerät zunächst ein wenig weiter nach rechts oder links (je nachdem, ob Sie das Ende oder den Anfang eines Clips verändern wollen).

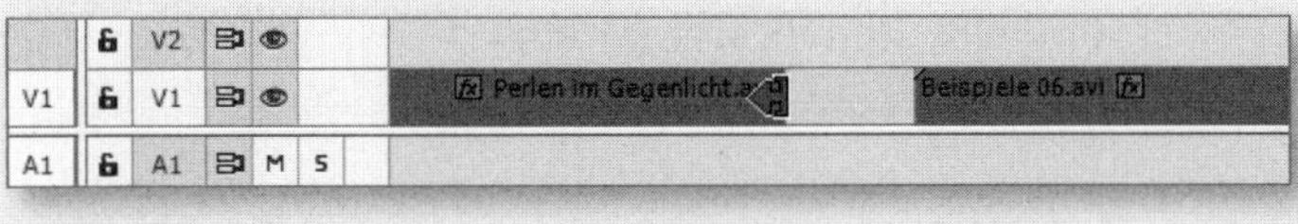

▲ **Abbildung 4.25** Hier wurde das Clip-Ende ganz normal per Drag & Drop verkürzt. Es entsteht eine Lücke zwischen den beiden Clips.

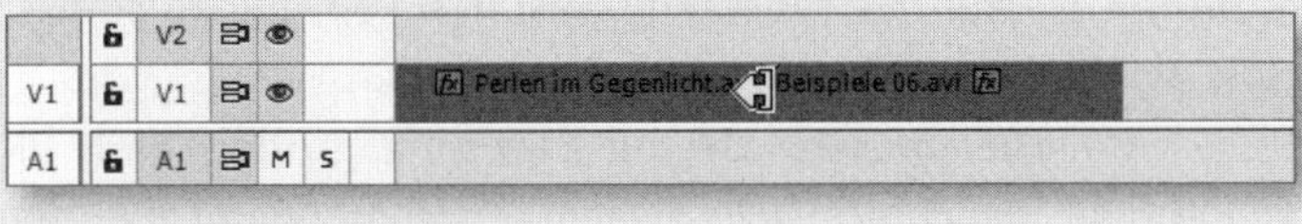

▲ **Abbildung 4.26** Wenn Pfeil und Markierung gelb sind, wurde [Strg]/[cmd] gehalten. Der nachfolgende Clip rückt in diesem Fall auf, und es entsteht keine Lücke.

Achten Sie im Zusammenhang mit diesen Funktionen stets auf die Richtung der Klammern (sowohl die Klammer des Mauszeigers als auch die Klammer, die sich auf dem Clip zeigt). Weist die Öffnung nach links, wird das Clip-Ende des linken Clips bearbeitet, zeigt sie nach rechts, wird der Clip-Anfang des rechten Clips verändert.

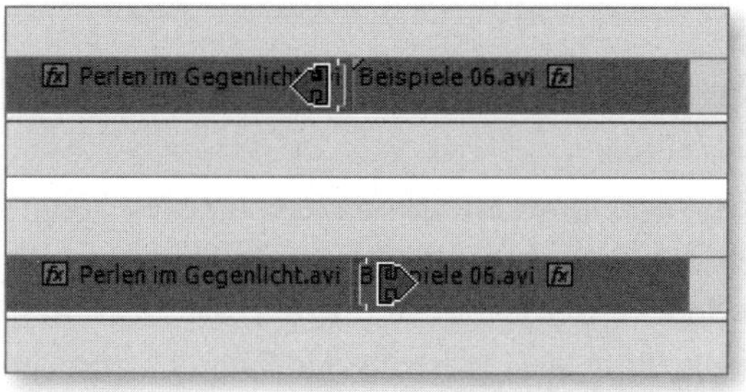

◂ **Abbildung 4.27** Die nach rechts geöffnete Klammer bedeutet: Der Anfang des rechten Clips kann im nächsten Schritt verändert werden.

Mitunter ist nicht ganz leicht, die richtige Seite zu treffen. Bei stark ausgezoomtem Schnittfenster wird beispielsweise anstelle des In-Points des rechten Clips der Out-Point des linken markiert. Die Korrektur gestaltet sich schwierig. Setzen Sie in diesem Fall einen Rechtsklick auf die Stelle, und wählen Sie die korrekte Einstellung.

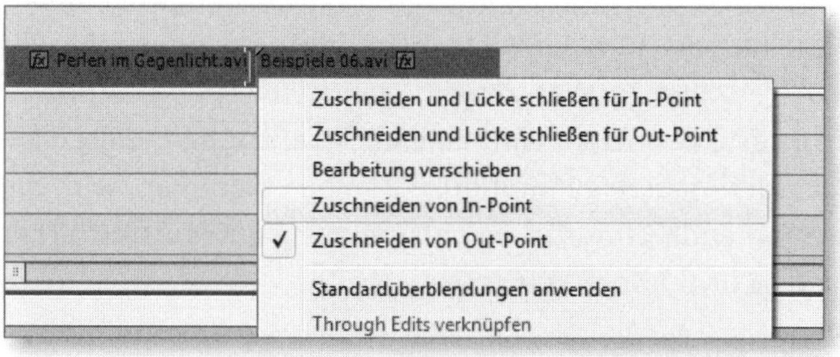

◂ **Abbildung 4.28** Falsch positionierte Klammern lassen sich per Kontextmenü berichtigen.

Clip-Enden per Tastatur bearbeiten | Wie Clip-Anfang oder -ende bearbeitet werden können, wissen Sie ja bereits. Zusätzlich existiert auch die Möglichkeit, Anfang oder Ende eines Clips zu markieren und anschließend mittels Strg/cmd+← bzw. Strg/cmd+→ Bild für Bild zu verschieben. Dadurch arbeiten Sie nicht nur schnell, sondern auch exakt. Und wenn es noch schneller gehen soll, betätigen Sie Strg/cmd+⇧+ die entsprechende Pfeiltaste. Dann geht es um jeweils fünf Frames vor oder zurück.

4.4.2 Löschen und Lücke mit dem Werkzeug schließen

Sollten Sie eine größere Anzahl von Clips nacheinander kürzen und die entstehenden Lücken schließen wollen, dürfen Sie auf das Werkzeug LÖSCHEN UND LÜCKE SCHLIESSEN (B) zurückgreifen (die Funktion ist identisch mit dem Halten von Strg/cmd bei aktiviertem Verschieben-Tool). Hier müssen Sie nur Clip-Anfang oder -Ende ziehen. Das Halten einer Taste entfällt. Beachten Sie in diesem Zusammenhang aber, dass Sie anschließend wieder auf das Auswahl-Werkzeug (V) wechseln müssen. Benutzen Sie das Werkzeug LÖSCHEN UND LÜCKE SCHLIESSEN zusammen mit Strg/cmd, findet temporär der Wechsel zum Verschieben-Werkzeug statt. In diesem Fall würde also wieder eine Lücke entstehen.

Bevor Sie nun das Rollen-Werkzeug kennenlernen, mit dem Anfang und Ende gleichermaßen verschoben werden, noch ein wichtiger Punkt zur Beschaffenheit des Schnittmaterials.

4.4.3 Genügend Material ist wichtig

Die gängigsten Bearbeitungsmöglichkeiten innerhalb des Schnittfensters möchte ich Ihnen in Form von Mini-Workshops präsentieren. Welches Videomaterial Sie dazu benutzen, ist prinzipiell unerheblich. Sie sollten aber dafür sorgen, dass ausreichend Material innerhalb der einzelnen Clips zur Verfügung steht. Ist dies nicht der Fall, lassen sich diese Funktionen nicht anwenden.

Wenn das Ende eines Clips erreicht ist, kann dieses nur noch verkürzt, nicht aber verlängert werden, da der Clip ja dann über kein Material mehr verfügt. Haben Sie hingegen einen Clip mit In- und Out-Points versehen, die sich quasi im Mittelteil des Clips befinden, bleibt immerhin noch »verdecktes« Material erhalten, das zur Anwendung der folgenden Techniken auch dringend erforderlich ist.

Dass ein Clip am Anfang oder Ende »ausgereizt« ist, erkennen Sie an den kleinen mittelgrauen Dreiecken ❶ oben links oder rechts ❷. In diesem Fall sollten Sie die Clips zuvor mit dem Verschieben-Werkzeug [V] kürzen und dabei das Entstehen von Lücken verhindern. Sie wissen ja, [Strg]/[cmd] gedrückt halten.

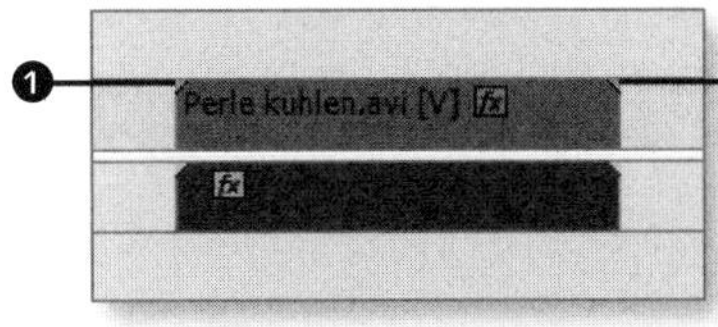

◂ **Abbildung 4.29** Die kleinen grauen Ecken zeigen an, dass das Clip-Ende erreicht ist. Hier kann nichts mehr verlängert werden.

Achtung, gesammelte Clips!

Da es sich beim Beispielprojekt zu diesem Buch um ein gesammeltes Projekt handelt, in dem die Clips neu erstellt wurden, ist es möglich, dass sich viele der Videodateien nicht mehr strecken lassen, obwohl sie kein graues Dreieck aufweisen. Hier wird also nicht auf das Ende des Clips hingewiesen. Die Folge: Es sieht aus, als sei noch Material vorhanden, der Clip lässt sich jedoch nicht mehr auseinanderziehen. Im Übrigen erfahren Sie in Kapitel 12, »Export«, wie derartige Sammlungen zu bewerkstelligen sind.

Werkzeugsymbol durchgestrichen?

Ein diagonal durchgestrichenes Werkzeugsymbol bedeutet, dass das entsprechende Werkzeug an dieser Stelle nicht angewendet werden kann. So lassen sich einzelne Werkzeuge z. B. nicht in der Clip-Mitte, sondern nur am Anfang oder Ende verwenden. Korrigieren Sie in diesem Fall die Position des Werkzeugs, was zur Folge haben sollte, dass das Werkzeug wieder bedienbar wird.

4.4.4 Through-Edits

Through-Edits sind Schnitte, die im Prinzip nicht als wirkliche Schnitte fungieren. Grundsätzlich können Sie ja einen Clip mit Hilfe des Verschieben-Werkzeugs an dessen Enden kürzen. Alternativ können Sie aber auch die Rasierklinge aktivieren, am gewünschten In- oder Out-Point einen Schnitt ansetzen und anschließend den nicht benötigten Teil markieren und entfernen. Sollte jedoch nur der Schnitt erfolgen, jedoch keiner der Clip-Teile entfernt werden, haben wir es mit einem sogenannten Through-Edit zu tun. Sinn machen Through-Edits eigentlich nur dann, wenn Sie beispielsweise lediglich den Mittelteil eines Clips mit einem Effekt versehen wollen. Dann nämlich kann der Teil zwischen den beiden Schnitten separat bearbeitet werden. Wer hingegen einen Schnitt versehentlich ausführt und dann den Clip in irgendeiner Form nachbearbeitet, wird leider nur einen der beiden Clip-Teile bearbeiten, also entweder den Teil vor oder den hinter dem Schnitt.

Wer seinen Schnitt auf derartige Problemstellen hin untersuchen möchte, der sollte zunächst in das Menü SEQUENZ gehen und dort THROUGH EDITS ANZEIGEN WÄHLEN (doch Vorsicht, bitte, der Eintrag ist nur dann anwählbar, wenn das Schnittfenster selektiert ist). Im Anschluss daran werden sämtliche Through Edits mit jeweils zwei zueinander zeigenden Dreiecken ausgewiesen ❷. Klicken Sie mit rechts auf diesen Schnittpunkt, sobald sich die bekannte Klammer ❶ zeigt, und entscheiden Sie sich für THROUGH EDITS VERKNÜPFEN – sofern der Schnitt an dieser Position keinen Sinn macht.

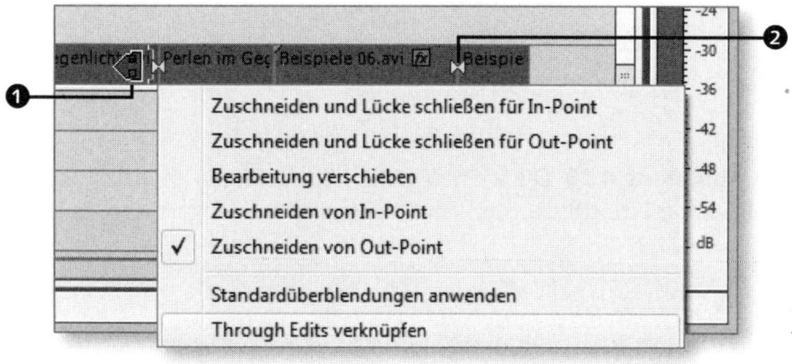

◂ **Abbildung 4.30** Spüren Sie Through Edits auf.

4.4.5 Clips rollen

Das Rollen-Werkzeug (auch zu aktivieren über [N]) erlaubt es, Schnittpunkte zwischen zwei Clips zu verschieben, ohne dass die Clips selbst verschoben werden.

Schritt für Schritt: Einsatz des Rollen-Werkzeugs

Wie versprochen, kommen wir nun zum Rollen-Werkzeug. Damit ist es möglich, die Position der beiden Clips beizubehalten und dennoch den Schnittpunkt zwischen beiden zu verschieben.

1 *Rollen vorbereiten*

Um das Rollen nachvollziehen zu können, benutzen Sie bitte zwei Clips, die Sie zuvor mit In- und Out-Points versehen haben, und legen Sie diese (hintereinander) auf eine Spur. Anstelle der Ein- und Ausstiegspunkte können Sie die Clips vorab selbstverständlich auch mit dem Auswahl-Werkzeug im Schnittfenster einkürzen und wieder fest aneinanderlegen.

2 *Rollen-Werkzeug einsetzen*

Aktivieren Sie anschließend das Rollen-Werkzeug in der Werkzeugleiste [N], und stellen Sie es auf den Schnittpunkt zwischen beiden Clips. Alternativ lassen Sie das Verschieben-Werkzeug aktiv und halten [Strg]/[cmd] gedrückt. Nähern Sie sich anschließend dem Schnittpunkt, und verschieben Sie diesen mit gedrückter linker Maustaste in die gewünschte Richtung.

▲ **Abbildung 4.31** Das Rollen-Werkzeug verschiebt den Schnittpunkt zwischen zwei Clips, ohne deren eigentliche Position zu verändern.

3 *Veränderungen im Programmmonitor beobachten*

Die Verschiebung des Schnittpunktes lässt sich sehr schön im Programmmonitor beobachten. Hier wird sogar der Timecode mit eingeblendet. Des Weiteren sehen Sie anhand des geteilten Monitors sofort, wie sich der Schnittpunkt verändert. Sobald Sie die Maustaste loslassen, wird hier wieder der aktuell durch die Einfügemarke bestimmte Frame angezeigt.

▲ **Abbildung 4.32** Beobachten Sie die Verschiebung im Programmmonitor.

4.4.6 Mehrere Schnittpunkte gemeinsam bearbeiten

Premiere Pro macht es möglich, mehrere Schnittpunkte gemeinsam zu verschieben. Das funktioniert sowohl mit dem Werkzeug LÖSCHEN UND LÜCKE SCHLIESSEN als auch mit ROLLEN. Und so geht's: Setzen Sie den Mauszeiger bei aktiviertem Werkzeug (LÖSCHEN ... oder ROLLEN) außerhalb der Clips an, deren Schnittpunkte verschoben oder gerollt werden sollen. Halten Sie die linke Maustaste gedrückt, und ziehen Sie durch Verschieben der Maus einen Rahmen auf, der alle Clips markiert. Danach lassen Sie los und ziehen einen der markierten Schnittpunkte in die gewünschte Richtung.

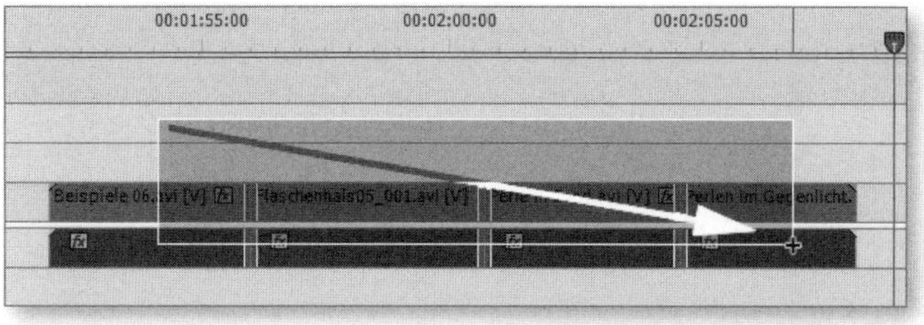

◂ **Abbildung 4.33** Durch das Überfahren werden alle Schnittpunkte markiert.

◂ **Abbildung 4.34** Wenn Sie jetzt einen Schnittpunkt ziehen (hier den rechten) folgen alle ebenfalls markierten nach.

4.4.7 Schnittpunkte exakt bearbeiten

Nun ist das Bearbeiten der Schnittpunkte per Drag & Drop natürlich nichts Genaues. Exakter arbeiten Sie, wenn Sie den gewünschten Schnittpunkt beispielsweise mit dem Rollen-Tool markieren und diesen dann mittels [Strg]/[cmd]+[←] oder [→] an die gewünschte Stelle befördern. Sie kennen das ja bereits vom Verschieben-Werkzeug und den Clip-Enden. Auch die Fünferschritte unter Zuhilfenahme von [⇧] sind bereits erklärt worden.

In diesem Zusammenhang ist aber auch noch das sogenannte *Trimmen* interessant, das ab Seite 156 dieses Kapitels ausführlich behandelt wird. Wer nämlich statt der angebotenen Tastaturkürzel doch lieber erst mal mit Buttons arbeitet (die Shortcuts erfordern ja ein wenig Übung), kann den Schnittpunkt anklicken oder die Einfügemarke grob in der Nähe des Schnittpunktes platzieren und dann [T] drücken (dadurch springt die Abspielmarke zum Schnittpunkt, wobei dieser gleichzeitig markiert wird). Nun öffnet sich der Zuschneiden-Bereich, der die besagten Tasten im Programmmonitor anbietet. Und mit denen geht es dann ebenfalls ganz genau. Übrigens erreichen Sie den Zuschneiden-Monitor auch, wenn Sie einen Doppelklick auf eines der Clip-Enden setzen.

▲ **Abbildung 4.35** Machen Sie den Programmmonitor zum Zuschneidemonitor.

4.4.8 Clips verschieben

Mit der Verschieben-Funktion ist es möglich, einen Clip, der sich zwischen zwei anderen befindet, zu verschieben, ohne dass sich die Startposition des ersten bzw. die Endposition des dritten Clips verändert.

Schritt für Schritt: Einsatz des Verschieben-Werkzeugs

Um dieses Beispiel nachvollziehen zu können, benötigen Sie insgesamt drei Clips (hier im Buch wurden von links nach rechts »Perle kühlen.avi«, »Perle in Sand.avi« und »Perlen im Gegenlicht.avi« aus dem Ordner KAPITEL_02 verwendet). Sorgen Sie auch hier dafür, dass zumindest an den Schnittpunkten die jeweiligen Clip-Enden noch nicht erreicht sind.

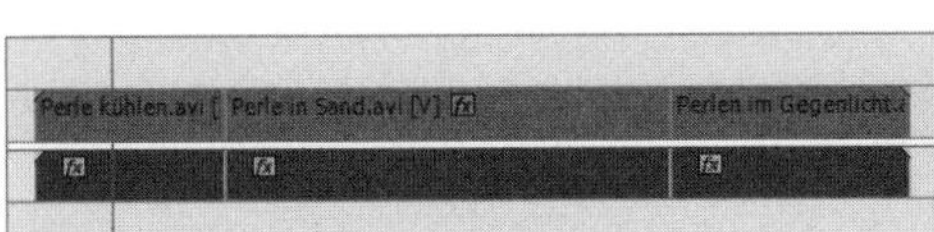

◀ **Abbildung 4.36** So sollen die Clips angeordnet werden.

1 *Verschieben anwenden*

Drücken Sie jetzt [U], um das Verschieben-Werkzeug zu aktivieren. Danach klicken Sie auf den mittleren Clip, halten die linke Maustaste gedrückt und schieben das Videomaterial in die gewünschte Richtung. Der Anfang des ersten Clips sowie das Ende des letzten Clips werden dabei nicht verändert. Auch wird keine Veränderung in der Länge des mittleren Clips erreicht, wohl aber in dessen Position.

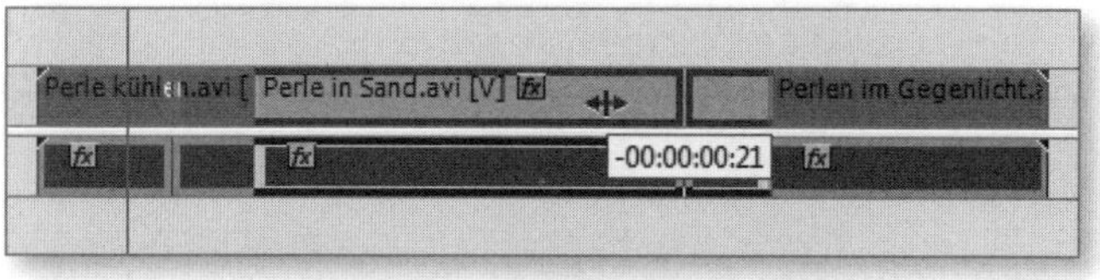

◂ **Abbildung 4.37** Der mittlere Clip wird nach rechts verschoben.

2 *Kontrolle im Programmmonitor*

Achten Sie beim Verziehen auch einmal auf den Programmmonitor. Hier finden sich verschiedene Ansichten, die Ihnen dabei helfen sollen, den perfekten Schnittpunkt ausfindig zu machen:

- Oben links: In-Point des mittleren Clips
- Unten links: Out-Point des linken Clips
- Oben rechts: Out-Point des mittleren Clips
- Unten rechts: In-Point des rechten Clips

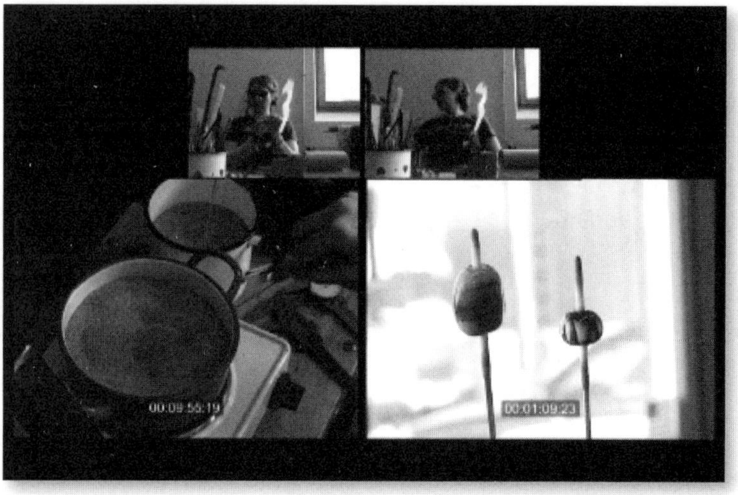

◂ **Abbildung 4.38** Während des Ziehens werden vier Vorschauen angezeigt.

Äußere Clips verschieben | Nun ist es aber durchaus denkbar, anstelle des mittleren auch den linken oder rechten Clip zu verschieben. Nehmen wir als Beispiel den linken: Setzen Sie das Werkzeug darauf, wird sich der mittlere Clip entsprechend verkürzen oder verlängern (je nachdem, ob Sie nach links oder rechts ziehen). Der Clip-Inhalt des linken Clips wird sich dabei verändern. Probieren Sie es aus. Was Sie jetzt unten rechts im Programmmonitor sehen, ist der Schnittpunkt zwischen Clip 1 und 2. Dieser verändert sich natürlich durch das Verschieben und wird entsprechend auch im Programmmonitor fortlaufend aktualisiert. Im oberen Bereich sehen Sie wieder den In- und den Out-Point des Clips, der gerade verschoben wird.

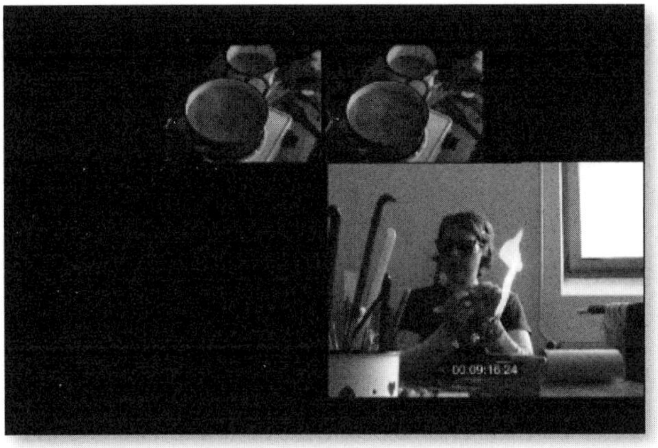

◂ **Abbildung 4.39** Da der vorderste Clip gezogen wird, kann unten links keine Vorschau angeboten werden.

4.4.9 Clips unterschieben

Das Interessante am Unterschieben ist, dass sich Clip-Inhalte verändern lassen, ohne die Länge des zu unterschiebenden oder benachbarten Clips in irgendeiner Weise zu verändern.

Schritt für Schritt: Einsatz des Unterschieben-Werkzeugs

Positionieren Sie erneut mehrere Clips hintereinander, deren Clip-Enden noch nicht erreicht sind. Es dürfen also auch hier keine grauen Dreiecke an den oberen Ecken der Clips sichtbar sein.

1 *Clips unterschieben*

Aktivieren Sie anschließend das Unterschieben-Werkzeug in der Werkzeugleiste, oder drücken Sie [Y] auf der Tastatur. Stellen Sie das Werkzeug auf den gewünschten Clip (im Buchbeispiel den mittleren), und bewegen Sie ihn in die gewünschte Richtung.

◂ **Abbildung 4.40** Beim Unterschieben werden die Schnittpunkte des mittleren Clips von den unteren beiden Bildern repräsentiert.

2 *Veränderungen im Programmmonitor beobachten*

Sie sehen, dass sich hier weder die Positionen der Clips noch die Schnittpunkte verschieben. Lediglich In-Point und Out-Point des unterschobenen Clips verändern sich permanent, wie ein Blick auf den Programmmonitor beweist. Weil sich der Out-Point des ersten und der In-Point des letzten Clips durch diese Vorgehensweise nicht ändern, bleiben auch hier die oberen Monitore unverändert. Ansichten im Programmmonitor:

- Oben links: Out-Point des linken Clips
- Unten links: In-Point des mittleren Clips
- Oben rechts: In-Point des rechten Clips
- Unten rechts: Out-Point des mittleren Clips

4.4.10 Clips strecken, stauchen und rückwärts ablaufen lassen

Rate ausdehnen bezeichnet das Strecken bzw. Stauchen von Clips. Dies bedeutet, dass Sie damit die Laufzeit ändern, ohne die Inhalte der Clips zu verändern. Wenn Sie also einen Clip strecken, erreichen Sie gewissermaßen eine *Zeitlupe*, während beim Stauchen ein *Zeitraffer* erzeugt wird.

Schritt für Schritt: Einsatz des Werkzeugs »Rate ausdehnen«

Der Clip, dessen Rate Sie ausdehnen möchten, benötigt an der entsprechenden Stelle Platz im Schnittfenster. Wenn Sie im vorgenannten Beispiel also versuchen, den mittleren Clip zu strecken, wird das nicht gelingen. Sie könnten jedoch den ersten Clip am Anfang bzw. den letzten am Ende ausdehnen, selbst wenn eine graue Ecke verdeutlichen sollte, dass eine Erweiterung an dieser Stelle nicht mehr möglich ist.

1 *Rate ausdehnen*

Wechseln Sie auf das Werkzeug Rate ausdehnen in der Werkzeugleiste, oder drücken Sie [R]. Ziehen Sie jetzt den ersten Clip am Anfang oder den letzten am Ende nach außen. Im Beispiel wird »Perle in Sand.avi« am Ende gestreckt, nachdem der rechts daneben befindliche Clip entfernt worden ist.

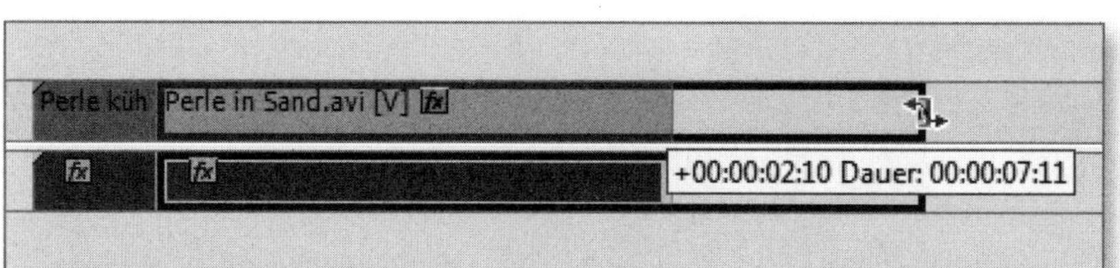

▲ **Abbildung 4.41** Das Ende wird ausgedehnt.

Neue Tastaturbefehle für »Rate ausdehnen«

Umsteiger von einer Vorgängerversion auf Premiere Pro CC werden das Werkzeug nicht mehr, wie gewohnt, mit [X] aktivieren können. Damit lassen sich neuerdings Clips markieren, die sich in Höhe einer Marke befinden (mehr dazu in Abschnitt 5.4, »Marken«). Zur Wahl des Tools RATE AUSDEHNEN müssen Sie fortan [R] betätigen.

2 *Render-Hinweis*

Bringen Sie die Einfügemarke anschließend vor den Clip, und spielen Sie ihn ab. Unterhalb der Schnittfensterskala werden Sie eine rote Linie ❶ ausfindig machen, die anzeigt, dass der Clip gerendert werden muss, sofern dieser beim Abspielen nicht flüssig wiedergegeben wird. Sie erreichen das, indem Sie [↵] betätigen. Mehr zum Rendern erfahren Sie in Kapitel 12, »Export«.

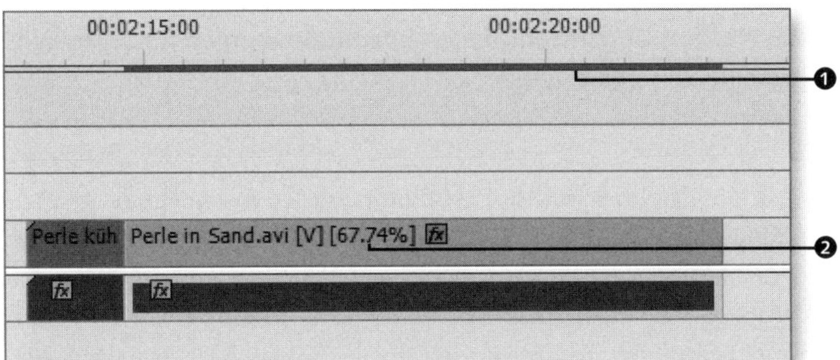

▲ **Abbildung 4.42** Die Linie markiert Bereiche der Sequenz, die durch Produktion einer Vorschaudatei (Rendern) anschließend flüssiger abgespielt werden können. Die Prozentangabe in eckigen Klammern verdeutlicht: Hier geht es jetzt ein wenig langsamer zu.

3 *Geschwindigkeit ablesen*

Doch zurück zum Clip: Interessant ist hier nämlich, dass eine kleine Prozentangabe ❷ auf dem Clip im Schnittfenster darauf hinweist, dass der Clip nun nicht mehr mit der Originalgeschwindigkeit abgespielt wird. Im Beispiel ist er auf 67,74 % verlangsamt worden. Besonders beim Verlängern von Clips, also bei der Simulation einer Zeitlupe, wird jedes der 25 Einzelbilder, aus denen eine Sekunde Clip besteht, geringfügig länger ausgestrahlt als sonst üblich.

Ton beachten | Ein Problem gibt es noch mit dem Ton. Der ist nämlich jetzt mit gestreckt worden und läuft ebenfalls zu langsam. Deshalb ist im Einzelfall darauf zu achten, ob die Audiospur eine Dehnung überhaupt verkraften kann. Beim gesprochenen Wort kommt es nämlich ganz schnell zu unerwünschten Verfremdungen. Im nächsten Workshop möchte ich Ihnen aber eine Alternative anbieten, mit der das eventuell funktioniert. Zudem gehen wir noch einen Schritt weiter und lassen den Clip rückwärts abspielen.

Schritt für Schritt: Zeitlupe, Zeitraffer und rückwärts abspielen

1 Schritte verwerfen

Falls Sie den letzten Workshop nachgebaut und den Clip gedehnt haben, machen Sie diesen Schritt bitte zunächst rückgängig, indem Sie Strg/cmd+Z drücken. Der Clip sollte am Ende ohne Geschwindigkeitsveränderung angezeigt werden – die rote Linie ist somit verschwunden.

2 Geschwindigkeit/Dauer verändern

Anstelle des Werkzeugs RATE AUSDEHNEN, das Sie im vorangegangenen Workshop kennengelernt haben, ist auch ein Rechtsklick auf den gewünschten Clip möglich. Aus dem Kontextmenü wählen Sie den Eintrag GESCHWINDIGKEIT/DAUER. Im folgenden Dialog ist das oberste Eingabefeld bereits markiert. Hier können Sie nun die gewünschte Geschwindigkeit angeben. Na klar: Geschwindigkeiten über 100% sorgen für einen Zeitraffer, unter 100% wird eine Zeitlupe erzeugt.

3 Platz einräumen

Nun kann es ja sein, dass der Clip im Schnittfenster bereits zwischen zwei anderen sitzt. Wenn Sie ihn jetzt verlangsamen, müsste er dort mehr Platz einnehmen, was nachfolgende Clips allerdings verhindern würden. Umgekehrt entstünde eine Lücke, wenn Sie ihn mit mehr als 100% abspielen ließen. Wenn Sie beides unterbinden wollen und beispielsweise gestatten möchten, dass nachfolgende Clips im Schnittfenster verschoben werden dürfen, müssen Sie die unterste Checkbox, LÖSCHEN UND LÜCKE SCHLIESSEN, SPUR-CLIPS VERSCHIEBEN, anwählen.

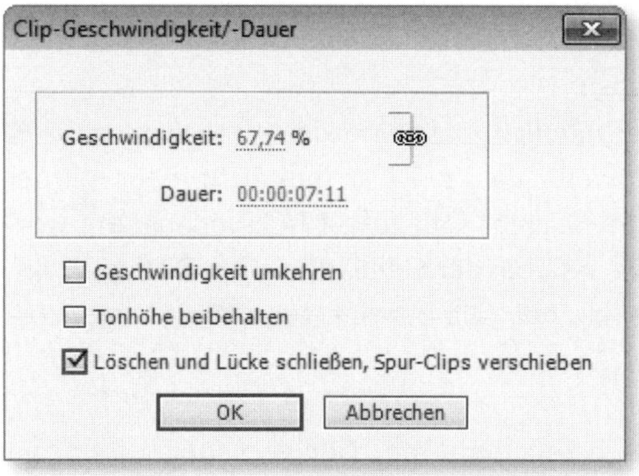

◂ **Abbildung 4.43** Wer nachfolgende Clips nach rechts verschieben will, muss die unterste Checkbox aktivieren.

4 Tonhöhe beibehalten

Sollte es sich um einen Clip handeln, der eine Audiospur mitbringt, wird diese natürlich ebenfalls beschleunigt oder verlangsamt. Wenn Sie aber möchten, dass dabei keine Erhöhung oder Absenkung der Stimmlage stattfindet, sondern der Sprecher lediglich schneller (oder langsamer) sprechen soll, aktivieren Sie TONHÖHE BEIBEHALTEN.

5 *Clip rückwärts abspielen lassen*

Wenn der Clip rückwärts abgespielt werden soll, wählen Sie die Checkbox GESCHWINDIGKEIT UMKEHREN noch an.

4.4.11 Clips ersetzen

Clips können natürlich jederzeit ausgetauscht werden. Weil das Anpassen des neuen Clips aber mehr als lästig ist, lassen sich die Filmstreifen direkt in der Timeline mit Hilfe des Kontextmenüs austauschen. Dabei haben Sie sogar die Wahl, ob Sie als Quelle den aktuell eingestellten Clip aus dem Quellmonitor oder aus der Zwischenablage verwenden wollen.

Austausch über die Zwischenablage | Beim Austausch eines Clips über die Zwischenablage gehen Sie folgendermaßen vor: Markieren Sie den Clip, den Sie kopieren möchten, indem Sie [Strg]/[cmd]+[C] drücken oder BEARBEITEN • KOPIEREN einstellen. Im Anschluss selektieren Sie den Clip, der ersetzt werden soll, und öffnen das Kontextmenü mit einem Rechtsklick. Stellen Sie DURCH CLIP ERSETZEN • AUS ABLAGE ein.

Falls der neue Clip länger ist, passiert mit den im Schnittfenster benachbarten Clips gar nichts. Der eingesetzte Clip-Ausschnitt wird an den zur Verfügung stehenden Platz angepasst und lässt sich anschließend mit Hilfe von UNTERSCHIEBEN korrigieren. Sollte der neue Clip jedoch zu kurz sein, wird die ursprüngliche Länge dennoch beibehalten, um die Anordnung in der Timeline nicht zu zerstören. Natürlich fehlen an dieser Stelle jetzt Ton- und Bildmaterial, was durch diagonale Linien auf dem Clip angezeigt wird. An dieser Stelle kommt es beim Abspielen zu Schwarzbildern.

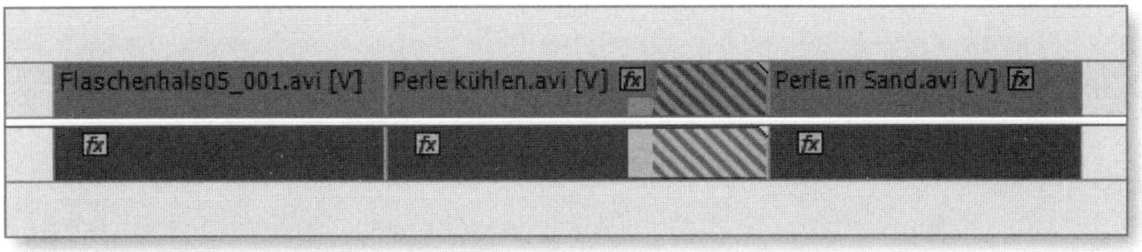

▲ **Abbildung 4.44** Die Diagonalen deuten auf Inhaltslosigkeit hin.

Geschwindigkeit wird beibehalten

Nun hat eine derartige Option noch einen überaus angenehmen Nebeneffekt. Wenn Sie dem Clip nämlich zuvor eine Ausdehnung der Rate spendiert haben und nun an dessen Stelle einen neuen Clip platzieren, wird die Geschwindigkeitsveränderung des alten Clips im neuen übernommen. Das ist nicht schlecht, oder?

Austausch über Quellmonitor | Die zweite Möglichkeit, einen Clip zu tauschen, besteht darin, dass Sie den einzusetzenden Ziel-Clip zunächst im Quellmonitor bereitstellen (Doppelklick auf den Clip im Projektfenster). Nachdem dies geschehen ist, öffnen Sie das Kontextmenü auf dem Clip im Schnittfenster, der getauscht werden soll, und nehmen hier den Eintrag DURCH CLIP ERSETZEN • AUS QUELLMONITOR. Bedienen Sie sich des zweiten Eintrags, AUS QUELLMONITOR, FRAME-ABGLEICH, wird die Länge des Quell-Clips mit der des Ziel-Clips abgeglichen. Dabei ist auch entscheidend, ob der auszutauschende Clip von Anfang an in der Timeline berücksichtigt wurde oder nicht. Wenn etwas nicht passen sollte, wird ein Hinweis ausgegeben.

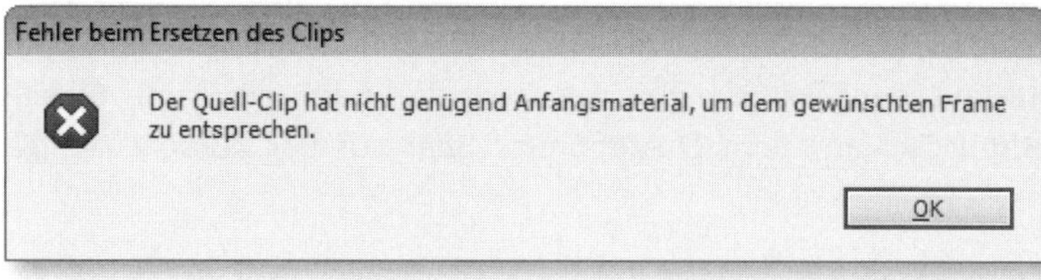

▲ **Abbildung 4.45** Premiere Pro meldet, falls etwas nicht in Ordnung ist.

4.5 Das Zuschneiden-Fenster

Sie haben bisher eine Fülle von Möglichkeiten kennengelernt, die Clips innerhalb des Schnittfensters zu bearbeiten und einander anzupassen. Wenn es aber um das Fein-Tuning geht, können Sie das Zuschneiden-Fenster benutzen. Dazu gleich mal ein Workshop, der die generelle Bedienung aufzeigt.

Schritt für Schritt: Clips im Zuschneiden-Fenster trimmen

Für dieses Beispiel arbeiten Sie mit den Dateien »Perle_3. mov« und »Perle_5.mov« aus dem Ordner KAPITEL_02 der beiliegenden Buch-DVD.

1 *Clips markieren*

Bringen Sie die beiden (mit In- und Out-Points versehenen) Clips ins Schnittfenster. Platzieren Sie den Abspielkopf grob in der Nähe des Schnittpunktes, und drücken Sie [T]. Die Zuschneideansicht öffnet sich.

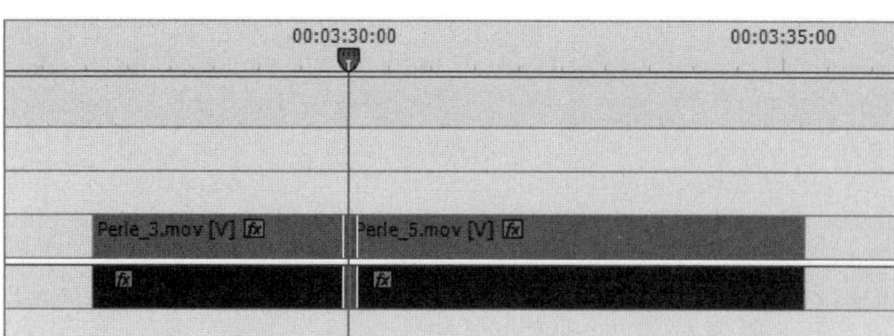

▲ **Abbildung 4.46** Die Abspielmarke springt automatisch zum Schnittpunkt, der zudem markiert wird.

Zuschneideansicht manuell öffnen

Alternativ zu der hier beschriebenen Methode können Sie auch FENSTER • ZUSCHNEIDEANSICHT wählen. In diesem Fall überlagert das Zuschneiden-Fenster die Premiere-Pro-Arbeitsoberfläche.

2 *Schnittpunkt verschieben*

Grundsätzlich bieten sich zwei Möglichkeiten der Nachbearbeitung an. Sie können nämlich die einzelnen Clips trimmen (genauer gesagt den Out-Point des ersten oder alternativ den In-Point des zweiten), indem Sie den Mauszeiger auf eines der beiden Bilder setzen und mit gedrückter linker Maustaste nach links oder rechts ziehen (der Mauszeiger wird dabei zum gelben Pfeil) ❶.

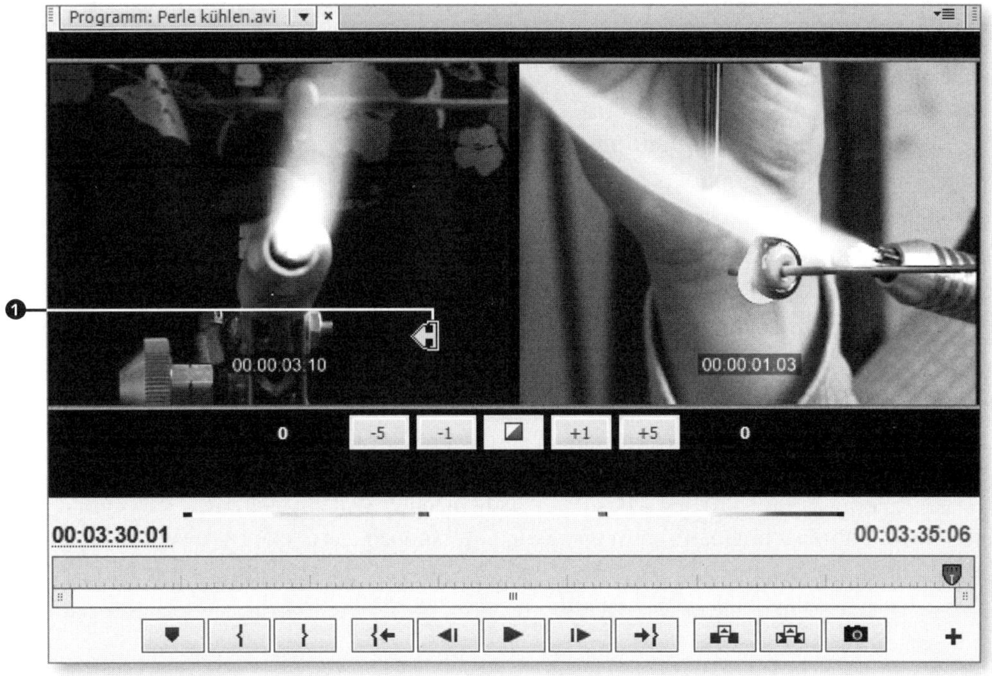

▲ **Abbildung 4.47** Im Programmmonitor präsentiert sich die Zuschneideansicht.

3 *Schnittpunkt rollen*

Alternativ dazu lässt sich auch die bereits bekannte Rollen-Funktion nutzen, bei der beide Punkte (In-Point des linken und Out-Point des rechten Clips) gleichmäßig verzogen werden. Dazu platzieren Sie den Mauszeiger mitten zwischen beide Bilder ❷ (siehe Abbildung 4.48) und ziehen mit gedrückter linker Maustaste nach links oder rechts. Entsprechendes gelingt übrigens auch, indem Sie [Strg]/[cmd]+[←] bzw. [Strg]/[cmd]+[→] betätigen.

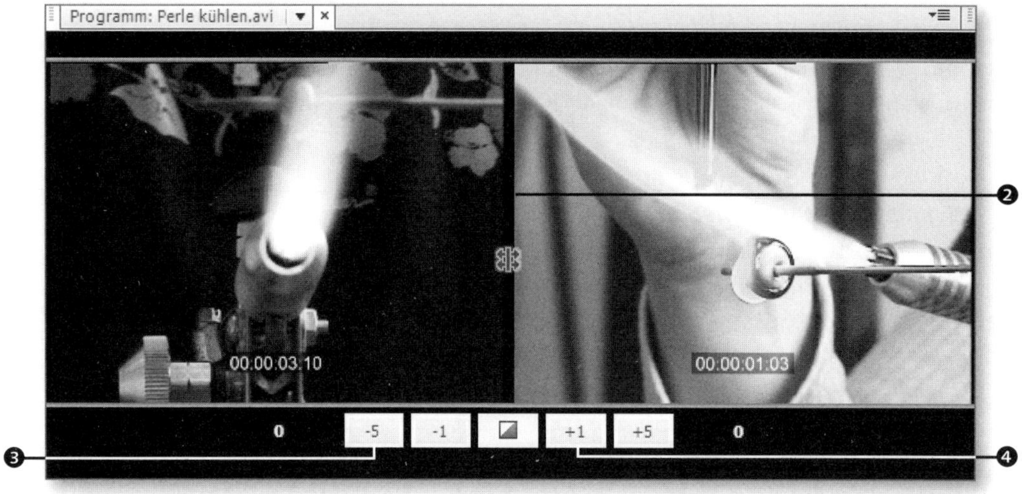

▲ **Abbildung 4.48** Das Trimmen lässt sich ganz einfach durch Rollen des Mauszeigers bewerkstelligen.

4 *Kleine und große Verschiebung einrichten*

Wenn Sie es ganz genau haben möchten, benutzen Sie doch die Zifferntasten in der Fußleiste des Fensters. Klicken Sie auf –5 ❸, wird der Schnittpunkt um fünf Bilder nach links verschoben; nach Betätigung der Taste +1 ❹ würde dieser Punkt sich um ein Bild nach rechts verlagern. Sie ahnen es: Mit [Strg]/[cmd]+[⇧]+[←] bzw. [Strg]/[cmd]+[⇧]+[→] läuft es ebenso gut.

Betrag für die große Verschiebung ändern

Die kleine Verschiebung (Tasten +1 und –1) erfolgt immer pro Einzelbild. Die große Verschiebung (Tasten +5 und –5) lässt sich hingegen individuell anpassen. Wollen Sie diesen Wert beispielsweise auf +10 und –10 setzen, wählen Sie BEARBEITEN/PREMIERE PRO • VOREINSTELLUNGEN • ZUSCHNEIDEN. Im Eingabefeld GROSSE VERSCHIEBUNG: [X] FRAMES legen Sie daraufhin den gewünschten Wert fest. Im Zuschneiden-Fenster werden diese beiden Tasten dann sowohl in Funktion als auch Beschriftung aktualisiert.

5 *Schnittpunkt ansteuern*

Das Zuschneiden-Fenster ist natürlich auch ideal, um mehrere Schnittpunkte zu korrigieren. Ein manuelles Umpositionieren des Abspielkopfes wäre aber so gar nicht Premiere-Pro-like. Benutzen Sie deshalb [↓] bzw. [↑], um zum vorherigen oder nächsten Schnittpunkt zu springen. So lassen sich prima alle relevanten Punkte nacheinander korrigieren, ohne die Hand von der Tastatur nehmen zu müssen oder gar mit der Maus umherzuirren.

Tasten hinzufügen

Wer lieber mit Tasten arbeitet, kann die Tasten ZUM NÄCHSTEN SCHNITTPUNKT GEHEN und ZUM VORHERIGEN SCHNITTPUNKT GEHEN über den Schaltflächeneditor hinzufügen.

6 *Zuschneideansicht verlassen*

Nach getaner Arbeit klicken Sie einfach auf einen anderen Bereich der Arbeitsoberfläche, um die Zuschneideansicht zu verlassen. Noch einfacher geht es übrigens, indem Sie erneut [T] auf Ihrer Tastatur betätigen.

4.6 Spezielle Schnitttechniken

Neben den klassischen Schnittvarianten, die Sie jetzt bestimmt schon aus dem Effeff beherrschen, existieren noch verschiedene Spezialschnitte. Die ersten beiden, die ich Ihnen gerne vorstellen möchte, konfrontieren Sie erstmals mit In- und Out-Points innerhalb des Schnittfensters: eine Technik, die das präzise Einfügen von Clips innerhalb eines bereits gefüllten Schnittfensters ermöglicht.

4.6.1 Der 3-Punkt-Schnitt

Wie der Name schon sagt, benötigen Sie drei Punkte, um diese Art des Schnitts zu realisieren. Aber was sage ich: Bestimmt sehen Sie sich das lieber in einem Workshop an.

Schritt für Schritt: Einen 3-Punkt-Schnitt ausführen

Beim 3-Punkt-Schnitt werden nicht nur In- und Out-Points des Clips bestimmt. Zusätzlich wird hier nämlich noch ein Sequenz-In-Point benötigt.

1 *Projekt vorbereiten*

Platzieren Sie zunächst einen umfangreichen Clip im Schnittfenster. Hier eignet sich z. B. »Perle in Sand.avi«, da er recht lang ist und zudem über eine Audiospur verfügt (DVD-Ordner KAPITEL_02). Diese benötigen wir zwar für die folgenden Beispiele nicht, doch lassen sich hieran die Auswirkungen der Schnitttechnik sehr schnell erkennen. Löschen Sie die zuvor vergebenen Sequenz-Points, indem Sie mit rechts auf die Skala des Schnittfensters klicken und anschließend IN- UND OUT-POINT LÖSCHEN betätigen. Legen Sie den Clip auf Spur V1 des Schnittfensters.

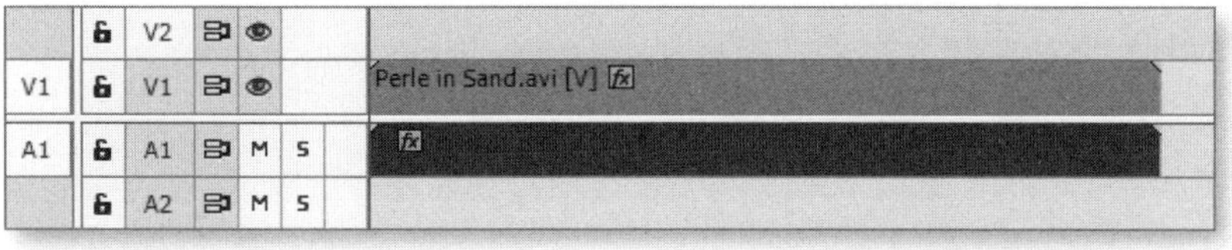

▲ **Abbildung 4.49** »Perle in Sand.avi« ist soeben im Schnittfenster gelandet.

2 *Zweiten Clip vorbereiten*

Der zweite Clip (der allerdings jetzt noch nicht in das Schnittfenster integriert wird) soll »Perle_5. mov« werden – er ist kürzer und bringt außerdem kein Audio mit. Doppelklicken Sie den Film im Projektfenster. Daraufhin sollte der Clip im Quellmonitor zur Verfügung gestellt werden. Setzen Sie (sofern noch nicht geschehen) in bereits gewohnter Weise sowohl einen In-Point als auch einen Out-Point. Vorne und hinten sollte jeweils ein Viertel des Clips ausgegrenzt werden. Voilà, die ersten beiden Punkte des 3-Punkt-Schnitts sind gesetzt.

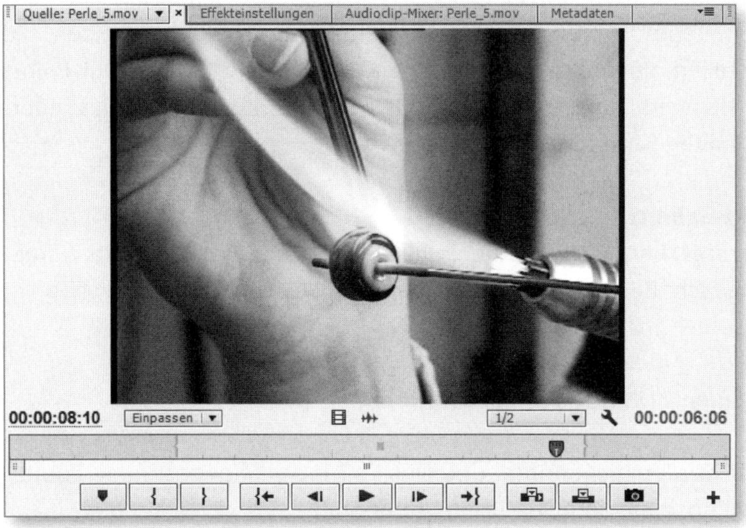

▲ **Abbildung 4.50** In- und Out-Point sind gesetzt, wie die Skala unter dem Bild zeigt.

3 *In-Point im Schnittfenster setzen*

Den dritten Punkt platzieren Sie jetzt innerhalb des Schnittfensters. Dieser regelt, an welcher Stelle »Perle_5. mov« eingefügt werden soll. Achten Sie zunächst jedoch darauf, dass die gleiche Spur aktiviert ist, die auch den Clip enthält (im Beispiel V1 für Videospur 1). Platzieren Sie anschließend die Einfügemarke etwas weiter nach rechts. Nehmen Sie auch hier das Ende des ersten Viertels – in etwa bei Sekunde 2. Drücken Sie [I] auf Ihrer Tastatur.

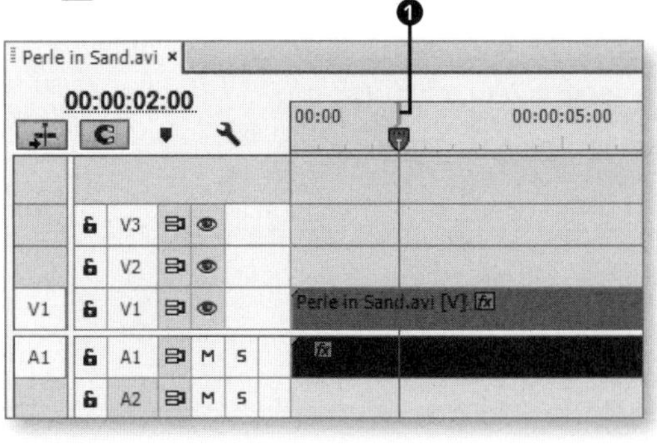

◄ **Abbildung 4.51** In der Zeitskala taucht der In-Point ❶ auf – und zwar genau an der Position des Abspielkopfes.

4 *Clip einfügen oder überschreiben*

Deaktivieren Sie zunächst die Spur A1 ❷ ganz vorne im Spurkopf. Dadurch wird unterbunden, dass das Audio mit eingefügt werden kann. Widmen Sie sich anschließend wieder dem Quellmonitor, und klicken Sie dort auf EINFÜGEN. Alternativ betätigen Sie [,]. Beim Einfügen wird der Clip »Perle in Sand.avi« an der Position des Sequenz-In-Points geschnitten und der Rest nach rechts verschoben. Sie können das anhand der geteilten Audiospur sehr gut sehen (beim Überschreiben ([.]) wäre »Perle in Sand.avi« hingegen für die Dauer von »Perle_5. mov« überdeckt worden).

▲ **Abbildung 4.52** So sieht die Timeline nach dem Einfügen aus ...

4.6.2 Der 4-Punkt-Schnitt

Beim 4-Punkt-Schnitt bestimmen Sie im Vergleich zum 3-Punkt-Schnitt, in welchem Bereich sich der hinzuzufügende Clip ausdehnen darf. Da dadurch mehrere unterschiedliche Resultate erzielt werden können, schiebt Premiere Pro einen individuellen Dialog hinterher. Darin können Sie bestimmen, wie mit dem einzufügenden und den nachfolgenden Clips verfahren werden soll.

Schritt für Schritt: Einen 4-Punkt-Schnitt ausführen

Ein 4-Punkt-Schnitt bietet sich immer dann an, wenn irgendwo in der Mitte der Timeline noch ein bestimmter Clip integriert werden soll, der dort keine Auswirkungen auf nachfolgende Inhalte haben darf.

1 *Datei vorbereiten*

Wenn Sie den letzten Workshop nachgebaut haben, machen Sie doch den letzten Schritt rückgängig, indem Sie [Strg]/[cmd]+[Z] drücken. Damit sollte lediglich der Clip »Perle in Sand.avi« innerhalb des Schnittfensters liegen. Zudem sollte sich die Einfügemarke an Position Sekunde 2 befinden.

2 *Clip im Quellmonitor vorbereiten*

Platzieren Sie »Perle_5.mov« im Quellmonitor, und vergeben Sie, sofern nicht bereits geschehen, In- und Out-Point auf die zuvor beschriebene Art.

3 *Out-Point im Schnittfenster setzen*

Der In-Point im Schnittfenster dürfte ja noch erhalten sein. Gehen Sie daher mit der Einfügemarke weiter nach rechts, etwa bis auf Sekunde 6, und drücken Sie [O]. Achten Sie darauf, dass der angegebene Bereich zum einen in der Zeitleiste des Schnittfensters, zum anderen aber auch in der Videospur markiert ist (da man die Markierung kaum erkennen kann, ist sie für die folgende Abbildung stärker hervorgehoben worden.

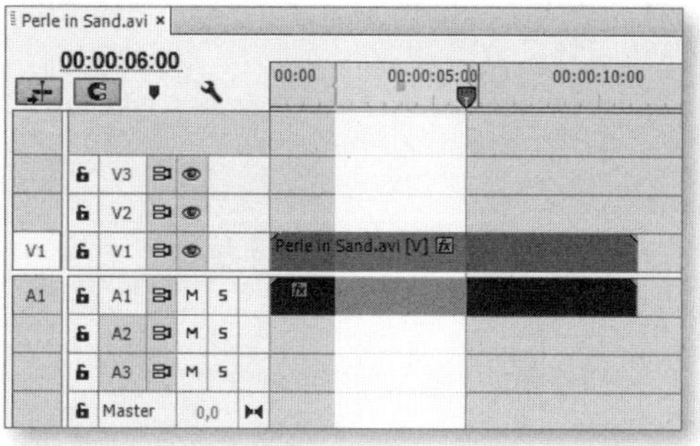

◂ **Abbildung 4.53** In- und Out-Point sind gesetzt. Die Strecke dazwischen ist auch auf dem Clip markiert worden.

4 *Clip hinzufügen*

Drücken Sie jetzt auf Ihrer Tastatur [.] (Punkt), um den Clip, der sich aktuell noch im Quellmonitor befindet, in das Schnittfenster zu stellen (alternativ ist natürlich auch nichts dagegen einzuwenden, auf ÜBERSCHREIBEN zu klicken). Daraufhin öffnet sich ein Dialog, der Ihnen zahlreiche Optionen zur Verfügung stellt. Er ist mit CLIP EINPASSEN betitelt.

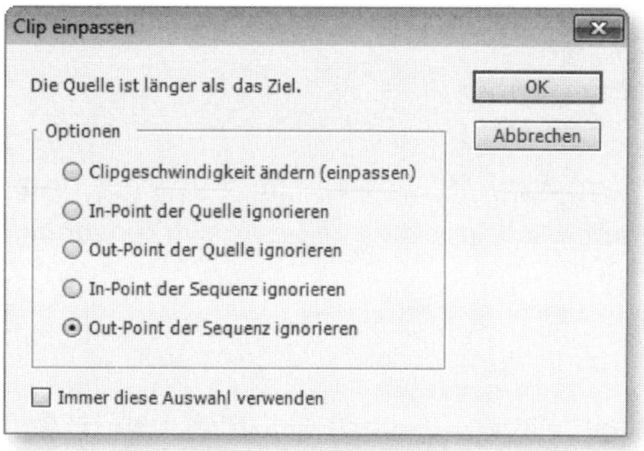

◂ **Abbildung 4.54** Der unscheinbare Dialog zum Einpassen von Clips hat mehr drauf, als man zunächst vermutet.

5 *Einfügeoptionen festlegen*

Sie werden jetzt ganz oben im Dialog darüber informiert, dass der einzufügende Clip länger ist als der zur Verfügung stehende Bereich im Schnittfenster. Das bedeutet: Sie können die Geschwindigkeit ändern (entspricht der Funktion RATE AUSDEHNEN) oder einen der beiden Points innerhalb des Schnittfensters ignorieren. Da der Clip selbst länger ist als der zwischen den Points zur Verfügung stehende Platz im Schnittfenster, werden jetzt auch die Funktionen IN-POINT DER QUELLE IGNORIEREN und OUT-POINT DER QUELLE IGNORIEREN angeboten (Lassen Sie OUT-POINT DER QUELLE IGNORIEREN wirksam werden, und bestätigen Sie mit OK.

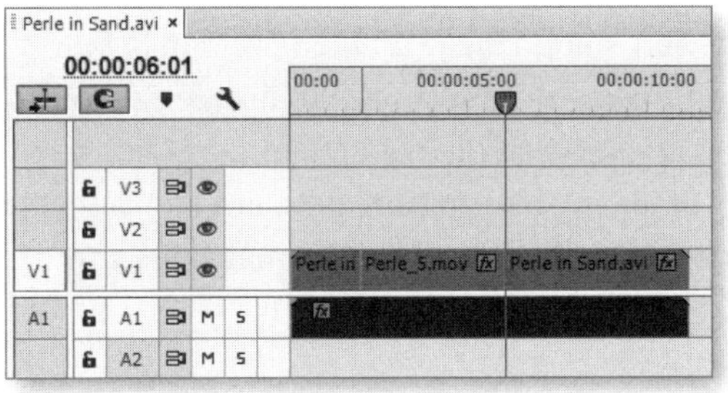

◂ **Abbildung 4.55** Da auch hier die Spur A1 deaktiviert ist, wurde soeben nur das Video eingefügt. An der zuvor markierten Position ist der ursprüngliche Videoclip überschrieben worden.

Der Clip wird nun genau in den durch die Points zur Verfügung stehenden Platz integriert. Des Weiteren spielt die Position der Einfügemarke beim Einfügen des Clips keine Rolle mehr, da diese bereits durch den In-Point definiert worden ist.

6 *Optional: Einfügeoptionen erneut festlegen*

Machen Sie doch den letzten Schritt noch einmal rückgängig, und verschieben Sie In- und Out-Point des Quellmonitor-Clips soweit nach innen, dass der einzufügende Clip erheblich kürzer ist als der Bereich, der zwischen den Sequenz-In- und -Out-Points zur Verfügung steht.

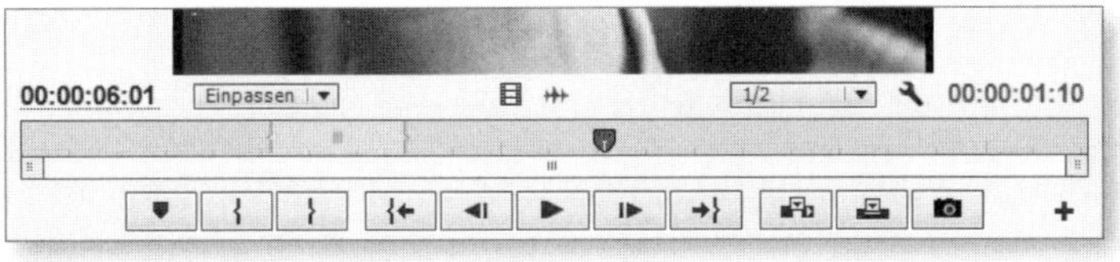

▴ **Abbildung 4.56** Jetzt ist der Clip (zwischen In- und Out-Point) wesentlich kleiner als der im Schnittfenster bereitgestellte Einfügebereich.

Klicken Sie auf ÜBERSCHREIBEN, oder drücken Sie [.]. Sie sehen: Wenn die Distanz zwischen In- und Out-Point im Schnittfenster größer ist als im Quellmonitor, sind die Optionen IN-POINT DER QUELLE IGNORIEREN und OUT-POINT DER QUELLE IGNORIEREN nicht mehr anwählbar. Was jetzt noch bleibt, ist nämlich entweder eine Zeitänderung oder die Option, einen der Sequenzpunkte ganz einfach zu ignorieren. Logisch, oder? Am besten wird es sein, dass Sie den OUT-POINT DER SEQUENZ IGNORIEREN.

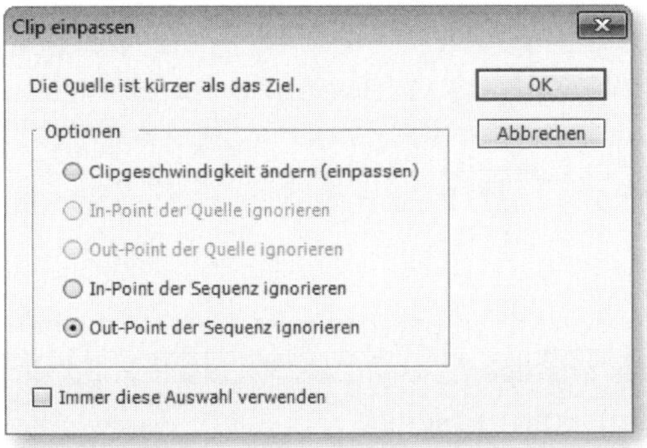

◂ **Abbildung 4.57** Es können keine Clip-Teile mehr abgeschnitten werden.

Sie haben vollkommen recht. Technisch gesehen, haben Sie jetzt wieder einen 3-Punkt-Schnitt realisiert. Aber gut, dass die Anwendung grundsätzlich auf derartige Probleme aufmerksam macht, denn die Hauptsache ist ja, dass sich die nachfolgenden Clips nicht verschieben. Übrigens müssen Sie sich nach einer solchen Aktion nicht um das Löschen der Sequenzmarken kümmern. Diese werden von Premiere Pro automatisch entfernt, sobald der Clip integriert worden ist.

Herausnehmen und Extrahieren | Eine weitere Schnittfunktion wird durch zwei Buttons erreicht, die nur im Programmmonitor zu finden sind. Mit deren Hilfe lassen sich nämlich bereits in das Schnittfenster integrierte Teile wieder entfernen – auch wenn sich diese mitten im Clip befinden. Markieren Sie den zu entfernenden Bereich mit Hilfe zweier Sequenz-Points (Abspielkopf im Schnittfenster an die gewünschten Positionen bringen und [I] bzw. [O] betätigen). Danach drücken Sie auf HERAUSNEHMEN ❶ oder betätigen [B]. Der Bereich wird entnommen, und in der Timeline entsteht an der markierten Stelle eine Lücke. Klicken Sie hingegen auf EXTRAHIEREN ❷ [^], wird die Lücke nach der Entnahme geschlossen.

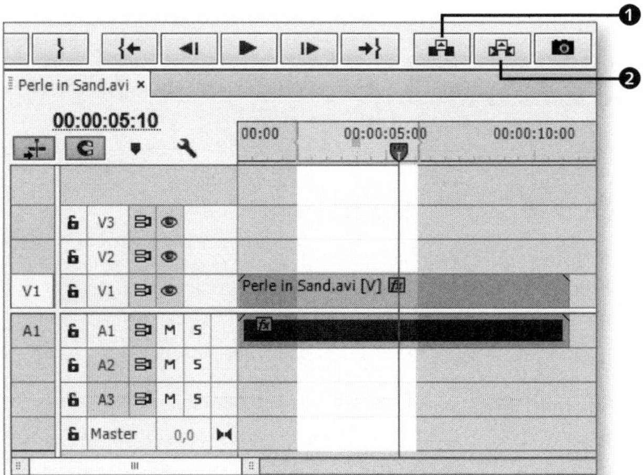

▲ **Abbildung 4.58** Die Entnahme ist mit Hilfe von Sequenz-In- und -Out-Point markiert worden. Entscheiden Sie anschließend, ob Sie den Bereich herausnehmen oder extrahieren wollen.

Neue Tastaturbefehle für »Herausnehmen« und »Extrahieren«

Zur Info: Wer in Premiere Pro CS6 oder früher noch [Ö] für HERAUSNEHMEN betätigte, muss in Premiere Pro CC umdenken. Jetzt wird das HERAUSNEHMEN mit [B] in die Wege geleitet. Zum EXTRAHIEREN wird anstelle von [Ä] künftig [^] betätigt (= Zirkumflex).

4.6.3 Schnittfenster-Points löschen

Wer es sich anders überlegt und weder extrahiert noch herausnimmt, sollte auf jeden Fall die Schnittfenster-Points entfernen. Das erledigen Sie mittels Rechtsklick auf die Schnittfenster-Skala, gefolgt von IN- UND OUT-POINT LÖSCHEN.

4.6.4 L-Schnitt und J-Schnitt

Beim L- und J-Schnitt werden Audio und Video zu unterschiedlichen Zeiten überblendet. Beim L-Schnitt ragt der Ton des ersten Clips noch in das Video des zweiten hinein. Beim J-Schnitt ist das umgekehrt. Der Ton des zweiten Clips ist bereits zu hören, während das Video des ersten noch sichtbar ist. Beide Techniken werden im professionellen Film sehr gerne eingesetzt, um den Zuschauer mal gefühlvoll, mal spannungsgeladen in die nächste Szene hinüberzugeleiten.

Wenn Sie derartige Schnitte auch realisieren wollen, stehen Sie zunächst vor dem Problem, dass Sie Audio und Video nicht unabhängig voneinander verschieben können. Das ist ja auch gut so, da sonst beide Elemente allzu schnell asynchron liefen.

Schritt für Schritt: Einen L- und J-Schnitt ausführen

Sorgen Sie zunächst dafür, dass Ihr Schnittfenster leer ist, oder benutzen Sie eine freie Stelle. Danach importieren Sie zwei AV-Clips aus den Beispieldateien und legen diese im Schnittfenster nebeneinander ab. Im konkreten Beispiel kommen »Perle in Sand.avi« und »Perle kühlen.avi« zum Einsatz, da beide über eine Audiospur verfügen. Kürzen Sie das Ende des ersten und den Anfang des zweiten Clips wieder etwas ein, damit beiden Clips noch ausreichend Material zur Ausdehnung zur Verfügung steht.

1 ***Einen L-Schnitt durchführen***

Aktivieren Sie das Rollen-Werkzeug ([N]), und setzen Sie es auf den Schnittpunkt der beiden Audiodateien. Halten Sie danach [Alt] gedrückt, und ziehen Sie den Schnitt nach rechts. Dabei müssen Sie aber zunächst die Taste Ihrer Tastatur betätigen und erst im Anschluss den Mausklick ausführen. Wenn Sie das missachten, werden Sie beide Clips (also auch das Video) verziehen. Ob Sie nach dem Verziehen dann zuerst die Maustaste oder [Alt] loslassen, spielt hingegen keine Rolle.

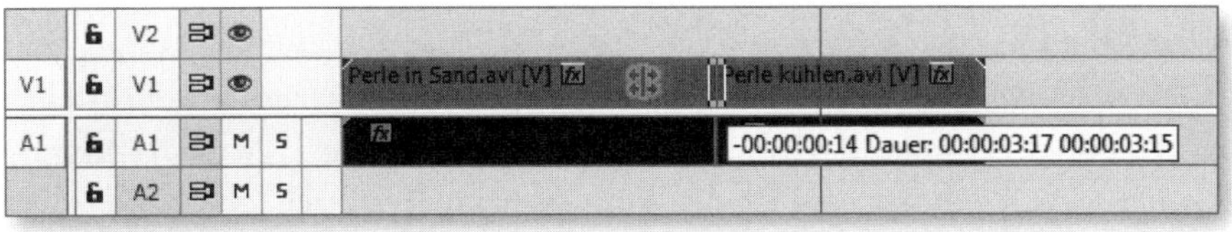

▲ **Abbildung 4.59** Damit haben Sie einen L-Schnitt erzeugt.

2 ***Optional: Limit erreicht***

Für den Fall, dass das Clip-Ende erreicht ist, werden Sie von Premiere Pro ausgebremst. Sollte also beispielsweise während des Rollens nach links nicht mehr ausreichend Material im rechten Clip zur Verfügung stehen, können Sie auch nicht weiter ziehen. Premiere Pro zeigt das anhand der QuickInfo zusätzlich noch an. Hier ist also Schluss – mehr geht nicht.

▲ **Abbildung 4.60** Das Limit für den Zuschnitt ist erreicht.

3 *Einen J-Schnitt durchführen*

Um einen J-Schnitt anzuwenden, ziehen Sie die Schnittkante der Audiodateien nach links, während Sie [Alt] gedrückt halten. In diesem Fall ist die Tonspur des rechten Clips bereits zu hören, während das Bild des linken noch zu sehen ist.

4 *Clips anschließend verschieben*

Wenn Sie im Anschluss einen der Clips mit dem Auswahl-Werkzeug umpositionieren, bleiben Audio und Video in der gewählten Form zusammen.

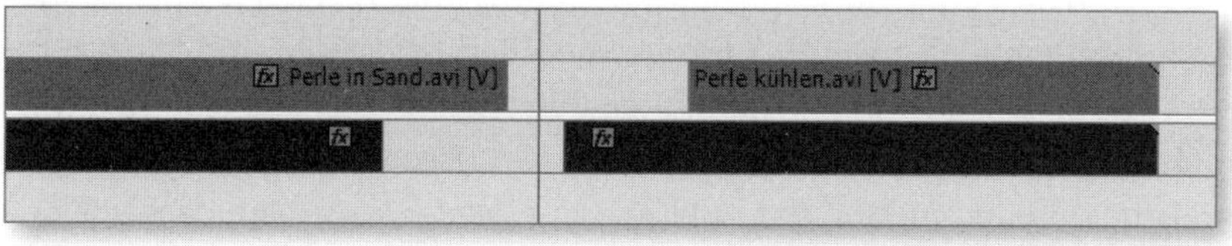

▲ **Abbildung 4.61** Nach dem Verschieben eines Clips bleiben Audio und Video dennoch zusammen.

Sollten Sie sich entscheiden, die Audiodatei nun doch wieder auf die Länge des Videos zu strecken, müssen Sie das mit dem Verschieben-Werkzeug und [Alt] tun. Andernfalls würden Audio und Video gleichermaßen verschoben und der Versatz bliebe erhalten.

4.6.5 Gesamte Spur auswählen

Auch im Schnittfenster lassen sich – Sie kennen das vom Projektfenster – mehrere Clips markieren und gleichzeitig verschieben. Halten Sie einfach [⇧] gedrückt, während Sie die Markierungen vornehmen. Um schnell eine ganze Spur auszuwählen, benutzen Sie am besten das Spurauswahl-Werkzeug ([A]). Stellen Sie das Tool an den Anfang der Spur, und klicken Sie diese an. Die zugehörige Audiospur wird übrigens ebenfalls markiert. Dabei ist aber entscheidend, wo innerhalb des Schnittfensters Sie das Werkzeug ansetzen. Grundsätzlich werden nämlich nur Clips rechts neben dem Tool markiert. So ist es auch möglich, Clips am Anfang der Spur außen vor zu lassen.

4.6.6 Gesamte Sequenz auswählen

Halten Sie bei der zuvor beschriebenen Vorgehensweise zusätzlich [⇧] gedrückt, lässt sich der komplette Inhalt des Schnittfensters in einem Arbeitsgang auswählen – also auch die Clips der anderen Spuren. Auch hier gilt übrigens: Es werden nur Clips markiert, die sich rechts neben dem Werkzeug befinden. Sie können also bei dieser Art der Auswahl Clips am Anfang auslassen.

5 Mit Sequenzen arbeiten

In Sachen Schneiden und Trimmen macht Ihnen nun niemand mehr etwas vor. Zwar werden darauf aufbauende Arbeiten auch in diesem Kapitel zur Sprache kommen, doch wird es hier in der Hauptsache um die Arbeit mit Sequenzen gehen. Außerdem ist es an der Zeit, mit dem Buchprojekt zu beginnen, finden Sie nicht auch? Sie erfahren in diesem Kapitel:

- Wie arbeite ich mit Sequenzen?
- Wie werden Sequenzen ineinander verschachtelt?
- Wie verändere ich die Sequenz-Startzeit?
- Wie können Clip-Marken und Sequenzmarken die Arbeit erleichtern?
- Was sind Clip-Kopien und Clip-Instanzen?
- Wie schneide ich eine Sequenz mit der Multikamera-Funktion?
- Was ist bei der Verarbeitung von Bildern zu beachten?

5.1 Eine neue Sequenz erzeugen

Zunächst wollen wir einen Blick auf das Schnittfenster werfen. Hier werden nämlich noch einige interessante Funktionen bereitgehalten, welche die Arbeit mit Sequenzen beträchtlich erleichtern. Wenn Sie ein neues Projekt beginnen (Datei • Neu • Projekt), müssen Sie zunächst das Fenster Neues Projekt bewältigen. Hier legen Sie, wie Sie ja längst wissen, u.a. Speicherort und Namen fest. In Vorgängerversionen von Premiere Pro CC wurden Sie nach Klick auf OK in den Dialog Neue Sequenz geleitet. Das ist nun nicht mehr der Fall. Sobald Sie mit OK bestätigen, befinden Sie sich in der Premiere-Pro-Arbeitsumgebung.

5.1.1 Sequenz durch Clip erzeugen

Die einfachste Art und Weise, eine neue Sequenz zu erzeugen, haben Sie ja bereits kennengelernt. Hier noch einmal zur Wiederholung: Importieren Sie einen zu verarbeitenden Clip in das Projektfenster. Danach ziehen Sie diesen Clip mit gedrückter Maustaste auf das Symbol Neues Objekt in der Fußleiste des Projektfensters.

▲ **Abbildung 5.1** So einfach lassen sich Sequenzen erzeugen.

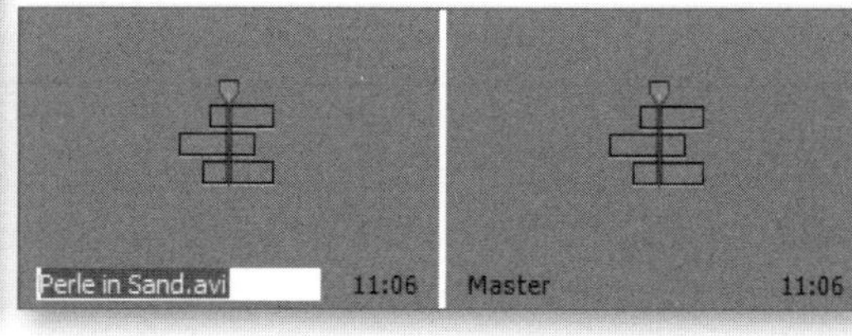

▲ **Abbildung 5.2** Das Sequenz-Asset (links = unmittelbar vor der Umbenennung, rechts = mit neuer Bezeichnung) befindet sich im Projektfenster.

Sie erreichen damit, dass eine neue Sequenz auf Basis der Clip-Daten erzeugt wird – sind also immer auf der sicheren Seite, wenn es um die, zugegebenermaßen nicht ganz leicht zu definierenden, Sequenzeinstellungen geht – na, zumindest fast immer. Dazu gleich mehr. Fakt ist, dass Sie nach dieser Aktion ein weiteres Asset im Projektfenster vorfinden, nämlich die soeben erzeugte Sequenz.

5.1.2 Sequenz manuell erzeugen

Es gibt Situationen, in denen Sie die Sequenzeinstellungen manuell vornehmen müssen. Denn wenn Sie die Sequenzen manuell erzeugen, haben Sie vollkommene Freiheit in Bezug auf die Beschaffenheit der Sequenz. Sie bestimmen selbst, welche Framegrößen, Interpolationsverfahren, Bildwiederholraten usw. verwendet werden sollen. Beachten Sie dazu auch bitte die Hinweise im Fachkunde-Kapitel. Im folgenden Workshop erfahren Sie, wie man Sequenzeinstellungen manuell vornimmt und worauf es dabei ankommt. Vier Szenarien bzw. Gründe, warum es sinnvoll sein kann, eine Sequenzeinstellung manuell zu erzeugen, möchte ich Ihnen an dieser Stelle nennen:

1. Bei exotischen Videoformaten kann es passieren, dass Premiere Pro die falschen Einstellungen nimmt. Das passiert zwar so gut wie nie, dennoch bleibt ein minimales Restrisiko. Sie erkennen nicht zum Clip passende Sequenzeinstellungen daran, dass sich nach dem Hinzufügen eines Clips in das Schnittfenster ein roter Balken ❶ unterhalb des Zeitlineals zeigt.

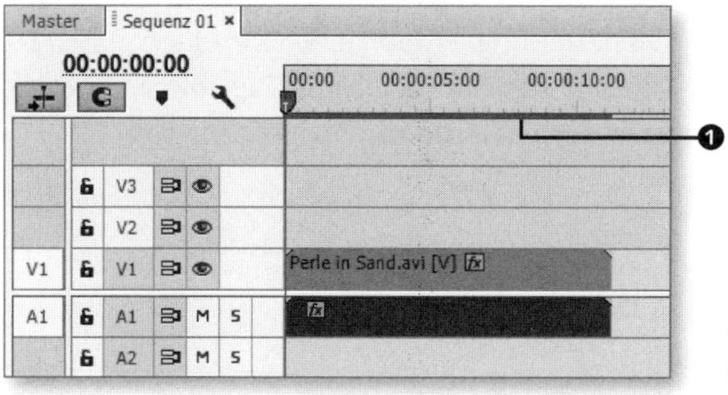

◂ **Abbildung 5.3** Hier passt etwas nicht zusammen.

2. Ein weiteres Szenario, welches Sie zum manuellen Erstellen einer Sequenz zwingen könnte: Die Clips sind aktuell noch gar nicht vorhanden. Stellen Sie sich vor, Sie müssen einen brandeiligen Beitrag schneiden, jedoch ist Ihr Kameramann noch unterwegs zu Ihnen. Sie könnten, sofern Ihnen das Filmformat bekannt ist, nun gleich damit beginnen, sämtliche Vorbereitungen zu treffen.
3. Das dritte Motiv: Letztlich ist es für Ihre gesamte Arbeit mit dem nonlinearen Videoschnitt sehr von Vorteil, wenn Sie wissen, was bei Sequenzeinstellungen überhaupt vonstattengeht.
4. Aber das Allerwichtigste: Es kann durchaus vorkommen, dass Sie gemischtes Material (unterschiedliche Beschaffenheit der Filme) verarbeiten müssen. Dann müssen Sie »zu Fuß« zur fertigen Sequenz gelangen. Denn spätestens jetzt müssen Sie selbst entscheiden, welchem der Formate Sie den Vorzug geben wollen.

Schritt für Schritt: Eine AVCHD-Sequenz erzeugen

Im folgenden Beispiel wollen wir eine AVCHD-Sequenz erzeugen – genauer gesagt eine Sequenz, in der Full-HD-Material 1.920 x 1.080 verarbeitet werden kann. Dieses Format nehmen wir beispielhaft für alle weiteren Formate, da sich Sequenzen im Prinzip immer auf dieselbe Weise erzeugen lassen. Man muss lediglich darauf achten, dass man die korrekte Vorgabe aussucht.

1 *Neue Sequenz erzeugen*

Der erste Schritt auf dem Weg zur neuen Sequenz besteht darin, dass Sie auf das Blattsymbol (Neues Objekt) in der Fußleiste des Projektfensters klicken und Sequenz aus dem Popup-Menü wählen. Alternativ geht es auch mit der Tastenkombination Strg/cmd+N.

▲ **Abbildung 5.4** So erzeugen Sie manuell eine Sequenz.

2 *Vorgaben-Ordner wählen*

Auf der linken Seite des Dialogs NEUE SEQUENZ öffnen Sie zunächst den Vorgaben-Ordner, der Ihren Filmaufnahmen bzw. Ihrem gewünschten Ausgabeziel entspricht. Im Beispiel ist das AVCHD. Betätigen Sie das vorangestellte Dreiecksymbol ❶.

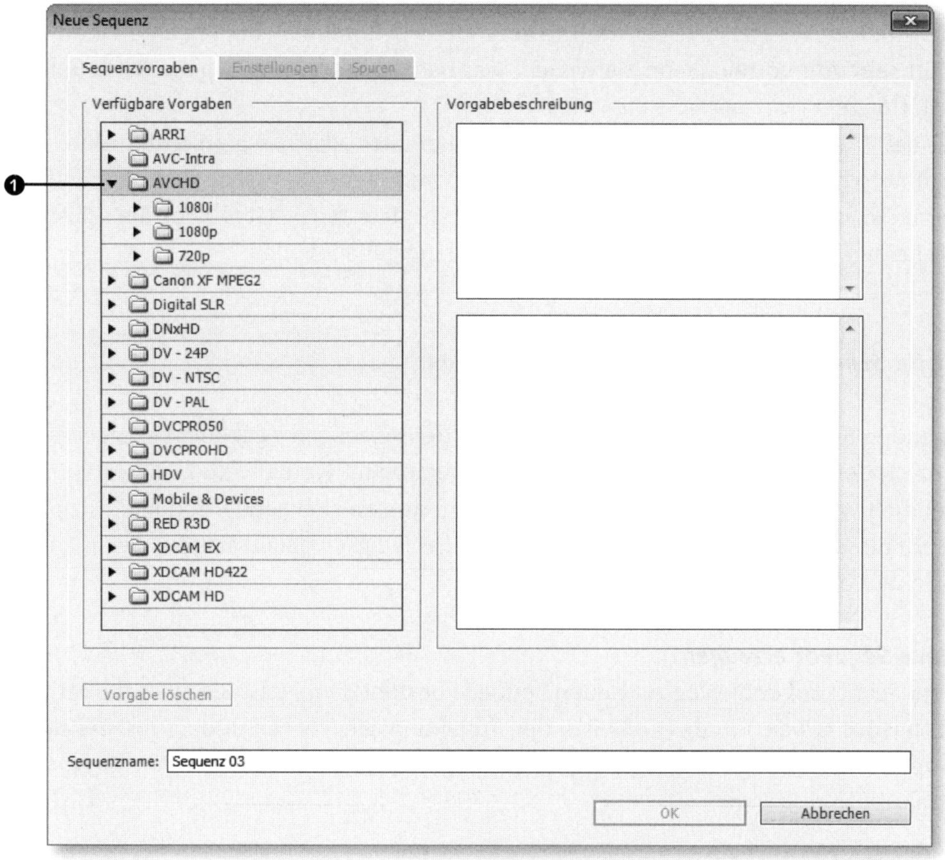

▲ **Abbildung 5.5** Zunächst müssen Sie die Vorgabe wählen, mit der Sie arbeiten wollen.

Unterschiedliche Darstellung

Möglicherweise stellt sich der Inhalt des Fensters ein wenig anders dar, als hier gezeigt. Das hängt davon ab, ob Sie bereits mit Vorgaben gearbeitet haben bzw. welche Sequenzeinstellungen zuvor benutzt worden sind. Sollte auf der rechten Seite (Vorgabebeschreibung) Text enthalten sein, macht das nichts. Dieser wird sich gleich ohnehin ändern.

3 *Format-Ordner öffnen*

Innerhalb dieses Ordners werden noch weitere Unterordner gelistet. Suchen Sie denjenigen aus, der Ihren Aufnahmen entspricht (hier: 1080I). (Bei HD-Formaten wie AVCHD, DVCPRO oder XDCAM o.Ä. werden Sie ausschließlich mit 16:9 zu tun haben.

Wenn Sie aber einmal in den Ordner DV-PAL schauen, finden Sie zum einen STANDARD und zum anderen WIDESCREEN. STANDARD wählen Sie immer dann, wenn Sie es, wie im Buchbeispiel, mit einem Seitenverhältnis von 4:3 zu tun haben; andernfalls (bei 16:9) ist WIDESCREEN erste Wahl.) Zum Öffnen des Unterordners klicken Sie auf das vorangestellte Dreiecksymbol (hier AVCHD 1080I). I steht übrigens für *Interlaced*, also Halbbildmaterial. Sollte Ihre Kamera Vollbilder aufzeichnen, entscheiden Sie sich für das Verzeichnis 1080P oder 720P (P steht für »progressive«, also Vollbildmaterial).

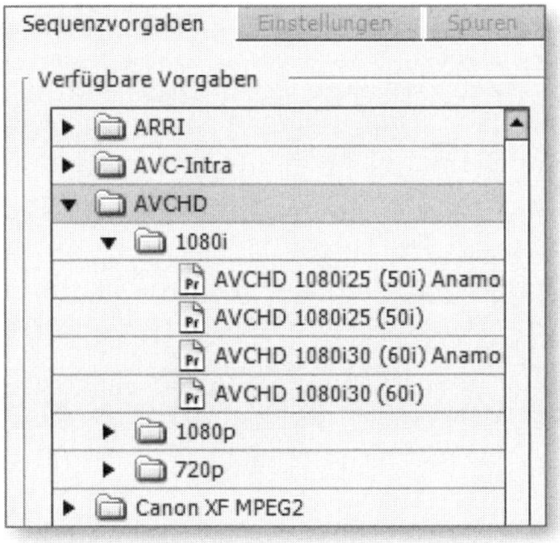

▲ **Abbildung 5.6** Die Vorgaben stecken in der Regel in Unterordnern.

4 *Format festlegen*

Da wir es real mit Full-HD (1.920 x 1.080) zu tun haben, wählen Sie zudem noch den Eintrag AVCHD 1080I25 (50I) an. Das ist letztendlich die gewünschte Vorgabe (in Anhang A.3, »Von Bildpunkten und Seitenverhältnissen«) wird dieses Thema noch einmal ausführlich behandelt). Vergeben Sie unten einen Sequenznamen undbestätigen Sie mit OK. Die beiden anderen Registerkarten dieses Dialogs (EINSTELLUNGEN und SPUREN) stelle ich Ihnen im folgenden Abschnitt vor. finde

Vorgabebeschreibung

Auf der rechten Seite des Dialogs befindet sich im Übrigen eine detaillierte Beschreibung der jeweils gewählten Vorgabe. Hier können Sie noch einmal kurz checken, ob auch alles Ihren Wünschen entspricht bzw. ob die Vorgabe mit Ihrem Filmmaterial harmoniert.

5.1.3 Allgemeine Sequenzvorgaben einstellen

Oben links in der Ecke des Dialogs NEUE SEQUENZ befinden sich drei Registerreiter, von denen der linke aktiv ist. Wenn Sie hier auf EINSTELLUNGEN umschalten, können Sie die Vorgaben noch Ihren Erfordernissen anpassen. Davon ist generell abzuraten, da die Vorgaben selbst schon alle erforderlichen Einstellungen mitbringen.

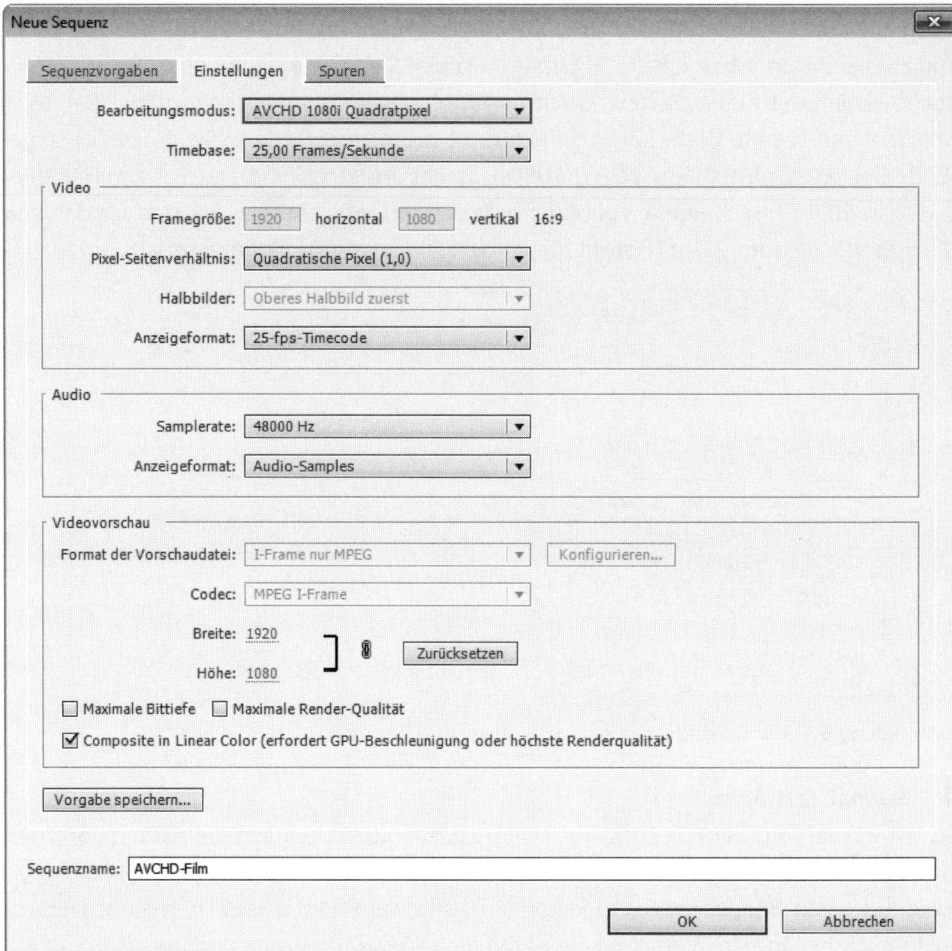

▲ **Abbildung 5.7** Sobald Sie hier etwas ändern, ist die Normvorgabe dahin.

Desktop-Filme erstellen

Wer beispielsweise vom Monitor abgefilmte Assets (Sreencasts) bearbeiten möchte oder mit Animationen arbeitet, kann den BEARBEITUNGSMODUS auf BENUTZERDEFINIERT stellen und anschließend alle unterhalb befindlichen Steuerelemente individuell einstellen. Verzichten Sie bei derartigen Aufgaben grundsätzlich auf Halbbilder.

5.1.4 Spuren hinzufügen

Zuletzt ist noch der rechte Reiter interessant. Hier legen Sie nämlich fest, mit wie vielen SPUREN ❶ Ihr Projekt bestückt sein soll. Premiere Pro ist dahingehend wirklich bestens ausgerüstet. Sie können einer einzelnen Sequenz nämlich bis zu 99 Videospuren hinzufügen. Nun ist nicht immer von Anfang an abzuschätzen, wie viele denn nun letztendlich wirklich benötigt werden. Das ist auch nicht weiter schlimm, denn Sie können auch später noch Spuren hinzufügen oder entfernen. Wie das geht, erfahren Sie gleich.

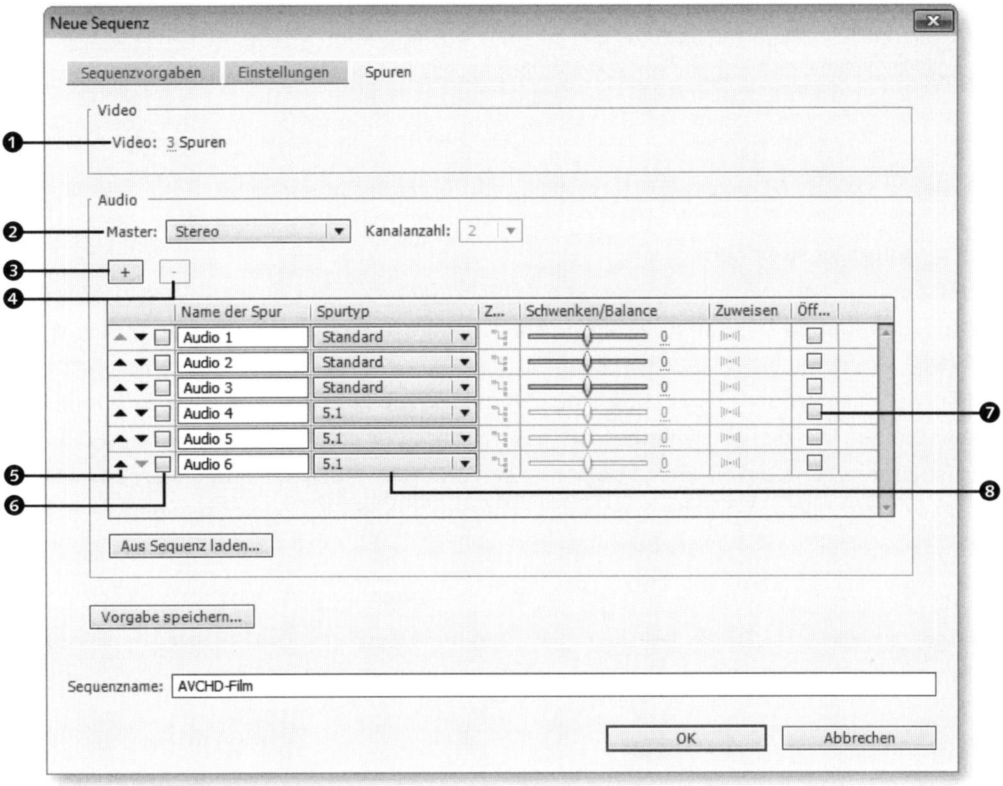

▲ **Abbildung 5.8** Das Register SPUREN bringt interessante Features mit.

Spureinstellungen vornehmen | Im Frame AUDIO des Dialogs lässt sich zunächst festlegen, wie der MASTER (also die fertige Ausgabedatei) beschaffen sein soll ❷. Hier können Sie bestimmen, dass der fertige Film beispielsweise in STEREO oder MEHRKANAL ausgegeben werden soll (obwohl sich dies auch am Ende, zum Zeitpunkt der Filmausgabe, noch anpassen ließe, siehe Kapitel 12, »Export«).

Mit welchen Arten von Audiospuren (MONO, STEREO, 5.1) Sie arbeiten möchten, legen Sie übrigens im Bereich SPURTYP ❽ fest. Sie können also bereits jetzt unterschiedliche Spureigenschaften bestimmen. Ein Beispiel: Sie arbeiten mit 5.1 Dolby-Digital-Material, wollen Stereomusik von CDs verwenden und eine Monokommentarspur integrieren. In diesem Fall können Sie all diese Spuren bereits jetzt definieren.

Die Reihenfolge vorhandener Spuren legen Sie mit ❺ fest. Weitere Spuren fügen Sie mit ❸ hinzu. Aktivieren Sie eines der Kontrollkästchen ❻ und klicken anschließend auf ❹, wird die markierte Spur entfernt. In der letzten Spalte ❼ bestimmen Sie, welche Spuren in dem fertigen Sequenzfenster automatisch geöffnet dargestellt werden sollen.

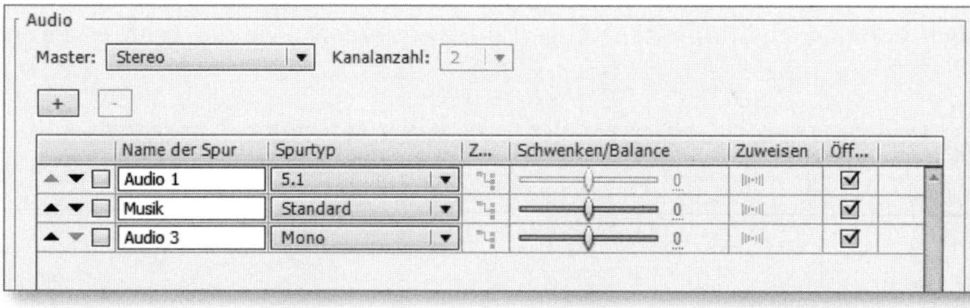

▲ **Abbildung 5.9** Passen Sie die Audiospuren Ihren individuellen Bedürfnissen an.

5.1.5 Vorgabe speichern

Sollten Sie Ihre ganz persönliche Vorgabe definiert haben, lohnt es sich, diese zu speichern. Denn immerhin wollen Sie diese Arbeitsgänge ja nicht bei jedem Projekt wiederholen. Wenn Sie einen Mausklick auf VORGABE SPEICHERN unten links setzen, können Sie dem Ganzen im Folgedialog einen Namen sowie eine Beschreibung zuordnen. Sobald Sie auf OK klicken, gelangen Sie automatisch zur ersten Registerkarte zurück. Hier ist zudem ganz unten ein Ordner mit dem Namen EIGENE erzeugt worden, der Ihre ganz persönliche Vorgabe beinhaltet. Die Beschreibung finden Sie oben rechts und die eingestellten Parameter darunter.

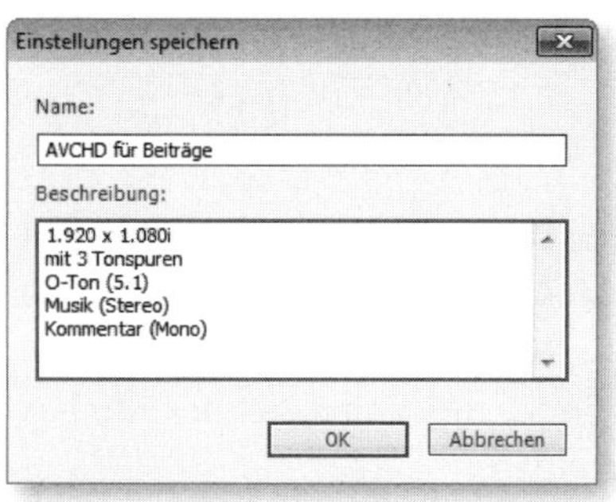

▲ **Abbildung 5.10** Benennen Sie die Vorgabe aussagekräftig, und geben Sie, falls gewünscht, auch noch eine Beschreibung an.

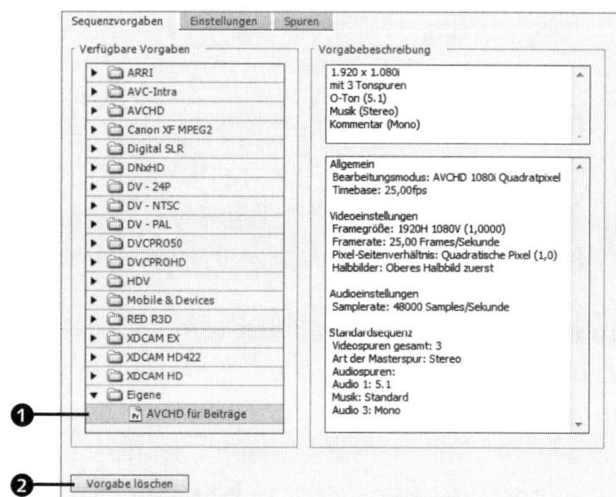

▲ **Abbildung 5.11** Ihre individuelle Vorgabe ❶ erscheint in den SEQUENZVORGABEN.

Vorgabe löschen

Wenn Sie eine Vorgabe nicht mehr benötigen, markieren Sie diese in der Liste der eigenen Vorgaben, und betätigen Sie danach VORGABE LÖSCHEN ❷ unten links in den SEQUENZVORGABEN. Sollte anschließend keine weitere Vorgabe übrig sein, wird das Verzeichnis EIGENE gleich mit gelöscht.

5.1.6 HD oder Full HD?

Im AVCHD-Verzeichnis finden Sie drei Unterordner, die eventuell noch einer Erwähnung bedürfen: Welchen Vorgabenordner Sie öffnen müssen, ergibt sich daraus, ob Sie mit Full-HD-Material arbeiten oder mit der kleineren Variante (Full-HD (1080P) = 1.920 x 1.080 Bildpunkte, 720P = 1.280 x 720 Bildpunkte).

Danach müssen Sie entscheiden, ob Sie es mit anamorphotischem Material zu tun haben, bei dem das Pixelseitenverhältnis stets <> 1:1 ist, oder mit Quadratpixeln, die, wie der Name schon sagt, einem Pixelseitenverhältnis von 1:1 unterliegen.

Die letzte zu treffende Entscheidung ist: 50i oder 60i bei Halbbildmaterial bzw. 24, 25 oder 30 bei Vollbildern (siehe dazu auch Anhang A, »Fachkunde«). Nun, im hiesigen Raum sind 50 Hz angesagt (in den Staaten und Japan 60 Hz). Deshalb müssen Sie bei Kameras, die für den europäischen Markt gebaut sind, auch ein entsprechendes Vorgabeformat einstellen. Das wäre beim Halbbildverfahren 50i (= 2 x 25 halbe Einzelbilder pro Sekunde) und beim Vollbild 25 (= 1 x 25 volle Einzelbilder pro Sekunde). Wenn Sie spätestens an dieser Stelle ins Stocken geraten – kein Problem. Raten Sie einfach. Sie können das später noch korrigieren.

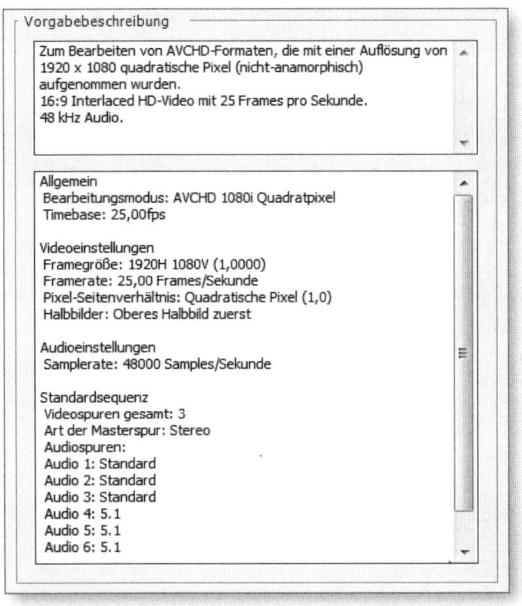

▲ **Abbildung 5.12** Hier ist mit AVCHD 1080i:25 (50i) eine gängige Full-HD-Vorlage selektiert worden.

5.1.7 Vorgabe prüfen

Nach dem Klick auf OK sollten Sie prüfen, ob Sie alles richtig gemacht haben. Dazu importieren Sie einen entsprechenden Videoclip und ziehen ihn ins Schnittfenster. Sollte sich unterhalb der Schnittfensterskala kein oder ein gelber Balken zeigen ❶ (siehe Abbildung 5.13), haben Sie die korrekte Sequenzvorgabe ausgesucht. Glückwunsch!

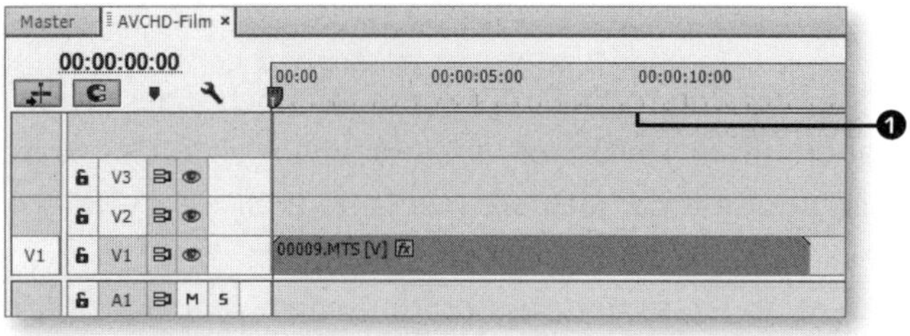

▲ **Abbildung 5.13** Ein Balken ❶ deutet darauf hin, dass Sie Material benutzen, welches nicht mit der Sequenzvorgabe harmoniert.

Render-Leiste

Bei dem angesprochenen Balken handelt es sich um die sogenannte Render-Leiste, die zeigt, ob ein Bereich in Echtzeit und bei voller Framerate abgespielt werden kann. Anhand der Farben lässt sich erkennen, was an dieser Stelle der Sequenz zum Tragen kommt:

- **Kein Balken:** Der Bereich muss nicht gerendert werden.
- **Gelber Balken:** Das bedeutet, der Bereich ist nicht gerendert und kann trotzdem flüssig wiedergegeben werden.
- **Roter Balken:** Bereich muss wahrscheinlich gerendert werden.
- **Grüner Balken:** Es ist eine Vorschaudatei erzeugt worden. Der Clip kann flüssig abgespielt werden.

Rendern bedeutet, dass eine Vorschaudatei von einem bestimmten Bereich erzeugt werden muss, damit dieser flüssig abgespielt werden kann. Premiere Pro fertigt also einen eigenen Film-Clip an, der im Ordner ADOBE PREMIERE PRO PREVIEW FILES\[PROJEKTNAME].PRV (Unterordner des Projektordners) abgelegt wird.

Falls Sie dort aber einen roten Balken ausfindig machen, sollten Sie nachkorrigieren, indem Sie eine neue Sequenz erzeugen. Doch woher beziehen Sie die Informationen? Nun, dazu setzen Sie einen beherzten Rechtsklick auf eines der Film-Assets und betätigen EIGENSCHAFTEN. Im Dialog lässt sich nun einiges über die Beschaffenheit des Materials in Erfahrung bringen.

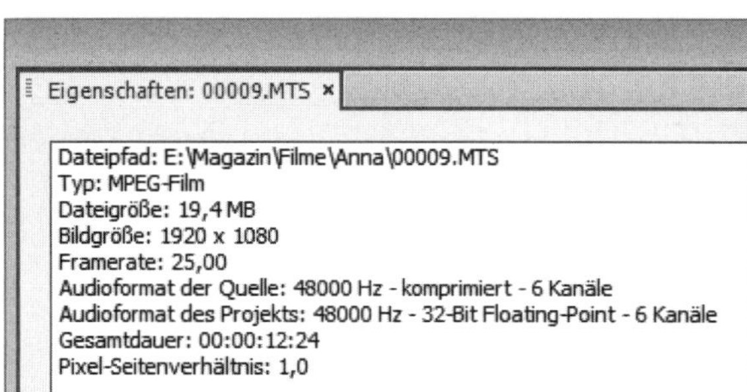

◂ **Abbildung 5.14** In den EIGENSCHAFTEN eines Clips kann man u.a. BILDGRÖSSE, FRAMERATE und PIXEL-SEITENVERHÄLTNIS ablesen – wichtige Hinweise für die Wahl der korrekten Sequenzvorgabe.

Eine Angabe fehlt hier allerdings; und das ist die Halbbildreihenfolge (siehe Anhang A, »Fachkunde«). Da sie in den Sequenzeinstellungen ebenfalls festgelegt werden muss, sollten Sie in Erfahrung bringen, ob das untere oder obere Halbbild zuerst ausgesendet wird – oder ob dem Videomaterial statt Halbbildern vielleicht sogar Vollbilder zugrunde liegen. Klicken Sie mit rechts auf einen der Clips im Projektfenster, und entscheiden Sie sich im Kontextmenü für ÄNDERN • FILMMATERIAL INTERPRETIEREN. Im Frame HALBBILDREIHENFOLGE finden Sie die erforderliche Angabe ❷.

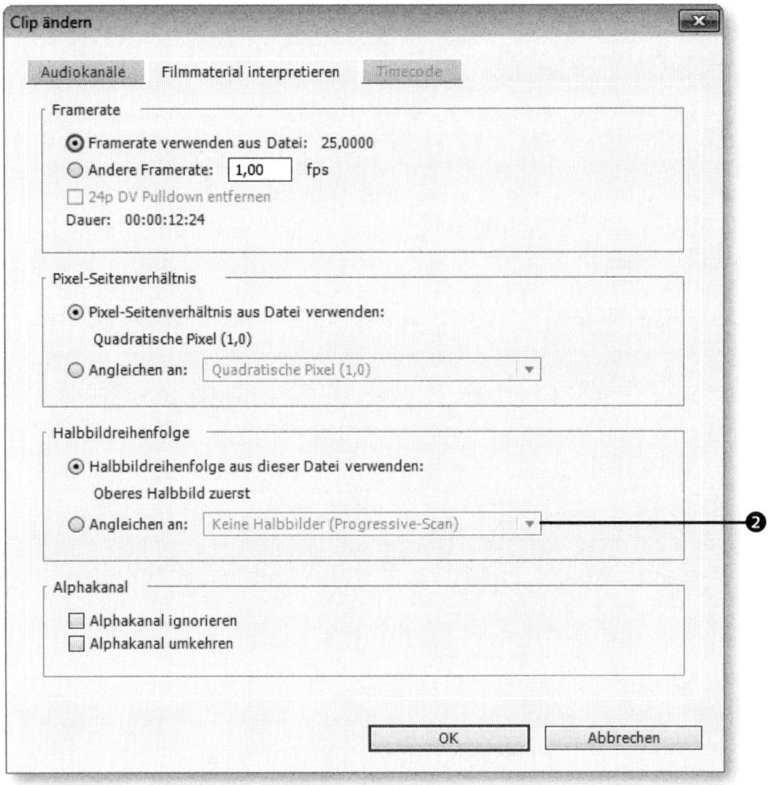

▲ **Abbildung 5.15** Prinzipiell lassen sich Filmmaterialien in diesem Dialog ändern. Hier benötigen Sie ihn jedoch nur zur Ermittlung der HALBBILDREIHENFOLGE.

Filmmaterial interpretieren

Mit Hilfe dieses Dialogs lassen sich FRAMERATE, HALBBILDREIHENFOLGE oder PIXEL-SEITENVERHÄLTNIS anpassen. Ihre Filme sollten jedoch nicht ohne triftigen Grund »umgestrickt« werden, da dies auch zur Verschlechterung des Materials beitragen kann. Erst wenn der Film falsch dargestellt wird (z. B. mit falschem Seitenverhältnis) sollten Sie hier korrigieren.

5.1.8 Sequenzeinstellungen kontrollieren

Nachdem die Sequenz erzeugt worden ist, können deren Parameter noch eingesehen werden. Auch wenn so gut wie nichts mehr änderbar ist, bietet SEQUENZ • SEQUENZEINSTELLUNGEN dennoch viel an Informationen. Gerade wenn Sie mit mehreren Sequenzen arbeiten und nicht mehr genau wissen, welche Parameter zuvor festgelegt worden sind, werden Sie hier schnell fündig. Die angezeigten Einstellungen beziehen sich allerdings stets auf die derzeit aktive Sequenz. Sollte die gewünschte Sequenz geschlossen sein, öffnen Sie diese vorab mit einem Doppelklick auf das betreffende Sequenz-Asset im Projektfenster.

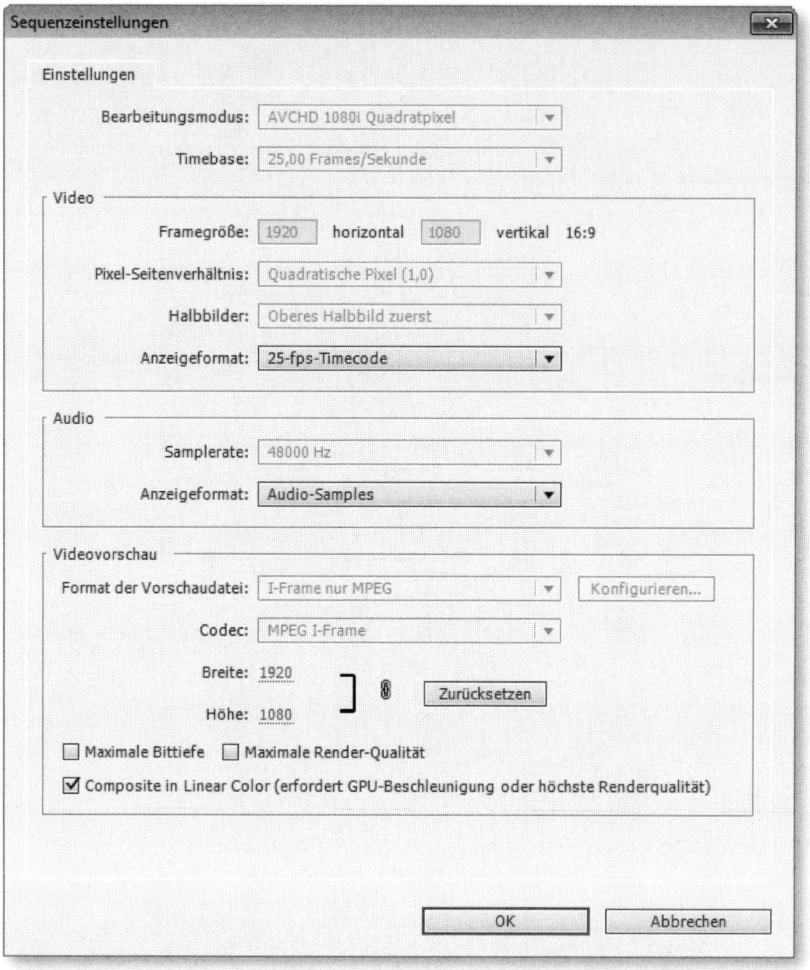

▲ **Abbildung 5.16** Hier lassen sich im Prinzip nur noch Einstellungen ablesen.

5.2 Sequenzspuren

Wenn Sie ein Projekt bzw. eine neue Sequenz anlegen, können Sie die Anzahl der Spuren mit Hilfe des Registers SPUREN innerhalb des Dialogs NEUE SEQUENZ direkt festlegen. Wie Sie dazu vorgehen und wie Sie mit den Spuren im Sequenz- bzw. Schnittfenster umgehen, erfahren Sie in diesem Abschnitt.

5.2.1 Spuren hinzufügen

Zu Beginn eines Projekts ist nicht immer abzusehen, wie viele Spuren denn wirklich benötigt werden. Daher lässt sich jederzeit Einfluss darauf nehmen, indem Sie SEQUENZ • SPUREN HINZUFÜGEN selektieren. Im Folgenden legen Sie fest, um wie viele und vor allem um welche Spuren (Audio und/oder Video) das aktuelle Schnittfenster erweitert werden soll. Wenn Sie also aktuell keine neuen Audiospuren benötigen, verstellen Sie die Hot-Text-Steuerelemente mit gedrückter linker Maustaste oder klicken sie an und tragen dort »0« ein.

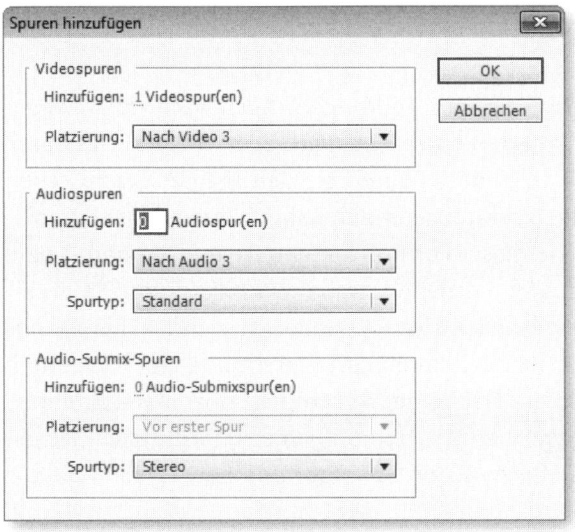

◄ **Abbildung 5.17** Das Schnittfenster kann mit Hilfe des Dialogs nach Wunsch erweitert werden.

Im Selektionsfeld PLATZIERUNG können Sie noch bestimmen, wo die neuen Spuren angeordnet werden sollen:

- NACH VIDEO/AUDIO [X] – fügt die neuen Spuren oberhalb der im Dialog ausgewählten ein.
- VOR ERSTER SPUR – fügt die neuen Spuren unterhalb von VIDEO 1 ein. Dabei werden die vorhandenen Spuren allerdings numerisch erhöht (Video 1 wird zu Video 2 usw.).

Es gibt aber eine wesentlich komfortablere Methode, die sich auf der Oberfläche der Anwendung per Drag & Drop realisieren lässt. Meist wird ohnehin zunächst nur eine weitere Spur benötigt. Ziehen Sie deshalb einfach einen Clip aus dem Projektfenster oder dem Quellmonitor auf die Leiste ❶ (siehe Abbildung 5.18 auf Seite 180), die sich unmittelbar über der obersten Videospur befindet. Dort lassen Sie den Clip dann los. Dies hat zur Folge, dass automatisch eine neue Spur erzeugt wird. Gleiches könnten Sie mit der Audiospur machen, wobei Sie den Audioclip dann in den Bereich unterhalb der Master-Spur ❷ ziehen müssten. Ziehen sie einen AV-Clip (Video mit Audiospur), wird zeitgleich auch eine neue Audiospur erzeugt.

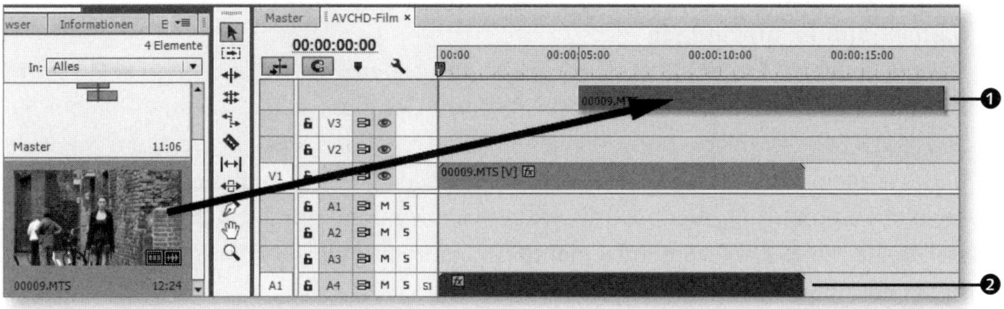

▲ **Abbildung 5.18** Lassen Sie den Clip hier los, damit Premiere Pro eine neue Spur erzeugen kann.

5.2.2 Spurhöhe vergrößern

Die Spuren sind in der Vertikalen oftmals sehr gedrungen. Auch nach dem Öffnen einer Spur (mit Hilfe des Dreiecks im Spurkopf) sieht man nicht wirklich viel mehr. Daher ist es möglich, Spuren größer zu ziehen. Führen Sie den Mauszeiger zwischen zwei Spurköpfe. Wenn Sie die richtige Position gefunden haben, wird er zum Doppelpfeil ❸ mit zwei horizontalen Linien. In dieser Position können Sie nun die horizontale Trennungslinie zwischen zwei Spurköpfen verziehen. Dabei wird die untere Spur vergrößert, während alle darüberliegenden nach oben verschoben werden. Bei Audiospuren ist es umgekehrt. Hier müssen Sie die untere Begrenzung einer Spur nach unten verziehen. Des Weiteren können Sie die Fläche der Spurköpfe horizontal ausdehnen (das empfiehlt sich vor allem bei Vergabe langer Spurkopfnamen). Dazu stellen Sie die Maus auf die vertikale Begrenzungslinie zwischen Spurkopf und Spur. Ziehen Sie die Linie nach rechts.

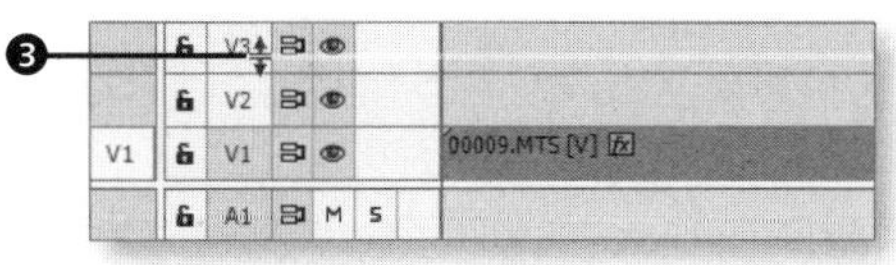

▲ **Abbildung 5.19** Ziehen Sie zur Erweiterung der Videospurhöhe die obere Spurbegrenzung weiter hoch.

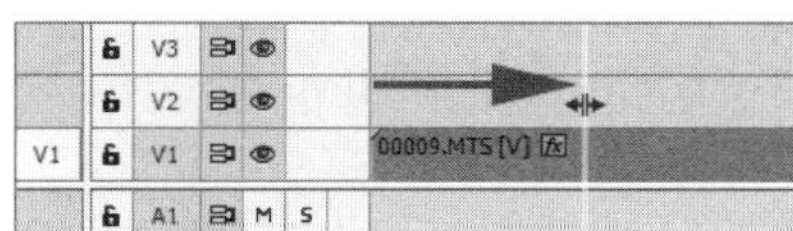

▲ **Abbildung 5.20** Horizontale und vertikale Begrenzungen lassen sich per Drag & Drop verziehen.

Alle Spuren vergrößern

Wenn Sie sämtliche Spuren in einem einzigen Arbeitsgang vergrößern wollen, klicken Sie zunächst auf das Schraubenschlüsselsymbol im Schnittfenster ANZEIGEEINSTELLUNGEN FÜR DAS SCHNITTFENSTER und entscheiden sich für ALLE SPUREN ERWEITERN. Um erweiterte Spuren wieder einzufahren, benutzen Sie ALLE SPUREN MINIMIEREN.

5.2.3 Spuren benennen

Spuren lassen sich seit Premiere Pro CC nicht mehr direkt in der Zielführung (Spurkopf-Spalte V1, V2, A1, A2 usw.) umbenennen. Wer seiner Spur dennoch einen Namen vergeben möchte, muss die Spurhöhe zunächst ausdehnen, wie zuvor beschrieben.

Daraufhin wird der aktuell zugewiesene Name eingeblendet (hier: VIDEO 1). Setzen Sie einen Rechtsklick darauf, und entscheiden Sie sich für UMBENENNEN. Anschließend lässt sich die Spur mit einem aussagekräftigeren Namen versehen.

▲ **Abbildung 5.21** Die vorgegebenen Namen sagen nichts aus. Mitunter ist es sinnvoll, das zu ändern.

5.2.4 Spuren löschen

Sie wollen sich von einer oder mehreren Spuren trennen? Dann müssen Sie einen Rechtsklick auf einen der Spurköpfe setzen und zunächst SPUREN LÖSCHEN auswählen. Beachten Sie, dass Sie den Mausklick innerhalb des Spurkopfes, jedoch weder im Quellpatching-Bereich ❹ noch auf der Zielführung ❺ ausführen dürfen. Dort ist der gewünschte Menüeintrag nämlich nicht enthalten. Entscheidend ist, welche der beiden Checkboxen Sie anwählen (VIDEOSPUREN und/oder AUDIOSPUREN LÖSCHEN). Öffnen Sie dann das entsprechende Pulldown-Menü (im Beispiel AUDIOSPUREN), und wählen Sie die Spur aus, die Sie nicht weiter verwenden wollen. Grundsätzlich macht es nichts aus, ob in Ihrem Projekt leere Spuren vorhanden sind. Wenn Sie sich der besseren Übersicht halber jedoch von ihnen trennen wollen, entscheiden Sie sich für den jeweils obersten Eintrag.

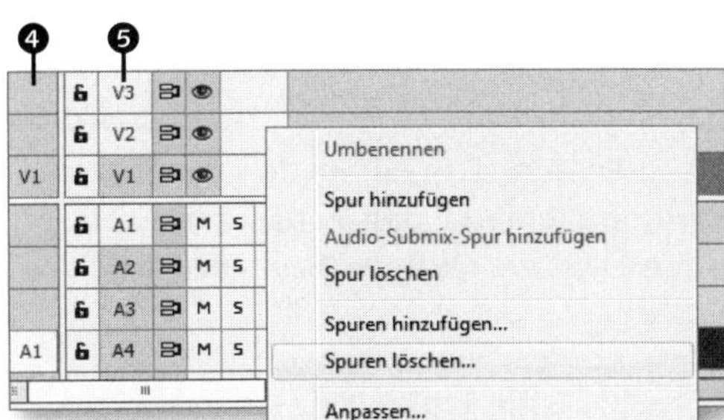

▲ **Abbildung 5.22** Lassen Sie den Rechtsklick weder im Quellpatching-Bereich noch in der Zielführung erfolgen.

▲ **Abbildung 5.23** In diesem Beispiel werden alle leeren Video- und Audiospuren gelöscht.

5.3 Mehrere Sequenzen einsetzen

Wenn Sie ein großes Projekt in mehrere Abschnitte unterteilen wollen oder wenn Sie mit unterschiedlichem Filmmaterial arbeiten (z. B. DV und AVCHD), bietet es sich an, mehrere Sequenzen zu verwenden.

5.3.1 Dem Projekt eine Sequenz hinzufügen

Eine neue Sequenz erzeugen Sie, indem Sie [Strg]/[cmd]+[N] drücken, oder indem Sie das kleine Blattsymbol in der Fußleiste des Projektfensters anklicken und im Pulldown-Menü auf SEQUENZ gehen.

▲ **Abbildung 5.24** Auch vom Projektfenster aus lässt sich eine neue Sequenz erzeugen.

Im Anschluss daran müssen Sie erneut den mittlerweile bestens bekannten Dialog NEUE SEQUENZ abarbeiten. Hier dürfen Sie aber, wenn Sie es denn wollen, sogar eine ganz andere Vorgabe wählen als die zuerst erzeugte. Damit lassen sich also unterschiedliche Formate komfortabel in einem Projekt bearbeiten. Wenn Sie das Projekt allerdings in mehrere kleine Bereiche zu unterteilen gedenken, werden Sie die gleiche Vorgabe erneut verwenden wollen. Konkret hieße dies, Sie würden abermals *dieselbe Vorgabe* aussuchen.

Material mischen

Unterschiedliche Ausgangsmaterialien (z. B. AVCHD, HDV, DV) dürfen durchaus in einer einzigen Sequenz verarbeitet werden. Bedenken Sie allerdings, dass es dadurch zu unterschiedlichen Abmessungen kommt. Auch werden Clips, die nicht den Sequenzeinstellungen entsprechen, mit einem roten Balken versehen.

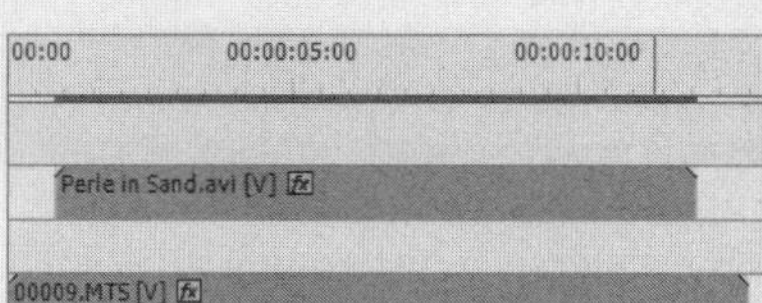

◄ **Abbildung 5.25** Hier befindet sich ein DV-Clip (obere Spur) in einer AVCHD-Sequenz.

▲ **Abbildung 5.26** So stellt sich ein DV-Clip im Format 4:3 in einer AVCHD-Sequenz dar.

Sequenzen öffnen | Die Sequenzen werden im Übrigen ebenfalls als einzelne Einträge im Projektfenster gelistet. Das macht es möglich, eine Sequenz, die Sie im Schnittfenster bearbeiten wollen, mit einem Doppelklick zu versehen. Das Wechseln zwischen zwei Sequenzen erreichen Sie, indem Sie die betreffende Registerkarte im Kopf des Schnittfensters aktivieren.

◄ **Abbildung 5.27** Die einzelnen Sequenzen lassen sich über Registerreiter anwählen.

Register öffnen und umsortieren

Sollte ein Register einmal nicht im Schnittfenster präsent sein, setzen Sie einen Doppelklick auf die Sequenz im Projektfenster. Und die Reihenfolge der Register lässt sich im Übrigen auch bestimmen. Ziehen Sie eines der Register mit gedrückter linker Maustaste nach links oder rechts.

5.3.2 Sequenzen importieren

Sollten Sie es auf den Sequenzimport abgesehen haben, lässt sich das auch prima mit Premiere Pro realisieren. Wann ist so etwas erforderlich? Zum Beispiel dann, wenn Sie eine immer wieder benötigte Sequenz (z. B. ein animiertes Logo oder eine markante Dialogszene) in einem künftigen Projekt erneut benötigen. Und das geht genauso wie der Import eines jeden anderen Assets (z. B. durch Doppelklick auf einen freien Bereich des Projektfensters, wobei Sie die Premiere-Pro-Projektdatei (.prproj) auswählen müssen. Jetzt reagiert die Anwendung jedoch mit einer Abfrage (siehe Abbildung 5.28).

Das gesamte Projekt zu importieren, macht in diesem Fall wenig Sinn. In unserem Beispiel wird zudem nur eine einzige Sequenz und nicht das gesamte Projekt benötigt. Aktivieren Sie demzufolge die untere Option, und klicken Sie auf OK. Im folgenden Dialog entscheiden Sie sich nun für die Sequenz, auf die Sie es abgesehen haben (hier Dialoge) und bestätigen abermals mit OK.

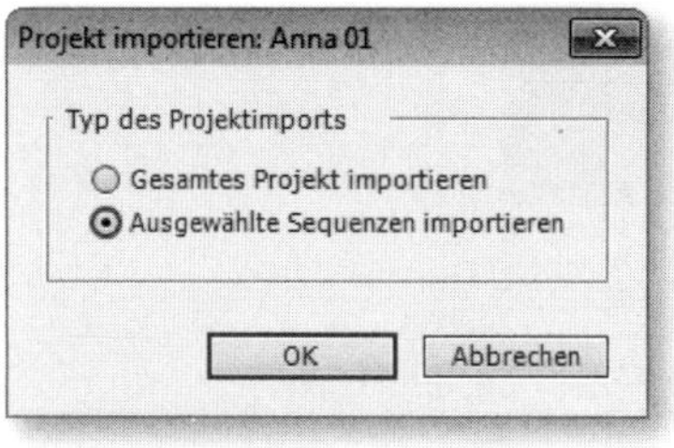

▲ **Abbildung 5.28** Was soll importiert werden?

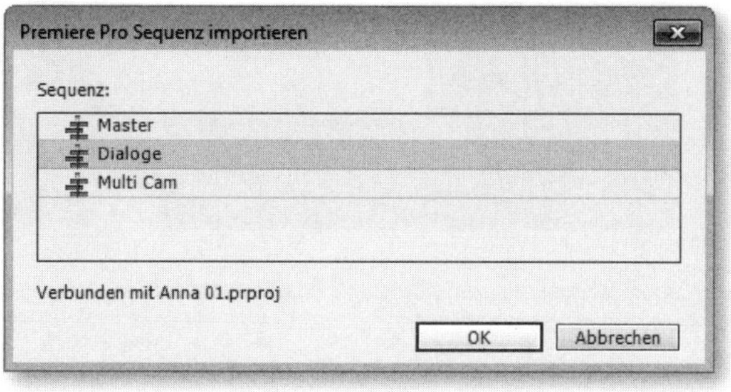

▲ **Abbildung 5.29** Eine einzelne Sequenz wird importiert.

Der Lohn aller Mühen: Ihr Projektfenster wird um einen Ordner erweitert, in dem nun die gewünschte Sequenz sowie sämtliche dazugehörigen Assets zu finden sind. Ein cooles Feature. Was will man mehr? ;-)

5.3.3 Sequenzen verschachteln

Sie sehen also, dass sich mit Sequenzen eine ganze Menge machen lässt. Richtig interessant wird die Sache aber erst dadurch, dass sich Sequenzen ineinander verschachteln lassen.

In der Praxis sieht das so aus: Sie arbeiten mit einer Sequenz, die den eigentlichen Film ausmacht – nennen wir sie einmal »Master«. Irgendwann stellen Sie eine zweite Sequenz zur Verfügung, in der Sie beispielsweise eine Logo-Animation produzieren. Wenn Sie damit fertig sind, werden Sie nicht die einzelnen Assets der Animation, sondern die gesamte Sequenz in die Master-Sequenz stellen. Die Vorteile: Änderungen müssen nicht im Master durchgeführt werden, sondern werden direkt in der Logo-Sequenz vorgenommen. Außerdem können Sie innerhalb des Masters die gesamte Logo-Animation vergrößern, verkleinern, verschieben, mit Effekten versehen usw. Das müssten Sie ansonsten für jeden Clip des Logos einzeln machen.

Schritt für Schritt: Sequenzen verschachteln

Damit Sie das Prinzip der verschachtelten Sequenzen kennenlernen, folgt hier ein kurzer Workshop.

1 *Sequenzen erstellen und benennen*

Ziehen Sie einmal wahllos einige Videoclips in eine neue, leere Sequenz (falls Sie mit dem Beispielmaterial der Buch-DVD arbeiten, benutzen Sie DV-PAL Standard 48 kHz). Anschließend klicken Sie auf den Namen der Sequenz im Projektfenster, was zur Folge hat, dass dieser komplett markiert wird. Geben Sie beispielsweise »Perlen-Clips« ein, und schließen Sie die Aktion mit [↵] ab. Danach erzeugen Sie noch einmal eine neue Sequenz mit der gleichen Vorgabe und benennen diese direkt im Dialog mit »Master«. Im Projektfenster sind diese beiden Sequenzen nun ebenfalls enthalten.

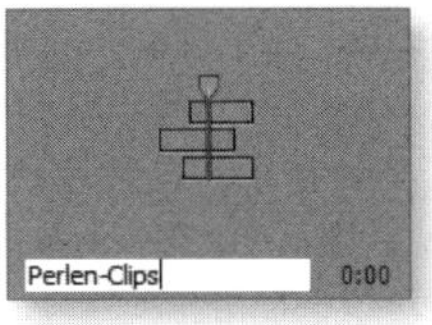

▲ **Abbildung 5.30** Nachdem Sie die erste Sequenz aussagekräftig unbenannt haben...

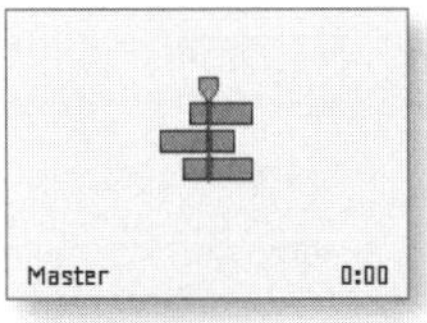

▲ **Abbildung 5.31** ...erzeugen Sie eine zweite Sequenz mit dem Namen »Master«.

2 *Master-Sequenz öffnen*

Sie benötigen jetzt die Master-Sequenz im Schnittfenster, weshalb Sie diese doppelklicken sollten. Auch hier könnten Sie jetzt den einen oder anderen Clip einfügen.

3 *Sequenz verschachteln*

Interessanter ist aber, dass Sie die Sequenz »Perlen-Clips« jetzt wie ein gewöhnliches Asset in die Master-Sequenz ziehen können. Setzen Sie dazu einen Mausklick auf das Symbol der Sequenz im Projektfenster, und ziehen Sie dieses in eine beliebige Spur des aktiven Schnittfensters (Master).

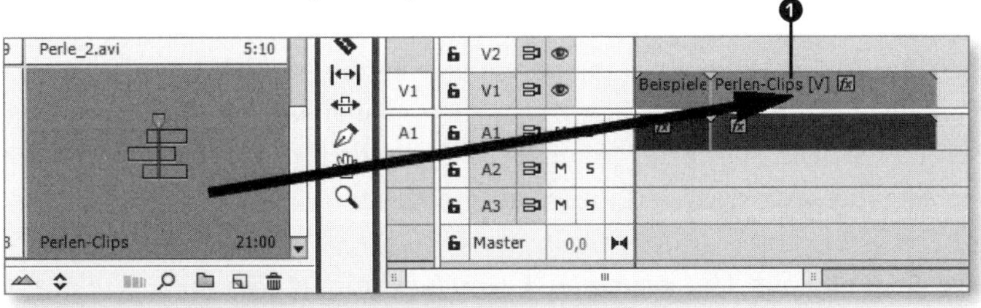

▲ **Abbildung 5.32** Der Sequenz-Clip ❶ wird grün dargestellt.

Sie sehen, dass aus sämtlichen Clips, die sich innerhalb der Sequenz »Perlen-Clips« befunden haben, nun ein einzelner Clip entstanden ist. Das ist eine tolle Sache, da Sie nun imstande sind, Effekte u.Ä. mit einem einzigen Arbeitsgang auf die gesamte verschachtelte Sequenz anzuwenden.

Optional: Clips erhalten | Was aber, wenn Sie genau das nicht möchten? Was tun, wenn Sie die verschachtelte Sequenz als einzelne Clips erhalten wollen? Dann müssen

Pr

Sie »vorab« umstellen. Das bedeutet konkret: Sie müssen zunächst die verschachtelte Sequenz, sprich den grünen Clip aus dem Schnittfenster, entfernen (eine nachträgliche Änderung bei bereits hinzugefügten Sequenzen ist leider nicht mehr möglich). Im Anschluss daran deaktivieren Sie die Taste SEQUENZEN ALS VERSCHACHTELUNGEN ❶ und ziehen den Clip abermals hinein.

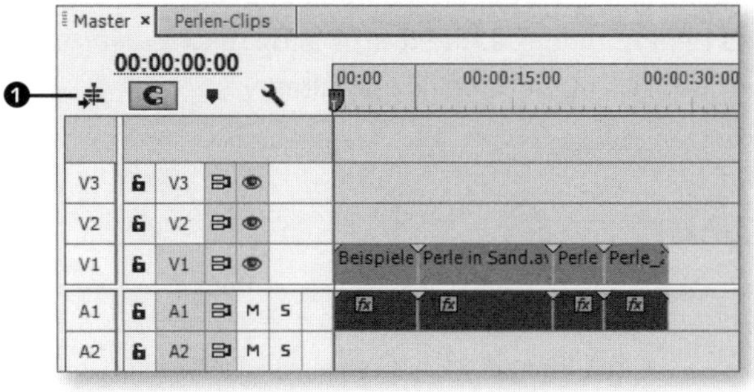

◂ **Abbildung 5.33** Deaktivieren Sie zunächst den Button SEQUENZEN ALS VERSCHACHTELUNGEN ❶. Die verschachtelte Sequenz besteht jetzt aus Einzel-Clips.

Vorteile von verschachtelten Sequenzen | Sie können diese verschachtelte Sequenz jetzt nicht nur verschieben, sondern auch kürzen, schneiden oder was auch immer Sie damit anstellen wollen. Sie dürfen sogar Überblendungen, Effekte und dergleichen auf das verschachtelte Sequenz-Asset anwenden. Wenn Sie die Inhalte der Sequenz noch einmal bearbeiten wollen, ist es Ihnen zudem gestattet, einen Doppelklick auf das Sequenz-Asset im Projektfenster zu setzen, was Ihnen den direkten Wechsel in diese Sequenz ermöglicht.

Und was noch viel besser ist: Wenn Sie jetzt dort Änderungen vornehmen, werden diese auch innerhalb der Master-Sequenz übernommen. Stellen Sie sich vor, welchen Vorteil Sie genießen, wenn Sie die besagte Logo-Animation bauen, die im Film immer wieder an unterschiedlichen Stellen auftauchen soll (wie z. B. eine Bauchbinde – mehr dazu in Kapitel 11, »Titel erzeugen«). Dann können Sie an dieser Stelle jeweils die verschachtelte Sequenz nutzen. Und wenn Sie am Logo einmal etwas ändern wollen – nur zu. Sie müssen das lediglich in der ursprünglichen Sequenz tun. Im Master wird der Inhalt dann an allen Stellen aktualisiert – ganz automatisch.

Verschachtelte Sequenz aus Clip erzeugen | Übrigens können Sie auch direkt aus einem Clip heraus eine verschachtelte Sequenz erzeugen. Klicken Sie dazu den Clip im Projektfenster mit rechts an, und entscheiden Sie sich im Menü für NEUE SEQUENZ AUS CLIP. Die daraufhin entstehende Sequenz wird sogleich im Schnittfenster bereitgestellt. Zudem ist der Clip, aus dem die Sequenz erzeugt worden ist, dort bereits integriert. Und die Sequenzeinstellungen stimmen natürlich mit den Clip-Eigenschaften überein.

Sequenz-Startzeit verändern | Eine weitere gängige Vorgehensweise ist es, verschiedene Handlungsabläufe innerhalb eines Projekts auf verschiedene Sequenzen aufzuteilen. Am Schluss hängen Sie alle Sequenzen in einem Master aneinander. Das wird beispielsweise im professionellen Schnitt sehr gerne gemacht, wenn mehrere Cutter an einem Gesamtwerk arbeiten und jeder am Ende eine Sequenz beisteuert. Um hier die Orientierung zu behalten, empfiehlt es sich, mit verschiedenen Sequenz-Startzeiten zu arbeiten (früher Sequenz-Nullpunkt).

Ein Beispiel: Der allgemeine Vorspann beginnt wie gewöhnlich bei 00:00:00:00. Der erste Cutter beginnt seine Sequenz bei 01:00:00:00, der zweite verwendet 02:00:00:00 als Startpunkt usw. Damit dies auch auf der jeweiligen Zeitskala ersichtlich wird, ändern Sie einfach den Sequenz-Nullpunkt. Öffnen Sie dazu das Bedienfeldmenü im Schnittfenster, und wählen Sie dort den Eintrag STARTZEIT aus. Alternativ reicht auch ein Rechtsklick auf den Reiter der Sequenz. Um die Sequenz nun genau bei einer Stunde beginnen zu lassen, müssten Sie »1000000« eingeben und mit OK bestätigen. Kontrollieren Sie den Timecode, indem Sie den Abspielkopf an den Anfang der Sequenz stellen (Pos1 bzw. ↖ drücken, sofern auf der Tastatur vorhanden).

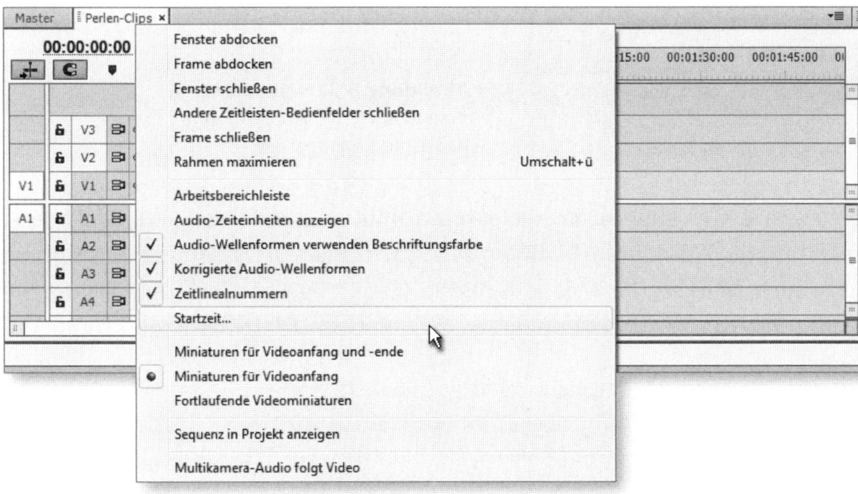

▲ **Abbildung 5.34** Die STARTZEIT kann auch über den Reiter aufgerufen werden.

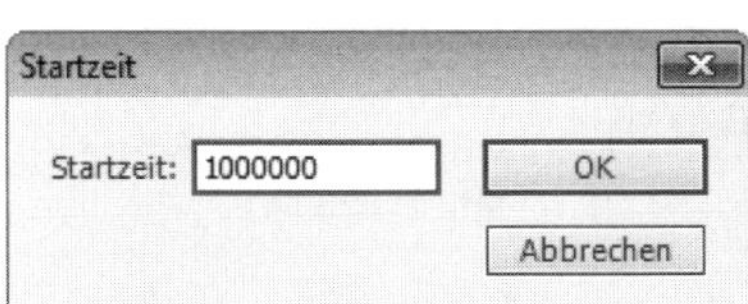

▲ **Abbildung 5.35** Beginnen Sie bei Stunde 1.

▲ **Abbildung 5.36** Kontrollieren Sie die Eingabe im Schnittfenster-Timecode.

5.4 Marken

Nicht nur im Quell- und Programmmonitor, sondern auch im Schnittfenster ist der Einsatz von Marken möglich. Diese haben unterschiedliche Funktionen. So lassen sich an ihnen beispielsweise Objekte ausrichten oder Teile markieren, die wichtig sind. Des Weiteren können hier auch Anmerkungen verfasst werden. Wir unterscheiden zunächst zwischen Clip-Marken und Sequenzmarken (spezielle Marken, wie z. B. die Encore Kapitelmarke, werden in Kapitel 15, »DVD-Authoring mit Encore«, erläutert).

5.4.1 Sequenzmarken setzen

Bringen Sie die Einfügemarke an die gewünschte Position des Schnittfensters, und betätigen Sie [M]. Alternativ öffnen Sie das Kontextmenü, indem Sie mit rechts auf die Zeitskala (bzw. geringfügig darüber oder darunter) klicken. Beachten Sie, dass nicht die Position des Mausklicks, sondern die der Einfügemarke über die Platzierung der Marke entscheidet. Noch einfacher geht es, indem Sie zunächst die Einfügemarke platzieren und dann auf das Markensymbol im Kopf des Schnittfensters klicken.

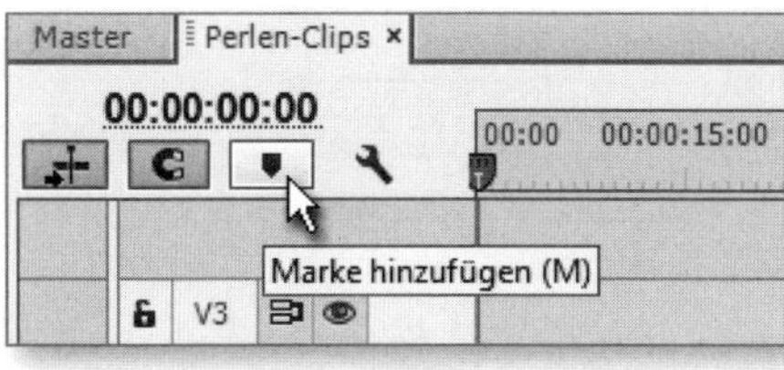

◄ **Abbildung 5.37** Mit einem Klick auf das Markensymbol wird eine neue Sequenzmarke eingefügt.

Marken dienen in erster Linie dazu, Objekte an ihnen auszurichten. Wenn Sie eine Marke gesetzt und die Ausrichten-Funktion [S] aktiviert haben, lassen sich Clips prima anordnen, da auch Marken die Magnetfunktion (Snapping) unterstützen. Ziehen Sie einen Clip unter die Marke, rastet er ein.

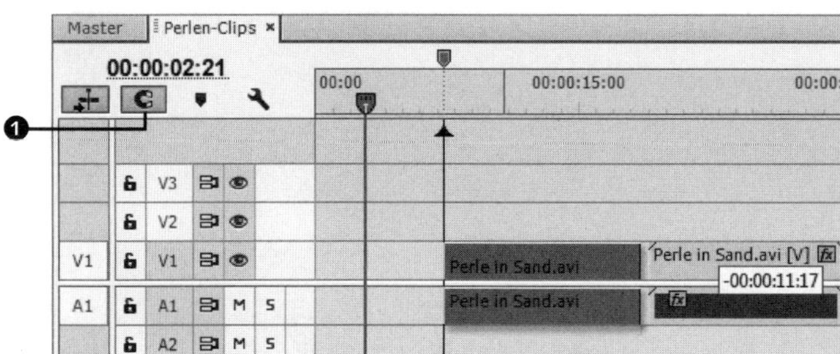

◄ **Abbildung 5.38** Die senkrechte schwarze Linie verdeutlicht, dass der Clip an der Sequenzmarke ausgerichtet wird. Voraussetzung: AUSRICHTEN im Kopf des Schnittfensters ❶ ist aktiviert.

5.4.2 Sequenzmarken verschieben und löschen

Sie können Sequenzmarken ganz einfach per Drag & Drop verschieben. Zum Löschen einer Marke müssen Sie diese zunächst anklicken. Das hat zur Folge, dass der Abspielkopf an diese Position springt. Ist das nicht der Fall, kann die Marke auch nicht gelöscht werden. Dass Sie sich mit dem Abspielkopf auf einer Marke befinden, wird nicht nur durch eine kleine gestrichelte Verbindungslinie zwischen Abspielkopf und Marke ❸ dargestellt, sondern auch durch ein Symbol im Programmmonitor ❷.

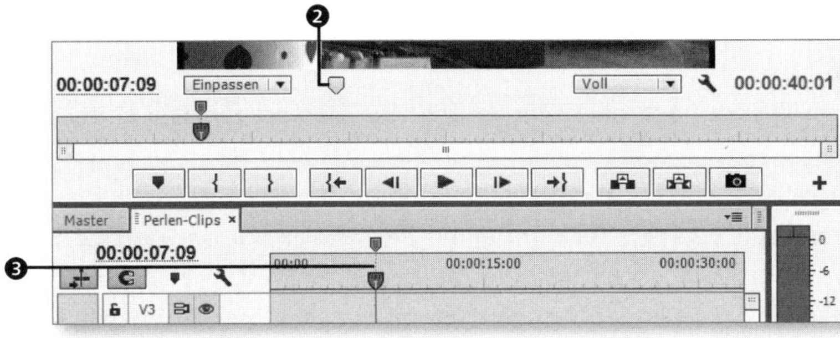

◀ **Abbildung 5.39** Es gibt zwei Hinweise darauf, dass Abspielkopf und Marke an der gleichen Position sind.

Klicken Sie mit rechts auf die Marke, und wählen Sie Aktuelle Marke löschen. Falls es mehrere Marken gibt, die nun alle entfernt werden sollen, betätigen Sie Alle Marken löschen. Um vorhandene Marken anzuspringen, hält das Kontextmenü die Einträge Zur nächsten Marke gehen und Zur vorherigen Marke gehen bereit. Entsprechendes kann auch mittels Shortcuts [⇧]+[M] (vor) sowie [Strg]/[cmd]+[⇧]+[M] (zurück) erfolgen. Der Schaltflächeneditor beherbergt zudem entsprechende Buttons.

5.4.3 Anmerkungen hinzufügen

Marken können grundsätzlich auch zu Encore-Kapitelmarkierungen oder Flash-Cue-Points umgewandelt werden. Häufiger ist jedoch der Einsatz von Kommentaren. Dazu öffnen Sie auf der Marke erneut das Kontextmenü, gefolgt von Marke bearbeiten. Alternativ setzen Sie einen Doppelklick auf die Marke. Im Folgedialog können Sie zunächst einen Namen vergeben (bei Projekten, die von mehreren Personen bearbeitet werden, empfiehlt sich der eigene) sowie den Kommentar verfassen. Nachdem Sie auf OK geklickt haben, reicht das bloße Verharren mit der Maus auf der Marke, um den Kommentar mitsamt Namen und Position via QuickInfo sichtbar zu machen.

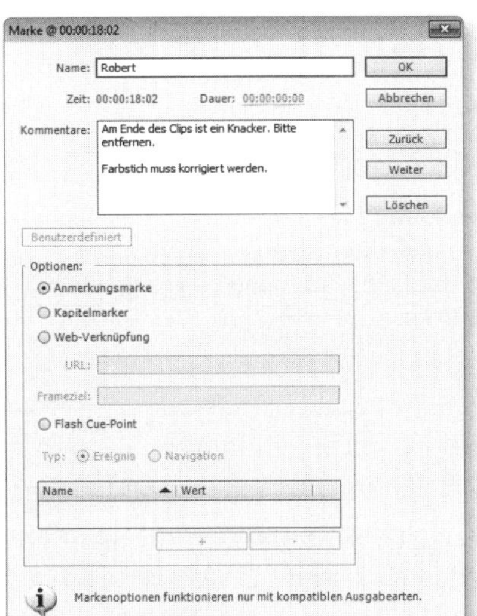

▲ **Abbildung 5.40** Hier wurde eine Anmerkung verfasst.

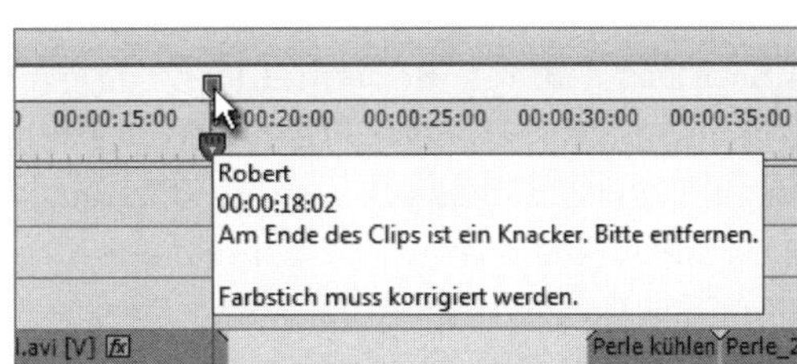

▲ **Abbildung 5.41** Der Kommentar wird sichtbar, sobald Sie mit dem Mauszeiger auf die Marke zeigen.

5.4.4 Clip-Marken setzen

Neben Sequenzmarken existieren noch die sogenannten *Clip-Marken*. Einziger Unterschied zu Sequenzmarken: Die Marke sitzt nicht in der Skala des Schnittfensters, sondern im Clip selbst. Demzufolge wird sie auch im Quellmonitor hinzugefügt. Auch hier funktioniert die Platzierung mittels [M] oder über einen Rechtsklick auf die Zeitskala, gefolgt von MARKE HINZUFÜGEN. Möchten Sie eine Marke auf einen Clip anwenden, der sich bereits im Schnittfenster befindet, bringen Sie ihn zunächst per Doppelklick in den Quellmonitor. Alle weiteren Optionen, das Handling betreffend, entsprechen denen der Sequenzmarken.

▲ **Abbildung 5.42** Auch im Quellmonitor können Anmerkungen integriert werden.

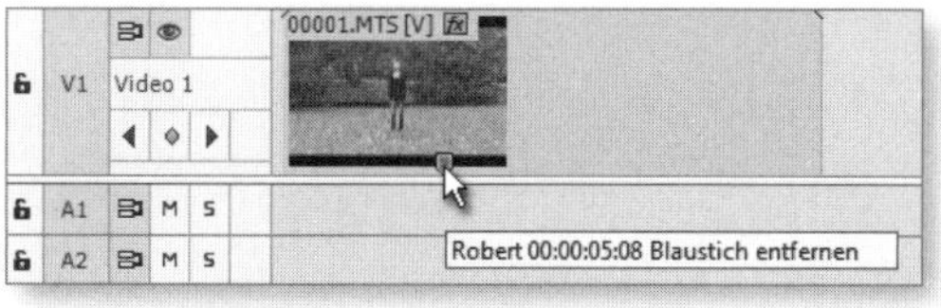

◀ **Abbildung 5.43** Clip-Marken sind auch im Schnittfenster sichtbar – allerdings nur dann, wenn die Spurhöhe zuvor erweitert worden ist.

5.4.5 Das Marken-Bedienfeld

Die bisher beschriebenen Vorgehensweisen sind immer dann zu empfehlen, wenn nur wenige Marken eingesetzt werden müssen. Werden die Marken jedoch zahlreicher, sollten Sie auf das Marken-Bedienfeld zurückgreifen, welches Sie standardmäßig unten links finden (hinter dem Projekt- und Effekte-Fenster). Hier lassen sich sowohl Clip- als auch Sequenzmarken anzeigen. Was gerade sichtbar ist, hängt davon ab, ob derzeit der Quellmonitor oder der Programmmonitor bzw. das Schnittfenster aktiv ist. Ersteres zeigt nur die Marken des Clips an, der gerade im Quellmonitor aktiv ist. Die Alternative dazu: Setzen Sie einen Doppelklick auf eine Clip-Marke innerhalb des Schnittfensters. Bei aktivem Programmmonitor oder Schnittfenster werden hingegen nur die Sequenzmarken angezeigt. Die aktive Marke wird zudem mittelgrau hinterlegt angezeigt.

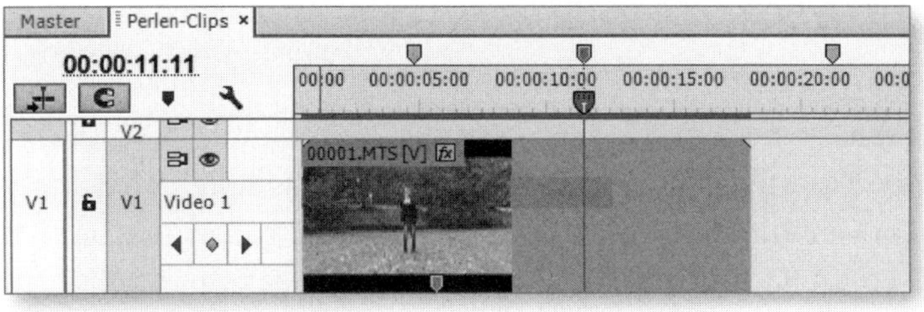

◂ **Abbildung 5.44** Bei dieser Markenanordnung ...

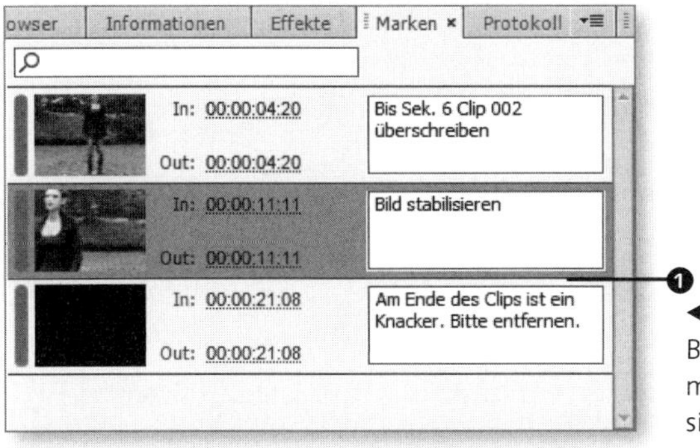

◂ **Abbildung 5.45** ... stellt sich das Marken-Bedienfeld derart dar, dass nur die Sequenzmarken, nicht aber die Clip-Marken sichtbar sind.

Marken im Marken-Bedienfeld bearbeiten | Vom Marken-Bedienfeld aus können sämtliche Marken im Schnittfenster direkt angesprungen werden. Klicken Sie dazu auf die entsprechende Zeile (nicht auf die Timecodes). Im rechten Feld können Sie nun, so Sie es denn wollen, eine Info verfassen ❶.

So weit, so gut. Die Hinweise sind verfasst und können per Klick auf die Marke im Schnittfenster jederzeit eingesehen werden. Zu schade nur, dass man die Texte nicht direkt im Schnittfenster lesen kann. Oder doch? Ja, denn eine Clip-Marke darf durchaus eine gewisse Länge haben. Links sehen Sie, dass sich In- und Out-Points definieren lassen. Erhöhen Sie beispielsweise den Out-Point-Timecode einer Marke, bekommt diese im Schnittfenster eine gewisse Breite – und der Text kann dort angesehen werden.

◂ **Abbildung 5.46** Der Markentext ist im Schnittfenster lesbar.

Marke benennen

Um eine Marke zu benennen, setzen Sie einen Doppelklick auf die Miniatur. Dadurch öffnet sich der bereits bekannte Marken-Dialog. Beachten Sie jedoch bitte, dass im Schnittfenster vorrangig der Kommentartext präsentiert wird. Der Name der Marke wird nur dann ausgewiesen, wenn kein Hinweistext vorhanden ist.

5.5 Untertitel

Und da wären da noch die Untertitel, die sich in Premiere Pro CC individuell erstellen und bearbeiten lassen. Im Prinzip wird das genauso geregelt wie bei den Marken. Aber der Reihe nach.

5.5.1 Untertitel erstellen

Erzeugen Sie einen neuen Untertitel, indem Sie zunächst auf das bereits bekannte Blattsymbol (Neues Objekt) im Fuß des Projektfensters klicken. Entscheiden Sie sich im Menü für Untertitel. Legen Sie im nächsten Dialog die Größe des Untertitels fest. Standardmäßig wird die Größe angeboten, die zur aktiven Sequenz passt (hier: AVCHD 1.920 x 1.080). Klicken Sie dann auf OK.

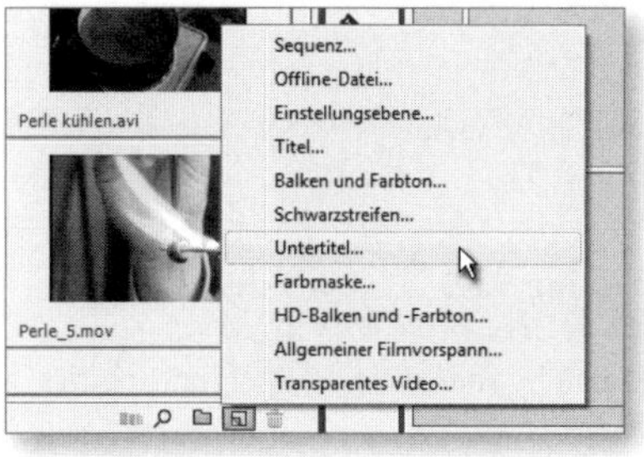

▲ **Abbildung 5.47** Ein Untertitel wird ebenfalls im Fuß des Projektfensters erzeugt.

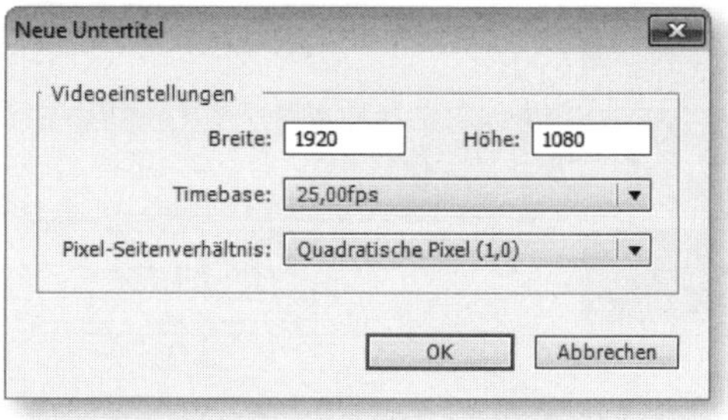

▲ **Abbildung 5.48** Die Vorgaben passen zur Sequenz, könnten jedoch im Bedarfsfall noch angepasst werden.

5.5.2 Standard und Stream festlegen

Entscheiden Sie sich im Folge-Dialog noch für den voreingestellten Standard *CEA-608*, da Teletext nicht für den Film vorgesehen ist. Im Bereich Stream lässt sich festlegen, auf welcher Untertitelspur des Players der Text später abrufbar sein soll. Belassen Sie es hier bei Untertitel 1 und verlassen Sie den Dialog mit OK.

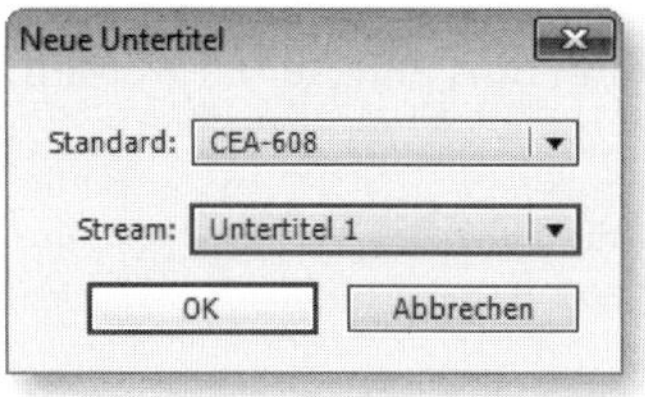

◀ **Abbildung 5.49** Der Untertitel wird für Spur 1 vorbereitet.

Schritt für Schritt: Untertitel-Clip hinzufügen

Im vorangegangenen Abschnitt haben Sie erfahren, wie sich ein Untertitel-Asset erzeugen lässt. Schauen Sie sich in diesem Workshop an, wie dieses Asset weiter verarbeitet wird.

1 *Schnittfenster vorbereiten*

Nach der Produktion des Assets erscheint der Untertitel wie ein herkömmlicher Clip im Projektfenster. Von dort aus kann er auch entsprechend bearbeitet werden. Ziehen Sie den Titel in eine übergeordnete Videospur, damit dieser einen vorhandenen Videoclip überdecken kann. Dabei sollten Sie sämtliche Spuren in der Höhe erweitern, indem Sie auf den Schraubenschlüssel des Schnittfensters klicken und ALLE SPUREN ERWEITERN betätigen. Markieren Sie den Untertitel-Clip anschließend.

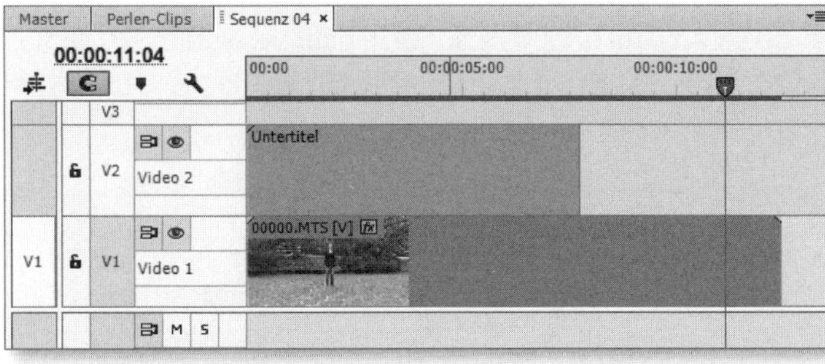

▲ **Abbildung 5.50** Der Untertitel überlagert einen Videoclip.

2 *Sichere Ränder einschalten*

Nun sind noch noch zwei Einstellungen zu treffen. Zum einen sollten Sie das Bedienfeldmenü des Programmmonitors öffnen und darin den Eintrag SICHERE RÄNDER selektieren. Das sorgt dafür, dass sich innerhalb des Monitors der Bereich für geschützte Titel und geschützte Aktionen zeigt. Dazu in Anhang A.2.2, »Sichere Ränder«, mehr.

▲ **Abbildung 5.51** Innerhalb des Bildes zeigen sich jetzt Rechtecke.

3 *Untertitel aktivieren*

Nun besteht noch das Problem, dass Untertitel von Hause aus nicht im Programmmonitor angezeigt werden. Das würde bedeuten, dass die gleich zu erstellenden Untertitel gar nicht sichtbar wären. Aufgrund dessen müssen Sie noch einmal das Programmmonitor-Bedienfeldmenü aufrufen und ANZEIGE VON UNTERTITELN • AKTIVIEREN wählen.

4 *Untertitel erzeugen*

Achten Sie darauf, dass für den folgenden Schritt der Untertitel-Clip im Schnittfenster markiert ist. Öffnen Sie das Bedienfeld UNTERTITEL, welches Sie im Menü FENSTER finden. Zunächst einmal sieht das gute Stück sehr unspektakulär aus. Das ändert sich aber, wenn Sie auf die kleine Plus-Schaltfläche ❶ unten rechts klicken (vorhandene Untertitel können übrigens später durch deren Anwahl und Klick auf ❿ wieder verworfen werden).

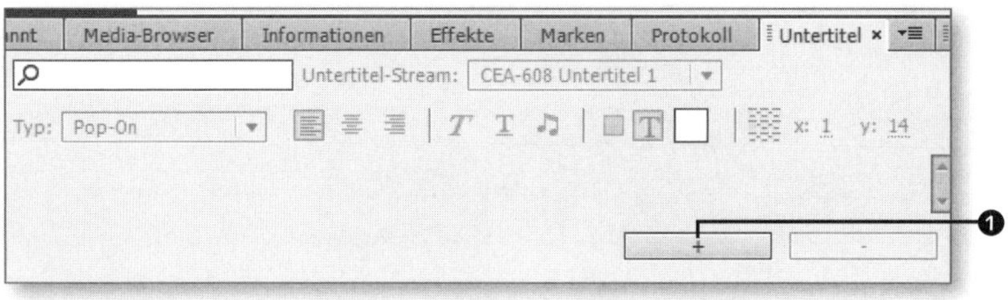

▲ **Abbildung 5.52** Hier ist nur eine einzige Schaltfläche anwählbar.

5 *Untertitel schreiben*

Infolgedessen wird nun ein Bereich hinzugefügt, den Sie bereits von den Marken her kennen. Klicken sie in das Eingabefeld ❾, und erstellen Sie den gewünschten Text. Betätigen Sie bei Bedarf abermals das Plussymbol, und fügen Sie einen weiteren Untertitel hinzu.

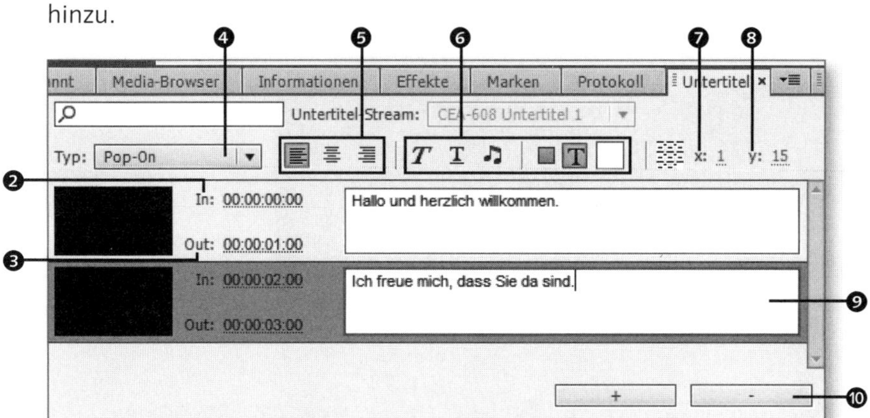

▲ **Abbildung 5.53** Ein weiterer Untertitel wird hinzugefügt.

6 *Untertitel einstellen*

Nun gibt es noch zahlreiche Einstelloptionen, was den Titel selbst betrifft. Zum einen kann der TYP ❹ geändert werden. Die Standardeinstellung POP-ON sorgt dafür, dass der Titel ein- und ausgeblendet wird, während alle anderen für das Einrollen des Textes sorgen. Ändern sie die Ausrichtung (linksbündig, zentriert, rechtsbündig) im Bereich ❺ und die Textattribute, wie Farbe und dergleichen mit Hilfe der Steuerelemente ❻. Hier ist noch wichtig, zu erwähnen, dass die Titel standardmäßig vor transparentem Hintergrund angezeigt werden. Wenn Sie das nicht wollen, müssen Sie das Farbfeld mit der rechten Maustaste anklicken und von TRANSPARENT auf DECKEND umstellen. Das sorgt dafür, dass sich hinter dem Text ein schwarzer Balken zeigt.

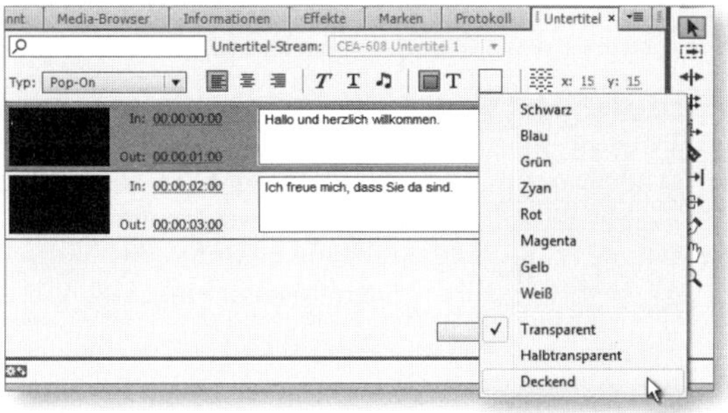

▲ **Abbildung 5.54** Transparente Hintergründe müssen nicht sein.

▲ **Abbildung 5.55** Balken verbessern die Lesbarkeit des Untertitels.

7 *Position ändern*

Wichtig ist die Möglichkeit, den Untertitel beliebig auf der Bildfläche anzuordnen. Verändern Sie die horizontale Position mit ❼ und die vertikale mit ❽. Hierbei sollten Sie vor allem die sicheren Ränder ⓫ beachten und mit dem Titel innerhalb des inneren großen Rechtecks bleiben. Ansonsten laufen Sie Gefahr, dass der Titel zu weit an den Bildrand gedrängt wird (beachten Sie hierzu die Hinweise im Anhang, »Fachkunde«).

8 *Dauer ändern*

Nun ist die Dauer eines Titels von Hause aus recht kurz, da diese ja prinzipiell als Übersetzungshilfe fungieren (genauer gesagt eine Sekunde lang). Deswegen ist es auch gut möglich, mehrere Untertitel innerhalb eines Untertitel-Clips unterzubringen. Die Dauer eines einzelnen Untertitels ändern Sie mit Hilfe der In- und Out-Points (❷ und ❸). Sollte der Clip nicht lang genug sein, lässt sich dieser wie jeder andere Clip auch im Schnittfenster zurechtziehen.

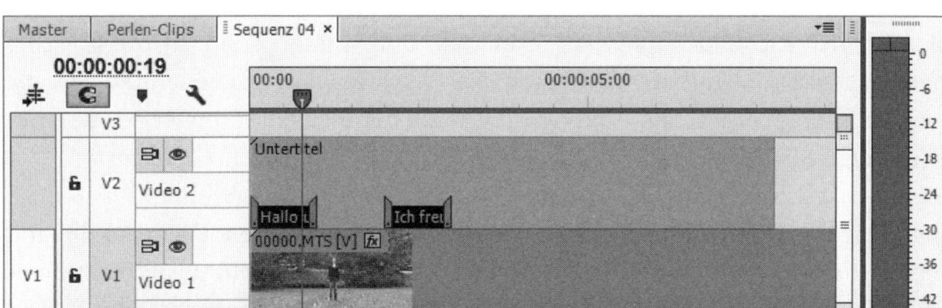

▲ **Abbildung 5.56** Die Untertitel tauchen auch im Schnittfenster auf.

5.6 Clip-Kopien und Clip-Instanzen

Klar, dass Sie einen Clip mehrmals verwenden können. So ist es z. B. denkbar, dass Sie bei Verwendung eines längeren Clips zunächst im vorderen Bereich einen In- und Out-Point setzen. Das machen Sie im Quellmonitor. Danach befördern Sie das gute Stück ins Schnittfenster. Berücksichtigung findet ja jetzt nur der Bereich, der innerhalb der In- und Out-Points hervorgehoben ist.

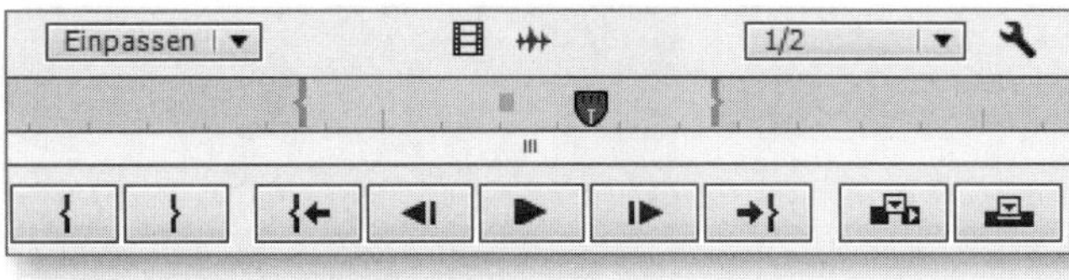

◂ **Abbildung 5.57** Nur der Bereich zwischen den beiden Klammern wird in das Schnittfenster eingefügt.

5.6.1 Clip-Instanzen erstellen

Wenn Sie jetzt auf das Quadrat zwischen den beiden Klammern klicken (der Mauszeiger mutiert zur Hand), können Sie den gesamten Bereich an eine andere Stelle verschieben. Damit haben Sie eine Instanz des Original-Clips erzeugt. Instanz deshalb, weil es den Clip nicht ein zweites Mal innerhalb des Projektfensters gibt.

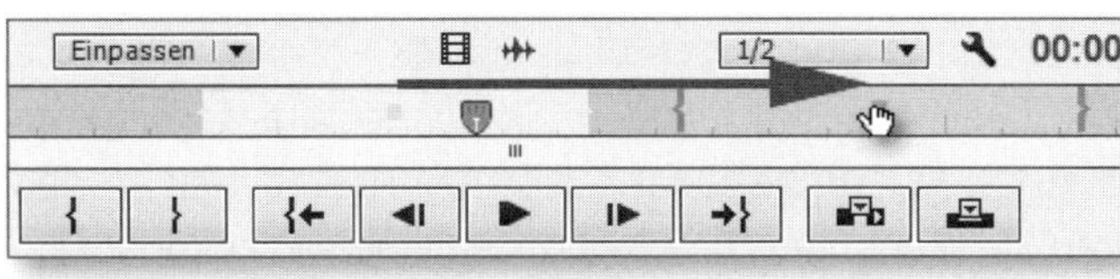

◂ **Abbildung 5.58** Während des Ziehens wird die Position der In-Point (linke Klammer) und Out-Point (rechte Klammer) ständig aktualisiert.

5.6.2 Clip-Kopien erstellen

Nun ist es jedoch auch möglich, anstelle von Clip-Instanzen Clip-Kopien zu erzeugen. Derartige Kopien stellen eigene Assets im Projektfenster dar und werden somit auch separat mit der Originaldatei verknüpft. Der größte Vorteil einer Clip-Kopie: Wenn Sie das Original löschen – also den Clip, aus dem die Kopie erstellt wurde –, bleibt die Kopie dennoch erhalten.

Um eine Clip-Kopie zu erzeugen, müssen Sie den Clip zunächst im Quellmonitor platzieren. Dort legen Sie anschließend mit Hilfe von In- und Out-Point fest, über welchen Bereich sich die Clip-Kopie erstrecken soll, und wählen dann im Menü CLIP • CLIPKOPIE ERSTELLEN. Alternativ betätigen Sie [Strg]/[cmd]+[U]. Benennen Sie die Kopie, so Sie es denn wünschen, und bestätigen Sie mit OK. An unterster Position des Projektfensters bzw. der aktiven Ablage finden Sie daraufhin die Clip-Kopie.

Aber wann ist es nun sinnvoll, statt des Originals Kopien zu verwenden? Wenn Sie z. B. lange Original-Clips (Masterclips) haben, ist es sinnvoll, mehrere kleine Kopien mit unterschiedlichen In- und Out-Points zu erstellen. So wird nicht nur das Projekt übersichtlich gehalten, sondern zusätzlich auch das Handling der Clips verbessert.

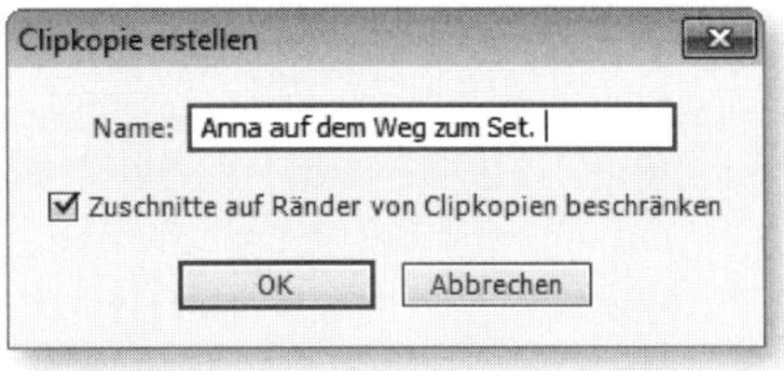

▲ **Abbildung 5.59** Der Dialog zur Benennung öffnet sich automatisch.

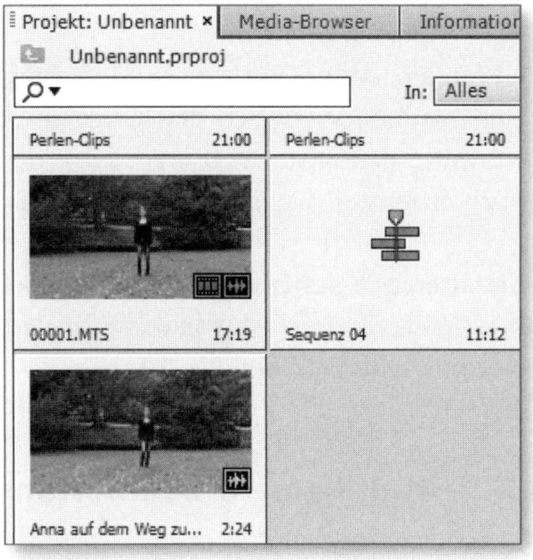

▲ **Abbildung 5.60** Aus dem Original-Clip (hier »00001.MTS«) ist eine Clip-Kopie erstellt worden (hier »Anna auf dem Weg zum Set.«). Diese erstreckt sich jetzt aber nur auf den Bereich zwischen In und Out. Deswegen ist auch die Vorschauminiatur eine andere.

Clip-Kopien nicht nur von Videos

Clip-Kopien können übrigens nicht nur von Videodateien, sondern auch von Sounds und Bildern erstellt werden.

Clip-Kopien im Schnittfenster erstellen | In Premiere Pro gibt es die Möglichkeit, gleich aus dem Schnittfenster heraus eine Clip-Kopie zu erstellen. Dazu müssen Sie nichts weiter tun, als den Clip in ein Projektfenster zu ziehen. Wollen Sie die Instanz in diesem Zusammenhang auch gleich benennen, verziehen Sie den Clip, während Sie [Strg]/[cmd] gedrückt halten.

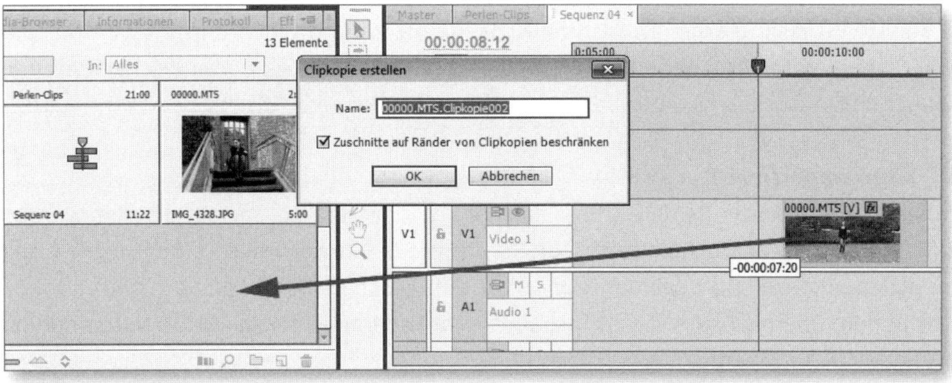

▲ **Abbildung 5.61** Bei Produktion der Kopie kann gleich ein Name eingegeben werden – sofern Sie die Tastatur mit einsetzen.

5.6.3 Clips wiederfinden

Ein Problem, das bei umfangreichen Projekten zum Tragen kommt, soll hier nicht unerwähnt bleiben. Wenn ich den Original-Clip im Projektfenster finden muss (um beispielsweise eine Instanz zu erzeugen), dann kann ich einen Rechtsklick auf den Clip im Schnittfenster platzieren und In Projekt anzeigen wählen. Der Original-Clip wird dann im Projektfenster markiert. Und wenn ich einmal wissen will, wo auf meinen Festplatten sich das Original-Asset befindet, dann klicke ich den Clip im Projektfenster mit rechts an und entscheide mich für Projekt im Explorer anzeigen. Die Folge: Der Zielordner wird geöffnet.

5.7 Multikamera-Bearbeitung

Mit Multi-Cam-Editing lassen sich (theoretisch) unzählig viele Clip-Spuren verwenden. Zur Version Premiere Pro CC ist dieser Arbeitsbereich erneut erweitert worden. Mit dem Multikamera-Modus haben Sie die zudem die Möglichkeit, Clips ganz individuell zu schneiden und als Sequenz in Ihren Master zu stellen. Im Prinzip wird hier ein Live-Kamerawechsel simuliert, wie er von Übertragungen aller Art her (Sport-Events, Shows, Nachrichten) bekannt ist.

Eigentlich hat der Multikamera-Modus die Funktion, Filmmaterial aus verschiedenen Aufnahmegeräten zusammenzuführen. Stellen Sie sich vor, Sie haben eine Szene mit mehreren Aufnahmegeräten gleichzeitig abgedreht, und wollen nun einen Mix aus diesen verschiedenen Einstellungen realisieren. Dann ist Multikamera eine gelungene Erweiterung. Sie sollten in diesem Fall das Filmmaterial aber vorab synchronisieren. Für den folgenden Workshop bedienen Sie sich eines einfacheren Beispiels.

Schritt für Schritt: Clips mit der Multikamera schneiden

In diesem Workshop erfahren Sie, wie Clips importiert und synchronisiert werden. Darüber hinaus wird beschrieben, wie man die zu schneidende Sequenz verschachtelt und der Schnitt in der eigens dafür bereitgestellten Multikamera-Ansicht bearbeitet wird.

1 *Clips importieren*

Zunächst importieren Sie alle Clips, die per Multikamera-Editing verarbeitet werden sollen, in das Projektfenster. Sollten die Clips bereits synchronisiert sein (also alle exakt am gleichen Einzelbild beginnen oder über den gleichen Timecode verfügen) können Sie mit dem übernächsten Schritt fortfahren. Im anderen Fall machen Sie bitte mit dem folgenden Schritt weiter.

2 *Synchronisationspunkte finden*

Stellen Sie einen Clip nach dem anderen in den Quellmonitor, und suchen Sie bei jedem nach einer markanten Stelle. Das sollte nach Möglichkeit ein visueller Punkt sein (kein Geräusch), der in sämtlichen Clips zu sehen ist. Idealerweise ist dieser Punkt das Schlagen einer Filmklappe, kann aber auch ein kurzes Handzeichen bzw. eine bestimmte Bewegung wie die allererste Fußbewegung am Beginn eines Spazierganges sein. Innerhalb einer Dialogszene könnte das Öffnen des Mundes oder eine Geste als Referenzpunkt herhalten. Wie dem auch sei: In jedem Clip platzieren Sie an diesem Punkt eine Clip-Marke. Bitte benennen Sie jede Marke gleich, indem Sie zunächst einen Doppelklick auf die Marke setzen und anschließend beispielsweise »1« in das Eingabefeld Name eintragen. Auch alle anderen Clip-Marken sollen den Namen »1« bekommen.

▲ **Abbildung 5.62** Dies könnte ein guter Synchronisationspunkt sein: Die Darstellerin hebt den Fuß. Die Fußspitze ist in diesem Einzelbild erstmals über dem Gras zu sehen. Genau dort gehört eine Marke hin.

Im Projektfenster arbeiten

Alternativ könnten Sie auch anhand von In-Points direkt im Projektfenster arbeiten. Maximieren Sie das Projektfenster ([Ü]), und suchen Sie besagte Stelle direkt im Clip. Sobald Sie den markanten Punkt gefunden haben, drücken Sie [I], um dort einen In-Point zu setzen. Bedenken Sie, dass die JKL-Steuerung auch auf den Miniaturen funktioniert und somit eine genaue Ansteuerung auch im Projektfenster möglich ist. Allerdings hat diese Vorgehensweise einen Nachteil: Sie müssen nämlich einen Synchronisationspunkt außerhalb des später relevanten Materials finden. Denn die Clips werden durch Platzierung der In-Points ja erst ab diesem Punkt verwendet.

Warum keine akustische Ausrichtung?

Sie haben soeben erfahren, dass der Synchronisationspunkt ein visueller Punkt und kein Geräusch sein sollte. Das hat einen guten Grund: Die Kameras sind meist unterschiedlich weit vom aufzunehmendem Objekt entfernt. Also dauert die Schallübertragung von dort aus auch unterschiedlich lange. Das Ausrichten, beispielsweise der hörbare Schlag einer Filmklappe, könnte je nach Entfernung der Kameras zu geringfügig unterschiedlichen Zeiten zu hören sein. Folglich würde ein falscher Punkt gesetzt. Bei geringen Entfernungen fällt das vielleicht weniger ins Gewicht als bei langen Strecken. Sie sollten sich dennoch angewöhnen, grundsätzlich auf Optisches auszurichten, damit hier keine Fehler passieren.

3 *Sequenz erzeugen*

Nun benötigen Sie eine neue Sequenz, die dem Quellmaterial entspricht. Glücklicherweise müssen Sie die Einstellungen gar nicht selbst vornehmen, sondern lassen das von Premiere Pro erledigen. Und das geht so: Zunächst müssen alle relevanten Clips im Projektfenster markiert werden (`Strg`/`cmd` gedrückt halten). Wenn das erledigt ist, lassen Sie einen Rechtsklick auf einem der markierten Clips folgen und selektieren MULTIKAMERA-ORIGINALSEQUENZ ERSTELLEN.

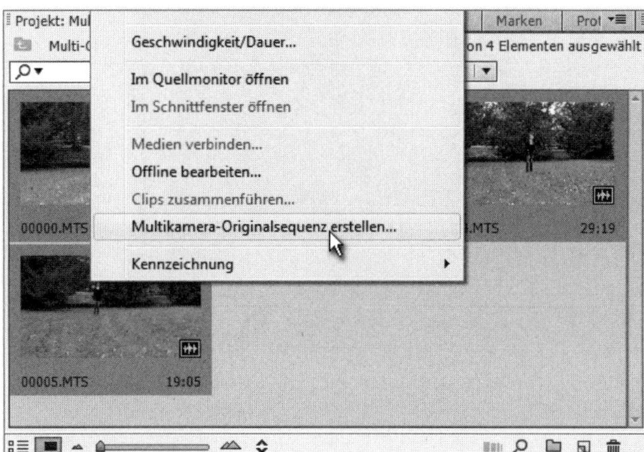

▲ **Abbildung 5.63** Bevor Sie den Befehl aufrufen, müssen alle benötigten Clips markiert sein.

4 *Synchronisierung vornehmen*

Im folgenden, nicht neuen, jedoch in Premiere Pro CC stark erweiterten Dialog können Sie zunächst einen Namen für die Multikamera-Sequenz vergeben. Angeboten wird hier der Name des ersten Clips mit dem Zusatz MULTIKAMERA. Dabei wollen wir es belassen. Aktivieren Sie den Radiobutton CLIPMARKE ❶, damit die Clips anhand dieses Punktes ausgerichtet werden. Der Ordnung halber sei erwähnt, dass sich Clips auch anhand ihrer Audio-Wellenform ausrichten ließen, sofern Sie AUDIO aktivieren. Bestätigen Sie anschließend mit OK.

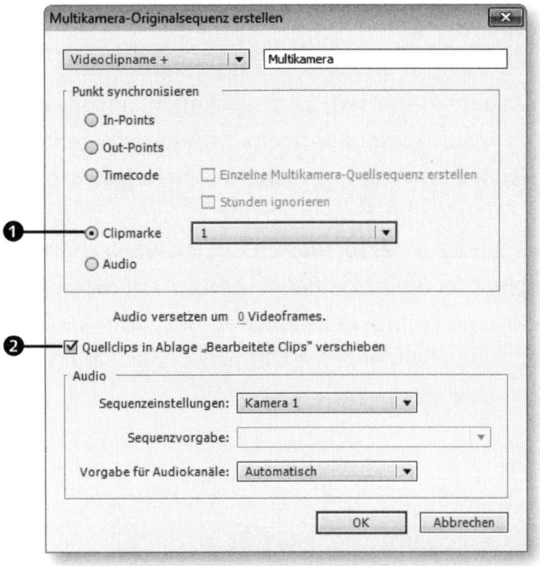

◂ **Abbildung 5.64** Die Clips werden anhand ihrer Marken ausgerichtet.

Quell-Clips verschieben

Neu in Premiere Pro CC ist das Kontrollkästchen QUELLCLIPS IN ABLAGE »BEARBEITETE CLIPS« VERSCHIEBEN ❷. Wenn dieses aktiviert ist, werden die zuvor markierten Clips in einen Unterordner des Projektfensters verschoben.

5 *Sequenz einfügen*

Ziehen Sie die soeben ins Projektfenster integrierte Sequenz nun in Ihre Master-Sequenz. Falls Sie nicht sicher sind, welche Einstellungen Sie für die Master-Sequenz vornehmen müssen, klicken Sie vorab mit rechts auf die Sequenzminiatur im Projektfenster, und wählen Sie NEUE SEQUENZ AUS CLIP. Sollte bereits eine Master-Sequenz vorhanden sein, ziehen Sie die Multikamera-Sequenz einfach in das Schnittfenster der Master-Sequenz. Achten Sie vorab jedoch darauf, dass die Sequenzen als Verschachtelungen eingefügt werden. Der Button ❸ muss demzufolge eingedrückt sein. Die integrierte Sequenz erscheint zudem als grüner Einzel-Clip im Schnittfenster.

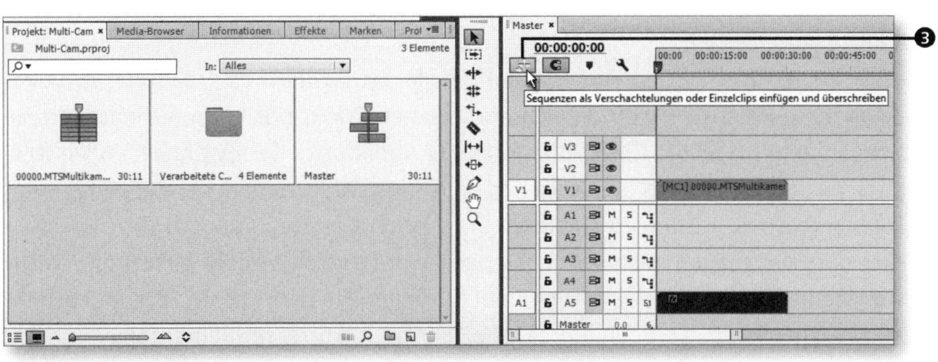

▴ **Abbildung 5.65** Die Multikamera-Sequenz wird in den Master verschoben.

6 *Optional: Sequenz im Schnittfenster bearbeiten*

Nun könnten Sie noch weitere Arbeiten am Sequenzmaterial vornehmen (z. B. Audiolautstärken anpassen, nicht benötigte Audiospuren entfernen, Clips anhängen, nachbearbeiten usw.). Dazu müssen Sie zunächst die Multikamera-Sequenz öffnen. Das geht aber in diesem Fall nicht per Doppelklick (weder im Projekt- noch im Schnittfenster), sondern nur über einen Rechtsklick auf die Miniatur im Projektfenster, gefolgt von IM SCHNITTFENSTER ÖFFNEN. Wenn Sie einmal einen Blick darauf werfen wollen, wie schön die einzelnen Clips anhand der Marken ausgerichtet worden sind, sollten Sie auf ANZEIGEEINSTELLUNGEN FÜR DAS SCHNITTFENSTER klicken (Schraubenschlüssel) und dort ALLE SPUREN ERWEITERN markieren. Anschließend sollten Sie der Übersicht halber den Schritt wiederholen, wobei Sie dann jedoch ALLE SPUREN MINIMIEREN aussuchen.

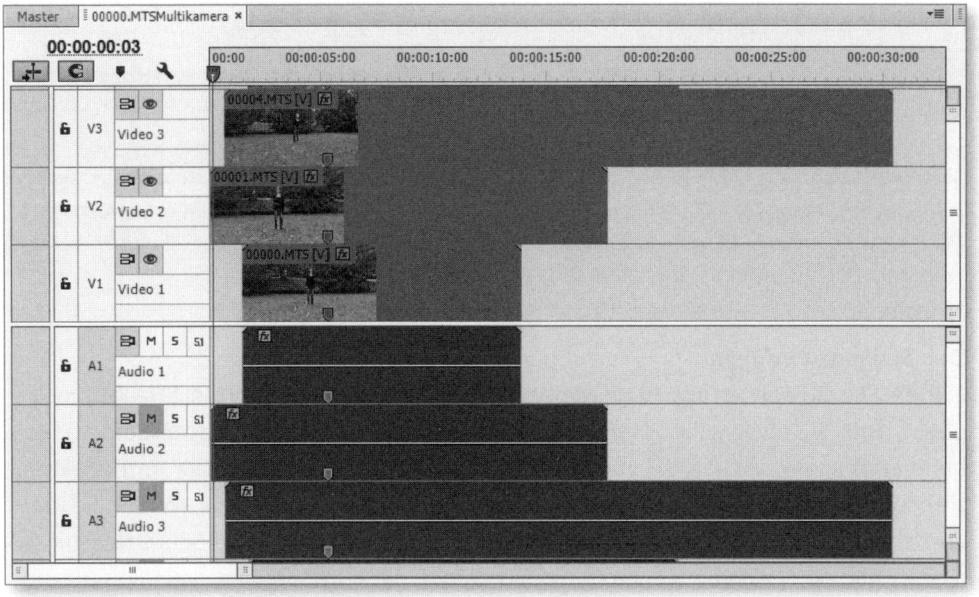

▲ **Abbildung 5.66** Die Marken der ausgerichteten Clips sehen Sie, wenn Sie die Spurhöhe der Multikamera-Sequenz temporär erweitern.

7 *Schnitt vorbereiten*

Am besten ziehen Sie alle Clip-Anfänge auf die gleiche Position innerhalb der Multikamera-Sequenz. Alle Clips sollen danach am gleichen Punkt beginnen. Orientieren Sie sich dabei an dem kürzesten Clip (siehe folgende Abbildung). Sehr wahrscheinlich werden die Clips unterschiedlich lang sein. Im Anschluss daran ziehen Sie alle gemeinsam an den Anfang des Schnittfensters. Achten Sie darauf, dass auch wirklich alle Clips markiert sind und gemeinsam nach vorne gezogen werden. Andernfalls gehen die Positionen der Marken zueinander verloren. Zuletzt bringen Sie den Abspielkopf an Position 00:00:00:00.Hier sehen sie noch einmal alle Schritte in korrekter Reihenfolge:

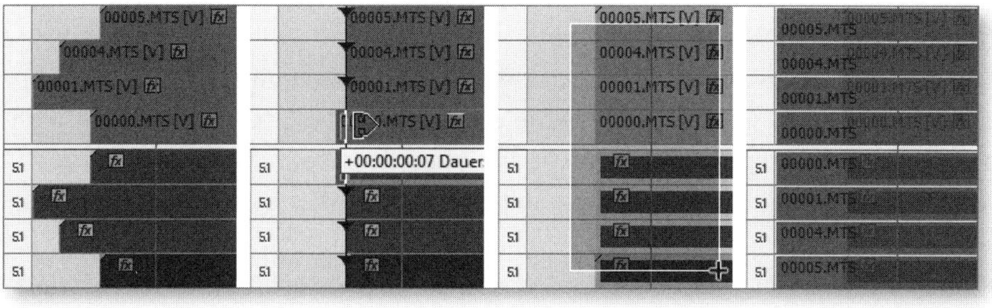

▲ **Abbildung 5.67** 1. Die Clip-Anfänge sind nicht synchron; 2. alle Clips werden am Anfang so weit nach rechts gezogen, dass sie mit dem kürzesten Clip bündig sind; 3. alle Clips gemeinsam markieren; 4. alle Clips an den Anfang der Sequenz ziehen

8 *Programmmonitor vorbereiten*

Kehren Sie zurück zur Master-Sequenz, und werfen Sie einen Blick auf den Programmmonitor. Dort finden Sie aktuell leider nur einen einzelnen Clip vor. Ändern Sie das, indem Sie das Bedienfeldmenü des Programmmonitors öffnen und darin den Eintrag MULTIKAMERA selektieren. Alternativ betätigen Sie [⇧]+[0]. Parken Sie die Maus auf dem Programmmonitor, und drücken Sie [Ü]. Für jede Spur der Multikamera-Sequenz zeigt sich eine eigene Miniatur. Zudem ist standardmäßig Clip 1 oben links mit einem gelben Rahmen versehen.

▲ **Abbildung 5.68** Jeder der vier Clips wird durch eine eigene Miniatur repräsentiert.

Spurauswahl per Tastatur

Die Spuren können Sie auch mit Hilfe der Tastatur auswählen. Drücken Sie dazu einfach [1], [2], [3] oder [4]. Doch Vorsicht: Die Ziffern des Nummernblocks sind dem Timecode vorbehalten. Benutzen Sie diese Ziffern also bitte nicht.

9 *Multikamera-Clip zurechtschneiden*

Im Anschluss daran bestehen grundsätzlich zwei Möglichkeiten, die folgenden Schnittpunkte festzulegen. Fürs Grobe: Drücken Sie die Wiedergabe-Schaltfläche in der Fußleiste des Monitor-Fensters, und klicken Sie die oben links befindlichen Miniaturen in der Reihenfolge an, in der Sie den Videoschnitt wünschen. Wer es etwas genauer mag: Scrubben Sie den Abspielkopf ❸ oder den Timecode ❷ an die Stelle, an der Sie eine Umschaltung auf eine der anderen Spuren wünschen. Danach klicken Sie die Miniatur an, deren Clip ab dieser Position ausgestrahlt werden soll. Begutachten Sie den Multikamera-Clip im Master-Schnittfenster – fertig ist der Videoschnitt.

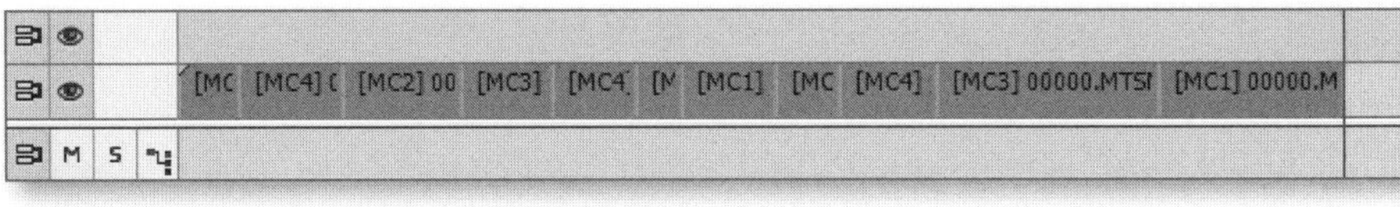

▲ **Abbildung 5.69** Die Clips in der Master-Sequenz sind entsprechend geschnitten worden.

10 *Optional: Clip-Teile austauschen*

Nun kann es sein, dass man nachträglich feststellt, dass man an der einen oder anderen Position doch besser einen anderen Clip verwendet hätte. In diesem Fall stellen Sie den Abspielkopf auf den betreffenden Clip und betätigen im Quellmonitor die an dieser Stelle gewünschte Miniatur. Alternativ drücken Sie die entsprechende Ziffer auf der Tastatur.

▲ **Abbildung 5.70** Hier ist aktuell Clip 1 ❶ zugeordnet (siehe gelbe Markierung im Projektfenster sowie Inhalt der eckigen Klammern auf dem Clip im Schnittfenster). Durch Betätigung einer anderen Miniatur kann der Inhalt getauscht werden.

11 *Monitor zurückschalten*

Zuletzt müssen Sie noch dafür sorgen, dass die herkömmliche Ansicht im Programmmonitor wiederhergestellt wird. Für andere Arbeiten eignet sich ja die Multikamera-Ansicht nicht. Klicken Sie daher abermals auf das Bedienfeld-Icon des Programmmonitors und selektieren Sie den Eintrag COMPOSITE-VIDEO.

5.7.1 Multikamera-Schalter integrieren

Sollten Sie öfter mit Multikamera-Funktionen arbeiten, empfiehlt es sich, dem Programmmonitor entsprechende Buttons via Schaltflächen-Editor hinzuzufügen. Klicken Sie zunächst auf das Plussymbol ❻, und fügen Sie die Schaltflächen MULTIKAMERA-ANSICHT EIN/AUS ❺ zum Wechsel in den entsprechenden Ansicht-Modus sowie MULTIKAMERA-AUFNAHME EIN/AUS ❹ zum Start und Stopp des Schnitts hinzu.

▲ **Abbildung 5.71** Wer oft mit diesen Funktionen arbeitet, kann entsprechende Buttons einsetzen.

5.7.2 Weitere Verarbeitungsmöglichkeiten

Wie Sie gesehen haben, lassen sich einzelne Clips ganz simpel austauschen, indem Sie den Abspielkopf darüber stellen und dann eine andere Miniatur wählen als die derzeit aktive (gelber Rahmen). Darüber hinaus stehen Ihnen aber auch sämtliche Möglichkeiten der herkömmlichen Clip-Bearbeitung zur Verfügung. So können einzelne Schnittpunkte beispielsweise mit dem Rollen-Werkzeug verschoben und neue Schnitte hinzugefügt werden (RASIERKLINGE). Selbst die Original-Clips innerhalb der Multikamera-Sequenz lassen sich nachträglich bearbeiten. Wenn einer der Clips beispielsweise eine Farbkorrektur verlangt, öffnen Sie die Multikamera-Sequenz und weisen den Effekt zu, wie in Kapitel 7, »Effekteinstellungen und Bewegungsanimationen«, beschrieben.

5.8 Fotos in Sequenzen verarbeiten

Natürlich ist Premiere Pro in erster Linie dazu gedacht, Videos zu bearbeiten. Dennoch lassen sich auch Fotos importieren, bearbeiten und, falls gewünscht, auch ganze Diashows erzeugen. Ob Sie nun eine neue Sequenz erzeugen wollen (bei Produktion einer Diashow) oder eine bereits in Gebrauch befindliche Sequenz mit Fotos bestücken wollen (Film zusätzlich mit einzelnen Fotos ausstatten), spielt keine große Rolle. Natürlich ist hier auch nicht maßgeblich, wie groß die Fotos sind, sondern wie groß das Filmmaterial ist, das es zu verarbeiten gilt, bzw. zu welchem Zweck die fertige Datei verwendet wird.

HD-Diashow erzeugen

Verfügen Sie über ein HDTV, sollten Sie sich bei Neuerstellung einer Sequenz einer Vorgabe bedienen, die dieses Format unterstützt. Hier wäre z. B. H.264 in Verbindung mit einer HDTV-Vorgabe empfehlenswert (z. B. HDTV 1080P 25 – HOHE QUALITÄT) oder auch H.264 BLU-RAY. Bei Letzterem ist natürlich zu beachten, dass zur Erzeugung und Wiedergabe ein herkömmlicher DVD-Brenner bzw. -Player nicht ausreicht. Sie benötigen dazu Blu-ray-Geräte.

5.8.1 Fotos importieren

Nehmen Sie sich doch einmal die Beispieldatei »Yucatan_01.jpg« vor, die Sie im Ordner KAPITEL_05 finden. Importieren Sie diese in ein Premiere-Pro-Projekt mit der Sequenzeinstellung AVCHD 1080I25 (50I).

▲ **Abbildung 5.72** Dieses Foto soll in Premiere Pro verarbeitet werden.

Wenn Sie die Datei anschließend, wie jedes andere Asset auch, in das Schnittfenster integrieren, werden Sie feststellen, dass sich das Foto nicht in den Programmonitor eingepasst hat. Stattdessen sehen Sie dort nur einen Ausschnitt. In einer DV-Sequenz wäre der Ausschnitt noch viel kleiner.

▲ **Abbildung 5.73** Trotz der hohen Sequenz-Abmessungen kann das Foto hier nicht komplett dargestellt werden. Fotos sind in der Regel erheblich größer, werden jedoch beim Einfügen nicht skaliert.

Entfernen Sie das Bild wieder aus dem Projektfenster. Die Kontrollabfrage, die darauf hinweist, dass das Asset bereits innerhalb einer Sequenz verwendet wird, bestätigen Sie mit JA.

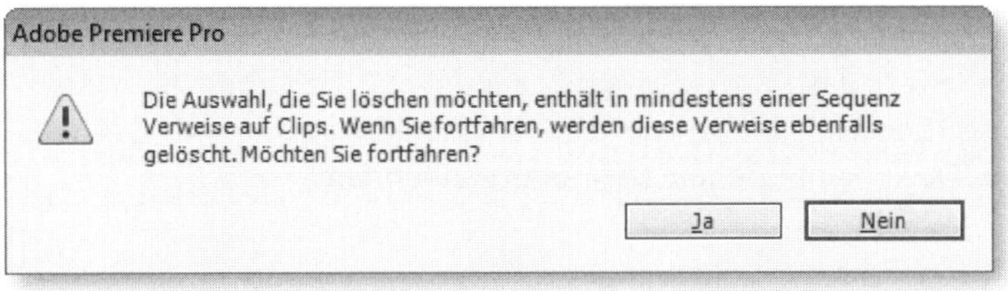

▲ **Abbildung 5.74** Danke für den Hinweis, aber wir wissen Bescheid.

Das vorherige Entfernen ist nötig, weil Premiere Pro die Einstellung, die Sie gleich vornehmen werden, nur für neu zu importierende Clips berücksichtigt – nicht aber für bereits in das Projektfenster integrierte. Wählen Sie nach dem Entfernen BEARBEITEN/PREMIERE PRO • VOREINSTELLUNGEN • ALLGEMEIN und platzieren Sie ein Häkchen vor STANDARDWERT FÜR SKALIERUNG AUF FRAMEGRÖSSE. Bestätigen Sie mit OK, importieren Sie das Bild abermals, und ziehen Sie es in das Schnittfenster. Es wird dort nun so eingepasst, dass das komplette Foto zu sehen ist – und zwar ohne dieses zu verzerren (proportional). Doch Vorsicht! Es ist grundsätzlich zu empfehlen, besagtes Häkchen in den Voreinstellungen unmittelbar nach dem Bildimport wieder zu deaktivieren. Warum, erfahren Sie im folgenden Kasten.

▲ **Abbildung 5.75** Das Foto ist komplett zu sehen. Durch die unterschiedlichen Seitenverhältnisse (Sequenz: 16:9, Foto: 3:2) entstehen jedoch Ränder an den Seiten.

Standardwert für alle Assets

Die Einstellung STANDARDWERT FÜR SKALIERUNG AUF FRAMEGRÖSSE wirkt sich auch auf Filme aus. Wenn Sie, um ein Beispiel zu nennen, einen DV-Clip integrieren (720 x 576) und diesen anschließend an eine AVCHD-Sequenz übergeben (1.920 x 1.080), wird der Clip ebenso angepasst wie zuvor das Foto, also proportional auf die Größe eines Full-HD-Films skaliert. Die Qualität des Clips würde jedoch drastisch abnehmen. Deshalb bitte immer daran denken: Diese Funktion nur temporär verwenden!

5.8.2 Fotos manuell anpassen

Sie können Bild-Assets in der Sequenz markieren und im Fenster EFFEKTEINSTELLUNGEN über das Steuerelement SKALIERUNG manuell verkleinern oder vergrößern (siehe Kapitel 7, »Effekteinstellungen und Bewegungsanimationen«). Doch ein derartiges Vorgehen könnte sehr bald zum harten Los werden. Stellen Sie sich vor, Sie müssten eine aus 500 Bildern bestehende Diashow generieren.

Nun müssen Sie beim manuellen Anpassen gleich auf mehrere Faktoren achten. Zum einen entspricht das Seitenverhältnis des Fotos (Kleinbildformat, 3:2) nicht dem Seitenverhältnis des Projekts (16:9), zum anderen ist später am TV nicht alles das zu sehen, was sich jetzt noch im Programmmonitor präsentiert. Deshalb könnte es sinnvoll sein, die sicheren Ränder einzuschalten. Dadurch sehen Sie nämlich gleich, was möglicherweise am TV später fehlen wird, und könnten dem durch horizontale Verschiebung des Fotos im Einzelfall entgegenwirken (siehe dazu auch Schritt 5, »Sichere Ränder einschalten«, in der Schritt-für-Schritt-Anleitung »Bild-im-Bild-Effekt erzeugen« in Abschnitt 7.5 sowie Abschnitt A.2, »Von Underscan und Overscan«). Wenn Sie den Film später ausschließlich am PC ansehen wollen, können Sie das vernachlässigen, da dort der gesamte Bildschirm sichtbar sein wird.

5.8.3 Fotos automatisch anpassen

Zur automatischen Anpassung der Bildgröße gibt es zwei grundsätzliche Vorgehensweisen. Die erste ist etwas zeitaufwendiger, erspart aber die Erzeugung einer zusätzlichen Sequenz.

Zahlreiche Fotos skalieren | Nachdem Sie alle Fotos in die Sequenz eingefügt haben (das geht übrigens sehr schön mit dem Button AUTOMATISCH IN SEQUENZ UMWANDELN im Fuß des Projektfensters), markieren Sie das erste und stellen die gewünschte Größe im Fenster EFFEKTEINSTELLUNGEN ein. Klicken Sie dort anschließend auf die Zeile BEWEGUNG, und wählen Sie BEARBEITEN • KOPIEREN, bzw. drücken Sie [Strg]/[cmd]+[C]. Als Alternative bietet sich ein Rechtsklick auf die Zeile an, gefolgt von KOPIEREN.

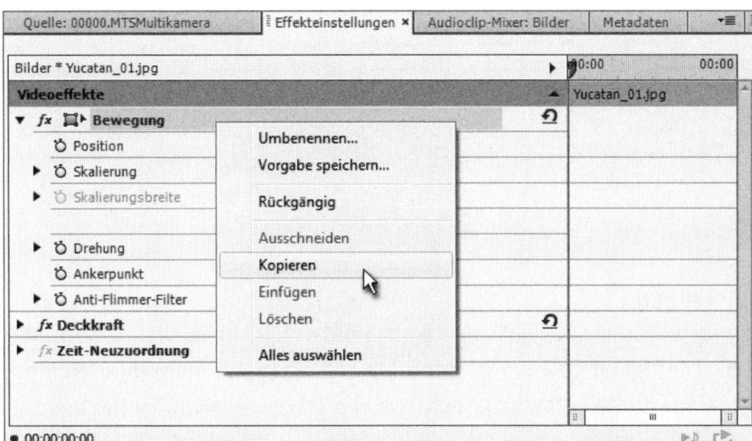

▲ **Abbildung 5.76** Die Parameter für die Bewegung werden in die Zwischenablage befördert.

Danach markieren Sie alle anderen Fotos, bei denen die Größe des ersten ebenfalls eingestellt werden soll, und entscheiden sich für [Strg]/[cmd]+[V] bzw. wählen BEARBEITEN • EINFÜGEN. In den EFFEKTEINSTELLUNGEN können Sie die Übertragung nicht sofort kontrollieren, da die Veränderungen nur angezeigt werden, wenn *ein* Clip ausgewählt ist. Wenn mehrere aktiviert sind, bleibt das Fenster grau. Dennoch werden die Einstellungen auf alle Clips übertragen. Deaktivieren Sie alle Fotos, und markieren Sie danach ein beliebiges erneut, tauchen die Änderungen auch im Effekteinstellungsfenster auf.

Fotosequenz skalieren | Die zweite Methode ist ebenfalls schnell zu bewerkstelligen. Sie setzt allerdings eine verschachtelte Sequenz voraus. Das Projekt gestaltet sich wie im folgenden Workshop.

Schritt für Schritt: Eine Fotosequenz erzeugen

Sie erzeugen eine verschachtelte Sequenz, bei der Sie sich um die Abmessungen zunächst keine Sorgen machen müssen. Voraussetzung ist, dass alle Fotos gleich groß sind, was ja nach einer Foto-Session in der Regel auch der Fall ist. Importieren Sie die Fotos.

1 *Optional: Größe ermitteln*

Sie müssen diesen und den letzten Schritt dieses Workshops eigentlich gar nicht machen, da Sie bekanntermaßen das Erstellen der richtigen Sequenzvorgaben der Anwendung überlassen können. Damit Sie aber auch gleich sehen, was im Hintergrund passiert, klicken Sie im Projektfenster eines der Fotos mit rechts an und selektieren Eigenschaften. Lesen Sie die Bildgröße ab, und schließen Sie das Fenster wieder.

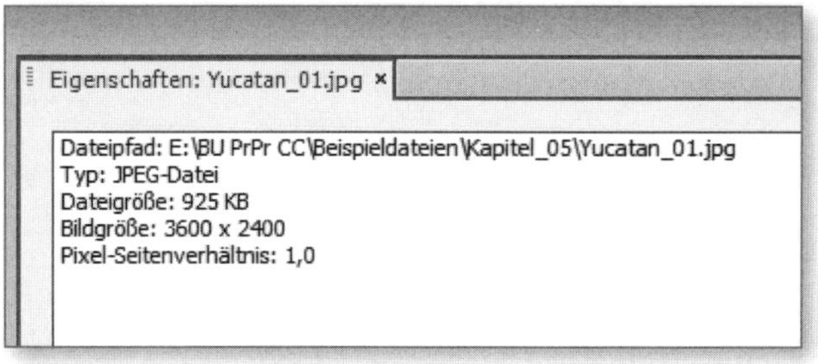

◄ **Abbildung 5.77**
Die Bildgröße des Beispielfotos beträgt 3.600 x 2.400.

2 *Neue Sequenz erzeugen*

Klicken Sie abermals mit rechts auf das Bild, und entscheiden Sie sich für Neue Sequenz aus Clip. Nur der Vollständigkeit halber: Wollten Sie die Sequenz manuell erzeugen, müssten Sie nach Klick auf Neues Objekt • Sequenz die Registerkarte Einstellungen aktivieren und den Bearbeitungsmodus auf Benutzerdefiniert stellen. Nachfolgend könnten die passenden Werte in die Framegrösse-Eingabefelder eingetragen werden (hier: 3600 x 2400). Wichtig ist vor allem, dass Sie Quadratische Pixel (1,0) und Keine Halbbilder (Progressive-Scan) verwenden.

3 *Sequenz verschachteln*

Wenn Sie die Fotos jetzt in die neue Sequenz einfügen, werden Sie feststellen, dass sämtliche Bilder passen. Die Sequenz ist ja immerhin genauso groß wie die darin enthaltenen Fotos. Bauen Sie Ihre Diashow nach Wunsch auf (eventuell auch unter Verwendung von Automatisch in Sequenz umwandeln, dann lassen sich auch direkt Überblendungen einbeziehen), und ziehen Sie diese Sequenz aus dem Projektfenster in

Ihre finale Master-Sequenz. Dort können Sie dann, wie zuvor beschrieben, die Skalierung der Sequenz in den Effekteinstellungen herabsetzen – und zwar ein einziges Mal für alle darin enthaltenen Fotos. Eventuelle Änderungen an den Fotos nehmen Sie dann in der Diashow-Sequenz vor.

4 *Größe kontrollieren*

Öffnen Sie doch noch einmal die verschachtelte Foto-Sequenz, und entscheiden Sie sich anschließend für Sequenz • Sequenzeinstellungen. Dann sehen Sie, dass Premiere Pro sämtliche Daten (insbesondere die Framegrösse) anhand des Fotos übernommen hat, mit dem Sie die Sequenz erzeugt haben. Ganz schön komfortabel, gell?

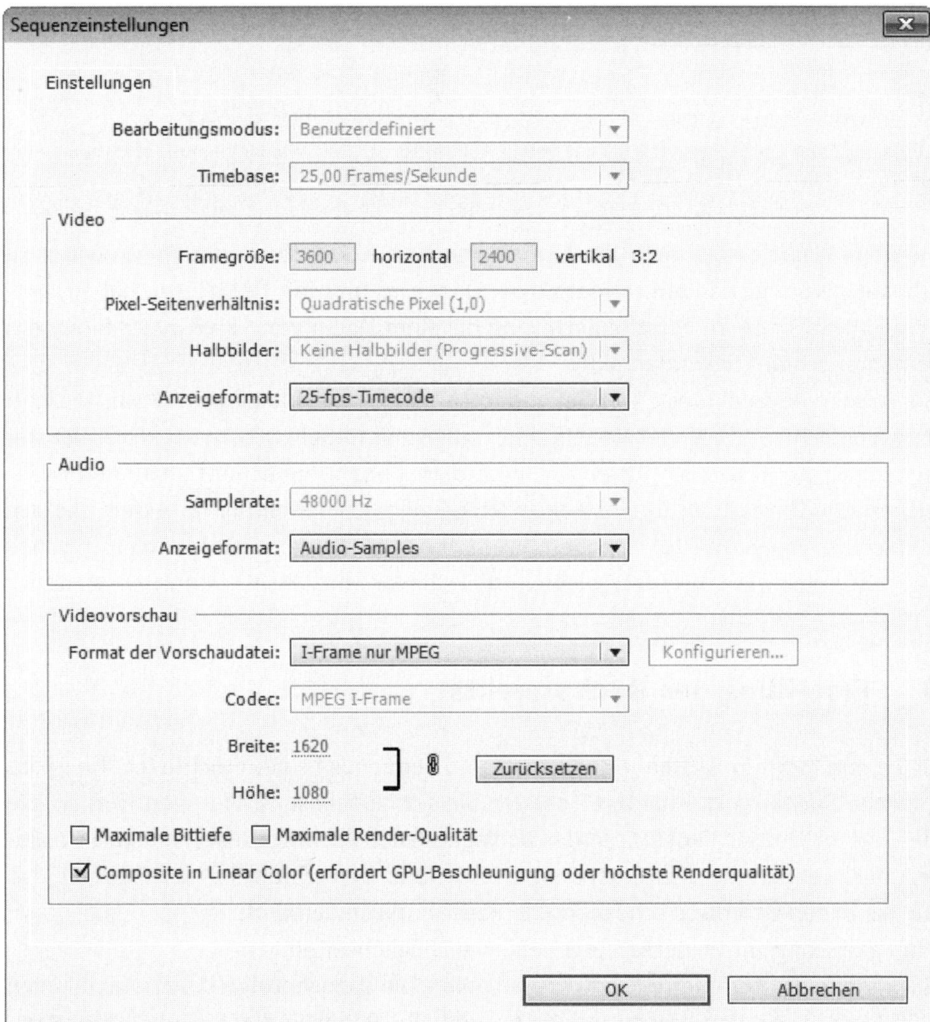

▲ **Abbildung 5.78** Passt! Der Befehl »Neue Sequenz aus Clip« arbeitet tadellos.

5.8.4 Fotodauer einstellen

Sie haben es längst gesehen: Die Dauer der Fotos ist festgeschrieben. So bleibt jede einzelne Bilddatei standardmäßig für fünf Sekunden im Schnittfenster stehen, ehe das nächste Foto erscheint. Warum das so ist, erfahren Sie, wenn Sie die Voreinstellungen öffnen (BEARBEITEN/PREMIERE PRO • VOREINSTELLUNGEN • ALLGEMEIN). Achten Sie hier auf den Wert für die STANDARDDAUER DER STANDBILDER ❶.

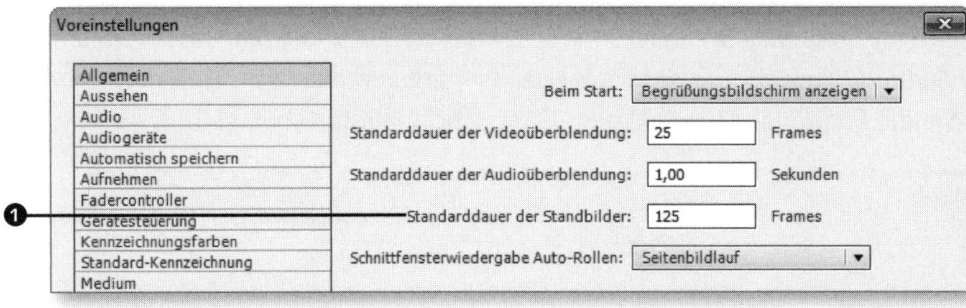

▲ **Abbildung 5.79** Die VOREINSTELLUNGEN geben Aufschluss darüber, wie lange ein Bild stehen bleibt.

Die dortige Angabe entspricht der Einheit *Frames pro Sekunde* – und diese wiederum ist abhängig vom gewählten Videoformat. Da wir es hier mit PAL zu tun haben, entspricht eine Sekunde 25 Einzelbildern. Und bei einer Dauer von 125 FRAMES bleibt das Foto nun exakt fünf Sekunden aktiv.

Sie können beispielsweise vier Sekunden (= 100 FRAMES) festlegen. Doch Vorsicht! Ziehen Sie nach Verlassen der VOREINSTELLUNGEN mit OK ein bereits im Projektfenster integriertes Foto in das Schnittfenster, wird dieses noch immer fünf Sekunden beanspruchen. Die Umstellung auf vier Sekunden gilt nämlich immer nur für Assets, die sich noch nicht im Projektfenster befinden. Wenn Ihnen also an einer vordefinierten Länge gelegen ist, muss die Dauer festgelegt werden, bevor Foto-Assets importiert werden.

5.9 Erstellung des Buchprojekts

Weil Sie nun topfit in Sachen Videoschnitt und Sequenzen sind, möchte ich Ihnen das eigentliche Buchprojekt anbieten. Schauen Sie sich zunächst den fertigen Film an. Sie finden ihn im Ordner ERGEBNISSE der beiliegenden DVD unter dem Namen »Gecko-Glas.mpg«. Lehnen Sie sich entspannt zurück, und betrachten Sie das Ergebnis. Ich finde, Sie haben sich diese schöpferische Pause wirklich verdient.

Nun gibt es für Ihr weiteres Vorgehen zwei Möglichkeiten:

1. Sie können das komplette Projekt nachbauen. Die dazugehörige Batchliste mit allen Clip-Namen und den dazugehörigen In- und Out-Points finden Sie im Ordner KAPITEL_05 unter dem Namen »Buchprojekt.csv«. Die Clips selbst werden im Ordner BEISPIELDATEIEN • GECKO-GLAS gelistet. Viel Spaß dabei!

Buchprojekt.csv

	A	B	C	D	E	F	G
1	A1,00:00:27:13,00:00:30:11,Perle1.avi,,,,,						
2	A1,00:00:43:01,00:00:46:14,Perle_Erklärung1.avi,,,,,						
3	A1,00:01:14:04,00:01:28:00,Perle_Erklärung2.avi,,,,,						
4	A1,00:01:56:23,00:02:08:01,Perle_3.avi,,,,,						
5	A1,00:03:44:18,00:03:46:21,Perle_4.avi,,,,,						
6	A1,00:03:47:10,00:03:49:19,Perle_4_001.avi,,,,,						
7	A1,00:04:42:11,00:04:51:12,Perle_5.avi,,,,,						
8	A1,00:05:24:23,00:05:37:20,Perle_6.avi,,,,,						
9	A1,00:06:28:04,00:06:30:10,Perle_8.avi,,,,,						
10	A1,00:06:43:14,00:06:56:05,Perle_9.avi,,,,,						
11	A1,00:07:06:07,00:07:14:02,Perle_10.avi,,O-Ton 6mm,,,						
12	A1,00:07:23:24,00:07:30:11,Perle_10_001.avi,,O-Ton 6mm,,,						
13	A1,00:08:02:07,00:08:13:01,Perle_11.avi,,,,,						
14	A1,00:13:23:12,00:13:25:13,Perle2_9.avi,,Tupfen werden flach,,,						
15	A1,00:19:35:11,00:19:38:01,Stapelglas.avi,,O_Ton,,,						
16	A1,00:21:13:10,00:21:20:21,FlascheSprengen.avi,,Brenner close,,,						
17	A1,00:24:08:11,00:24:14:03,FlascheSprengen 03.avi,,O_Ton,,,						
18	A1,00:24:46:01,00:24:49:18,FlascheSprengen 04.avi,,,,,						
19	A1,00:24:50:01,00:24:52:01,FlascheSprengen 04_001.avi,,,,,						
20	A1,00:24:59:02,00:25:01:16,FlascheSprengen 04_002.avi,,,,,						
21	A1,00:25:10:16,00:25:28:16,FlascheSprengen 04_003.avi,,,,,						
22	A1,00:26:50:14,00:26:53:24,Flasche_schleifen.avi,,,,,						
23	A1,00:27:47:09,00:27:50:23,Flasche_schleifen 01.avi,,,,,						
24	A1,00:28:40:16,00:28:41:18,Flasche_schleifen 04.avi,,Augen,,,						
25	A1,00:29:36:20,00:29:38:18,Flasche_schleifen 07.avi,,Augen,,,						
26	A1,00:29:51:18,00:29:53:18,Flasche_schleifen 08.avi,,,,,						
27	A1,00:30:46:21,00:30:49:08,Flasche_schleifen 09.avi,,Untersichtig,,,						
28	A1,00:30:55:22,00:31:00:23,Flasche_schleifen 10.avi,,,,,						

Buchprojekt

▲ **Abbildung 5.80** Die Batchliste zum Buchprojekt

2. Sie nehmen die fertige Premiere-Pro-Datei und befolgen die weitere Anleitung. Das geht ruck, zuck und ist garantiert besser als der Nachbau.

Schritt für Schritt: Buchprojekt öffnen

In den folgenden Schritten wird das gesamte Buchprojekt integriert. Da hier keine Fehler passieren sollten, ist erhöhte Aufmerksamkeit geboten.

1 *Medien-Cache ändern*

Beim bevorstehenden Import werden zahlreiche Dateien geschrieben. Diese werden standardmäßig auf Ihrer primären Festplatte gelagert. Wer das nicht möchte (z. B. weil er eine kleine, aber pfeilschnelle SSD-Festplatte verwendet), der kann das folgendermaßen ändern: Gehen Sie auf BEARBEITEN/PREMIERE PRO • VOREINSTELLUNGEN • MEDIEN. Hier lässt sich ablesen, wo die Medien-Cache-Dateien sowie die Medien-Cache-Datenbank abgelegt werden. Falls Sie Änderungen vornehmen wollen, benutzen Sie beide Durchsuchen-Buttons.

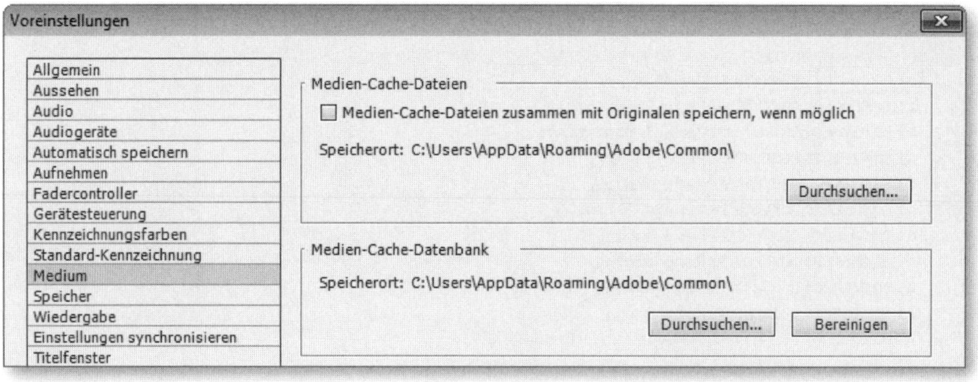

▲ **Abbildung 5.81** Bestimmen Sie, wo die Dateien abgelegt werden (oben sehen Sie noch den Originalpfad).

2 *Dateien kopieren*

Der Ordner mit den Beispieldateien (GECKO-GLAS) muss auf den Rechner kopiert werden. Sollte das noch nicht geschehen sein, holen Sie das jetzt bitte nach.

3 *Projektdatei wählen*

Starten Sie Premiere Pro. Im Begrüßungsbildschirm entscheiden Sie sich für PROJEKT ÖFFNEN. Navigieren Sie jetzt zu dem Ordner, den Sie auf Ihre Festplatte kopiert haben (GECKO-GLAS). Hier müssen Sie jetzt die Datei »Gecko-Glas.prproj« per Doppelklick (oder per Rechtsklick • ÖFFNEN MIT • ADOBE PREMIERE PRO CC) an Premiere Pro übergeben.

4 *Projekt konvertieren*

Nach kurzer Zeit wird ein Dialog auftauchen, der mit PROJEKT KONVERTIEREN betitelt ist. Dieser taucht auf, weil das Projekt seinerzeit mit einer Vorgängerversion von Premiere Pro CC erzeugt worden ist. Sie sollten dem Projekt jetzt einen neuen Namen geben. Wie wäre es mit »Gecko-Glas_neu«? Tragen Sie das ein, ehe Sie mit OK bestätigen.

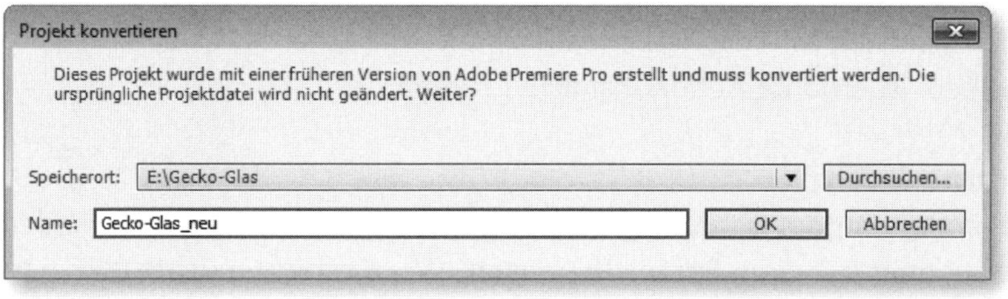

▲ **Abbildung 5.82** Benennen Sie die neu zu erzeugende Premiere-Pro-Arbeitsdatei entsprechend um.

5 *Meldung bestätigen*

Jetzt werden Sie noch darauf hingewiesen, dass seinerzeit ein Videofilter verwendet worden ist, der aktuell nicht mehr zur Verfügung steht. Bestätigen Sie auch das mit OK.

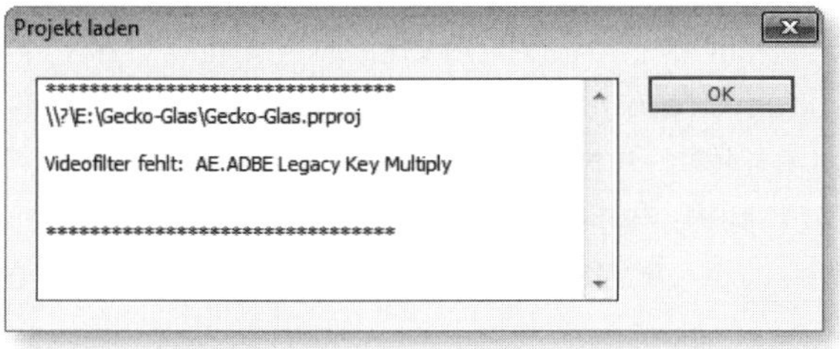

◀ **Abbildung 5.83** Die Anwendung gibt den Hinweis auf einen nicht mehr vorhandenen Videofilter aus.

6 *Verknüpfungen reparieren*

Während des Öffnens bemängelt Premiere Pro die fehlenden Verknüpfungen zu den Original-Assets. Verfahren Sie zur Wiederherstellungen dieser Verknüpfungen bitte so wie in Abschnitt 1.2.4 »Projektverknüpfungen reparieren« auf Seite 37 und 38 beschrieben.

7 *Peak-Dateien erstellen*

Nun wird Sie noch eine kurze Zeit das rege Treiben Ihrer Festplatte begleiten. Premiere Pro ist nämlich derzeit noch damit beschäftigt, sogenannte Peak-Dateien zu erstellen. Dabei werden für sämtliche Sounds höherwertige Arbeitsdateien erstellt, um bei der späteren Nachbearbeitung für optimale Voraussetzungen zu sorgen. Der Vorgang sollte aber bei einem zeitgemäßen Rechner nicht allzu lange dauern. Den Fortschritt dieses Arbeitsganges sehen Sie unten rechts in der Anwendung anhand des Fortschrittbalkens.

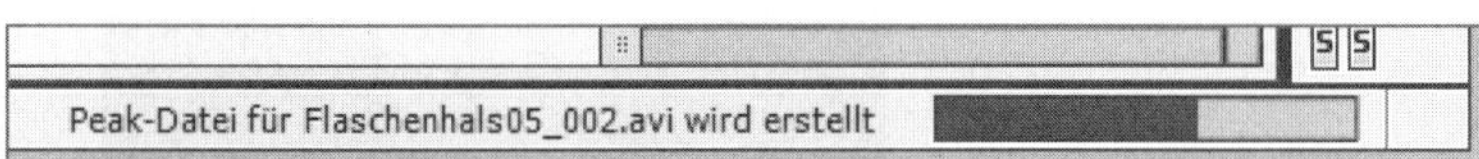

▲ **Abbildung 5.84** Hier werden gerade Peak-Dateien erstellt.

8 *Dateiordner kontrollieren*

Minimieren Sie doch Premiere Pro einmal kurz, und werfen Sie einen Blick in den Ordner Gecko-Glas. Dort finden Sie ein neues Verzeichnis, nämlich Adobe Premiere Pro Preview Files (nach einem Rendering wird noch Encoded Files hinzukommen). Und die neue Projektdatei ist ebenfalls vorhanden – wenngleich sich beide Objekte nicht nebeneinander befinden.

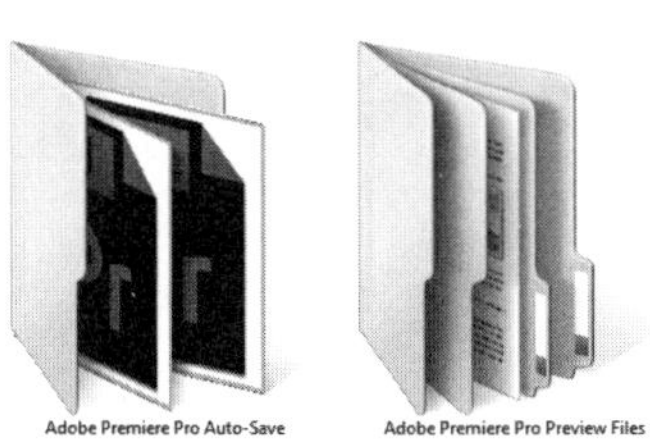

◀ **Abbildung 5.85** Premiere Pro erzeugt zusätzliche Ordner (Auto-Safe erst nach 15 Minuten).

9 *Ansicht wiederherstellen*

Sie wissen ja bereits seit Kapitel 3, »Arbeitsoberfläche kennenlernen und bedienen«, dass die Oberfläche eines Projekts beim Import automatisch übernommen wird. Dafür verantwortlich ist das Häkchen vor ARBEITSBEREICH AUS PROJEKTEN IMPORTIEREN, das Sie im Menü FENSTER • ARBEITSBEREICH finden. Nun hätten Sie diese Funktion durch erneute Anwahl vorab deaktivieren können. Jetzt ist es zu spät – oder doch nicht? Natürlich nicht, denn mit FENSTER • ARBEITSBEREICH • AKTUELLEN ARBEITSBEREICH ZURÜCKSETZEN ist alles wieder im Lot. Vorausgesetzt, Sie beantworten die Kontrollabfrage mit JA und schalten im Projektfenster manuell von LISTENANSICHT auf SYMBOLANSICHT um.

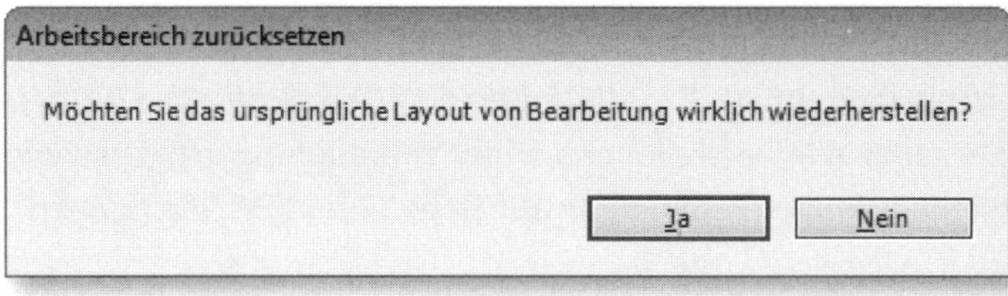

▲ **Abbildung 5.86** Die bereits bekannte Kontrollabfrage muss auch hier wieder bejaht werden.

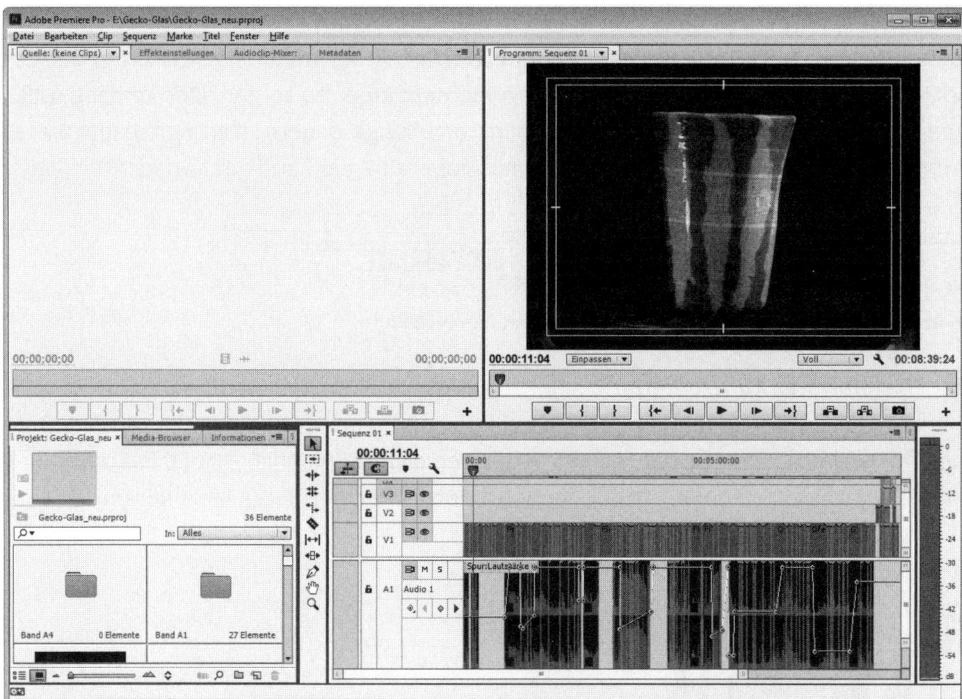

▲ **Abbildung 5.87** Alles klar – die Oberfläche erstrahlt in gewohntem Glanz.

10 *Projekt neu abspeichern*

Speichern Sie die Datei hin und wieder bitte unter einem anderen Namen neu ab (beispielsweise »Gecko-Glas_neu_02«). Das machen Sie über DATEI • SPEICHERN UNTER. Damit haben Sie eine neue Datei, mit der Sie arbeiten können, während die alte ebenfalls erhalten bleibt. Das macht Projektarbeiten stets noch ein bisschen sicherer.

6 Überblendungen

Überblendungen geleiten den Zuschauer nicht nur von einem Handlungsstrang zum nächsten, sondern sorgen auch für unterschiedliche Stimmungen. Eine Überblendung ist also weit mehr als nur ein Szenenübergang. Setzen Sie Überblendungen sparsam und gezielt ein – und zeigen Sie nicht, wie viel Ihre Schnitt-Software drauf hat. Erst dann können stimmungsvolle Übergänge ihre ungeteilte Wirkung entfalten. In diesem Kapitel erfahren Sie Folgendes:

- Wie werden Standardüberblendungen definiert?
- Wie werden Überblendungen im Schnittfenster bearbeitet?
- Wie werden Überblendungseffekte eingestellt?
- Wie lassen sich mehrere Überblendungen schnell zuweisen?
- Wie werden Überblendungen gerendert?

6.1 Wissenswertes zu Überblendungen

So effektvoll die eine oder andere Überblendungstechnik auch sein mag – letztendlich ermüdet sie das Auge des Zuschauers. Kommt sie an der falschen Stelle zum Einsatz, reißt sie die Handlung auseinander. Zwei unterschiedliche Handlungsstränge hingegen lassen sich meist prima mittels Überblendungen anzeigen.

6.1.1 Die weiche Blende

Bei der weichen Blende werden zwei angrenzende Clips weich ineinander überblendet. Schauen Sie sich die ersten 20 Sekunden des Beispielprojekts »Gecko-Glas.mpg« (aus dem Ordner ERGEBNISSE) an. Hier tauchen gleich mehrere weiche Überblendungen auf. Das passt und sorgt dank eines ausgeglichenen Soundtracks für eine ruhige Stimmung. Nach diesen 20 Sekunden ist dann aber auch Schluss. Es wäre kaum vorstellbar, jede einzelne Szene des gesamten Films so ineinander übergehen zu lassen.

6.1.2 Standardüberblendung ändern

Premiere Pro listet die WEICHE BLENDE als Standardüberblendung auf. Sie finden diese übrigens im Effekte-Bedienfeld im Ordner VIDEOÜBERBLENDUNGEN, Unterordner BLENDE. Dort ist der Eintrag WEICHE BLENDE mit einem gelben Quadrat ❶ umrandet – ein Hinweis darauf, dass es sich hierbei um die Standardüberblendung handelt.

Das können Sie ändern, indem Sie eine beliebige andere Blende innerhalb des Effekte-Bedienfeldes mit rechts anklicken und AUSWAHL ALS STANDARDÜBERBLENDUNG

Einstellen selektieren. Fortan wird diese anstelle der weichen Blende als Standardüberblendung angesehen.

▲ **Abbildung 6.1** Lassen Sie sich nicht vorschreiben, was Standard sein soll und was nicht!

Effekte-Bedienfeld einblenden

Das Effekte-Bedienfeld befindet sich, sofern Sie den Standardarbeitsbereich Bearbeitung eingestellt haben, hinter den Registern Media-Browser und Informationen. Sollte das Effekte-Bedienfeld auf Ihrer Arbeitsoberfläche nicht angezeigt werden, aktivieren Sie es über Fenster • Effekte.

Bedeutung der Symbole

Einige Überblendungen sind rechts neben ihrem Namen mit Symbolen ausgezeichnet. Diese deuten darauf hin, ob eine Überblendung beispielsweise durch die Mercury Playback Engine beschleunigt ist. Oberhalb der Ordner tauchen diese Symbole ebenfalls auf. Durch einen Klick darauf lassen sich diese vorselektieren. Nähere Hinweise zu der Mercury Playback Engine finden Sie in Kapitel 7, »Effekteinsteinstellungen und Bewegungsanimationen«.

6.1.3 Überblendungen automatisch zuweisen

Wozu ist denn die Definition einer Standardüberblendung überhaupt nötig? Wenn Sie beispielsweise die Funktion Automatisch in Sequenz umwandeln benutzen (siehe Kapitel 5, »Mit Sequenzen arbeiten«), kommt die zuvor eingestellte Standardüberblendung zum Tragen. Im Dialog ist das Benutzen der Standardvideoüberblendung nämlich optional. Deshalb ist entscheidend, was zuvor als Standardüberblendung definiert worden ist.

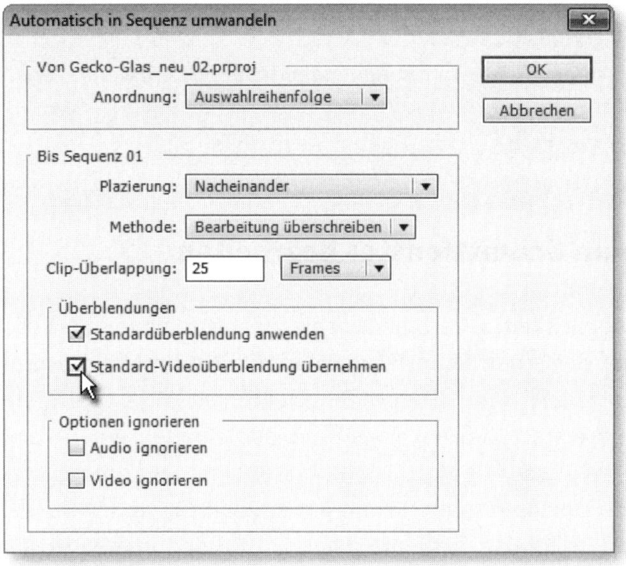

▲ **Abbildung 6.2** Die zuvor im Projektfenster selektierten Clips werden im Anschluss automatisch ineinander überblendet.

Audioüberblendungen

So wie in Premiere Pro stets eine Videoüberblendung als Standardblende angesehen wird, ist auch eine Standard-Audioüberblendung vorgesehen. Dabei handelt es sich um die Überblendung KONSTANTE LEISTUNG, die Sie im Ordner AUDIOÜBERBLENDUNGEN • CROSSFADE finden (nähere Hinweise hierzu in Abschnitt 10.5, »Audioüberblendungen«). Ansonsten lassen sich Audioüberblendungen prinzipiell genauso handhaben wie Videoüberblendungen.

Wie lange eine Überblendung standardmäßig dauern soll, legen Sie übrigens in den Voreinstellungen fest. Der korrekte Pfad lautet: BEARBEITEN/PREMIERE PRO • VOREINSTELLUNGEN • ALLGEMEIN. Ändern Sie hier den Wert STANDARDDAUER DER VIDEOÜBERBLENDUNG [X] FRAMES ❷. Ebenso können Sie eine Zeile tiefer die STANDARDDAUER DER AUDIOÜBERBLENDUNG ❸ nach Wunsch anpassen.

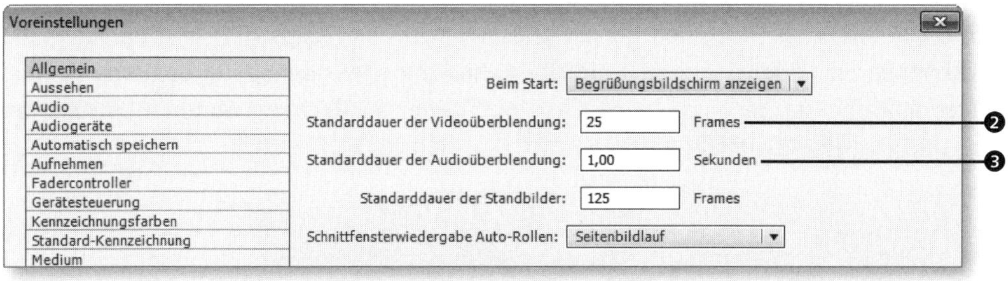

▲ **Abbildung 6.3** Doppelklicken Sie das Eingabefeld, und geben Sie den neuen Wert ein.

Eingabe in Frames

Beachten Sie, dass Sie die Dauer in der Größenordnung *Frames* festlegen müssen. Wenn Sie also wünschen, dass die Überblendung in einem PAL-Projekt eine Sekunde dauern soll, müssen Sie »25« FRAMES festlegen. Bei einem NTSC-Projekt wären es »30« FRAMES.

6.2 Überblendungen im Schnittfenster bearbeiten

Natürlich haben Sie auch die Möglichkeit, Überblendungen separat zuzuweisen. Positionieren Sie dazu zwei Clips auf derselben Spur nebeneinander. Am besten, Sie probieren das in einer neuen Sequenz aus, damit Sie das Beispielprojekt nicht verändern müssen. Danach sollten Sie den ersten Clip am Ende und den zweiten am Anfang etwas einkürzen, damit es nicht zu vervielfältigten (wiederholten) Frames kommt. Was es damit auf sich hat, werden Sie gleich erfahren. Wenn das erledigt ist, ziehen Sie die gewünschte Überblendung aus dem Effekte-Bedienfeld heraus und deponieren sie auf dem Schnittpunkt zwischen beiden Clips.

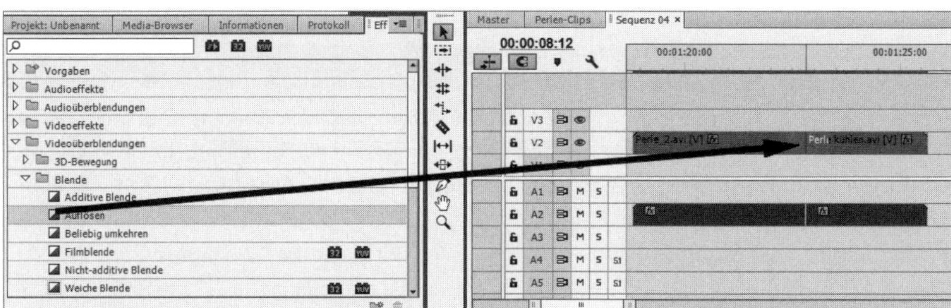

▲ **Abbildung 6.4** Achten Sie darauf, dass sich die Überblendung auf beide Clips erstreckt.

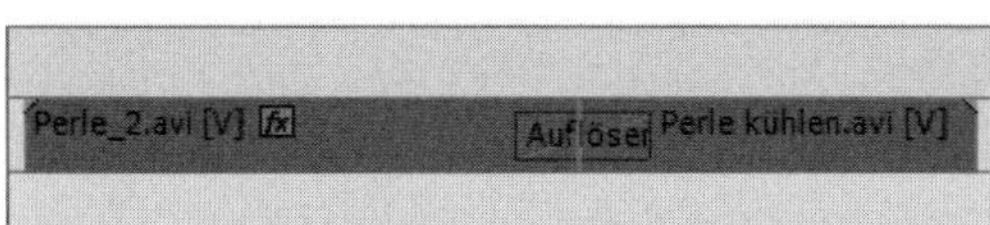

◄ **Abbildung 6.5** Sobald Sie die Maustaste loslassen, legt sich die Überblendung auf den Schnittpunkt.

6.2.1 Überblendung verschieben

Eine Überblendung lässt sich per Drag & Drop auf den Clips hin- und herschieben. So können Sie veranlassen, dass die Überblendung eher oder später beginnt. Voraussetzung dafür ist aber, dass beide Clips noch über ausreichend Material jenseits der In- und Out-Points verfügen.

▲ **Abbildung 6.6** Hier wird die Überblendung gerade nach links geschoben.

6.2.2 Auf- und Abblende – einseitige Überblendungen

Achten Sie darauf, dass sich die Überblendung auf beide Clips legt (auf das Ende des ersten und den Anfang des zweiten). Sie dürfen allerdings auch den Anfang oder das Ende eines Clips mit einer Überblendung versehen. So wird z.B. eine Auf- und Abblende erzeugt. Ziehen Sie die gewünschte Überblendung an den Anfang des ersten Clips, wird dieser von Schwarz ausgehend eingeblendet. Eine Überblendung am Ende des letzten Clips sorgt hingegen für das Ausblenden nach Schwarz.

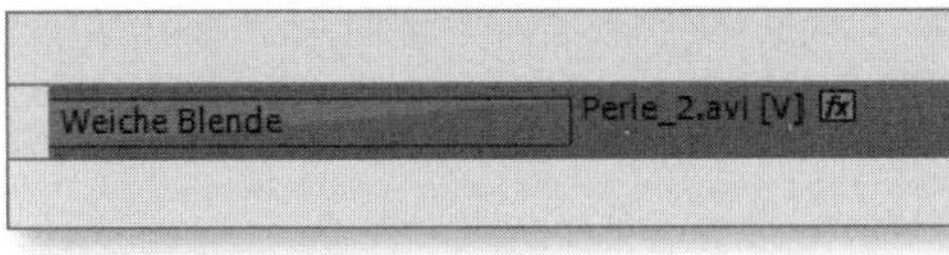

▲ **Abbildung 6.7** Der Anfang des Clips ist mit einer weichen Blende versehen worden.

6.2.3 Überblendungen entfernen und Längen verändern

Wenn Sie eine Überblendung wieder entfernen wollen, markieren Sie sie einfach per Mausklick (sie erscheint jetzt wesentlich heller), und drücken Sie `Entf` bzw. `←` auf der Tastatur (alternativ BEARBEITEN • LÖSCHEN). Außerdem können Sie die Länge verändern. Auch das gelingt per Drag & Drop, indem Sie den Mauszeiger an eines der Überblendungsenden führen und nach Wunsch verziehen. Sie erhalten wieder die bereits bekannte Klammer. Achten Sie darauf, dass in der Werkzeugleiste das Verschieben-Werkzeug aktiv ist.

Seit Premiere Pro CC werden übrigens Anfang und Ende synchron verschoben. Das bedeutet: Wenn Sie das Ende kürzen, wird der Anfang entsprechend mit gekürzt. So bleibt die Überblendung stets in der Mitte beider Clips. Wenn Sie eine Überblendung nur einseitig bearbeiten wollen, müssen Sie während des Ziehens `⇧` gedrückt halten.

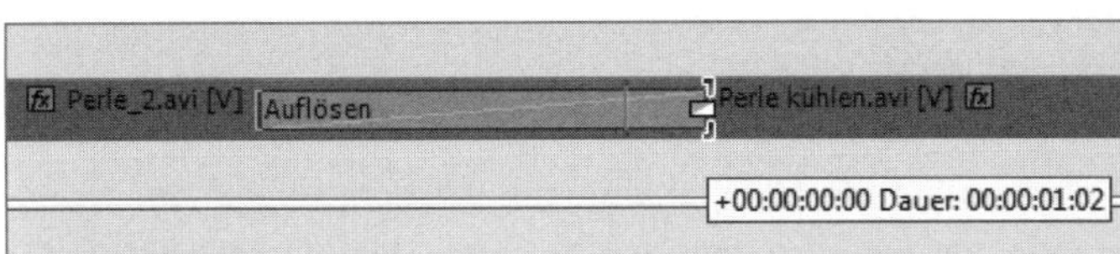

▲ **Abbildung 6.8** Ziehen Sie die Überblendungen wie Clips in Form.

Neue Überblendung

An dieser Stelle möchte ich noch kurz auf eine seit Premiere Pro CS6 existierende Überblendung aufmerksam machen, die in Filmen und Berichterstattungen häufig zum Einsatz kommt. Sie nennt sich WEGSCHIEBEN und ist im Ordner SCHIEBEN zu finden. Dabei schiebt das neu erscheinende Video das vorangegangene kurzerhand aus dem Bild. Derartiges musste bislang aufwendig mittels Effektanimation realisiert werden. Probieren Sie diese Blende einmal aus. Es lohnt sich.

6.3 Überblendungen in den Effekteinstellungen bearbeiten

Neben den zuvor beschriebenen Möglichkeiten, Überblendungen innerhalb des Schnittfensters zu verändern, verfügen unterschiedliche Überblendungen auch über unterschiedliche Einstellparameter. Diese Parameter finden Sie im Bedienfeld EFFEKTEINSTELLUNGEN, das sich in der Bearbeitungsansicht von Premiere Pro hinter dem Quellmonitor befindet. Sollte das Fenster geschlossen sein, können Sie es über FENSTER • EFFEKTEINSTELLUNGEN wieder zum Vorschein bringen. Dazu muss die Überblendung allerdings im Schnittfenster markiert sein.

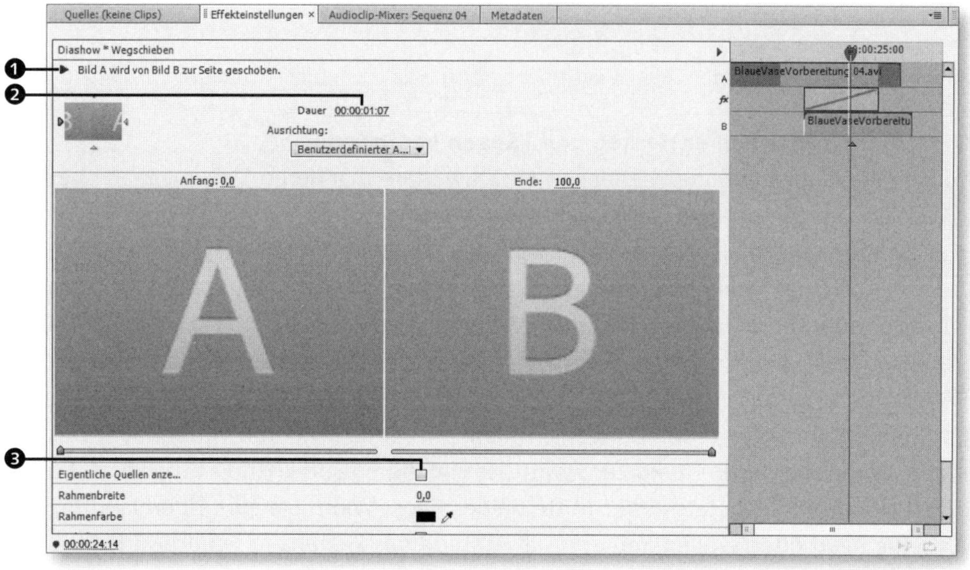

▲ **Abbildung 6.9** Die Überblendungen im Fenster EFFEKTEINSTELLUNGEN sind nur sichtbar, wenn eine Überblendung im Schnittfenster aktiviert worden ist.

In den EFFEKTEINSTELLUNGEN haben Sie die Möglichkeit, die Wirkungsweise der Überblendungen zu begutachten. Klicken Sie dazu einfach auf die Abspielschaltfläche ❶. Die direkt unterhalb befindliche Miniatur repräsentiert die Wirkungsweise. Wenn Sie statt der Platzhalter A und B lieber die Original-Clips sehen wollen, aktivieren Sie die Checkbox EIGENTLICHE QUELLEN ANZEIGEN ❸. Des Weiteren lässt sich die Dauer der Überblendung verändern. Scrubben Sie dazu die Zeitanzeige ❷ entsprechend.

6.3.1 Start und Ende der Überblendung einstellen

Sie haben auch die Möglichkeit, eine Überblendung mittendrin beginnen zu lassen. Dazu stellen Sie den Regler ❺ nach rechts bzw. ändern den Anfangsbetrag ❹. Soll die Überblendung nicht bis ganz zum Schluss ausgeführt, sondern vorzeitig abgebrochen werden, schieben Sie den Regler ❼ nach links oder geben im Steuerelement ENDE ❻ einen anderen Wert ein.

Oft wird einer der Regler zur Begutachtung der Überblendung verwendet. Das ist auch in Ordnung, da es schnell geht und eine recht zuverlässige Begutachtung der Einstellungen gestattet. Allerdings wird im Eifer des Gefechts häufig vergessen, den Regler wieder an die Ausgangsposition zurückzustellen. Später fragt man sich dann vielleicht, warum das Ganze so »unsanft« läuft, und denkt zunächst nicht an eine falsche Einstellung dieses Steuerelements. Deshalb sollte für Sie grundsätzlich gelten: Wenn Sie die Schieberegler bewegen, dann nur kurz! Danach gehört Regler A unbedingt wieder ganz nach links und Regler B ganz nach rechts. Außerdem sind die Überblendungen zumeist echtzeittauglich, weshalb Sie ihre Wirkung auch gleich im Schnittfenster testen können.

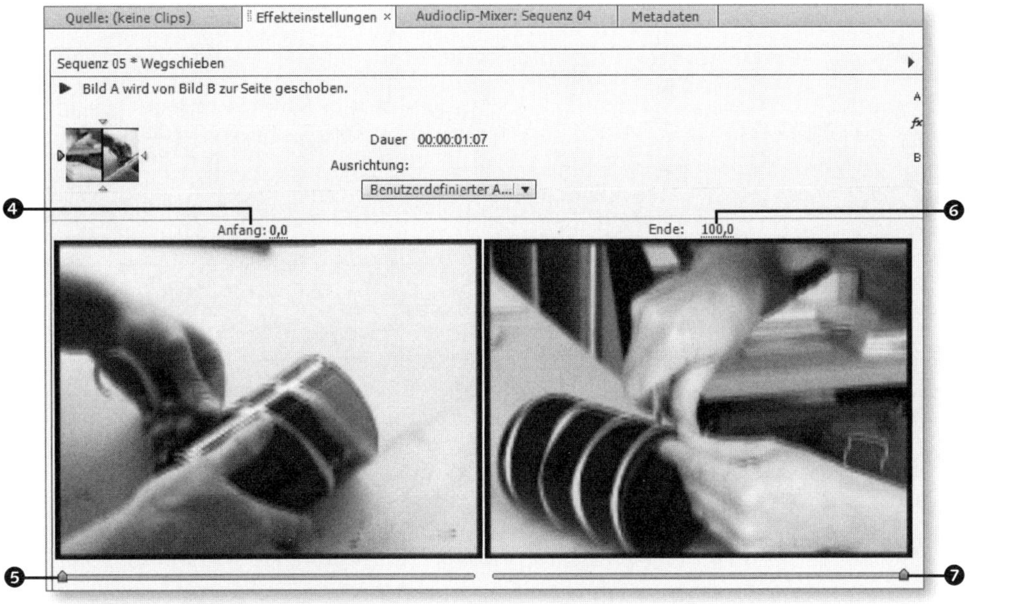

▲ **Abbildung 6.10** Auch bei Überblendungen ist die Anzahl der Optionen nicht zu verachten (hier am Beispiel der neuen Überblendung WEGSCHIEBEN).

6.3.2 Die weiteren Bedienelemente der Überblendungseffekte

Grundsätzlich ist nicht jedes Steuerelement in allen Überblendungen enthalten. Was genau bedeutet das? Das bedeutet: Bestimmte Überblendungen bringen auch eigene Steuerelemente mit (wie z. B. RAHMENFARBE und RAHMENBREITE). Die Steuerelemente in der Fußleiste des Effektfensters sind hingegen stets identisch und beziehen sich auf das Schnittfenster. So lässt sich z. B. mit der Timecode-Anzeige ganz unten links die Einfügemarke des Schnittfensters bewegen – und damit synchron auf der rechten Seite des Effekteinstellungsfensters. Das ist so, weil dieser Bereich des Effektfensters gewissermaßen ein Abbild der Timeline darstellt – zumindest im Bereich der Überblendung. Sollten Sie diesen Bereich gerade nicht einsehen können oder wollen (Platz ist ja immer ein kostbares Gut), klicken Sie zum Ausblenden dieses Bereiches einfach auf

SCHNITTFENSTER ANZEIGEN/AUSBLENDEN ❶. Damit wären wir bei den Möglichkeiten, Überblendungen per Drag & Drop anzupassen. Der rechte Bereich des Fensters ist durchgehend in dieser Form bedienbar. Außerdem dürfte Usern, die Premiere noch in der alten Version 6 oder 6.5 (vor der Umbenennung von *Premiere* in *Premiere Pro*) kennengelernt haben, die AB-Spuransicht bekannt vorkommen. Sie können hier die Clips (wie im Schnittfenster selbst) kürzen, die Clips oder die Überblendung selbst verschieben oder deren Länge verändern. Selbst der eigentliche Schnittpunkt lässt sich noch verschieben, indem Sie den Mauszeiger auf die Linie bzw. das darunter befindliche Dreieck ❷ führen. Ach ja, falls Sie den Schnittfensterbereich innerhalb der EFFEKTEINSTELLUNGEN vergrößern wollen, stellen Sie den Mauszeiger einfach an den Rand ❸ und ziehen die Ansicht nach Wunsch auf.

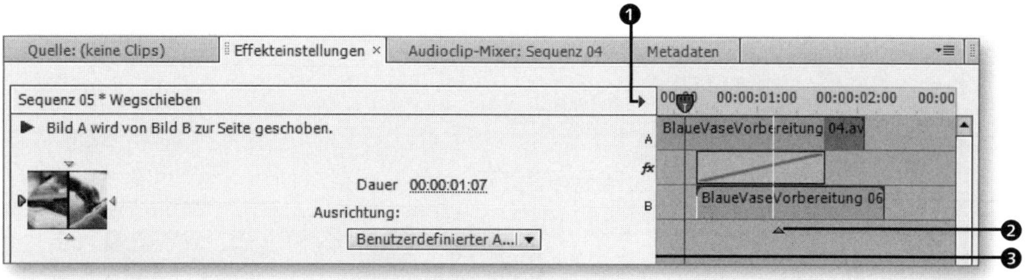

▲ **Abbildung 6.11** Drag-&-Drop-Paradies EFFEKTEINSTELLUNGEN

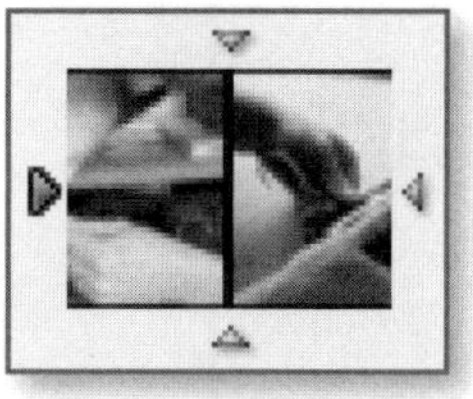

◀ **Abbildung 6.12** Mit Hilfe der Richtungspfeile, die rund um die oben links befindliche Miniatur angeordnet sind (nur bei Bewegungsüberblendungen vorhanden) lässt sich die Richtung der Überblendung anpassen.

6.3.3 Überblendung am Schnitt zentrieren

Nachdem Sie die Überblendung auf die gewünschte Länge gebracht haben, sitzt diese natürlich nicht mehr mittig. Korrigieren Sie das gegebenenfalls, indem Sie AM SCHNITT ZENTRIEREN im Pulldown-Menü AUSRICHTUNG anwählen.

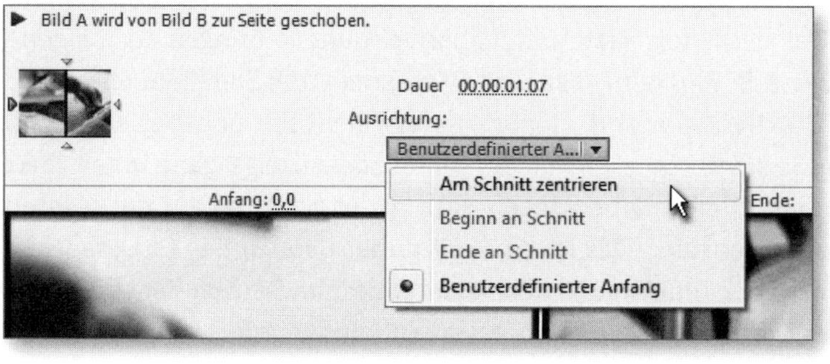

▲ **Abbildung 6.13** Zentrieren Sie die Überblendung, so dass sie gleichmäßig auf beiden Clips liegt.

6.3.4 Überblendungsmittelpunkt verändern

Einige Überblendungen, wie z. B. die Irisblenden, verfügen über einen verstellbaren Mittelpunkt. Was es damit auf sich hat, soll der folgende Mini-Workshop zeigen.

Schritt für Schritt: Irisblende einstellen

Leider passt die Irisblende nicht so richtig in unser Beispielprojekt. Dennoch möchte ich nicht darauf verzichten, Ihnen die Möglichkeiten dazu kurz vorzustellen.

1 ***Clip hinzufügen***

Erzeugen Sie doch einmal eine neue Sequenz (damit Sie das Beispielprojekt nicht verändern müssen) mit der Vorgabe DV-PAL STANDARD 48KHZ, und ziehen Sie einen Clip in das Schnittfenster. Geeignet ist hier beispielsweise »BlaueVaseVorbereitung 03.avi« aus dem Ordner GECKO GLAS. Stellen Sie die Datei ganz an den Anfang der Sequenz.

2 ***Clip kürzen***

Am Ende ist eine unschöne Kamerabewegung zu sehen, die Sie einkürzen sollten. Wenn Sie den Clip jedoch bei 00:00:02:18 enden lassen, ist alles prima.

▲ **Abbildung 6.14** Auf diesem Frame soll der Clip enden. 00:00:02:18 ist das letzte Einzelbild.

3 ***Irisblende hinzufügen***

Öffnen Sie den Ordner IRIS in den VIDEOÜBERBLENDUNGEN des Effekte-Bedienfeldes. Entscheiden Sie sich für IRISBLENDE (RUND), und ziehen Sie diesen Listeneintrag an das Ende des Clips.

◄ **Abbildung 6.15** Diese Überblendung wird am Ende des Films eingesetzt.

4 *Clip abspielen*

Setzen Sie die Einfügemarke des Schnittfensters nun ein Stück zurück, so dass sie vor der Überblendung steht. Danach drücken Sie die Leertaste und sehen sich die Überblendung an. Sie werden feststellen, dass nun ein schwarzer Punkt im Bild auftaucht, der immer größer wird.

◄ **Abbildung 6.16** Der Punkt überdeckt das Video.

5 *Überblendung umkehren*

An dieser Stelle kommen wir bestürzt zu der Erkenntnis, dass die Überblendung gar nicht so funktioniert, wie wir das wollten. Doch die Stimmung dürfte sich schlagartig bessern, wenn Sie die Überblendung im Schnittfenster markieren (sie wird dort grün) und in den Effekteinstellungen die Checkbox Umkehren aktivieren. Spielen Sie den Clip noch einmal ab.

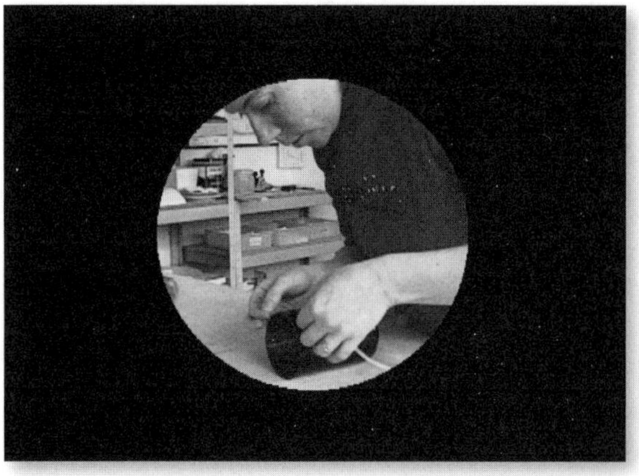

◄ **Abbildung 6.17** Jetzt wird anstelle des schwarzen Punktes das Videobild gezeigt.

6 *Schnittmarke einstellen*

Scrubben Sie die Schnittmarke an die Position 00:00:01:16. An dieser Position ist die Überblendung fast vollzogen, wobei das Video im Hintergrund dennoch einigermaßen gut zu sehen ist. Dies ist eine ideale Position, um die folgende Einstellung beurteilen zu können.

7 *Mittelpunkt verschieben*

Schauen Sie in die Effekteinstellungen – und zwar auf die Miniaturvorschau Anfang (die linke der beiden). Sollten hier statt des Originalvideobildes die Platzhalter A und B angezeigt werden, aktivieren Sie Eigentliche Quellen anzeigen ❷. Sehen Sie den kleinen Kreis in der Mitte ❶? Dieser lässt sich per Drag & Drop verschieben. Ziehen Sie ihn etwas weiter nach unten. Die ideale Position ist gefunden, wenn er sich auf den Händen befindet. Beobachten Sie das auch im Programmmonitor. Danach spielen Sie den Clip noch einmal ab.

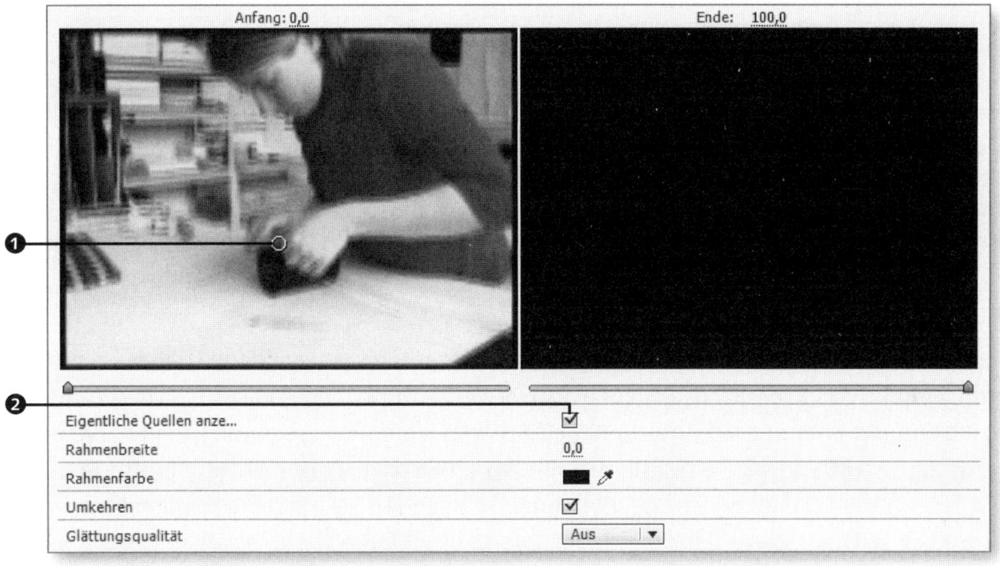

▲ **Abbildung 6.18** Jetzt läuft die Irisblende nicht mehr in der Bildmitte aus.

Rahmenfarben verwenden | Wollen Sie der Irisblende noch einen Rahmen geben? Dann haben Sie dazu zwei Möglichkeiten. Beide werden im folgenden Workshop vorgestellt.

Schritt für Schritt: Überblendungsrahmen definieren

Die Überblendung erfolgt ziemlich schmucklos nach Schwarz. Schön wäre, wenn zudem noch ein kleiner farbiger Rahmen auftauchen würde, oder?

1 *Optional: Farbe per Farbwähler definieren*

Wenn Sie die Farbe mittels Farbwähler definieren wollen, dann betätigen Sie zunächst die kleine Farb-Schaltfläche ❶. Im Folgedialog lässt sich die Zielfarbe dann aussuchen. Fahren Sie anschließend mit dem übernächsten Schritt fort.

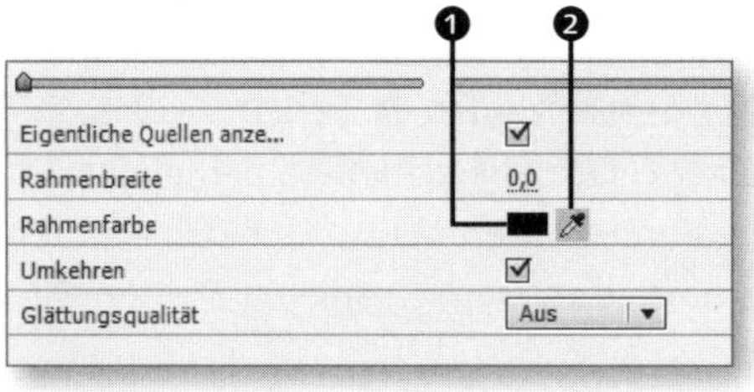

▲ **Abbildung 6.19** Die Rahmenfarbe kann per Farbwähler oder Pipette bestimmt werden.

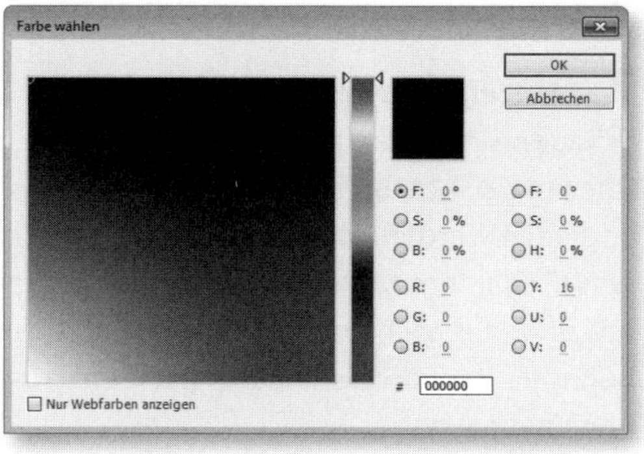

▲ **Abbildung 6.20** Stellen Sie die gewünschte Farbe hier ein.

Farbwähler bedienen

Zur Vorauswahl eines Farbbereichs klicken sie zunächst auf den schmalen Spektralbalken. Danach lässt sich der Farbwert im großen quadratischen Farbfeld exakter bestimmen. Wollen Sie eine Farbe anhand ihrer Werte bestimmen, benutzen Sie die Hot-Text-Steuerelemente auf der rechten Seite.

2 *Optional: Farbe aufnehmen*

Wenn Sie aber lieber eine Farbe aus dem Video aufnehmen wollen, dann sollten Sie die Einfügemarke des Schnittfensters zunächst so weit zurückziehen, dass sie sich vor der Überblendung befindet. So erreichen Sie, dass das Video im Programmmonitor nicht durch die Überblendung verdeckt wird. Betätigen Sie danach die kleine Pipette ❷ in den Effekteinstellungen der Überblendung. Jetzt gehen Sie auf den Programmmonitor und setzen die Spitze der Pipette auf Ihre Wunschfarbe (beispielsweise das gelbe Klebeband). Führen Sie einen Mausklick auf der gewünschten Farbe aus. Die Folge ist, dass sich auch die Farbfläche neben der Pipette entsprechend ändert.

3 *Rahmen definieren*

Damit allein haben Sie aber noch keinen Rahmen erzeugt. Zunächst müssen Sie nämlich noch die Breite angeben. Und das machen Sie, indem Sie das Steuerelement Rahmenbreite ❸ verstellen, das sich gleich oberhalb der Farbfläche befindet. Stellen Sie hier 2,5 Pixel ein, und lassen Sie das Video abspielen.

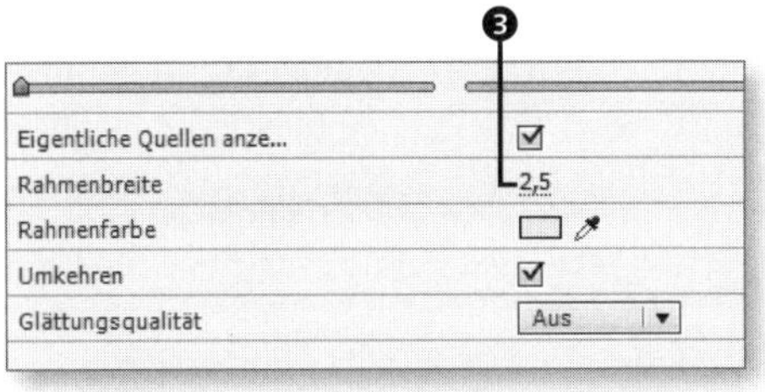

▲ **Abbildung 6.21** Die Definition des Rahmens setzt sich aus zwei Parametern zusammen, der RAHMENFARBE und der RAHMENBREITE.

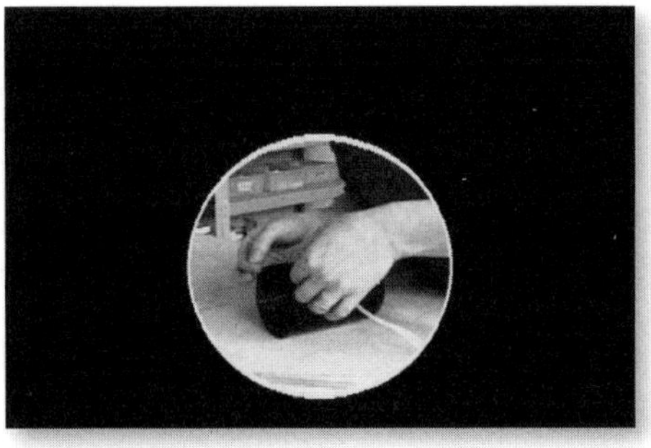

▲ **Abbildung 6.22** Jetzt erscheint die Irisblende mit Rahmen.

6.3.5 Überblendung kopieren

Überblendungen lassen sich auch prima per Copy & Paste duplizieren. Und das geht so: Weisen Sie die erste Überblendung zu, wie beschrieben. Danach markieren Sie die Überblendung im Schnittfenster (sie wird wieder hell dargestellt), drücken [↓] (das lässt die Einfügemarke zum nächsten Schnittpunkt springen) und drücken [Strg]/[cmd]+[V]. Dabei wird die kopierte Überblendung eingefügt. Die zuvor eingestellten Parameter, wie Länge oder Richtung der Überblendung, bleiben erhalten.

▲ **Abbildung 6.23** Testen Sie das Kopieren einer Überblendung doch einmal mit der zuvor erzeugten Irisblende aus.

Automatische Anpassung

Beim Kopieren achtet die Anwendung selbstständig darauf, dass an der Stelle, an der die Überblendung eingefügt werden soll, noch genügend Videomaterial zur Verfügung steht (am Ende des ersten sowie am Anfang des zweiten Clips). Ist das nicht der Fall, wird die Überblendung automatisch entsprechend verschoben oder eingekürzt. In Vorgängerversionen von Premiere Pro CC wurden an dieser Stelle Frames wiederholt.

Pr

6.3.6 Überblendungen austauschen

Falls Sie sich nach Zuweisung einer Überblendung doch nachträglich für eine andere entscheiden wollen, ist das auch kein Problem. Ziehen Sie die neue Überblendung einfach aus dem Effekte-Bedienfeld heraus, und lassen Sie sie auf die vorhandene im Schnittfenster fallen. Die Überblendungsdauer bleibt dabei erhalten.

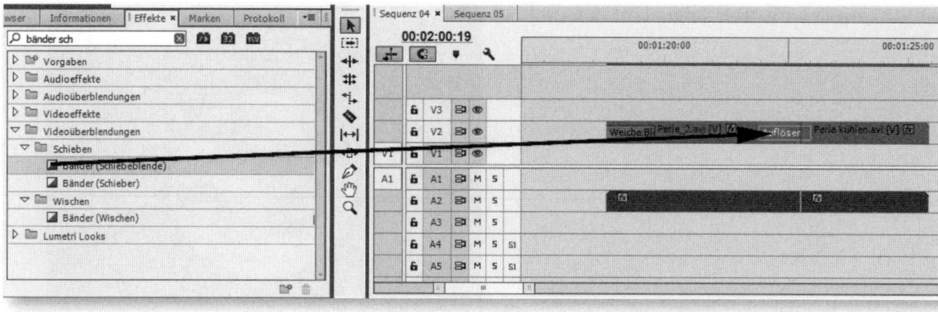

▲ **Abbildung 6.24** Das Wechseln einer Überblendung ist keine große Sache.

6.4 Überblendungen für das Buchprojekt

Jetzt sind aber wieder Sie an der Reihe. Ihre Aufgabe: Realisieren Sie die ersten vier Überblendungen des Buchprojekts. Die Schwierigkeit dabei besteht darin, dass alle vier unterschiedlich lang sind.

Schritt für Schritt: Überblendungen schnell zuweisen

Wie Sie ja bereits wissen, wurden im Buchprojekt bereits einige Überblendungen eingesetzt. Jetzt gilt es, diese zunächst zu analsysieren und sie anschließend mit denselben Werten neu zu setzen.

1 *Überblendungen analysieren*

Schauen Sie sich den Anfang von Sequenz 01 an (Ablage Sequenzen), und setzen Sie einen Doppelklick auf die erste Überblendung im Schnittfenster. Lesen Sie die Dauer der jeweiligen Überblendung im folgenden Dialog ab. Führen Sie diesen Schritt auch mit den drei folgenden Überblendungen durch. Halten wir fest, dass es sich bei allen vier Überblendungen um eine Weiche Blende handelt, deren Dauer aber von Blende zu Blende differiert.

◂ **Abbildung 6.25** Die erste Überblendung ist nur 13 Frames lang.

2 *Überblendungen löschen*

Markieren Sie alle vier Überblendungen im Schnittfenster, während Sie [⇧] gedrückt halten. Achten Sie darauf, dass Sie nicht versehentlich einen der Clips mit markieren. Anschließend drücken Sie [Entf].

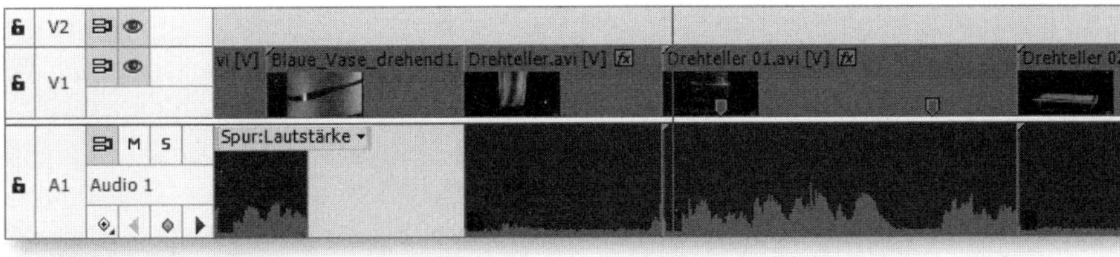

▲ **Abbildung 6.26** Die vier Überblendungen sind nach deren Selektion und Druck auf die [Entf]-Taste verschwunden.

3 *Optional: Standardüberblendungen ändern*

Da alle vier Überblendungen unterschiedlich lang sind, ergibt es nicht viel Sinn, die STANDARDDAUER DER VIDEOÜBERBLENDUNG in den VOREINSTELLUNGEN zu ändern. Das würde sich lediglich dann anbieten, wenn Sie mit gleich langen Überblendungen arbeiten. Kontrollieren Sie aber, ob die WEICHE BLENDE auch als Standardüberblendung eingestellt ist. Öffnen Sie dazu den Ordner VIDEOÜBERBLENDUNGEN im Effekte-Bedienfeld, und klicken Sie auf das Dreiecksymbol vor dem Ordner BLENDE. Hier sollte die WEICHE BLENDE jetzt mit einem gelben Quadrat versehen sein. Ist das nicht der Fall, klicken Sie mit rechts darauf und wählen den einzigen zur Verfügung stehenden Eintrag des Kontextmenüs an.

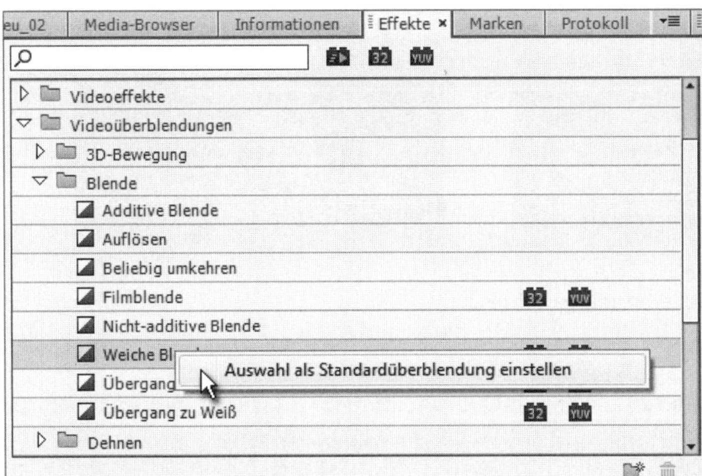

▲ **Abbildung 6.27** Sollte die WEICHE BLENDE nicht mehr als Standardüberblendung definiert sein, holen Sie das jetzt nach.

4 *Einfügemarke positionieren*

Als Nächstes soll der Schnittpunkt zwischen »Perle_3.avi« und »Blaue_Vase_drehend1.avi« aufgesucht werden. Das ist der erste in der Spur Video 1 (V1). Markieren Sie dazu zunächst das Schnittfenster, sorgen Sie zudem dafür, dass die Spur V1 auch im Spurkopf selektiert ist, und drücken Sie anschließend [Pos1] bzw. [↖] gefolgt von [↓].

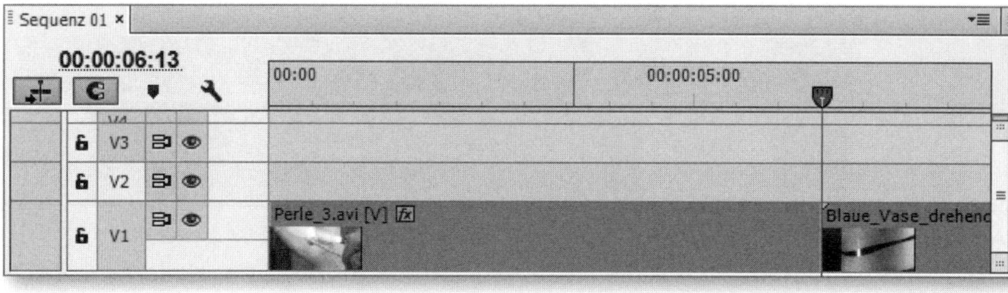

▲ **Abbildung 6.28** Die Einfügemarke sollte genau hier positioniert werden.

5 *Überblendungen zuweisen*

Drücken Sie nun Strg/cmd+D. Damit sorgen Sie dafür, dass die Standardüberblendung an der aktuellen Position der Einfügemarke platziert wird. Drücken Sie noch einmal ↓. Damit dürften Sie den Übergang zum nächsten Clip gefunden haben. Betätigen Sie auch hier wieder Strg/cmd+D. Wiederholen Sie das, bis alle vier Blenden positioniert sind.

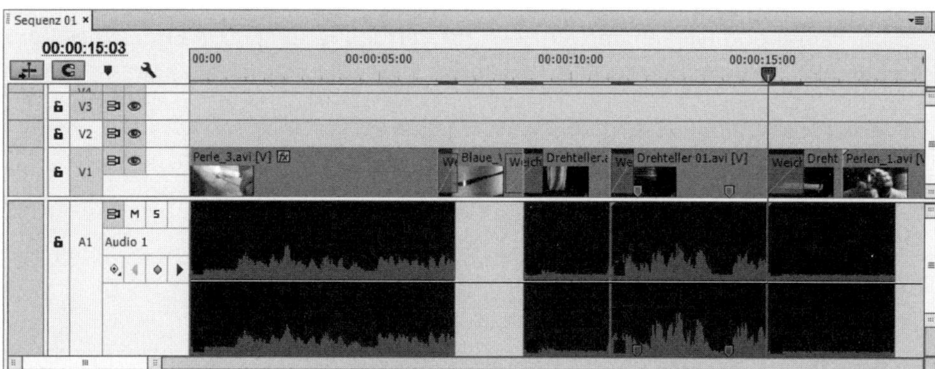

▲ **Abbildung 6.29** Alle vier Überblendungen sitzen.

6 *Zeiten anpassen*

Jetzt sollten Sie die Zeiten der einzelnen Überblendungen anpassen. Setzen Sie Doppelklicks auf jede Überblendung, und geben Sie die folgenden Werte ein:

- Überblendung 1 – 00:00:00:13
- Überblendung 2 – 00:00:00:23
- Überblendung 3 – 00:00:00:15
- Überblendung 4 – 00:00:00:24

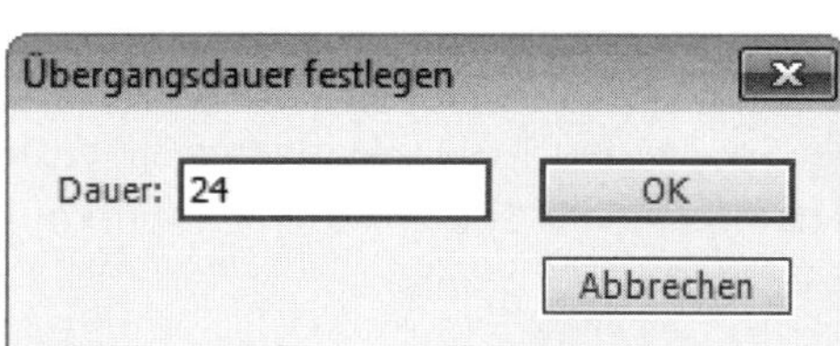

◀ **Abbildung 6.30** Klar – auch hier reichen die beiden letzten Ziffern.

7 *Überblendung verschieben*

Kontrollieren Sie, ob alle Überblendungen richtig positioniert sind. Eigentlich müsste nur die zweite noch eine Korrektur erfordern. Markieren Sie diese, und ziehen Sie die Überblendungsfläche im Schnittfenster so weit nach rechts wie möglich.

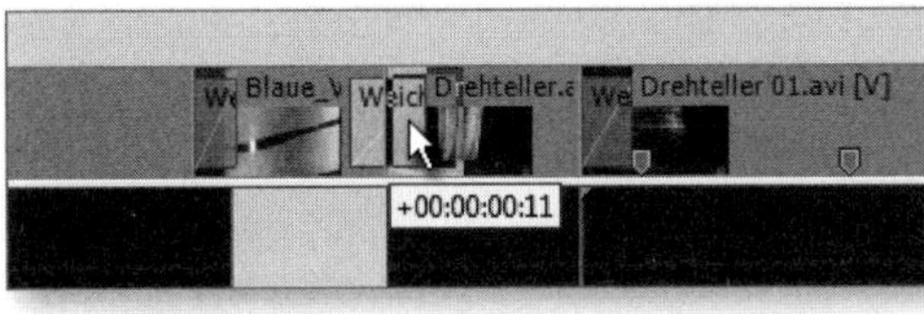

◄ **Abbildung 6.31** Die zweite Überblendung muss noch nach rechts verschoben werden.

6.5 Überblendungen rendern

Spielen Sie die Sequenz im Bereich der vier Überblendungen einmal ab. Sollte der unwahrscheinliche Fall eintreten, dass die Wiedergabe dabei ruckelt, müssen die Bereiche der Überblendungen gerendert werden. Darauf weisen dann auch rote Balken (siehe Abbildung 6.32) unterhalb der Schnittfensterskala hin. Sie müssen sich das so vorstellen: Zur Wiedergabe der Clips kann Premiere Pro ja auf die Originale zurückgreifen, die sich irgendwo auf Ihrer Festplatte befinden. Den Teil der Überblendung jedoch, in dem ja gewissermaßen zwei Clips gleichzeitig zu sehen sind, gibt es ja noch gar nicht als reales Filmmaterial und müsste daher rein theoretisch erst noch erstellt werden. Genau das machen Sie, indem Sie die rot markierten Bereiche rendern lassen. Das leiten Sie ein, indem Sie [↵] betätigen. Die roten Balken werden kurz darauf gegen grüne ausgetauscht. Sollten Sie im Anschluss irgendetwas an der Überblendung verändern, ist das erneute Berechnen einer Vorschaudatei erforderlich. Der grüne Balken wird wieder rot. Allerdings ist die Echtzeitvorschau der Anwendung so leistungsfähig, dass Ihr Video auch ohne Rendering flüssig abgespielt werden dürfte.

Keine Arbeitsbereichsleiste mehr

Pr

Benutzer von Versionen vor Premiere Pro CC werden an dieser Stelle die alt bekannte Arbeitsbereichsleiste schmerzlich vermissen. Doch der Kummer sollte sich in Grenzen halten. Wollen Sie nur einen Teil der Sequenz rendern, folgen Sie den weiteren Anweisungen.

In Sachen Vorschauberechnung müssen Sie noch wissen: Grundsätzlich wird die gesamte Sequenz gerendert. Bei langen Filmen kann das die Arbeit unnötig verzögern, denn meist möchte man ja nur das begutachten, was soeben produziert worden ist – und eben nicht den gesamten Film. Wollen Sie also nur einen bestimmten Bereich rendern, setzen Sie zuvor Sequenz-In- und Out-Points. Und das geht so: Platzieren Sie den Abspielkopf ein Stück vor der ersten Überblendung, und betätigen Sie [I]. Danach gehen Sie mit dem Kopf hinter die vierte Überblendung und drücken [O]. Damit ist dieser Bereich durch In ❶ und Out ❷ markiert. Zuletzt müssen Sie nur noch [↵] betätigen oder SEQUENZ • EFFEKTE IM IN/OUT-BEREICH RENDERN anklicken.

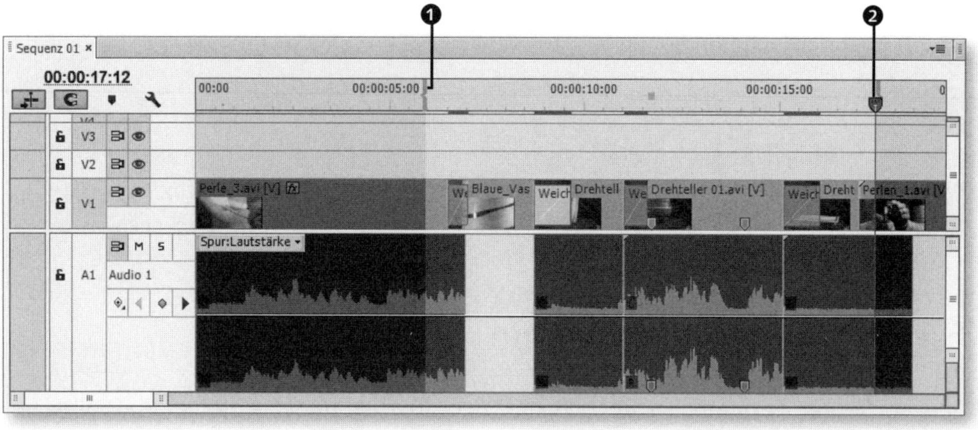

▲ **Abbildung 6.32** Der hervorgehobene Bereich wird gerendert.

Wenn Sie fertig sind und die roten Balken durch grüne ersetzt worden sind, sollten Sie den markierten Bereich wieder aufheben. Sie wissen ja: Dazu klicken Sie mit rechts auf die Zeitskala des Schnittfensters, gefolgt von IN- UND OUT-POINT LÖSCHEN. Weitere nützliche Hinweise zum Rendern und den damit verbundenen beschleunigten Effekten erfahren Sie gleich zu Beginn des folgenden Kapitels.

7 Effekteinstellungen und Bewegungsanimationen

Jetzt werden Videos im wahrsten Sinne des Wortes »in Bewegung versetzt«. Mit Hilfe der Effekteinstellungen werden Clips zu »Flugobjekten« und rotieren nach Wunsch. Aber auch mit der Änderung der Deckkraft lassen sich interessante Effekte erzielen. Dazu benötigen Sie eigentlich nur einige Keyframes. Sie erfahren in diesem Kapitel:

- Was sind GPU-beschleunigte Effekte?
- Wie werden Videoeffekte auf Clips angewendet?
- Wie werden Einstellungsebenen eingesetzt?
- Wie werden Clips stabilisiert?
- Wie animiert man Videoeffekte?
- Wie realisiert man einen Bild-in-Bild-Effekt?
- Wie werden Animationspfade verändert?
- Wie bearbeitet man Keyframes im Schnittfenster?
- Wie können Zeitabläufe verändert werden?
- Wie werden Überblendmodi sinnvoll eingesetzt?

7.1 GPU-beschleunigte Effekte

Bevor wir in die Effekt-Technik einsteigen, noch ein paar grundlegende Dinge zum Thema Wiedergabe und Rendern in Premiere Pro. Wenn Sie viele Effekte an der gleichen Position verwenden (mehrere übereinanderliegende Clips mit unterschiedlichen Effekten und Einstellungen), kann die Wiedergabe der Sequenz eventuell beeinträchtigt werden. Es kann vorkommen, dass nicht alle Einzelbilder wiedergegeben werden. Meist tritt dann nicht nur eine Verschlechterung der Wiedergabequalität ein, sondern es kommt zum Ruckeln oder zur Verlangsamung der Abspielgeschwindigkeit. Immerhin müssen sehr viele, zum Teil enorm rechenintensive Aufgaben zur gleichen Zeit erledigt werden. Besonders kritisch wird das Ganze, sobald Sie es mit Transparenz, Schatten o. Ä. zu tun bekommen. Um die kritischen Stellen dann ruckelfrei abspielen zu können, bedarf es eines Renderings, also der Erzeugung von Vorschaudateien (siehe Ende des letzten Kapitels).

Marke für ausgelassene Frames

Sie können Premiere Pro CC veranlassen, einen Hinweis auszugeben, sofern Einzelbilder bei der Wiedergabe ausgelassen werden. Dazu öffnen Sie das Bedienfeldmenü des Programmmonitors und entscheiden sich für MARKE FÜR AUSGELASSENE FRAMES ANZEIGEN. Solange der daraufhin angezeigte Punkt ❶ grün bleibt, ist alles in Ordnung.

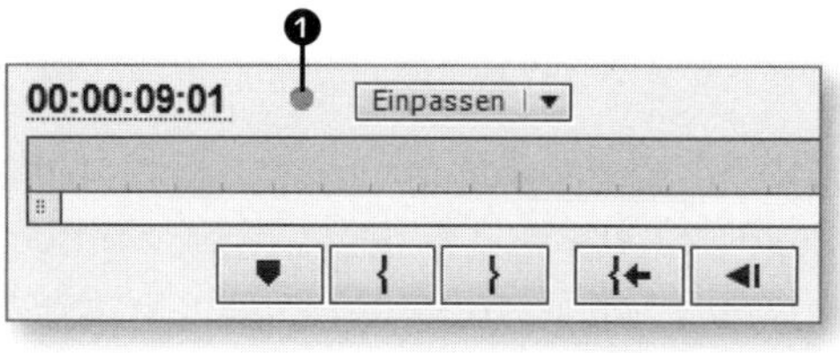

◂ **Abbildung 7.1** Falls gewünscht, können Sie ausgelassene Frames auch von Premiere Pro anzeigen lassen.

Genau hier setzt Premiere Pro an und sorgt für eine GPU-Beschleunigung (GPU = Graphics Processing Unit). Das bedeutet: Im Prinzip hilft die Grafikkarte mit, die Wiedergabe des kritischen Bereichs möglichst flüssig darzustellen. Dazu wird die in Premiere Pro enthaltene *Mercury Playback Engine* verwendet. Die sorgt aber nicht nur dafür, dass auch mehrere aufwendige Effekte ohne Rendern zum Teil in Echtzeit wiedergegeben werden können, sondern auch für mega-schnelle Berechnung der zugewiesenen Effekte. Diese lassen sich dann in der Regel sogar ohne Erstellung einer Vorschaudatei in Topqualität abspielen.

Unterstützung für mehrere GPUs

Um schnelles Arbeiten zu ermöglichen, kann Premiere Pro CC gleichzeitig mit mehreren in Ihrem Rechner verbauten Grafikkarten arbeiten – natürlich nur, sofern diese unterstützt werden.

7.1.1 Unterstützte Grafikkarten

Mit der Einführung der Mercury Playback Engine wurden seinerzeit nur einige wenige NVIDIA-Grafikkarten unterstützt. Der Support wird jedoch mit jeder neuen Premiere-Pro-Version erweitert. Neben zahlreichen NVIDIA-Karten werden auch zunehmend AMD-Karten (Radeon HD 6750M sowie Radeon HD 6770M) für den Einsatz am Mac Book Pro unterstützt. Eine Liste aller Grafikkarten, die von Premiere Pro direkte Unterstützung erfahren, finden Sie unter *http://www.adobe.com/de/products/premiere/tech-specs.html*.

Ein Test direkt in der Software bringt ebenfalls Gewissheit. Dazu gehen Sie über das Menü DATEI • PROJEKTEINSTELLUNGEN • ALLGEMEIN und schauen nach, wie sich das oberste Pulldown-Menü (RENDERER) darstellt. Ist das Menü ausgegraut, kann die Mercury Playback Engine nicht auf die Hilfe Ihrer Grafikkarte hoffen. Falls doch, finden Sie hier den Hinweis auf CUDA-Unterstützung oder Open CL, je nachdem, welche Karte Sie verwenden.

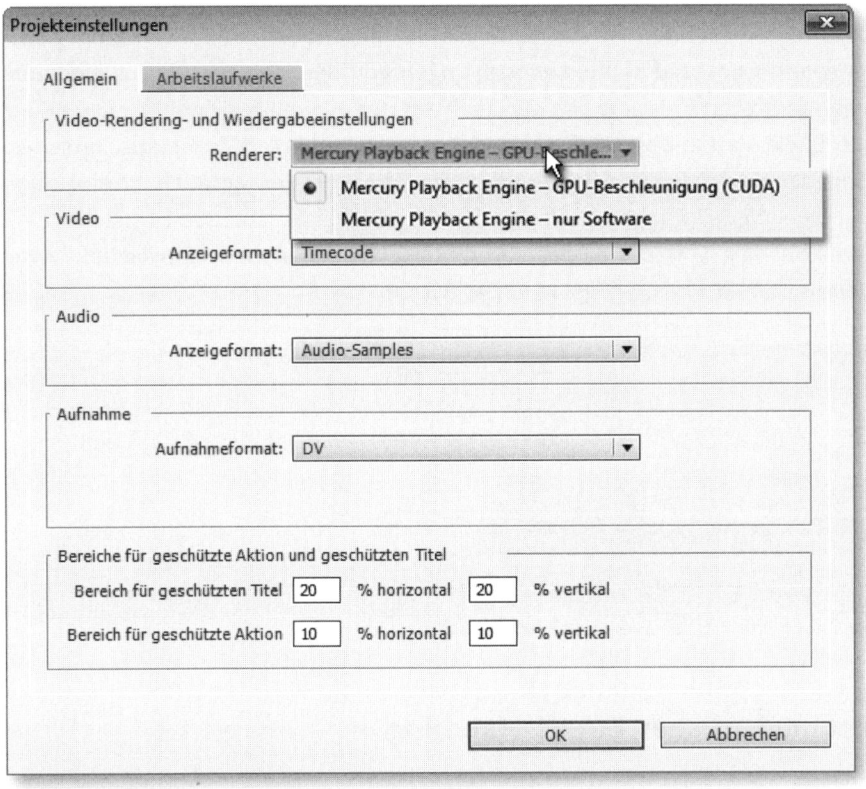

▲ **Abbildung 7.2** Die Grafikkarte hilft mit, Effekte werden beschleunigt.

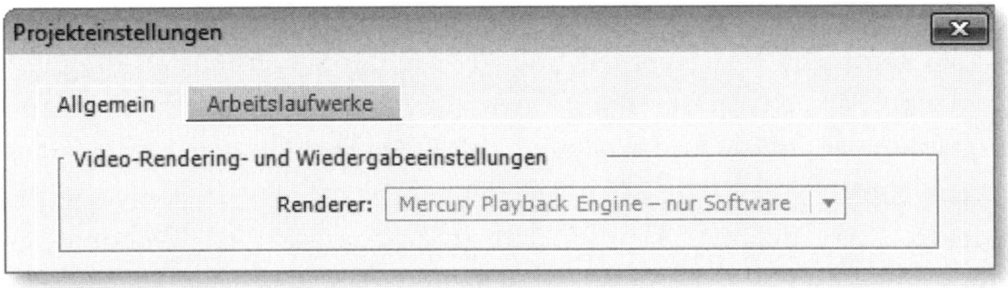

▲ **Abbildung 7.3** Hier kann die Mercury Playback Engine nur mit CPUs (Computer-Prozessoren) und Software wirken.

Die GPU-Beschleunigung steht natürlich nur dann zur Verfügung, wenn Sie auch über eine entsprechende Grafikkarte verfügen. Dennoch müssen Sie Premiere Pro nicht für alle Zeiten meiden, wenn keine derartige Grafik verbaut ist. Sie können diese Effekte trotzdem nutzen.

7.1.2 Effekt im Schnittfenster

Üblicherweise werden ja unterhalb der Schnittfensterskala rote Balken angezeigt, über die immer eine Vorschaudatei erstellt (gerendert) werden kann. Bei den

GPU-beschleunigten Effekten ist das anders. Hier präsentiert die Anwendung gelbe Balken ❶ – sofern Clips und Sequenzeinstellungen von den Vorgaben her zueinander passen. Außerdem zeigt Premiere Pro CC auch auf dem jeweiligen Schnittfenster-Clip an, dass ein Effekt vorhanden ist. Da Videoclips grundsätzlich mit Effekten versehen sind (die sogenannten fixierten Effekte – dazu gleich mehr) verfügt auch jeder Audioclip sowie jeder Videoclip über ein Effekte-Symbol ❷. Dieses ist jedoch zunächst einmal grau (unabhängig von der eingestellten Helligkeit der Arbeitsoberfläche). Wird nun ein weiterer Effekt hinzugefügt, wird das Symbol lila.

▲ **Abbildung 7.4** Effekte werden auch auf dem Clip sichtbar.

7.2 Grundsätzliches Effekt-Handling

Zunächst sind in Sachen Videoeffekte zwei unterschiedliche Gruppierungen auszumachen:

- **Fixierte Effekte** (bzw. **spezifische Effekte** oder **proprietäre Effekte**): Diese werden jedem Clip automatisch zugewiesen, sobald er in das Schnittfenster integriert wird. Dabei handelt es sich um die Videoeffekte BEWEGUNG, DECKKRAFT und ZEIT-NEUZUORDNUNG sowie um die AUDIOEFFEKTE, sofern Sie es mit einem Audio- oder AV-Clip zu tun haben.
- **Standardeffekte**: Diese befinden sich im Ordner VIDEOEFFEKTE und können per Drag & Drop auf den Clip gezogen und so zugeteilt werden.

7.2.1 Effekte vs. Effekteinstellungen

Noch ein Wort zur Begrifflichkeit in diesem Kapitel. Sie werden es im Folgenden sehr häufig mit den Effekteinstellungen und dem Effekte-Bedienfeld zu tun bekommen. Da kann es leicht passieren, dass man mal im falschen Fenster nach der genannten Einstellung oder dem erwähnten Steuerelement sucht. Deshalb noch einmal zu Erinnerung: Das Effekte-Bedienfeld ❹ befindet sich unten links im Arbeitsbereich BEARBEITUNG. Hier werden Effekte gelistet, die zugewiesen werden können. Das Effekteinstellungen-Bedienfeld ❸ ist hingegen links neben dem Programmmonitor zu finden und dient, wie der Name schon sagt, der Einstellung bereits zugewiesener Effekte.

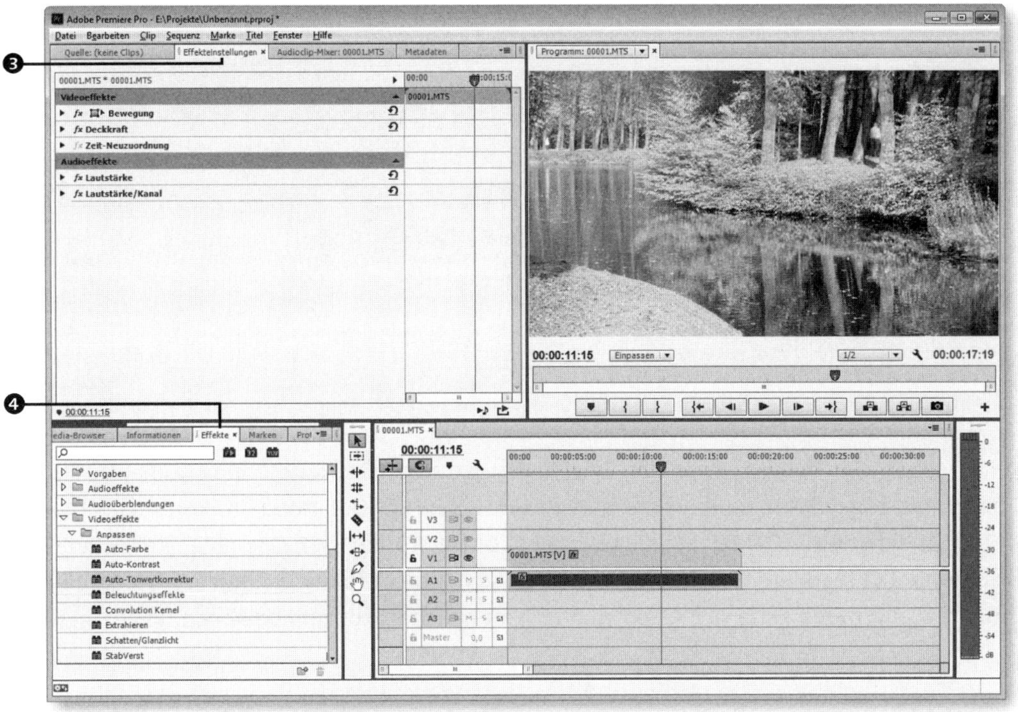

▲ **Abbildung 7.5** Die Effekte (unten links) sind nicht zu verwechseln mit den Effekteinstellungen oben links (hier mit geöffneter Bewegungsliste).

Arbeitsbereich wechseln

Wenn Sie viel mit Effekten arbeiten, ist es eventuell sinnvoller, auf einen eigens dafür gestalteten Arbeitsbereich umzuschalten. Über Fenster • Arbeitsbereich • Effekte erreichen Sie, dass die Bedienfelder Effekte und Effekteinstellungen oben links nebeneinander angeordnet werden. Der Quellmonitor, der in der Regel bei der Arbeit mit Effekten nicht mehr genutzt wird, ist dann nicht zu sehen.

7.3 Die fixierten Videoeffekte (proprietäre Effekte)

Markieren Sie einen Clip innerhalb des Schnittfensters, und öffnen Sie die Registerkarte Effekteinstellungen. Dieses Bedienfeld haben Sie ja bereits im vorangegangenen Kapitel kennengelernt. Wenn sich das Bedienfeld übrigens nicht auf der Arbeitsoberfläche befindet, entscheiden Sie sich für Fenster • Effekteinstellungen. Damit hier überhaupt etwas angezeigt wird, sollten Sie, wie gesagt, einen Clip im Schnittfenster markieren. Die Liste für die Effekteinstellungen sieht zunächst wenig spektakulär aus (siehe Abbildung 7.6 auf Seite 240).

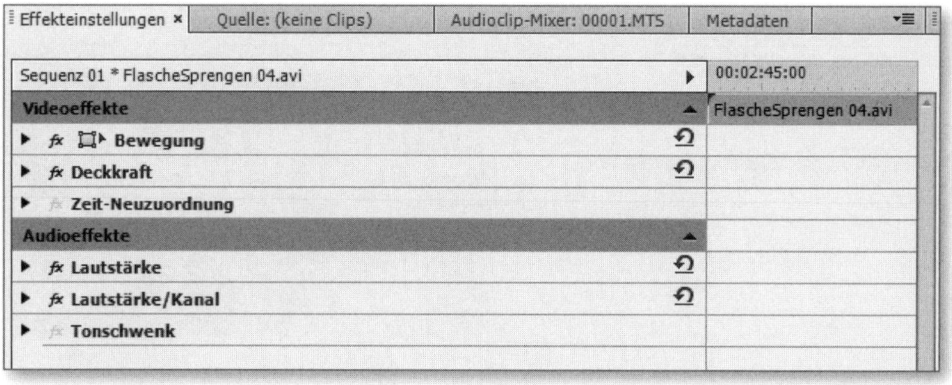

▲ **Abbildung 7.6** Die Liste der EFFEKTEINSTELLUNGEN sieht zunächst einmal recht unspektakulär aus.

Hier sehen Sie bereits, dass die Effekte BEWEGUNG, DECKKRAFT und ZEIT-NEUZUORDNUNG zugewiesen sind. Sollte es sich um einen AV-Clip handeln, kommen noch Audioeffekte hinzu. Öffnen Sie die Liste BEWEGUNG, indem Sie das vorangestellte Dreiecksymbol ❶ markieren. Daraufhin offenbart sich eine Liste mit zahlreichen Steuerelementen, mit deren Hilfe sich Clips in allen erdenklichen Formen bewegen lassen.

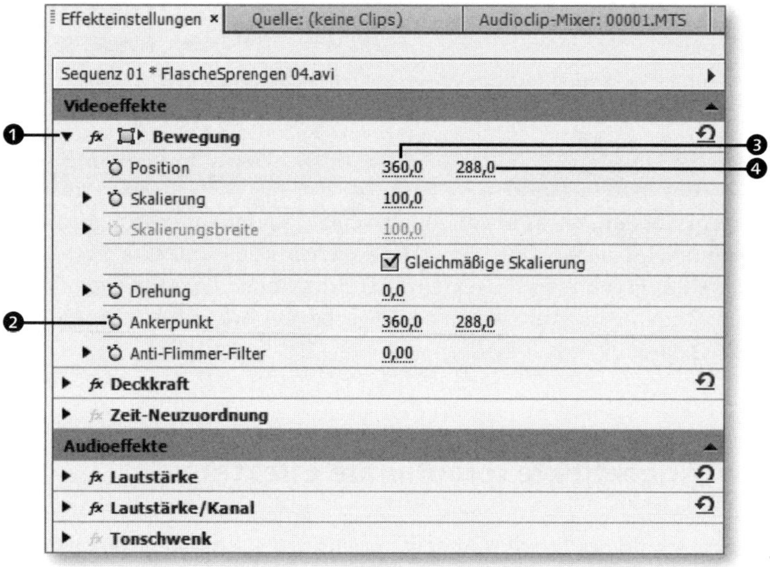

◄ **Abbildung 7.7** Die Liste BEWEGUNG ist hier geöffnet dargestellt.

7.3.1 Position eines Clips verändern

So ließe sich z. B. die POSITION ändern, indem Sie auf eines der beiden rechts daneben aufgeführten Hot-Text-Steuerelemente ❸ und ❹ klicken und den Wert mit gedrückter linker Maustaste verändern. Halten Sie zusätzlich [⇧] gedrückt, geht die Verschiebung wesentlich schneller.

Nehmen Sie den linken der beiden Werte ❸ wird das Video in X-Richtung, also horizontal, verschoben. Der rechte Wert ❹ verschiebt den Clip in Y-Richtung, also vertikal. Dabei ist zu beachten, dass sich derartige Veränderungen stets auf den gesamten Clip auswirken. Später werden Sie noch sehen, wie Sie das auch zeitlich steuern können.

Koordinaten bei DV-PAL | Die Koordinaten selbst geben die Position des Clip-Mittelpunktes wieder, gemessen von der oberen linken Ecke des Bildschirmbereichs – und zwar in Pixel. Bei einem Projekt, das in der Horizontalen aus 720 und vertikal aus 576 Bildpunkten besteht (wie das Beispielprojekt), liegt die horizontale Mitte demzufolge bei 360,0 und die vertikale bei 288,0 – also genau bei den standardmäßig eingestellten Werten. Der Clip liegt dadurch mittig auf der Arbeitsfläche. Ein Beispiel: Wenn Sie die X- und Y-Koordinaten beide auf 0 setzen, wird der Mittelpunkt des Clips anschließend mit dem oberen linken Punkt der Bildfläche identisch sein.

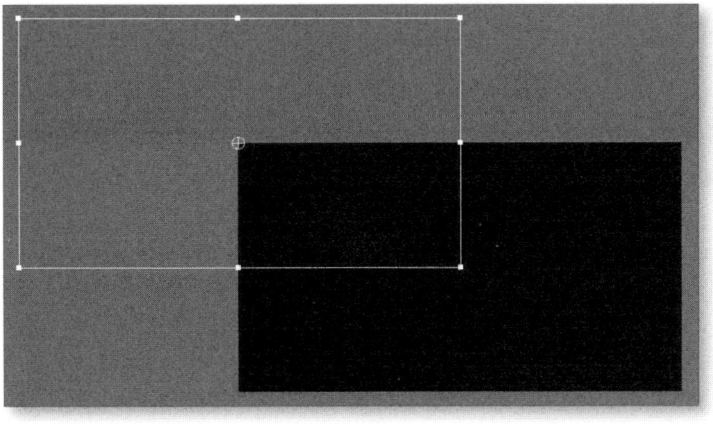

◂ **Abbildung 7.8** Wenn beide Koordinaten mit 0 angegeben werden, liegt der Mittelpunkt des Clips genau an der oberen linken Ecke.

Koordinaten bei HDV und HD | Sie sehen also, dass bei Verwendung der Koordinaten die Auflösung des Projekts von besonderer Bedeutung ist. Erstellen Sie beispielsweise ein HDV-Projekt (HDV 1080i25), stehen die Positionskoordinaten standardmäßig nicht mehr auf 360,0 und 288,0, sondern auf 720,0 und 540,0. Immerhin ist das HDV-Bild ja auch 1.440 x 1.080 Pixel groß. Beim HD sieht es wieder anders aus. Das Full-HD-Format ist mit seinen 1.920 x 1.080 noch größer. Hier liegt der Mittelpunkt bei 960 x 540. Egal, mit welchen Formaten Sie auch immer arbeiten: Das grundsätzliche Handling ist immer das gleiche.

Ankerpunkt verändern | Was ist zu tun, wenn Sie die Position eines Assets nicht anhand seines Mittelpunktes, sondern lieber anhand seiner oberen linken Ecke bestimmen wollen? Dann müssten Sie ja zunächst einmal ausrechnen, wohin Sie den Mittelpunkt verschieben müssen, damit die Ecke passt. Das geht einfacher: Schauen Sie sich zunächst einmal die weiteren Zeilen des Bewegungseffekts an. Hier gibt es auch den Eintrag ANKERPUNKT ❷. Und dieser ist genau auf den Mittelpunkt eingestellt (360,0 und 288,0 bei DV-PAL). Wenn Sie hier 0,0 und 0,0 festlegen, wird der Clip nach unten rechts verschoben, und die obere linke Ecke liegt genau auf dem Mittelpunkt der Bildfläche. Versuchen Sie das einmal mit einem beliebigen Beispiel-Clip (im Buchprojekt »BlaueVaseVorbereitung 09.avi« aus dem Ordner BAND A2).

◂ **Abbildung 7.9** Der Clip ist nach unten rechts gerutscht.

Warum ist das gute Stück denn jetzt überhaupt verschoben worden? Na, weil die Bewegungsparameter der POSITION noch immer auf 360,0 und 288,0 stehen, nicht aber der Ankerpunkt. Weitere Infos zur Positionierung erhalten Sie in Abschnitt 7.5, »Keyframes – Effekte animieren«.

7.3.2 Clips skalieren

Wollen Sie ein Video vergrößern oder verkleinern, erreichen Sie dies proportional (also unter Einhaltung des Seitenverhältnisses), indem Sie den Wert SKALIERUNG ❷ entsprechend Ihren Wünschen verändern.

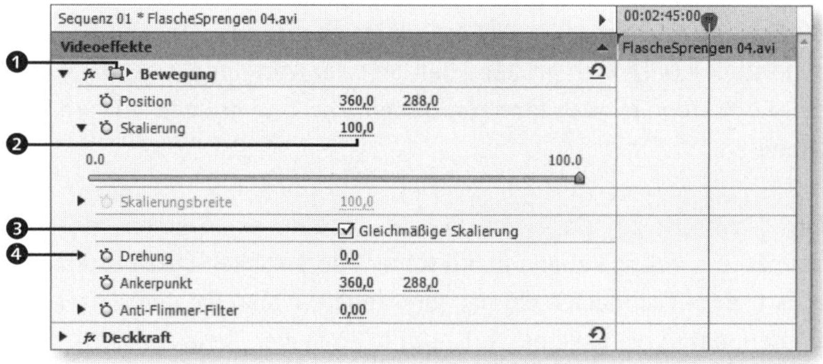

◂ **Abbildung 7.10** Veränderungen der Skalierung wirken sich proportional auf den Clip aus.

Wenn Sie allerdings beabsichtigen, einen Clip nur in horizontaler bzw. vertikaler Richtung zu skalieren, sollten Sie das Steuerelement GLEICHMÄSSIGE SKALIERUNG ❸ zuvor abwählen. Das Steuerelement SKALIERUNG wird dadurch automatisch zu SKALIERUNGSHÖHE. Darunter finden Sie, separat regelbar, SKALIERUNGSBREITE ❻. Möglicherweise wollen Sie den Steuerelementen vorübergehend mehr Platz einräumen. In diesem Fall können Sie die Schnittfenster-Ansicht auf der rechten Seite des Fensters schließen, indem Sie SCHNITTFENSTER ANZEIGEN/AUSBLENDEN ❺ betätigen.

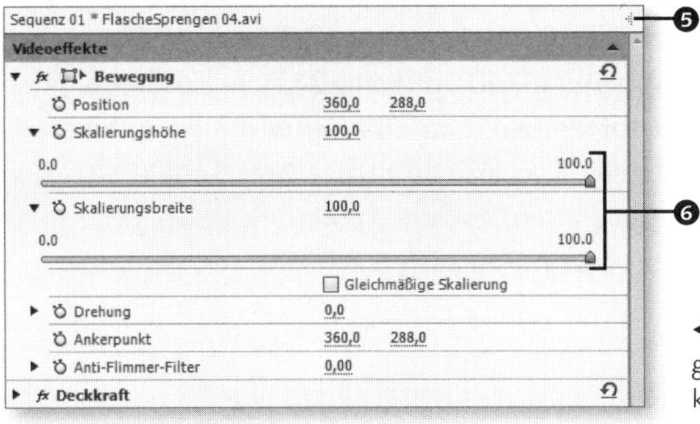

◄ **Abbildung 7.11** So haben Sie Platz genug, um alle Zeileninhalte einsehen zu können.

Schauen Sie einmal auf das Symbol ❶, das sich unmittelbar vor dem Eintrag BEWEGUNG befindet. Dieses deutet darauf hin, dass der Effekt auch direkt im Programmmonitor (mittels Drag & Drop) verändert werden kann. Um die Möglichkeit bereitzustellen, müssen Sie entweder die Zeile BEWEGUNG markieren oder einen Doppelklick auf die aktuelle Ansicht des Programmmonitors setzen. Das Video wird dort mit einem Rahmen versehen. Die quadratischen Anfasser können per Drag & Drop nach Wunsch verschoben werden. Versuchen Sie es doch einmal, indem Sie einen dieser Punkte nach innen ziehen.

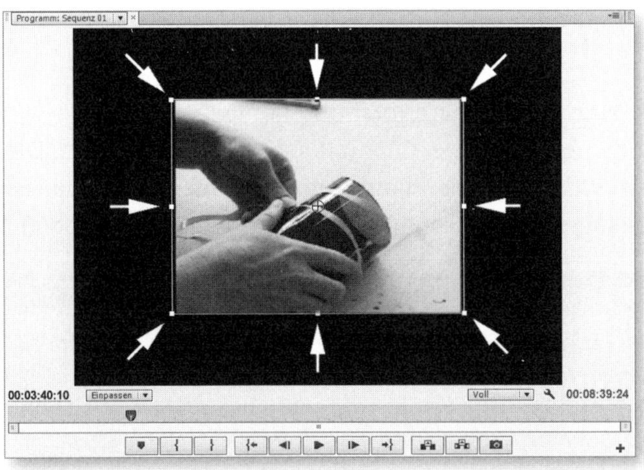

◄ **Abbildung 7.12** Der Clip lässt sich auch direkt im Programmmonitor bearbeiten.

Sie werden sehr schnell feststellen: Egal, an welchem Anfasser Sie den Clip verziehen, Sie werden ihn nur proportional verändern können. Wenn Sie das nicht wollen, müssen Sie auch hier vorab das Steuerelement GLEICHMÄSSIGE SKALIERUNG deaktivieren.

Position verändern

Möchten Sie das gesamte Video verschieben, klicken Sie den Clip innerhalb des Rahmens an und ziehen ihn mit gedrückter linker Maustaste.

7.3.3 Clip drehen

Neben der Möglichkeit, über das gleichnamige Steuerelement im Fenster EFFEKTEINSTELLUNGEN eine DREHUNG ❹ (siehe Abbildung 7.10 auf Seite 242) auszuführen, lässt sich das Video auch im Programmmonitor drehen. Das Einzige, was Sie tun müssen, ist, den Mauszeiger etwas außerhalb eines Eckpunktes anzusetzen. Sobald sich der Mauszeiger in einen 90°-Doppelpfeil verwandelt, ist die richtige Position gefunden. Jetzt können Sie den Clip mit gedrückter linker Maustaste nach Wunsch verdrehen.

7.3.4 Deckkraft verändern

Auch die Deckkraft eines Clips lässt sich über das entsprechende Hot-Text-Steuerelement verändern. Häufig ergibt dies nur dann einen Sinn, wenn sich der Clip auf einer übergeordneten Videospur befindet. So lässt man ihn dann teiltransparent über einem anderen Clip erscheinen.

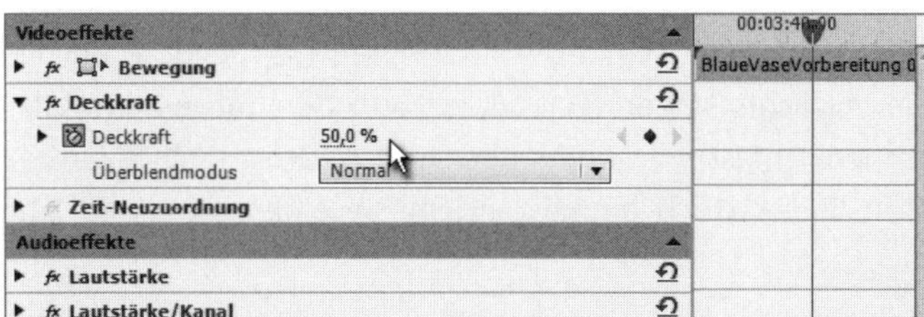

▲ **Abbildung 7.13** Im Menü DECKKRAFT lässt sich ein Clip teiltransparent darstellen.

Gleich unterhalb befindet sich eine mit ÜBERBLENDMODUS betitelte Pulldown-Liste. Hier legen Sie fest, wie die beiden überlagernden Clips miteinander wirken sollen. Die Technik ist vergleichbar mit den Ebenenmodi in Photoshop. Am Ende dieses Kapitels wird diese Technik noch einmal aufgegriffen (siehe Abschnitt 7.9, »Überblendmodi«).

Hinweis zur Zeit-Neuzuordnung

Eigentlich wäre es jetzt an der Zeit, den Effekt ZEIT-NEUZUORDNUNG zu erwähnen. Immerhin handelt es sich hierbei ebenfalls um einen fixierten Effekt. Ich möchte ihn aber dennoch zunächst zurückstellen, weil er seine wahre Leistungsfähigkeit erst so richtig entfalten kann, wenn man ihn zusammen mit animierten Keyframes einsetzt. Lassen Sie uns jedoch mit den Standardeffekten fortfahren und ansehen, wie Effekte animiert werden. In Abschnitt 7.6, »Zeitabläufe neu zuordnen«, greifen wir dann das Thema Zeit-Neuzuordnung wieder auf – versprochen!

7.3.5 Effekte zurücksetzen

Gerade am Anfang werden Sie geneigt sein, unterschiedliche Einstellungen in Sachen Effektparameter auszuprobieren. Wollen Sie anschließend alle Änderungen eines Videoeffekts in einem Arbeitsgang wieder rückgängig machen, klicken Sie einfach auf die Schaltfläche ZURÜCKSETZEN.

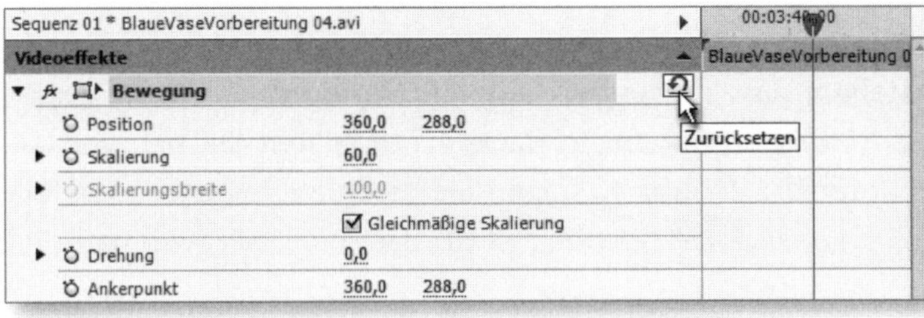

◂ **Abbildung 7.14** Verwerfen Sie alle Änderungen.

Ein fixierter Effekt lässt sich übrigens auch direkt im Schnittfenster entfernen. Dazu setzen Sie einen Rechtsklick auf das betreffende Asset und wählen EFFEKTE ENTFERNEN aus dem Kontextmenü. In diesem Fall haben Sie sogar die Wahl, welche Effekte zurückgesetzt werden sollen und welche erhalten bleiben.

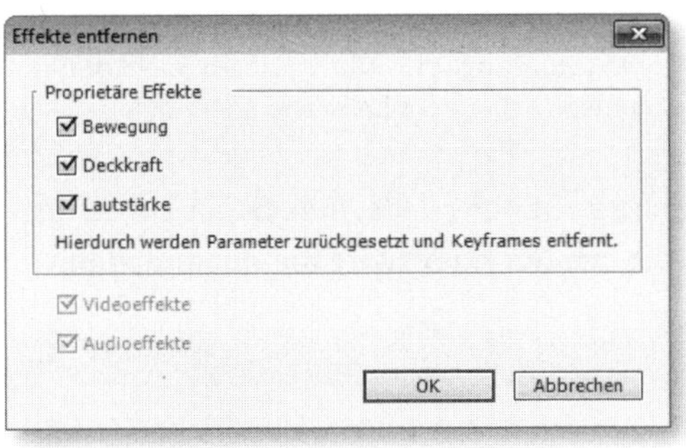

◂ **Abbildung 7.15** Welche Effekte sollen entfernt werden?

7.3.6 Effekte deaktivieren

Des Weiteren besteht aber auch die Möglichkeit, den Effekt nur »unsichtbar« zu schalten, und zwar über das kleine Effekte-Symbol. Dabei wird der Clip im Programmmonitor so dargestellt, als wären gar keine Veränderungen vorgenommen worden. Tatsächlich bleiben die Effekte aber erhalten und werden wieder sichtbar, sobald Sie die Schaltfläche abermals betätigen.

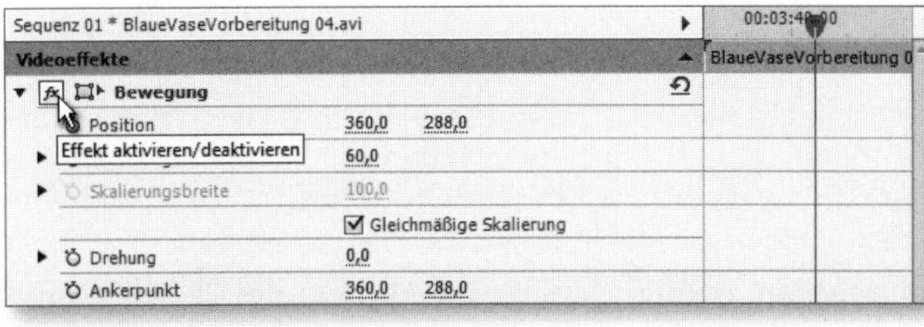

▴ **Abbildung 7.16** Effekte können vorübergehend deaktiviert werden.

7.4 Die Standardvideoeffekte

Sobald Sie etwas anderes wollen, als »nur« die Bewegung oder Deckkraft zu verändern, müssen Sie auf einen der zahlreichen Standardvideoeffekte zurückgreifen. Diese finden Sie im Bedienfeld EFFEKTE im Ordner VIDEOEFFEKTE.

7.4.1 Effekte suchen

Nun können Sie sich vorstellen, dass es bei der Fülle an Unterordnern nicht gerade leicht ist, den gewünschten Effekt zu finden. In diesem Fall sollten Sie sich von der integrierten Suchfunktion unterstützen lassen. Tragen Sie einen Suchbegriff oder Teile dessen in das Suchfeld ein. Je genauer der Suchbegriff ist, desto präziser wird natürlich die Ergebnisauswahl sein.

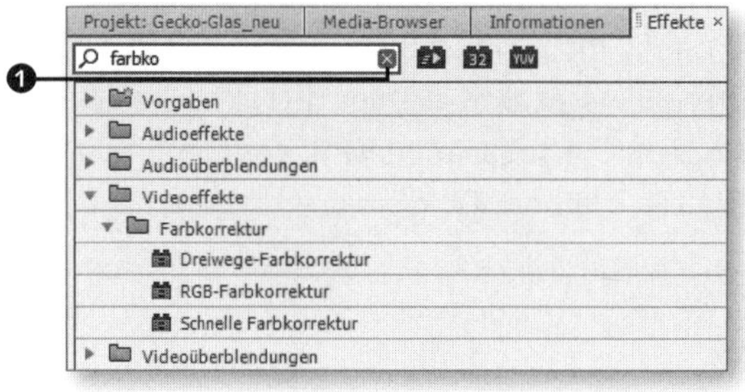

◀ **Abbildung 7.17** Nur was dem Suchkriterium entspricht, wird in der Liste angezeigt.

Denken Sie daran, den Suchbegriff im Anschluss wieder zu löschen ❶, da Sie ansonsten nur noch Zugriff auf die Effekte haben, die der Suchwortvorgabe entsprechen.

Pr

Clipname-Effekt

Ein in Premiere Pro CC neu integrierter Effekt ist CLIPNAME. Sie finden ihn im Verzeichnis VIDEOEFFEKTE, Unterordner VIDEO. Damit werden die Namen der einzelnen Clips im Programmmonitor angezeigt. Der Effekt ist vor allem dann von Nutzen, wenn Sie während der Montage zahlreicher Assets immer direkt informiert sein wollen, welcher Clip gerade abgespielt wird. Entfernen Sie den Effekt, wenn er nicht mehr benötigt wird.

7.4.2 Effekte filtern

Weiter rechts in der Zeile, die einen Effekt oder eine Überblendung repräsentiert, finden Sie nicht selten Symbole, die verdeutlichen, ob es sich bei dem jeweiligen Effekt um einen bestimmten Typ handelt. Diese sind im Einzelnen:

- beschleunigte Effekte
- Effekte für 32-Bit-Farbtiefe
- YUV-Effekte

So lässt sich unmittelbar ausmachen, ob der jeweilige Effekt (oder die Überblendung) beispielsweise GPU-beschleunigt ist (siehe dazu auch Abschnitt 7.1, »GPU-beschleunigte

Effekte«). Entsprechend lässt sich ein Suchergebnis auch weiter eingrenzen bzw. die Liste der Effekte filtern, indem Sie einen oder mehrere der drei Buttons ❷ neben dem Eingabefeld aktivieren.

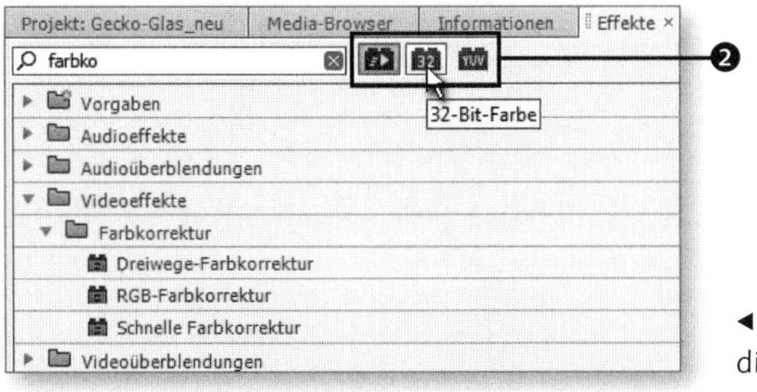

◂ **Abbildung 7.18** Die Effekte lassen sich über die drei Tastern bequem filtern.

32 Bit rendern

Wenn Sie einen Effekt zuweisen, der 32-Bit-fähig ist, wird dieser nur dann tatsächlich in 32 Bit gerendert, wenn alle anderen Effekte innerhalb der Sequenz ebenfalls 32-Bit-fähig sind. Ist das nicht der Fall, werden alle Effekte der Sequenz mit 8 Bit gerendert.

7.4.3 Effekte zuweisen

Einen Effekt weisen Sie zu, indem Sie ihn per Drag & Drop auf den Clip im Schnittfenster befördern. Sie können auch einen Doppelklick auf den Effekt im Effekte-Bedienfeld setzen. Zuvor muss der Clip im Schnittfenster allerdings markiert werden.

Direktbearbeitung

Das Zuweisen und Bearbeiten von Effekten kann auch zum Zeitpunkt der Wiedergabe erfolgen. Während diese seinerzeit noch bei bestimmten Arbeiten unterbrochen wurde, lässt sich »durcharbeiten«, ohne dass die Wiedergabe stoppt. Insbesondere bei der Einstellung bestimmter Effekte (vor allem Korrektureffekte) ist das ausgesprochen nützlich.

7.4.4 Effekte übertragen

Effekte lassen sich auch ganz einfach von einem Clip auf den anderen übertragen. Markieren Sie beispielsweise die Zeile Bewegung innerhalb der Effekteinstellungen, können Sie die darin vergebenen Parameter mit `Strg`/`cmd`+`C` in die Zwischenablage kopieren (Bearbeiten • Kopieren geht natürlich auch). Diese lassen sich nach Anwahl eines anderen Clips im Schnittfenster mit `Strg`/`cmd`+`V` (oder Bearbeiten • Einfügen) übertragen.

7.4.5 Attribute einfügen

Sollten Sie einem Clip zahlreiche Effekte verpasst haben, jedoch nur einzelne davon auf einen anderen Clip übertragen wollen, markieren Sie ebenfalls zunächst den Ausgangs-Clip im Schnittfenster und befördern ihn, wie beschrieben, in die Zwischenablage. Setzen Sie anschließend einen Mausklick auf den Ziel-Clip im Schnittfenster. Danach haben Sie die Wahl: Entweder Sie öffnen das Menü BEARBEITEN oder setzen einen Rechtsklick auf den Ziel-Clip. Zuletzt entscheiden Sie sich für ATTRIBUTE EINFÜGEN. Bestimmt fragen Sie sich jetzt, ob es ein schickes Tastaturkürzel dafür gibt. Aber sicher gibt es das. Drücken Sie nach Anwahl des Ziel-Clips einfach [Strg]/[cmd]+[Alt]+[V]. Am Ende haben Sie die Wahl, welche Effekte bei der Übertragung berücksichtigt werden sollen und welche nicht.

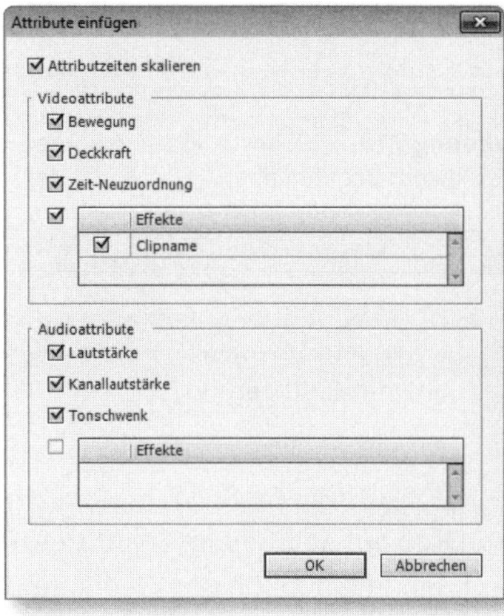

◀ **Abbildung 7.19** Entscheiden Sie selbst, welche Attribute kopiert werden sollen.

7.4.6 Effektreihenfolge ändern

Natürlich können Sie auf einen Clip beliebig viele Effekte anwenden. Dabei ist aber grundsätzlich zu beachten, dass die Reihenfolge ihrer Anwendung zum Teil erheblichen Einfluss auf das Ergebnis hat (das ist vor allem dann der Fall, wenn der ÜBERBLENDMODUS im Bereich DECKKRAFT verändert wurde). Die nicht fixierten Effekte lassen sich deshalb im Fenster EFFEKTEINSTELLUNGEN per Drag & Drop sortieren.

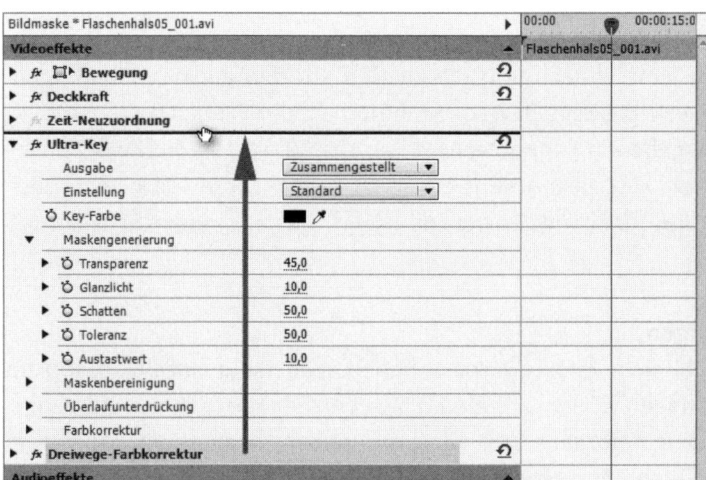

◀ **Abbildung 7.20** Es ist nichts dagegen einzuwenden, die Effektreihenfolge auch nachträglich noch zu ändern. Hier wird die DREIWEGE-FARBKORREKTUR gerade oberhalb des zuvor eingefügten ULTRA-KEYS platziert.

Möchten Sie die Reihenfolge verändern, ziehen Sie einfach die betreffende Zeile an eine andere Position. Sobald die horizontale schwarze Linie auftaucht, können Sie sie fallen lassen. Die Standardeffekte BEWEGUNG, DECKKRAFT und ZEIT-NEUZUORDNUNG sind davon allerdings ausgenommen. Sie können ebenso wenig nach unten verschoben werden, wie sich ein Standardeffekt oberhalb oder zwischen den fixierten Effekten platzieren lässt.

7.4.7 Effekte entfernen

Entfernen Sie einen Effekt aus einem Clip, indem Sie die betreffende Zeile im Bedienfeld EFFEKTEINSTELLUNGEN markieren und entweder aus dem Bedienfeldmenü AUSGEWÄHLTEN EFFEKT LÖSCHEN wählen oder [Entf] bzw. [←] drücken.

7.4.8 Standardeffekte bearbeiten

Die in einem Standardeffekt enthaltenen Steuerelemente sind je nach eingesetztem Effekt unterschiedlich. Manche Effekte bringen sogar eine ganze Armada an Listen, Schaltern und Reglern mit, die vielfach erst zu sehen sind, wenn Sie im Effekteinstellungen-Bedienfeld etwas nach unten scrollen.

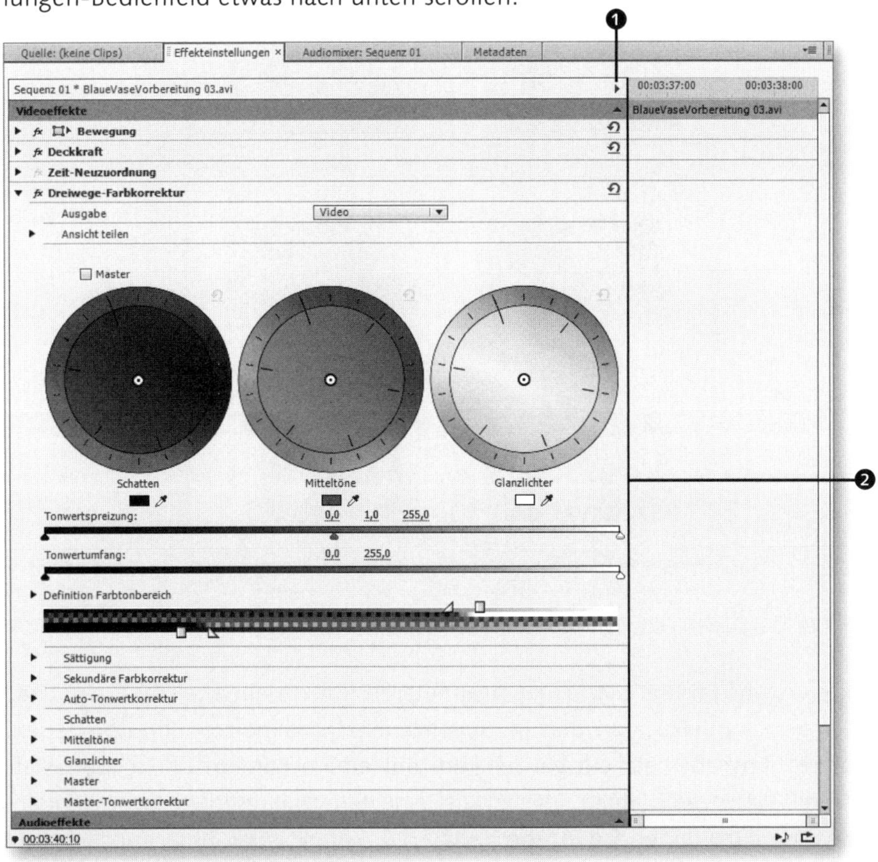

▲ **Abbildung 7.21** Die Steuerelemente des Effekts DREIWEGE-FARBKORREKTUR

Ansicht optimieren

Bedenken Sie in diesem Zusammenhang stets, dass Sie die Arbeitsoberfläche an den Fensterzwischenstegen einstellen können. So lässt sich beispielsweise auch der Zwischensteg, der die linke und rechte Seite des Fensters EFFEKTEINSTELLUNGEN voneinander trennt ❷, per Drag & Drop verziehen. Bei einem Effekt wie der DREIWEGE-FARBKORREKTUR beispielsweise bietet es sich an, diesen weiter nach rechts zu ziehen oder komplett auszublenden ❶ (siehe Abbildung 7.21 auf Seite 249).

7.4.9 Lumetri Looks

Eine besondere Erwähnung sollten die in Premiere Pro CC neu integrierten Lumetri-Effekte bekommen. Ganz unten im Bedienfeld EFFEKTE finden Sie das Verzeichnis LUMETRI LOOKS, das Sie einmal öffnen sollten. Wenn Sie anschließend eines der Unterverzeichnisse öffnen (hier: KINO), werden sehr interessante Gestaltungsoptionen auf der rechten Seite sichtbar.

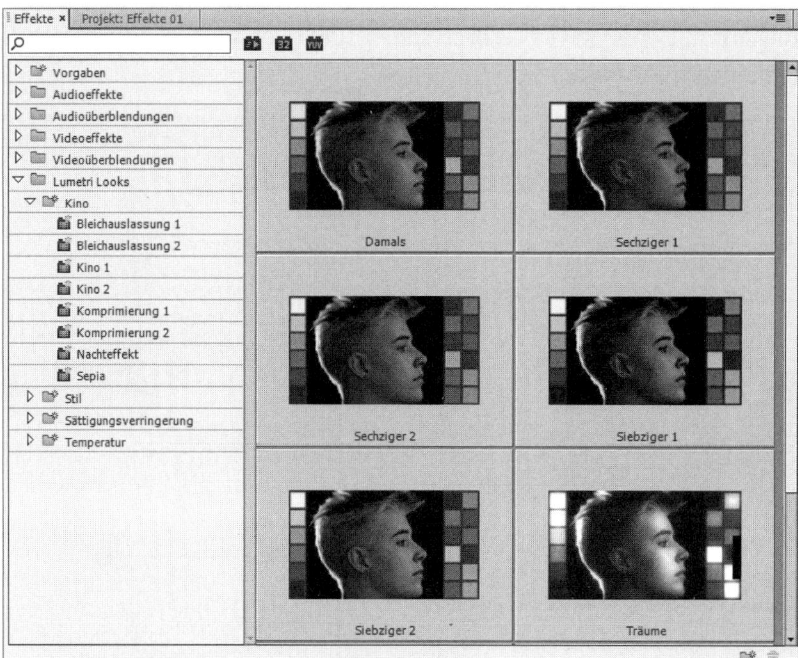

▲ **Abbildung 7.22** Die LUMETRI LOOKS sind neu in Premiere Pro CC.

Diese Effekte werden, wie alle anderen proprietären Effekte auch, einfach per Drag & Drop oder per Doppelklick an den im Schnittfenster selektierten Clip übergeben. Wenn mehrere Clips oder gar ein ganzer Film mit einem Lumetri-Effekt ausgestattet werden soll, ist zu empfehlen, diesen auf eine Einstellungsebene anzuwenden. Weitere Hinweise dazu finden Sie in Abschnitt 7.5.6, »Effekte per Einstellungsebenen anwenden«.

Ein Tipp für Experten: Neben den hier gezeigten LUMETRI LOOKS können Sie auch Einstellungsdateien unterschiedlicher Quellen hinzufügen. Hierbei dürfen Sie auch durchaus Daten von anderen Anwendungen verwenden, wie beispielsweise Final Cut Pro. Neben zahlreichen anderen Formaten sind hier vor allem .look, .cube oder .fccp zu erwähnen. Aber selbst wenn Sie nicht über derartige Dateien verfügen, dürfen Sie beispielsweise Photoshop-Einstelldateien der Color-Look-Filter benutzen. Sie finden diese in der Regel in dem Ordner, in dem Photoshop CC installiert ist – und zwar im Unterverzeichnis PRESETS. Ein Beispiel: Die 3DLuts befinden sich hier: *[Laufwerk]\Programme\Adobe\Photoshop CC (64 Bit)\Presets\3DLuts*. Und so weisen Sie eine Einstellungsdatei zu: Öffnen Sie die EFFEKTEINSTELLUNGEN, und klicken Sie, nachdem Sie z. B. einen Lumetri-Effekt zugewiesen haben, in der Zeile des Effekts (hier auf Abbildung 7.23 LUMETRI (MOONLIGHT)) auf EINRICHTEN. Stellen Sie im daraufhin bereitgestellten Dialog den Pfad zur besagten Einstellungsdatei her.

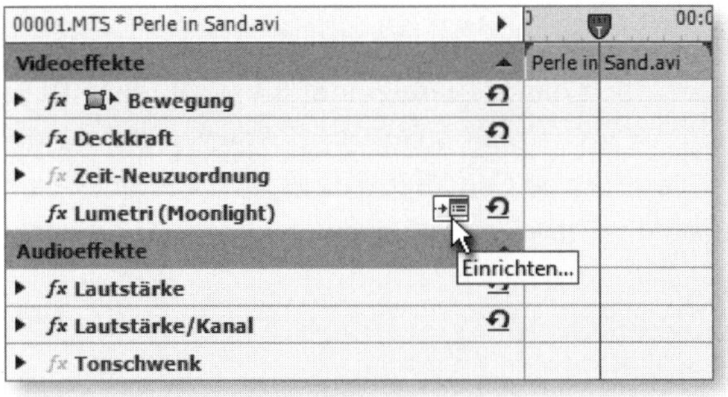

▲ **Abbildung 7.23** So werden die Einstellungsdateien eingebunden.

7.4.10 Effekt »Verkrümmungsstabilisierung« – Verwacklungen mit dem Warp Stabilizer korrigieren

Der Effekt VERKRÜMMUNGSSTABILISIERUNG (bzw. WARP STABILIZER) ist so genial, dass es lohnt, ihn in einem separaten Workshop vorzustellen.

Schritt für Schritt: Clips stabilisieren

Verkrümmungsstabilisierung ist ein Begriff, der die dahintersteckenden Eigenschaften nicht direkt offenbart. Der Effekt sorgt nämlich dafür, dass verwackelte Aufnahmen beruhigt (stabilisiert) werden – und zwar mit beeindruckender Präzision.

1 *Effekt hinzufügen*

Aktivieren Sie den Clip »Perle_5.avi«, der bei 00:01:32:11 beginnt (auf Spur V1). Schauen Sie ihn zunächst einmal an. Das Bild ruckelt. Ziehen Sie den Effekt WARP STABILIZER (VIDEOEFFEKTE • VERZERRUNG) auf diesen Clip. Wie Sie sehen, legt die Anwendung sofort los. Der Programmmonitor zeigt es an.

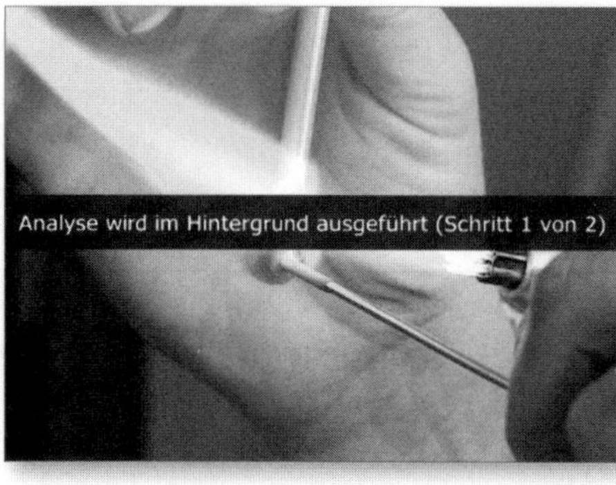

▲ **Abbildung 7.24** Im ersten Schritt wird das Video analysiert.

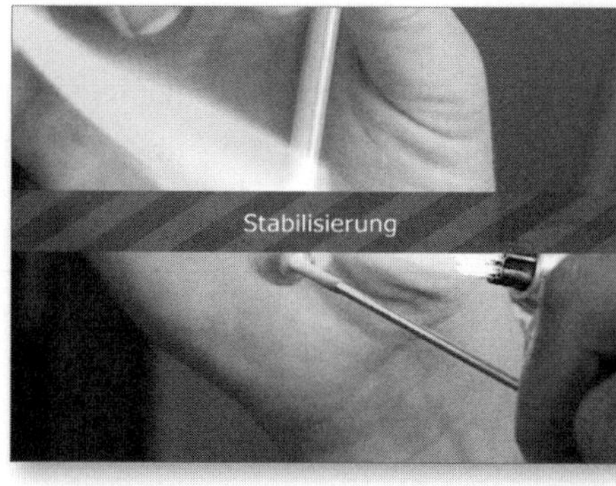

▲ **Abbildung 7.25** Danach wird die Stabilisierung vorgenommen.

2 *Effekt begutachten*

Sehen Sie sich das Ergebnis an, werden Sie schnell feststellen, dass der Clip wesentlich ruhiger läuft, ohne jedoch unnatürlich starr zu wirken. Damit Sie sehen, was tatsächlich im Hintergrund passiert ist, schalten Sie doch das Steuerelement RAHMEN (Liste RÄNDER) in den EFFEKTEINSTELLUNGEN einmal von STABILISIERUNG, ZUSCHNEIDEN, AUTO-SKALIERUNG auf NUR STABILISIEREN. Spielen Sie den Clip abermals ab, und achten Sie auf die Bildränder. Interessant, oder? Danach machen Sie die Einstellung bitte wieder rückgängig.

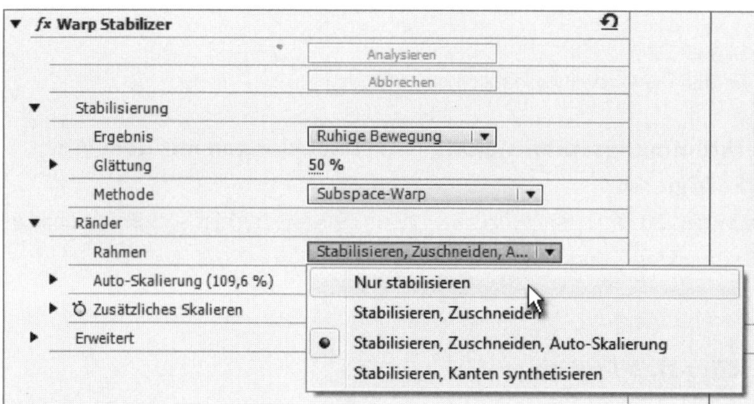

▲ **Abbildung 7.26** Mit dieser Einstellung ist gut zu sehen, wie der Effekt arbeitet.

3 *Methode ändern*

Damit wäre der erste Clip erfolgreich stabilisiert. Jetzt ist »Drehteller_b1_02.avi« an der Reihe, den Sie in der Timeline des Buchprojekts in etwa an Position 00:02:30:00 finden. Weisen Sie den Effekt auch hier zu. Stoppen Sie die Analyse jedoch sofort, indem Sie in den EFFEKTEINSTELLUNGEN auf ABBRECHEN klicken. Danach stellen Sie um auf KEINE BEWEGUNG, gefolgt von ANALYSIEREN.

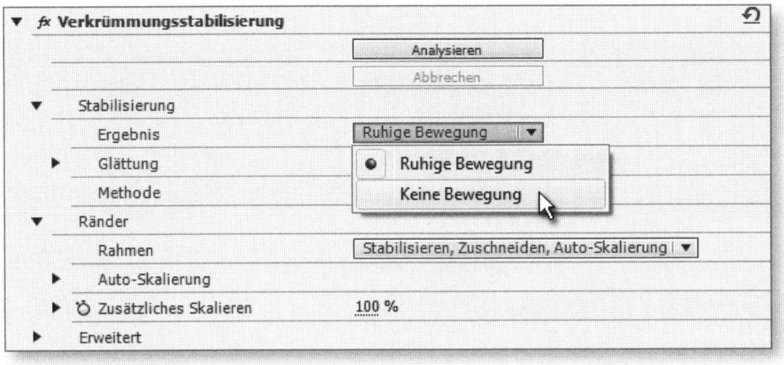

▲ **Abbildung 7.27** Durch das Umschalten wird das Ergebnis noch ruhiger. Die Einstellung eignet sich meist bei Clips, in denen weder Schwenk noch Kamerafahrt vorhanden sind.

4 *Ergebnis ansehen*

Schauen Sie sich den Clip an, und achten Sie vor allem auf die Fenster im Hintergrund. Hier bewegt sich nichts mehr. Vergleichen Sie das Ergebnis mit dem Original, indem Sie den Effekt temporär deaktivieren. Falls erforderlich, rendern Sie den relevanten Bereich. Denken Sie daran, den zu rendernden Bereich vor dem Druck auf ↵ mit Sequenz-In- und -Out-Point zu versehen. Ansonsten würde ja die komplette Sequenz gerendert.

◄ **Abbildung 7.28** Der Render-Bereich muss mit In- und Out-Point versehen werden.

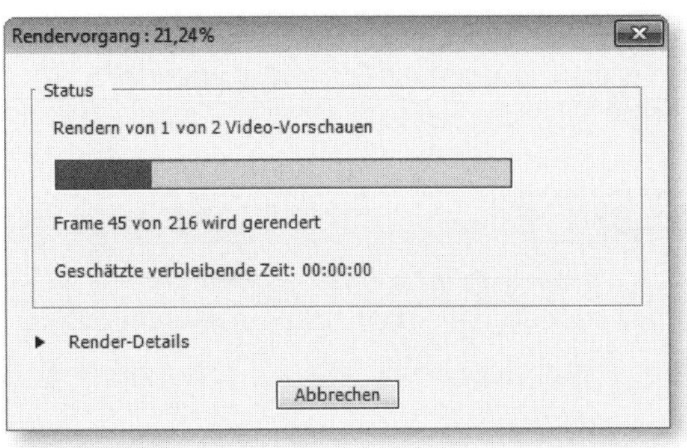

◄ **Abbildung 7.29** Falls die Stelle nicht flüssig abgespielt wird, müssen Sie rendern.

5 *Ansicht optimieren*

Sollten Treppchen entlang der Fensterrahmen auszumachen sein, gehen Sie in das Bedienfeldmenü ❶ (siehe Abbildung 7.30) des Programmmonitors, und schalten Sie um auf BEIDE FELDER ANZEIGEN ❷. Ansonsten wird nur eines der Halbbilder ausgestrahlt, was zu besagter Fehldarstellung diagonaler oder senkrechter Linien führen kann.

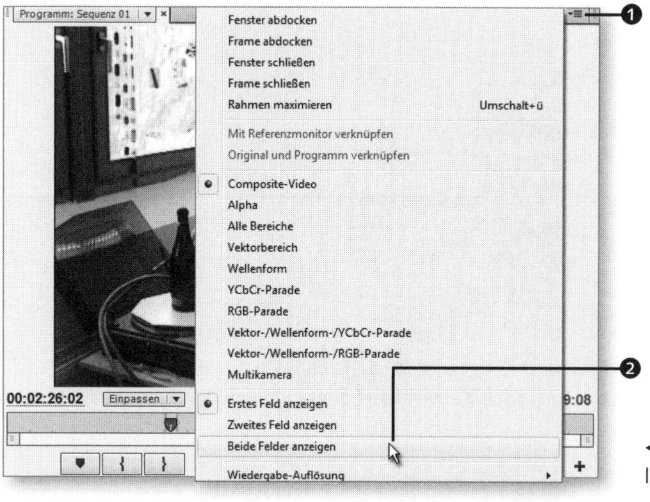

◀ **Abbildung 7.30** Die Darstellung lässt sich noch optimieren.

Nicht inhaltrelevant

Die Treppchen sehen, bedingt durch die Ausstrahlung eines einzigen Halbbildes, nicht besonders schön aus. Das war es aber auch schon mit den Beeinträchtigungen, da es sich dabei lediglich um einen Wiedergabeeffekt handelt. Im fertigen Film würde der Clip ordentlich ausgegeben.

▲ **Abbildung 7.31** Wenn beide Halbbilder angezeigt werden, sind die Diagonalen wesentlich sauberer. Achten Sie auf den unteren Teil des Fensterrahmens.

Leistungsstarker Effekt

Der Effekt lässt sich nicht nur auf stehende Kameraeinstellungen anwenden. Ach Kamerafahrten, Zooms, Schwenks und Tilts (Vertikalschwenks) lassen sich mit diesem Effekt hervorragend beruhigen.

7.5 Keyframes – Effekte animieren

Jetzt kommen erstmals die sogenannten *Keyframes* ins Spiel. Mit Keyframes (also mit **Schlüsselbildern**) steuern Sie nämlich (u.a.) den zeitlichen Ablauf eines zugewiesenen Effekts. Sie können dadurch bestimmen, ab welchem Zeitpunkt beispielsweise eine

Skalierung beginnt und wann der zugewiesene Effekt zu sehen sein soll. Dazu wollen wir zunächst einen Bild-in-Bild-Effekt realisieren. Eigentlich könnte das doch gleich in Form eines Workshops geschehen, was meinen Sie?

Schritt für Schritt: Bild-in-Bild-Effekt erzeugen

Sie kennen es aus zahlreichen Nachrichtensendungen: Ein Bild verkleinert sich und wird zeitgleich in eine Ecke verschoben, während darunter der Moderator erscheint.

1 *Projekt vorbereiten*

Erzeugen Sie ein neues Projekt, das Sie *Bild im Bild* nennen. Importieren Sie die Dateien »Perlen_Flamme.avi« und »Perlen_Kommentar.avi« aus dem Ordner KAPITEL_07. Erzeugen Sie mit Hilfe des zuletzt genannten Clips eine neue Sequenz, indem Sie diesen Clip auf das Blattsymbol NEUES OBJEKT ziehen. Den anderen Clip platzieren Sie eine Spur höher, wobei Sie beide Clips am Sequenz-Nullpunkt beginnen lassen.

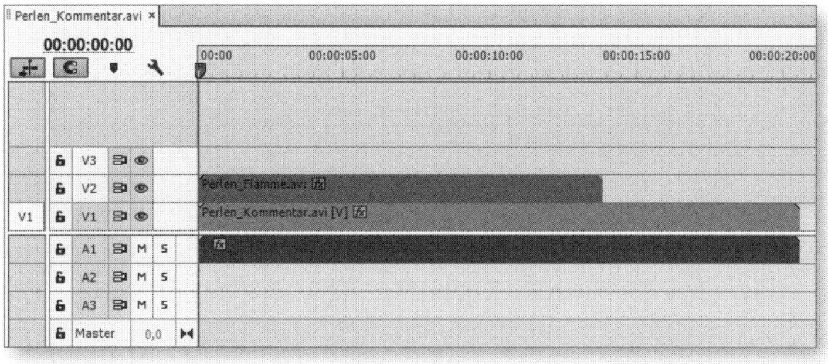

▲ **Abbildung 7.32** Der AV-Clip liegt in Spur 1, während der reine Videoclip in Spur V2 Platz findet.

2 *Einfügemarke positionieren*

Der obere Clip verdeckt selbstverständlich den unteren. Um Letzteren nach einer gewissen Zeit sichtbar zu machen, soll der obere Clip mit Keyframes versehen werden. Bringen Sie die Einfügemarke dazu an Position 00:00:04:14.

3 *Erste Animation aktivieren*

Ab dieser Position soll der in Spur V2 befindliche Clip kontinuierlich verkleinert werden. Stellen Sie sicher, dass »Perlen_Flamme.avi« jetzt im Schnittfenster markiert ist, und klicken Sie in den EFFEKTEINSTELLUNGEN im Bereich BEWEGUNG auf das Stoppuhrsymbol vor SKALIERUNG ❶ (siehe Abbildung 7.33 auf Seite 256). Damit schalten Sie die Animationen ein. Werfen Sie einen Blick auf die Schnittfenster-Ansicht rechts in den EFFEKTEINSTELLUNGEN. Falls sie verschlossen ist, klicken Sie einmal kurz auf SCHNITTFENSTER ANZEIGEN/AUSBLENDEN ❷. An der aktuellen Position der Einfügemarke wurde soeben ein Keyframe eingefügt ❸.

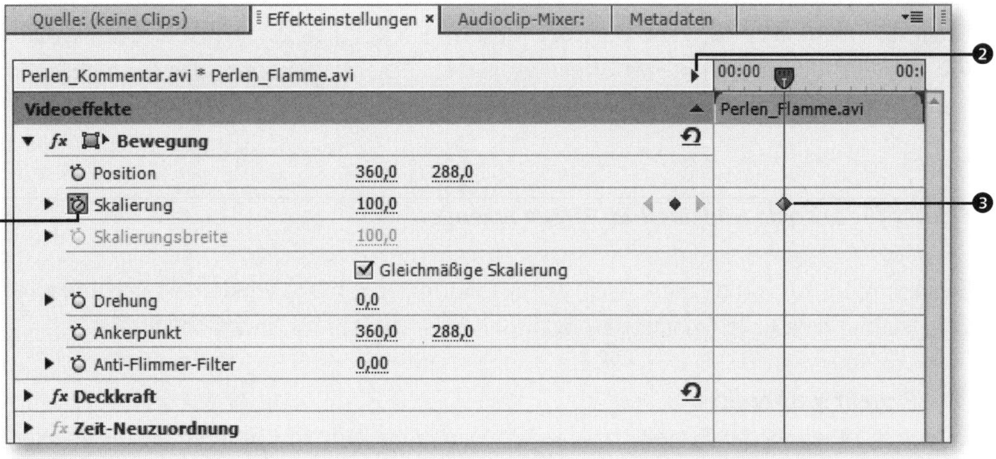

▲ **Abbildung 7.33** Der Clip soll ab dieser Position kontinuierlich verkleinert werden.

Animationsparameter

Bedenken Sie, dass sich Änderungen der Parameter grundsätzlich auf den gesamten Clip beziehen, sofern die Animation noch nicht aktiviert wurde. Sobald Sie jedoch das Stoppuhrsymbol aktiviert haben, beziehen sich die Modifikationen auf die aktuelle Position der Einfügemarke und werden auch erst ab dieser Position wirksam. Im weiteren Verlauf des Workshops werden Sie das noch anschaulich nachvollziehen können.

4 *Zweite Animation aktivieren*

Genau an dieser Stelle soll aber gleichzeitig damit begonnen werden, den oberen Videoclip zu verschieben. Aktivieren Sie deshalb auch das Stoppuhrsymbol ANIMATION AKTIVIEREN/DEAKTIVIEREN vor POSITION.

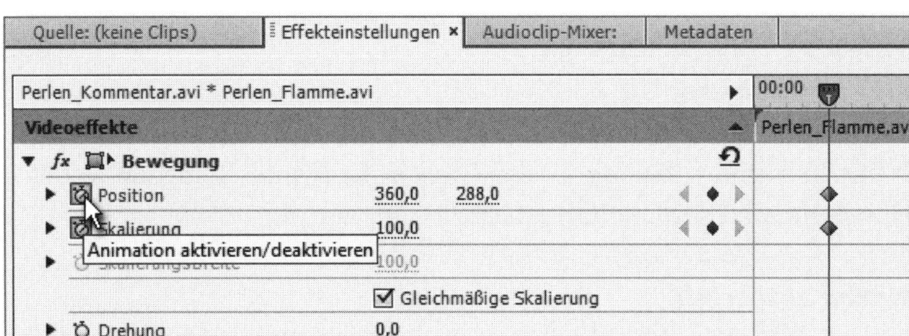

▲ **Abbildung 7.34** Eine weitere Schlüsselbildraute ist hinzugefügt worden – diesmal in der Zeile POSITION.

5 *Sichere Ränder einschalten*

Haben Sie sich schon mit dem Thema **Overscan** vertraut gemacht (siehe Anhang A, »Fachkunde«)? Dann wissen Sie ja bereits, dass auf einem TV-Monitor nicht das gesamte Bild sichtbar ist. Für die bevorstehende Verschiebe-Aktion ist es daher hilfreich, wenn Sie im Bedienfeldmenü des Programmmonitors ❹ die Funktion SICHERE RÄNDER einschalten. Im nächsten Schritt können Sie sich dann nämlich prima am inneren Rechteck orientieren – gewissermaßen als Positionierungshilfe.

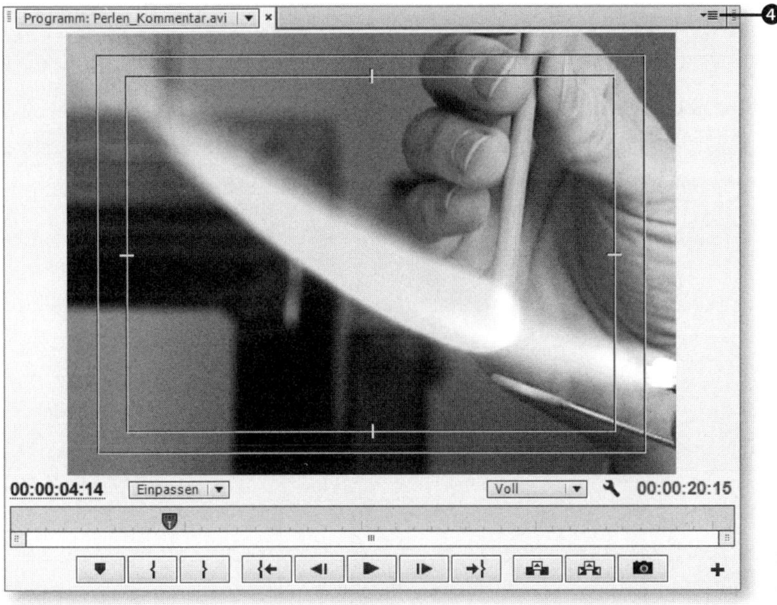

◂ **Abbildung 7.35** Lassen Sie sich die sicheren Ränder anzeigen.

6 *Einfügemarke exakt positionieren*

Bringen Sie nun die Einfügemarke exakt zwei Sekunden weiter nach rechts. Hier können Sie sich übrigens eine löbliche Eigenschaft Ihrer Software zunutze machen. Sie kann nämlich rechnen! Geben Sie deshalb den Timecode »+200« ein. Sollten Sie das über den Nummernblock machen wollen, denken Sie daran, sämtliche Clips im Schnittfenster vorab zu deaktivieren, da Sie ansonsten nicht die Einfügemarke, sondern das markierte Asset verschieben würden.

7 *Position und Skalierung verändern*

Damit befinden Sie sich genau an der Stelle, an der sowohl die POSITION als auch die SKALIERUNG beendet sein sollen (00:00:06:14). Aktivieren Sie den obersten Clip im Schnittfenster, und klicken Sie einmal kurz auf das Hot-Text-Steuerelement SKALIERUNG innerhalb der EFFEKTEINSTELLUNGEN, damit dieses markiert wird. Geben Sie »40« ein. Bestätigen Sie das mit [↵]. Sie sehen, dass rechts erneut ein Keyframe hinzugefügt wurde.

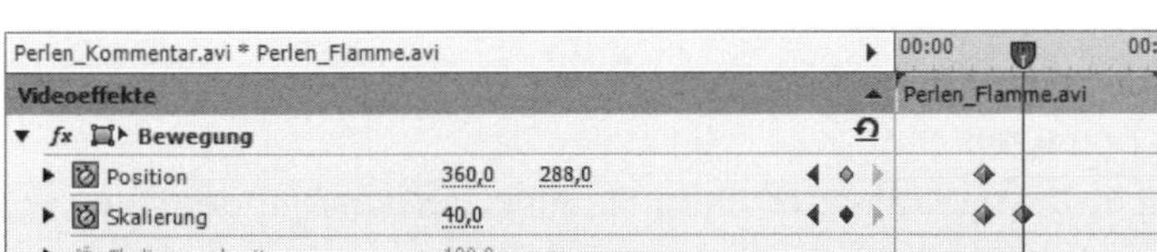

◂ **Abbildung 7.36** Ein weiterer Keyframe wurde hinzugefügt.

Widmen Sie sich jetzt den Positionssteuerelementen, und sorgen Sie dafür, dass das Video unten rechts im inneren Rahmen der sicheren Ränder sitzt ❷. Um dies zu erreichen, müsste die X-Position mit etwa 500 und die Y-Position mit etwa 400 festgelegt werden. Vergleichen Sie das mit Abbildung 7.38. Premiere Pro erlaubt übrigens den Sprung von einem Eingabefeld ins nächste. Gehen Sie also so vor, dass Sie zunächst den linken der beiden Werte ❶ anklicken, dort »500« eingeben, dann [Tab] drücken, im zweiten Feld »400« eintippen und das Ganze mit [↵] beenden.

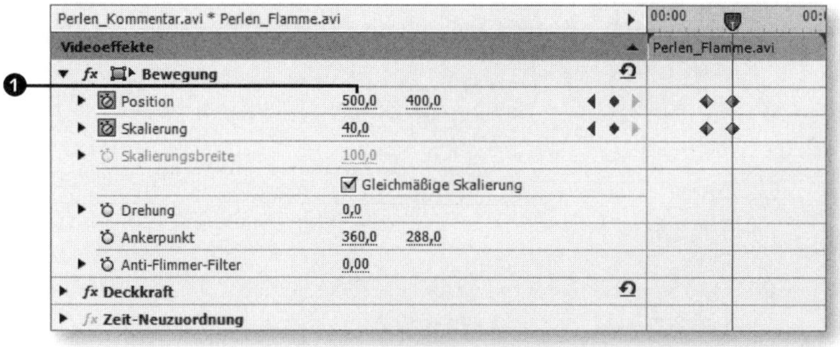

◂ **Abbildung 7.37** Die Position ist verändert worden.

◂ **Abbildung 7.38** Das Video soll im inneren Rahmen der sicheren Ränder sitzen.

In Sachen Positionierung und Skalierung ist jetzt bereits alles erledigt. Schauen Sie sich das Video an ([Pos1], gefolgt von einem Druck auf die Leertaste). Im nächsten Workshop sollten Sie allerdings noch dafür sorgen, dass der Clip am Schluss sanft ausgeblendet wird. Schalten Sie die sicheren Ränder wieder aus, wenn sie stören.

8 *Optional: Vorschau erzeugen*

Sollte die Wiedergabe nicht flüssig laufen, rendern Sie eine Vorschau, indem Sie [↵] drücken. Sequenz-In- und -Out-Point dürften ja bereits in Position sein.

Schritt für Schritt: Clip-Deckkraft reduzieren und animieren

Was im vorangegangenen Workshop begonnen worden ist, wird nun zu Ende gebracht. In diesem Abschnitt arbeiten wir mit der keyframe-gesteuerten Deckkraftveränderung. Am Ende erfahren Sie noch, wie sich Keyframes verschieben lassen.

1 *Nun die Einfügemarke am Clip-Ende positionieren*

Sorgen Sie dafür, dass der Spurkopf V2 im Schnittfenster aktiv ist (einmal darauf klicken, sofern dieser nicht bereits hellgrau markiert ist – siehe Kasten), und betätigen Sie einmal [Pos1], gefolgt von [↓]. Dies bewirkt, dass der Spurkopf am Clip-Ende des Videos in Spur 2 positioniert wird.

Markierung beachten

Auf den ersten Blick erschließt es sich nicht wirklich, ob ein Spurkopf (hier: V1) aktiviert ist oder nicht. Bei hell eingestellter Arbeitsoberfläche (BEARBEITEN • VOREINSTELLUNGEN • AUSSEHEN) erscheint ein markierter Spurkopf dunkler als ein nicht markierter (in Abbildung 7.39 sind V1 und V2 markiert, V3 jedoch nicht). Arbeiten Sie mit dunkler Oberfläche, werden markierte Spuren hingegen heller dargestellt.

▲ **Abbildung 7.39** Die Einfügemarke befindet sich am Ende des oberen Clips. Spur V2 ist aktiviert.

▲ **Abbildung 7.40** Wer mit einer dunklen Oberfläche arbeitet, muss dafür sorgen, dass der Spurkopf heller ist (heller = aktiviert).

2 *Deckkraft beider Clips herabsetzen*

Kontrollieren Sie, ob der obere Clip noch markiert ist, was noch der Fall sein dürfte und zudem erforderlich ist, um ihn weiter bearbeiten zu können. Sie werden zunächst dessen Deckkraft komplett reduzieren. Öffnen Sie dazu die Liste DECKKRAFT ❶ (siehe Abbildung 7.41 auf Seite 260) im Bedienfeld EFFEKTEINSTELLUNGEN, und setzen Sie diese auf 0 % ❷, dann drücken Sie [↵].

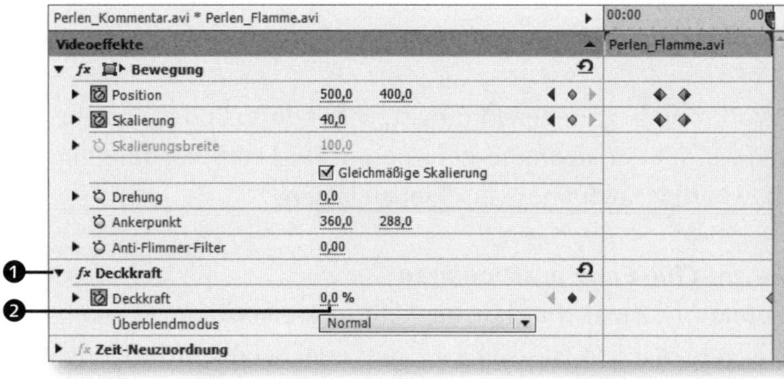

◂ **Abbildung 7.41** Verändern Sie die Deckkraft.

Sie müssen sich hier im Übrigen nicht um die vorangestellte Stoppuhr kümmern, da dies von Premiere Pro automatisch erfolgt. Aktivieren Sie jetzt noch den Film in Spur V1, und setzen Sie auch hier die Deckkraft auf 0%.

3 *Deckkraft erhöhen*

Jetzt müssen Sie festlegen, bis zu welchem Punkt die volle Deckkraft noch vorhanden sein soll; und zwar wollen wir die Einfügemarke dazu genau zwei Sekunden zurückstellen (Sie arbeiten jetzt also gewissermaßen rückwärts). Geben Sie deshalb über eines der Timecode-Steuerelemente »–200« ein. Die Einfügemarke rückt dann entsprechend nach links, wobei die Position 00:00:11:21 gefunden werden sollte. Hier verändern Sie jetzt die Deckkraft auf die zuvor beschriebene Weise, wobei Sie beiden Clips diesmal allerdings 100% DECKKRAFT zuteilen.

4 *Deckkraftreduzierung im Schnittfenster ansehen*

Werfen Sie einen Blick auf Ihr Schnittfenster. Wenn Sie mögen, öffnen Sie die Spuren durch Klick auf den Schraubenschlüssel im Schnittfenster, gefolgt von ALLE SPUREN ERWEITERN ❹. Danach betätigen Sie den Schaubenschlüssel abermals und klicken auf VIDEO-KEYFRAMES ANZEIGEN ❸.

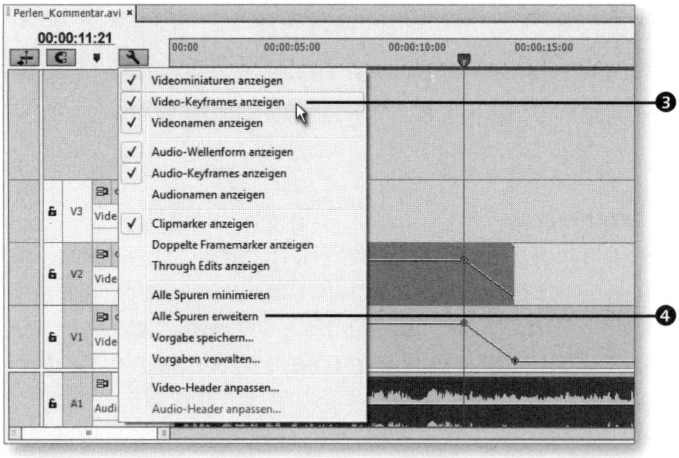

◂ **Abbildung 7.42** Mit dieser Einstellung werden Keyframes auch auf den Clips innerhalb der Timeline angezeigt.

Anhand der Linien, die sich über die Clips erstrecken, lässt sich die Deckkraftreduzierung prima ausmachen. Ist die Linie oben, bedeutet das: 100% Deckkraft. Ist die Linie unten, haben wir es mit 0% Deckkraft zu tun – doch dazu später mehr. Im Moment soll Ihnen die Anzeige lediglich dazu dienen, Ihr Zwischenergebnis mit der Abbildung im Buch zu vergleichen. Um das Ganze besser beurteilen zu können, empfiehlt es sich, beide Clips abzuwählen.

▲ **Abbildung 7.43** So sollte Ihr Projekt jetzt auch aussehen.

5 *Keyframes verschieben*

Wenn Sie sich den Film jetzt ansehen, werden Sie feststellen, dass beide Clips im gleichen Moment ausgeblendet werden. Das ist ja nur zu verständlich, denn immerhin sind die Keyframes ja auch jeweils deckungsgleich erzeugt worden. Das wollen wir jedoch so nicht hinnehmen. Der untere Clip soll etwas länger zu sehen sein. Dazu klicken Sie den rechten Keyframe des markierten Clips »Perlen_Kommentar.avi« im Fenster Effekteinstellungen an. Halten Sie ⇧ gedrückt, und klicken Sie auch auf den linken Keyframe. Damit haben Sie erreicht, dass beide Schlüsselbilder ausgewählt sind (gelb markiert). Klicken Sie nun noch einmal auf das linke Schlüsselbild, lassen Sie die Maustaste nicht mehr los, und ziehen Sie die Raute so weit nach rechts, dass beide im rechten Teil des Fensters Effekteinstellungen gerade eben noch sichtbar sind. Die rechte Raute wandert dabei übrigens brav mit (sie ist ja ebenfalls markiert), wobei der Abstand zueinander nicht verändert wird.

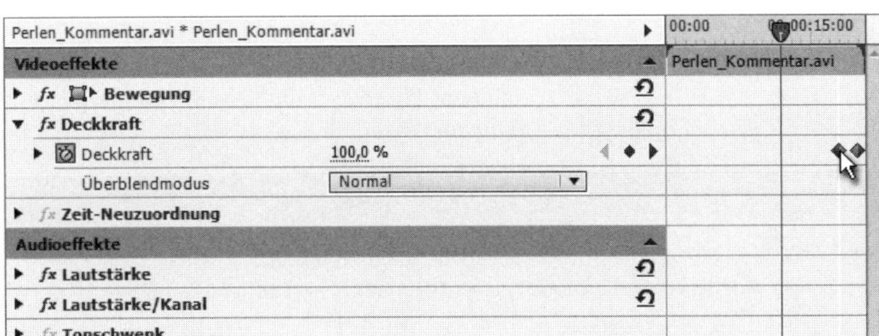

▲ **Abbildung 7.44** Beide Keyframes werden gemeinsam verschoben.

Wenn Sie das gesamte Projekt im Übrigen noch einmal nachvollziehen wollen, finden Sie die Arbeitsdatei dazu ebenfalls im Ordner Kapitel_07. Sie heißt »Keyframes 01.prproj«.

Positionieren Sie Keyframes (die sogenannten Schlüsselbilder) immer dort, wo eine prägnante Änderung der Clip-Attribute eintreten soll. Wenn Sie also eine Bewegung erzeugen wollen, benötigen Sie mindestens zwei Keyframes. Den ersten setzen Sie an die Stelle, an der die Bewegung beginnen soll, während der zweite am Ende der Bewegung platziert wird. Die Bilder dazwischen erzeugt Premiere Pro für Sie.

7.5.1 Keyframes verschieben

Die Keyframes haben Sie ja ebenfalls bereits verschoben. Bei einer solchen Aktion ist grundsätzlich entscheidend, welche Keyframes markiert sind. Nach dem Verschieben sollten Sie zudem einen freien Bereich des Schnittfensters oder des Fensters EFFEKTEINSTELLUNGEN anwählen, damit die ausgewählten Keyframes wieder abgewählt werden. Beim Verschieben einzelner Schlüsselbilder können Sie sich das vorherige Markieren im Übrigen sparen. Klicken Sie die Raute ganz einfach an, und ziehen Sie das Schlüsselbild an die gewünschte Position. Das selektierte Schlüsselbild wählen Sie auch in diesem Fall wieder ab, indem Sie auf eine freie Stelle außerhalb der Keyframes klicken.

Übrigens ist das gleichzeitige Verschieben von Keyframes auch funktionsübergreifend möglich. Es ist also beispielsweise durchaus legitim, die Schlüsselbilder für POSITION und SKALIERUNG gemeinsam zu markieren. Und wenn Sie einmal mehrere Keyframes in nur einem Arbeitsgang auswählen wollen, erreichen Sie das, indem Sie den Mauszeiger außerhalb der Keyframes ansetzen und einen Rahmen aufziehen, der alle gewünschten Schlüsselbilder einfasst. Wenn Sie anschließend auf einen der Keyframes klicken und die Maustaste gedrückt halten, können Sie alle markierten Frames gleichzeitig verschieben.

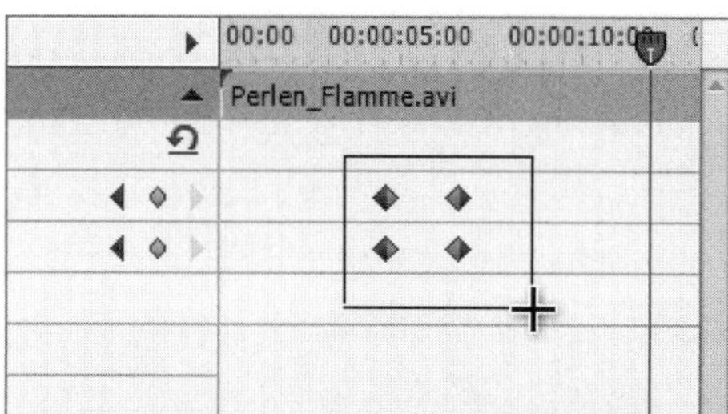

◄ **Abbildung 7.45** Mit Hilfe eines aufgezogenen Rahmens lassen sich mehrere Keyframes gleichzeitig markieren.

Keyframes löschen

Zum Entfernen eines Keyframes markieren Sie ihn und drücken [Entf] bzw. [←]. Alternativ dazu können Sie das Kontextmenü öffnen und hier den Eintrag LÖSCHEN wählen.

7.5.2 Zu Keyframes springen

In den Spalten der EFFEKTEINSTELLUNGEN befinden sich weitere Steuerelemente, mit denen es möglich ist, Keyframes zu setzen, sie wieder zu entfernen oder den nächsten bzw. vorhergehenden anzuspringen:

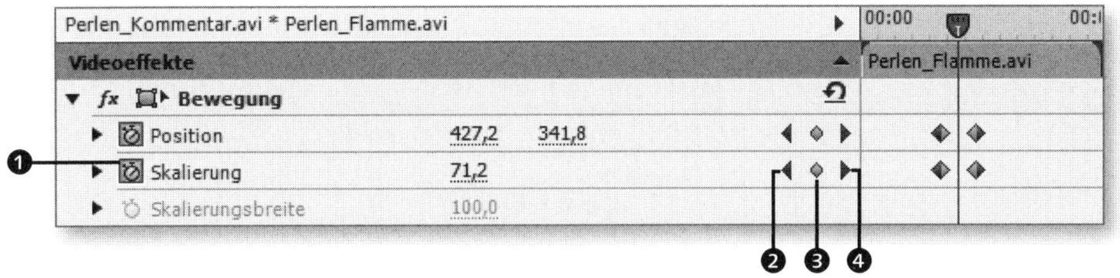

▲ **Abbildung 7.46** Nutzen Sie die Keyframe-Optionen in den EFFEKTEINSTELLUNGEN.

❶ ANIMATION AKTIVIEREN/DEAKTIVIEREN – schaltet die Animation ein. Betätigen Sie die Schaltfläche bei aktiver Animation, werden (nach entsprechender Kontrollabfrage) sämtliche Keyframes dieser Zeile gelöscht.

❷ ZUM VORHERIGEN KEYFRAME GEHEN – sucht von der Einfügemarke ausgehend das zurückliegende Schlüsselbild auf. Diese Funktion steht nur dann zur Verfügung, wenn vor der Einfügemarke noch ein Keyframe vorhanden ist.

❸ KEYFRAME HINZUFÜGEN/ENTFERNEN – fügt an der aktuellen Position der Einfügemarke einen Keyframe ein, sofern dort noch keiner vorhanden ist. Befindet sich die Einfügemarke auf einem Keyframe, wird dieser hingegen gelöscht.

❹ ZUM NÄCHSTEN KEYFRAME GEHEN – sucht von der Einfügemarke ausgehend den nächsten Keyframe auf. Diese Funktion steht nur dann zur Verfügung, wenn hinter der Einfügemarke noch ein Keyframe vorhanden ist.

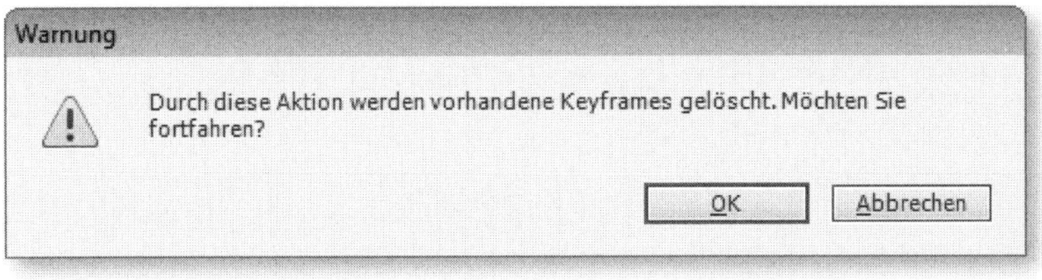

▲ **Abbildung 7.47** Hier fragt Premiere Pro lieber noch einmal nach.

Position beachten

Achten Sie in diesem Zusammenhang auf die Position des Abspielkopfes. Sollte sich beispielsweises rechts neben dessen Position kein Keyframe mehr befinden, ist die Funktion ZUM NÄCHSTEN KEYFRAME GEHEN auch nicht anwählbar.

7.5.3 Keyframes kopieren

Mitunter werden identische Keyframes mehrfach benötigt. Diese können Sie ganz einfach (nachdem sie markiert wurden) mit [Strg]/[cmd]+[C] in die Zwischenablage befördern. Bringen Sie anschließend die Einfügemarke an die gewünschte Stelle, und betätigen Sie [Strg]/[cmd]+[V], was zur Folge hat, dass die Keyframe-Kopien dort eingefügt werden. Das Gleiche ist übrigens mit Hilfe der Einträge KOPIEREN und EINFÜGEN aus dem Kontextmenü möglich, wenn Sie dieses auf einem Keyframe öffnen.

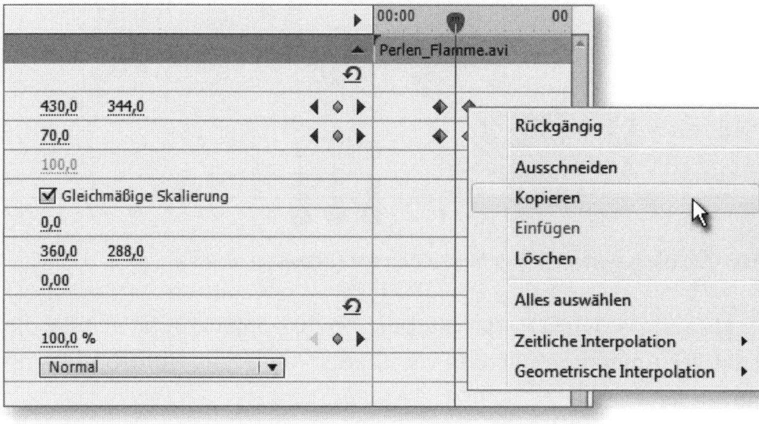

▲ **Abbildung 7.48** Das Kontextmenü gestattet ebenfalls das Kopieren und Einfügen von Keyframes.

Keyframes auf andere Clips übertragen | Stellen Sie sich vor, Sie arbeiten mit einem recht umfangreichen Projekt und wollen einen soeben erzeugten Effekt an zahlreichen anderen Stellen mit denselben Parametern wiederholen. Dann wäre es ja nicht gerade prickelnd, wenn Sie die Keyframes für jeden relevanten Clip erneut erzeugen und anschließend einstellen müssten.

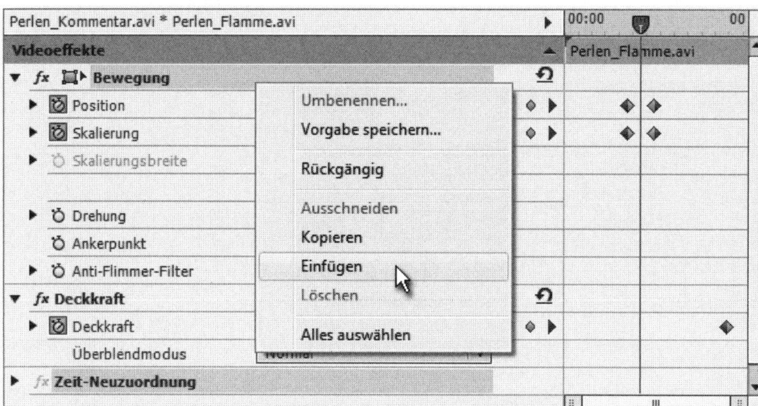

▲ **Abbildung 7.49** Mit Hilfe der Zwischenablage lassen sich ganze Bewegungsabläufe auf andere Clips übertragen.

In diesem Fall ist es sinnvoll, die Bewegungsparameter zu kopieren. Klicken Sie dazu auf die entsprechende Zeile (z. B. BEWEGUNG oder DECKKRAFT), und kopieren Sie sämtliche dazugehörigen Keyframe-Attribute auf die zuvor beschriebene Weise (Kontextmenü oder Tastenkombination). Das geht natürlich auch mit mehreren Zeilen. Dazu müssen Sie dann allerdings `Strg`/`cmd` gedrückt halten. So ist es beispielsweise möglich, die BEWEGUNG und die ZEIT-NEUZUORDNUNG zu kopieren und dabei die DECKKRAFT außen vor zu lassen. Anschließend markieren Sie den nächsten Clip im Schnittfenster und fügen die Attribute ein – fertig ist die Parameterkopie.

7.5.4 Keyframe-Vorgaben speichern

Noch interessanter ist die Möglichkeit, derartige Parameter dauerhaft als Vorgabe zu sichern. Klicken Sie auch hier die Zeile wieder mit rechts an, und entscheiden Sie sich für den Eintrag VORGABE SPEICHERN. Im folgenden Dialog können Sie u.a. einen Namen vergeben sowie eine aussagekräftige Beschreibung festlegen.

◂ **Abbildung 7.50** Benennen Sie die Vorgabe entsprechend.

Wenn Sie jetzt auf das Effekte-Bedienfeld wechseln und den obersten Ordner VORGABEN öffnen, werden Sie die soeben gespeicherten Attribute wiederfinden. Zeigen Sie auf den Eintrag, um sich die soeben hinzugefügte Beschreibung in Form einer Quick-Info anzeigen zu lassen. Wenn Sie diese Vorgaben nun auf andere Clips übertragen wollen – Sie ahnen es –, geschieht das wieder per Drag & Drop. Einfach die Vorgabe auf den Clip ziehen – fertig.

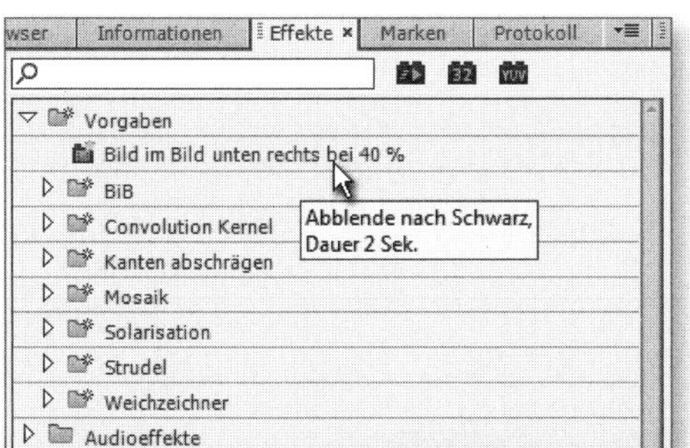

◂ **Abbildung 7.51** Hier geht nichts verloren: Die Vorgaben werden im Fenster EFFEKTE aufgelistet.

Wollen Sie die Vorgabe wieder löschen, markieren Sie sie und klicken unten rechts im Effekte-Bedienfeld auf das Papierkorbsymbol.

7.5.5 Effekte auf mehrere Clips anwenden

Es ist möglich, mehreren im Schnittfenster markierten Clips in einem Arbeitsgang die gleichen Effekte zuzuweisen. Das Effekteinstellungen-Bedienfeld bleibt zwar leer, sobald Sie mehr als einen Clip markieren, die Effekte werden aber dennoch zugewiesen. Und so geht's: Wenden Sie einen beliebigen Effekt auf einen der im Schnittfenster befindlichen Clips an. Anschließend gehen Sie in das Bedienfeld EFFEKTEINSTELLUNGEN und kopieren die betreffende Zeile, wie zuvor beschrieben. Danach markieren Sie alle anderen Clips und weisen den Effekt mit [Strg]/[cmd]+[V] zu.

Natürlich können Sie auch den herkömmlichen Weg gehen und eine Effektvorgabe erzeugen. Danach lässt sich diese auf mehrere Clips gleichzeitig anwenden. Und das machen Sie so: Legen Sie zunächst eine Vorgabe an, und markieren Sie im Schnittfenster alle Clips, die mit dieser Effektvorgabe versehen werden sollen. Jetzt ziehen Sie die Vorgabe aus dem Vorgabenordner heraus und lassen sie auf einem der markierten Clips los. Die anderen Clips werden jetzt ebenfalls mit den Einstellungen bedacht.

7.5.6 Effekte per Einstellungsebenen anwenden

Wer sich mit Adobe After Effects oder Photoshop auskennt, gerät bestimmt ins Schwärmen, wenn er das Wort *Einstellungsebene* hört. Damit lassen sich nämlich ebenfalls mehrere Clips und sogar ganze Spuren gleichzeitig optimieren und Effekte einstellen. Der unschlagbare Vorteil im Vergleich zur vorangegangenen Methode: Sie können die Einstellungen jederzeit mit wenigen Mausklicks neu anpassen oder optimieren. Würden Sie die Effekte über die Zwischenablage zuweisen, müssten im Falle einer Änderung alle Einstellungen einzeln ausgetauscht werden.

Schritt für Schritt: Einstellungsebenen verwenden

Dieser kleine Workshop zeigt Ihnen, wie sich ein Effekt mittels Einstellungsebene auf zahlreiche Clips (auch in unterschiedlichen Spuren) anwenden lässt.

1 *Projekt vorbereiten*

Importieren Sie wahllos einige Clips in das Projektfenster. Markieren Sie diese alle, und klicken Sie eines der markierten Assets mit rechts an. Entscheiden Sie sich für NEUE SEQUENZ AUS CLIP innerhalb des Kontextmenüs.

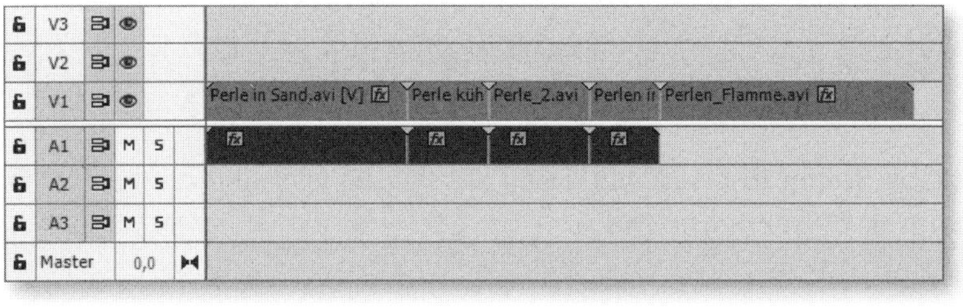

▲ **Abbildung 7.52** Die zuvor markierten Clips befinden sich nun in einer neuen Sequenz.

2 *Einstellungsebene erzeugen*

Gehen Sie ins Projektfenster, und klicken Sie unten rechts auf das kleine Blattsymbol NEUES OBJEKT. Wählen Sie aus dem Kontextmenü EINSTELLUNGSEBENE aus (alternativ lässt sich dies auch über das Menü DATEI • NEU • EINSTELLUNGSEBENE bewerkstelligen).

Standardmäßig werden Ihnen bereits die korrekten VIDEOEINSTELLUNGEN angeboten, so dass Sie gleich auf OK klicken können.

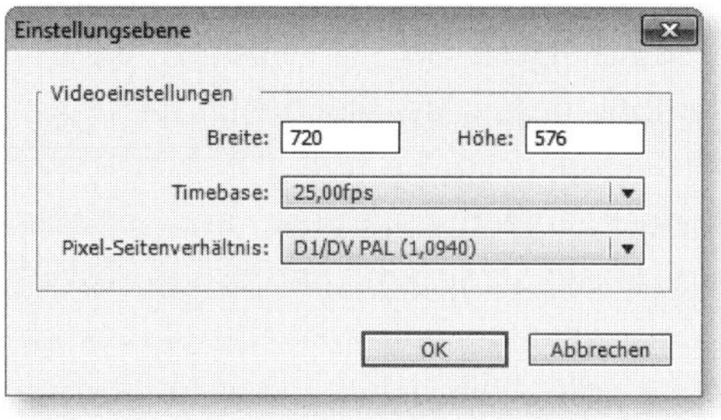

◂ **Abbildung 7.53** Hier muss in der Regel nichts geändert werden. Die Einstellungen stimmen mit den Projekteinstellungen überein.

3 *Einstellungsebene hinzufügen*

Im Projektfenster taucht jetzt ein neues Asset auf, welches mit EINSTELLUNGSEBENE betitelt ist. Ziehen Sie es in die Spur V2. Danach strecken Sie die Ebene so weit, dass sie mit dem Ende des letzten Clips aufhört.

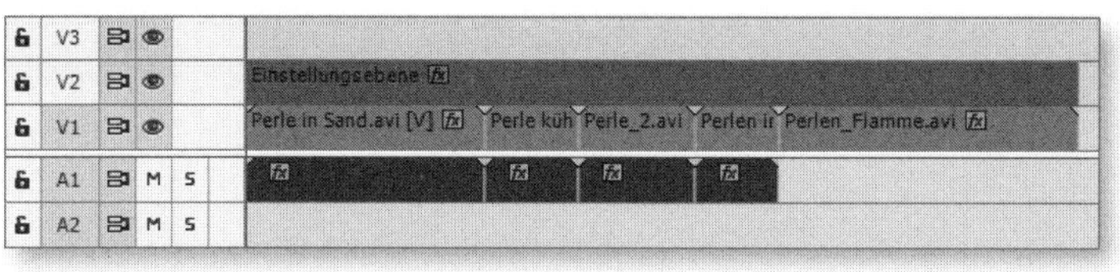

▴ **Abbildung 7.54** Die Einstellungsebene soll so lang sein, dass sie bis an das Ende des letzten Clips heranreicht.

4 *Effekt zuweisen*

Zuletzt setzen Sie einen Mausklick auf die Einstellungsebene im Schnittfenster. Gehen Sie nun in das Bedienfeld EFFEKTE, und halten Sie nach SCHWARZ & WEISS Ausschau. Sobald Sie den Effekt gefunden haben, weisen Sie diesen der Einstellungsebene mit einem Doppelklick zu. Lassen Sie die Sequenz ablaufen, werden Sie feststellen, dass mit einem Atemzug sämtliche Clips nun schwarzweiß sind.

5 *Clips ausschließen*

Es gibt eine Möglichkeit, einzelne Clips auszuschließen. Nehmen Sie doch einmal einen Clip aus Spur V1 nach oben (ziehen Sie ihn also über die Einstellungsebene), werden Sie feststellen, dass dieser Clip nun nicht mehr von der Veränderung betroffen ist.

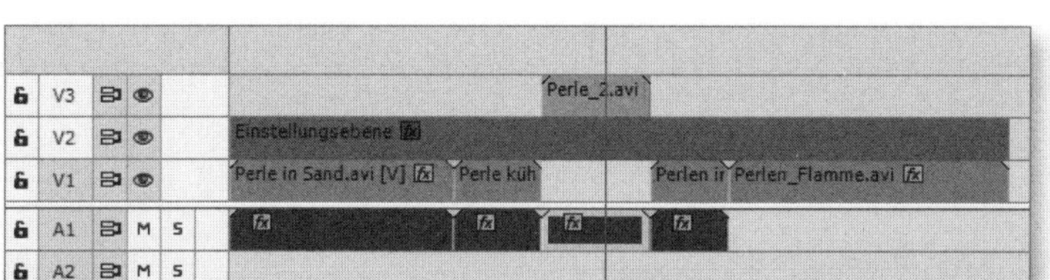

▴ **Abbildung 7.55** Der oberhalb der Einstellungsebene befindliche Clip bleibt farbig.

6 *Einstellungen optimieren*

Nun könnten Sie die Einstellungen weiter anpassen, indem Sie die Einstellungsebene im Schnittfenster markieren und im Bedienfeld EFFEKTEINSTELLUNGEN weitere Anpassungen vornehmen. Diese wirken sich dann grundsätzlich auf alle Clips aus, die sich unterhalb der Einstellungsebene befinden. Darüber hinaus lässt sich die Einstellungsebene genauso behandeln wie jeder herkömmliche Videoclip. Sie verfügt ebenfalls über fixierte Videoeffekte und lässt sich sogar schneiden, kürzen, duplizieren und verschieben – wie ein normaler Clip. Und das Allerbeste: Wenn Sie sich mit Photoshop auskennen, werden Sie die unterschiedlichen *Mischmodi* (ehemals *Füllmethoden*) zu schätzen wissen, die auch hier eingesetzt werden können. Allerdings heißen diese in Premiere Pro *Überblendmodi* und sind in den fixierten Effekten unter DECKKRAFT zu finden (weitere Hinweise dazu finden Sie in Abschnitt 7.9, »Überblendmodi«). Eine wirklich interessante Option, finden Sie nicht auch?

7.5.7 Keyframe-Pfade ändern

Einige Workshops haben Ihnen bereits gezeigt, dass Sie einen Clip im wahrsten Sinne des Wortes über den Bildschirm »fliegen« lassen können. Was aber, wenn das Ganze nicht schnurgerade, sondern vielleicht in einer Kurvenlinie erfolgen soll?

Schritt für Schritt: Bewegungspfade ändern

Wie Sie die Bewegungsrichtung von Objekten mit Hilfe von Keyframe-Attributen ändern können, zeigt Ihnen dieser Workshop.

1 *Projekt vorbereiten*

Als Grundlage benötigen Sie das Ergebnis aus den beiden vorletzten Workshops, zumindest jedoch die Schritt-für-Schritt-Anleitung »Bild-in-Bild-Effekt erzeugen«. Sollten Sie sich nicht die Mühe gemacht haben, diese nachzubauen, öffnen Sie die Datei »Keyframes 01.prproj«, die Sie im Beispielordner zu diesem Kapitel finden. Wenn Sie per Dialog MEDIEN VERKNÜPFEN nach dem Speicherort einer der Dateien gefragt werden, klicken Sie unten rechts auf Suchen und stellen die fehlende Verknüpfung wieder her. (Weitere Infos zur Vorgehensweise entnehmen sie bitte dem Abschnitt 1.2.4, »Projektverknüpfungen reparieren«, auf Seite 37.)

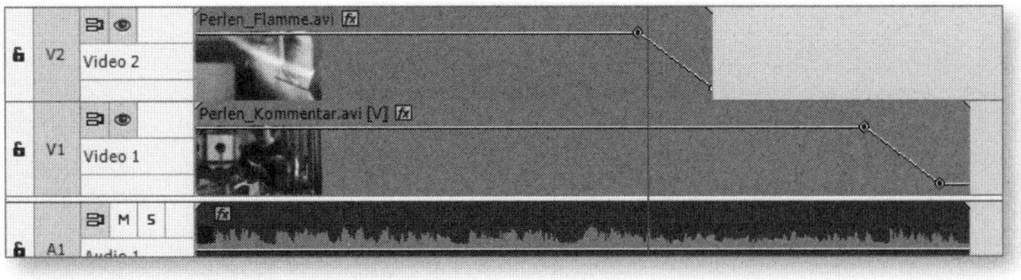

▲ **Abbildung 7.56** Das mitgelieferte Projekt stellt sich mit dieser Timeline dar.

2 *Arbeitsbereich wiederherstellen*

Sollte zuvor ARBEITSBEREICH AUS PROJEKTEN IMPORTIEREN (FENSTER • ARBEITSBEREICH) aktiv gewesen sein (Standard), gehen Sie in FENSTER • ARBEITSBEREICH und entscheiden sich für AKTUELLEN ARBEITSBEREICH ZURÜCKSETZEN. Die Kontrollabfrage bestätigen Sie.

3 *Einfügemarke platzieren*

Markieren Sie den Clip in Spur V2. Öffnen Sie danach die Registerkarte EFFEKTEINSTELLUNGEN, und stellen Sie die Einfügemarke exakt auf den letzten Positions-Keyframe. Das erreichen Sie, indem Sie in der Zeile POSITION oder SKALIERUNG die Tasten ZUM VORHERIGEN KEYFRAME GEHEN bzw. ZUM NÄCHSTEN KEYFRAME GEHEN benutzen.

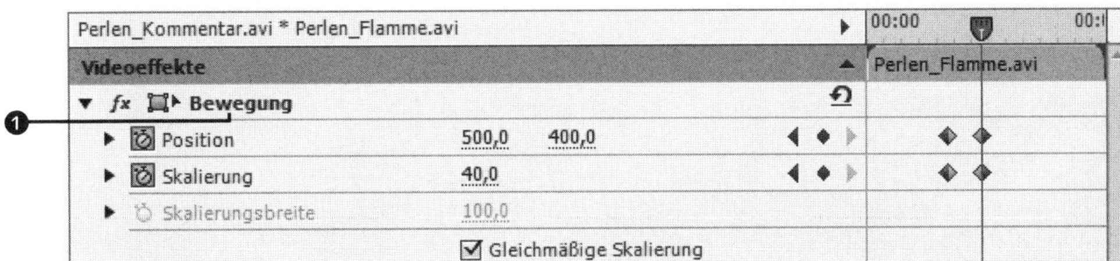

▲ **Abbildung 7.57** Suchen Sie diese Position aus.

4 *Bewegungspfad aktivieren*

Klicken Sie anschließend auf die Zeile BEWEGUNG ❶. Alternativ dazu können Sie auch einen Doppelklick auf den kleinen Clip innerhalb des Programmmonitors setzen. Was Sie jetzt in Form einer gepunkteten Linie ❸ sehen, entspricht genau dem Pfad, auf dem das Video entlangläuft. Der Kreis in der Mitte dieses Clips ❹ symbolisiert die Position des letzten Keyframes (auf dem Sie sich gerade befinden), während das kleine Kreuz ❷ den Startpunkt der Animation wiedergibt.

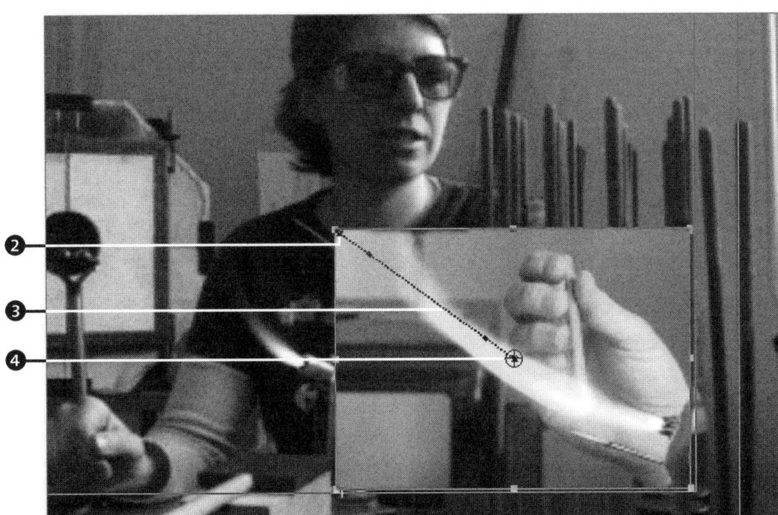

◂ **Abbildung 7.58** Wenn die Zeile BEWEGUNG aktiv ist, wird im Programmmonitor nicht nur der Clip umrahmt, sondern auch dessen Bewegungspfad angezeigt.

5 *Ansicht vergrößern*

Falls Ihnen die aktuelle Ansicht zu klein ist, rücken Sie doch die Arbeitsfläche dahingehend zurecht, dass Sie dem Programmmonitor mehr Platz einräumen. Unterhalb des Videobildes können Sie noch auf den Eintrag EINPASSEN klicken und dort einen Vergrößerungswert festlegen ❸; 100–200% dürfen es schon sein. Daraufhin werden rechts und unten Scrollleisten zugänglich, mit deren Hilfe Sie den verkleinerten Videoclip in die Mitte des Ausschnitts rücken können.

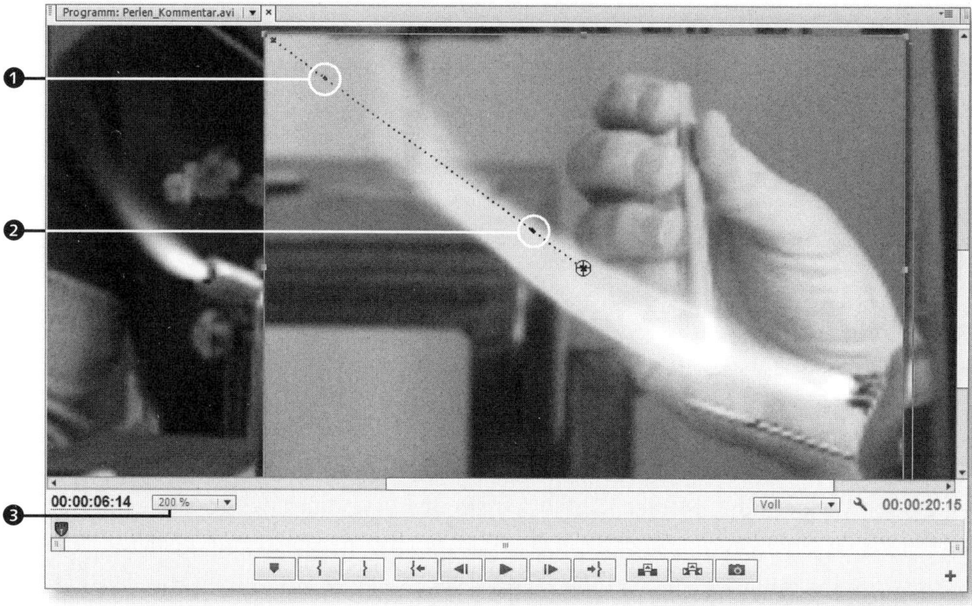

▲ **Abbildung 7.59** Bei 100% sehen Sie den Bewegungspfad schon viel besser.

Hand-Werkzeug benutzen

Alternativ zur Benutzung der Scrollleisten können Sie auf das Hand-Werkzeug [H] umschalten und dann den Ausschnitt mit gedrückter linker Maustaste innerhalb des Programmmonitors bewegen. Falls Sie geneigt sind, das Hand-Werkzeug durch Drücken der Leertaste (wie z. B. in Adobe Photoshop) einzustellen, bedenken Sie, dass das hier nicht funktioniert. Die Leertaste spielt lediglich die Sequenz ab. Hinzu käme im vorliegenden Fall noch, dass Sie sich dann nicht mehr auf den Keyframes befänden.

6 *Keyframes im Schnittfenster bearbeiten*

Nur am Rande sei erwähnt, dass Sie sowohl das X als auch den Kreis (siehe ❷ und ❹ in Abbildung 7.58) per Drag & Drop verschieben könnten. Damit ließen sich Start- bzw. Endpunkt neu positionieren. Diese sollen aber im vorliegenden Fall bleiben, wo sie sind; lediglich der Pfad soll geändert werden.

Schauen Sie noch einmal genau auf die gepunktete Linie. Ein wenig außerhalb des Start- und Endpunktes finden Sie zwei kleine Anfasser (die sogenannten

Tangenten-Anfasser ❶ und ❷), die sich mit gedrückter linker Maustaste herausziehen lassen. Probieren Sie das mit dem unteren ❷, indem Sie ihn nach unten links ziehen ❹. Achten Sie darauf, dass dabei das Verschieben-Werkzeug [V] aktiv ist.

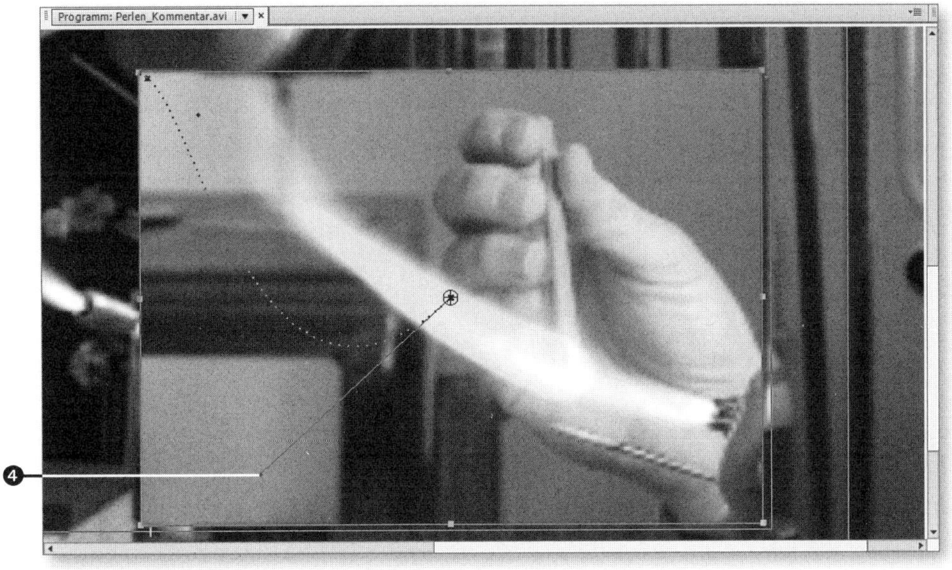

▲ **Abbildung 7.60** Die untere Tangente wird herausgezogen (hier bei 200 % Vergrößerung).

7 *Video abspielen*

Passen Sie das Schnittfenster wieder ein, bringen Sie die Einfügemarke an den Anfang des Schnittfensters ([Pos1] bzw. [↖]), und spielen Sie das Video ab (Leertaste). Gefällt es Ihnen? Sobald Sie anhalten, indem Sie abermals die Leertaste drücken, wird der Pfad wieder sichtbar.

Vorsicht bei Bewegungsveränderungen! | Wenn Sie nachträglich Änderungen an dem Pfad vornehmen wollen, sollten Sie unbedingt darauf achten, dass Sie sich auf einem Keyframe befinden. Benutzen Sie deshalb unbedingt vorab die Tasten ZUM NÄCHSTEN KEYFRAME GEHEN oder ZUM VORHERIGEN KEYFRAME GEHEN. Damit stellen Sie sicher, dass sich die Einfügemarke nicht zwischen zwei Keyframes befindet. Das hätte nämlich bei einer anschließenden Änderung der Parameter zur Folge, dass nicht der Pfad zwischen den beiden vorhandenen Keyframes korrigiert würde, sondern dass an genau dieser Position ein weiteres Schlüsselbild eingefügt würde. Zur Platzierung eines Keyframes reicht es nämlich, wenn Sie die Einfügemarke an eine Position setzen, an der sich aktuell noch kein Keyframe befindet, und danach einen Bewegungsparameter verändern. Damit wäre aber der gesamte Bewegungsablauf verändert. Die Animation fände jetzt nicht mehr zwischen zwei, sondern zwischen drei Keyframes statt.

Besonders fatal ist das, wenn Sie die Position eines Keyframes durch Verschieben der Einfügemarke ausfindig machen wollen. Wenn Sie auch nur ein einziges Bild danebenliegen, wird nicht das gewünschte Schlüsselbild bearbeitet, sondern ein neues erzeugt (ein Bild daneben). Und das fällt meist noch nicht einmal auf, da die Keyframe-Rauten in dem Fall in den EFFEKTEINSTELLUNGEN fast deckungsgleich übereinanderliegen. Nur bei genauem Hinsehen kann man feststellen, dass es sich hier in Wahrheit um zwei Keyframes handelt. Die Folge wäre, dass das Bild springt, da jetzt theoretisch eine Bewegungsanimation von 1/25 Sekunde Dauer erzeugt worden wäre.

◂ **Abbildung 7.61** Schwer zu sehen und mit verheerenden Folgen: Hier liegen zwei Keyframes direkt nebeneinander.

7.6 Zeitabläufe neu zuordnen

Kommen wir jetzt, wie versprochen, zur Funktion ZEIT-NEUZUORDNUNG. Sie gestattet es Ihnen, bestimmte Bereiche eines Clips schneller oder langsamer ablaufen zu lassen als den Rest des Streifens.

Schritt für Schritt: Eine Zeitlupe erzeugen

Sie kennen diese Technik sicher aus zahllosen TV-Spots oder Spielfilmen. Auch die Werbeindustrie ist (spätestens seit »Matrix«) davon angetan – und eine Zeit lang wurde der Effekt geradezu überstrapaziert. Schade eigentlich, denn das hat schon was, wenn der Fußballer (in Normalgeschwindigkeit) zum Ball hechtet, um ihn dann mit äußerster Präzision Volley zu nehmen – und zwar in Zeitlupe. Wenn er den Schuss dann vollendet hat, kehrt er wie von Geisterhand wieder zur normalen Geschwindigkeit zurück. Einen solchen Zeitlupen-Effekt wollen wir nun ebenfalls realisieren.

1 *Neue Sequenz erzeugen*

Legen Sie doch einmal den Clip »Perle_11.avi« in eine eigene, neue Sequenz (DV-PAL STANDARD • 48KHZ). Falls Sie gerade das Beispielprojekt des Buches geöffnet haben, schauen Sie im Ordner BAND A1 nach, oder benutzen Sie die Suchfunktion des Projektfensters, um den Clip ausfindig zu machen. Wenn Sie ein neues Projekt erzeugen wollen, müssen Sie im Ordner GECKO-GLAS danach Ausschau halten.

2 *Film ansehen*

Lassen Sie den Film abspielen. Es würde sich anbieten, die Geschwindigkeit in jenem Moment zu verlangsamen, in dem Bettina die Perle aus dem Feuer nimmt. Wenn der Clip am Sequenzanfang liegt, dürfte das etwa bei Position 00:00:01:20 der Fall sein.

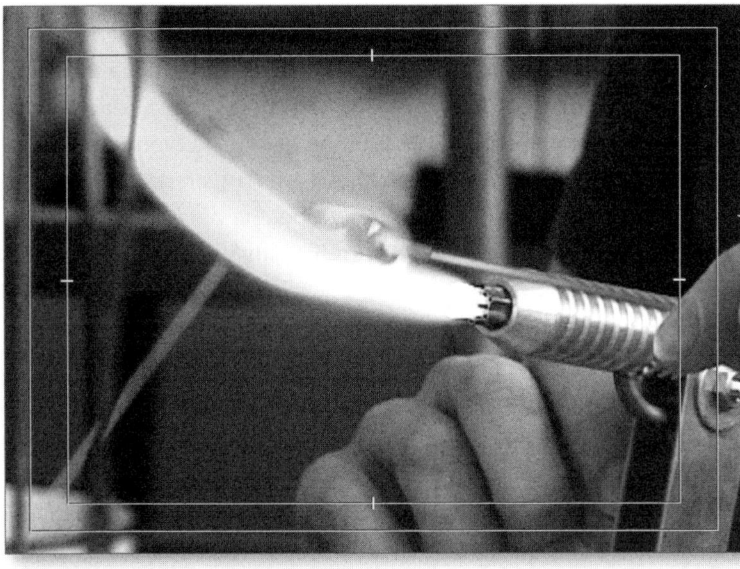

▲ **Abbildung 7.62** Hier soll der Einstieg in die Zeitlupe beginnen.

3 *Effekteinstellungen vorbereiten*

Markieren Sie den Clip im Schnittfenster, und widmen Sie sich dem Fenster EFFEKTEINSTELLUNGEN. Öffnen Sie die Liste ZEIT-NEUZUORDNUNG, indem Sie das vorangestellte Dreiecksymbol ❶ anklicken. Auch die darunter befindliche Liste GESCHWINDIGKEIT ❷ sollten Sie öffnen.

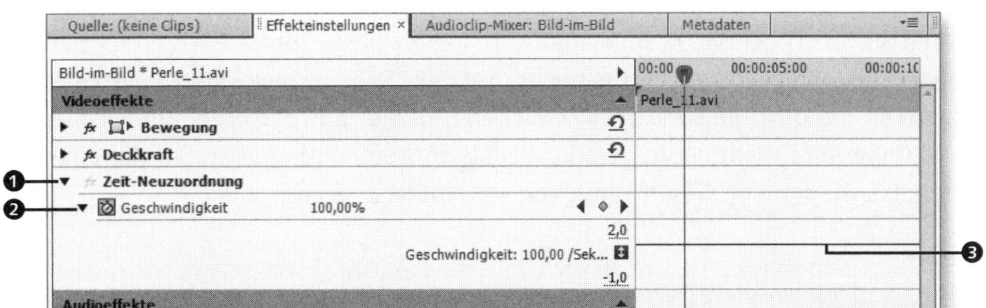

▲ **Abbildung 7.63** Die Geschwindigkeitskurve ❸ ist jetzt zu sehen.

4 *Keyframe hinzufügen*

Was sich dort so elegant und schwarz von links nach rechts erstreckt ❸, ist die Geschwindigkeitskurve. Zugegeben, momentan ist das noch eine Gerade, aber das wird sich gleich ändern. Klicken Sie auf den Button KEYFRAME HINZUFÜGEN/ENTFERNEN ❺ (siehe Abbildung 7.64 auf Seite 274), der sich in der Zeile GESCHWINDIGKEIT befindet. Sofort wird ein Keyframe erzeugt ❻. Damit haben Sie erreicht, dass Sie die Geschwindigkeit genau ab diesem Punkt manipulieren können. Hätten Sie den Punkt nicht gesetzt, könnten Sie die Geschwindigkeit lediglich für den gesamten Clip verändern.

5 *Geschwindigkeit verringern*

Setzen Sie jetzt den Mauszeiger auf die horizontale schwarze Linie (sollten Sie eine sehr dunkle Arbeitsoberfläche gewählt haben, ist diese Linie weiß). Achten Sie aber bitte darauf, dass Sie sich rechts vom soeben erzeugten Keyframe befinden. Wenn der Mauszeiger zu einem Doppelpfeil mutiert, haben Sie die Position erreicht, an der Sie die Linie verformen können. Ziehen Sie die Linie nach unten ❼, wobei Sie beobachten sollten, welcher Wert neben der Geschwindigkeit angezeigt wird. Lassen Sie die Maustaste los, wenn hier ca. 20 % angezeigt werden.

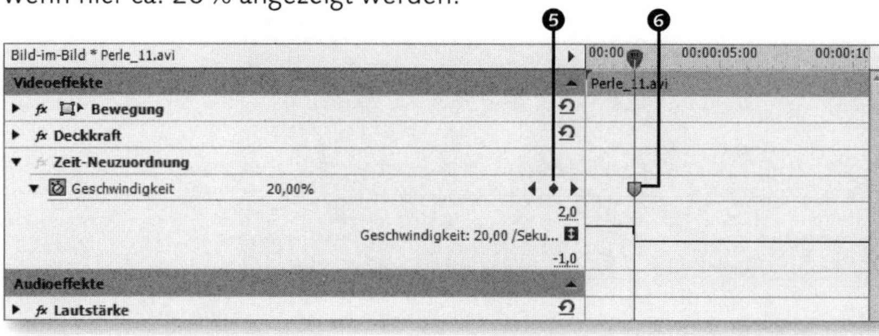

▲ **Abbildung 7.64** Auch die Geschwindigkeit lässt sich mit Keyframes manipulieren.

6 *Geschwindigkeit erhöhen*

Sie sehen, dass Ihr Keyframe gleich etwas nach links gesprungen ist, als Sie losgelassen haben. Das liegt daran, dass sich die Clip-Länge innerhalb der Timeline geändert hat. Immerhin haben Sie ja dessen Geschwindigkeit verändert.

Scrubben Sie nun weiter nach rechts, bis die Perle wieder in die Flamme gehalten wird. Wenn Sie an 00:00:04:02 angelangt sind, haben Sie die ideale Position für den nächsten Geschwindigkeitswechsel erreicht. Setzen Sie auch hier einen Keyframe, und platzieren Sie den Mauszeiger anschließend wieder auf der erwähnten Linie. Bleiben Sie abermals rechts vom gerade erzeugten Keyframe. Ziehen Sie die Linie nach oben, bis wieder eine Geschwindigkeit von 100 % angezeigt wird.

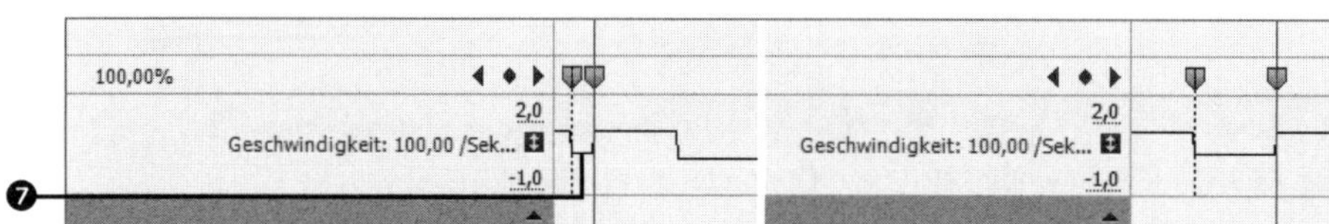

▲ **Abbildung 7.65** Wie links abgebildet, stellt sich die Linie während des Ziehens dar. Sobald Sie loslassen, springen die Keyframes auseinander (rechts).

7 *Clip kürzen*

Kürzen Sie den Clip jetzt noch an Position 00:00:06:13 ein, und rendern Sie, falls erforderlich, eine Vorschaudatei, indem Sie [↵] drücken. Den fertigen Film finden Sie im Ordner ERGEBNISSE der Beispieldateien. Er trägt den Namen »Zeitverzerrung.mp4« bzw. »Zeitverzerrung.avi«.

7.6.1 Keyframe-Übergänge schaffen

Das sieht zwar schon ganz nett aus, aber so richtig ausgereizt ist die Funktion der ZEIT-NEUZUORDNUNG damit noch nicht. Das Erreichte hätten wir auch mit einigen Schnitten und der Funktion GESCHWINDIGKEIT/DAUER realisieren können. Nicht so komfortabel zwar, doch wäre es realisierbar gewesen. Deshalb soll noch ein Workshop her.

Schritt für Schritt: Geschwindigkeitsübergänge erzeugen

Das Highlight dieser Methode ist, dass Sie auch Übergänge zwischen den verschiedenen Geschwindigkeiten gestalten können. – Sehen Sie sich einen der beiden Keyframes einmal genauer an: So ein Frame besteht aus zwei nebeneinander angeordneten Hälften. Wenn Sie jetzt an einer Hälfte ziehen (z. B. ❶), bleibt die andere (❸) stehen.

Projektdatei öffnen

Die Projektdatei befindet sich im Ordner KAPITEL_07 und ist mit »Zeitverzerrung.prproj« betitelt – nur für den Fall, dass Sie den vorangegangenen Workshop nicht nachgebaut haben.

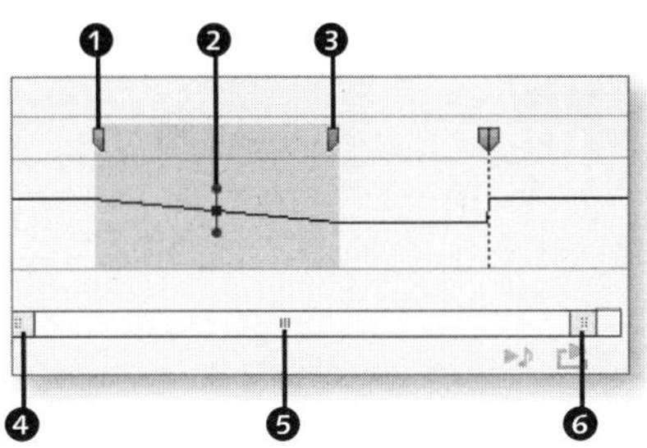

◀ **Abbildung 7.66** Auch die Übergänge können noch individuell geformt werden.

1 *Ausschnitt korrigieren*

Wenn der Ausschnitt zu klein ist, um die Auswirkungen zuverlässig beurteilen zu können, skalieren Sie die Ansicht im Fenster EFFEKTEINSTELLUNGEN etwas auf, indem Sie die kleinen Anfasser ❹ und ❻ ein wenig nach innen ziehen. Danach können Sie die Leiste selbst ❺ nach Wunsch verschieben, bis der relevante Ausschnitt angezeigt wird.

2 *Keyframe markieren*

Gleich unterhalb zeigen sich seltsame blaue Punkte ❷. Da diese aber wieder verschwinden, wenn Sie die Maustaste loslassen, klicken Sie eine Hälfte des Keyframes erneut an. Danach sollten die Punkte dauerhaft sichtbar bleiben.

3 *Weiche Übergänge formen*

Platzieren Sie den Mauszeiger jetzt auf einem der Punkte (wir entscheiden uns hier für den unteren), und verschieben Sie diesen nach rechts. Formen Sie aus der weißen Linie eine weiche Kurve. Das hat in der späteren Animation zur Folge, dass sich die Geschwindigkeit nicht abrupt ändert, sondern dass sie allmählich angepasst wird. Achten Sie bei dieser Aktion darauf, dass Sie den Punkt nur dann verziehen können, wenn Sie ihn zuvor genau angeklickt haben.

Wann die korrekte Position erreicht ist, wird durch ein kleines Kreissymbol am Mauszeiger verdeutlicht. Sollten Sie klicken, wenn dieser Kreis nicht angezeigt wird, heben Sie lediglich die Keyframe-Auswahl auf. In diesem Fall markieren Sie den halben Keyframe zunächst wieder, ehe Sie es erneut versuchen.

Ansicht optimieren

Um eine bessere Ansicht zu erhalten, kann die untere Begrenzungslinie 8 der Zeile GESCHWINDIGKEIT per Drag & Drop weiter nach unten gezogen werden. So lassen sich die Steuerelemente obendrein besser bedienen.

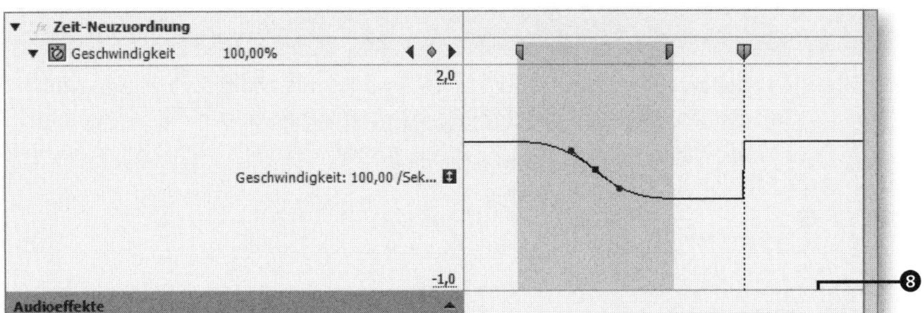

▲ **Abbildung 7.67** Mit dieser Einstellung wird der Geschwindigkeitsübergang linear (zudem ist die Zeile nach unten hin vergrößert worden).

Lassen Sie den Clip erneut rendern, und vergleichen Sie das Ergebnis mit dem aus dem vorangegangenen Workshop. Sie werden sehen, dass die Bewegung jetzt nicht abrupt, sondern zunehmend verlangsamt wird. Wenn es nicht deutlich genug wird, ziehen Sie den rechten Teil des Keyframes noch etwas weiter nach rechts.

7.6.2 Weitere Zeit-Neuzuordnungsfunktionen

Mit Hilfe der Zeit-Neuzuordnungsfunktionen können Sie einen Clip auch schneller abspielen lassen. Dazu müssten Sie die Linie lediglich nach oben ziehen. Eine Verstellung auf 1 % würde hingegen bedeuten, dass das Bild für die Dauer der Zuordnung eingefroren wird. Sie haben innerhalb Ihrer Clips also sämtliche Möglichkeiten der Zeitmanipulation.

Audio und Video asynchron | Achten Sie bei dieser Technik jedoch darauf, dass der Ton eines Clips nicht von der Zeitverzerrung betroffen ist. Wenn Sie also die Zeit neu zuordnen, sind Audio und Video nicht mehr synchron, da die Clips unterschiedlich lang werden. In der Regel ist das aber auch besser als ein verzerrter Ton.

Und noch etwas ist im Zusammenhang mit der Zeitverzerrung wichtig: Im Schnittfenster machen nachfolgende Clips keinen Platz für die zeitliche Ausdehnung eines zuvor angeordneten Filmschnipsels. Verlangsamen Sie den Clip, kann dieser sich maximal bis zum rechts daneben befindlichen Clip ausdehnen. Gut so, weil Sie mit einer solchen Aktion ja sonst den kompletten Timeline-Inhalt ruinieren könnten.

Frame-Blending | Wirklich herausragend ist die Technik, die dahintersteckt. Bei Zeitlupenaufnahmen werden nämlich Bilder in die Szene hineininterpretiert, also hinzugerechnet. In Uralt-Versionen von Premiere Pro (vor CS3) war es so, dass bei Verwendung einer Zeitverzögerung lediglich dafür gesorgt wurde, dass die einzelnen Bilder länger dargestellt wurden. Die Folge waren Ruckelbilder. Verantwortlich für die soft interpretierten Zeitlupen ist übrigens das Häkchen, das sich hinter CLIP • VIDEO-OPTIONEN • FRAMES ÜBERBLENDEN verbirgt. Den Eintrag finden Sie übrigens auch im Kontextmenü. Klicken Sie diesen Befehl an, entfernen Sie damit das Häkchen, und das Frame-Blending ist deaktiviert. Jetzt kommt es zum Ruckeln – auch wenn Sie den Film erneut berechnen. Aktivieren Sie den Eintrag deshalb am besten gleich wieder.

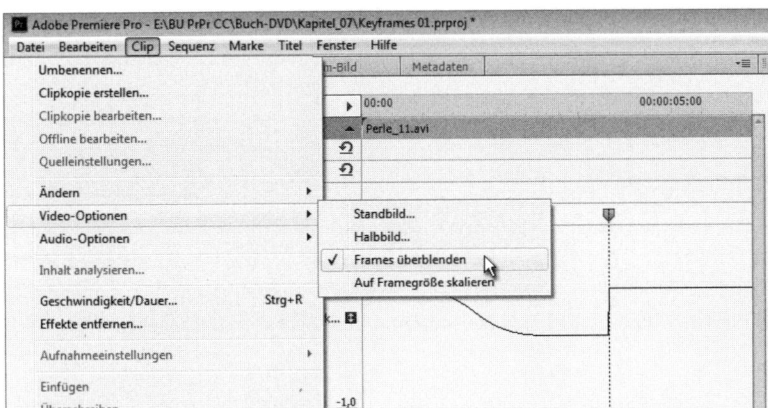

▲ **Abbildung 7.68** Frame-Blending ist nicht nur in After Effects enthalten.

Grundsätzlich müssen Sie berücksichtigen, dass die getroffene Einstellung nur für den gerade markierten Clip Gültigkeit hat – und nicht für das gesamte Schnittfenster. Fügen Sie einen weiteren Clip hinzu, den Sie in der Zeit verändern, wird dieser wieder mit aktiviertem Frame-Blending versehen sein.

7.6.3 Bereichsskalierung einstellen

Lassen Sie uns im Bedienfeld EFFEKTEINSTELLUNGEN noch einmal etwas genauer hinschauen. Mit den links neben der hellen Linie befindlichen, blau eingefärbten Hot-Text-Steuerelementen ❶ und ❸ (zeigen 2,0 und –1,0), wie sie auf Abbildung 7.69 zu sehen sind), können Sie einstellen, welcher Geschwindigkeitsbereich innerhalb des Effekteinstellungsfensters angezeigt werden soll (standardmäßig also der Bereich von

2,0-facher Geschwindigkeit bis hin zu –1,0, was gleichbedeutend ist mit minus 100%, also mit Bewegungslosigkeit).

Wollen Sie die Bereichsskalierung verändern, zeigen Sie mit dem Mauszeiger darauf, klicken den Wert an und ziehen die Maus nach links oder rechts. Denken Sie jedoch daran: Je höher die Werte sind, desto schlechter lassen sich die Veränderungen in der Linienhöhe ausmachen. Zur besseren Darstellung können Sie aber auch, wie bereits erwähnt, den Steg ❺ verziehen. Damit Sie nun aber die Kurve wieder einsehen können, sollten Sie auf den Button klicken, der sich zwischen den beiden Werten befindet ❷. Damit setzen Sie die AUTOMATISCHE BEREICHSSKALIERUNG wieder auf die Standardwerte zurück und können jetzt einen wesentlich höheren Kurvenausschlag sehen ❹, der sich demzufolge auch viel besser einstellen lässt. Bedenken Sie aber, dass diese Einstellung lediglich Einfluss auf die grafische Darstellung hat, nicht jedoch auf das Verhalten des Clips.

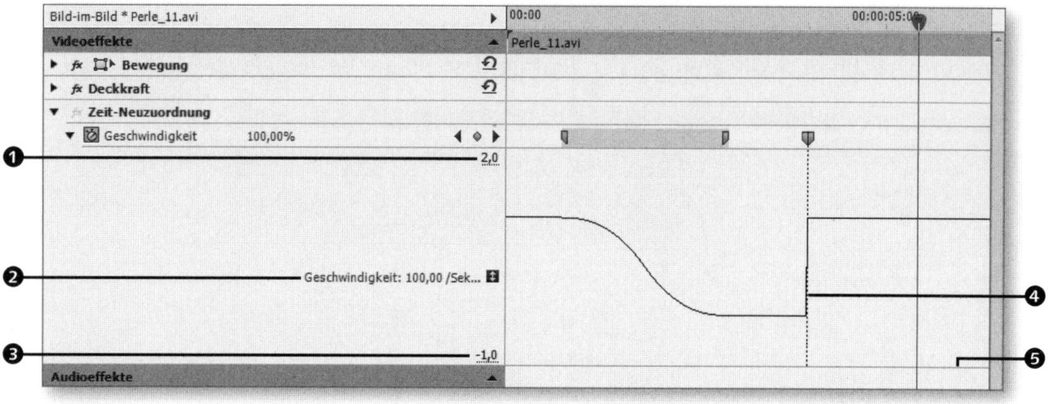

▲ **Abbildung 7.69** Für diffizile Arbeiten lässt sich die Ansicht in den EFFEKTEINSTELLUNGEN durchaus noch optimieren.

7.6.4 Keyframes schnell platzieren

Bei der Zeit-Neuzuordnung gibt es zur Platzierung von Keyframes per Taste noch eine alternative Möglichkeit. Halten Sie [Strg]/[cmd] gedrückt, und nähern Sie sich der Geschwindigkeitslinie. Der Mauszeiger mutiert jetzt zur Zeichenfeder und erlaubt das Platzieren von Keyframes direkt auf der Linie.

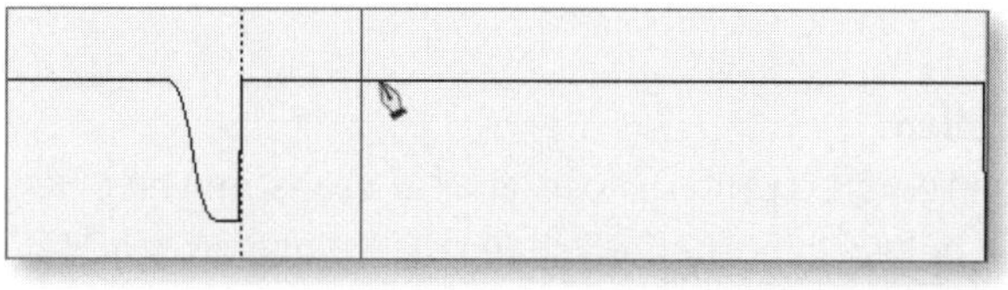

◀ **Abbildung 7.70** Die Keyframes können auch direkt auf der Linie erzeugt werden.

An dieser Stelle ist ein kleiner Abstecher in das Schnittfenster angesagt. Denn auch hier können Keyframes bearbeitet werden. Wir werden uns aber zu einem späteren

Zeitpunkt noch einmal mit der Zeit-Neuzuordnung beschäftigen – und zwar in Abschnitt 7.8, »Palindrom erzeugen«. Dort erfahren Sie dann auch, wie Sie die Zeit rückwärts laufen lassen können. Und warum kommt das nicht jetzt? Ganz einfach, weil Sie dazu mit den Vorgehensweisen in Sachen Keyframing im Schnittfenster vertraut sein sollten. Ansonsten ist dieses Thema nur schwer nachvollziehbar. Der kleine Abstecher ist also nötig – und zudem ausgesprochen interessant.

7.7 Keyframes im Schnittfenster bearbeiten

In den EFFEKTEINSTELLUNGEN können Sie mit den Keyframes ja sehr komfortabel arbeiten. Wenn es jedoch einmal schnell gehen soll oder wenn Ihnen die Arbeit im Schnittfenster mehr liegt, lässt sich das auch direkt in der Timeline machen.

Besonders, wenn Sie die Zeit-Neuzuordnung bearbeiten wollen, ist es manchmal sinnvoller, diese im Schnittfenster zu vervollständigen. Das geht schnell und intuitiv. Zudem haben Sie dort bessere Ansichtsoptionen als in der Palette EFFEKTEINSTELLUNGEN. Außerdem können Sie sich hier bereits gesetzte Keyframes anzeigen lassen. Auch deshalb sollten Sie sich diesen Abschnitt nicht entgehen lassen.

7.7.1 Keyframes einblenden

Ist Ihnen schon aufgefallen, dass die Keyframes, die Sie im Effekteinstellungsfenster platziert haben, auf dem Clip im Schnittfenster »mitgeschrieben« werden? Allerdings müssen Sie dazu einiges umstellen. Setzen sie einen beherzten Mausklick auf ANZEIGEEINSTELLUNGEN FÜR DAS SCHNITTFENSTER (Schraubenschlüssel), und gehen Sie auf ALLE SPUREN ERWEITERN. Im gleichen Einstellmenü wählen Sie zudem noch VIDEO-KEYFRAMES ANZEIGEN. Sollten Bildminiaturen auf den Clips sichtbar sein, ist zu empfehlen, abermals auf die ANZEIGEEINSTELLUNGEN zu gehen und zu kontrollieren, ob vor VIDEOMINIATUREN ANZEIGEN ein Häkchen zu sehen ist. Wenn ja, klicken Sie auch auf diesen Eintrag, damit die Miniaturen verschwinden. Diese stören bei der Keyframe-Arbeit im Schnittfenster nur.

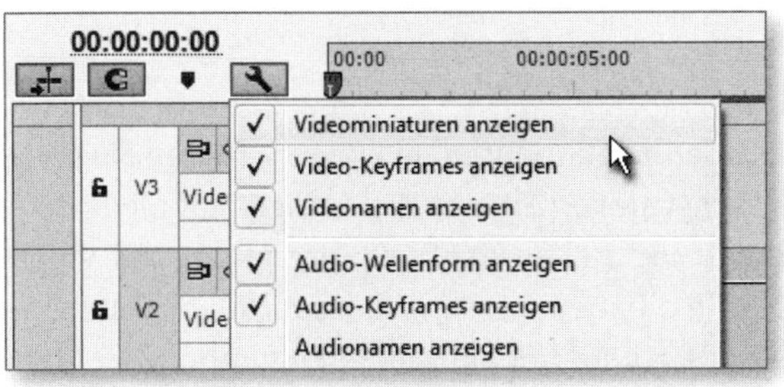

◂ **Abbildung 7.71** Deaktivieren Sie die Clip-Miniaturen.

Jetzt müssen Sie noch dafür sorgen, dass die »korrekten« Keyframes eingeblendet werden. Standardmäßig haben wir es hier nämlich mit Deckkraft-Keyframes zu tun.

Wählen Sie den Clip im Schnittfenster mit rechts an, und entscheiden Sie sich für CLIP-KEYFRAMES EINBLENDEN, gefolgt von ZEIT-NEUZUORDNUNG • GESCHWINDIGKEIT. Sofort wird ersichtlich, dass auch hier die Keyframes vorhanden sind.

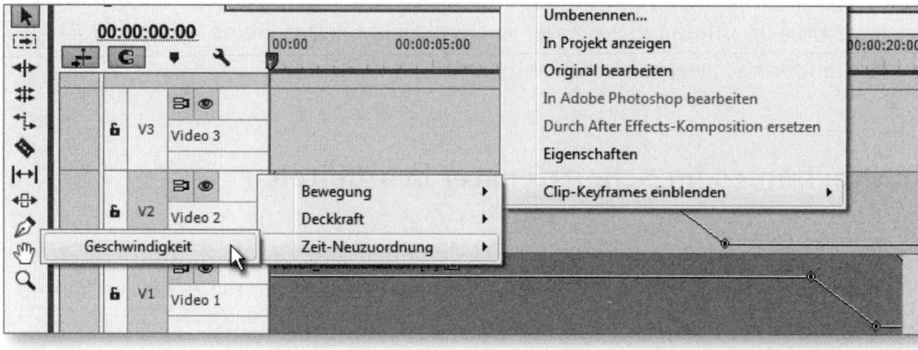

▲ **Abbildung 7.72** Die Zeit-Neuzuordnung kann auch auf dem Clip eingestellt werden.

Auswahl über fx-Symbol

Die Auswahl einer Effektanzeige ist in Premiere Pro CC noch einmal vereinfacht worden. Sie können nämlich jetzt auch gleich auf das kleine fx-Symbol ❶ innerhalb des Clips gehen und den Pfad von dort aus einstellen.

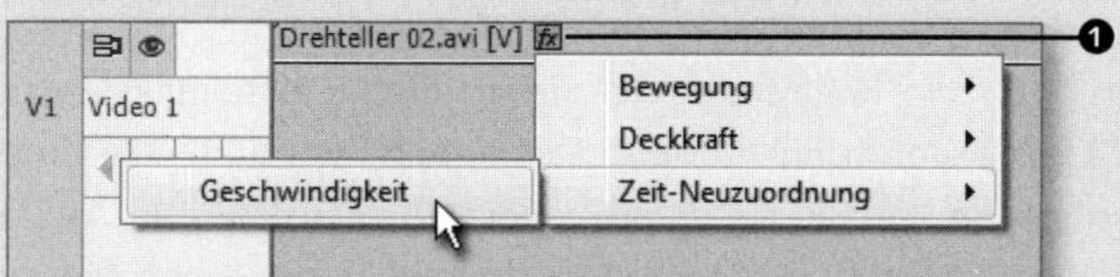

▲ **Abbildung 7.73** Mit Premiere Pro CC geht es noch schneller.

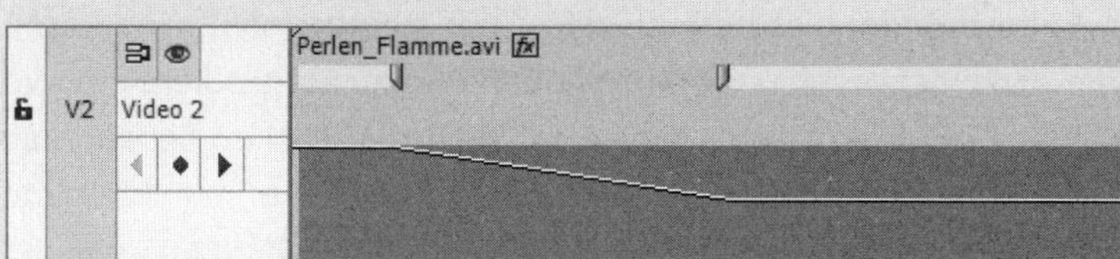

▲ **Abbildung 7.74** So sieht der markierte Clip danach in der Timeline aus.

Spur vergrößern | Damit Sie das Ganze aber besser beurteilen können, sollten Sie auch hier die Ansichtsgröße optimieren. Zunächst stellen Sie den Mauszeiger auf die untere Begrenzungslinie des Spurkopfes VIDEO 1 und ziehen den Steg, der Audio und Video voneinander trennt ❸, nach unten. Dadurch haben Sie der Videospur mehr Platz eingeräumt. Dass Sie diesen Steg ziehen können, wird übrigens dadurch symbolisiert, dass der Mauszeiger zum Doppelpfeil wird.

Jetzt ziehen Sie auch den oberen Steg ❷ des Spurkopfes noch nach oben, so dass sich fast die gesamte Spur VIDEO 2 im Schnittfenster breitmacht.

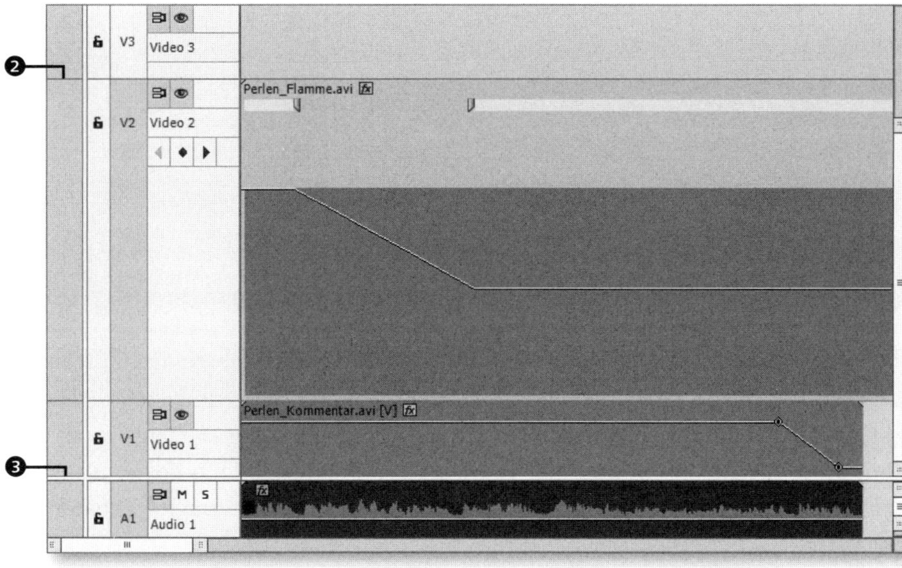

▲ **Abbildung 7.75** Die Spur genießt alle Aufmerksamkeit im Schnittfenster.

7.7.2 Deckkraft-Keyframes bearbeiten

Verändern Sie doch einmal die Deckkraft eines beliebigen Clips, indem Sie einige Keyframes innerhalb des Fensters EFFEKTEINSTELLUNGEN platzieren. Sie haben diese Technik ja bereits kennengelernt. Gleichwohl müssen Sie, sofern Sie die vorangegangenen Schritte gemacht haben, jetzt wieder von der Zeitneuzuordnungsanzeige auf die Deckkraft zurückgehen. Sie wissen ja längst, dass Sie das nach einem Rechtsklick, gefolgt von CLIP-KEYFRAMES EINBLENDEN • DECKKRAFT • DECKKRAFT zurückstellen können.

Wie wäre es mit vier Schlüsselbildern, von denen die beiden äußeren jeweils 100% und die inneren z. B. 30% Deckkraft haben sollten? Das Ganze sollte in den EFFEKTEINSTELLUNGEN so oder zumindest so ähnlich aussehen:

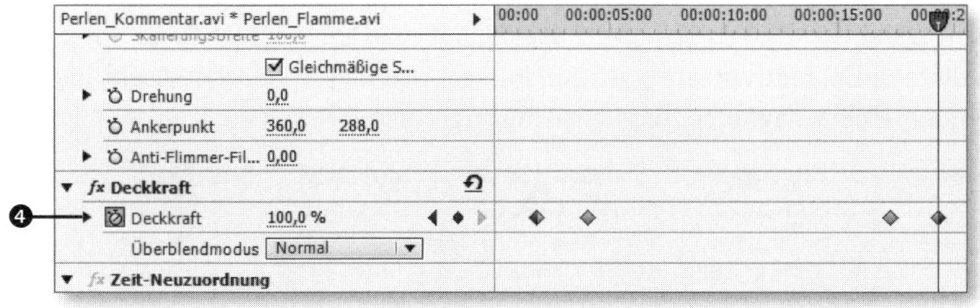

▲ **Abbildung 7.76** Platzieren Sie einige Keyframes in der Zeile DECKKRAFT ❹.

Auf dem Clip sieht man jetzt schön, wie die Deckkraft des Clips verändert wird. Die Schlüsselbilder dürfen Sie übrigens auch hier mittels Drag & Drop verschieben. Wann immer Sie den Mauszeiger auf eine Keyframe-Raute setzen, wird er um ein kleines Rautensymbol erweitert. So lässt sich gut beurteilen, ob er korrekt platziert worden ist.

▲ **Abbildung 7.77** Jetzt ist die korrekte Position erreicht, um einen Keyframe zu markieren.

Die Auswirkungen einer Veränderung von Keyframes innerhalb der Effekteinstellungen betreffen synchron auch die Keyframes innerhalb der Timeline – und umgekehrt. Wo Sie also die Keyframes bearbeiten, spielt für das Ergebnis keine Rolle. Die Linie innerhalb des Clips symbolisiert den Verlauf der jeweiligen Animation jedoch besser als in den Effekteinstellungen. Im Gegenzug lässt sich in den Effekteinstellungen genauer arbeiten.

Keyframes exakt verschieben

Dass sich Keyframes in alle Richtungen verschieben lassen, bedarf sicher keiner großen Erwähnung, Was aber, wenn beispielsweise eine Deckkraftreduktion etwas später beginnen soll, ohne dass sich deren Intensität ändert? Dann müssten Sie das Schlüsselbild ja horizontal verschieben, dürften die vertikale Position jedoch nicht im Geringsten verändern. In solchen Fällen halten Sie während des Ziehens ⇧ gedrückt.

7.7.3 Keyframes hinzufügen und entfernen

Nun lassen sich aber nicht nur bereits gesetzte Keyframes bearbeiten. Vielmehr können Sie auch neue Keyframes direkt im Schnittfenster hinzufügen bzw. gesetzte Keyframes löschen. Zum Hinzufügen klicken Sie die schwarze Linie an, während Sie Strg/cmd gedrückt halten. Alternativ betätigen Sie KEYFRAME HINZUFÜGEN/ENTFERNEN links im Spurbereich. Dabei ist die Position der Abspielnadel von besonderer Bedeutung. Befindet sich diese auf einem vorhandenen Keyframe, wird dieser gelöscht. Steht die rote Linie nicht auf einem Keyframe, wird einer hinzugefügt.

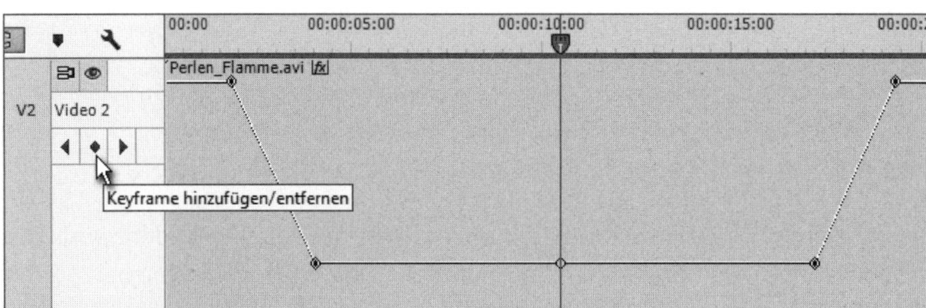

▲ **Abbildung 7.78** Keyframes können direkt im Schnittfenster hinzugefügt werden.

Ein Schlüsselbild kann aber auch entfernt werden, wenn Sie es direkt mit der Maus markieren und [Entf] drücken. BEARBEITEN • LÖSCHEN klappt im Übrigen genauso gut wie ein Rechtsklick, gefolgt von LÖSCHEN. Das Verschieben eines Punktes erledigen Sie, wie gewohnt, per Drag & Drop. In diesem Fall wird die korrekte Position durch die bereits bekannte kleine Raute neben dem Mauszeiger symbolisiert. Ein aktiviertes Schlüsselbild ist zudem gelb eingefärbt, während noch nicht ausgewählte weiß bleiben.

7.7.4 Verbindungen anpassen

Dass Sie Keyframes per Drag & Drop verschieben können, ist ja nichts Neues. Sie haben aber auch die Möglichkeit, Verbindungen zwischen zwei Keyframes zu verändern. Setzen Sie dazu den Mauszeiger auf eine Linie (hier sollte sich kein Keyframe befinden), und verschieben Sie diese. Der Mauszeiger wird dabei um ein Doppelpfeilsymbol erweitert. Jetzt lässt sich die gesamte Linie anheben oder absenken.

Was bedeutet das aber in der Praxis? Verändern Sie die Höhe der Linie zwischen zwei Keyframes, wird die Änderung für die Dauer vom linken bis zum rechten Schlüsselbild wirksam. Eine kleine QuickInfo unterhalb des Clips zeigt dabei übrigens den aktuellen Wert an.

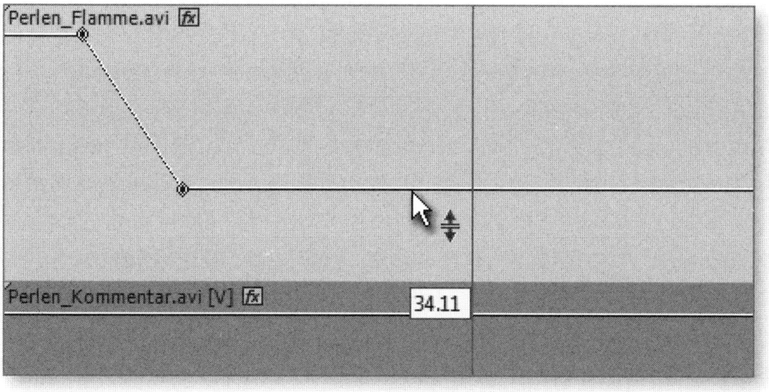

▲ **Abbildung 7.79** Achten Sie während des Ziehens auf die QuickInfo. Hier befindet sich die DECKKRAFT des Clips gerade bei 34,11 %.

7.7.5 Bézier-Kurven erzeugen

Nun haben Sie in den Workshops bereits mit Tangenten gearbeitet. Dort wurde die Bewegungsrichtung des überlagernden Clips von einer Geraden in eine Kurve umgewandelt. Ähnlich lassen sich die Verbindungslinien zwischen zwei Keyframes auch hier im Schnittfenster anpassen.

Führen Sie den Mauszeiger zunächst auf eines der Schlüsselbilder. Drücken Sie anschließend [Strg]/[cmd], und halten Sie diese Taste gedrückt. Erst jetzt führen Sie den Mausklick aus und ziehen mit gedrückter linker Maustaste vom Keyframe weg. Dadurch erhalten Sie die bereits bekannten Tangenten-Anfasser, die Sie jetzt nach Belieben einstellen können.

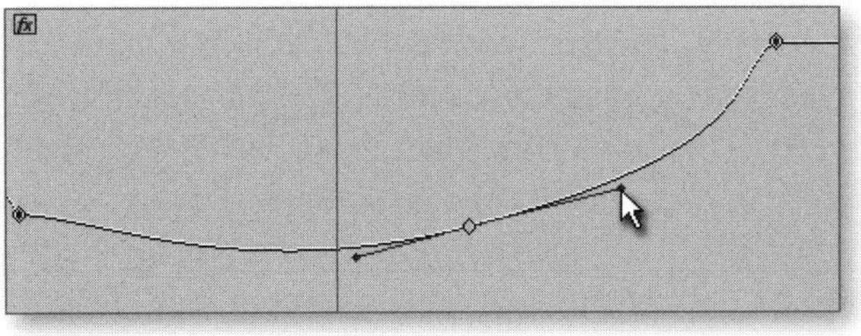

◂ **Abbildung 7.80** Ziehen Sie Tangenten aus den Keyframes heraus.

Interessanterweise erhalten Sie hier gleich *zwei* Tangenten und nicht nur eine nach rechts weisende. Das war nicht immer so, weshalb es hier noch einmal gesondert erwähnt werden soll. Diese Erweiterung macht das Keyframe-Handling natürlich noch einmal intuitiver.

Sie können im Weiteren die Anfasser der Tangenten (also die blauen Köpfe) per Drag & Drop verschieben und so jede erdenkliche Kurvenform erzeugen. Jede? Nein, nicht jede; denn wenn Sie nur eine einzelne Tangente verändern wollen, müssen Sie zusätzlich `Strg`/`cmd` festhalten. Die gegenüberliegende Tangente bleibt dann von der Veränderung ausgenommen.

7.7.6 Keyframes umwandeln

Bei Verbindungen, die mit Hilfe von Tangenten geformt wurden, spricht man von Bézier-Kurven. Die dazugehörigen Keyframes werden auch auf der Registerkarte EFFEKTEINSTELLUNGEN anders dargestellt als normale Keyframes. Klicken Sie ein solches Schlüsselbild mit rechts an (es spielt übrigens keine Rolle, ob Sie das innerhalb der Sequenz oder in den EFFEKTEINSTELLUNGEN tun), haben Sie die Möglichkeit, das Schlüsselbild umzuwandeln. Wählen Sie hier beispielsweise KEYFRAME an, wird die Linie ab diesem Schlüsselbild horizontal weitergeführt. Betätigen Sie hingegen LINEAR, wird die ursprüngliche Direktverbindung zwischen den Keyframes wiederhergestellt. So lassen sich Kurven nachträglich wieder aufheben.

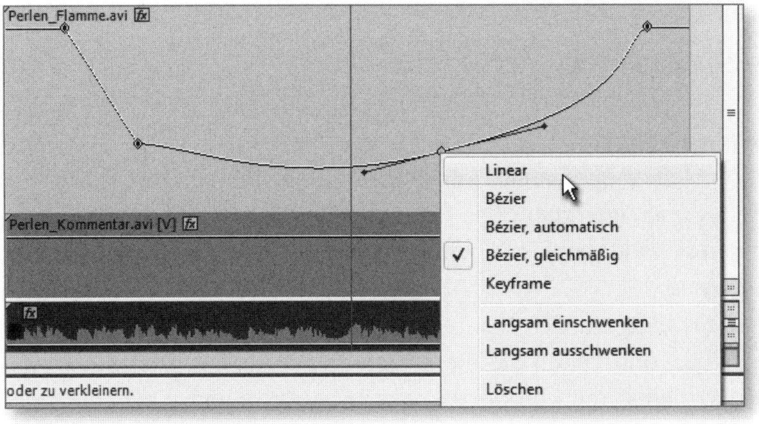

▴ **Abbildung 7.81** Über das Kontextmenü können Sie vorhandene Bézier-Keyframes nachträglich umwandeln.

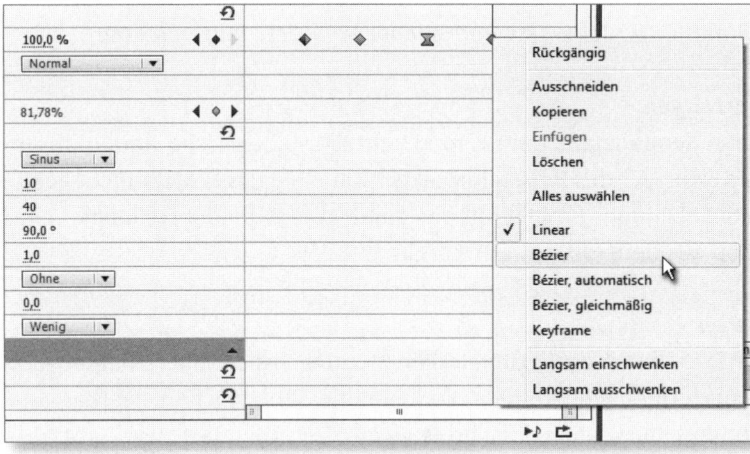

▲ **Abbildung 7.82** Auch im Fenster EFFEKTEINSTELLUNGEN ist das möglich.

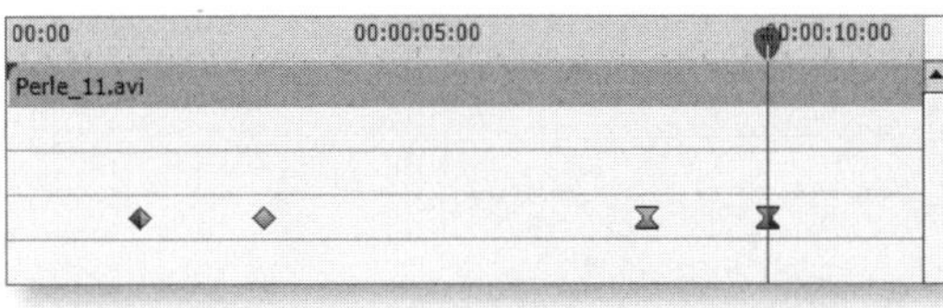

▲ **Abbildung 7.83** Das Schlüsselbild links neben der Einfügemarke ist von LINEAR in BÉZIER umgewandelt worden.

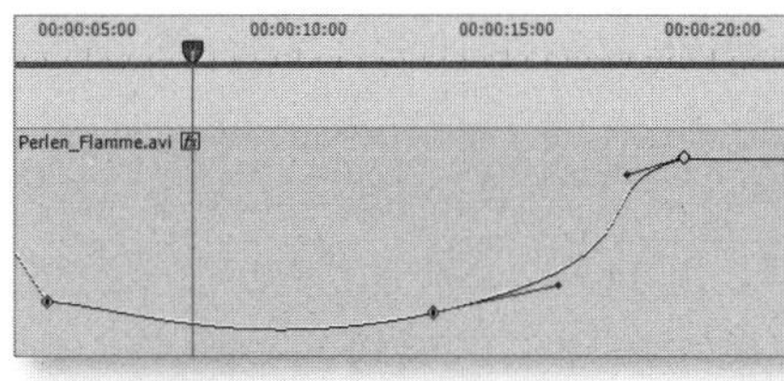

▲ **Abbildung 7.84** Die Clip-Kurve sieht in diesem Fall so aus. Die Verbindungen sind rund geworden.

Langsam ein- und ausschwenken

In diesem Zusammenhang ist besonders auf die beiden Einträge LANGSAM EINSCHWENKEN und LANGSAM AUSSCHWENKEN hinzuweisen, die insgesamt für einen weichen Übergang sorgen, indem die Bézier-Linie angepasst wird. Machen Sie das im Schnittfenster, können Sie die Kurvenauswirkungen besser beurteilen als in den EFFEKTEINSTELLUNGEN, obwohl beide Kurven prinzipiell den gleichen Verlauf zeigen. In den EFFEKTEINSTELLUNGEN sehen Sie zudem, dass sich die Form der Keyframes dabei verändert.

7.8 Palindrom erzeugen

Alles einsteigen! Die nächste Fahrt geht rückwärts! Zudem hatte ich Ihnen ja versprochen, dass wir noch einmal zur Zeit-Neuzuordnung zurückkehren. Vielleicht haben Sie es auch schon selbst ausprobiert. Aber so weit Sie die Linie der ZEIT-NEUZUORDNUNG auch nach unten ziehen, Sie werden mit der Geschwindigkeit niemals in den Minusbereich kommen – rückwärts ist also nicht. Oder doch? Na, klar. Lassen wir einen Clip zunächst vorwärts, dann rückwärts und zum Schluss wieder vorwärts laufen – und zwar ohne Sprünge.

Schritt für Schritt: Einen Clip rückwärts und wieder vorwärts laufen lassen

1 Neue Sequenz erzeugen

Erzeugen Sie eine neue Sequenz aus dem Clip »Drehteller 02.avi«. Sie finden ihn im Projektfenster-Ordner BAND A3 des Beispielprojekts. Wenn Sie das Projekt nicht geöffnet haben, erzeugen Sie ein neues Projekt mit den zuvor genannten Einstellungen, und integrieren Sie den Clip aus dem Ordner GECKO-GLAS.

2 Ansicht optimieren

Optimieren Sie die Ansicht im Schnittfenster, indem Sie zunächst die obere Begrenzung von Spur V1 so weit nach oben ziehen, dass die Keyframe-Schaltflächen sichtbar werden. Über die Schraubenschlüssel-Schaltfläche ❶ legen Sie zudem fest, dass VIDEOMINIATUREN ANZEIGEN inaktiv ist. Die Miniaturen am Clip-Anfang würden nur stören.

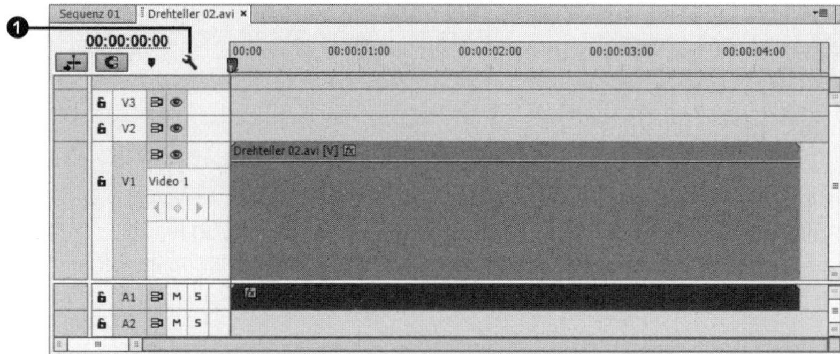

▲ **Abbildung 7.85** Sie genießen einen unverbaubaren Blick auf »Drehteller 02.avi« im Schnittfenster.

3 Geschwindigkeit anzeigen lassen

Jetzt sollten Sie noch dafür sorgen, dass auch im Clip selbst die GESCHWINDIGKEIT angezeigt wird. Klicken Sie deshalb auf das fx-Symbol des Clips im Schnittfenster, und wählen Sie ZEIT-NEUZUORDNUNG • GESCHWINDIGKEIT.

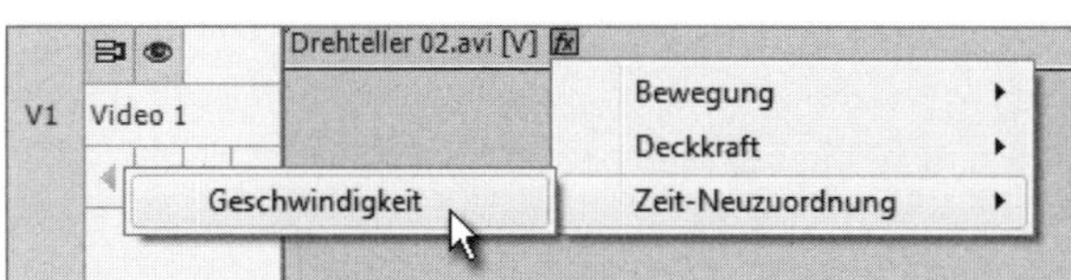

◄ **Abbildung 7.86** Schalten Sie auf »Geschwindigkeit« um.

4 Keyframes hinzufügen

Positionieren Sie die Einfügemarke des Schnittfensters hinter dem ersten Drittel des Clips (ca. 00:00:01:00). Ab hier soll mit der Rückwärtsbewegung begonnen werden. Fügen Sie an dieser Position einen Geschwindigkeits-Keyframe ein. Diesmal machen Sie das aber im Spurkopf. Das funktioniert übrigens nur, wenn der Clip im Schnittfenster markiert ist.

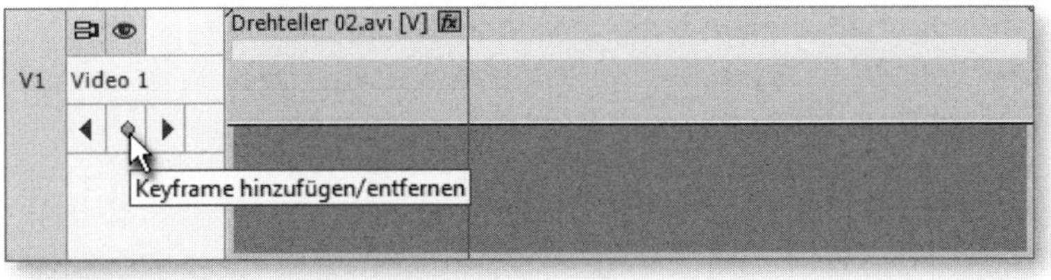

▲ **Abbildung 7.87** Hier wird das erste Schlüsselbild platziert – und zwar direkt im Schnittfenster.

Halten Sie jetzt Strg/cmd gedrückt, und klicken Sie dann auf den soeben platzierten Keyframe, den Sie so weit wie möglich nach rechts ziehen. Danach lassen Sie zunächst die Maustaste und erst anschließend Strg/cmd los. Sie sehen: Der Bereich, der rückwärts abgespielt wird, ist mit kleinen, mittelgrauen Pfeilen markiert. Zudem ist der Clip gestreckt worden. Im Schnittfenster sieht das Ganze jetzt so aus wie in Abbildung 7.88.

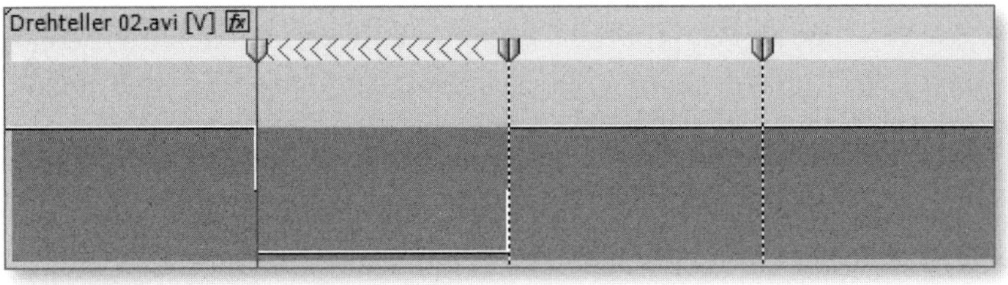

▲ **Abbildung 7.88** Während des Ziehens tauchen plötzlich drei Keyframes auf.

5 *Zeitübergänge erzeugen*

Lassen Sie den Film einmal abspielen. Sie werden sehen, dass die Übergänge nahtlos sind. Was aber, wenn die Bewegungen an den beiden Richtungsänderungen kurz ausgebremst und wieder beschleunigt werden sollen? Dazu müssen Sie den ersten und den mittleren Geschwindigkeits-Keyframe wieder strecken, also jeweils eine der Hälften zur Seite ziehen.

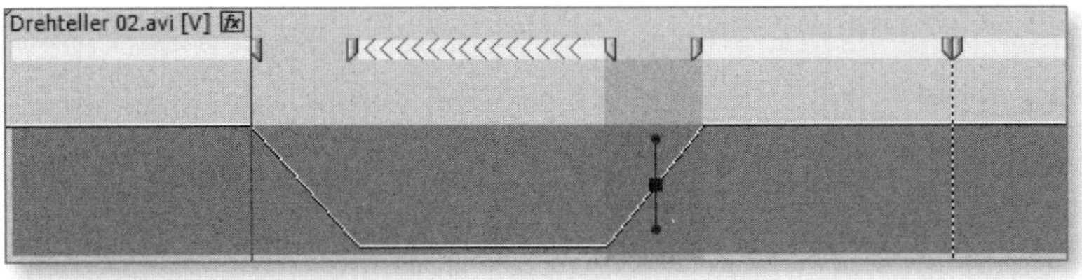

▲ **Abbildung 7.89** Die äußeren Halb-Keyframes des linken und mittleren Schlüsselbildes müssen verschoben werden.

6 *Bewegung abbremsen*

Am Ende markieren Sie noch das erste Halbschlüsselbild, damit Sie die Eingangskurve noch etwas weicher gestalten können. Ziehen Sie die obere Tangente etwas nach links – und fertig ist Ihr Palindrom. Der Film ist mit »Palindrom.avi« bezeichnet und befindet sich im Ordner ERGEBNISSE.

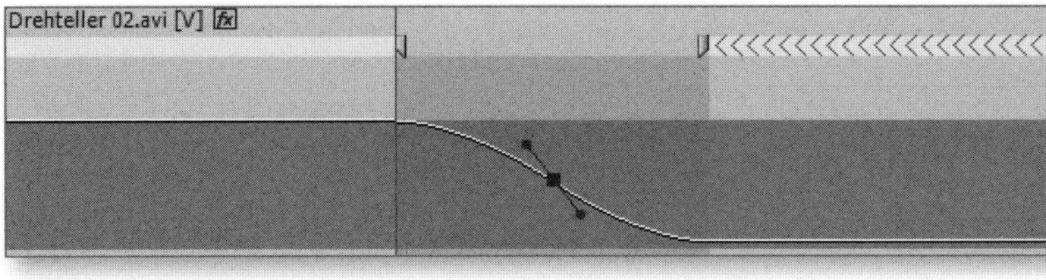

▲ **Abbildung 7.90** So wird die Ein- und Ausgangsbewegung verändert.

7.9 Überblendmodi

Mit Erscheinen von Premiere Pro CS4 haben die sogenannten *Überblendmodi* Einzug gehalten. Der eine oder andere kennt sie vielleicht aus Adobe-Anwendungen wie After Effects oder Photoshop (dort heißen sie *Mischmodi* oder *Füllmethoden*). Prinzipiell ist es ja so, dass ein Clip, der im Schnittfenster weiter oben liegt, die darunter befindlichen Clips überdeckt. Durch Änderung der Füllmethoden können Sie aber Inhalte unterschiedlicher Spuren zusammenwirken lassen.

Schritt für Schritt: Ebenen ineinanderwirken lassen

Wir werden die Wirkungsweise der Überblendmodi einmal anhand zweier Spuren ergründen, wobei aber prinzipiell mehrere Spuren mit unterschiedlichen Füllmethoden übereinander angeordnet werden können.

1 *Neue Sequenz erstellen*

Zunächst einmal muss wieder eine neue Sequenz im Format DV-PAL • STANDARD 48KHZ her. Falls Sie das Beispielprojekt nicht geöffnet haben, legen Sie ein neues Projekt mit diesen Sequenzeinstellungen an.

2 *Ersten Clip integrieren*

Sie benötigen nun zwei Clips: zunächst »Lichtsäule 02.avi« aus dem Ordner BAND A3 sowie »Flasche_schleifen 11.avi« aus dem Ordner BAND A1.

3 *Clip kürzen*

Nehmen Sie sich zunächst den Lichtsäulen-Clip vor. Ziehen Sie ihn ganz an den Anfang von Spur V1. Wenn Sie die Sequenz abspielen, sehen Sie, dass der Anfang etwas ruckelt. Zudem ist im oberen Bildbereich ein schwarzer Hintergrund zu sehen. Stellen Sie die Einfügemarke deshalb auf 00:00:01:13, und kürzen Sie das linke Ende bis an die Einfügemarke ein.

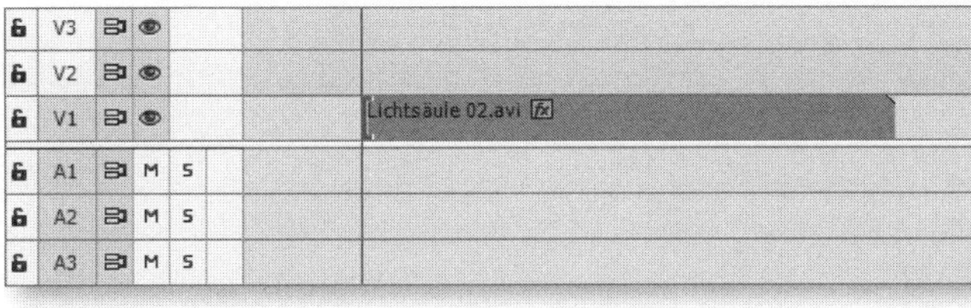

▲ **Abbildung 7.91** Der Anfang ist zu unruhig, weshalb er entfernt werden muss.

4 *Clip schneiden*

Nehmen Sie jetzt den zweiten Clip, und bringen Sie ihn an den Anfang der Spur V2. Die Einfügemarke sollte nach dieser Aktion noch immer an Position 00:00:01:13 stehen. Drücken Sie [C], um das Rasierklinge-Werkzeug zu aktivieren, und schneiden Sie den Clip in Spur V2 an dieser Stelle durch.

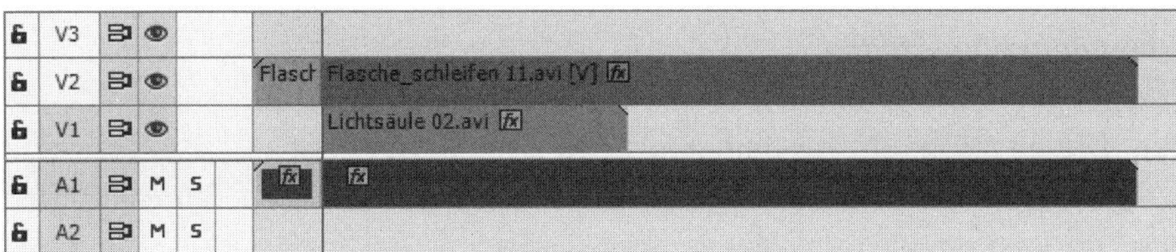

▲ **Abbildung 7.92** Der Schnitt erfolgt an Position 00:00:01:13.

Danach achten Sie darauf, dass der Kopf der Spur V1 markiert ist, und drücken [↓] (das setzt die Einfügemarke an das Ende des Lichtsäulen-Clips). Schneiden Sie hier auch den Schleif-Clip durch.

5 *Clip markieren*

Jetzt drücken Sie [V], damit das Auswahl-Werkzeug wieder eingestellt wird, und markieren per Mausklick den mittleren der drei Clip-Teile in Spur V2. Ihr Schnittfenster sollte jetzt wie in Abbildung 7.93 aussehen.

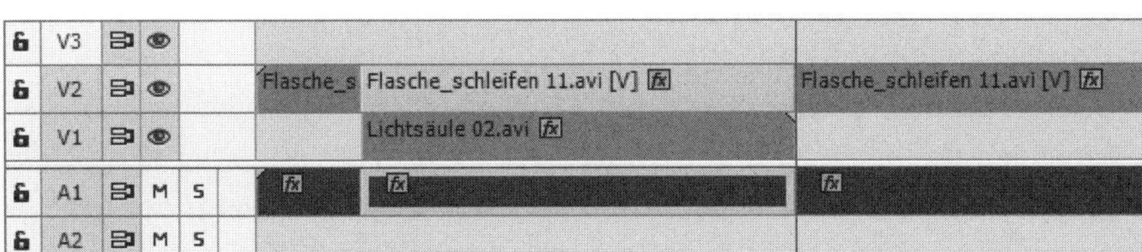

▲ **Abbildung 7.93** Der mittlere Teil des oberen Clips ist markiert.

6 *Überblendmodus ändern*

Widmen Sie sich nun dem Bedienfeld Effekteinstellungen. Öffnen Sie darin die Liste Deckkraft, und stellen Sie den Überblendmodus von Normal auf Abdunkeln. Das bewirkt, dass nun die Clips auf beiden Spuren gleichzeitig zu sehen sind. Spielen Sie die Sequenz ab.

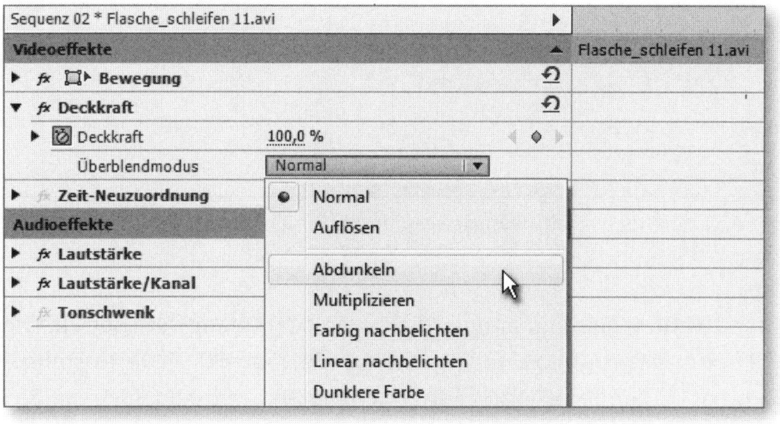

▲ **Abbildung 7.94** Hier wird der Überblendmodus geändert.

7 *Überblendungen einfügen*

Da der Übergang noch recht hart ist, sollten Sie den Clip in Videospur 1 noch ein- und ausblenden. Öffnen Sie im Effekte-Bedienfeld den Ordner VIDEOÜBERBLENDUNGEN und darin das Verzeichnis BLENDE. Ziehen Sie den Eintrag WEICHE BLENDE einmal an den Anfang des Clips und ein weiteres Mal an das Clip-Ende.

Am Schluss können Sie den letzten Clip in Spur V2 noch etwas einkürzen. Das Endergebnis ist mit »Füllmethoden.avi« betitelt und befindet sich, wie gewohnt, im Ordner ERGEBNISSE.

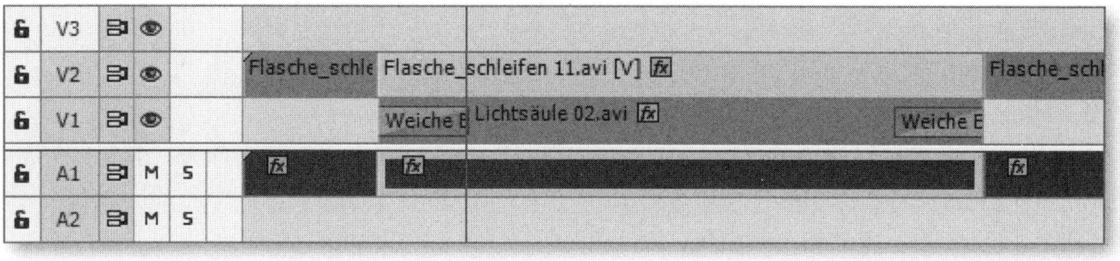

▲ **Abbildung 7.95** Das Schnittfenster am Ende dieses Workshops

Prinzip der Überblendmodi | Wenn Sie einen Modus auf einen übergeordneten Clip anwenden, wirkt sich das auch auf den darunterliegenden Clip aus. Leider kann nicht generell gesagt werden, welcher Modus für die jeweilige Vorgehensweise der richtige ist, da das Ergebnis immer von den Clip-Inhalten und den darin enthaltenen Farben und Helligkeitsinformationen abhängt. Dennoch sollen die folgenden Hinweise beispielhaft einen Anhaltspunkt darauf geben, was mit dieser Technik prinzipiell möglich ist:

- ABDUNKELN: Beide Videos werden miteinander verglichen. Alle Bildbereiche, die im unteren Clip heller sind als im oberen, werden ersetzt, während alle Bildbereiche, die im unteren Clip dunkler sind, nicht ersetzt werden. Die jeweils dunklere Farbe wird also für das Ergebnis verwendet.

- AUFHELLEN: Hier wird genau die umgekehrte Wirkung erzielt als beim Abdunkeln. Hellere Bildteile des unteren Clips bleiben unverändert, während dunklere Bildteile ersetzt werden. So ist die jeweils hellere Farbe ergebnisrelevant.
- MULTIPLIZIEREN: Die Farben beider Clips werden miteinander verrechnet. Das Ergebnis ist immer dunkler als der Einzel-Clip. Wird zudem eine beliebige Farbe mit Schwarz multipliziert, ergibt sich Schwarz, wird mit Weiß multipliziert, bleibt die Farbe unverändert.
- NEGATIV MULTIPLIZIEREN: Die Farben beider Clips werden hier ebenfalls miteinander verrechnet, wobei das Ergebnis immer heller ist als der Einzel-Clip. Wird zudem eine beliebige Farbe mit Schwarz multipliziert, bleibt die Farbe unverändert, während eine Multiplikation mit Weiß im Ergebnis ebenfalls Weiß ergibt.
- ÜBERLAGERN: Abhängig von der Ausgangsfarbe wird entweder multipliziert oder negativ multipliziert. Dabei bleiben Schatten und Glanzlichter des unteren Clips erhalten.
- SÄTTIGUNG: Das Ergebnis ist eine Zusammensetzung aus dem Farbton des unteren Clips sowie der Sättigung des oberen.
- LUMINANZ: Hierbei ist das Ergebnis eine Zusammensetzung aus dem Farbton und der Sättigung des unteren Clips sowie der Luminanz des oberen Clips.

7.10 Clips einfrieren

Eine weitere Form der Bewegungsanimation ist das Einfrieren von Videoclips. Sie haben in diesem Kapitel ja bereits erfahren, dass Sie Filme anhalten können (wobei sich hier die Zeit nicht ganz frei definieren ließ). Was aber, wenn eine Videoaufnahme in ein Standbild münden soll, und Sie alleine bestimmen wollen, wie lange dieses Bild erhalten bleibt? Bei diesem Vorhaben wird es für Sie wesentlich einfacher als bei der Zeit-Neuzuordnung, wie der folgende Workshop beweist.

Schritt für Schritt: Einen Clip einfrieren

In den folgenden Schritten wird ein Clip plötzlich zum Standbild gemacht – und zwar ohne Verwendung des Effekts ZEIT-NEUZUORDNUNG.

1 *Clip hinzufügen*

Bringen Sie zunächst einmal einen Clip in das Schnittfenster. Dieser sollte natürlich Bewegung beinhalten, da sich ansonsten nicht beurteilen lässt, wie das Anhalten wirkt. Im Buchbeispiel verwenden wir »Drehteller 01.avi« aus dem Ordner BAND A3. Dieser hat den Vorteil, eine Tonspur zu beherbergen, auf der gesprochen wird. Und die darf ja nicht einfach mit angehalten werden.

2 *Clip teilen*

Nun sollten Sie sich eine Stelle im Clip suchen, an der das Bild angehalten werden soll. An genau dieser Stelle zerteilen Sie den Film mit der RASIERKLINGE [C] oder über [Strg]/[cmd]+[K] (wobei der entsprechende Spurkopf aktiv sein muss). Die Audiospur darf dabei ruhigen Gewissens mit getrennt werden.

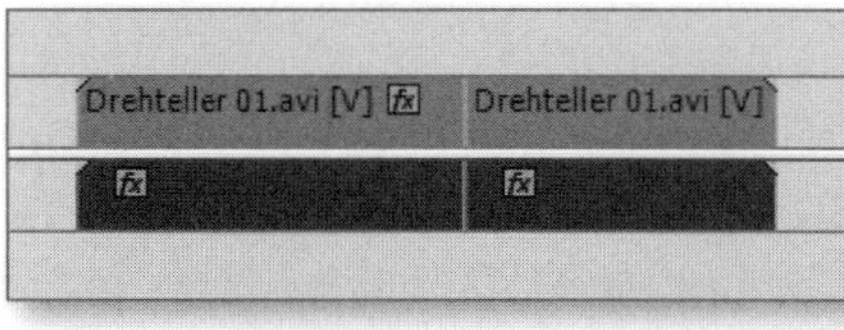

▲ **Abbildung 7.96** Im Beispiel wird der Clip mittels Tastaturbefehl geteilt.

3 *Standbildoptionen öffnen*

Sie dürfen den folgenden Schritt zwar auch mit aktivierter RASIERKLINGE machen, da Sie lediglich einen Rechtsklick ausführen werden, dennoch ist zu empfehlen, vorab [V] zu drücken, damit das Auswahl-Werkzeug wieder aktiv wird. Klicken Sie mit rechts auf den rechten Teil des Films. Im Kontextmenü entscheiden Sie sich für STANDBILD.

4 *Clip anhalten*

Die Checkbox ANHALTEN BEI ist von Hause aus bereits ausgewählt, was auch unserem Wunsch entspricht. Da im nebenstehenden Pulldown-Menü zudem bereits IN-POINT aktiviert ist, müssen Sie nichts weiter tun, als auf OK zu klicken.

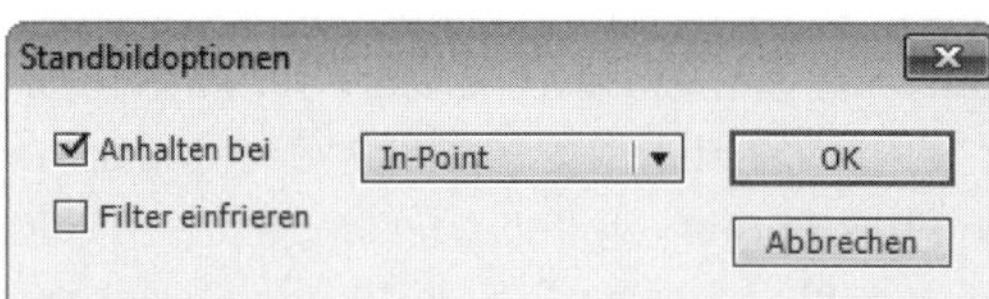

▲ **Abbildung 7.97** Der rechte Clip wird an seinem In-Point angehalten.

Wie Sie sehen, bleibt der Clip nun just bei Erreichen des Schnittpunktes stehen. Mit dem Schnitt haben Sie dem rechten Clip nämlich gleichzeitig einen neuen In-Point verpasst und genau dort das Anhalten veranlasst. Die Audiospur ist davon nicht in Mitleidenschaft gezogen worden. Alles in Ordnung, also.

5 *Dauer verändern*

Das ändert sich, wenn Sie die Dauer des Clips verändern wollen. Solange Sie den Clip kürzen, ist ebenfalls noch alles klar. Was aber, wenn Sie ihn verlängern wollen? Immerhin ist er komplett in das Schnittfenster integriert worden – und am Ende ist kein Material mehr. Da der Clip sich aber beliebig dehnen lässt, ohne dass das auffallen würde (er ist ja zum Standbild mutiert), deaktivieren Sie ihn zunächst. Danach selektieren Sie das Werkzeug RATE AUSDEHNEN [R] und halten [Alt] gedrückt. Klicken Sie auf das Ende des rechten Videoclips, und ziehen Sie dieses weit nach rechts. Lassen Sie erst danach [Alt] wieder los. Würden Sie anders vorgehen, würde auch die Audiospur gedehnt – und das hätte ja schlimme Folgen für den Kommentar.

▲ **Abbildung 7.98** Die Videospur ist gestreckt worden, ohne dass die Audiospur verändert worden ist.

Anfang nicht kürzen!

Achten Sie bitte darauf, dass Sie den Clip am Anfang auf gar keinen Fall kürzen. Ansonsten käme es beim Schnitt nämlich zu einem unattraktiven Sprung, und der Trick wäre dahin. Sie verschieben damit nämlich den In-Point.

Weitere Standbildoptionen | Selbstverständlich müssen Sie einen Clip nicht unbedingt am In-Point anhalten. Sie dürfen durchaus auch den Out-Point benutzen. Werfen Sie dazu einen Blick auf das Pulldown-Menü in den STANDBILDOPTIONEN.

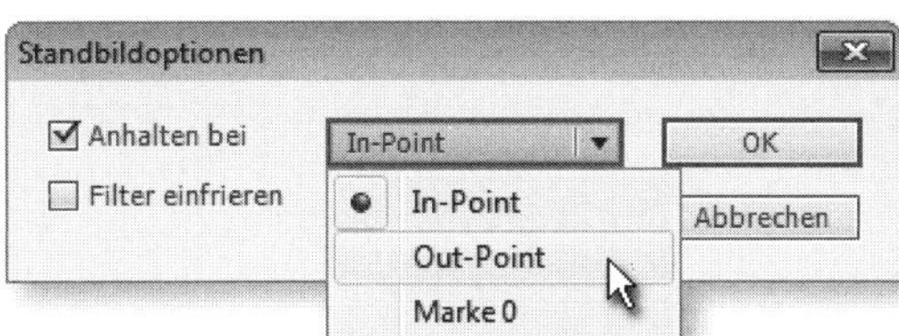

▲ **Abbildung 7.99** Drei Optionen für den möglichen Stopp des Films

Wenn Sie OUT-POINT aktivieren, wird der Film an seinem letzten Frame angehalten. Das wäre dann interessant, wenn Sie einen Videoclip zunächst einmal mit einem Standbild beginnen lassen wollten. Wenden Sie die Standbildoption in diesem Fall auf den linken Teil des Clips an.

Ferner dürfen Sie noch eine Clip-Marke platzieren und den Film dann dort anhalten (weitere Infos zu Clip-Marken finden Sie in Kapitel 5, »Mit Sequenzen arbeiten«). Nun ist aber noch eine weitere Optionen anwählbar: FILTER EINFRIEREN: Sollten Sie zuvor Effekte über Keyframes animiert haben, werden diese für die Dauer des Clips nicht animiert, sofern die Funktion aktiv ist.

8 Masken und Keying

Mit Masken lassen sich gezielt Bereiche eines Clips entfernen. Doch das allein wäre kaum der Rede wert. Masken geben Ihnen nämlich darüber hinaus auch ungeahnte gestalterische Möglichkeiten an die Hand. In diesem Kapitel erhalten Sie Antworten auf die folgenden Fragen:

- Wie werden Korrekturmasken angewendet?
- Wie funktionieren Spurmaske- und Bildmaske-Key?
- Wie erzeuge ich eine Alphamaske?
- Wie funktioniert Farb-Keying?

8.1 Korrekturmaske-Key

Zunächst einmal können Sie mit Korrekturmasken Bereiche eines Clips aussparen. Sie bestimmen also selbst, welcher Bereich des Videos sichtbar ist und welcher dem Zuschauer verborgen bleibt. Premiere Pro hält drei verschiedene Korrekturmasken bereit:

- VIERPUNKT-KORREKTURMASKE
- 8-PUNKT-KORREKTURMASKE
- 16-PUNKT-KORREKTURMASKE

Das Prinzip dieser drei Masken ist identisch. Lediglich die Anzahl der Punkte, die verändert werden können, ist unterschiedlich. Nach Zuweisung eines solchen Effekts müssen Sie zunächst die betreffende Zeile innerhalb des Bedienfeldes EFFEKTEINSTELLUNGEN selektieren. Daraufhin finden Sie kleine kreisrunde Anfasser entlang der äußeren Konturen. Diese können per Drag & Drop nach Wunsch verschoben werden. Was sich innerhalb der Kontur befindet, bleibt sichtbar, während die äußeren Bereiche vernachlässigt werden.

▲ **Abbildung 8.1** Die Vierpunkt-, 8-Punkt- und 16-Punkt-Korrekturmasken

Keying

Mit Keying wird im Fall der Videobearbeitung das Aussparen bestimmter Bereiche bezeichnet. Ob das nun mittels Beschnitt, Filterung von unterschiedlichen Helligkeitsbereichen oder Farben geschieht, spielt dabei keine Rolle. Neudeutsch wird die Vorgehensweise auch »Auskeyen« genannt.

8.1.1 Maskenbezeichnungen

Bevor mit derartigen Effekten gearbeitet wird, möchte ich Sie noch auf eine Problematik hinweisen: Beim Aufstöbern des Effekts mit Hilfe der Effekte-Suchfunktion kann es nämlich schnell zu Problemen kommen. Wenn Sie beispielsweise die Vierpunkt-Korrekturmaske suchen und geben »4« ein, werden Sie nicht fündig. Im Gegenzug werden auch die Begriffe »acht« oder »sechzehn« keine relevanten Treffer bieten.

Sie müssen also die im Programm verwendete Schreibweise beachten. Dabei können Sie der Problematik natürlich entgegenwirken, indem Sie sich ganz einfach merken, dass alle Korrekturmasken im Ordner Videoeffekte, Unterordner Keying, zu finden sind. Die darin enthaltenen Effekte werden allerdings nur angezeigt, wenn Sie deren Darstellung nicht durch ein Suchwort verhindern. Wenn nötig löschen Sie den Inhalt des Suchen-Eingabefeldes.

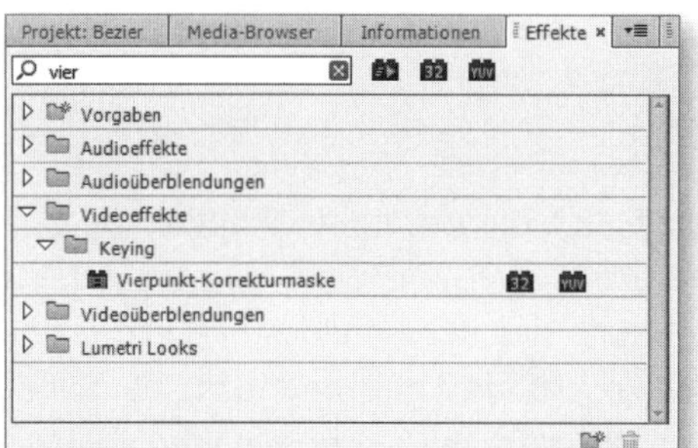

▲ **Abbildung 8.2** Nur wenn Sie die von Premiere Pro vorgesehene Schreibweise beachten, können die Korrekturmasken gefunden werden.

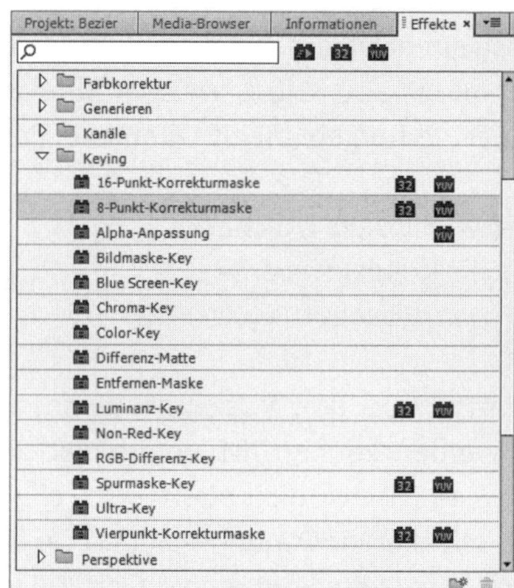

▲ **Abbildung 8.3** Maskeneffekte werden im Ordner Keying aufgelistet.

Schritt für Schritt: Korrekturmaske einsetzen

In diesem Workshop soll die Kopie eines Videoclips im geänderten Überblendmodus über das Original fahren. Das Ganze wird mit einer animierten Korrekturmaske bewerkstelligt. Nein, keine Sorge, das hört sich viel komplizierter an, als es ist.

1 *Asset importieren*

Erzeugen Sie ein neues Projekt. Wenn Sie sich im Gecko-Glas-Projekt befinden, reicht auch das einfache Anlegen einer neuen Sequenz aus. Das erledigen sie am besten mit Hilfe eines Clips. Für diesen Workshop benötigen Sie die Datei »BlaueVaseVorbereitung 09.avi«, die Sie im Ordner GECKO-GLAS der Beispieldateien finden. Navigieren sie zu diesem Ordner, und geben Sie die ersten Buchstaben des Dateinamens ein. So werden Sie schnell fündig.

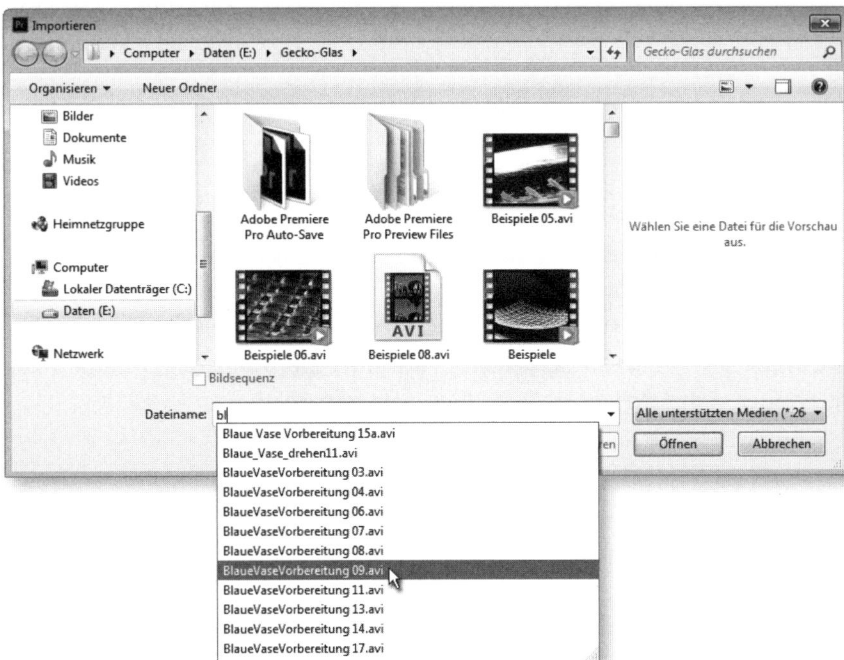

▲ **Abbildung 8.4** Das gewünschte Asset wird ruck, zuck gefunden.

2 *Sequenz erzeugen*

Ziehen Sie den importierten Clip auf die Projektfenster-Schaltfläche NEUES OBJEKT, um eine neue Sequenz mit den passenden Einstellungen zu erzeugen.

3 *Video duplizieren*

Nun benötigen Sie den Clip noch ein zweites Mal, und zwar deckungsgleich in der übergeordneten Videospur 2. Allerdings soll nur die Videodatei (ohne Audiospur) dupliziert werden. Das geht so: Halten Sie [Alt] gedrückt. Danach klicken Sie auf den Videoclip in Spur V1 ❸ (siehe Abbildung 8.5 auf Seite 298). Ziehen Sie ihn nach oben in die Spur V2, und lassen Sie dort zunächst die Maustaste und erst danach [Alt] wieder los ❷. Achten Sie auch darauf, dass die schwarzen Pfeilspitzen (bei dunkler Oberfläche sind diese weiß) ❶ unmittelbar vor dem Loslassen angezeigt werden. Denn das garantiert, dass sich auch der kopierte Clip am Sequenzanfang befindet.

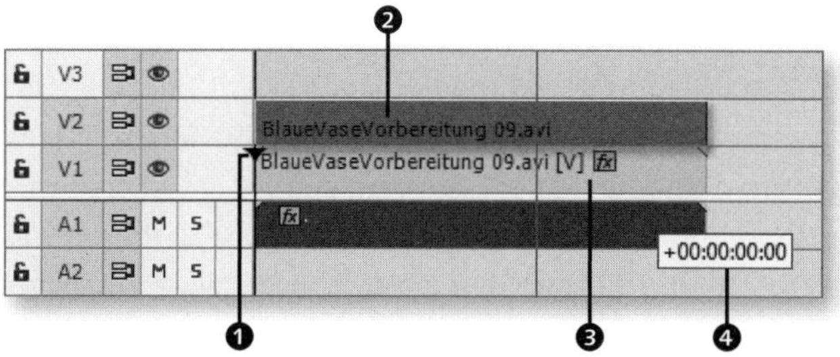

◂ **Abbildung 8.5** Der Clip muss noch einmal in der übergeordneten Videospur untergebracht werden – aber nur das Video ohne Audiospur.

Versatz kontrollieren

Solange die Aktion noch nicht abgeschlossen ist, wird der Timecode-Versatz in einer QuickInfo ❹ angezeigt. Solange hier +00:00:00:00 angezeigt wird, ist alles in trockenen Tüchern. Jeder andere Wert signalisiert, dass die horizontale Position des kopierten Clips nicht mit dem Original übereinstimmt.

4 *Clip kürzen*

Bringen Sie die Einfügemarke des Schnittfensters an die Position 00:00:01:16, und entfernen Sie alles, was sich links von der Einfügemarke in Spur V2 befindet. Dabei darf der Clip selbst aber nicht verschoben werden. Am besten führen Sie den Mauszeiger bei aktiviertem Auswahl-Werkzeug an den Anfang des Clips (der Mauszeiger mutiert zur Klammer) und ziehen den Anfang bis an die Einfügemarke heran.

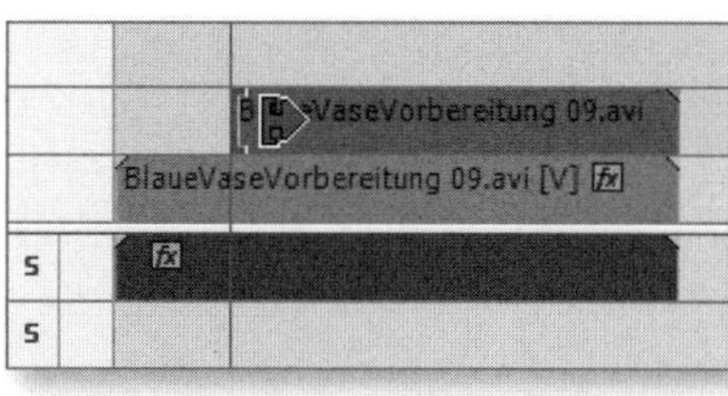

◂ **Abbildung 8.6** Der Anfang des Clips muss weg.

5 *Korrekturmaske zuweisen*

Markieren Sie den Clip aus Spur 2, und öffnen Sie das Bedienfeld EFFEKTE (FENSTER • EFFEKTE). Setzen Sie einen Doppelklick auf den Eintrag VIERPUNKT-KORREKTURMASKE aus dem Ordner VIDEOEFFEKTE • KEYING.

6 *Schlagschatten zuweisen*

Da wir für diesen kleinen Trick noch einen weiteren Effekt benötigen, müssen Sie jetzt noch den Ordner PERSPEKTIVE aus den Videoeffekten öffnen und darin den Eintrag SCHLAGSCHATTEN suchen. Versehen Sie auch diesen Effekt-Eintrag mit einem Doppelklick.

7 *Vorbereitungen abschließen*

Stellen Sie den Abspielkopf auf die Position 00:00:02:00 (beachten Sie dazu bitte die Hinweise im folgenden Kasten). Öffnen Sie anschließend das Bedienfeld EFFEKTEINSTELLUNGEN. Hier ist ebenfalls zu sehen, dass der Clip mit zwei unterschiedlichen Effekten versehen wurde (❺ und ❻). Dazu muss der Clip im Schnittfenster angewählt sein. Beobachten Sie zudem die Zeitanzeige. Sie ist mit dem Schnittfenster-Timecode identisch. Auch der Abspielkopf ist um zwei Sekunden weiter nach rechts positioniert worden. Hier soll die Animation beginnen.

Vorsicht bei der Positionseingabe!

Wenn Sie die Neupositionierung des Abspielkopfes mit Hilfe der Direkteingabe machen, achten Sie darauf, dass nicht noch der Clip markiert ist. Andernfalls könnte das fatale Folgen haben. Wenn Sie nämlich, während der Clip markiert ist, beispielsweise via Nummernblock die neue Position festlegen und [↵] betätigen, wird nicht der Abspielkopf, sondern der Clip verschoben. Damit das nicht passiert, wählen Sie den Clip vorher bitte ab, oder ziehen Sie den Abspielkopf von Hand in Position.

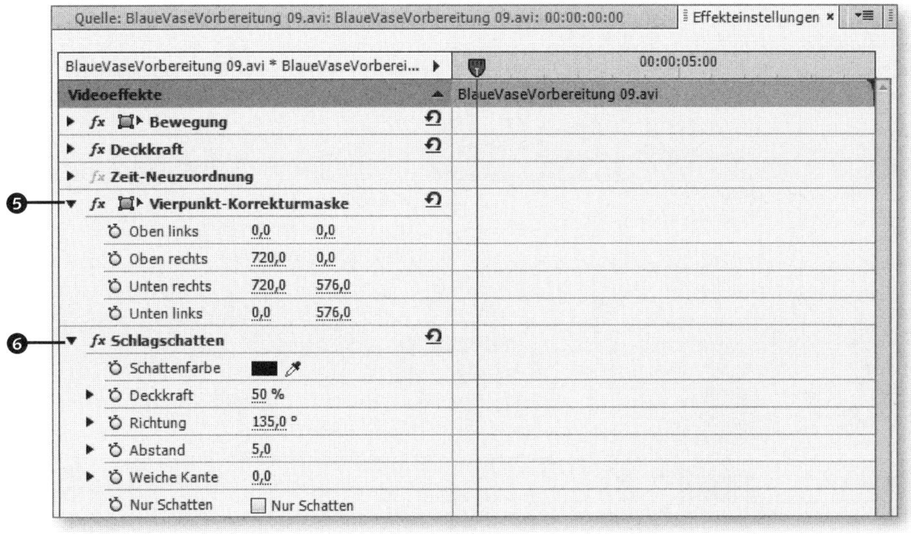

▲ **Abbildung 8.7** Damit ist alles vorbereitet. Im nächsten Workshop wird die Animation gestartet.

Schritt für Schritt: Die Korrekturmaske animieren

Klicken Sie jetzt einmal auf die Zeile VIERPUNKT-KORREKTURMASKE im Effekteinstellungen-Bedienfeld. Dadurch wird der Videoclip im Programmmonitor mit einem Rahmen versehen, dessen Eckpunkte Sie jetzt dort verschieben könnten. Das ist allerdings für unser Vorhaben viel zu ungenau. Wir benutzen lieber die Steuerelemente in den EFFEKTEINSTELLUNGEN.

1 *Maskenpunkte verschieben*

Schauen Sie sich die einzelnen Zeilen einmal etwas genauer an. In jeder befinden sich nämlich Koordinaten. Die linke repräsentiert jeweils die horizontale Position, während die rechte für die vertikale Position verantwortlich ist. Ändern Sie den Wert für die horizontale Positionierung in der Zeile OBEN LINKS ❶ auf 520,0. Am einfachsten ist das, wenn Sie auf die Zahl klicken, »520« über die Tastatur eingeben und mit [↵] bestätigen. Das Gleiche erledigen Sie mit der horizontalen Position für UNTEN LINKS ❷. Beachten Sie, dass sich die beiden Punkte mittlerweile auch im Programmmonitor entsprechend verschoben haben (❸ und ❺). Falls die Punkte zu sehr an den Rand des Fensters gedrängt werden, verkleinern Sie die Ansicht ein wenig (hier 75 %) ❹.

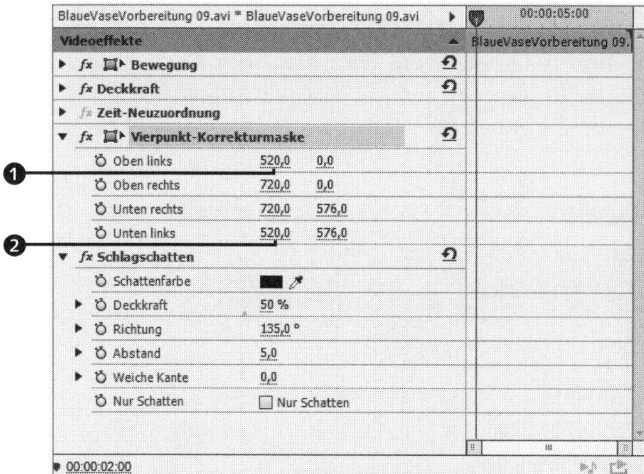

◀ **Abbildung 8.8** In den EFFEKTEINSTELLUNGEN lassen sich die Punkte genauer positionieren.

◀ **Abbildung 8.9** Optimieren Sie die Ansicht im Programmmonitor.

2 *Keyframes animieren*

Mit dieser Aktion haben Sie allerdings lediglich die Abmessungen des Clips eingestellt und noch keine Animation. Betätigen Sie deshalb alle vier Stoppuhrsymbole ❻. Dadurch werden weiter rechts vier kleine Rauten (Keyframes) sichtbar.

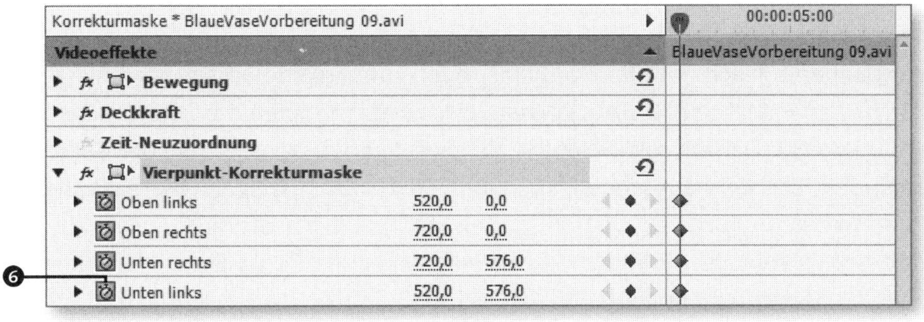

▲ **Abbildung 8.10** Der Grundstein für eine Animation ist gelegt.

Platzieren Sie die Einfügemarke jetzt auf 00:00:03:00. An dieser Position soll die Maske nun das linke Ende des Bildes erreicht haben. Demzufolge müssen alle vier horizontalen Koordinatenpunkte neu eingegeben werden. Benutzen Sie die folgenden Werte, wobei jeweils nur das linke Steuerelement (horizontale Positionierung) verändert werden darf.

- Oben links = 0,0
- Oben rechts = 200,0
- Unten rechts = 200,0
- Unten links = 0,0

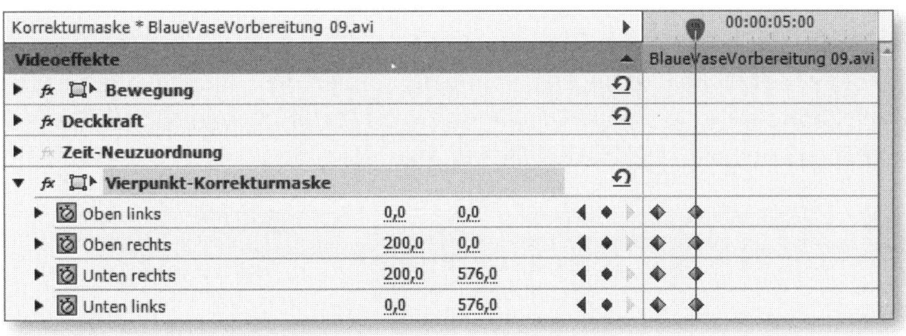

▲ **Abbildung 8.11** Diese Parameter müssen vergeben werden.

Warum »200«?

Warum mussten es nun ausgerechnet diese Werte sein? Nun, Sie sind mit den horizontalen Parametern für Oben links und Unten rechts jeweils 200 Bildpunkte vom rechten Rand weggeblieben. Deshalb mussten Sie ja auch im ersten Schritt 520,0 eintragen (der rechte Rand befindet sich bei 720,0, da das Video aus immerhin 720 Bildpunkten in der Horizontalen besteht). Demzufolge müssen Sie jetzt mit den Steuerelementen Oben rechts und Unten rechts auf 200 gehen. Dadurch ist gewährleistet, dass die Punkte während der Animation parallel zueinander bleiben. Bei der Vierpunkt-Korrekturmaske ist es nämlich anders als bei den Bewegungssteuerelementen, die Sie im vorangegangenen Kapitel bereits kennengelernt haben. Dort wird immer der Mittelpunkt repräsentiert. Das ist bei Korrekturmasken anders. Die obere linke Ecke des Videos ist horizontal und vertikal stets mit der Position 0,0 angegeben.

3 *Keyframes markieren*

Jetzt wird es spannend: Nachdem sich der Filmstreifen zum linken Bildrand hinbewegt hat, soll er auch wieder nach rechts zurücklaufen. Deshalb positionieren Sie die Einfügemarke auf 00:00:04:00. Danach markieren Sie alle vier Keyframes, die sich in der Reihe ganz links befinden. Das geht am schnellsten, wenn Sie den Mauszeiger außerhalb ansetzen (beispielsweise an Punkt ❶) und mit gedrückter linker Maustaste alle vier Keyframes umrahmen (lassen Sie die Maustaste beispielsweise an Punkt ❷ los). Die vier Keyframes werden daraufhin markiert.

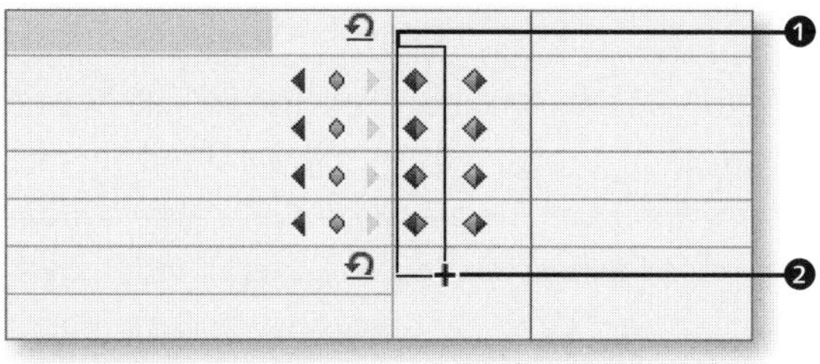

▲ **Abbildung 8.12** Die ersten vier Schlüsselbilder werden gemeinsam ausgewählt.

4 *Keyframes duplizieren*

Um die Keyframes nun in die Zwischenablage zu befördern, reicht es, wenn Sie [Strg]/[cmd]+[C] drücken. Sie können die Duplikate sogar gleich im Anschluss mit [Strg]/[cmd]+[V] wieder einsetzen, da für die Platzierung der Kopien die Einfügemarke zuständig ist. Und die befindet sich ja immerhin an Position 00:00:04:00. Vergleichen Sie den Inhalt Ihres Effekteinstellungen-Bedienfeldes mit Abbildung 8.13.

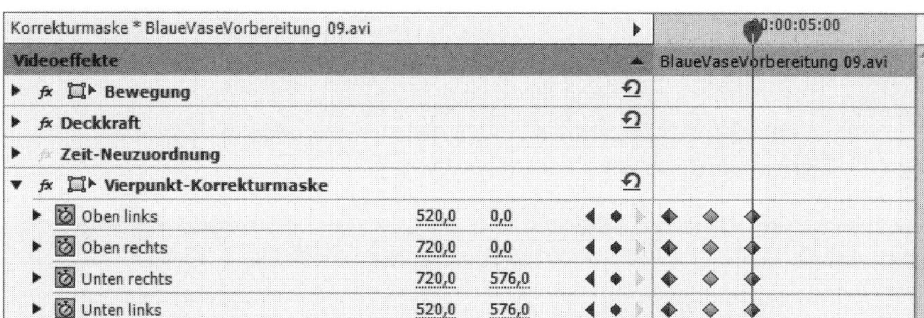

▲ **Abbildung 8.13** Die Kopien sind direkt an der richtigen Stelle eingefügt worden.

5 *Überblendmodus ändern*

Nun lässt sich die Bewegung noch nicht ausmachen, wenn Sie die Sequenz abspielen. Immerhin sind die Bildinhalte auf beiden Videospuren grundsätzlich gleich. Deshalb sollte jetzt noch der Modus des oberen Clips geändert werden. Öffnen Sie dazu die Liste DECKKRAFT, und stellen Sie den ÜBERBLENDMODUS ❸ auf INTENSIVES LICHT. Lassen Sie das Video abspielen.

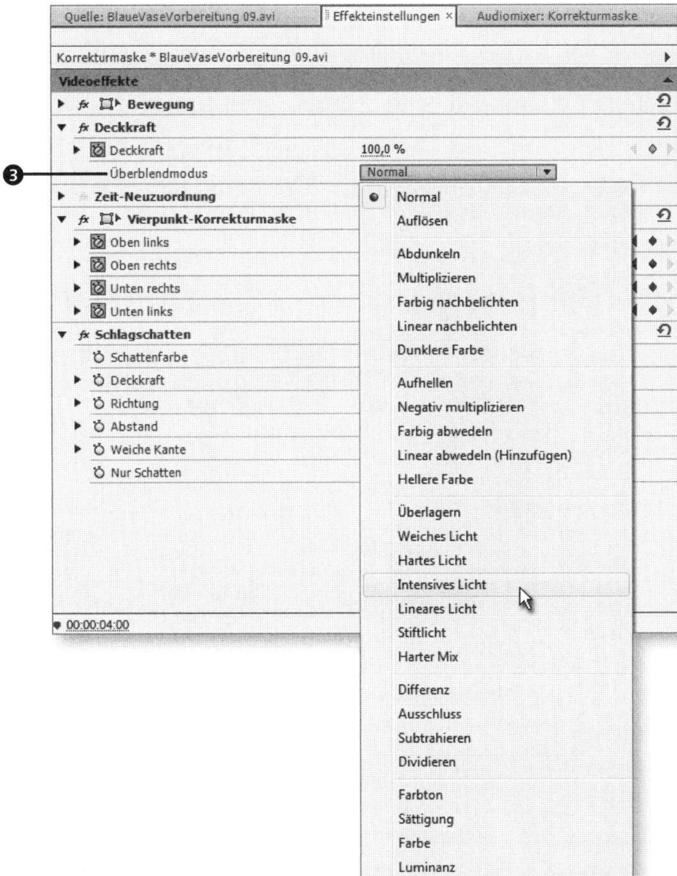

◂ **Abbildung 8.14** Die Liste der Überblendmodi ist gewaltig.

◂ **Abbildung 8.15** Der überblendete Balken bewegt sich zunächst nach links und danach wieder nach rechts.

6 *Schlagschatten einstellen*

Gegen Ende wollen wir uns noch um den Schlagschatten kümmern, der alles in allem etwas auffälliger sein könnte. Bislang ist ja kaum mehr als eine schwarze Linie rechts am überblendeten Balken zu erkennen. Widmen Sie sich deshalb der Liste Schlagschatten in den Effekteinstellungen, und erhöhen Sie den Abstand ❷ auf ca. 8,0 sowie die Weiche Kante ❸ auf etwa 30,0. Die Richtung ❶ stellen Sie auf 90,0°. Das sieht doch wesentlich besser aus, oder?

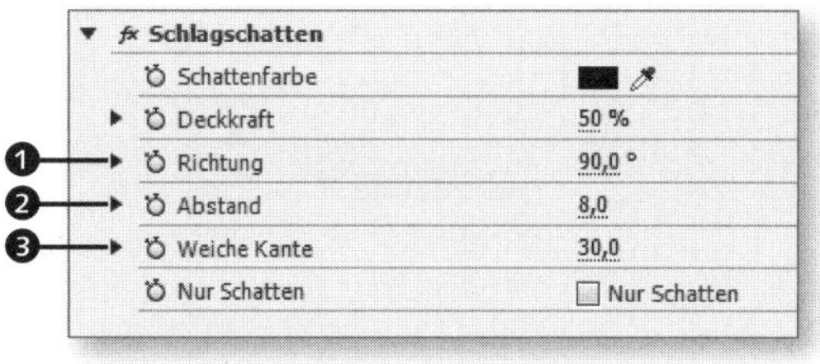

▲ **Abbildung 8.16** Verwenden Sie diese Schlagschatten-Einstellungen.

▲ **Abbildung 8.17** Mit den letzten Handgriffen wurde der Schlagschatten optimiert.

7 *Überblendung hinzufügen*

Zuletzt versehen Sie den Clip auf Spur V2 mit einer Weichen Blende, die Sie im Bedienfeld Effekte im Ordner Videoüberblendungen • Blende finden. Falls die Weiche Blende auch in Ihren Premiere-Pro-Einstellungen noch als Standardüberblendung definiert ist, reicht es übrigens vollkommen aus, wenn Sie am Schnittpunkt Strg/cmd+D betätigen. Dazu muss der Spurkopf V2 aber ausgewählt sein. Aber das wissen Sie ja längst.

8 *Clips kürzen*

Wenn Sie wollen, können Sie jetzt beide Clips noch bis auf Position 00:00:05:00 kürzen und dem Ende des oberen Clips ebenfalls eine Weiche Blende verpassen. Vergleichen Sie Ihr Ergebnis mit »Vierpunktmaske.avi« aus dem Ordner Ergebnisse.

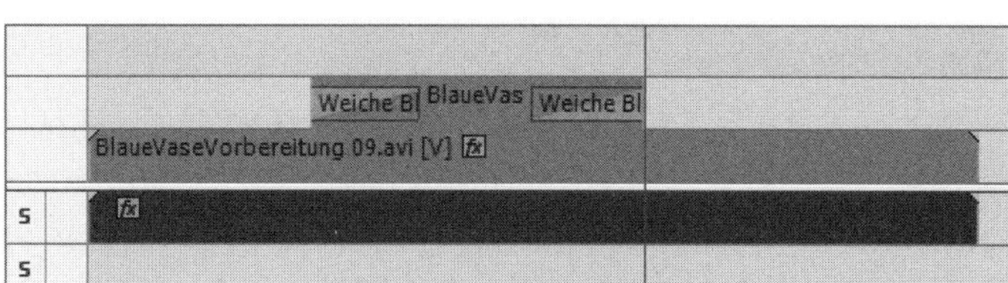

▲ **Abbildung 8.18** Die Timeline sollte jetzt genau so aussehen. [BD: Hier wäre es gut, wenn man noch etwas mehr von der linken Seiten (Spurenkopf) sehen könnte)

8.1.2 Pfad im Programmmonitor verändern

Wenn die Animation nicht so präzise verlaufen muss, wie im vorangegangenen Beispiel beschrieben, können die Maskenpunkte auch direkt im Programmmonitor verschoben werden – und zwar genauso, wie Sie das schon vom Bewegungseffekt her kennen. Auch hier ist allerdings zu beachten, dass zum einen der Clip im Schnittfenster und zum anderen die betreffende Zeile im Bedienfeld EFFEKTEINSTELLUNGEN markiert sein müssen (im Beispiel VIERPUNKT-KORREKTURMASKE ❹). Das ist wichtig, weil Sie die nachfolgenden Schritte ansonsten nicht anwenden können.

Ziehen Sie doch den Programmmonitor einmal etwas größer auf, und stellen Sie die Ansichtsgröße etwas kleiner ein, beispielsweise auf 50 %. Dadurch gewinnen Sie viel Platz um das Bild herum. Wenn Sie jetzt einmal genau hinschauen, werden Sie kleine Kreuze ❼ vorfinden. Das sind die Koordinaten der Keyframes. Des Weiteren befinden sich aber auch kleine Tangenten an den Korrekturpunkten ❽. Wenn Sie jetzt einmal eine der Tangenten herausziehen (beispielsweise ❻), wird zudem eine kleine gepunktete Linie sichtbar ❺, die den Pfad zwischen zwei Keyframes repräsentiert. Zugegeben – diese ganzen Hilfsmittel sind wirklich nicht besonders gut zu erkennen; dennoch sollte man unbedingt wissen, dass sie da sind, oder?

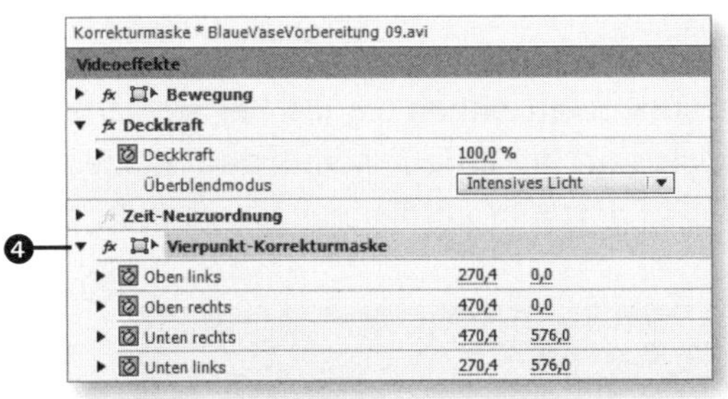

▲ **Abbildung 8.19** Die Anwahl der Masken-Zeile in den EFFEKTEINSTELLUNGEN ist zwingend erforderlich.

▲ **Abbildung 8.20** Bei extrem abgedunkelter Arbeitsoberfläche (BEARBEITEN/PREMIERE PRO • VOREINSTELLUNGEN • AUSSEHEN • HELLIGKEIT) sind die Punkte und Linien wesentlich besser auszumachen.

8.2 Der Zuschneiden-Effekt

Mitunter ist es wünschenswert, die äußeren Abmessungen eines Clips zu verändern. Wenn Sie beispielsweise nur einen bestimmten Ausschnitt des Videos präsentieren wollen, sollten Sie den Zuschneiden-Effekt einsetzen. Der lässt sich sogar direkt im Programmmonitor einstellen.

Schritt für Schritt: Clips zuschneiden und skalieren

Sehen Sie sich einmal die Beispielsequenz zum Gecko-Glas-Film ab ca. 00:08:11:00 an. Der verwendete Key des Clips auf Videospur V5 (beginnend bei 00:08:12:21) ist mit dem Effekt Zuschneiden aus dem Ordner Videoeffekte • Transformieren realisiert worden. Alle unterhalb befindlichen Clips begnügen sich mit Veränderungen der Bewegungssteuerelemente Position und Skalierung.

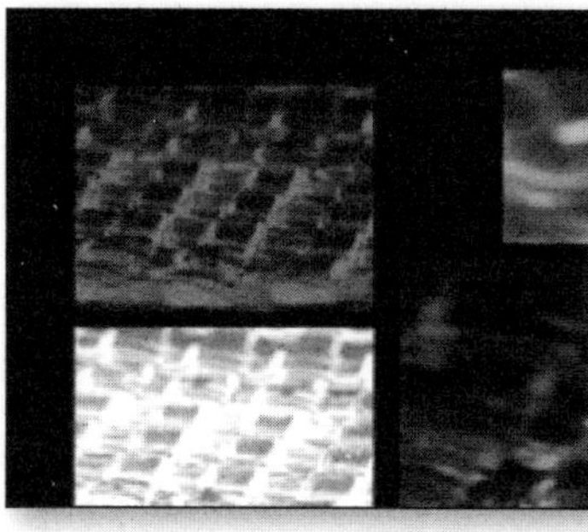

◄ **Abbildung 8.21**
Diese Stelle sollten Sie sich einmal etwas genauer ansehen.

1 *Effekt zuweisen*

Das Zuweisen des Effekts können Sie sich im vorliegenden Fall natürlich sparen, weil er ja bereits integriert worden ist (wollen Sie ihn jedoch auf andere Clips anwenden, finden Sie ihn im Ordner Transformieren der Videoeffekte).

2 *Effekt auswählen*

Markieren Sie den Clip in Spur V5. Im Anschluss daran öffnen Sie die Registerkarte Effekteinstellungen. Setzen Sie einen Mausklick auf die Zeile Zuschneiden. Achten Sie auch auf den Programmmonitor. Der Clip wird dort mitsamt Rahmen dargestellt.

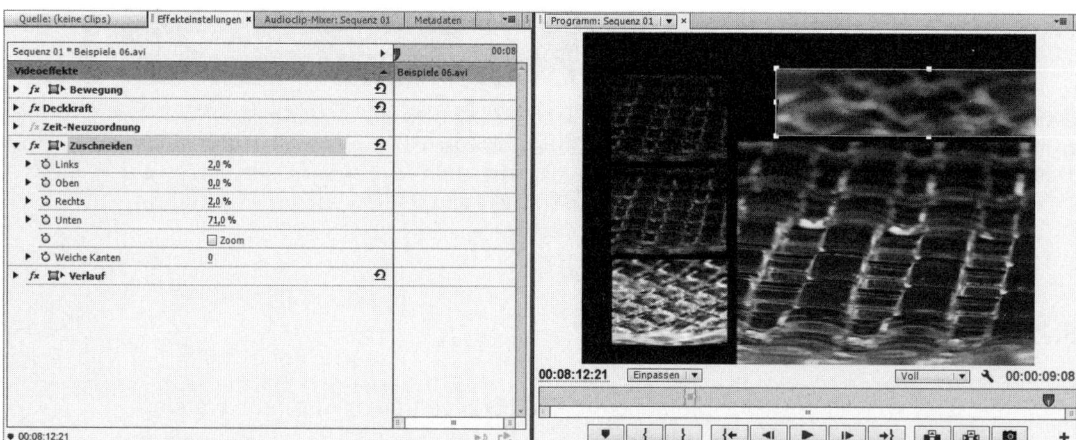

▲ **Abbildung 8.22**
Der Clip wird im Programmmonitor dargestellt; der oberste Clip ist zugleich umrahmt.

3 *Ausschnitt verändern*

Sie können nun den sichtbaren Ausschnitt gemäß Ihren Wünschen verändern, indem Sie einen der vier Eckanfasser oder die Anfasser jeweils in der Mitte der Geraden per Drag & Drop im Programmmonitor verschieben. Dabei bleibt das Video selbst an seiner ursprünglichen Position – lediglich der Ausschnitt verändert sich. Wenn Sie mögen, öffnen Sie alle vier Listen über die vorangestellten Dreiecksymbole. Dann nämlich dürfen Sie jede Option per Schieberegler einstellen.

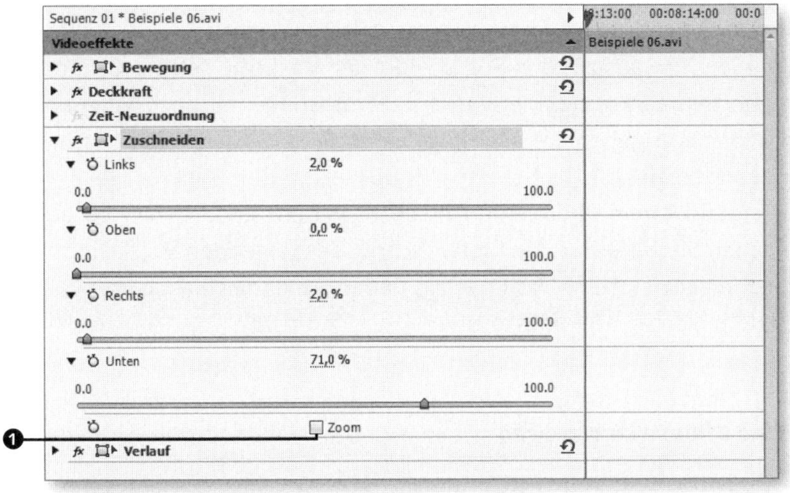

▲ **Abbildung 8.23** Die Schieberegler zum Einstellen der vier Beschnittpunkte sind doch nun wirklich nicht schlecht, oder?

4 *Effekt zurücksetzen*

Die vorhandenen Effektparameter verwerfen Sie, indem Sie auf ZURÜCKSETZEN ❷ innerhalb der EFFEKTEINSTELLUNGEN klicken. Beachten Sie dabei, dass sich die Größe des Videos nicht verändert. Diese ist nämlich in der Liste BEWEGUNG herabgesetzt worden (Steuerelement SKALIERUNG).

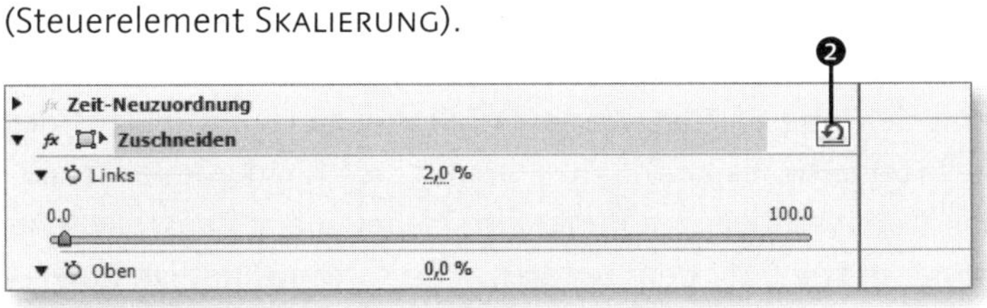

▲ **Abbildung 8.24** Setzen Sie die Effektparameter zurück.

5 *Ausschnitt skalieren*

Wenn Sie den Ausschnitt vergrößern oder verkleinern wollen, aktivieren Sie ZOOM ❶. Je kleiner der Rahmen wird, desto größer fällt die Skalierung aus. Achten Sie aber darauf, dass weiterhin ZUSCHNEIDEN in den EFFEKTEINSTELLUNGEN markiert bleibt. Sollte hier der Videoeffekt BEWEGUNG selektiert werden, klicken Sie ZUSCHNEIDEN abermals an.

8.3 Bildmaske-Key

Ein Bildmaske-Key sorgt ähnlich wie das Zuschneiden dafür, dass nur bestimmte Bereiche eines Videos sichtbar sind. Auch hier lassen sich interessante Bild-in-Bild-Effekte realisieren.

8.3.1 Maske erstellen

Es wird Sie sicherlich interessieren, dass eine Bildmaske nicht, wie sonst üblich, als Asset in das Projektfenster eingebunden werden muss. Vielmehr reicht es aus, lediglich einen Verweis von Premiere Pro aus auf den Speicherort der Maske zu setzen. Grundsätzlich können Sie eine Bildmaske, beispielsweise in Photoshop, frei nach Wunsch gestalten. In diesem Workshop gehen Sie allerdings einen Schritt weiter und passen die Maske exakt an das Video an.

Wenn Sie Lust auf einen kleinen Photoshop-Abstecher haben, sind Sie hier genau richtig. Falls nicht, machen Sie bitte nur den ersten Schritt des folgenden Workshops; den Rest überspringen Sie ganz einfach. Das Ergebnis finden Sie nämlich auch im Ordner KAPITEL_08 unter dem Namen »Bildmaske.tif«.

Schritt für Schritt: Eine Bildmaske erzeugen

Dieser Workshop zeigt, wie Sie eine Bildmaske unter Zuhilfenahme von Photoshop realisieren können.

1 ***Sequenz vorbereiten***

Wie immer steht auch hier zunächst einmal die Vorbereitung des Projekts an. Erzeugen Sie eine neue Sequenz. Importieren Sie zwei AVI-Dateien aus dem Ordner KAPITEL_08. Darin befinden sich zwei Clips, die Sie jetzt importieren müssen. Erzeugen Sie mit Hilfe des Clips »Flaschenhals05_001.avi« eine neue Sequenz, und stellen Sie anschließend den Clip »Drehteller_b1_ 02.avi« auf Spur V2.

Kürzen Sie anschließend den oberen Clip etwas ein. Ein idealer Ausstieg aus der Szene befindet sich an der Stelle, wo es heißt: »[...] Schnitt sich nicht wieder schließen kann.« Kürzen Sie den Clip bis zu diesem Punkt ein. Ziehen Sie ihn anschließend etwas nach rechts, so dass er mittig über dem unteren Video angeordnet ist. Zuletzt platzieren Sie die Einfügemarke ebenfalls mittig darüber. Wählen Sie den Clip ab.

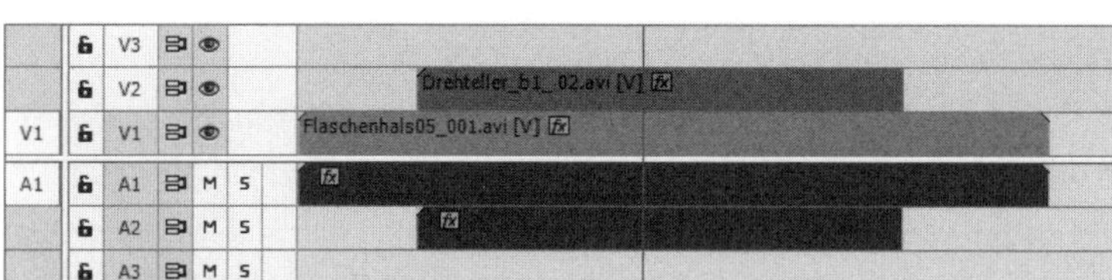

◂ **Abbildung 8.25**
So sollten Sie Ihr Projekt vorbereiten.

2 *Einzelbild exportieren*

Um im Anschluss besser beurteilen zu können, wie die Maske aussehen muss, exportieren Sie zunächst ein einzelnes Bild, das Sie als Muster in Photoshop verwenden können. Dazu müssen Sie nichts weiter tun, als auf den kleinen Fotoapparat FRAME EXPORTIEREN im Programmmonitor zu klicken. Sie erreichen damit, dass das dort aktuell sichtbare Einzelbild dazu verwendet wird. Alternativ betätigen Sie [Strg]/[cmd]+[⇧]+[E], was jedoch voraussetzt, dass entweder das Schnittfenster oder der Programmmonitor aktiv ist.

▲ **Abbildung 8.26** Das Einzelbild ist in Premiere Pro schnell exportiert.

3 *Format einstellen*

Benennen Sie das Foto mit »Musterbild«, und stellen Sie unter FORMAT jetzt TIFF ein. Weisen Sie dem Bild einen Speicherort zu, indem Sie auf DURCHSUCHEN klicken. Danach bestätigen Sie mit OK.

◂ **Abbildung 8.27** Dieser Dialog ist zu durchlaufen.

Photoshop testen

Adobe stellt auch zum aktuellen Photoshop-Release eine 30 Tage gültige Testversion zur Verfügung, die Sie unter *www.adobe.com/de* herunterladen können.

4 *Photoshop: Standardfarben einstellen*

Öffnen Sie die soeben exportierte Datei in Photoshop. Sie finden das Bild übrigens auch unter dem Titel »Musterbild.tif« im Ordner KAPITEL_08 der Beispieldateien.

▲ **Abbildung 8.28**
Dieses Bild soll in Photoshop bereitgestellt werden.

▲ **Abbildung 8.29**
Schwarz und Weiß sind die Standardfarben in Photoshop.

Wir entscheiden uns im Beispiel dafür, eine Maske zu erzeugen, die nur den Kopf der Kommentatorin im Hintergrund zeigt. Dazu werden wir das exportierte Standbild ein wenig modifizieren. Drücken Sie zunächst einmal [D] auf Ihrer Tastatur. Das sorgt dafür, dass in der Werkzeugleiste Schwarz als Vordergrund- und Weiß als Hintergrundfarbe eingestellt werden.

5 *Photoshop: Werkzeug wählen*

Aktivieren Sie in der Werkzeugleiste das AUSWAHLELLIPSE-WERKZEUG. Sollte an dieser Position das Auswahlrechteck gezeigt werden, klicken Sie diese Schaltfläche an und halten die linke Maustaste einen Moment lang gedrückt. Betätigen Sie jetzt den Eintrag AUSWAHLELLIPSE-WERKZEUG. Die Liste wird sich daraufhin automatisch schließen, und das Werkzeug ist selektiert.

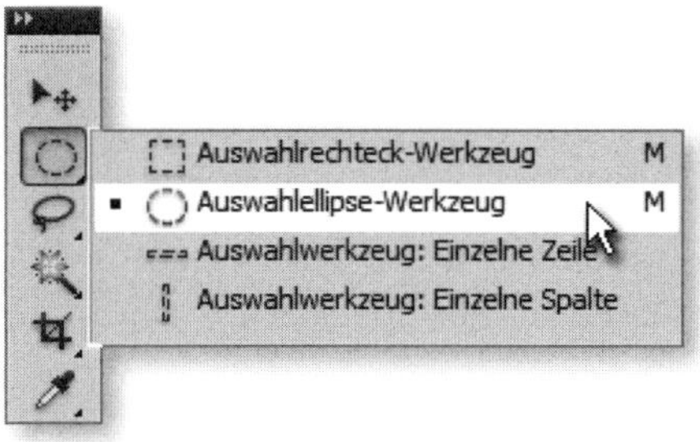

◂ **Abbildung 8.30** Für den nächsten Schritt wird die Auswahlellipse benötigt.

6 *Photoshop: Auswahl erzeugen*

Setzen Sie jetzt den Mauszeiger auf das Gesicht der Frau (er mutiert dabei zum Fadenkreuz). Jetzt bitte erhöhte Aufmerksamkeit: Führen Sie einen Mausklick aus, halten Sie die linke Maustaste gedrückt, und betätigen Sie zusätzlich noch [Alt] sowie [⇧].

Neben der Maustaste müssen Sie auch beide Tasten der Tastatur gedrückt halten. Ziehen Sie die Maus jetzt etwas zur Seite, so dass sich der gestrichelte Kreis mehr und mehr vergrößert. Danach lassen Sie zunächst die Maustaste und erst danach die Tasten der Tastatur los. Wenn Ihnen die Position der Auswahllinie noch nicht gefällt, können Sie sie mit Hilfe der Pfeiltasten Ihrer Tastatur noch bewegen.

Funktionsweise der Tasten

Mit [⇧] erreichen Sie, dass anstelle einer Ellipse ein exakter Kreis erzeugt wird, während [Alt] dafür sorgt, dass die Auswahl nicht vom Rand, sondern aus ihrer Mitte heraus produziert wird. Die Stelle des Mausklicks wird so zum Mittelpunkt der späteren Auswahl.

◂ **Abbildung 8.31** Die Auswahl schließt das Gesicht großzügig ein.

7 *Photoshop: Fläche füllen*

Drücken Sie jetzt entweder [⇧]+[F5], oder gehen Sie in das Menü. Dort müssen Sie sich dann für BEARBEITEN • FLÄCHE FÜLLEN entscheiden. Im Folgedialog muss unter VERWENDEN der Eintrag VORDERGRUNDFARBE gelistet werden. Bestätigen Sie mit OK, woraufhin der eingekreiste Bereich mit Schwarz gefüllt wird.

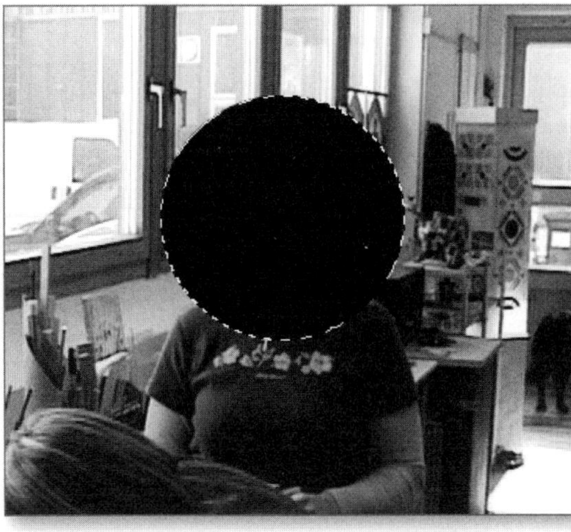

▲ **Abbildung 8.32** Ein schwarzer Punkt überdeckt das Gesicht.

8 *Photoshop: Auswahl umkehren*

Jetzt müssen Sie alles andere noch weiß einfärben. Dazu muss die Auswahl zunächst einmal umgekehrt werden. Drücken Sie [Strg]/[cmd]+[⇧]+[I], oder entscheiden Sie sich für AUSWAHL • AUSWAHL UMKEHREN. Jetzt ist alles ausgewählt, was zuvor nicht ausgewählt war. Im Gegenzug wurde der ausgewählte Bereich jetzt deselektiert.

9 *Photoshop: Fläche erneut füllen*

Betätigen Sie nun zunächst [X] auf der Tastatur. Das hat zur Folge, dass Vorder- und Hintergrundfarbe miteinander vertauscht werden. Drücken Sie abermals [⇧]+[F5] oder BEARBEITEN • FLÄCHE FÜLLEN, und bestätigen Sie gleich mit OK.

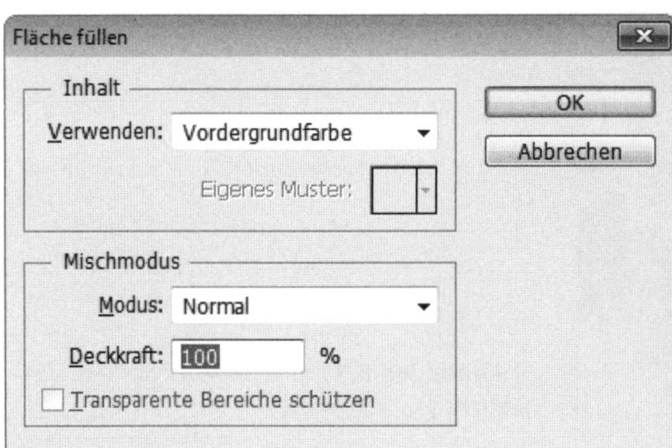

▲ **Abbildung 8.33** Verwenden Sie abermals die Vordergrundfarbe, um die Fläche zu füllen.

10 *Photoshop: Auswahl aufheben*

Am Schluss müssen Sie die Auswahllinien noch loswerden. Das realisieren Sie über das Menü AUSWAHL • AUSWAHL AUFHEBEN oder mit der Tastenkombination [Strg]/[cmd]+[D].

▲ **Abbildung 8.34** So sieht Ihre Maske aus.

Speichern Sie das Bild unter einem anderen Namen, indem Sie DATEI • SPEICHERN UNTER wählen oder [Strg]/[cmd]+[⇧]+[S] drücken. Als Format wählen Sie erneut TIFF. Die fertige Datei finden Sie ebenfalls im Ordner KAPITEL_08. Sie trägt den Namen »Bildmaske.tif«.

8.3.2 Maske zuweisen

Das eigentliche Zuweisen der Bildmaske ist keine große Sache. Wie Sie bereits erfahren haben, müssen Sie die Maske selbst nicht einmal in das Premiere-Projekt einbinden.

Schritt für Schritt: Einen Clip mit einer Bildmaske versehen

Hier erfahren Sie, wie Sie den entsprechenden Effekt zuweisen und mit der soeben erzeugten Maske verbinden. Der Effekt ist ausgesprochen intuitiv. Dennoch kommt er nicht ohne eine Einstellung aus.

1 *Key zuweisen*

Öffnen Sie den Ordner VIDEOEFFEKTE innerhalb des Effekte-Bedienfeldes von Premiere Pro. Darin befindet sich der Ordner KEYING. Öffnen Sie auch diesen, und weisen Sie den BILDMASKE-KEY dem markierten obersten Clip zu (Doppelklick oder auf den Clip ziehen).

Widmen Sie sich jetzt dem Fenster EFFEKTEINSTELLUNGEN. Rechts in der Zeile BILDMASKE-KEY finden Sie eine kleine Symbolschaltfläche ❶ (siehe Abbildung 8.35). Wenn Sie diese anklicken, erhalten Sie den Dialog MASKENBILD AUSWÄHLEN. Stellen Sie hierüber den Pfad zu »Bildmaske.tif« her, und bestätigen Sie mit ÖFFNEN.

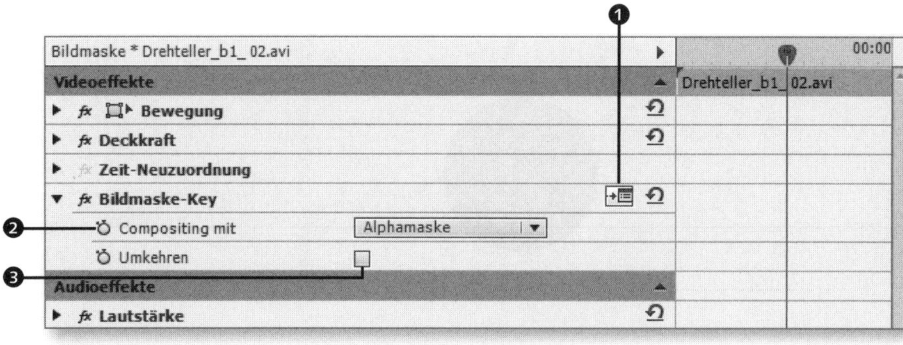

▲ **Abbildung 8.35** Die zunächst wichtigste Schaltfläche finden Sie in der Kopfzeile des Bildmaske-Keys.

2 *Bildmaske einstellen*

Nun gilt es, die beiden anderen Steuerelemente einzustellen. Unter COMPOSITING MIT ❷ entscheiden Sie sich für LUMINANZMASKE, da die Maske anhand der Helligkeitswerte (Luminanz) eingestellt werden soll. Aktivieren Sie außerdem die Checkbox UMKEHREN ❸, die sich gleich darunter befindet.

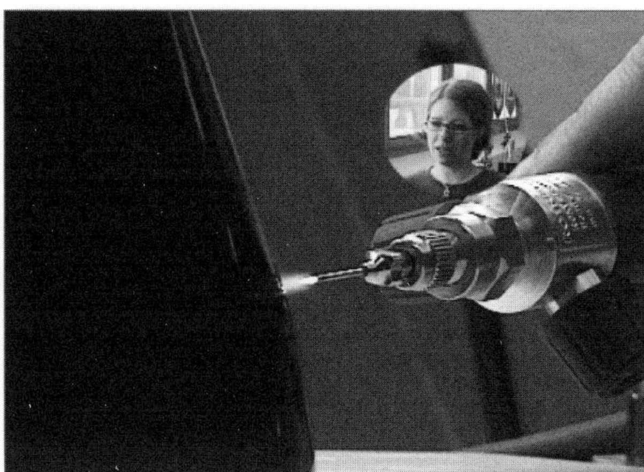

◄ **Abbildung 8.36** Im Video sind jetzt nur noch die Bereiche sichtbar, die in der Maske schwarz sind.

8.3.3 Luminanz und Alphakanäle

Die Beispieldatei enthält keinen Alphakanal. Deshalb mussten Sie auch auf LUMINANZMASKE umschalten. Dabei wird zwischen Schwarz und Weiß unterschieden. Was schwarz ist, ist normalerweise unsichtbar, während weiße Bereiche sichtbar sind. Bei der verwendeten Maske musste jedoch der schwarze Bereich sichtbar bleiben, während alles Weiße unsichtbar werden sollte. Deshalb mussten Sie am Schluss auch UMKEHREN aktivieren. Eine Maske mit Alphakanal hingegen generiert man in Photoshop separat. Dabei bilden zumeist Pfade den Bereich des Bildes, der als Alphakanal wirken soll. Der Kanal selbst wird dann im Kanäle-Bedienfeld angelegt. Der nächste Workshop gibt Aufschluss darüber.

8.4 Spurmaske-Key

Prinzipiell ist der Bildmaske-Effekt ja ganz nett anzusehen – leider hat er einen entscheidenden Nachteil: Die Maske bleibt stets an derselben Position stehen. Sie können den Clip selbst zwar über die Bewegungssteuerelemente animieren, müssen dabei allerdings in Kauf nehmen, dass der Ausschnitt stets der gleiche bleibt. Wenn Sie aber den Ausschnitt wie einen Sucher über das Bild wandern lassen wollen, müssen Sie den Spurmaske-Key verwenden. Darüber hinaus benötigen Sie eine »echte« Alphamaske.

Schritt für Schritt: Eine Alphamaske in Photoshop erzeugen

Natürlich können Sie gleich mit dem übernächsten Workshop fortfahren, wenn Sie das möchten. Benutzen Sie dann einfach die Datei »Alphamaske.tif«. Falls Sie aber wissen möchten, wie das Handling mit einer Alphamaske vonstattengeht, sollten Sie sich zunächst mit diesem Workshop beschäftigen.

1 *Alphakanal entfernen*

Wechseln Sie wieder zu Photoshop, und öffnen Sie die Datei »Bildmaske.tif«. Grundsätzlich können Sie aus allen Objekten einen Alphakanal erzeugen, doch wollen wir uns jetzt damit begnügen, den schwarzen Kreis in einen Alphakanal umzuwandeln. Stellen Sie das Kanäle-Bedienfeld bereit (FENSTER • KANÄLE). Sie sehen schon, dass hier bereits ein Alphakanal integriert ist. Dieser beinhaltet aber leider nicht unseren Kreis, weshalb wir ihn zunächst entfernen wollen. Markieren Sie die Zeile deshalb im Kanäle-Bedienfeld per Mausklick ❺. Sie wird daraufhin blau markiert. Danach klicken Sie auf AUSGEWÄHLTEN KANAL LÖSCHEN ❽ und bestätigen die Kontrollabfrage mit JA.

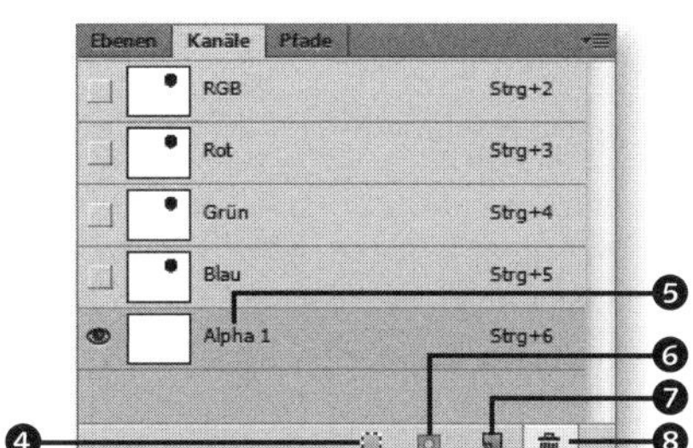

▲ **Abbildung 8.37** Das Kanäle-Bedienfeld von Photoshop CC

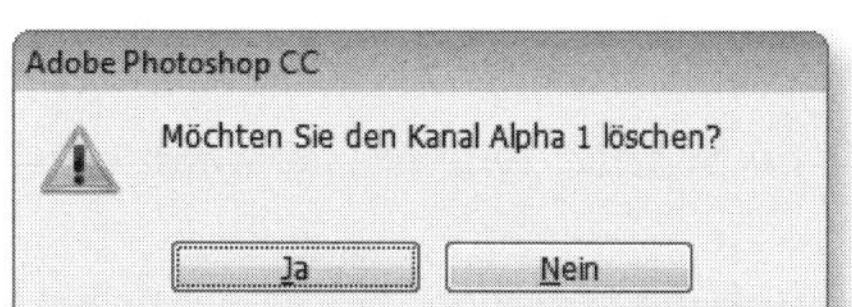

▲ **Abbildung 8.38** Photoshop CC will wissen, ob das wirklich Ihr Wunsch ist. Ganz schön misstrauisch, oder?

2 *Neuen Kanal erstellen*

Jetzt wählen Sie KANAL ALS AUSWAHL LADEN ❹, gefolgt von AUSWAHL ALS KANAL SPEICHERN ❻. Im Anschluss daran taucht der korrekte Alphakanal (mit Punkt) in der untersten Zeile der Kanäle-Palette auf.

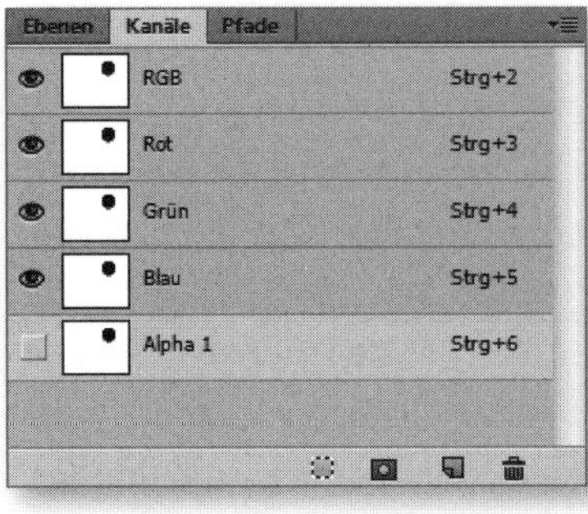

◀ **Abbildung 8.39** Damit verfügt das Bild über einen realen Alphakanal.

Neuen Kanal erstellen

Wenn Sie einmal mit einem neuen, leeren Kanal beginnen wollen, betätigen Sie zunächst NEUEN KANAL ERSTELLEN ❼, ehe Sie die Inhalte festlegen.

3 *Datei speichern*

Am Schluss speichern Sie die Datei ab (vergeben Sie beispielsweise den Namen »Alphamaske.tif«). Eine Datei gleichen Namens finden Sie übrigens auch im Ordner KAPITEL_08; damit können Sie jetzt ebenfalls weiterarbeiten.

Alphakanäle in Photoshop und in Premiere Pro umkehren

Wenn Sie den Alphakanal selbst einmal umkehren, also Schwarz und Weiß miteinander vertauschen wollen, können Sie das ebenfalls ganz schnell *in Photoshop* realisieren. Markieren Sie dazu einfach den Alphakanal im Bedienfeld KANÄLE (hier mit ALPHA 1 betitelt), und drücken Sie [Strg]/[cmd]+[I]. Denken Sie aber daran, dass Sie die Datei jetzt neu speichern müssen, damit die Änderungen auch wirksam werden.
Prinzipiell ist dieser Schritt aber nicht nötig, wenn Sie den Alphakanal eines Bildes *in Premiere Pro* nutzen wollen: Bild- und Spurmaske-Effekte verfügen nämlich über eine Checkbox mit dem schönen Namen UMKEHREN. Aktivieren Sie dieses Steuerelement innerhalb der EFFEKTEINSTELLUNGEN, werden Schwarz und Weiß ebenfalls miteinander vertauscht – nur eben in Premiere Pro und nicht in der Originaldatei.

Schritt für Schritt: Eine Maske animieren

Anders als bei Bildmasken müssen Spurmasken als Assets ins Projekt importiert werden. Im Gegensatz zu Bildmasken können sie allerdings auch direkt auf dem Video animiert werden. Grund genug also, bei der Verarbeitung von Spurmasken einmal etwas genauer hinzuschauen.

1 *Bildmaske-Key entfernen*

Markieren Sie die Zeile BILDMASKE-KEY in den EFFEKTEINSTELLUNGEN, und drücken Sie [Entf] bzw. [←] auf Ihrer Tastatur. Falls die EFFEKTEINSTELLUNGEN leer sind, markieren

Sie den Clip zuvor auf Spur V2. Das Effektfenster ist jetzt wieder auf die fixierten Effekte reduziert.

2 *Asset importieren*

Anders als beim Bildmaske-Key muss eine Spurmaske als Asset in das Projekt importiert werden. Doppelklicken Sie deshalb einen freien Bereich des Projektfensters, und importieren Sie die Datei »Alphamaske.tif«.

3 *Maske einfügen*

Ziehen Sie diese Bilddatei nun vom Projektfenster aus auf Spur V3 des aktuellen Schnittfensters. Verlängern Sie den Alphamaske-Clip 1 so weit ❶, dass Anfang und Ende mit dem Clip »Drehteller_b1_02.avi« identisch sind.

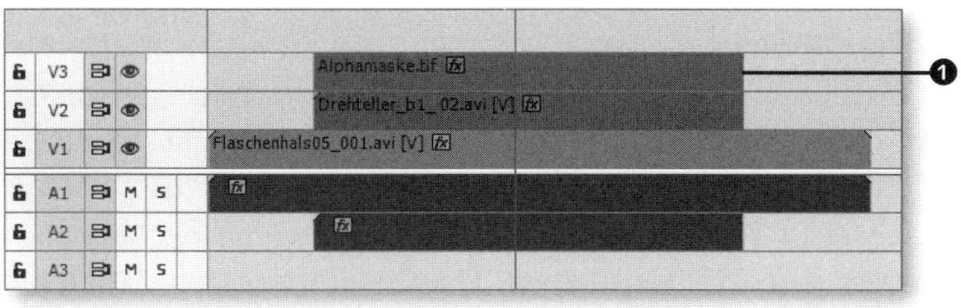

▲ **Abbildung 8.40** Die Bildmaske wurde eingefügt und ist genauso lang wie der Clip in Spur V2.

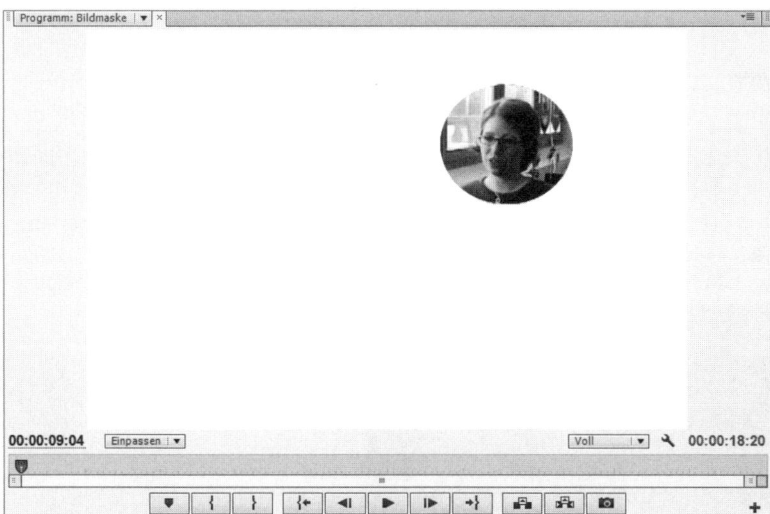

▲ **Abbildung 8.41** Dennoch sieht das Video im Programmmonitor noch nicht vielversprechend aus.

4 *Spurmaske-Key zuweisen*

Aktivieren Sie jetzt den Clip in Spur 2, und weisen Sie ihm den Spurmaske-Key-Effekt zu (Ordner Videoeffekte • Keying). Selektieren Sie in der Zeile Maske den Listeneintrag Video 3. Damit ist sichergestellt, dass die Maske, die sich auf Spur 3 befindet, jetzt auf den Clip in Spur 2 wirkt. Zudem ist die Spur VIDEO 3 an der entscheidenden Position automatisch ausgeblendet.

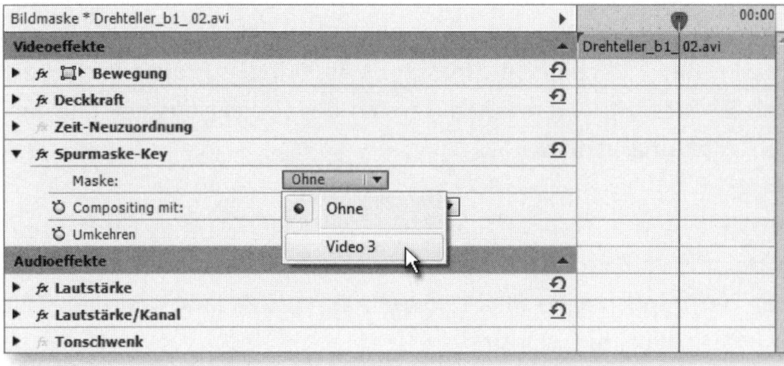

◄ **Abbildung 8.42** Der Clip in Spur 2 wird mit dem Inhalt von Spur 3 maskiert.

5 *Maske umkehren*

Achten Sie auch darauf, dass unter COMPOSITING MIT der Wert ALPHAMASKE gelistet ist. Eine Luminanzmaske würde in diesem Fall nicht funktionieren, da jetzt nicht mehr nach hellen und dunklen Bildbereichen, sondern lediglich nach dem Alphakanal Ausschau gehalten wird. Das ist aber standardmäßig bereits der Fall. Da die Alphamaske im Bereich des Kreises schwarz ist, wird jetzt genau dieser Bereich *nicht* angezeigt. Stattdessen sehen Sie jetzt alle weißen Bereiche der Maske im Video. Das müssen Sie UMKEHREN, weshalb Sie die gleichnamige Checkbox noch aktivieren müssen.

6 *Maske bewegen*

Nun gibt es prinzipiell zwei Möglichkeiten, Bewegungen darzustellen: Wenn Sie den noch sichtbaren Ausschnitt der Spur V2 wie einen »Sucher« über das Bild wandern lassen wollen, animieren Sie lediglich die Keyframes der Alphamaske (fixierter Videoeffekt BEWEGUNG). Wollen Sie hingegen, dass sich auch der Bildausschnitt synchron mitbewegt, müssen Sie die Maske selbst animieren (also das Bild in Spur V3).

◄ **Abbildung 8.43** Im Programmmonitor stellt sich der maskierte Clip jetzt derart dar, dass nur der schwarze Punkt der Alphamaske das Video freigibt.

Maskenspuren für Clips nutzen

Die oberste Spur wird übrigens automatisch ausgeblendet, sobald Sie diese von einer anderen Spur aus (im Beispiel V2) als Maskenspur definieren. Dabei ist es dennoch gestattet, die Maskenspur jenseits der Maskierung als ganz normale Videospur zu benutzen. Das war in älteren Versionen der Schnitt-Software noch nicht der Fall, weshalb es hier noch einmal Erwähnung finden soll.

8.5 Farben auskeyen

Eine weitere Form der Maskierung ergibt sich aus den Farben eines Videoclips. So wie Sie zuvor Bereiche eines Films anhand schwarzer oder weißer Maskenfarben entfernt haben, lassen sich auch die im Video vorhandenen Farben »herausrechnen«.

8.5.1 Chroma-Key

Lassen Sie uns zunächst einen Blick auf den Chroma-Key werfen. Mit dessen Hilfe ist es möglich, bestimmte Farbbereiche aus einem Bild zu entfernen, also auf transparent zu setzen.

Wenden Sie ihn auf einen Clip an, können Sie zunächst mit der Farbpipette, die in den EFFEKTEINSTELLUNGEN zur Verfügung gestellt wird, eine Grundfarbe aufnehmen. Beobachten Sie dabei die Auswirkungen innerhalb des Programmmonitors. Noch ist möglicherweise nicht viel zu sehen. Doch wenn Sie jetzt den Wert ÄHNLICHE FARBEN erhöhen, werden weitere, ähnliche Farbbereiche mit einbezogen.

Testen Sie den Effekt doch selbst, indem Sie zunächst den Spurmaske-Key entfernen, der im letzten Workshop platziert wurde. Löschen Sie auch die Maske aus V3, und ziehen Sie den Clip »Flaschenhals05_001.avi« von Spur V1 auf V3.

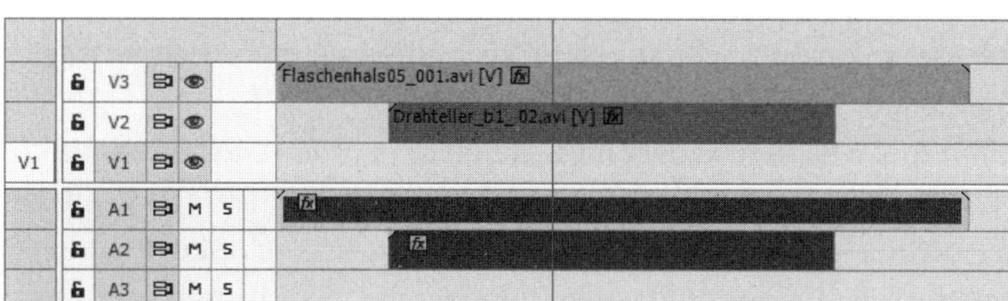

▲ **Abbildung 8.44** Videospur 1 ist jetzt leer.

Die grundsätzliche Vorgehensweise ist die, dass Sie zunächst den Effekt, wie gewohnt, zuweisen (VIDEOEFFEKTE • KEYING • CHROMA-KEY) und dann mit der Pipette ❽ (siehe Abbildung 8.45 auf Seite 320) auf den zu entfernenden Bereich im Programmmonitor klicken (im Beispiel die Flasche). Mit der Verstellung des Wertes ÄHNLICHE FARBEN ❾ entfernen Sie dann mehr und mehr den selektierten Farbbereich.

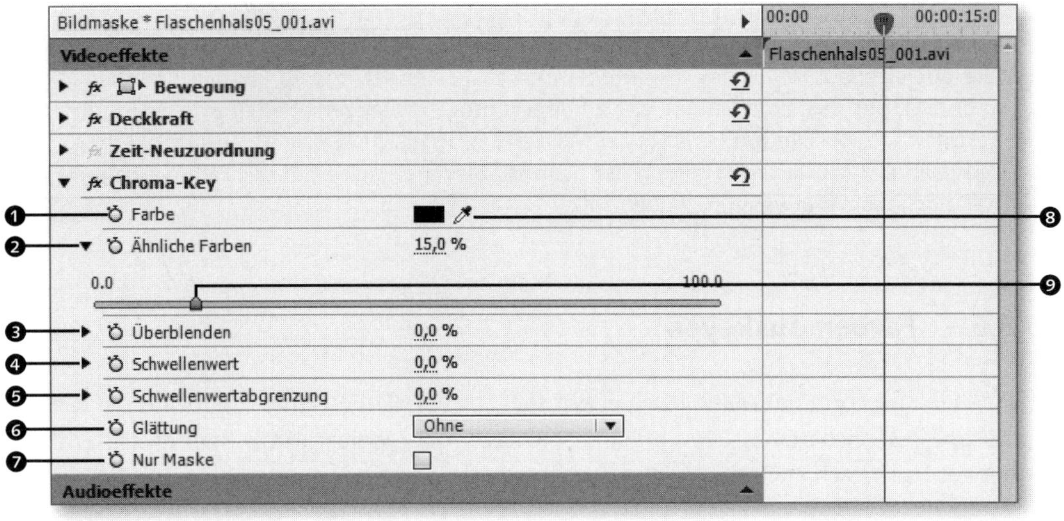

▲ **Abbildung 8.45** Klicken Sie im Programmmonitor ziemlich weit unten auf die Flasche, damit Blau aufgenommen wird (siehe Abbildung 8.43). Anschließend erhöhen Sie den Wert ÄHNLICHE FARBEN.

Die Steuerelemente des Chroma-Keys verwenden Sie, wie folgt, wobei sich der Begriff »Vordergrund« stets auf das obere, »Hintergrund« hingegen auf das untere Video bezieht:

❶ FARBE: Nehmen Sie mit der Pipette eine Farbe, die entfernt werden soll, aus dem Clip auf.

❷ ÄHNLICHE FARBEN: Erweitern Sie das Spektrum der zuvor aufgenommenen Farbe.

❸ ÜBERBLENDEN: Vorder- und Hintergrund werden zunehmend ineinander überblendet.

❹ SCHWELLENWERT: Die Schattenanteile des entfernten Bereichs bleiben erhalten. Je mehr Sie den Wert erhöhen, desto mehr bleiben die Schattenanteile sichtbar.

❺ SCHWELLENWERTABGRENZUNG: Die zuvor über Schwellenwert eingestellten Schattenanteile können hier aufgehellt oder abgedunkelt werden. Je mehr Sie den Regler nach rechts stellen, desto dunkler werden die Schatten.

❻ GLÄTTUNG: Schaffen Sie weichere Übergänge zwischen Vorder-und Hintergrund, indem Sie WENIG oder STARK einstellen (Anti-Aliasing). Belassen Sie den Wert bei OHNE, bleibt die Abstufung zwischen Vorder- und Hintergrund scharfkantig.

❼ NUR MASKE: Erzeugen Sie aus dem Clip einen Alphakanal. Hier besteht die Möglichkeit, eigene Masken direkt in Premiere Pro zu erzeugen.

8.5.2 Blue-Screen-Key

Grundsätzlich ist der CHROMA-KEY bestens geeignet, um Bildbereiche anhand der Farbwerte »herauszurechnen«. Wenn Sie allerdings über optimales Material in Studioqualität verfügen, funktioniert auch der BLUE-SCREEN-KEY, der prinzipiell nach gleichem Muster verfährt. Allerdings werden derartige Effekte zumeist nur bei Verwendung eines entsprechenden Equipments eingesetzt. In Nachrichtensendungen greift man ebenso gern darauf zurück wie im professionellen Spielfilm. Dabei werden die Darsteller vor einer chroma-blauen Wand platziert, die ebenmäßig und ohne Schattenwurf ausgeleuchtet ist. Später wird die Hintergrundfarbe unter Einsatz dieses Effekts entfernt, was es ermöglicht, den Protagonisten in jedes andere Video hineinzuplatzieren.

Natürlich ist darauf zu achten, dass beispielsweise die Kleidung des Darstellers nicht so gewählt ist, dass sie mit der zu »keyenden« Farbe kollidiert. Stünde er mit einer blauen Jeans vor dem blauen Hintergrund, wäre die Folge, dass er plötzlich (zumindest teilweise) den Verlust seines Unterkörpers zu beklagen hätte.

8.5.3 Ultra-Key

Ein leistungsfähiges Keying-Verfahren wird durch den ULTRA-KEY zur Verfügung gestellt. Eigentlich ist der ULTRA-KEY ein alter Bekannter. Bereits in der Version CS3 hatte Ultra als separate Applikation Einzug in den Adobe-Videoschnitt gehalten. In CS4 war es jedoch vorbei damit. Seit CS5 ist Ultra wieder da – wenn auch nur als einzelner Effekt. Der ULTRA-KEY ist verwandt mit dem CHROMA-KEY, gehen doch beide zum Teil fast identische Wege, um zum Ziel zu gelangen. Dennoch ist Ultra ausgefeilter – nicht zuletzt, weil hier einfach mehr Steuerelemente und somit auch mehr Möglichkeiten vorhanden sind. Der Vorteil: Auch nicht ganz sauber aufgenommenes Rohmaterial kann noch einigermaßen komfortabel vom Hintergrund getrennt werden.

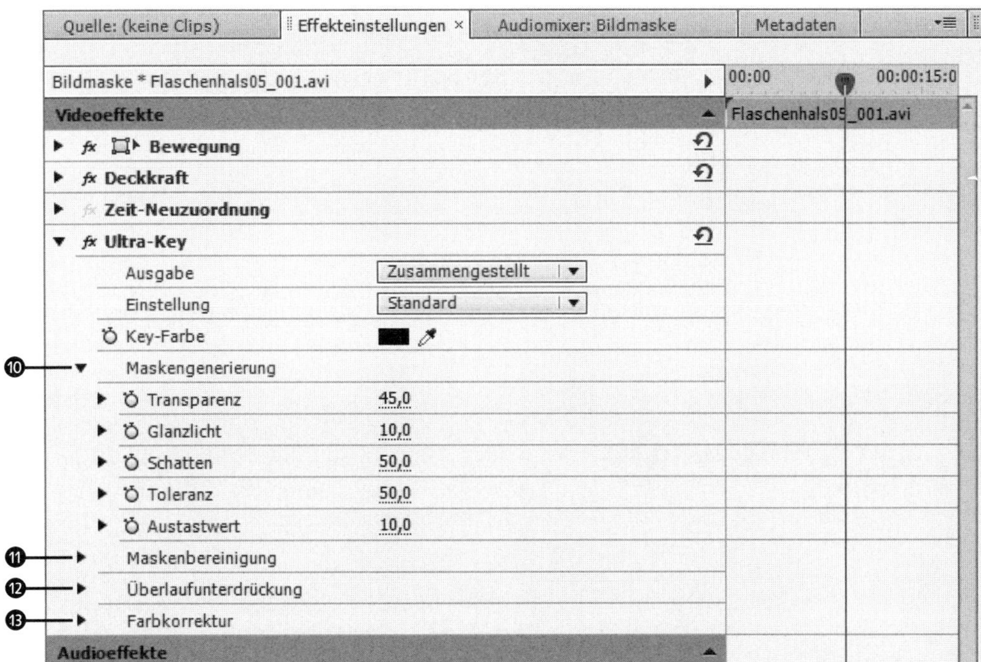

▲ **Abbildung 8.46** Der ULTRA-KEY hat Steuerelemente und Listen ohne Ende im Gepäck, hier mit geöffneter Liste MASKENGENERIERUNG.

Zunächst einmal lässt sich auch hier eine KEY-FARBE mit der Pipette aufnehmen. Danach stehen Ihnen vier Steuerelementgruppen zur Verfügung, die bei schwierigem Material auch in der Reihenfolge von oben nach unten Anwendung finden sollten:

- ⑩ MASKENGENERIERUNG: Erzeugen Sie zunächst eine Maskierung von Bildbereichen anhand der aufgenommenen und angrenzenden Farben.
- ⑪ MASKENBEREINIGUNG: Mit diesen Steuerelementen lässt sich die gewonnene Maskierung verfeinern, also genauer anpassen.
- ⑫ ÜBERLAUFUNTERDRÜCKUNG: Bearbeiten Sie die Kantenübergänge, also die Konturen, zwischen auszuwählenden Bereichen und dem zu entfernenden Hintergrundbereich.
- ⑬ FARBKORREKTUR: Zuletzt passen Sie den zu erhaltenden Bereich farblich noch an die neue Umgebung (den neuen Hintergrund) an.

9 Bildkorrekturen

Effekte sind eine schöne Sache. Mit ihnen können Sie beim Zuschauer möglicherweise richtig Eindruck schinden. Allerdings erfüllen sie nicht nur die Aufgabe, ein Bild anspruchsvoll zu verfremden. Eine weitere wichtige Aufgabe von Effekten (wenn nicht sogar die wichtigste überhaupt) besteht darin, Videos aufeinander abzustimmen und gegebenenfalls zu korrigieren. Egal, ob es an der korrekten Farbe oder Beleuchtung mangelt – mit den richtigen Korrektur-Effekten holen Sie aus Ihren bewegten Bildern buchstäblich das Letzte heraus. In diesem Kapitel erhalten Sie Antworten auf die folgenden Fragen:

- Wie werden Helligkeit und Kontrast korrigiert?
- Wie kann ich Schatten und Glanzlichter korrigieren?
- Wie kann die Beleuchtung eines Clips punktuell korrigiert werden?
- Wie wird eine nachträgliche Weißbalance durchgeführt?
- Wie kann ich die Farbe eines Clips automatisch korrigieren?
- Wie kann ich die Farbe eines Clips manuell korrigieren?
- Wie lassen sich Clips farbig aufeinander abstimmen?
- Was ist SpeedGrade?

Vorüberlegungen

Grundsätzlich sollten Sie abwägen, ob Sie einen Effekt direkt auf den Clip anwenden oder eher eine Einstellungsebene benutzen. Soll mal eben schnell ein einzelner Clip korrigiert werden, ist gegen die direkte Zuweisung nichts einzuwenden. Wenn Sie jedoch mehrere Clips oder sogar ganze Sequenzen mit gleichen Parametern korrigieren müssen, sollten Sie auf Einstellungsebenen zurückgreifen (nähere Hinweise dazu finden Sie in Abschnitt 7.5.6, »Effekte per Einstellungsebenen anwenden«).

9.1 Auto-Effekte

Im Ordner ANPASSEN der VIDEOEFFEKTE finden Sie einige automatische Korrektur-Effekte, so z. B. neben Auto-Farbe und Auto-Kontrast auch die Auto-Tonwertkorrektur. Das Wort Automatik passt hier nicht so ganz, da es sich nicht wirklich um automatische Effekte handelt, die nur zugewiesen, nicht aber eingestellt werden müssen (vielleicht kennen Sie das aus Photoshop). In Premiere Pro sind auch die Auto-Effekte noch einstellbar, wenngleich sie auch hier nicht unbedingt die eleganteste Lösung darstellen, wenn es darum geht, Bilder zu korrigieren. Deshalb möchte ich Ihnen empfehlen,

Auto-Effekte nur dann zu benutzen, wenn der Korrekturbedarf eher gering ist. Sie werden gleich sehen, wie sich derartige Korrekturen auch anders bewerkstelligen lassen.

9.2 Helligkeit und Kontrast korrigieren

Der Effekt HELLIGKEIT UND KONTRAST kommt immer dann zum Einsatz, wenn Aufnahmen matt und/oder dunkel sind. Allerdings reagiert der Clip unter Umständen sehr sensibel, und selbst geringe Veränderungen wirken sich drastisch auf das Ergebnis aus. Deshalb gilt hier ganz besonders: Weniger ist mehr!

Schritt für Schritt: Helligkeit und Kontrast korrigieren

Schauen Sie sich den Clip »Ofen_Glas ziehen.avi« im Beispielprojekt an. Im Schnittfenster finden Sie ihn ab 00:06:08:08. Er ist nicht sonderlich gut ausgeleuchtet und wirkt insgesamt etwas zu dunkel. Markieren Sie ihn im Schnittfenster.

▲ **Abbildung 9.1** Der Clip ist nicht sonderlich gut ausgeleuchtet.

1 *Effekt zuweisen*

Gehen Sie in das Effekte-Bedienfeld, und öffnen Sie den Ordner VIDEOEFFEKTE. Im Verzeichnis FARBKORREKTUR finden Sie HELLIGKEIT UND KONTRAST. Weisen Sie diesen Effekt zu.

2 *Effekt einstellen*

Danach klicken Sie die Registerkarte EFFEKTEINSTELLUNGEN an. Weil sich die Verwendung der Hot-Text-Steuerelemente nicht so gut eignet wie das direkte Verstellen der Regler, ist es empfehlenswert, die beiden Listen HELLIGKEIT und KONTRAST über die vorangestellten Dreiecksymbole zu öffnen.

Ziehen Sie den Regler HELLIGKEIT auf einen Wert um »20,0«. Das ist zwar etwas zu viel, doch müssen Sie den Kontrast noch etwas verstärken, und das wiederum senkt die Helligkeit subjektiv ein wenig ab. Ziehen Sie den Kontrastregler auf einen Wert von etwa »15,0«.

3 *Effekt begutachten*

Begutachten Sie die Wirkung, indem Sie EFFEKT AKTIVIEREN/DEAKTIVIEREN mehrmals ein- und ausschalten.

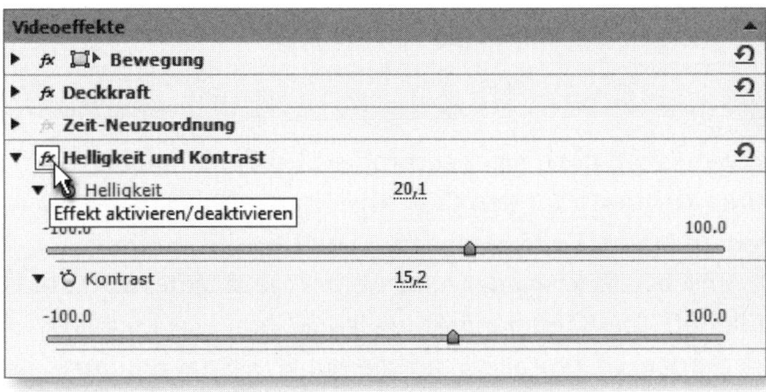

▲ **Abbildung 9.2** Das Resultat lässt sich mit dem Original vergleichen, indem Sie den Effekt kurz deaktivieren.

4 *Weitere Clips einstellen*

Schauen Sie sich auch die weiteren Clips an. So dürfte z. B. auch der übernächste Clip (er trägt den gleichen Namen, beginnt aber bei 00:06:28:20) eine derartige Korrektur erfahren. Gehen Sie hier mit den Werten aber nicht ganz so hoch wie beim ersten Clip. Und vor allen Dingen: Vergessen Sie nicht, ihn zu markieren, bevor Sie weitere Einstellungen vornehmen! Ja, das wird leicht vergessen. Aktuell ist ja immer noch der Clip markiert, den Sie soeben bearbeitet haben.

5 *Weitere Clips korrigieren*

Überprüfen Sie sämtliche nachfolgenden Clips, wobei aber jene, die vordergründig den Ofen zeigen, außen vor bleiben sollten. Sobald Sie hier nämlich den Kontrast verändern, gehen Details in den rot-orangefarbenen Bereichen des Ofeninneren verloren – anhand dieser Clips können Sie sehr gut nachvollziehen, dass eine Helligkeit-/Kontrast-Korrektur bei Weitem nicht verlustfrei vonstattengeht. Im Klartext: Eine derartige Korrektur ist immer auch mit Qualitätsverlusten behaftet.

9.3 Schatten und Glanzlichter korrigieren

Clips, die den Ofen mehr oder weniger bildschirmfüllend darstellen, lassen sich besser mit dem Effekt SCHATTEN/GLANZLICHT korrigieren. Sie erreichen bei Zuweisung dieses Effekts, dass die Zeichnung (also die Abstufungen zwischen hell und dunkel) innerhalb des Bildes nicht zu sehr verloren geht.

Schritt für Schritt: Licht und Schatten verbessern

Wenn wir von Schatten sprechen, ist nicht etwa ein Schlagschatten oder dergleichen gemeint. Licht bezeichnet die hellen, Schatten die dunklen Bereiche eines Bildes bzw. eines Videos. Diese Werte können naturgetreuer dargestellt werden, wenn man eben nicht den Kontrast, sondern die hellen und dunklen Bereiche direkt verändert. Der Lohn dieser Mühen: Details innerhalb des Bildes bleiben erhalten.

1 *Effekte vergleichen*

Falls Sie es im vergangenen Workshop noch nicht ausprobiert haben, empfehle ich Ihnen, zunächst HELLIGKEIT UND KONTRAST auf den Clip »Glas_ziehen.avi« anzuwenden. In der Timeline ist er ab Position 00:06:22:07 zu finden. Markieren Sie ihn dort.

Entfernen Sie den Effekt anschließend wieder, und weisen Sie stattdessen SCHATTEN/GLANZLICHT aus der Videoeffekte-Sammlung ANPASSEN zu. Na, was meinen Sie? Sieht das nicht besser aus? Achten Sie vor allem auf die dunklen Streifen innerhalb des rot glühenden Bereichs. Diese bleiben nämlich jetzt erhalten.

2 *Automatik deaktivieren*

Ist Ihnen aufgefallen, dass sich das Videobild sofort verändert hat, als Sie den Effekt zugewiesen haben? Es findet also sofort eine Korrektur statt. Schuld daran ist die Checkbox AUTOMATISCHE STÄRKE in den EFFEKTEINSTELLUNGEN. Die Anwendung analysiert nämlich das Video und weist die Schatten- und Glanzlichtstärke dementsprechend zu. Wenn Sie sich die Einstellung nicht von Premiere Pro abnehmen lassen wollen, müssen Sie dieses Steuerelement abwählen.

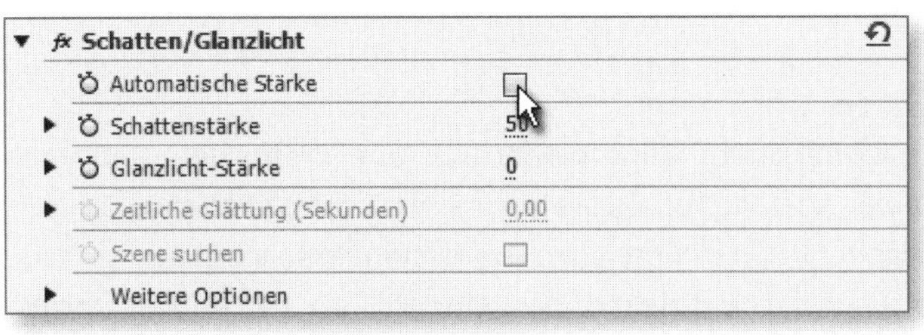

▲ **Abbildung 9.3** Lassen Sie sich von der Anwendung nicht vorschreiben, wie der Clip korrigiert werden soll.

3 *Schattenstärke reduzieren*

Premiere Pro setzt die SCHATTENSTÄRKE automatisch auf 50. Das ist natürlich kein Maßstab, da jeder Clip individuell korrigiert werden muss. Grundsätzlich sollten Sie so vorgehen, dass Sie den Regler zunächst ganz nach links schieben. Damit finden Sie zunächst einmal ein unverändertes Video vor. Danach können Sie die SCHATTENSTÄRKE (hellt dunkle Bereiche eines Clips auf) sowie die GLANZLICHT-STÄRKE (dunkelt helle Bereiche ab) manuell einstellen. Das geht übrigens nicht nur mit den Hot-Text-Steuerelementen, sondern auch mit den Schiebern. Dazu müssen Sie die Listen allerdings öffnen (Dreiecksymbole am Zeilenanfang).

4 *Schattenstärke regulieren*

Jetzt schieben Sie den Regler wieder vorsichtig nach rechts, wobei Sie den Programmmonitor nicht aus den Augen lassen sollten. Stoppen Sie bei einem Wert um 35–40, was im vorliegenden Fall in Ordnung sein dürfte. Ich empfehle Ihnen darüber hinaus, die GLANZLICHT-STÄRKE nicht zu verändern.

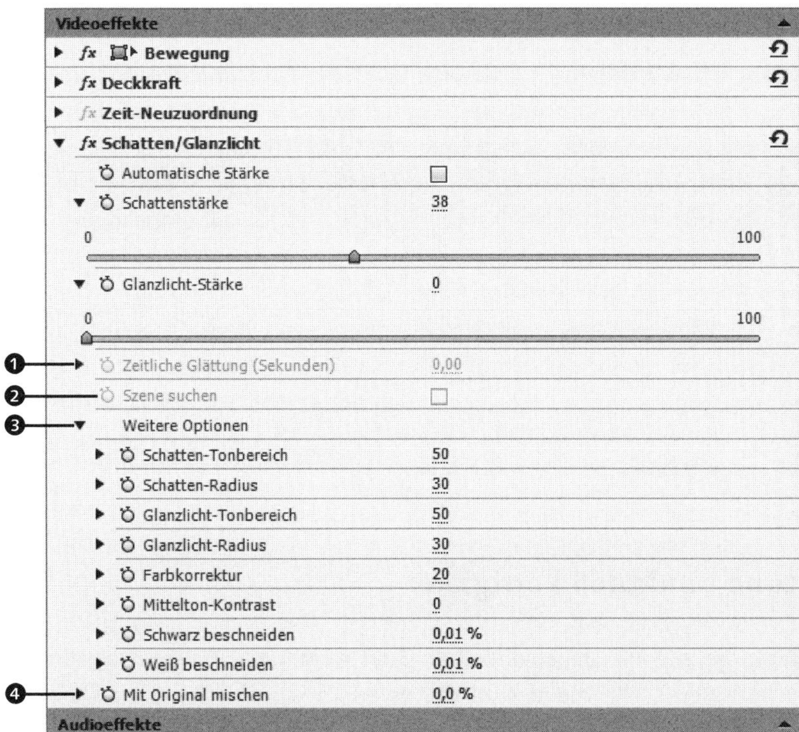

▲ **Abbildung 9.4** Regeln Sie die SCHATTENSTÄRKE zunächst ganz herunter und danach wieder herauf bis ca. 40, während Sie den Programmmonitor beobachten.

Zeitliche Glättung | Das Steuerelement ZEITLICHE GLÄTTUNG (SEKUNDEN) ❶ erlaubt eine Analyse des Clips. Dabei wird ein Zeitraum (in Sekunden) eingestellt, in dem benachbarte Bilder analysiert werden. So wird festgestellt, wie stark ein Einzelbild im Vergleich zu benachbarten Bildern korrigiert werden muss. Wie groß dieser Analysebereich ist, legen Sie über den Wert in Sekunden fest. Belassen Sie die Einstellung bei 0, wird jedes Einzelbild unabhängig von benachbarten Bildern eingestellt. Sie ahnen es schon: Bei einer solchen Messmethode bleibt das Zutun des Benutzers außen vor. Deshalb steht dieser Effekt auch nur dann zur Verfügung, wenn AUTOMATISCHE STÄRKE aktiviert ist.

Szene suchen | Wenn Sie mit der zeitlichen Glättung arbeiten und dieses Steuerelement anwählen, ist es Premiere Pro vollkommen egal, ob innerhalb der Glättungszeit noch ein anderer Clip vorhanden ist. Im Klartext: Wählen Sie das Steuerelement ab, werden nur Bilder für die Berechnung verwendet, die auch zum aktuell markierten Clip gehören. Bedenken Sie, dass Sie damit eine sehr gute Möglichkeit haben, unterschiedliche Clips aufeinander abzustimmen. Dazu wählen Sie dann den ersten Frame eines zu korrigierenden Clips an und aktivieren SZENE SUCHEN ❷. Dann wird der vorangehende Clip in die Berechnung involviert.

Weitere Schatten/Glanzlicht-Optionen | Im Bereich WEITERE OPTIONEN ❸ sind noch SCHATTEN-TONBEREICH und GLANZLICHT-TONBEREICH erwähnenswert. Damit definieren Sie nämlich, was im Clip eigentlich der Schatten bzw. das Glanzlicht ist. Das bedeutet, je höher der jeweilige Wert, desto mehr werden auch Mitteltonbereiche (also Bereiche, die nicht sehr dunkel oder nicht sehr hell sind) in die Korrektur mit einbezogen.

Mit Original mischen | Wie der Name schon sagt, werden Ihre Einstellungen bei Anwahl der Option MIT ORIGINAL MISCHEN ❹ noch einmal mit dem Original-Clip vermischt. Prinzipiell wird bei einem sich erhöhenden Wert der zugewiesene Effekt immer weiter abgeschwächt. Betrachten Sie dieses Steuerelement also gewissermaßen als Feineinstellung, die eine nachträgliche Abschwächung des Effekts bzw. eine Mischung mit dem Original erlaubt.

9.4 Beleuchtung punktuell korrigieren

Jetzt soll es um Effekte gehen, die im eigentlichen Sinn eine ganz andere Aufgabe haben, als Bilder zu korrigieren – gemeint sind die Beleuchtungseffekte. Ganz klare Sache: Mit diesem Effekt können Sie zusätzliche Lampen in Ihr Video »hineinmontieren«. Das sorgt für einen visuell ansprechenden Genuss und ist natürlich eher in die Kategorie Bildverfremdung einzuordnen. Darum soll es aber im folgenden Workshop nicht gehen. Es ist nämlich durchaus möglich, diesen Effekt auch zur punktuellen Beleuchtungskorrektur einzusetzen.

Schritt für Schritt: Korrekturen mit Beleuchtungseffekten realisieren

Nehmen Sie als Beispiel doch einmal den Clip »Flaschenhals05.avi«, der bei 00:04:42:22 beginnt. Von der Ausleuchtung her ist er eigentlich ganz okay. Was sich aber verbessern lässt: Sie können die Aufmerksamkeit mehr auf den Flaschenhals lenken, indem Sie ihn einfach heller darstellen, als er zurzeit noch ist. Diesmal setzen wir eine Einstellungsebene ein (für den Fall, dass Sie noch weitere Clips mit diesem Effekt versorgen wollen und die Lichtverhältnisse auch auf übereinander befindlichen Clips angewendet werden sollen).

1 *Einstellungsebene erzeugen*

Aktivieren Sie das Projektfenster, und erzeugen Sie eine neue Einstellungsebene über das Menü Datei • Neu • Einstellungsebene. Alternativ dürfen Sie auch auf das Blattsymbol unten rechts im Projektfenster klicken und den gleichnamigen Befehl aus dem Popup-Menü selektieren. Übernehmen Sie die angebotenen Einstellungen.

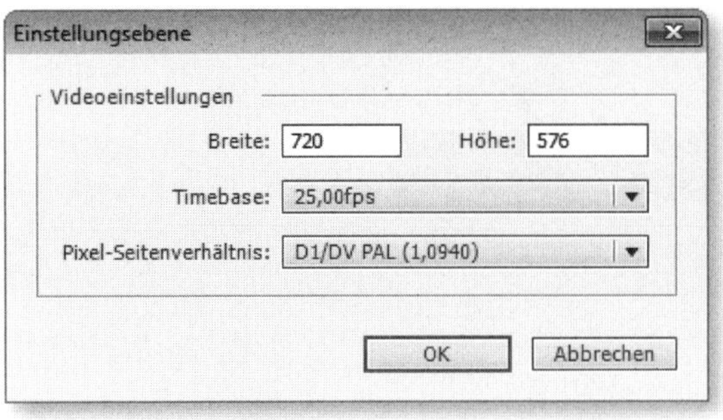

◂ **Abbildung 9.5** Die Einstellungen entsprechen denen des Projekts.

2 *Einstellungsebene weiterverarbeiten*

Damit es später keine Verwechslungen mit eventuell noch weiteren hinzuzufügenden Einstellungsebenen gibt, benennen Sie diese entsprechend (hier »Beleuchtung«), und bestätigen Sie mit [↵]. Danach ziehen Sie diese aus dem Projektfenster heraus auf den Bereich oberhalb der obersten Videospur – und zwar beginnend mit dem erwähnten Clip (siehe Position des Abspielkopfes). Dadurch wird eine neue Spur erzeugt, die fortan für Einstellungsebenen herhalten soll. Aufgrund dessen ist auch das Benennen der Spur zu empfehlen (Rechtsklick, gefolgt von Umbenennen). Zuletzt strecken Sie die Einstellungsebene auf die Länge des Flaschenhals-Clips.

◂ **Abbildung 9.6** Zuerst wird die Ebene benannt.

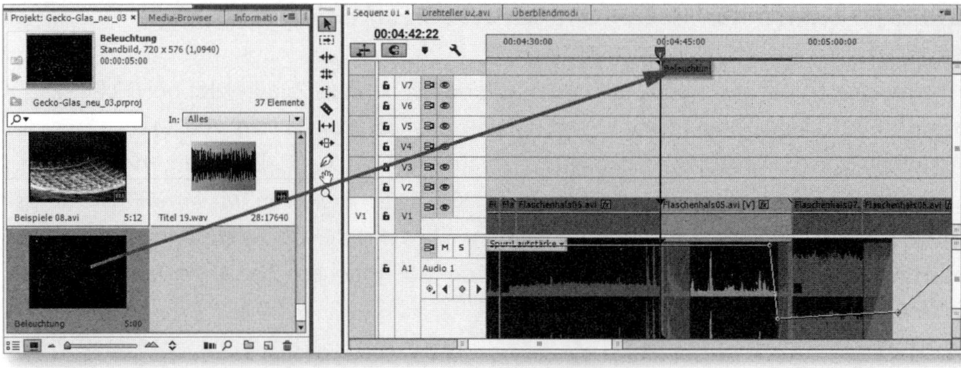

▲ **Abbildung 9.7** Danach fügen Sie diese oberhalb von Spur V7 ein.

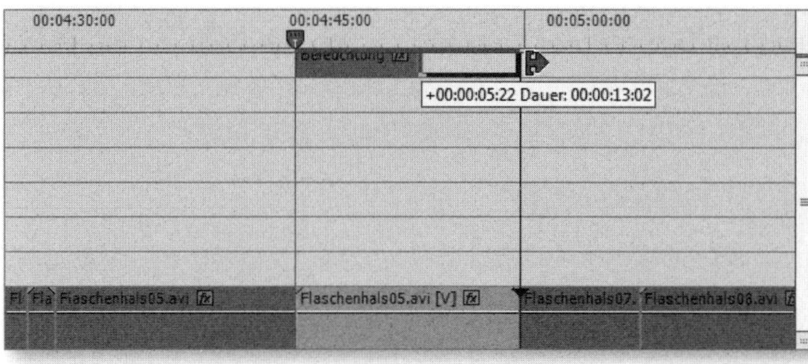

▲ **Abbildung 9.8** Zuletzt passen Sie die Länge der Einstellungsebene dem zu korrigierenden Clip an (der sich in Spur V1 befindet).

3 *Effekt hinzufügen*

Markieren Sie die Einstellungsebene im Schnittfenster, und öffnen Sie abermals den Ordner ANPASSEN innerhalb der VIDEOEFFEKTE. Wenden Sie BELEUCHTUNGSEFFEKTE per Doppelklick an. Dies allein sorgt noch nicht für ein sonderlich ansprechendes Ergebnis. Das wird sich aber gleich ändern.

◂ **Abbildung 9.9** Noch ist der Effekt wenig ansprechend.

4 *Lichtquelle ändern*

Öffnen Sie die Liste LICHT 1 in den EFFEKTEINSTELLUNGEN. Beachten Sie zunächst das Steuerelement LICHTTYP. Hier wird standardmäßig ein Spot vergeben, der sich für unsere Korrektur nicht eignet. Ein Spot erhellt einen relativ kleinen Bereich des Bildes und lässt außen liegende Bereiche umso dunkler erscheinen. Schalten Sie um auf STRAHLER.

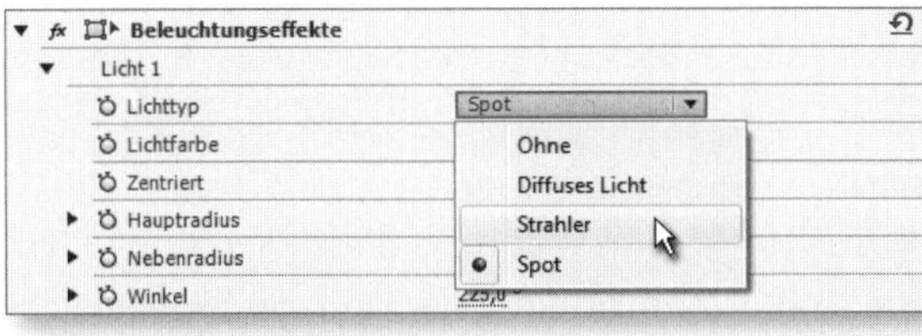

◂ **Abbildung 9.10**
Der STRAHLER eignet sich besser.

Nur eine Lichtquelle aktiv

Wenn Sie den Beleuchtungseffekt zuweisen, ist standardmäßig nur ein einzelnes Licht vorhanden (LICHT 1). Weitere Lichtquellen können hinzugefügt werden, indem Sie die Listen öffnen, die sich unterhalb befinden (ab LICHT 2). Deren LICHTTYP ist generell mit OHNE betitelt. Brauchen Sie also zusätzliche Quellen, müssen Sie hier entsprechend umschalten.

5 *Position verändern*

Standardmäßig befindet sich das Zentrum des Lichts in der Clip-Mitte. Auch das muss im vorliegenden Fall korrigiert werden. Damit Sie während des Verstellens sehen, wohin das Licht abwandert, setzen Sie einen Mausklick auf die Zeile BELEUCHTUNGSEFFEKTE.

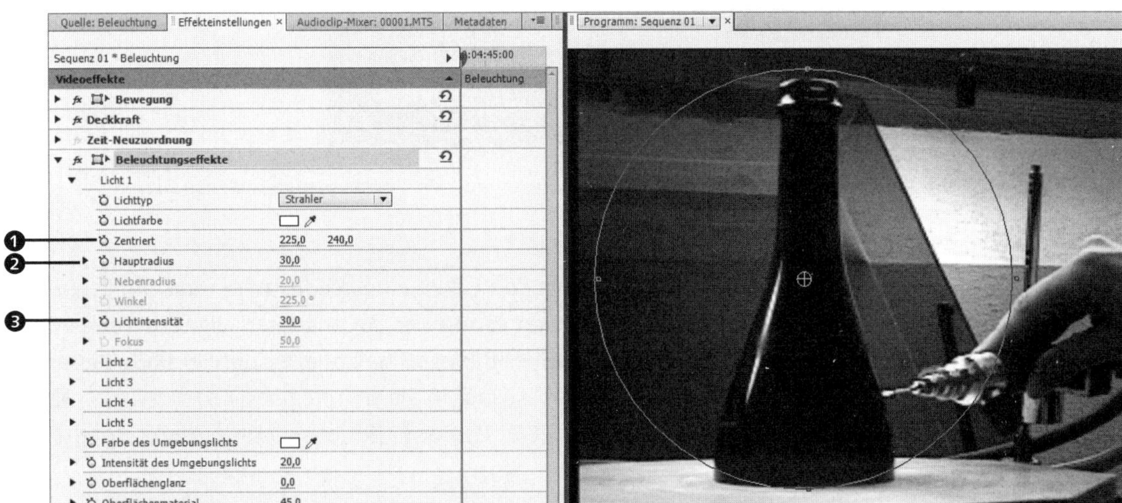

▴ **Abbildung 9.11** Der Wert ZENTRIERT erlaubt die Verstellung des Lichtmittelpunktes. Dadurch wird der Clip erhellt, wobei dessen Rand dunkler wird.

Zwar könnten Sie den im Programmmonitor erscheinenden Kreis per Drag & Drop bewegen, doch genauer geht es mit den Steuerelementen ZENTRIERT ❶, die Sie so einstellen sollten, dass das Lichtzentrum direkt auf die Flasche trifft. Die X-Koordinate (linker Wert) dürfte bei rund 225,0 liegen. Die Y-Koordinate muss nur geringfügig nach unten korrigiert werden, wobei Sie einen Wert von etwa 240,0 anstreben sollten. Damit wäre die Position bestimmt. Wenn Sie übrigens während des Verstellens [⇧] gedrückt halten, geht das Ganze wesentlich schneller.

6 *Lichtkegel und Intensität verändern*

Ich finde, der Lichtkegel dürfte noch etwas größer sein. Wenn Sie diese Meinung teilen, stellen Sie den HAUPTRADIUS ❷ auf etwa 35,0. Wenn Sie unsicher sind, ob Sie vielleicht zu viel gemacht haben, springen Sie doch kurzzeitig auf den davor befindlichen Clip im Schnittfenster zurück.

▲ **Abbildung 9.12** So passt es mit der Beleuchtung im Vergleich zum vorangegangenen Clip.

7 *Vignettierung ausgleichen*

Wenn es an den Rändern und besonders in den Ecken eines Bildes zu unterschiedlichen Beleuchtungsverhältnissen kommt, hat man es mit der sogenannten Vignettierung zu tun, einer Darstellung, bei der die Ecken eines Bildes zu hell oder zu dunkel sind. Dieser Problematik lässt sich prima entgegenwirken, indem Sie den Regler LICHTINTENSITÄT ❸ verändern. Gehen Sie hier auf etwa »30«. Der Regler befindet sich unter den Lichteinstellungen.

8 *Optional: Weitere Lichter hinzufügen*

Sollte sich die individuelle Anpassung der Lichtverhältnisse noch immer als schwierig erweisen, denken Sie an die Option, weitere Lichtquellen zu aktivieren. Als Nächstes wäre dann die Liste LICHT 2 dran. Schalten Sie diese Quelle ein, und positionieren Sie sie, wie es Ihnen gefällt.

9 *Optional: Einstellungsebene erneut verwenden*

Die Einstellungsebene im Schnittfenster kann nun bei Bedarf in die Zwischenablage kopiert und anschließend überall dort eingefügt werden, wo sie vonnöten ist. Achten Sie beim Einfügen aber darauf, dass ausschließlich der Spurkopf EINSTELLUNGSEBENEN aktiv ist. Andernfalls würde die Kopie auf einer anderen Spur eingefügt und dort vielleicht einen Clip überschreiben.

Original bleibt unverändert

Bei Verwendung einer Einstellungsebene bleibt der eigentliche Clip von der Bearbeitung ausgeschlossen. Wenn Sie die Spur EINSTELLUNGSEBENE deaktivieren, ist auch der Effekt nicht mehr sichtbar. So kann man (beispielsweise beim Kunden) sehr schnell präsentieren, wie der Film mit und ohne diesen Effekt aussieht.

Licht bewegen

Noch ein Tipp: Sollten Sie Beleuchtungseffekte auf sich bewegende Objekte richten, vergessen Sie nicht die Möglichkeit, auch das Licht über Keyframes zu animieren. Sie könnten den hellen Schein also mit dem Objekt mitlaufen lassen.

Lichtfarbe ändern | Es ist möglich, die Lichtfarbe zu ändern, entweder über das Farbfeld in der Zeile LICHTFARBE oder mit Hilfe der nebenstehenden Pipette, die es sogar erlaubt, eine relevante Farbe direkt aus dem Clip aufzunehmen.

Arbeiten mit einem Referenzmonitor | Gerade bei der Beleuchtungskorrektur, aber auch bei der im nächsten Abschnitt behandelten Farbkorrektur ist es oftmals sinnvoll, einen Referenzmonitor zu verwenden. Er gibt Ihnen die Möglichkeit, Korrekturen mit dem restlichen Material zu vergleichen, ohne die eigentliche Korrekturstelle zu verlassen.

Schritt für Schritt: Clips mit einem Referenzmonitor vergleichen

In diesem kurzen Workshop erfahren Sie, wie Sie den eben vorgenommenen Beleuchtungseffekt mit einem Referenzmonitor beurteilen können.

1 *Referenzmonitor aktivieren*

Oftmals ist es zu empfehlen, einen Referenzmonitor einzusetzen. Sofern noch nicht geschehen, stellen Sie die Einfügemarke zunächst auf den Clip, den Sie nachbearbeiten. Klicken Sie dann im Menü FENSTER auf REFERENZMONITOR.

▲ **Abbildung 9.13** Jetzt verfügt die Arbeitsoberfläche über einen weiteren Monitor. Dieser überlagert die Arbeitsoberfläche.

2 *Verknüpfung aufheben*

Daraufhin erhalten Sie einen zweiten Monitor, der exakt das anzeigt, was auch im Programmmonitor zu sehen ist. Prinzipiell ist das auch gut so, da Sie jetzt die Einfügemarke des Schnittfensters nach Wunsch bewegen können, wobei die Synchronisation zwischen beiden Monitoren erhalten bleibt. In diesem speziellen Fall wollen wir aber beide Monitore inhaltlich voneinander trennen, weshalb Sie im neuen Fenster auf die Schaltfläche VERKNÜPFUNG ZUM PROGRAMMMONITOR klicken sollten, die standardmäßig aktiv ist. Deaktivieren Sie diese Schaltfläche.

▲ **Abbildung 9.14** Die Synchronisation mit dem Referenzmonitor kann über diesen Button aufgehoben werden.

3 *Clips vergleichen*

Bewegen Sie nun die Einfügemarke, die sich unten im Referenzmonitor befindet, langsam so weit nach links, bis der zuvor platzierte Clip eingeblendet wird. Stellen Sie den Monitor etwas zur Seite, und vergleichen Sie bei Ihrer Beleuchtungskorrektur immer wieder den aktuellen mit dem vorangegangenen Clip. Wenn Sie den Referenzmonitor nicht mehr benötigen, deaktivieren Sie ihn einfach wieder über die Schließen-Schaltfläche. Den Referenzmonitor werden wir gleich noch einmal einsetzen – dann allerdings zur Farbkorrektur und mit einer veränderten Darstellung.

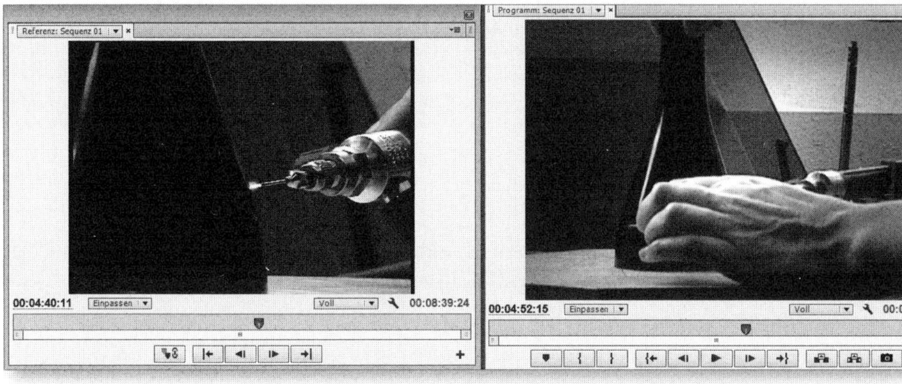

▲ **Abbildung 9.15** So lassen sich die Beleuchtungsverhältnisse beider Clips im direkten Vergleich begutachten. Das Erzeugen einer einheitlichen Lichtstimmung gelingt so viel besser.

9.5 Farbkorrekturen

Premiere Pro wartet mit einem recht intuitiven Farbkorrektur-System auf. Hervorzuheben ist vor allem die SCHNELLE FARBKORREKTUR.

9.5.1 Weißbalance

Idealerweise ist in einem Videoclip, genauso wie in einem Foto, der hellste Bereich weiß (von der Makro-Aufnahme einer dunkelbraunen Muschel im hellbraunen Sand einmal abgesehen). Damit der hellste Bereich auch wirklich als Weiß dargestellt wird, führen Videokameras im Allgemeinen einen automatischen Weißabgleich durch. Er soll sicherstellen, dass es während der Aufnahmen nicht zu Farbstichen kommt, in denen Weiß falsch interpretiert wird. Leider arbeiten auf diesem Gebiet längst nicht alle Kamera-Automatiken 100%ig zuverlässig. Besonders bei Mischlichtsituationen kann die Automatik schon mal versagen. In diesem Fall sollten Sie den manuellen Weißabgleich Ihrer Kamera nutzen. Wenn die Aufnahme aber dennoch misslungen ist, ganz egal, ob Sie den Weißabgleich vergessen haben oder ob Ihre Kamera in dieser Disziplin nicht besonders gut ist, können Sie in der Postproduktion so einiges wieder glattbügeln.

Typische Farbstich-Situationen

Diverse ungünstige Aufnahmebedingungen fungieren in der Tat als klassische Farbstich-Lieferanten. Ein Tag am Meer bei strahlendem Sonnenschein ist, man glaubt es kaum, eine solche ungünstige Aufnahmesituation. Hier kommt es schnell zum unerwünschten Blaustich. Innenaufnahmen bei Glühbirnenlicht sorgen hingegen rasch für eine Gelbfärbung. Damit solche Aufnahmen aber nicht im Papierkorb landen, stellt Premiere Pro nachträgliche Bearbeitungsmöglichkeiten zur Verfügung.

Schritt für Schritt: Eine nachträgliche Weißbalance durchführen

Der Clip »Glaser zeigen 01.avi« (ab 00:02:57:14) ist ein gutes Beispiel für den Korrekturbedarf in Richtung Weißbalance.

1 *Effekt zuweisen*

Bringen Sie zunächst die Einfügemarke des Schnittfensters in das letzte Drittel des Clips (z. B. 00:03:00:00). Hier sehen Sie mehr von der Umgebung als am Anfang. Vergessen Sie nicht, den Clip im Schnittfenster zu markieren.

▲ **Abbildung 9.16** Die Position 00:03:00:00 gibt eine gute Übersicht über den gesamten Clip-Inhalt.

Öffnen Sie den Ordner FARBKORREKTUR innerhalb der VIDEOEFFEKTE, und weisen Sie SCHNELLE FARBKORREKTUR zu. In den EFFEKTEINSTELLUNGEN sieht das Tool zunächst einmal sonderbar aus.

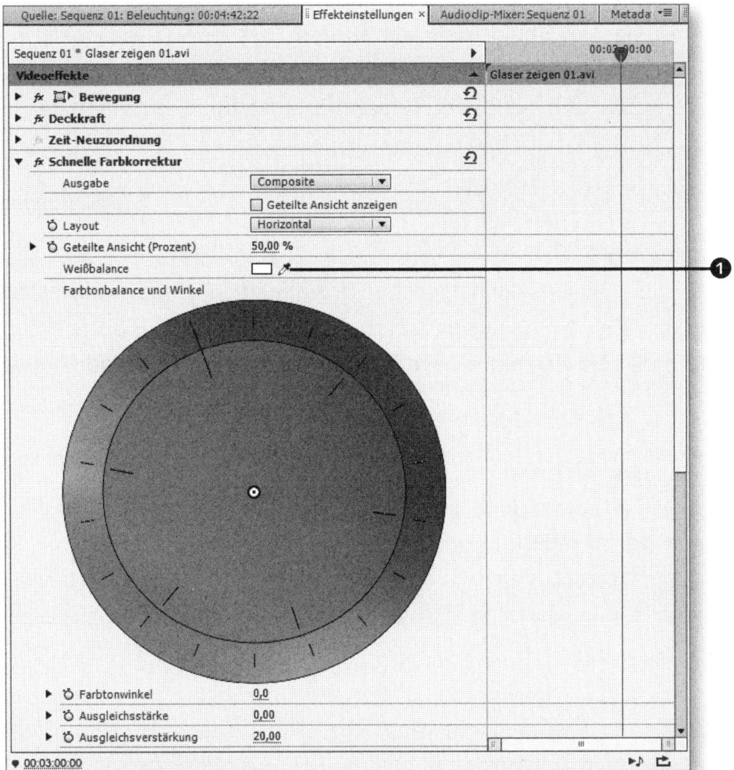

▲ **Abbildung 9.17** Jetzt kommt die Schnelle Farbkorrektur zum Einsatz.

2 *Weißpunkt bestimmen*

Auf den ersten Blick ist der Clip so weit in Ordnung. Sie haben aber jetzt die Möglichkeit, nachträglich zu definieren, was als Weiß interpretiert werden soll. Hier würde sich natürlich Bettinas T-Shirt anbieten. Suchen Sie aber keinen bläulichen, sondern eher einen helleren Bereich aus. Die vordere Schulter bietet sich an. Danach aktivieren Sie die kleine Pipette ❶ in der Zeile Weissbalance und klicken einmal in diesen Bereich.

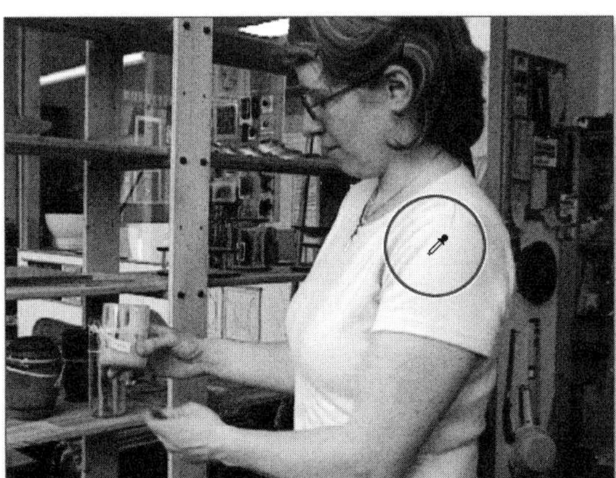

◂ **Abbildung 9.18**
Bestimmen Sie den Weißpunkt.

Deaktivieren und aktivieren Sie den Effekt mehrfach in den EFFEKTEINSTELLUNGEN. So können Sie die Auswirkungen sehr gut beurteilen. Achten Sie dabei auch auf das Holzregal im Hintergrund. Wenn Sie den richtigen Aufnahmepunkt für Ihre Weißbalance gefunden haben, sollte das Holz jetzt auch in einem wärmeren, freundlicheren Ton dargestellt werden.

3 *Optional: Effekt korrigieren*

Es kann leicht passieren, dass Sie bei nachträglicher Weißbalance einen handfesten Farbstich in das Bild hineinbringen. Sollte das passieren, haben Sie mit der Pipette einen falschen Punkt definiert. In diesem Fall aktivieren Sie abermals die Pipette und klicken in einen anderen Bereich.

9.5.2 Automatische Farbkorrekturen

Scrollen Sie doch in den EFFEKTEINSTELLUNGEN einmal etwas nach unten. Sie finden dort drei Schaltflächen mit den Bezeichnungen:

- AUTOMATISCHER SCHWARZ-TONWERT
- AUTO-KONTRAST
- AUTOMATISCHER WEISS-TONWERT

Diese drei Buttons ❺ überlassen Premiere Pro die Analyse des Videos. Hierüber lässt sich also der dunkelste Punkt auf Schwarz bzw. der hellste auf Weiß setzen. Ferner ist es möglich, die Kontrastverhältnisse automatisch angleichen zu lassen. Beachten Sie aber, dass gleich unterhalb drei weitere Pipetten zur Verfügung stehen, die eine Aufnahme von Schwarz-, Weiß- und Grau-Tonwert erlauben. Natürlich ist es im Allgemeinen nicht sonderlich aufwendig, einen schwarzen oder weißen Punkt innerhalb des Clips zu finden. Die Verwendung der Grau-Tonwert-Pipette ist allerdings nur dann anzuraten, wenn sich wirklich ein neutral-grauer Bereich finden lässt. Ist das nicht der Fall, werden Sie unweigerlich einen mehr oder weniger gewaltigen Farbstich in das Bild hineininterpretieren.

9.5.3 Manuelle Farbkorrekturen

Farben lassen sich natürlich auch manuell verstellen. Dazu benutzen Sie idealerweise das große Farbrad in der Mitte, können aber auch die unterhalb befindlichen Schieberegler ❹ verwenden, da beide Steuerelementgruppen miteinander synchronisiert sind.

Wenn Sie den Kreis ❶ in der Mitte etwas nach außen ziehen (entspricht dem Regler AUSGLEICHSSTÄRKE), wird noch eine quer zur Achse verlaufende Linie ❷ sichtbar, die ebenfalls bedienbar ist (entspricht dem Regler AUSGLEICHSVERSTÄRKUNG). Drehen Sie das äußere Rad ❸, verändern Sie den FARBTONWINKEL.

- FARBTONWINKEL: Verdrehen Sie die Original- und Zielfarben gegeneinander, indem Sie das äußere Farbrad verstellen. Sie sehen anhand dieses Rades im Vergleich zum inneren Rad, in welche Zielfarbe die Originalfarbe übergeht.

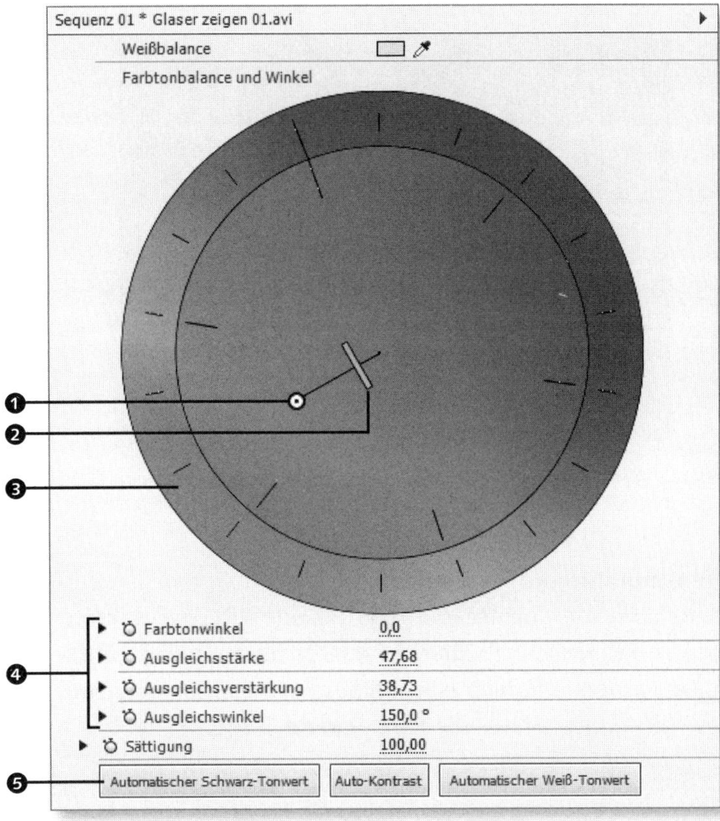

◀ **Abbildung 9.19** Die Farbtöne können auf unterschiedliche Art und Weise bestimmt werden.

- Ausgleichsstärke: Hierüber regeln Sie, wie stark die Auswirkungen der Veränderung sein sollen. Je höher der Wert bzw. je weiter der Kreis nach außen gezogen wird, desto intensiver fällt die Färbung aus.
- Ausgleichsverstärkung: Je höher dieser Wert gestellt wird, desto mehr wirkt sich die Farbveränderung auf hellere Pixel aus.
- Ausgleichswinkel: Bestimmen Sie hiermit, welche Primärverfärbung eintreten soll. Wenn Sie den kleinen Kreis bewegen, ohne den Abstand zum Mittelpunkt zu verändern, übt dies die gleiche Funktion aus wie die Veränderung dieses Reglers.
- Sättigung: Mit Erhöhung des Wertes Sättigung wird auch die Leuchtkraft (d. h. die Intensität) der Farben erhöht.

Geteilte Ansicht

Sie können den Programmmonitor in der Ansicht teilen. So haben Sie die Möglichkeit, gleichzeitig Original und Nachbearbeitung einzusehen. Aktivieren Sie dazu im Effekt Schnelle Farbkorrektur die Checkbox Geteilte Ansicht anzeigen. Mit dem gleich unterhalb befindlichen Listenfeld Layout können Sie diese Anzeige auf Horizontal oder Vertikal einstellen. Noch eine Zeile tiefer legen Sie fest, zu wie viel Prozent das nachbearbeitete Bild im Verhältnis zum Gesamtbild dargestellt werden soll.

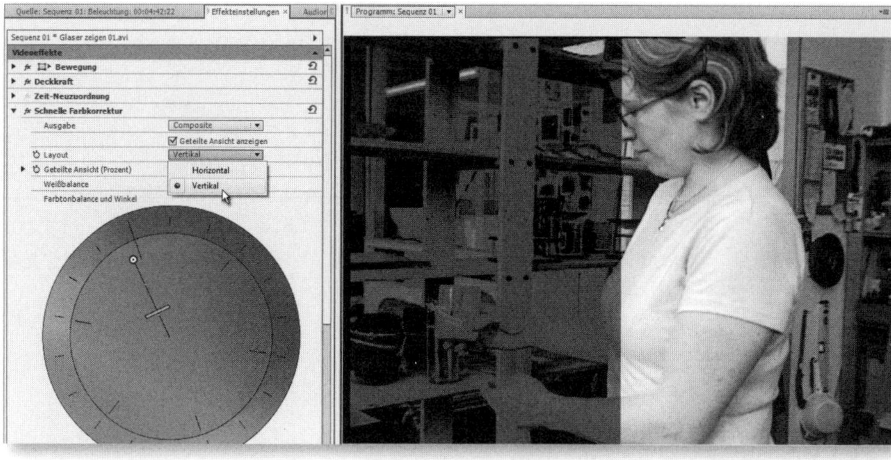

▲ **Abbildung 9.20** Vorher-nachher lässt sich oft in der vertikalen Teilung am besten beurteilen (hier überspitzt dargestellt).

9.5.4 Farben über Referenzmonitore korrigieren

Wie Sie bereits wissen, können Sie über das Menü FENSTER einen Referenzmonitor hinzufügen. Dieser Monitor verfügt wie der Programmmonitor über ein Bedienfeldmenü ❶, das es Ihnen erlaubt, Farben innerhalb eines Bildes auch grafisch darzustellen. Schalten Sie über dieses Menü doch einmal die **RGB-Parade** an.

Verknüpfung kontrollieren

Bitte achten Sie darauf, dass nun die Verknüpfung zwischen Programm- und Referenzmonitor unverzichtbar ist. Drücken Sie den Button unten links im Referenzmonitor ein. Ansonsten sehen Sie eine eventuell nicht zum Bild passende Grafik.

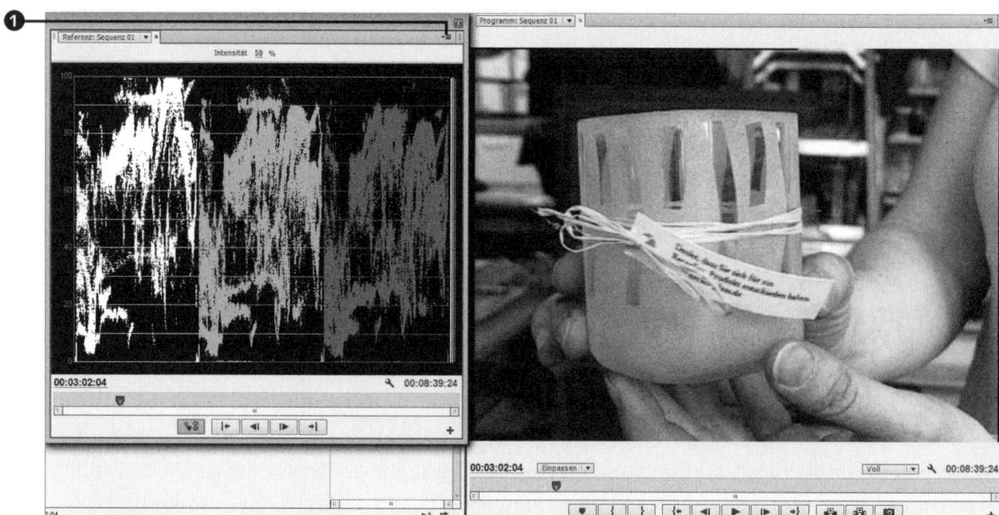

▲ **Abbildung 9.21** Der Referenzmonitor sollte auf RGB-PARADE umgestellt werden.

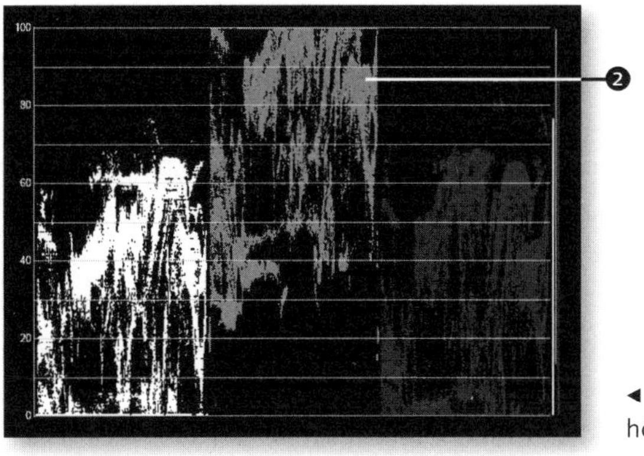

◀ **Abbildung 9.22** So sähe beispielsweise ein höllischer Grünstich in der RGB-Parade aus.

Dieses Beispiel repräsentiert einen starken Grünstich ❷. In der RGB-Parade sieht man ganz deutlich, dass der Grünkanal extrem nach oben abwandert. Würden Sie jetzt das Video korrigieren, indem Sie beispielsweise die Ausgleichsstärke in Richtung Rot oder Magenta verschieben, könnten Sie dem entgegenwirken und die Auswirkungen auch gleich im Referenzmonitor begutachten.

Vektorbereich | Zuletzt möchte ich Ihnen noch eine Anzeigeform vorstellen, mit der sich die Farbe eines Videos ebenfalls hervorragend einstellen lässt. Öffnen Sie dazu das Bedienfeldmenü des Referenzmonitors, und stellen Sie um auf Vektorbereich. Der in der Mitte befindliche grüne Bereich ❸ verrät, in welcher Richtung die Farben verlagert sind. Bei einem farblich ausgewogenen Clip dehnt sich dieser in der Mitte aus bzw. wandert ein wenig zu den dominanten Farben des Clips. Bei einseitiger Farbgebung, wie hier in Richtung Grün (zu erkennen am Buchstaben G ❺), ist oft ein Farbstich ursächlich dafür.

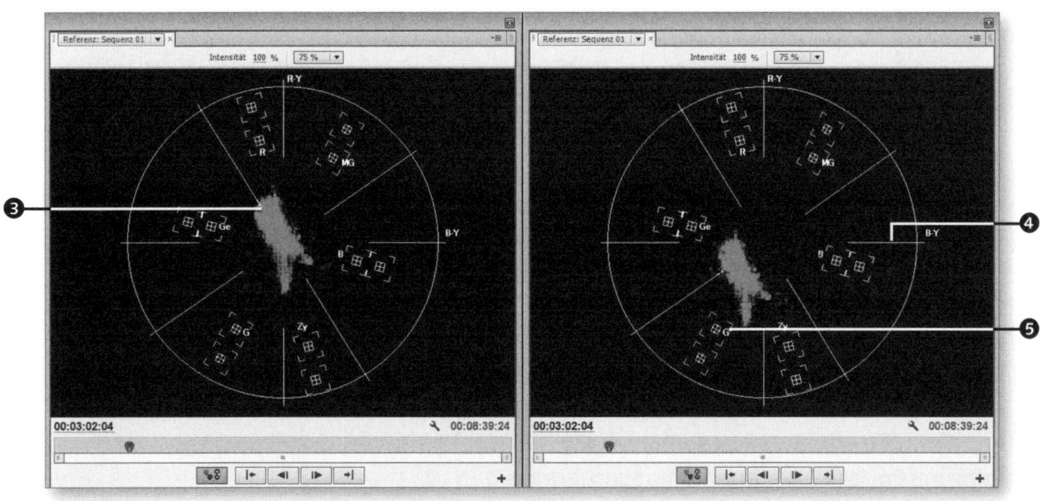

▲ **Abbildung 9.23** Im Regelfall bleibt die Vektoranzeige in der Mitte (linke Abbildung). Bei Vorliegen eines Grünstichs jedoch zieht die Anzeige in Richtung Grün (rechts).

Sie können das selbst einmal ausprobieren, indem Sie einem Clip einen Farbkorrektur-Effekt zuweisen (z. B. Schnelle Farbkorrektur) und anschließend die Sättigung auf 0 % ziehen. Die Folge: Im Vektorskop wird nur ein grüner Punkt präsentiert. Gehen Sie anschließend auf 200 %, wird sich der Bereich weit nach außen hin ausdehnen. Das Vektorskop ist demzufolge nicht nur geeignet, um Farbstiche ausfindig zu machen, sondern auch zur Einstellung der Farbintensität verwendbar. Die Spitzen der kürzeren Linien (z. B. ❹) sollten nicht erfasst werden.

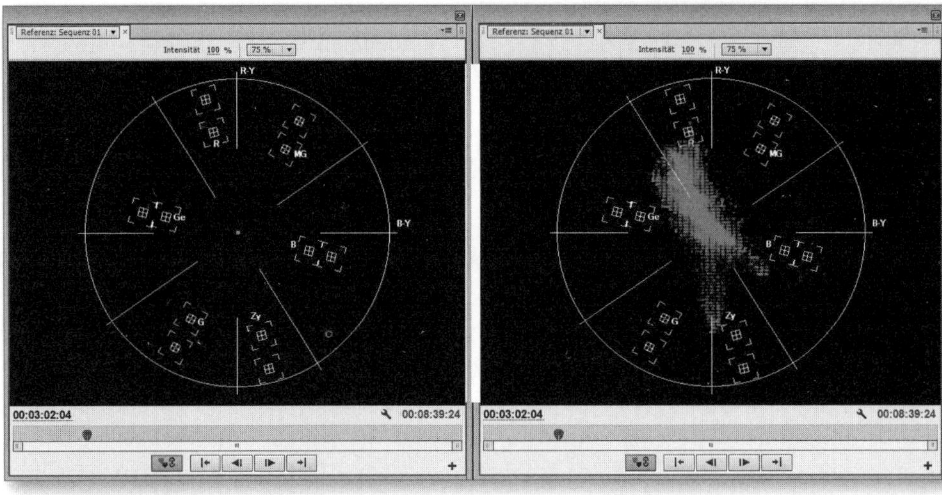

▲ **Abbildung 9.24** Links ist die Farbe komplett entfernt worden, während rechts 200 % Farbe anliegen (Clip »Glaser zeigen 02.avi« an Position 00:03:02:04).

Farbraumänderung für Profis

Sollten Sie mit professionellem Filmmaterial wie ARRI-RAW arbeiten, können Sie den Farbraum im Bedarfsfall anpassen. Das ist immer dann zu empfehlen, wenn die Farben ausgewaschen und trist aussehen. Dazu gehen Sie innerhalb des Projektfensters mit rechts auf den Clip und entscheiden sich für Quelleinstellungen. Wählen Sie hier den gewünschten Farbraum aus. Für herkömmliche Clips steht dieser Dialog nicht zur Verfügung. Der Menüeintrag bleibt ausgegraut.

9.6 Farbkorrektur mit SpeedGrade CC

Adobe SpeedGrade ist eine in der *Creative Cloud* enthaltene Farbkorrektur-Software auf High-End-Niveau. Mit SpeedGrade können einzelne Clips und sogar Sequenzen von Premiere Pro aus (aber auch unabhängig von der Videoschnitt-Software) korrigiert und in professionelle Filmformate konvertiert werden.

9.6.1 Dateien an SpeedGrade übergeben

Sie wollen einen in Premiere Pro befindlichen Clip oder eine Sequenz an SpeedGrade leiten? Dann markieren Sie das Asset im Projektfenster und wählen Datei • An Adobe SpeedGrade senden. Im Anschluss daran ist zunächst einmal ein Speicherort festzulegen (es wird eine SpeedGrade-Projektdatei mit der Endung ».ircp« produziert). Der Transfer dauert etwas, da die Clips in DPX konvertiert werden. Dabei handelt es sich um ein qualitativ ausgezeichnetes Kinofilmformat, das mit bis zu 32 Bit Farbtiefe agieren kann; optimale Voraussetzungen also für die Korrektur.

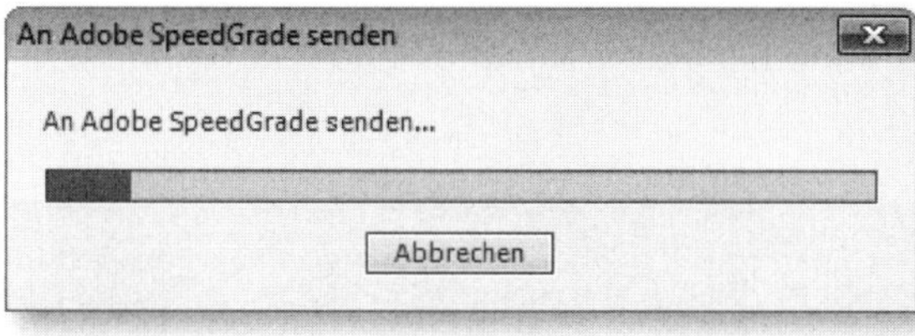

▲ **Abbildung 9.25** Es kann je nach Clip- oder Sequenzumfang schon einige Zeit dauern, bis sämtliche Daten in DPX konvertiert sind.

Enorme Datenmengen

Die Konvertierung in DPX ist zwar ausgesprochen sinnvoll, jedoch werden dazu gigantische Datenmengen erzeugt. Eine einminütige Sequenz beansprucht mehr als 20 GB Speicher. Der Export dauert entsprechend lange. Es ist also eventuell zu empfehlen, SpeedGrade-Projekte nach Fertigstellung der Korrekturen wieder zu löschen.

Keine helle Oberfläche

Mit der dunklen Arbeitsoberfläche ist der Benutzer gut beraten, da eine helle Umgebung ohnehin nicht zu empfehlen wäre. Eine Einstellmöglichkeit wie in den Voreinstellungen von Premiere Pro gibt es nicht.

9.6.2 Ansichtsoptionen anpassen

Standardmäßig wartet SpeedGrade nach dem Öffnen im oberen Bereich der Anwendung mit einem Explorer ❶ (siehe Abbildung 9.26 auf Seite 344) auf. Nach Anwahl des entsprechenden Ordners (hier: ❷) wird dessen Inhalt auf der rechten Seite präsentiert. Sobald Sie die Maus auf einen der Clips stellen, wird eine kleine Plus-Schaltfläche ❸ sichtbar, mit der Sie in der Lage sind, den Clip der aktuellen Timeline ❹ hinzuzufügen. Neue Timelines lassen sich indessen mit Hilfe der Buttons ❺ generieren. Im unteren Bereich des Fensters ❻ werden die Einstelloptionen zur Verfügung gestellt.

Innerhalb der Timeline, die am ehesten an *After Effects* erinnert, können nun einzelne Clips markiert oder auch verschoben werden (oben Video ❼, unten Audio ❽). Unterhalb des Audios befindet sich zudem ein Playhead (Abspielkopf) ⓭, der per Drag & Drop verschoben oder mit Klick auf den kleinen Halbkreis ⓫ mit [Strg]/[cmd] dupliziert werden kann. Schalten Sie um auf ANSICHT ⓬, können im Frame BILDSCHIRMLAYOUT ❿ nun die einzelnen Abspielköpfe aktiviert werden. Das hat zur Folge, dass im Monitorbereich alle Playhead-Positionen präsentiert werden, sofern Sie oben rechts auf Farbe ❾ umstellen. Dadurch wird der direkte Vergleich mehrerer Clips während der Farbkorrektur ermöglicht. So sollte es auch gelingen, die Clips oder die unterschiedlichen Positionen eines Einzel-Clips zu begutachten und farblich optimal aufeinander abzustimmen.

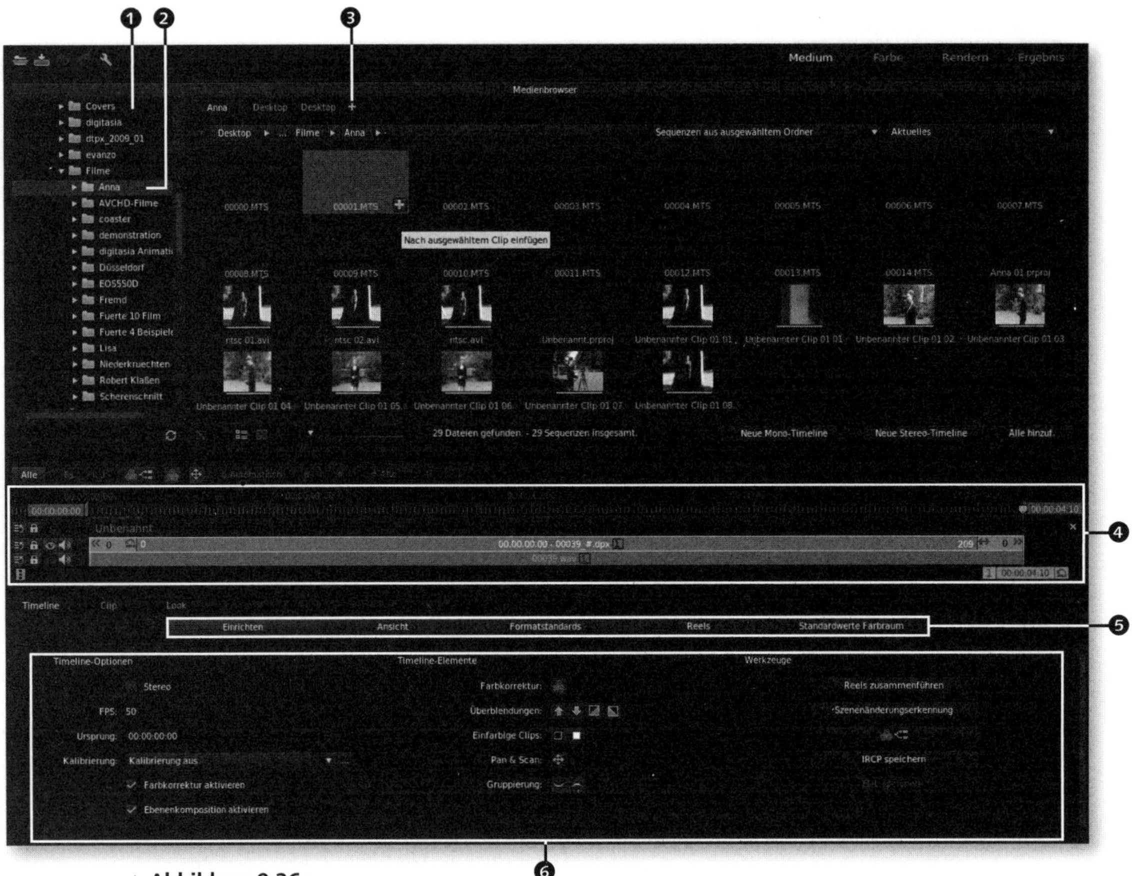

▲ **Abbildung 9.26**
Die SpeedGrade-Oberfläche

Playheads verschieben

Sie werden per Drag & Drop grundsätzlich alle Playheads gemeinsam verschieben. Wollen Sie einen unabhängig von den anderen verschieben, müssen sie [⇧] gedrückt halten.

▲ **Abbildung 9.27**
Richten Sie zunächst die Oberfläche ein.

9.6.3 Korrekturbereiche von SpeedGrade einstellen

Der zu korrigierende Clip muss in der Timeline zunächst einmal markiert werden. Zur eigentlichen Korrektur schalten Sie um auf LOOK ⓮ (siehe Abbildung 9.28 auf Seite 346). Belassen Sie die Korrekturauswahl bei GESAMT ⓯, werden alle Farbbereiche korrigiert. Alternativ wählen Sie einen der nebenstehenden Buttons an:

- ▶ SCHATTEN: Die dunklen Bildbereiche werden korrigiert.
- ▶ MITTELTÖNE: Die mittelhellen Bildbereiche werden korrigiert (größter Korrekturbereich).
- ▶ GLANZLICHTER: Die hellen Bildbereiche werden korrigiert.

▲ **Abbildung 9.28** Die Farbräder sollten vollumfänglich zu erkennen sein.

9.6.4 Korrekturen mit SpeedGrade durchführen

Klicken Sie auf das Kreuzchen in der Mitte eines Farbrades, und halten Sie die linke Maustaste sowie [⇧] gedrückt, um es in Richtung der gewünschten Farbe zu verschieben. Damit ändern Sie das Farbspektrum insgesamt. Einem Blaustich beispielsweise ließe sich dadurch entgegenwirken, dass Sie das Kreuz ein wenig in Richtung 10 Uhr verschieben (also in die entgegengesetzte Richtung von Blau). Ziehen Sie das kleine Dreieck am Kopf des Farbkreises nach links oder rechts, wird der Clip heller bzw. dunkler. Sollten die Einstellungen nicht zufriedenstellend sein, können Sie diese per Mausklick wieder verwerfen (siehe Abbildung 9.29).

- ❶ = Helligkeitsveränderungen durchführen
- ❷ = Helligkeitsveränderungen rückgängig machen
- ❸ = Farbveränderungen rückgängig machen

Fenster erweitern

Sie sehen, dass aktive Fenster (genau wie in Premiere Pro) mit einem Markierungsrahmen versehen sind. Klicken Sie ganz oben rechts auf die kleine Dreieck-Schaltfläche, kann das Bedienfeld erweitert werden. Ein erneuter Klick darauf stellt die ursprüngliche Ansicht wieder her.

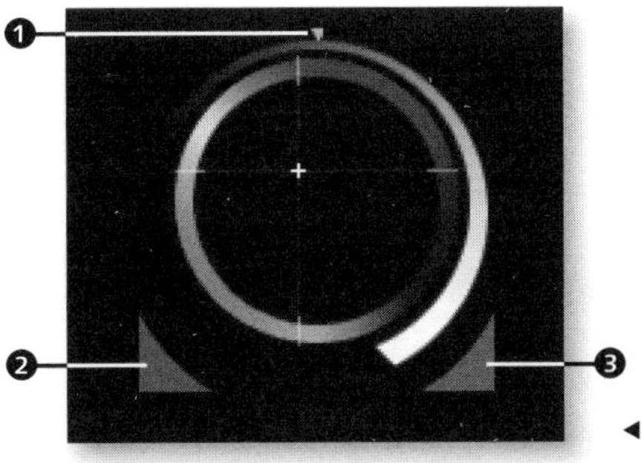

◂ **Abbildung 9.29** Der Gamma-Regler

Rechtsklick

Das Kreuz lässt sich auch nach einem Rechtsklick verschieben. Ein erneuter Rechtsklick löst den Mauszeiger wieder vom Steuerelement ab.

Beachten Sie auch, dass sich noch weitere Regler oberhalb der Farbkreise befinden. Sie liegen im Halbdunkel, werden jedoch anwählbar, sobald Sie mit der Maus darauf zeigen. Wem diese Art der Steuerelemente nicht liegt, der kann auch auf andere Bedienfunktionen zurückgreifen, indem er (eventuell mehrfach) [⇧]+[↵] betätigt (am intuitivsten sind jedoch die Farbkreise).

◂ **Abbildung 9.30** Erwecken Sie die Schieberegler zum Leben.

9.6.5 SpeedGrade-Dateien speichern

Speichern Sie Ihr Projekt von Zeit zu Zeit ab, indem Sie auf das kleine Festplattensymbol oben links klicken. Davon abgesehen, speichert SpeedGrade von Hause aus alle fünf Minuten nach (Schraubschlüssel-Symbol • AUTOMATISCH SPEICHERN • IMMER SPEICHERN, MINDESTENS ALLE [X] MINUTEN).

◂ **Abbildung 9.31** Ein Klick auf das Festplattensymbol sichert die Arbeitsdatei.

9.6.6 SpeedGrade-Endformate ausgeben

Wenn alles erledigt ist, wechseln Sie oben rechts auf RENDERN. Nun müssen Sie in der Zeile ORDNER noch den Speicherort festlegen. Außerdem ist im Feld DATEINAME eine Bezeichnung zu vergeben, da ansonsten der Button RENDERN nicht zur Verfügung steht. Öffnen Sie zudem das Pulldown-Menü FORMAT UND OPTIONEN, falls Sie das Ausgabeformat wechseln wollen. Cineon beispielsweise gibt das gesamte Ergebnis in Form von Einzelbildern aus (Dateiendung ».cin«). Diese Bilder wiederum könnten nun noch in Photoshop bearbeitet werden. AJA 10 BIT LIN RGB hingegen gibt einen kompletten Film als ».mov« aus.

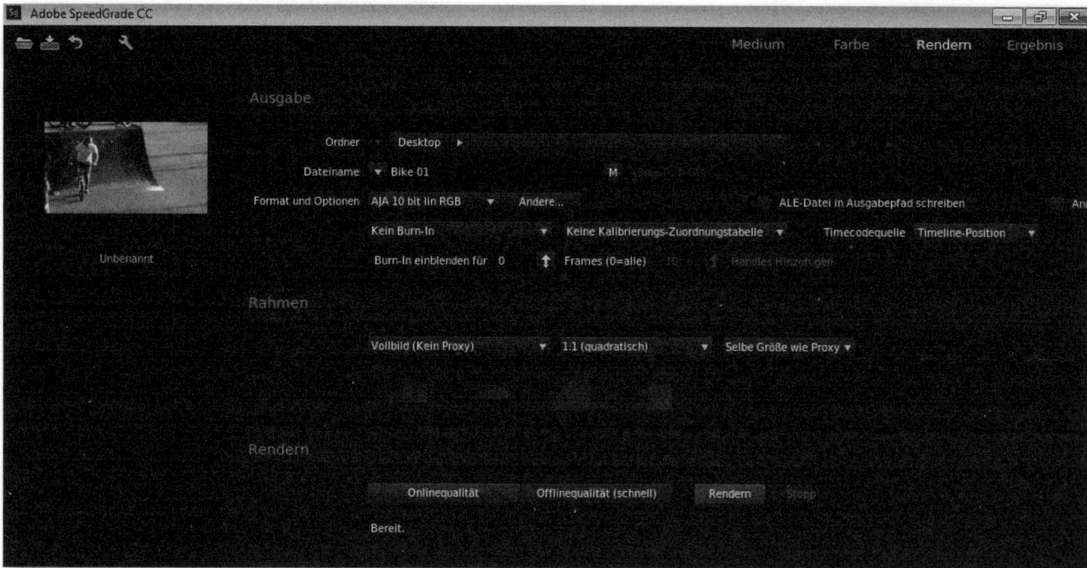

▲ **Abbildung 9.32** Zuletzt erfolgt der Export.

10 Audio

Zu einem guten Video gehört auch ein entsprechender Sound, das versteht sich wohl von selbst. Damit auch Ihre Videos nicht nur durch ein großartiges Bild, sondern auch optimalen Ton glänzen, sollten Sie diesen entsprechend bearbeiten und anpassen. Wie das Bild lässt sich auch der Ton prima im Schnittfenster bearbeiten, und für die spätere Ausgabe kommt der *Audiospur-Mixer* zum Tragen, der sich in Vorgängerversionen von Premiere Pro CC noch *Audiomixer* nannte. Allerdings sollten Sie sich mit den Eigenheiten der Soundbearbeitung in Premiere Pro vertraut machen. In diesem Kapitel erhalten Sie Antworten auf die folgenden Fragen:

- Wie werden Audioclips im Schnittfenster bearbeitet?
- Wie lassen sich kleinere Audiostörungen nachbearbeiten?
- Wie können Audiodateien überblendet werden?
- Welche Audioeffekte eignen sich zur Nachbearbeitung?
- Was ist ein Audioradar?
- Was ist der Audiospur-Mixer?
- Wie füge ich einen Audiokommentar (Voice-over) hinzu?
- Wie funktioniert die Automatisierung?
- Wie werden Spur-Effekte eingefügt?

10.1 Grundlagen der Audiobearbeitung in Premiere Pro

Bevor Sie sich mit der Audiobearbeitung beschäftigen, einige grundsätzliche Dinge vorweg, auf die Sie achten müssen.

10.1.1 Spuren definieren

In Kapitel 5, »Mit Sequenzen arbeiten«, haben Sie bereits erfahren, wie das Handling mit Spuren vonstattengeht. Wenn Sie eine Sequenz manuell anlegen und im Dialog NEUE SEQUENZ auf das Register SPUREN ❶ gehen, können Sie die Anzahl der Spuren sowie deren Eigenschaften festlegen. Die Spur MASTER ❷ im Bereich AUDIO verkörpert die Ausgabe. Hier laufen also zum Zeitpunkt der Filmausgabe alle in der Sequenz vorhandenen Spuren zusammen. Bestimmen Sie bereits zu Beginn, welches Format diese Spur haben soll. Sollten Sie sich für MEHRKANAL entscheiden, lässt sich im nebenstehenden Pulldown-Menü festlegen, aus wie vielen Spuren die Masterspur bestehen soll. Maximal sind 16 Spuren möglich.

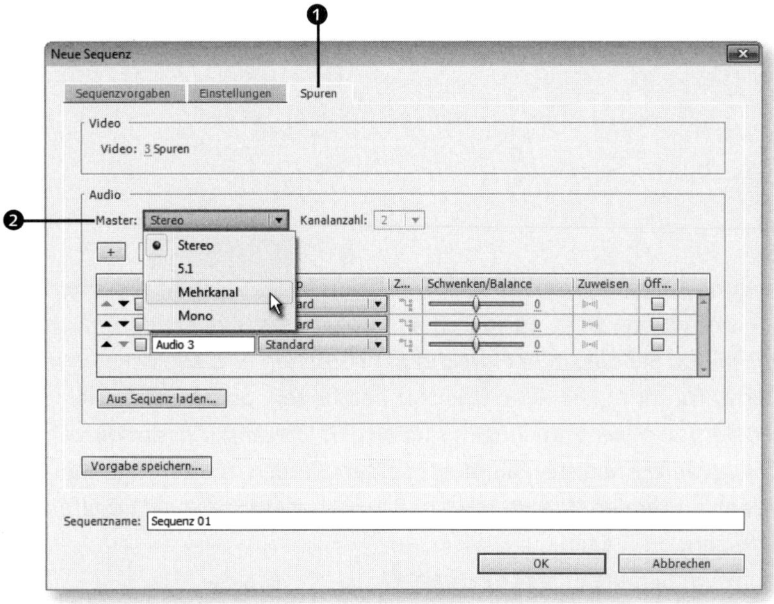

▲ **Abbildung 10.1** Wenn Sie sich für MEHRKANAL entscheiden, können Sie bestimmen, wie viele Kanäle enthalten sein sollen.

Standard und Mehrkanal

Beim Format STANDARD handelt es sich um die guten alten Stereospuren (denen allerdings auch Mono-Clips hinzugefügt werden dürfen). MEHRKANAL hingegen wird eingesetzt, um professionelles Videomaterial, das aus zahlreichen Spuren bestehen kann, in Premiere Pro individuell verarbeiten zu können.

Darüber hinaus lassen sich Adaptivspuren erzeugen, die sich dadurch auszeichnen, dass sie zunächst einmal über die gleiche Kanalanzahl verfügen wie die Masterspur.

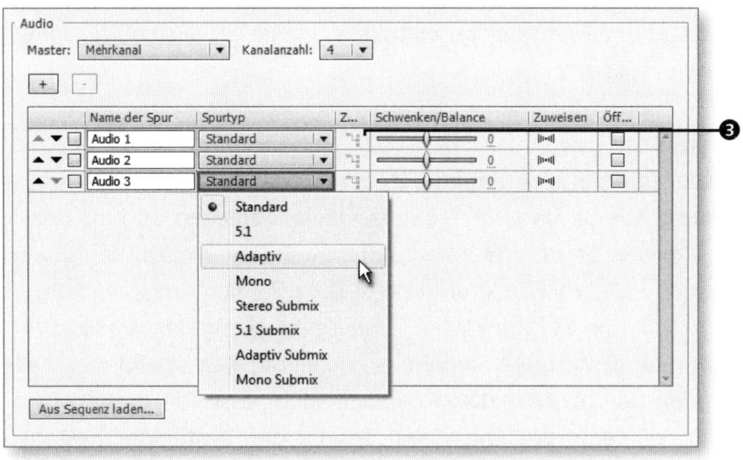

▲ **Abbildung 10.2** Adaptivspuren gibt es seit Premiere Pro CS6.

Submix-Spurtypen

Bei den hier ebenfalls ausgewiesenen Submix-Spurtypen handelt es sich gewissermaßen um Zwischenspuren. Sie können normale Spuren in einer Submixspur zusammenlaufen lassen und diese dann gemeinsam regeln. Wie das funktioniert, erfahren Sie in Abschnitt 10.7.3, »Submix-Spuren«.

Durch Anwahl einer solchen Adaptivspur wird das nebenstehende Symbol aktiv. Nach einem Klick auf dieses Symbol ❸ (die Spaltenüberschrift ZUWEISEN wird erst sichtbar, wenn Sie sie per Drag & Drop vergrößert haben) erhalten Sie direkten Zugriff auf die Ein- und Ausgabespuren. Ein praktisches Beispiel dazu: Sie haben es mit Material zu tun, das aus vier Audiospuren besteht, wollen aber nur die Spuren 1 und 2 im Projekt verwenden. In diesem Fall klicken Sie auf das kleine Dreieck ❹ der Spur 3 und stellen hier um auf OHNE. Wiederholen Sie den Schritt auch bei Spur 4, werden nur noch die ersten beiden Spuren verwendet. Ebenso ließe sich übrigens auch festlegen, dass ein Input-Kanal (Kanal des Ausgangsmaterials) auf verschiedene Ausgabekanäle gelegt wird (immerhin handelt es sich um Checkboxen, von denen ja auch mehrere oder alle gleichzeitig aktiv sein können – siehe Abbildung 10.4).

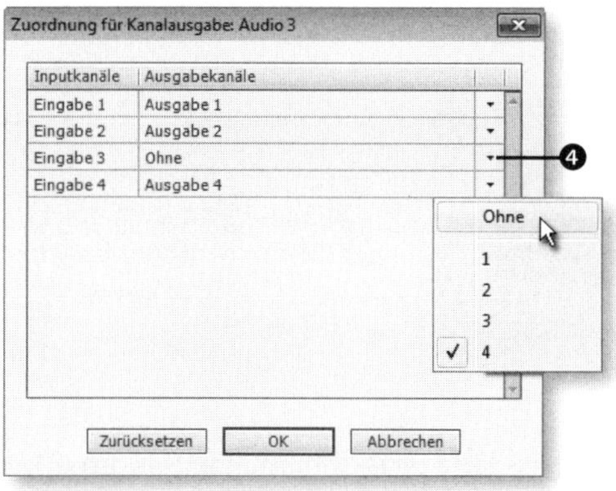

▲ **Abbildung 10.3** Die Kanäle 3 und 4 erhalten keine Ausgabezuordnung.

▲ **Abbildung 10.4** Die Definition mehrerer Ausgabekanäle ist erlaubt.

Was damit gemeint ist, sehen Sie, wenn Sie nach Anlegen der Sequenz auf den Audiometer unten rechts schauen. Da wir uns für eine Ausgabe auf den Spuren 2–4, nicht jedoch auf 1 entschieden haben, bleibt die linke Spuranzeige inaktiv.

Audiometer aktivieren

Sollten Sie in der Arbeitsumgebung AUDIO (ARBEITSBEREICH • AUDIO) arbeiten, wird das Aussteuerungs-Bedienfeld nicht angezeigt. Dieses ist auch nicht erforderlich, da Sie ja über das Bedienfeld AUDIOCLIP-MIXER verfügen, welches ebenfalls die Pegel präsentiert. Wer dennoch die Balken unten rechts wünscht, wählt FENSTER • AUSSTEUERUNG und erweitert das unten rechts neben dem Schnittfenster erscheinende Bedienfeld horizontal.

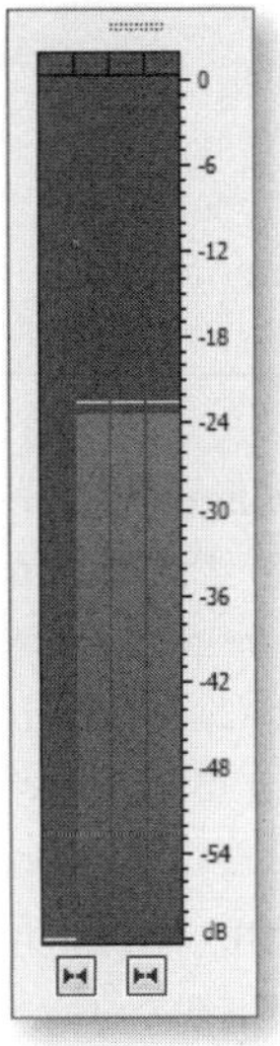

◂ **Abbildung 10.5** Im Audiometer ist zu erkennen, dass Kanal 1 jetzt nicht belegt ist.

Spurausgabe ändern | Die soeben vorgenommenen Einstellungen sind keinesfalls in Stein gemeißelt. Sie kommen nach Erstellung der Sequenz immer wieder zurück zum vorgenannten Dialog, indem Sie auf das kleine Zuordnungssymbol ❶ im Spurkopf des Schnittfensters klicken.

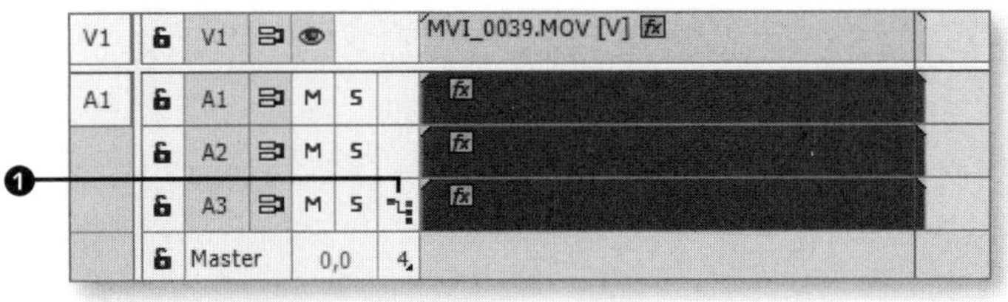

◂ **Abbildung 10.6** Ein Klick auf dieses unscheinbare Symbol öffnet den Kanalausgabe-Dialog erneut.

10.1.2 Spuren erkennen

In diesem Zusammenhang müssen Sie wissen, dass sich unterschiedliche Spuren auch durch unterschiedliche Symbole auszeichnen. Während ein Mono-Clip nur ein Lautsprechersymbol ausweist ❷, wird beim Standard-Clip kein Symbol präsentiert ❸. Das herkömmliche Stereosymbol sehen Sie hier in der Masterspur ❻. Bei ❹ handelt es sich um Dolby 5.1 und bei ❺ um eine Adaptivspur.

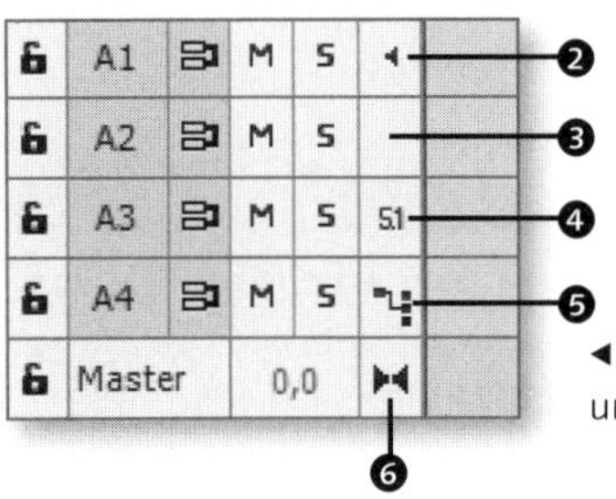

◂ **Abbildung 10.7** Beachten Sie die unterschiedlichen Symbole.

10.1.3 Spuren zuordnen

Bleibt die Frage, ob man beispielsweise einen Mono-Clip in eine Stereospur stecken kann. Die Antwort: Ja! Er lässt sich auch in einer Adaptivspur unterbringen, nicht jedoch in einer 5.1-Spur. Sie dürfen auch gerne einen Stereo-Clip in eine Monospur packen. Eine Adaptivspur geht auch, Dolby hingegen nicht.

10.1.4 Keyframes und Umfang anzeigen

Nachdem Sie eine Audiospur im Schnittfenster soweit vergrößert haben, dass die kleine Rauten-Schaltfläche (Keyframes) ❼ sichtbar wird, lässt sich mit einem Klick darauf von Clip-Keyframes auf Spuren-Keyframes umschalten – und umgekehrt.

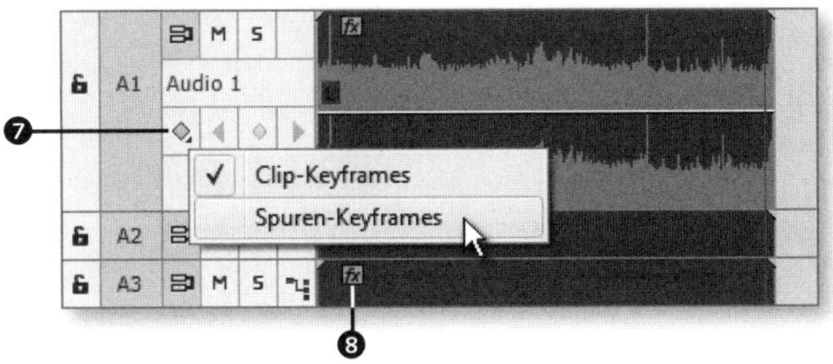

▲ **Abbildung 10.8** Schalten Sie über den Button KEYFRAMES ANZEIGEN im Spurkopf die gewünschte Anzeige ein.

- CLIP-KEYFRAMES: Die Keyframes der Clips werden (sofern vorhanden) angezeigt und können individuell bearbeitet werden. Zudem lassen sich bestimmte Effekt-Attribute anzeigen (siehe LAUTSTÄRKE: PEGEL auf dem Clip), indem Sie das fx-Symbol ❽ selektieren. Klicken Sie darauf, werden die möglichen Anzeigeoptionen sichtbar. Dabei handelt es sich um die Effekte (sowohl fixierte als auch zugewiesene Effekte).

▲ **Abbildung 10.9** PEGEL ist die Standardanzeige.

SPUREN-KEYFRAMES: Diese Anzeige bezieht sich nicht mehr auf einzelne Clips, sondern auf die gesamte Spur. Wenn die Option aktiv ist, lässt sich der einzelne Clip nicht mehr selektieren. Indiz für diese Einstellung ist die durchgehende schwarze Linie auf der Mitte des Clips. Am deutlichsten wird das, wenn Sie den Clip oder die Spur mit Keyframes versehen. Wie das funktioniert, erfahren Sie gleich in Abschnitt 10.2, »Audio bearbeiten«.

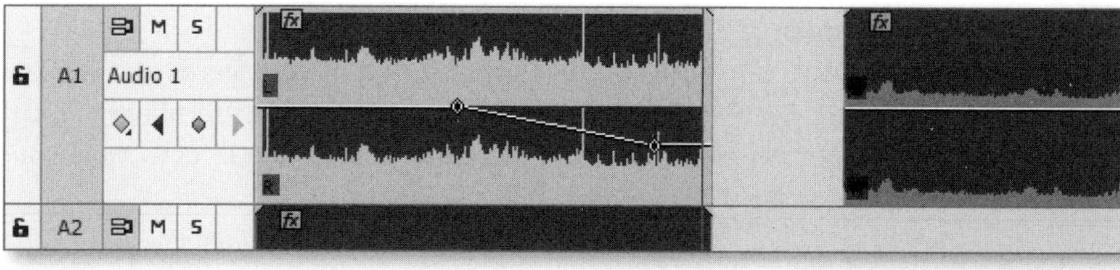

▲ **Abbildung 10.10** Hier sind CLIP-KEYFRAMES aktiviert. Ein Clip kann markiert werden (hier der linke). Die Lautstärke-Linie endet am Clip-Ende. Bei einer Absenkung der Lautstärke wird nur dieser eine Clip leiser.

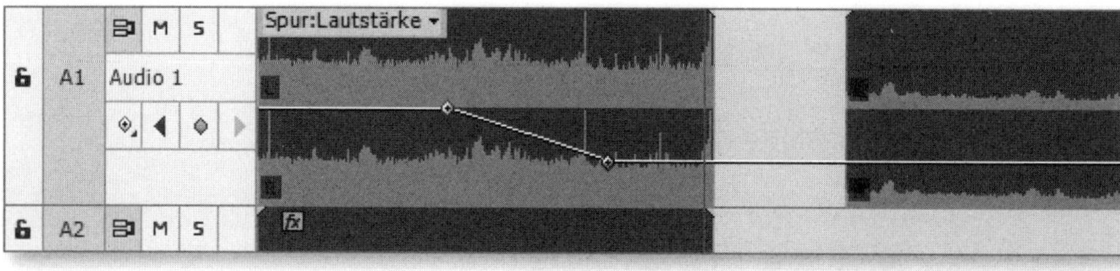

▲ **Abbildung 10.11** Hier ist die Option SPUREN-KEYFRAMES aktiviert. Der einzelne Clip kann nicht bearbeitet werden. Die Lautstärke-Linie läuft ununterbrochen durch. Bei einer Absenkung der Lautstärke werden nachfolgende Clips leiser.

Sollten Sie sich in der Anzeige SPUREN-KEYFRAMES befinden, sind damit die Effekt-Symbole (fx) nicht mehr zugänglich. Verständlich, denn diese beherbergen ja Effekte, die den jeweiligen Clip betreffen. Dennoch können Sie natürlich auch in dieser Anzeige-Einheit beispielsweise von der SPURLAUTSTÄRKE auf den TONSCHWENK (Balance) umschalten. Dazu klicken Sie auf den Eintrag SPUR:LAUTSTÄRKE an, zeigen auf TONSCHWENK und lassen einen Klick auf AUSGLEICH folgen. Das hat dann zur Folge, dass die schwarze Linie nicht mehr die Lautstärke, sondern die Links-rechts-Balance symbolisiert.

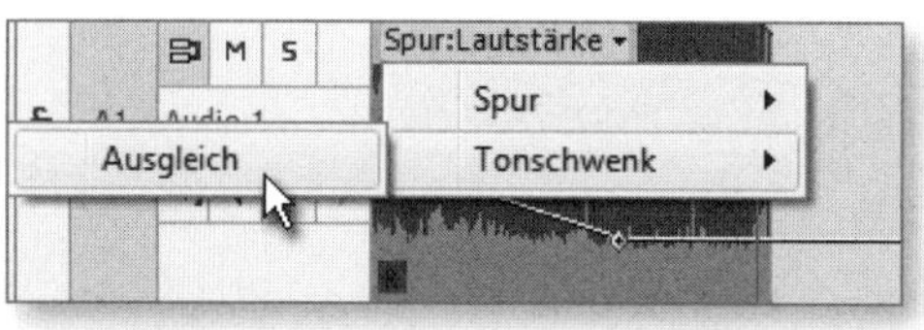

◂ **Abbildung 10.12** Auch bei eingeschalteten SPUREN-KEYFRAMES lassen sich andere Optionen anzeigen.

Keyframes hinzufügen

Wie Video-Keyframes lassen sich auch Audio-Keyframes mit Hilfe des Zeichenfeder-Werkzeugs platzieren und bearbeiten. Platzieren Sie die Keyframes direkt auf der gelben Linie des Clips im Schnittfenster oder auf der Spur – je nachdem, ob gerade Clip- oder Spur-Keyframes angezeigt werden. In Abschnitt 10.3, »Kleinere Audiokosmetik«, gibt es einen Workshop dazu.

10.1.5 Audio-Zeiteinheiten

Zuvor möchte ich Ihnen aber noch kurz demonstrieren, wie Sie auf Audio-Zeiteinheiten umschalten. Im Zusammenhang mit der Audiobearbeitung ist das nämlich sehr wichtig. Zoomen Sie das Schnittfenster einmal so weit wie möglich auf, und betätigen Sie anschließend die Tasten SCHRITT VORWÄRTS bzw. SCHRITT ZURÜCK im Programmmonitor. Alternativ können Sie natürlich auch [←] oder [→] auf Ihrer Tastatur benutzen.

Sie werden feststellen, dass sich die Einfügemarke des Schnittfensters auf der oberen Skala immer um einen Teilstrich vor- oder zurückbewegt. Das hat eine ganz logische Ursache: Sie arbeiten mit 25 Einzelbildern pro Sekunde. Das bedeutet aber auch, dass der kleinste ausführbare Schritt 1/25 Sekunde ist – eigentlich viel zu viel, um vernünftig mit Audiodateien arbeiten zu können. Hier müssten wesentlich kleinere Sprünge realisierbar sein, um wirklich einen einzelnen kleinen Knacker im Sound eliminieren zu können. Selbstverständlich ist das möglich. Dazu müssen Sie allerdings im Bedienfeldmenü ❶ des Schnittfensters auf AUDIO-ZEITEINHEITEN ANZEIGEN umschalten (das Gleiche funktioniert außerdem in den beiden Monitoren, wobei nur Programmmonitor und Schnittfenster eine Einheit bilden).

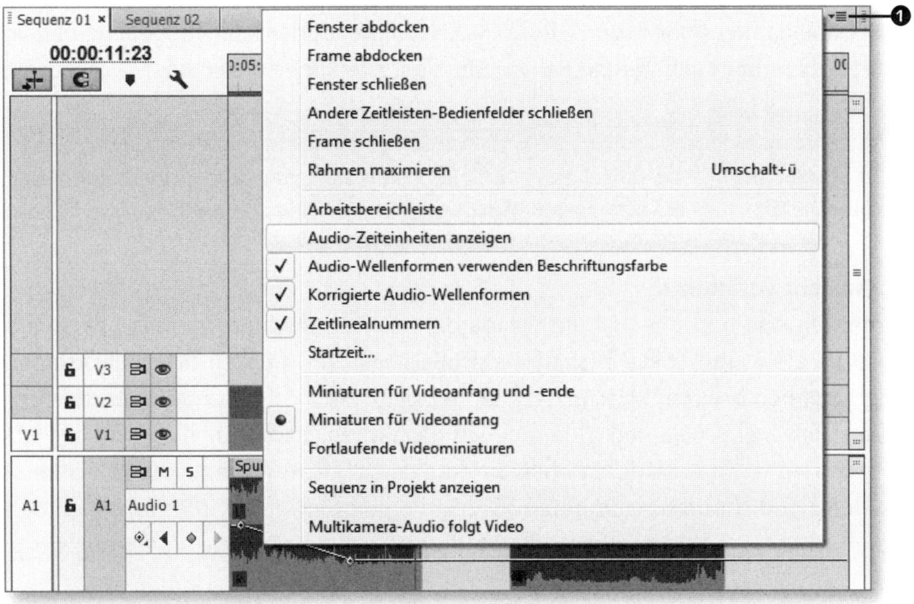

▲ **Abbildung 10.13** Eine genaue Bearbeitung von Audiodateien ist nur möglich, wenn das Schnittfenster auf AUDIO-ZEITEINHEITEN ANZEIGEN umgestellt wird.

▲ **Abbildung 10.14** Links: Timecode mit Video-Zeiteinheiten, rechts: Timecode mit Audio-Zeiteinheiten

Timecode-Eingabe

Wenn Sie einen Timecode bei aktivierten Audioeinheiten per Hot-Text-Steuerelement eingeben, müssen Sie auch hier die geänderte Schreibweise beachten. Sie geben jetzt die kleinsten Einheiten nicht mehr in Frames, sondern in Samples an – und das sind bei einem 48kHz-Projekt 48.000 Samples pro Sekunde.

Wiederholen Sie doch einmal den Versuch von vorhin, und navigieren Sie mit den Pfeiltasten nach links und rechts. Sie werden jetzt kaum noch eine Bewegung der Einfügemarke ausmachen. Aber Sie können jetzt noch viel weiter in die Timeline hineinzoomen. Diese bewegt sich nämlich jetzt nicht mehr bildweise, sondern in sogenannten Samples. Wenn Sie ein Projekt mit 48 kHz angelegt haben, ist die kleinste Einheit jetzt entsprechend 1/48.000 Sekunde – ein **Sample** eben. Eine Sekunde Film erstreckt sich jetzt nicht mehr von Frame 0 bis Frame 24, sondern von Sample 0 bis Sample 47.999.

Sie sollten jetzt aber nicht davon ausgehen, dass sich Videos genauso exakt schneiden ließen. Sie können weiterhin nur zwischen zwei einzelnen Bildern schneiden. Versuchen Sie, an irgendeiner Stelle einen Videoschnitt auszuführen, an der nicht gerade zwei Bilder aneinanderstoßen, wird dieser Schnitt dann an der nächstmöglichen Stelle ausgeführt – eventuell nicht genau da, wo Sie die Rasierklinge ansetzen.

Audio-Zeiteinheiten ausschalten

Wenn Sie wieder auf Frames umschalten wollen, öffnen Sie erneut das Bedienfeldmenü, und klicken Sie abermals auf den Eintrag Audio-Zeiteinheiten anzeigen.

10.1.6 Ansicht verändern

Für die meisten Audioarbeiten ist die Standardansicht einer Audiospur nicht geeignet. Sie ist viel zu klein und sollte deshalb vergrößert werden. Führen Sie zunächst den Mauszeiger auf den breiten Zwischensteg ❶, der sich zwischen den Audio- und Videospuren befindet. Ziehen Sie den Videobereich nach oben, damit für Audio mehr Platz zur Verfügung steht. Im Anschluss ziehen Sie eine der schmalen Trennlinien ❷ zwischen den einzelnen Audiospuren nach unten. Denken Sie immer daran, dies zwischen den Spurköpfen zu tun, weil die Funktion direkt in der Timeline nicht zur Verfügung steht.

Spur manuell erweitern

Zwar verfügt Premiere Pro CC über eine Einstellung, mit der sich die Spuren vertikal auseinanderziehen lassen (Schraubenschlüssel im Schnittfenster, gefolgt von Alle Spuren erweitern), jedoch werden die Spuren damit nicht groß genug, um die Keyframe-Buttons bedienen zu können. Deswegen ist die zuvor beschriebene manuelle Streckung wesentlich besser.

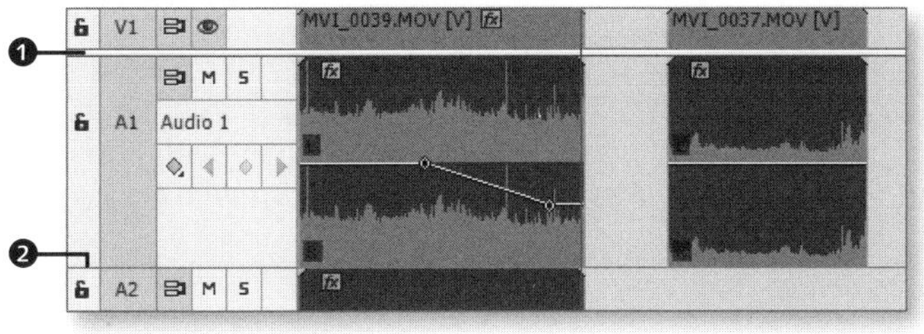

▲ **Abbildung 10.15** Geben Sie der Audiospur mehr Platz.

10.1.7 Clips sichten

Sie können Sounds in den Quellmonitor bringen, indem Sie den Clip im Projektfenster mit einem Doppelklick versehen. Clips aus dem Schnittfenster stellen Sie ebenfalls per Doppelklick in den Quellmonitor. Dort können Sie dann direkten Einfluss darauf nehmen, ob der Videoclip oder die Audio-Wellenform angezeigt werden soll. Letzteres erreichen Sie, indem Sie auf die kleine Schaltfläche NUR AUDIO ZIEHEN gleich unterhalb des Vorschaubilds klicken. Dies ist übrigens eine Neuerung in Premiere Pro CC.

Sollte sich bereits ein AV-Clip im Quellmonitor befinden, können Sie dessen Audio anzeigen lassen, indem Sie in das Bedienfeldmenü gehen und dort von COMPOSITE-VIDEO auf AUDIO-WELLENFORM umschalten. Entsprechendes erreichen Sie seit Premiere Pro CC auch, wenn Sie auf die Schaltfläche NUR AUDIODATEIEN ZIEHEN ❹ gehen. Zurück zur Videoanzeige gelangen sie mittels Klick auf die nebenstehende Schaltfläche ❸.

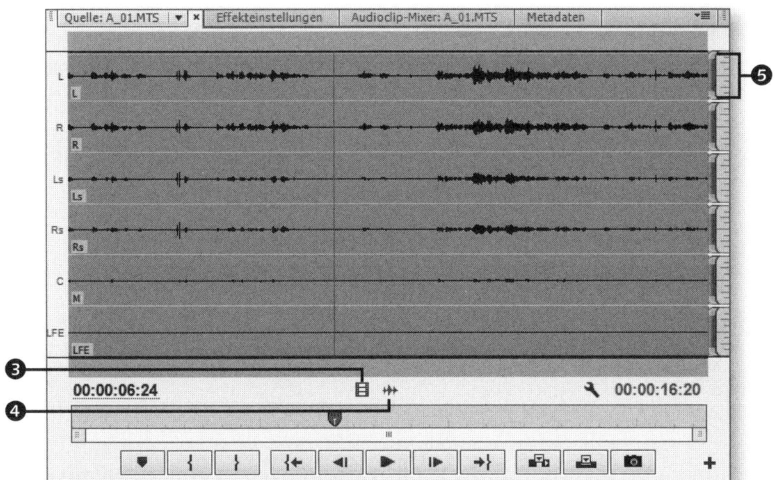

▲ **Abbildung 10.16** Schnell umschalten mit einfachem Klick

Sollte der Pegel in der Höhe zu gering dargestellt werden, was ja bei Original-Clips sehr oft der Fall ist, können Sie einen der Schieber ❺, die sich in jedem Kanal befinden, mit gedrückter linker Maustaste nach oben oder unten bewegen. Machen Sie das, während Sie ⇧ gedrückt halten, werden bei einem Stereo-Clip beide Spuren gleichzeitig angehoben.

Keine Audio-Anhebung

Achtung! Hierbei handelt es sich lediglich um eine grafische Darstellung, die es Ihnen ermöglichen soll, markante Stellen innerhalb des Audioclips schnell aufzufinden und das Audio insgesamt besser zu beurteilen. Eine Änderung der Lautstärke wird damit nicht erreicht.

Wenn Sie anschließend die Schaltflächen SCHRITT VORWÄRTS und SCHRITT ZURÜCK benutzen, denken Sie daran, dass die Navigation trotzdem frameweise und nicht in Sample-Schritten erfolgt. Aber auch hier haben Sie die Möglichkeit, über das Bedienfeldmenü des Quellmonitors auf Audio-Zeiteinheiten umzuschalten. Der Befehl ist mit AUDIO-ZEITEINHEITEN ANZEIGEN betitelt.

10.1.8 Audiometer

Noch kurz ein Wort zum Audiometer unten rechts. Was die Darstellung angeht, ist es nun auch möglich, eine horizontale Ansicht zu erreichen, indem Sie das Bedienfeld beispielsweise unter das Schnittfenster ziehen. Mit Hilfe der S-Buttons ❶ im Fuß des Audiometers lassen sich nun auf die Schnelle Spuren solo stellen. Das bedeutet: Nach einem Klick darauf wird nur diese Spur wiedergegeben. Alle anderen bleiben stumm.

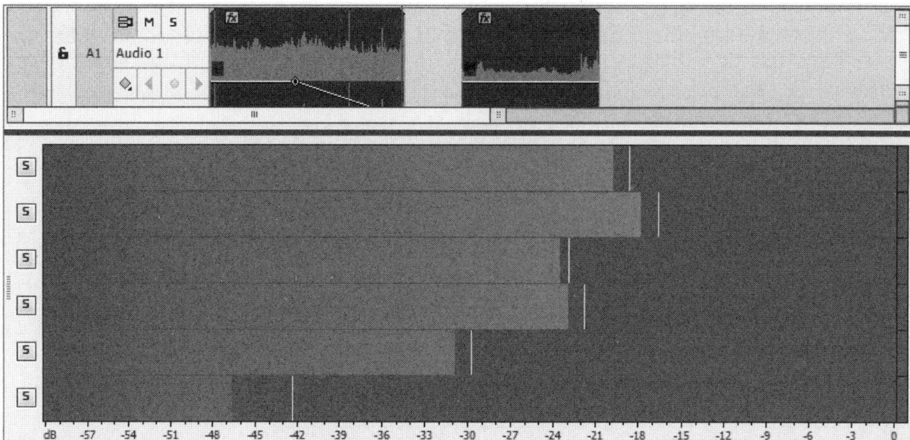

▲ **Abbildung 10.17** Horizontalanzeige des Audiometers

Interessante Funktionen stecken zudem noch im Kontextmenü. Nach einem Rechtsklick können Sie beispielsweise die Anzeige des Dezibel-Bereichs (standardmäßig 60 db) erhöhen oder verringern (je geringer der Wert, desto empfindlicher die Anzeige in den Spitzen). Interessanter ist die Möglichkeit von DYNAMISCHE auf STATISCHE SPITZEN umzustellen. Das hat den Vorteil, dass die maximal erreichten Pegel in Form einer Linie dauerhaft angezeigt werden ❷. Diese Anzeige bleibt sogar erhalten, nachdem die Wiedergabe gestoppt worden ist ❸. Gehen Sie zusätzlich noch auf TÄLER ANZEIGEN, werden sogar die niedrigsten Pegel markiert ❹.

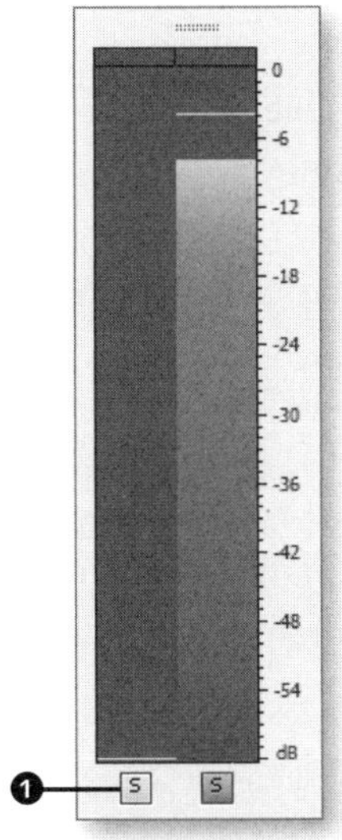

▲ **Abbildung 10.18** Der rechte Kanal eines Stereo-Clips wird solo abgespielt.

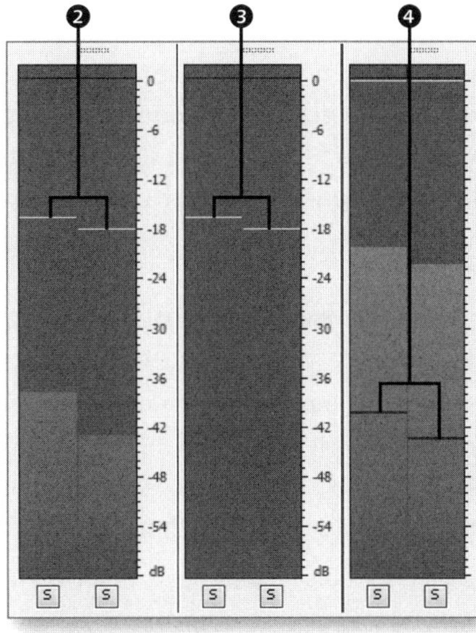

▲ **Abbildung 10.19** Nützliche Ergänzungen sind auch die Fixierungen von Spitzen und Tälern (Valleys).

Audio-Check | Grundsätzlich sollten Sie, bevor Sie einen Film ausgeben, einen Audio-Check durchführen. Lassen Sie dazu die gesamte Sequenz abspielen, wobei Sie den Audiometer beachten sollten. Falls Sie jetzt an eine Stelle gelangen, die zu laut ist, wird sich im oberen Bereich der Palette eine rote Markierung ❺ zeigen. Dies deutet darauf hin, dass es zu einer Übersteuerung gekommen ist.

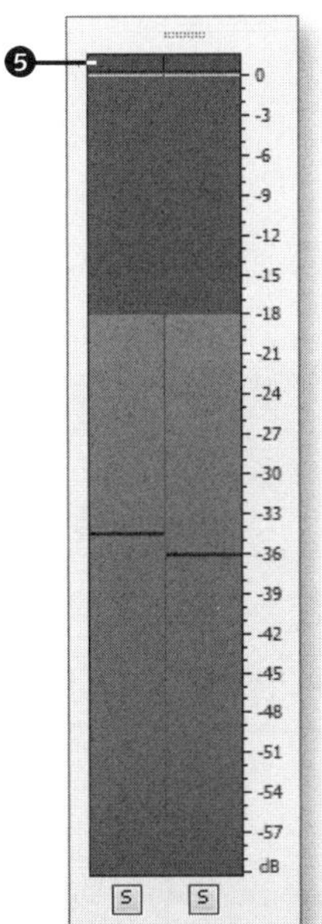

◂ **Abbildung 10.20** Achten Sie immer auf die Pegel.

Erfreulicherweise bleibt diese rote Markierung auch im Anschluss aktiv. Sie erlischt erst dann, wenn Sie eine neue Wiedergabe starten. Das hat den Vorteil, dass Sie, wenn Sie gerade einmal nicht hingeschaut haben, auch später noch erkennen können, dass es innerhalb der Sequenz zu einer Übersteuerung gekommen ist.

10.2 Audio bearbeiten

Dieser Abschnitt beginnt gleich mit einer guten Nachricht: Audioclips werden genauso behandelt wie Videoclips. In diesem Kapitel muss also das Rad nicht neu erfunden werden. Alles das, was Sie zu Themen wie Clip-Bearbeitung und Keyframes bereits kennengelernt haben, gilt auch für Audio.

Scrubbing

Wenn Sie einen der Abspielköpfe verziehen, wird der Ton ebenfalls ausgegeben. Falls Sie das nicht wollen, gehen Sie über BEARBEITEN/PREMIERE PRO • VOREINSTELLUNGEN • AUDIO und deaktivieren das Häkchen vor AUDIO BEIM SCRUBBING ABSPIELEN.

10.2.1 Lautstärke verändern

Wenn Sie die Lautstärke eines Clips im Schnittfenster verändern wollen, können Sie das tun, indem Sie die gelbe Linie ❶ herunterziehen (auch hierbei ist natürlich entscheidend, ob Sie sich gerade in der Anzeige Clip-Keyframes oder Spur-Keyframes befinden). Eine dynamische QuickInfo verdeutlicht, bei welcher Dezibel-Veränderung (ausgehend von 0) Sie sich aktuell befinden. Halten Sie zusätzlich Strg/cmd gedrückt, lässt sich die Einstellung sehr viel sensibler vornehmen.

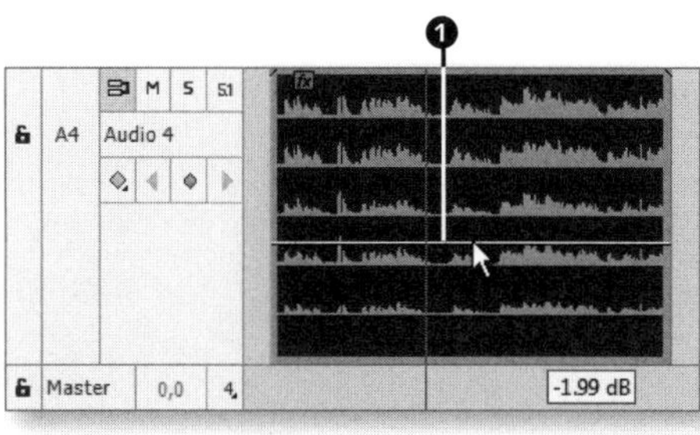

▲ **Abbildung 10.21** Die Lautstärke wird hier gerade verringert.

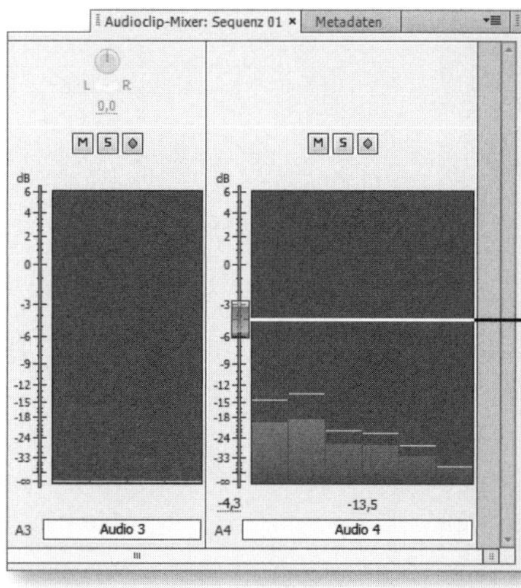

▲ **Abbildung 10.22** Im Audioclip-Mixer können Sie einzelne Audiospuren bearbeiten (hier Audio 4).

Wer die gesamte Spur absenken möchte, kann mit dem Audioclip-Mixer-Bedienfeld arbeiten. Hier werden alle Kanäle gleichermaßen durch Ziehen des Reglers ❷ verändert. Sie können das aber auch in den EFFEKTEINSTELLUNGEN erledigen. Öffnen Sie dazu den Effekt LAUTSTÄRKE, und bedienen Sie das Steuerelement PEGEL. Dass Sie die Lautstärke auch zeitabhängig über Keyframes regeln können, sei jetzt wirklich nur am Rande erwähnt.

Sollte es sich um einen Clip handeln, der aus mehr als nur einer Audiospur besteht, gesellt sich der fixierte Effekt LAUTSTÄRKE/KANAL hinzu, mit dessen Hilfe jeder Kanal einzeln geregelt werden kann.

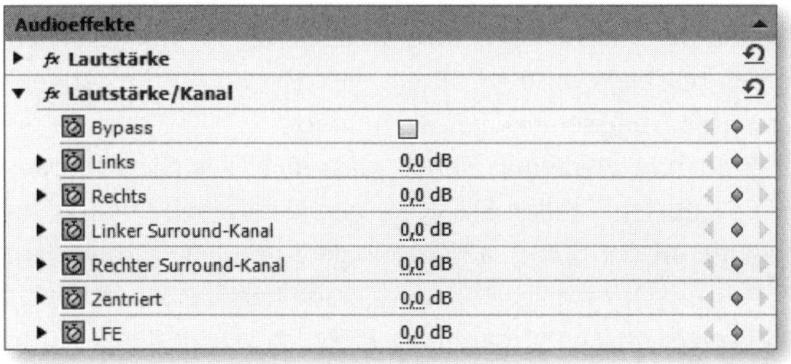

▲ **Abbildung 10.23** Die Lautstärkeregelung eines 5.1-Clips in den EFFEKTEINSTELLUNGEN

Tonschwenk

Der Effekt TONSCHWENK (nicht 5.1) ermöglicht die Verlagerung auf einen bestimmten Kanal zu Ungunsten des anderen – auch als Balance bezeichnet.

Eine solche Anpassung können Sie auch direkt im Schnittfenster vornehmen. Dazu müssen Sie lediglich die Linie nach unten (leiser) oder nach oben (lauter) bewegen – per Drag & Drop natürlich. Voraussetzung dafür ist aber, dass nicht gerade die SPUREN-KEYFRAMES angezeigt werden. In diesem Fall würden Sie nämlich nicht den Clip, sondern die gesamte Spur in der Lautstärke absenken.

10.2.2 Clips normalisieren

Premiere Pro stellt eine interessante Möglichkeit zur Verfügung, Audioclips in der Lautstärke aneinander anzugleichen. Dabei wird der zuvor ausgewählte Clip analysiert und angepasst. Um dieses Prinzip nun in Anwendung zu bringen, führen Sie auf dem Clip im Schnittfenster einfach einen Rechtsklick aus und entscheiden sich für den Eintrag AUDIOVERSTÄRKUNG. Übrigens dürfen Sie in Premiere Pro auch mehrere Clips markieren und diese alle in einem Arbeitsgang gemeinsam korrigieren. Im folgenden Dialog können Sie sich zunächst einmal davon überzeugen, wie hoch die Audiodatei denn in der Spitze überhaupt ist. Dazu beachten Sie die unterste Zeile des Dialogs.

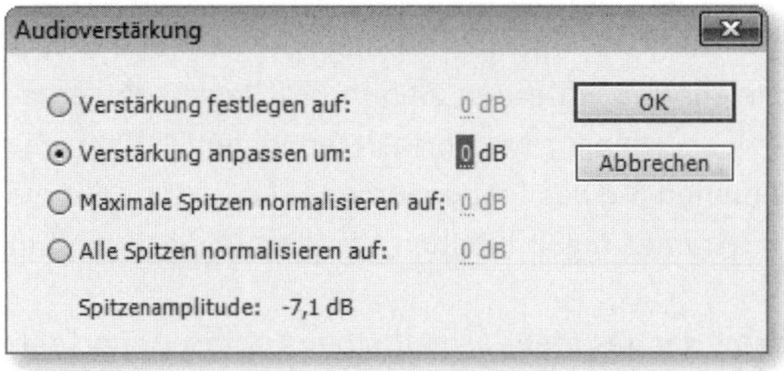

◂ **Abbildung 10.24**
Der lauteste Ton liegt hier bei –7,1 dB (SPITZENAMPLITUDE).

Nun haben Sie die Qual der Wahl, mit welcher Methode Sie den Clip bzw. die Clips nachbearbeiten wollen: Um eine reale Normalisierung zu erhalten, entscheiden Sie sich am besten für den untersten der vier Radiobuttons (ALLE SPITZEN NORMALISIEREN AUF) und stellen rechts daneben beispielsweise –3 dB ein, ehe Sie mit OK bestätigen. Das ist ein guter Wert, der generell Übersteuerungen verhindert.

Dabei müssen Sie allerdings auch in Erwägung ziehen, dass nicht alle Clips so pauschal einander angepasst werden dürfen. Stellen Sie sich einen klassischen Drehtag im Zoo vor. Sie befinden sich gerade an der Stelle, an der einige zufriedene Dromedare monströse Löcher in die Luft starren. Der einzige Ton, der gerade herüberkommt, setzt sich allenfalls aus dezentem Vogelgezwitscher zusammen. Plötzlich stürmt die gesamte Klasse 1b der nahe liegenden Sankt-Katharinen-Grundschule heran, um mit lautem Gegröle der Dromedar-Lethargie ein jähes Ende zu bereiten. Würden Sie nun beide Clips normalisieren, hätten Sie statt des Gezwitschers einen Sound, der bestenfalls an Hitchcocks »Die Vögel« erinnert. Sie sollten deshalb mit einer generellen Angleichung vorsichtig sein und nur die Clips normalisieren, die von Haus aus recht laut sind.

10.2.3 Masterspur normalisieren

Grundsätzlich müssen Sie sich das mit dem Audio bei Premiere Pro so vorstellen: Sie können fast schon beliebig viele Spuren hinzufügen und einstellen. Am Ende aber, wenn es darum geht, einen Film auszugeben, werden sämtliche Spuren zu einer Masterspur zusammengetragen. Immerhin geben Sie einen Film ja nicht mit, sagen wir mal, zwanzig oder mehr Spuren aus. Damit Sie nun nicht jeden Clip und jede Spur Ihres Projekts einzeln normalisieren müssen, gibt es eine Routine, die sich gewissermaßen um das Endergebnis kümmert. Sie sollten diesen Schritt aber stets unmittelbar vor der Ausgabe des Films unternehmen. Wenn Sie nämlich im Menü SEQUENZ • MASTERSPUR NORMALISIEREN auswählen, können Sie die Gesamtlautstärke Ihrer Projektdatei final anpassen.

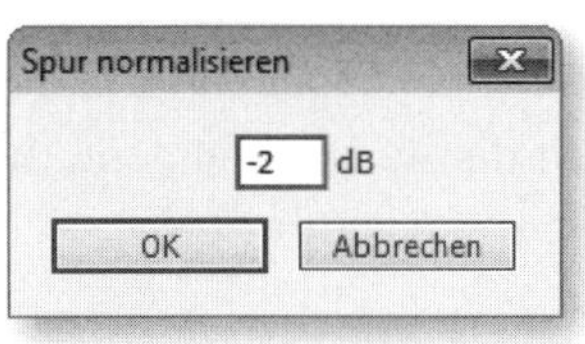

◂ **Abbildung 10.25** Hier wird die Masterspur auf –2 angepasst, –2 bis –3 sind eine Art Standard.

Im Übrigen sollten Sie nicht versuchen, den Ton stets so laut wie möglich zu machen. Die absoluten Spitzen eines Clips dürfen durchaus bis 0,0 dB ausschlagen. Das bezieht sich aber nur auf einzelne Geräusche. Insgesamt sollten Clips nicht mehr als –6 bis –3 dB aufweisen, da sie hier die beste Qualität mitbringen, während die Masterspur –2 nicht übersteigen sollte. – Sie interessieren sich für professionelle und sendefähige Audioproduktionen? Dann sollten Sie zudem ein Lautstärkeradar ausführen. Wie das geht, erfahren Sie in Abschnitt 10.6.9, »Lautstärkeradar«.

Master-Lautstärke regeln | Der Vollständigkeit halber sei noch erwähnt, dass sich auch die Masterspur im Spurkopf öffnen lässt. Die darin befindliche Linie lässt sich zur Erhöhung oder Reduktion der Lautstärke ebenfalls verwenden. Dazu muss das Auswahl-Werkzeug aktiv sein.

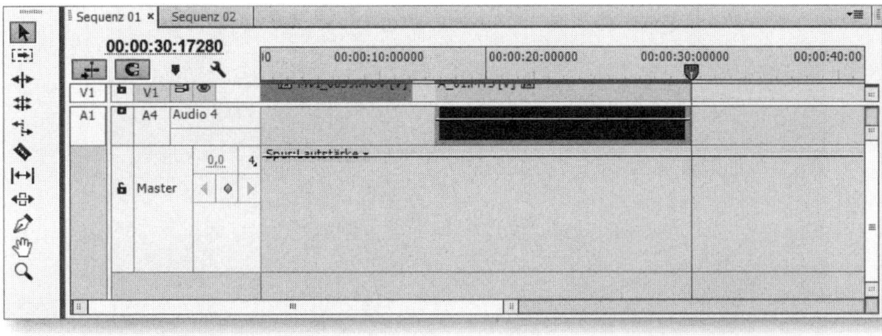

▲ **Abbildung 10.26** Auch die Masterspur kann direkt im Schnittfenster bearbeitet werden.

10.3 Kleinere Audiokosmetik

Natürlich ist Audition wesentlich leistungsfähiger als Premiere Pro, wenn es um die Nachbearbeitung von Sounddateien geht. In Kapitel 16, »Korrekturen mit Audition«, erfahren Sie mehr dazu. Wenn es aber um weniger dramatische Korrekturen geht, können Sie das durchaus auch mit der Videoschnitt-Software erledigen.

Schritt für Schritt: Störgeräusche minimieren

Hier geht es darum, ein Störgeräusch in der Lautstärke abzusenken. Zwar werden Sie hier auch erfahren, wie Sie es komplett entfernen können, doch steht im Mittelpunkt dieses Workshops die punktuelle Absenkung der Lautstärke.

1 *Auf Einzelbilder umschalten*

Öffnen Sie zunächst wieder das Bedienfeldmenü des Schnittfensters, und kontrollieren Sie, ob vor Audio-Zeiteinheiten anzeigen ein Häkchen steht. Ist das der Fall, wählen

Sie diesen Eintrag noch einmal an, damit die Einzelbilder in der Skala des Schnittfensters wieder Gültigkeit haben.

2 *Störgeräusche anhören*

Navigieren Sie im Buchprojekt doch einmal an Position 00:01:44:11. Öffnen Sie die Spur AUDIO 2, und spielen Sie den Clip einige Sekunden lang ab. Gleich am Anfang ist ein störendes Geräusch zu hören, das entfernt werden sollte. Wenn Sie die Spur weit genug geöffnet haben, zoomen Sie das Schnittfenster etwas auf. Vergrößern Sie im Bedarfsfall auch die Spur in der Höhe. Jetzt werden Sie die Störung auch optisch anhand der Pegel ausmachen können.

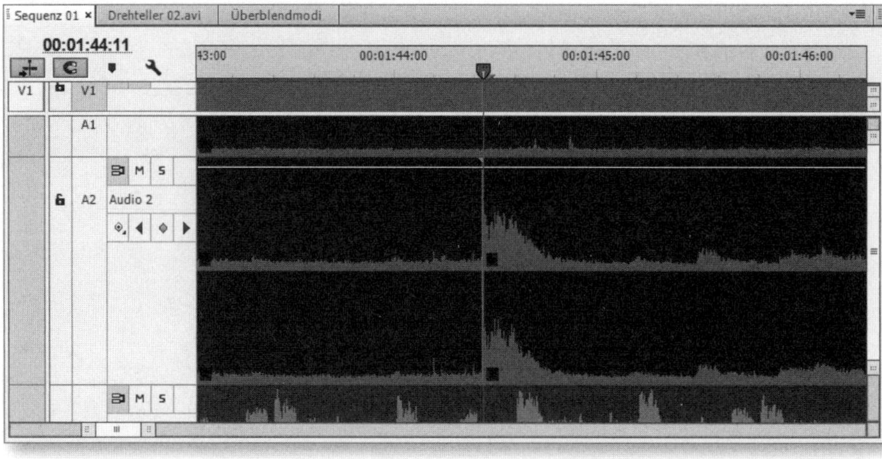

▲ **Abbildung 10.27** In der Audiospur ist das störende Geräusch gut zu sehen.

3 *Ansicht optimieren*

So eine Stelle ist kein Problem für Premiere Pro. Lassen Sie wieder die AUDIO-ZEITEINHEITEN ANZEIGEN, und schalten Sie um auf CLIP-KEYFRAMES – wohlgemerkt in der Audiospur!

4 *Optional: Clip einkürzen*

Sie könnten natürlich den ersten Teil des Audioclips abschneiden. Das ließe sich z. B. mit der Rasierklinge ([C]) realisieren. Danach würden Sie den ersten Teil des Clips ganz einfach wegschmeißen. Auch das Verschieben des Clip-In-Points mit dem Auswahl-Werkzeug wäre möglich. In beiden Fällen wäre der Ton allerdings an dieser Stelle komplett ausgeblendet. Da Sie prinzipiell aber auch damit rechnen müssten, dass es sich hierbei um einen kombinierten AV-Clip handelt, liefen Sie nun Gefahr, das Video ebenfalls einzukürzen. Das könnten Sie zwar umgehen, indem Sie [Alt] gedrückt hielten, allerdings wäre der Ton an dieser Stelle immer noch komplett verloren. Und das fällt meistens noch mehr auf als ein Störgeräusch – kein probates Mittel also, um diesem Problem zu begegnen.

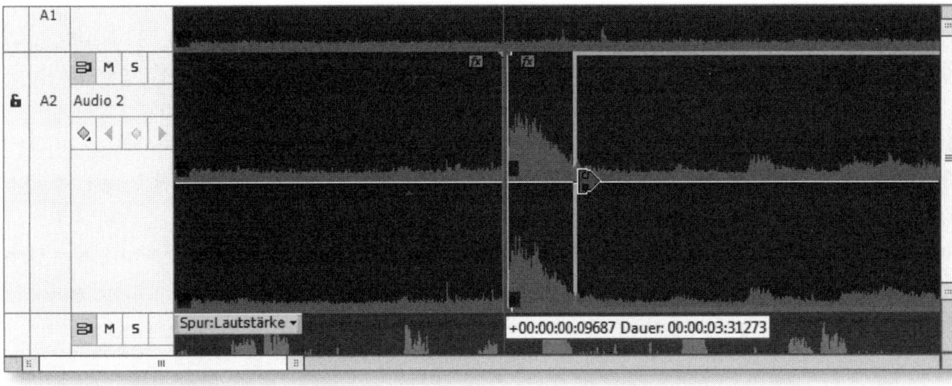

▲ **Abbildung 10.28** Mit dem bloßen Herausschneiden des »Problems« ist es nicht getan.

5 *Keyframes platzieren*

Markieren Sie den Audioclip im Schnittfenster, und stellen Sie die Einfügemarke an den Clip-Anfang. Klicken Sie einmal auf die Schaltfläche KEYFRAME HINZUFÜGEN/ENTFERNEN im Spurkopf, um ganz am Anfang des Clips ein Schlüsselbild einzufügen.

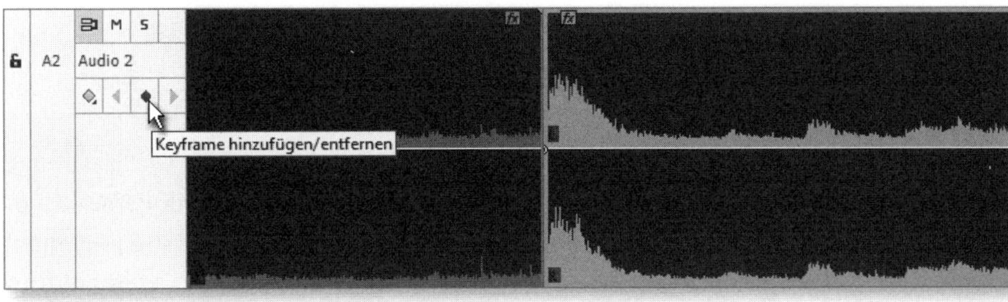

▲ **Abbildung 10.29** Am Anfang wird ein Audio-Keyframe eingefügt.

Keyframe kaum zu sehen

Beachten Sie bitte, dass das Schlüsselbild auf dem Clip kaum zu sehen ist, da es sich direkt am Anfang befindet. Gemein auch, dass es dort nur zur Hälfte sichtbar ist. Es ist aber dennoch da. Würden Sie noch einmal auf den Schalter klicken (in der Annahme, es sei kein Keyframe vorhanden), würde das Schlüsselbild wieder entfernt.

Scrubben Sie die Einfügemarke an eine Position gleich hinter dem Ausschlag in der Wellenform, der das Störgeräusch repräsentiert. Wie wäre es mit einer Position um 00:01:44:27000? Achtung: Wenn Sie das mit Hilfe der Timecode-Direkteingabe erledigen wollen, anstatt den Abspielkopf dorthin zu ziehen, müssen Sie den Clip zuvor unbedingt abwählen. Nachdem die Marke platziert ist, aktivieren Sie den Clip wieder. Wenn Sie das missachten, verschieben Sie nämlich den Clip anstelle des Abspielkopfes. Am Ende setzen Sie auch hier einen Keyframe.

Im Anschluss setzen Sie ein drittes Schlüsselbild etwa auf Position 00:01:45:00000. So ganz exakt muss es nicht sein. Wenn Sie ein paar hundert Samples danebenliegen

– macht nichts. Da sind wir noch großzügig. Wer es aber ganz genau liebt, der gibt 14500000 ein und ist damit auf die achtundvierzig tausendstel Sekunde genau.

6 *Lautstärke absenken*

Nun müssen Sie nichts weiter tun, als den Mauszeiger irgendwo zwischen dem ersten (kaum sichtbaren) und zweiten Keyframe auf die schwarzweiße Linie zu setzen und diese weit nach unten zu ziehen. Beobachten Sie dabei die kleine QuickInfo, die sich unterhalb des Clips zeigt. Gehen Sie auf einen Wert von etwa –12 bis –13 dB, ehe Sie die Maustaste wieder loslassen.

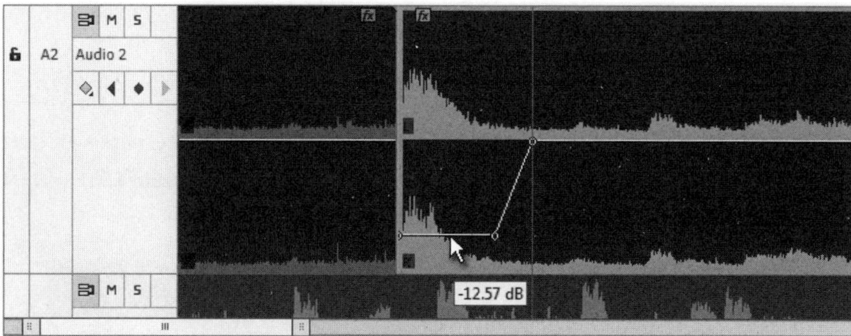

▲ **Abbildung 10.30** Senken Sie die Lautstärke drastisch ab.

Zoomen Sie im Schnittfenster etwas aus, bringen Sie anschließend die Einfügemarke vor den bearbeiteten Clip, und spielen Sie das Ganze ab. Das Störgeräusch dürfte jetzt nicht mehr als Störung wahrgenommen werden, wobei ein gewisses Maß an normalem (!) Grundrauschen trotzdem erhalten bleibt. Und das Wichtigste: Die Absenkung fällt akustisch nicht auf.

Bézier-Anfasser

Beachten Sie, dass Sie generell die Möglichkeit haben, aus jedem Keyframe auch die bereits bekannten Bézier-Anfasser herauszuziehen. Dies ermöglicht eine individuelle Anpassung der Kurve. Sie müssen dazu [Strg]/[cmd] gedrückt halten, während Sie die Raute des Keyframes anklicken. Lassen Sie beide Tasten anschließend los, tauchen die bereits bekannten blauen Tangenten auf, die sich dann per Drag & Drop individuell verstellen lassen. Die Technik dahinter kennen Sie ja bereits von den Videoeffekten und Animationen.

10.4 Audio und Video getrennt bearbeiten

Wenn Sie Filme (also kombinierte Audio- und Videoclips) verschieben, bleiben diese gewissermaßen aneinander kleben. Das ist auch gut so, denn dadurch wird die

Synchronisation zwischen beiden Clip-Teilen aufrechterhalten. In manchen Fällen ist es allerdings interessanter, sie voneinander zu trennen.

10.4.1 Audio und Video trennen

Um beide Clips einzeln bearbeiten zu können, reicht es ja, wenn Sie den Audiopart anklicken, während [Alt] gehalten wird. Allerdings bleiben Audio und Video dennoch eine Einheit. Diese Verbindung zwischen Audio und Video lässt sich aufheben. Öffnen Sie dazu das Kontextmenü eines Clips im Schnittfenster, indem Sie ihn zunächst mit rechts anklicken und in der Liste den Eintrag VERKNÜPFUNG AUFHEBEN wählen. Nun müssen Sie zunächst die Auswahl aufheben, da beide Clip-Teile ja noch immer markiert sind. Klicken Sie dazu auf eine freie Stelle innerhalb einer der Spuren. Danach wählen Sie den Clip, den Sie alleine verschieben wollen (Audio oder Video), mit erneutem Mausklick an.

Audio und Video verbinden

Wenn Sie Clips auf die zuvor beschriebene Weise voneinander getrennt haben, können Sie diese auch nachträglich wieder verbinden, indem Sie beide markieren und anschließend aus dem Kontextmenü VERKNÜPFEN wählen.

10.4.2 Clips zusammenführen

Stellen Sie sich vor, Sie nehmen mit Ihrer Kamera eine Interviewszene auf. Damit Sie optimalen Ton erhalten, zeichnen Sie das Szenario zusätzlich mit einem externen Audiorekorder auf (dieser liefert ja in der Regel sehr viel bessere Qualität als ein integriertes Kameramikro). Zu Hause angelangt, werden Sie also über einen AV-Clip sowie eine hochwertige Audioaufnahme verfügen. Wie schaffen Sie es nun, diese Aufnahmen zu synchronisieren und miteinander zu verbinden? Zunächst werden Sie sich in beiden Aufnahmen einen markanten Punkt heraussuchen, wie z. B. das Tippen aufs Mikro, und sowohl beim AV- als auch beim separat aufgezeichneten Audioclip dort jeweils eine Marke platzieren. Danach richten Sie die Clips manuell an den Marken aus. So weit ist das ja alles nicht neu.

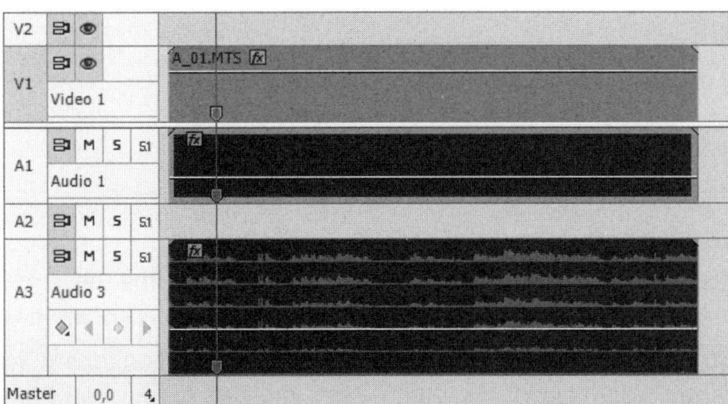

◂ **Abbildung 10.31**
Die Clips sind nun exakt ausgerichtet.

Anschließend sorgen Sie dafür, dass alle Clips markiert werden, klicken mit rechts auf einen der Clips und wählen CLIPS ZUSAMMENFÜHREN. Da die Clips ja bereits ausgerichtet sind, können Sie den Folgedialog mit OK verlassen. Das Ergebnis: Im Projektfenster ist nun ein neues Asset zu finden, welches aus allen Clips besteht. Dabei bleibt jede einzelne Spur erhalten, der Clip selbst kann aber gehandhabt werden wie jeder andere Clip auch.

▲ **Abbildung 10.32** Bestätigen Sie lediglich mit OK.

▲ **Abbildung 10.33** Es gibt ein neues Asset im Projektfenster.

10.5 Audioüberblendungen

Auch Audioüberblendungen werden – wie Videoüberblendungen – per Drag & Drop zugewiesen. Wenn Sie den Ordner AUDIOÜBERBLENDUNGEN im Effekte-Bedienfeld öffnen, finden Sie aber nur einen einzigen Unterordner – er trägt den Namen CROSSFADE. Auch ist dieser Ordner nicht gerade vollgepackt. Genauer gesagt, gibt es nur drei Überblendungen:

- EXPONENTIELLE ÜBERBLENDUNG
- KONSTANTE VERSTÄRKUNG
- KONSTANTE LEISTUNG

10.5.1 Exponentielle Überblendung

Der Übergang EXPONENTIELLE ÜBERBLENDUNG überblendet zwei Audioclips mit einer glatten logarithmischen Kurve. Daraus entsteht ein rascher (exponentieller) Anstieg des nachfolgenden Clips im Verhältnis zum Lautstärkeabfall des vorangegangenen. So wie der erste Clip exponentiell leiser wird, wird der zweite Clip im selben Zeitraum exponentiell lauter. Bringen Sie eine derartige Überblendung an den Anfang eines Clips, wird dessen Ton stetig und rasch eingeblendet. Am Ende eines einzelnen Clips wird der Ton weich ausgeblendet. Es kommt zum raschen Fade-in bzw. Fade-out.

Weisen Sie doch einmal eine solche Überblendung zwischen zwei Clips zu, markieren Sie die Überblendung, und schauen Sie sich die zugehörige Grafik in den Effekteinstellungen an. Anhand der gelben Linien ❶ sollen Anstieg und Abfall verdeutlicht werden.

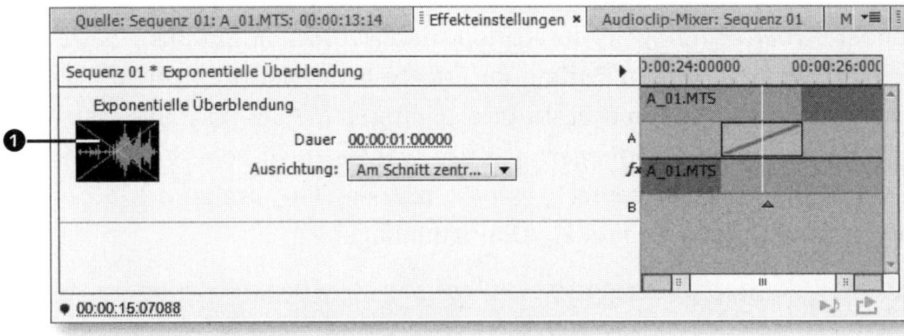

▲ **Abbildung 10.34** Die Überblendung ist sehr dynamisch.

10.5.2 Konstante Verstärkung

Die Unterschiede der konstanten Verstärkung zur exponentiellen Überblendung sind zunächst einmal nicht wirklich dramatisch. Bei der konstanten Verstärkung wird die Lautstärke des ersten Audioclips nicht exponentiell, sondern linear abgesenkt. Dadurch wird die Lautstärke in der Mitte der Überblendung nicht so leicht abfallen wie bei der exponentiellen Überblendung.

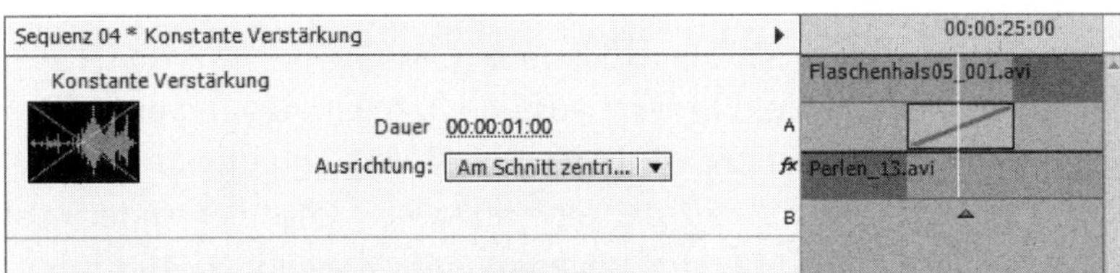

▲ **Abbildung 10.35** Hier kommt es ebenfalls zu einem stetigen Anstieg, der sich aber insgesamt etwas weicher darstellt.

10.5.3 Konstante Leistung

Bei der konstanten Leistung wird die Lautstärke des ersten Clips zunächst weniger schnell abgesenkt als gegen Ende der Überblendung. Im Gegenzug kommt die Lautstärke des zweiten Clips zunächst schnell herein und wird im letzten Teil langsamer ausgeführt. Anstieg und Abfall sind mit einer Sinuskurve vergleichbar. Sinn und Zweck des Ganzen ist, dass die Lautstärke scheinbar zu jedem Zeitpunkt gleich bleibt. Tatsächlich wird sie aber kurzzeitig sogar angehoben. Die Konstante Leistung ist als Standardüberblendung definiert.

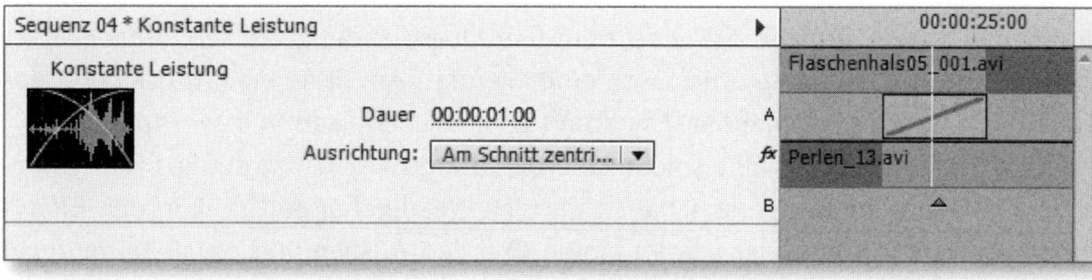

▲ **Abbildung 10.36** Bei der konstanten Leistung hebt sich die Lautstärke nicht geradlinig an.

Wenn Sie eine andere Überblendung als die KONSTANTE LEISTUNG als Standard deklarieren möchten, markieren Sie diesen Eintrag im Effekte-Bedienfeld mit rechts und selektieren AUSWAHL ALS STANDARDÜBERBLENDUNG EINSTELLEN. Auch in den EFFEKTEINSTELLUNGEN gilt für Audioüberblendungen alles das, was Sie zuvor bereits in Sachen Videoüberblendungen in Erfahrung gebracht haben. Nähere Hinweise zum Umgang mit Überblendungen finden Sie in Kapitel 6, »Überblendungen«.

Standarddauer der Audioüberblendung

Die STANDARDDAUER DER AUDIOÜBERBLENDUNG ist werkseitig auf eine Sekunde eingestellt. Jede Überblendung, die Sie dem Schnittfenster hinzufügen, wird dementsprechend auch eine Sekunde lang sein. Wenn Sie diesen Wert ändern wollen, tun Sie dies in den Voreinstellungen (BEARBEITEN/PREMIERE PRO • VOREINSTELLUNGEN • ALLGEMEIN).

10.6 Audioeffekte

Bei den Audioeffekten gelten zunächst die gleichen Regeln wie bei den Videoeffekten. Sie werden hinzugefügt, indem Sie bei aktiviertem Clip im Schnittfenster einen Doppelklick auf den Effekt im Bedienfeld EFFEKTE ausführen. Allerdings gibt es bei den Audioeffekten zwei verschiedene Arten, nämlich die Clip-Effekte und die Spureffekte. Wie der Name schon verlauten lässt, wird der eine auf einen Clip, der andere auf eine ganze Spur angewendet. Zu den Spureffekten kommen wir, wenn der Audiospur-Mixer an der Reihe ist (siehe Abschnitt 10.7, »Der Audiospur-Mixer«).

10.6.1 Der Audio-Plug-In-Manager

Sollten Sie mit sogenannten Plug-ins arbeiten (das sind meist von Drittanbietern kostenlos oder zum Kauf angebotene Effekte, die auch in Premiere Pro genutzt werden können), sollten Sie den PLUG-IN-MANAGER kennenlernen. Dieser vereinfacht die Arbeit mit zusätzlichen Effekten beträchtlich, da Plug-ins nicht mehr aufwendig von Hand in irgendeinen Ordner geschoben werden müssen. Haben Sie ein neues Plug-in erstanden, gehen Sie folgendermaßen vor: Gehen Sie auf BEARBEITEN • VOREINSTELLUNGEN • AUDIO, und setzen Sie einen Klick auf die Schaltfläche AUDIO-PLUG-IN-MANAGER ❶.

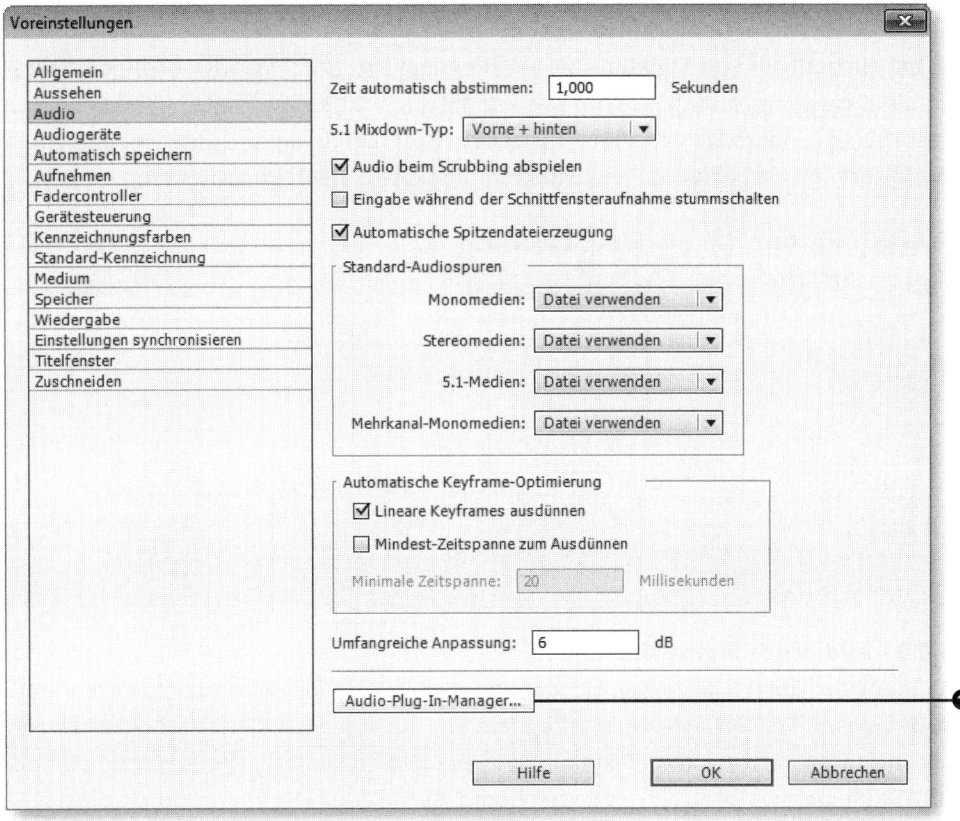

▲ **Abbildung 10.37** Hier geht es zur Plug-in-Verwaltung.

Im nächsten Schritt haben Sie nichts weiter zu tun, als auf HINZUFÜGEN ❷ zu klicken. Übrigens sehen Sie gleich unterhalb, an welchem Speicherort die Plug-ins untergebracht werden. Bestätigen sie mit OK.

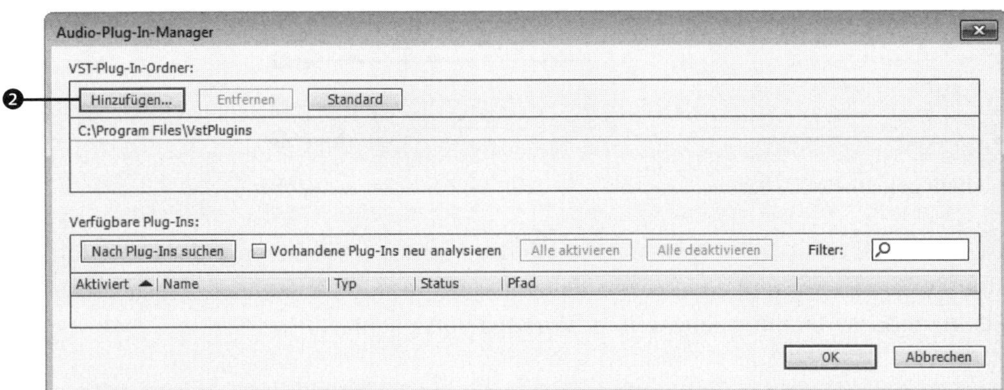

▲ **Abbildung 10.38** Das ist ja einfach.

10.6.2 Audioclip-Effekte hinzufügen

Für das Hinzufügen von Effekten galt vor Premiere Pro CS6, dass der richtige Effekte-Ordner ausgesucht werden musste. Das entfällt auch in der Version CC. Effekte weisen Sie einfach zu, indem Sie den Clip im Schnittfenster markieren und anschließend einen Doppelklick auf den gewünschten Effekt im Effekte-Bedienfeld ausführen.

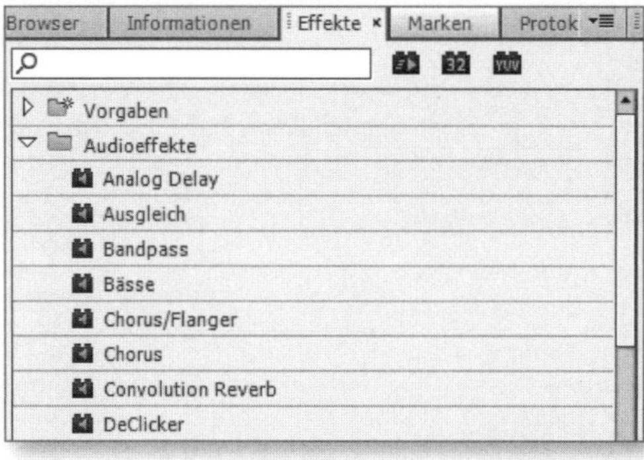

◂ **Abbildung 10.39** Auch Audioeffekte werden mit einem einfachen Doppelklick zugewiesen.

10.6.3 Audioclip-Effekte bearbeiten

Nachdem der Effekt zugewiesen ist, kann er wie ein Videoeffekt in den EFFEKTEINSTELLUNGEN bearbeitet werden. Neu in Premiere Pro CC ist jedoch die Taste BEARBEITEN ❶, über die es möglich ist, die Einstellungen in einem separaten Fenster vorzunehmen. Diese Vorgehensweise entstammt der Audio-App Adobe Audition und ist eine sehr komfortable Neuerung.

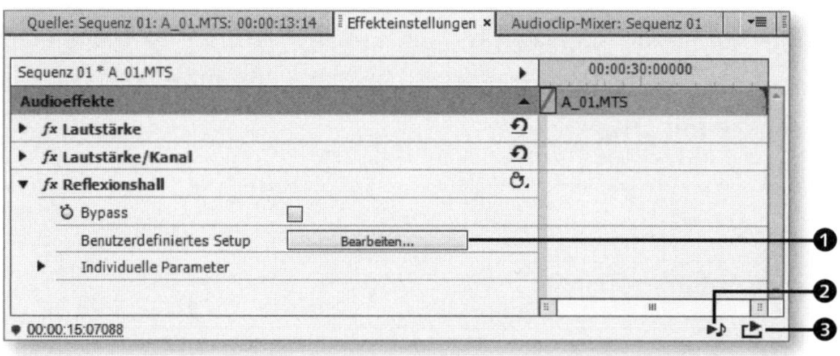

▴ **Abbildung 10.40** Die Bearbeiten-Schaltfläche stellt ein neues Fenster zur Verfügung.

Wie bei Effekten so üblich, gibt es auch auf der Audioseite Effekte, mit denen Sie Ihre Sounds verbessern, und andere, mit denen Sie sie verfremden können. Einige dieser Effekte möchte ich Ihnen kurz in ihrer Wirkung vorstellen.

Clip permanent abspielen | Beim Einstellen eines Audioeffekts ist es natürlich sinnvoll, diesen permanent anzuhören. Nun ist es aber ziemlich müßig, jedes Mal die Einfügemarke vor dem Clip zu platzieren, die Sequenz danach abzuspielen, hinter dem Clip anzuhalten und das Ganze von vorne zu beginnen. Deshalb finden Sie in der Fußleiste der EFFEKTEINSTELLUNGEN zwei Buttons. Mit dem rechten ❸ sorgen Sie zunächst einmal dafür, dass der Clip permanent (als Schleife) abgespielt werden kann, während die eigentliche Wiedergabe über den linken Button ❷ eingeschaltet wird. Darüber hinaus existiert aber noch ein zweites, zündendes Argument für die Verwendung dieser beiden Schaltflächen: Sie hören nämlich nur diesen einen Clip – selbst dann, wenn an dieser Position im Schnittfenster mehrere Audioclips angeordnet sind.

10.6.4 Rechts und Links ausfüllen

Die beiden Effekte RECHTS AUSFÜLLEN und LINKS AUSFÜLLEN kommen häufig dann zum Tragen, wenn Sie es mit einem Stereo-Clip zu tun haben, von dem nur eine Spur über Aufnahmepegel verfügt. Des Weiteren können Clips, bei denen eine von zwei Stereospuren sehr schwach ist, ausgefüllt werden. Dabei wird die Tonspur des einen Kanals auf den anderen übertragen, indem Sie sich entweder für LINKS AUSFÜLLEN oder RECHTS AUSFÜLLEN aus dem Audioeffekte-Ordner entscheiden. Den Effekt ziehen Sie, wie alle anderen auch, auf den Audioclip im Schnittfenster.

10.6.5 DeEsser

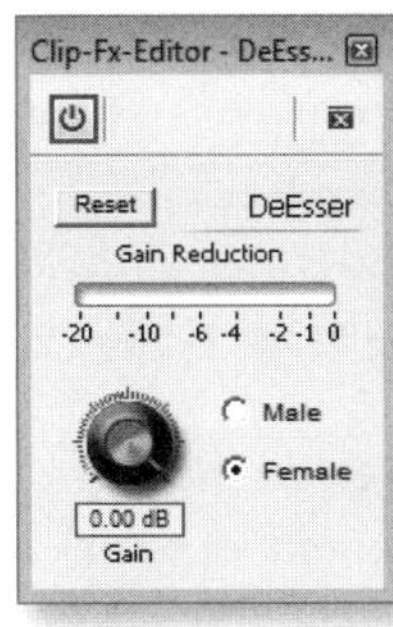

▲ **Abbildung 10.41** Sagen Sie S, T und P den Kampf an!

Schauen Sie doch einmal in die Liste der Audioeffekte (Bedienfeld EFFEKTE). In der Liste tauchen einige Effekte mit dem Zusatz (ALT) auf. Den gleichen Effekt gibt es noch ein weiteres Mal – ohne diesen Zusatz. Letzteres bedeutet, dass es eine neue Variante in Premiere Pro CC dazu gibt. So ist das auch bei dem Effekt DeEsser. Dieser Effekt wird vor allem bei gesprochenen Aufnahmen angewendet. Wie Sie beim Blick auf den Namen erkennen, bekämpft dieser vor allem S-Laute, die im gesprochenen Kommentar schnell übersteuern, wenn der Sprecher zu dicht ans Mikro gerät. Es kommt dann zu kurzen, aber störenden Zischlauten. Aber auch die gefürchteten T- und P-Laute lassen sich dadurch mindern. Weisen Sie den Effekt DEESSER (ALT) an, gelangen Sie in dieses Fenster, nachdem Sie BEARBEITEN in der Zeile BENUTZERDEFINIERTES SETUP des Bedienfeldes EFFEKTEINSTELLUNGEN angeklickt haben.

Bei der Einstellung sollten Sie zunächst über die Anwahl von MALE bzw. FEMALE entscheiden, ob es sich um eine Männer- oder Frauenstimme handelt. Mit GAIN regeln Sie letztendlich, wie stark die Geräuschreduzierung für die vorgenannten Laute ausfallen soll. Den Drehregler können Sie übrigens einstellen, indem Sie ihn an einer beliebigen Stelle anklicken und die Maus dann nach links zum Absenken bzw. nach rechts zum Anheben bewegen.

Entfernen Sie den Effekt anschließend, und weisen Sie stattdessen den neu in Premiere Pro CC integrierten Effekt DEESSER aus. Mit diesem können Sie den Bereich nun frei bestimmen, in dem der Filter wirken soll. Die beiden vertikalen Linien ❹ und ❺ lassen sich per Drag & Drop auseinander- und zusammenziehen. So geben Sie sowohl die Frequenz als auch die Bandbreite an. Alternativ lässt sich dies auch durch Veränderung der Hot-Text-Steuerelemente ❷ und ❸ erreichen. Wenn Sie einen direkten Vorher-nachher-Vergleich wünschen, schalten Sie den Filter mittels ❶ temporär aus.

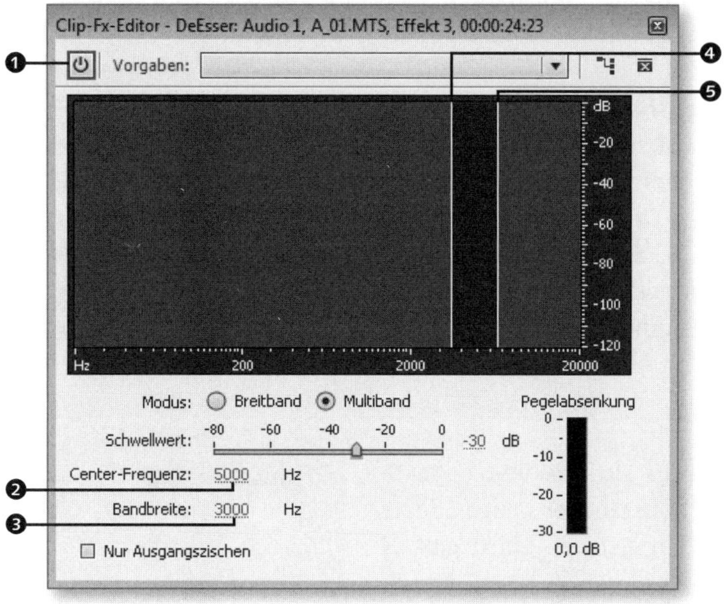

▲ **Abbildung 10.42** Der neu integrierte Effekt DeEsser

10.6.6 DeHummer

Falls Sie keinen Hummer mögen, können Sie ... – nein, natürlich nicht. Aber Sie können damit das sogenannte Leitungsrauschen mindern, das zwangsläufig über Stromleitungen transportiert wird und möglicherweise Ihre Aufnahme gestört hat. Dazu muss noch einmal erwähnt werden, dass im hiesigen Raum die Frequenz bei 50 Hz liegt (in den USA und Japan bei 60 Hz). Sofern Sie DeHummer (Alt) benutzen, legen Sie die Frequenz, die bearbeitet werden soll, mit Hilfe des jeweiligen Buttons fest.

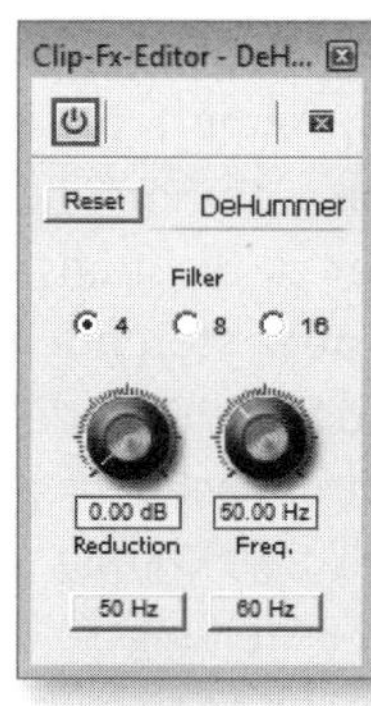

▲ **Abbildung 10.43** Die Frequenz beträgt hierzulande 50 Hz, während es in Japan und den Staaten 60 Hz sind.

Mit Filter stellen Sie ein, wie viele benachbarte Frequenzbereiche bearbeitet werden sollen. Je höher hier der Wert ist (4, 8 oder 16), desto besser lässt sich zwar das Leitungsrauschen reduzieren, desto mehr erhaltungswürdige Frequenzbereiche werden aber auch verloren gehen. Die Stärke der Reduktion legen Sie mit dem Regler Reduction fest, während Sie die

Zielfrequenz (hier 50 Hz) mit dem rechten Potentiometer letztendlich noch verfeinern können.

Der neue Effekt DEHUMMER hingegen setzt, wie schon DEESSER, mehr auf grafische Bedienung. Mit Hilfe der FREQUENZ ❻ sollten Sie zunächst einmal herausfinden, in welchem Bereich das Leitungsrauschen auszumachen ist. Verändern Sie diesen Wert zur Laufzeit des Clips, und stoppen Sie, wenn sich die Wiedergabe deutlich verbessert. Noch intuitiver funktioniert die Einstellung, wenn Sie auf das kleine Kreuz ❺ klicken und so versuchen, den Bereich des Leitungsrauschens einzufangen. Hier ist experimentieren angesagt, zumal es keine allgemeingültigen Einstellungen gibt. Hier noch einige Hinweise für Fortgeschrittene auf dem Gebiet der Audiobearbeitung: Mit Q ❼ legen Sie die Breite der Quellfrequenz fest, während Sie mit VERSTÄRKUNG ❽ die Intensität der Dämpfung bestimmen. Außerdem ist die ANZAHL DER OBERTÖNE ❾ beeinflussbar. Damit können Sie nämlich bestimmen, wie viele Obertonfrequenzen manipuliert werden. Letztendlich regeln Sie über OBERTONKURVE ❿ das Dämpfungsverhältnis der Obertonkurven.

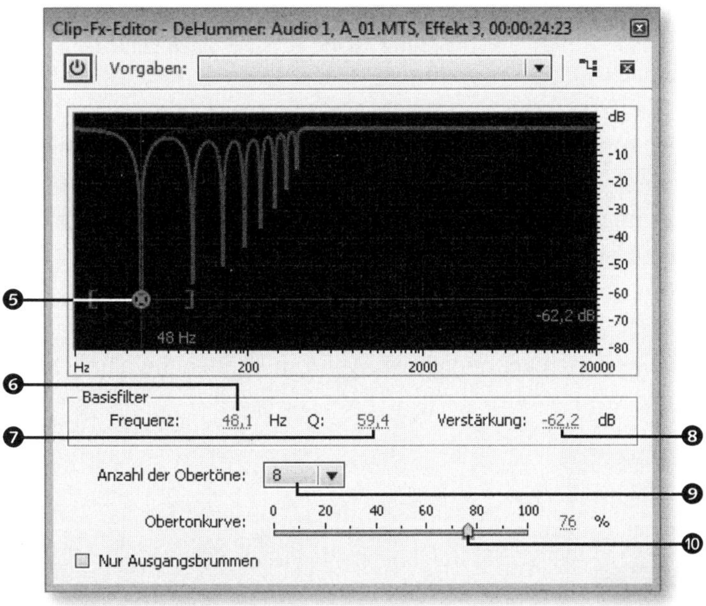

▲ **Abbildung 10.44** Der neue Effekt DEHUMMER setzt wie auch DEESSER auf grafische Bedienelemente.

10.6.7 EQ

Der Filter EQ stellt einen Equalizer zur Verfügung, mit dessen Hilfe Sie verschiedene Frequenzbereiche bearbeiten können. Achten Sie darauf, dass alle Bandbereiche standardmäßig deaktiviert sind. Sie müssen diese explizit über die dazugehörigen Checkboxen ❶ einschalten, welche Sie auf Abbildung 10.45 sehen können.

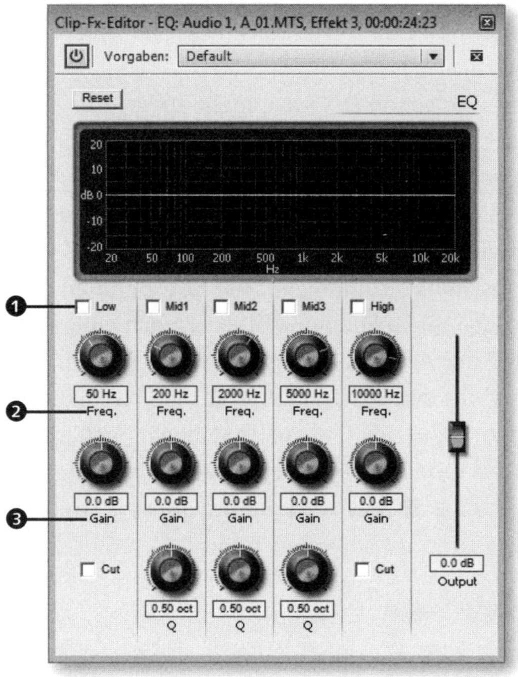

◂ **Abbildung 10.45** EQ stellt einen Equalizer zur Verfügung.

Nachdem Sie das erledigt haben, können Sie mit FREQ. ❷ die Frequenz, mit GAIN ❸ die Verstärkung oder Absenkung dieser Frequenz und mit Q den Anstieg vor und hinter diesem Punkt regeln. Achten Sie beim Einstellen der Potentiometer auch auf die angezeigte Grafik, die im Übrigen auch per Drag & Drop bedienbar ist.

10.6.8 Reverb

Diesen Effekt müssen Sie unbedingt noch kennenlernen. Mit ihm können Sie nämlich einen Widerhall realisieren.

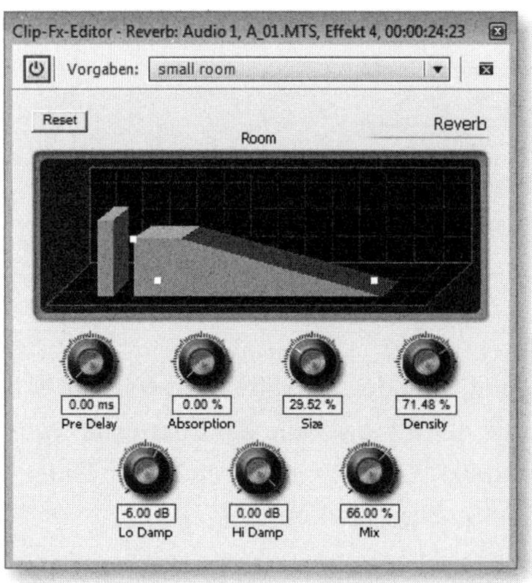

◂ **Abbildung 10.46** Der Hall-Effekt simuliert räumliche Tiefe.

Und hier noch einige Infos zu den weiteren Steuerelementen:

- PREDELAY – legt fest, wie groß die Zeitspanne zwischen Originalton und Widerhall sein soll.
- ABSORPTION – gibt die Spanne in Prozent an, in der der Ton absorbiert wird.
- SIZE – legt die Raumgröße fest.
- DENSITY – legt die Widerhalldichte fest.
- LO DAMP – gibt an, in welchem Ausmaß niedrige Frequenzen abgedämpft werden sollen.
- HI DAMP – gibt an, in welchem Ausmaß hohe Frequenzen abgedämpft werden sollen.
- MIX – gibt das Ausmaß des Halls an.

10.6.9 Lautstärkeradar

Falls Sie professionelle Aufnahmen, beispielsweise für Rundfunksendungen, erzeugen müssen, sollten Sie Clips bzw. gesamte Schnittfenster vorab überprüfen. Sie sind nämlich bei der Produktion zumeist verpflichtet, Normen einzuhalten. Missachten Sie diese Normen, kann Ihr Beitrag möglicherweise nicht gesendet werden. Setzen Sie zu diesem Zweck das Lautstärkeradar ein. Es dient dazu, Über- oder Untersteuerungen ausfindig zu machen. Und so geht's: Weisen Sie dem Clip den Effekt LAUTSTÄRKERADAR zu, und öffnen Sie ihn, wie gewohnt, über den Button BEARBEITEN im Effekteinstellungen-Bedienfeld. Danach stellen Sie ganz oben im Dialog unter VORGABEN zunächst die Norm ein, die es einzuhalten gilt.

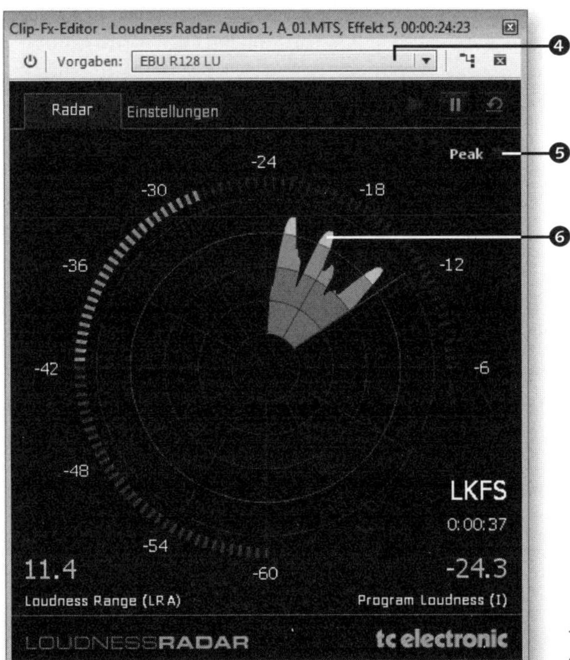

◀ **Abbildung 10.47** Ein Radar wacht über die Audioqualität.

Gängig sind hier beispielsweise EBU R128 LU ❹ für normale Sendungen und EBU R128 LUFS für Sendungen mit breitem Musikspektrum. Danach lassen Sie die Sequenz ablaufen. Je höher sich die Grafik in Richtung des äußeren Kreises bewegt, desto lauter ist die Sequenz (oder der Clip) an dieser Stelle. Achten Sie darauf, dass der Pegel (in diesem Fall die gelben Spitzen ❻) diesen Rand nie erreichen. Geschieht dies dennoch, erscheint ein optischer Warnhinweis im Bereich PEAK ❺. Diese Stelle der Sequenz (oder des Clips) gilt es, entsprechend anzugleichen, z. B. durch die Absenkung der Lautstärke an der betroffenen Position. Der untere (blaue) Bereich repräsentiert übrigens das permanent vorhandene Grundrauschen des Clips. Das bedeutet: Sehen Sie nur noch Blau, herrscht absolute Stille – mit Ausnahme des Grundrauschens eben.

10.7 Der Audiospur-Mixer

Der Audiospur-Mixer hat vor allem die Aufgabe, die Sequenz abzumischen. Aber damit nicht genug: Sie können auch hier Spuren hinzufügen. So ließe sich ja beispielsweise an der einen oder anderen Stelle noch ein Audiokommentar hinzufügen. Um den Audiospur-Mixer zu aktivieren, wählen Sie FENSTER • AUDIOSPUR-MIXER und entscheiden sich dann für die Sequenz, die Sie anzeigen lassen wollen. Die Alternative dazu: FENSTER • ARBEITSBEREICH • AUDIO bzw. Alt+⇧+1

Audioclip-Mixer vs. Audiospur-Mixer

Bitte verwechseln Sie die beiden Fenster nicht miteinander. Der Audioclip-Mixer ist eigentlich ein erweiterter Audiometer (also eine Aussteuerungsanzeige) mit zusätzlichen Funktionstasten (MUTE, STUMMSCHALTUNG und KEYFRAME SCHREIBEN). Der Audiospur-Mixer hingegen findet seine Verwendung beim Abmischen einzelner Tonspuren.

10.7.1 Spureffekte hinzufügen

Wo wir gerade bei den Effekten waren: Es wäre ja unsinnig, einem Clip einen Effekt zuzuweisen und diesen dann auf alle anderen zu übertragen. Aus diesem Grund verfügt der Audiospur-Mixer auch über einen Spureffektbereich. Um ihn zu öffnen, müssen Sie das kleine Dreieck oben links ❼ betätigen. Jetzt können Sie auf eines der kleinen Dreiecke klicken (z. B. ❽). Seit Premiere Pro CC sind die Effekte in Kategorien unterteilt. Das bedeutet, dass Sie als Nächstes eine der angebotenen Kategorien aussuchen und danach den gewünschten Effekt markieren müssen. Stellen Sie um auf OHNE, wird der Effekt wieder entfernt.

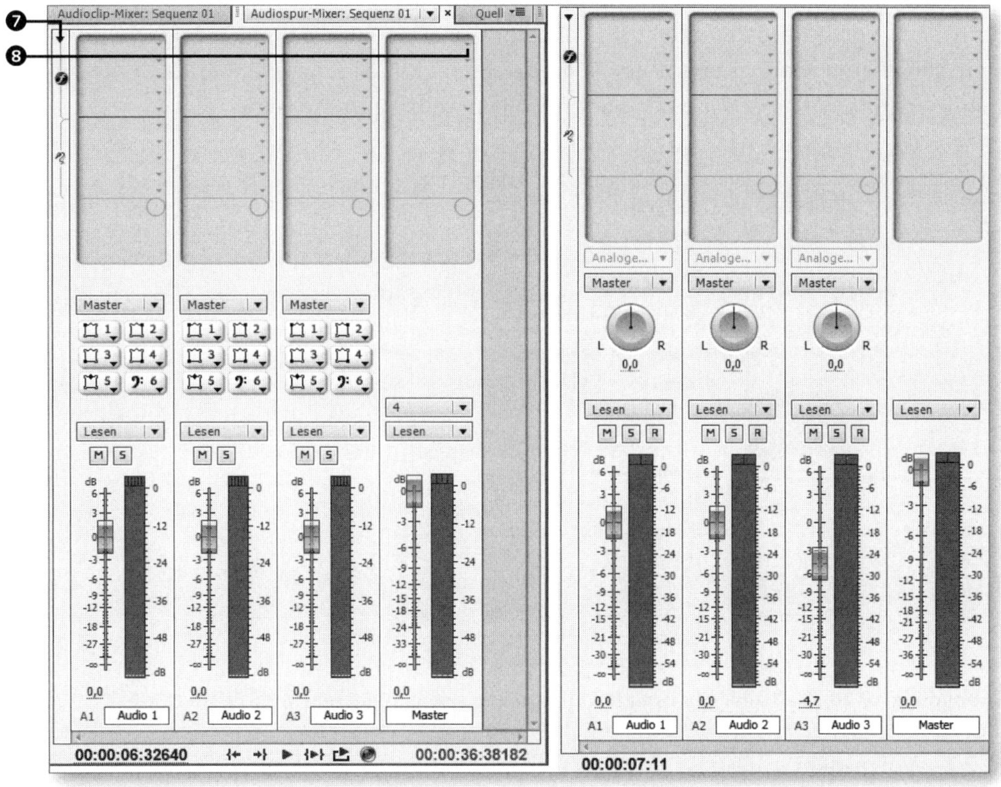

▲ **Abbildung 10.48** Der Effektbereich ist geöffnet. (Im Beispiel links sehen Sie den Audiospur-Mixer eines Dolby-Projekts. Bei Stereo-Projekten finden Sie unterhalb der Master-Menüs Drehregler für den Pegel (rechts).)

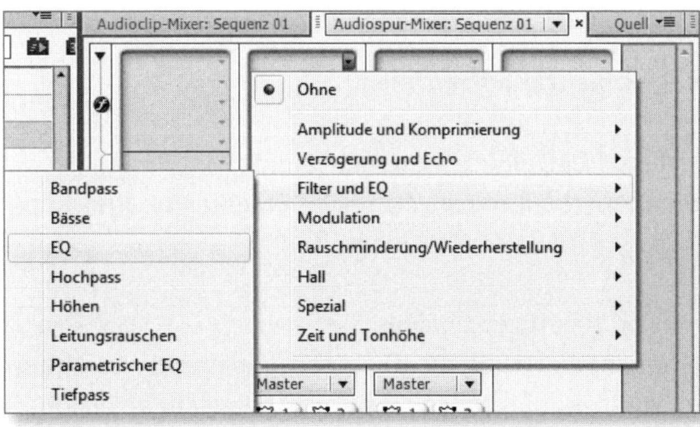

▲ **Abbildung 10.49** Hier wird gerade der Effekt EQ hinzugefügt.

Enttäuschend ist an dieser Stelle, dass die Anwendung nur einen einzigen Regler zur Verfügung stellt ❷ (siehe Abbildung 10.50). Nun könnten Sie auf jeden anderen Potentiometer (= Drehregler) umstellen, indem Sie auf das kleine Dreieck ❸ gehen. Aber mal ehrlich: Mit Komfort hat das nicht viel zu tun, oder? Da ist es schon wesentlich besser, wenn Sie mit rechts auf den Effekt ❶ klicken und anschließend BEARBEITEN im Kontextmenü selektieren. Dann nämlich erscheint der Effekt mit all seinen Steuerelementen in einem separaten Fenster. Und das haben Sie ja bereits kennengelernt.

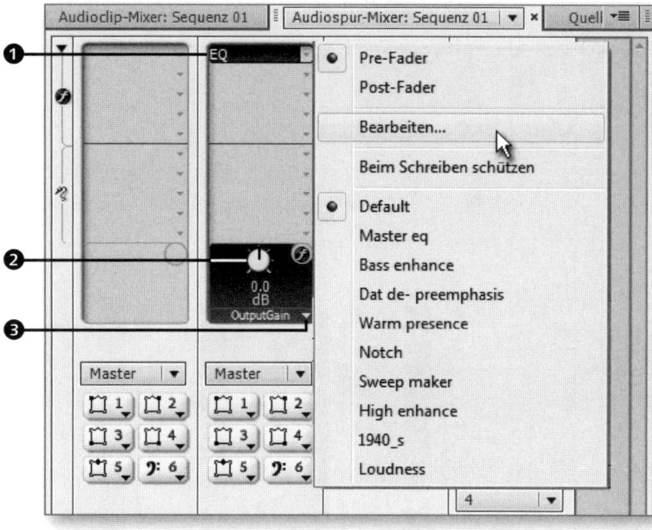

▲ **Abbildung 10.50** Bearbeiten Sie den Effekt lieber, wie gewohnt, im separaten Fenster.

10.7.2 Voice-over

Bevor Sie einen Audiokommentar einsprechen können, müssen einige Vorbereitungen getroffen werden. So ist es z. B. durchaus sinnvoll, für Audiokommentare eine Monospur zu benutzen, da Sie dabei ja in den meisten Fällen auf Stereo verzichten können.

Schritt für Schritt: Einen Audiokommentar aufzeichnen

Audiokommentare werden vor allem bei Dokumentationen genutzt. In diesem Workshop erfahren Sie, wie Sie vorgehen müssen, um ein optimales Ergebnis zu erreichen.

1 *Monospur hinzufügen*

Um Ihrem Projekt eine Monospur hinzuzufügen, wählen Sie SEQUENZ • SPUREN HINZUFÜGEN. Entscheiden Sie sich im folgenden Dialog für »0« Videospuren und »1« Audiospur und »0« Submix-Spuren. Im vorliegenden Fall soll die Kommentarspur an die oberste Position im Schnittfenster gebracht werden, weshalb im Bereich PLATZIERUNG der Eintrag VOR ERSTER SPUR eingestellt werden sollte. Stellen Sie ferner den SPURTYP auf MONO, ehe Sie lässig auf den OK-Button drücken.

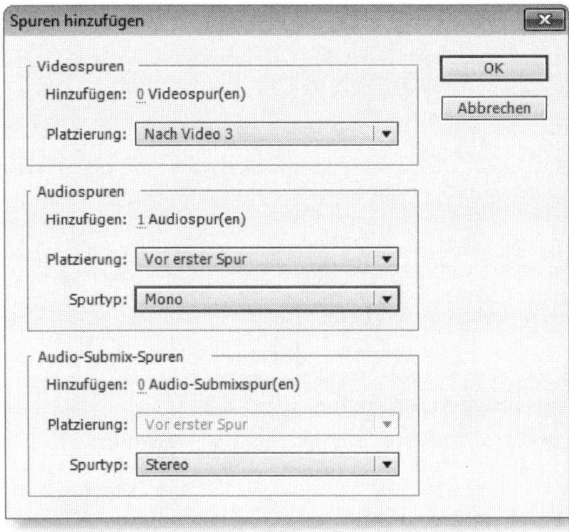

▲ **Abbildung 10.51** Jetzt soll eine einzelne Monospur hinzugefügt werden.

2 *Spur benennen und verbreitern*

Benennen Sie die Spur vorzugsweise ganz unten links im Audiospur-Mixer. Warum unten links? Nun, weil wir die Spur vor der ersten angeordnet haben. Im Schnittfenster ist sie also jetzt die oberste und demzufolge im Mixer die linke. Wir vergeben den Namen »Kommentar«.

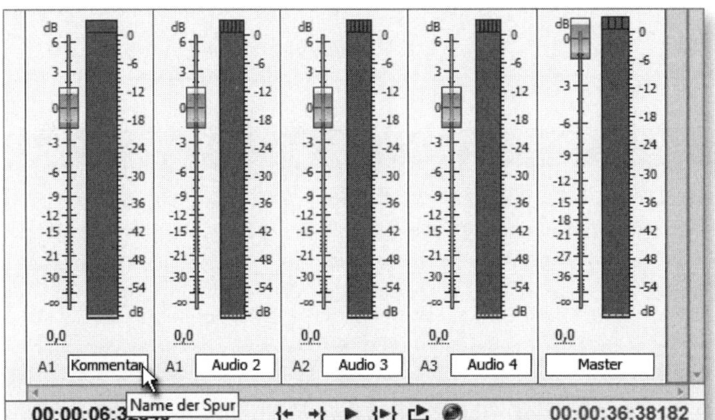

▲ **Abbildung 10.52** Eine direkte Benennung nach Erzeugung der Spur verhindert Verwechslungen bei der Spurauswahl.

3 *Audiogerät einrichten*

Zunächst einmal müssen Sie dafür Sorge tragen, dass die Audioquelle, die Sie verwenden wollen, auch mit Premiere Pro kommunizieren kann. Gehen Sie dazu in die Voreinstellungen (Bearbeiten/Premiere Pro • Voreinstellungen • Audiogeräte), und listen Sie unter Adobe Desktop-Audio die Audioquelle auf, die für Sie in Betracht kommt.

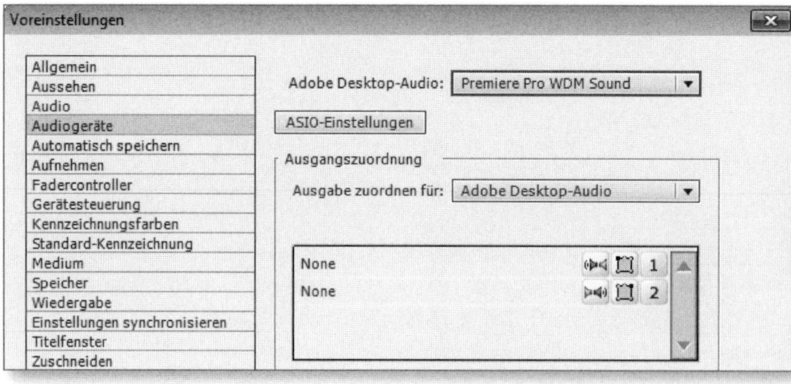

▲ **Abbildung 10.53** Hier sollte das Standardgerät aufgelistet sein, mit dem Sie die Aufnahme vornehmen wollen.

Doch Sie sollten prinzipiell noch einen zweiten Schritt folgen lassen – zumindest dann, wenn Sie mit mehreren Soundkarten oder einem Audio-Interface arbeiten. Betätigen Sie den Schalter ASIO-EINSTELLUNGEN (nur Windows). Hier müssen Sie auf die Registerkarte EINGABE gehen und dort das gewünschte Gerät mittels Checkbox aktivieren.

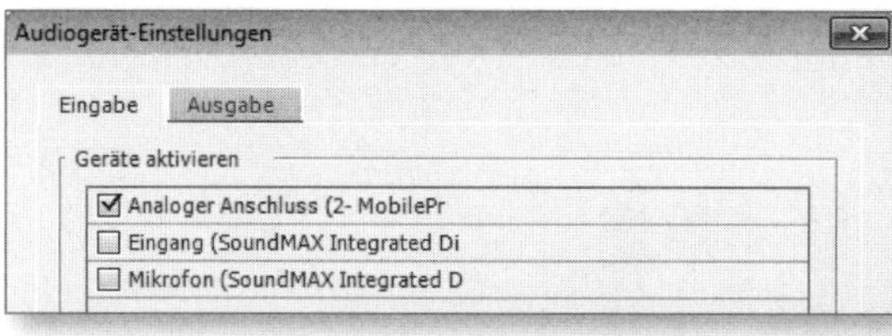

◀ **Abbildung 10.54** Hier wurde ein Audio-Interface aufgelistet.

Verschiedene Quellen nutzen

Es ist durchaus erlaubt, verschiedene Quellen für die Eingabe und die Ausgabe zu nutzen. So ist es beispielsweise legitim, auf der Registerkarte EINGABE ein Audio-Interface (oder eine andere Audioquelle) zu verwenden und unter AUSGABE z. B. die interne Soundkarte zu verwenden.

Eventuell neu starten

Mitunter passiert es, dass Änderungen an den Audiogeräteeinstellungen nicht direkt übernommen werden. Sollte das eingestellte Gerät seinen Dienst verweigern, starten Sie Premiere Pro neu.

4 *Startpunkt festlegen*

Bevor Sie sich jetzt ganz und gar dem Audiospur-Mixer widmen, sollten Sie noch die Einfügemarke des Schnittfensters an die Position bringen, an der die Kommentaraufnahme beginnen soll. Danach geht es in den Audiospur-Mixer. Falls Sie die neue Spur dort nicht gleich finden, können Sie sich an der Position orientieren. Es sollte die linke Spur sein, da sie soeben VOR ERSTER SPUR eingefügt wurde.

5 *Spuren aktivieren und stumm schalten*

Jetzt müssen Sie die Spur für die Aufnahme aktivieren. Klicken Sie dazu auf die Taste R ❷. Wenn Sie jetzt alles so belassen, wird während der späteren Aufnahme auch das bereits im Schnittfenster vorhandene Audio abgespielt. Wollen Sie das unterdrücken, markieren Sie auch die Taste S ❶. Damit stellen Sie die Spur auf Solobetrieb, was bedeutet, dass alle anderen Spuren während der Aufnahme stumm sind. Ebenso könnten Sie auch nur einzelne Spuren ausschalten, indem Sie die jeweilige Mute-Taste M ❸ aktivieren. Möglicherweise wollen Sie sich ja bei Ihrem Kommentar an den Originalgeräuschen der Clips orientieren, ohne dass der voreilig hinzugefügte Soundtrack den Sprecher eher zum Mitsingen als zum Kommentieren bewegt.

Klicken Sie jetzt in der Fußleiste des Audiospur-Mixers auf den Button AUFNEHMEN ❺. Das alleine reicht aber noch nicht. Die Aufnahme wird jetzt noch nicht beginnen. Betätigen Sie dazu ABSPIELEN/STOPP ❹, was die Einfügemarke des Schnittfensters letztendlich in Bewegung versetzt und die Aufnahme startet.

Sprechen Sie Ihren Kommentar ein, und beenden Sie die Aufnahme, indem Sie abermals ABSPIELEN/STOPP drücken. Beides lässt sich im Übrigen mit der Leertaste erledigen. Beachten Sie, dass der Start der Abspielmarke im Schnittfenster ein wenig verzögert beginnt.

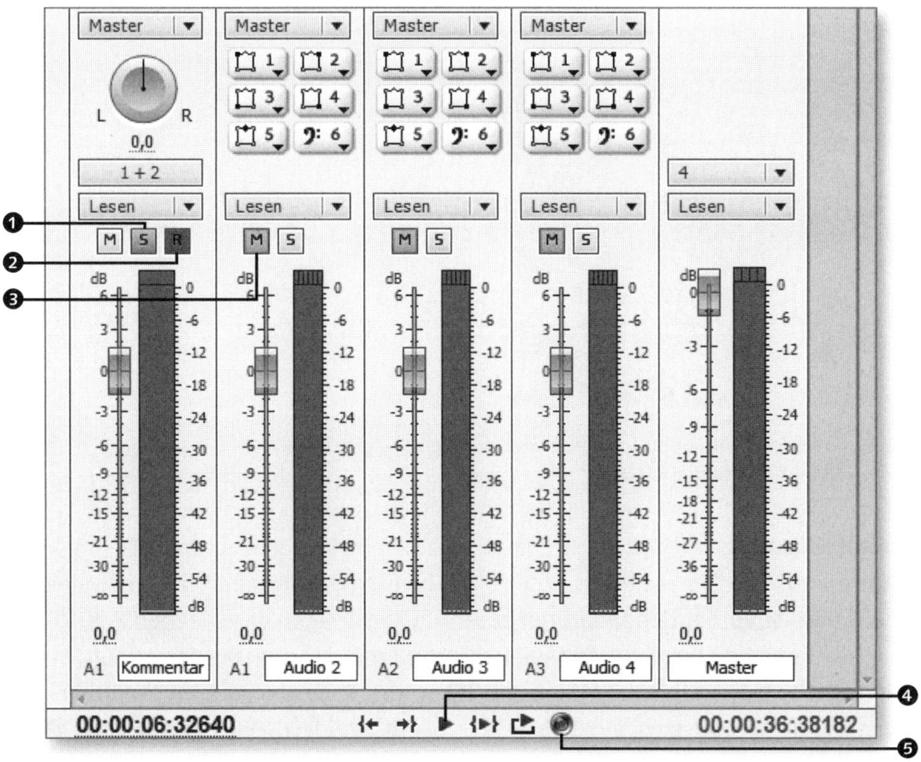

▲ **Abbildung 10.55** Starten Sie die Aufnahme über die Tasten am unteren Rand oder mittels Leertaste.

6 *Kommentar-Clip bearbeiten*

Achten Sie auf die Timeline des Schnittfensters. Hier sollte nach dem Anhalten der Aufnahme ein Audioclip eingefügt worden sein, der den Kommentar enthält. Diesen können Sie im Anschluss an die Aufnahme selbstverständlich genauso behandeln wie jeden anderen Clip auch. Hinzu kommt, dass der Clip auch als Asset im Projektfenster vorhanden ist. Hier empfiehlt es sich, einen eigenen Ordner zu erzeugen, in den Sie sämtliche Kommentare integrieren.

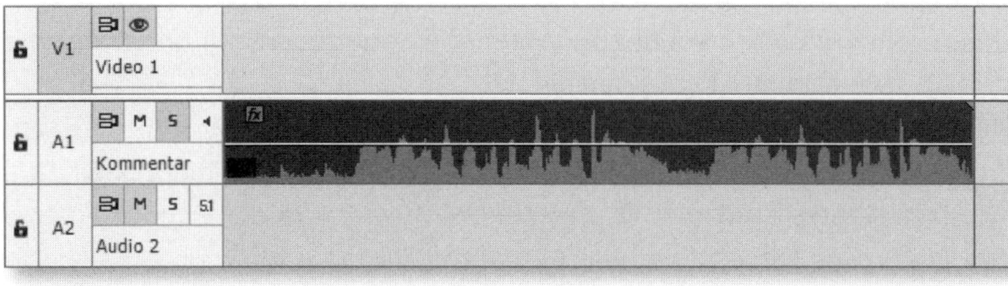

▲ **Abbildung 10.56** Der Kommentar-Clip fügt sich wie ein herkömmlicher Audioclip in das Schnittfenster ein.

Die Kommentare dürfen Sie ja ruhigen Gewissens noch im Projektfenster verschieben. Die Kommentar-Assets selbst werden übrigens in den Projekt-Ordner eingebettet – und zwar gibt es dort für jeden Kommentar eine eigene Audiodatei.

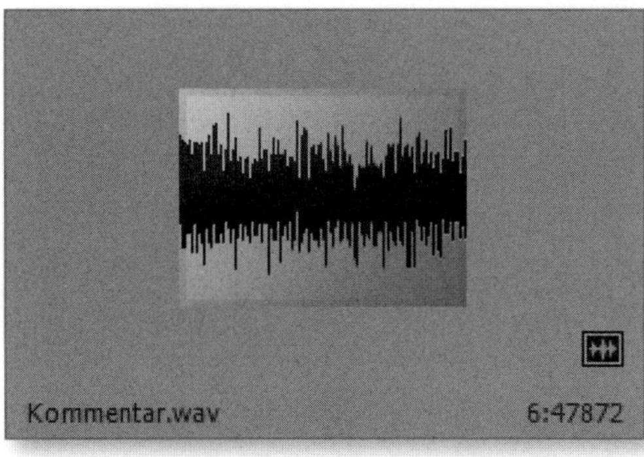

▲ **Abbildung 10.57** Jeder Kommentar besteht aus einer eigenen WAV-Datei. Sie finden diese Dateien im Projektordner.

10.7.3 Submix-Spuren

Submix-Spuren sind, wie Sie ja bereits erfahren haben, gewissermaßen dazu da, eine Sammlung aus bereits vorhandenen Spuren zusammenzustellen. Sie erzeugen Audio-Submix-Spuren ebenfalls über Sequenz • Spuren hinzufügen. Sobald das erfolgt ist, begeben Sie sich in den Audiospur-Mixer und legen mit Hilfe der oberen Pulldown-Menüs fest, welche Spuren nun nicht den Master ❶, sondern die Submix-Spur ❷ bedienen sollen. Danach spielen Sie die Sequenz ab ❹ und bewegen den Lautstärkeregler der Submix-Spur ❸ wunschgemäß.

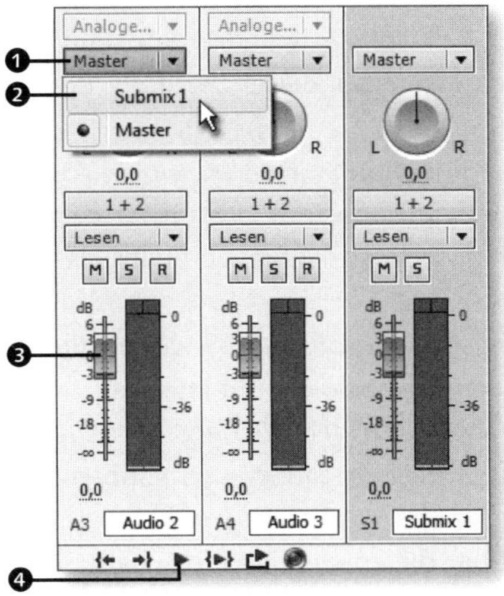

◂ **Abbildung 10.58** So einfach werden Submixe erstellt.

Auf die hier beschriebene Weise werden Sie allerdings nur den Ton absenken können. Wenn Sie daran interessiert sind, Absenkungen und Anhebungen der Lautstärke dauerhaft in die Submix-Spur zu schreiben, müssen Sie auf die Automatisierungsfunktionen zurückgreifen.

10.7.4 Automatisieren

Neben der klassischen Keyframe-Bearbeitung im Schnittfenster besteht die Möglichkeit, derartige Arbeiten auch im Audiospur-Mixer zu erledigen. Dieser schreibt dann gewissermaßen die Keyframes mit, während das Video läuft. Die Einstellung selbst nehmen Sie über die Schieberegler vor – quasi »on the fly«. Dazu müssen Sie in der Liste Automatischer Modus anwählen, was während der Wiedergabe passieren soll (hier Latch):

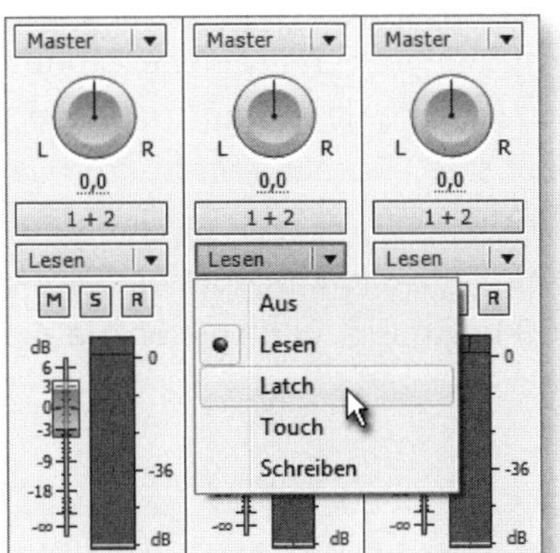

◂ **Abbildung 10.59** Sie bestimmen, was passiert – und sonst niemand!

- Aus: Dieser Modus ist eigentlich zum Experimentieren gedacht. Änderungen, die Sie zur Laufzeit vornehmen, werden nicht an Premiere Pro übergeben. Das Bewegen der Regler hat also keinerlei Einfluss auf das Projekt.

- LESEN: Die Lautstärkeänderung zur Laufzeit wirkt sich auf die gesamte Spur aus. Sobald Sie den Lautstärkeregler jedoch loslassen, wird ab dieser Position der ursprünglich eingestellte Wert wiederhergestellt.
- LATCH: Diese Einstellung entspricht weitgehend der Funktion SCHREIBEN, wobei die Anwendung hier erst mit dem Schreiben neuer Keyframes beginnt, sobald Sie den Regler zum ersten Mal bewegt haben. Wenn Sie den Regler loslassen, verbleibt dieser in der aktuellen Position.
- TOUCH: Diese Einstellung entspricht weitgehend der Funktion LATCH, wobei der Regler wieder in die ursprüngliche Position zurückkehrt, sobald Sie ihn loslassen.
- SCHREIBEN: Mit dieser Einstellung werden sofort ab Beginn der Wiedergabe neue Keyframes geschrieben, ohne dass abgewartet wird, ob Sie Einstellungen vornehmen.

Nach dieser Einstellung starten Sie die Wiedergabe über die entsprechende Schaltfläche in der Fußleiste des Audiospur-Mixers oder mit Hilfe der Leertaste. Die Aufnahmefunktion darf dabei natürlich nicht aktiviert werden, da der Clip ansonsten überschrieben würde. Wenn Sie fertig sind und im Schnittfenster die Spur-Keyframes anzeigen lassen, können Sie sehen, welche Keyframes automatisch erzeugt wurden.

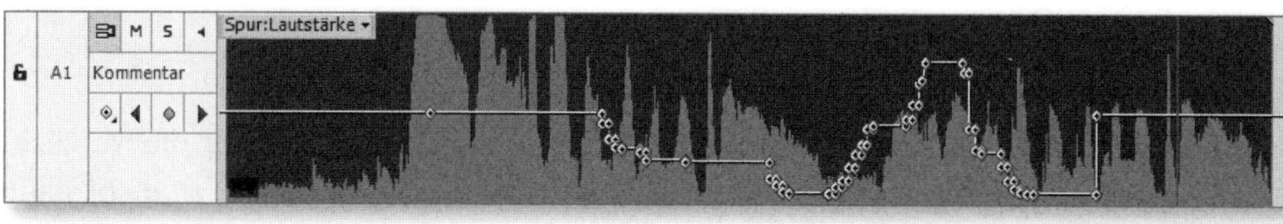

▲ **Abbildung 10.60** Premiere Pro schreibt mit.

10.7.5 Audio im BuchProjekt hinzufügen

Die fertige Audiodatei zum Film ist aufwendig und in vielen Arbeitsgängen nachbearbeitet und abgemischt worden. Damit Sie aber nun auch in den Genuss der fertigen Sequenz kommen, können Sie zunächst die Audiospuren im Schnittfenster stumm schalten. Bitte schalten Sie per Klick auf die Lautsprechersymbole in den Audiospurköpfen alle Spuren stumm, da sie tatsächlich alle belegt sind. Danach importieren Sie »Gecko-Mix.wav« aus dem Ordner KAPITEL_10 und bringen diese Datei in eine neue Audiospur (Stereo) innerhalb des Schnittfensters. Wenn Sie wollen, benennen Sie die Spur noch mit »Mix«. Lassen Sie diese bei 00:00:00:00 beginnen, und spielen Sie die Sequenz ab. Voilà, der Film ist fertig.

11 Titel erzeugen

Was wäre der schönste Film oder das interessanteste Interview ohne einen ansprechend gestalteten Titel? Premiere Pro bringt für solche Zwecke einen leistungsstarken Generator mit, der weit mehr kann, als nur Buchstaben aufs Video zu projizieren. Erfahren Sie in diesem Kapitel, wie Sie klassische Titel und Bauchbinden erzeugen können – ganz ohne Zuhilfenahme anderer Software. Außer am Schluss des Kapitels: Da muss ich Ihnen nämlich unbedingt noch zeigen, wie gut Premiere und Photoshop zusammenarbeiten. Dieses Kapitel beantwortet folgende Fragen:

- Wie wird ein Titel im Titelfenster erzeugt?
- Wie kann ich Titelvorlagen in Premiere Pro CC integrieren?
- Wie kann ich Titelvorlagen individuell anpassen?
- Wie erstelle ich eine Bauchbinde?
- Wie werden Rolltitel und Kriechtitel generiert?
- Wie erzeuge ich einen zweispaltigen Abspann?
- Wie werden Titel in Photoshop erstellt?
- Wie können Photoshop-Dokumente in Premiere Pro animiert werden?

11.1 Titelfenster-Übersicht

Bevor Sie sich in die praktische Arbeit mit Titeln stürzen, lernen Sie die Grundlagen der Erstellung von Titeln kennen.

11.1.1 Titel erzeugen

Das Erzeugen eines Titels ist wirklich keine große Sache. Sie klicken dazu zunächst einfach auf das Blattsymbol Neues Objekt in der Fußleiste des Projektfensters und wählen aus der Liste den Eintrag Titel. Nachfolgend wird abgefragt, welche Videoeinstellungen Verwendung finden sollen, wobei die aktuell gültigen Projekteinstellungen in der Regel bereits berücksichtigt worden sind.

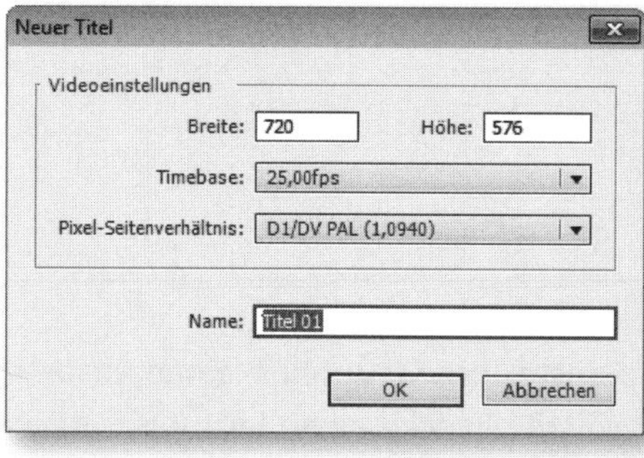

◀ **Abbildung 11.1** Zunächst werden die Titel-Voreinstellungen abgefragt.

Sequenzeinstellung prüfen

Wenn Sie nicht sicher sind, welche Abmessungen für die aktuelle Sequenz gültig sind, brechen Sie den Dialog ab, und klicken Sie mit rechts auf die Sequenz im Projektfenster. Entscheiden Sie sich im Kontextmenü für EIGENSCHAFTEN. Jetzt können Sie die Größe ablesen.

Zurück zum Titel-Dialog: Wenn Sie in der PAL-Norm arbeiten, sollte die TIMEBASE auf 25,00 Frames pro Sekunde (fps) eingestellt sein. Das PIXEL-SEITENVERHÄLTNIS passen Sie idealerweise Ihrem aktuellen Schnittfensterformat an. Für das Buchprojekt müssten Sie hier also D1/DV PAL (1,0940) listen, während DV im Format 16:9 über den Eintrag D1/DV PAL WIDESCREEN 16:9 (1,4587) hergestellt werden müsste. Abschließend können Sie dem Titel noch einen aussagekräftigen Namen verpassen (im Buchbeispiel »Haupttitel«).

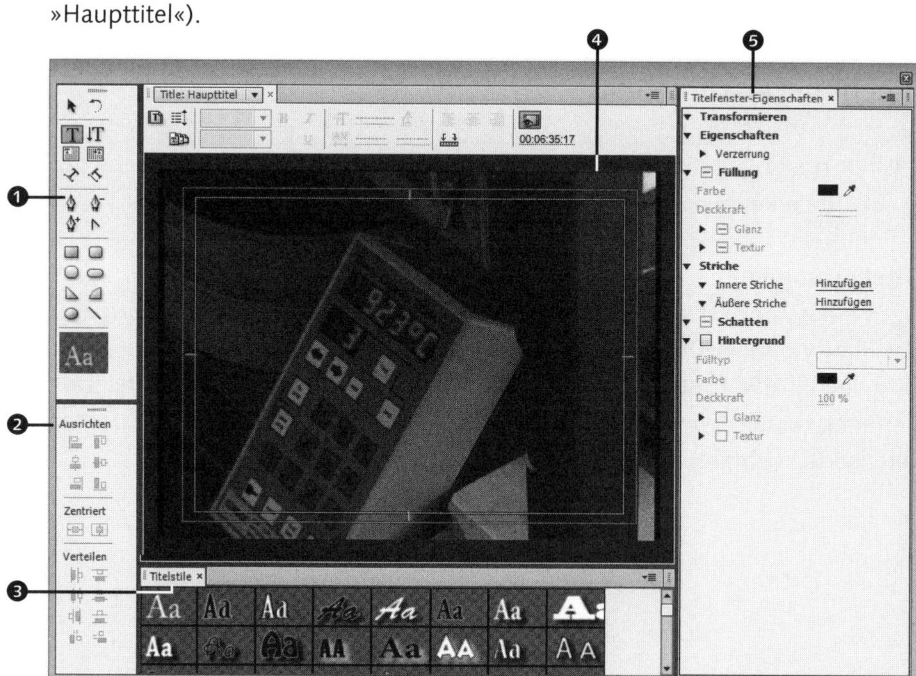

▲ **Abbildung 11.2** Erste Kontaktaufnahme mit dem Titelfenster

Danach öffnet sich das Titelfenster, das sich aus diesen wesentlichen Komponenten zusammensetzt:

❶ Titelwerkzeuge
❷ Titelfunktionen
❸ Titelstile
❹ Titel-Eingabefenster
❺ Titelfenster-Eigenschaften

Video anzeigen/ausblenden | Aktuell sehen Sie im Hauptfenster des Titelgenerators immer das, was sich an der aktuellen Position der Sequenzeinfügemarke befindet. Das kann mitunter störend wirken – zumindest dann, wenn Schrift und Hintergrund nicht ausreichend miteinander kontrastieren. Schalten Sie das Video bei Bedarf aus, indem Sie den Button Hintergrundvideo anzeigen ❻ abwählen. Dann erhalten Sie eine graukarierte Fläche, die stets Indiz für Transparenz ist. Aktuell gibt es ja noch keine Titelinhalte.

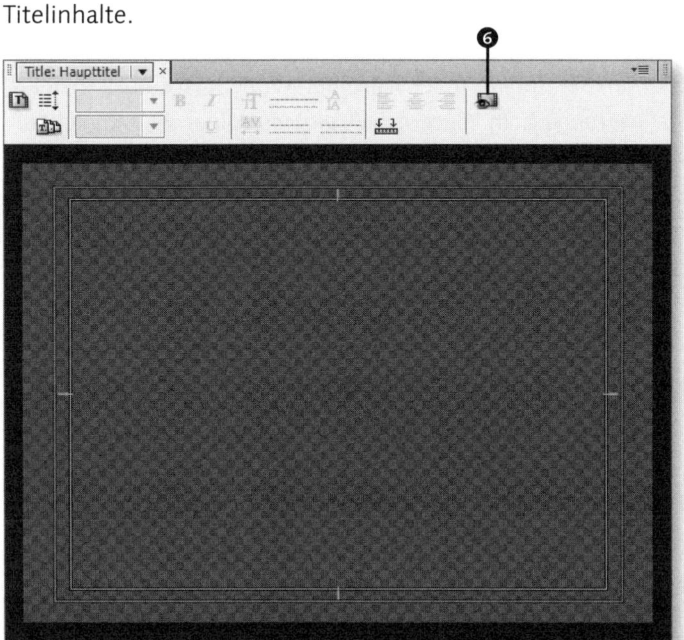

▲ **Abbildung 11.3** Das Schachbrettmuster verdeutlicht Transparenz. Immerhin soll der fertige Titel ja möglicherweise über einem Video platziert werden.

Mitunter ist es aber besser, ein bestimmtes Einzelbild der Sequenz anzeigen zu lassen. Dazu müssen Sie Hintergrundvideo anzeigen wieder aktivieren und das Titelfenster etwas zur Seite schieben. Platzieren Sie die Einfügemarke auf eine Position, an der sich der gewünschte Videoclip befindet. Die Bedienbarkeit der Arbeitsoberfläche ist nämlich durch das geöffnete Titelfenster nicht aufgehoben. Es bleibt lediglich permanent im Vordergrund.

Text schreiben | Standardmäßig sollte oben links in der Werkzeugleiste das Text-Werkzeug aktiv sein, nachdem Sie das Titelfenster gestartet haben. Ist das nicht der Fall, klicken Sie es an ❷, oder drücken Sie [T]. Klicken Sie auf die Monitorfläche in der Mitte des Fensters, und beginnen Sie mit der Texteingabe. Wenn Sie anschließend auf das Auswahl-Werkzeug [V] ❶ wechseln, können Sie damit auf den soeben erzeugten Text klicken und diesen verschieben.

11.1.2 Hintergrundfarbe einstellen

Bei der Erzeugung heller Texte ist ein schwarzer Hintergrund natürlich optimal. Im Titelgenerator wird immer dann ein schwarzer Hintergrund präsentiert, wenn

- die Schaltfläche HINTERGRUNDVIDEO ANZEIGEN aktiv ist und
- dabei die Einfügemarke der Sequenz an einer Position steht, an der es keinen Videoclip gibt.

Suchen Sie also eine derartige Stelle, ehe Sie fortfahren. Im Zweifel ziehen Sie die Einfügemarke hinter alle Clips im Schnittfenster.

Dunkle Texte schreiben | Sollten Sie dunkle Texte schreiben wollen, ist selbstverständlich ein heller Hintergrund interessant. In diesem Fall gibt es folgende Möglichkeit: Aktivieren Sie auf der rechten Seite des Titelfensters die Checkbox HINTERGRUND ❸. Zudem muss der FÜLLTYP auf FARBFLÄCHE ❹ stehen und die FARBE ❺ gut mit dem Titel kontrastieren, den Sie gleich produzieren wollen. Am Schluss müssen Sie allerdings daran denken, die Checkbox ❸ wieder zu deaktivieren, da Ihr Titel ansonsten nicht transparent ist. Wenn Sie allerdings wünschen, dass der Inhalt der Sequenz im Hintergrund des Titels gar nicht sichtbar sein soll, lassen Sie die Checkbox natürlich aktiv.

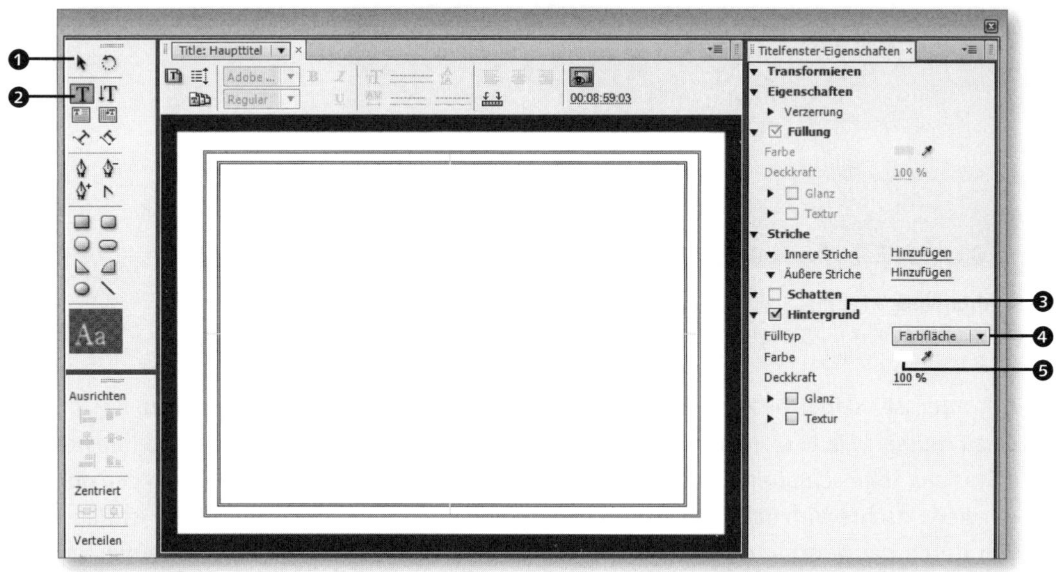

▲ **Abbildung 11.4** So wird auf die Schnelle ein weißer Hintergrund gebastelt.

11.1.3 Textrahmen erzeugen

Wenn Sie mit dem Text-Werkzeug auf die Arbeitsfläche klicken, können Sie, wie Sie wissen, gleich mit der Texteingabe beginnen. Das hat aber zur Folge, dass Sie Zeilenumbrüche manuell veranlassen müssen. Wenn Sie aber statt des kurzen Mausklicks auf die Arbeitsfläche zuvor mit dem Text-Werkzeug und gedrückter linker Maustaste einen Rahmen aufziehen, haben Sie die Ausdehnungsmöglichkeiten des Textfeldes bereits beschränkt.

Bedenken Sie bei Arbeiten mit Textrahmen aber, dass diese sich nicht grenzenlos füllen lassen. Sollte mehr Text vorhanden sein, als im aktuellen Rahmen darstellbar ist, wird ein kleines Pluszeichen ❻ rechts unten am Rand des Textfeldes angezeigt.

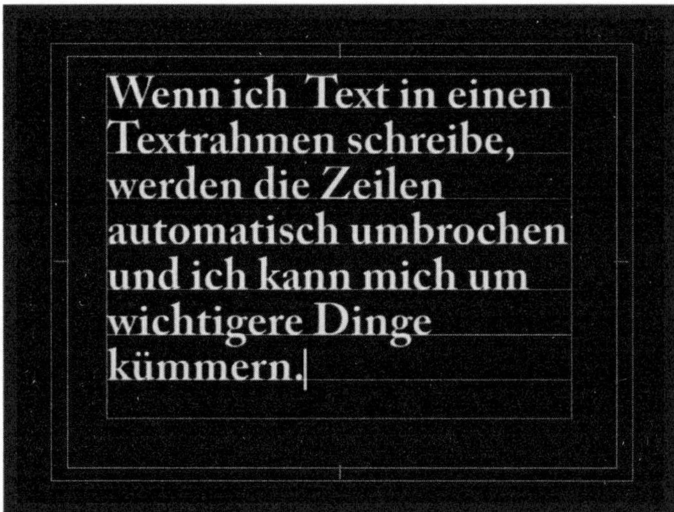

◀ **Abbildung 11.5** Text in einem Textrahmen wird automatisch umbrochen.

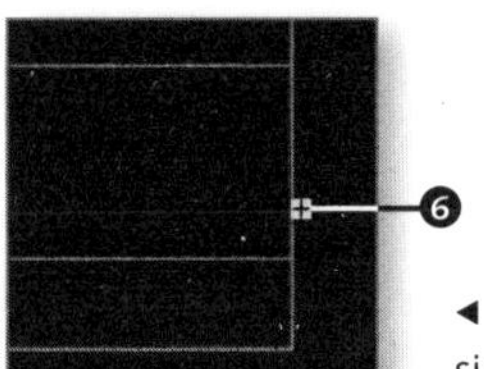

◀ **Abbildung 11.6** Das Plus deutet auf nicht sichtbaren Text innerhalb des Rahmens hin.

In diesem Fall sollten Sie, falls noch Platz auf der Arbeitsfläche vorhanden ist, das Textfeld an den quadratischen Randanfassern größer ziehen oder die Textgröße herabsetzen.

Sichere Ränder

Achten Sie vor allem hier im Titelfenster auf die sicheren Ränder. Diese haben Sie ja bereits kennengelernt. Der äußere Rahmen bezeichnet den sichtbaren Bereich am TV, während der innere den titelsicheren Bereich anzeigt. Bleiben Sie mit Ihrem Text stets innerhalb dieses inneren Rahmens. Übrigens dürfen Sie die Rahmen auch Ihren individuellen Bedürfnissen anpassen. Dazu gehen Sie auf DATEI • PROJEKTEINSTELLUNGEN • ALLGEMEIN und justieren die Steuerelemente unten im Segment BEREICHE FÜR GESCHÜTZTE AKTION UND GESCHÜTZTEN TITEL. Standardmäßig sind hier 20 und 10% angegeben. (Im Buchprojekt ist der BEREICH FÜR DEN GESCHÜTZTEN TITEL hingegen auf 15% verringert worden. Das kann man machen, wenn man mit vielen Bauchbinden arbeitet, die weit am unteren Bildrand sitzen sollen.)

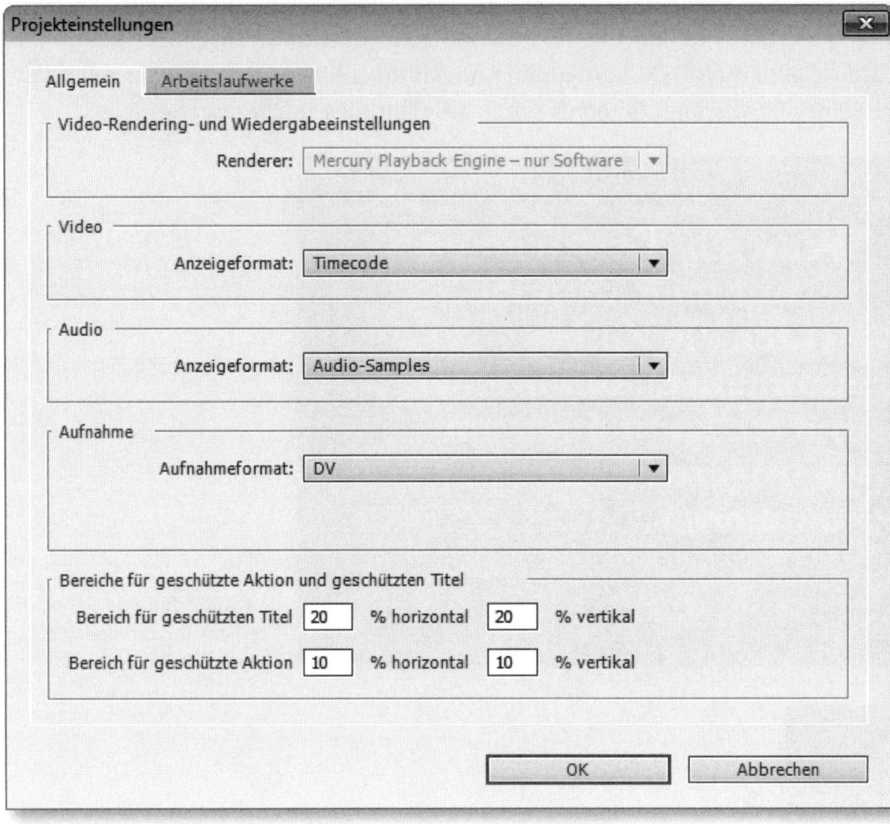

▲ **Abbildung 11.7** Die Rechtecke lassen sich bei Bedarf umpositionieren.

11.1.4 Textattribute ändern

Auf der rechten Seite des Titelfensters finden Sie eine Fülle von Hot-Text-Steuerelementen, die allesamt dazu geschaffen sind, den Text in irgendeiner Form zu verändern. Zeigen Sie z. B. auf den Wert, der sich neben SCHRIFTGRÖSSE ❶ befindet (dazu muss die Liste TITELFENSTER-EIGENSCHAFTEN geöffnet sein), können Sie ihn per Drag & Drop verkleinern oder vergrößern. Dabei müssen Sie darauf achten, dass entweder der gewünschte Textrahmen auf der Montagefläche noch markiert ist oder dass sich die Einfügemarke für den Text noch innerhalb des Textfeldes befindet (im letzteren Fall müssen Sie nicht befürchten, dass der Text erst ab der Position der Einfügemarke verändert wird).

▲ **Abbildung 11.8** Mit Hilfe der Steuerelemente-Sammlung auf der rechten Seite lassen sich zahllose Titelparameter verändern.

Textfarbe ändern | Falls Sie die Farbe des Textes ändern wollen, muss zunächst gewährleistet sein, dass die Liste FÜLLUNG ❷ geöffnet ist. Falls erforderlich, klicken Sie zunächst auf das Dreiecksymbol, das sich davor befindet. Danach haben Sie die Möglichkeit, in der Zeile FARBE auf den Farbwähler zuzugreifen, indem Sie die kleine Farbfläche ❹ anklicken. Außerdem lässt sich auch hier die Pipette ❸ zur Farbaufnahme verwenden. Das ist besonders dann interessant, wenn im Hintergrund des Titelfensters ein Clip angezeigt wird (HINTERGRUNDVIDEO ANZEIGEN). Sie können die Farben allerdings auch von jeder anderen Position aufnehmen – wenn Sie wollen, sogar von der Oberfläche der Anwendung oder vom Desktop.

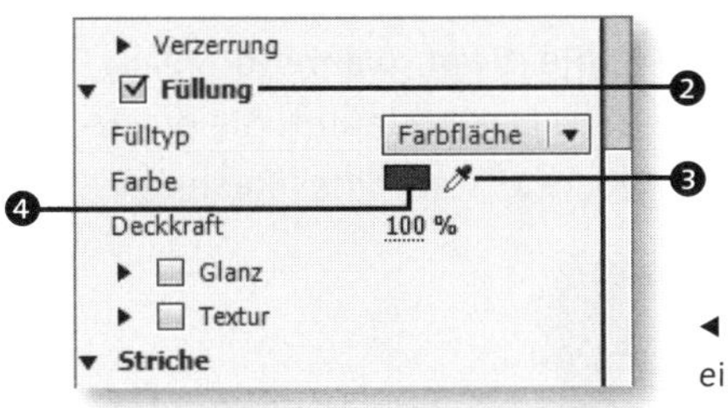

◄ **Abbildung 11.9** Verändern Sie die Farbe einer Schrift über die Liste FÜLLUNG.

11.1.5 Stile zuweisen

Wenn Sie dem Text einen der unten angebotenen TITELSTILE zuweisen wollen, klicken Sie einfach den gewünschten Stil an, während das Textfeld markiert ist. Die Selektion wird zudem unten in der Werkzeugleiste noch einmal repräsentiert. Den Text mitsamt Stilen können Sie danach über die TITELFENSTER-EIGENSCHAFTEN auf der rechten Seite noch weiter verändern.

Dynamische Oberfläche

Wenn Sie einzelne Fenster herauslösen oder diesen mehr Platz gönnen wollen, gehen Sie genauso vor, wie Sie das von der Arbeitsoberfläche der Anwendung her gewohnt sind. Auch im Titelfenster sind die Bedienfelder und Zwischenstege nämlich per Drag & Drop zu bewegen.

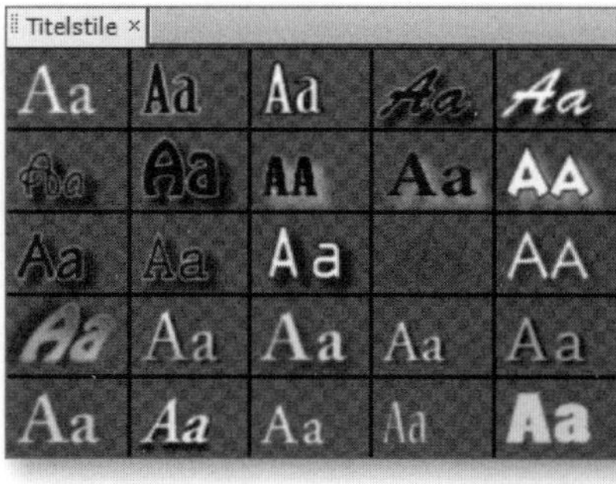

◂ **Abbildung 11.10** Stile – so weit das Auge reicht. Und das hier ist nur eine kleine Auswahl der angebotenen Stile!

11.1.6 Grafische Titelobjekte

Nun können Sie Ihrem Titel nicht nur Text hinzufügen. Auch grafische Elemente lassen sich in den Titel integrieren. Die verwendbaren Objekte finden Sie alle links in der Werkzeugleiste.

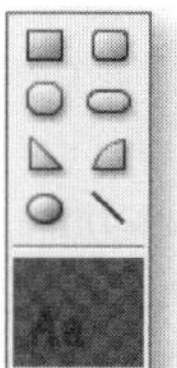

◂ **Abbildung 11.11** Auch grafische Elemente sind eine Alternative bei der Titelgestaltung.

Aktivieren Sie das gewünschte Objekt zunächst, und ziehen Sie anschließend auf der Montagefläche mit gedrückter linker Maustaste einen Rahmen auf. Sobald Sie loslassen, wird das Objekt angezeigt. Ziehen Sie ein solches Objekt auf, während Sie ⇧ gedrückt halten, wird dies immer seitenproportional erzeugt. Das bedeutet: Sie erzeugen z. B. einen exakten Kreis statt einer Ellipse oder ein Quadrat statt eines Rechtecks.

▴ **Abbildung 11.12** Grafische Titelelemente können jederzeit hinzugefügt werden.

11.1.7 Objekte ausrichten

Sobald Sie mehrere Objekte gemeinsam markiert haben, werden diese alle mit einem einheitlichen Rahmen versehen. Des Weiteren sind jetzt unten links im Titelfenster die Funktionen AUSRICHTEN, ZENTRIERT und VERTEILEN aktiv. Über diese Steuerelemente lassen sich die Gegenstände nun exakt platzieren.

▲ **Abbildung 11.13** Gemeinsam markierte Objekte können auf der Arbeitsfläche ausgerichtet, zentriert oder verteilt werden.

Elemente gemeinsam verschieben | Nicht selten besteht ein kompletter Titel aus mehreren Elementen. Da ist zum einen der Text, zum anderen wären da die erwähnten grafischen Symbole. Wenn Sie diese Objekte nun gemeinsam verschieben wollen, müssen sie zunächst markiert werden. Dazu halten Sie [⇧] gedrückt und klicken auf sämtliche Objekte, die Sie ausrichten wollen. Einfacher geht's aber häufig, indem Sie einen Rahmen aufziehen, der alle gewünschten Objekte berührt. Klicken Sie dann abermals auf eines der Objekte, und verschieben Sie es. Die anderen werden artig folgen.

11.2 Titel speichern und überarbeiten

In uralten Premiere-Versionen mussten Sie Titel immer separat abspeichern. Schon seit Version Pro 2 werden jedoch alle Titel als Teil der Projektdatei gesichert. Das hat zunächst den Vorteil, dass Sie sich nicht mehr um einen separaten Speicherort kümmern müssen. Wenn Sie den Titel aber dennoch als separate Datei abspeichern möchten, beispielsweise um ihn in anderen Projekten nutzen oder an Kollegen weitergeben zu können, müssen Sie ihn gesondert exportieren.

11.2.1 Titel exportieren

Um einen Titel zu exportieren, wählen Sie ihn im Projektfenster aus und entscheiden sich anschließend für DATEI • EXPORTIEREN • TITEL. Legen Sie dann den gewünschten Speicherort fest. Für derartige Dokumente wird übrigens die Dateiendung **.prtl** vergeben.

◄ **Abbildung 11.14** Premiere-Titel werden nicht automatisch als eigenständige Dateien angelegt, sondern müssen separat exportiert werden.

Wenn Sie auf das Exportieren verzichten wollen, schließen Sie das Fenster einfach, nachdem Sie den Titel fertiggestellt haben. Sie finden ihn als Asset im Projektfenster und können ihn von dort aus, wie jeden anderen Clip auch, in das Schnittfenster einbinden.

11.2.2 Titel importieren

Sollten Sie eine bereits vorgefertigte Titeldatei erhalten, lässt sich diese natürlich auch in ein bestehendes Projekt importieren. Dazu gehen Sie vor wie bei jedem anderen Asset auch. Der Import erfolgt also über das Projektfenster mittels Tastenkombination [Strg]/[cmd]+[I] oder über DATEI • IMPORTIEREN.

11.2.3 Titel überarbeiten

Nachdem Sie die Titelgestaltung abgeschlossen und den Titeldesigner verlassen haben, können Sie diesen jedoch jederzeit wieder öffnen, indem Sie auf die Titeldatei im Projektfenster doppelklicken. Alle Änderungen, die Sie jetzt vornehmen, werden aktualisiert – nachspeichern ist nicht nötig. Das bedeutet aber auch: Wenn Sie den Titel zwischenzeitlich in das Schnittfenster integriert haben, werden sämtliche Änderungen dort ebenfalls wirksam. So lassen sich schnell nachträglich noch Korrekturen vornehmen, selbst wenn Sie den Titel vielleicht mehrfach verwendet haben.

Titel auf anderem Titel basieren lassen | Aber was ist nun, wenn Sie einen Titel nur geringfügig ändern und als neuen Titel sichern wollen, ohne dass der vorhandene aktualisiert wird? Dann öffnen Sie den existierenden Titel per Doppelklick im Projektfenster und entscheiden sich – *bevor* Sie Änderungen vornehmen – für die Schaltfläche NEUEN TITEL AUF AKTUELLEN TITEL BASIEREN. Das hat dann zur Folge, dass Ihnen der Dialog

Neuer Titel zur Verfügung gestellt wird, in dem Sie jetzt die Videoeinstellungen festlegen und einen neuen Namen eingeben. Sobald Sie mit OK bestätigen, wird ein neues Asset im Projektfenster erzeugt. Jetzt können Sie den neuen Titel nach Wunsch ändern, während der alte erhalten bleibt.

▲ **Abbildung 11.15** Erstellen Sie neue Titel auf Basis bereits vorhandener.

11.3 Vorlagen nutzen

In Premiere Pro CC kann eine Fülle interessanter Titel für unterschiedlichste Anwendungsbereiche integriert werden. Dabei sind Sie nicht darauf angewiesen, die gestalterischen Elemente eines Titels im Original zu übernehmen, sondern können alles ganz individuell nach Ihren Vorstellungen bearbeiten. Eine Vorlage öffnen Sie über das Menü Titel • Neuer Titel • Basierend auf Vorlage.

11.3.1 Installation der Titel-Vorlagen in Premiere Pro CC

Zunächst finden Sie hier zwei Oberordner. Der untere, Titelgestalter-Voreinstellungen, ist standardmäßig bereits offen. Wenn nicht, öffnen Sie ihn über einen Klick auf das vorangestellte Dreiecksymbol.

Die Testversion von Premiere Pro bringt keine Vorlagen mit und ist nicht in der Lage, Vorlagen zur Verfügung zu stellen. Anders sieht es bei der Vollversion aus. Hier können Titel-Vorlagen manuell nachinstalliert werden. (Falls Sie bereits Premiere Pro CS6 (oder früher) Ihr Eigen nennen, beachten Sie bitte vorab die Hinweise im Kasten auf Seite 398)). Um die Vorlagen zu installieren gehen Sie wie folgt vor: Markieren Sie die Zeile Titelgestalter-Voreinstellungen ❶. Daraufhin wird unten rechts die Schaltfläche Klicken, um Vorgabenvorlagen herunterzuladen ❷ sichtbar. Nach einem Klick darauf werden Sie mit dem Internet verbunden. Beachten Sie die dort zur Verfügung gestellten Anweisungen, die neben dem Download auch weitere Installationshinweise enthalten. Laden Sie den für Ihr System angebotenen Content herunter (Mac OS oder Windows). – Zum Zeitpunkt der Drucklegung dieses Buches wurde lediglich der CS6 Functional Content angeboten, der jedoch auch in Premiere Pro CC integriert werden kann. Ob seitens Adobe noch eine Aktualisierung für die CC-Version erfolgen wird, ist unbekannt.

Schließen Sie nun Premiere Pro. Nachdem der erwähnte Download beendet ist, entpacken Sie zunächst die Datei. Begeben Sie sich anschließend in den entpackten Ordner und platzieren Sie einen Doppelklick auf die dort vorzufindende.exe-Datei. Weisen Sie einen Speicherort zu, an dem die Dateien extrahiert werden können. Welcher das ist, spielt keine Rolle. Danach begeben Sie sich in den Ordner, der die extrahierten Dateien enthält und führen das darin enthaltene Setup aus. Als Speicherort legen Sie den Programmordner von *Adobe Premiere Pro CS6* fest. (Sollte der Speicherort nicht frei wählbar sein (Pfad ist ausgegraut), installieren Sie den Content an dem angegebenen Speicherort. Merken Sie sich diesen Pfad, und suchen Sie dort anschließend nach dem Ordner PRESETS, den Sie zuletzt manuell in den Programmordner *Adobe Premiere Pro CC* befördern. Starten Sie die Premiere Pro neu.

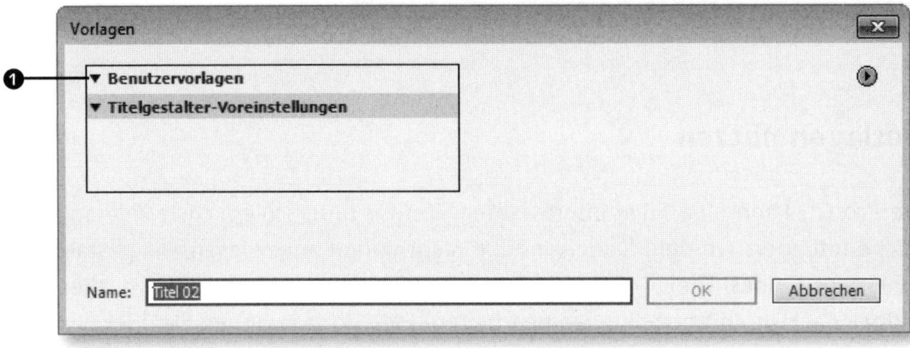

▲ **Abbildung 11.16** Gähnende Leere herrscht in der Testversion.

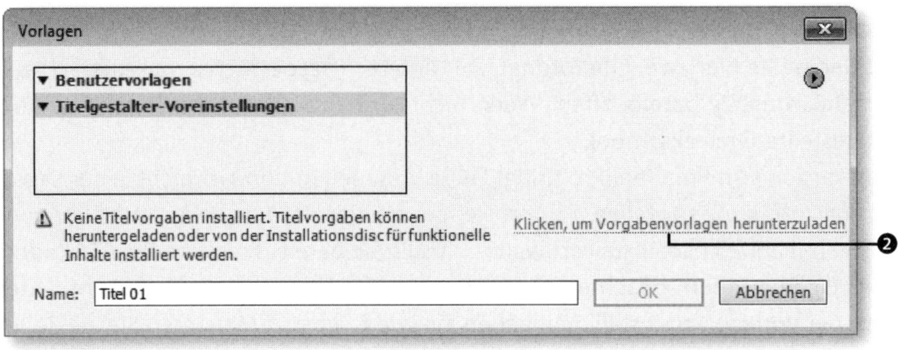

▲ **Abbildung 11.17** In der Vollversion wird jedoch ein weiterer Link angeboten.

Content für Umsteiger

Noch ein Hinweis für Besitzer von Premiere Pro CS6, die jetzt auf CC umsteigen. Sie müssen den CS6 FUNCTIONAL CONTENT nicht nachinstallieren, sofern die Vorgänger-Version bereits über Content verfügt hat. Gehen Sie in den Ordner des Vorgängers (z. B. *C:\Programme\Adobe\Adobe Premiere Pro CS6)* und halten Sie nach dem Ordner PRESETS Ausschau. Kopieren oder verschieben Sie dieses Verzeichnis in den Ordner *Adobe Premiere Pro CC*. Währenddessen sollte Premiere Pro übrigens geschlossen sein. Nach einem Neustart stehen die Vorlagen zur Verfügung.

Wenn die Vorlagen nachinstalliert sind, sehen Sie, dass Premiere so etwas wie Themen-Sets listet. Markieren Sie den gewünschten Eintrag, wobei Sie sich jedoch daran orientieren sollten, dass dieser auch »technisch« zum Projekt passt. So sollten Sie also beispielsweise einen Titel für ein 16:9-Projekt dahingehend auswählen, dass in dessen Namen »Wide« auftaucht.

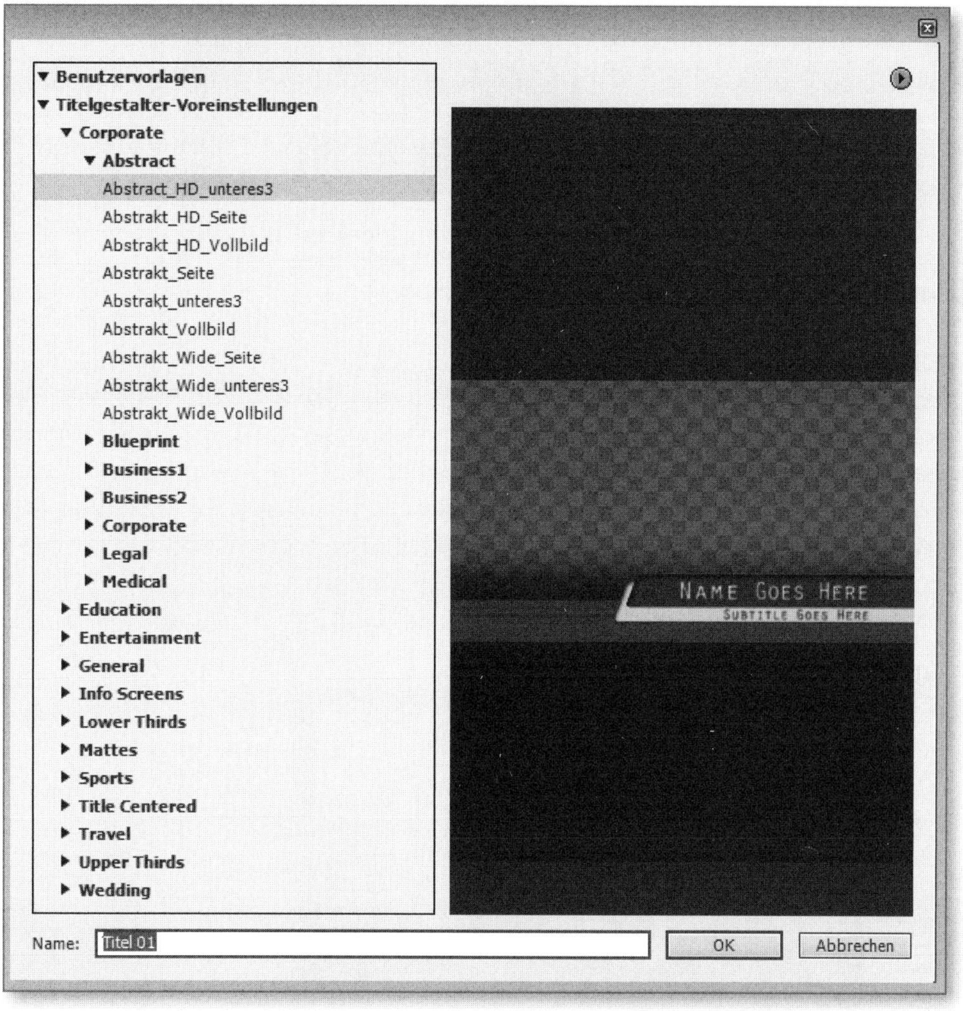

▲ **Abbildung 11.18** Die TITELGESTALTER-VOREINSTELLUNGEN sind jetzt prall gefüllt.

Für das Buchprojekt sollten Sie hingegen einen Titel verwenden, der weder »HD« noch »Wide« aufweist, da der Film ja nicht im Breitbildformat vorliegt (im Beispiel: GENERAL • INSPIRE • INSPIRATION_UNTERES3).

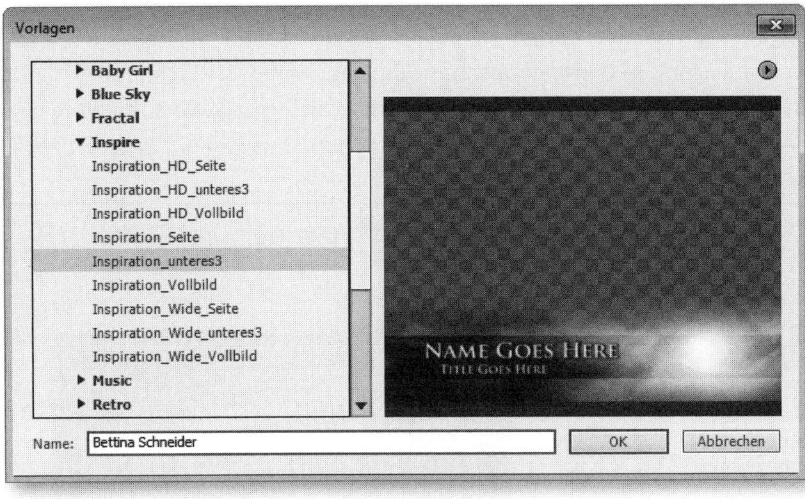

▲ **Abbildung 11.19** Suchen Sie eine passende Vorlage für Ihr Projekt.

11.3.2 Titel verändern

Nachdem Sie mit OK bestätigt haben, öffnet sich, wie gewohnt, das Titelfenster. Hier können Sie nun jedes einzelne Element, das Inhalt dieser Vorlage ist, nach Wunsch verändern. Entfernen Sie Elemente, die Sie nicht benötigen, oder fügen Sie neue Inhalte hinzu. Wenn Sie einen Text ändern wollen, überfahren Sie diesen mit dem Text-Werkzeug. Danach können Sie mit der Neueingabe beginnen.

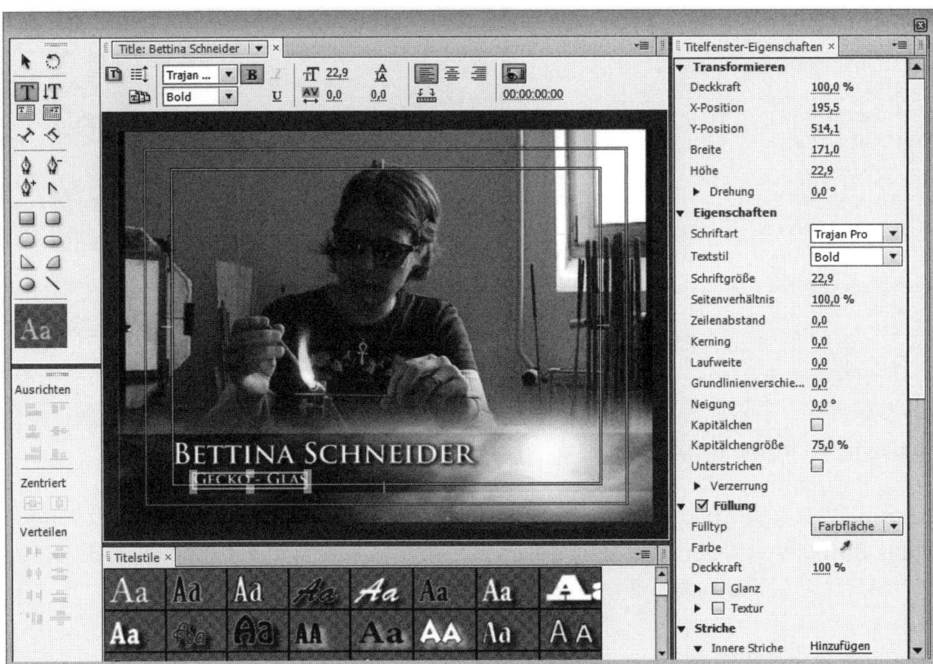

▲ **Abbildung 11.20** Verwenden Sie in den Titelvorlagen Ihre eigenen Texte.

11.3.3 Eigene Vorlagen definieren

Die Originalvorlage (also im konkreten Fall INSPIRATION_UNTERES3) bleibt natürlich unverändert. Das bedeutet auch, dass Ihre Änderungen immer nur an das Titel-Asset selbst, niemals jedoch an die Vorlage übergeben werden. Wenn Sie also umfangreiche Änderungen vornehmen und diese später ebenfalls als Vorlage verwenden wollen, dann müssen Sie diese zunächst einmal definieren. Das machen Sie, indem Sie den gewünschten Titel im Titeldesigner darstellen. Der Titel muss also geöffnet sein. Jetzt gehen Sie in das Menü von Premiere Pro und stellen dort TITEL • VORLAGEN ein. Im Dialog VORLAGEN klicken Sie jetzt auf die kleine Kreisschaltfläche, die sich oben rechts befindet (Fenstermenü). Entscheiden Sie sich für AKTUELLEN TITEL ALS VORLAGE IMPORTIEREN. Anschließend klicken Sie auf OK. Im Folgedialog können Sie noch einen Namen vergeben und auch diesen mit OK bestätigen. Wenn Sie jetzt den nebenstehenden Ordner BENUTZERVORLAGEN öffnen, werden Sie Ihren Titel dort wiedersehen.

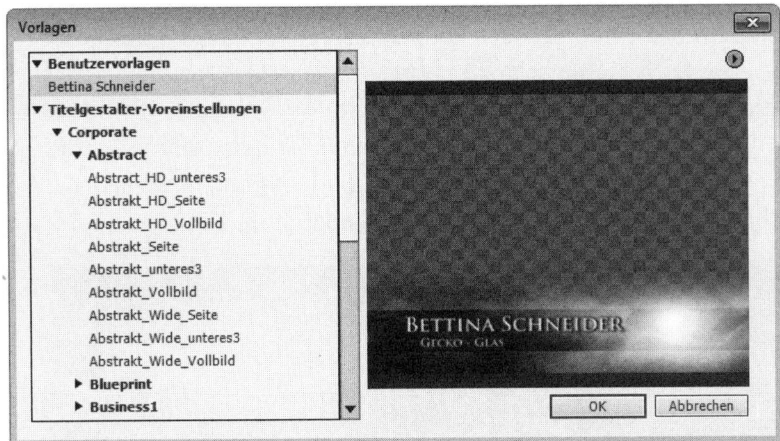

▲ **Abbildung 11.21** Speichern Sie Ihren Titel als Vorlage.

11.4 Statische Titel – Bauchbinden

Wann immer der Name eines Darstellers oder eines Moderators ins Bild kommt, spricht man von einer sogenannten *Bauchbinde*. Wie diese aussehen könnte, haben Sie ja gerade gesehen. Bauchbinden sollen dem Zuschauer in erster Linie weitere Informationen über die Person geben, die gerade im Bild ist.

Eine Bauchbinde erzeugen | Grundsätzlich wird unterschieden zwischen statischen und animierten Bauchbinden. Statische Bauchbinden kommen einfach nur ins Bild, während animierte Bauchbinden in der Regel ins Bild hinein- und auch wieder herauslaufen. Werfen wir zunächst einen Blick auf die erste Variante.

Schritt für Schritt: Mehrere Bauchbinden erzeugen

In unserem Buchprojekt sollen Bettina Schneider und ihr Unternehmen Gecko-Glas natürlich auch gebührend vorgestellt werden. Das machen Sie in Premiere mit einer sogenannten Bauchbinde.

1 *Vorlage öffnen*

Für den in Abbildung 11.22 gezeigten Titel ist die Vorlage INSPIRATION_UNTERES3 verwendet worden. Sie finden das gute Stück, wie Sie ja bereits wissen, im Ordner GENERAL • INSPIRE. Um die Vorlage zu öffnen, gehen Sie über TITEL • NEUER TITEL • BASIEREND AUF VORLAGE.

2 *Namen ändern*

Ersetzen Sie hier zunächst den Namen, indem Sie das Textfeld anklicken und mit dem Text-Werkzeug komplett markieren. Danach können Sie mit der Eingabe starten.

3 *Untertitel verändern*

Wechseln Sie auf das Auswahl-Werkzeug, und markieren Sie den zweiten Schriftzug. Legen Sie auch hier einen neuen Text fest, nachdem Sie diesen markiert haben, und wechseln Sie anschließend erneut zum Auswahl-Werkzeug.

▲ **Abbildung 11.22** Jetzt ist der Untertitel an der Reihe.

4 *Kerning verändern*

Widmen Sie sich den TITELFENSTER-EIGENSCHAFTEN, und erhöhen Sie den Wert KERNING. Das sorgt dafür, dass sich die Laufweite (Zwischenräume) der einzelnen Buchstaben erhöht. Gehen Sie auf einen Wert von etwa 20,0.

▲ **Abbildung 11.23** Erhöhen Sie die Laufweite.

5 *Optional: Mehrere Titel speichern*

Jetzt kommt noch etwas ganz Wichtiges – zumindest sofern Sie innerhalb Ihres Projekts mit mehreren, bis auf den Namen identischen Titeln arbeiten wollen: Lassen Sie den neuen Titel auf dem aktuellen Titel basieren, indem Sie den gleichnamigen Button oben links im Titelfenster markieren. Wie das geht, haben Sie ja bereits erfahren. Legen Sie auf diese Weise Titel für Titel im Projektfenster an. Sie erzeugen dann in einem Arbeitsgang sämtliche Titel, die benötigt werden, und binden sie später einzeln in Ihr Filmprojekt ein. Denn zu jedem Titel existiert ja dann auch ein eigenes Asset im Projektfenster.

Schritt für Schritt: Bauchbinden ein- und ausblenden

Im vorangegangenen Workshop wurde die Bauchbinde vorbereitet, nun muss sie nur noch in das Buchprojekt eingefügt werden.

1 *Einfügemarke positionieren*

Suchen Sie eine geeignete Stelle innerhalb des Films, an der Sie Bettina Ihren Zuschauern per Bauchbinde vorstellen wollen. Bei 00:00:23:17 würde sich dies anbieten.

2 *Titel einbinden*

Ziehen Sie den Titel aus dem Projektfenster in eine dem Clip übergeordnete Videospur, und passen Sie die Länge des Titels an die Datei »Perlen 2.avi« an. Es sieht nämlich nicht schön aus, wenn auf einen nachfolgenden Clip geschnitten wird, während der Titel noch im Bild ist. Die Person muss ja schließlich zu sehen sein, wenn die Bauchbinde im Bild ist.

▲ **Abbildung 11.24** Der Titel liegt über dem Video.

3 *Optional: Titel über Keyframes einblenden*

Leider kommt der Titel gleich ins Bild. Sie sollten also noch dafür sorgen, dass er weich ein- und ausgeblendet wird. Wer das lieber über Keyframes löst, kann das gleich im Schnittfenster erledigen (wie das geht, wissen Sie ja längst). Eleganter und vor allem schneller ist allerdings der nächste Schritt.

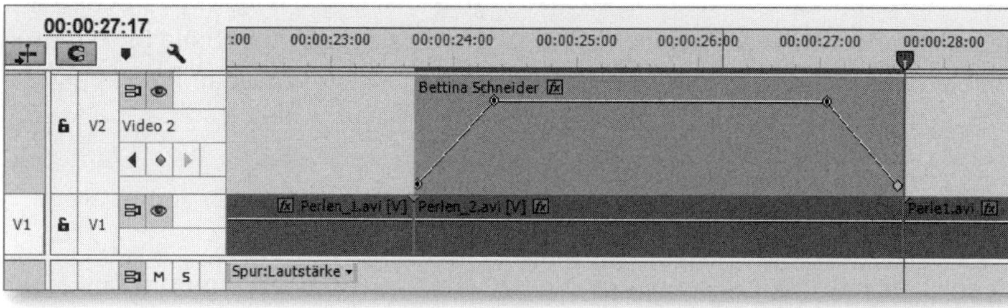

▲ **Abbildung 11.25** Der Titel wird über Keyframes weich ein- und ausgeblendet.

4 *Titel überblenden*

Sollten Sie den vorangegangenen Schritt bereits gemacht haben, drücken Sie so oft [Strg]/[cmd]+[Z], bis alle Keyframes auf dem Titel verschwunden sind. Öffnen Sie die VIDEOÜBERBLENDUNGEN im Effekte-Bedienfeld, und ziehen Sie die WEICHE BLENDE aus dem Ordner BLENDE jeweils an den Anfang und das Ende des Titels. Kürzen Sie beide Überblendungen in etwa um die Hälfte ein, damit die Ein- und Ausblendung zügig vonstatten geht.

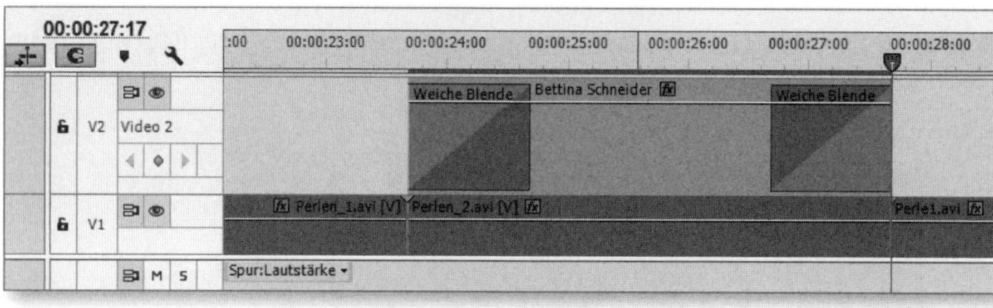

▲ **Abbildung 11.26** Mit Überblendungen wird der gleiche Effekt erzielt.

Dauer von Bauchbinden

Bauchbinden sollten immer so lange im Bild zu sehen sein, wie Sie benötigen, um den Text zweimal hintereinander laut (und langsam!) vorzulesen. Bedenken Sie: Sie kennen den Inhalt des Titels – Ihre Zuschauer kennen ihn nicht. Deshalb ist unweigerlich etwas mehr Zeit erforderlich.

11.5 Animierte Titel erzeugen

Animierte Titel zeichnen sich, der Name verrät es ja schon, dadurch aus, dass sie in Bewegung versetzt werden. Sie könnten das natürlich direkt im Schnittfenster über Keyframes lösen. Allerdings bringt Premiere Pro auch innerhalb des Titelfensters Möglichkeiten mit, die eine direkte Animation erlauben.

Grundsätzlich wird unterschieden zwischen Rolltiteln und Kriechtiteln. Die Unterschiede sind lediglich in der Bewegungsrichtung zu finden. Während sich Rolltitel in vertikaler Richtung bewegen, wandern Kriechtitel horizontal. Um das einzustellen, klicken Sie auf die Schaltfläche ROLLEN/KRIECHEN-OPTIONEN oben links im Titelfenster.

▲ **Abbildung 11.27** Aktivieren Sie die Bewegungsrichtung eines Titels.

11.5.1 Kriechtitel

Im Frame TITELTYP entscheiden Sie sich für NACH RECHTS KRIECHEN. Allein mit dieser Option hätten Sie bereits festgelegt, dass sich der Titel in Bewegung setzt. Allerdings würde er das so machen, dass er von Anfang an im Bild zu sehen ist. Die Bewegung selbst würde recht spartanisch ausfallen. Damit sind Sie aber sicherlich überhaupt nicht zufrieden.

Aktivieren Sie deshalb im Bereich TIMING (FRAMES) noch beide Checkboxen (IN BILDSCHIRM HEREIN und AUS BILDSCHIRM HERAUS). Damit bewerkstelligen Sie, dass der Titel wirklich von außen in den sichtbaren Bereich des Bildschirms hineinläuft und diesen anschließend wieder vollständig verlässt.

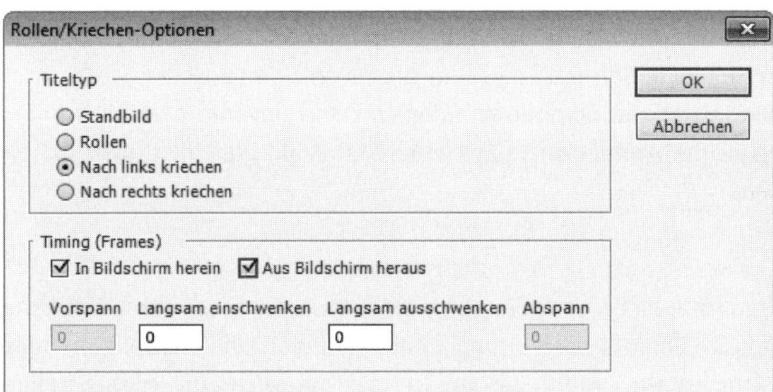

▲ **Abbildung 11.28** Die Checkboxen ermöglichen es, dass der Titel vollständig in den sichtbaren Bereich »einfährt«.

Mit LANGSAM EINSCHWENKEN und LANGSAM AUSSCHWENKEN könnten Sie jetzt noch eine steigende Anlaufgeschwindigkeit einstellen. Und mit VORSPANN und ABSPANN ließe sich noch eine zeitliche Verzögerung hinzufügen. Es würde also einen Moment dauern, bis die Bewegung des Titels überhaupt beginnt bzw. endet. Letzteres setzt allerdings voraus, dass die beiden zuvor beschriebenen Checkboxen deaktiviert sind. Nur dann stehen auch diese beiden Eingabefelder zur Verfügung.

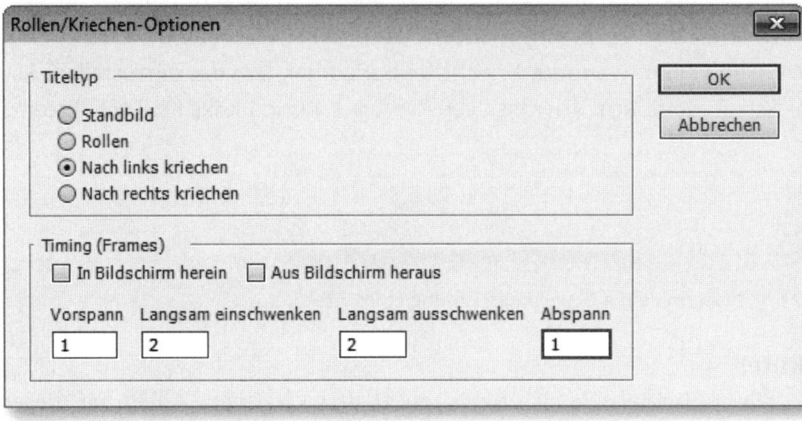

▲ **Abbildung 11.29** Die Vor- und Abspanndauer kann nur bei inaktiven Checkboxen eingegeben werden.

11.5.2 Mehrere Titel übereinander platzieren

Falls Sie beabsichtigen, einzelne Elemente des Titels aus unterschiedlichen Richtungen ins Bild fliegen zu lassen, müssen Sie mehrere Titel verwenden und diese dann im Schnittfenster auf unterschiedliche Spuren legen – es sei denn, Sie verfügen über After Effects. Natürlich müssen diese dann auch einzeln animiert werden. Am besten machen Sie das, indem Sie eine eigene Sequenz erzeugen, in die Sie dann alle Titelteile integrieren und sie über die Effekteinstellungen animieren. Lediglich den Namen lassen Sie aus. Ziehen Sie diese Sequenz dann an die jeweils gewünschte Stelle Ihres Masters, und fügen Sie in der Hauptsequenz lediglich den relevanten Namen hinzu. So stellen Sie sicher, dass die Animation selbst jedes Mal exakt gleich ist, und sparen zudem eine Menge Zeit.

11.5.3 Rolltitel

Rolltitel eignen sich grundsätzlich zur Erzeugung eines Abspanns, in dem sämtliche Mitwirkenden des Films am Schluss noch einmal vorgestellt werden. Hierbei gehen Sie genauso vor wie bei Kriechtiteln, wobei Sie den TITELTYP natürlich auf ROLLEN stellen sollten. Beim Abspann ist es außerdem wichtig, dass Sie mit Tabulatoren arbeiten. Aber der Reihe nach.

Schritt für Schritt: Einen Abspann erzeugen

Platzieren Sie zunächst die Einfügemarke am Ende des Films. Prinzipiell ist zwar nichts dagegen einzuwenden, einen Abspann über dem Video zu platzieren, doch wird im Allgemeinen ein Schwarzbild zugrunde liegen.

1 *Schwarzbild einfügen*

Betätigen Sie das Blattsymbol in der Fußleiste des Projekt-Bedienfeldes, und gehen Sie auf SCHWARZSTREIFEN. Kontrollieren Sie, ob die Einstellungen im folgenden Dialog zu Ihrem Projekt passen (720 x 576, 25 FPS, D1/DV PAL), und bestätigen Sie mit OK. Ziehen Sie das Schwarzstreifen-Asset auf die unterste Spur, und zwar hinter den allerletzten Clip im Schnittfenster.

2 *Titel einstellen*

Wählen Sie TITEL • NEUER TITEL • STANDARD-STANDBILD. Ja, Sie haben natürlich vollkommen recht! Da gibt es auch einen Eintrag mit Namen STANDARD-ROLLEN, der jetzt in der Tat besser geeignet wäre. Das würde mir aber die Möglichkeit verbauen, Ihnen zu demonstrieren, dass sich auch ein statischer Titel nachträglich noch zum Rollen bewegen lässt. Deshalb ist STANDARD-STANDBILD jetzt zunächst einmal der richtige Weg. Vergleichen Sie die Einstellungen mit der Abbildung, vergeben Sie einen Namen, und drücken Sie auf OK.

3 *Rollen einstellen*

Aktivieren Sie jetzt die ROLLEN/KRIECHEN-OPTIONEN oben links im Titelfenster, und stellen Sie im folgenden Dialog den TITELTYP auf ROLLEN ein.

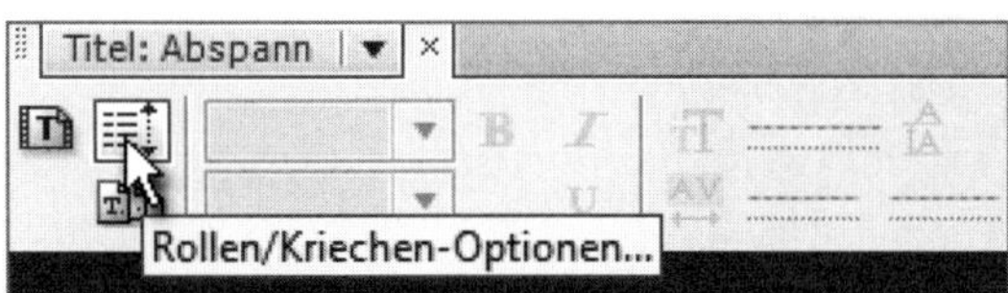

▲ **Abbildung 11.30** Auch bei geöffnetem Titelfenster können die Bewegungsoptionen noch geändert werden.

Auch hier ist das Aktivieren der Checkboxen IN BILDSCHIRM HEREIN und AUS BILDSCHIRM HERAUS wirklich sinnvoll, damit der Titel zunächst in den sichtbaren Bereich des Bildschirms hinein- und später wieder herausläuft. Bestätigen Sie mit OK.

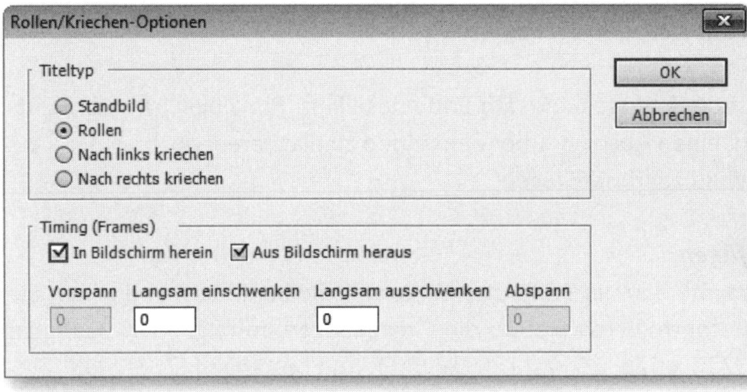

▲ **Abbildung 11.31** Der Titel soll hinein- und wieder herausrollen.

4 *Textrahmen erzeugen*

Aktivieren Sie das Text-Werkzeug, und ziehen Sie damit einen Rahmen auf, der geringfügig kleiner ist als der Bereich des geschützten Titels (inneres Rechteck). Bitte verwenden Sie nicht die Direkteingabe, sondern wirklich ein Textfeld, da sich der Abspann andernfalls nicht, wie gewünscht, generieren lässt.

▲ **Abbildung 11.32** Erzeugen Sie einen Textrahmen.

5 *Tabulatoren setzen*

Wählen Sie jetzt im Menü Titel • Tabstopps, oder entscheiden Sie sich für [Strg]/[cmd]+[⇧]+[T]. Abspänne zeichnen sich ja meist dadurch aus, dass sie zweispaltig sind. Zudem ist die linke Spalte rechtsbündig und die rechte linksbündig ausgerichtet. Genau das wollen wir jetzt mit dem Setzen der Tabstopps erreichen.

Schauen Sie sich die Skala im oberen Bereich des Tabstopp-Fensters an. Diese repräsentiert die Breite des aktuellen Textfeldes. Klicken Sie etwas links von der Mitte auf den freien, hellgrauen Bereich oberhalb der Skala. Dies hat zur Folge, dass ein Tabstopp eingesetzt wird. Zudem sehen Sie im Hintergrund (im Titelfenster) eine schmale, gelbe Linie ❶, die ebenfalls die Position des Tabulators repräsentiert.

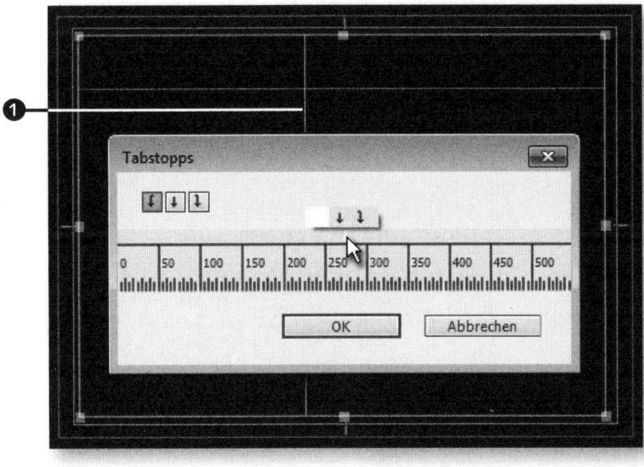

◂ **Abbildung 11.33** Setzen Sie Tabulatoren zur besseren Ausrichtung.

6 *Tabulator-Ausrichtung ändern*

Wenn Sie wollen, können Sie den Tabulator jetzt noch mit gedrückter linker Maustaste nach links oder rechts verschieben. Gleich oberhalb wird zudem eine kleine Overlay-Menüleiste eingeblendet, solange Sie sich mit dem Mauszeiger über dem Tab befinden. Mit dieser sollten Sie den aktuellen Tab jetzt in einen rechtsbündigen Tabstopp umwandeln ❸. Das Gleiche erreichen Sie übrigens auch, wenn Sie auf den dritten zur Verfügung stehenden Tabulator oben links in der Ecke klicken ❷.

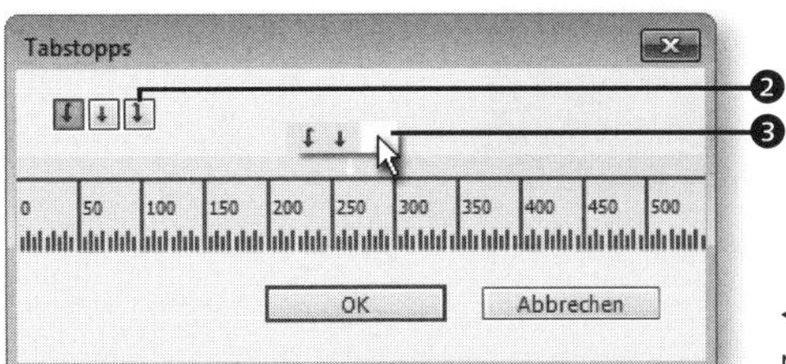

◂ **Abbildung 11.34** Die Tabulator-Ausrichtung muss noch geändert werden.

Nun benötigen Sie etwas rechts daneben einen weiteren Tabulator. Klicken Sie deshalb abermals in die Leiste oberhalb der Skala. Platzieren Sie den neuen Tabstopp allerdings etwas weiter rechts. Da immer noch rechtsbündige Tabulatoren eingestellt sind, wird auch hier ein rechtsbündiger Tabstopp platziert. Sie können allerdings anschließend wieder auf den linken Tabstopp oben links im Fenster oder in der Overlay-Palette klicken, damit auch dieser umgewandelt wird. Bestätigen Sie anschließend mit OK.

7 *Text eingeben*

Sobald Sie den Tabulator-Dialog verlassen haben, blinkt die Einfügemarke des Textfeldes am oberen linken Ende. Drücken Sie jetzt [⇆], bevor Sie den ersten Namen eingeben, und springen Sie nach der Eingabe jedes Mal mit [⇆] zur nächsten Position.

Größe des Textfeldes

Weil Sie gleich zu Beginn festgelegt haben, dass es sich um einen Rolltitel handeln soll, finden Sie rechts neben der Arbeitsfläche eine Scrollleiste. Diese gestattet es, auch über die eigentliche Arbeitsfläche hinauszugehen. Wenn Sie mit dem zur Verfügung stehenden Platz nicht auskommen, scrollen Sie etwas nach unten, und ziehen Sie das Textfeld größer. Wie groß dieses Textfeld letztendlich wird, ist bei Rolltiteln vollkommen egal.

8 *Zeilenabstand erhöhen*

Damit die Zeilen nicht so aneinandergepresst wirken, empfiehlt es sich, den Zeilenabstand in den TITELFENSTER-EIGENSCHAFTEN zu erhöhen. Das können Sie gleich zu Beginn oder auch am Schluss machen, wenn der gesamte Text eingegeben ist.

▲ **Abbildung 11.35** Der Abspann könnte so (oder so ähnlich) aussehen.

11.6 Titel mit Photoshop erzeugen

Jetzt haben Sie zwar viel über den Titel-Generator von Premiere Pro erfahren, dennoch soll an dieser Stelle nicht unerwähnt bleiben, dass Sie Titel auch ohne dieses Tool erzeugen können. Dann lassen sich nämlich sogar völlig mühelos Ebenen animieren. Wenn Sie also verschiedene Objekte zu unterschiedlichen Zeiten in Gang setzen wollen, sind Sie mit Photoshop wirklich besser dran als mit dem Titelfenster. Und die Teamarbeit zwischen Photoshop und Premiere funktioniert ausgesprochen gut.

11.6.1 Premiere Pro an Photoshop

Sie können übrigens direkt aus Premiere Pro heraus die Produktion einer Photoshop-Datei in die Wege leiten. Dazu gehen Sie über DATEI • NEU • PHOTOSHOP-DATEI. Das

Schöne ist, dass Ihnen daraufhin bereits die richtigen Sequenzabmessungen vorgegeben werden, die Sie nur noch mit OK bestätigen müssen. Im Anschluss daran öffnet sich der Dialog PHOTOSHOP-DATEI SPEICHERN UNTER. Legen Sie Namen und Speicherort fest. Daraufhin können Sie mit einem leeren PSD-Dokument in Photoshop weiterarbeiten.

Aufbau der Photoshop-Datei | Bitte benutzen Sie für den folgenden Workshop die Datei »Bauchbinde 02.psd«, die Sie im Ordner KAPITEL_11 finden. Sie müssen dazu nicht unbedingt Photoshop öffnen. Es muss noch nicht einmal auf Ihrem Rechner installiert sein, um die Datei später in Premiere Pro verarbeiten zu können. Wenn Sie sich allerdings dafür interessieren, wie die Datei aufgebaut ist, sollten Sie sie einmal in der Bildbearbeitungs-Software bereitstellen und begutachten. Den auf das Pixel-Seitenverhältnis hinweisenden Dialog bestätigen Sie mit OK.

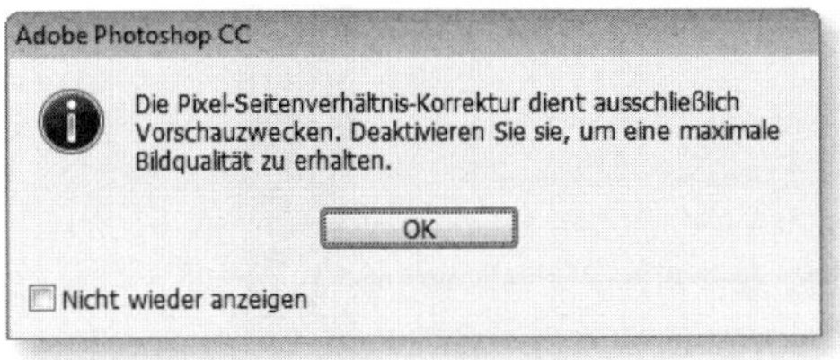

◂ **Abbildung 11.36** Die PIXEL-SEITENVERHÄLTNIS-KORREKTUR sorgt dafür, dass der Titel in Photoshop so angezeigt wird, wie er später auch in Premiere Pro zu sehen sein wird (wer das Original betrachten möchte, wählt temporär ANSICHT • PIXELSEITENVERHÄLTNIS-KORREKTUR).

Zur Entstehung der Datei: Es wurde ein Dokument mit der Vorgabe FILM & VIDEO mit der Größe PAL D1/DV erstellt. Es besteht aus einer Pixel- und zwei Formebenen sowie einem Hintergrund. Die Ebenen selbst wurden aussagekräftig benannt. Das ist sehr wichtig, damit sie in Premiere Pro später eindeutig erkannt werden können.

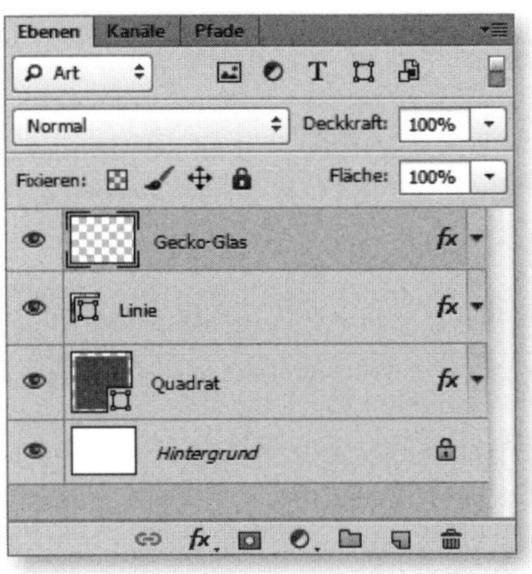

◂ **Abbildung 11.37** Benennen Sie die Ebenen, damit Sie sie später in Premiere Pro besser auseinanderhalten können.

Die Hintergrundebene könnte prinzipiell entfernt werden. Allerdings habe ich sie bewusst im Dokument belassen, da es sich um einen recht dunklen Titel handelt, der auf dem hellen Hintergrund wesentlich besser zu sehen ist. Das begünstigt die Sichtbarkeit der Ebenen zur Zeit der Animation, wie Sie gleich sehen werden. Der Hintergrund wird erst danach entfernt bzw. unsichtbar gemacht. Wenn Sie selbst Dateien in Photoshop erzeugen, denken Sie bitte daran, diese unbedingt als PSD abzuspeichern, da die nachfolgenden Schritte ansonsten nicht funktionieren.

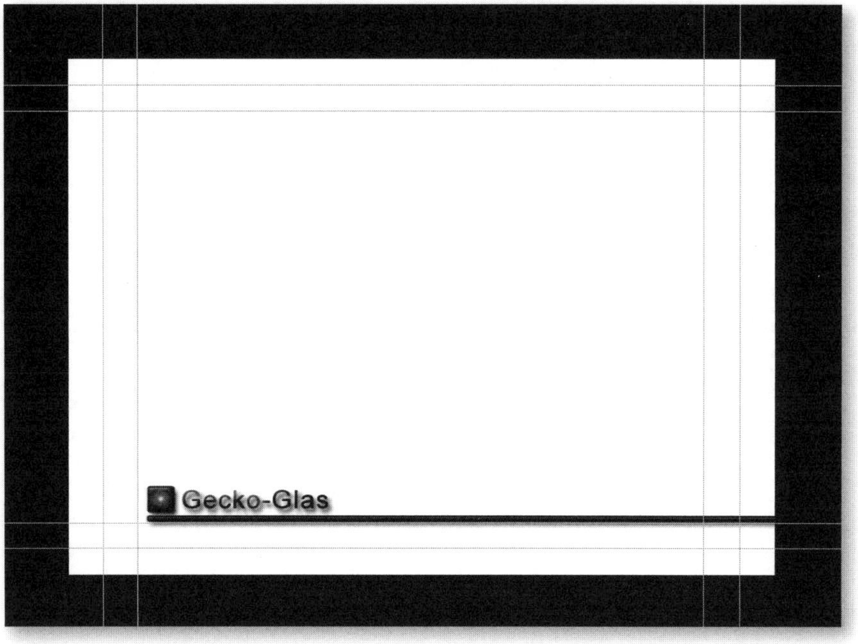

▲ **Abbildung 11.38** Hier sehen Sie die fertige Photoshop-Datei in all ihrer Pracht – entstanden in aufwendigsten Designprozessen.

Grüne Linien

Bei den grünen Linien handelt es sich im Übrigen um Hilfslinien, die im Ergebnis nicht sichtbar sind. Sie symbolisieren den Bereich für die sicheren Ränder und die geschützte Aktion. Das bedeutet: Die äußeren Linien zeigen den Overscan-Bereich an. Texte und andere Objekte sollten innerhalb der inneren Begrenzung bleiben, da sie ansonsten zu sehr an den Bildrand gedrängt würden (nähere Hinweise zum Overscan finden Sie auch im Anhang A, »Fachkunde«).

11.6.2 Photoshop-Dokumente importieren

Die Aufgabe: Das Photoshop-Dokument soll jetzt in Premiere Pro integriert werden. Danach werden sämtliche Ebenen separat animiert. Sie werden sehen, wie leicht das ist.

Schritt für Schritt: PSD-Dateien animieren

Für das Buchprojekt soll nun auch noch eine animierte Bauchbinde zum Einsatz kommen. Die Photoshop-Datei habe ich dabei für Sie schon vorbereitet.

1 *Datei importieren*

Wechseln Sie zu Premiere Pro, und importieren Sie die Photoshop-Datei »Bauchbinde 02.psd«. Daraufhin werden Sie zunächst mit einem Dialog konfrontiert, in dem Sie die Import-Optionen festlegen können. Entscheiden Sie sich im Pulldown-Menü IMPORTIEREN ALS für SEQUENZ. Theoretisch könnten Sie jetzt einzelne Ebenen deaktivieren, indem Sie das jeweils vorangestellte Häkchen wegnehmen. Wir wollen jedoch alle Ebenen haben, weshalb Sie einen Klick auf OK folgen lassen sollten.

◂ **Abbildung 11.39** Importieren Sie die Photoshop-Datei als Sequenz.

2 *Sequenz öffnen*

Der Import einer Photoshop-Datei als Sequenz sorgt dafür, dass innerhalb des Projektfensters ein Ordner erzeugt wird, der den gleichen Namen trägt wie die Photoshop-Datei. Öffnen Sie diesen Ordner, werden Sie innerhalb des Ablage-Bedienfelds jede einzelne Ebene als separates Asset vorfinden.

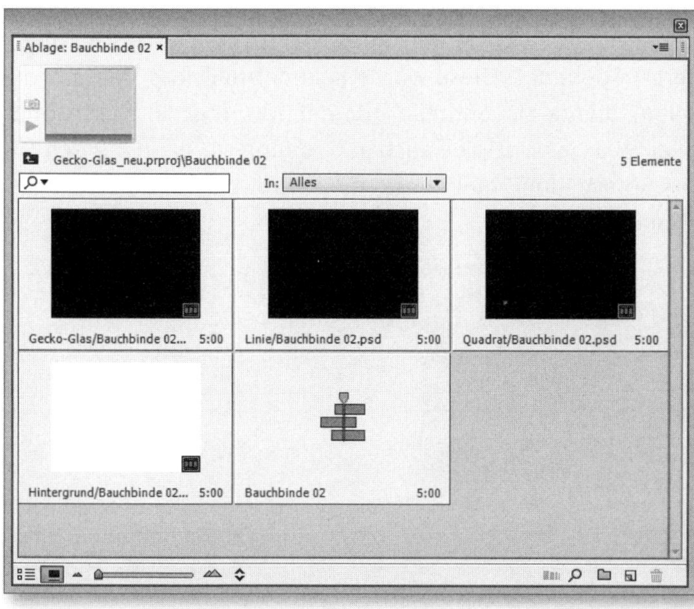

◂ **Abbildung 11.40** Premiere Pro hat im Projektfenster automatisch einen Ordner erzeugt. Darin befinden sich alle Bildebenen.

Doch damit nicht genug: Das Wichtigste ist nämlich, dass Sie darin auch eine Sequenz finden, die den gleichen Namen trägt wie die Photoshop-Datei. Doppelklicken Sie diesen Eintrag im Projektfenster, wird die Sequenz auch im Schnittfenster sichtbar. Vergrößern Sie die Schnittfenster-Ansicht etwas. Sämtliche Ebenen des Photoshop-Dokuments liegen nun auf jeweils separaten Spuren. Die Ebenenreihenfolge ist im Übrigen auch eingehalten worden.

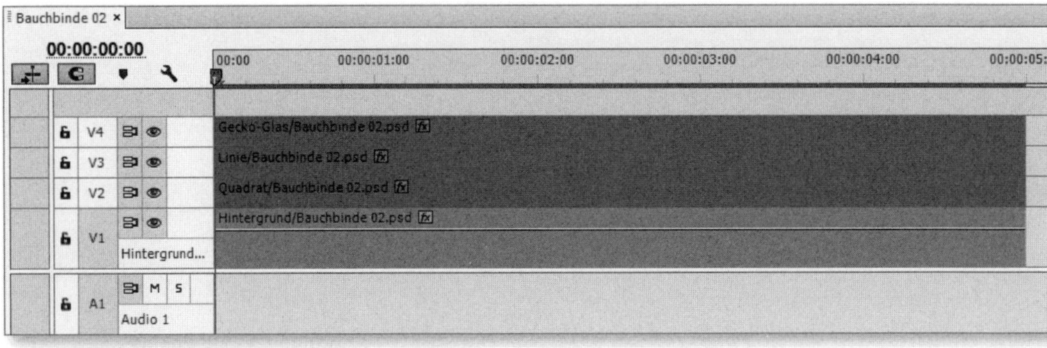

▲ **Abbildung 11.41** Die Sequenz enthält alle Ebenen der Photoshop-Datei.

3 *Ebenen animieren*

Ich möchte Sie jetzt nicht mit der expliziten Animation der einzelnen Ebenen langweilen. Das haben Sie ja schon mehrfach gemacht. Allerdings sollten Sie auch hier im Hinterkopf behalten, dass Sie jede einzelne Ebene über Keyframes steuern und so die Bewegungen und Zeitabläufe für jede Ebene generieren könnten. Wie wäre es z. B. damit, dass Sie zuerst die Linie und dann das Quadrat von rechts ins Bild kommen lassen und anschließend den Text über die Deckkraft einbinden?

Woran Sie aber noch denken sollten: Entfernen Sie am Schluss die unterste Videospur (sie enthält die Hintergrundebene). Diese würde ja andernfalls das Video komplett überdecken. Außerdem diente sie ohnehin nur der Montage in Photoshop. Wenn Sie sie erhalten wollen, was ja prinzipiell auch in Ordnung ist, dann müssen Sie dennoch dafür sorgen, dass Spur V1 im Projekt unsichtbar wird. Und das machen Sie, indem Sie das Augensymbol deaktivieren.

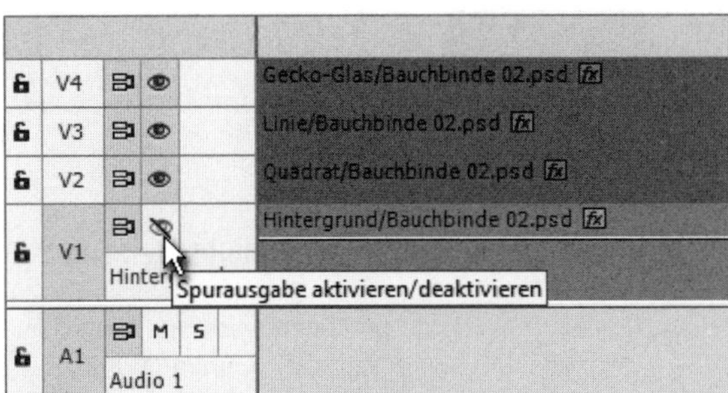

▲ **Abbildung 11.42** Schalten Sie die Spur unsichtbar.

4 *Sequenz einbinden*

Wechseln Sie anschließend wieder in die Master-Sequenz (im Beispielvideo SEQUENZ 01), und binden Sie die Sequenz BAUCHBINDE 02 aus dem Projektfenster in das Schnittfenster ein. An Position 00:07:49:15 des Beispielprojekts können Sie die Sequenz sehr schön verwenden.

Da es sich hierbei ja um eine verschachtelte Sequenz handelt, können Sie, sofern Ihnen die eine oder andere Bewegung noch nicht zusagt, jederzeit wieder zur Sequenz BAUCHBINDE 02 zurückwechseln und dort Änderungen vornehmen. Diese werden dann selbstverständlich auch in der Master-Sequenz wirksam.

▲ **Abbildung 11.43** Der Titel erscheint jetzt im fertigen Video.

Änderungen am Photoshop-Dokument | In Sachen Integration arbeiten Adobe-Produkte ja ganz hervorragend zusammen. So können Sie z. B. jetzt immer noch Änderungen am Photoshop-Dokument vornehmen. Wenn Ihnen also irgendetwas nicht gefällt, öffnen Sie die PSD-Datei, nehmen die gewünschten Änderungen vor und bestätigen diese mit SPEICHERN. Sobald Sie zu Premiere Pro zurückkehren, werden Sie feststellen, dass die Änderungen übernommen wurden. Die in der Zwischenzeit zugewiesenen Keyframes bleiben natürlich erhalten. Dabei spielt es nicht einmal eine Rolle, ob Sie das Bild nun direkt in Photoshop geöffnet haben oder den Weg über das Kontextmenü von Premiere Pro, gefolgt von einem Klick auf IN ADOBE PHOTOSHOP BEARBEITEN, genommen haben.

Sie können das ganz schnell ausprobieren, indem Sie »Bauchbinde 02.psd« in Photoshop öffnen. Markieren Sie die Ebene LINIE, und bewegen Sie sie nach oben. Anschließend bestätigen Sie mit DATEI • SPEICHERN oder [Strg]/[cmd]+[S] und wechseln zu Premiere.

12 Export

Wenn ein Film so richtig gut gelungen ist, muss er natürlich nicht nur archiviert, sondern der Nachwelt auch würdig präsentiert werden. Deshalb erfahren Sie in diesem Kapitel z. B., wie Sie Ihre Filme aus Premiere Pro heraus an Encore übergeben können bzw. wie sich ein Film als Datei für unterschiedliche Verwendungszwecke ausgeben lässt. Hierbei müssen allerdings einige Dinge beachtet werden. Für unterschiedliche Verwendungsformen gelten nämlich ganz unterschiedliche Exportbedingungen. Lernen Sie deshalb die Einstelloptionen kennen. Sie erfahren in diesem Kapitel:

- Wie werden Filme an Encore übergeben?
- Wie gibt man Filme mit dem Adobe Media Encoder aus?
- Wie gibt man Filme für unterschiedliche Verwendungen aus?
- Wie lassen sich Einzelbilder exportieren?
- Wie archiviert man Projekte sinnvoll?

12.1 Sequenzen rendern

Bevor Sie aus dem Projekt eine Filmdatei zur Weiterverarbeitung erzeugen, sollten Sie sich alles noch einmal in Ruhe ansehen. Lassen Sie die Sequenz abspielen. Wenn es irgendwo ruckelt oder langsamer läuft, achten Sie darauf, ob sich rote Balken unterhalb der Schnittfensterskala befinden. Diese deuten nämlich an, dass die Stelle als Vorschaudatei gerendert werden kann, damit sie zügig abgespult wird. Um es gleich vorwegzunehmen: Vorschaudateien dienen, wie der Name schon sagt, der reinen Projektvorschau. Selbst wenn es auf Ihrem Monitor ruckelt und Sie den Film nicht rendern, werden Sie nach der Ausgabe trotzdem ein anständiges Ergebnis in Händen halten. Allerdings sollten Sie zuvor rendern, um den gesamten Film vor der Ausgabe optisch zuverlässig beurteilen zu können.

Vorschaudateien erzeugen | Wollen Sie nur einen bestimmten Bereich rendern, platzieren Sie einen Sequenz-In- und -Out-Point. Sie wissen ja: Dazu bringen Sie den Abspielkopf in Position und betätigen [I] (für In) und [O] (für Out).

Im Umkehrschluss bedeuten In- und Out-Points aber auch, dass stets nur der zwischen In und Out befindliche Bereich gerendert wird. Wer die gesamte Sequenz mit Unterstützung durch Vorschaudateien ansehen möchte, muss dafür sorgen, dass vorhandene Points entfernt werden. Dazu klicken Sie mit rechts in die Zeitfensterskala und entscheiden sich im Kontextmenü für IN- UND OUT-POINT LÖSCHEN.

▲ **Abbildung 12.1** Rote Balken gleich unterhalb der Zeitskala deuten auf Bereiche hin, die gerendert werden sollten.

Im Anschluss daran drücken Sie [↵], und der Rechenvorgang beginnt. Premiere Pro erzeugt jetzt Vorschaudateien aller Segmente, die extra erzeugt werden müssen, d.h., die nicht bereits als Originalfilme vorliegen. Das können z.B. Transparenzen, Skalierungen, Überblendungen sein, aber auch Clips, die mit Effekten versehen wurden.

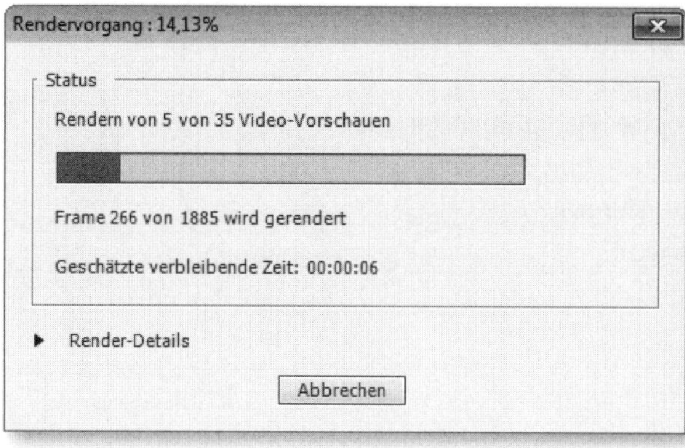

▲ **Abbildung 12.2** Der Render-Vorgang dürfte auch beim Buchprojekt recht zügig vonstattengehen.

12.2 Premiere Pro und Encore

Bis zur Version CS6 war Encore im Premiere Pro-Paket enthalten. Zur Version hat sich Adobe entschlossen, die Software nicht weiterzuentwickeln. Sie steht zwar in der Creative Cloud (ohne Versionsnummer, also weder als CS6 noch als CC) Premiere Pro CC-Nutzern zur Verfügung, jedoch funktioniert die direkte Übergabe einer Premiere Pro-Sequenz via Dynamic Link nicht mehr. Ebenso wenig lässt sich ein Videoschnitt-Projekt per Drag & Drop an die DVD-Software Encore übergeben. Ob Adobe diese Funktionen in Premiere Pro CC wieder unterstützen wird, ist leider nicht abzusehen (Stand: Juli 2013).

12.2.1 Projektdateien übergeben und an Encore senden

Wir erwähnen das an dieser Stelle aus folgendem Grund: Seinerzeit war es möglich, Premiere Pro-Sequenzen direkt an Encore zu übergeben – also ohne eine Datei rendern und ausgeben zu müssen. Das hatte den Vorteil, dass man auch nachträglich noch Änderungen an der Premiere Pro-Projektdatei vornehmen konnte, die dann in Encore synchron berücksichtigt worden sind – eine rundum tolle Sache also. War es bis Version CS6 noch möglich eine Premiere Pro-Projektdatei auf die Encore-Verknüpfung zu ziehen und dort fallenzulassen, bleibt dieses Vorgehen Premiere Pro CC-Usern leider verwehrt. In unseren Test funktionierte dies lediglich mit CS6-Projekten, nicht jedoch mit Dateien, die Premiere Pro CC entstammten. Schade, hatte man so doch direkten Zugriff auf die im Projekt enthaltenen Sequenzen.

▲ **Abbildung 12.3** Ziehen Sie ein Projekt auf die Encore-Verknüpfung, werden die enthaltenen Sequenzen in Encore zugänglich. Leider funktionierte das nicht mit Premiere Pro CC-Projekten.

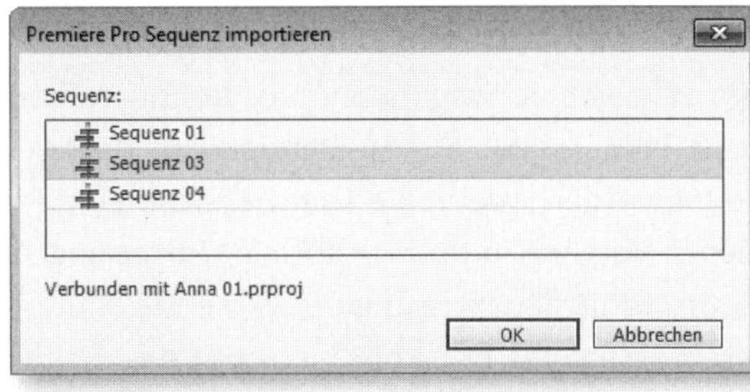

▲ **Abbildung 12.4** Wer Encore eine Premiere Pro CS6-Projektdatei übergibt, kann per Dialog in Encore auswählen, welche Sequenz dort verarbeitet werden soll.

Bis CS6 konnten Sie eine direkte Übergabe von Premiere Pro an Encore starten. Auch das funktionierte zum Zeitpunkt der Drucklegung dieses Buches leider nicht, wobei wir hoffen, dass sich diese Möglichkeit bald wieder ergibt. Falls dies wieder möglich sein sollte, gehen Sie wie folgt vor: Zunächst einmal das Schnittfenster markiert sein. Danach wählen Sie Datei • Adobe Dynamic Link • An Encore senden aus. Aber keine Sorge: Auch als Premiere Pro CC-Nutzer können Sie komfortabel mit Encore arbeiten! Alles Weitere zum Thema Encore erfahren Sie in Kapitel 15, »DVD-Authoring mit Encore«.

12.3 Exporteinstellungen

Eine MPEG-Datei, die Sie für die Erzeugung einer herkömmlichen DVD benötigen, können Sie auch aus Premiere Pro heraus erzeugen. Dann ersparen Sie sich das spätere Encodieren in Encore. Denn einmal muss der Film auf jeden Fall encodiert werden – entweder direkt in Premiere Pro oder später in der Authoring-Software. In jedem Fall bringt das den Adobe Media Encoder ins Spiel, der als separate Applikation arbeitet und aus beiden Applikationen heraus angesprochen werden kann.

Es ist aber auch durchaus denkbar, dass Sie nur ein Zwischenergebnis rendern wollen und derzeit an eine DVD-Ausgabe noch gar nicht zu denken ist. Ein großes Projekt beispielsweise, an dem mehrere Personen arbeiten, ist ein denkbares Szenario. Dann ist es möglich, dass jeder seinen Teil ausgibt und die Ergebnisse später in einem zentralen Projekt zusammengefügt werden. Ebenso ist denkbar, ein Intro zu produzieren, dessen fertige Filmdatei in allen künftigen Premiere-Pro-Projekten Verwendung finden soll. In diesem Fall ist es angezeigt, das Ganze zunächst als Datei auszugeben. Im Folgenden werden wir uns beide Varianten einmal ansehen – zunächst die DVD-Ausgabe.

12.3.1 Für DVD oder Blu-ray ausgeben

Um es gleich vorwegzunehmen: In Encore können später sowohl AVI- bzw. MOV- als auch MPEG- bzw. H.264-Dateien (für Bu-ray, Internet oder mobile Endgeräte) verarbeitet werden. Wenn Sie aber bereits hier in Premiere Pro encodieren, können Sie sich diesen Vorgang in der Authoring-Umgebung sparen.

Grundsätzlich muss das zu wählende Filmformat natürlich zum Format der verarbeiteten Assets passen. Aber nicht nur das: Es muss auch mit dem Ausgabemedium harmonieren. Das bedeutet: Wenn als Ausgangsbasis Filme in Format DV herangezogen worden sind, sollten Sie auch eine DVD davon machen. Ebenso sollten HD-Assets später auf eine Blu-ray gebrannt werden. Sie können zwar HD-Filme kleiner machen und auf eine DVD bringen (wohlgemerkt mit den Abmessungen eines DV-Films); es macht jedoch überhaupt keinen Sinn, hochwertige HD-Videos auf eine DVD zu bringen. Dazu werden viel höhere Datenraten benötigt, als ein DVD-Player liefern kann – vom begrenzten Platzangebot einmal abgesehen. Deshalb gilt: HD-Material gehört auf eine Blu-ray, nicht auf eine DVD.

Schritt für Schritt: Filme im DVD-Endformat ausgeben

Dieser Workshop befasst sich, wie der Name schon sagt, mit der Ausgabe einer DVD-konformen Datei. Allerdings werden wir ein wenig über den Tellerrand schauen und die eine oder andere Funktion genauer beleuchten. Das auf diese Weise erworbene Wissen können Sie dann auch prima für andere Ausgabearten nutzen. Dieser Workshop ist somit auch dann zu empfehlen, wenn der DVD-Export gar nicht im Vordergrund Ihrer Tätigkeiten steht.

1 *Export-Dialog öffnen*

Sollten Sie noch nicht gleich brennen, sondern zunächst mehrere Filme sammeln oder für andere Bereiche als die DVD ausgeben wollen, entscheiden Sie sich für Datei • Exportieren • Medien. Alternativ betätigen Sie [Strg]/[cmd]+[M]. Achtung: Denken Sie an das Schnittfenster oder das Sequenz-Asset im Projektfenster, das markiert sein muss, damit dieser Befehl ausführbar ist. Aber das hatten wir ja bereits.

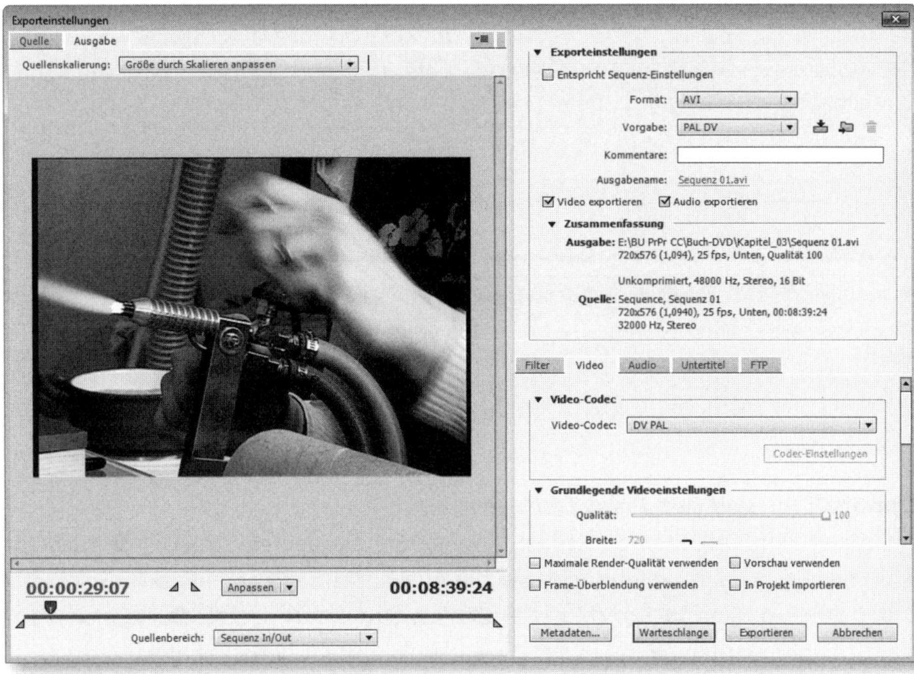

▲ **Abbildung 12.5** Der Dialog EXPORTEINSTELLUNGEN in seiner schlichten Schönheit

2 *Ausgabebereich festlegen*

Ganz wichtig ist, dass Sie jetzt unten links, unterhalb der Vorschau, kontrollieren, welcher Arbeitsbereich zur Ausgabe markiert ist. Sollten Sie vorab einen Sequenz-In- und -Out-Point gesetzt haben, erstreckt sich die blaue Linie (bei dunklen Arbeitsoberflächen ist sie gelb) auch nur über diesen Bereich. Sofern es keine Points gibt, sollte die Line sich über den gesamten Bereich erstrecken. Die Position der beiden Anfasser ❷ entscheidet also letztendlich, welcher Bereich des Films ausgegeben wird. Ziehen Sie diese Anfasser erforderlichenfalls auseinander. Welche Position in der Vorschau angezeigt wird, können Sie übrigens mit dem Regler ❸ bestimmen. Dieser fungiert hier als Abspielmarke und kann ebenfalls »gescrubbt« werden.

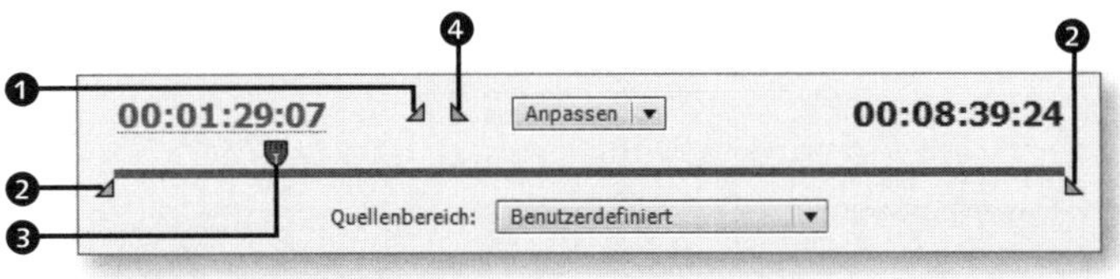

◂ **Abbildung 12.6** Diese Leiste bestimmt, welcher Bereich für die Ausgabe herangezogen wird.

Vorsicht bei Verwendung der Eingabetaste

Um die Einfügemarke zu positionieren, dürfen Sie auch den Timecode unterhalb des Videobildes verwenden. Doch Vorsicht: Wenn Sie die neue Position mit [↵] bestätigen, wertet die Anwendung dies als Bestätigung des gesamten Dialogs und übergibt den Film unvermittelt an den Media Encoder. Das ist auch der Fall, wenn Sie [↵] auf dem Nummernblock verwenden. Deshalb ist für die Bestätigung [⇆] die richtige Wahl.

Quellenbereich definieren

Mit Hilfe des Steuerelements QUELLENBEREICH unterhalb der Arbeitsbereichsleiste kann der Ausgabebereich ebenfalls definiert werden. So ist es beispielsweise möglich, einen zuvor im Schnittfenster platzierten Sequenz-In- und -Out-Point zur Ausgabe heranzuziehen.

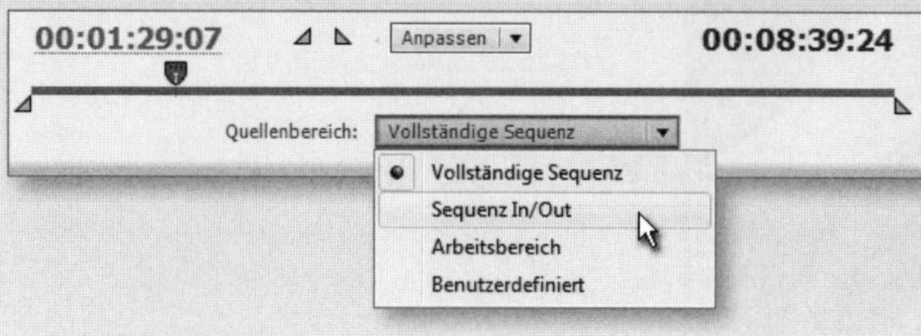

◂ **Abbildung 12.7**
Sie können Sequenz-Points zur Definition des Ausgabebereichs verwenden.

3 *Optional: In- und Out-Point festlegen*

Wenn Sie den Film beschneiden wollen, können Sie die beiden Schieber ❷ auch zur Mitte hin bewegen. Alternativ bringen Sie die Abspielmarke ❸ an die gewünschte Position und drücken dann IN-POINT SETZEN ❶ bzw. OUT-POINT SETZEN ❹. Bereiche jenseits der Schieber werden dann bei der Ausgabe nicht mehr berücksichtigt.

4 *Optional: Sequenzeinstellungen übernehmen*

Wenn Sie den Film in einem Format ausgeben wollen, das geeignet ist, auch in künftigen Projekten als AVI-Asset genutzt zu werden (am Mac QuickTime), aktivieren Sie die Checkbox ENTSPRICHT SEQUENZ-EINSTELLUNGEN. Dann müssen Sie sich um die weiteren Punkte keine Gedanken mehr machen. Die dort getroffenen Einstellungen werden dann nämlich auch für die Ausgabe übernommen, und Sie dürfen mit Schritt 7, »Speicherort festlegen«, fortfahren. Das setzt aber voraus, dass Sie bei Erstellung der Sequenz alles richtig gemacht haben. Sind Sie sich nicht sicher, lassen Sie das Häkchen lieber weg. Die Ausgabe als AVI (Windows) oder QuickTime (Mac) ist übrigens immer dann sinnvoll, wenn Sie z. B. ein Intro ausgeben, das künftig am Anfang eines jeden Projekts auftauchen soll.

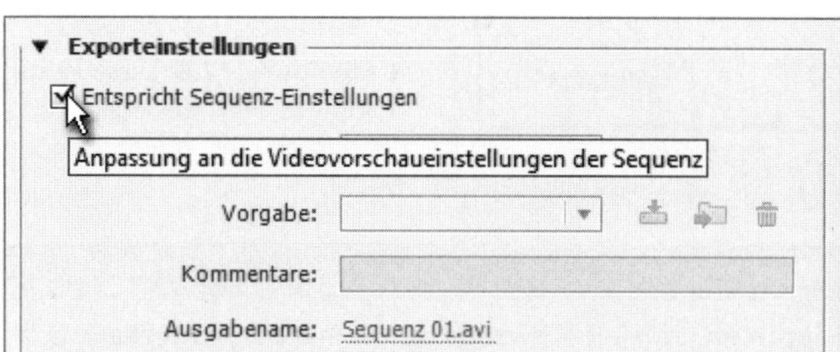

▲ **Abbildung 12.8** Diese Checkbox erspart Ihnen die weitere Arbeit.

5 *Format wählen*

In unserem Fall wollen wir allerdings eine DVD produzieren, weshalb Sie die Checkbox inaktiv lassen sollten. Treffen Sie im obersten Pulldown-Menü ❺ auf der rechten Seite eine Auswahl für das Ausgabeformat. Hier kommen lediglich MPEG2 bzw. MPEG2-DVD in Betracht. Unterschiede liegen prinzipiell nur in der Normierung (dazu später mehr). Da unser Fernziel eine DVD ist, sollten Sie sich auch hier für die Normierung MPEG2-DVD entscheiden.

DNxHD und ProRes

In Premiere Pro CC sind neue Ausgabeformate integriert worden, die speziell für Profi-User interessant sind. Wer seinen Film später in AVID nativ weiterverarbeitet, kann hier das Exportformat *DNxHD MXF OP1a* verwenden. Für Apple-User ist *ProRes* integriert worden. Entsprechend ausgegebene Filme können dann in Final Cut verwendet werden.

6 *Eigene Vorgabe wählen*

Jetzt kümmern Sie sich um die VORGABE ❻. Nehmen Sie den Eintrag PAL DV. Sollte es sich um eine 16:9-Sequenz handeln, würden Sie PAL DV WIDE nehmen.

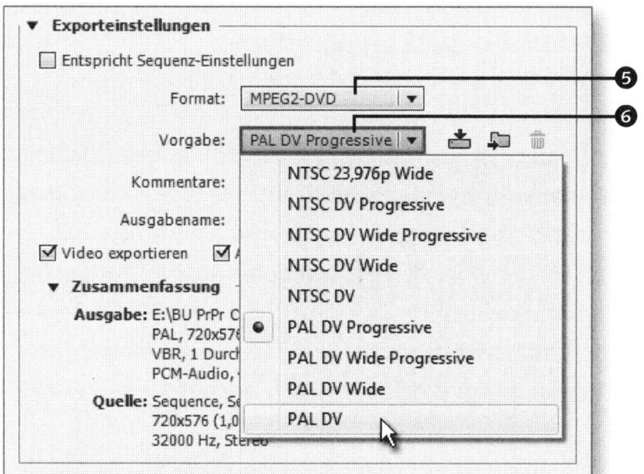

▲ **Abbildung 12.9** Wählen Sie eine der Quellattribut-Vorgaben.

Noch etwas Grundsätzliches zu den Formaten: Zunächst einmal können Sie alle Einträge, denen ein NTSC vorangestellt ist, vernachlässigen – es sei denn, Sie wollen den Film an Tante Edwina in Massachusetts übergeben. Die zweite Unterscheidung wird zwischen PAL DV und PAL DV PROGRESSIVE getroffen. Wenn PAL allein steht, bedeutet das immer, dass Halbbildmaterial erzeugt wird, während die Progressive-Modi Vollbilder nutzen. Anhang A, »Fachkunde«, gibt hier jede Menge Aufschluss. Bedenken Sie, dass moderne DVD-Player und TVs prima mit Vollbildmaterial umgehen können. Und wenn Sie Dateien für Ihren Rechner ausgeben, sollten Sie eh stets auf Vollbilder zurückgreifen. Unser Material besteht hingegen aus Halbbildern.

7 *Speicherort festlegen*

Klicken Sie auf die blaue (bei dunklen Oberflächen orangefarbene) Dateibezeichnung neben AUSGABENAME, um den Speicherort für die Datei festzulegen.

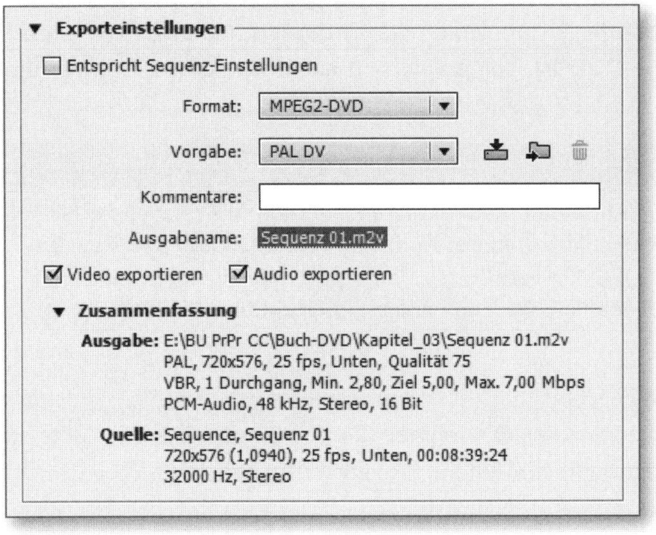

▲ **Abbildung 12.10** Unter AUSGABENAME lässt sich auch der Speicherort ändern.

8 *Videoeinstellungen vornehmen*

Kontrollieren Sie, ob die Checkboxen VIDEO EXPORTIEREN und AUDIO EXPORTIEREN im unteren rechten Bereich des Fensters angewählt sind, es sei denn, Sie wollen nur eines von beiden ausgeben. Das wäre z. B. dann angezeigt, wenn Sie mit mehreren Sprachversionen eines Films arbeiten würden. Dann könnten Sie zunächst einmal Audio und Video ausgeben und für jede weitere Sprache anschließend nur noch jeweils eine Audiodatei erzeugen lassen. Wenn Sie sich nicht für die weiteren Exportoptionen interessieren (Sie benötigen für diesen Workshop keine einzige davon), dürfen Sie mit Schritt 16, »Datei codieren«, fortfahren.

9 *Optional: Qualität festlegen*

Möchten Sie aktiv auf die Qualität einwirken? Dann öffnen Sie die Registerkarte VIDEO, die sich in der unteren Hälfte des Fensters befindet. Zunächst lässt sich hier die QUALITÄT über einen Schieberegler einstellen. Ziehen Sie den Regler nach rechts, wenn Qualität Ihr oberstes Gebot ist. Klar, dass damit auch die Berechnungszeit für die Ausgabe des Films erhöht wird. Was die Dateigröße betrifft, ändert sich hier allerdings nichts.

Wenn Sie weiter nach unten scrollen, sehen Sie, dass sich auch hier noch einmal sowohl die FERNSEHNORM (PAL oder NTSC) als auch die Halbbild-Funktion (FELDFOLGE) beeinflussen ließe. Auch das Seitenverhältnis könnte hier noch angeglichen werden. Alle diese Einstellparameter würden die Vorgabe oben in den EXPORTEINSTELLUNGEN allerdings nicht verändern, sondern eine neue Vorgabe mit dem klangvollen Namen BENUTZERDEFINIERT erzeugen (wo zuvor PAL DV gestanden hatte).

10 *Optional: CBR oder VBR?*

Doch nun zu den BITRATENEINSTELLUNGEN etwas weiter unten: CBR steht hier für eine konstante, VBR für eine variable Bitrate. Was ist besser? Die variable! Weil dann nämlich nicht jeder Bereich des Videos gleich stark komprimiert wird. Einige Szenen brauchen eine höhere Kompression, andere begnügen sich mit einer geringeren. Stellen Sie jedoch CBR ein, werden alle Bereiche gleich stark komprimiert.

11 *Optional: Ein oder zwei Durchgänge?*

Wann immer Sie sich jedoch für eine variable Bitrate entscheiden, stehen Sie vor der Wahl, einen Durchgang oder zwei festzulegen. Was ist hier besser? Zwei Durchgänge! Weil der Film beim Encodieren gewissermaßen zweimal durchlaufen wird. Beim ersten diagnostiziert der Media Encoder, welche Bereiche stärker und welche weniger stark komprimiert werden müssen (lesen Sie dazu bitte auch die Hinweise in Anhang A, »Fachkunde«). Das zweifache Encodieren dauert zwar länger als das einfache, bringt aber letztlich auch die bessere Qualität hervor.

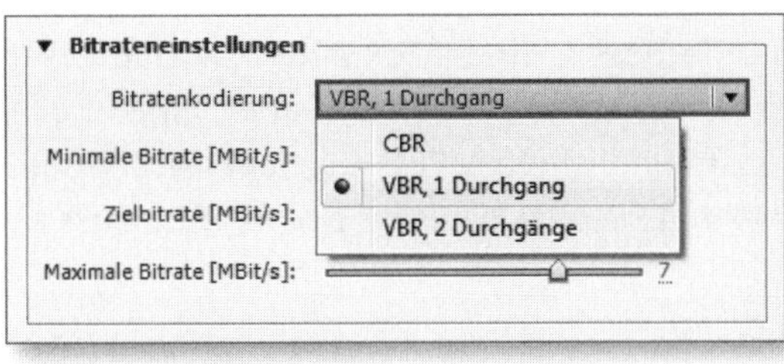

▲ **Abbildung 12.11** Die BITRATENEINSTELLUNGEN haben großen Einfluss auf die Qualität eines Films.

12 *Optional: Bitraten einstellen*

Unterhalb lässt sich noch eine Datenrate festlegen, die auf keinen Fall unterschritten werden sollte (MINIMALE BITRATE), sowie eine Bitrate, die im Durchschnitt der Berechnung angestrebt werden sollte (ZIEL-BITRATE). Letztendlich können Sie noch eine Rate vergeben, die niemals überschritten werden soll (MAXIMALE BITRATE). Moderne DVD-Player kommen mit Datenraten jenseits von 9000 MBit/s prima zurecht. Dabei müssen Sie allerdings berechnen: Sollten beim späteren Authoring noch weitere Dateien hinzukommen (wie z. B. Untertitel o. Ä.), müssen diese mit eingerechnet werden. Dann müssten Sie bereits hier mit der Qualität heruntergehen, damit am Schluss die Gesamt-Bitrate nicht überschritten wird. Bei alldem sollten Sie aber niemals die Angabe GESCHÄTZTE DATEIGRÖSSE ❶ (siehe Abbildung 12.12 auf Seite 426) außer Acht lassen, da Sie entsprechend reagieren können, wenn der Speicherplatzbedarf größer wird als die DVD aufnehmen kann.

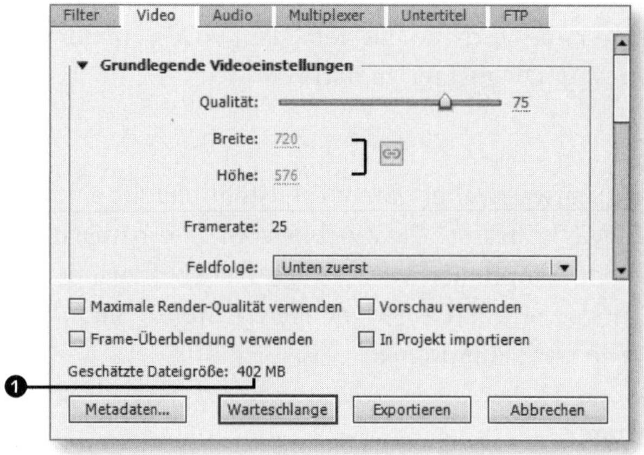

◂ **Abbildung 12.12** Verlieren Sie die Dateigröße nicht aus den Augen. Am Schluss muss alles auf die DVD passen.

13 *Optional: Datei filtern*

Die ganz links befindliche Registerkarte Filter gestattet jetzt noch eine Störungsverringerung. Die Verwendung ist allerdings abzuwägen. Sie können damit zwar Störungen verringern, werden dadurch aber einen nicht unbeträchtlichen Verlust an Schärfe in Kauf nehmen müssen.

14 *Optional: Registerkarte »Audio« bedienen*

Auf der Registerkarte Audio können Sie nur festlegen, ob der Ton als unkomprimiertes und qualitativ ausgezeichnetes PCM oder als das etwas schlechtere, aber immer noch ausreichend gute, wesentlich Speicherplatz-freundlichere MPEG angelegt werden soll. Wenn Sie sich für Dolby interessieren, beachten Sie bitte die Hinweise im Anschluss an diesen Workshop.

15 *Optional: Multiplexing einstellen*

Widmen Sie sich nun der Registerkarte Multiplexer. Wenn Sie hier DVD einstellen, wird die Datei als zusammenhängendes MPEG ausgegeben – also Audio und Video in einer Datei. Das entspricht im Übrigen dem Exportformat MPEG-2. Stellen Sie um auf Ohne, werden Audio und Video voneinander getrennt. Sie erhalten dann anstelle einer AV-Datei (.mpeg) eine reine Videodatei (.m2v) sowie eine Sounddatei (.wav). Das wiederum entspricht dem Exportformat MPEG2-DVD. Nach allem Experimentieren sollten Sie im Pulldown-Menü Vorgabe wieder auf PAL – Hohe Qualität zurückgehen.

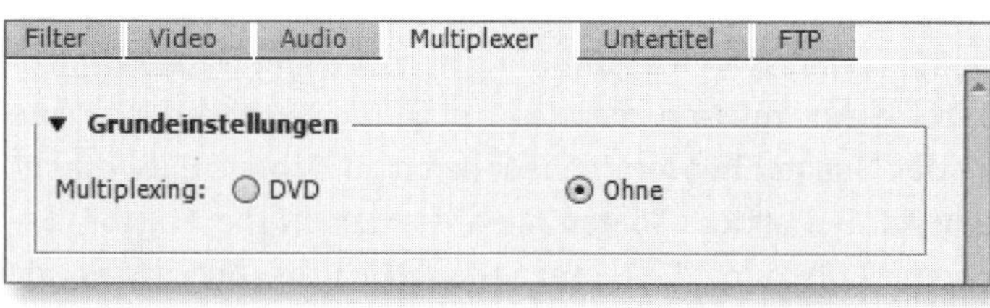

▴ **Abbildung 12.13** Im Bereich Multiplexing wird entschieden, ob Audio und Video zusammenbleiben oder (wie hier) voneinander getrennt werden.

16 ***Datei codieren***

Wenn Sie mit allem fertig sind, dürfen Sie gleich auf EXPORTIEREN klickenund auf diese Weise visuell den Media Encoder übergehen. Das ist immer dann sinnvoll, wenn Sie jetzt sofort nur diesen einen Film auszugeben haben.

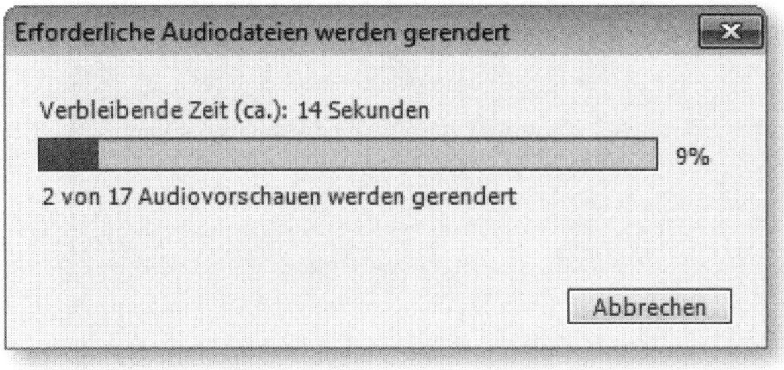

▲ **Abbildung 12.14** Das Codieren des Films dauert länger als der AVI- oder QuickTime-Export.

Wollen Sie jedoch mehrere Filme erzeugen oder das Ergebnis zu einem späteren Zeitpunkt berechnen lassen, können Sie den Film (oder die Filme) vorab in einer Warteschlange sammeln. Das ist beispielsweise immer dann interessant, wenn Sie tagsüber mehrere Projektarbeiten fertigstellen und diese abends berechnen lassen wollen – wenn Sie längst Feierabend haben (siehe dazu auch Abschnitt 12.4, »Der Adobe Media Encoder«).

12.3.2 Dolby Digital

In den EXPORTEINSTELLUNGEN haben Sie grundsätzlich zwei Optionen, wenn es um die Ausgabe von Dolby-Digital-Ton geht. Wählen Sie auf der Registerkarte AUDIO zunächst den Listeneintrag DOLBY DIGITAL an (im Pulldown-Menü AUDIOFORMAT). Danach werden Ihnen unten zwei Optionen angeboten (AUDICODEC).

Zur Ausgabe reicht es, wenn Sie den linken Radiobutton aktivieren. Dabei müssen Sie wissen, dass Sie aus herkömmlichen Stereoaufnahmen so natürlich kein Dolby erzeugen können. Wer Einfluss auf das Dolby-Resultat nehmen möchte, kann den AUDIOCODEC SURCODE einsetzen (rechter Radiobutton). Der kostete bei Drucklegung dieses Buches 295 US$ (vorheriges Trial möglich). Außerdem muss vor der ersten Benutzung noch ein *CodeMeter* heruntergeladen werden. Es ist, um es vorsichtig auszudrücken, eher »suboptimal«, dass man zunächst Lizenzbedingungen akzeptieren muss und erst im Anschluss weitere Informationen erhält, nachdem man auf CODEC-EINSTELLUNGEN geklickt hat.

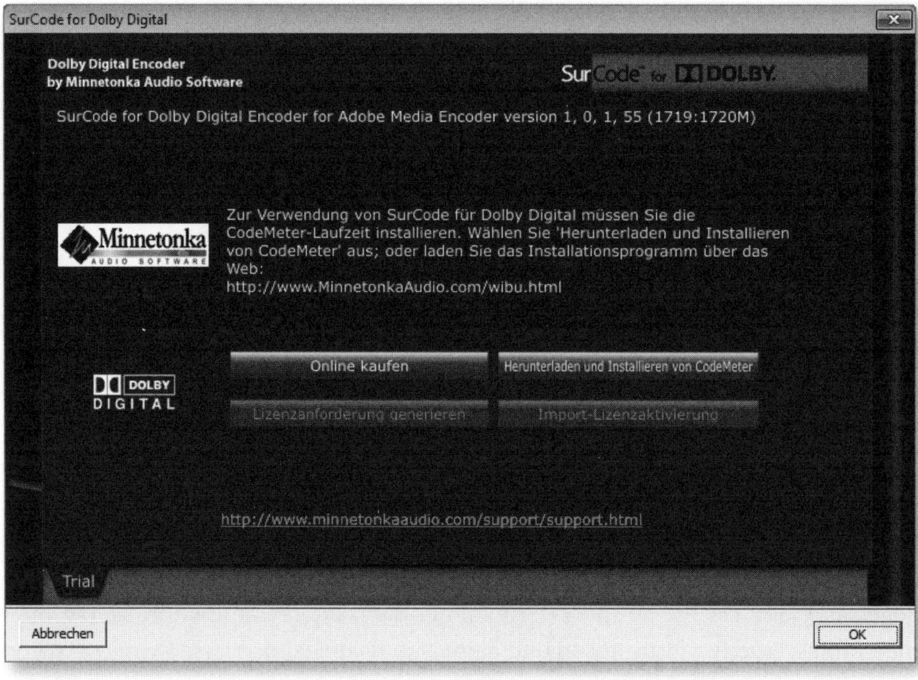

▲ **Abbildung 12.15** Vorab muss der CodeMeter heruntergeladen werden.

12.3.3 Als DV-AVI exportieren

Sie werden Ihren Film eventuell noch weiterverarbeiten wollen. So ist es ja denkbar, dass Sie eine qualitativ hochwertige Datei für künftige Projekte benötigen. Sie wären schlecht beraten, für diesen Zweck ein MPEG zu verwenden, weil die Datei durch die Kompression Qualitätseinbußen erfährt. Außerdem denkbar: Sie wollen das Umwandeln nach MPEG2 erst in Encore vornehmen. Das ist z. B. dann interessant, wenn Sie erst dort Kapitelmarken einfügen wollen. In beiden Fällen können Sie DV-AVI-Dateien (Windows) bzw. MOV-QuickTime (Mac) produzieren. Diese sind qualitativ hochwertiger als MPEGs und lassen sich obendrein besser verarbeiten – sind allerdings auch gefräßiger, was den Speicherplatzbedarf angeht.

Schritt für Schritt: Filme als DV-AVI oder QuickTime ausgeben

Für die weitere Verarbeitung des Buchprojekts soll unter Windows ein AVI und unter Mac ein QuickTime ausgegeben werden. Das gibt uns später in Encore mehr Flexibilität und ist zunächst einmal wesentlich schneller erstellt als ein MPEG.

1 *Export-Dialog öffnen*

Für die Ausgabe eines AVI- bzw. MOV-Films (QuickTime) wird ebenfalls der Dialog Exporteinstellungen benötigt. Auch hier gehen Sie (natürlich nachdem Sie das Schnittfenster markiert haben) über DATEI • EXPORTIEREN • MEDIEN. Der Tastatur-Profi bedient sich hier der Kombination Strg/cmd+M (das kann man sich übrigens gut merken: M für Movie). Danach sorgen Sie dafür, dass unterhalb des Monitors die VOLLSTÄNDIGE SEQUENZ ausgewählt ist.

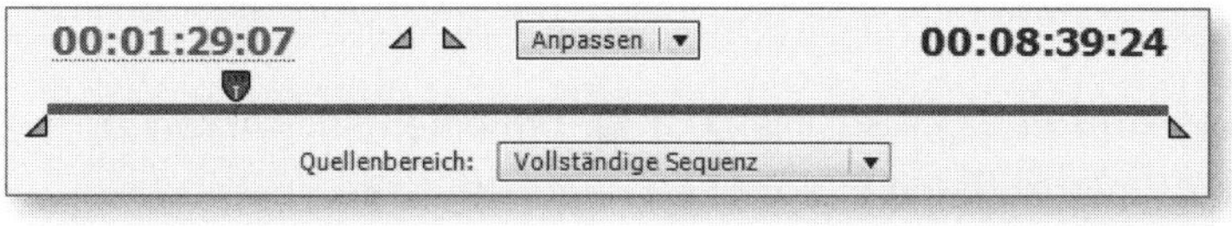

▲ **Abbildung 12.16** Wenn hier VOLLSTÄNDIGE SEQUENZ angezeigt wird, können Sie zu 100% sicher sein, dass die gesamte Sequenz ausgegeben wird.

2 *Allgemeine Einstellungen vornehmen*

Sorgen Sie dafür, dass unter FORMAT die Auswahl AVI getroffen ist, sofern Sie an einem Windows-System sitzen. Unter Apple Mac entscheiden Sie sich für QUICKTIME. Die VORGABE sollte wieder mit PAL DV bestückt werden. Spätestens jetzt sind auch die Anzeigen QUELLE ❹ und AUSGABE ❸ identisch.

▲ **Abbildung 12.17** Alles bereit zur Ausgabe.

16:9-Projekte

Für 16:9-Projekte würden Sie statt PAL DV den Eintrag PAL DV WIDESCREEN einstellen.

3 *Optional: Audio nicht exportieren*

Achten Sie auch hier darauf, dass die Möglichkeit besteht, nur Video auszugeben und den Ton zu ignorieren. In diesem Fall wählen Sie die Checkbox AUDIO EXPORTIEREN ❷ ab (im Beispiel sollten Sie das jedoch nicht machen).

4 *Export starten*

Klicken Sie noch auf die Schrift neben AUSGABENAME ❶, um einen Speicherort zu bestimmen. Am Ende wird der Vorgang mit EXPORTIEREN abgeschlossen.

Metadaten

Über den Button METADATEN ❺ des Bedienfeldes EXPORTEINSTELLUNGEN können Sie vor der Ausgabe noch festlegen, welche Daten in die Exportdatei geschrieben werden sollen. Stellen Sie um auf OHNE, werden keine Daten integriert. Nach Aktivierung von IN AUSGABEDATEI EINBETTEN können Sie im unteren Bereich des Bedienfeldes frei bestimmen, welche Metadaten Bestandteil der Ausgabedatei sein sollen (hier z. B. der HERAUSGEBER im Bereich DUBLIN CORE). SIDECAR-DATEI ERSTELLEN sorgt dafür, dass die Metadaten als separate XMP-Datei mitgegeben werden.

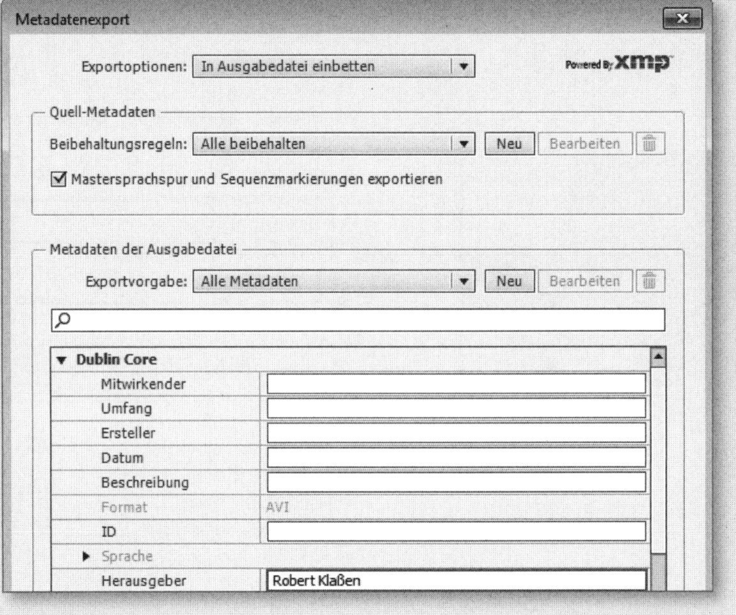

▲ **Abbildung 12.18** Auch Metadaten können beim Export berücksichtigt werden.

12.3.4 Filme beschneiden

Bei geöffnetem Dialog EXPORTEINSTELLUNGEN (DATEI • EXPORTIEREN • MEDIEN) ist die Registerkarte AUSGABE standardmäßig angewählt. Schalten Sie einmal um auf QUELLE ❻. Hier können Sie den Film noch beschneiden. Klicken Sie dazu auf die Schaltfläche

Ausgegebenes Video beschneiden ❼, und ziehen Sie den Rahmen, der sich auf dem Vorschaubild zeigt, an dessen Ecken ❽, bzw. setzen Sie den Mauszeiger hinein, und verschieben Sie den kompletten Ausschnitt mit gedrückter linker Maustaste.

▲ **Abbildung 12.19** Beschneiden Sie das Video, falls erforderlich.

Seitenverhältnis festlegen

Falls Sie beabsichtigen, einen Film mit dem Seitenverhältnis 4:3 beispielsweise auf 16:9 zurechtzuschneiden, wählen Sie das einzige Pulldown-Menü in der Kopfleiste an (es steht standardmäßig auf Ohne) und listen hier den Eintrag 16:9. Danach ziehen Sie den Rahmen in Form. Bedenken Sie aber, dass das Original dann oben und unten beschnitten wird.

Wohlgemerkt: Das Ganze macht keinen Sinn, wenn Sie es mit DVD-Codierungen zu tun haben, sondern bietet sich eher bei der Ausgabe von Webformaten oder Sonderformaten zur Nutzung in anderen Projekten an. Deshalb verwenden Sie diese Einstellung nur dann, wenn Sie nicht für die Ausgabe am TV produzieren. Wenn Sie kontrollieren wollen, wie das Ganze im Ergebnis aussieht, schalten Sie um auf das Register Ausgabe. Hier lässt sich dann auch festlegen, ob das Video auf die eingestellte Ausgabegröße skaliert oder der Rest des Bildes mit Schwarz versehen werden soll.

◂ **Abbildung 12.20**
Schwarze Ränder bedeuten, dass das Seitenformat der Beschneidung nicht mit dem der Exporteinstellungen harmoniert. Außerdem ist das Bild in der Breite auseinandergezogen worden.

Ohne Skalierung beschneiden | Wenn Sie ein Video auf die zuvor beschriebene Methode beschneiden, wird das Bild auf die in den Exporteinstellungen festgelegten Abmessungen vergrößert (hier 720 x 576), ohne dass es dabei verzerrt wird. Wenn das Seitenverhältnis nicht zu den Einstellungen passt, werden schwarze Balken hinzugefügt. Bei dieser Methode sind Qualitätseinbußen in Kauf zu nehmen, denn der noch vom Videobild erhalten gebliebene Rest muss ja auf das ursprüngliche Format vergrößert werden. Nun existiert aber noch eine Sonderform der Beschneidung – nämlich Skalieren und in schwarze Rahmen einpassen. Das Steuerelement finden Sie auf der Registerkarte Ausgabe ganz oben, es ist nur aktiv, wenn im Register Quelle bereits ein Rahmen aufgezogen worden ist. Bei dieser Methode wird das Video nicht skaliert, sondern die Bereiche außerhalb des Beschneidungsrahmens entfernt und durch schwarze Flächen ersetzt.

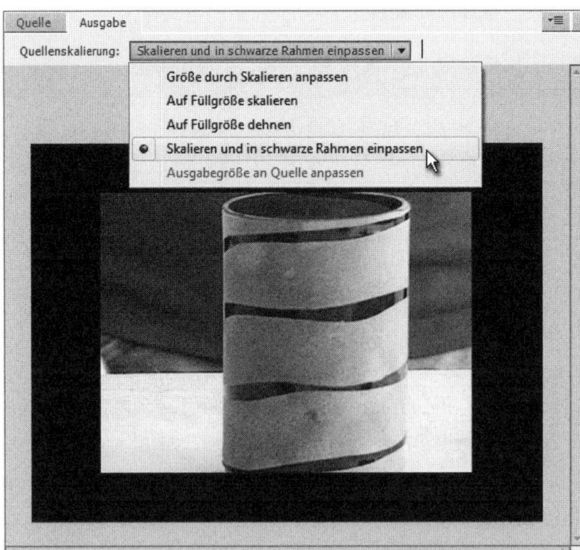

◂ **Abbildung 12.21**
Hier wird nicht skaliert, sondern mit Schwarz aufgefüllt.

12.4 Der Adobe Media Encoder

Wie Sie ja bereits wissen, haben Sie die Möglichkeit, mehrere Ausgabedateien zu sammeln und diese später alle gemeinsam auszugeben. Dies bietet sich aus zweierlei Gründen an: Zunächst einmal verlieren Sie keine kostbare Arbeitszeit, die Sie mit Warten auf die Ausgabedatei verbringen müssten, zum anderen lassen sich die Aufgaben an eine weitere Adobe-Anwendung übergeben und während des Berechnens der Filme sogar mit Premiere Pro weiterarbeiten. Oder Sie lassen die Anwendung »ackern«, während Sie den Feierabend genießen. In all diesen Fällen geht kein Weg am Adobe Media Encoder vorbei. Ein derartiges Vorgehen wird im Übrigen auch als **Stapelverarbeitung** oder **Batch-Encoding** bezeichnet.

12.4.1 Stapelverarbeitung

Der standardisierte Weg zur Stapelverarbeitung mit dem Media Encoder ist folgender: Wann immer Sie eine Sequenz zur Ausgabe vorsehen, übergeben Sie diese an die EXPORTEINSTELLUNGEN (DATEI • EXPORTIEREN • MEDIEN). Nun betätigen Sie im Anschluss an die Eingabe der Exportparameter aber nicht die Schaltfläche EXPORTIEREN, sondern WARTESCHLANGE. Infolgedessen öffnet sich der Media Encoder.

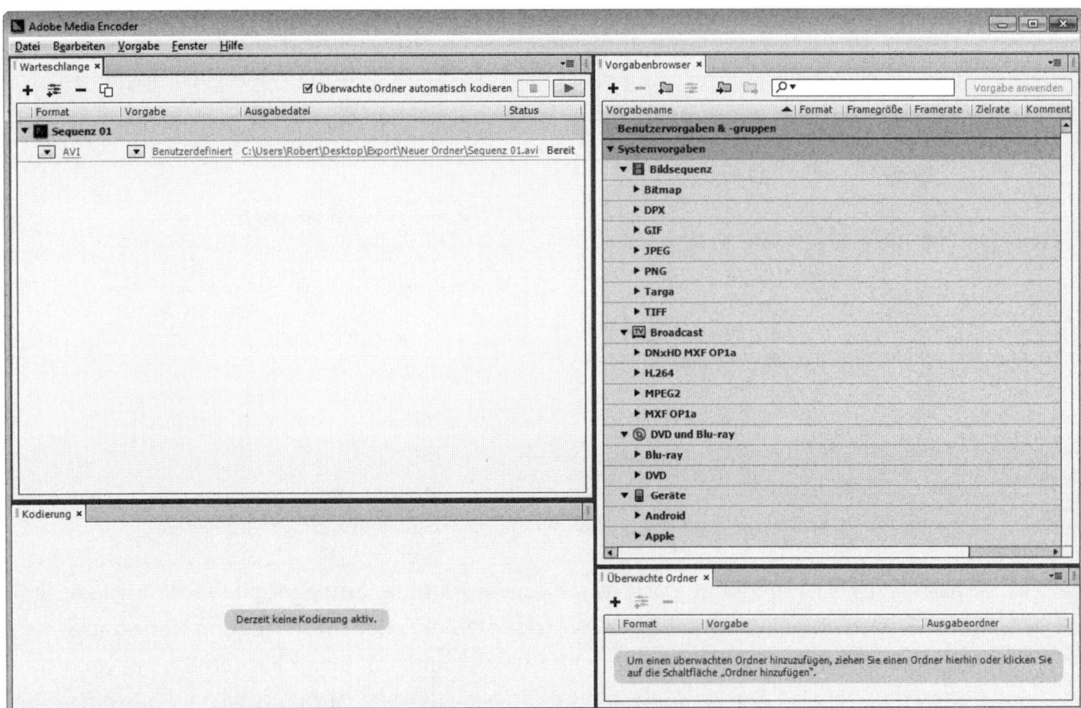

▲ **Abbildung 12.22** Der Media Encoder öffnet seine Pforten.

Arbeitsoberfläche ändern

Die Helligkeit der Premiere-Pro-Arbeitsoberfläche wird auch im Media Encoder angepasst. Wer also im Schnittprogramm eine helle Oberfläche genießt, findet diese nun hier auch vor. Wollen Sie das speziell für den Media Encoder ändern? Dann müssen Sie hier noch einmal explizit auf BEARBEITEN • VOREINSTELLUNGEN • AUSSEHEN gehen und dort den Regler HELLIGKEIT wunschgemäß verschieben.

Sie können nun eine weitere Sequenz oder sogar ein ganz anderes Projekt auf die zuvor beschriebene Methode in Premiere Pro bearbeiten und hinterher per Dialog EXPORTEINSTELLUNGEN weiterleiten. Auch Sounddateien oder Formate anderer Creative-Cloud-Anwendungen, wie z. B. *After Effects* oder *Audition*, können Sie dem Media Encoder zuspielen. Und sogar die Übergabe von Assets oder Projekten per Drag & Drop ist gestattet. Wollen Sie beispielsweise eine beliebige Videodatei in AVI (Windows) oder QuickTime (Mac) umwandeln, ziehen Sie diese einfach in den Frame WARTESCHLANGE des Media Encoders. Die Liste wird Stück für Stück erweitert, und für jeden Auftrag kommt eine Zeile hinzu, wobei die Formate, Vorgaben, Ausgabeeinstellungen und Speicherorte natürlich bei jeder Datei individuell eingestellt werden dürfen.

Das machen Sie, indem Sie auf die Beschriftung ❷ in der Spalte FORMAT oder VORGABE ❹ klicken. Das bringt Sie nämlich zurück in den bereits bekannten Dialog EXPORTEINSTELLUNGEN, in dem die individuellen Ausgabeparameter bestimmt werden können. Wer den Dialog nicht benötigt und die neuen Formate lediglich aus einer Liste auswählen möchte, der betätigt die Pfeilschaltflächen ❶ oder ❸.

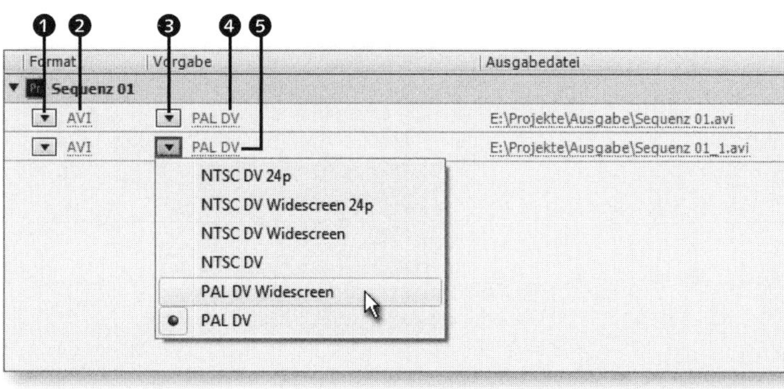

▲ **Abbildung 12.23** Hier wird beispielhaft ein 4:3-PAL-Film in Widescreen gewandelt.

Nun ist es auch denkbar, dass verschiedene Formate ausgegeben werden sollen. Stellen sie sich vor, ein Film muss als AVI (oder QuickTime) zur Verfügung stehen sowie ein weiteres Mal als H.264 (z. B. für eine Internetversion). Dann klicken Sie mit rechts auf die Filmzeile und entscheiden sich für DUPLIZIEREN. Daraufhin wird die Zeile ein weiteres Mal eingefügt und kann nun mittels Klick auf ❺ entsprechend umgestaltet werden. In den daraufhin zur Verfügung gestellten EXPORTEINSTELLUNGEN ist nun nichts weiter zu tun, als das Format von AVI (oder QuickTime) auf H.264 umzustellen.

Einzelne Arbeitsbereiche definieren

Stellen Sie sich vor, Sie wollen Ihrem Auftraggeber mehrere einzelne Szenen zur Begutachtung schicken. Dann ließe sich der Filmeintrag im Media Encoder ebenfalls duplizieren und eine bestimmte Stelle des Films durch Neueinstellung der Arbeitsbereichsleiste in den EXPORTEINSTELLUNGEN ausgeben. Komfortabel, oder?

Sollten Sie wider Erwarten einen Eintrag zu viel gelistet haben und eine Zeile doch lieber wieder entfernen wollen, markieren Sie diese, und drücken Sie [Entf] bzw. [←]. Daraufhin müssen Sie allerdings noch eine Kontrollabfrage bestätigen.

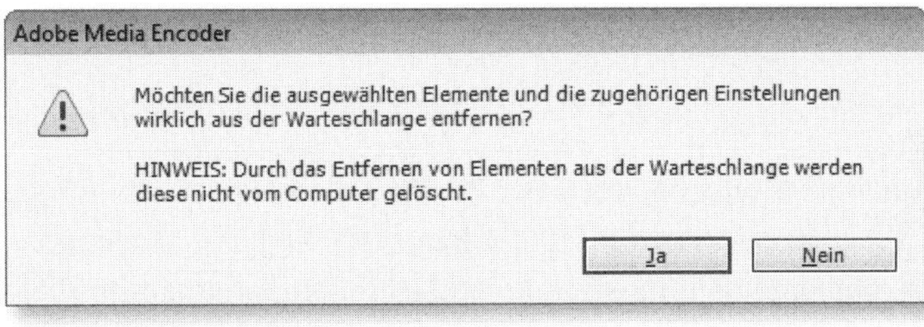

◄ **Abbildung 12.24**
Der Media Encoder zeigt sich besorgt, dass eventuell etwas aus der Liste entfernt werden könnte, das gar nicht entfernt werden soll.

Wenn alles im Kasten ist, betätigen Sie WARTESCHLANGE STARTEN ❻ oder betätigen [↵]. Von jetzt an könnten Sie den Media Encoder mit Nichtachtung strafen und Ihre Arbeiten in Premiere Pro fortsetzen. Währenddessen erledigt der Encoder zuverlässig alle Jobs und zeigt nach jeder Codierung mittels Häkchen in der Zeile an, was bereits erledigt ist. Ganz unten ist zu sehen, was gerade abgearbeitet wird. Je nach Leistungsfähigkeit Ihres Rechners werden hier mehr oder weniger Filme gleichzeitig erstellt.

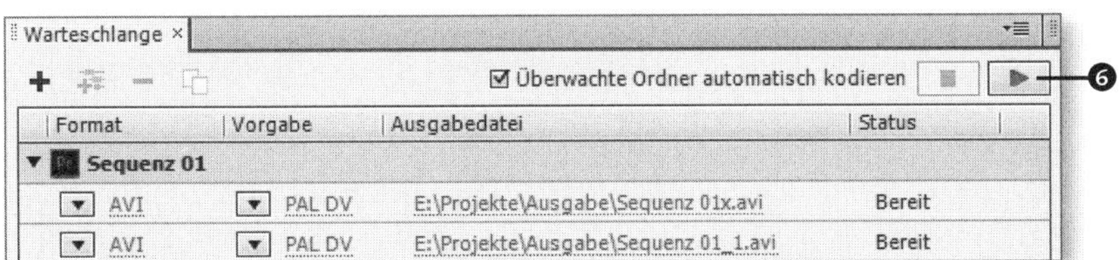

▲ **Abbildung 12.25** Ein Klick auf den grünen Pfeil startet den Job.

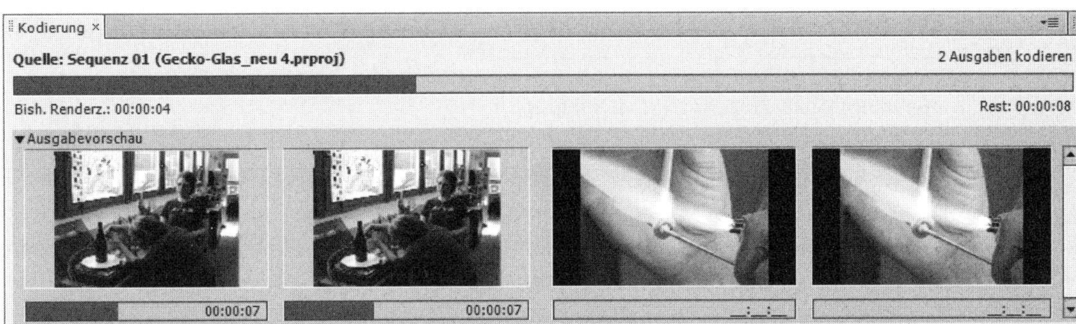

▲ **Abbildung 12.26** Ganz unten im Fenster ist zu sehen, welche Filme gerade erstellt werden.

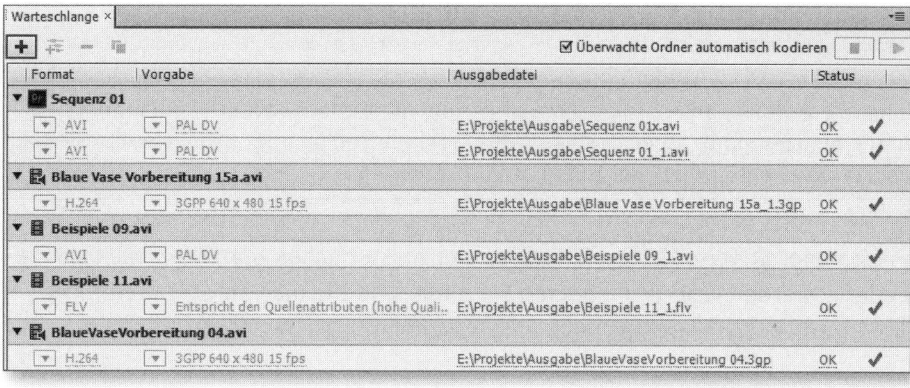

▲ **Abbildung 12.27** Fertige Jobs werden abgehakt.

12.4.2 Vorgabenbrowser

In diesem Kapitel haben Sie bereits eine Menge über Formate und Exporteigenschaften in Erfahrung gebracht. Wem das alles zu viel ist, der kann nun auch auf den VORGABENBROWSER zurückgreifen, der unzählige praxisnahe Einstellungen bereithält. Immerhin gibt es ja heutzutage so viele unterschiedliche Verwendungsmöglichkeiten, dass man wirklich den Überblick verlieren kann.

Um die WARTESCHLANGE zu löschen, markieren Sie alle Einträge (am besten geht das, indem Sie diese mit gedrückter linker Maustaste von außerhalb der Einträge beginnend ❹ überfahren und anschließend auf das Minus ❸ klicken.

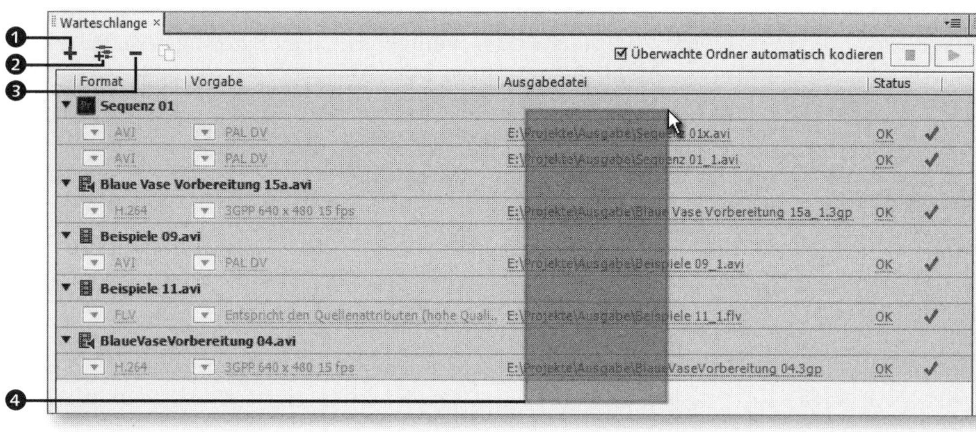

▲ **Abbildung 12.28** Zunächst wird aufgeräumt.

Danach klicken Sie auf die Plustaste ❶ und fügen den Film hinzu, den Sie ausgeben wollen. Alternativ schicken Sie eine Sequenz aus Premiere Pro, wie gewohnt, in den Media Encoder. Legen Sie den gewünschten Speicherort, wie beschrieben, fest. Danach ließe sich der Eintrag duplizieren, indem Sie auf AUSGABE HINZUFÜGEN ❷ gingen. Da wir jedoch vordefinierte Vorgaben verwenden, ist dieser Schritt gar nicht nötig.

Ausgabe auf Blu-ray | Gehen wir davon aus, wir wollten einen Full-HD-Film für die Ausgabe auf Blu-ray erzeugen. Schauen Sie rechts in die Liste VORGABENBROWSER ❼. Unterhalb des Eintrags DVD UND BLU-RAY ❽ finden Sie den Eintrag BLU-RAY ❾. Öffnen Sie die Liste, indem Sie auf das vorangestellte Dreieck klicken. Entscheiden Sie sich für die hiesige TV-Norm (25 Bilder pro Sekunde), und verweilen Sie mit dem Mauszeiger auf der Zeile HD 1080I 25 ❿. Die QuickInfo ⓫ verrät einiges über dieses Format. Zuletzt klicken Sie diese Zeile an und ziehen sie mit gedrückter linker Maustaste auf den obersten Eintrag der WARTESCHLANGE (hier SEQUENZ 01 ❻). Infolgedessen wird eine zweite Zeile ❺ angelegt. Diese verfügt übrigens über die gleichen Speicherattribute wie die darüber befindliche Zeile.

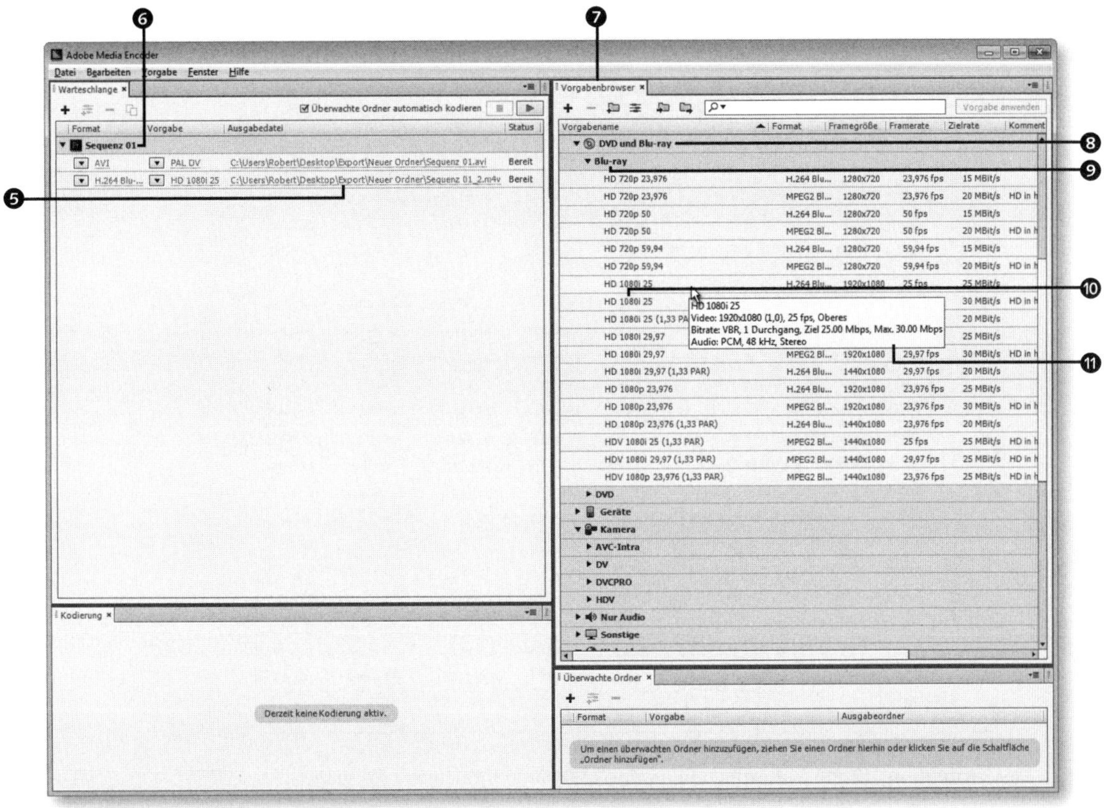

▲ **Abbildung 12.29** Sie benötigen eine neue Ausgabeform? Dann ziehen Sie die Vorgabe einfach herüber.

Nicht auf vorhandenen Film ziehen

Achten Sie beim Ziehen darauf, dass Sie die Maustaste nicht auf einer bereits bestehenden Filmzeile loslassen. Das hätte nämlich zur Folge, dass anstelle einer neuen Zeile die Attribute der bestehenden überschrieben würden. Sie dürfen die Vorgabe jedoch auch in den freien Bereich der WARTESCHLANGE ziehen und sogar zwischen zwei Einträgen fallen lassen.

Für iPhone ausgeben | Nun wollen wir den Film auch noch für ein iPhone ausgeben. Klar, dass wir dann im VORGABENBROWSER unter GERÄTE nachsehen müssen. Öffnen Sie den Untereintrag APPLE, werden Sie erschreckend viele Möglichkeiten vorfinden. Ja, so ist das iPhone-Leben. Es gibt zahllose Versionen und Bildschirmgrößen. Um nun Ihrem persönlichen iPhone einen Film zu spendieren, müssen Sie auch die richtige Bildgröße festlegen. Dazu ziehen Sie die Spalte am besten etwas breiter auf ❶.

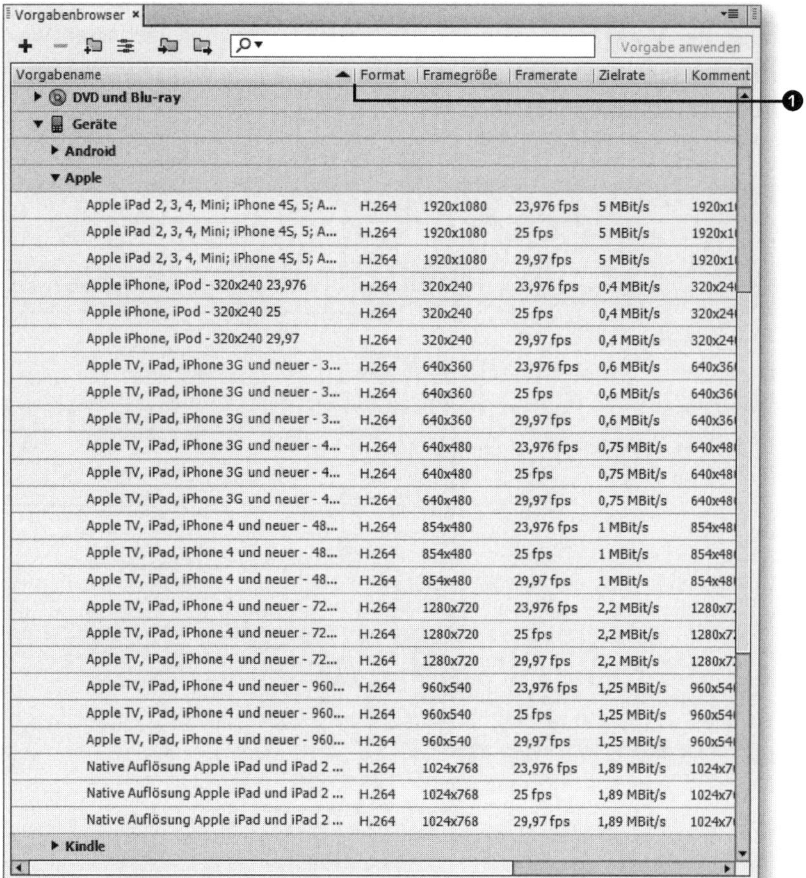

▲ **Abbildung 12.30** Nahezu jede iPhone-Version hat ihre eigene Vorgabe.

Besitzern eines iPhone 4 beispielsweise werden hier zahlreichen Vorgaben angeboten. Doch anhand der ersten dreistelligen Ziffer lässt sich das Ergebnis bereits mehr eingrenzen. Gemeint sind die Bildpunkte der kürzesten Seite. 480p beispielsweise steht für 854 x 480 Pixel. Auch hier verrät die QuickInfo eine Menge. Zuletzt müssen Sie sich nur noch um die FRAMERATE kümmern, die in der rechten Spalte angegeben ist (23,976 oder 25 oder 29,97). Ziehen Sie danach auch diesen Eintrag in die WARTESCHLANGE. Derartige Aktionen ließen sich nun unentwegt fortführen, bis auch die letzte Vorgabe integriert ist. Wie am Ende alles ausgegeben wird, wissen Sie ja bereits.

YouTube-Ausgabe | Scrollen Sie einmal ganz nach unten. Dort finden Sie die Liste YOUTUBE. Wenn Sie beispielsweise einen Full HD-Film einstellen wollen, verwenden Sie idealerweise den Eintrag YOUTUBE HD 1080P 25 (sofern auch das Quellmaterial derart hochauflösend ist). Stellen Sie den Mauszeiger darauf, werden Sie sehen, dass für den Film eine Ziel-Bitrate von 8 MBit pro Sekunde vorgesehen ist. Das ist fürs Internet erheblich zu viel. Die Adobe-Programmierer haben sich aber offenbar aus gutem Grund für die hohe Datenrate entschieden. Beim Upload wird der Film nämlich von YouTube automatisch noch einmal neu codiert. Das vorherige Absenken der Datenrate hätte also gar keinen Zweck. Belassen Sie es bei den 8 MBit, bekommt die YouTube-Engine qualitativ optimales Material angeliefert.

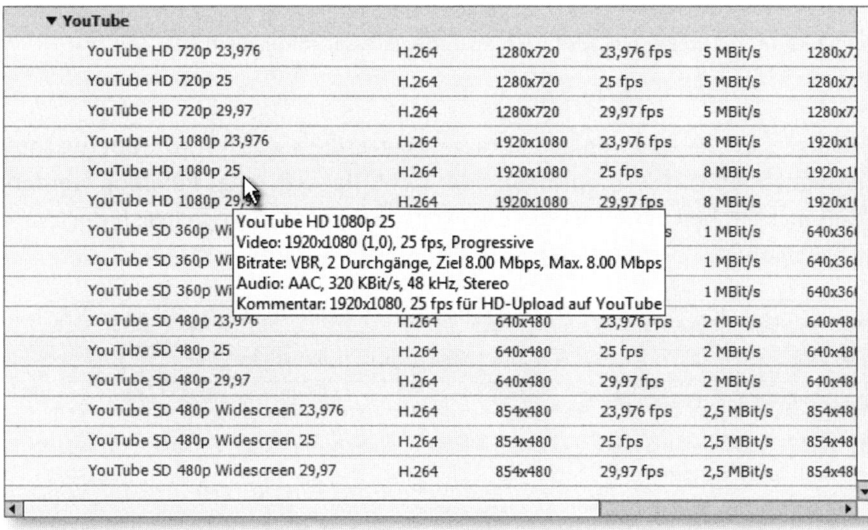

▲ **Abbildung 12.31** 8.00 MBPS sind gigantisch für die Darstellung im Netz.

Datenrate herabsetzen

Sollten Sie den Film mit den gleichen Attributen wie YouTube-Filme auf Ihre eigene Website stellen wollen, empfiehlt es sich, mit der Datenrate drastisch herunterzugehen. Versuchen Sie es zunächst mit einer Ziel-Bitrate von 1,0 und einer maximalen Bitrate von 1,3 bis 1,5. Tasten Sie sich von dort aus durch einige Probe-Codierungen bei Veränderung der Bitraten an die von Ihnen gewünschte Mindestqualität (bei möglichst geringer Bitrate) heran.

12.4.3 Ordner überwachen

Der Frame ÜBERWACHTE ORDNER, den Sie unten rechts im Media Encoder finden, ermöglicht eine permanente Aufsicht des Media Encoders über ein bestimmtes Verzeichnis. Wird eine Filmdatei dort integriert, nimmt der Encoder automatisch seine Arbeit auf. Und so geht's: Ziehen Sie einen Ordner per Drag & Drop in das Feld unten rechts, oder bestimmen Sie per Klick auf das Plussymbol, welcher Ordner künftig überwacht werden soll (es dürfen übrigens auch mehrere sein). Stellen Sie danach die Attribute ein, die beim Codieren eingehalten werden sollen (z. B. Codierung als MPEG2). Auch diese Codierungszeile kann durch Duplizieren für die Ausgabe unterschiedlicher Formate sorgen.

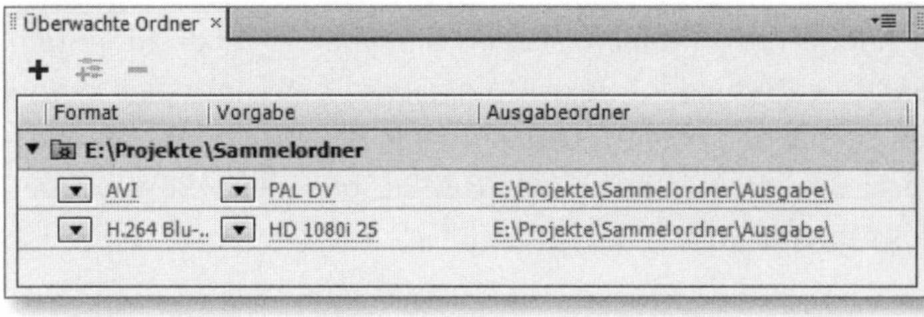

▲ **Abbildung 12.32** In diesem Beispiel wird ein hinzugefügtes Asset automatisch in AVI sowie in H.264 codiert.

Darüber hinaus legen Sie oben links im Frame Warteschlange fest, ob überwachte Ordner automatisch codiert werden sollen oder nicht. Bei aktivierter Funktion werden die Filme automatisch berechnet. Ist die Checkbox leer, werden sie lediglich der Warteschlange hinzugefügt.

▲ **Abbildung 12.33** Entscheiden Sie vorab, ob die Filme gleich encodiert oder zunächst nur in die Warteschlange befördert werden.

Ein besonderes Highlight bei der Überwachung von Ordnern: Premiere Pro legt innerhalb des überwachten Ordners noch zwei weitere Verzeichnisse an – und zwar Ausgabe und Quelle. Sie vermuten richtig: Das zu encodierende Material wird nach getaner Arbeit in den Ordner Quelle verschoben. Dieser Ordner könnte von Zeit zu Zeit entsorgt oder dessen Inhalt in die ursprünglichen Verzeichnisse zurückgelegt werden. Die fertigen Filme landen hingegen im Unterordner Ausgabe.

12.5 Einzelbilder exportieren

Mitunter ist es erforderlich, dass Sie einen Film in Einzelbilder »zerlegen« müssen. Bei der Kinowerbung beispielsweise wird man nicht selten von Ihnen erwarten, dass Sie durchnummerierte TIFFs anliefern. Außerdem könnte eine aufwendige Retusche (z. B. das Entfernen einer Drahtseilsicherung bei einem gewagten Sprung des Hauptdarstellers) eine Zergliederung in einzelne Frames sinnvoll machen.

12.5.1 Ein einzelnes Bild exportieren

Der einfachste Weg, an ein Einzelbild zu gelangen, ist der beherzte Klick auf das Fotoapparat-Symbol in der Schaltflächenleiste des Programmmonitors. Danach müssen Sie einen Dialog abarbeiten und das Format festlegen.

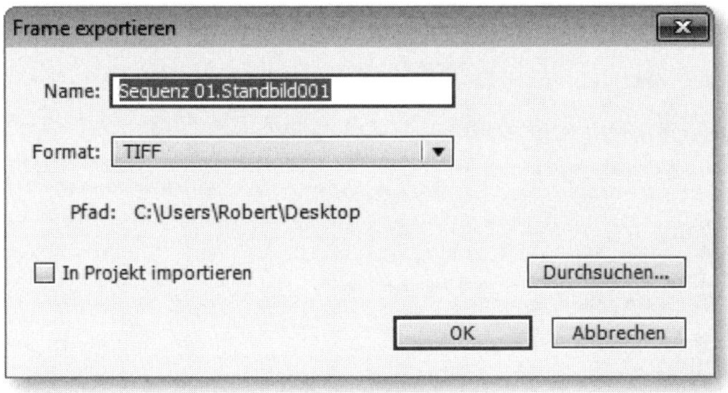

▲ **Abbildung 12.34** Der Einzelbild-Export

Wenn Sie eine ganze Sequenz in Form von Einzelbildern benötigen, ist diese Vorgehensweise natürlich nur mäßig spannend. Wer hat schon Lust, das 25x pro Sekunde Film zu wiederholen.

12.5.2 Fortlaufende TIFFs ausgeben

Sehr viel schneller geht die Ausgabe über die EXPORTEINSTELLUNGEN, mit denen auch gleich eine sinnvolle Bezeichnung vergeben wird, welche die Position jedes einzelnen Fotos chronologisch angibt.

Schritt für Schritt: Eine Sequenz als Einzelbilder ausgeben

In diesem Beispiel bleiben wir bei der Ausgabe als TIFFs, da dieses Bildformat qualitativ hochwertig ist. Es kann verlustlos komprimiert werden und bringt bei der Übergabe auf andere Plattformen (z. B. von Windows auf Mac) in der Regel keine Probleme mit sich. Darüber hinaus bekommen Sie es, wie bereits erwähnt, bei der Kinowerbung oft mit dieser Form der Ausgabe zu tun.

1 *Sequenz vorbereiten*

Zunächst einmal sollten Sie die Sequenz wie üblich vorbereiten. Das bedeutet: Arbeitsbereichsleiste einstellen und Sequenz im Projektfenster markieren. Alternativ wählen Sie das Schnittfenster an. Leiten Sie den Export in die Wege (Strg/cmd+M oder DATEI • EXPORTIEREN • MEDIEN).

2 *Format wählen*

Oben rechts in den EXPORTEINSTELLUNGEN gehen Sie nun auf das FORMAT TIFF. Im Steuerelement VORGABE wird meist schon das zur Sequenz passende Format eingestellt. Allerdings wird die Vorgabe ohnehin noch verändert.

▲ **Abbildung 12.35** Zunächst muss auf TIFF umgestellt werden.

3 *Datei benennen*

Als Nächstes vergeben Sie AUSGABENAME und Speicherort. Es ist sinnvoll, die Bezeichnung z.B. mit einem Unterstrich enden zu lassen, da Premiere Pro die fortlaufende Nummerierung dann ohne Leerzeichen anhängt. Wie das aussieht, sehen Sie gleich.

Länge der Zeichenkette

Vor dem Export prüft Premiere Pro, wie viele Einzelbilder zu exportieren sind. Sollten es weniger als 100 sein, begnügt sich die Anwendung mit einer zweistelligen Nummerierung, beginnend bei 00. Größere Sequenzen beginnen entsprechend mit 000 oder 0000. So wird gewährleistet, dass keine Bilder durcheinandergeraten.

4 *Weitere Einstellungen vornehmen*

Ziehen Sie den Dialog etwas höher auf. Die Registerkarten und deren Inhalte im unteren Drittel sollten gut einsehbar sein. Auf der Registerkarte VIDEO ändern Sie zunächst die FELDFOLGE. Schalten Sie um auf PROGRESSIV. Sie sollten auch die oberhalb befindlichen

Abmessungen (Breite und Höhe) kontrollieren. Bei Full HD benötigen Sie 1.920 x 1.080 sowie Quadratische Pixel (1,0) im Pulldown-Menü Seitenverhältnis. Mit maximaler Tiefe rendern macht ebenfalls Sinn, da dadurch die Qualität verbessert wird, wenngleich die Dauer der Codierung zunimmt. Das ist allerdings zu vernachlässigen, da Premiere Pro den Job ohnehin ruck, zuck erledigt, sobald Sie Exportieren betätigen.

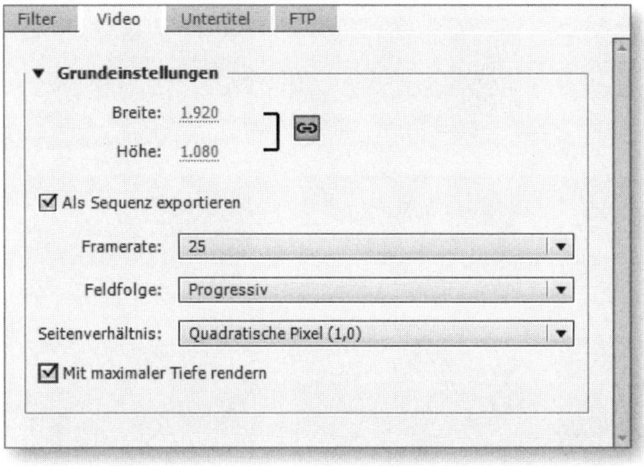

◀ **Abbildung 12.36** So passt alles. Die Halbbilder sind zusammengefügt worden.

Warum keine Halbbilder?

Man sollte meinen, es sei sinnvoll, die Einzelbilder in Form von Halbbildern auszugeben. Bei einer Retusche beispielsweise könnte man dann jedes Halbbild einzeln korrigieren. Das ist aber nicht so, da die Anwendung beide Halbbilder in eine einzelne TIFF-Datei schreibt. Real erhalten Sie also bei einer Sekunde Film keine 50 Halbbilder sondern 25 zusammengefügte Vollbilder – mit Zeilensprung (siehe Anhang A, »Fachkunde«). Schauen Sie sich ein derartiges Ergebnis auf Abbildung 12.37 an.

▲ **Abbildung 12.37** Beide Halbbilder werden bei der TIFF-Ausgabe zusammengefügt. Keine Option, also.

5 *Auf Einzelbilder zugreifen*

Nach erfolgtem Export gehen Sie in das Zielverzeichnis. Dort finden Sie nun alle erstellten Bilder fortlaufend nummeriert, beginnend bei »_00« oder »_000« usw., je nachdem wie groß die Sequenz gewesen ist. Von hier aus können die Bilder nun weiterverarbeitet werden.

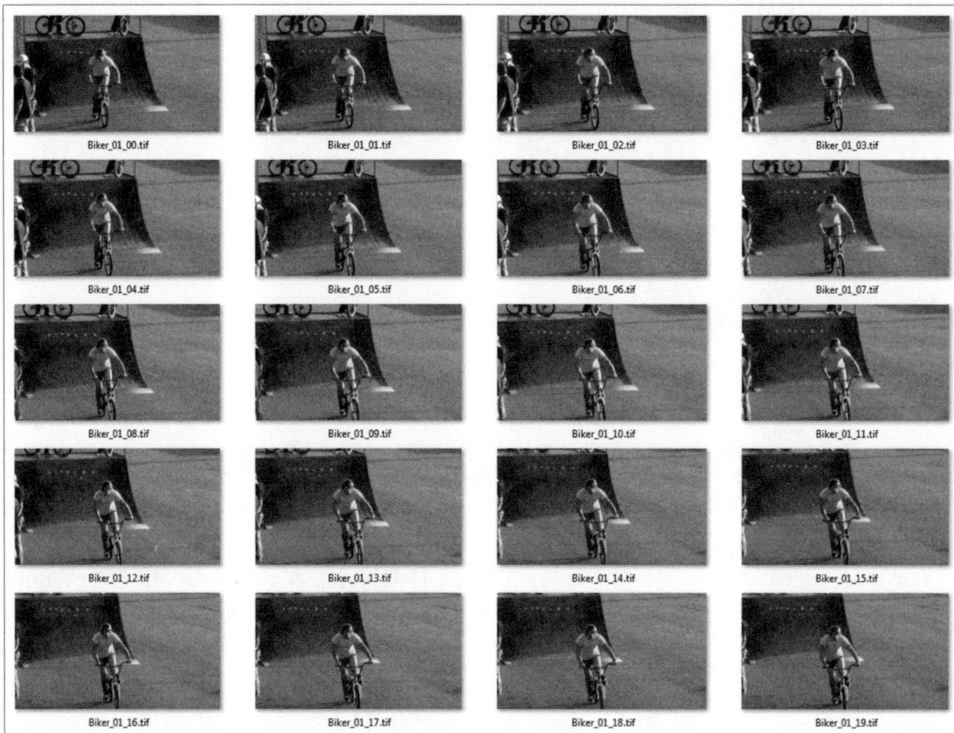

▲ **Abbildung 12.38** Die ersten 20 Einzelbilder einer Sequenz

12.5.3 Einzelbilder reimportieren

Ihr Kinobetreiber ist befriedet, wenn Sie ihm den Satz TIFF-Einzelbilder vorlegen. Job beendet! Sollten Sie die Fotos allerdings aus Retuschegründen exportiert haben, so müssen diese ja nach der Bearbeitung in Photoshop wieder in Premiere Pro integriert werden. Wie das geht, zeigt der Workshop.

Schritt für Schritt: Reimport als Sequenz

Sie haben ja bereits erfahren, dass Einzelbilder problemlos importiert werden können. Dabei sind allerdings Voreinstellungen, wie z. B. die Standbilddauer, zu verändern. Zu umständlich. Denn eigentlich benötigen wir ja jetzt gar keine Einzelbilder mehr, sondern einen zusammenhängenden Clip.

1 *Import-Dialog öffnen*

Zunächst wählen sie DATEI • IMPORTIEREN. Navigieren Sie zum Ordner, der Ihre TIFF-Fotos enthält, und öffnen Sie ihn. Markieren Sie das erste darin befindliche Foto. Anschließend versehen Sie die Checkbox BILDSEQUENZ ❶ mit einem Häkchen.

▲ **Abbildung 12.39** Nur das erste Foto wird markiert.

Begeben Sie sich jetzt zum letzten Foto des Ordners, und aktivieren Sie auch dieses. Hier ist es besonders wichtig, währenddessen [⇧] gedrückt zu halten. Nur dann werden nämlich auch alle dazwischen befindlichen Fotos selektiert und das erste nicht wieder abgewählt. Zuletzt klicken Sie auf ÖFFNEN.

Warum nicht sofort alle Fotos markieren?

Man sollte meinen, dass auch der umgekehrte Weg möglich ist, nämlich alle Fotos zu markieren und erst danach BILDSEQUENZ zu aktivieren. Doch das funktioniert nicht. Sind mehrere Dateien ausgewählt, lässt sich die Checkbox nicht mehr bedienen.

2 *Import begutachten*

Schauen Sie sich einmal das Asset an, das dem Projektfenster soeben hinzugefügt worden ist. Scheinbar handelt es sich um ein Einzelbild ❷ (Dateiendung ».tif«). Aber irgendwie verfügt das Bild auch über eine gewisse Länge ❸. Wie kann das denn sein?

◂ **Abbildung 12.40**
Einzelbild? Eine Sekunde lang? Seltsam.

3 *Sequenz erzeugen*

Licht kommt ins Dunkel, wenn Sie dieses Asset auf das Symbol AUTOMATISCH IN SEQUENZ UMWANDELN in der Fußleiste des Projektfensters ziehen und dort fallenlassen. Die Alternative: Rechtsklick gefolgt von NEUE SEQUENZ AUS CLIP. Das Ergebnis: Sie erhalten eine Sequenz. Darin befindet sich ein einzelner Videoclip (im Beispiel mit einer Dauer von 1:00 Sekunde).

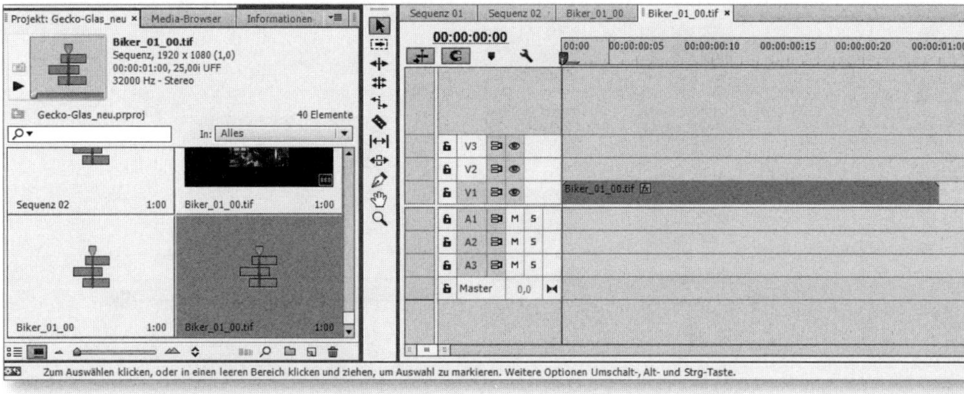

▲ **Abbildung 12.41** Die Einzelbilder sind wieder zu einem Clip verschmolzen.

12.5.4 Einzelbilder beim Reimport erhalten

Falls Sie die Einzelbilder erhalten wollen, sollten Sie in den VOREINSTELLUNGEN von Premiere auf ALLGEMEIN gehen und die STANDARDDAUER DER STANDBILDER auf »1« FRAMES zurücksetzen. Danach importieren Sie den gesamten Bildordner mit Hilfe des Buttons ORDNER IMPORTIEREN. Ziehen Sie den Ordner auf das Sequenzsymbol in der Fußleiste des Projektfensters, wobei eine CLIP-ÜBERLAPPUNG ❶ von »0« FRAMES erforderlich ist. Zuletzt setzen Sie die Standbilddauer in den VOREINSTELLUNGEN wieder herauf.

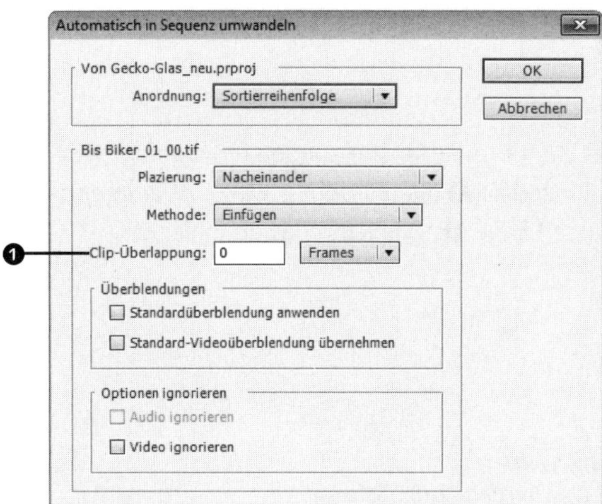

◀ **Abbildung 12.42** So lassen sich die Fotos hintereinander anordnen.

12.6 Projekte archivieren

Die Arbeit mit Premiere Pro neigt sich dem Ende zu. Sie haben Ihren Film komplett geschnitten, mit Effekten versehen und ausgegeben. Jetzt möchten Sie sicherlich Ihr Projekt noch sinnvoll abspeichern oder auf eine externe Festplatte auslagern. Denn wenn Sie grundsätzlich alles auf dem Rechner behalten, was Sie im Laufe der Zeit aufgenommen und verarbeitet haben, könnte es sein, dass die internen Festplatten irgendwann aus allen Nähten platzen.

Schritt für Schritt: Projekte archivieren

Möglicherweise haben Sie im Laufe einer Projektarbeit sehr viel experimentiert. Deshalb sind nun zahlreiche Assets im Projektfenster, die überhaupt nicht verwendet worden sind. Es ist auch denkbar, dass Sie von zahlreichen längeren Clips jeweils nur wenige Sekunden benutzt haben. Dann stellt sich die Frage: Warum soll ich das Material eigentlich in voller Länge archivieren? Spätestens an diesem Punkt sollten Sie den Projektmanager einsetzen.

1 *Projektmanager öffnen*

Entscheiden Sie sich in der Premiere-Pro-Menüleiste zunächst für Datei • Projektmanager. Danach dürfen Sie sich je nach Projektumfang einen oder zwei Augenblicke zurücklehnen. Die Anwendung prüft das Ganze zunächst einmal, um einen ungefähren Überblick über die zu erwartende Größe des archivierten Projekts zu geben.

Kein Projektmenü mehr

Ein Hinweis für Umsteiger von Premiere Pro CS6 auf CC: Früher mussten Sie in das Menü Projekt gehen, um den Projektmanager zu finden. Da dieses Menü jedoch in CC nicht mehr existent ist, müssen Sie nun auf das Menü Datei zugreifen.

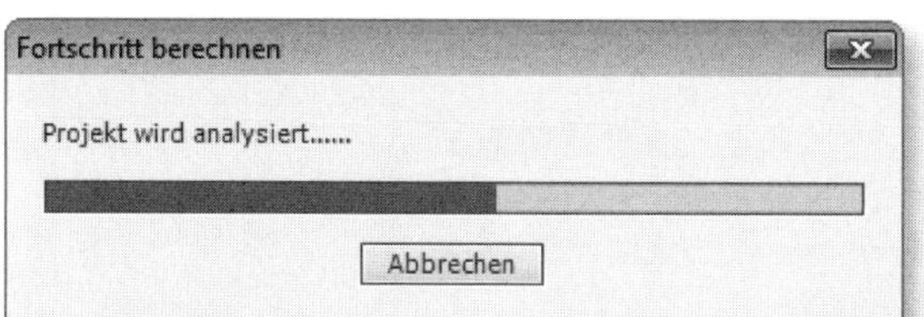

▲ **Abbildung 12.43** Zunächst wird eine Analyse durchgeführt.

Danach präsentiert sich ein nicht zu verachtender Dialog, der das Ergebnis der Analyse ganz unten als Schätzwert präsentiert (Resultierende Projektgrösse (Schätzung) ❽), so wie er auf Abbildung 12.44 auf Seite 448 zu sehen ist.

2 *Quelle wählen*

In der obersten Steuerelement-Sammlung QUELLE dürfen Sie entscheiden, welche Sequenz denn nun archiviert werden soll. Wenn Sie die zahlreichen Workshops im Beispielprojekt durchgeführt haben, jetzt aber nur dieses Beispielprojekt archivieren wollen, ist anzuraten, alle Checkboxen mit Ausnahme von SEQUENZ 01 ❶ abzuwählen.

Unterschiedliche Quellangaben

Ganz oben im Bereich QUELLE werden Sie nun möglicherweise andere Angaben vorfinden als in der folgenden Abbildung. Hier ist entscheidend, welche Sequenzen Sie zuvor erzeugt haben, und ob sich diese innerhalb des Gecko-Projekts befinden. Für den Fortgang dieses Workshops ist jedoch ohnehin nur die Sequenz 01 entscheidend.

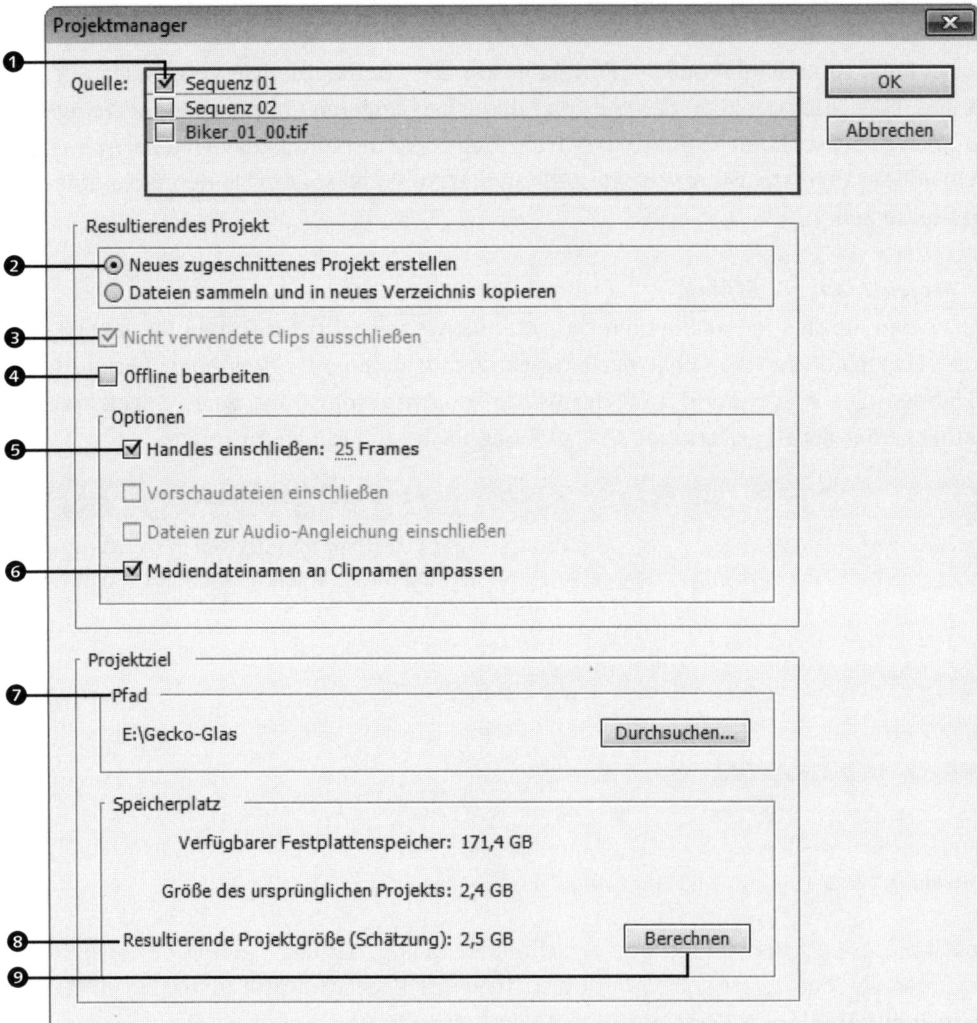

▲ **Abbildung 12.44** Die Übungssequenzen müssen nicht archiviert werden.

3 *Ergebnis festlegen*

Nun sollten Sie sich den beiden darunter befindlichen Radiobuttons widmen. Mit NEUES ZUGESCHNITTENES PROJEKT ERSTELLEN ❷ werden die Original-Clips gekürzt, und es wird prinzipiell nur das verwendet, was Sie auch innerhalb der Sequenz benutzt haben. Anders ist das, wenn Sie sich für DATEIEN SAMMELN UND IN NEUES VERZEICHNIS KOPIEREN entscheiden. Dann werden nämlich die Original-Assets berücksichtigt und nicht nur Teile davon.

Ein weiterer Unterschied: Verwenden Sie den obersten Eintrag, werden weder Vorschaudateien noch die Dateien zur Audioangleichung eingeschlossen. Das ist auch nicht weiter schlimm, denn diese könnten ja anhand der vorhandenen Daten jederzeit neu erstellt werden. Sie nähmen also nur unnötig Platz weg. Achten Sie auch darauf, dass in diesem Fall die entsprechenden Checkboxen im Frame OPTIONEN nicht zur Verfügung stehen. Grundsätzlich sollten Sie also diese Überlegung anstellen: Wenn sicher ist, dass ich nie mehr neu schneiden will, nehme ich den obersten Radiobutton. Das spart zudem eventuell enorm viel Speicherplatz, der sogar noch weiter optimiert werden könnte, wenn Sie HANDLES EINSCHLIESSEN ❺ deaktivieren. Lassen Sie die Checkbox aber nach Möglichkeit angewählt, damit an jedem durch In- und Out-Points begrenzten Clip-Enden 25 Einzelbilder, sprich eine Sekunde zusätzliches Material verbleiben (sofern vorhanden, natürlich) – falls Sie einmal einen Schnitt verschieben müssen. Wenn Sie mögen, können Sie diese Zahl auch noch verändern.

4 *Clips ausschließen*

Mit der Anwahl der Checkbox NICHT VERWENDETE CLIPS AUSSCHLIESSEN ❸ werden nur Clips in das Archiv übernommen, die auch tatsächlich im Projekt verwendet wurden. Ist die Schaltfläche ausgegraut, sind derartige Clips nicht vorhanden.

5 *Offline erstellen*

Falls Sie sich für ein neu zugeschnittenes Projekt entschieden haben, können Sie Offlines erstellen. Hier werden Bandname und Timecode des Original-Filmmaterials archiviert. Dies ist sehr nützlich, wenn Sie beispielsweise die Premiere-Pro-Projektdatei mitsamt Original-Videobändern an eine andere Person weitergeben wollen. Diese kann die Filme dann anhand der Offline-Informationen vom Band holen. Bitte wählen Sie aber nur in diesem Fall OFFLINE BEARBEITEN ❹ an.

6 *Clip-Namen anpassen*

Die kopierten Filmmaterialdateien erhalten den Namen der aufgenommenen Clips, wenn Sie MEDIENDATEINAMEN AN CLIPNAMEN ANPASSEN ❻ angewählt haben.

7 *Berechnen und speichern*

Geben Sie im Frame PFAD ❼ jetzt noch den Speicherort Ihres zu archivierenden Projekts an, indem Sie auf DURCHSUCHEN klicken. Am Schluss können Sie mit Hilfe der Schaltfläche BERECHNEN ❾ noch einmal ermitteln, wie groß das fertige Projektarchiv schätzungsweise sein wird. Nach einer kurzen Analyse sollte das Ergebnis vorliegen. Vergleichen Sie die GRÖSSE DES URSPRÜNGLICHEN PROJEKTS mit der jetzt noch resultierenden Projektgröße.

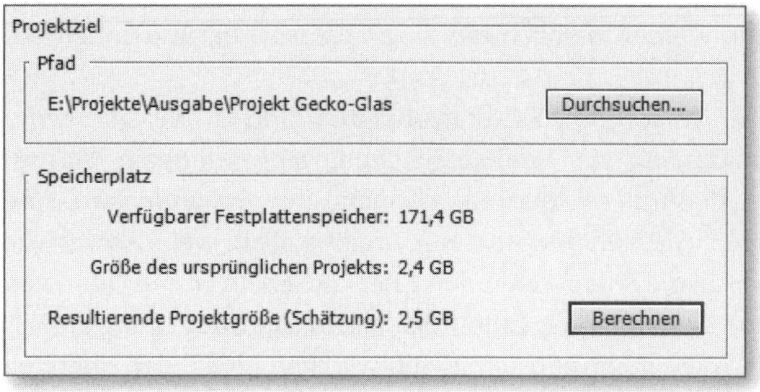

▲ **Abbildung 12.45** Hier beträgt die Differenz 0,3 GB. Je nach Menge des Filmmaterials können hier aber auch weitaus höhere Einsparungen erzielt werden.

Teil III
Premiere im Workflow

13 Import und Aufnahme

Ebnen Sie Ihren Takes den Weg in den Rechner. Dazu stellt Premiere Pro verschiedene Werkzeuge und Möglichkeiten zur Verfügung. Zu unterscheiden ist, ob das Material zuvor bereits aufgenommen worden ist und, wenn ja, ob es sich auf Band oder einem anderen Speichermedium, wie z. B. einer Festplatte oder einer Speicherkarte, befindet. Wer die komplette Creative Cloud sein Eigen nennt, der kann außerdem auf Adobe Prelude CC zugreifen, das am Ende des Kapitels angesprochen wird. Und darum geht's in diesem Kapitel:

- Wie bewältige ich einen bandlosen Workflow?
- Wie bereite ich Bandprojekte für die Aufnahme vor?
- Wie konfiguriere ich die Gerätesteuerung?
- Wie nehme ich digitales Bandmaterial auf?
- Wie lässt sich analoges Filmmaterial digitalisieren?
- Wie erzeuge ich eine Batchaufnahme?
- Wie können Batchlisten im- und exportiert werden?
- Welche Möglichkeiten bietet Prelude CC?

13.1 Der bandlose Workflow

Im Prinzip ist es so, dass Videoaufnahmen von Bändern, selbst wenn sie digitalen Ursprungs sind, zunächst einmal in ein Format umgewandelt werden müssen, mit dem Premiere Pro auch in der Lage ist, zu arbeiten. So ist das beispielsweise bei Digital-DV-Material oder HDV. Bei neueren Formaten, wie z. B. AVCHD, ist dieser Schritt nicht mehr erforderlich, da die Daten auf einem festen Speichermedium (Speicherkarte, Festplatte) vorliegen und Ihre Videoschnitt-Applikation in der Regel mit den ursprünglich von der Kamera erzeugten Dateiformaten umgehen kann. Die Aufnahmeübertragung zwischen Aufnahmegerät und Rechner (*Capturing*) entfällt also in diesem Fall. Dennoch ist einiges zu beachten. Im Folgenden wollen wir uns beispielhaft für alle bandlosen Workflows mit AVCHD beschäftigen.

13.1.1 Kamera anschließen

Bei Karten-Camcordern gibt es prinzipiell zwei unterschiedliche Wege, auf das Material zuzugreifen. Entweder Sie entnehmen die Karte und verwenden einen Kartenleser, oder Sie greifen direkt auf die Kamera zu. Bei Festplatten-Camcordern besteht nur die zweite Möglichkeit. Zudem ist generell zu beachten, dass CardReader mitunter weniger leistungsfähig sind als Ihre Kamera. Deswegen ist der Verbleib des Chips in der Kamera und der direkte Import von dort zum Rechner oft vorzuziehen.

Verbinden Sie Kamera und PC miteinander. In der Regel gelingt das prima via USB oder HDMI. Danach schalten Sie den Camcorder ein und aktivieren den Wiedergabemodus. Die Kamera wird entsprechend reagieren und Ihnen verschiedene Optionen zur Verfügung stellen. Entscheiden Sie sich hier für den PC-ANSCHLUSS oder AVCHD-ANSCHLUSS. Sollte das Betriebssystem mit einer Hinweistafel antworten, können Sie über diese auf das Speichermedium der Kamera zugreifen. Entscheiden Sie sich in diesem Fall für ORDNER ÖFFNEN, UM DATEIEN ANZUZEIGEN (Windows). Beim Mac wird die Kamera in der Regel als Laufwerk auf dem Schreibtisch angezeigt. Ein Doppelklick darauf genügt.

▲ **Abbildung 13.1** Auf dem Windows-Rechner lässt sich auf das Verzeichnis der Kamera mittels ORDNER ÖFFNEN zugreifen.

▲ **Abbildung 13.2** Am Mac erscheint das Aufnahmegerät als Festplatte – auch wenn es sich um Camcorder mit Speicherchips handelt.

13.1.2 Direkt auf bandlose Daten zugreifen

Einmal ganz davon abgesehen, dass Camcorder oft Software mitbringen, mit der die Übertragung der Filme auf den Rechner ermöglicht wird, können Sie auch direkt auf das Speichermedium zugreifen. Sie müssen dazu aber ein wenig suchen. Der Pfad zu den Clips könnte beispielsweise dieser sein: PRIVATE\AVCHD\BDMV\STREAM. Wenn Sie einen der Filme (im Beispiel mit der Dateiendung .mts) doppelt anklicken, öffnet sich im Idealfall der Media Player oder QuickTime-Player, und Sie dürfen die Filme erstmals auf dem Rechner ansehen. Rein theoretisch könnten Sie also die Filme schauen, und nur das, was Sie wirklich benötigen, in einen bereitgestellten Ordner des Computers ziehen.

Kein Import via Media-Browser | Falls Sie direkt über den Media-Browser von Premiere Pro auf das Speichermedium zugreifen, können Sie die Filme zwar prima ins Projektfenster ziehen, jedoch werden sie dadurch nicht auf den Rechner importiert. Kappen Sie die Verbindung zur Kamera, stehen die Clips nur noch als Offline-Dateien zur Verfügung. Anstelle eines Films gibt es dann lediglich eine Hinweistafel. Das betrifft auch Clips, die sich bereits im Schnittfenster befinden.

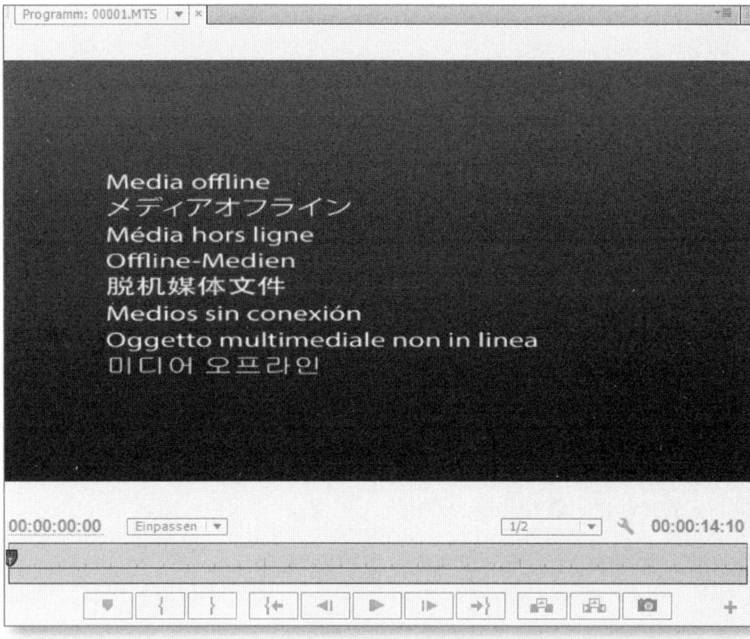

▲ **Abbildung 13.3** Hier geht nichts mehr. Premiere Pro kann nicht mehr auf die Medien zugreifen, nachdem die Kamera entfernt worden ist.

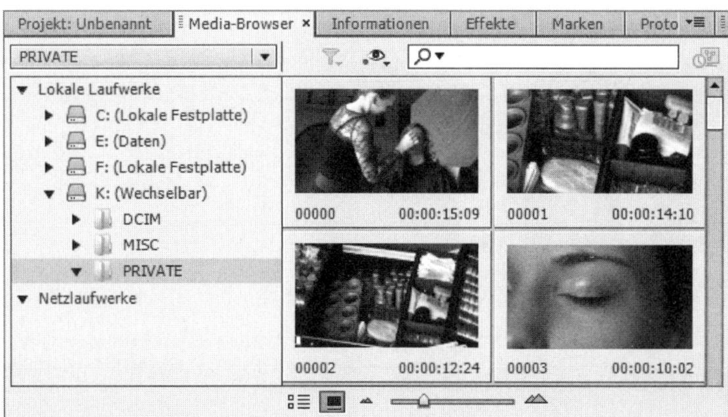

◀ **Abbildung 13.4** Solange die Kamera online ist, gelingt der Zugriff auf die Daten ganz hervorragend.

Medien aktualisieren | Stellen Sie sich einmal das Szenario vor, dass sich der liebe Kollege, nennen wir ihn einmal Karl, in Ihrer kurzen Abwesenheit das Aufnahmegerät nimmt und damit zum nächsten Job ausrückt. Nun, Karl ist ja ein wirklich netter Kerl, aber leider auch sehr phlegmatisch. Er hat nämlich überhaupt nicht bedacht, dass für Sie nun die Arbeit beendet ist. Sie kommen zurück an den PC und finden den folgenden Dialog vor, der die fehlende Verknüpfung reparieren möchte. In Vorgängerversionen von Premiere Pro CC erschien hier übrigens ein Fenster, das verblüffende Ähnlichkeit mit dem herkömmlichen Import hatte. Jetzt heißt der Dialog MEDIEN VERKNÜPFEN.

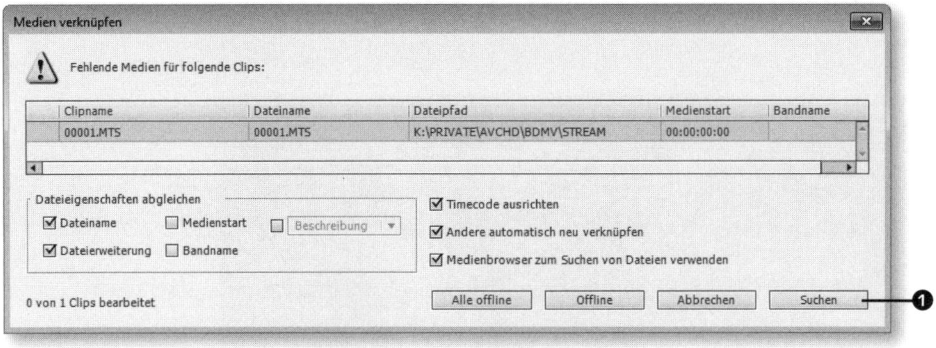

▲ **Abbildung 13.5** Wenn keine Kamera angeschlossen ist, kann auch der Dialog nicht helfen.

Gott sei Dank, nach nur wenigen Minuten kommt Karl mitsamt Kamera zurück. Was hat er sich nur dabei gedacht? Aber Glück gehabt. Schnell die Kamera wieder anschließen – und warten ... aber nichts passiert. Die Daten bleiben offline. Abhilfe schafft hier nur ein beherzter Klick auf SUCHEN ❶ unten rechts.

▲ **Abbildung 13.6** Die Clips hinter dem zuletzt eingestellten Pfad werden angezeigt.

Warten Sie einen Augenblick, bis der Pfad aktualisiert wurde und die Vorschauminiaturen angezeigt werden. Nun könnten Sie nach dem fehlenden Asset suchen, dürfen aber auch gerne unten auf Nur exakte Namensübereinstimmung anzeigen ❷ gehen. Dann wird nur die Datei angezeigt, die zuvor vermisst worden ist, und kann mittels Klick auf OK wiederhergestellt werden. Die übrigen Filme werden dabei übrigens gleich mit online gesetzt.

Für den Fall, dass Karl doch länger unterwegs ist, müssen Sie den Dialog natürlich nicht geöffnet lassen. Brechen Sie ihn ab, und entscheiden Sie sich nach Wiederherstellung der Kameraverbindung für einen Rechtsklick auf dem Asset, das im Projektfenster als fehlend ausgewiesen wird. Klicken Sie auf Medien verbinden, um in den Dialog Medien verknüpfen zurückzugelangen.

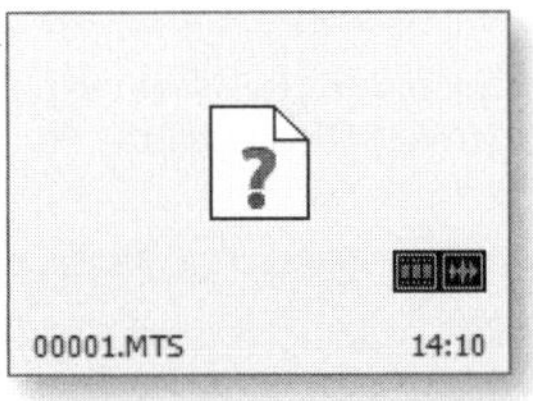

◄ **Abbildung 13.7** Dieser Film ist offline.

Offline arbeiten

Sollte der Camcorder (und somit das Filmmaterial) nicht zur Verfügung stehen, können Sie den Dialog auch mit Klick auf Offline verlassen. Das Bildmaterial der betroffenen Clips steht dann zwar nicht zur Verfügung, jedoch können Sie im Projekt weiterarbeiten. Sobald das Gerät wieder angeschlossen ist, führen Sie den beschriebenen Rechtsklick auf einem Offline-Asset im Projektfenster aus und wählen Medien verbinden.

13.1.3 Clips auf Festplatte transferieren

Nun ist gegen den Zugriff auf die Kamera während des gesamten Produktionsprozesses prinzipiell nichts einzuwenden. Mitunter werden ja auch nur wenige Clips benötigt, geschnitten und ausgegeben. Dann macht es wenig Sinn, das gesamte Material zu importieren. Wollen Sie jedoch unabhängig von der Kamera arbeiten, importieren Sie die benötigten Clips am besten direkt auf eine Ihrer Festplatten. Das lässt sich, wie erwähnt, mittels Drag & Drop, aber auch über die Adobe Bridge realisieren, die Bestandteil der Creative Cloud ist.

Schritt für Schritt: Filme mit Adobe Bridge importieren

Die erwähnte Drag-&-Drop-Methode ist zwar recht intuitiv, doch sollte man sich vergegenwärtigen, dass Bridge sehr viel mehr Komfort bietet. In diesem Workshop soll lediglich der Dateiimport aufgezeigt werden. Alle weiteren Infos zur Bridge entnehmen Sie bitte dem folgenden Kapitel.

1 *Kamera-Ordner wählen*

Nach dem Öffnen der Anwendung stellen Sie das Register ORDNER ❶ nach vorne. Stellen Sie den Pfad zum Speichermedium Ihrer Kamera her ❷. Daraufhin zeigen sich die enthaltenen Clips in der Mitte der Anwendung. Falls Bridge CC vor der Installation von Premiere Pro bereits installiert gewesen ist (beispielsweise im Zusammenhang mit Photoshop CC), werden Sie nach dem ersten erneuten Start der Bridge gefragt, ob die Bridge um die Premiere-Pro-Komponente erweitert werden soll. Beantworten Sie diese Frage mit JA.

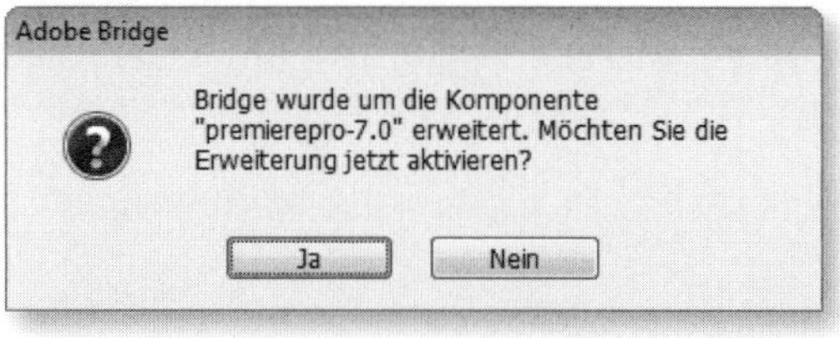

◄ **Abbildung 13.8** Beim ersten Aufruf der Bridge wird eine Zwischenabfrage gestartet.

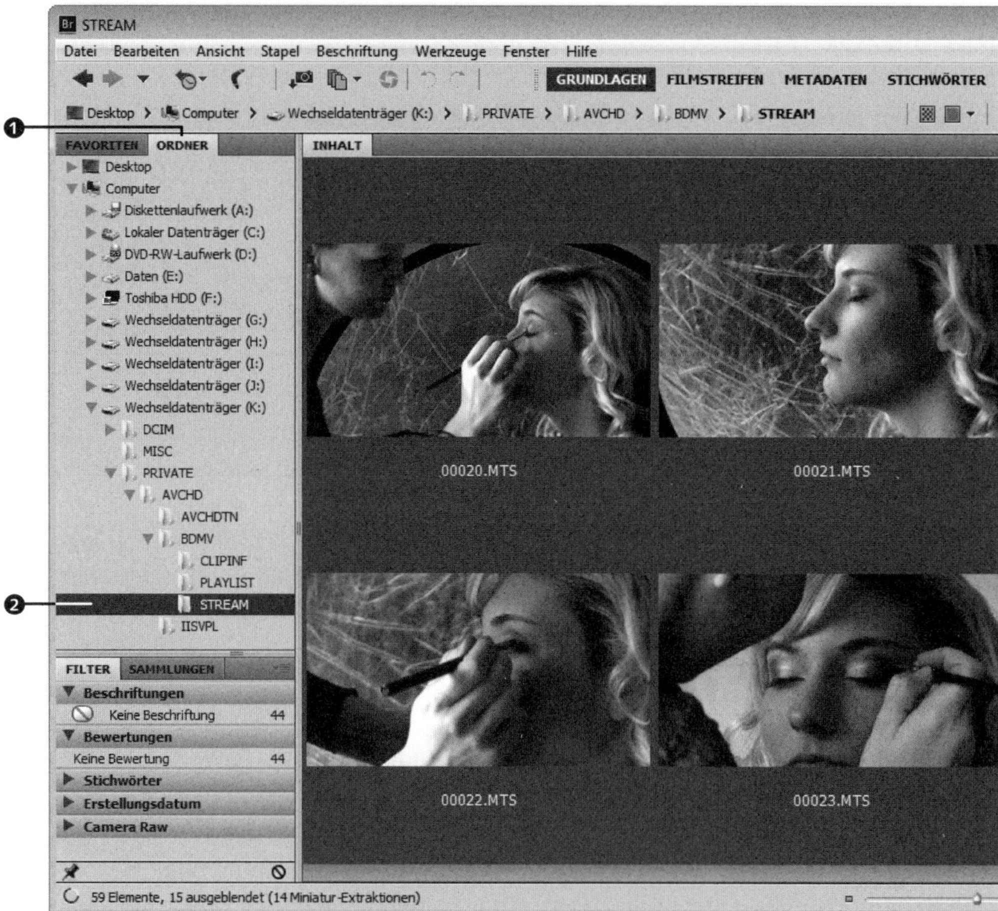

▲ **Abbildung 13.9** Der Pfad zur Kamera lässt sich auch mittels Bridge herstellen.

2 *Zielpfad herstellen*

Stellen Sie nun im Register ORDNER den Pfad zum gewünschten Zielordner her. Dazu dürfen Sie ausschließlich die vorangestellten Dreiecksymbole betätigen. Würden Sie auf einen der nebenstehenden Einträge klicken, würde der Inhalt dieses Verzeichnisses statt der Clips in der Mitte der Anwendung präsentiert. Alternativ stellen Sie den Zielordner neben die Anwendung.

3 *Clips transferieren*

Jetzt können Sie die Clips betrachten, indem Sie einen der Filme in der Bildmitte markieren und auf der rechten Seite abspielen. Gefällt Ihnen der Clip? Dann ziehen Sie dessen Miniatur entweder in den Ordner, den Sie zuvor neben der Bridge bereitgestellt haben oder in das Verzeichnis im Bedienfeld ORDNER. Sobald dort eine Markierung erscheint ❸, lassen Sie los.

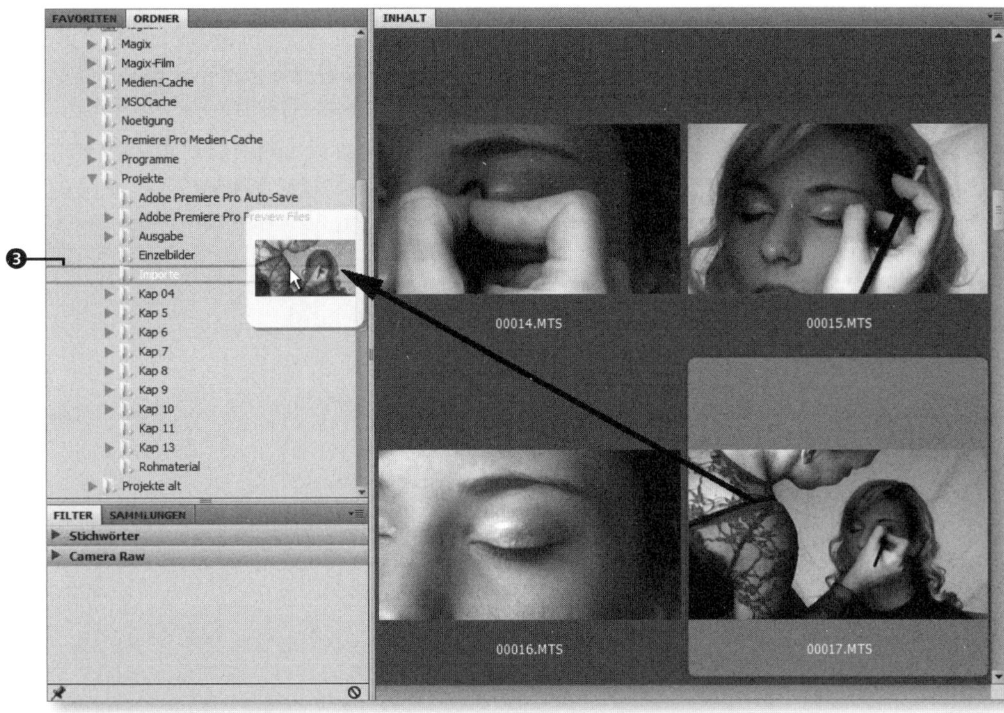

▲ **Abbildung 13.10** Der Filmimport geht auch hier per Drag & Drop.

13.2 Band-Workflow vorbereiten

Arbeiten Sie mit Band-Camcordern (z. B. DV oder HDV), ist die Übertragung vorhandener Aufnahmen auf die Festplatte nicht mehr optional. Hier müssen Sie sogar dafür sorgen, dass das Material auf den Rechner gelangt.

13.2.1 Erforderliche Hardware

Damit das Filmmaterial den Weg in den Rechner findet, muss es über eine geeignete Schnittstelle übertragen werden. Wenn der Camcorder über einen digitalen Port (z. B. FireWire, i.Link, HDMI) verfügt und ein entsprechender Eingang im Rechner bereitsteht, sind bereits alle Voraussetzungen geschaffen. USB ist ebenfalls kompatibel, jedoch kann es bei der Verarbeitung mit USB 2.0 mitunter zu Verzögerungen kommen.

13.2.2 Neues Projekt erstellen

Welche Einstellungen Sie in den Dialogen NEUES PROJEKT und NEUE SEQUENZ verwenden (sofern Sie denn mit einem neuen Projekt beginnen), spielt zunächst einmal keine Rolle. Immerhin können Sie ja zu einem späteren Zeitpunkt eine neue Sequenz anhand des aufzunehmenden Materials erzeugen. Wie das geht, schauen wir uns gleich noch an.

Standardmäßig gilt, dass sämtliche Video- und Audioaufnahmen, die Sie im Zusammenhang mit dem aktuellen Projekt anfertigen, im gleichen Verzeichnis gespeichert werden wie die Projektdatei. Es kann interessant sein, beides voneinander zu trennen. Wenn Sie die aufzunehmenden Videos lieber auf eine angeschlossene, externe Festplatte auslagern wollen, damit Ihre Systemplatte nicht zu voll wird, ist dagegen nichts einzuwenden. In diesem Fall sollten Sie, sofern Sie ein neues Projekt erstellen, vor dem Klick auf OK noch das Register ARBEITSLAUFWERKE ❶ anwählen. Stellen Sie die Speicherorte für VIDEOAUFNAHME und AUDIOAUFNAHME nach Wunsch um, indem Sie jeweils auf DURCHSUCHEN klicken und den gewünschten Pfad festlegen.

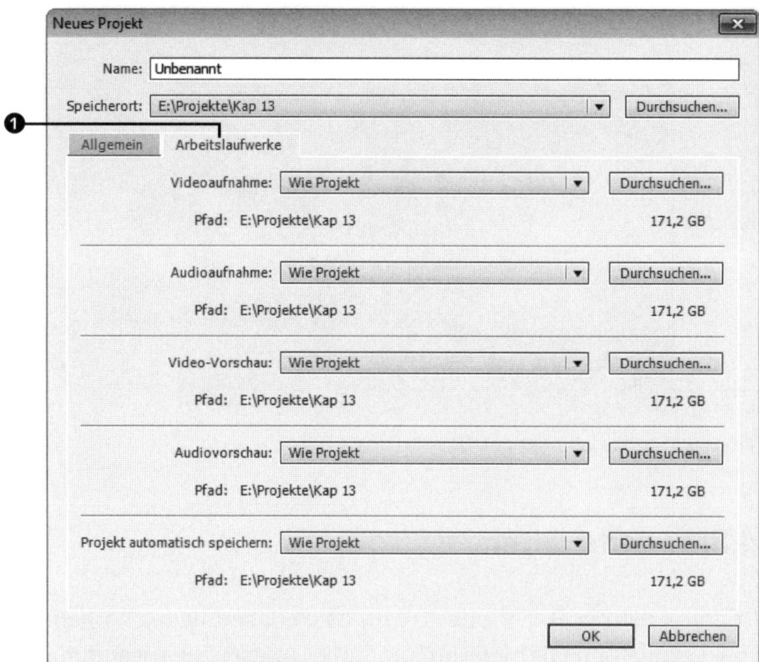

▲ **Abbildung 13.11** Bereits an dieser Stelle können die Arbeitslaufwerke eingerichtet werden.

Voreinstellungen nachträglich festlegen

Sollten Sie bereits ein neues Projekt geöffnet haben und jetzt für die Aufnahmen lediglich mit einer neuen Sequenz arbeiten, gehen Sie auf DATEI • PROJEKTEINSTELLUNGEN • ARBEITSLAUFWERKE. Hier finden Sie dann den gleichen Dialog vor. Bereits im Projekt vorhandene Dateien werden dabei allerdings nicht automatisch verschoben.

Speicherort der Video- und Audiovorschau

Speicherorte für die Video- und Audiovorschau lassen sich ebenfalls angeben. Damit gemeint sind von Premiere Pro zu berechnende Arbeitsdateien, wie z. B. eine Überblendung zwischen zwei Clips. Dieses Material gibt es ja noch gar nicht und muss eigens erzeugt werden. Und wo diese eigens erzeugten Dateien abgelegt werden sollen, bestimmen Sie mit den unteren beiden Zeilen.

13.2.3 Aufnahme-Voreinstellungen ändern

Die Anwendung selbst bietet ebenfalls noch einige Möglichkeiten in Sachen Voreinstellungen, die Sie zumindest vor der ersten Aufnahme einmal ansehen sollten. Gehen Sie deshalb zunächst auf BEARBEITEN/PREMIERE PRO • VOREINSTELLUNGEN • AUFNEHMEN. Hier werden nämlich weitere Einstelloptionen zugänglich. Zwar sollen diese jetzt nicht geändert werden, doch möchte ich Ihnen kurz vorstellen, welche Funktionen sich dahinter verbergen:

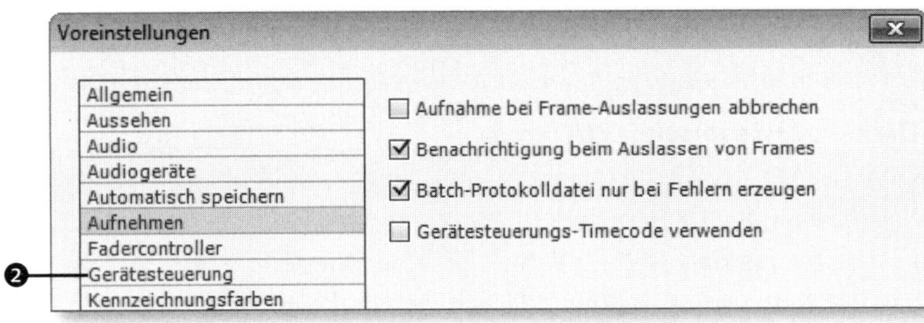

▲ **Abbildung 13.12** Werfen Sie noch einen kurzen Blick auf die Aufnahme-Voreinstellungen.

- AUFNAHME BEI FRAME-AUSLASSUNGEN ABBRECHEN: Aktivieren Sie diese Checkbox, wird Premiere Pro die spätere Aufnahme sofort abbrechen, sobald einzelne Bilder während der Aufnahme ausgelassen werden. Da Sie hierüber, wie Sie gleich noch sehen werden, ohnehin stets im Bilde sind, ist diese Funktion nicht sonderlich sinnvoll.
- BENACHRICHTIGUNG BEIM AUSLASSEN VON FRAMES: Wenn bei der Aufnahme Bilder vernachlässigt wurden, sollte dies in einem anschließenden Bericht angezeigt werden. Lassen Sie diese Checkbox bitte ebenso angewählt wie die darunter befindliche.
- BATCH-PROTOKOLLDATEI NUR BEI FEHLERN ERZEUGEN: Ein entsprechendes Protokoll wird nur dann erzeugt, wenn sich auch tatsächlich ein Fehler ergeben hat.

- Gerätesteuerungs-Timecode verwenden: Beachten Sie bitte hierzu die Ausführungen im Anschluss an den folgenden Workshop, und verzichten Sie zunächst darauf, diese Checkbox zu aktivieren.

Gerätesteuerung definieren

Bevor Sie beherzt auf OK klicken, möchte ich nicht versäumen, Sie auf die Möglichkeit aufmerksam zu machen, auf die Gerätesteuerung zuzugreifen. Klicken Sie dazu einfach links in der Liste auf den Eintrag Gerätesteuerung ❷ (siehe Abbildung 13.12). Die Eigenschaften werden im folgenden Workshop erläutert.

13.3 Filmmaterial vom Band einspielen

Sobald die Vorarbeiten erledigt sind, können Sie mit der eigentlichen Aufnahme beginnen. Na ja, noch nicht ganz. Einige kleine Einstellungen sind noch erforderlich. So wollen wir zunächst dafür sorgen, dass Premiere Pro und Ihr Camcorder überhaupt Bereitschaft zur Zusammenarbeit zeigen. Machen wir beide also miteinander bekannt.

13.3.1 Die Gerätesteuerung

Mit Hilfe der Gerätesteuerung können Sie einen angeschlossenen Camcorder gleich aus Premiere Pro heraus bedienen.

Schritt für Schritt: Die Gerätesteuerung aktivieren

Es sei darauf hingewiesen, dass der Camcorder zunächst mit dem Rechner verbunden und erst danach eingeschaltet werden sollte. Wählen Sie den Wiedergabemodus. Daraufhin dürfte sich das Betriebssystem melden, dessen bereits bekannten Dialog Sie abbrechen können.

1 *Aufnahmeumgebung öffnen*

In den eigentlichen Aufnehmen-Dialog von Premiere Pro gelangen Sie, indem Sie entweder Datei • Aufnehmen wählen oder [F5] drücken.

2 *Optional: Verbindungen prüfen*

Sollte irgendetwas mit der Verbindung nicht in Ordnung sein – sei es, dass die Kabel nicht richtig miteinander verbunden sind oder der Camcorder nicht eingeschaltet ist –, meldet die Anwendung »Aufnahmegerät offline« oben links im Fenster. Des Weiteren werden sämtliche Steuerelemente im unteren Bereich dieses Dialogs ausgegraut dargestellt – ein Indiz dafür, dass sie nicht bedienbar sind. Wird der Camcorder hingegen nicht offline, sondern mit dem Eintrag Angehalten ❶ präsentiert, haben Sie allen

Grund zum Jubeln, denn das Gerät wurde erkannt. Die Steuerelemente sollten jetzt auch bedienbar sein.

HD-Aufnahmen

Wenn Sie HD-Material auf den Rechner bringen wollen, müssen Sie eine mit Premiere Pro kompatible HD-Aufnahmekarte mit SDI-Eingang einsetzen.

Eintrag: Festgestellt?

Wird FESTGESTELLT ausgewiesen, bedeutet dies, dass Ihr Gerät zwar erkannt wurde, eine Steuerung aber nicht möglich ist. Die häufigste Ursache: Im Camcorder befindet sich kein Band.

3 *Optional: Aufnahmepfad ändern*

Aktivieren Sie zunächst oben rechts die Registerkarte EINSTELLUNGEN ❷. Hier können Sie im Bereich AUFNAHME-SPEICHERORT bestimmen, wo die Aufnahmen abgelegt werden sollen. Falls Sie diese Einstellung noch nicht vorgenommen haben, besteht nun im Aufnehmen-Dialog erneut die Möglichkeit dazu. Zur Änderung des Pfades klicken Sie dann lediglich auf DURCHSUCHEN.

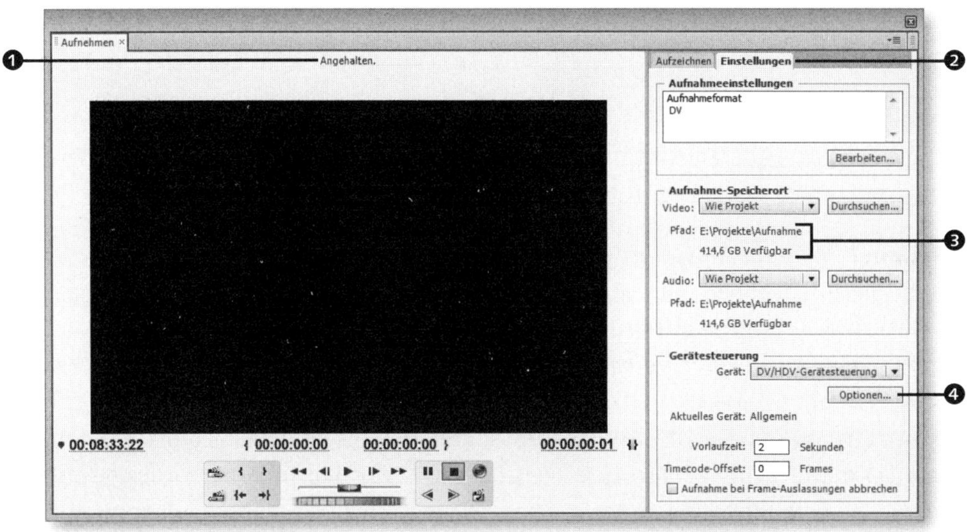

▲ **Abbildung 13.13** Ändern Sie den AUFNAHME-SPEICHERORT, falls gewünscht.

Achten Sie auch darauf, dass links unterhalb der Schaltfläche sowohl der Pfad als auch der auf der Festplatte noch zur Verfügung stehende Speicherplatz ❸ präsentiert werden.

4 *Optionen für die Gerätesteuerung aktivieren*

Sollte ANGEHALTEN noch nicht ausgewiesen sein oder sollte nach Druck des Play-Buttons nur ein Schwarzbild gezeigt werden, gehen Sie folgendermaßen vor: Falls noch die

Registerkarte Aufzeichnen im Vordergrund steht, klicken Sie oben rechts auf Einstellungen. Wählen Sie jetzt im Frame Gerätesteuerung den Button Optionen ❹ an.

5 *Camcorder-Steuerung auswählen*

Nachdem sich der Dialog Optionen geöffnet hat, können Sie zunächst den Videostandard (PAL oder NTSC) einstellen. Entscheiden Sie sich zunächst für PAL. Wechseln Sie danach auf das zweite Steuerelement Gerätemarke. Hier wählen Sie das Fabrikat, das Ihrem Camcorder entspricht. Sollte das gewünschte Fabrikat hier nicht auftauchen, gehen Sie im obersten Pulldown-Menü auf NTSC. Keine Angst – Sie werden dadurch keine NTSC-Aufnahmen erzeugen. Vielmehr geht es hier ausschließlich um die Gerätesteuerung. Suchen Sie in Gerätemarke und Gerätetyp abermals nach Ihrer Kamera. Ist sie auch dann noch nicht zu finden, lassen Sie den Eintrag Standard stehen. Zuletzt klicken Sie auf Status prüfen.

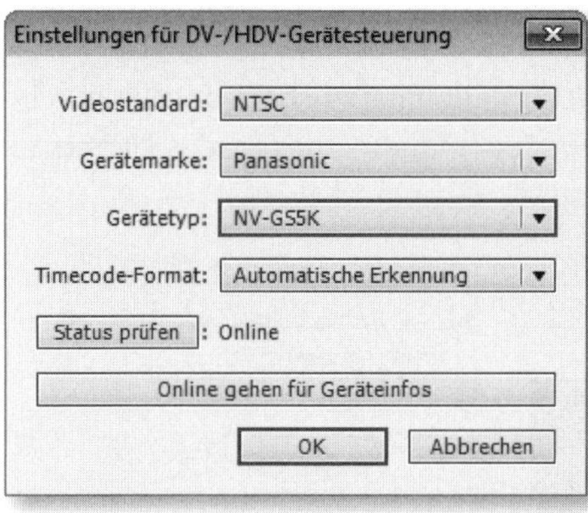

◀ **Abbildung 13.14** Optionen der Gerätesteuerung

6 *Optional: Weitere Einstellungen festlegen*

Bestätigen Sie anschließend mit OK. Das aktuelle Gerät sollte jetzt unterhalb der Schaltfläche Optionen gelistet sein. Darunter finden Sie noch drei Steuerelemente, die normalerweise keine Umstellung verlangen. Dennoch sollen sie an dieser Stelle kurz beschrieben werden:

- Vorlaufzeit: Wenn Sie die Aufnahmen später mit In- und Out-Points steuern, geben Sie mit diesem Wert an, wie weit das Band vor den In-Point zurückgespult werden soll. Eine Erhöhung dieses Wertes ist nur dann zu empfehlen, wenn Premiere Pro bei der späteren Aufnahme meldet, dass der In-Point nicht gefunden werden konnte.
- Timecode-Offset: Der Timecode Ihrer fertigen Aufnahme wird vom Original übernommen. Ändern Sie den Wert, legen Sie damit fest, wie viele Frames zur Anpassung dieses Timecodes verwendet werden sollen. Auch hier ist eine Änderung des Wertes 0 (Erhöhung) nur dann zu empfehlen, wenn es beim Capturing zu einer Fehlermeldung kommt.

- AUFNAHME BEI FRAME-AUSLASSUNGEN ABBRECHEN: Sollten Frames bei der Aufnahme ausgelassen worden sein, meldet das Premiere Pro im Anschluss. Deshalb ist es nicht zu empfehlen, die Aufnahme wegen eines einzelnen ausgelassenen Bildes gleich abzubrechen. Hinzu kommt: Wenn Sie über ausreichende Rechnerleistung und eine zeitgemäße Peripherie verfügen, wird es ohnehin nicht zu Frame-Auslassungen kommen.

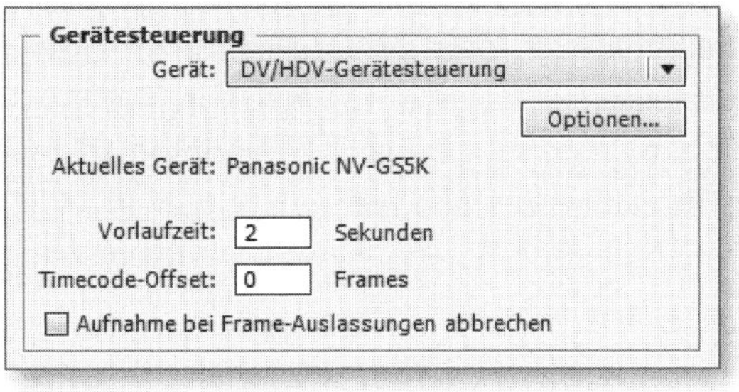

◄ **Abbildung 13.15** Die Gerätesteuerung arbeitet.

13.3.2 Standardaufnahmen

Damit wären alle Einstellungen in Bezug auf die Gerätesteuerung erledigt. Nun ist es Zeit für eine erste Probeaufnahme. Die hier beschriebene Funktion stellt außerdem eine unkomplizierte Möglichkeit dar, einzelne Clips zu überspielen, wenngleich es elegantere Methoden gibt. Doch dazu später mehr.

Schritt für Schritt: Eine Probeaufnahme erzeugen

Ist der Camcorder eingeschaltet (Wiedergabemodus) und der Aufnehmen-Dialog von Premiere Pro geöffnet ([F5])? Wird die Kamera außerdem als ANGEHALTEN gemeldet? Glückwunsch! Dann steht der ersten Aufnahme nichts mehr im Wege.

1 *Optional: Aufnahmeart ändern*

Im Frame EINRICHTEN der Registerkarte AUFZEICHNEN haben Sie die Möglichkeit, zu bestimmen, was aufgenommen werden soll. In den meisten Fällen möchte man sowohl Bild als auch Ton aufzeichnen, weshalb Sie kontrollieren sollten, ob hier AUDIO UND VIDEO angegeben ist.

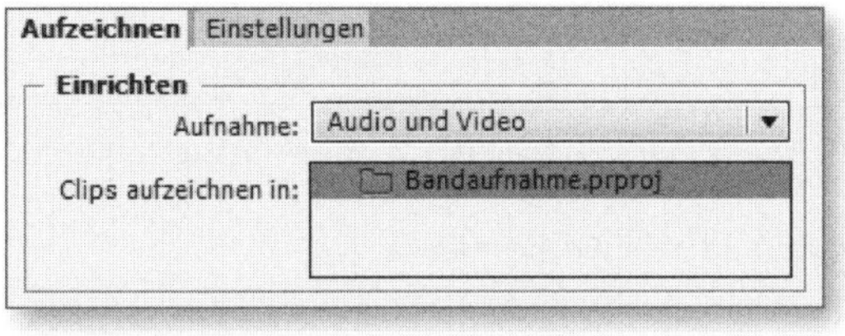

▲ **Abbildung 13.16** Nur dieser Eintrag sorgt für Bild *und* Ton.

Kontrolle ist besser

Sie müssen wissen, dass Sie durch bloßes Drücken von [A] oder [V] eine Umstellung erreichen. Danach steht die Aufnahme nur noch für die Video- oder Audioseite zur Verfügung. Aus diesem Grund schadet ein kurzer Blick auf das Steuerelement vor der Aufnahme nicht.

Wenn Sie nur das Bild ohne Ton aufzeichnen wollen, schalten Sie hier auf VIDEO um. Dies bietet sich z. B. an, wenn von vornherein klar ist, dass der Originalton im Projekt keine Verwendung finden wird. Klassisches Beispiel: Das gesamte Video wird mit Musik untermalt, ohne dass der Originalton mit einwirken soll. Umgekehrt könnte natürlich auch das Bild vernachlässigt und nur der Ton aufgenommen werden. In beiden Fällen sparen Sie viel Speicherplatz, da die aufzunehmenden Dateien natürlich entsprechend kleiner werden.

2 *Film abspielen und aufnehmen*

Drücken Sie jetzt die Abspielen-Schaltfläche ❶. Kurz darauf sollte das Bild auch im oberhalb befindlichen Monitor wiedergegeben werden. Betätigen Sie nun den Button AUFNAHME ❸, und lassen Sie das Band einige Sekunden weiterlaufen. Wenn Sie die Aufnahme beenden möchten, klicken Sie entweder erneut auf den Aufnahme-Button oder bedienen sich der Stopp-Schaltfläche ❷.

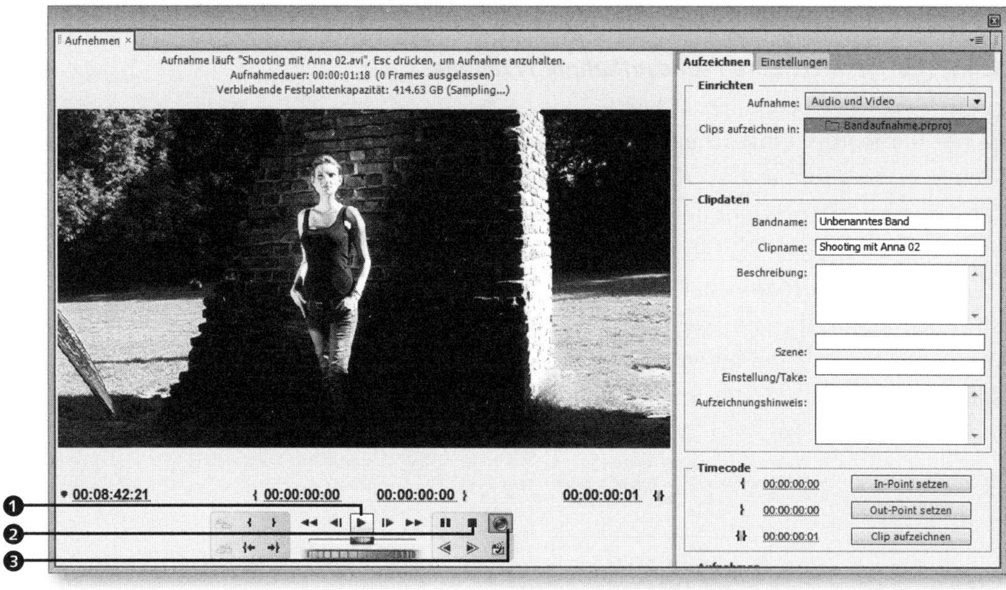

▲ **Abbildung 13.17** Starten Sie den Abspielvorgang, und nehmen Sie auf.

3 *Aufnahme speichern*

Sobald die Aufnahme beendet wurde, benötigt Ihre Software wieder Input. Erfüllen Sie ihr den Wunsch, indem Sie zunächst einen Clip-Namen vergeben. Wenn Sie mögen, können Sie anschließend noch eine BESCHREIBUNG hinzufügen. Bestätigen Sie das Ganze mit OK.

◂ **Abbildung 13.18** Setzen Sie einen Titel ein, und geben Sie optional noch eine Beschreibung ab.

4 *Aufnahme kontrollieren*

Schieben Sie das Aufnahmefenster etwas zur Seite, oder schließen Sie es. Widmen Sie sich anschließend dem Projektfenster. Die soeben vollzogene Aufnahme sollte sich jetzt auch als Asset in Ihrem Projektfenster befinden. Hier können Sie den Clip ganz normal weiterverarbeiten.

▴ **Abbildung 13.19** Die Probeaufnahme befindet sich jetzt im Projektfenster.

Beschreibung wiederfinden

Der Clip im Projektfenster trägt selbstverständlich den zuvor vergebenen Namen. Doch was ist mit der Beschreibung? Diese finden Sie auf der Registerkarte METADATEN, und zwar in der Rubik BESCHREIBUNG. Sie taucht sowohl in den Clip-Daten (oben) als auch in den XMP-Daten in der DUBLIN CORE (unten) auf (benannt nach der *Dublin Core Metadata Initiative*). Wenn Sie nicht sicher sind, wo die Felder auftauchen, geben Sie ganz oben ein Stichwort ein, das im Text enthalten ist (hier »vor«).

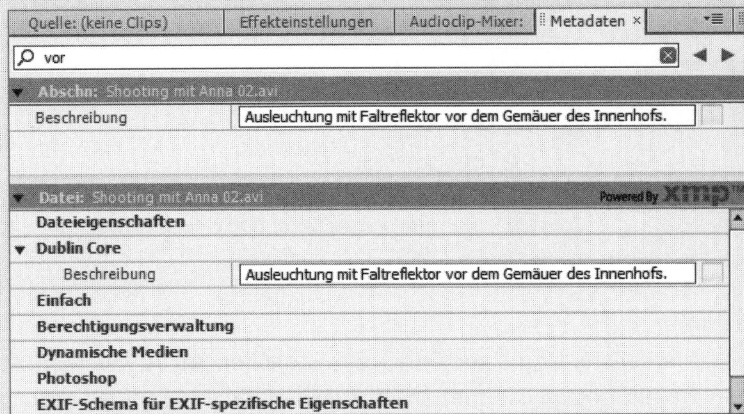

▲ **Abbildung 13.20** Die Beschreibung taucht auch in den METADATEN auf.

13.3.3 Aufnahmen mit In- und Out-Points

In der zuvor beschriebenen Weise lassen sich Aufnahmen natürlich ganz schnell realisieren. Der Nachteil: Anfang und Ende sind eher dem Zufall überlassen und wenig präzise. Da Digitalaufnahmen mit einem Timecode versehen sind, ist es möglich, bildgenau aufzunehmen. Den Einsatz von In- und Out-Points haben Sie ja bereits kennengelernt. Genau diese Technik kann man sich auch bei der Aufnahme zunutze machen.

Schritt für Schritt: Einzelne Timecode-Aufnahmen erzeugen

Ziel dieses Workshops ist es, eine genaue Aufnahme zwischen zwei Punkten zu realisieren und auf diese Weise redundantes Material auszusparen.

1 *Startpunkt der Aufnahme festlegen*

Die Steuerelemente, die sich im Fuß des Aufnahmefensters befinden, haben Sie bei der Arbeit mit den Monitoren ja bereits kennengelernt. So können Sie z. B. zunächst den Wiedergabemodus aktivieren und grob an die Stelle navigieren, die Sie aufnehmen möchten. Danach setzen Sie den Camcorder in den Pause-Modus.

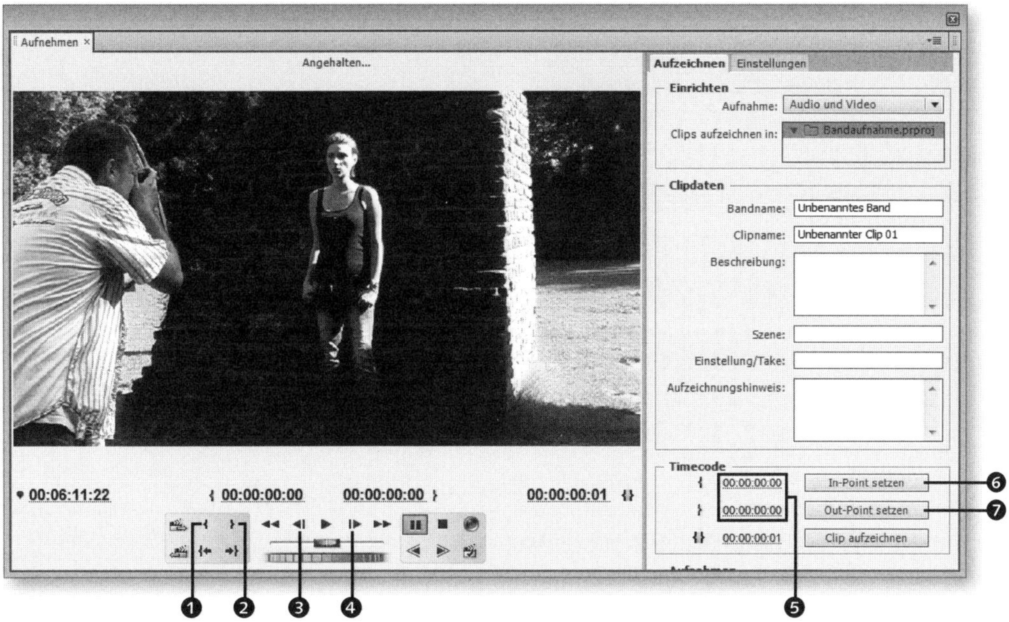

▲ **Abbildung 13.21** Navigieren Sie zum gewünschten Startpunkt der Aufnahme.

Mit Hilfe des Jog-Wheels, des Shuttle-Schiebers oder der Einzelbild-Tasten (SCHRITT ZURÜCK ❸ und SCHRITT VOR ❹) navigieren Sie nun an die Stelle, die den Startpunkt Ihrer Aufnahme darstellen soll. Belassen Sie die Kamera im Pause-Modus, und setzen Sie einen In-Point, indem Sie entweder ❶ oder ❻ drücken. Alternativ reicht ein Druck auf das [I] Ihrer Tastatur.

Hot-Text-Steuerelemente benutzen

Bei den blau eingefärbten Timecode-Angaben ❺ (bei dunkler Arbeitsoberfläche sind sie orange) handelt es sich ebenfalls um die bereits bekannten Hot-Text-Steuerelemente, die per Drag & Drop verstellt werden können. Entsprechendes gilt für die vier unterhalb der Vorschau befindlichen Timecodes. Aber damit nicht genug: Auch alle nebenstehenden Symbole (Klammern) sind mit dieser Eigenschaft ausgestattet.

2 *Den Endpunkt der Aufnahme festlegen*

Spielen Sie anschließend das Band weiter ab, und legen Sie in der zuvor beschriebenen Weise auch den Endpunkt der Aufnahme fest. Das machen Sie mit den Tasten OUT-POINT SETZEN (❷ und ❼) oder [O] auf Ihrer Tastatur.

3 *Clip zwischen In und Out aufnehmen*

Wenn beide Punkte gesetzt sind, markieren Sie die Schaltfläche IN/OUT ❶ (siehe Abbildung 13.22) im Frame AUFNEHMEN. Jetzt wird der Camcorder kräftig spulen und die Aufnahme anschließend erzeugen.

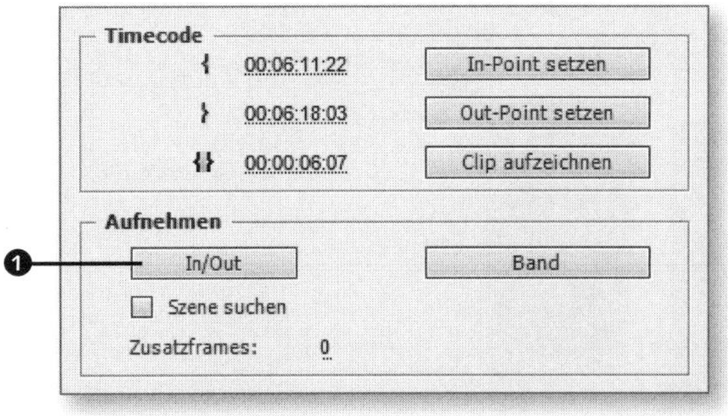

◀ **Abbildung 13.22** Jetzt ist alles bereit zur Aufnahme zwischen In- und Out-Point.

Fenster skalieren

Möglicherweise wird nicht der gesamte Inhalt des Fensters angezeigt, und der untere Bereich ist abgeschnitten. Ziehen Sie in diesem Fall das Fenster vertikal auseinander.

4 *Clip speichern*

Der bereits bekannte Dialog Aufgenommenen Clip speichern sorgt für den Rest. Geben Sie auch hier wieder einen Namen an, sofern Ihnen der vorgegebene nicht zusagt, und schließen Sie die Aktion mit einem Klick auf OK ab.

13.3.4 Szenenerkennung

Sicher wird es Ihnen keine große Freude bereiten, jede einzelne Aufnahme auf diese Art und Weise durchzuführen; es sei denn, es ist Ihnen an wenigen, auf dem Band verstreuten Aufnahmen gelegen. Wenn Sie jedoch ein ganzes Videoband »capturen« wollen, ist das viel zu mühsam. In diesem Fall ist es wesentlich komfortabler, die einzelnen Szenen von Premiere Pro trennen zu lassen. Der folgende Workshop verrät Ihnen, wie das funktioniert.

Schritt für Schritt: Mit der Szenenerkennung aufnehmen

Ziel dieses Workshops ist es, ein DV-Band (oder zumindest einen Teil davon) auf den Rechner zu übertragen, während Premiere Pro die Szeneneinteilung für Sie übernimmt.

1 *Startpunkt einstellen*

Spulen Sie zunächst das Band an die Stelle, an der Sie mit der Aufnahme beginnen möchten. Mitunter ist es erforderlich, einige Bilder zurückzuspulen, damit Sie den Anfang des ersten relevanten Clips nicht verpassen.

2 *Band benennen*

Falls Sie mehrere Bänder aus dem Urlaub mitgebracht haben, sollten Sie sich die Mühe machen, das Band zu benennen (siehe hierzu auch den Abschnitt 13.4, »Batchaufnahmen«). Das machen Sie in der Mitte der Registerkarte AUFZEICHNEN, und zwar im Bereich CLIPDATEN ❷.

3 *Clip-Namen vergeben*

Unter CLIPNAME ❸ geben Sie außerdem einen Namen für die folgenden Szenen an. Premiere Pro wird alle Szenen anschließend durchnummerieren.

4 *Szenenerkennung aktivieren*

Im unteren Frame AUFNEHMEN aktivieren Sie jetzt die Checkbox SZENE SUCHEN ❺. Dies hat zur Folge, dass Premiere Pro für jede neue Szene auf Ihrem Band auch einen neuen Clip anlegt. Dabei orientiert sich die Anwendung an den Informationen des Bandes. Genauer gesagt, wird registriert, wann Sie seinerzeit die Kamera mit Hilfe der Pause- oder Stopptaste angehalten haben. An dieser Stelle wird beim Überspielen auf den Rechner ein neuer Clip erzeugt. Dies ist nicht der Fall, wenn Sie SZENE SUCHEN inaktiv lassen.

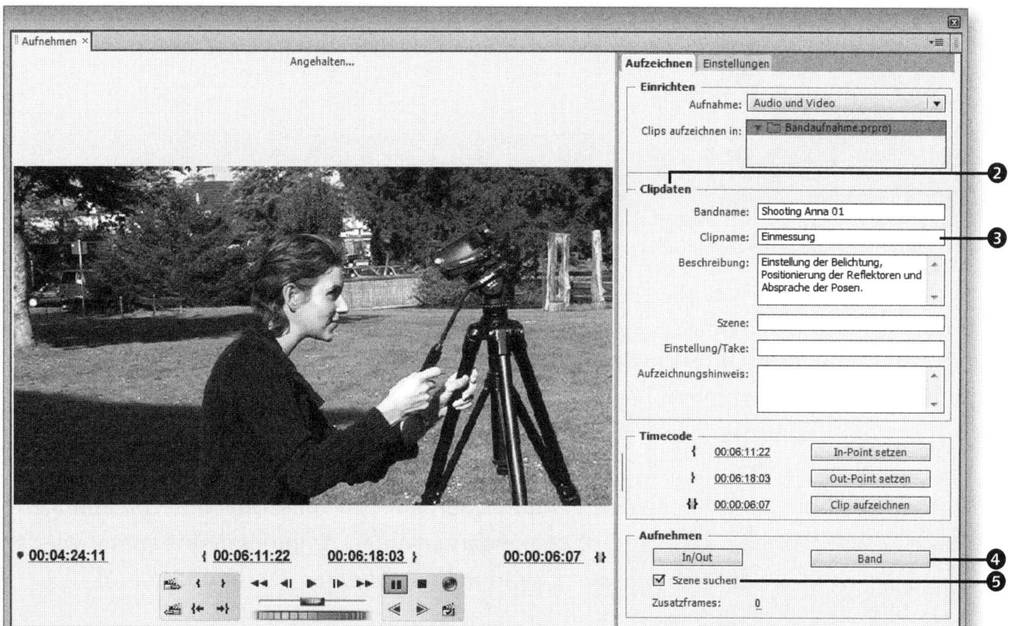

▲ **Abbildung 13.23** Gleich kann das Capturing erfolgen.

5 *Aufnahme starten*

Klicken Sie am Schluss auf die Schaltfläche BAND ❹, und genießen Sie die neu gewonnene Freizeit. Während Premiere Pro nämlich die Arbeit für Sie erledigt und alle Szenen nacheinander in das Projektfenster manövriert, können Sie Ihren wohlverdienten Feierabend genießen.

6 *Optional: Aufnahme vorzeitig beenden*

Premiere Pro wird in der Regel den gesamten Job abarbeiten und sich bis zum Bandende vorkämpfen. Dabei wird Clip für Clip im Projektfenster abgelegt. Wenn Sie jedoch vorzeitig abbrechen wollen, klicken Sie einfach auf STOPP. Die bis dahin gewonnenen Aufnahmen bleiben natürlich erhalten.

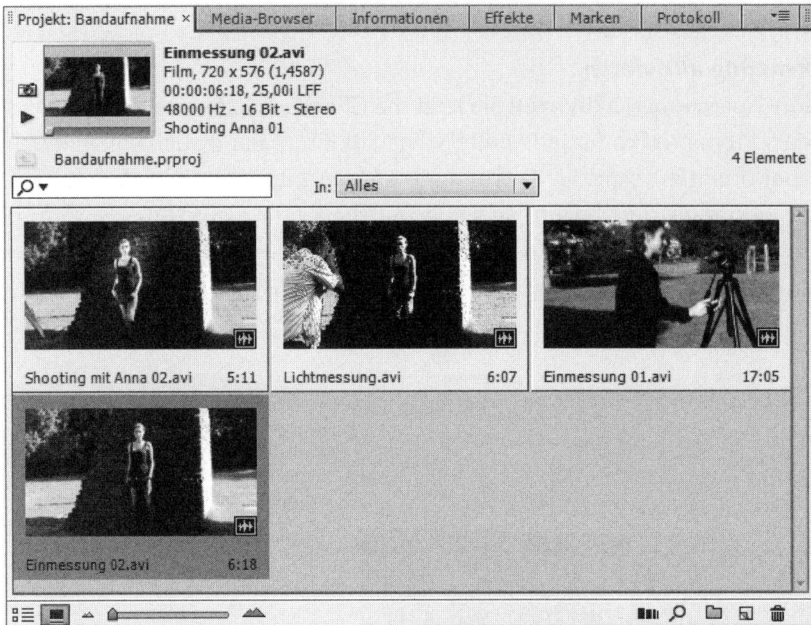

▲ **Abbildung 13.24** Ein Clip nach dem anderen wird in das Projektfenster gelegt.

13.3.5 Timecode-Unterbrechungen

In der Regel wird Premiere Pro zuverlässig das gesamte Band aufnehmen. Allerdings reagiert die Szenenerkennung ziemlich allergisch auf Timecode-Unterbrechungen. Dann ist nämlich der Anschluss nicht mehr möglich und die Anwendung wird mit der Aufnahme abbrechen. Aber wie kommt es überhaupt zu Timecode-Unterbrechungen? Die häufigste Ursache: Das Band ist irgendwann einmal entnommen und später wieder eingelegt worden (vielleicht um zwischendurch ein anderes Band anzusehen).

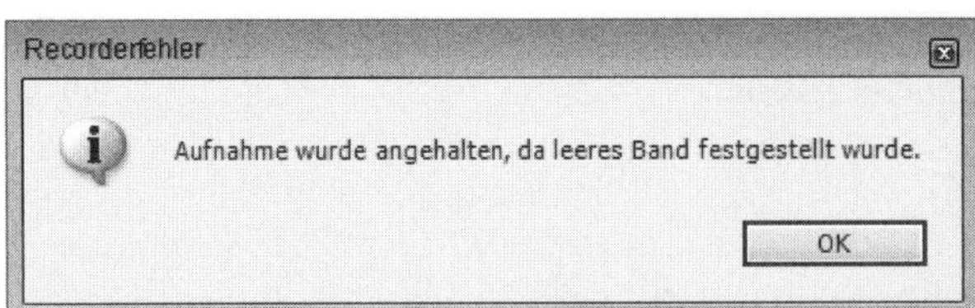

◀ **Abbildung 13.25** Hier geht nichts mehr, obwohl noch Aufnahmen auf dem Band vorhanden sind.

Lassen Sie das Band in diesem Fall ein wenig weiter abspielen. Stoppen Sie, sobald wieder ein Bild zu sehen ist, und fahren Sie mit der Szenenerkennung fort, nachdem

Sie den Clip-Namen geändert haben. Ansonsten ändert Premiere Pro den Namen nämlich selbstständig, ohne dabei jedoch besonders fantasievoll vorzugehen. So folgt beispielsweise dann auf »Der Süden 03« nicht »Der Süden 04«, sondern »Der Süden 03 1«. Da blickt dann später niemand mehr durch.

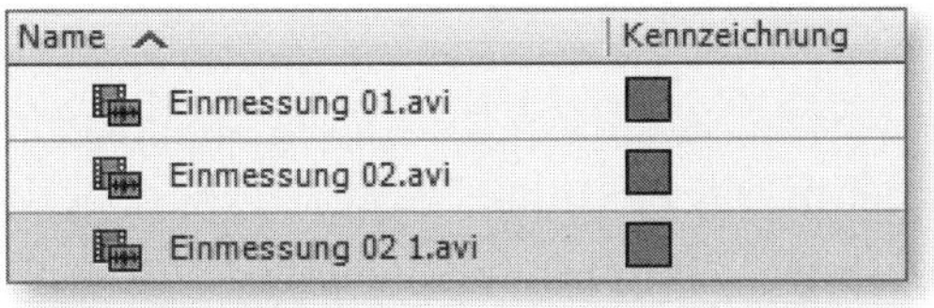

◄ **Abbildung 13.26** Was soll das denn? So wird die Nummerierung in der Listenansicht des Projektfensters fortgeführt.

Um derartige Unterbrechungen zu vermeiden, folgender Tipp: Bevor Sie das Band der Kamera entnehmen, fertigen Sie noch eine wenige Sekunden dauernde, redundante Aufnahme an. Nachdem Sie das Band wieder eingelegt haben, setzen Sie einfach mitten in dieser Aufnahme an. Dann schließt der Timecode sich nahtlos an die letzte Aufnahme an. Und den redundanten Clip entfernen Sie später einfach aus dem Projektfenster.

13.4 Batchaufnahmen

Die Möglichkeit, Aufnahmen in einer Stapelverarbeitung abzuwickeln, stellt zweifellos ein besonderes Highlight dar. Zur Vorgehensweise: Sie nehmen nicht mehr (wie im vorangegangenen Workshop beschrieben) alle Szenen eines Bandes auf, sondern nur solche, die Sie wirklich haben wollen. Noch besser: Das Ganze funktioniert sogar bildgenau, will heißen: Sie können Ihre Szenen von redundantem Material befreien, noch ehe sie sich auf Ihrem Rechner befinden. Es wird also nur das auf die Festplatte übertragen, was später tatsächlich Verwendung finden soll. Cool, oder?

Schritt für Schritt: Clips im Stapel aufnehmen (Batchaufnahme)

Auch bei der Batchaufnahme wird Premiere Pro wieder den eigentlichen Aufnahmevorgang für Sie erledigen. Sie müssen der Software vorab nur mitteilen, welche Szenen Sie benötigen und wie sie heißen sollen.

1 *Band benennen*

Bevor Sie mit einer Batchaufnahme beginnen, sollten Sie dem Band einen aussagekräftigen Namen geben. Dies ist vor allem dann wichtig, wenn Sie Batchdateien von mehreren Bändern anlegen wollen. Deshalb tragen Sie auf der Registerkarte Aufzeichnen im Frame Clipdaten den gewünschten Namen im Eingabefeld Bandname ein.

2 *Szenen vorbereiten*

Spielen Sie das Band ab, und navigieren Sie zum ersten In-Point. Klicken Sie anschließend auf die Schaltfläche IN-POINT SETZEN. Fahren Sie bis zum gewünschten Ausstieg der Szene, und platzieren Sie dort einen Out-Point.

3 *Batchdatei erzeugen*

Wenn der Clip durch die Punkte selektiert worden ist, klicken Sie auf die Schaltfläche CLIP AUFZEICHNEN. Jetzt wird sich abermals der bereits bekannte Dialog CLIP AUFZEICHNEN öffnen, wobei Sie nun die Möglichkeit haben, den Namen zu ändern bzw. eine BESCHREIBUNG anzugeben. Bestätigen Sie das Ganze mit OK.

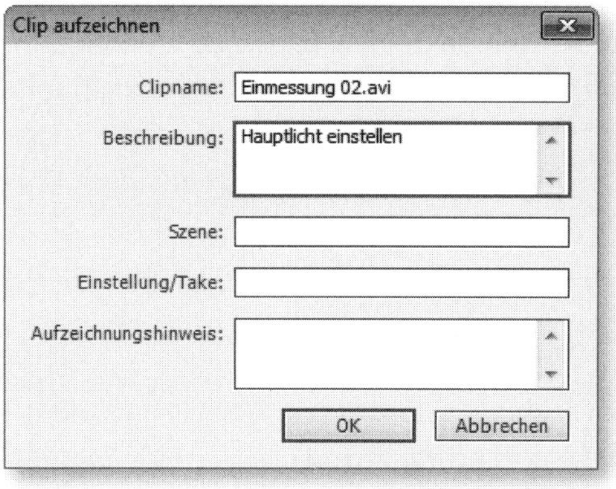

◄ **Abbildung 13.27** Auch hier können wieder Metadaten verfasst werden.

Werfen Sie nun einen Blick auf Ihr Projektfenster. Dort wird nämlich ein sogenannter **Offline-Clip** gelistet. Dieser steht, wie Sie wissen, für eine Datei, die sich gar nicht auf Ihrem Rechner befindet. Tatsächlich haben Sie der Anwendung ja bislang auch lediglich mitgeteilt, welche Szene Sie aufnehmen möchten und wie diese heißen soll.

◄ **Abbildung 13.28** Der Clip befindet sich bereits im Projektfenster – obwohl er noch offline ist.

4 *Weitere Batchdateien erzeugen*

Bestimmen Sie jetzt per In- und Out-Point die nächste Szene, dann die übernächste usw. Wenden Sie die soeben beschriebenen Schritte auf jeden Clip erneut an. Ganz wichtig dabei ist, dass Sie jede vorbereitete Aufnahme an Premiere Pro übergeben, indem Sie auf die Schaltfläche CLIP AUFZEICHNEN klicken.

5 *Band aufnehmen*

Wann immer Sie wollen, markieren Sie nun den einen oder anderen Offline-Clip im Projektfenster (Sie dürfen natürlich auch alle anwählen) und klicken anschließend mit rechts auf eines der ausgewählten Symbole. Im Kontextmenü entscheiden Sie sich für BATCHAUFNAHME. Wenn Sie mögen, dürfen Sie noch etwas mehr Material vor und hinter den Points mit aufnehmen. Dazu müssten Sie jedoch die oberste Checkbox ❶ anwählen und rechts daneben die Anzahl der Frames bestimmen. Aber das ist zumeist gar nicht nötig – zumindest dann nicht, wenn Sie die Ein- und Ausstiegspunkte zuvor korrekt gesetzt haben. Bestätigen Sie mit OK.

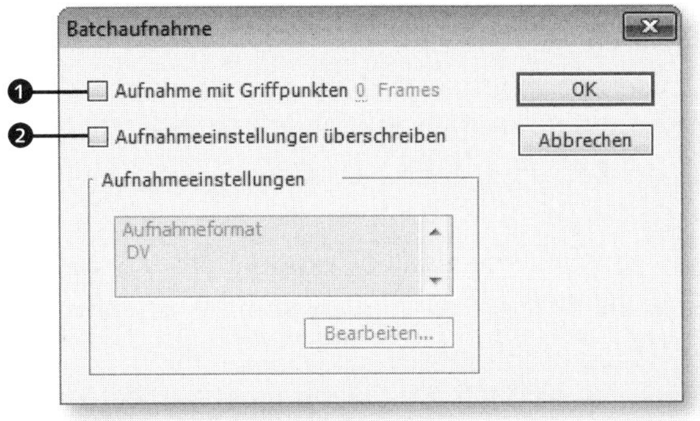

◂ **Abbildung 13.29** Nach Klick auf OK wird die Offline-Datei zum Leben erweckt.

Aufnahmeeinstellungen überschreiben

Aktivieren Sie die zweite Checkbox ❷, wird der Button BEARBEITEN aktiv, mit dessen Hilfe Sie im Folgedialog von DV auf HDV umstellen könnten – oder umgekehrt.

Jetzt werden Sie noch gebeten, das korrekte Band einzulegen, und nach einiger Zeit wird Premiere Pro melden, dass die Batchaufnahme beendet ist. Die Offline-Symbole innerhalb des Projektfensters sind jetzt durch Originalsymbole ausgetauscht worden. So bleibt stets die Übersicht erhalten, was bereits online und was noch offline ist.

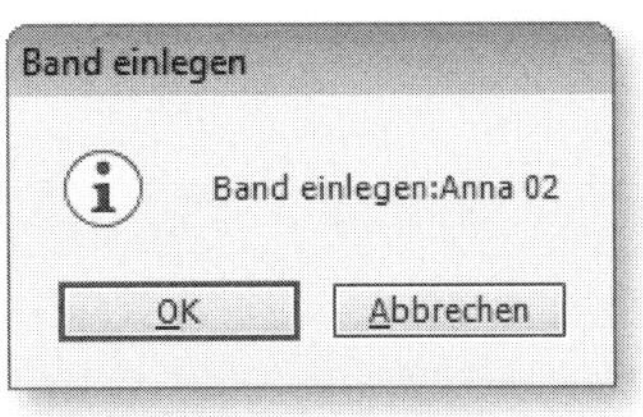

▴ **Abbildung 13.30** Zuerst muss das richtige Band zur Verfügung stehen.

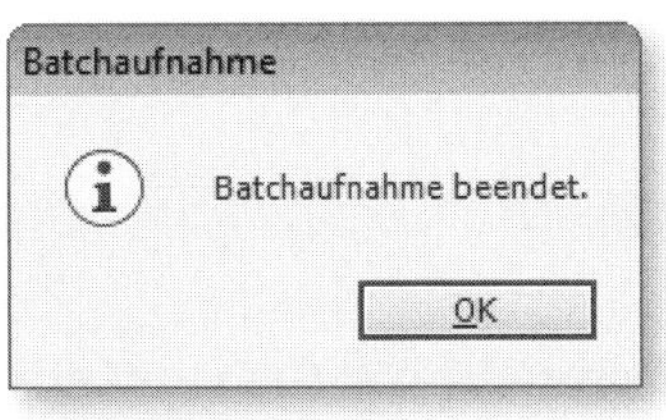

▴ **Abbildung 13.31** Nach Ende der Batchaufnahme erfolgt eine entsprechende Meldung.

13.4.1 Offline-Clips weiterverarbeiten

Offline-Clips verfügen bereits über sämtliche Parameter, die zur Bearbeitung erforderlich sind. So steht z. B. die Länge des Clips fest, bevor das Originalmaterial in den Rechner gespielt worden ist. Ferner kann er, wie im Übrigen jeder andere Clip auch, ganz normal weiterverarbeitet werden. Sie können einen Offline-Clip sogar schon in der Timeline platzieren und Effekte und dergleichen hinzufügen. Das Einzige, was noch fehlt, ist der Clip selbst. Und der wird dem Schnittfenster, wie Sie ja wissen, später nachgereicht.

Sofern der Clip noch offline ist, werden Sie natürlich kein Originalbild sehen. Premiere Pro verdeutlicht aber anhand einer Platzhalterdatei, dass es sich bei diesem Clip um eine Offline-Datei handelt. Geometrische Parameter, wie z. B. das Skalieren oder Verformen des Clips, wären schon jetzt sichtbar.

13.4.2 Batchlisten importieren/exportieren

Zum Zweck der Weiterverarbeitung auf anderen Schnittplätzen kann von Ihren Projekten eine Batchliste exportiert werden. Premiere Pro erstellt daraufhin eine .csv-Datei, die z. B. in Microsoft Excel oder im Editor des Betriebssystems bearbeitet werden kann.

Für den Export haben Sie folgende Möglichkeiten:

- Sie können einzelne Dateien des Projektfensters als Batchliste exportieren. Markieren Sie dazu zunächst im Projektfenster alle Dateien, die in die Batchliste geschrieben werden sollen.
- Sie können alle Dateien des Projektfensters als Batchliste exportieren. Stellen Sie sicher, dass keine Datei innerhalb des Projektfensters markiert ist.

Das Erzeugen der Liste realisieren Sie über Datei • Exportieren • Stapelliste.

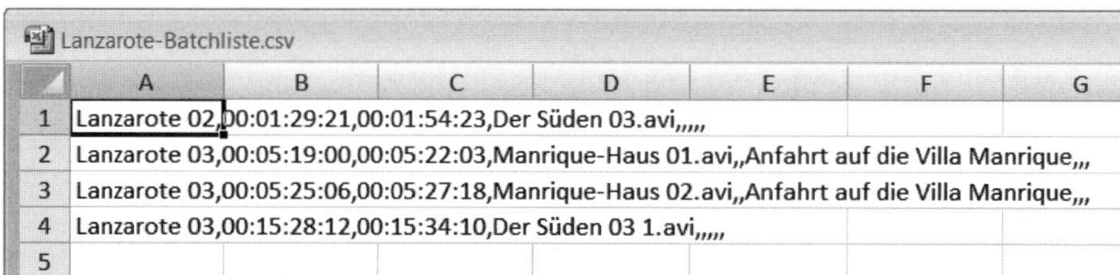

▲ **Abbildung 13.32** Eine aus Premiere Pro exportierte Batchliste ist hier in Excel geöffnet worden.

Beispieldatei

Die exportierte Batchliste finden Sie zur Ansicht auf der Buch-DVD im Ordner Kapitel_13. Sie trägt den Namen »Lanzarote-Batchliste.csv«. Wollen sie diese einmal in eines Ihrer Projekte importieren? Dann lesen Sie weiter, wie das funktioniert.

Hier könnten nun weitere Arbeiten erfolgen. So lassen sich z. B. die Zeiten für den jeweiligen In- und Out-Point ändern. Eventuell werden Sie aber auch gewillt sein, eine solche Batchliste zusammen mit dem Originalvideoband weiterzugeben. Der Empfänger hat dann nämlich seinerseits die Möglichkeit, die Clips auf seinen Rechner zu übertragen.

Der Reimport einer Batchliste in Premiere Pro gelingt im Übrigen über Datei • Batchliste importieren. Daraufhin wird im Projektfenster ein Ordner erzeugt, der die gleiche Benennung hat wie die importierte .csv-Datei. Darin finden Sie dann alle gelisteten Clips als Offline-Dateien.

13.5 Analoges Filmmaterial mit Premiere Pro digitalisieren

Mit analogem Filmmaterial, also Aufnahmen, die möglicherweise einer analogen Hi8-Kamera, einem VHS- oder SVHS-Rekorder entstammen, kann Ihr Rechner leider so gar nichts anfangen. Voraussetzung für eine Nachbearbeitung am Computer ist nämlich digitalisiertes Filmmaterial. Um analoges Filmmaterial zu digitalisieren, bieten sich grundsätzlich zwei Wege an. Beide machen den Einsatz zusätzlicher Peripherie erforderlich:

- Digitalisierung über eine Video-Capture-Karte
- Digitalisierung über ein externes Digitalgerät

13.5.1 Digitalisieren mit einer Video-Capture-Karte

Wenn Sie Ihren Rechner mit einer Video-Capture-Karte ausgestattet haben, sollten Sie zunächst kontrollieren, ob Premiere Pro diese auch erkennt. Über den Pfad Datei • Projekteinstellungen • Allgemein lässt sich das Aufnahmeformat einstellen. Da Capture-Karten das Video bei der Aufnahme komprimieren, wird ein sogenannter Codec erforderlich, der in der Liste Aufnahmeformat enthalten sein sollte.

Ist dies nicht der Fall, kontrollieren Sie, ob der Gerätehersteller ein entsprechendes Plug-in mitgeliefert hat, und installieren Sie es gegebenenfalls nach. Starten Sie Premiere Pro anschließend neu.

Die meisten Schnittkarten machen außerdem eine allgemeine Konfiguration erforderlich, die aber je nach Karte differiert. Anschließend sollten Sie in den zuvor beschriebenen Aufnehmen-Dialog von Premiere Pro gelangen.

13.5.2 Digitalisieren mit einem externen Digitalgerät

Wenn für den Einsatz des Digitalisierens keine Capture-Karte zur Verfügung steht, kann ein kleiner, aber effizienter Trick weiterhelfen. Sofern Sie im Besitz eines digitalen Camcorders sind, lassen sich die alten VHS-Schätzchen prima auf den Rechner spielen, indem Sie den Camcorder einfach dazwischensetzen. Dieser muss seinerseits aber in der Lage sein, das Eingangssignal direkt zu digitalisieren, und sollte sinnigerweise über analoge Eingänge sowie digitale Ausgänge verfügen. Einige Camcorder-Hersteller liefern dazu benötigtes Kabelmaterial gleich mit oder bieten es zumindest zum Kauf an.

Sollte der Camcorder nicht in der Lage sein, das Eingangssignal direkt zu digitalisieren, bleibt Ihnen nur die Möglichkeit, das analoge Material zunächst auf dem Camcorder aufzunehmen (analoge Eingänge erforderlich) und erst im zweiten Schritt von dort aus auf den Rechner zu übertragen.

13.6 Prelude CC

Adobe Prelude CC zeichnet sich vor allem durch seine Vielfältigkeit im Umgang mit Rohmaterial aus. In Sachen Integration und Weitergabe von Metadaten bleiben fast keine Wünsche offen. Aber nicht nur das, denn selbst die Schnittvorbereitung des Videomaterials ist kein Problem. Grund genug, sich Prelude etwas genauer anzusehen.

13.6.1 Filme mit Prelude erfassen

In Prelude beginnt alles mit der Erstellung eines Projekts. Geben Sie im Anschluss einen Speicherort an. Das alles wird Ihnen von Premiere Pro her bereits bestens bekannt sein.

Helligkeit der Arbeitsoberfläche

Prelude ist in Sachen Oberflächengestaltung stark verwandt mit Premiere Pro. Auch hier lässt sich die HELLIGKEIT der Arbeitsoberfläche über BEARBEITEN/ADOBE PRELUDE • VOREINSTELLUNGEN • AUSSEHEN anpassen. Standardmäßig ist auch hier eine dunkle Oberfläche eingestellt.

Schritt für Schritt: Filme mit Prelude von der Kamera importieren

Um Missverständnissen vorzubeugen: Mit Prelude lassen sich nur dateibasierte Filme auf den Rechner bringen. Bandmaterial kann damit nicht eingespielt werden. Dazu benutzen Sie den Aufnahmerekorder von Premiere Pro.

1 *Dialog öffnen*

Um einen Film vom Aufnahmegerät aus zu importieren, klicken Sie oben rechts doppelt auf ERFASSEN oder wählen DATEI • ERFASSEN (bzw. [Strg]/[cmd]+[I]). Die Kamera ist zudem angeschlossen und befindet sich im PC-Modus.

2 *Dateien anzeigen*

Es ist verwunderlich, dass die zu Beginn des Kapitels angesprochene Ordnerstruktur (hier AVCHD) auf einem Speichermedium der Kamera nicht mehr komplett angezeigt wird. Der Ordner PRIVATE beispielsweise zeigt (nach Öffnen des Laufwerks) keine Unterordner mehr an – selbst dann nicht, wenn Sie das vorangestellte Dreieck ❶ betätigen. Wenn Sie die Zeile allerdings selektieren, erscheinen die gesuchten Filmdateien in der Bildschirmmitte. Falls erforderlich, schalten Sie von der Listenansicht um auf Miniaturansicht, und vergrößern Sie die Darstellung der Clips.

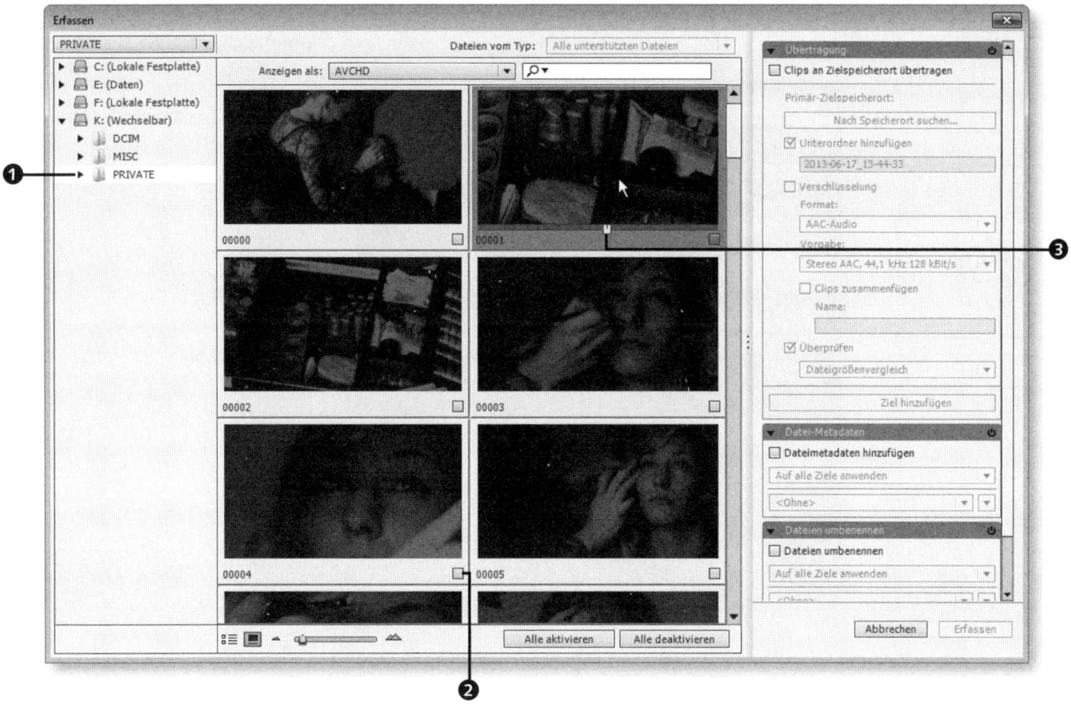

▲ **Abbildung 13.33** Das Zentrum des Fensters erinnert an Media-Browser und Projektfenster.

3 *Clips begutachten*

Wenn Sie eine der Filmminiaturen anklicken und danach mit dem Mauszeiger darauf verweilen, finden Sie den bereits bekannten Abspielkopf ❸ den Sie auch scrubben dürfen. Zudem funktioniert die JKL-Steuerung, wie gewohnt. Selbst der Einsatz von In- und Out-Points geht hier genauso vonstatten, wie in Premiere Pros Projektfenster. Das bedeutet: Durch Setzen der Ein- und Ausstiegspunkte in Prelude lässt sich bereits hier redundantes Material entfernen.

4 *Clips markieren*

Anschließend platzieren Sie ein Häkchen ❷ an jedem Clip, den Sie auf die Festplatte holen möchten und haken zudem oben rechts im Frame ÜBERTRAGUNG die Funktion CLIPS AN ZIELSPEICHERORT ÜBERTRAGEN an. Legen Sie nun einen Speicherort für Ihre Filme fest, indem Sie NACH SPEICHERORT SUCHEN betätigen. Zuletzt betätigen Sie ERFASSEN unten rechts im Fenster. Am Ende befinden sich die Clips dann nicht nur auf Ihrer Festplatte, sondern auch oben links im Projektfenster.

Projektfenster-Import

Sie haben sich an die Arbeit mit Premiere Pro gewöhnt? Wenn Sie Clips auf die gleiche Weise auch in Prelude importieren wollen, dürfen Sie auch einen Doppelklick im freien Bereich des Projektfensters platzieren. Das bringt Sie ebenfalls zum Erfassen-Dialog.

▲ **Abbildung 13.34** Wählen Sie den gewünschten Speicherort.

◄ **Abbildung 13.35** Nach der Erfassung werden die Clips in das Projektfenster befördert.

Clips mit Prelude von Festplatte erfassen | Das Erfassen von Clips ist im Übrigen nicht auf Kameramaterial beschränkt. Innerhalb des Dialogs dürfen Sie Ihrem Projekt gerne Clips hinzufügen, die sich bereits auf der Festplatte befinden. Achten Sie jedoch unbedingt darauf, dass Sie in dem Fall Clips an Zielspeicherort übertragen abwählen. Dann wird der Original-Clip ins Schnittfenster eingebunden. Bleibt die Checkbox aktiv, wird stattdessen eine Kopie des Clips in den Import-Ordner gepackt.

13.6.2 Filme mit Prelude umwandeln

Ein herausragendes Merkmal von Prelude ist die Vielfalt der importierbaren Dateien. Noch erwähnenswerter ist aber, dass sich direkt von hier aus Filme konvertieren lassen. Wenn Sie also statt einer MTS-Datei (AVCHD) lieber mal ein MPEG mit gleichen Abmessungen hätten – kein Problem.

Konvertierung

Die hier gezeigte Codierung sorgt übrigens für eine Reduktion der Dateigröße auf rund ein Zehntel bei vergleichsweise guter Qualität.

Schritt für Schritt: Dateien mit Prelude konvertieren

Um Filme zu konvertieren, gehen Sie zunächst genauso vor, wie im letzten Workshop beschrieben. Lassen Sie lediglich den allerletzten Arbeitsgang (den Klick auf ERFASSEN) zunächst noch außen vor.

1 *Codierung wählen*

Nachdem die zur Konvertierung vorgesehenen Clips im Erfassen-Bedienfeld markiert worden sind, aktivieren Sie VERSCHLÜSSELUNG ❶. Dadurch teilen Sie Prelude mit, dass der zu importierende Film gleich in ein anderes Format umgewandelt werden soll. Wir haben uns hier für MPEG2 und HD 1080P 25 entschieden. Das bedeutet: Das aus Halbbildern bestehende Rohmaterial wird in diesem Beispiel zu Vollbildern konvertiert.

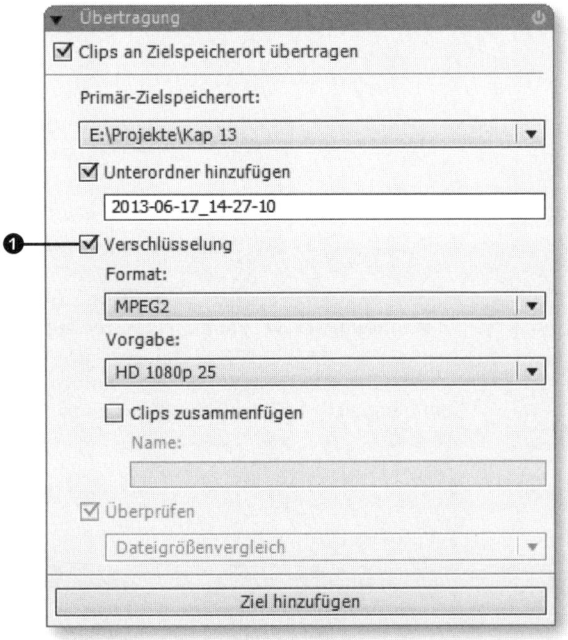

◂ **Abbildung 13.36** Hier wird eine Konvertierung in die Wege geleitet.

2 *Optional: Mehrere Versionen speichern*

Im Anschluss an die vorangegangene Aktion werden Sie lediglich ein MPEG erhalten. Nun kann es aber durchaus sein, dass Sie auch das Originalmaterial importieren wollen. Dazu wäre so vorzugehen: Zunächst lassen Sie VERSCHLÜSSELUNG abgewählt und klicken stattdessen auf ZIEL HINZUFÜGEN ❷. Daraufhin ist ein zweiter Speicherort anzugeben. Aktivieren Sie anschließend im neu hinzugefügten Feld die Checkbox VERSCHLÜSSELUNG, und stellen Sie die gewünschte Konvertierung ein. Nun erhalten Sie im Ergebnis zwei Dateien in zwei verschiedenen Ordnern. UNTERORDNER HINZUFÜGEN können Sie in diesem Fall abwählen, da Sie ja soeben ein Verzeichnis erstellt haben.

◂ **Abbildung 13.37** Mit dieser Einstellung wird das Original in den Ordner AVCHD gelegt. Die MPEG-Konvertierung kommt auf der gleichen Ebene in das Verzeichnis MPEG.

▴ **Abbildung 13.38** Wie weit die Erfassung vorangeschritten ist, lässt sich auch anhand der Fußleiste der Anwendung unten links ersehen.

Mehrere Variationen

Die Ausgabe ist nicht auf zwei Formate begrenzt. Wann immer Sie die Schaltfläche ZIEL HINZUFÜGEN betätigen, kann eine weitere Ausgabevariante eingesetzt werden. Das Umwandeln übernimmt übrigens der Media Encoder diskret im Hintergrund, ohne dass sich dessen Anwendungsfenster öffnet.

13.6.3 Rohschnitt mit Prelude

Nach dem Import ist es möglich, einen Rohschnitt anzufertigen. Der Schnitt in Prelude ist nicht vergleichbar mit dem Premiere-Pro-Schnitt, da es nicht wirklich zum Schneiden des Materials kommt, sondern lediglich zum Festlegen der Clip-Reihenfolge. Zunächst einmal wird, wen wundert's, ein Schnittfenster benötigt.

Schritt für Schritt: Clips mit Prelude aneinanderhängen

Zwar sehen Sie hier auf der Arbeitsoberfläche bereits ein Schnittfenster, jedoch ist das zum Aneinanderreihen von Clips noch nicht geeignet. Schalten Sie zunächst oben rechts um auf ROHSCHNITT ❷.

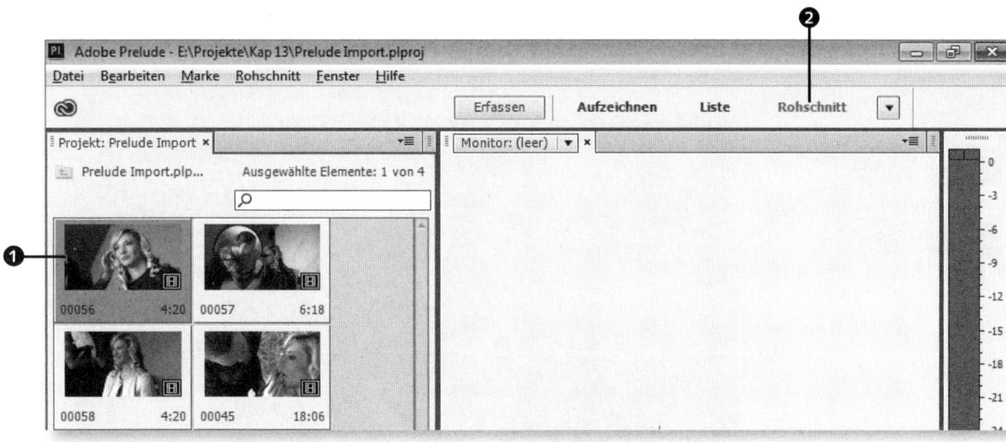

▲ **Abbildung 13.39** Der Clip lässt sich lediglich abspielen.

1 *Clips sichten*

Mit Hilfe eines Doppelklicks auf eines der Film-Assets im Projektfenster ❶ erreichen Sie gleich zweierlei. Zum einen wird der Monitor gefüllt, zum anderen zeigt sich unten ein Schnittfenster. Im Monitor lassen sich die Clips nun abspielen und begutachten.

2 *Rohschnitt erstellen*

Nun sollten Sie [Strg]/[cmd]+[N] wählen oder DATEI • ROHSCHNITT ERSTELLEN selektieren. Alternativ benutzen Sie das kleine Schnittfenster-Icon im Fuß des Projektfensters. Dabei wird übrigens eine Datei mit der Endung .arcut erzeugt, die mit Hilfe des automatisch erscheinenden Dialogs separat zu speichern ist.

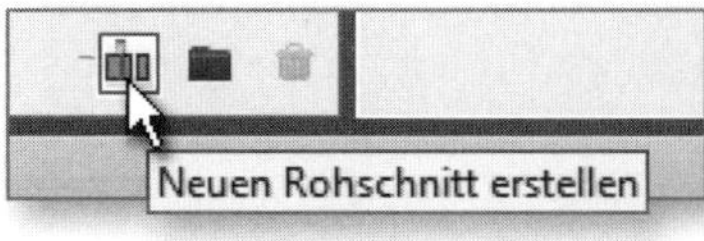

◂ **Abbildung 13.40** Zunächst muss ein Rohschnitt in die Wege geleitet werden.

An Rohschnitt anhängen

Alternativ zur Drag-&-Drop-Methode kann ein Projektfenster-Asset auch mit rechts markiert werden, gefolgt von AN ROHSCHNITT ANHÄNGEN. Dadurch wird der Clip an das Ende des Schnittfensters befördert.

3 *Clips hinzufügen*

Setzen Sie einen Doppelklick auf das soeben erzeugte Schnittfenster-Icon ❹ im Projektfenster. Sie sehen jetzt nicht mehr das Schnittfenster des einzelnen Clips, sondern das Rohschnittfenster. Wenn Sie jetzt Clips (z. B. ❸) in das nun leere Schnittfenster ziehen, werden diese hinzugefügt. Das Platzieren mehrerer Clips hintereinander ist ebenfalls möglich, indem Sie diese an den Anfang oder das Ende ❺ des Schnittfensters ziehen.

❸
❹

❺

▲ **Abbildung 13.41** Ein Schnittfenster wird gefüllt – wie in Premiere Pro.

4 *Optional: Clips sortieren*

Sollten Sie einen der Filme versehentlich falsch einsortiert haben, ziehen Sie diesen innerhalb des Schnittfensters einfach an die gewünschte Position. Das Ablegen zwischen zwei Clips ist möglich.

Zwischen den Prelude-Schnittfenstern navigieren | Vielleicht ist es etwas befremdlich: Sie müssen stets darauf achten, ob Sie sich im Schnittfenster des Rohschnitts oder des einzelnen Clips befinden. Wer bereits Erfahrungen mit Encore gemacht hat, wird diese Technologie wiedererkennen. Wenn Sie ein einzelnes Film-Asset sehen wollen, doppelklicken Sie dieses im Projektfenster. Zurück zum Rohschnitt gelangen Sie ebenfalls mit einem Doppelklick – diesmal aber auf das Schnittfenster-Asset. Alternativ dazu betätigen Sie das Pulldown-Menü im Reiter des Schnittfensters.

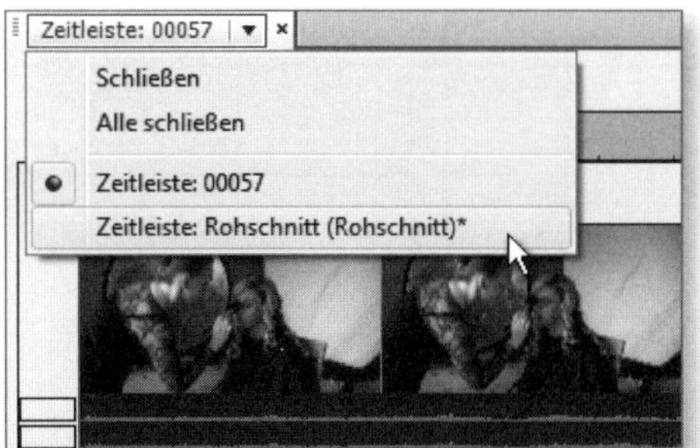

▲ **Abbildung 13.42** Aus der Clip-Zeitleiste heraus gelangen Sie ebenfalls wieder ins Rohschnittfenster.

13.6.4 Marken in Prelude hinzufügen

Wollen Sie eine Marke hinzufügen, geht das nur in der jeweiligen Clip-Ansicht. Am besten wechseln Sie oben rechts auf LISTE ❶ (siehe Abbildung 13.43). Setzen Sie anschließend einen Doppelklick auf das Asset, das Sie mit einer Marke versehen wollen (hier ❸). Zuletzt platzieren Sie die Einfügemarke, und betätigen die entsprechende Ziffer, welche Sie dem Markentyp-Bedienfeld entnehmen. Verwenden Sie aber bitte, genau wie in Premiere Pro, ausschließlich die Zifferntasten des Zeichenblocks. Der Nummernblock ist auch hier für den Timecode vorgesehen. Zur Platzierung eines *Kommentars* wäre also [2] zu drücken (das funktioniert übrigens auch, während der Clip abgespielt wird) oder der Kommentar-Button ❹ zu betätigen. Danach können Sie den gewünschten Kommentar gleich im weißen Eingabefeld ❷ des Bedienfeldes MARKENLISTE eintragen.

Als Out-Point für eine Marke wird von Hause aus das Ende des Clips anvisiert. Verkürzen Sie die Markendauer, indem Sie den Timecode für OUT entsprechend ändern. Wechseln Sie in die Rohschnitt-Ansicht, werden Sie auch dort feststellen, dass eine Zeitmarke integriert worden ist ❺. Diese gleicht den Schnittfenstermarken in Premiere Pro und lässt sich mit Hilfe der Anfasser ❻ verkürzen.

▲ **Abbildung 13.43** Marken übermitteln dem Premiere-Pro-Cutter wichtige Hinweise.

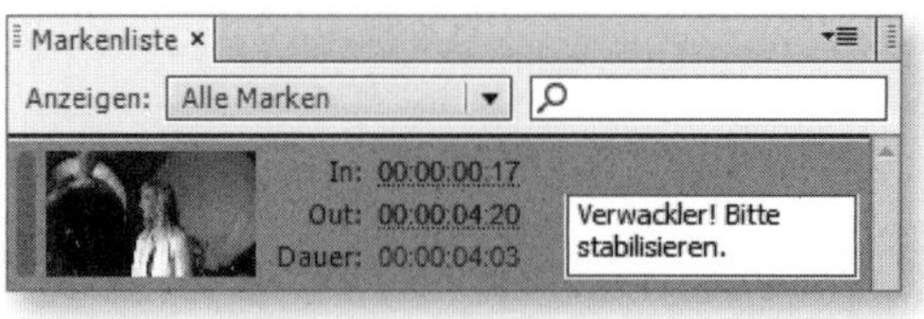

◂ **Abbildung 13.44**
Verfassen Sie einen Kommentar.

▲ **Abbildung 13.45** Im Rohschnittfenster werden die Marken ebenfalls präsentiert.

13.6.5 Prelude-Projekte an Premiere Pro weitergeben

Speichern Sie Ihr Projekt, und übergeben Sie es an Premiere Pro, indem Sie zunächst das Schnittfenster-Asset im Projektfenster mittels Rechtsklick markieren. Danach entscheiden Sie sich für AN PREMIERE PRO SENDEN (alternativ markieren Sie das Asset mit links, gefolgt von DATEI • AN PREMIERE PRO SENDEN).

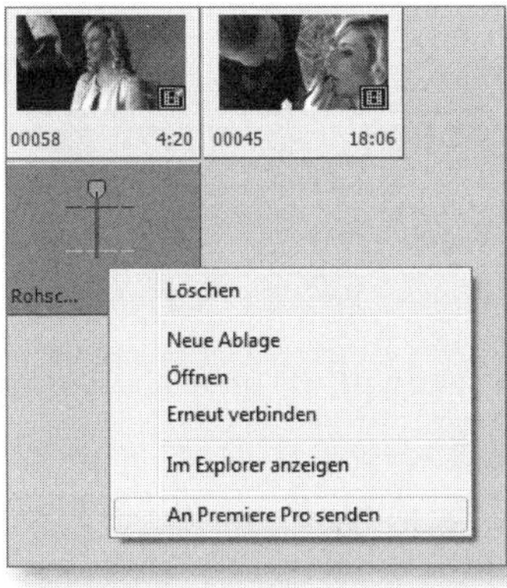

◂ **Abbildung 13.46** Hier erfolgt die Übergabe nach einem Rechtsklick.

Sollte Premiere Pro zuvor nicht geöffnet gewesen sein, gelangen Sie nun in den dortigen Dialog NEUES PROJEKT. Schauen Sie nach Abwicklung des Dialogs in das Projektfenster von Premiere Pro. Dort ist nun eine Sequenz mit dem Namen des Prelude-Schnittfensters sowie allen dazugehörigen Assets eingefügt worden (zur besseren Ansicht ist das relevante Footage sogar automatisch markiert worden).

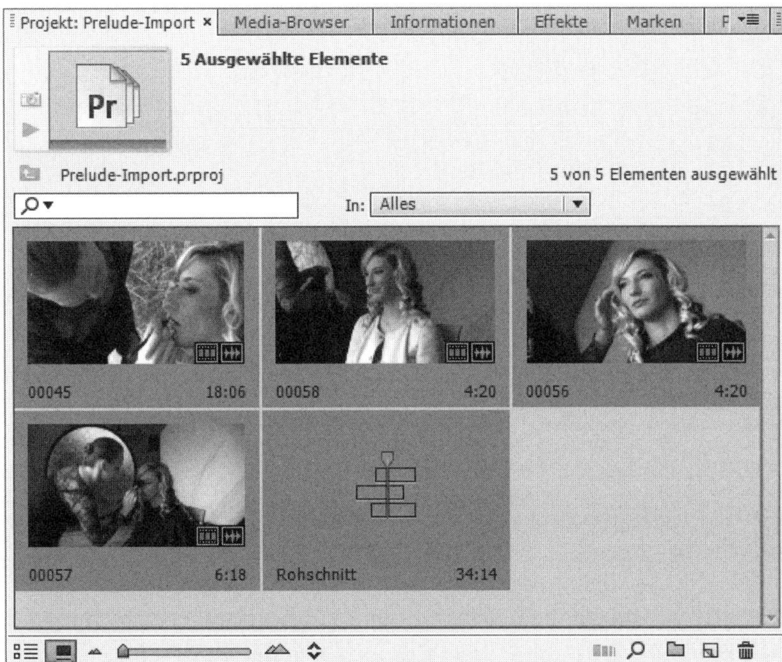

▴ **Abbildung 13.47** Jetzt geht es im Projektfenster von Premiere Pro weiter.

Unterordner

Sofern Sie die Checkbox UNTERORDNER HINZUFÜGEN zuvor im Fenster ERFASSEN aktiv gelassen haben, finden Sie das erwähnte Footage nun in einem Unterordner wieder.

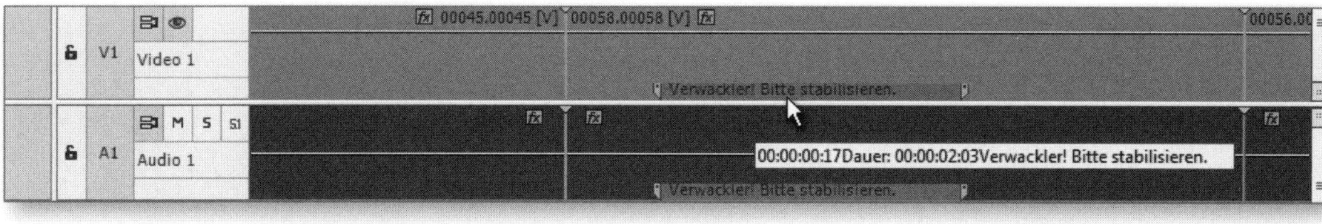

▲ **Abbildung 13.48** Die in Prelude verfassten Kommentare tauchen auch im Premiere-Pro-Schnittfenster auf. Allerdings müssen dazu die Spuren erweitert werden.

13.6.6 Projektdatei erzeugen

Nun ist im Zusammenhang mit Prelude noch zu klären, wie Sie aus Prelude heraus eine eigenständige Premiere-Pro-Projektdatei erstellen können. Nach dem Rohschnitt entscheiden Sie sich für Datei • Exportieren • Projekt. Wählen Sie als Ziel die Lokale Festplatte, und aktivieren Sie die Checkbox Projekt. Geben Sie dem Projekt einen Namen, und setzen Sie den Typ auf Premiere Pro. Falls die Videodateien mit hinzugefügt werden sollen, aktivieren Sie Medien. Für den Fall, dass alles auf »einem« Rechner erledigt wird, ist das jedoch nicht nötig, da dies ja lediglich zu einer Verdopplung der bereits vorhandenen Assets führen würde. Zuletzt bestätigen Sie mit OK und legen anschließend den Speicherort fest.

▲ **Abbildung 13.49** Der Prelude-Export

Jetzt haben Sie eigentlich nichts weiter zu tun, als den Exportordner aufzusuchen und die darin enthaltene Premiere-Pro-Projektdatei (.prpoj – erzeugt von Prelude) zu öffnen. Alternativ lässt sich diese natürlich auch aus einem bereits bestehenden Premiere-Pro-Projekt heraus öffnen.

14 Bridge CC – Ordnung im Archiv

Mit dem Erwerb von Premiere Pro CC oder der gesamten Creative Cloud sind Sie zugleich stolzer Besitzer von Adobe Bridge geworden. Mit dieser Applikation wird die Verwaltung der Assets sowie das Auffinden bestimmter Dateien deutlich erleichtert. Und da die Bridge nicht nur auf Fotos oder Videos beschränkt ist, sondern auch Sounds, PDFs und vieles mehr erkennt, lässt sich damit im Prinzip alles archivieren, sortieren und auszeichnen. Deshalb wollen wir in diesem Kapitel vor allem folgende Fragen klären:

- Was ist Adobe Bridge?
- Welche Ansichtsoptionen kann ich wählen?
- Wie werden Inhalte der Bridge beschriftet und sortiert?
- Wie filtert man Clips?
- Wie kann ich gezielt nach Assets suchen?

Bridge-Software

Bis zur Programmversion CS6 war es stets so, dass Adobe Bridge automatisch mit installiert worden ist, wenn Premiere Pro oder Photoshop auf dem Rechner eingerichtet worden sind. Zur Version CC muss die Bridge jedoch erstmals separat als eigenständige Anwendung installiert werden. Nichtsdestotrotz funktioniert die Kooperation zwischen der Bridge und den weiteren Adobe-Anwendungen reibungslos.

Bridge ist ein recht effektiver Dateibrowser, der im Laufe der Zeit recht eindrucksvoll erweitert worden ist. Er ermöglicht den schnellen und unkomplizierten Zugriff auf die Dateien innerhalb Ihres Festplattenarchivs. Dank der Möglichkeit, ihn in einen kompakten Modus zu versetzen, kann er ständig geöffnet bleiben, ohne übermäßig viel Platz auf der Arbeitsfläche zu beanspruchen. Doch das ist nur eine der Stärken des Browsers. Ein weiteres Highlight stellt nämlich die Möglichkeit dar, aus gängigen Anwendungen heraus (wie z. B. Photoshop, After Effects oder Premiere Pro) direkt auf das Archiv zuzugreifen.

14.1 Die Oberfläche

Die Anwendung lässt sich unabhängig von den anderen Applikationen starten und ausführen. Die Oberfläche sieht zunächst einmal spartanisch aus – doch der erste Blick täuscht.

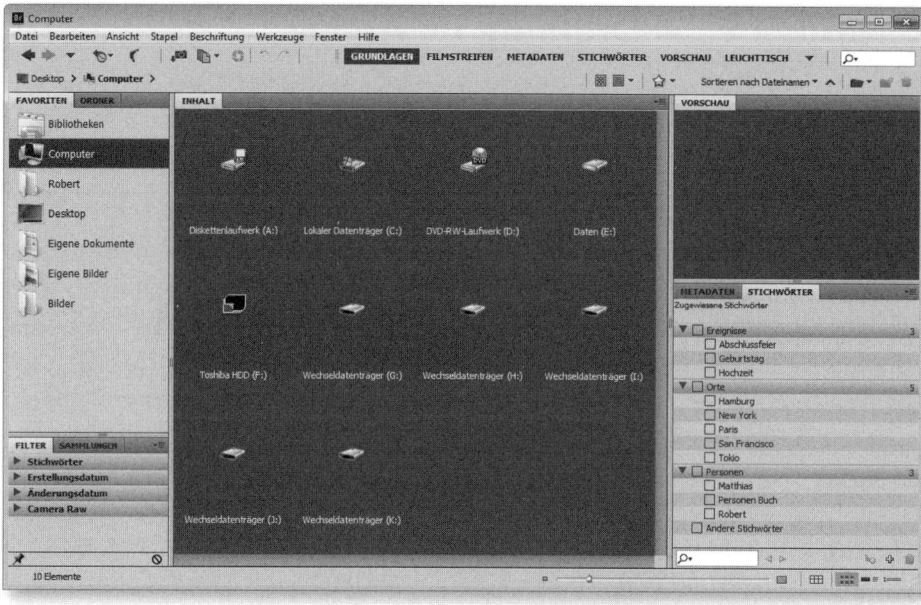

▲ **Abbildung 14.1** Zunächst etwas schmucklos – die Oberfläche der Bridge

14.1.1 Bridge von Premiere Pro aus starten

Wenn Sie die Bridge aus Premiere Pro heraus starten wollen, gehen Sie einfach über DATEI • IN ADOBE BRIDGE DURCHSUCHEN oder betätigen [Strg]/[cmd]+[Alt]+[O]. Wenn Sie nicht genau wissen, an welchem Speicherort sich ein bestimmtes Projekt-Asset befindet, klicken Sie dieses (im Projektfenster) mit rechts an und entscheiden sich im Kontextmenü für IN ADOBE BRIDGE ANZEIGEN.

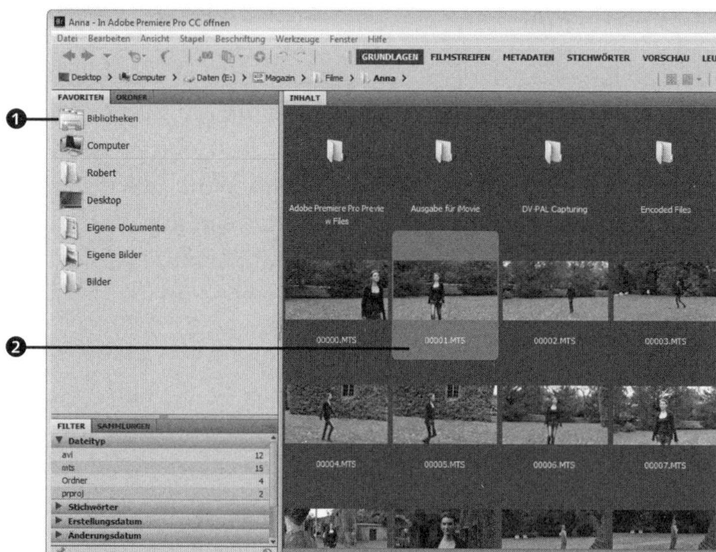

▲ **Abbildung 14.2** So schnell können Sie ein Asset aus Premiere Pro heraus ausfindig machen.

Die Folge: Bridge wechselt gleich in den Zielordner, der die gesuchte Datei beinhaltet, und markiert das Ergebnis ❷. Außerdem wird der Pfad angezeigt, unter dem das Asset zu finden ist ❶.

14.1.2 Explorer anzeigen

Es ist wahrscheinlich, dass Sie beim Zusammentragen von Assets für Ihren Film auf zahlreiche Ordner zugreifen müssen. Aus diesem Grund ist zu empfehlen, oben links in der Bridge das Register ORDNER ❸ nach vorne zu stellen (hinter FAVORITEN). Um von einem zum anderen Ordner zu wechseln, betätigen Sie aber bitte ausschließlich die vorangestellten Dreiecksymbole. Klicken Sie hingegen auf einen Ordner-Eintrag, wird dessen Inhalt in der Fenstermitte der Anwendung präsentiert.

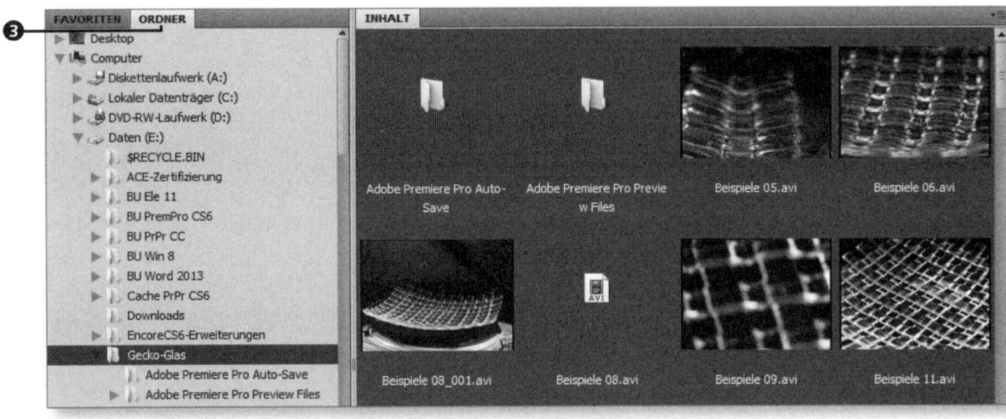

▲ **Abbildung 14.3** Die Ordner-Ansicht ist zu empfehlen.

14.1.3 Ansicht wechseln

Die Standardansicht zeigt die Vorschaubilder in der Mitte des Fensters recht klein. Wenn Ihnen diese zu klein sind, vergrößern Sie die Ansicht, indem Sie den Regler in der Fußleiste ❹ nach rechts verschieben. Weitere Ansichtsoptionen lassen sich über die nebenstehenden Schaltflächen aktivieren.

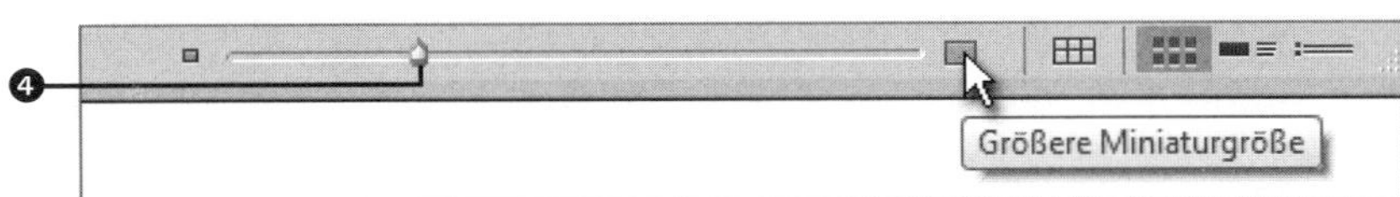

▲ **Abbildung 14.4** Die Steuerelemente zur Änderung der Darstellungsoptionen befinden sich im Fuß der Anwendung.

14.1.4 Mehrere Browser bereitstellen

Gerade wenn Sie Dateien und Ordner verschieben wollen, ist es interessant, mit mehreren Bridge-Fenstern zu arbeiten. Sie können dann die Dateien nämlich von einem Fenster in das andere ziehen und so die Festplatteninhalte an Ihre persönlichen

Wünsche anpassen. Drücken Sie dazu einfach [Strg]/[cmd]+[N]. So macht das Sammeln und Sortieren von Assets richtigen Spaß.

Verknüpfungen beachten

Beachten Sie in dem Zusammenhang, dass Premiere Pro die verwendeten Assets grundsätzlich nicht einbindet, sondern diese lediglich verknüpft. Wenn Sie jetzt ein Asset verschieben, dass sich bereits in einem Schnittprojekt befindet, verliert Premiere Pro den Pfad dorthin, und das Asset kann dort zunächst nicht mehr angezeigt werden. Sie können die Verknüpfung zwar manuell reparieren (wie das funktioniert, erfahren Sie in Abschnitt 1.2.4, »Projektverknüpfungen reparieren«), aber der Aufwand könnte ungleich höher sein, als der Nutzen, den Sie durch die Sortierung in Bridge erreicht haben. Verschieben Sie sämtliche Assets also am besten, *bevor* Sie mit einem Schnittprojekt beginnen.

14.1.5 Weitere Ansichtsoptionen

Innerhalb der Bridge besteht die Möglichkeit, direkt oben in der Anwendung zwischen verschiedenen Ansichtsmodi ❶ zu wechseln. Hier ist vor allem der Button METADATEN zu erwähnen, der eine Fülle zusätzlicher Informationen zum jeweiligen Asset zur Verfügung stellt. Gerade wenn Sie mit Videos arbeiten, werden Sie Spalten wie GRÖSSE, TYP usw. zu schätzen wissen.

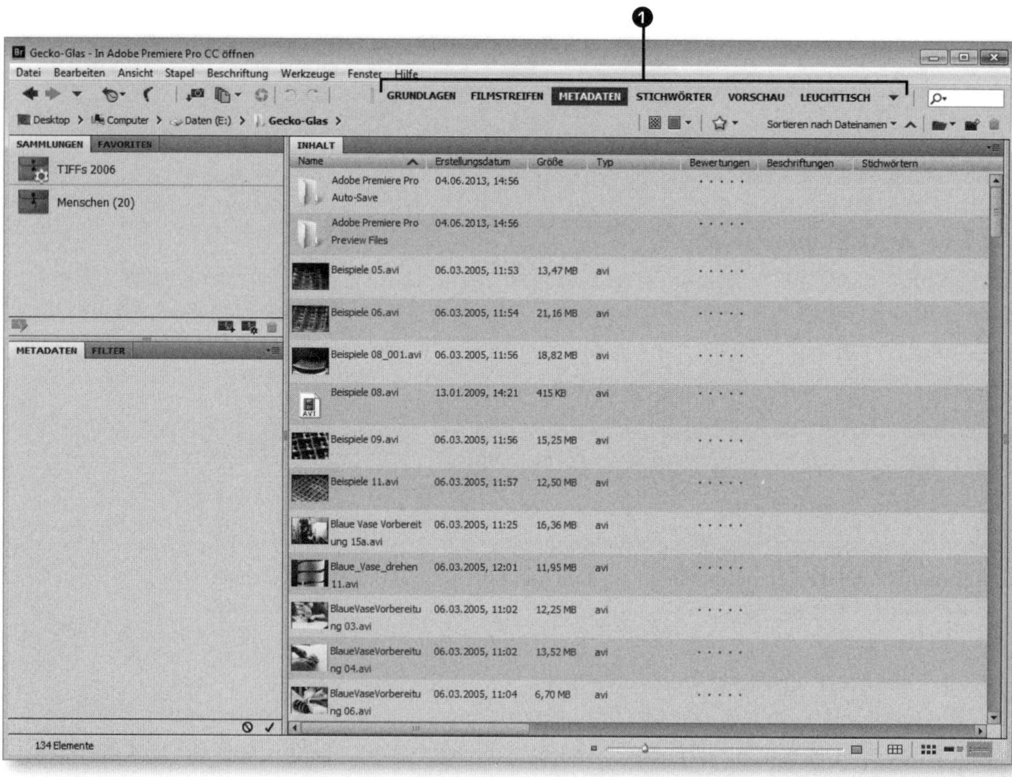

▲ **Abbildung 14.5** In der Metadaten-Ansicht werden wichtige Infos sichtbar.

Liste erweitern

Achten Sie darauf, dass links neben der Darstellungsoption GRUNDLAGEN eine kleine unscheinbare Grifffläche ❷ angebracht ist. Ziehen Sie diese nach links, tauchen weitere Begriffe auf. Wer alle Begriffe sehen möchte, darf auch gerne das kleine Dreieck ❸ betätigen.

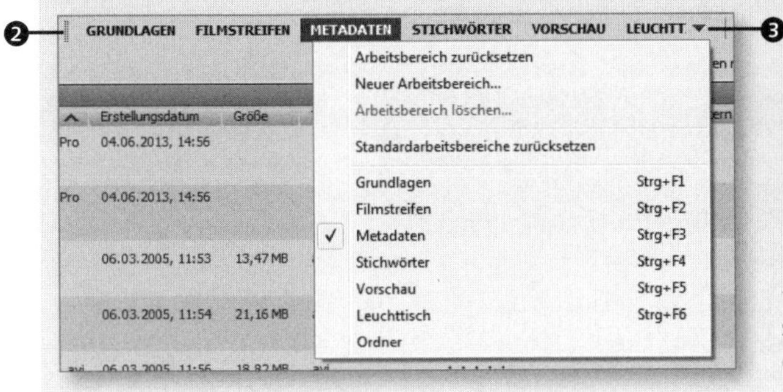

◂ **Abbildung 14.6** Es verbergen sich noch weitere Einträge in der Liste.

14.2 Clips organisieren mit Adobe Bridge

Sie werden vielleicht nicht mit jeder Ihrer Aufnahmen zufrieden sein. Um die Unterschiede der Assets zu katalogisieren, bietet Bridge zwei Möglichkeiten der Sortierung an: ein Bewertungsschema und die Arbeit mit Beschriftungen.

14.2.1 Clips auszeichnen

Markieren Sie einen der Clips, und vergeben Sie anschließend von einem bis zu fünf Sterne, indem Sie in der Metadaten-Ansicht auf einen der kleinen Punkte in der Spalte BEWERTUNGEN klicken. Nehmen Sie den linken Punkt, vergeben Sie einen Stern, bei einem Klick auf den rechten Punkt dagegen fünf Sterne (das sind dann Ihre Highlights).

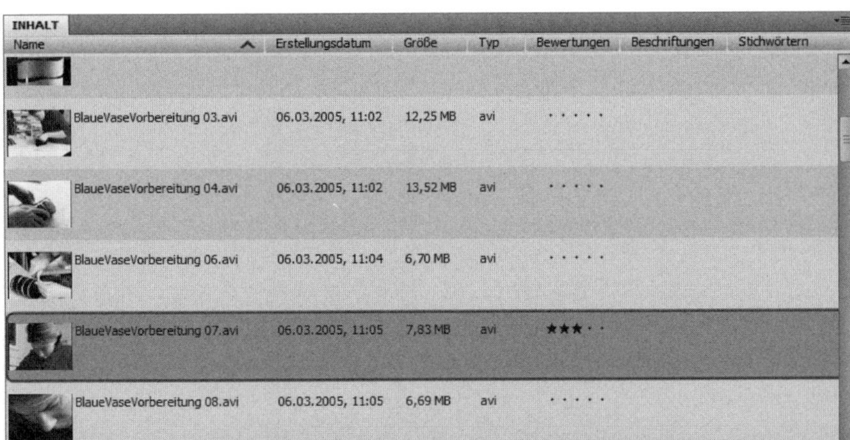

▲ **Abbildung 14.7** And the Winner is ... – bewerten Sie Ihre Clips.

Nun können Sie beliebig viele Sterne vergeben – und diese Wertung auch jederzeit wieder ändern, indem Sie auf einen anderen Punkt bzw. Stern klicken. Doch was ist zu tun, wenn Sie nachträglich doch wieder alle Sterne entfernen wollen? Dann klicken Sie in den freien Bereich links neben dem ersten Stern. Hier ist zunächst einmal nichts zu sehen. Wenn Sie aber Sterne vergeben, ist genau an dieser Stelle kurzzeitig ein kleines, weißes Halt-Symbol zu entdecken.

▲ **Abbildung 14.8** Der Clip wird degradiert.

14.2.2 Beschriftungen anlegen

Neben der Möglichkeit, Sterne zu vergeben, können die Clips auch je nach gewünschter Verwendung farbig markiert werden. Wie das aussehen kann, sehen Sie rechts neben den Sternen – und zwar an dem horizontalen, roten Balken. Um selbst Beschriftungen hinzuzufügen, klicken Sie mit der rechten Maustaste auf eine der Zeilen, und entscheiden Sie sich im Kontextmenü für Beschriftung sowie die gewünschte Beschriftung.

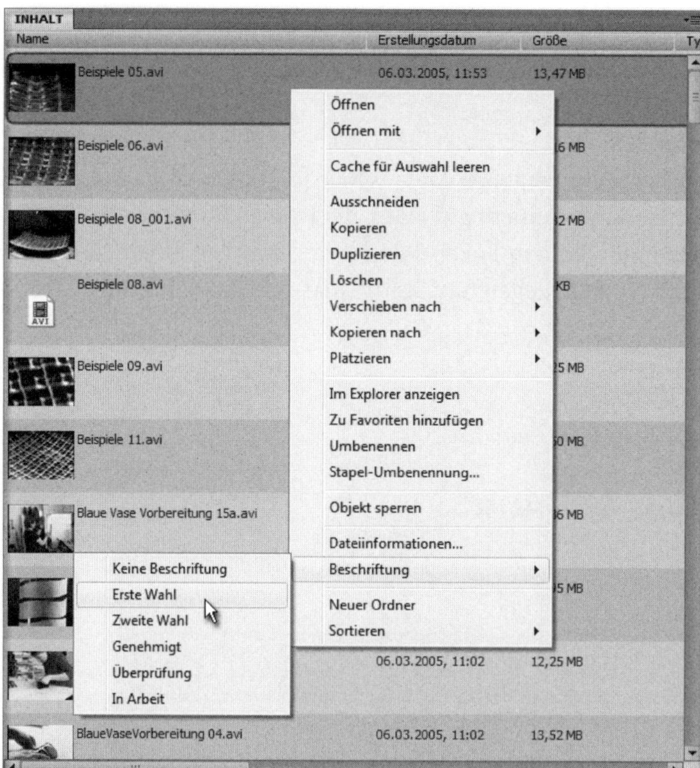

▲ **Abbildung 14.9** Entscheiden Sie, welche Beschriftungsart hinzugefügt werden soll.

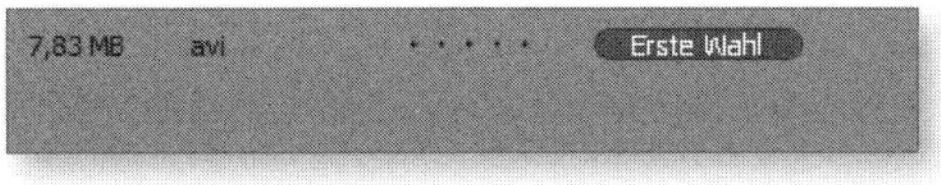

◀ **Abbildung 14.10** Die rote Markierung bedeutet: Erste Wahl.

[BD: Das stimmt nicht, auf Abbildung 14.9 ist etwas anderes zu sehen? Habs hier erst mal rausgenommen.] [RK: siehe neuen Screenshot] Wollen Sie eine derartige Beschriftung wieder entfernen, klicken Sie die Zeile erneut mit rechts an, und entscheiden Sie sich für BESCHRIFTUNG • KEINE BESCHRIFTUNG.

Beschriftungsfarben ändern

Die Bezeichnungen zu den einzelnen Farben sind natürlich nicht verbindlich. Wenn Sie hier etwas ändern wollen, können Sie das über BEARBEITEN/ADOBE BRIDGE CC • VOREINSTELLUNGEN • BESCHRIFTUNGEN erledigen. Hier lässt sich dann auch gleich einmal checken, welche Tastenkombinationen für die einzelnen Beschriftungen vorgesehen sind.

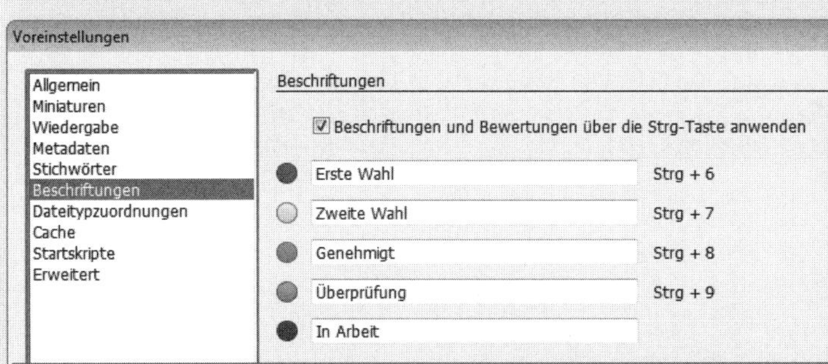

▲ **Abbildung 14.11** Selbst für BESCHRIFTUNGEN lassen sich VOREINSTELLUNGEN definieren.

14.3 Filtern und sortieren

Damit haben Sie aber Ihre Clips nicht nur bewertet und farbig markiert, sondern können diese auch nach Kategorien sortiert anzeigen lassen. Wenn Sie beispielsweise nur die Clips sehen möchten, denen Sie zuvor mindestens drei Sterne gegeben haben, oder jene, die Sie mit Rot ausgezeichnet haben, erreichen Sie das über das Bedienfeld FILTER, das sich unten links in der Bridge befindet. Gehen Sie dazu aber am besten wieder zurück auf die Ansicht GRUNDLAGEN.

◀ **Abbildung 14.12** Sowohl die Beschriftung (hier ERSTE WAHL) als auch die drei Sterne tauchen im Filter-Bedienfeld auf. Jeweils rechts finden Sie die Anzahl der Assets, die mit dieser Markierung ausgestattet worden sind (hier in beiden Fällen »1«).

14.3.1 Assets filtern

Der Bereich DATEITYP ❶ der Filter-Palette ist standardmäßig geöffnet und das vorangestellte Dreiecksymbol weist nach unten. Wenn Sie nun beispielsweise einmal nach Premiere-Pro-Dateien suchen wollen, aktivieren Sie die Zeile PRPROJ ❷. Es ist auch legitim, mehrere Zeilen zu markieren. So ließe sich beispielsweise nach Projektdateien und WAVE-Sounds ❸ suchen. Das Resultat finden Sie in der Mitte der Anwendung. Zum Löschen der einzelnen Suchparameter betätigen Sie diese entweder erneut oder klicken auf das kleine Verbotssymbol ❹. Wollen Sie diese Suchoptionen beibehalten, klicken Sie den kleinen Pin unten links ❺ an.

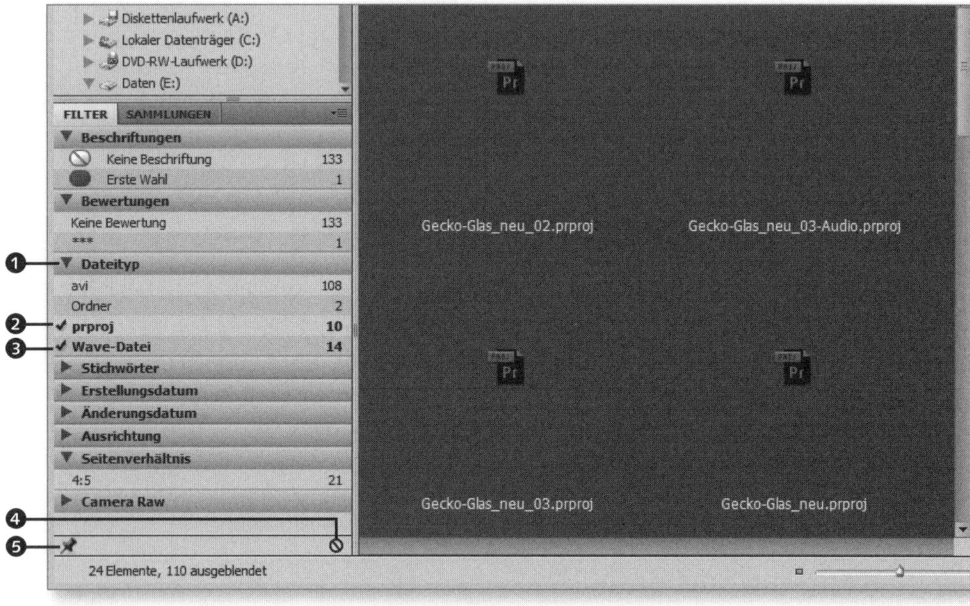

▲ **Abbildung 14.13** Die Filter-Palette hilft beim Suchen.

14.3.2 Assets sortieren

Bei der Vorbereitung eines Projekts wollen Sie sicher die Clips auf der Festplatte sortieren. Auch das lässt sich prima mit Hilfe des Dateibrowsers erledigen. Eine komfortable Möglichkeit haben Sie ja bereits kennengelernt: die Verwendung mehrerer Bridge-Fenster. Sie können aber auch über die Registerkarte ORDNER zu einem Ihrer Festplattenordner navigieren. Öffnen Sie die gewünschten Ordner, indem Sie das jeweils vorangestellte Dreiecksymbol markieren.

Nun kann es sinnvoll sein, die Liste der Ordner so weit zu öffnen, dass Sie auch andere Ordner sehen können, in die Sie Clips verschieben können. Das erreichen Sie, indem Sie den Steg ❻ mit gedrückter linker Maustaste nach unten ziehen. Im nächsten Schritt ziehen Sie die Miniaturen aus der Mitte einfach auf den gewünschten Ordner oben links.

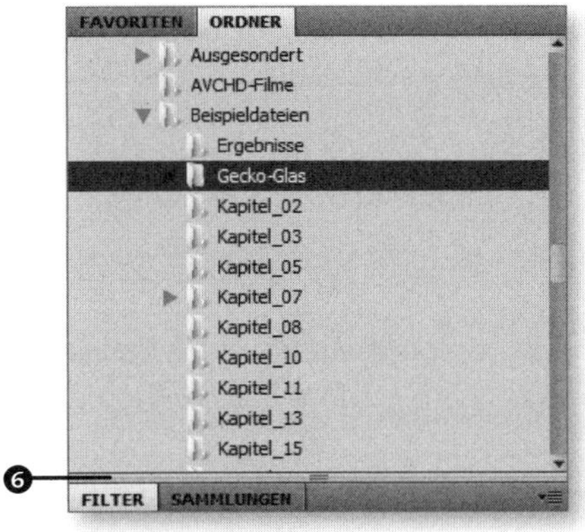

◂ **Abbildung 14.14** Der Explorer macht das Auffinden potenzieller Zielordner zum Kinderspiel. Videoclips können per Drag & Drop einsortiert werden.

Mehrere Dateien gleichzeitig verschieben

Das Verschieben funktioniert auch mit mehreren Dateien gleichzeitig. Markieren Sie zusammenliegende Objekte, indem Sie ⇧ gedrückt halten, während Sie einzelne, nicht zusammenliegende Dateien mit Strg/cmd markieren. Klicken Sie anschließend erneut auf eine der Miniaturen, und ziehen Sie alle markierten Assets gemeinsam herüber.

14.3.3 Objekte löschen

Das Löschen eines zuvor markierten Objekts mit Hilfe des Papierkorbsymbols oben rechts bedarf sicher keiner großen Erläuterung mehr. Doch Vorsicht: Damit verschieben Sie das Objekt tatsächlich in den Papierkorb des Betriebssystems und entfernen es nicht nur aus Bridge.

Weitere Sortieroptionen

Natürlich steckt noch eine ganze Menge mehr in Bridge. So ist etwa erwähnenswert, dass es im Menü Ansicht weitere Sortieroptionen gibt, die gerade im Zusammenhang mit Ihrer Schnitt-Software eine sinnvolle Ergänzung darstellen. Sie können hier Dateien z. B. Nach Typ sortieren. Dies offenbart ja die Möglichkeit, Videoclips gezielt von anderen Dateiformaten zu trennen und entsprechend anzeigen zu lassen. Aber auch die Dateigröße könnte mitunter ein wichtiges Kriterium beim Verschieben Ihrer Dateien sein.

14.4 Assets suchen

Mit zunehmender Größe eines Videoarchivs wird der Bestand auch zwangsläufig unübersichtlicher. Deshalb kann es vorkommen, dass Sie Assets suchen müssen.

14.4.1 Einfache Suche

In der Bridge gibt es eine einfache Suche, mit der Sie oft schon ans Ziel kommen, die so ähnlich wie die Suche nach Effekten im Effekte-Bedienfeld von Premiere funktioniert. Aber was sage ich? Wie wäre es mit einem Workshop dazu?

Schritt für Schritt: Dateien suchen

Lassen Sie uns jetzt nach bestimmten Assets Ausschau halten. Suchen Sie doch einmal die Filme heraus, die in irgendeiner Form mit Tellern bzw. Drehtellern zu tun haben.

1 *Dateien auf den Rechner kopieren*

Falls Sie es nicht bereits getan haben, sollten Sie jetzt den kompletten Ordner BEISPIELDATEIEN von der Buch-DVD auf Ihren Rechner kopieren.

2 *Ordner einstellen*

Damit Bridge nicht den gesamten Rechner inklusive aller Peripherie durchsucht, stellen Sie zunächst oben links das Bedienfeld ORDNER nach vorne. Navigieren Sie auf dieser Registerkarte zu dem Ordner, der die Beispieldateien zum Hauptfilm beinhaltet. Gemeint ist der Ordner GECKO-GLAS.

3 *Suchwort eingeben*

In der Mitte der Bridge werden nun die ersten enthaltenen Assets gezeigt. Da der Ordner aber prall gefüllt ist mit den unterschiedlichsten Assets, sollten Sie oben rechts im Eingabefeld mit der kleinen Lupe ❶ nun »teller« eintragen (auf Großschreibung können Sie verzichten). Bestätigen Sie mit [↵].

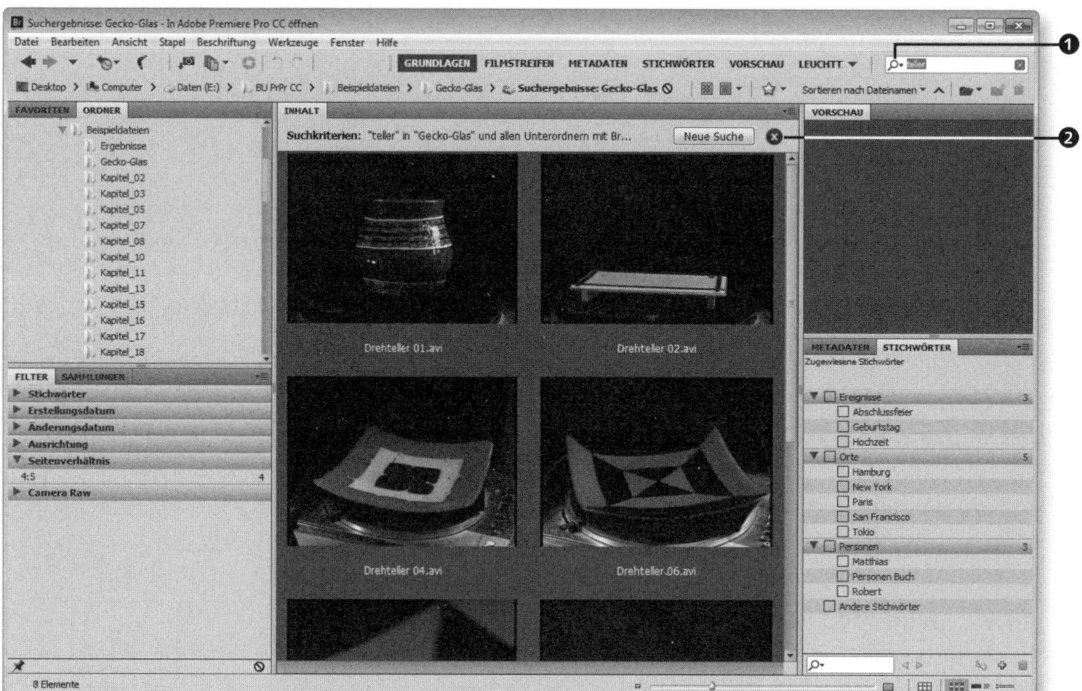

▲ **Abbildung 14.15** Bridge liefert das Suchergebnis.

4 *Suchergebnis löschen*

Schauen Sie auf die Bezeichnungen in der Mitte der Anwendung, unterhalb der Vorschaubilder. Diese Clips sind übrig geblieben, und die Namen weisen alle in irgendeiner Weise das Wort »teller« auf. Damit Sie aber das Ergebnis auch wieder verwerfen und letztendlich wieder alle Clips anzeigen lassen können, müssen Sie auf die kleine Kreuz-Schaltfläche ❷ in der Kopfleiste der Inhalt-Palette klicken. Dadurch wird das Suchergebnis gelöscht.

14.4.2 Fortgeschrittene Suche

Sollte die schnelle Suche nicht zum gewünschten Ergebnis führen oder werden einfach zu viele Treffer angezeigt, können Sie eine kombinierte Suchmaske verwenden.

Schritt für Schritt: Assets nach Kriterien filtern

Falls Sie sich zuvor an der Suche nach »teller« (siehe letzter Workshop) beteiligt haben, taucht in der Maske, die Sie über BEARBEITEN • SUCHEN erreichen, bereits der verwendete Suchbegriff auf. Doch das soll uns zunächst nicht weiter beschäftigen.

1 *Erstes Kriterium formulieren*

Legen Sie lieber ganz oben unter SUCHEN IN fest, in welchem Ordner Bridge nach den relevanten Dateien Ausschau halten soll. Das ist natürlich unser Ordner GECKO-GLAS. Unterhalb formulieren Sie Ihre erste Suchoption, und zwar: [Dateiname] – [enthält] – [teller].

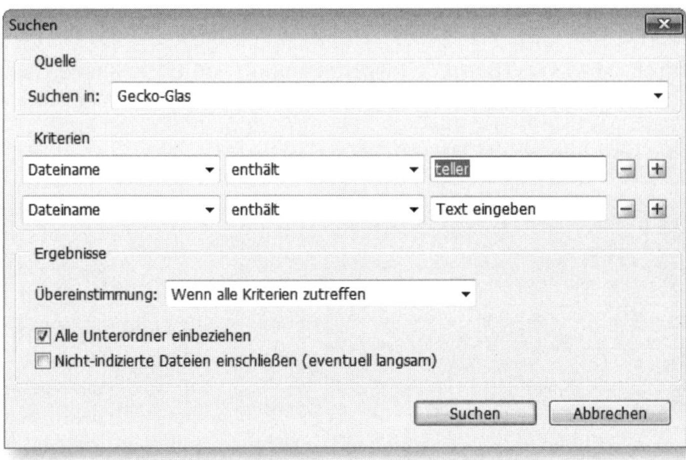

◄ **Abbildung 14.16** In diesem Dialog lassen sich mehrere Suchparameter formulieren.

2 *Zweites Kriterium formulieren*

Da diese Option allein aber noch nicht ausreicht, wie wir im vorangegangenen Workshop bestürzt feststellen mussten, sollten wir den zweiten Suchsatz ausformulieren.

Wenn Sie beispielsweise wissen, dass die gesuchte Videodatei im Jahr 2005 integriert worden ist, könnte der zweite Satz lauten: [Erstellungsdatum] – [ist größer als] – [31.12.2004].

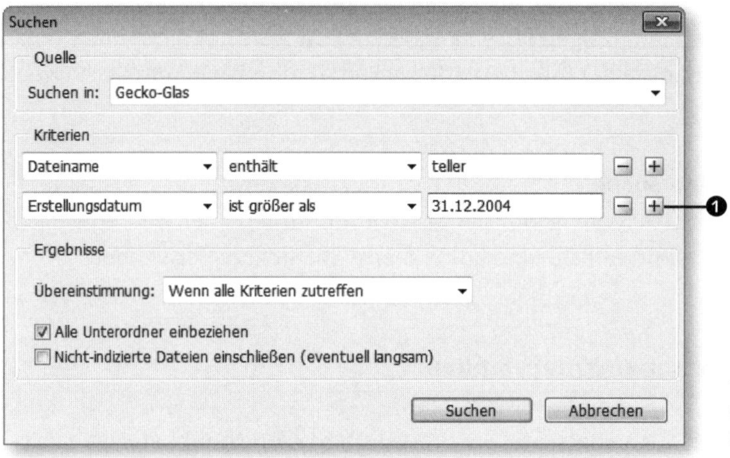

◄ **Abbildung 14.17** Der zweite Satz ist ebenfalls angepasst worden.

3 *Drittes Kriterium formulieren*

Jetzt müssen Sie noch einen dritten Satz formulieren. Deshalb klicken Sie am Ende der zweiten Zeile auf das Plussymbol ❶. Geben Sie hier ein: [Erstellungsdatum] – [ist kleiner als] – [01.01.2006]. So beschränken wir uns auf das Jahr 2005.

4 *Übereinstimmungsoption festlegen*

Zudem müssen Sie noch darauf achten, dass es im Bereich ÜBEREINSTIMMUNG heißt: WENN ALLE KRITERIEN ZUTREFFEN ❷. Missachten Sie das, zeigt die Anwendung ein Asset auch dann als Treffer an, wenn nur eine einzige der zuvor formulierten Bedingungen erfüllt ist. Und das würde im Ergebnis nicht wirklich weiterhelfen. Am Ende klicken Sie auf SUCHEN.

◄ **Abbildung 14.18** Diese drei Parameter sowie die Bedingung, dass alle Kriterien übereinstimmen müssen, sorgen dafür, dass alle »teller«-Filme des Jahres 2005 gefunden werden.

▲ **Abbildung 14.19** Die Suchkriterien werden in der Kopfleiste noch einmal angezeigt. Unterhalb befinden sich die gesuchten Assets.

5 *Optional: Suchkriterien löschen*

Am Ende lässt sich das Ergebnis der Suche verwerfen, indem Sie auf das kleine Kreuz oben rechts ❺ klicken. Wenn Sie gleich eine NEUE SUCHE starten wollen, betätigen Sie den gleichnamigen Button ❹. Daraufhin stellt Bridge den Suchdialog abermals zur Verfügung. Lassen Sie aber das Suchergebnis bitte noch einen Moment geöffnet. Sie müssen nämlich unbedingt noch die Smart-Sammlungen kennenlernen.

14.4.3 Smart-Sammlungen

Schauen Sie sich die Kopfzeile im Inhaltsbereich (in der Mitte der Bridge) noch einmal etwas genauer an. Hier finden Sie auch den Button ALS SMART-SAMMLUNG SPEICHERN ❸. Und dieser ist wirklich nützlich, denn Sie sind damit imstande, das Suchergebnis »aufzubewahren«. Betätigen Sie den Knopf, werden Sie zunächst gefragt, wie denn Ihr Album heißen soll. Nennen wir es einmal »Teller-Clips«.

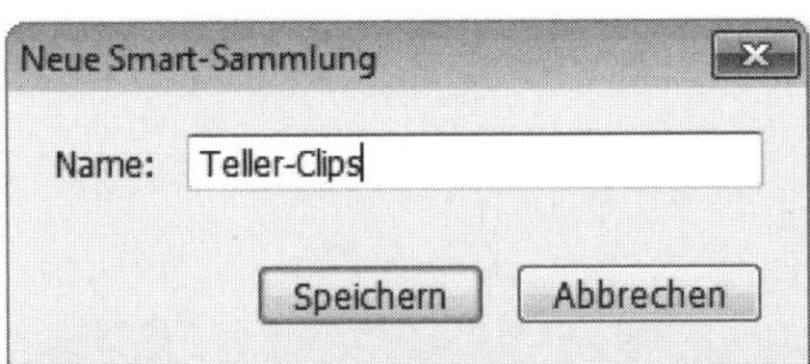

▲ **Abbildung 14.20** Die Smart-Sammlung wird aussagekräftig benannt.

Wenn Sie jetzt auf SPEICHERN klicken, passiert augenscheinlich gar nichts – außer dass sich die Dialogbox schließt. Beachten Sie aber einmal den unteren linken Bereich der Bridge. Hier finden Sie (in der Grundlagen-Ansicht) zwei Register (Filter, Sammlungen). Betätigen Sie doch jetzt einmal den Reiter SAMMLUNGEN. Siehe da, hier gibt es einen Posten mit dem klangvollen Namen »Teller-Clips«. Und dieser Eintrag bleibt ihnen erhalten. Wenn Sie also irgendwann noch einmal auf dieses Resultat zurückgreifen wollen, wissen Sie, wo Sie es finden.

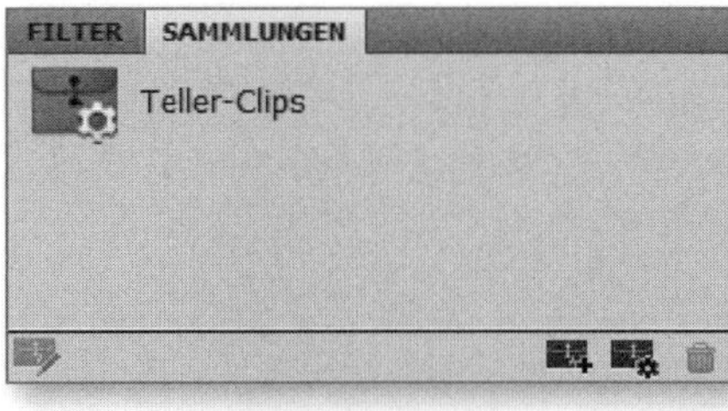

◂ **Abbildung 14.21** Hier ist das Ergebnis der Suche gespeichert.

Sammlungen löschen

Wenn Sie eine derartige Sammlung löschen möchten, markieren Sie diese im Bedienfeld SAMMLUNGEN, und klicken Sie anschließend auf das Papierkorbsymbol unten rechts. Die anschließende Kontrollabfrage bestätigen Sie mit JA. Wollen Sie den Dialog künftig umgehen, ist zu empfehlen, vor der Bestätigung NICHT MEHR ANZEIGEN zu aktivieren.

14.5 Assets übergeben

Bereits in Kapitel 13, »Import und Aufnahme«, haben Sie ja erfahren, wie sich Assets per Drag & Drop in bestimmte Ordner transferieren lassen. Hier soll nun die Technik vorgestellt werden, mit der es direkt nach Premiere Pro geht.

Am besten ordnen Sie die Anwendungen auf Ihrem Monitor derart an, dass Sie sowohl die Bridge als auch das Projektfenster von Premiere Pro einsehen können. In diesem Fall lässt sich das Asset nämlich per Drag & Drop integrieren. Übrigens lassen sich auf diese Art auch mehrere markierte Dateien in einem Arbeitsgang übergeben.

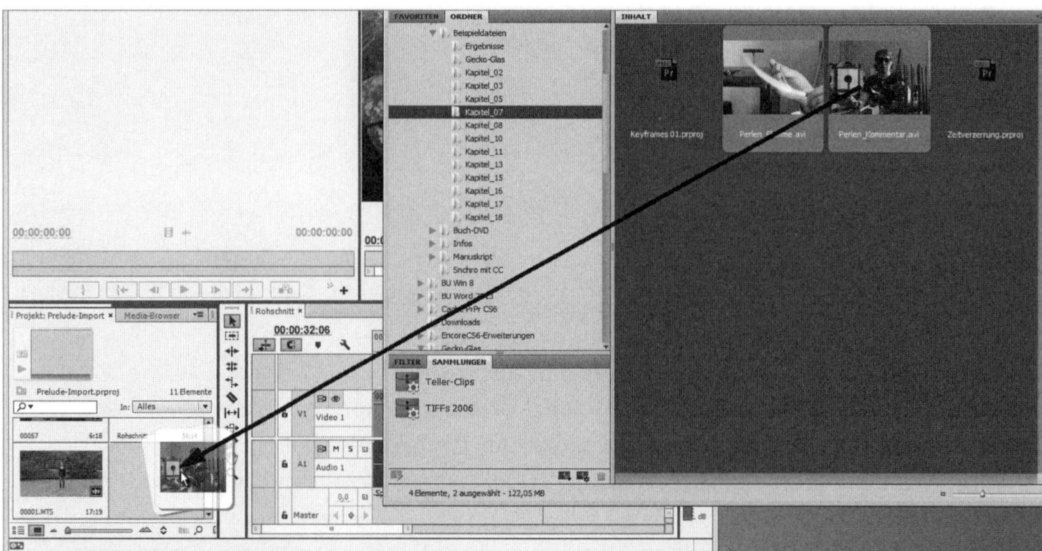

▲ **Abbildung 14.22** Hier erfolgt die Übergabe von Assets per Drag & Drop – und zwar von der Bridge aus direkt nach Premiere Pro.

15 DVD-Authoring mit Encore

Wer bei der Erstellung von DVDs, Blu-rays oder interaktiven Webinhalten professionelle Ergebnisse erzielen möchte, der kann auf die Authoring-Lösung Encore zurückgreifen. Nun wird der Einsteiger vielleicht zunächst zurückschrecken. Profi-DVDs? Blu-rays? Das ist doch bestimmt schwierig. Genau hier setzt dieses Kapitel an. Lesen Sie es in Ruhe durch, »bauen« Sie die Anleitungen nach, und stellen Sie am Schluss beruhigt fest: Eigentlich ist das viel leichter, als ich gedacht habe. Auf geht's ... In diesem Kapitel erhalten Sie Antworten auf folgende Fragen:

- Wie kann ich Encore auf meinem Rechner installieren?
- Wie bereite ich Dateien für Encore vor?
- Wie wird ein DVD-Projekt erzeugt?
- Wie kann ich Filme in Encore kürzen?
- Wie werden die Menüs erzeugt?
- Wie setze ich Kapitelmarken?
- Wie erstelle ich Szenenmenüs?
- Wie werden die Authoring-Aufgaben festgelegt?
- Wie teste ich das Projekt?
- Wie gebe ich das Projekt auf eine DVD aus?

15.1 Wissenswertes zu Encore

Bevor Sie sich auf Encore in Zusammenarbeit mit Premiere Pro CC einlassen, noch ein paar wichtige Hinweise für Sie: Bis zur Version CS6 wurde die Authoring-Software Encore ständig weiterentwickelt. Zur Version CC ist das allerdings bis dato nicht erfolgt (Stand: Juli 2013). Encore wird auf der Adobe Website *http://www.adobe.com/de/products/creativecloud/tools-and-services.html* dennoch weiterhin als Bestandteil der Creative Cloud gelistet (allerdings ohne Versionsnummer, heißt also weder CC noch CS6). Die Software kann nur noch über Umwege im Downloadcenter als eigenständige Applikation heruntergeladen werden (dazu gleich mehr), steht dann aber Creative Cloud-Nutzern ohne Einschränkungen zur Verfügung. Wir wissen nicht, wo die Reise hingeht, ob Encore weiterentwickelt oder irgendwann vielleicht sogar komplett gestoppt bzw. durch eine neue Applikation ersetzt wird.

▲ **Abbildung 15.1** Unter »Ebenfalls enthalten« wird auch Encore gelistet.

15.1.1 Encore für Besitzer früherer Versionen

Dennoch wollen wir auf Infos zu dieser Authoring-Software nicht verzichten. Denn viele Anwender besitzen die Software noch von einer Vorgänger-Version (z. B. Encore CS6) und wollen diese dann auch weiterhin nutzen. Das ist übrigens mit ganz wenigen Einschränkungen möglich. Das heißt: Encore ist in der Lage, von Premiere Pro CC ausgegebene Filme (z. B. AVI oder QuickTime) weiterzuverarbeiten. Allerdings klappt es mit der Integration nicht mehr so reibungslos wie noch mit Premiere Pro CS6. Dennoch ist Encore selbst darüber hinaus voll funktionsfähig.

15.1.2 Download für Creative Cloud-Kunden

Sollten Sie nicht im Besitz einer Vorgänger-Version sein, können Sie Encore dennoch nutzen – sofern Sie eine Vollmitgliedschaft in der Creative Cloud besitzen. Leider ist es ein wenig aufwändig, an die Software zu gelangen. Zunächst müssen Sie sich mit Ihren Zugangsdaten auf *http://creative.adobe.com* einloggen. Gehen Sie anschließend in das Download-Center ❶ und klicken Sie auf Adobe Premiere Pro ❷.

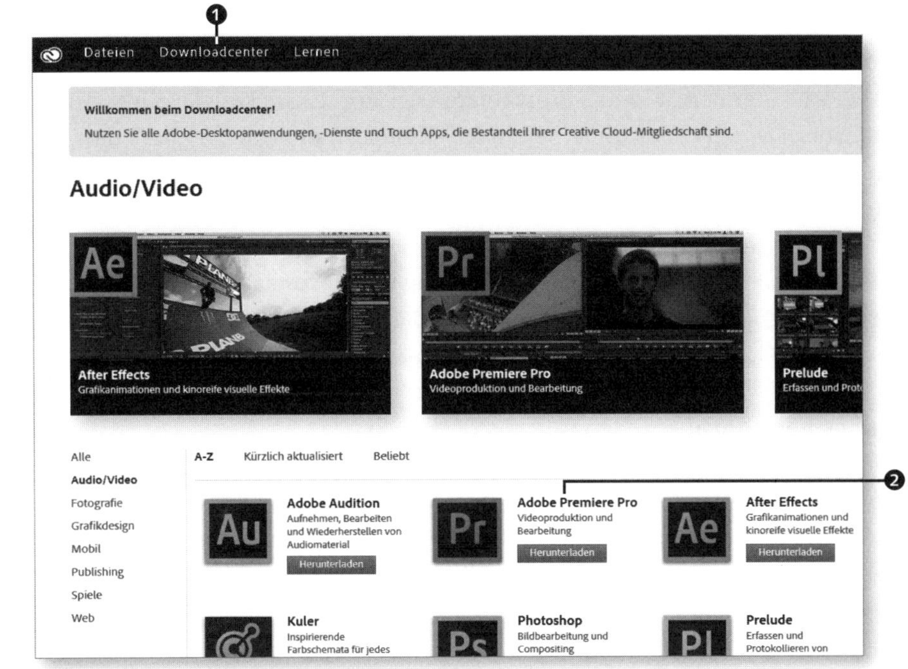

▲ **Abbildung 15.2** Encore ist aktuell nur über Umwege zu erreichen.

Danach schalten Sie im Pulldown-Menü unterhalb von In dieser Version um auf Adobe Premiere Pro CS6 ❸ und betätigen Adobe Premiere Pro CS6 herunterladen ❹. Installieren Sie die Software anschließend wie jede andere Software der Creative Cloud auch. Der Clou an der Sache ist nämlich folgender: Im Adobe Premiere Pro CS6-Paket ist die Software Encore enthalten und wird automatisch mitinstalliert.

▲ **Abbildung 15.3** Laden Sie die Vorgänger-Version von Premiere Pro CC herunter – sie beinhaltet auch Encore.

15.1.3 Probleme bei der Übergabe von Projektdateien

Die Übergabe von Premiere Pro CC-Projektdateien klappte zur Drucklegung dieses Buches nicht über Dynamic Link. Wie bereits in Kapitel 12 erwähnt, ist die Funktion dort ausgegraut dargestellt, also nicht anwählbar. Ebenso wenig ließen sich Projektdateien von Premiere Pro CC per Drag & Drop an Encore CS6 übergeben (indem Sie die Projektdatei beispielsweise auf das Desktop-Icon von Encore ziehen und dort fallenlassen). Premiere Pro CS6-Daten hingegen werden von Encore auch weiterhin ohne Murren angenommen. (Weitere Ausführungen zu dieser Problematik entnehmen Sie bitte dem Abschnitt 12.2, »Premiere Pro und Encore«, auf Seite 418.)

15.1.4 Und es geht doch!

Trotz alledem gibt es auch eine gute Nachricht: Denn Encore steht zumindest demjenigen, der die zuvor beschriebenen Hürden der Installation gemeistert hat, weiterhin zur Verfügung. Sie können in Premiere Pro CC erzeugte Sequenzen als Filme ausgeben und diese problemlos in Encore verarbeiten. Dass die direkte Integration zwischen beiden Anwendungen ein wenig holprig ist, dürfte also im Endeffekt prima zu verschmerzen sein.

Premiere Pro CC und Encore CS6 im Team

Sie sind Umsteiger von Premiere Pro CS6 und wollen in Folge Premiere Pro CC gemeinsam mit Encore CS6 nutzen? Dann müssen Sie Premiere Pro CS6 natürlich nicht zwingend auf dem Rechner erhalten! Deinstallieren Sie die alte Videoschnitt-Software, wobei Sie direkt im ersten Dialog der Deinstallationsroutine die Checkbox vor ADOBE ENCORE CS6 entfernen. So erreichen Sie, dass Premiere Pro CS6 deinstalliert wird, während Encore CS6 erhalten bleibt.

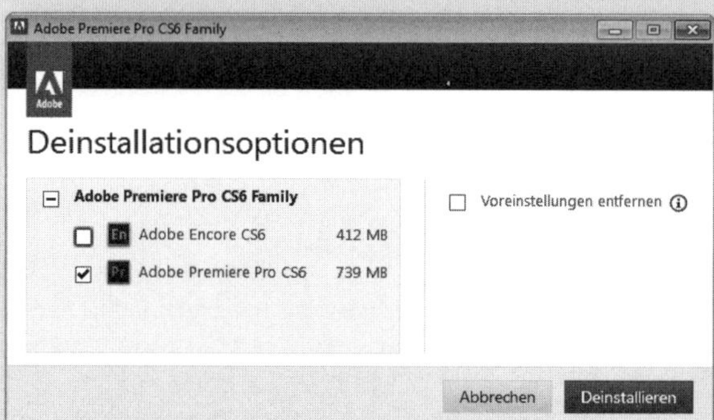

◂ **Abbildung 15.4**
Premiere Pro CS6 wird deinstalliert, wobei Encore CS6 erhalten bleibt.

15.2 DVD-Projekte in Premiere Pro vorbereiten

Bevor die eigentliche Arbeit mit Encore beginnt, schauen wir uns Premiere Pro noch einmal etwas genauer an. Sie können nämlich bereits auf komfortable Weise

Kapitelmarken für Encore erzeugen. Zwar gestattet auch Ihr DVD-Authoring-Tool die interne Erzeugung von DVD-konformen Dateiformaten, doch auch das können Sie bereits mit Premiere Pro erledigen. Wenn Sie also gerne so viel wie möglich in Ihrer Schnitt-Software erledigen, sollten Sie zunächst Kapitelmarken setzen und im nächsten Schritt die Datei entsprechend ausgeben.

15.2.1 Kapitelmarken für Encore erzeugen

Auch die Kapitelmarken lassen sich in Premiere Pro komfortabel über das Schnittfenster platzieren. An einem Beispiel soll dies im folgenden Workshop realisiert werden.

Schritt für Schritt: Kapitelmarkierungen für Encore erzeugen

Bevor Sie eine Sequenz in Premiere Pro ausgeben, sollten Sie Encore-Kapitelmarken vergeben. Zwar geht das auch noch in der Authoring-Software, doch liegt es nahe, das bereits in der Editing-Umgebung zu tun. Hier hat man mehr Überblick über das Gesmatprojekt.

1 *Projekt vorbereiten*

Falls Sie nicht mit Ihrem aktuellen Buchprojekt arbeiten wollen, können Sie auch ein neues Projekt in DV-PAL • Standard 48kHz erzeugen und dort einige Beispieldateien einbetten. Im weiteren Verlauf simulieren wir das Ganze aber am Beispielprojekt.

2 *Kapitelmarkierung einrichten*

Ganz am Anfang des Films ist grundsätzlich bereits eine Kapitelmarkierung vorhanden (auch wenn diese nicht zu sehen ist). Das erledigt Premiere Pro ganz automatisch beim Erstellen einer Sequenz. Der Filmstart ist also bereits entsprechend ausgezeichnet.

Seit Premiere Pro CC gibt es keine Encore-Kapitelmarken mehr, sondern nur noch Standardmarken, denen die Eigenschaft der Kapitelmarkierung erst noch zugewiesen werden muss. Stellen Sie den Abspielkopf jetzt an eine Position, an der Sie das erste Kapitel erzeugen möchten. Als Nächstes müssen Sie das Kontextmenü auf der freien Fläche direkt oberhalb der Zeitskala öffnen (mit rechts darauf klicken) und den Eintrag Kapitelmarkierung hinzufügen auswählen. Im folgenden Dialog ist die Option Kapitelmarker bereits selektiert. Dazu gleich mehr. Alternativ dazu lässt sich die Marke auch mit einem Klick auf die Schaltfläche ❶ (siehe Abbildung 15.5 auf Seite 508) hinzufügen. Allerdings bleibt dabei der Marken-Dialog verschlossen. Um ihn gleich mit zu öffnen, müssten Sie einen Doppelklick auf Marke hinzufügen setzen. Dabei wird die Marke zunächst als Anmerkungsmarke definiert und muss händisch in einen Kapitelmarker umgewandelt werden.

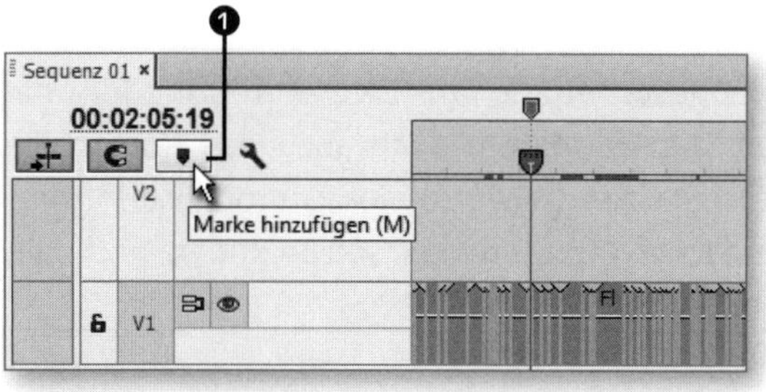

▲ **Abbildung 15.5** Positionieren Sie die Einfügemarke mittels Mausklick. Damit der Marken-Dialog gleich mit geöffnet wird, bedarf es eines Doppelklicks.

3 *Marke definieren*

Im Dialog lassen sich gleich weitere Optionen festlegen. Zuallererst sollten Sie die Marke benennen (Eingabefeld NAME) ❷. Sollten Sie im vorangegangenen Schritt die Doppelklick-Variante angewendet haben, schalten Sie im Bereich OPTIONEN ❸ um von ANMERKUNGSMARKE auf KAPITELMARKER. Beachten Sie auch bitte, dass es eine ZURÜCK- und eine WEITER-Schaltfläche ❹ gibt, mit deren Hilfe Sie sämtliche Marken in einem Arbeitsgang benennen können. Für Flash-Anwender sei noch der Hinweis angebracht, dass sich über diesen Dialog auch Cue-Points integrieren lassen.

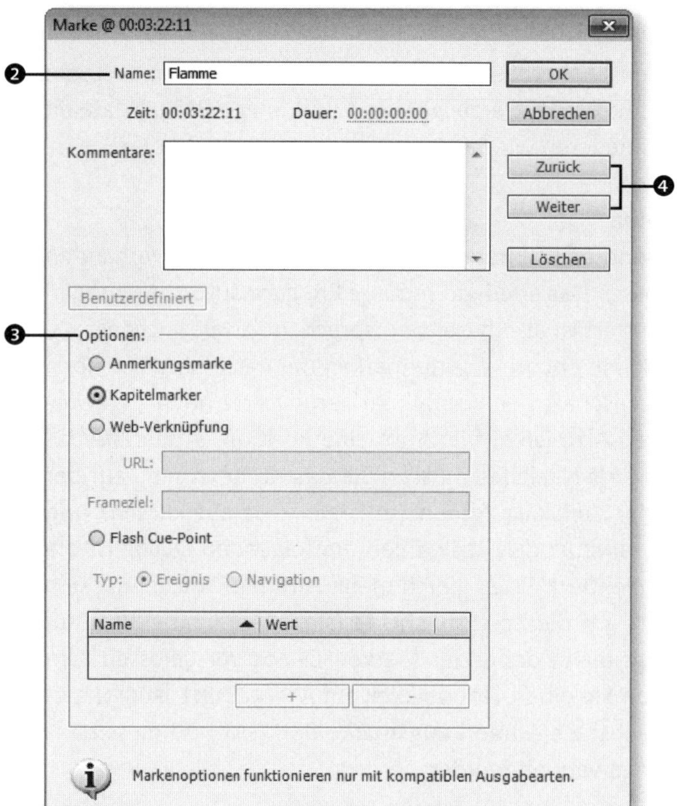

▲ **Abbildung 15.6** Die Marke kann an dieser Stelle gleich benannt werden.

4 *Optional: Marken-Bedienfeld benutzen*

Alternativ zum vorangegangenen Dialog dürfen Sie auch mit dem Marken-Bedienfeld arbeiten, dass sich in der Standardansicht hinter Projektfenster und Media-Browser befindet. Um eine Marke anzuspringen, reicht ein Mausklick auf die gewünschte Zeile des Fensters. Wenn Sie Namen und Kommentare vergeben wollen, ist die Zeile hingegen mit einem Doppelklick zu versehen.

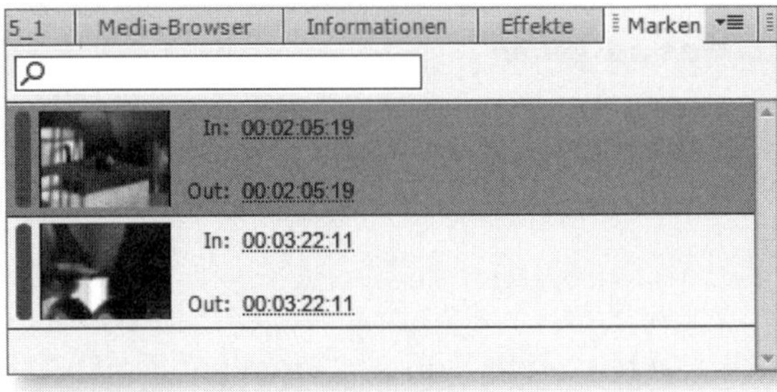

◂ **Abbildung 15.7** Auch Encore-Kapitelmarken werden im Marken-Bedienfeld verwaltet. Sie sind am Zeilenanfang mit einem roten Balken gekennzeichnet (normale Marken sind grün).

5 *Markierungen verschieben*

Zur Feinjustierung können Sie die Marken noch per Drag & Drop verschieben. Einzelne Marken löschen Sie, indem Sie sie doppelt anklicken und im Dialog den Löschen-Button betätigen. Ein Rechtsklick, gefolgt von AKTUELLE MARKE LÖSCHEN ist ebenfalls eine Option. Ob Sie sich gerade auf einer Markierung befinden, zeigt sich im Programmmonitor links unterhalb des Bildes.

◂ **Abbildung 15.8** Dieses Zeichen ❺ ist nur sichtbar, wenn sich die Schnittfenstermarke auf einer Sequenz- bzw. Kapitelmarke befindet.

6 *Marken exakt positionieren*

Am Sequenzanfang muss keine Marke produziert werden. Diese wird, wie bereits erwähnt, automatisch gesetzt. Im Beispielprojekt habe ich mich für die folgenden Marken entschieden:

- 00:00:17:02 – Perle
- 00:02:26:15 – Flaschenhals
- 00:04:09:04 – Schneiden
- 00:06:04:09 – Ofen
- 00:08:07:08 – Abspann

Das sind insgesamt sechs Marken inklusive des Starts der Sequenz, was für die weiteren Arbeiten ganz gut geeignet ist. Sie dürfen aber auch Ihre ganz eigenen Marken setzen, falls Ihnen diese Aufteilung nicht gefällt.

15.2.2 Filme für Encore ausgeben

Nachdem Sie alle Kapitelmarken gesetzt und benannt haben, geht es nun darum, den fertigen Film auszugeben. Auch an dieser Stelle muss einfach noch einmal darauf hingewiesen werden, dass Sie das Erzeugen der DVD-konformen Datei auch in Encore erledigen können. Dennoch bietet auch Premiere Pro diese Möglichkeit.

Schritt für Schritt: Filme mit Kapitelmarken ausgeben

Die Kapitelmarken sind gesetzt, nun soll das Buchprojekt mitsamt der Marken als MPEG2-DVD ausgegeben werden.

1 ***Exportdialog anwählen***

Wenn Sie sich entschieden haben, den Film bereits innerhalb von Premiere Pro DVD-konform rendern zu lassen, müssen Sie dort zunächst das Schnittfenster markieren, da ansonsten die Exportoptionen nicht zur Verfügung stehen. Im Anschluss stellen Sie Datei • Exportieren • Medien ein.

2 ***Format wählen***

Entscheiden Sie sich in den Exporteinstellungen oben rechts für das Format MPEG2-DVD. Das ist besonders wichtig, denn bei Verwendung des normalen MPEG2-Eintrags werden keine Kapitelmarken mit ausgegeben. Wir werden uns das später in Encore noch ansehen. Bei Erzeugung von Blu-ray-Medien stellen Sie hier H.264 Blu-ray ein.

Exporteinstellungen im Detail

Ausführlichere Hinweise zu den Funktionen innerhalb der Exporteinstellungen finden Sie in Kapitel 12, »Export«.

3 ***Vorgabe wählen***

Entscheiden Sie sich jetzt im Pulldown-Menü Vorgabe für genauere Angaben in Bezug auf das Format. Das Beispielprojekt kann in PAL DV ausgegeben werden. Geben Sie mit einem Klick auf den blau unterstrichenen Bereich noch Namen und Speicherort an, und betätigen Sie danach mit Exportieren. Eine Warteschlange ist ja bei Ausgabe eines einzelnen Projekts nicht erforderlich.

AVCHD für Blu-ray

Sie arbeiten mit AVCHD-Filmen? Dann können Sie diese direkt in Encore nutzen und ohne Transcodierung auf Blu-ray-Discs ausgeben. Das ist möglich, weil AVCHD nativ unterstützt wird, und erspart außerdem lange Encodiervorgänge. Allerdings kann Encore bei der Erstellung einer Blu-ray keine AVCHD-Dateien (MTS, M2TS) konvertieren.

▲ **Abbildung 15.9** Legen Sie die Exporteinstellungen fest.

15.2.3 Marken unsichtbar

Sequenzen, die über den Adobe Media Encoder in AVI ausgegeben werden, beinhalten Sequenzmarken nur noch als zeitliche XMP-Metadaten. Diese tauchen im Encore-Schnittfenster nicht mehr auf. Entsprechend verhält es sich mit MOV-Dateien (QuickTime) unter Apple Macintosh.

15.3 DVD-Projekt erzeugen

Anhand der Beispieldateien, die Sie auf der DVD zum Buch finden, soll jetzt eine DVD erzeugt werden, in der vier Filme des Ordners Beispielmaterial • Ergebnisse enthalten sind. Der Hauptfilm ist natürlich »Gecko-Glas.mpg«. Sollten Sie soeben eine MPEG-2 für DVD produziert haben, könnten Sie die entsprechende Bild- und Tondatei stattdessen ebenfalls verwenden. Sie können sich dann später das Hinzufügen von Kapitelmarken sparen. Allerdings wird das Hinzufügen von Kapitelmarken in diesem Kapitel noch explizit erläutert.

Zusätzlich setzen wir noch »Palindrom.avi«, »Vierpunktmaske.avi« und »Zeitverzerrung.avi« ein – gewissermaßen als Stellvertreter für allgemein übliche Bonusmaterialien, wie ein »Making-Of«, die »Credits« oder die »Outtakes« (Filmpannen).

Schritt für Schritt: Projekt einstellen

Wie auch in Premiere Pro besteht der erste Schritt in Encore darin, ein neues Projekt zu erstellen. Danach werden die Projekteinstellungen vorgenommen. Alles wie gehabt also – mit der Ausnahme, dass hier natürlich ganz andere Einstellungen zum Tragen kommen als in Premiere Pro.

1 *Ordner erstellen*

Ich möchte Ihnen empfehlen, zunächst einen Ordner mit dem Namen ENCORE oder ENCORE-BUCHPROJEKT anzulegen. Dieser Ordner wird die eigentliche Projektdatei beherbergen. Sie können das natürlich auch direkt aus dem Startdialog von Encore heraus machen, indem Sie auf NEUES PROJEKT klicken.

◀ **Abbildung 15.10** Der Startdialog ist auch in Encore das erste Fenster, das sich offenbart.

Helle Arbeitsoberfläche einstellen

Möchten Sie die Encore-Oberfläche an die Abbildungen im Buch anpassen? Dann geht in dieser Anwendung der Weg zunächst über BEARBEITEN/ENCORE • VOREINSTELLUNGEN • LAYOUT. Ziehen Sie dort den Regler HELLIGKEIT ganz nach rechts.

2 *Standards einstellen*

Im nächsten Fenster (Registerkarte STANDARD) vergeben Sie einen aussagekräftigen Namen und betätigen den Durchsuchen-Button ❶. Stellen Sie danach den Pfad zum soeben erzeugten Ordner her. Den AUTHORING-MODUS setzen Sie auf DVD ❷, und der TV-STANDARD ❸ soll PAL entsprechen.

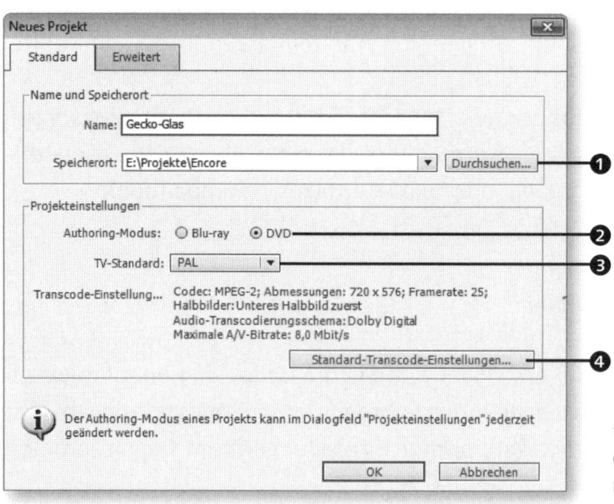

◀ **Abbildung 15.11** Zunächst werden die Projekteinstellungen vorgenommen.

3 *Erweiterte Einstellungen ändern*

Über den Button STANDARD-TRANSCODE-EINSTELLUNGEN ❹ machen Sie die Einstellungen für die Speichermedien (DVD oder BLU-RAY) zugänglich. Dort haben Sie die Möglichkeit, die maximale Audio-/Video-Bitrate zu verändern. 8,0 MBit/s ist jedoch ein guter Wert, der für hohe Qualität sorgt. Wenn Sie Filme inkludieren, die höhere Bitraten aufweisen, werden diese gewissermaßen heruntergerechnet. Encore verringert die Bitrate automatisch, wenn das Projekt anders nicht auf der DVD unterzubringen ist.

4 *Optional: Blu-ray-Abmessungen einstellen*

Sollten Sie eine Blu-ray-Disc produzieren, achten Sie bitte darauf, dass die Abmessungen hier idealerweise noch an die Größe des Originalmaterials angepasst werden. Nehmen Sie keine Änderungen vor, wird Encore die DVD automatisch an 1.920 x 1.080 Bildpunkte anpassen.

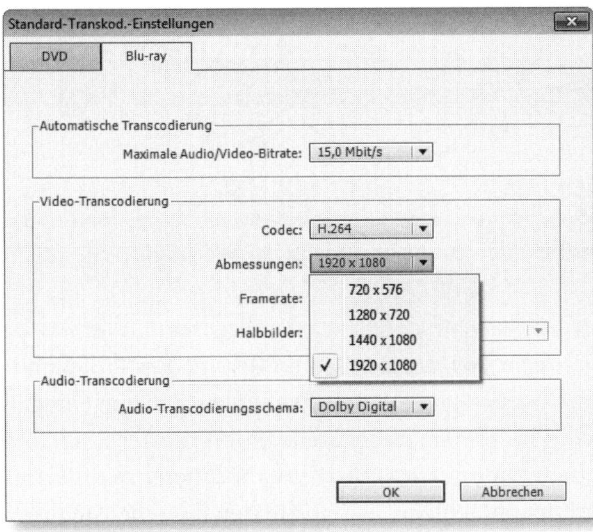

◂ **Abbildung 15.12** Die Größe von HD-Videomaterial kann hier noch angepasst werden.

5 *Audio-Transcodierung*

Weiter unten findet sich auf beiden Registerkarten (DVD und BLU-RAY) die Möglichkeit, die AUDIO-TRANSKODIERUNG einzustellen. Hier können Sie generell DOLBY DIGITAL stehen lassen. Selbstverständlich werden hier aus Stereoaufnahmen keine Mehrkanaltöne. Sollten Sie jedoch bereits in Dolby aufgenommen haben (gerade HD-Kameras machen das ja zumeist von Haus aus), wird auch Dolby Digital auf die DVD bzw. Blu-ray gebrannt.

6 *Optional: Einstellungen nachträglich ändern*

Übrigens können Sie die hier vorgenommenen Einstellungen auch noch editieren, nachdem Sie mit OK bestätigt haben. Dazu selektieren Sie DATEI • PROJEKTEINSTELLUNGEN im Menü.

Schritt für Schritt: Assets importieren und Schnittfenster erzeugen

Die Arbeitsoberfläche sieht ja nicht völlig anders aus als die von Premiere Pro. Auch hier finden Sie ein Projektfenster ❶, das ebenfalls als Archiv Ihrer Assets dient.

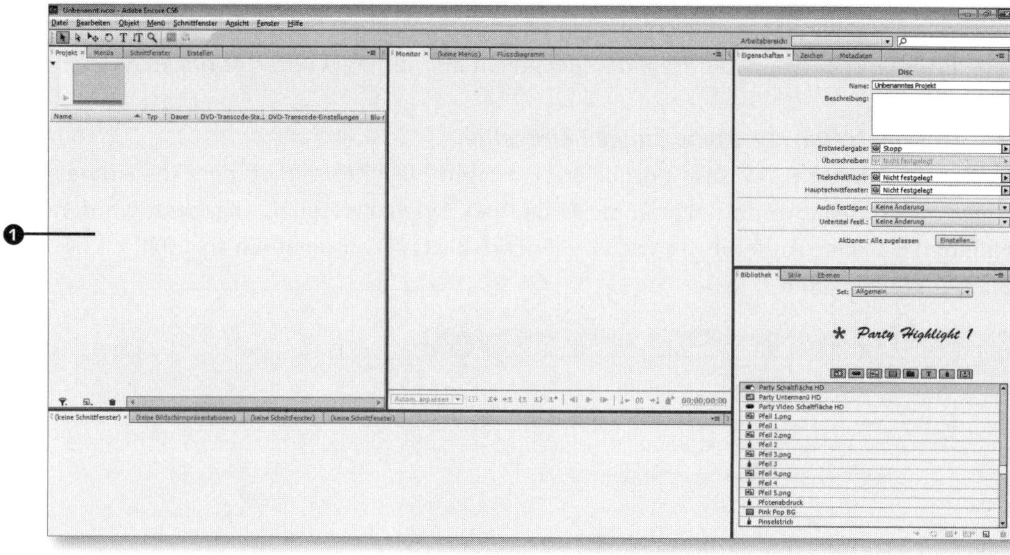

▲ **Abbildung 15.13** Auch die Arbeitsoberfläche von Encore ist zunächst ein wenig karg.

1 *MPEG importieren*

Doppelklicken Sie, genau wie in Premiere Pro, auf den leeren Bereich des Projektfensters, um Assets hinzuzufügen. Damit haben Sie die Möglichkeit, die einzelnen Filme in Ihr Projekt zu importieren. Ich möchte Sie aber an dieser Stelle bitten, zunächst nur den Hauptfilm »Gecko-Glas.mpg« aus dem Ordner Ergebnisse zu importieren. Falls erforderlich, vergrößern Sie das Fenster horizontal etwas, indem Sie den Zwischensteg zum Monitor-Bedienfeld nach rechts ziehen. Schauen Sie in die Spalte DVD-Transcode-Status. Dort finden Sie den Eintrag Nicht transkodieren. Das liegt daran, dass Sie den Film bereits als MPEG ausgegeben haben. Und das ist ja genau das Format, das für die Erstellung einer DVD benötigt wird.

▲ **Abbildung 15.14** Nicht transkodieren bedeutet, dass diese Datei bereits transcodiert ist.

Korrekte Spalte beachten

Würden Sie statt einer DVD eine Blu-ray erzeugen, wären die beiden rechts daneben befindlichen Spalten maßgebend. Im Blu-ray-Transcode-Status wird Nicht transkodiert gelistet. Falls erforderlich, ziehen Sie das Projektfenster noch etwas mehr in die Breite.

▲ **Abbildung 15.15** Bei Blu-rays sind andere Spalten maßgeblich.

2 *AVI importieren*

Binden Sie hingegen eine andere Datei ein, beispielsweise AVI oder QuickTime, würde an dieser Stelle Nicht transkodiert stehen. Dieser kleine, aber sehr bedeutende Unterschied weist darauf hin, dass die Datei grundsätzlich noch in Encore transcodiert werden muss. Importieren Sie jetzt »Palindrom.avi« (ebenfalls im Ordner Ergebnisse zu finden).

▲ **Abbildung 15.16** Die zweite Datei muss noch transcodiert werden.

3 *Assets als Schnittfenster importieren*

Die anderen beiden Dateien importieren Sie auf anderem Weg: Klicken Sie mit rechts in den freien Bereich des Projektfensters, und entscheiden Sie sich für Importieren als • Schnittfenster. Binden Sie jetzt die Dateien »Vierpunktmaske.avi« und »Zeitverzerrung.avi« ein. Sie dürfen das ruhigen Gewissens in einem Arbeitsgang tun. Encore wird beides pfleglich auseinanderhalten.

4 *Schnittfenster anlegen*

Daraufhin sollten sich auch diese Dateien zu den ersten beiden Import-Assets hinzugesellt haben. Einen ganz markanten Unterschied gibt es aber: Sie finden sowohl die jeweilige Datei als auch zusätzliche Zeilen mit den gleichen Namen. Der Grund: Sie haben nicht nur die Filme importiert, sondern diese auch gleich ins Schnittfenster eingefügt. Und genau das benötigen Sie auch, wenn Sie mit Filmen in Encore arbeiten wollen.

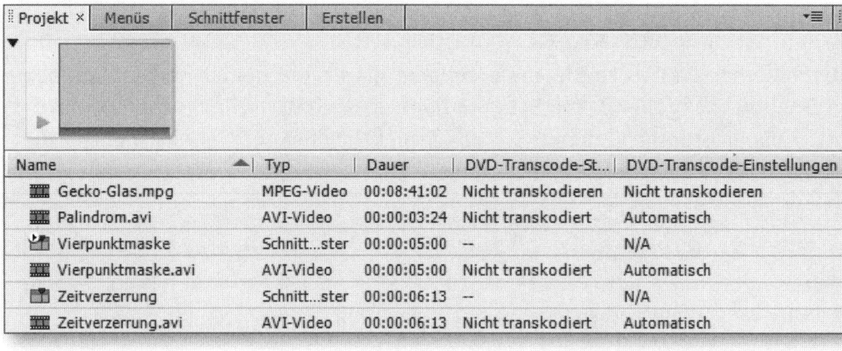

▲ **Abbildung 15.17** Sämtliche Assets befinden sich nun im Projektfenster.

5 *Schnittfenster nachträglich erzeugen*

Nun ist aber unser Hauptfilm eingangs ebenso wenig als Schnittfenster angelegt worden wie die erste AVI-Datei. Markieren Sie deshalb den Eintrag »Gecko-Glas.mpg«, und klicken Sie in der Fußleiste des Projektfensters auf das Blattsymbol NEUES ELEMENT ERSTELLEN. Entscheiden Sie sich in der Liste für den Eintrag SCHNITTFENSTER. Daraufhin wird ein weiteres Asset im Projektfenster zu sehen sein – nämlich das Gecko-Glas-Schnittfenster ❶. Wiederholen Sie den Vorgang mit dem letzten Asset, das noch kein Schnittfenster hat, »Palindrom.avi«. Jeder der vier Einträge taucht jetzt einmal als herkömmliches Asset und einmal als Schnittfenster auf.

▲ **Abbildung 15.18** Das Projektfenster füllt sich.

Sortierreihenfolge ändern

Die Assets werden grundsätzlich alphabetisch angeordnet. Falls es Ihnen jedoch lieber ist, sie zusätzlich noch nach Typ anzeigen zu lassen (zunächst alle Clips, danach alle Schnittfenster), klicken Sie auf die Überschrift TYP. Entsprechend ließen sich die Assets auch nach DAUER oder TRANSCODE-STATUS anordnen. Zurück zur ursprünglichen Ansicht geht es mit Klick auf NAME.

Warum ist es erforderlich, Schnittfenster zu erzeugen? Weil Film-Assets innerhalb der DVD-Struktur nicht direkt miteinander verknüpft werden können, sondern nur dann, wenn sie in einem Schnittfenster liegen. Schauen Sie sich doch einmal den unteren Bereich der Arbeitsoberfläche an. Sie finden hier nämlich für jeden Film auch ein entsprechendes Fenster, das Sie über die jeweilige Registerkarte oder per Doppelklick auf dem Schnittfenster-Eintrag im Projektfenster anwählen können (dazu später mehr).

▲ **Abbildung 15.19** So präsentiert sich das Schnittfenster nach Anwahl des Hauptfilms.

6 *Filme abspielen*

Sie können hier die Abspielmarke (Einfügemarke) nach Wunsch positionieren und den Film mit Hilfe der Leertaste starten und stoppen. Das können Sie aber auch, indem Sie innerhalb des Monitorfensters (FENSTER • MONITOR) die Abspielen-Schaltfläche benutzen.

15.3.1 Filme kürzen

Sie dürfen vom Schnittfenster keine Bearbeitungsmöglichkeiten wie in Premiere Pro erwarten. Dennoch ist hier das eine oder andere möglich, dass Sie bereits von der Videoschnittapplikation her kennen. Sie können beispielsweise Marken setzen (dazu später mehr) und Clips kürzen. Setzen Sie den Mauszeiger dazu an den Anfang oder das Ende eines Clips, und ziehen Sie den Clip nach Wunsch in Form. Bitte machen Sie das aber nicht beim Beispielprojekt. Wenn doch, drücken Sie anschließend [Strg]/[cmd]+[Z]. Alternativ gehen Sie über BEARBEITEN • RÜCKGÄNGIG CLIPS ZUSCHNEIDEN.

▲ **Abbildung 15.20** Das Kürzen funktioniert prinzipiell genauso wie in Premiere Pro.

Nur Audio oder nur Video kürzen | Audio und Video lassen sich aber auch getrennt voneinander kürzen. Dazu müssen Sie allerdings zunächst einmal den Clip abwählen, indem Sie in einen freien Bereich der Video- oder Audiospur klicken. Danach halten Sie [Alt] gedrückt. Am Schluss klicken Sie auf das Ende des Streifens, den Sie kürzen wollen (also entweder Audio oder Video), und schieben den Clip mit gedrückter linker Maustaste in Form.

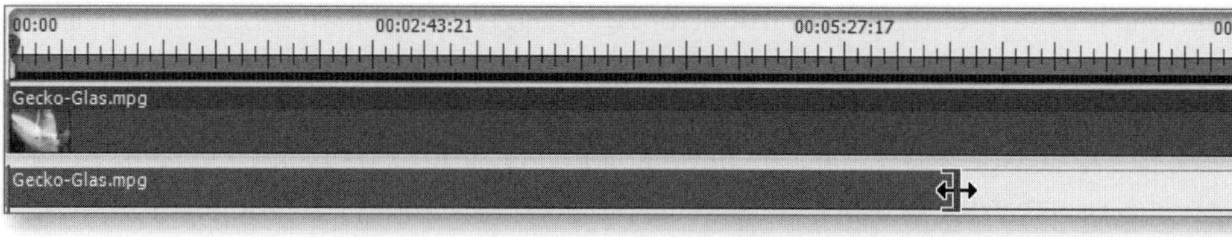

▲ **Abbildung 15.21** Clips können auch »einseitig« gekürzt werden.

15.3.2 Audiospuren entfernen

Auf die gleiche Weise können Sie sich auch komplett von Audiospuren trennen, um nur das Video zu erhalten. Wählen Sie den Clip zunächst wieder ab. Anschließend markieren Sie nur den Audio-Part, während Sie [Alt] gedrückt halten, und betätigen [Entf] bzw. [←].

15.3.3 Mehrere Filme einbetten

Grundsätzlich dürfen mehrere Filme in einem Schnittfenster untergebracht werden. Sie können also ein Film-Asset (kein Schnittfenster!) mit gedrückter linker Maustaste hinter einen bereits vorhandenen Film ins Schnittfenster ziehen. An ihrem Übergang befindet sich jetzt sogar eine Marke. Sie dürfen auch mischen, also einen MPEG-Film beispielsweise in ein AVI-Schnittfenster ziehen. Allerdings geht das nicht umgekehrt – zumindest dann nicht, wenn Sie versuchen, einen nicht transcodierten Film in ein Schnittfenster zu ziehen, dessen Inhalt bereits transcodiert ist. In diesem Fall wird am Ende lediglich eine Kapitelmarkierung erzeugt.

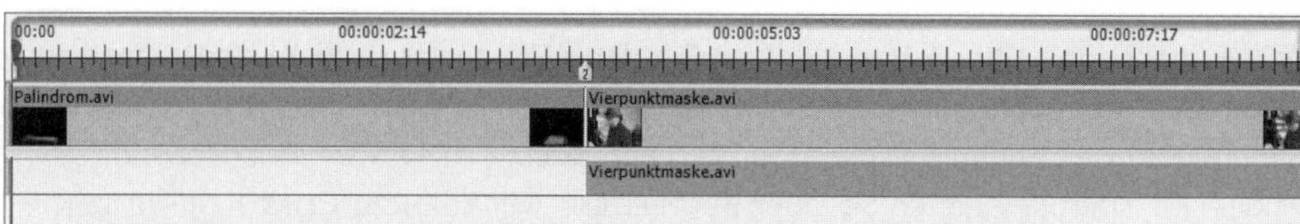

▲ **Abbildung 15.22** Packen Sie weitere Clips in ein bereits gefülltes Schnittfenster.

15.4 Menüs

DVDs kommen zwar ohne Menüs aus, jedoch benötigt ein aus mehreren Filmen bestehendes Projekt zumindest ein Menü. Die Anwendung wartet mit einer Fülle vordefinierter Menüs auf, die Sie selbstverständlich Ihren individuellen Bedürfnissen anpassen können. Voraussetzung dafür ist allerdings, dass der Encore-Inhalt bereits installiert ist.

15.4.1 Content installieren

Werfen Sie zunächst einen Blick auf das Bedienfeld Bibliothek unten rechts. Sind darin Menüeinträge gelistet? Glückwunsch! Sie dürfen den Rest dieses Abschnitts überspringen und zu Abschnitt 15.4.2, »Menüs erzeugen«, wechseln.

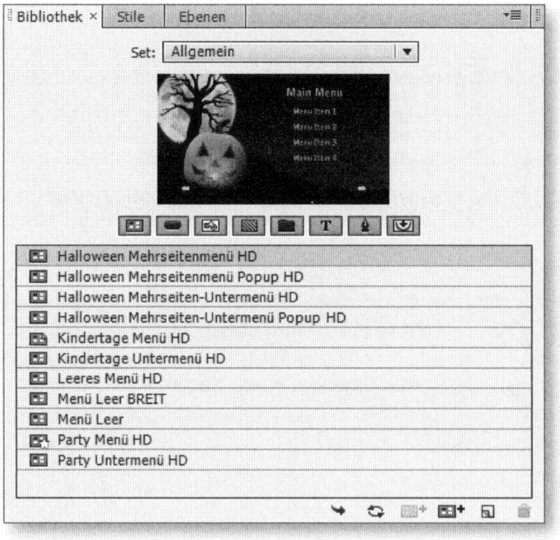

▲ **Abbildung 15.23** Hier ist alles Nötige vorhanden, keine weiteren Aktionen erforderlich.

▲ **Abbildung 15.24** Der Content glänzt durch Abwesenheit. Installieren Sie ihn nach.

Ist das Bedienfeld leer, muss der sogenannte *Encore Content* heruntergeladen und nachinstalliert werden. Dazu gehen Sie bitte folgendermaßen vor: Haben Sie sich bereits mit Kapitel 11, »Titel erzeugen«, beschäftigt? Falls Sie dort den Anweisungen zum Herunterladen der Titel-Vorlagen gefolgt sind, müssen Sie lediglich noch den bereits heruntergeladenen Encore-Inhalt hinzufügen. Begeben Sie sich noch einmal in den Download-Ordner. Darin enthalten ist auch das Verzeichnis ADOBE ENCORE CS6 FUNCTIONAL CONTENT. Führen Sie auch dort die Installationsdatei aus und installieren Sie den Content im Programmordner von Adobe Encore CS6. Achten Sie darauf, dass der korrekte Pfad angegeben ist (beispielsweise *C:\Programme\Adobe Encore CS6*). Falls dieser Pfad nicht korrekt ist, sich aber im Feld SPEICHERORT nicht ändern lässt, merken Sie sich den angegebenen Pfad und installieren das Paket zunächst dort. Anschließend gehen Sie an diesen Speicherort und halten nach dem Ordner LIBRARY Ausschau, den Sie in den Programmordner von Adobe Encore CS6 integrieren. Starten Sie Encore.

15.4.2 Menüs erzeugen

Prinzipiell ist nichts dagegen einzuwenden, ein Menü von der Pike auf (beginnend bei Photoshop) selbst zu gestalten. Dabei müssen allerdings Konventionen beachtet werden. Einfacher ist die Verwendung vorhandener Menüs, die sich problemlos und individuell anpassen lassen.

Schritt für Schritt: Ein DVD-Menü erzeugen

Unsere Beispielfilm-DVD wird mit mehreren Menüs ausgestattet. In den folgenden Schritten wird jedoch zunächst nur das Hauptmenü gestaltet.

1 *Standardmenü wählen*

Klicken Sie zunächst in der Fußleiste des Projektfensters auf NEUES ELEMENT ERSTELLEN ❷. Aus der Liste entscheiden Sie sich für MENÜ. Encore wird daraufhin ein weiteres Asset ❶ (genauer gesagt ein Menü) in das Projektfenster integrieren. Dass es sich dabei keinesfalls um das gewünschte, sondern um irgendein Menü handelt, wollen wir im Moment noch vernachlässigen.

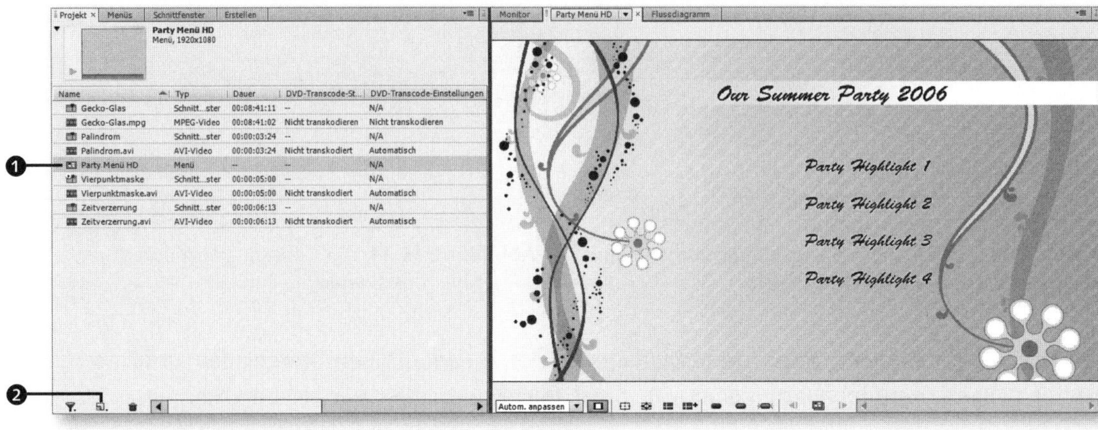

▲ **Abbildung 15.25** Hier wurde ein HD-Menü integriert.

2 *Menü austauschen*

Widmen Sie sich jetzt dem Bedienfeld BIBLIOTHEK unten rechts auf Ihrer Arbeitsfläche. Sie können es über F7 oder über FENSTER • BIBLIOTHEK einschalten. Zunächst sollten Sie nur Menüs anzeigen lassen, indem Sie ❹ betätigen. Schalten Sie danach um auf das SET: TECHNOLOGIE ❸, und entscheiden Sie sich per einfachem Mausklick für MENÜ ABSTRAKT2 ❺. Klicken Sie danach in der Fußleiste auf ERSETZEN ❼.

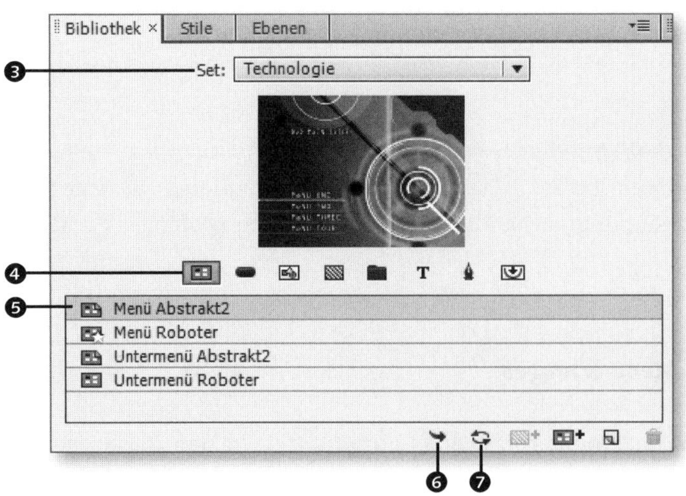

◄ **Abbildung 15.26** Mit dem MENÜ ABSTRAKT2 geht es weiter.

3 *Optional: Menüs platzieren*

Dies hat zur Folge, dass das ursprünglich platzierte Menü gegen das aktuell gewählte ausgetauscht wird. Hätten Sie vorab kein Menü eingefügt, hätten Sie das Bibliotheksmenü jetzt über PLATZIEREN ❻ hinzufügen müssen.

4 *Menü umbenennen*

Im Projektfenster befinden sich nun zwei neue Einträge. Das sind PAL_ABSTRACT2 MENU und PAL_ABSTRACT2 MENU.M2V. Anhand der Dateiendung (.m2v) ist zu erkennen, dass ein Film-Asset hinzugefügt worden ist. Sie ahnen es. Das Menü ist animiert. Doch dazu später mehr. Widmen Sie sich zunächst dem Menüeintrag (ohne Dateiendung), und klicken Sie diesen im Projektfenster mit rechts an. Entscheiden Sie sich im Kontextmenü für UMBENENNEN. Im folgenden Dialog legen Sie HAUPTMENÜ fest und bestätigen mit OK.

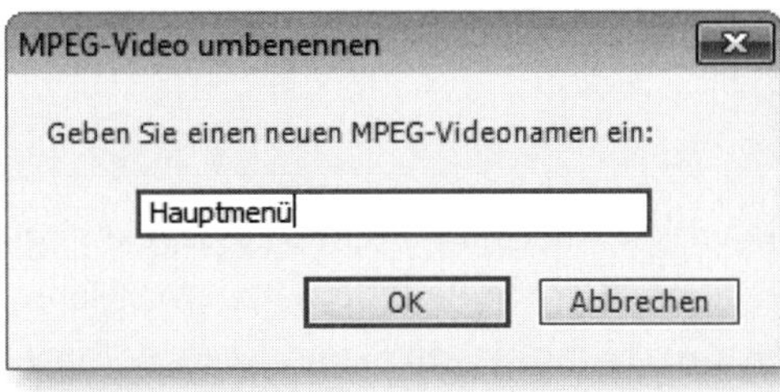

◀ **Abbildung 15.27** Benennen Sie Ihr Menü aussagekräftig.

Name	Typ	Dauer	DVD-Transcode-Sta...	DVD-Transcode-Einstell
Gecko-Glas	Schnitt...ter	00:08:41:11	--	N/A
Gecko-Glas.mpg	MPEG-Video	00:08:41:02	Nicht transkodieren	Nicht transkodieren
Hauptmenü	Menü	--	--	N/A
PAL_Abstract2Menu.m2v	MPEG-Video	00:00:16:17	Nicht transkodieren	Nicht transkodieren
Palindrom	Schnitt...ter	00:00:03:24	--	N/A
Palindrom.avi	AVI-Video	00:00:03:24	Nicht transkodiert	Automatisch
Vierpunktmaske	Schnitt...ter	00:00:05:00	--	N/A
Vierpunktmaske.avi	AVI-Video	00:00:05:00	Nicht transkodiert	Automatisch
Zeitverzerrung	Schnitt...ter	00:00:06:13	--	N/A
Zeitverzerrung.avi	AVI-Video	00:00:06:13	Nicht transkodiert	Automatisch

▲ **Abbildung 15.28** Das Umbenennen ist sehr wichtig, damit Sie die Menüs später auseinanderhalten können.

5 *Menüeinträge löschen*

Sie können jetzt das Menü nach Wunsch anpassen. So lassen sich die einzelnen Schaltflächen beispielsweise umpositionieren und nicht benötigte löschen. Das können Sie direkt im Fenster HAUPTMENÜ erledigen (wenn es nicht sichtbar ist, doppelklicken Sie HAUPTMENÜ im Projektfenster). Entfernen Sie die Schaltfläche PARTY HIGHLIGHT 4, indem Sie sie markieren und anschließend [Entf] oder [←] drücken bzw. BEARBEITEN • LÖSCHEN wählen.

▲ **Abbildung 15.29** Der unterste Button wurde entfernt.

6 *Bezeichnungen ändern*

Nun sind die vorhandenen Bezeichnungen ja wirklich alles andere als aussagekräftig. Spätestens hier kommt dem Eigenschaften-Bedienfeld große Bedeutung zu. Markieren Sie deshalb die erste Schaltfläche, PARTY HIGHLIGHT 1, und tragen Sie im Register STANDARD des Eigenschaften-Bedienfeldes (oben rechts) unter NAME den neuen Text »Film abspielen« ein. Bestätigen Sie mit [↵]. Wiederholen Sie diese Schritte anschließend auch für für die zweite Schaltfläche, die »Kapitel auswählen« heißen soll, und bezeichnen Sie die dritte als »Bonusmaterial«.

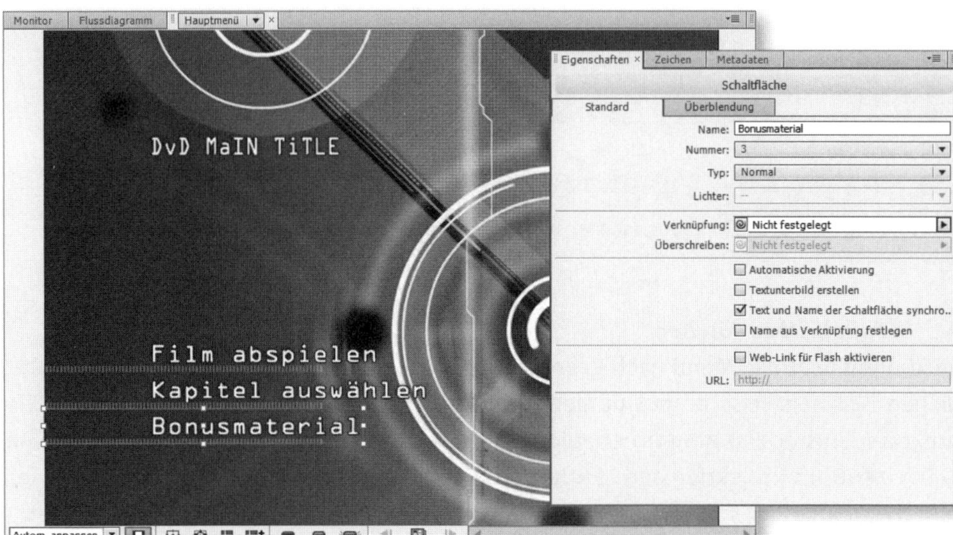

▲ **Abbildung 15.30** In den EIGENSCHAFTEN lassen sich die Namen der Buttons verändern.

7 *Direktänderungen durchführen*

Wenn Sie jetzt versuchen, den vorhandenen Text »DvD MaIN TiTLE« zu ändern, wird Ihnen das nicht gelingen. Das liegt daran, dass Hintergrund und Schriftzug eine Einheit bilden. Ebenso wenig könnten Sie beispielsweise den Text der einzelnen Buttons innerhalb der Schaltfläche bewegen, da auch hier eine Einheit aus Button und Text gebildet wurde.

Schauen Sie deshalb einmal oben links auf die Werkzeugleiste. Dort ist standardmäßig das AUSWAHL-WERKZEUG [V] aktiv. Wollen Sie einzelne Elemente innerhalb einer Gruppe bearbeiten, müssen Sie sich für das nebenstehende DIREKT-AUSWAHL-WERKZEUG [A] entscheiden. Damit hätten Sie die Buttons im Übrigen auch umbenennen können.

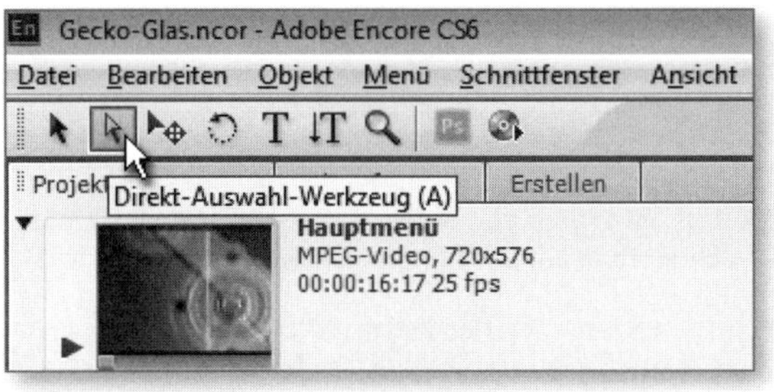

▲ **Abbildung 15.31** Das DIREKT-AUSWAHL-WERKZEUG befindet sich wie alle anderen Tools in der Werkzeugleiste.

Klicken Sie mit diesem Werkzeug auf den Schriftzug eines Buttons, können Sie ihn auf der Schaltfläche nach Wunsch verschieben. Die direkte Textänderung der Headline (Dvd MaIN TiTLE) erfolgt, indem Sie den Text doppelklicken oder das TEXT-WERKZEUG [T] aktivieren und den Schriftzug damit überfahren. Geben Sie danach »Faszination: Glas« ein.

8 *Schaltflächen neu anordnen*

Am Schluss wechseln Sie auf das VERSCHIEBEN-WERKZEUG und platzieren die Schaltflächen neu. Ziehen Sie sie weiter auseinander. Am besten gelingt das, indem Sie sie einzeln markieren und mit [⇧]+[↑] weiter auseinanderbewegen.

9 *Objekte gemeinsam verschieben*

Nur am Rande sei noch erwähnt, dass Sie mehrere Objekte markieren können, indem Sie einen Rahmen aufziehen, der die gewünschten Objekte (im Beispiel alle drei Schaltflächen) berührt. Danach klicken Sie auf eine der Schaltflächen, lassen die Maustaste nicht mehr los und verschieben alle gemeinsam nach Wunsch.

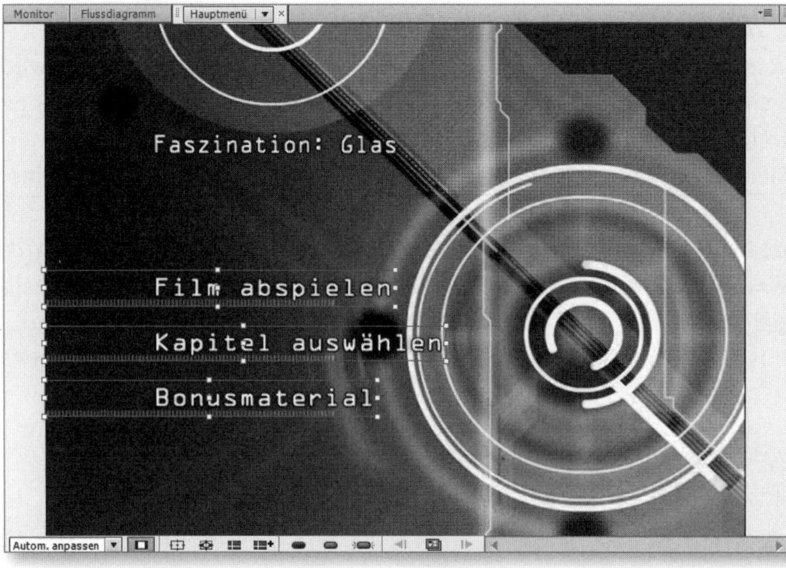

▲ **Abbildung 15.32** Der Platz zwischen den Buttons ist größer geworden. Außerdem stehen sie nun alle etwas höher. Der mittlere Button befindet sich in etwa auf der horizontalen Mitte des Kreises.

Geschützten Bereich anzeigen

Wie bereits aus Premiere Pro bekannt, lassen sich auch in Encore die Bereiche für geschützte Titel und geschützte Aktionen anzeigen. Klicken Sie dazu einfach in der Fußleiste des Hauptmenü- oder Monitorfensters auf die Schaltfläche GESCHÜTZTEN BEREICH ANZEIGEN. So stellen Sie sicher, dass Sie keine Elemente zu weit außerhalb platzieren.

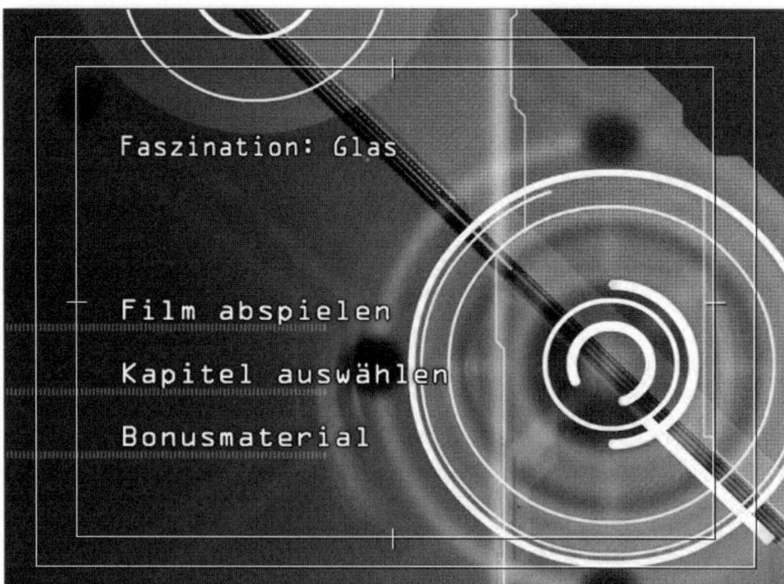

▲ **Abbildung 15.33** Innerhalb des Title-Safe-Bereichs sind Ihre Texte bestens aufgehoben.

Damit wäre das Hauptmenü fertiggestellt. Prinzipiell werden aber noch zwei weitere Menüs benötigt. Das erste soll erlauben, einzelne Kapitel anzuwählen, während das zweite den Zugriff zum Bonusmaterial ermöglicht. Letzteres soll im Anschluss erzeugt werden.

Projekt speichern

Bitte vergessen Sie nicht, Ihr Projekt ab und an zu speichern. Immerhin verfügt Encore nicht über eine Automatik, die regelmäßig sichert, wie Sie das von Premiere Pro her kennen. Deshalb drücken Sie von Zeit zu Zeit Strg/cmd+S oder gehen über DATEI • SPEICHERN.

Schritt für Schritt: Bonuskapitel-Menü erzeugen

Da Sie ja bereits ein Menü erzeugt haben, können Sie dieses auch gleich als Vorlage verwenden. Dann passen die Menüs auch optisch zusammen.

1 *Menü kopieren*

Wenden Sie sich wieder dem Projektfenster zu, und markieren Sie mit rechts den Eintrag HAUPTMENÜ. Wählen Sie hier KOPIEREN und anschließend EINFÜGEN. Natürlich funktionieren Strg/cmd+C, gefolgt von Strg/cmd+V, ebenfalls bestens.

2 *Bonus-Menü benennen*

Sie erhalten jetzt ein zusätzliches Menü-Asset mit dem Namen HAUPTMENÜ KOPIE. Klicken Sie diesen Eintrag mit rechts an, und entscheiden Sie sich im Kontextmenü für UMBENENNEN. Na klar, das gute Stück soll »Bonusmaterial« heißen.

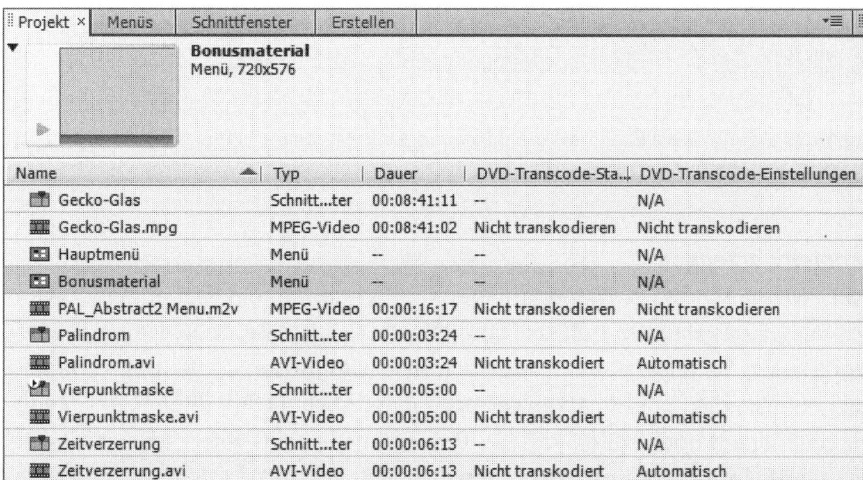

▲ **Abbildung 15.34** Die Menü-Kopie soll für die Steuerung des Bonusmaterials verwendet werden.

3 *Objekte umbenennen*

Nun müssen Sie nichts weiter tun, als die einzelnen Texte zu ändern. Achten Sie aber vorher unbedingt darauf, dass im Hauptfenster jetzt auch das Menü BONUSMATERIAL angezeigt wird (Doppelklick auf das Asset im Projektfenster). Ansonsten würden sich sämtliche folgenden Änderungen nämlich auf das Hauptmenü auswirken. Ändern Sie die Namen doch diesmal mit dem DIREKT-AUSWAHL-WERKZEUG. Geben Sie der Überschrift die Bezeichnung »Bonusmaterial«, und ändern Sie die Schaltflächenbezeichnungen (im Beispiel verwenden wir »Palindrom«, »Vierpunktmaske« und »Zeitverzerrung«). Denken Sie daran, auch das DIREKT-AUSWAHL-WERKZEUG sowie das TEXT-WERKZEUG zu benutzen.

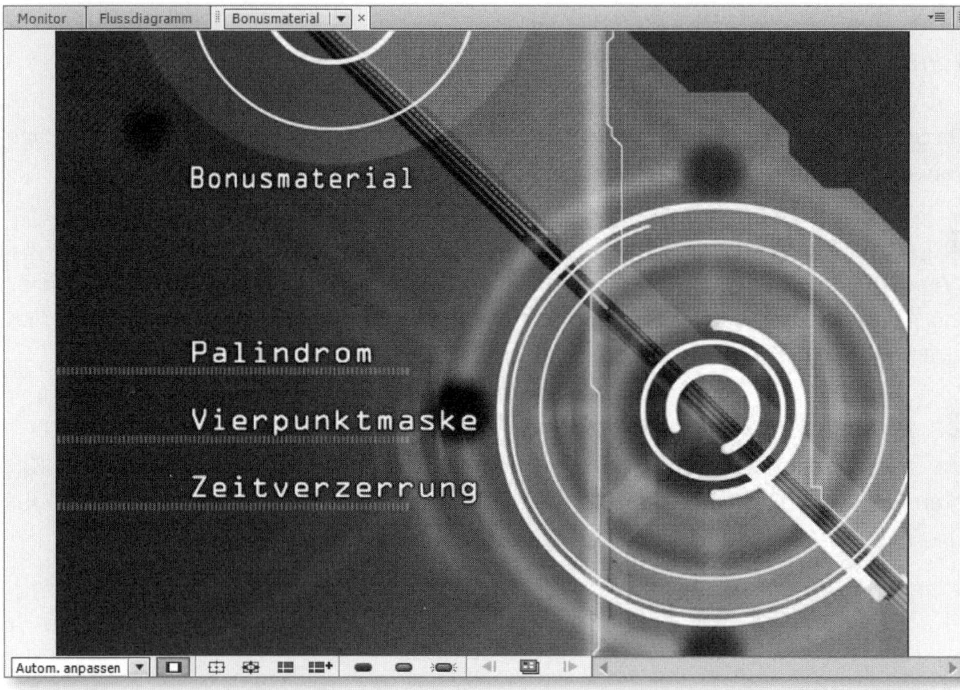

▲ **Abbildung 15.35** Achten Sie darauf, dass die folgenden Änderungen im richtigen Menü (BONUSMATERIAL) wirksam werden.

4 *Szenenmenü erzeugen*

Erzeugen Sie, wie in Schritt 1, »Menü kopieren«, beschrieben, ein Szenenmenü. Nehmen Sie als Vorlage das Hauptmenü, und nennen Sie es »Szenenmenü«. Den Inhalt des neuen Menüs lassen Sie aber bitte noch unverändert. Um dessen Gestaltung kümmern Sie sich, nachdem Sie die Kapitelmarken gesetzt haben. Auch die Funktionen der Menü-Buttons bleiben derzeit noch außen vor. Das Projektfenster sollte jetzt dieselben Assets beinhalten, wie Sie in Abbildung 15.36 sehen.

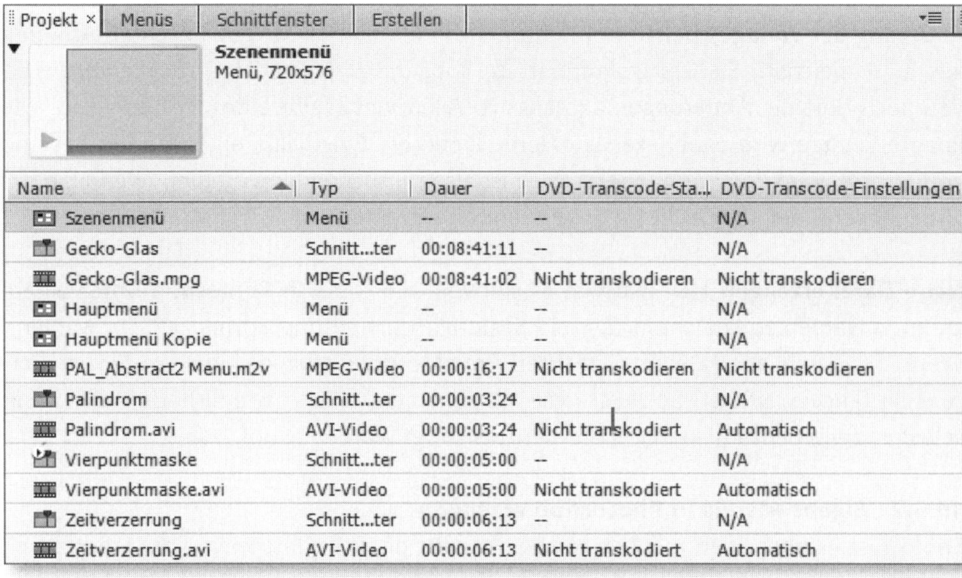

▲ **Abbildung 15.36** Der Projektfensterinhalt ist bereits ordentlich angewachsen.

15.5 Menüs in Photoshop bearbeiten

Die Encore-Menüs sehen zwar schick aus und sind in der Regel auch individuell anpassbar, doch werden Sie nicht selten Ihre eigenen kreativen Ideen in eine solche Menüoberfläche mit einfließen lassen wollen. Deswegen besteht die Möglichkeit, Photoshop zu Hilfe zu nehmen. Damit lassen Sie dann Ihren Wünschen freien Lauf und können Menüs erzeugen, die definitiv kein anderer hat.

15.5.1 Vorlagen überarbeiten

Wenn Sie ein Menü auf Grundlage eines Encore-Menüs produzieren wollen, können Sie das direkt aus der Authoring-Software heraus in die Wege leiten. Markieren Sie das Menü dazu im Projektfenster, und entscheiden Sie sich in der Werkzeugleiste für den Photoshop-Button (Menü in Photoshop bearbeiten).

▲ **Abbildung 15.37** Von hier aus geht es zu Photoshop.

Änderung der Vorlage speichern | Führen Sie in Photoshop die gewünschten Arbeiten aus, und speichern Sie das Dokument ab. Sobald Sie zu Encore zurückkehren, werden auch dort die Änderungen aktualisiert. Allerdings bleibt eines zu bedenken: Die Encore-Vorlage wird dabei »zerschossen«. Denn die Originaldatei, immerhin Bestand von Encore, wird verändert. Dieser Weg ist also nur dann zu empfehlen, wenn Sie das Originalmenü definitiv nicht mehr verwenden werden.

Neue Datei erzeugen | Deshalb ist es sinnvoll, die Datei in Photoshop unter einem anderen Namen zu speichern (DATEI • SPEICHERN UNTER und Format »PSD« wählen). Wenn Sie anschließend einmal in Ihren Projektordner schauen, werden Sie im Verzeichnis [PROJEKTNAME] • SOURCES • MENUS genau diese Datei wiederfinden. Das Asset selbst ist zwischenzeitlich in Encore berücksichtigt worden. Cool, oder?

15.5.2 Eigene Menüs in Photoshop erzeugen

Ebenso ist es aber auch möglich, eigene Menüs direkt in Photoshop zu produzieren und diese in Encore zu verwenden. Encore ist in der Lage, eine PSD-Datei zu lesen und zu interpretieren. Hier gilt es aber, bestimmte Konventionen zu beachten. So müssen Sie grundsätzlich, wenn Sie innerhalb dieses Menüs eine Schaltfläche anlegen wollen, ein Ebenen-Set erzeugen (NEUE GRUPPE ERSTELLEN ❸ im Ebenen-Bedienfeld). Dieses Set muss mit der Bezeichnung **(+)** ❶ beginnen. Sollte es sich hierbei um Kapitelindizes handeln, müssen Sie hingegen das Präfix **(+#)** benutzen. Wenn Sie das missachten, wird die Ebene später in Encore nicht als Schaltfläche erkannt. Wenn Sie den Button zudem noch mit einer Highlight-Funktion ausstatten wollen, die dem Benutzer anzeigt, dass die Schaltfläche vorausgewählt ist, müssen Sie den Namen dieser Ebene innerhalb des Sets mit **(=1)** beginnen lassen ❷. Die weiterführende Bezeichnung ist hingegen optional.

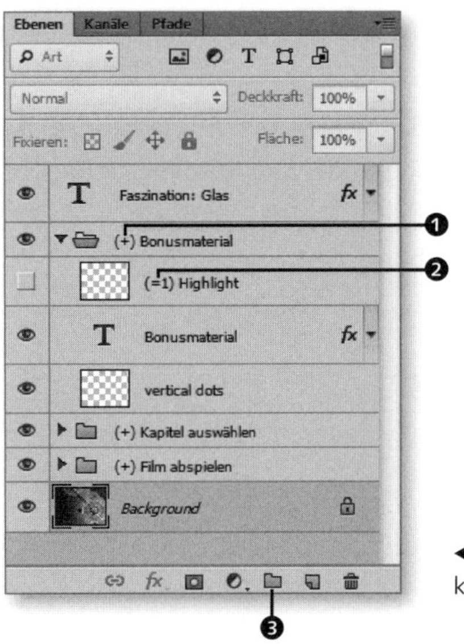

◂ **Abbildung 15.38** Achten Sie auf die Bezeichnungskonventionen.

Die Präfixe im Überblick:

- **(+)** – Schaltfläche
- **(+#)** – Kapitel-Schaltfläche (zum Kapitel bzw. zur Kapitelmarke)
- **(+>)** – Weiter-Schaltfläche (zum nächsten Kapitelmenü)
- **(+<)** – Zurück-Schaltfläche (zum vorhergehenden Kapitelmenü)
- **(+^)** – Hauptmenü-Schaltfläche (zum Hauptmenü)
- **(=1)** – vorausgewählte Schaltfläche
- **(=2)** – Schaltfläche mit Kontur versehen
- **(=3)** – Schaltfläche markiert
- **(%)** – Miniaturbild des Videos
- **(!)** – Ersetzungsebene

Für alle weiteren Elemente, die dem allgemeinen Erscheinungsbild des Menüs dienlich sind, werden keine Präfixe angegeben.

15.6 Objekte zu Schaltflächen machen

Nun kann es ja sein, dass Sie Photoshop gar nicht im Einsatz haben und dennoch bestimmte Elemente (z. B. Bilder) aus Ihrem eigenen Fundus als Button benutzen wollen. In diesem Fall müssen Sie diese Bilddatei zunächst einmal in Encore integrieren.

Schritt für Schritt: Eigene Schaltflächen verwenden

Sie werden in den folgenden Schritten erfahren, wie Sie eine Bilddatei (im Beispiel PNG) in eine Schaltfläche umwandeln und mit einer Funktion ausstatten können.

1 *Menü erzeugen*

Damit unser Beispielprojekt nicht leidet, sollten Sie zunächst ein neues Menü erzeugen, das Sie später wieder entsorgen können. Aktivieren Sie dazu Anzeige von Menüs aktivieren/deaktivieren ❷ (siehe Abbildung 15.40) im Bedienfeld Bibliothek, und entscheiden Sie sich für das Set Schulung ❶. Selektieren Sie Menü Klassische Ausbildung ❸, und bestätigen Sie diese Auswahl mit Neues Menü ❹ in der Fußleiste des Bibliotheksfensters.

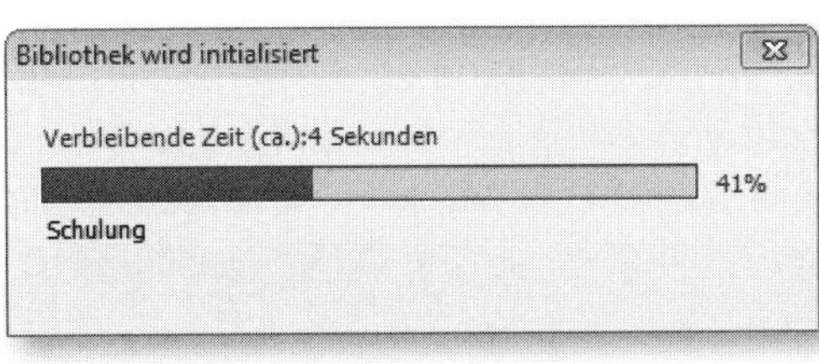

◂ **Abbildung 15.39** Gedulden Sie sich einen Augenblick. Durch Anwahl eines anderen Sets muss der Inhalt der Bibliothek aktualisiert werden.

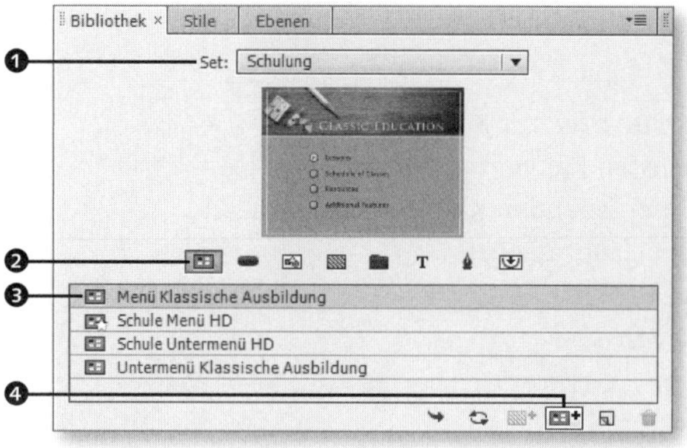

▲ **Abbildung 15.40** Dieses Menü soll als Beispiel dienen.

2 *Bild importieren*

Jetzt geht es um die Integration des Bildobjekts. Dazu verwenden wir als Beispiel »Button.png« aus dem Ordner KAPITEL_15. Nachdem die Datei als Asset integriert worden ist, ziehen Sie den gleichnamigen Eintrag aus dem Projektfenster auf das Menü und ordnen das gute Stück nach Wunsch an.

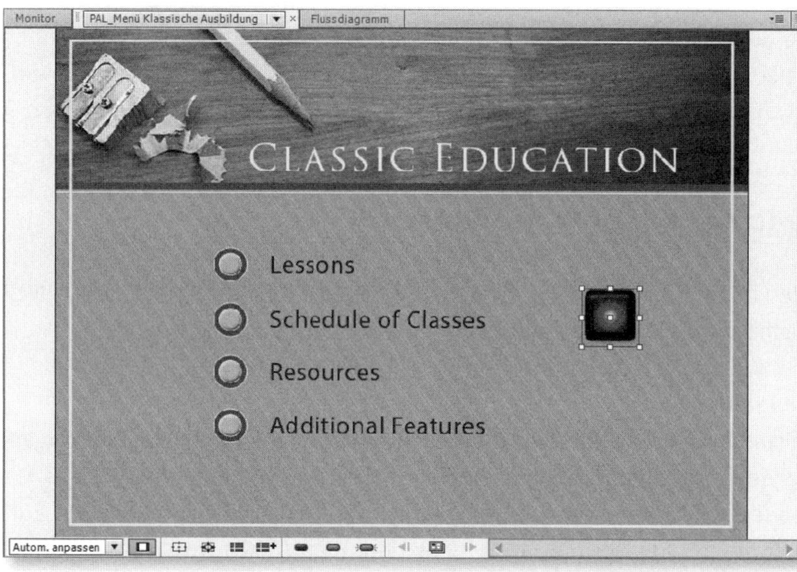

▲ **Abbildung 15.41** Die Bilddatei sieht ein wenig befremdlich aus.

3 *Einzelnes Objekt anwählen*

Wenn Sie jetzt einmal auf das Menü klicken und anschließend erneut versuchen, das Bildobjekt zu markieren, wird das Ganze nicht von Erfolg gekrönt sein. Sie wissen ja: Zum Markieren einzelner Objekte benötigen Sie das DIREKT-AUSWAHL-WERKZEUG. Falls erforderlich, schalten Sie also auf dieses Tool um, und sorgen Sie dafür, dass die PNG-Datei ausgewählt ist.

4 *Ebenen-Bedienfeld aktivieren*

Aktivieren Sie das Ebenen-Bedienfeld von Encore (FENSTER • EBENEN). Hier werden jetzt sämtliche Elemente dieses Menüs aufgelistet. Wenn Sie die Bilddatei ausgewählt haben, ist die erste Zeile zudem markiert. Sie benötigen zwar das Ebenen-Bedienfeld nicht, um eine Schaltfläche zu erzeugen, jedoch sehen Sie hier gleich sehr schön, was passiert, wenn Sie eine entsprechende Umwandlung vornehmen.

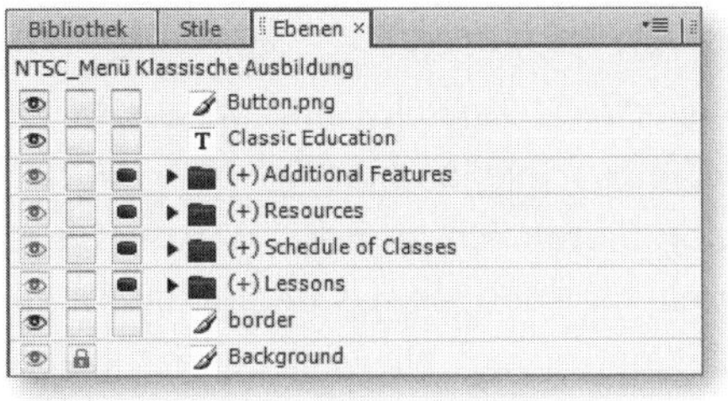

◂ **Abbildung 15.42** Die PNG-Datei wird ganz oben angezeigt.

5 *Schaltfläche erzeugen*

Entscheiden Sie sich abschließend lediglich noch für OBJEKT • IN SCHALTFLÄCHE KONVERTIEREN aus dem Menü, bzw. drücken Sie [Strg]/[cmd]+[B]. Dabei sollten Sie unbedingt das Ebenen-Bedienfeld im Auge behalten. Hier wird nämlich jetzt nicht nur ein Ebenen-Set angelegt, sondern auch gleich alles entsprechend den Konventionen benannt. Sie sehen: Wenn Sie Schaltflächen direkt in Encore erzeugen, müssen Sie sich um Konventionen überhaupt nicht kümmern.

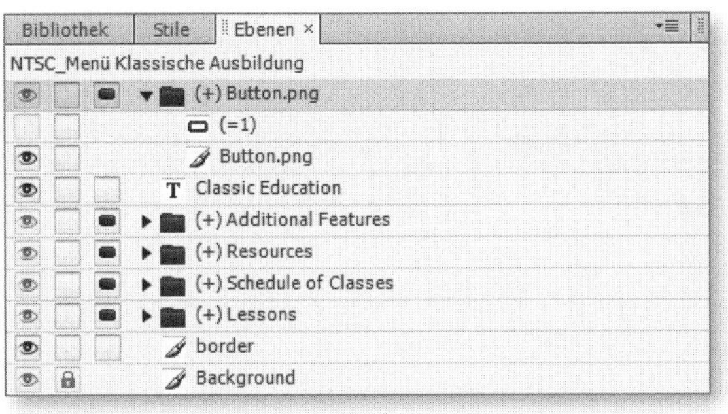

◂ **Abbildung 15.43** Die Schaltfläche wurde korrekt benannt.

6 *Funktion festlegen*

Jetzt müssten Sie mit Hilfe des Eigenschaften-Bedienfeldes nur noch festlegen, welche Funktion der Button erfüllen soll. Wie Sie das machen, erfahren Sie in der Schritt-für-Schritt-Anleitung »Szenenmenüs anlegen« in Abschnitt 15.8.1.

Ebenen-Bedienfeld

Beachten Sie, dass sich das Ebenen-Bedienfeld prinzipiell genauso einsetzen lässt, wie Sie das von Photoshop her kennen. Sie können auch einzelne Objekte markieren und verschieben, austauschen, skalieren und was immer Sie für erforderlich halten. Umfangreichere Arbeiten sollten Sie jedoch mit Photoshop erledigen.

15.6.1 Dateien als Stilobjekte einbinden

Im vorangegangenen Workshop haben Sie gesehen, dass Sie auch herkömmliche Bilddateien als Assets in ein Projektfenster einbinden können. Dieser Weg ist immer dann sinnvoll, wenn Sie die Datei nur für dieses eine Projekt integrieren wollen. Sollten Sie aber mit der Zeit dazu übergehen, Ihre ganz individuellen Elemente für jedes Ihrer Projekte einsetzen zu wollen (beispielsweise Ihr Logo), ist es sinnvoller, diese direkt in die Bibliothek zu integrieren. Dann ersparen Sie sich das permanente Hinzufügen über das Projektfenster.

Und das geht so: Suchen Sie im Bedienfeld BIBLIOTHEK zunächst ein SET aus ❷, in das Sie das Objekt integrieren wollen. Markieren Sie anschließend die Gruppe, die das Objekt am treffendsten beschreibt (bei Bilddateien bietet sich grundsätzlich ANZEIGE VON BILDERN AKTIVIEREN/DEAKTIVIEREN ❸ an). Danach öffnen Sie das Bedienfeldmenü ❶ und entscheiden sich für NEUES OBJEKT. Stattdessen ist auch ein Klick auf das kleine Blattsymbol im Fuß des Bibliothek-Bedienfeldes in Ordnung. Navigieren Sie zur Bilddatei, wählen Sie diese aus, und bestätigen Sie mit ÖFFNEN. Fortan wird der Eintrag in der Liste angezeigt ❹. Damit steht er permanent zur Verfügung und kann per Drag & Drop in jedes vorhandene Menü integriert werden.

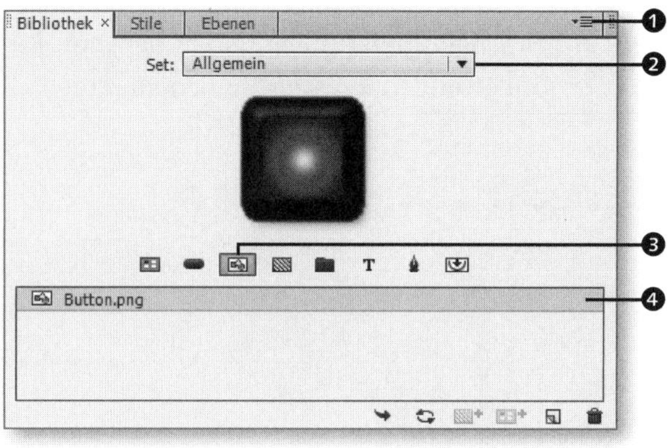

▲ **Abbildung 15.44** Der Button ist der BIBLIOTHEK hinzugefügt worden.

▲ **Abbildung 15.45** Auf die gleiche Weise lassen sich auch komplett neue Sets anlegen.

15.7 Kapitelmarken setzen

Bei längeren Filmen sollte der Benutzer grundsätzlich die Möglichkeit haben, einzelne Kapitel dieses Films anzuwählen. Wenn er nach einer unterbrochenen Wiedergabe erneut einsteigen möchte, sollte er schnell an einen bestimmten Punkt des Films springen können. Sie haben eingangs bereits erfahren, dass solche Kapitelmarken schon in Premiere Pro eingebaut werden können. Der gerenderte Film verfügt dann auch in Encore über diese Marken. Das ist aber nur dann der Fall, wenn Sie einen Film im Format MPEG2-DVD ausgegeben haben (siehe Abschnitt 15.2.1, »Kapitelmarken für Encore erzeugen«). Sollten Sie sich für MPEG-2 entschieden haben (wie in unserem Beispielfilm »Gecko-Glas.mpg«), sind die Kapitelmarken hingegen nicht integriert.

Sie können das direkt vergleichen: Nehmen Sie einmal Ihr Ergebnis aus Ihrem ersten Workshop in diesem Kapitel, indem Sie die dort erstellten Assets »Gecko-Glas-Encore.m2v« und »Gecko-Glas-Encore.wav« als Schnittfenster in die Authoring-Software integrieren. Sie sehen: Es ist bereits alles erledigt, und Sie können den folgenden Schritt-für-Schritt-Workshop übergehen.

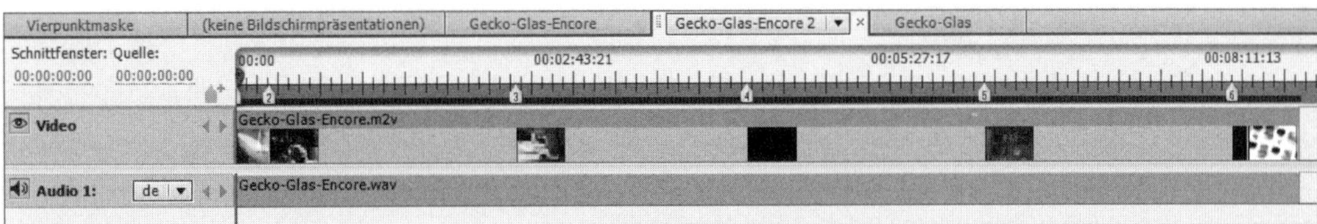

▲ **Abbildung 15.46** Hier ist alles erledigt. Die zuvor platzierten Schnittmarken sind vorhanden.

Schritt für Schritt: Den Hauptfilm mit Kapitelmarken ausstatten

Sollten Sie den ersten Workshop nicht gemacht haben oder interessieren Sie sich für die Erzeugung von Kapiteln in Encore, ist dieser Workshop genau das Richtige für Sie.

1 *Schnittfenster öffnen*

Hier geht es um den Hauptfilm, der noch in einzelne Kapitel unterteilt werden muss. Doppelklicken Sie deshalb den Schnittfenstereintrag Gecko-Glas (nicht die Videodatei!) im Projektfenster.

2 *Kapitelmarken setzen*

Bringen Sie zunächst die Schnittfenstermarke (Einfügemarke) an die gewünschte Position, und klicken Sie anschließend auf Kapitel hinzufügen. Führen Sie die Arbeiten fort, indem Sie sämtliche Kapitelmarken setzen, die Sie für erforderlich halten. Dabei sollten Sie bedenken, dass sich die Einfügemarke auch vor der Erzeugung der Marke exakt in Position bringen lässt, wenn Sie dazu die Pfeiltasten Ihrer Tastatur benutzen. Klicken erst danach auf KAPITEL HINZUFÜGEN ❶. Noch einfacher ist es, wenn Sie den Timecode oben links im Schnittfenster bedienen (Sie kennen das ja von Premiere Pro). Ob Sie dazu den linken (SCHNITTFENSTER) oder rechten (QUELLE) verwenden, spielt keine Rolle, da hier nur ein Clip integriert ist und demzufolge beide Codes identisch sind.

Wie wäre es, wenn Sie die Marken so setzen würden, wie das im Eingangs-Workshop geplant gewesen ist? Setzen Sie im ersten Arbeitsgang nur die Marken. Die Benennungen fügen wir im nächsten Schritt hinzu. Hier noch einmal die Liste:

- 00:00:17:02 – Perle
- 00:02:26:15 – Flaschenhals
- 00:04:09:04 – Schneiden
- 00:06:04:09 – Ofen
- 00:08:07:08 – Abspann

▲ **Abbildung 15.47** Auf dieser Abbildung wird gerade die Position für die letzte Kapitelmarke eingegeben (siehe Schnittfenster-Timecode oben links).

3 *Kapitel benennen*

Die Benennung der einzelnen Marken nehmen Sie vor, indem Sie die Marke selbst per Maus anwählen und das Eingabefeld NAME im Fenster EIGENSCHAFTEN benutzen. Danach aktivieren Sie die nächste usw. Vergessen Sie dabei nicht, auch die automatisch generierte erste Marke am Anfang zu benennen (»Filmstart« o. Ä. würde sich hier anbieten).

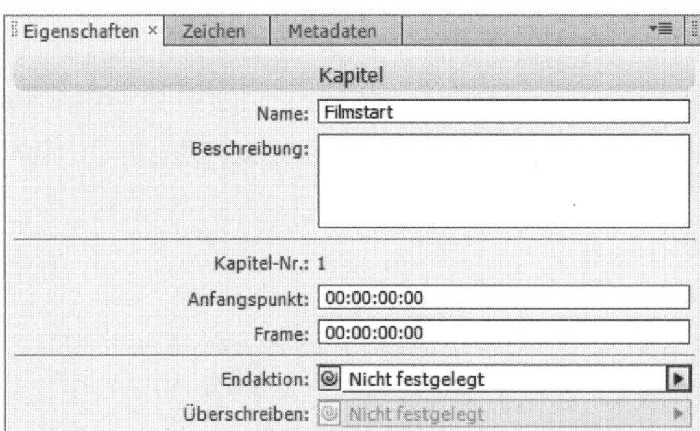

▲ **Abbildung 15.48** Der Name wird im Eigenschaften-Bedienfeld vergeben.

4 *Kapitelnamen anzeigen lassen*

Es ist zu empfehlen, zwischendurch einmal [Strg]/[cmd]+[8] zu drücken oder ANSICHT • KAPITELNAMEN ANZEIGEN zu wählen. Dadurch werden die Kapitelnamen nämlich gleich im Schnittfenster angezeigt. Alternativ dazu können Sie auch irgendwo auf die Skala klicken und KAPITELNAMEN ANZEIGEN wählen.

▲ **Abbildung 15.49** Die Kapitelmarken sind platziert. Daneben werden die einzelnen Bezeichnungen ausgewiesen.

Kapitelmarken verschieben und löschen

Natürlich können Sie Kapitelmarken auch auf der Skala per Drag & Drop verschieben, sofern Sie diese noch umpositionieren wollen. Des Weiteren können Sie Kapitelmarken löschen, indem Sie sie mit rechts markieren und KAPITELMARKE LÖSCHEN aus dem Kontextmenü anwählen.

Schnittfenster vergrößern/verkleinern

Das Schnittfenster lässt sich prima vergrößern, indem Sie in der Werkzeugleiste die Lupe aktivieren und damit auf den Film im Schnittfenster klicken. Machen Sie das, während Sie [Alt] gedrückt halten, verkleinern Sie die Ansicht. Noch schneller geht es über die Tasten [+] und [-].

15.8 Szenenmenüs erzeugen

Nachdem Sie im Hauptfilm alle erforderlichen Kapitelmarken gesetzt haben, können Sie sich daranmachen, Szenenmenüs zu erzeugen. Zunächst müssen Sie aber noch ein Menü gestalten.

15.8.1 Kapitelindex erzeugen

Encore hilft Ihnen bei der Erzeugung der Szenenmenüs. Was Sie aber vorher machen müssen: Sie sollten der Anwendung verraten, wie die Szenenmenüs aussehen sollen, indem Sie das erste selbst gestalten – zumindest teilweise.

Schritt für Schritt: Szenenmenüs anlegen

Als Ausgangsbasis soll unser Szenenmenü herhalten. Doppelklicken Sie diesen Eintrag im Projektfenster.

1 *Texte verändern*

Der erste Schritt ist jetzt keine große Herausforderung mehr. Aktivieren Sie das TEXT-WERKZEUG, und führen Sie mit dem DIREKT-AUSWAHL-WERKZEUG einen Dreifach-Klick auf der Menü-Überschrift aus (bestünde die Headline aus nur einem Wort, wäre ein Doppelklick ausreichend). Schreiben Sie hier »Szenenmenü«. Danach schalten Sie wieder um auf das AUSWAHL-WERKZEUG [V].

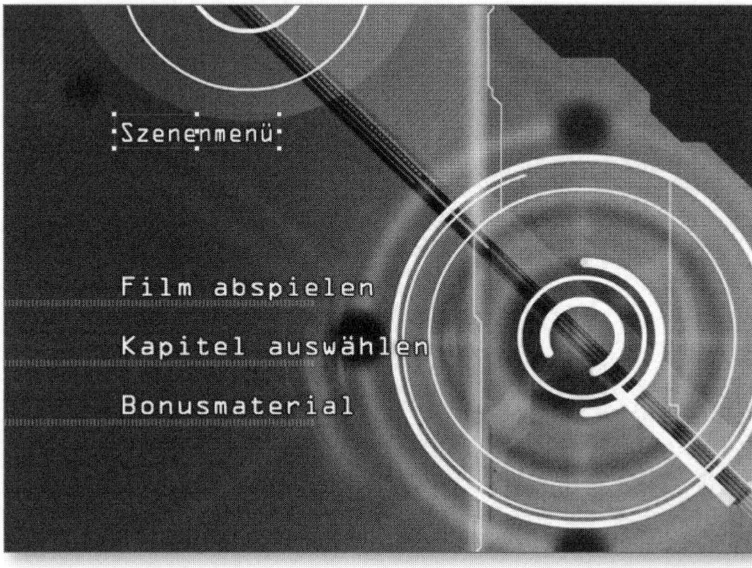

▲ **Abbildung 15.50** Das noch wenig bearbeitete Szenenmenü-Menü

2 *Schaltflächen löschen*

Markieren Sie jetzt die unterste Schaltfläche. Löschen Sie diese, indem Sie [Entf] drücken.

3 *Schaltflächentypen ändern*

Um Kapitelmarken ansteuern zu können, reicht eine normale Schaltfläche nicht aus. Deshalb müssen Sie die beiden noch vorhandenen Buttons zunächst in Kapitel-Schaltflächen umwandeln. Das machen Sie, indem Sie beide Buttons markieren (während Sie [⇧] gedrückt halten). Danach sollte Ihre gesamte Aufmerksamkeit wieder dem Eigenschaften-Bedienfeld gelten. Hier finden Sie nämlich auf der Registerkarte STANDARD das Pulldown-Menü TYP. Wie Sie sehen, ist hier NORMAL eingestellt. Ändern Sie das, indem Sie KAPITEL festlegen.

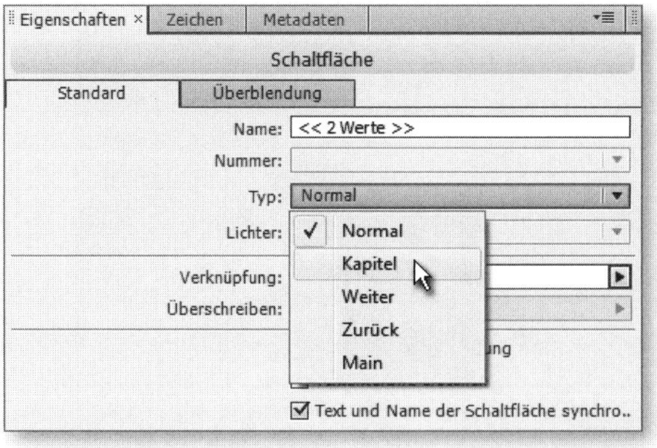

▲ **Abbildung 15.51** Sie müssen jetzt die Schaltflächeneigenschaften ändern.

4 *Schaltflächen duplizieren*

Nachdem Sie den Typ geändert haben, legen Sie von einer der beiden Schaltflächen Duplikate an. Warum? Nun, Sie haben es mit insgesamt sechs Kapiteln zu tun (den Filmstart mit eingerechnet). Deshalb wollen wir zwei Menüseiten zu je drei Kapiteln produzieren. Und so geht das ganz prima: Markieren Sie nur die unterste Schaltfläche, und drücken Sie [Strg]/[cmd]+[C], gefolgt von [Strg]/[cmd]+[V] (alternativ selektieren Sie im Menü zunächst BEARBEITEN • KOPIEREN und dann BEARBEITEN • EINFÜGEN). Drücken Sie mehrfach [⇧]+[↓], bis die Abstände zueinander passen. Die roten Linien verdeutlichen übrigens, dass Schaltflächen übereinanderliegen. Das darf nicht sein. Deshalb verschieben Sie den Button zumindest so weit, dass die roten Markierungen verschwinden.

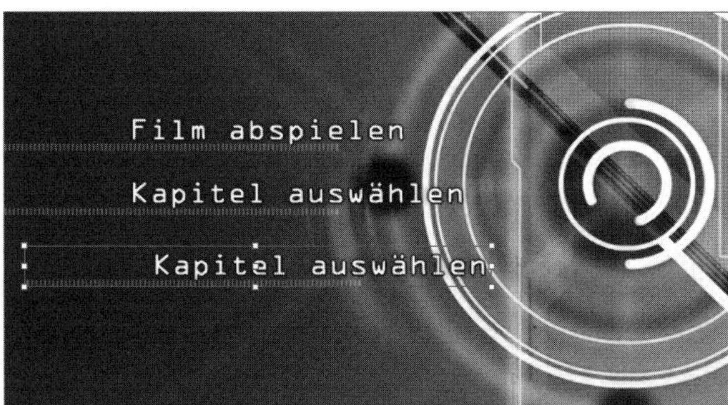

▲ **Abbildung 15.52** Die Schaltfläche muss nach unten verschoben werden.

5 *Schaltflächen ausrichten*

Jetzt halten Sie erneut [⇧] gedrückt und markieren auch die beiden ursprünglichen Buttons. Alle drei sollten jetzt ausgewählt sein. Entscheiden Sie sich im Menü für OBJEKT • AUSRICHTEN • LINKS, gefolgt von OBJEKT • VERTEILEN • VERTIKAL. Damit sind die Abstände zueinander exakt die gleichen.

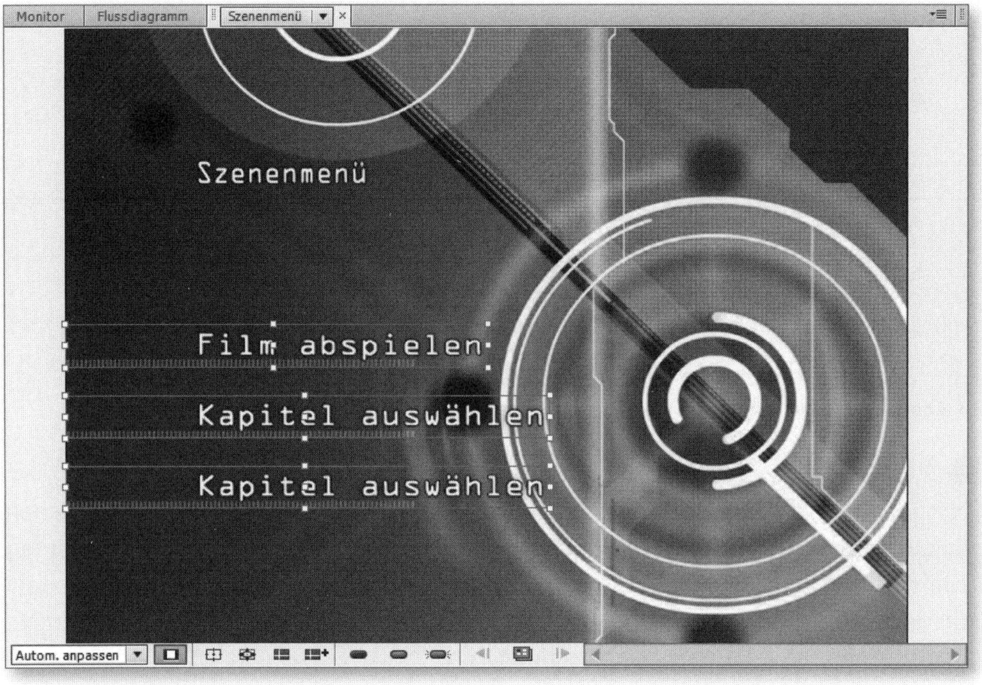

▲ **Abbildung 15.53** Die Schaltflächen sind jetzt präzise aneinander ausgerichtet.

6 *Reihenfolge prüfen/ändern*

Jetzt müssen Sie die Reihenfolge der Schaltflächen prüfen, die später bei Benutzung der DVD-Fernbedienung Gültigkeit hat. Markieren Sie dazu eine Schaltfläche nach der anderen, und schauen Sie im Eigenschaften-Fenster jeweils nach dem Eintrag NUMMER. Dabei sollten von oben nach unten die Einträge 1 bis 3 erscheinen. Ist die logische Reihenfolge in Übereinstimmung mit der Position nicht in Ordnung (was im Beispiel nicht zu erwarten ist), können Sie den Wert einer markierten Schaltfläche im Pulldown-Menü ändern.

◀ **Abbildung 15.54** Sie sollten unbedingt die Reihenfolge prüfen.

Sie können sich das Ganze übrigens auch grafisch anzeigen lassen, indem Sie in der Fußleiste des Szenenmenü-Fensters auf die Schaltfläche SCHALTFLÄCHENABFOLGE ANZEIGEN klicken. Die erneute Betätigung hebt die Anzeige wieder auf. Entscheidend ist jetzt jeweils die Ziffer, die in der Mitte des Kreuzes steht. Die anderen vier Ziffern verraten nur, wohin verzweigt würde, wenn der Anwender später die jeweilige Richtungstaste drückt.

▲ **Abbildung 15.55** Die Schaltflächenabfolge kann auch grafisch sichtbar gemacht werden.

7 *Zielnamen optionieren*

Wenn die Reihenfolge stimmt, legen Sie fest, dass alle Schaltflächen bei der späteren Indexierung umbenannt werden dürfen. In diesem Fall werden den Buttons nämlich automatisch die Bezeichnungen zugewiesen, die auch für die Kapitelmarken gültig sind. Dazu müssen Sie noch einmal alle Buttons gemeinsam markieren und auf der Registerkarte STANDARD des Eigenschaften-Bedienfeldes NAME AUS VERKNÜPFUNG FESTLEGEN aktivieren.

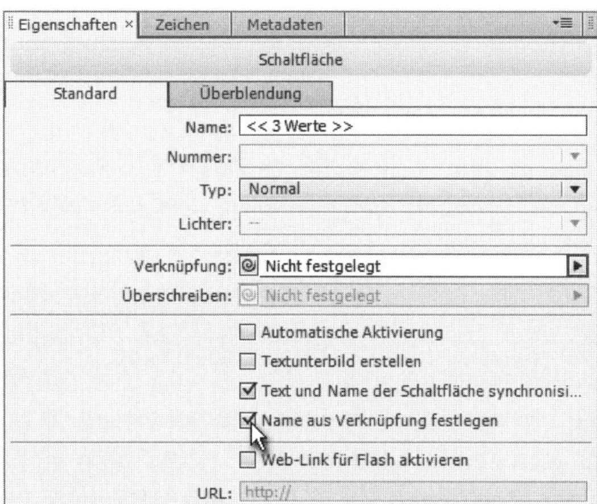

◄ **Abbildung 15.56** Damit ist gewährleistet, dass die Buttons umbenannt werden dürfen.

Point & Shoot

Diese Art der Steuerelemente erlaubt es, eine Verbindung von einem Punkt zum anderen zu ziehen und dadurch Verknüpfungen anzulegen. Die Technik wird auch in anderen Adobe-Anwendungen, wie z. B. After Effects, eingesetzt (auch *Pick Whip* genannt).

8 *Kapitel-Schaltfläche verknüpfen*

Jetzt wird es noch einmal richtig spannend! Denn jetzt werden Sie die erste Schaltfläche verknüpfen und den Rest von Encore erledigen lassen.

Sorgen Sie dafür, dass das Schnittfenster GECKO-GLAS sichtbar ist. Aktivieren Sie danach nur die oberste Schaltfläche Ihres Szenenmenüs, und zeigen Sie im Eigenschaften-Fenster auf die Point-&-Shoot-Schaltfläche VERKNÜPFUNG – das Ding mit dem Kringel ❶. Klicken Sie darauf, und halten Sie die Maustaste gedrückt, während Sie sich langsam in Richtung Schnittfenster bewegen. Führen Sie den Mauszeiger (Maustaste immer noch gedrückt halten!) auf die erste Kapitelmarke innerhalb des Schnittfensters (GECKO-GLAS). Sobald Sie diese erreicht haben (sie wird mit einem schwarzen Quadrat umrandet), lassen Sie los.

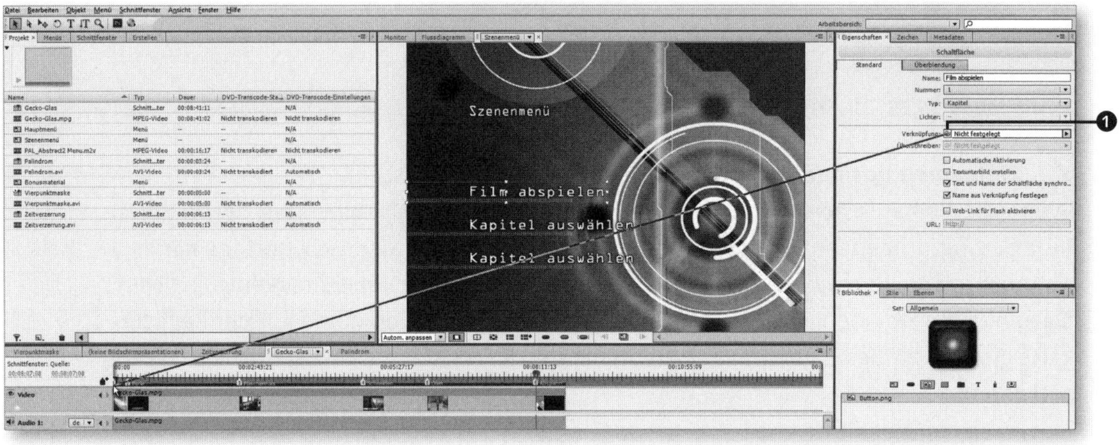

▲ **Abbildung 15.57** Der Filmstart wird verknüpft.

9 *Kapitelindex erstellen*

Damit haben Sie der ersten Schaltfläche bereits eine Funktion zugewiesen. Da Sie diese ja als Kapitel-Button angelegt haben, weiß Encore nun, welcher Film mit diesem Menü gesteuert werden soll.

Alle Schaltflächen könnten auf die zuvor beschriebene Weise einzeln belegt werden. Je nach Projektumfang könnte das aber ziemlich langweilig werden. Deshalb können Sie auch ganz einfach MENÜ • KAPITELINDEX ERSTELLEN wählen. Sie sehen schon, wie die Anwendung reagiert. Sie werden nämlich darauf hingewiesen, dass Sie noch keine Zurück- und Weiter-Schaltflächen integriert haben. Muss auch nicht sein, denn das kann Encore ganz von allein. Bestätigen Sie deshalb mit OK.

Szenenmenü aktivieren

Sollte der Kapitelindex-Eintrag im Menü ausgegraut dargestellt sein, liegt es daran, dass das SZENENMENÜ im Projektfenster nicht ausgewählt ist. Holen Sie das nach, ehe Sie abermals in das Menü gehen.

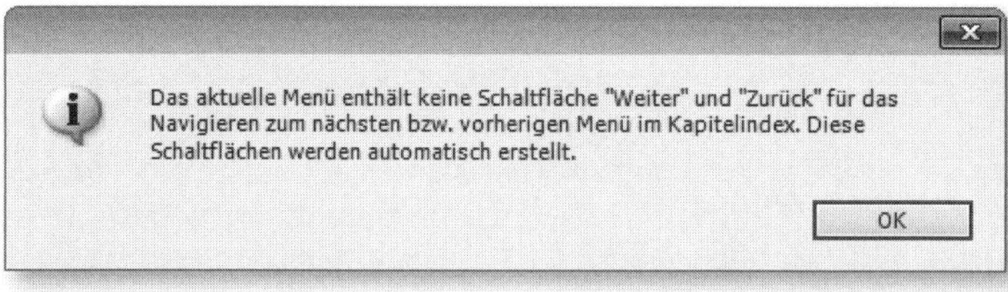

▲ **Abbildung 15.58** Trotz des Hinweises wird der Index erstellt.

Werfen Sie noch einmal einen Blick auf das Projektfenster. Sie werden feststellen, dass Ihr aktuelles Szenenmenü dort in »Szenenmenü 1« umbenannt wurde. Des Weiteren finden Sie auch ein »Szenenmenü 2« vor. Das hat Encore automatisch erzeugt, weil ein einzelnes Menü für die vorhandenen Kapitelmarken nicht ausreichte. Außerdem sind die Schaltflächen ihren Kapitelnamen entsprechend benannt worden.

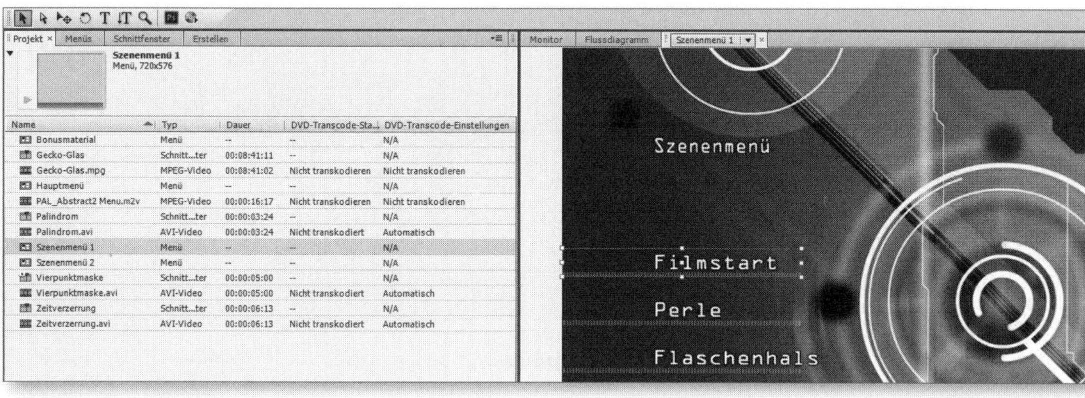

▲ **Abbildung 15.59** Jetzt gibt es zwei Szenenmenüs.

10 *Menü-Schaltflächen kontrollieren*

Generell sollten Sie noch kontrollieren, ob sich Schaltflächen überlappen. Wenn nämlich die erwähnten Buttons WEITER und ZURÜCK mit anderen kollidieren (übereinanderliegen), dann gibt es später Probleme. Deshalb müssen Sie in einem solchen Fall unbedingt manuell nachbessern. In unseren Menüs wird das nicht der Fall sein, da wir nur sehr wenige Buttons verwenden.

11 *Headlines umbenennen*

Encore macht seine Arbeit ja wirklich gut. Was die Anwendung aber verständlicherweise nicht für Sie erledigen kann, ist die Umbenennung der Headlines. Wenn Sie also Szenenmenü 1 auch mit »1« und Szenenmenü 2 mit »2« betiteln wollen, ist noch einmal Handarbeit gefragt. Ändern Sie das manuell mit dem DIREKT-AUSWAHL- oder TEXT-WERKZEUG.

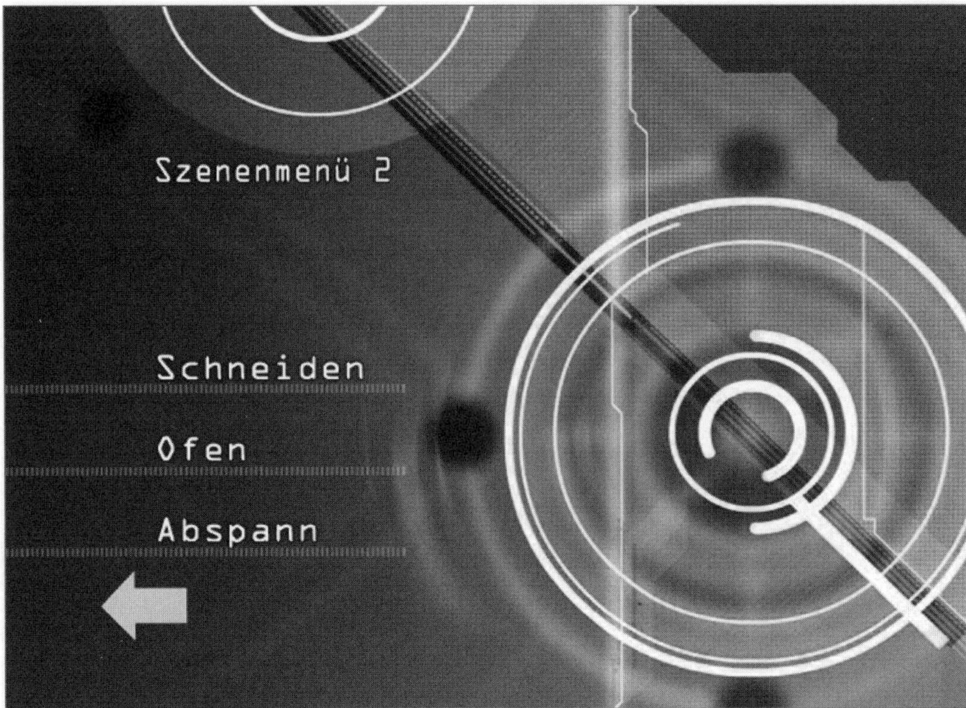

▲ **Abbildung 15.60** Die Headlines der beiden Szenenmenüs müssen noch aussagekräftiger formuliert werden.

15.8.2 Weiter- und Zurück-Buttons selbst erzeugen

Im vorangegangenen Workshop haben Sie die Weiter- und Zurück-Schaltflächen direkt von Encore erzeugen lassen. Das ist ja auch eine praktikable Lösung. Allerdings haben Sie dabei keinen direkten Einfluss auf das Aussehen des Buttons. Für den Fall, dass Sie derartige Entscheidungen aber grundsätzlich selbst treffen wollen, dürfen Sie auch Buttons aus der prall gefüllten Bibliothek verwenden. Dazu klicken Sie im Bedienfeld BIBLIOTHEK auf ANZEIGE VON SCHALTFLÄCHEN AKTIVIEREN/DEAKTIVIEREN ❹ und sehen sich an, was Encore so alles im Gepäck hat, sprich, was in der Liste unterhalb angeboten wird. Wenn Ihnen das nicht reicht, können Sie auch noch andere Sammlungen durchstöbern, indem Sie statt ALLGEMEIN eine andere Option im Pulldown-Menü SET ❸ wählen.

Wenn Sie eine passende Schaltfläche gefunden haben, ziehen Sie sie (hier ❺) mit gedrückter linker Maustaste auf das Szenenmenü ❶. Danach müssen Sie im Eigenschaften-Bedienfeld noch festlegen, dass es sich hierbei um eine Weiter- bzw. Zurück-Schaltfläche handelt, indem Sie den TYP ❷ entsprechend ändern. Die Buttons dürfen Sie natürlich nach Wunsch skalieren und platzieren, wobei allerdings auch hier keine Überlappungen mit anderen Buttons erlaubt sind.

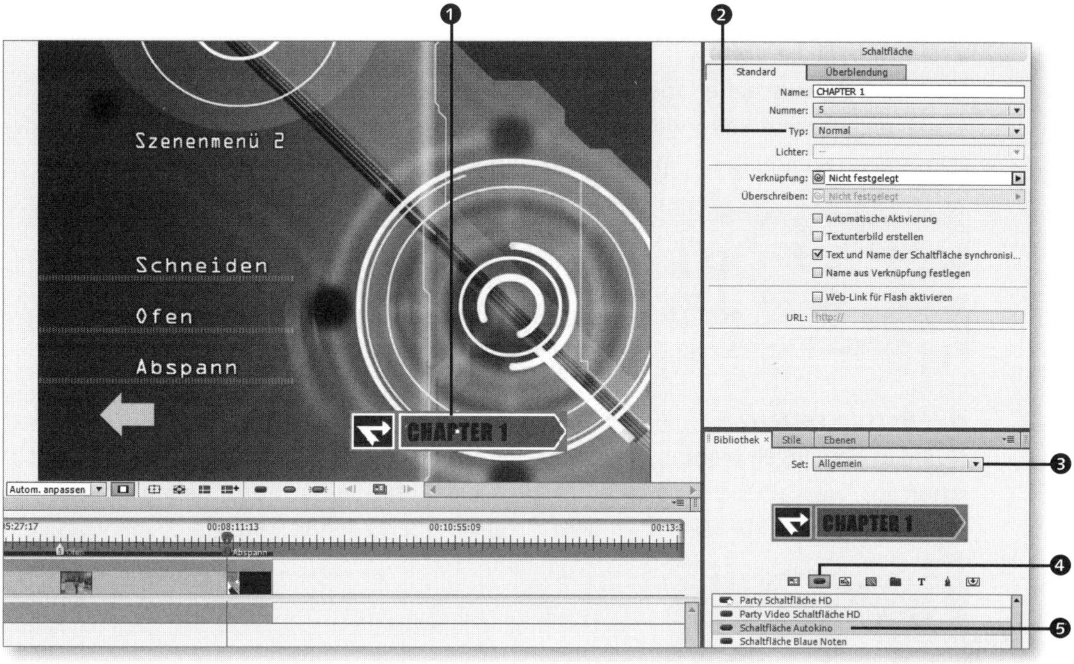

▲ **Abbildung 15.61** Keine Frage: Stylisch passen sollte das neue Knöpfchen natürlich auch!

Schritt für Schritt: Hauptmenü-Button hinzufügen

Nun werden Sie bei genauer Betrachtung feststellen, dass Sie zwar jetzt von Szenenmenü 1 zu 2 und zurückspringen können, aber niemals mehr die Möglichkeit haben, ins Hauptmenü zu wechseln. Gut, das erreicht der Anwender ja generell, indem er die Menü-Schaltfläche auf der Fernbedienung seines DVD-Players drückt, doch sollten Sie ihm eine visuelle Alternative bieten.

1 *Schaltfläche duplizieren*

Aktivieren Sie zunächst das SZENENMENÜ 1, indem Sie es im Projektfenster doppelt anklicken. Unten rechts finden Sie die Schaltfläche, mit der Sie nun zu Menü 2 wechseln können. Halten Sie `Alt` gedrückt, klicken Sie den Button an, und ziehen Sie nach links. Sie erzeugen damit eine Kopie. Wenn Sie zeitgleich auch noch `⇧` festhalten, sorgen Sie dafür, dass der Button beim Ziehen nach links seine Höhe nicht verändern kann. So bleiben beide Schaltflächen auf einer Linie.

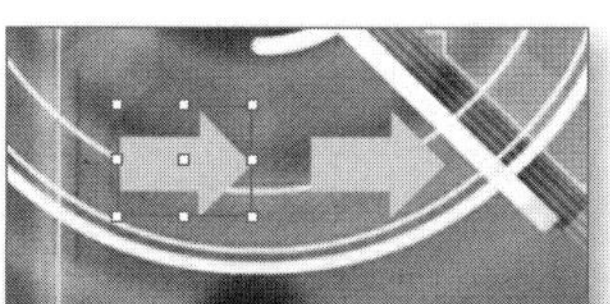

▲ **Abbildung 15.62** Zwei Buttons auf gleicher Höhe. So soll es sein.

2 *Schaltfläche drehen*

Nun weiß der Zuschauer aber noch nicht, was das soll. Pfeile nach rechts bedeuten im Allgemeinen »eine Seite weiter«, während Pfeile nach oben auf übergeordnete oder Hauptmenüs hindeuten. Entscheiden Sie sich für OBJEKT • DREHEN • 90° GEGEN UZS.

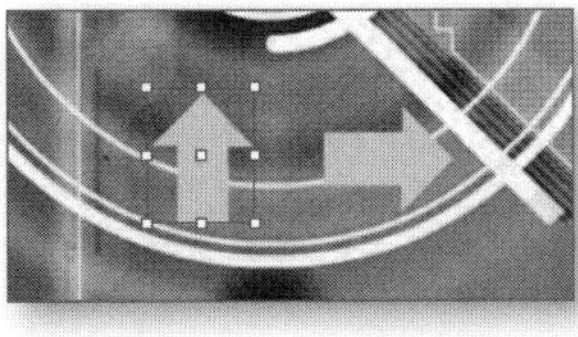

◂ **Abbildung 15.63** Aus eins mach zwei – ein neuer Button für den Sprung ins Hauptmenü.

3 *Button verzerren*

Nun darf bemängelt werden, dass die Schaltfläche etwas zu hoch ist. Das sieht gar nicht schön aus, weshalb Sie das gute Stück am Anfasser ❶ etwas in Form ziehen sollten. Halten Sie zeitgleich [Alt] gedrückt, wird die gegenüberliegende Seite gleich mit verzogen.

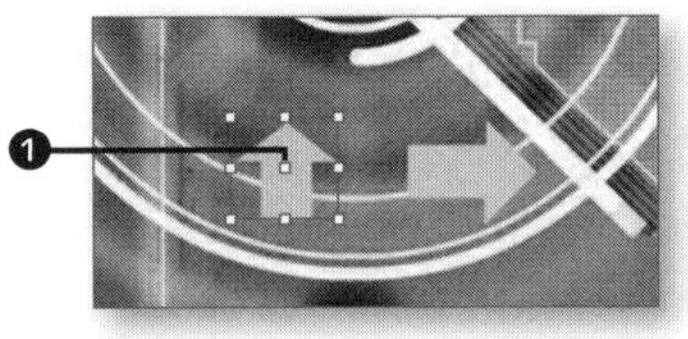

◂ **Abbildung 15.64** So sieht es besser aus.

4 *Schaltfläche neu verknüpfen*

Bedenken Sie, dass der linke Button zwar anders aussieht als der rechte, aber immer noch einen Sprung zu »Szenenmenü 2« realisiert. Das müssen Sie ändern. Lassen Sie ihn deshalb markiert, und ziehen Sie ein GUMMIBAND aus dem Point-&-Shoot-Steuerelement VERKNÜPFUNG ❷ des Eigenschafen-Fensters. Ziehen Sie es quer über Ihre Arbeitsfläche bis in das Projektfenster. Lassen Sie die Maustaste los, wenn Sie sich über dem Eintrag HAUPTMENÜ befinden. Sie sehen, dass das Anlegen von Verknüpfungen wirklich keine Hexerei ist. Dank der Gummiband-Steuerelemente gelingt das problemlos.

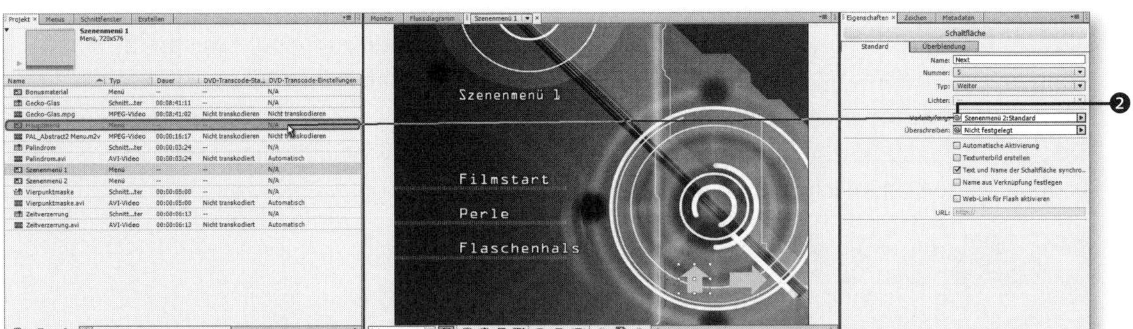

▴ **Abbildung 15.65** Verknüpfungen können auch mit Hilfe des Projektfensters angelegt werden.

5 *Schaltfläche duplizieren*

Am Ende müssen Sie dem Benutzer noch ermöglichen, auch vom Menü »Bonusmaterial« aus ins Hauptmenü zurückzuspringen. Das geht ganz schnell, indem Sie den fertigen Button markieren und mit [Strg]/[cmd]+[C] in die Zwischenablage befördern. Danach wechseln Sie zum Bonusmaterial-Menü und fügen das Duplikat mit [Strg]/[cmd]+[V] ein.

Wenn Sie wollen, platzieren Sie den Button zusätzlich noch im Szenenmenü 2. Dann muss der Benutzer nicht extra über Menü 1 gehen, wenn er aus diesem Bereich zum Hauptmenü möchte. Da sich der Button ja aufgrund des ersten Kopiervorgangs noch in der Zwischenablage befindet, reicht es, wenn Sie einen Doppelklick auf SZENENMENÜ 2 im Projektfenster setzen und abermals [Strg]/[cmd]+[V] drücken.

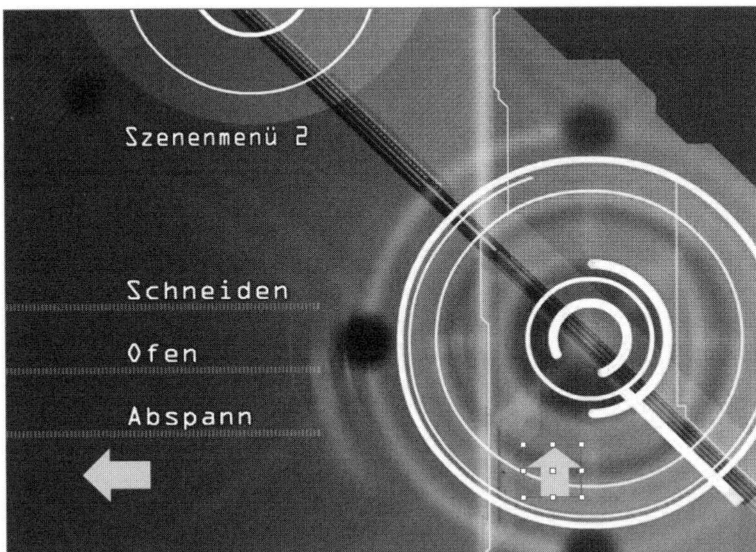

▲ **Abbildung 15.66** Die Schaltfläche wird ganz einfach auf das zweite Menü übertragen – mit Copy & Paste.

15.9 Funktionsablauf festlegen

Damit sind die Vorarbeiten abgeschlossen, und Sie können sich voll und ganz auf die Vorbereitung der DVD-Steuerung konzentrieren. Und das ist ein wirklicher Genuss.

15.9.1 Erste Wiedergabe festlegen

Aktivieren Sie die Registerkarte FLUSSDIAGRAMM, die sich hinter dem Menü- bzw. Monitor-Bedienfeld befindet, oder wählen Sie in der Menüleiste FENSTER • FLUSSDIAGRAMM. Hier sehen Sie schon, was passieren wird, wenn die fertige DVD eingelegt wird. Zunächst würde der Film »Vierpunktmaske« abgespielt. Sie erkennen das auch daran, dass genau dieses Schnittfenster im Projektfenster mit einem kleinen Play-Button ❶ versehen ist.

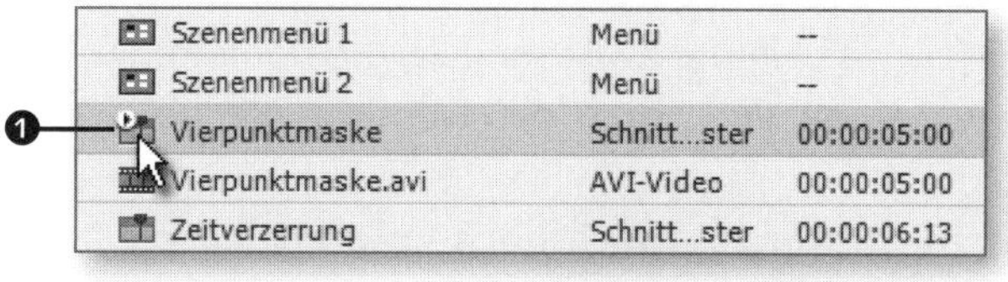

◂ **Abbildung 15.67** Das Asset, das als Erstes wiedergegeben wird, ist im Projektfenster mit einem entsprechenden Symbol ausgestattet.

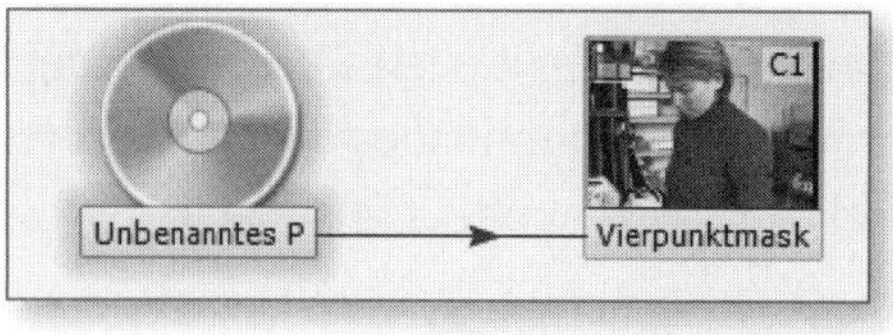

◂ **Abbildung 15.68** Im Flussdiagramm wird deutlich: Nach dem Einlegen des Mediums wird der Film »Vierpunktmaske« abgespielt.

Nur werden Sie diesen Film kaum als ersten anbieten wollen. Wenn Sie nun ein anderes Schnittfenster oder sogar ein Menü bestimmen möchten, das nach Einlegen der DVD erscheinen soll, markieren Sie dieses Objekt im Projektfenster mit rechts und wählen daraus ALS ERSTE WIEDERGABE FESTLEGEN. Für unser kleines Filmbeispiel soll das für das »Hauptmenü« zutreffen. Schauen Sie sich in diesem Zusammenhang auch das Flussdiagramm an. Hier ist die Änderung ebenfalls übernommen worden.

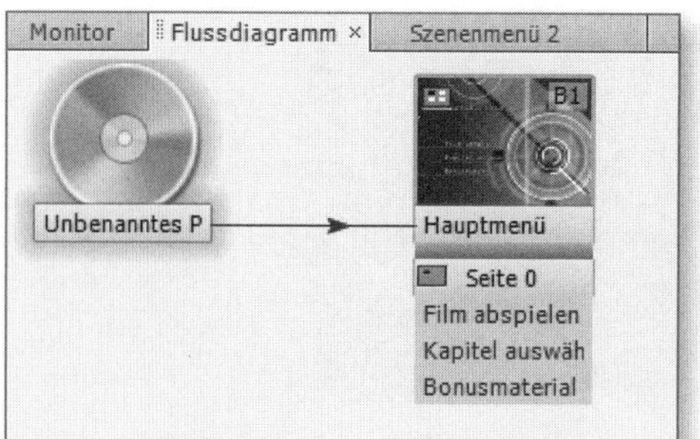

◂ **Abbildung 15.69** Das Flussdiagramm beweist: Zunächst wird das Hauptmenü zu sehen sein.

15.9.2 Nicht überspringbare Hinweise

In professionellen DVD-Produktionen ist es in der Regel so, dass als erste Wiedergabe der nicht überspringbare Hinweis auf die FSK-Kennzeichnungen zu erfolgen hat – und zwar mindestens fünf Sekunden lang. So will es der Gesetzgeber (zumindest bei Spielfilmen o. Ä.). Sie müssten also diese Tafel ALS ERSTE WIEDERGABE FESTLEGEN. Danach müssen Sie dafür sorgen, dass der Benutzer diesen Bereich nicht überspringen oder im Schnelldurchlauf abspielen kann.

Viele Hersteller wollen auch, dass der Benutzer sich das Firmenlogo ansehen muss, ohne dass er dies überspringen kann. Sie müssen also sämtliche Funktionen seiner Fernbedienung vorübergehend deaktivieren. Und das machen Sie so: Markieren Sie das Intro im Projektfenster, und klicken Sie anschließend auf die Schaltfläche EINSTEL-

LEN im Eigenschaften-Fenster. Standardmäßig sind alle Funktionen verfügbar. Sie können nun den Radiobutton KEINE anwählen, was zur Folge hätte, dass die Fernbedienung des Benutzers vorübergehend »klinisch tot« ist. Alternativ wählen Sie BENUTZERDEFINIERT und können mit Hilfe der unterhalb befindlichen Checkboxen bestimmte Bereiche zulassen bzw. deaktivieren.

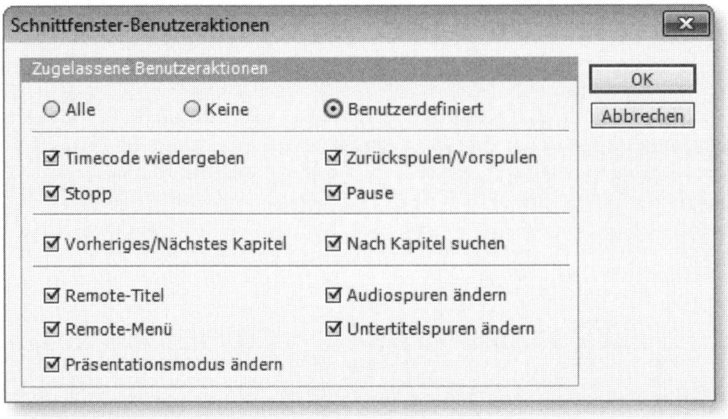

▲ **Abbildung 15.70** Bestimmen Sie, was dem Benutzer erlaubt ist und was nicht.

15.9.3 Schnittfenster und Menüs miteinander verbinden

Nachdem Sie das Hauptmenü als erste Aktion festgelegt haben, können Sie sich nun daranmachen, die einzelnen Schnittfenster zu verknüpfen. Das machen Sie ganz einfach über das Flussdiagramm. Sie behalten hier auch den Überblick darüber, was bereits verknüpft ist und was noch nicht. Nicht verknüpfte Elemente befinden sich im Fuß des Fensters.

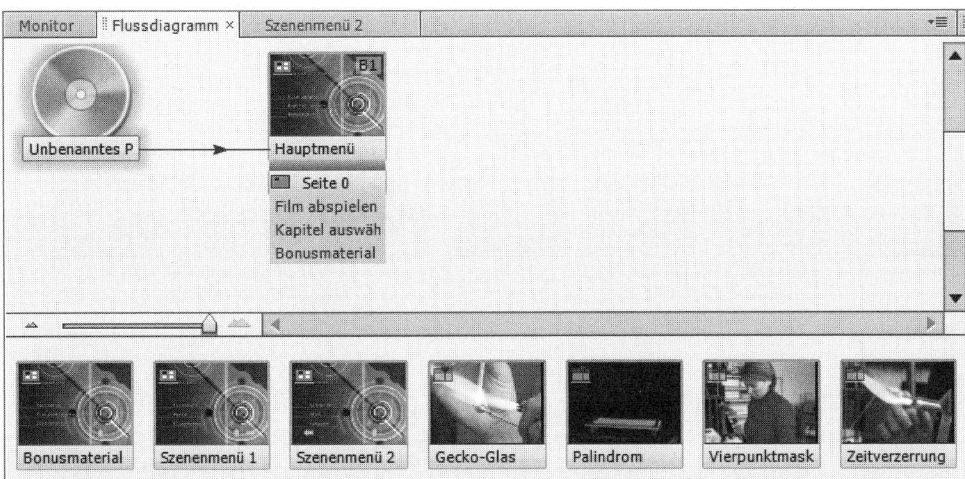

▲ **Abbildung 15.71** Drei Menüs und vier Filme müssen noch irgendwie verbunden werden. Nur das Hauptmenü ist bereits an seinem Platz.

Schritt für Schritt: Assets verknüpfen

Sie haben eben bereits mit Point-&-Shoot-Schaltflächen (auch Pick Whip genannt) gearbeitet. Hierin begründet sich auch eine der Stärken des Flussdiagramm-Fensters. Sie können nämlich einfach bestimmte Einträge anwählen und diese auf ein anderes Objekt ziehen – Verknüpfung fertig.

1 *Hauptfilm einbinden*

Klicken Sie innerhalb des Flussdiagramms auf den obersten Eintrag, der sich im Hauptmenü-Feld befindet (FILM ABSPIELEN). Ziehen Sie dort wieder ein Gummiband heraus, das Sie auf der Miniatur GECKO-GLAS in der Fußleiste des Flussdiagramm-Fensters enden lassen. Dies bedeutet: Wenn der Anwender in diesem Menü die Schaltfläche FILM ABSPIELEN betätigt, soll der Hauptfilm beginnen.

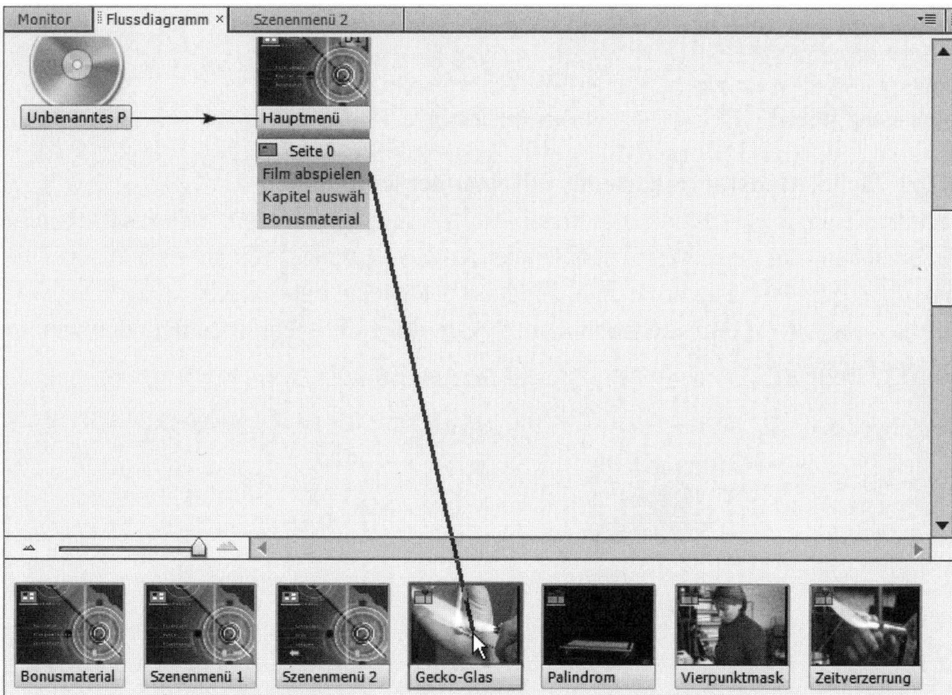

▲ **Abbildung 15.72** Verknüpfen Sie den Eintrag FILM ABSPIELEN mit dem Hauptfilm GECKO-GLAS.

2 *Kapitelmenüs einbinden*

Infolgedessen wird GECKO-GLAS aus der Fußleiste gelöscht und taucht im oberen Diagrammbereich auf. Danach klicken Sie auf KAPITEL AUSWÄHLEN (eine Zeile tiefer) und verknüpfen diese Schaltfläche mit SZENENMENÜ 1. Mehr müssen Sie in Sachen Szenenmenüs nicht machen. Sie werden feststellen, dass sich das Flussdiagramm dadurch beträchtlich füllt. Skalieren Sie das gleichnamige Bedienfeld doch etwas auf.

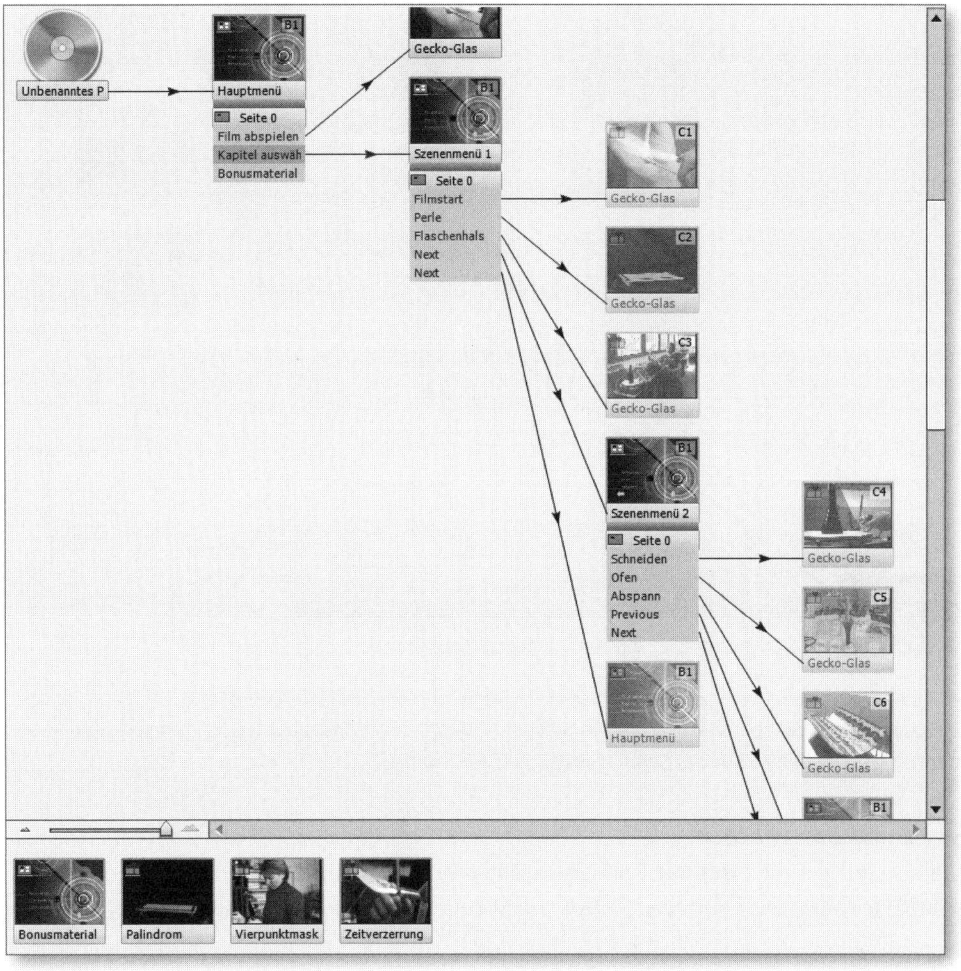

▲ **Abbildung 15.73** Langsam wird es voll im Flussdiagramm.

Diagrammansichten ändern

Wenn Sie Ansichten anpassen möchten, um z. B. an einer Verknüpfung arbeiten zu können, klicken Sie einfach auf eine der Miniaturen. Daraufhin wird das Diagramm automatisch zurechtgerückt, ohne dass sich die Verknüpfungen selbst ändern. Diese Funktion dient lediglich der Orientierung.

3 *Bonus-Kapitel verknüpfen*

Verknüpfen Sie noch das Menü BONUSMATERIAL auf die zuvor beschriebene Weise mit dem untersten Hauptmenü-Eintrag. Zuletzt gestalten Sie das Menü BONUSMATERIAL aus. Hier finden sich noch drei Einträge, von denen noch keine Pfeile abgehen. Sie ahnen es: Diese müssen entsprechend ihren Bezeichnungen noch mit den drei verbliebenen Film-Assets verbunden werden.

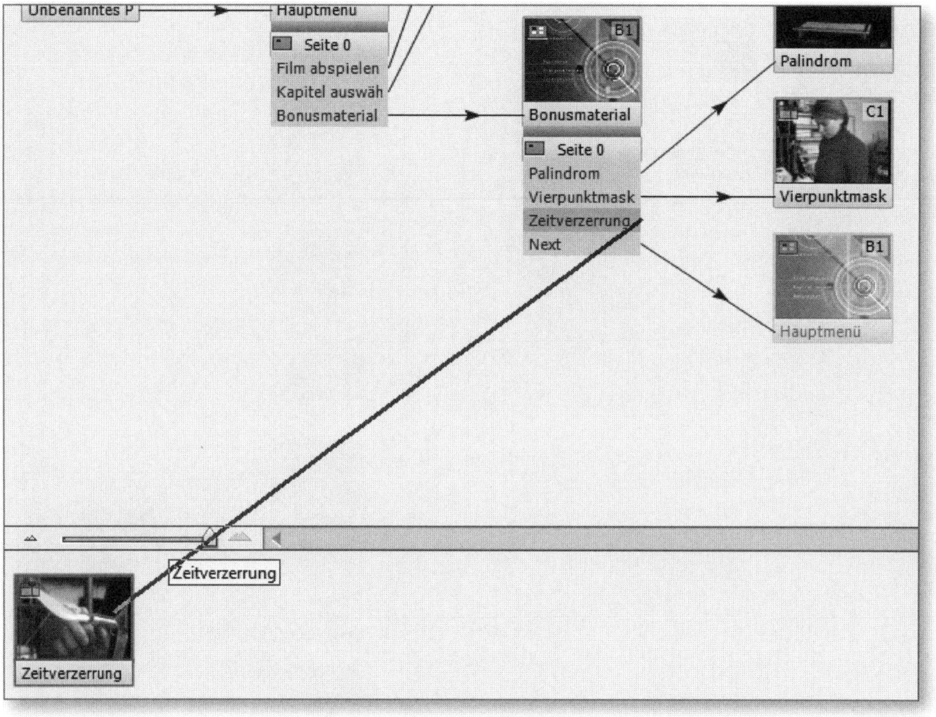

▲ **Abbildung 15.74** Die letzte Verknüpfung verzweigt von der Zeitverzerrung-Schaltfläche des Menüs BONUSMATERIAL auf das Schnittfenster ZEITVERZERRUNG.

4 *Endaktion checken*

Menüs sind generell mit der Endaktion STOPP ausgestattet. Das bedeutet in der Praxis: Sollte das Menü zur Laufzeit der DVD nicht durch den Benutzer bedient werden, bleibt es erhalten – es wird nichts anderes abgespielt. Sie sehen die eingestellten Endaktionen grundsätzlich im Eigenschaften-Fenster auf der Registerkarte EINFACH. Dazu klicken Sie eine der Miniaturen im Flussdiagramm an.

5 *Schnittfenster-Endaktionen festlegen*

Anders sieht das bei den Filmen aus, die Sie soeben eingebettet haben. Wenn Sie eine dieser Miniaturen anklicken, sehen Sie im Eigenschaften-Fenster, dass nach dem Abspielen eines Films keine Aktion erfolgt. Hier steht NICHT FESTGELEGT ❶ (in der Abbildung sehen Sie PALINDROM als Beispiel).

▲ **Abbildung 15.75** Die Endaktion des Films wurde noch nicht bestimmt.

Um dem Film Palindrom nun eine Endaktion zuzuweisen, betätigen Sie die kleine Point-&-Shoot-Schaltfläche, die sich in der Zeile Endaktion vor Nicht festgelegt befindet. Ziehen Sie das Lasso auf die Miniatur Bonusmaterial im Flussdiagramm. So ermöglichen Sie dem Benutzer, nach Ende des Films weiterhin in diesem Menü zu bleiben. Möglicherweise möchte er sich ja noch weitere Bonusfilme ansehen und nicht jedes Mal ins Hauptmenü geschickt werden. Verfahren Sie anschließend entsprechend mit den beiden anderen Bonusfilmen (Vierpunktmaske und Zeitverzerrung).

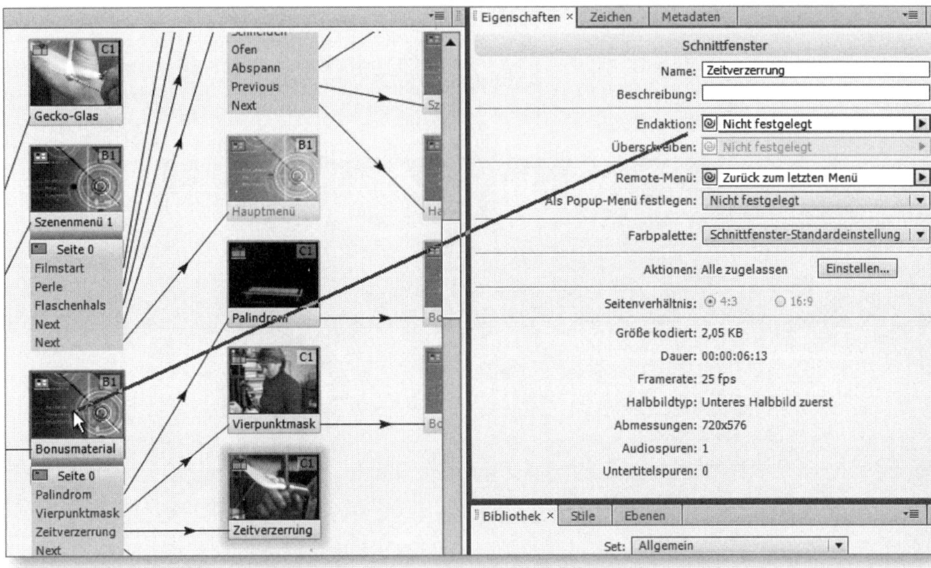

▲ **Abbildung 15.76** Am Ende dieses Clips soll das Bonusmaterial erneut angeboten werden.

6 *Fehler nicht korrigieren!*

Was jetzt noch fehlt, ist die Endaktion für den Hauptfilm. Diese lassen Sie aber bitte bewusst noch außen vor. Ansonsten kann ich Ihnen gleich nicht präsentieren, wie Encore diesen Fehler ausfindig macht. Wir klären das gleich. Einverstanden?

15.10 DVD testen und ausgeben

Bevor Sie einen Rohling brennen, sollten Sie sich vom ordnungsgemäßen Zustand Ihres Projekts überzeugen. Dazu gehört auch ein kleiner Testlauf.

15.10.1 Projekt testen

Zunächst einmal sollten Sie das Projekt jetzt ausgiebig testen. Es empfehlen sich grundsätzlich zwei Vorgehensweisen. Zum einen sollten Sie einen praktischen Test vollziehen, indem Sie in der Werkzeugleiste auf Vorschau klicken. Da wir es im Beispiel innerhalb der Menüs mit Filmdateien zu tun haben, das Menü also bewegt ist, sollten

Sie zunächst einen Klick auf den Render-Button ❶ setzen. Das bewirkt nämlich, dass eine entsprechende Vorschaudatei erzeugt wird, die den Menüfilm innerhalb des Tests letztendlich ans Laufen bringt. Im Fuß des Folgedialogs erhalten Sie zudem Steuerelemente, welche die Knöpfe einer Fernbedienung des DVD-Players imitieren ❷. Bedienen Sie jedes Menü, und lassen Sie die Filme abspielen.

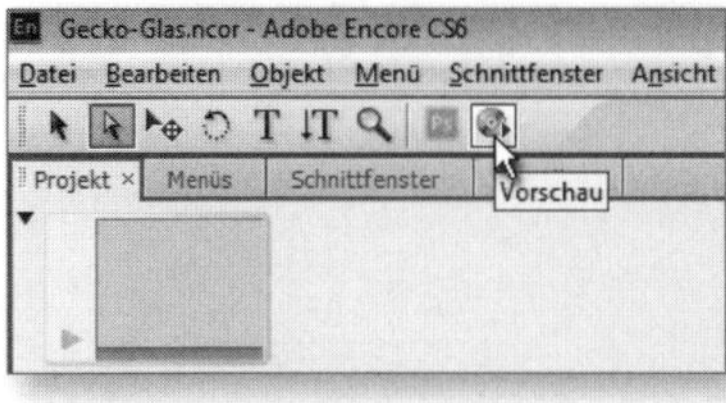

◂ **Abbildung 15.77** Den praktischen Test leiten Sie über einen Klick auf VORSCHAU ein.

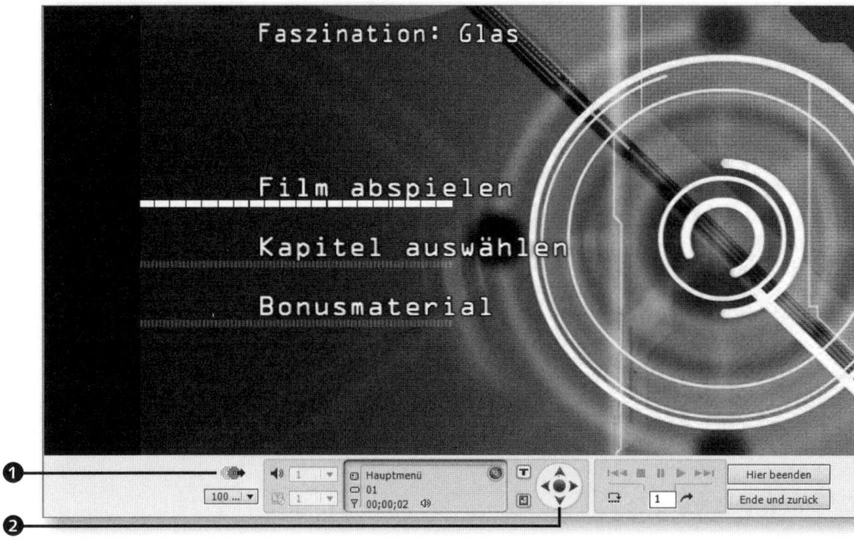

▴ **Abbildung 15.78** Testen Sie die DVD-Struktur ausgiebig.

Vorschau von hier

Um die DVD nicht jedes Mal von Anfang an testen zu müssen, können Sie auch mit rechts auf ein Menü oder ein Schnittfenster im Projektfenster klicken und aus dem Kontextmenü VORSCHAU VON HIER wählen. Dann startet der Testmodus von dieser Position aus.

Schritt für Schritt: Buchprojekt von Encore prüfen lassen

Jetzt fehlt noch eine rechnergestützte Projektprüfung. Wenn Sie sich dafür entscheiden (und das sollten Sie, denn immerhin haben wir ja noch einen Fehler eingebaut), überlassen Sie Encore den Job der Projektanalyse. Dadurch werden sämtliche Verknüpfungen, Endaktionen, Konventionen und dergleichen in Windeseile getestet.

1 *Prüfdialog öffnen*

Den Dialog öffnen Sie, indem Sie Strg/cmd+⇧+L drücken oder DATEI • PROJEKT PRÜFEN wählen. Alternativ stellen Sie die Registerkarte ERSTELLEN nach vorne (sie befindet sich standardmäßig hinter dem Projektfenster) und betätigen dort PROJEKT PRÜFEN.

2 *Prüfungsergebnis ablesen*

Sollten sich Probleme zeigen, werden diese im unteren Bereich des Fensters angezeigt. Encore ist es natürlich nicht entgangen, dass eine Endaktion fehlt, und weist die Problemstelle auch entsprechend aus.

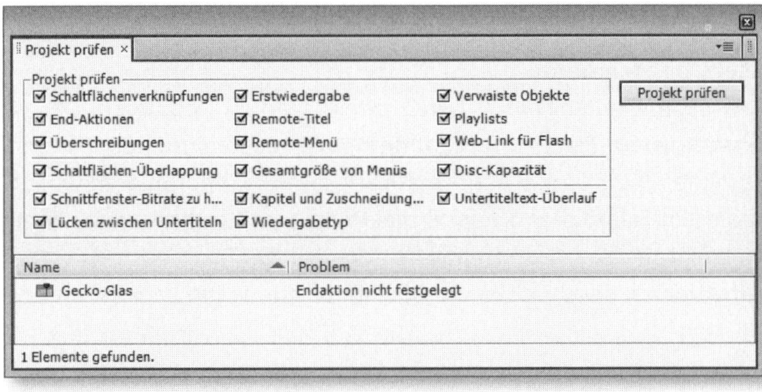

▲ **Abbildung 15.79** Das kleine Versäumnis ist natürlich sofort aufgefallen.

3 *Endaktion bestimmen*

Korrigieren Sie den Fehler, indem Sie das Prüfen-Bedienfeld zunächst schließen und das Flussdiagramm einstellen. Weisen Sie dem Asset »Gecko-Glas« die Endaktion HAUPTMENÜ zu. Anschließend prüfen Sie das Projekt erneut.

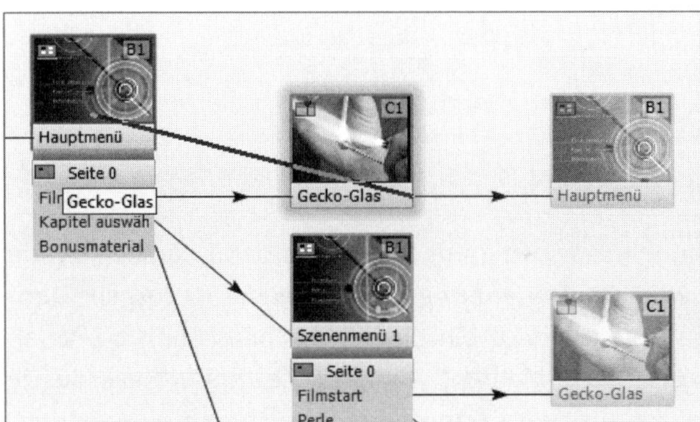

◄ **Abbildung 15.80** Der Hauptfilm wird jetzt ebenfalls noch mit einer Endaktion versehen.

Dass die Prüfung durch ist, erkennen Sie lediglich daran, dass in der Fußleiste ganz unscheinbar KEINE ELEMENTE GEFUNDEN ❶ (siehe Abbildung 15.81) angezeigt wird – Grund genug für Sie, das Fenster wieder zu schließen.

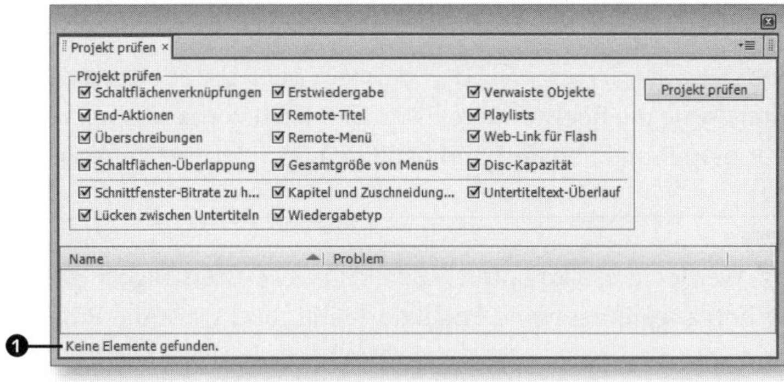

▲ **Abbildung 15.81** Alles klar! Das Projekt ist »sauber«.

15.10.2 Einzelne Assets transcodieren

Sie können einzelne Assets mit unterschiedlichen Einstellungen transcodieren. Das ist vor allem dann interessant, wenn Platzmangel auf dem Ausgabemedium herrscht und Sie vielleicht einzelne Filme, wie z. B. das Bonusmaterial, stärker komprimieren wollen als den Hauptfilm. In diesem Fall klicken Sie im Projektfenster mit rechts auf das Film-Asset (nicht das Schnittfenster-Asset!) und entscheiden sich für TRANSCODE-EINSTELLUNGEN aus dem Kontextmenü. Machen Sie das aber bitte nur, wenn es wirklich eng wird auf der DVD.

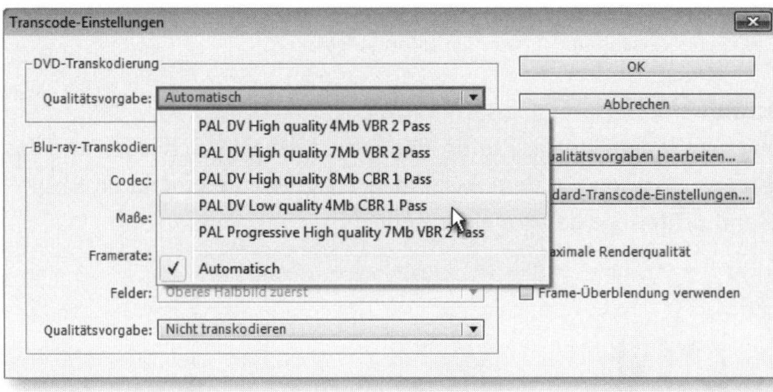

▲ **Abbildung 15.82** Hier kann die Transcode-Qualität für jedes Asset individuell bestimmt werden.

Sie müssen keinen der Filme manuell transcodieren. Spätestens dann nämlich, wenn Sie den Brennvorgang einleiten, wird die Anwendung für das Rendering sorgen. Dennoch haben Sie die Möglichkeit, bereits vorab einzelne Filme berechnen zu lassen – Encore muss ja nicht unbedingt untätig bleiben, während Sie Ihre wohlverdiente Mittagspause machen. Außerdem kann Encore transcodieren, während Sie weiterarbeiten. Klicken Sie einen Film, der in der Spalte DVD-TRANSCODE-STATUS mit NICHT TRANSKODIERT angegeben ist, mit rechts an, und selektieren Sie JETZT TRANSKODIEREN. Im Fenster STATUS (standardmäßig oben rechts hinter den Eigenschaften) wird der Fortschritt dieses Vorgangs dargestellt.

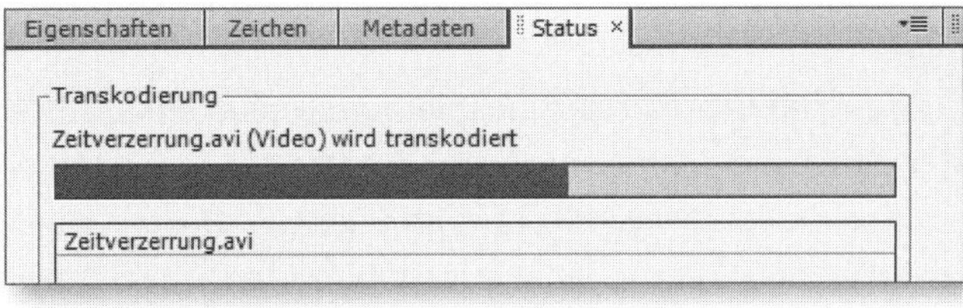

◀ **Abbildung 15.83** Das Einzel-Transcodieren kann nebenher ablaufen.

15.10.3 DVD ausgeben

Mit Datei • Erstellen • Disc nähern Sie sich Ihrem fertigen Produkt. Im Dialog ist zunächst einmal wichtig, das Format (DVD, Blu-ray oder Flash) anzugeben.

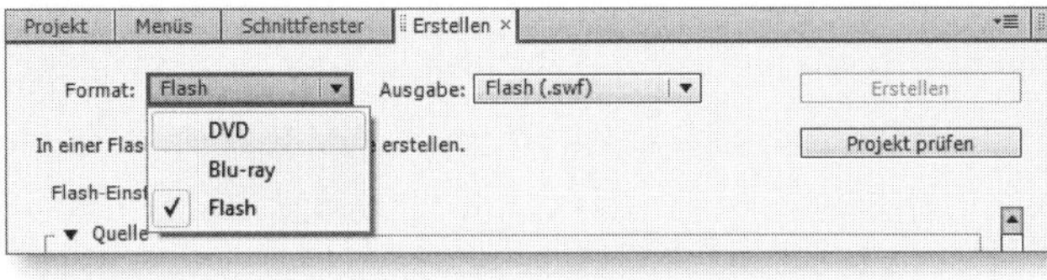

◀ **Abbildung 15.84** Das Format Blu-ray muss manuell gewählt werden.

Nebenstehend müssen Sie im Pulldown-Menü Ausgabe zudem noch auf DVD-Disc umstellen, da andernfalls ein Image erzeugt wird. Dabei handelt es sich um eine Datei, die technisch mit den auf DVD zu brennenden Daten identisch ist. Allerdings wird keine DVD gebrannt, sondern der Datensatz auf die Festplatte geschrieben. Sollte das Ziel eine Dual-Layer-DVD sein, müssen Sie auch das noch manuell umstellen. Encore erkennt das auch dann zunächst nicht selbstständig, wenn Sie einen entsprechenden Rohling einlegen (obwohl die Anwendung den Rohling selbst vor dem Brennen analysieren wird). Danach klicken Sie auf Erstellen oben rechts.

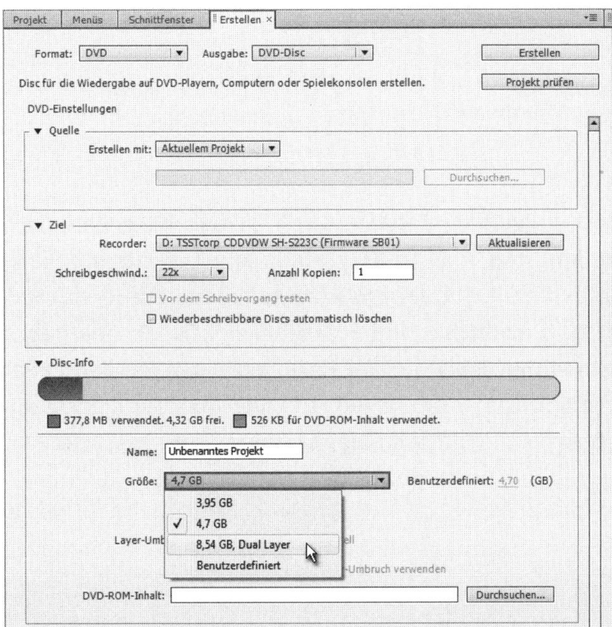

◀ **Abbildung 15.85** Doppel-DVDs müssen extra angegeben werden.

15.10.4 Regionalcodes festlegen

Encore ist imstande, DVDs für bestimmte Regionen abspielbar zu machen und für andere zu sperren. Bei Kauf-DVDs ist das Standard. Wenn Sie das für Ihre Medien auch wollen, dann müssen Sie unten im Fenster ERSTELLEN, im Frame REGIONALCODES, den Radiobutton BENUTZERDEFINIERT anwählen. Danach lässt sich über Checkboxen festlegen, wo die DVD funktionieren soll und wo nicht. Und noch etwas: Sobald Sie die vorletzte Checkbox deaktivieren, wird der letzte noch aktive Eintrag ausgegraut dargestellt. Wenn Sie diesen nämlich dann auch noch deaktivieren könnten, wäre die DVD ja nirgendwo auf der Welt nutzbar. Und das wäre ja richtig blöd.

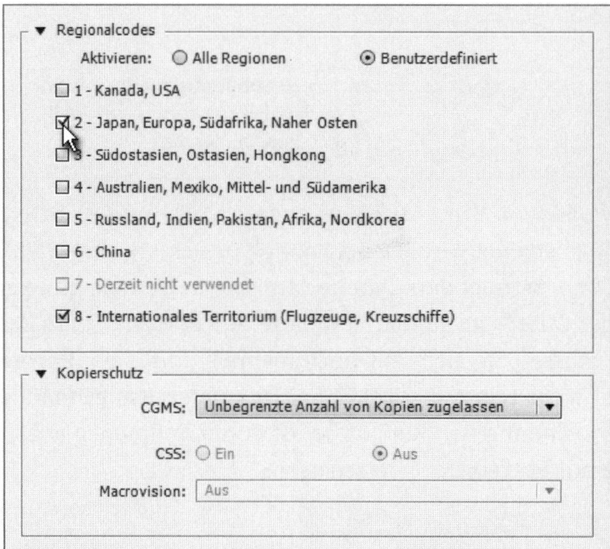

▲ **Abbildung 15.86** In diesem Zustand ist die DVD immer noch in Europa (sowie in Japan, Südafrika, im Nahen Osten sowie auf internationalem Territorium) einsetzbar.

15.10.5 CSS-Kopierschutz

Der unterste Frame KOPIERSCHUTZ suggeriert, dass Sie Ihre DVDs damit gegen unerlaubte Vervielfältigung absichern könnten. Das ist aber nicht so. Kopierschutz-Funktionen wie CSS gibt es nicht zum Nulltarif, sondern müssen teuer eingekauft werden. Die Funktion ist dennoch enthalten, damit Sie Ihrem Kopierwerk Daten übertragen können, die durch CSS geschützt werden *sollen*. In der Praxis erzeugen Sie dann auch keine DVD-Disc, sondern stellen die Ausgabe ganz oben auf DVD-MASTER. Der eigentliche DVD-Inhalt wird dann auch auf ein DLT-Band (Digital Linear Tape) geschrieben.

16 Korrekturen mit Audition CC

Wenn Premiere Pro nicht mehr ausreicht, um Ihre Audioclips zu korrigieren oder wenn Sie Ihre eigenen Arrangements abmischen wollen, sollten Sie auf eine leistungsfähige Audio-Software zurückgreifen. An dieser Stelle kommt Adobe Audition ins Spiel und sorgt für ein nicht zu verachtendes Umfeld in Sachen Nachbearbeitung und Restauration. Audition ist Teil des Creative Cloud-Komplettpakets und arbeitet prima mit der Videoschnittapplikation zusammen. Und das erfahren Sie in diesem Kapitel:

- Wie können Audiodateien geschnitten werden?
- Wie füge ich Pausen hinzu?
- Wie werden Sounds ein- und ausgeblendet?
- Wie können Störgeräusche präzise entfernt werden?

16.1 Dateien übergeben

Beginnen wir in Premiere Pro. Meist fällt ja erst bei der Bearbeitung auf, dass eine Sounddatei nicht Ihren Anforderungen entspricht. Wenn die zur Verfügung stehenden Mittel der Editing-Anwendung nicht mehr ausreichen, übergeben Sie den Clip an Audition. Dabei spielt es übrigens keine Rolle, ob sich der Clip im Schnitt- oder Projektfenster befindet.

In Adobe Audition bearbeiten

Aus dem Schnittfenster heraus transferieren Sie eine Audiodatei mittels Rechtsklick und CLIP IN ADOBE AUDITION BEARBEITEN. Nachdem die Audiobearbeitung dort abgeschlossen ist, speichern Sie das Dokument (in Audition) und kehren zu Premiere Pro zurück. Dort ist der Clip automatisch aktualisiert worden.

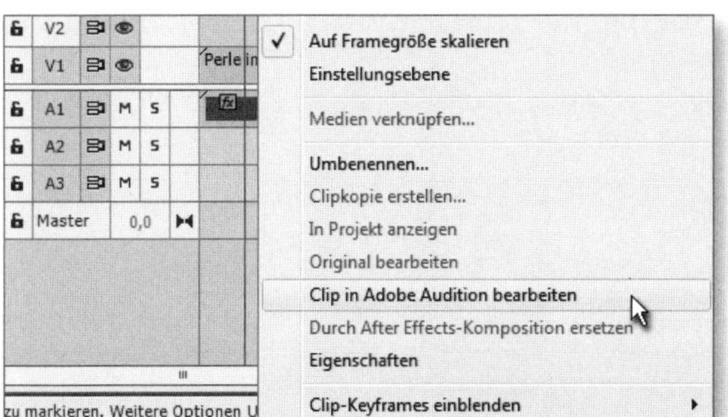

◂ **Abbildung 16.1** Beliefern Sie Audition direkt aus dem Schnittfenster heraus.

Aus dem Projektfenster heraus führen Sie ebenfalls einen Rechtsklick aus und wählen IN ADOBE AUDITION BEARBEITEN. Interessant ist hierbei, dass Sie nicht nur einen Clip, sondern auch eine ganze Sequenz transferieren können. So lässt sich die Projektarbeit vor der Ausgabe noch in einem Arbeitsgang akustisch aufwerten. Im Gegensatz zur Übergabe eines Schnittfenster-Clips wird sowohl beim Projektfenster-Clip als auch bei der Sequenz jedoch keine Dateiaktualisierung vorgenommen. Vielmehr fertigt Audition ein neues Asset an. Aufgrund dessen bringt die Anwendung auch noch einen zusätzlichen Dialog hervor, in dem Sie einen Speicherort für die Ergebnisdatei festlegen können. Betätigen Sie dazu DURCHSUCHEN.

▲ **Abbildung 16.2** Eine komplette Sequenz wird übergeben.

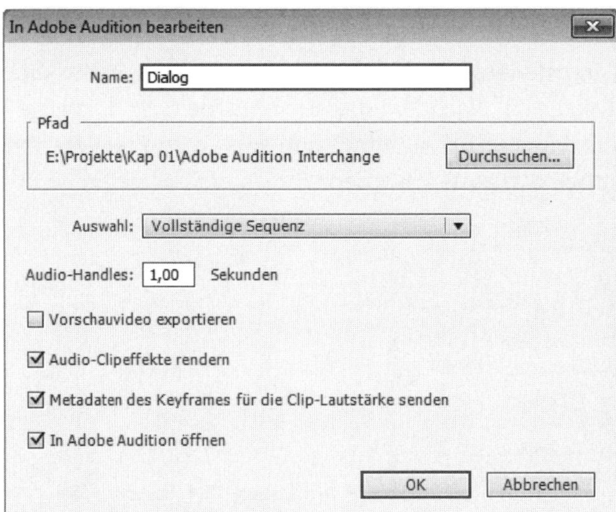

▲ **Abbildung 16.3** Geben Sie einen PFAD an.

Teil der Sequenz bearbeiten

Sie müssen nicht die gesamte Sequenz übergeben. Wenn nur ein Teil nachbearbeitet werden soll, setzen Sie zuvor Sequenz-In- und -Out-Point ein. Alternativ legen Sie den ARBEITSBEREICH im Export-Dialog fest. Sie wissen schon: Gemeint ist der Balken mit den In- und Out-Point-Markern, der sich unterhalb des Vorschaubildes befindet.

Im Falle einer Sequenz muss das nachbearbeitete Ergebnis separat ausgegeben werden (z. B. über DATEI • EXPORTIEREN • MULTITRACK-ABMISCHUNG • GESAMTE SESSION) und kann anschließend als separate Tonspur in Premiere Pro integriert werden. Sollten Sie lediglich einen Clip übergeben haben, werden Sie im Projektfenster ein neues Asset vorfinden. Mit einem Rechtsklick und IN EXPLORER ANZEIGEN sehen Sie, wo auf der Festplatte sich nun dieses neue Asset befindet.

◂ **Abbildung 16.4** Eine neue Sounddatei ist entstanden.

Voreinstellungen übernehmen

Sollten Sie zuvor eine Vorgängerversion von Audition CC benutzt haben, werden Sie nach dem ersten Start der Anwendung gefragt, ob die dort integrierten Voreinstellungen übernommen werden sollen. Wie der Dialog beweist, ist die einzige Möglichkeit, die Voreinstellungen zu übernehmen, der Klick auf IMPORTIEREN. Wollen Sie das nicht, gehen Sie auf ABBRECHEN.

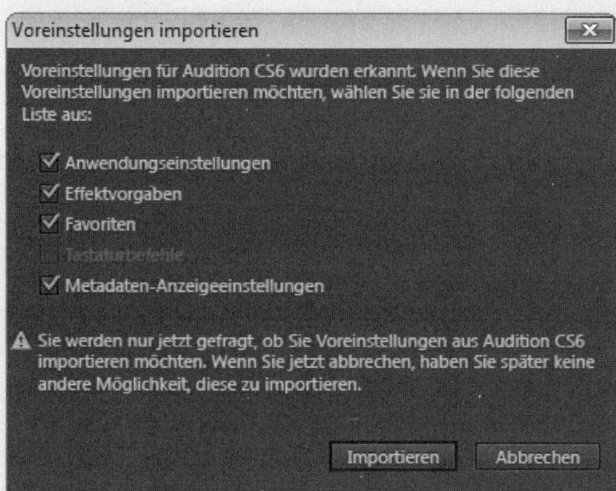

◂ **Abbildung 16.5** Mit Hilfe dieses Dialogs können Sie bereits vorhandene Voreinstellungen übernehmen.

16.2 Die Oberfläche

Wenn Sie Audition öffnen, ohne zuvor einen Clip aus Premiere Pro heraus übergeben zu haben, stellt sich die Anwendung zunächst noch recht spartanisch dar.

Arbeitsoberfläche erhellen

Sollten Sie auch in Audition auf die hier gezeigte, helle Arbeitsoberfläche umstellen wollen, müssen Sie in das Menü BEARBEITEN/AUDITION • VOREINSTELLUNGEN gehen. Anders als in anderen Adobe-Applikationen müssen Sie in Audition aber in die Rubrik DARSTELLUNG wechseln, um den Regler HELLIGKEIT zu finden. Ziehen Sie diesen ganz nach rechts, und bestätigen Sie mit OK.

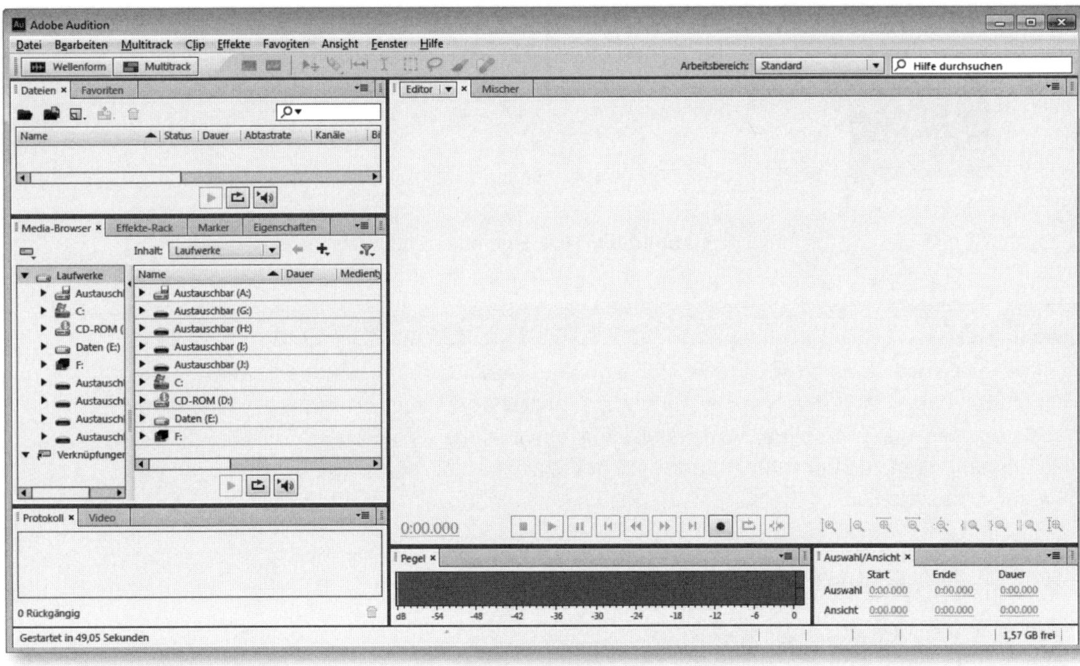

▲ **Abbildung 16.6** Grau in Grau und zunächst eher unspektakulär: das Audition-Interface

16.2.1 Arbeitsbereich wählen

Sie haben allerdings auch hier, genau wie in Premiere Pro, die Möglichkeit, verschiedene Ansichten einzustellen. Benutzen Sie dazu FENSTER • ARBEITSBEREICH. Gleich unterhalb der Menüleiste finden Sie zudem ein Pulldown-Menü, das diese Funktionen ebenfalls zur Verfügung stellt.

◀ **Abbildung 16.7** Auch in Audition lassen sich vordefinierte Arbeitsbereiche einstellen.

16.2.2 Wellenform und Multitrack

Des Weiteren wird unterschieden zwischen Wellenform- und Multitrack-Editor. Von Premiere Pro übergebene Sequenzen erscheinen automatisch im Multitrack-Editor, während einzelne Clips in Wellenform dargestellt werden. Entsprechende Buttons befinden sich oben links (❶ und ❷).

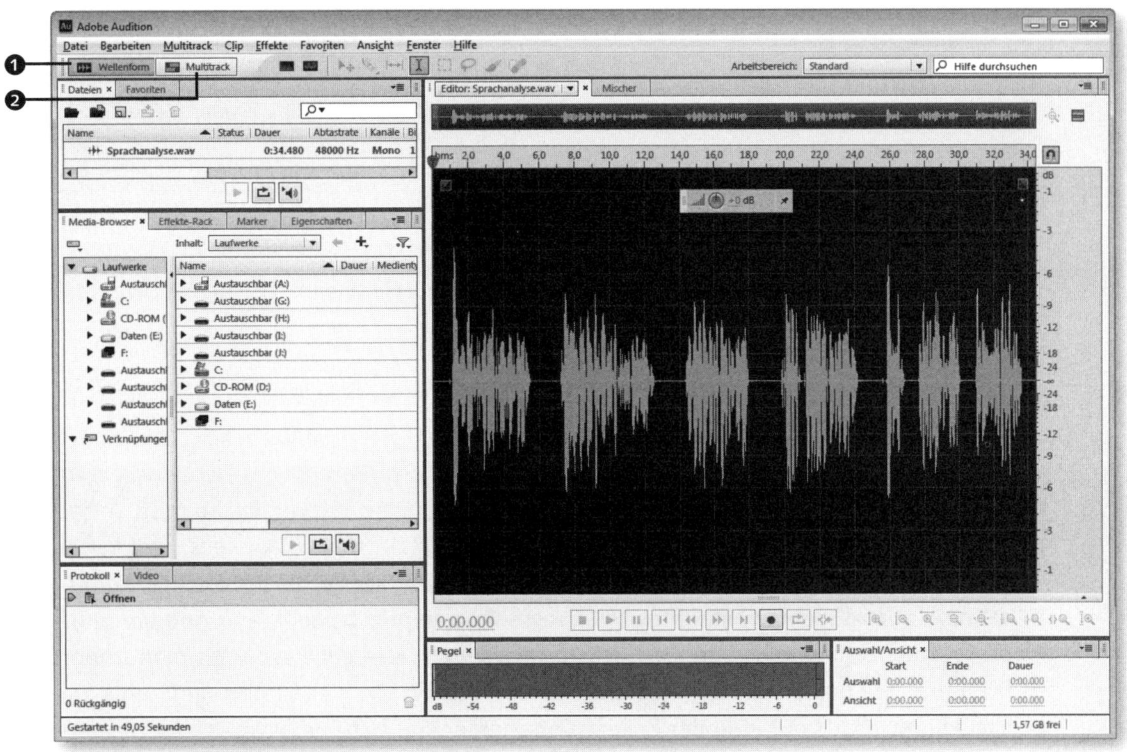

▲ **Abbildung 16.8** In der Wellenform-Ansicht werden die Pegel angezeigt.

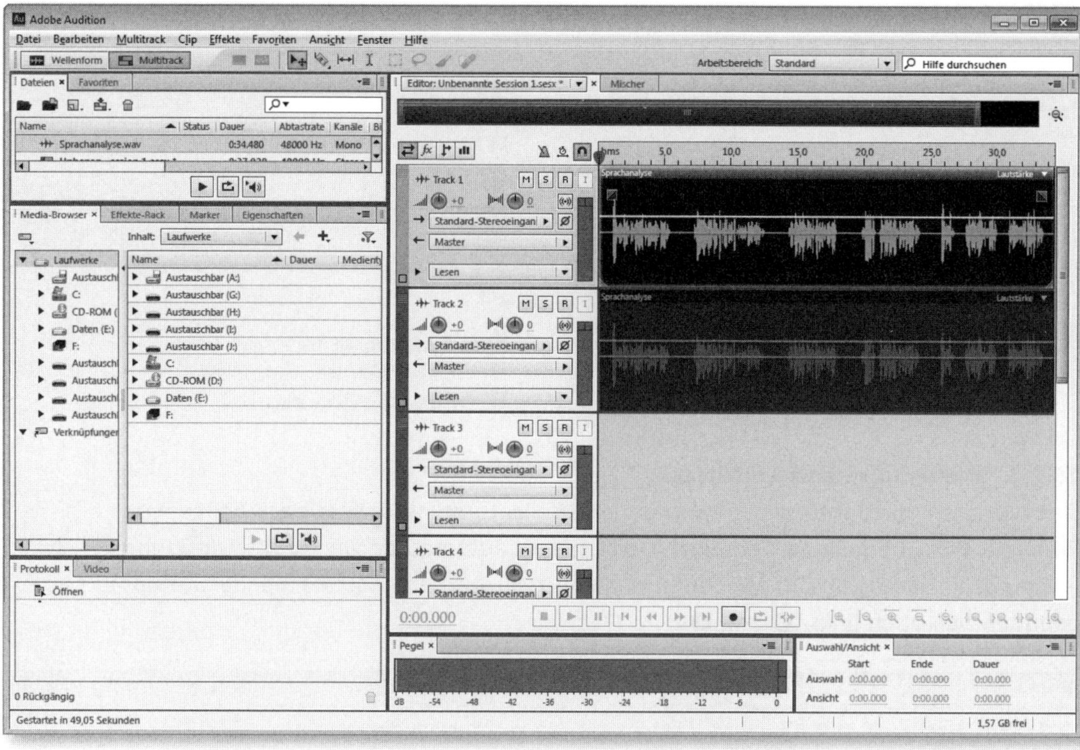

▲ **Abbildung 16.9** Die Multitrack-Ansicht liefert einen Überblick über alle Spuren einer Sequenz.

16.3 Grundlagen

Bevor Sie sich um die Nachbearbeitung kümmern, müssen Sie meist einige individuelle Vorbereitungen treffen.

16.3.1 Dateien importieren

Der Import von Dateien erfolgt über das Dateimenü (Datei • Importieren), den Shortcut Strg/cmd+I oder per Doppelklick in einen freien Bereich des Dateien-Bedienfeldes, das prinzipiell mit dem Projektfenster von Premiere Pro vergleichbar ist. Selbstverständlich ist es auch möglich, den unterhalb des Dateien-Bedienfeldes integrierten Media-Browser zu benutzen. Bedenken Sie, dass sich hier nicht nur gängige Audio-, sondern auch Videoformate integrieren lassen. Immerhin besteht ja in Audition auch die Möglichkeit, Audios von AV-Clips zu bearbeiten. Das geht so: Nach dem Import markieren Sie beide Dateien (Audio und Video erscheinen hier nämlich getrennt) und klicken mit rechts auf eine der Zeilen. Entscheiden Sie sich für In Multitrack einfügen • Neue Multitrack-Session. Im Folgedialog vergeben Sie Name und Speicherort und bestätigen mit OK.

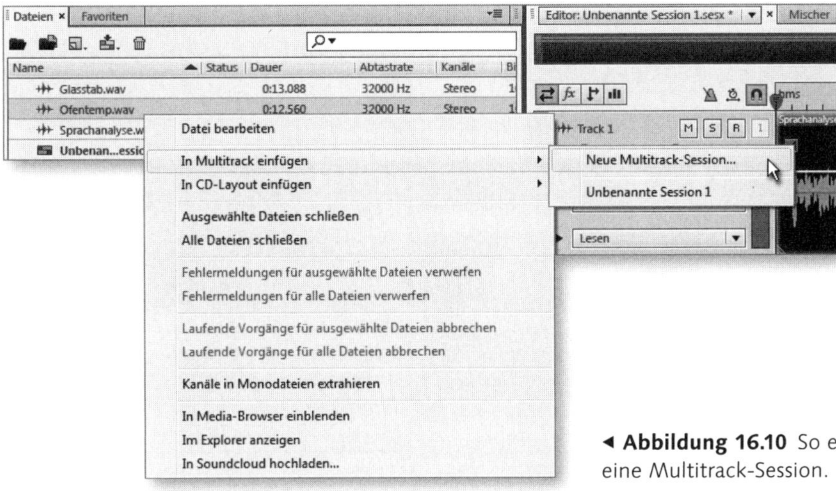

◀ **Abbildung 16.10** So erzeugen Sie eine Multitrack-Session.

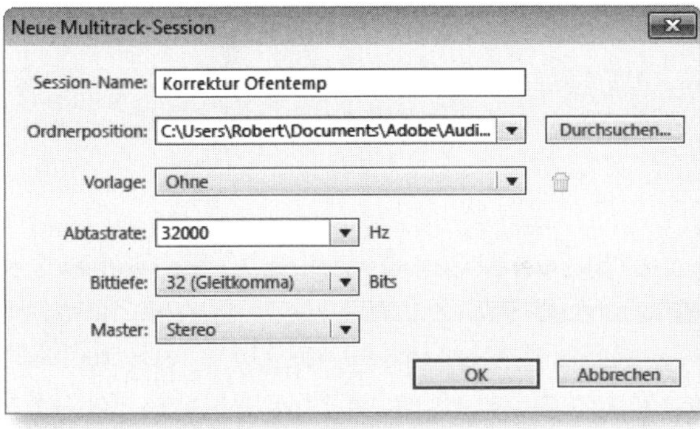

◀ **Abbildung 16.11** Die Abtastrate (hier 32.000 Hz) ist zunächst einmal von der Beschaffenheit der Datei abhängig.

Zur besseren Ansicht ist zu empfehlen, vorübergehend auf den Arbeitsbereich AUDIODATEN FÜR VIDEO BEARBEITEN ❶ umzuschalten, da Sie dann auch eine Videoansicht genießen können.

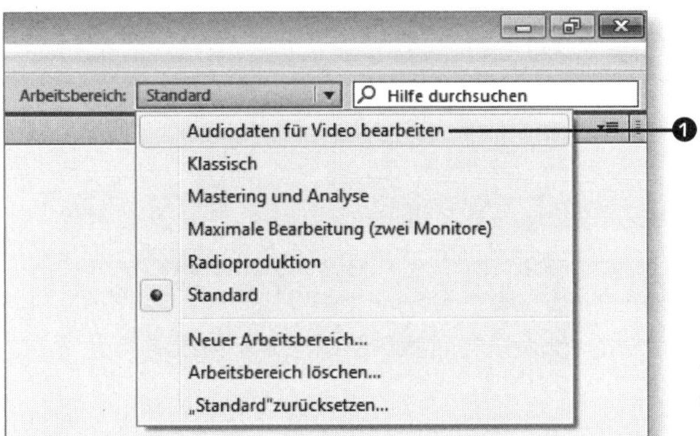

◀ **Abbildung 16.12** Wer AV-Daten verarbeiten muss, findet einen eigenen Arbeitsbereich.

▲ **Abbildung 16.13** Ein Video in Audition

16.3.2 Zoomen

Wenn Sie einen bestimmten Bereich des Clips vergrößert darstellen wollen, ziehen Sie eines der blau eingefärbten Enden ❶ oberhalb der Zeitskala zur Mitte (bei dunklen Oberflächen sind die Enden gelb). Wollen Sie den gesamten Ausschnitt verschieben, greifen Sie den Anfasser ❷ und ziehen ihn in die gewünschte Position. Was sich jetzt in dem eingefassten Bereich befindet, sehen Sie auch unten in der Wellenform-Darstellung ❹. Ein Klick auf die Lupe ❸ stellt wieder den gesamten Clip dar. Wenn Ihnen die Bedienung mit Hilfe der Tastatur lieber ist (bestimmt ist es das), können Sie auch [+] und [-] verwenden. Alternativ dürfen Sie auch die Lupensymbole rechts unterhalb der Tracks benutzen.

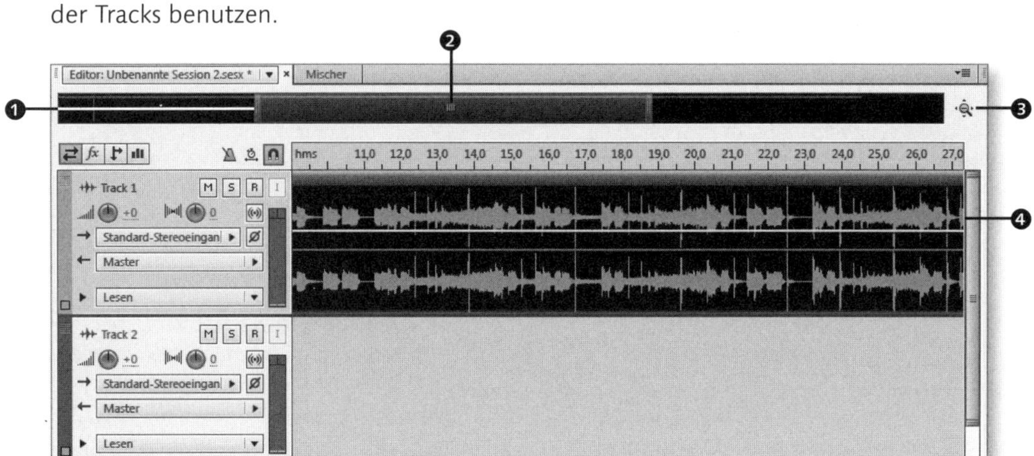

▲ **Abbildung 16.14** Längere Tonstücke lassen sich prima zoomen.

16.3.3 Dateien erstellen

Über DATEI • NEU • AUDIODATEI lässt sich eine LEERE AUDIODATEI erzeugen, deren Parameter im Folgedialog festgelegt werden. Über den gleichen Menüeintrag ließe sich auch mit einer neuen MULTITRACK-SESSION beginnen.

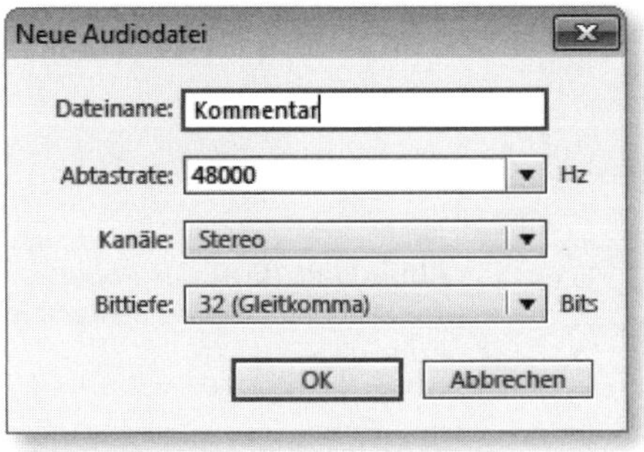

▲ **Abbildung 16.15** Die gewünschten Einstellungen nehmen Sie gleich zu Beginn vor.

16.3.4 Speicheroptionen

Grundsätzlich müssen Sie hier (genauso wie in Premiere Pro) unterscheiden, ob Sie ein Projekt speichern oder eine Sounddatei ausgeben wollen. Das hauseigene Speicherformat für einzelne Audioclips (Wellenform) ist .wav, das für Multitracks .sesx.

16.4 Audiobearbeitung

So viel zur Vorbereitung und zur ersten Orientierung. Jetzt sind Sie wieder an der Reihe. Bestimmt wollen Sie längst eine Datei bearbeiten. Dann werden Sie nun den ersten Audioclip schneiden. Stellen Sie aber zuvor bitte wieder den Arbeitsbereich STANDARD ein. Sollten Sie innerhalb dieses Arbeitsbereichs Fenster verschoben haben, entscheiden Sie sich für STANDARD ZURÜCKSETZEN, und bestätigen Sie die Kontrollabfrage mit JA.

16.4.1 Audio schneiden

Im folgenden Workshop wollen wir einen Kommentar nachbearbeiten. Ziel ist es, einen Teil des Satzes nachträglich zu entfernen.

Schritt für Schritt: Eine Audiodatei schneiden

Bevor wir uns an den Schnitt machen, schließen Sie bitte alle geöffneten Dateien (DATEI • ALLE SCHLIESSEN). Ansonsten wird es vielleicht etwas zu unübersichtlich.

1 *Projekt vorbereiten*

Im Ordner Kapitel_16 der Buch-DVD finden Sie die Audiodatei »Ofentemp.wav«. Importieren Sie diesen Clip durch Doppelklick in den freien Bereich des Dateien-Bedienfeldes. Die Datei wird automatisch in Wellenform angezeigt.

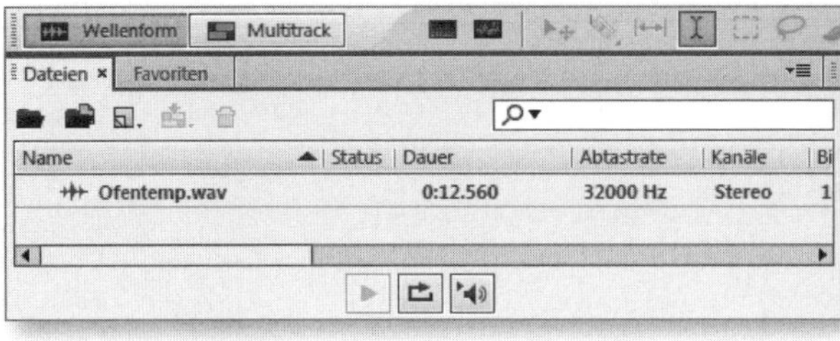

◀ **Abbildung 16.16** Die importierte Datei im Dateien-Bedienfeld

2 *Clip anhören*

Spielen Sie das Audio ab. Hier reicht natürlich der Druck auf die Leertaste. Alternativ stehen Ihnen aber auch die Steuerelemente unterhalb der Wellenform zur Verfügung.

3 *Bereich markieren*

Der Satzteil «[...] zwischen Glas und Raumluft [...]« soll entfernt werden. Versuchen Sie, auf diesen Bereich großzügig einzuzoomen. Halten Sie die Wiedergabe an, und fahren Sie mit dem Mauszeiger einmal quer über die Wellenform dieses Bereichs. Sie wird daraufhin weiß markiert. Aktivieren Sie die Schleifenfunktion (Endloswiedergabe) ❸, und lassen Sie den Bereich permanent abspielen.

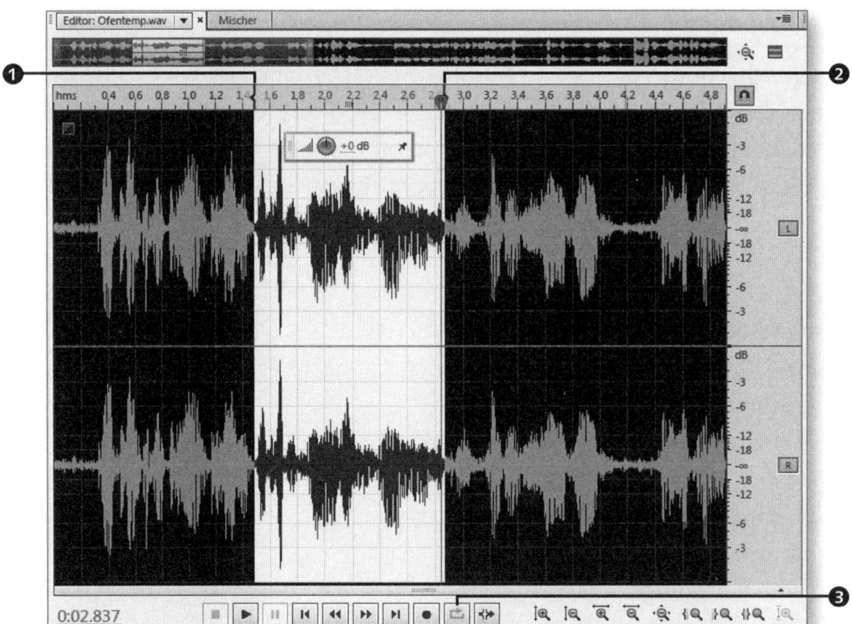

▲ **Abbildung 16.17** Diese Stelle soll entfernt werden.

4 *Fein-Tuning vornehmen*

Sollte der Bereich mit dem ersten Versuch nicht exakt eingegrenzt worden sein, macht das rein gar nichts. Ziehen Sie in diesem Fall die Klammern ❶ und ❷ (sie symbolisieren den In- und Out-Point) so in Form, dass Sie nur noch den erwähnten Satz hören. Noch einfacher geht das übrigens, wenn Sie den Mauszeiger direkt auf eine der Wellenformen setzen, den Übergang zwischen markiertem und nicht markiertem Bereich aufsuchen (ein Doppelpfeil wird sichtbar) und die Markierung in Form ziehen.

Beachten Sie letztendlich auch das Bedienfeld unten rechts (AUSWAHL/ANSICHT). In der oberen Zeile sind der markierte Bereich (von START bis ENDE) sowie dessen DAUER hinterlegt. Diese Hot-Text-Steuerelemente lassen sich bedienen wie in Premiere Pro.

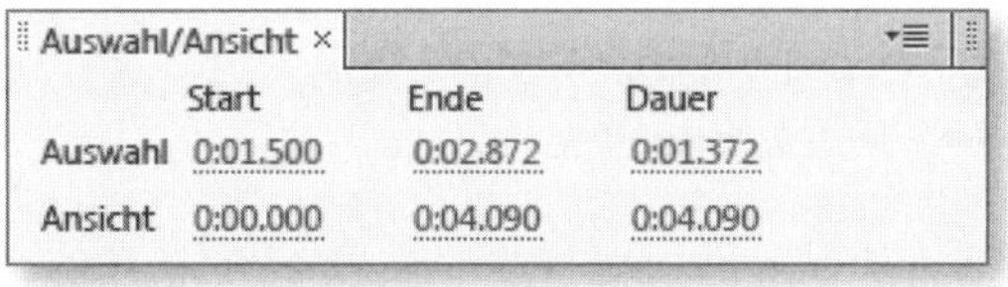

▲ **Abbildung 16.18** Die Markierung kann sogar Sample-weise verschoben werden. Genauer geht es nicht.

On-Air-Bedienung

Spielen Sie den markierten Clip-Teil in Schleife ab, lassen sich die Begrenzungen per Drag & Drop anpassen. So sollte die akustische Selektion des benötigten Bereichs ebenfalls kein Problem darstellen.

5 *Bereich entfernen*

Hören Sie die Stelle mehrfach an. Erst wenn Sie sicher sind, dass Sie genau diesen Bereich gefunden haben, drücken Sie [←] oder klicken mit rechts in die markierte Stelle, wobei Sie anschließend LÖSCHEN betätigen. Die Stelle ist nun entfernt.

Zwischenablage benutzen

Natürlich stehen Ihnen auch hier sämtliche Funktionen der Zwischenablage zur Verfügung. So lässt sich beispielsweise eine Stelle ausschneiden und woanders wieder einfügen.

6 *Datei exportieren*

Speichern Sie die Datei am besten unter einem anderen Namen, indem Sie DATEI • SPEICHERN UNTER wählen. Audition bietet Ihnen jetzt WAV als Ausgabeformat an. Klicken Sie auf OK. Sie finden den Anfang der bearbeiteten Datei unter »Ofentemp_fertig.wav« im Ordner ERGEBNISSE der Buch-DVD.

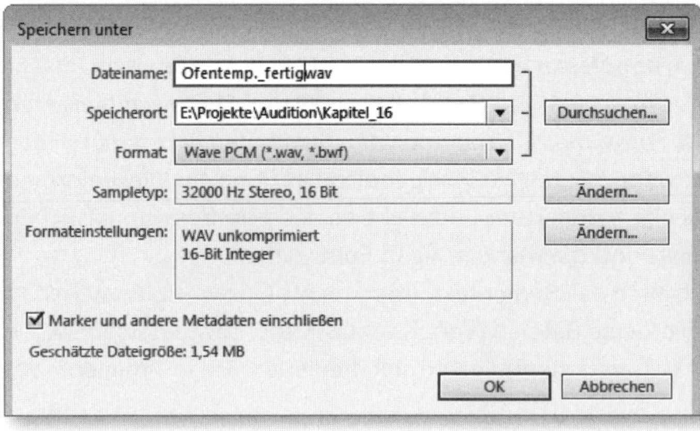

▲ **Abbildung 16.19** Wenn Sie keine Veränderungen im Vergleich zum Original wollen, müssen Sie mit Ausnahme des Dateinamens in diesem Dialog nichts ändern.

7 *Clip erneut markieren*

Achten Sie darauf, dass jetzt der Ziel-Clip im Editor sowie im Dateien-Bedienfeld zu finden ist. Wollen Sie anstelle des Ergebnisses das Original erneut bearbeiten, müssen Sie es abermals integrieren.

16.4.2 Clip-Bereich ausgeben

Anstelle des gesamten Clips lässt sich aber auch nur ein bestimmter Bereich ausgeben. Markieren Sie dazu den Teil, den Sie ausgeben wollen, wie im Workshop beschrieben. Danach klicken Sie mit rechts in die Auswahl hinein und wählen AUSWAHL SPEICHERN UNTER.

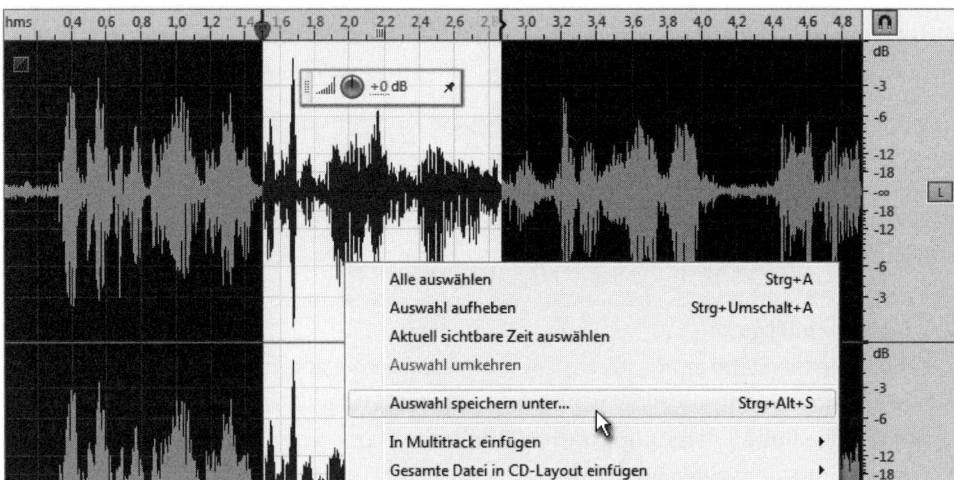

▲ **Abbildung 16.20** Mit dieser Einstellung wird nur ein Teil des Clips exportiert.

16.4.3 Pause verlängern

Im Beispiel-Clip »Ofentemp.wav« aus dem Ordner KAPITEL_16 der Buch-DVD verbirgt sich eine kleine Pause, die ausgedehnt werden sollte. Lassen Sie den Clip doch einmal abspielen, und achten Sie auf die Unterbrechung hinter dem ersten Satz.

Schritt für Schritt: Sprechpause ausdehnen

Die Pause könnte an dieser Stelle eigentlich etwas verlängert werden. Auch das ist natürlich kein Problem mit Audition.

1 *Bereich eingrenzen*

Setzen Sie die Abspielmarke direkt hinter die Aussage »[...] dass die Glasplatte zerspringen würde [...]«. Markieren Sie einen Teil des Bereichs, in dem der Sprecher nichts sagt, wobei Sie darauf achten müssen, dass wirklich nur der inhaltlose Zeitpunkt markiert ist. Am besten lässt sich dieses Stück in der Wellenform ausmachen. Hören Sie sich den Teil in der Endlosschleife an. So können Sie prima beurteilen, ob Sie nicht versehentlich doch ein Kommentarfragment mit eingefangen haben.

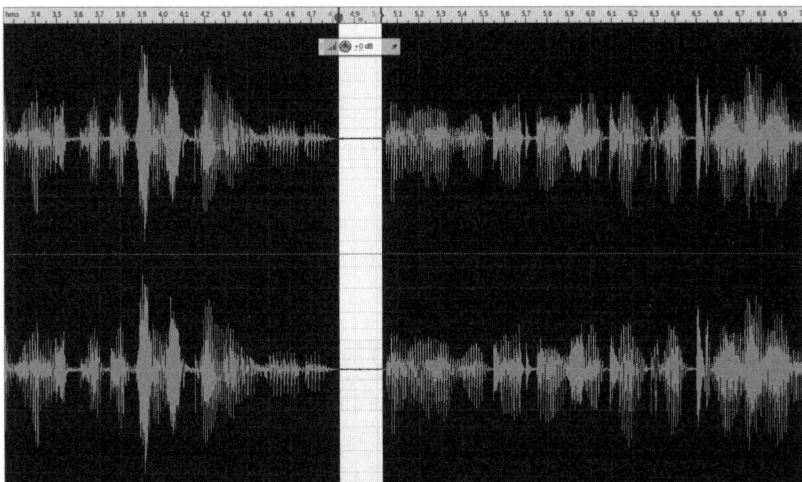

▲ **Abbildung 16.21** Bringen Sie die Markierung an die richtige Position.

2 *Pause ausdehnen*

Anschließend betätigen Sie [Strg]/[cmd]+[C] und klicken noch einmal kurz in die Markierung. Das hat zur Folge, dass der markierte Bereich abgewählt wird. Achten Sie darauf, dass sich die Abspielmarke in der Mitte des kommentarlosen Bereichs befindet, und betätigen Sie [Strg]/[cmd]+[V]. Wählen Sie die Markierung durch erneuten Mausklick ab, und hören Sie sich die Stelle an. Falls Sie nicht zufrieden sind, platzieren Sie die Einfügemarke erneut in der Mitte, und betätigen Sie die letzte Tastenkombination abermals.

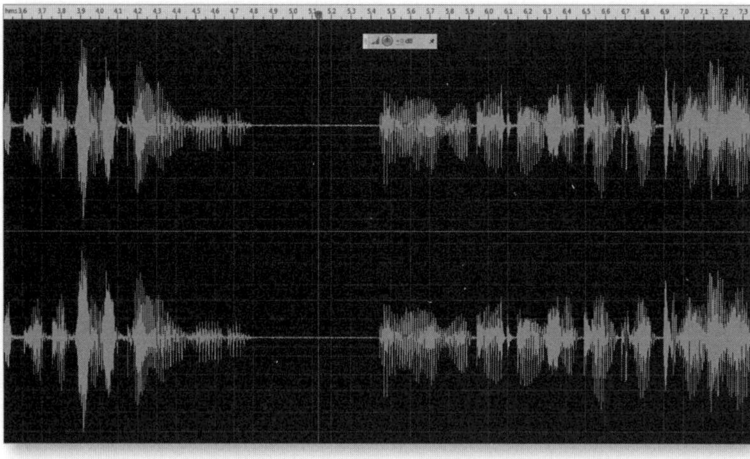

▲ **Abbildung 16.22** Am Ende dürfte die Pause lang genug sein.

16.4.4 Lautstärke regeln

Die Lautstärke ist in Audition ebenfalls intuitiv bedienbar. Allerdings gibt es dabei auch ein paar Feinheiten, die sich dem Einsteiger vielleicht nicht auf den ersten Blick erschließen.

Schritt für Schritt: Lautstärke an einer bestimmten Stelle verändern

Schauen Sie sich die Wellenform im Beispiel-Clip »Ofentemp.wav« etwas genauer an. Skalieren Sie diese dazu mit der Lupe. Die Ausschläge der Wellenformen nach oben und unten sind insgesamt in Ordnung. Am Schluss wird es jedoch zu laut. Sie sehen das auch anhand der Pegel, die bis ganz oben ausschlagen ❶. Hier ist insbesondere der Satzanfang: »Erst nach 24 Stunden [...]« bemerkenswert.

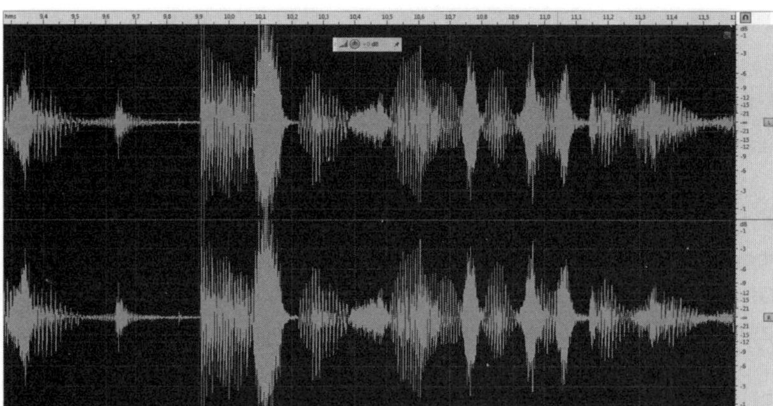

▲ **Abbildung 16.23** Hier sind die Spitzen bereits abgeschnitten.

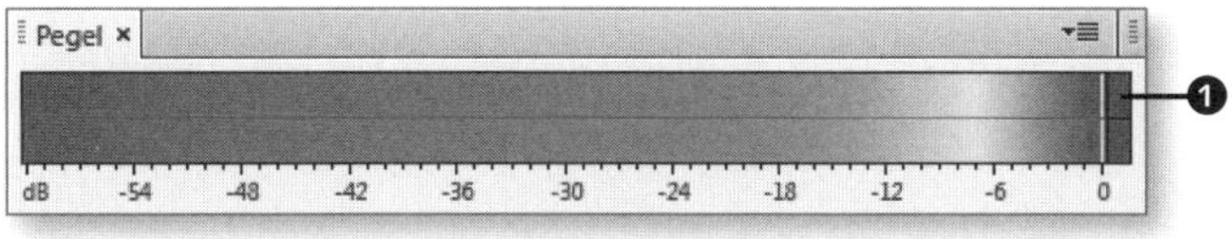

▲ **Abbildung 16.24** An dieser Stelle verheißt auch der Pegel nichts Gutes.

1 *Lautstärke insgesamt reduzieren*

Markieren sie den Bereich, der bis an die Begrenzung des Fensters hochgeht. Führen Sie den Mauszeiger jetzt auf die kleine Overlay-Schaltflächenleiste, und zwar genau auf den Wert 0,0 dB. Klicken Sie diesen Wert an, halten Sie die Maustaste gedrückt, und ziehen Sie nach links, bis ein Wert von etwa –1,8 angezeigt wird. An dieser Stelle lassen Sie los.

2 *HUD einschalten*

Sollte die kleine Overlay-Palette ❷ nicht sichtbar sein, aktivieren Sie diese mit [⇧]+[U] oder über ANSICHT • HUD ANZEIGEN.

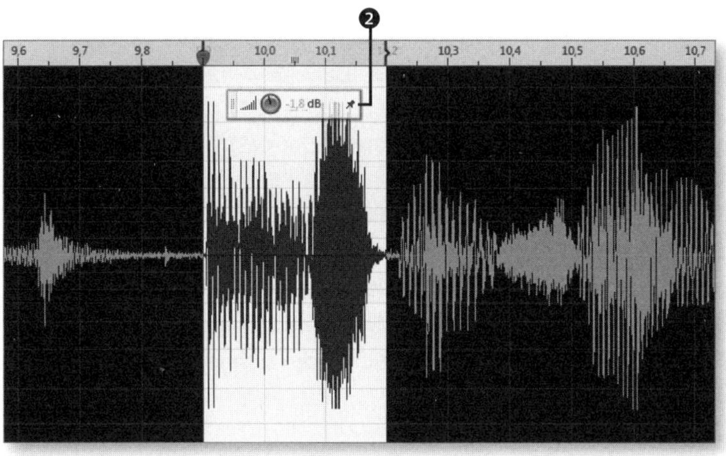

▲ **Abbildung 16.25** Mit diesem Schritt senken Sie die Lautstärke ausschließlich im markierten Bereich ab.

Gesamtlautstärke verändern

Wenn Sie nichts markieren und den Pegel mit Hilfe der Overlay-Palette korrigieren, wirkt sich das auf den gesamten Clip aus.

16.4.5 Fade-in und Fade-out

Vielfach bietet es sich an, Audiodateien am Anfang weich einzublenden bzw. am Ende langsam verstummen zu lassen. Dazu finden Sie jeweils am Anfang ❸ und am Ende ❹ der Waveform-Anzeige ein kleines Quadrat, das Sie verschieben können. Bewegen Sie den Mauszeiger bei gedrückter linker Taste horizontal, können Sie die Länge des Übergangs bestimmen. Wenn Sie die Ein- bzw. Ausblendung nicht konstant, sondern dynamisch steuern wollen (siehe Abschnitt 10.5.3, »Konstante Leistung«), bewegen Sie die Maus vertikal.

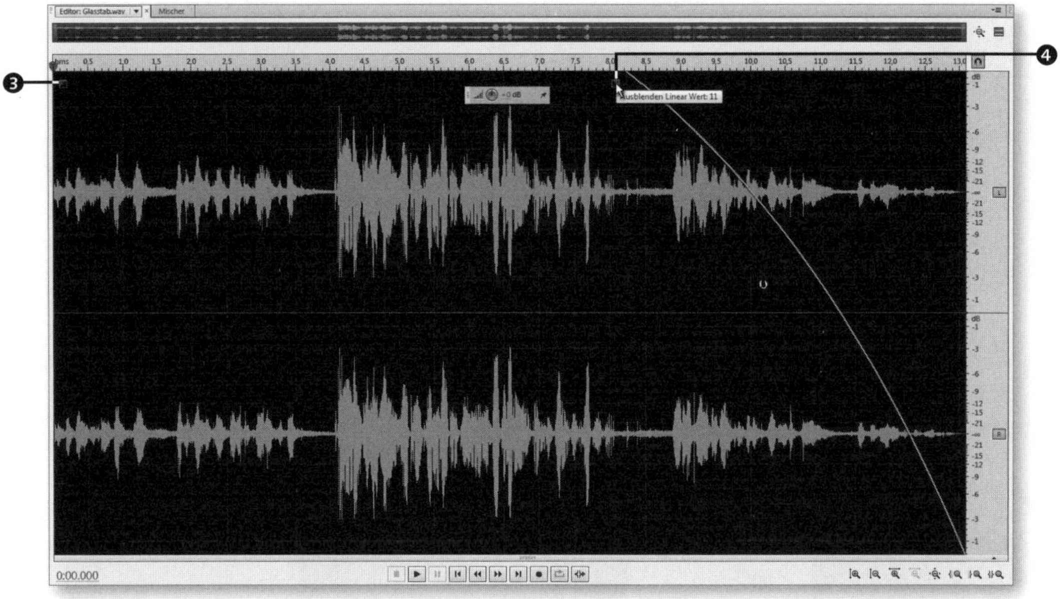

▲ **Abbildung 16.26** Beim Aufziehen eines Fades ist es entscheidend, ob Sie den Mauszeiger gleichzeitig auch nach oben oder unten bewegen.

16.4.6 Anfang und Ende kürzen

Wollen Sie nur einen bestimmten Bereich des Audios erhalten? Dann markieren Sie diesen auf die zuvor beschriebene Weise, klicken Sie mit rechts auf die Wellenform, und entscheiden Sie sich für BESCHNEIDEN. Alle Bereiche, die sich jenseits der Markierung befinden, werden daraufhin entfernt.

16.5 Effekte und Stapelprozesse

Erfahren Sie in diesem Abschnitt zunächst, wie Effekte hinzugefügt und eingestellt werden. Danach werfen wir noch einen Blick auf Stapelprozesse.

16.5.1 Effekte einsetzen

Anhand der Lautstärkeregelung wollen wir uns ansehen, wie sich ein Effekt hinzufügen lässt. Markieren Sie zunächst den Bereich in der Wellenform, der lauter oder leiser werden soll. Danach gehen Sie auf das EFFEKTE-RACK (FENSTER • EFFEKTE-RACK) und betätigen zum Hinzufügen eines ersten Effekts das oberste Dreiecksymbol ❺. Im Weiteren zeigen Sie auf AMPLITUDE UND KOMPRIMIERUNG und setzen einen Klick auf VERSTÄRKEN.

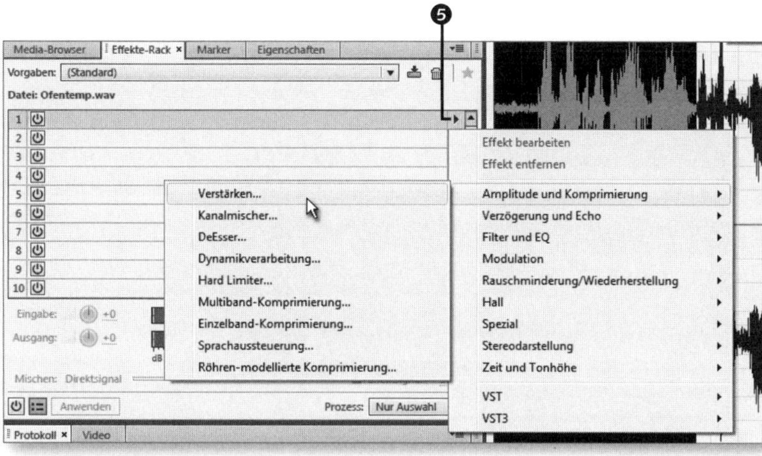

▲ **Abbildung 16.27** Fügen Sie den ersten Effekt hinzu.

Im nächsten Dialog lässt sich nun die Lautstärke individuell anpassen. Vorausgesetzt, es wäre nur einer der Kanäle zu korrigieren, könnten Sie zunächst REGLER VERBINDEN deaktivieren. Jetzt ließe sich jeder der Kanäle unabhängig voneinander bearbeiten (sind die Regler verbunden, werden Sie stets gemeinsam verschoben).

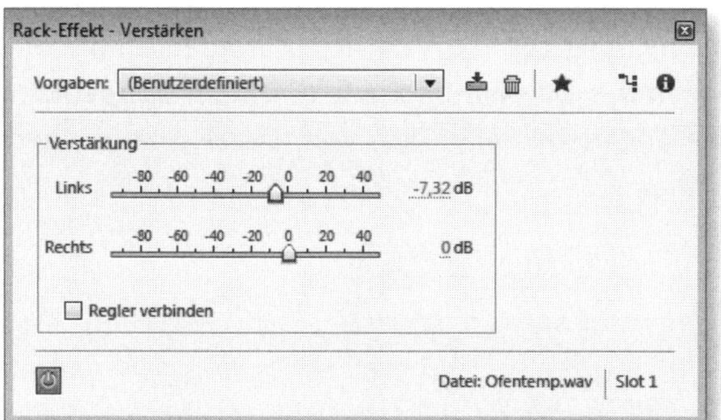

◄ **Abbildung 16.28** Nur der linke Kanal wird abgesenkt.

Power-Status

Die kleine grüne Schaltfläche unten links bewirkt übrigens, dass sich die Einstellung direkt während der Wiedergabe kontrollieren lässt. Ein Klick auf den Button würde diese nützliche Funktion deaktivieren.

Etwas ungewöhnlich ist die Tatsache, dass es hier keinen OK- oder Hinzufügen-Button gibt. Nach erfolgter Einstellung schließen Sie den Dialog einfach wieder. Sie finden den Effekt nun in Zeile 1 des EFFEKTE-RACKS und müssen letztendlich noch auf ANWENDEN ❶ klicken (siehe Abbildung 16.29).

Der unschlagbare Vorteil: Die Einstellung wird nicht unmittelbar an den Clip übergeben, sondern kann jederzeit durch Doppelklick auf die Zeile nachjustiert werden. Erst wenn Sie komplett zufrieden sind (es könnten auch ab Zeile 2 noch weitere Effekte hinzugefügt werden), betätigen Sie ANWENDEN.

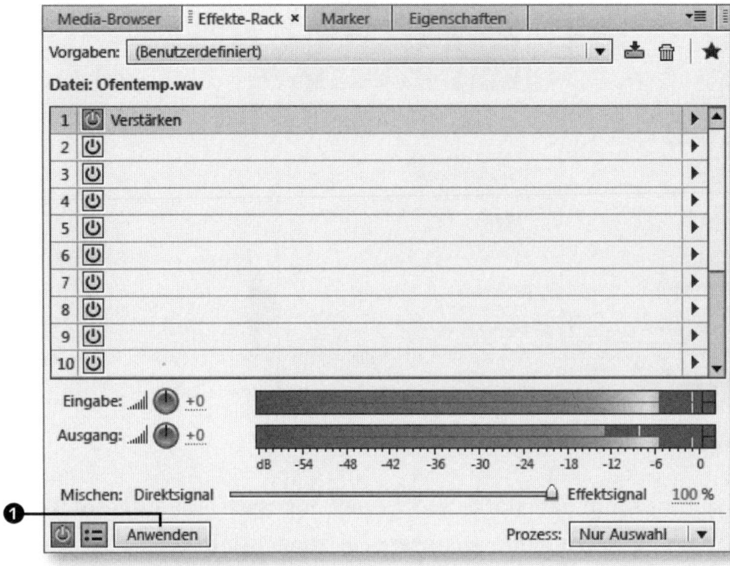

◄ **Abbildung 16.29**
Der Effekt ist zugewiesen, jedoch noch nicht angewendet worden.

16.5.2 Stapelprozesse

Audition verfügt gewissermaßen über eine Stapelverarbeitungsfunktion. Diese ist wirklich sinnvoll, denn oft muss ja gleich eine Fülle von Clips korrigiert werden. In diesem Fall bringen Sie die relevanten Audios in das Dateien-Bedienfeld, öffnen das Bedienfeld STAPELPROZESS via Menü FENSTER und ziehen alle Clips vom Dateien-Bedienfeld aus in das Stapelprozess-Bedienfeld hinein.

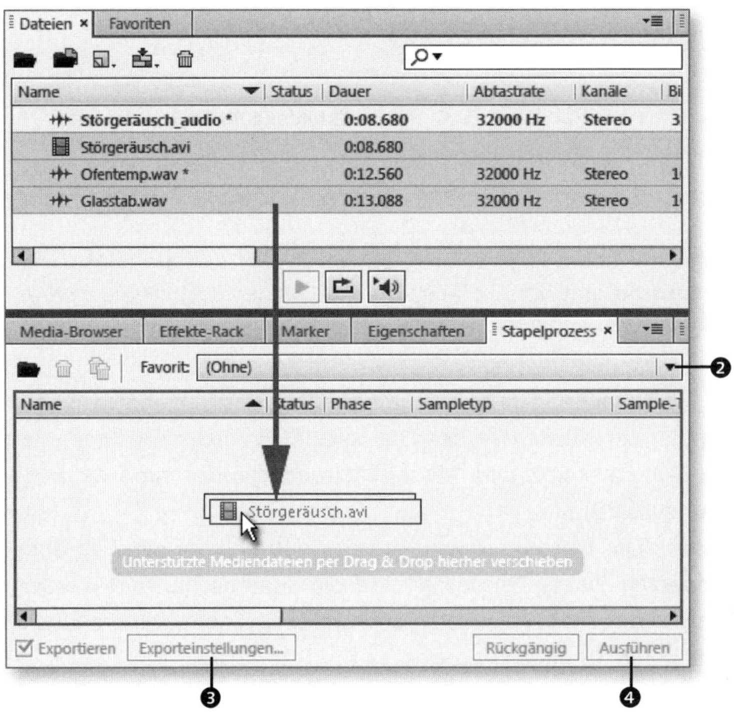

◄ **Abbildung 16.30**
Ziehen Sie die Dateien, die korrigiert werden müssen, nach unten.

Falls Sie eine bloße Konvertierung von Dateien in ein anderes Format wünschen, belassen Sie das Pulldown-Menü FAVORIT ❷ bei OHNE. Andernfalls weisen Sie den gewünschten Effekt zu. Danach betätigen Sie den Schalter EXPORTEINSTELLUNGEN ❸. Legen Sie fest, wo und in welchem Format die Dateien abgelegt werden sollen. Falls Sie zur Ausgabe den gleichen Ordner wie den Quellordner verwenden, kann es sinnvoll sein, ein Präfix oder Suffix zu vergeben. Bei Vergabe eines Präfixes beginnen die Dateien mit dieser Bezeichnung. Das Suffix steht am Ende des Namens (vor der Dateiendung).

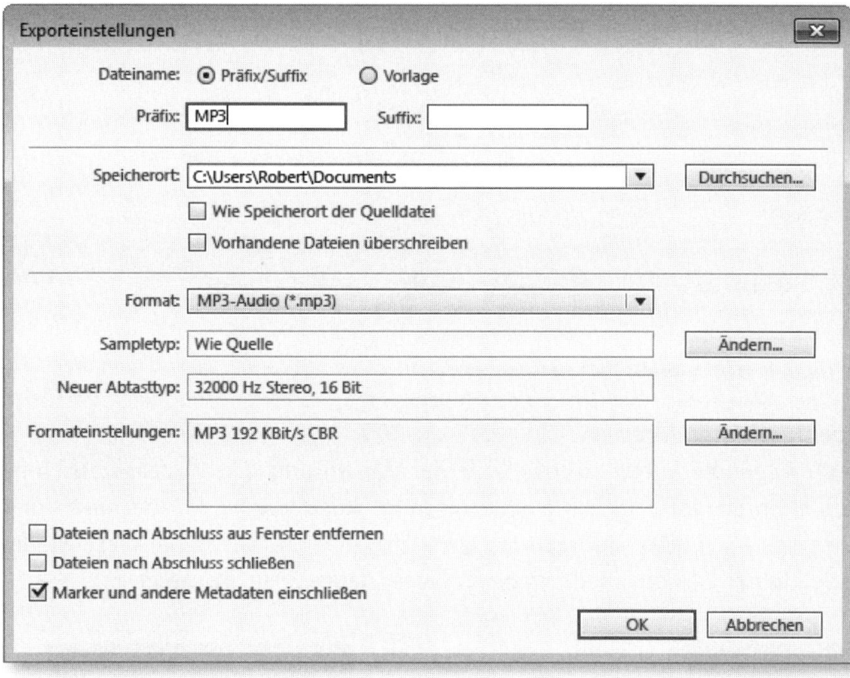

▲ **Abbildung 16.31** Hier erfolgt eine Stapelkonvertierung in das Format MP3.

Damit ist aber noch nicht alles erledigt. Denn bislang sind nur die Dateien ausgesucht und die Einstellungen vorgenommen worden. Leiten Sie den Export mit Hilfe des Buttons AUSFÜHREN ❹ in die Wege.

16.6 Restauration

Während die bisher vorgestellten Techniken mehr dazu geeignet waren, das gesamte Audiomaterial in irgendeiner Form zu verändern, geht es jetzt um die punktuelle Bearbeitung. Was ist zu tun, wenn beispielsweise ein einzelnes Geräusch entfernt werden soll? Immerhin sollen ja andere Frequenzen (z. B. Kommentar oder Sound) erhalten bleiben. Deshalb müssen Sie hier anders vorgehen.

Schritt für Schritt: Störgeräusche entfernen

In diesem Workshop wird ein kleiner Knacker innerhalb der Spektralfrequenzanzeige entfernt, ohne dass der Rest der Datei nennenswert in Mitleidenschaft gezogen wird.

1 Datei importieren

Sie benötigen die Datei »Störgeräusch.avi« aus dem Ordner KAPITEL_16, deren Audiospur automatisch im Wellenform-Editor von Audition bereitgestellt wird. Dass es sich bei diesem Clip um ein AVI handelt, bleibt Audition natürlich nicht verborgen, weshalb auch ein Video-Asset im Dateien-Bedienfeld angezeigt wird. Doch das soll uns nicht weiter stören.

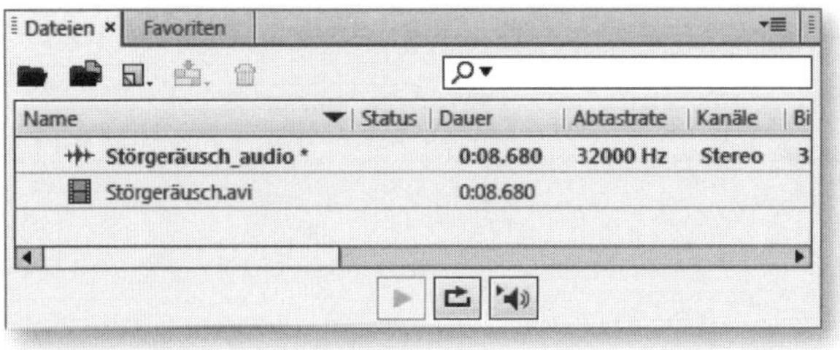

▲ **Abbildung 16.32** Uns interessiert nur die Audiodatei.

2 Knackgeräusch markieren

Richten Sie Ihr Augenmerk jetzt auf das Ende der Wellenform. Das Knackgeräusch ist nicht nur gut zu hören, sondern fällt auch optisch ins Auge (die kurze, aber sehr hohe Erhebung ziemlich am Ende). Zoomen Sie stark ein, und markieren Sie diese Stelle. Beim Abspielen in der Endlosschleife ist der Knacker deutlich wahrzunehmen.

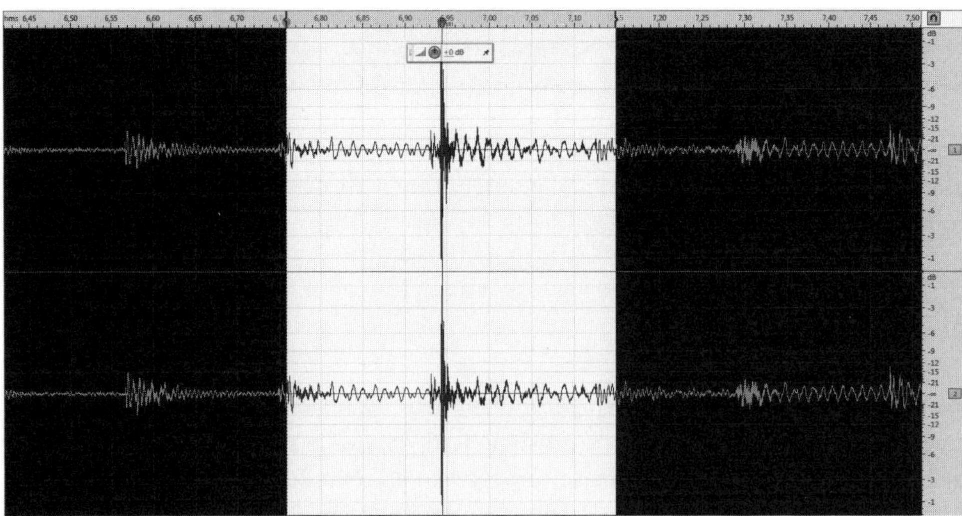

▲ **Abbildung 16.33** Dieser Knacker muss weg!

3 *Lösung finden*

Sie wissen bereits, dass Sie diese Stelle nun kurzerhand entfernen könnten. Durch das Herausschneiden würde aber die Zeit des Audios verändert – und somit wäre die Synchronisation zum Video nicht mehr gewährleistet. Ein folgender Dialog oder Kommentar wäre auf einmal nicht mehr lippensynchron. Die Absenkung der Lautstärke wäre ebenfalls keine Option, da dabei das dumpfe Hintergrundgeräusch unterbrochen würde. Unsere kleine Audiokosmetik fiele also auf.

4 *Anzeige ändern*

Deshalb muss versucht werden, das lästige Knacken zu eliminieren, ohne dass Spurlänge oder Hintergrundgeräusch in Mitleidenschaft gezogen werden. Heben Sie die Markierung der besagten Stelle auf (ansonsten funktionieren die nächsten Schritte nicht), und schalten Sie auf die SPEKTRALFREQUENZANZEIGE um. ⇧+D oder ein Klick auf den gleichnamigen Button oben links ist der erste Schritt in die richtige Richtung.

▲ **Abbildung 16.34** Jetzt ist eine andere Anzeige vonnöten.

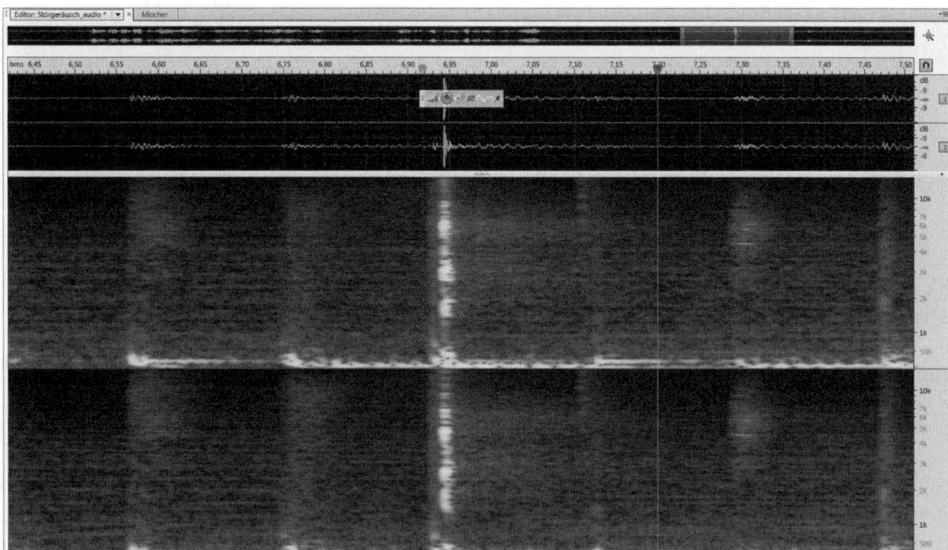

▲ **Abbildung 16.35** Der Knacker lässt sich in der Spektralanzeige gut ausmachen.

5 *Frequenzbereich markieren*

Aktivieren Sie das BEREICHSREPARATUR-PINSEL-WERKZEUG oben in der Werkzeugleiste. Danach klicken Sie auf das obere Ende des rot-gelben Bereichs und fahren mit gedrückter linker Maustaste über die rot-gelbe Fläche, die den Knacker repräsentiert. Lassen Sie aber das untere Ende der Spur (Gelbfärbung) außen vor. Sobald Sie loslassen, beginnt Audition mit einer kurzen Berechnung, und weg ist der Knacker. Spielen Sie die Stelle ab.

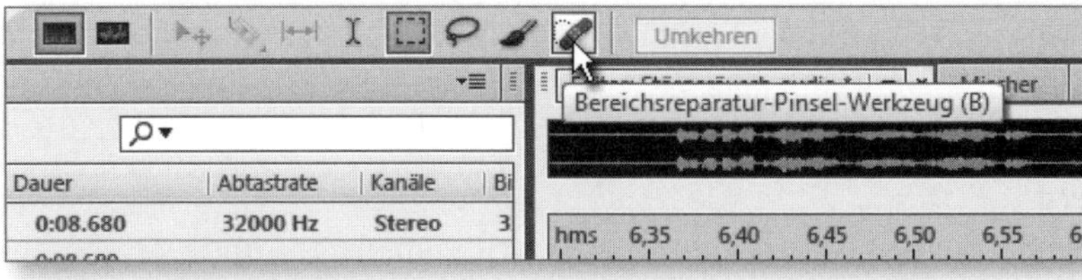

▲ **Abbildung 16.36** Zunächst muss das richtige Werkzeug aktiviert werden.

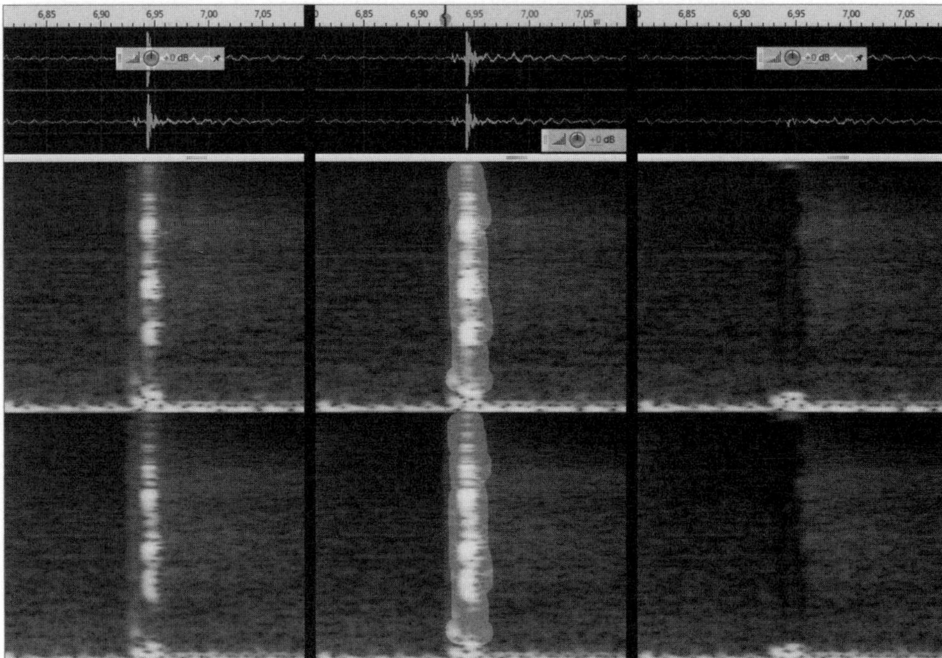

▲ **Abbildung 16.37** Hier sind die Arbeitsschritte deutlich zu erkennen (von links nach rechts): vor der Korrektur, währenddessen (Maustaste ist noch gedrückt) und am Ende.

6 *Stelle anhören*

Zum direkten Vergleich empfiehlt sich Folgendes: Markieren Sie die Stelle großzügig (das geht derzeit nur oberhalb der SPEKTRALFREQUENZANZEIGE), und spielen Sie diesen Bereich in Schleife ab. Drücken Sie nach kurzer Zeit [Strg]/[cmd]+[Z], um den letzten Schritt rückgängig zu machen. Jetzt hören Sie den Unterschied, da jetzt wieder der Zustand vor der Korrektur wiedergegeben wird. Durch Betätigung von [Strg]/[cmd]+[⇧]+[Z] wird die Korrektur wiederhergestellt. Diesen Schritt dürfen Sie mehrfach wiederholen. Das hat doch gut geklappt, oder?

16.6.1 Korrektur mit dem Lasso

Wenn Sie sich noch ein wenig in die Technik einarbeiten wollen, öffnen Sie doch einmal »Frequenz.avi« aus dem Ordner KAPITEL_16. Dort haben Sie es gleich mit mehreren Störgeräuschen zu tun. Probieren Sie auch einmal das LASSO-AUSWAHLWERKZEUG aus.

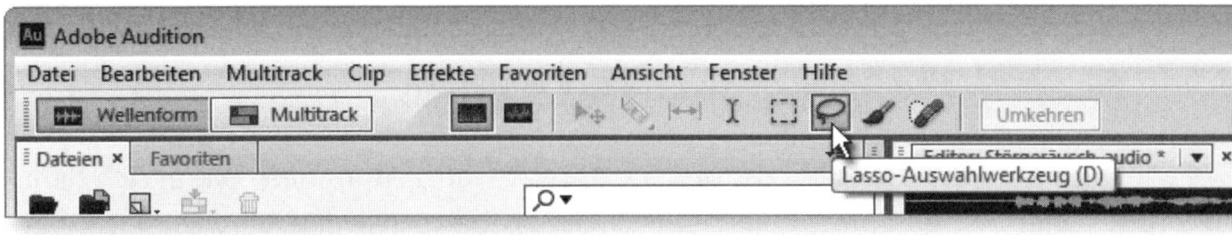

▲ **Abbildung 16.38** Aktivieren Sie das Lasso.

Dieses wenden Sie derart an, dass Sie den gestörten Bereich mit gedrückter linker Maustaste umfahren. Sobald Sie loslassen, wird eine Auswahl erzeugt. Senken Sie danach die Lautstärke Stück für Stück mit Hilfe des HUD-Overlays ab. Achten Sie darauf, dass die roten und lila eingefärbten Frequenzbereiche erhalten bleiben. Sollte die markierte Stelle schwarz werden, machen sie den letzten Schritt rückgängig. Am Ende heben Sie die Markierung auf, indem Sie kurz an eine andere Stelle klicken.

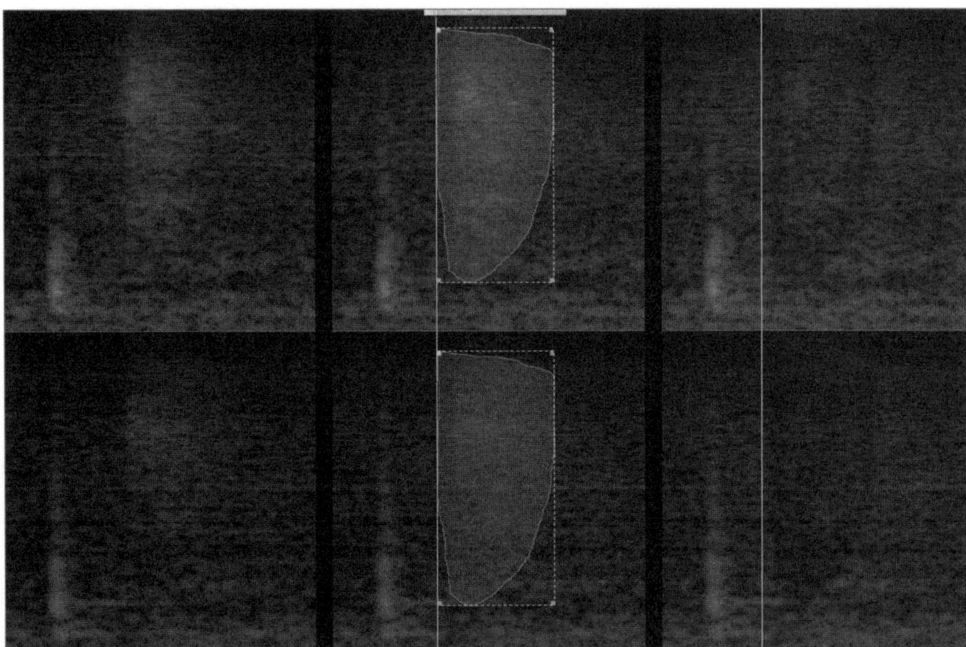

▲ **Abbildung 16.39** Auch hier sieht man wieder, wie es vor, während und nach der Korrektur aussieht (von links nach rechts). Das Ergebnis sieht noch besser aus als bei der Bereichsreparatur-Methode.

16.6.2 Audio bereinigen

Das Bereinigen von Audiodateien ist immer dann sinnvoll, wenn sich ein Störgeräusch quer über die Aufnahme erstreckt. Ein solches Geräusch punktuell herauszuarbeiten, ist fast unmöglich. Allerdings können Sie der Anwendung mitteilen, welche Bereiche nicht Inhalt des Clips sein dürfen.

Schritt für Schritt: Permanentes Störgeräusch entfernen

Vor allem monotone Geräusche werden als störend wahrgenommen. Wenn sich derartige Laute über den gesamten Clip ziehen, wie das beispielsweise bei »Glasstab.wav« der Fall ist, ist das kaum hinnehmbar. Hören Sie sich den Clip aus dem Ordner KAPITEL_16 zunächst einmal an. Im Hintergrund ist permanent das Rauschen des Gasbrenners zu vernehmen.

1 ***Oberfläche einstellen***

Zunächst einmal ist es besser, hier wieder in der Wellenform-Ansicht zu arbeiten. Falls erforderlich, betätigen Sie also abermals den Button SPEKTRALFREQUENZANZEIGE oben links, oder drücken Sie [⇧]+[D]. Dabei wird das LASSO-AUSWAHLWERKZEUG aus dem vorangegangenen Workshop deaktiviert und das übliche ZEITAUSWAHLWERKZEUG wieder eingestellt. Im Übrigen ließe es sich auch mittels [T] wieder aktivieren.

2 ***Störgeräusch suchen***

Als Nächstes müssen Sie eine Stelle im Audio finden, an der ausschließlich das Störgeräusch zu hören ist. Bei rund vier Sekunden ist eine solche Stelle. Zoomen Sie ein, und markieren Sie den Bereich vor der ersten Wellenerhebung (Bereich zwischen 3,80 und 4,0).

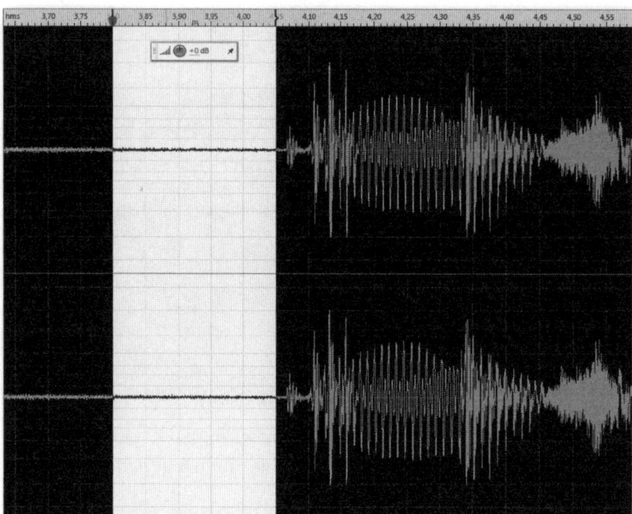

◂ **Abbildung 16.40** Hier ist ausschließlich das Störgeräusch zu hören.

3 *Geräuschmuster speichern*

Jetzt müssen Sie nichts weiter tun, als der Anwendung mitzuteilen, dass genau dieser Frequenzbereich eigentlich gar nicht gewünscht ist. Das machen Sie, indem Sie mit rechts auf die Wellenform klicken und im Kontextmenü GERÄUSCHMUSTER SPEICHERN einstellen oder [⇧]+[P] drücken. Audition dankt es mit einer Hinweistafel.

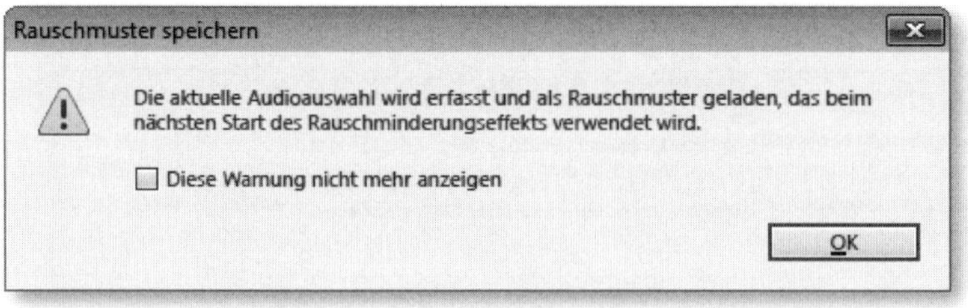

▲ **Abbildung 16.41** Danke für den Hinweis.

4 *Effekt einstellen*

Wählen Sie die markierte Stelle nun wieder ab, damit die folgende Einstellung auf den gesamten Clip wirken kann. Begeben Sie sich auf das EFFEKTE-RACK, und weisen Sie über RAUSCHMINDERUNG/WIEDERHERSTELLUNG die ADAPTIVE RAUSCHMINDERUNG zu. Den Warnhinweis dürfen Sie mit Ok bestätigen.

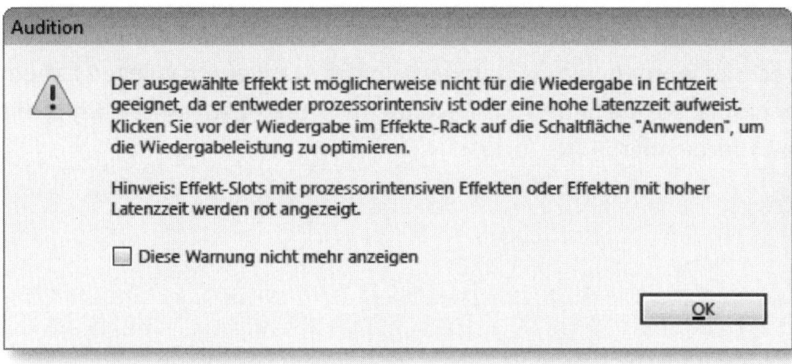

▲ **Abbildung 16.42** Da der Effekt ohnehin noch angewendet werden muss, ist der Hinweis zu vernachlässigen.

5 *Störgeräusch entfernen*

Die nächste Tafel ist da schon wichtiger. Hier wird nämlich eingestellt, um welchen Wert das Rauschen gemindert werden soll. Ziehen Sie den obersten Schieberegler ganz nach rechts. Auch hier gilt wieder: Der Effekt muss durch Klick auf ANWENDEN im EFFEKTE-RACK wieder zugewiesen werden, ehe er auf den Clip wirken kann.

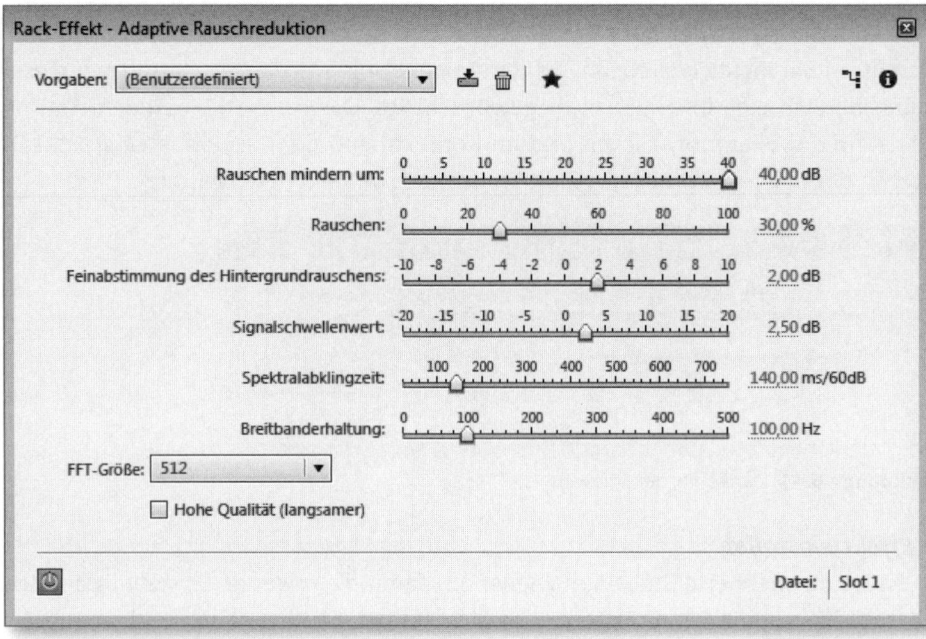

▲ **Abbildung 16.43** Das Störgeräusch wird gemindert.

Wenn Sie jetzt einen Blick auf die Wellenform werfen, werden Sie feststellen, dass der mittlere Bereich stark abgesenkt wurde. Tatsächlich sind jetzt genau die Bereiche aus dem Clip herausgerechnet worden, die zuvor innerhalb der Markierung gelegen haben. Spielen Sie ihn doch einmal ab. Sie finden das Resultat im Ordner ERGEBNISSE. Es ist mit »Glasstab_fertig.wav« bezeichnet.

17 Integration in der Creative Cloud

Premiere Pro ist eine leistungsfähige und intuitive Editing-Lösung, mit der Sie viele Aufgaben des täglichen Bewegtbild-Prozesses erledigen können. Aber das wissen Sie ja längst. Doch selbstverständlich stößt auch Premiere Pro an seine Grenzen. Sie haben bereits im Buch erfahren, dass manchmal der Einsatz einer anderen Software unausweichlich ist. Wenn Sie jedoch auf das Komplett-Abo der Creative Cloud zurückgreifen, steht der Gestaltung nichts mehr im Wege. In diesem Kapitel erfahren Sie Folgendes:

- Wie läuft der Workflow mit After Effects ab?
- Wie werden After-Effects-Kompositionen aus Premiere Pro heraus erzeugt?
- Wie lassen sich Assets schnell zwischen Premiere Pro und After Effects übergeben?

17.1 Der praktische Workflow

Mit Adobe Creative Cloud erhalten Sie eine Fülle unterschiedlichster Software-Lösungen. Nun stellt sich die Frage: Brauche ich die alle? Sie werden eventuell auf das eine oder andere Tool verzichten können, aber wenn Sie regelmäßig und auf hohem Niveau produzieren, werden Sie über kurz oder lang am Gros der Anwendungen nicht vorbeikommen.

Verkürzt, sieht die Praxis innerhalb eines Projekts also folgendermaßen aus:

1. Sie werden geneigt sein, zunächst mit *Prelude* eine Art Rohschnitt zu bewerkstelligen. Mit dieser Anwendung können Sie aber auch auf bereits im Rechner vorhandene Dateien zugreifen.
2. Ebenso ließe sich die *Bridge* nutzen, um schnell durch Ihr Archiv zu huschen. Haben Sie das relevante Asset gefunden, ziehen Sie es per Drag & Drop in die CC-Anwendung, in der es gerade benötigt wird. Bridge, im Kompaktmodus betrieben, ist ein stiller Begleiter durch den gesamten Workflow.
3. Mit *Adobe Story* könnten Sie zudem ein Skript erzeugen, welches Sie während der gesamten Produktionsphase begleitet – Metadaten inklusive.
4. Danach beginnt die eigentliche Postproduktion, meist mit *Premiere Pro* als Dreh- und Angelpunkt. Sie stellen die Clips in Premiere Pro zusammen, übergeben einzelne Filmteile zur Weiterverarbeitung an *After Effects* (dort entwickeln Sie auch effektvolle Animationen) und führen Soundkorrekturen der Audioclips mit *Audition* durch.

5. Am Schluss geben Sie das Ganze aus, wobei das Medium DVD, Blu-ray oder Web-DVD (*Encore*), Internet (*Flash*) oder auch ein mobiles Endgerät bzw. schlicht der Rechner selbst sein kann (*Adobe Media Encoder*).
6. Wer vor der finalen Ausgabe eine durch und durch professionelle Farbkorrektur mit sämtlichen Raffinessen wünscht, der macht noch einen kleinen Umweg über *Speed-Grade*.
7. Wenn Sie mit Ihren Arbeiten fertig sind, archivieren Sie das Premiere-Pro-Projekt, wobei Sie die Projektdaten sammeln und auf ein externes Speichermedium auslagern.

17.2 Integration mit After Effects

Grundsätzlich arbeiten sämtliche Standardapplikationen der Creative Cloud hervorragend zusammen. Dabei ist die simpelste Art, Dateien untereinander zu tauschen, die Zwischenablage. Damit lässt sich schon eine ganze Menge hin- und herschieben. Dass Sie Dateien auch über Kontextmenübefehle austauschen können, haben Sie spätestens bei der Arbeit mit Audition erlebt. So richtig beeindruckend wird der Integrationsgedanke der Suite aber erst bei der Zusammenarbeit zwischen Premiere Pro und After Effects.

17.2.1 Von Premiere Pro zu After Effects – und zurück

Wann immer Premiere Pro mit seinen integrierten Effekten an seine Grenzen stößt, ruft dies After Effects auf den Plan. Mit dieser Anwendung können Sie weit mehr realisieren als mit der Editing-Lösung von Adobe. Seinerzeit mussten Sie aber zunächst eine Komposition in After Effects erzeugen und diese dann als Asset in Premiere Pro einbetten. So weit, so gut. Doch wenn sich später einmal Änderungen ergeben hatten, musste das Asset ausgetauscht werden. Diese Zeiten sind glücklicherweise lange vorbei. Sie können eine After-Effects-Komposition nämlich gleich in Premiere Pro erzeugen. Das wollen wir jetzt auch anhand eines einfachen Beispiels in Angriff nehmen.

Dynamic Link nur Bestandteil der Creative Cloud

Bitte beachten Sie, dass Dynamic Link in Testversionen nicht zur Verfügung steht. Der Menüeintrag ist ausgegraut – folglich nicht anwählbar. Darüber hinaus ist Dynamic Link aktuell (Stand: Juli 2013) nur in Verbindung mit After Effects nutzbar. Die in CS6 noch vorhandene Verbindung zwischen Premiere Pro und Encore wird nicht mehr unterstützt.

Schritt für Schritt: Eine After-Effects-Komposition in Premiere Pro erzeugen

Sie finden die Komposition, die hier benutzt wird, unter dem Namen »Gleitender Schriftzug.aep« im Ordner KAPITEL_17 der Beispieldateien.

1 *Komposition in Premiere Pro öffnen*

Öffnen Sie diese Datei aus Premiere Pro heraus, indem Sie auf DATEI • ADOBE DYNAMIC LINK • AFTER EFFECTS-KOMPOSITION IMPORTIEREN gehen. Sollte sich der Dynamic-Link-Eintrag noch gar nicht im Menü befinden, importieren Sie die Komposition bitte zunächst als ganz normales Asset. Dann sollte es klappen. Nach kurzer Zeit erhalten Sie einen entsprechenden Dialog, mit dessen Hilfe Sie die AEP-Datei auf der linken Seite markieren. Rechts klicken Sie auf den einzigen Eintrag (TEST_01 VERBUNDENE KOMPOSITION), gefolgt von OK.

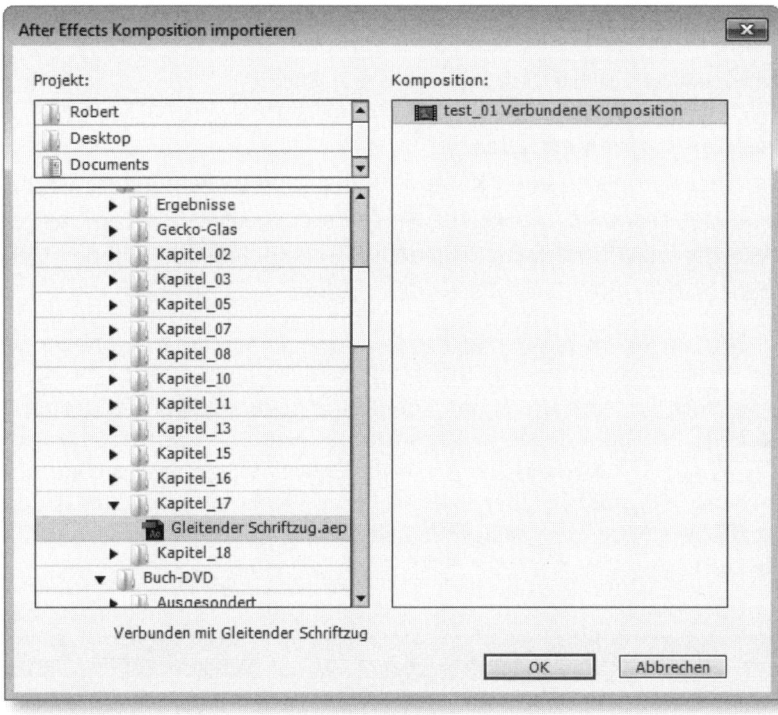

▲ **Abbildung 17.1** Die Komposition wird importiert.

2 *Komposition in After Effects öffnen*

Schauen Sie sich die Animation im Quellmonitor an. Öffnen Sie das Kontextmenü auf dem neu hinzugefügten Asset (Rechtsklick), und wählen Sie ORIGINAL BEARBEITEN. Dadurch wird die Datei auch in After Effects geöffnet. Die Anwendung fragt nun nach, wo die Datei gespeichert werden soll. Legen Sie die gleiche Datei fest. Die Nachfrage, ob die vorhandene Datei ersetzt werden soll, beantworten Sie mit JA.

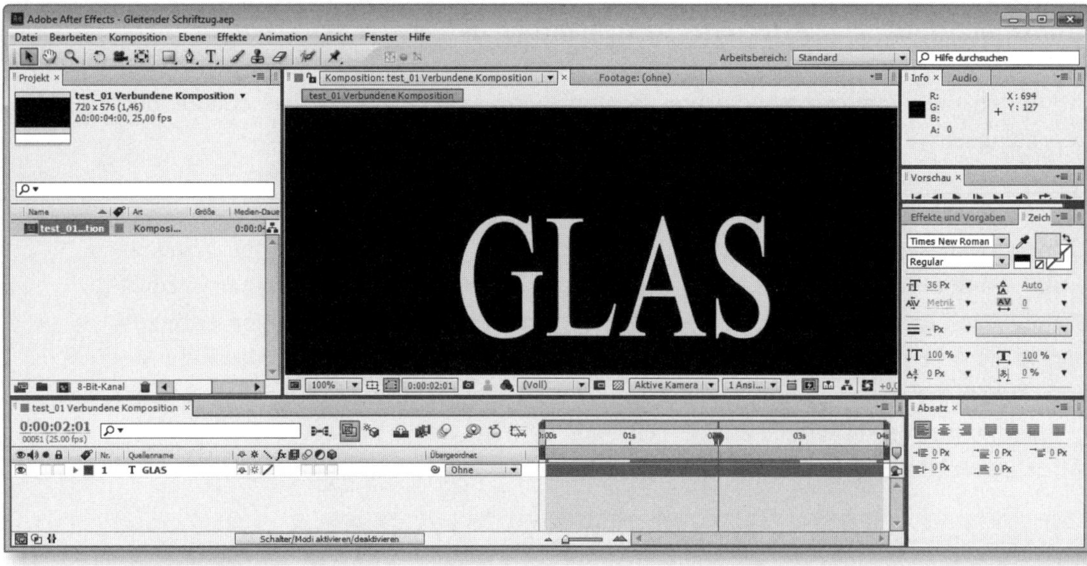

▲ **Abbildung 17.2** Die Komposition befindet sich nun auch in After Effects.

3 *Optional: Neue Komposition erstellen*

Falls Sie einmal mit einer komplett neuen Komposition starten wollen, gehen Sie zunächst über Datei • Adobe Dynamic Link • Neue After Effects-Komposition. Das gestattet Ihnen den Wechsel zu After Effects, nachdem Sie entsprechende Videoeinstellungen festgelegt haben.

Einstellungen ändern

Für den Fall, dass Sie noch Änderungen an den Kompositionseinstellungen vornehmen wollen (z. B. an der Dauer), müssen Sie Komposition • Kompositionseinstellungen anwählen bzw. Strg/cmd+K drücken. Ändern Sie die Dauer der Komposition, indem Sie auf das gleichnamige Eingabefeld doppelklicken, dort »400« eingeben (für 4:00 Sekunden) und mit OK bestätigen (die beiliegende Beispieldatei wurde jedoch schon auf vier Sekunden reduziert).

Helle Arbeitsoberfläche

Zur Nutzung der hellen Oberfläche auch in After Effects gehen Sie auf Bearbeiten/After Effects • Voreinstellungen • Erscheinungsbild und ziehen den Regler Helligkeit ganz nach rechts. Auch hier sei der Hinweis gestattet, dass sich die dunkle Oberfläche prinzipiell sehr gut eignet. Wir haben uns dennoch für die Umstellung entschieden, damit die Abbildungen im Buch besser zu beurteilen sind.

4 *Optional: Komposition bearbeiten*

Führen Sie nun eine markante Änderung an der Komposition durch. Eine ganz schnelle Möglichkeit wäre beispielsweise das Verschieben des Schriftzuges per Drag & Drop.

▲ **Abbildung 17.3** Die Beispielkomposition kann jetzt in After Effects nach Wunsch weiter bearbeitet werden.

5 *Komposition in Premiere Pro verarbeiten*

Speichern Sie die Komposition nach der Änderung nicht, sondern wechseln Sie gleich zu Premiere Pro. Schauen Sie die Komposition abermals im Quellmonitor an. Verblüffend, oder? Die Änderung würde übrigens genauso übernommen, befände sich die Komposition bereits im Premiere-Pro-Schnittfenster.

6 *Sequenz begutachten*

Wenn Sie den Clip abspielen, werden Sie feststellen, dass hier bereits die komplette Animation aus After Effects vorliegt – ohne dass Sie die Datei jemals in After Effects nachgespeichert hätten.

17.2.2 Clips durch Komposition ersetzen

In Premiere Pro lassen sich im Schnittfenster befindliche Clips markieren und per Befehl Datei • Adobe Dynamic Link • Durch After Effects-Komposition ersetzen direkt in eine Komposition umwandeln. Das ist besonders deshalb praktisch, weil die involvierten Clips direkt als Assets an After Effects übergeben werden. Anstelle des/der Clips im Schnittfenster von Premiere Pro wird jetzt eine Verbundene Komposition angezeigt. Ebenso verhält es sich im Projektfenster. Und auch hier werden die Änderungen, die Sie in After Effects vornehmen, direkt wirksam. Ist das cool?

◄ **Abbildung 17.4** Im Projektfenster taucht das Asset als verbundene Komposition auf.

17.2.3 Übergabe über die Zwischenablage

Aber damit ist die Integration zwischen beiden Anwendungen noch lange nicht erschöpft. Um einen Clip in After Effects nachzubearbeiten, müssen Sie keinesfalls den Original-Clip in After Effects öffnen, nachbearbeiten und dann den alten gegen den neuen in Premiere Pro austauschen. Auch die zuvor genannte Übergabe ist nicht zwingend erforderlich.

Schritt für Schritt: Clips über die Zwischenablage tauschen

Stellen Sie sich vor, Sie haben eine Fülle von Clips in Premiere Pro aneinandergehängt. Bei einem der Clips wollen Sie nun eine Nachbearbeitung in After Effects realisieren.

1 ***Clip in die Zwischenablage einfügen***

Markieren Sie irgendeinen Clip in der Timeline von Premiere Pro, den Sie gerne mit Hilfe von After Effects ändern möchten. Danach drücken Sie [Strg]/[cmd]+[C] oder wählen BEARBEITEN • KOPIEREN aus dem Premiere-Pro-Menü aus.

2 ***Clip in After Effects einfügen***

Lassen Sie Premiere Pro im Hintergrund geöffnet, und springen Sie zu After Effects. Dort erzeugen Sie zunächst über den Menüeintrag KOMPOSITION eine NEUE KOMPOSITION oder betätigen [Strg]/[cmd]+[N]. Im Anschluss sollten Sie den Inhalt der Zwischenablage an die neue Komposition übergeben. Sie wissen ja: [Strg]/[cmd]+[V] oder BEARBEITEN • EINFÜGEN.

3 ***Clip zurückgeben***

Führen Sie die gewünschten Änderungen aus, und markieren Sie den Clip im Kompositionsfenster von After Effects. Jetzt übergeben Sie den geänderten Clip mit Hilfe der bereits beschriebenen Methoden an die Zwischenablage, kehren zu Premiere Pro zurück und bringen die Schnittfenstermarke in Position. Fügen Sie jetzt den Inhalt der Zwischenablage in das Schnittfenster ein – fertig.

4 ***Clip rendern***

Das wirklich Interessante an dieser Vorgehensweise ist nun: Sie müssen die Arbeit in After Effects nicht speichern. Sie können die Anwendung sogar komplett schließen, ohne das Dokument jemals abgesichert zu haben. In Premiere Pro bleibt die Bearbeitung des Clips erhalten. Danach rendern Sie den Clip, falls erforderlich, in Premiere Pro. Na, wenn das nicht cool ist, dann weiß ich es auch nicht.

After-Effects-Plug-ins | Bleibt abschließend nur noch, darauf hinzuweisen, dass die meisten After-Effects-Plug-ins mit Premiere Pro kompatibel sind. Und wenn es doch einmal umfangreicher sein sollte, arbeiten Sie einfach mit einer dynamisch verlinkten Komposition. Damit dürfte dann auch dem ausgefeiltesten Kreativgedanken nicht mehr viel im Wege stehen.

17.2.4 Zugriff auf Premiere-Pro-Sequenzen

Sie haben aber auch die Möglichkeit, direkt auf Sequenzen einer Premiere-Pro-Datei zuzugreifen – nein, nicht nur auf das gesamte Projekt, sondern tatsächlich auf jede einzelne Sequenz. Dazu gehen Sie innerhalb von After Effects über den Rechtsklick im Projektfenster auf IMPORTIEREN • ADOBE PREMIERE PRO-PROJEKT. Im Anschluss daran steuern Sie die Projektdatei von Premiere Pro an und wählen diese aus. Ein unscheinbarer, aber äußerst effizienter Dialog gestattet es Ihnen nun, entweder auf alle oder exakt auf eine einzelne Sequenz der .prproj-Datei zuzugreifen.

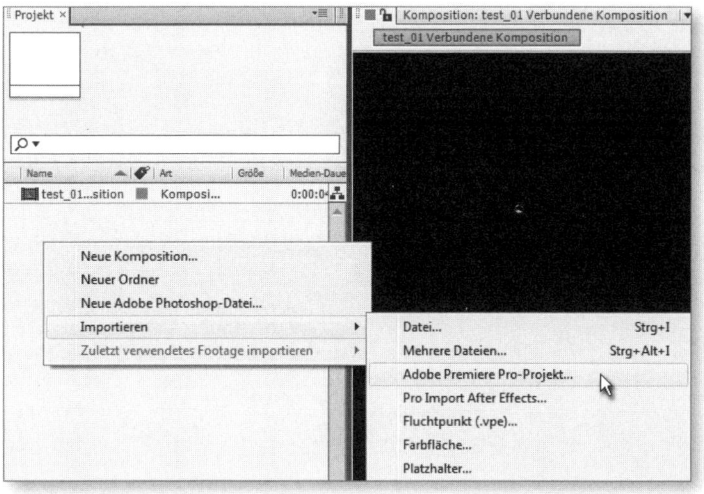

▲ **Abbildung 17.5** Arbeiten ohne Grenzen – After Effects und Premiere Pro als »Dream-Team«

17.2.5 Adobe Anywhere

Adobe Anywhere für Video ist eine neu in CC integrierte Routine, mit der Sie Daten auf einen gemeinsam mit Kollegen genutzten Server setzen können. Der Vorteil: Teammitglieder, die am Projekt arbeiten wollen, können darauf zugreifen, ohne es vorab herunterladen zu müssen – und zwar von überall aus. Um Adobe Anywhere nutzen zu können, müssen Sie sich lediglich anmelden – und zwar über DATEI • ADOBE ANYWHERE • ANMELDEN.

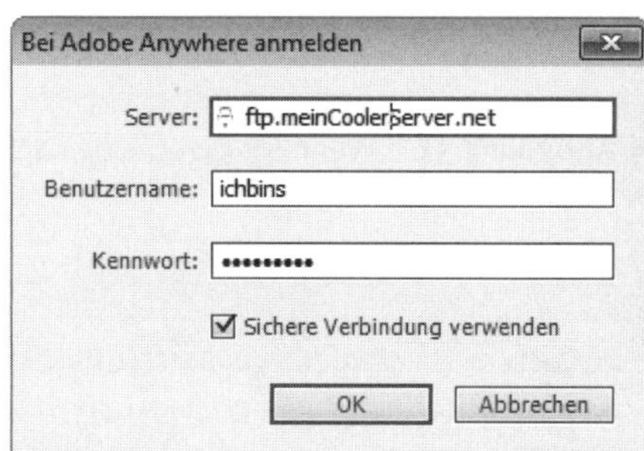

▲ **Abbildung 17.6** Zunächst müssen Sie sich anmelden.

17.3 Integration mit anderen Schnittprogrammen

Beim Import von Projektdateien aus anderen Schnittprogrammen, wie z. B. *Apple Final Cut Pro* oder *AVID Media Composer*, zeigt sich Premiere Pro ebenfalls leistungsstark. Voraussetzung ist, dass das Projekt von Final Cut aus als XML- und vom Media Composer aus als AAF-Dokument exportiert worden ist. Zusätzlich zu diesem Dokument muss der Absender einen Ordner mit dem verwendeten Footage mitgeben. Immerhin sind die Original-Assets auch in den anderen Anwendungen lediglich verknüpft.

Der Import nach Premiere Pro gelingt in beiden Fällen einfach über DATEI • IMPORTIEREN. Stellen Sie die Verbindung zum zuvor exportierten Dokument her. Im Beispiel wird ein XML-Dokument aus Final Cut Pro importiert.

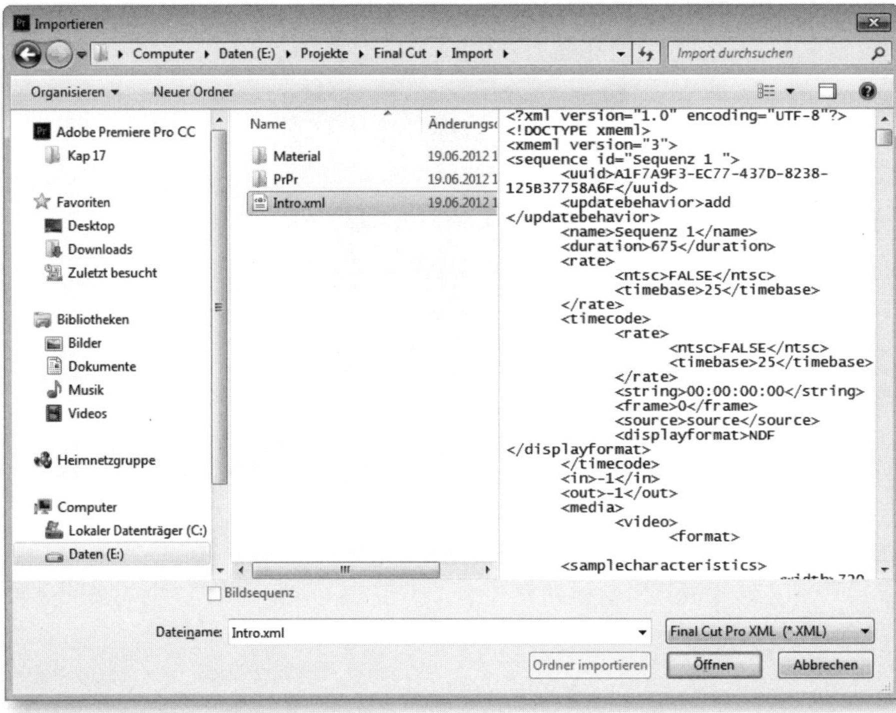

▲ **Abbildung 17.7** Wenn Sie den Dialog nach rechts hin ein wenig aufziehen, sehen Sie die XML-Daten.

EDL

Importe müssen nicht zwangsläufig per XML erfolgen. Auch EDL-Dokumente (*Edit Decision List*) sind dafür geeignet. Auch in diesem Fall wählen Sie von Premiere Pro aus DATEI • IMPORTIEREN.

Jetzt müssen Sie noch dafür sorgen, dass die im Projekt verwendeten Assets wieder korrekt verknüpft werden. Dazu wird automatisch der in Premiere Pro CC stark erweiterte Dialog MEDIEN VERKNÜPFEN zur Verfügung gestellt. Sofern sich alle Dateien im selben Ordner befinden, müssen Sie lediglich eine der Dateien manuell verknüpfen, indem Sie auf SUCHEN gehen. Sollten sich die Dateien in unterschiedlichen Ordnern befinden, müssen diese ebenfalls neu verknüpft werden, genauer gesagt eine davon (weitere Hinweise dazu entnehmen Sie bitte dem Abschnitt 1.2.4, »Projektverknüpfungen reparieren«).

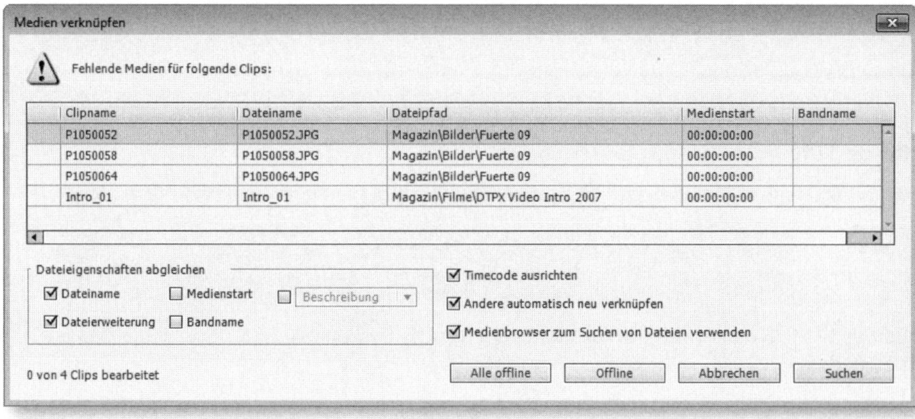

▲ **Abbildung 17.8** Hier werden die Dateien gelistet, die neu verknüpft werden müssen.

Im günstigsten Fall bleibt eine Warnmeldung aus. Sollten jedoch Probleme festgestellt werden, informiert Premiere Pro per Hinweistafel darüber. Die Anwendung schreibt einen Bericht dazu, den wir uns später noch ansehen werden. Bestätigen Sie den Hinweis zunächst mit OK.

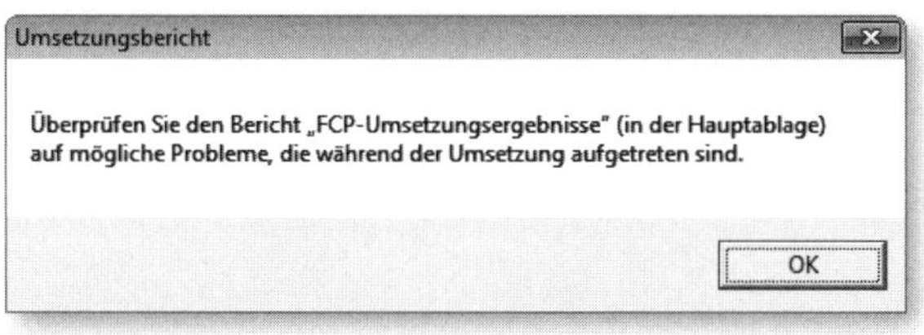

▲ **Abbildung 17.9** Premiere Pro weist auf einen Bericht hin.

Nun finden Sie im Projektfenster einen Ordner mit dem gesamten verwendeten Material. Darin ist auch eine Sequenz enthalten, die nun per Doppelklick geöffnet werden kann.

Sollte es beim Öffnen des Austauschdokuments zum oben erwähnten Hinweis gekommen sein, befindet sich in dem Ordner auch eine Datei mit dem Namen FCP-UMSETZUNGSERGEBNISSE. Öffnen Sie diese per Doppelklick, und schauen Sie nach, was von Premiere Pro nicht so umgesetzt werden konnte, wie es ursprünglich vorgesehen war. Es können beispielsweise Meldungen auftreten, dass die Lautstärke abgesenkt worden ist. In diesem Fall müssen Sie nichts weiter unternehmen. Denkbar aber auch, dass Überblendungen oder Effekte von Premiere Pro nicht interpretiert werden konnten (hier Übergang QUETSCHEN, den es in Premiere Pro nicht gibt). Bei derartigen Problemen müssen Sie das Importergebnis eventuell manuell anpassen und Überblendungen austauschen. Denn Premiere Pro hat indes an den bemängelten Stellen die Standardblende eingesetzt.

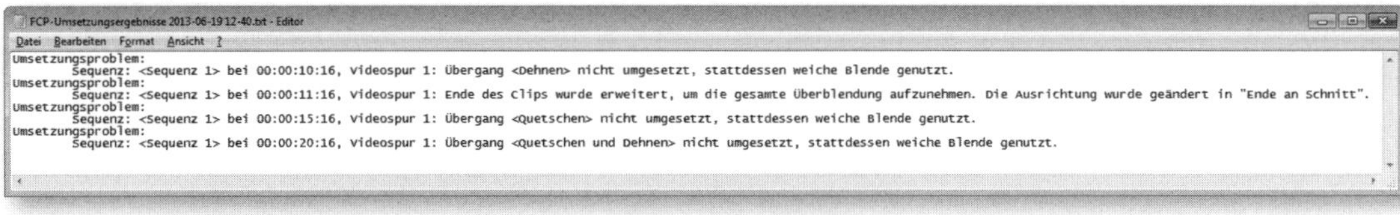

▲ **Abbildung 17.10** Prüfen Sie den Umsetzungsbericht.

▲ **Abbildung 17.11** Wo einst die Überblendung QUETSCHEN vorgesehen war, ist nun eine WEICHE BLENDE zu finden.

Premiere Pro an Final Cut Pro oder AVID Media Composer

Ebenso ließe sich übrigens auch ein Premiere-Pro-Projekt an Final Cut Pro übergeben. Da der Weg auch hier über XML geht, müssen Sie DATEI • EXPORTIEREN • FINAL CUT PRO XML selektieren. Für den Export an AVID Media Composer entscheiden Sie sich für DATEI • EXPORTIEREN • AAF.

Anhang

A Fachkunde

Um es gleich vorwegzunehmen: Dieses Kapitel befasst sich nicht direkt mit Premiere Pro, sondern eher mit Hintergrundinformationen zu Normen, Datenraten & Co. Wenn Sie sich dafür interessieren, wie ein Codec funktioniert und was es mit Frame- und Pixel-Seitenverhältnissen auf sich hat, nur zu. Dieses Kapitel ist zu empfehlen, denn für Ihre Arbeit mit der Videoschnitt-Software ist die dahinterstehende Technik allemal hilfreich. Dieses Kapitel beantwortet folgende Fragen:

- Welche Fernsehnormen gibt es?
- Was ist ein Overscan?
- Was sind Bildpunkte und Seitenverhältnisse?
- Wie werden Farben interpretiert?
- Wie funktionieren Codecs?
- Was muss ich über Bit- und Datenraten wissen?
- Welche gängigen Bildformate kann ich verwenden?

A.1 Von Fernsehnormen

Die Entwicklung von TV-Standards hat seinerzeit im wahrsten Sinne des Wortes auf den unterschiedlichsten »Baustellen« stattgefunden. Deshalb gibt es noch immer viele variierende Systeme. Die etabliertesten sind PAL (**P**hase **A**lternation **L**ine), NTSC (**N**ational **T**elevision **S**tandards **C**ommittee) und SECAM. Das erste entwickelte TV-System war NTSC. Später kam das in weiten Teilen Europas gültige PAL-System auf, das sich nicht nur in der Anzahl der Zeilen, sondern auch in der Bildwiederholfrequenz von NTSC unterscheidet.

Während PAL mit einer Frequenz von 50 Hz arbeitet, liegen NTSC 60 Hz zugrunde. Die Erklärung für diesen Unterschied ist denkbar einfach: die allgemeingültigen Frequenzen in den unterschiedlichen Stromnetzen (hierzulande 50 Hz, in den USA 60 Hz). Diese Netzfrequenzen wurden in den jeweiligen Systemen der Einfachheit halber auch für die Bildwiederholrate übernommen. Es bedeutet, dass im PAL-System eine Bildwiederholrate von 50 Einzelbildern pro Sekunde vorliegt.

A.1.1 Halbbilder

Nun wird ein Fernsehbild aber nicht auf einmal projiziert, sondern zeilenweise aufgebaut. Das bedeutet: Die einzelnen Zeilen des Bildes werden von links nach rechts »Stück für Stück« aufgebaut. Dadurch entsteht aber visuell ein Ruckeln. Das menschliche Auge nimmt diese Art der Bildwiedergabe als Störung (Flackern) wahr. Deshalb kam man auf die Idee, die Zeilen aufzuteilen. Man nahm die geraden Zeilen und die ungeraden Zeilen jeweils als eine Einheit und strahlte beide Einheiten geringfügig zeitversetzt aus.

▲ **Abbildung A.1** Das Komplettbild wird zeilenweise in zwei Halbbilder aufgegliedert.

Das menschliche Auge nimmt diese Art der Wiedergabe erfreulicherweise als störungsfreies und vor allem ruhiges Bild wahr. Das Halbbild war geboren. Und weil sich dieses Wort nicht so schön anhört, waren gleich ein paar neue Begriffe entstanden. **Zeilensprung** und **Interlace** wurden zu gebräuchlichen Bezeichnungen. Problematisch ist jedoch, dass all dies nur im herkömmlichen TV zum Tragen kommt. Ihr PC-Monitor kommt prima ohne Interlacing zurecht. Aber dazu gleich mehr.

▲ **Abbildung A.2** Wenn Sie Halbbild-Videos am PC-Monitor betrachten, werden Sie den Effekt gut beurteilen können.

Aus der Halbbildaufgliederung in Verbindung mit dem allgemeingültigen Spannungsnetz lässt sich dann auch sehr gut ableiten, warum PAL mit 25 Einzelbildern pro

Sekunde arbeitet: 50 Hz = 50 Einzelbilder macht 50 Halbbilder (also 25 Vollbilder) pro Sekunde. Beim NTSC-Verfahren werden hingegen 30 Bilder ausgesendet (weil 60 Hz). Jetzt können Sie sich vorstellen, dass es nicht unproblematisch ist, PAL- und NTSC-Clips miteinander zu verbinden, weshalb Sie schon vor Beginn Ihrer Arbeit mit Premiere Pro Projekteinstellungen definieren müssen.

A.1.2 Interlacing und Deinterlacing

Wir haben soeben den Begriff Interlace bzw. Interlacing erwähnt, der genau dieses Aufteilen von Vollbildern in Halbbilder beschreibt. Wenn Sie also eine Videoaufnahme besitzen, die aus Vollbildern besteht, können Sie diese zunächst auf Halbbilder aufteilen, ehe Sie das Ganze im herkömmlichen TV ausstrahlen. Das ist Interlacing. Der umgekehrte Weg ist das Zusammenfügen einzelner Halbbilder in ein Vollbild –**Deinterlacing**.

Beides kommt öfter zum Einsatz, als man zunächst annimmt. Nehmen wir doch die herkömmliche DV-Aufnahme. Hier werden Halbbilder in Premiere Pro importiert. Damit sind die Aufnahmen digitalisiert und kommen im Rechner eigentlich prima ohne Zeilensprungverfahren aus. Nun genießen Sie also für die weitere Arbeit (zumindest in der Ansicht) Vollbilder. Wenn Sie das Ganze zum Schluss auf eine DVD ausgeben, benötigen Sie aber möglicherweise wieder Halbbilder. Erfreulicherweise müssen Sie sich bei Ihrer Arbeit mit Premiere Pro aber nur sehr selten Gedanken darüber machen. Die Software unterstützt Sie hier nämlich nach Kräften und erledigt das im Hintergrund.

Beim HDTV-Standard kommt die Halbbild-Geschichte nicht mehr zwingend zum Tragen. Hochauflösende Videos können einem anderen Verfahren zugrunde gelegt werden – und zwar dem *Progressive Scan*. Hier werden Vollbilder angeboten. Nicht zu vergessen ist aber die Tatsache, dass auch hier das Aufsplitten auf Halbbilder prinzipiell möglich ist.

A.1.3 Halbbilddominanz

Doch zurück zum herkömmlichen TV-Standard: Wenn es bei einer fertigen Aufnahme zu Störungen kommt, könnte das an einer falschen Halbbilddominanz liegen. Grundsätzlich ist es so, dass bei analogem Video (hier mag wieder das Beispiel VHS herhalten) das obere Halbbild zuerst ausgestrahlt wird; das untere kommt etwas später. Beim Digitalvideo (z. B. DVD) ist das umgekehrt. Hier wird zunächst das untere Halbbild ausgestrahlt. Die Folge ist, dass je nach Verwendungszweck genau diese Halbbilddominanz umgekehrt werden muss, etwa wenn Sie Ihre alten VHS-Schätze für eine DVD-Ausgabe digitalisieren möchten. Wollen Sie Ihr Video hingegen als Datei ausgeben, die ausschließlich ein Rechner wiedergeben soll, werden beide Halbbilder zu einem Vollbild zusammengefügt (Progressive Scan).

A.2 Von Underscan und Overscan

Im ersten Abschnitt haben Sie bereits erfahren, dass sich ein TV-Bild zeilenweise aufbaut. In diesem Zusammenhang ist natürlich auch wichtig zu wissen, aus wie vielen Zeilen es besteht: aus 625. Das gilt zumindest für das herkömmliche TV-Bild. Bei HDTV ist die Anzahl größer. Die erwähnten 625 Zeilen entsprechen aber dem PAL-Format (sowie dem französischen SECAM). Im NTSC-Format sind es 525.

A.2.1 Overscan

Nun haben Sie allen Grund, zu widersprechen. Zumindest wenn Sie sich einmal die Mühe gemacht haben, an den Fernseher heranzutreten und die Zeilen zu zählen. Sie haben recht, es sind tatsächlich viel weniger Zeilen – aber nur viel weniger sichtbare! Am TV sehen Sie nämlich nicht alle Zeilen, die die Sendeanstalt verlassen. Diese Problematik tritt übrigens nicht nur bei Fernsehbildern auf. Legen Sie doch einmal eine DVD ein, dann werden Sie mit dem gleichen Phänomen konfrontiert. Und wer ist schuld? Der **Overscan**.

Ich möchte Sie jetzt nicht mit Kathodenstrahl, Austastlücke oder Zeilenrücklauf langweilen. Nur so viel: Diese ominöse Kathode, die für den Aufbau der Zeilen verantwortlich ist, braucht einige Zeilen, um sich neu ausrichten zu können. An diesen Zeilen kommt es zu Störungen. Und so etwas wollen wir nicht sehen. Also weg damit, indem man das Bild etwas aufskaliert (vergrößert).

▲ **Abbildung A.3** Das Bild wird vergrößert. Die Randbereiche sind dadurch nicht sichtbar.

Probieren Sie das doch einmal mit einer DVD, die Sie in Ihren Stand-alone-Player legen und am TV betrachten. Der Rand ist abgeschnitten, da es zum Overscan kommt. Danach legen Sie die DVD in Ihren Rechner. Dort werden Sie wesentlich mehr sehen als auf dem TV. Es kommt nämlich hier zum sogenannten **Underscan**, was wiederum bedeutet, dass das gesamte Video sichtbar ist. Das Prinzip des Bildaufbaus ist nämlich ein anderes als am TV.

A.2.2 Sichere Ränder

In Premiere Pro haben Sie die Möglichkeit, den Bereich, der möglicherweise später am TV abgeschnitten wird, grafisch anzeigen zu lassen. Das funktioniert sowohl im

Zuschneiden-Fenster als auch im Quell- und Programmmonitor. Dort finden Sie nämlich eine Fläche mit dem klangvollen Namen SICHERE RÄNDER.

Ist dieser Button aktiv, werden innerhalb der Vorschaubereiche zahlreiche Linien angezeigt. Der größere Recheck-Rahmen bezeichnet den BEREICH FÜR GESCHÜTZTE AKTION. Das bedeutet: Alles, was sich außerhalb dieses Rahmens befindet, wird möglicherweise später am TV abgeschnitten. Der innere Rahmen hingegen definiert den BEREICH FÜR GESCHÜTZTEN TITEL. Wenn Sie später mit dem Titeldesigner arbeiten, sollten Sie dafür sorgen, dass keine Schriften über diesen Rahmen hinausragen. Andernfalls bestünde die Gefahr, dass der fertige Titel im TV zu dicht an den Rand gepresst wird.

▲ **Abbildung A.4** Achten Sie darauf, dass die für das Bild relevanten Inhalte nicht jenseits der äußeren Begrenzung liegen.

A.2.3 Sichere Ränder definieren

Standardmäßig geht Premiere Pro von einem zehnprozentigen Bildverlust aus. Beim Bereich für den geschützten Titel sind es sogar 20%. Wenn Sie diese Werte ändern wollen, wählen Sie DATEI • PROJEKTEINSTELLUNGEN • ALLGEMEIN. Hier lassen sich die Bereiche für beide Rechtecke sowohl HORIZONTAL als auch VERTIKAL einstellen.

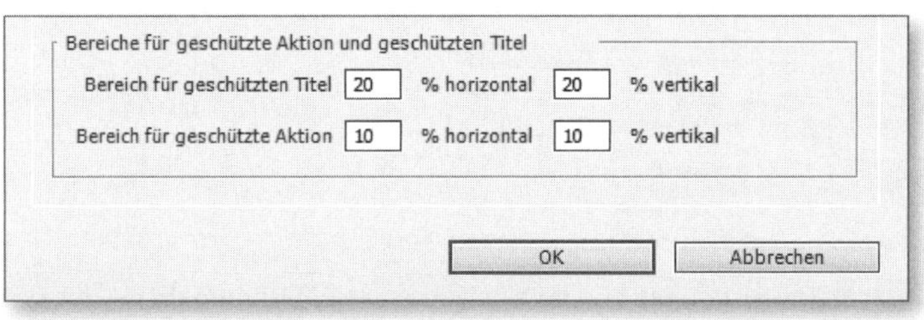

▲ **Abbildung A.5** Legen Sie selbst fest, wie groß die Rechtecke im Monitor sein sollen.

A.3 Von Bildpunkten und Seitenverhältnissen

Jetzt wissen Sie, aus wie vielen Zeilen unser Fernsehbild besteht. Aber ist es nicht immer so: Wo es Zeilen gibt, gibt es auch Spalten? Richtig. Aber eine feste Spaltenanzahl gibt es nicht. Nicht einmal die Spaltenbreite ist identisch. Sie sehen, hier lauern schon die nächsten Probleme.

A.3.1 Bildpunkte

Im PAL-DV-Standard ist ein Bild 720 Pixel breit und 576 Pixel hoch. In NTSC ist alles ganz anders. Hier besteht das Bild aus 720 x 480 Pixeln. Bei Verwendung von HD-Material können prinzipiell unterschiedliche Auflösungsformate zugrunde liegen, da es hier mehrere Standards gibt. Bei der Angabe des Standards wird in der Regel die Anzahl der vertikalen Bildpunkte angegeben. Wenn Sie es also beispielsweise mit 1080i zu tun haben, besagt dies, dass von oben nach unten 1.080 Bildpunkte vorhanden sind, während es in der Horizontalen 1.920 Bildpunkte sind. Allerdings wird dieser Spitzenwert auch heute noch von vielen Kameras nur durch Interpolation erreicht. Hier beschränkt sich die Auflösung in Wahrheit auf 1.440 Bildpunkte. Aber es gibt noch weitere Formate: Bei HDV 720p25 z. B. haben Sie es mit 1.280 x 720 Bildpunkten zu tun. Grundsätzlich sollten Sie bei der Projekterstellung oder bei der Erzeugung einer neuen Sequenz darauf achten, was im Zusammenhang mit der gewählten Vorlage auf der rechten Seite angezeigt wird (Vorgabebeschreibung). Hier sind sämtliche Informationen enthalten – auch die der Framegröße.

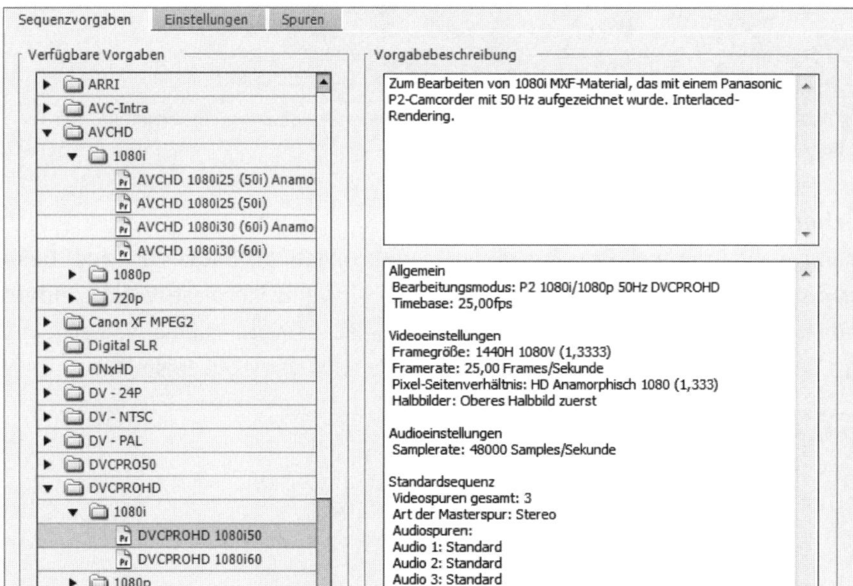

▲ **Abbildung A.6** Die Vorgabebeschreibung (wie hier für eine Panasonic P2) ist besonders wichtig bei der Projekt- und Sequenzerstellung.

Pixel

Mit Pixel ist die kleinste sichtbare Einheit eines Bildes gemeint. In der digitalen Bildbearbeitung hat man kleine, meist quadratische Flächen, aus denen sich das Gesamtbild zusammensetzt, im TV Bildpunkte genannt.

Und dann wären da noch die eben angesprochenen Zeilenbreiten, die gleichfalls – Sie ahnen es – völlig unterschiedlich sind. Auf einem Computermonitor werden die Pixel quadratisch dargestellt. Das Verhältnis Breite zu Höhe eines einzelnen Pixels ist demnach 1:1. Im TV weicht das ab. Hier haben wir es nicht mehr mit quadratischen, sondern mit rechteckigen Pixeln zu tun. Die Pixel-Seitenverhältnisse sind anders.

▲ **Abbildung A.7** Quadratische Pixel an einem PC-Monitor

A.3.2 Pixel-Seitenverhältnisse 4:3

Bevor wir uns mit den Verhältnissen zueinander beschäftigen, müssen wir uns Gedanken über zwei Begriffe machen. Da ist zum einen das Bild-Seitenverhältnis und zum anderen das Pixel-Seitenverhältnis. Ersteres bezeichnet immer die gesamte Wiedergabefläche, während Letzteres das Verhältnis zwischen Breite und Höhe des einzelnen Pixels bezeichnet. Diese stehen natürlich in Abhängigkeit zueinander. Bei DV-PAL (720 x 576) beispielsweise sind diese Pixel aber, wie gesagt, nicht quadratisch, sondern rechteckig. Sie sind in der Breite gestreckt. Und weil das alles noch nicht genug ist, gibt es jenseits des großen Teiches wieder ganz andere Pixel-Seitenverhältnisse. Bei DV-NTSC (640 x 480) sind die Pixel zwar ebenfalls rechteckig, werden aber vertikal gestreckt.

▲ **Abbildung A.8** DV-PAL (links) und DV-NTSC (rechts)

A.3.3 Pixel-Seitenverhältnisse 16:9

Das Bildformat 16:9 hat das Format 4:3 fast schon komplett verdrängt. HD-Formate sehen gar kein 4:3-Seitenverhältnis vor. Schon jetzt werden nicht nur viele Spielfilme, sondern auch TV-Sendungen und Sportereignisse in 16:9 ausgestrahlt. Plasma- und LCD-Fernseher weisen ebenfalls dieses Format aus. Dabei ist auch zu berücksichtigen, dass 4:3 unseren Sehgewohnheiten nicht so gut Rechnung trägt wie das breitere 16:9.

▲ **Abbildung A.9** Der Programmmonitor in Premiere-Pro-Projekten mit Seitenverhältnissen von 16:9 (rechts) und der gleichen Aufnahme in 4:3 (links) mit seitlichem Beschnitt.

A.3.4 16:9 und 4:3 im Team

Wie Sie bereits wissen, entscheiden Sie beim Start von Premiere Pro oder bei Produktion eines neuen Schnittfensters mit Hilfe eines Clips, mit welchem Seitenverhältnis ein neues Projekt angelegt wird. Damit ist das Frame-Seitenverhältnis (also das Seitenverhältnis des gesamten Bildschirms) festgelegt. Prinzipiell können Sie aber mischen. Das bedeutet, es ist nichts dagegen einzuwenden, ein 16:9-Projekt zu erstellen und in dieses 4:3-Aufnahmen einzubetten. Allerdings müssen Sie dann links und rechts mit schwarzen Rändern vorlieb nehmen. Außerdem müssen Sie die Hinweistafel der Anwendung mit VORHANDENE EINSTELLUNGEN BEIBEHALTEN beantworten. Andernfalls werden die SEQUENZEINSTELLUNGEN an den 4:3-Clip angepasst.

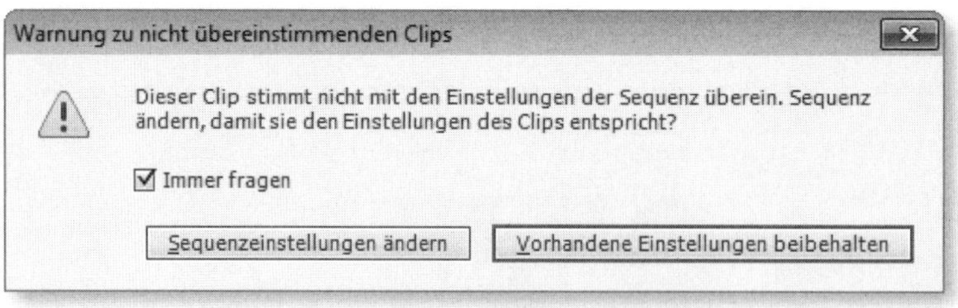

▲ **Abbildung A.10** Behalten Sie die 16:9-Einstellung bei.

Wenn Sie also Ihre vorhandenen 4:3-Aufnahmen, weil es ja zeitgemäß ist, in 16:9 umrechnen wollen, müssen Sie das Bild irgendwie aufskalieren.

▲ **Abbildung A.11** So sieht ein 4:3-Clip in einem 16:9-Projekt (Widescreen) aus.

Schritt für Schritt: 4:3-Aufnahmen in 16:9 konvertieren

In diesem Workshop erfahren sie, welche Möglichkeiten sich ergeben, um 4:3-Material in 16:9 umzuwandeln.

1 *Neues Projekt anlegen*

Erzeugen Sie zunächst eine neue Sequenz (indem Sie das Blattsymbol im Fuß des Projektfensters betätigen und den Eintrag SEQUENZ markieren). Im folgenden Dialog entscheiden Sie sich für eine zu Ihren Clips passende 16:9-Vorlage. Falls Sie das Beispielmaterial zu diesem Buch nutzen, stellen Sie DV-PAL WIDESCREEN 48 KHZ ein (das ist übrigens Standard für herkömmliche DVDs im Seitenverhältnis 16:9).

2 *Clip hinzufügen*

Fügen Sie jetzt einen Clip in das Projektfenster ein, der dem Seitenverhältnis von 4:3 entspricht. Das kann im Prinzip jeder Gecko-Clip sein. Ich habe mich für die Datei »Flaschenhals08.avi« entschieden, weil man anhand von Personenaufnahmen sehr gut beurteilen kann, wie sich Seitenverhältniskorrekturen auswirken. Ziehen Sie den Clip anschließend in das Schnittfenster, beantworten Sie die Kontrollabfrage mit VORHANDENE EINSTELLUNGEN BEIBEHALTEN, und werfen Sie einen Blick auf den Programmmonitor.

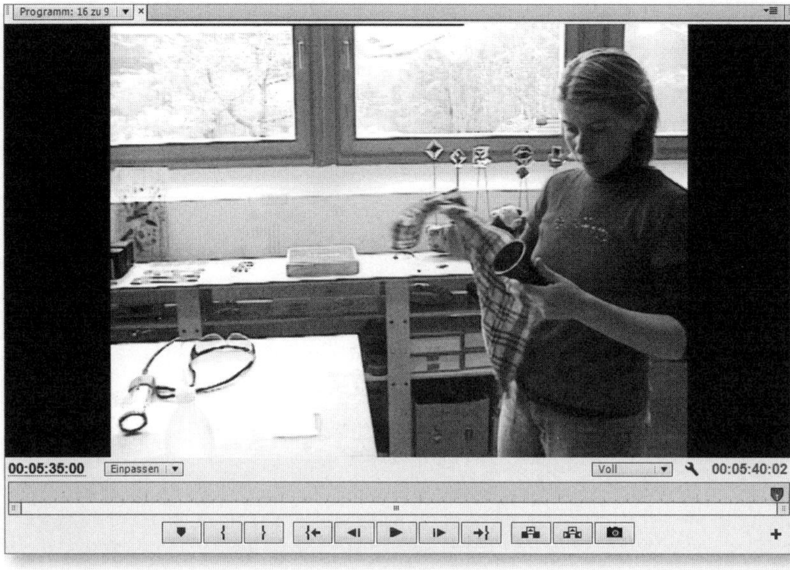

▲ **Abbildung A.12** Fügen Sie den 4:3-Clip ein.

3 *Bildgröße verändern*

Sie können es sich schon denken: Ohne die Veränderung der Bildgröße geht hier zunächst gar nichts mehr. Das können Sie aber in Premiere Pro ganz schnell realisieren, indem Sie einfach innerhalb des Programmmonitors auf das Video doppelklicken. Daraufhin wird eine weiße Umrandung sichtbar, die Sie an einem der acht Anfasser mittels Drag & Drop verschieben können.

Ziehen Sie das Bild an dessen Eckpunkten entsprechend in Form, bis es an den Seitenrändern links und rechts mit den Begrenzungen des Programmmonitors bündig ist. Achten Sie beim Verziehen aber auch darauf, dass dies proportional geschieht. Wenn das Bild also die seitlichen Ränder erreicht hat, ist es zugleich oben und unten abgeschnitten; ein Umstand, der je nach aufgenommenem Material mehr oder weniger schmerzlich in Kauf zu nehmen ist.

4 *Vertikale Position ändern*

Sollten durch die Skalierung bildrelevante Inhalte am oberen oder unteren Rand wegfallen, müssten Sie das mit Hilfe des rechten Hot-Text-Steuerelements der Effekteinstellungen-Zeile Position (vertikale Verschiebung) ausgleichen – und zwar Clip für Clip.

5 *Optional: Clip einseitig skalieren*

Eine Möglichkeit, die sich nur für sehr wenige Aufnahmen eignet, ist das einseitige Verziehen. Dazu müssen Sie die Liste Bewegung in den Effekteinstellungen öffnen und Gleichmässige Skalierung deaktivieren. Danach setzen Sie die Skalierungshöhe wieder auf 100 %. Das geht allerdings bei Personenaufnahmen überhaupt nicht. Sie sollten den Schritt also rückgängig machen.

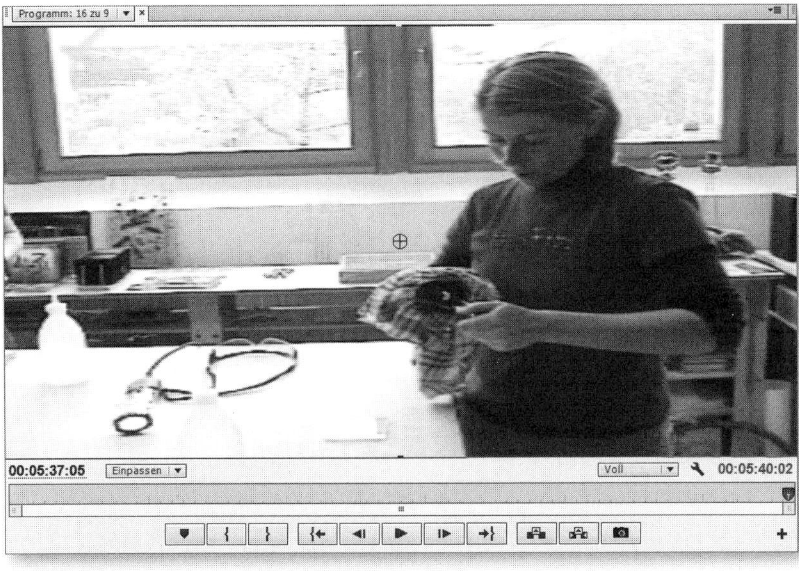

▲ **Abbildung A.13** Die einseitig horizontale Verzerrung geht bei Personenaufnahmen gar nicht.

Es kommt noch hinzu, dass jede Art von Skalierung (Vergrößerung des Originals) auch Qualitätseinbußen mit sich bringt – sowohl die eine als auch die andere Methode. Auf dem kleinen Programmmonitor werden Sie das kaum sehen können. Wenn Sie das Endergebnis auf einem großen TV-Bildschirm anschauen, wird es jedoch möglicherweise sofort ins Auge fallen.

A.3.5 4:3-Material maskieren

Wenn Sie alte 4:3-Aufnahmen in einem 16:9-Projekt verwenden müssen, beispielsweise um Zeitdokumente in einem aktuellen Beitrag zu präsentieren, ist es wesentlich eleganter, das Material auch innerhalb der 16:9-Sequenz nicht zu skalieren, sondern stattdessen eine Maske zu bauen. Sie finden eine entsprechende Bilddatei im Ordner ANHANG_A; sie trägt den Namen »Maske.png«.

▲ **Abbildung A.14** Die Maske ist in der Mitte transparent.

Dabei handelt es sich um eine in der Mitte transparente Bilddatei. Bringen Sie die Datei in das Schnittfenster von Premiere Pro, und platzieren Sie das gute Stück auf einer Spur oberhalb des Videos. Die Dauer, für die die Maske angezeigt werden soll, können Sie prima verändern, so dass diese Maske das gesamte 4:3-Video überdeckt. Ziehen Sie dazu einfach an den Enden des »Clips« im Schnittfenster. Jetzt macht Ihr Video auch auf einem 16:9-Bildschirm eine gute Figur.

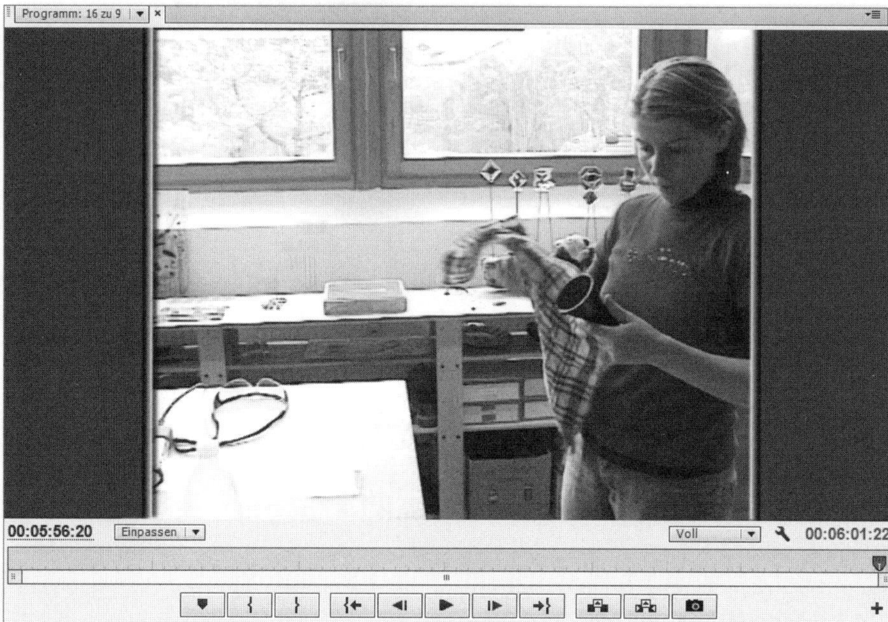

▲ **Abbildung A.15** Die Seiten sind maskiert. Das Video muss also nicht verzerrt werden.

Eine solche Bilddatei können Sie prima in Photoshop, Photoshop Elements oder einer anderen Bildbearbeitungs-Software bauen. Sie müssen lediglich darauf achten, dass Sie ein Format ausgeben, das auch Transparenz unterstützt. Zudem muss das Format mit Premiere Pro kompatibel sein. Deshalb bieten sich vor allem PSD, TIFF und PNG an. Aber selbst ohne entsprechende Software ist eine derartige Maske ruck, zuck realisierbar. Produzieren Sie sie doch einfach im Titelgenerator. Links und rechts jeweils ein Rechteck, vielleicht noch ein paar Accessoires dazu – und fertig ist die Formatmaske (genauere Hinweise zum Titelgenerator finden Sie in Kapitel 11, »Titel erzeugen«).

A.3.6 Cinemascope

Nun wären noch die herrlich breiten Kinofilme zu erwähnen, die selbst auf neuen Plasma- und LCD-TVs für Balken oben und unten sorgen – wenngleich diese schon wesentlich kleiner sind als am 4:3-Fernseher. Hier erstrecken sich die Pixel über ein Format von 2,35:1 – das aber nur am Rande.

▲ **Abbildung A.16** Ein Cinemascope-Film auf einem 4:3-TV. Da wird es in der Vertikalen ganz schön knapp.

A.4 Von Farben und Kanälen

Bevor wir uns anschauen, wie sich Farben an einem Fernsehgerät aufbauen, werfen wir einen Blick auf die Grundsätze der additiven Farbmischung. So ist es möglich, mit den drei Grundfarben Rot, Grün und Blau ein Spektrum von rund 16,7 Millionen Farben darzustellen.

A.4.1 Farbtiefe

Wie setzen sich diese rund 16,7 Millionen Farben nun zusammen? Dazu müssen wir zunächst ein wenig zurückgehen, und zwar in die Elementareinheit eines Rechners. 1 Bit kann demnach zwei Zustände erlangen, und zwar »1« oder »0« (= 21). Auf Farben reproduziert bedeutet das Schwarz oder Weiß. Bei 2 Bit (22) besteht die Möglichkeit, vier Zustände (bzw. bei Farben vier Abstufungen) zu erhalten. Bei 4 Bit (24) sind es 16 und bei 8 Bit (28) 256.

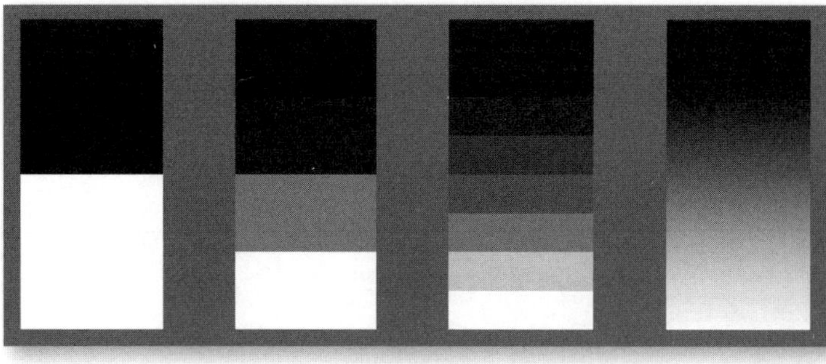

▲ **Abbildung A.17** Die Abstufungen von links nach rechts: 1-Bit-, 2-Bit-, 4-Bit-, 8-Bit-Kanal

Nun stellt jede einzelne Grundfarbe einen 8-Bit-Farbkanal dar. Das bedeutet: In dieser Konstellation lassen sich 24 Bit (224) darstellen. Dies ergibt 16.777.216 unterschiedliche Abstufungen, sprich *True Color*. Liegen hier alle drei Grundfarben in voller Intensität vor, erhalten Sie reines Weiß. Ist keine der Farben vorhanden, sehen Sie Schwarz (also nicht Sie persönlich, selbstverständlich).

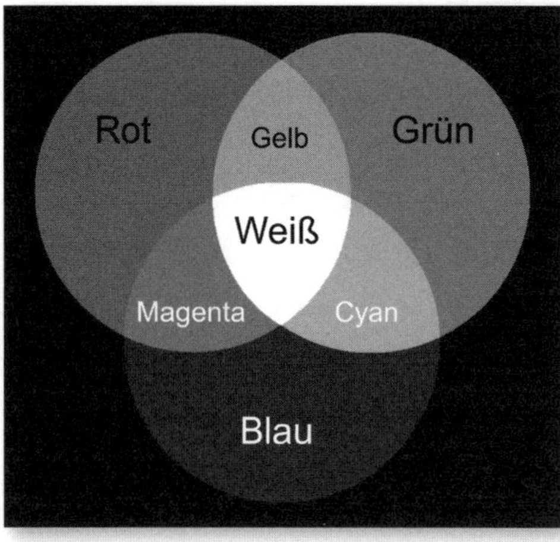

▲ **Abbildung A.18** Das additive Farbsystem

Grundsätzlich werden die Farben auch im Film nach diesem System erzeugt. Allerdings würde eine derartige Definition der Farben einen unzumutbar großen Speicherplatz benötigen, der das flüssige Abspielen eines Videos unmöglich machte. Die Datenmengen wären einfach zu groß. Gehen wir etwas näher darauf ein: Bei der elektronischen Bildbearbeitung verfährt man nach dem Prinzip, wonach jedes einzelne Pixel beschrieben wird. Genauer gesagt, speichert man, wie viele Anteile Rot, Grün und Blau in jedem einzelnen Bildelement enthalten sind.

Da eine derartige Beschreibung schon bei Einzelbildern zu einem nicht zu verachtenden Speicherplatzbedarf führen würde, werden Kompressionsverfahren eingesetzt. Umso wichtiger werden diese Verfahren, wenn man jede Sekunde 25 oder mehr Bilder präsentieren möchte.

A.4.2 Sampling

In Sachen Bewegtbilddarstellung ging man deshalb andere Wege. So machte man sich z. B. die Tatsache zunutze, dass das menschliche Auge wesentlich unempfindlicher auf Farbveränderungen reagiert als auf Helligkeitsveränderungen. Damit sind wir bei der **YCC-Farbgebung** (analog = YUV). Diese erlaubt, 1/3 der Informationen der Luminanz (Helligkeit) und 2/3 der Chrominanz (Farbton/Sättigung) zuzuordnen. Damit allein gäbe es aber im Vergleich zu RGB noch keine Unterschiede in Sachen Dateigröße.

◂ **Abbildung A.19** Jedes Pixel besteht aus drei Informationen.

Also lässt man bei der Beschreibung jedes einzelnen Pixels einfach einige Farbinformationen außer Acht, um so die Datenmenge möglichst gering zu halten. Das Auge bemerkt das Fehlen der Informationen nicht. Anders wäre das, wenn man die Helligkeit vernachlässigte. Im Klartext: Man nimmt beispielsweise vier zusammenliegende Pixel und bestimmt beim ersten sowohl die Luminanz als auch die Chrominanz. Beim zweiten, dritten und vierten Pixel lässt man die Chrominanz-Information einfach weg. Dieses Verfahren nennt sich Sampling. Um genauer zu sein, handelt es sich hierbei um das sogenannte **4:1:1-Sampling**.

◂ **Abbildung A.20** Nur jedes vierte Pixel wird mit Farbinformationen versehen (4:1:1-Sampling).

NTSC-Farbprobleme

Aufgrund der geringen Trägerfrequenzrate des ursprünglichen NTSC-Formats kam es hier im Laufe der Zeit zu recht deutlichen Farbverfälschungen, was dem System bisweilen den Namen »**N**ever **T**he **S**ame **C**olor« (engl. für »niemals die gleiche Farbe«) eingebracht hatte. Diese Probleme gehören jedoch mittlerweile der Vergangenheit an.

Dieses Modell entspricht übrigens DV-NTSC. Man kann sich vorstellen, dass sich durch dieses Außerachtlassen von Informationen bereits eine gewaltige Speicherplatzersparnis erreichen lässt. Es gibt aber noch weitere Sampling-Modelle. Beim digitalen PAL z. B. wird 4:2:0 verwendet. Dies bedeutet, dass das erste Pixel mit einer Helligkeits- und einer Farbinformation versehen wird, während das zweite nur eine Helligkeitsinformation erhält. Das Ganze macht man viermal und greift dann den zweiten Chrominanzwert auf.

◂ **Abbildung A.21** Weit verbreitet – das 4:2:0-Sampling, das auch bei DV und AVCHD zum Tragen kommt.

A.5 Von Kompressoren

Damit wären wir mitten in der Kompressionsthematik. Ein digitales Vollbildvideo mit einer Frequenz von 25 Bildern pro Sekunde würde rund 30 MB Speicherplatz verschlingen – und zwar jede Sekunde. Damit wäre nicht nur die DVD in null Komma nichts gefüllt, sondern auch Festplatten wären außerstande, solche Datenströme zu verarbeiten. Deshalb ist Kompression unerlässlich. Im vorangegangenen Abschnitt haben Sie ja bereits einiges darüber erfahren. Dort bestand die Möglichkeit der Dateigrößenverringerung darin, einfach einige weniger relevante Informationen wegzulassen. Damit allein ließe sich aber noch kein Staat machen. Irgendwie müssen auch die übrig gebliebenen Informationen noch weiter zusammengepresst werden.

Ein Grundprinzip dessen ist, nicht mehr jeden einzelnen Bildpunkt zu beschreiben, sondern nur einen zu definieren. Beim nächsten Pixel werden lediglich die Abweichungen beschrieben. Deshalb kommt es auch zu unterschiedlichen Dateigrößen bei im Grunde gleichen Formaten. Nehmen wir ein Bild als Beispiel, wie das in Abbildung A.22.

▴ **Abbildung A.22** Strahlend blauer Himmel über München

München – 10.00 Uhr – wolkenlos – die Frisur sitzt! Schauen Sie sich den gleichmäßigen Himmel an (wenngleich es in Graustufen nicht ganz so gut zu erkennen ist). Stellen Sie sich vor, wir müssten nun oben links beginnen und jedes Bildelement farblich beschreiben. Das sähe dann folgendermaßen aus: Rot = 153, Grün = 204, Blau = 255. Danach käme das nächste Pixel an die Reihe: Rot = 153, Grün = – den Rest kennen Sie ja.

Wäre es dann nicht viel einfacher, wir würden das erste Pixel beschreiben und als Information für das zweite festhalten: Farben = vorangegangenes Pixel? So könnten wir ganz schön lange fortfahren. Zumindest die ersten Zeilen lassen sich ja komplett ohne Veränderungen dokumentieren. Und wenn sich wirklich einmal etwas ändert, z. B. beim Erreichen der Türme, definieren wir einfach eine neue Beschreibung mit den neuen Farbwerten. Das ist das Grundprinzip einer Dateikompression (wenngleich etwas frei interpretiert).

A.5.1 Codecs

Um es gleich vorwegzunehmen: Nur mit einer Codierung ließe sich ein solches System in der Praxis nicht realisieren. Prinzipiell sind nämlich zwei Arbeitsgänge erforderlich. Stellen Sie sich vor, Sie wollen eine DVD erzeugen. Dann müssen Sie die vorhandenen Datenströme zunächst komprimieren – also codieren. Wenn das Ganze nun aber auf dem TV ausgegeben werden soll, müssen diese codierten Dateien wieder decodiert, also in den ursprünglichen Zustand zurückversetzt werden. Ermöglicht wird das durch sogenannte Codecs.

Die Erklärung liegt schon im Wort selbst: **co**dieren und **dec**odieren. Allerdings geht das nicht ohne Qualitätsverluste vonstatten. Informationen, die einmal herausgerechnet worden sind, können in der Regel nicht wiederhergestellt werden. Dennoch gibt es äußerst leistungsstarke Codecs, bei denen die Qualität nicht allzu sehr leidet.

A.5.2 MPEG-2

Wenn Sie eine Standard-DVD erzeugen, egal, welches Ausgangsmaterial Sie verwenden, werden Sie am Schluss immer ein MPEG-2 erhalten (MPEG: **M**otion **P**icture **E**xperts **G**roup). Bei einer derartigen Kompression werden mehrere Bilder zu sogenannten GOPs (**G**roup **O**f **P**ictures) gebündelt. Diese GOPs setzen sich zusammen aus:

- I-Frames
- P-Frames
- B-Frames

Ein I-Frame steht immer am Anfang einer GOP. Er wird für sich allein komprimiert und ist unabhängig von allen nachfolgenden oder vorangegangenen Einzelbildern.

In einem P-Frame hingegen werden nur jene Bereiche gespeichert, die im vorangegangenen I-Frame nicht enthalten gewesen sind. Im Prinzip sieht ein P-Frame aus wie eine Maske. Stellen Sie sich vor, der vorangegangene I-Frame zeigt eine Landschaft.

Plötzlich taucht ein Vogel im Bild auf. Der Vogel wäre nun im P-Frame gespeichert – ohne die Landschaft. Demzufolge müssten natürlich auch nur diese Pixel beschrieben werden. Allerdings benötigt ein P-Frame Informationen aus dem vorangegangenen I-Frame, um überhaupt festmachen zu können, was anders ist als im I-Frame.

Ein B-Frame hingegen kann diese Änderungen (Bewegungen) sowohl aus einem P- als auch einem I-Frame ziehen. Alle diese Frames gemeinsam bilden die GOP. Wie groß sie ist, hängt von den jeweiligen Einstellungen ab.

▲ **Abbildung A.23** Eine GOP mit I-Frame am Anfang und P- sowie B-Frames

A.5.3 MPEG-4

Eine Weiterentwicklung von MPEG-2 ist MPEG-4. Bei diesem Verfahren werden noch bessere Kompressionen bei vergleichsweise sehr guter Qualität erreicht. Das Format eignet sich besonders zur Kompression großer Datenmengen, wie sie beispielsweise bei HDV anfallen. MPEG-4 wird allerdings in einem Container untergebracht. Dieser wird als MP4 bezeichnet. Containerformate sind keine Seltenheit. Auch bei AVI beispielsweise handelt es sich um einen Container, der im Prinzip eine Ursprungsdatei ganz anderen Formats in sich trägt.

A.5.4 H.264

Schließlich ist in dieser Riege noch H.264 erwähnenswert. Dieses Format ist überaus populär, da es noch effizienter ist – und noch wesentlich stärker komprimiert werden kann. Deshalb ist es geradezu ideal für HDTV und Blu-ray, aber auch für Multimedia und portable Geräte.

A.5.5 MJPEG

Auch wenn MJPEG (**M**otion **J**oint **P**hotographic **E**xperts **G**roup) gute Ergebnisse erzielt, unterscheidet sich das Prinzip der Kompression völlig von MPEG. Hier wird nämlich nicht mit GOPs o. Ä. gearbeitet, sondern jedes einzelne Bild komprimiert und gespeichert. Man kann dieses Verfahren für die Aufnahme (Digitalisierung) analoger Filme einsetzen.

A.6 Von Bit- und Datenraten

Letztendlich können wir mit Bitraten und Datenraten nahtlos an die Kompression anschließen. Die Datenrate ist nämlich entscheidend dafür, wie gut (oder wie schlecht) das Ergebnis auf der fertigen DVD ist. Grundsätzlich gilt: Je höher die Datenrate, desto besser das Ergebnis. In Premiere Pro können Sie diese Datenrate festlegen. Mehr dazu erfahren Sie in Kapitel 12, »Export«.

Wenn jedoch der zur Verfügung stehende Speicherplatz nicht ausreicht (z. B. um den gesamten Film auf eine DVD zu brennen), sind Sie gezwungen, mit der Datenrate herunterzugehen, sprich die Qualität zu verringern.

VBR und CBR | Das ist eigentlich schade, denn bei einer variablen Bitrate (VBR) besteht immerhin – im Gegensatz zur konstanten Bitrate (CBR) – die Möglichkeit, den Datenstrom an die Erfordernisse anzupassen. Prinzipiell gilt nämlich: Je mehr Bewegung in einem Video vorhanden ist, desto höher sollte die Bitrate sein. Wenn die Action-Helden wieder einmal die Welt retten müssen und dabei zahllose Nobelkarossen in Flammen aufgehen, darf es durchaus etwas mehr sein in Sachen Bitrate.

Haben Sie im Gegenzug Aufnahmen, in denen kaum eine Bewegung stattfindet (z. B. Maddin Schneider oder Rüdiger Hoffmann »hasten« über den Bildschirm), könnten Sie mit der Datenrate drastisch heruntergehen, ohne sonderliche Qualitätseinbußen in Kauf nehmen zu müssen.

Entscheidend für eine hohe oder geringere Datenrate ist aber weniger der Umstand, mit welcher Geschwindigkeit sich die Protagonisten bewegen, sondern vielmehr, wie viele Veränderungen in welcher Zeit in einem Pixel auftreten. Dazu zwei Beispiele: Stellen Sie sich hohes Gras vor, in dem die Halme vom Wind sanft hin und her geweht werden. Oder nehmen Sie das Plätschern eines Gebirgsbaches. Beides sind eher beschauliche Sequenzen. Entscheidend ist aber, dass sich die Inhalte fast jedes Bildpunktes permanent ändern – und der Encoder in diesem Moment Höchstleistungen vollbringen muss. Hier sollten Sie mit einer möglichst hohen Datenrate zu Werke gehen.

A.7 Von Einzelbildern

Wenn Sie mit Einzelbildern in Premiere Pro arbeiten, können Sie verschiedene Dateiformate nutzen. Die wichtigsten sind hier in Kurzform beschrieben.

BMP | Bitmap-Bilder, die durch gute Qualität ansprechen. Dieses Dateiformat wird überwiegend für die Anzeige am Bildschirm genutzt. Deshalb ist es auch zur Verwendung im Video gut geeignet. Die Dateigrößen sind jedoch im Vergleich zu JPEG recht hoch.

JPEG | Stark komprimiertes Bildformat, das sich aufgrund der geringen Dateigrößen vor allem für Bilder im Internet eignet. Die JPEG-Kompression ist mit Verlust behaftet. Das bedeutet: Wenn Sie eine JPEG-Datei in einem Bildbearbeitungsprogramm öffnen und anschließend neu abspeichern, wird die Qualität abermals gemindert.

PSD | Das Photoshop-Format eignet sich hervorragend, da es in Premiere Pro nahtlos integriert werden kann. Zudem werden Ebenen, Masken und Alphakanäle unterstützt. Photoshop-Dokumente sind darüber hinaus zur Erstellung von DVD-Menüs für die Weiterverarbeitung in Encore DVD geeignet.

TIFF | Gilt als verlustfreies Kompressionsverfahren. Da Alphakanäle und Transparenz unterstützt werden, eignet es sich hervorragend zur Maskenerstellung. Darüber hinaus liefert es eine erstklassige Bildqualität, die auch durch mehrmaliges Neuspeichern nicht beeinträchtigt wird.

PRTL | Hierbei handelt es sich um Titeldesigner-Dateien für Premiere Pro. Im Gegensatz zu den vorgenannten Dateiformaten lässt sich PRTL nicht anwendungsübergreifend einsetzen. Das Format eignet sich dazu, Titel zu erstellen und dort zur erneuten Verwendung abzuspeichern.

B Die DVD zum Buch

Die beiliegende DVD ist prall gefüllt mit Beispielfilmen, Test-Software und Video-Lektionen. Hier finden Sie alles, was Sie zur Arbeit mit diesem Buch benötigen.

B.1 Beispieldateien

Im Ordner BEISPIELDATEIEN finden Sie das Filmmaterial für die Workshops des Buchs. Hier liegen sowohl Premiere-Projektdateien als auch Original-Footage für eigene Experimente und Tests.

B.1.1 Der Ordner »Gecko-Glas«

Dieser Ordner beinhaltet alle Beispielfilme des Buchprojekts. Außerdem finden Sie hier die Premiere Pro-Datei »Gecko-Glas.prproj«. Wenn Sie also den Film nicht selbst schneiden wollen, können Sie diese Dateien benutzen und damit weiterarbeiten. Zuvor sollten Sie aber den kompletten Ordner GECKO-GLAS auf Ihre Festplatte befördern.

B.1.2 Der Ordner »Ergebnisse«

Dieses Verzeichnis beherbergt fertige AVI-Dateien zu wichtigen Workshops sowie das geschnittene und exportierte Buchprojekt (»Gecko-Glas.mpg«). Wenn Sie also bereits vor Ihrer Arbeit mit Premiere Pro CC das Endergebnis sehen wollen, können Sie es jederzeit im Windows Media Player o. Ä. abspielen.

B.1.3 Die Kapitel-Ordner

In einzelnen Lektionen werden speziell ausgewählte Clips verwendet, die Sie im Ordner zum jeweiligen Kapitel finden, auch ein Ordner für den Anhang des Buchs finden Sie vor. An relevanten Stellen im Buch erfahren Sie, welche Dateien im jeweiligen Workshop benutzt werden.

Copyright

Beachten Sie: Die Daten auf der DVD sind ausschließlich für Sie zum Üben vorgesehen! Sie dürfen nicht in kommerziellen Projekten verwendet und nicht weitergegeben werden.

B.2 Video-Lektionen

In diesem Ordner finden Sie ein attraktives Special: Als Ergänzung zum Buch möchten wir Ihnen relevante Lehrfilme aus dem Video-Training »Adobe Premiere Pro CC – Das umfassende Training« (ISBN 978-3-8362-2436-9) von Jörg Jovy zur Verfügung stellen. So haben Sie die Möglichkeit, dieses neue Lernmedium kennen zu lernen und gleichzeitig Ihr Wissen um Premiere Pro CC zu vertiefen.

Um das Video-Training zu starten, legen Sie bitte die DVD-ROM in das DVD-Laufwerk Ihres Rechners ein. Führen Sie im Ordner Video-Lektionen die Anwendungsdatei »start.exe« (Windows) bzw. »start.app« (Mac) mit einem Doppelklick aus. Das Video-Training sollte nun starten. Bitte vergessen Sie nicht, die Lautsprecher zu aktivieren oder gegebenenfalls die Lautstärke zu erhöhen. Sollten Sie Probleme mit der Leistung Ihres Rechners feststellen, können Sie alternativ die Datei »start.html« aufrufen. Sie finden folgende Filme:

Kapitel 1: Premiere Pro CC kennenlernen
1.1 Ein typischer Arbeitsablauf (09:04 Min.)
1.2 Projektfenster und Media-Browser (08:37 Min.)
1.3 Clips überspielen und importieren (04:58 Min.)

Kapitel 2: Videos gekonnt schneiden
2.1 Der exakte Schnitt (12:42 Min.)
2.2 Das richtige Timing (09:10 Min.)
2.3 Ton schneiden (12:04 Min.)

Kapitel 3: Kreative Techniken
3.1 Dramaturgie durch Schnitt (10:54 Min.)
3.2 Szenen miteinander verweben (05:44 Min.)

Index

B

C

F

G

H

I

J

K

T

U

V

W

X

Y

Z

Wir hoffen sehr, dass Ihnen dieses Buch gefallen hat. Bitte teilen Sie uns doch Ihre Meinung mit. Eine E-Mail mit Ihrem Lob oder Tadel senden Sie direkt an die Lektorin des Buches: *ariane.boerder@galileo-press.de*. Im Falle einer Reklamation steht Ihnen gerne unser Leserservice zur Verfügung: *service@galileo-press.de*. Informationen über Rezensions- und Schulungsexemplare erhalten Sie von: *julia.mueller@galileo-press.de*.

Informationen zum Verlag und weitere Kontaktmöglichkeiten finden Sie auf unserer Verlags-website *www.galileo-press.de*. Dort können Sie sich auch umfassend und aus erster Hand über unser aktuelles Verlagsprogramm informieren und alle unsere Bücher versandkostenfrei bestellen.

An diesem Buch haben viele mitgewirkt, insbesondere:

Lektorat Ariane Börder

Korrektorat Annette Lennartz, Bonn

Herstellung Kamelia Brendel

Layout Vera Brauner

Einbandgestaltung Klasse 3b

Coverbild Fotolia: 13665157 © Maksim Toome, 37581853 © lassedesignen, 10207342 © masterric3000, 3166063 © James Thew, 15526679 © yellowj, 3217878 © Benn

Satz SatzPro, Krefeld

Druck Beltz Druckpartner, Hemsbach

Dieses Buch wurde gesetzt aus der Linotype Syntax (9,5 pt/13,75 pt) in Adobe InDesign CS5.5. Gedruckt wurde es auf chlorfrei gebleichtem Offsetpapier (90 g/m²).

Der Name Galileo Press geht auf den italienischen Mathematiker und Philosophen Galileo Galilei (1564–1642) zurück. Er gilt als Gründungsfigur der neuzeitlichen Wissenschaft und wurde berühmt als Verfechter des modernen, heliozentrischen Weltbilds. Legendär ist sein Ausspruch *Eppur si muove* (Und sie bewegt sich doch). Das Emblem von Galileo Press ist der Jupiter, umkreist von den vier Galileischen Monden. Galilei entdeckte die nach ihm benannten Monde 1610.

Bibliografische Information der Deutschen Nationalbibliothek:
Die Deutsche Nationalbibliothek verzeichnet diese Publikation in der Deutschen Nationalbibliografie; detaillierte bibliografische Daten sind im Internet über *http://dnb.d-nb.de* abrufbar.

ISBN 978-3-8362-2464-2
1. Auflage 2013

416 S., 2012, komplett in Farbe, mit DVD, 29,90 Euro
ISBN 978-3-8362-1819-1
www.galileodesign.de/2964

Robert Klaßen

Grundkurs Digitales Video

Schritt für Schritt zum perfekten Film

So machen Sie mit Camcorder & Co. richtig gute Filme! Robert Klaßen führt Sie in die Welt des digitalen Videofilmens ein und begleitet Sie bei Ihren Drehs zu den unterschiedlichsten Aufnahmeorten: Egal ob Urlaubsdoku, festlicher Anlass oder Sport-Event – Aufnahmen mit dem gewissen Etwas sind ab jetzt garantiert!

328 S., 4. Auflage 2013, komplett in Farbe, mit DVD, 29,90 Euro
ISBN 978-3-8362-2029-3
www.galileodesign.de/3292

Axel Rogge

Die Videoschnitt-Schule

Für spannende und überzeugende Filme

Axel Rogge, Schnittprofi vom TV-Sender ProSieben, verrät Ihnen, wie Sie unterhaltsamere und spannendere Filme schneiden. Sie lernen, worauf Sie beim Dreh achten können, wie Sie Szenen richtig auswählen und welche Videoeffekte, Übergänge und Hintergrundmusik sich eignen.

Das gesamte Buchprogramm: www.galileodesign.de